Léon Poliakov / Josef Wulf

Das Dritte Reich und seine Diener

K·G·Saur München·New York·London·Paris
arani-Verlag Berlin

CIP-Kurztitelaufnahme der Deutschen Bibliothek

Das Dritte Reich und seine Diener: Dokumente /
Léon Poliakov; Josef Wulf. — Berecht. Nachdr. —
München, New York, London, Paris: Saur; Berlin-
Grunewald: arani-Verlags-GmbH, 1978.
  ISBN 3-598-04600-6

NE: Poliakov, Léon [Hrsg.]

Berechtigter Nachdruck der im arani-Verlag Berlin
erschienenen Originalausgabe

© für die Originalausgabe arani-Verlags-GmbH, Berlin 1956
© 1978 by K. G. Saur Verlag KG, München
Druck: Hain-Druck KG, Meisenheim/Glan
Binden: Thomas-Buchbinderei GmbH, Augsburg
Printed in the Federal Republic of Germany
ISBN 3-598-04600-6

INHALT

Ein genaues Inhaltsverzeichnis der Dokumente, Fotokopien und Fotografien
befindet sich zu Beginn jedes Kapitels

EINLEITUNG

Während des Dritten Reiches gehörten die in diesem Buch Genannten zum Verwaltungsapparat und anderen Berufsgruppen, die im modernen Staatswesen eine große Rolle spielen. Ihnen fiel die Aufgabe zu, die von der politischen Leitung erlassenen Anordnungen in die Praxis des täglichen Lebens umzusetzen. So zählte es auch zu ihren Obliegenheiten, übergeordnete Dienststellen hinsichtlich der Ausführung von Befehlen, Gesetzen und Verordnungen auf dem laufenden zu halten und sie überhaupt stets genau zu unterrichten. Ohne die emsige Betriebsamkeit solcher ausführenden Organe könnte kein Staatsgebilde — am allerwenigsten das Dritte Reich — auch nur einen einzigen Tag bestehen.

Neben ihren sachlichen Kenntnissen hatten die in diesem Buche vorgestellten Diener des Dritten Reiches in Ausübung ihrer Pflichten auch über jenes Problem unterrichtet zu sein, das als „Endlösung der Judenfrage" in die Geschichte eingegangen ist. Die vorliegende Dokumentensammlung läßt somit einwandfrei ihr Verhalten gegenüber dieser größten aller Untaten des Nationalsozialismus erkennen.

Selbstverständlich handelt es sich dabei nicht um die ganz private Einstellung zu den Dingen; denn wir haben keinen Grund zur Annahme, diese Dienstbereiten seien ausnahmslos ausgemachte „Antisemiten" gewesen. Vielmehr müssen wir zugeben, daß viele unter ihnen — ob Antisemiten oder nicht — mit Hitlers Judenpolitik keineswegs einverstanden waren. Uns kommt es hier nur darauf an, welche Haltung sie als verantwortliche Beamte innerhalb ihres Zuständigkeitsbereichs einnahmen.

In dieser Eigenschaft haben sie jedenfalls kläglich versagt, wie immer sie auch im tiefsten Herzen empfunden haben mögen. Sie dienten nur allzu gut! Dank ihrer Beflissenheit rollten die einzelnen Akte der ungeheuerlichsten Tragödie unseres Jahrhunderts, von der Rassengesetzgebung bis zum industrialisierten Mord, reibungslos und ohne jegliche Panne ab.

Wo man sie am wenigsten vermutete, war die Mitarbeit besonders eifrig: die wohlerzogenen, in allen Sätteln gerechten und weltgewandten Herren nämlich, die das Dritte Reich im Ausland repräsentierten, wetteiferten in lobenswertester Tüchtigkeit.

Es stellt sich die Frage, welche Verbindung denn wohl zwischen der Diplomatie und den Gaskammern von Auschwitz bestand. Diese Verbindung war überraschend eng, da der Hitlerstaat danach trachtete, die Mitarbeit der lokalen Verwaltung stets sicherzustellen, um den Anschein eines Rechtsstaates zu wahren. Daher vermied man es, Juden aus den besetzten Gebieten zu deportieren, ohne vorher die zuständigen Diplomaten zu Rate gezogen zu haben. So entwickelten sich beispielsweise die diplomatischen Vertretungen in Frankreich, Ungarn und Rumänien bald zu Spinnstuben, in denen die Nornen den Schicksalsfaden der Juden des jeweiligen Landes spannen. Überfliegt man nur die diese Länder betreffenden Dokumente, ist leicht festzustellen, wie die Repräsentanten des neuen „Rechtes" ihre Aufgaben zu verstehen beliebten. Dort, wo eine „Aussiedlung" selbst nicht im Bereich der Möglichkeiten lag, wie in neutralen Ländern — Schweiz, Spanien und Türkei —, wurde das Universalproblem, die internationale Judenhetze, durch die deutschen Botschaften oder Gesandtschaften finanziert und gesteuert. Das ausführliche Protokoll über die Tagung der Judenreferenten im Jahre 1944 versieht uns in dieser Hinsicht mit allen nur denkbaren und recht aufschlußreichen Einzelheiten, obwohl man es auch da tunlichst unterlassen hat, gewisse Dinge zu heikler Natur schriftlich zu fixieren.

Zwangsläufig war also der gesamte „Gotha" der deutschen Diplomatie auf diese oder jene Art über die Judenfrage orientiert.

Um die Liquidation von 8000 Juden zu organisieren, reiste damals ein Berliner Legationsrat nach Belgrad. Dieser zielstrebige Herr hatte sich zuvor mit einem grandiosen Plan qualifiziert — die Juden Europas sollten auf der Insel Madagaskar konzentriert werden — und solcherweise für kurze Zeit die Aufmerksamkeit seines Führers zu fesseln gewußt. Allerdings lief ihm dann ein in Paris tätiger Legationsrat den Rang ab, indem er Pläne anderer Art unterbreitete, die, von seinem Vorgesetzten unterstützt, schließlich die Siegespalme errangen. Das Auswärtige Amt wurde über die Entwicklung von Hitlers Bellum judaicum stets bestens informiert. Dafür sorgten die Diplomaten in Rom und Kopenhagen, in Brüssel und Athen, deren Berichte an Deutlichkeit oft nichts zu wünschen übrigließen und jeden Irrtum ausschlossen. So beklagte sich der Sofioter Gesandte über die abscheuliche Mentalität des bulgarischen Volkes, „dem die ideologische Aufklärung fehlt, die bei uns vorhanden ist". Andere Berichte zeugen von geradezu überschwenglichem Optimismus. Da kündigt der Bukarester Gesandte frohlockend die Sonderbehandlung — expressis verbis — der Juden für den nächsten Monat an, worin sich dieser undiplomatische Diplomat allerdings irrte.

Im Auswärtigen Amt häuften sich die Meldungen dann bei dem Direktor der Abteilung „Inland", einem Unterstaatssekretär, der als eigentlicher Hauptstratege der Judenjagd im Ausland anzusehen ist. Dessen Vorgesetzter, ein Staatssekretär, führte nötigenfalls Verhandlungen großen Stils mit anderen Regierungen, denn der verworrene Reichsaußenminister schwebte schon aus Prestigegründen hoch über diesen Dingen und befaßte sich nur selten persönlich damit. Besagter Staatssekretär, dessen Initialen auf unzähligen derartigen

Dokumenten prangen, meinte später, er würde es vorgezogen haben, so etwas nicht einmal mit den Fingerspitzen zu berühren.

Was außerhalb Deutschlands Aufgabe der Diplomatie war, gehörte im Lande selbst zu den Pflichten der Beamten, wobei ihnen der Wechselbalg perversen Rechtsdenkens — als „Rassengesetzgebung" in die Geschichte eingegangen — zum Leitfaden diente. Die markantesten Gesetze finden sich im zweiten Teil des Buches, da sie vielleicht besser als alles andere die Hintergründe nationalsozialistischen Trachtens verdeutlichen. Damals wurden in Deutschland weise Tabellen erstellt, die unmißverständlich darüber aufklären sollten, welcher Geschlechtsverkehr gestattet, bedingt zugelassen oder gar bei Androhung der Todesstrafe untersagt sei; Tabellen, wie sie Ethnologen für primitive Volksstämme Australiens oder am Amazonas skizzieren. Ein Tübinger Universitätsprofessor bezeichnete bereits im Jahre 1935 diese Einstellung äußerst treffend mit: „Zurück zu den Rechtsanschauungen unserer Vorfahren!" Allerdings unterließ er leider, genauer auszuführen, ob er bis zum Neandertaler oder noch ein wenig weiter zurück wollte. Ein nicht so gelehrter, dafür aber weit praktischerer Mann wußte die Situation bedeutend verständlicher auszudrücken: „Der höchste Jurist des Staates bin ich", verkündete Hermann Göring.

Mit welchem Diensteifer Richter sich strebend mühten, solche Gesetze anzuwenden, und auf welch feierliche Art Juristen von Rang sie kommentieren zu müssen glaubten, ist aus anderen Dokumenten ersichtlich.

Und nun gar das gefahrdrohende Problem der „Mischlinge"! Doch bei den Dienern Hitlers war kein Ding unmöglich. Keine Inquisition verfiel darauf, dergestalt in den Schlafzimmern herumzuschnüffeln und die Bettlaken zu inspizieren. Fallen „Ersatzhandlungen", die der Volksmund als „Abschmieren" bezeichnet, unter Rassenschande? Ist Exhibitionismus als „Rassenschande" anzusehen? Wie muß bei unehelichen Kindern entschieden werden, bei denen die Möglichkeit nie ganz auszuschließen ist, daß ihr Erzeuger unter Umständen Jude gewesen sein könnte? Und wer von beiden endlich bedeutet die größere Gefahr? Ein Jude oder ein Halbjude, eines dieser höchst zweifelhaften Wesen, bei denen sich das Gift jüdischen Blutes durch die Dynamik der germanischen Beimischung noch verhängnisvoller auswirken könnte. So waren die schicksalsschweren Probleme beschaffen, die „Repräsentanten" deutscher Rechtswissenschaft und Kultur beschäftigten und ihnen schlaflose Nächte verursachten. Es wird dargestellt, welche Lösungen sie fanden. Es läßt sich wohl kaum behaupten, daß jene Männer mit ihrem Tun der Sache ihres Volkes gedient hätten.

Ähnliches — und mit noch größerer Berechtigung — kann über Militärs gesagt werden. Sie verfügten oft über außerordentlich große Handlungsfreiheit. Davon soll im dritten Teil des Buches die Rede sein. Das Maß der Mittäterschaft und der Grad des Wissens ist klar ersichtlich. Man wird erkennen, daß an verschiedenen Fronten — zum Beispiel auf dem Balkan — Offiziere und Mannschaften ausdrücklich zum Massenmord abkommandiert worden sind. In anderen Frontabschnitten bemühten sich die Generale, das Entsetzen abzuschwächen, welches sich der Truppe angesichts des Blutbades bemächtigte. Mit erlauchtesten Namen unterzeichnete Befehle machten dem Soldaten nämlich *begreiflich, wie lebensnotwendig die Ausrottung des jüdischen Volkes für das neue Deutschland sei. Vom Atlantikwall bis in die Weiten der russischen Steppe, von der afrikanischen Wüste bis zum Polarkreis, überall an den Fronten hetzten die Soldatenzeitungen gegen die Juden und trugen Sorge, den Leser über die unerläßliche Vernichtungsaktion eingehend zu informieren.*

In den weitaus meisten Fällen allerdings — das sei hier hervorgehoben — redigierten Karrieremacher der Partei diese Soldatenpresse, während die Einstellung der Berufsoffiziere im allgemeinen in mehr als einer Hinsicht wesentlich davon abwich.

Wie sie im einzelnen zu den Dingen standen, um welche Mischung von Distanzierung, Nicht-Wissen-Wollen oder Mittäterschaft es sich handelte, läßt sich an Hand konkreter Beispiele illustrieren.

Wir finden den in militärischer Knappheit gehaltenen Auszug des Kriegstagebuches einer an der Ostfront eingesetzten Division sehr aufschlußreich.

„Am frühen Morgen des 5. 8. werden in Rossiten durch den lettischen Selbstschutz mehrere hundert Juden erschossen.

Um allen falschen Deutungen entgegenzutreten, stellt die Division durch Rückfrage beim Befehlshaber fest, daß diese Sonderaktion im Auftrage des SD befohlen und durchgeführt wurde.

In einer Offz.-Besprechung unterbreitet der Div. Kdr. diesen Tatbestand den Offizieren des Div.-Stabes und schließt daran die ernste Mahnung, daß sich jeder Soldat einer Kritik und Stellungnahme diesen Dingen gegenüber zu enthalten habe." (Dokument CLI — 46.)

Dieses Beispiel kennzeichnet das Leitmotiv. In der Praxis kehrte es in unzähligen Variationen immer wieder; so ist den Schreiben des Inselkommandanten von Korfu deutlich anzumerken, welchen Abscheu die übertragene Mission, die Juden der Insel zu deportieren, bei ihm hervorruft; (schließlich wurde der mangelnde Schiffsraum dann doch noch aufgetrieben). Bei seinem Kollegen auf Rhodos hingegen sind keinerlei Hemmungen irgendwelcher Art spürbar; (mangels Schiffsraumes wurde die jüdische Bevölkerung der Insel einfach ertränkt). Der Bericht eines in Belgrad mit der Hinrichtung von mehreren hundert Juden betrauten Oberleutnants der Wehrmacht läßt ebenfalls einige Schlüsse zu.

In Rußland rollten die Dinge auf andere Weise ab. Die eigentliche Henkersarbeit wurde dort nicht von Wehrmachtangehörigen, sondern von Polizei- und ⁄⁄-Männern verrichtet. Die höheren Offiziere hatten es wohlweislich vorgezogen, sich jeglicher Verantwortung schon im voraus zu entziehen, woraufhin die Zusammenarbeit einen restlos befriedigenden Verlauf nahm und sich sozusagen gänzlich reibungslos entwickelte.

Doch befassen wir uns einmal mit einem anderen Landstrich und einem gesitteteren Zeitabschnitt! Urheber unseres letzten Beispiels ist der Militärbefehlshaber von Belgien und Nordfrankreich, der im Rufe steht, einer der anständigsten deutschen Generale gewesen zu sein. Im November 1940 unterzeich-

X

nete dieser Kriegsherr die ersten gegen die Juden gerichteten Erlasse für den Befehlsbereich Belgien. Noch handelte es sich dabei nicht um den Tod von Menschen, sondern vorerst nur um die Aberkennung der Bürgerrechte, Berufseinschränkungen und Verbote. Erregt über das, was bei diesen Maßnahmen jedem Völkerrecht widersprach, protestierten höchste Persönlichkeiten der belgischen Justiz in aller Form des Rechts und suchten um eine Audienz nach. Auf ihre Petition schrieb dann eine energische Hand: „Sie ahnen nicht, daß wir noch viel zu milde waren."

Was alles enthüllt uns diese vielsagende Bemerkung!

„Sie ahnen nicht . . ."; denn der General selbst wußte besser Bescheid über die grausame Behandlung, der die Juden im Osten seit 1940 ausgesetzt waren. Im Vergleich damit mußten die von ihm verkündeten Anordnungen wie ein harmloser Scherz wirken.

„Daß wir noch viel zu milde waren . . ."; denn sicher war er seiner inneren Überzeugung nach gegen Mord an Frauen und Kindern eingestellt. Als Offizier altpreußischer Tradition stand er dem braunen Usurpator und dessen Horden nicht vorbehaltlos gegenüber und bremste deshalb in seinem Machtbereich die judenfeindliche Politik; selbstverständlich ohne jemals dabei einen ernsten Konflikt zu riskieren. Wie andere mußten auch die belgischen Juden dann den Weg nach Auschwitz antreten. Die schüchternen Abschwächungsversuche des Generals genügten jedoch anscheinend, das eigene Gewissen völlig zu beruhigen, so daß er von „Milde" sprechen durfte.

Nun, mit jener Art von Milde war es leider nicht getan. Am Schluß jedes Kapitels zeigen Dokumente, auf wie mannigfache Weise ehrenhafte Menschen — Offiziere, hohe Beamte und Diplomaten — die eigene und damit zugleich die Ehre ihres Vaterlandes zu wahren und zu retten wußten; wie es ihnen gelang, eine Mittäterschaft oder auch Mitschuld am Vernichtungswerk zu vermeiden, indem sie es wagten, sich ihm entgegenzustellen.

Beruht vielleicht die Niederschrift eines jener Männer — nach dem Kriege verfaßt — auf Wahrheit, daß es nämlich „in der Befehlsgewalt der Oberbefehlshaber gelegen hätte, sich gegen die Ausrottung der Zivilbevölkerung aufzulehnen, und daß ein energischer einheitlicher Protest aller Feldmarschälle eine Änderung der Aufgaben und Methoden mit sich gebracht hätte"? Sollte dieser Generalmajor der Waffen-ℋ den Zusammenhang der Dinge klar erkannt haben?

Jedenfalls könnte eine solche These auch dem italienischen Beispiel zugrunde gelegt werden. Im faschistischen Italien spielten sich die Dinge nämlich ähnlich ab. Es handelt sich da um ein Phänomen, das gewöhnlich ignoriert wird und als Element des letzten Krieges auch seltsam anmutet. Gewisse der von uns hier veröffentlichten Dokumente werfen jedoch einige Streiflichter darauf.

Man darf nicht vergessen, daß in den ersten 15 Jahren des faschistischen Regimes die Juden wie alle anderen italienischen Bürger behandelt wurden. Zu wiederholten Malen hat sich Mussolini sogar weidlichst über Hitlers Ras-

senwahn lustig gemacht. *Nachdem er dann im Jahre 1938 den Achsen-Pakt unterzeichnet und damit sein Schicksal mit dem Hitlers verknüpft hatte, entschloß sich dieser unselige Machiavelli - Schüler dazu, auch in Italien eine antijüdische Gesetzgebung einzuführen. Durch die Skepsis und Weltaufgeschlossenheit der Italiener gedämpft, auch weniger blutdürstig als die Deutschen, wurden diese Gesetze von 1939 bis 1942 ohne große Hindernisse angewandt und die Juden Italiens somit ebenfalls in den Bann der Nation getan.*

Als jedoch die Italiener die wahren Absichten des Nationalsozialismus bezüglich des jüdischen Schicksals erfuhren und begriffen, was sich eigentlich hinter dem Wort „Endlösung" verbarg, änderte sich die Einstellung mit einem Schlag und radikal. Vom selben Augenblick an setzten Minister und Generalität der Allmacht Mussolinis gewisse Grenzen.

Ende 1942 besetzten die italienischen Truppen den Südosten Frankreichs und weite Landstriche Jugoslawiens sowie Griechenlands. Bald schon wurden diese Gebiete zu wahren Zufluchtsstätten für bedrängte Juden, die in fast allen anderen Teilen Europas längst zu gehetztem Wild geworden waren. Ohne Ausnahme stellten sich die italienischen Militärbefehlshaber den Judenverfolgungen und Aussiedlungen entgegen. Mochte Mussolini auch über „die falsche Humanitätsduselei" wettern oder seine berühmten Tobsuchtsanfälle bekommen, die Generale befolgten in dieser Hinsicht seine Befehle nicht, denn — so erklärte einer von ihnen — „die italienische Armee mußte unbedingt vermeiden, sich an dieser Sache die Hände schmutzig zu machen". Die Wilhelmstraße intervenierte vergeblich beim Quirinal; umsonst setzte die Gestapo ihren italienischen Gegenspieler, die Ovra, unter Druck. Solange Italien sich ein Restchen von Unabhängigkeit und Handlungsfreiheit bewahren konnte, änderte sich nichts an dieser Situation, also bis zur italienischen Kapitulation im September 1943.

Vielleicht möchte man hier einwenden, Völkerpsychologie sei halt eine komplizierte Sache — andere Länder, andere Sitten! Das menschliche Verhalten eines alten Kulturstaates unserer Welt sei wohl auch durch den tief eingewurzelten Individualismus der Italiener oder ihre wohlbekannte Abneigung gegen jeglichen Zwang zu erklären. Beides könnte als Ursache für ihr schönes Gleichgewicht gelten. Dann allerdings wäre unser Beispiel fehl am Platze oder — besser gesagt — gehörte nicht in diese Untersuchung, denn es würde sich dann um den Sonderfall eines allgemeinen Problems handeln, dessen Tiefen die Deutschen selbst ergründen sollten — sie tun es übrigens bereits —, warum nämlich die deutschen Streitkräfte bis zur Endkatastrophe dem Führer so blindlings gehorcht haben.

Doch gibt es in Deutschland selbst einen bemerkenswerten und recht bezeichnenden Präzedenzfall, der zeigt, wie selbst ein Diktator vom Format Hitlers die Grenzen seiner Macht manchmal genau zu erkennen wußte. Er wich schleunigst zurück, sobald er sich einem wahrhaft starken Widerstand gegenüber sah, weil er spürte, daß er sich nur schaden oder gar zu Fall kommen könnte. Es handelt sich dabei um das Unternehmen, das im Dritten Reich mit „Ausmerzung unwerten Lebens" bezeichnet wurde.

Welche enge Verbindung zwischen der Vernichtung der Geisteskranken und der Ausrottung der Juden bestand, ist ins Auge fallend genug. In beiden Fällen wird der Mensch um seiner selbst willen verfolgt und nicht etwa deshalb, weil er etwas getan hätte. Genau wie kein Geistesgestörter an seinem Irresein, trug auch kein Jude die Schuld an seinem Judentum; allein auf Grund ihres Vorhandenseins, und nicht etwa weil sie etwas verbrochen hatten, wurden sowohl die einen als auch die anderen unwiderruflich zum Tode verdammt. Desgleichen wurde bei jedem Fall das Vorgehen nach außen hin angeblich zum Wohle der deutschen Volksgemeinschaft von eiskaltem Rationalismus diktiert, während in Wahrheit der heftig abgestrittene Wille zum Mord und eine geradezu sadistische Wut auf alles Schwache und Unschuldige das ganze Unternehmen beherrschten, ganz abgesehen von der völligen Mißachtung des sechsten Gebotes. Der Tod an sich war entsetzlicher Selbstzweck und nicht nur grauenhaftes Mittel zur Erreichung eines gewissen Ziels.

Auch die dabei angewandten Techniken glichen sich vollkommen. Genauer gesagt, diente die „Ausmerzung unwerten Lebens" gewissermaßen als Versuchsballon für die Ausrottung des Judentums. An den Geisteskranken in Deutschland wurde die Technik des Serienmords bis zur höchsten Vollkommenheit geübt, damit die Meister ihres Faches dann später ihre Kunst bei der Ausrottung der Juden Europas anzuwenden vermochten.

Der Feldzug gegen die Geisteskranken begann am gleichen Tage wie der Krieg und wurde durch einen Geheimbefehl Hitlers vom 1. September 1939 ausgelöst. Die Technik des Erstickungstodes war im Jahre 1940 schon auf der Höhe, und der Rhythmus des Unternehmens wurde in zunehmendem Maße beschleunigt, so daß innerhalb von 20 Monaten die stattliche Zahl von mehr als 70 000 Schwachsinnigen — Erwachsene und Kinder — von der Bildfläche verschwand.

Gänzlich unbeabsichtigt und fatalerweise nicht vorausgesehen war jedoch, daß derartige Betriebsamkeit sich schneller als ein Lauffeuer ausbreitete, obwohl es sich bei den hilflosen Opfern meistens um Menschen handelte, die seit geraumer Zeit in geschlossenen Anstalten eingesperrt waren und nicht wie die Juden an der weltlichen Vielfalt menschlichen Daseins noch teilnehmen konnten. In Deutschland tauchten unheimliche Gerüchte auf. Geistliche beider Konfessionen erhoben die Stimme; Generale, hohe Beamte und selbst Gauleiter folgten ihrem Beispiel. Im August 1941 war dieser Chor zur Stärke eines Orkans angewachsen, und Hitler hielt es für geraten, wenigstens „für die Dauer des Krieges" sein Euthanasieprogramm doch lieber abzublasen.

Weshalb wohl der Druck der Öffentlichkeit im Falle der Juden nicht ebenfalls stark genug geworden sein mag? Damit sehen wir uns einem neuen Fragenkomplex gegenüber und — gestehen wir es nur — einer entsetzlichen Frage. Die erschöpfende Antwort darauf geht leider weit über das hinaus, was in der Einleitung zu der vorliegenden Sammlung gesagt werden kann. Immerhin verschaffen die unter dem Titel „Aus Front und Soldatenzeitungen" zusammengestellten Dokumente einen gewissen Überblick und tragen wenigstens die ersten Ansätze einer Antwort in sich; denn Diffamierung solchen Aus-

maßes, derartiger Vehemenz und von dieser Beständigkeit muß unweigerlich Früchte tragen.

Auch schreckliche Dinge können manchmal einfach zu erklären sein, und so drückt der eine der von uns vorgestellten Persönlichkeiten in wenigen Worten sehr viel aus. „Wenn man jahrelang predigt, jahrzehntelang predigt, daß die slawische Rasse eine Unterrasse ist, daß die Juden überhaupt keine Menschen sind, dann muß es zu einer solchen Explosion kommen."

Erinnert man sich wohl heute noch an die Zahl jener Prediger und den Inhalt ihrer Predigten? Entsinnt man sich der dämonischen Botschaft des Hasses in Wort und Bild? Auf viele Seiten dieses Buches verteilten wir Proben jener gefährlichen Albernheiten, weil sie dazu beitragen, die Hintergründe der Katastrophe wirklich erkennen zu können. Es ist wichtig, sich ähnliche Aussprüche ins Gedächtnis zurückzurufen; denn „im Anfang war das Wort", und die Zahl seiner Verkünder schwoll ab 1933 lawinenartig an. Auch jene Männer gehörten einer Elite des Hitler-Staates an, noch dazu der akademischen, der geistigen Elite. Das Verhalten dieser Kreise allerdings wird erst Gegenstand einer folgenden Dokumentensammlung sein.

*   *
*

Die von uns in diesem Buch zusammengestellten Dokumente stammen aus zwei Quellen:

1. *den großen Archiven des Centre de Documentation Juive Contemporaine in Paris. Sie sind mit der Kennziffer des Instituts, einer römischen Zahl, versehen, die durch eine arabische Zahl vervollständigt wird. Zum Beispiel: CXXVI — 55. Es handelt sich größtenteils um Dokumente, die hier zum erstenmal veröffentlicht werden.*

2. *dem Archiv des Internationalen Militärgerichtshofs in Nürnberg. Hier wurden die Nummern der Beweisurkunden angegeben, die aus Buchstaben und Zahlen bestehen, wie etwa: PS — 1584.*

In gewissen Fällen kann ein Dokument in beide Kategorien gehören.

Fotografien und Fotokopien ohne Quellenangabe stammen aus dem Archiv des Centre de Documentation Juive Contemporaine in Paris.

Die Titel der einzelnen Dokumente und die gelegentlich notwendigen Erläuterungen stammen von den Herausgebern. Letztere sind in Kursivschrift gesetzt.

*   *
*

Endlich möchten wir noch allen denen unseren Dank aussprechen, die uns bei unserer Arbeit unterstützt haben.

Einerseits gilt der Dank den Freunden, die uns die Zusammenstellung dieses Buches erleichterten, wie Herrn Schneersohn, dem Gründer des Centre de Documentation Juive Contemporaine und den Mitarbeitern dieses Instituts, den Herren Billig, Czertok, Hosoasson und Mazor, andererseits den nachstehend aufgeführten Institutionen und Persönlichkeiten, die uns liebenswürdigerweise bei unserer Arbeit halfen:

In Berlin: Frl. Barbara Link (Juristische Fakultät der Freien Universität)

Frau Iris von Stryk

Frau Ingeborg Wellmann (Bibliothek der Freien Universität)

den Herren:

Dr. K. D. Bracher (Institut für politische Wissenschaft)
Prof. Dr. O. H. v. d. Gablenz (Hochschule für Politik)
Gerhard Hoffmann (Amtl. Anstalt f. Kartographie und Kartendruck)
Heinz Muess (Bibliothek der Freien Universität)
Bogdan Osadczuk
Lothar Saczek
Wolfgang Sauer (Institut für politische Wissenschaft)

In Stuttgart: Dr. Ernst Weis und Max Gunzenhäuser (Bibliothek f. Zeitgeschichte-Weltkriegsbücherei)

In Bonn: Dr. Friedrich Beermann

In London: Dr. Alfred Wiener (Wiener Library)

In Zürich: Dr. B. Sagalowicz (Pressestelle „Juna" bei dem Schweizerischen Israel. Gemeindebund)

In New York: Dr. Ph. Friedman (Columbia University)

In Paris: Dir. Z. Shuster (American Jewish Committee)

Alexandre Kojève

Wir empfinden es als Pflicht, an dieser Stelle auch noch den unbekannten Freunden — alle Namen hier zu nennen ist unmöglich, da die Zahl zu groß ist — unseren Dank abzustatten, deren Ermutigung für uns von größter Bedeutung war. Damit meinen wir die unzähligen Wissenschaftler, Publizisten und Politiker der Bundesrepublik Deutschland, die es sich in Presse und Rundfunk zur Aufgabe machten, über unseren ersten Band „Das Dritte Reich und die Juden" erschöpfende Kritiken und Analysen zu veröffentlichen; die da meinten, Probleme, wie sie unsere Dokumentensammlung aufwarf, gehören zu den vordringlichen Aufgaben unserer Zeit.

Léon Poliakov   *Josef Wulf*

XV

KAPITEL I

Auswärtiges Amt

*„Ich bitte um Genehmigung, die Abschiebungsarbeiten
in der vorgetragenen Form durchführen zu können."*

Gesandter E. v. Rintelen (Seite 66)

INHALTSVERZEICHNIS

1*

FOTOGRAFIEN

6

Vorwort

Aus den Dokumenten dieses Kapitels geht hervor, in welchem Umfang selbst Beamte des diplomatischen Dienstes von 1939 bis 1945 für Hitlers Krieg gegen die Juden mobilisiert waren. Wie in jedem Krieg ist selbstverständlich auch hier die Kampflust des einzelnen recht unterschiedlich gewesen. Es gab begeisterte Vorkämpfer, wie die Legationsräte Franz Rademacher und Eberhard von Thadden in Berlin, den Legationsrat Carltheo Zeitschel in Paris und den Unterstaatssekretär Martin Luther. Doch finden sich auch phlegmatischere Streiter gleich Otto Abetz, Sonnleithner und Rudolf Rahn oder „unfreiwillige Rekruten" von der Art des Botschafters von Mackensen, des Staatssekretärs von Weizsäcker und des Ministers von Neurath. Auf diese oder jene Weise hatte jeder die Hand im Spiel, falls er im deutschen Auslandsdienst wirkte. Besonders aufschlußreich dürfte von diesem Gesichtspunkt aus wohl das Stimmungsbild aus Budapest (Dok. 10) sein oder auch eine Anzahl von Dokumenten, die das Leben und Treiben in der Pariser Botschaft zum Gegenstand haben (Dok. 18, 22, 23), sowie das ausführliche Protokoll über die „Tagung der Judenreferenten" im Jahre 1944, welche unter Vorsitz des Gesandten Schleier stattfand (Dok. 33).

Sollte es wirklich so lebensgefährlich gewesen sein, sich jener höllischen Verstrickung zu entwinden? Der Bericht des Legationssekretärs Reinhard Henschel (Dok. 32) versieht uns darüber mit umfassender Aufklärung.

1. Das Auswärtige Amt und die jüdischen Kinder[1])

I.

Die Gegenleistung ist noch nicht bekannt...

Geheim.

Berlin, den Februar 1944
    Diplogerma
Referent: LR v. Thadden

(Handschriftlich): Inl. II 619 g
(G.-Schreiber) oder Telegramm IZ (geh. Ch. V.)

C i t i s s i m e !
Für Herrn Gesandten p e r s ö n l i c h !

B e t r e f f : Ausreise von Juden nach Palästina

Herr RAM bittet Sie, Marschall Antonescu aufzusuchen, ihm vertraulich mitzuteilen, daß Reichsregierung britischen Wunsch auf Erteilung Ausreisegenehmigung für Judenkinder am 26. Januar mündlich wie folgt beantwortet hat: Folgt Text: „Obwohl die Anfrage der britischen Regierung wegen der Ausreisegenehmigung für 5000 Juden nicht erkennen läßt, zu welchen Gegenleistungen man britischerseits bereit wäre, ist die Reichsregierung nicht abgeneigt, den englischen Wunsch in positivem Sinne zu erwägen und in entsprechende Verhandlungen einzutreten."

Akt. Z. Inl. II

(handschr.) Telko 11/2 (mit dem Zeichen für Erledigung).

---

[1]) *Dokumente CXXVII — 55.*

Der Mittelpunkt

England ist Hort und Mittelpunkt des Weltjudentums. In ihm hat das jüdische Element die wichtigsten und entscheidendsten Positionen zu erringen gewußt.

Dr. Peter A l d a g : „Juden beherrschen England", Nordland-Verlag, Berlin, 1939, Seite 316.

II.

Die sensible Reichsregierung

Geheim

Berlin, Februar 1944

Für

Herrn Gesandten v. Killinger p e r s ö n l i c h !

Referent: LR v. Thadden

G-Schreiber oder Telegramm

Telegramm nicht geh. Ch. V. O f f e n

Ch. V.

C i t i s s i m e !

Da jedoch die Reichsregierung ihre Hand nicht dazu bieten kann, daß ein so edles und tapferes Volk wie die Araber durch die Juden aus ihrem Heimatland Palästina verdrängt werden, könnten diese Verhandlungen nur unter der Voraussetzung aufgenommen werden, daß sich die britische Regierung damit einverstanden erklärt, daß die Juden statt nach Palästina nach Großbritannien überführt werden und daß sie ihnen dort die endgültige Niederlassung garantieren." Schluß Text.

Bitte Marschall darauf hinweisen, daß Ausreise rumänischer Juden nach Palästina uns befreundete Araber stark verstimmen würden.

Akt. Z.: Inl. II 262 g

III.

Falls Genehmigung erteilt ist . . .

G e h e i m

Berlin, den Februar 1944

Für

Herrn Gesandten v. Killinger p e r s ö n l i c h !

Referent: LR v. Thadden

G-Schreiber oder

Telegramm IZ (geh. Ch. V.)

C i t i s s i m e !

Wir hielten es daher für zweckmäßig, wenn rumänische Regierung zu jüdischen Ausreisewünschen eine der Reichsregierung entsprechende Haltung einnehmen würde. Falls Genehmigung zur Ausreise von Juden bereits erteilt sei, bäten wir, Genehmigung rückgängig zu machen. Drahtbericht.

Zur dortigen Information:

Veröffentlichung und propagandistische Auswertung der England erteilten Antwort ist von Herrn RAM noch nicht freigegeben, aber für Mitte März in Erwägung gezogen. Weisung wegen Freigabe Veröffentlichung folgt ggf. rechtzeitig.

S t e e n g r a c h t

IV.

Gesandter Beckerle hat das Wort

G e h e i m

(handschriftlich): Inl. II 619   Stempel:
         Anlage 6   Nur als Verschlußsache zu behandeln

T e l e g r a m m   (Geh. Ch. V.)

Sofia, den 11. Februar 1944
Ankunft: 11.   ,,   ,,   21.30 Uhr

G e h e i m e R e i c h s s a c h e

N r. 2 1 8 v o m 11. 2.

Auf Erlaß In. II A Nr. 303 vom 27. Januar.

Über Angelegenheit habe ich bereits durch Drahtbericht Nr. 181*) vom 3. Februar berichtet. M a r i n e -Gruppen- K o m m a n d o Süd teilt ergänzend mit, daß es sich um Motorsegler Maritza und Bellacitta handele. Außenministerium erklärte, daß bulgarische Regierung den beiden Schiffen Erlaubnis zum Transport der jüdischen Kinder nicht erteilt habe und nicht erteilen werde, zumal ihr durch ein bulgarisches Schiff, welches vor einiger Zeit einen Judentransport gegen ihren Willen durchgeführt und an der türkischen Küste Schiffbruch e r l i t t e n habe, größte Schwierigkeiten erwachsen seien.

Außenministerium würde die bulgarische Gesandtschaft in Bukarest beauftragen, rumänische Regierung hiervon in Kenntnis zu setzen. Im übrigen würde es durch Gesandtschaft in Bukarest und Behörden in Varna Angelegenheit klären, insbesondere, ob es sich wirklich um bulgarische Schiffe handele und diese bulgarische Flagge zu Recht führen.

Weiterer Bericht folgt.

B e c k e r l e

S t e m p e l :
St. S. Keppler
U. St. S. Pol
Botschafter Ritter
Botschafter Gaus
Leiter Abt. Pers
  ,,   ,,   Ha Pol   Chef Prot
  ,,   ,,   Recht   Dg. Pol
  ,,   ,,   Kult Pol   G. Leiter Inl. I
  ,,   ,,   Presse   G. Leiter Inl. II
  ,,   ,,   Rundfunk   Arb. Expl. bei (handschr.): Inl. II
 *) bei Inland. II

V.

Der wohlinformierte Gesandte

(handschr.) Tel II 619 g

Telegramm
(Geh. Ch. V.)

Stempel:
Nur als Verschlußsache zu behandeln
(Handschr.) Anlage 2

Bukarest, den 16. Februar 1944, 11.40 Uhr
Ankunft: „ 16. „ „ 12.45 „   G e h e i m
N r. o h n e
Inl II 262 g   Auf Drahterlaß Nr. 352 vom 11. Februar

Da eine persönliche Audienz beim Marschall zur Zeit nicht möglich war, aufsuchte ich Vizeministerpräsident und machte ihn mit Inhalt Telegramms bekannt, mit der Bitte, denselben an Marschall Antonescu weiterzuleiten.

Marschall Antonescu möchte möglichst viel Juden aus Rumänien los werden. Auf radikale Maßnahmen will er sich wegen ungünstiger propagandistischer Auswirkung b e i Feindstaaten, auf Grund Einstellung maßgebender rumänischer Kreise, die zum großen Teil jüdisch versippt sind, und wohl auch wegen persönlicher Einstellung nicht einlassen. Er will mir seine endgültige Stellungnahme zu dem Inhalt vorstehenden Drahterlasses übermitteln. Ich werde berichten.

K i l l i n g e r

Stempel:
St. S, Keppler
U. St. S. Pol
Botschafter Ritter
Botschafter Gaus
Leiter Abt. Pers
„   „   Ha Pol
„   „   Recht
„   „   Kult Pol
„   „   Presse
„   „   Rundfunk
Chef Prot
Dg. Pol
Gr. Leiter Inl I
Gr. Leiter Inl II
Arb. Expl. bei handschr.: Inl. II

Herrn Gruppenleiter Inland II mit der Bitte um Kenntnisnahme vorgelegt. Zeichen von Thadden 7/2.

Bitte Informationsabteilung II unterrichten. Zeichen von Wagner.
Siz (?) 23/2. Herr (unleserlicher Name) hat Kenntnis erhalten.

12

VI.

Der aktive Gesandte

(handschr.) Inl. II 619 Anlage

T e l e g r a m m
(Geh. Ch. V.)

Bukarest, den 11. März 1944, 21,20 Uhr
Ankunft: „ 11. „ 1944, 23.50 Uhr
N r. 8 8 0 v o m 1 1. 3.

Auf Erlaß Inl. II A 303 vom 27. Januar und Drahterlaß Nr. 638*).

Antwort Marschalls noch nicht eingegangen. Habe Eindruck, daß er Entscheidung ausweicht. Habe gegenüber dem Außenministerium auf dessen Anfrage wegen Genehmigung Abtransporte von 150 Judenkindern nach Palästina unseren ablehnenden Standpunkt zum Ausdruck gebracht.

K i l l i n g e r

*) Prot A
2693 XIV 12/2
V e r t e i l e r : Nr. 1 an Prot (Arb.-St.)
„ 2 „
„ 3 „
„ 4 „ Sammlg. Telko

VII.

Politik und Kinder

T e l e g r a m m
(nicht geh. Ch. V.)

(handschr.) Anlage 4

Genf, den 30. März 1944, 21.10 Uhr
Ankunft: 31. „ „ 1.15 Uhr   Handschr.: Tel II 619 g
N r. 1 0 1 v o m 3 0. 3.
Mit Bezug auf Drahterlaß Nr. 77*) vom 8. März.

Rumänisches Rotes Kreuz mitteilt Internationalen Roten Kreuz, daß unter Schutz rumänischen Roten Kreuzes in Dienst gestellte „Bellacitta" am 2. April Reise v o n Konstanza nach Istanbul antreten werde. Internationales Rotes Kreuz verbindet mit dieser Mitteilung Bitte um freies Geleit für den Transport von 130 Kindern und 20 Erwachsenen.

S i e g f r i e d

*) Inl. II a 731
(Ausreise von rumän. Juden nach Palästina)
V e r t e i l e r : Nr. 1 an Inl. II A (Arb. St.)
„ 2 „ und Nr. 3 an
„ 4 „ Samlg. Telko

13

VIII.

Für Ribbentrops Politik notwendig

Telegramm
(Geh. Ch. V.)

Ankara, den 31. März 1944

Ankunft: den 31. März 1944, 23.45 Uhr

N r. 5 0 2   v o m   3 1.   3.   44

(handschr.): Inl II 569 g
Stempel:
Nur als Verschlußsache zu behandeln

(handschriftlich):
Anlage 5 Inl. II 619 g

Seit einiger Zeit laufen hier Verhandlungen mit Rotem Kreuz über Auswanderung 1500 (eintausendfünfhundert) Juden von Rumänien nach Palästina. Türkische Regierung bereit, hierfür Dampfer „T a r i " zur Verfügung zu stellen. Numan mitteilt, daß amerikanischer Botschafter sich in dringender Form für beschleunigte Durchführung einsetzte. Numan läßt Herrn Reichsaußenminister persönlich bitten, Genehmigung zu erteilen und hinweist, daß es zur Förderung seiner Politik notwendig ist, zeitweilig „Ballast abzuwerfen". Gegebenenfalls erbitte Weisung, wann und in welchem Hafen Schwarzen Meeres Einschiffung erfolgen könnte.

J e n k e

Stempel:	Leiter Abt. Kult Pol
St. S. Keppler	„ „ Presse
U. St. S. Pol	„ „ Rundfunk
Botschafter Ritter	Chef Prot
Botschafter Gaus	Dg. Pol
Leiter Abt. Pers	Gr. Leiter Inl I
„ „ Ha Pol	Gr. Leiter Inl II
„ „ Recht	Arb. Expl. bei handschr.: Inl. II

Gesittung . . .

Alle germanische Gesittung nimmt ihren Ausgang vom Blutbewußtsein, dem Blutgedanken und der bejahten Blutverpflichtung.

Margarete S c h a p e r - H a e c k e l : „Die Germanin", Körper, Blut und Seele, 1943, Verlag C. V. Engelhard GmbH., Berlin N 4, Seite 31.

IX.

von Papen erwartet Drahtweisung

(handschriftlich): zu Inl. II 598

Anlage 5

Stempel:

Nur als Verschlußsache zu behandeln

handschriftlich: Inl. II 619 g

Telegramm

(Geh. Ch. V.)

Ankara, den 4. April 1944

Ankunft: den 4. April 1944, 15.30 Uhr

N r. 5 1 8 v o m 4. 4.

Im Anschluß an Telegramm

vom 31. Nr. 502*)

*) Inl II (VS)

Rote-Kreuz-Delegierter mitteilt, daß es sich um Transport von 1350 Kindern handele, denen lediglich 10 Prozent erwachsene Personen, das heißt 150 erwachsene Personen, zur Betreuung beigegeben.

Türkische Regierung habe trotz ihrer Schiffsraumnot Dampfer „Tari" zur Verfügung gestellt, weil es sich ausschließlich um Kinder handele. Transport soll baldmöglichst ab Konstanza über Istanbul nach Haifa durchgeführt werden. A l l e beteiligten Nationen hätten Sauf-Conduit erteilt, Reichsregierung werde gebeten, diesem humanitären Werk ihre Zustimmung nicht zu versagen. Zentrale Genf habe gleichlautende Anfrage vor 14 Tagen nach dort gerichtet, sei ohne Antwort. Drahtweisung.

von P a p e n

Stempel:	Leiter Abt. Pers	Chef Prot
St. S. Keppler	,, ,, Ha Pol	Dg. Pol
U. St. S. Pol	,, ,, Recht	Gr. Leiter Inl I
Botschafter Ritter	,, ,, Kult Pol	Gr. Leiter Inl II
Botschafter Gaus	,, ,, Presse	
	,, ,, Rundfunk	Arb. Expl. bei handschr.: Inl. II

---

von Papen und die Volksgenossen

Der katholische Volksteil, politisch in Einheit mit den Volksgenossen der evangelischen Konfession, soll immer mehr zu einer unerschütterlichen Basis in dem Gesamtfundament des Dritten Reiches werden.

Franz v. P a p e n im Buche „Der Nationalsozialistische Staat" — Grundlagen und Gestaltung — Urkunden des Aufbaus, Reden und Vorträge. 1. Heft, Herausgeber Dr. Walther Gehl, Ferdinand Hirt Verlag, Breslau, 1933, Seite 193.

X.

Vortragsnotiz

Inland II   (handschriftlich): Inl. II 619 g
(Handschr.): LR v. Thadden wegen letzten Satz z. g. R.

Zeichen v. Steengrachts 7/4

G e h e i m

Vortragsnotiz

Die rumänische Regierung hat sich vor einiger Zeit bereit erklärt, einer Gruppe von 7000 rumänischen Juden, überwiegend Kindern, die Ausreise aus Rumänien zu gestatten. Die von deutscher Seite hiergegen erhobenen Vorstellungen hatten keine Wirkung.

Gesandten von Killinger wurde sodann im Zuge der Feldscher-Angelegenheit[1]) die Weisung des Herrn Reichsaußenministers mit anliegend beigefügtem Telegramm übermittelt (Anlage 1), daß er Marschall Antonescu bitten solle, die Ausreise rumänischer Judenkinder zu verbieten und gegebenenfalls die Angelegenheit nach dem Muster der Feldscher-Anfrage zu behandeln. Gesandter von Killinger hat den Marschall nicht selbst erreicht und von Mihai Antonescu einen hinhaltenden Bescheid erhalten (Anlage 2). Auf Erinnerung hat Bukarest sodann berichtet, daß der Marschall offensichtlich sich einer Beantwortung entziehen wolle (Anlage 3).

Aus einem von Mihai Antonescu an den jüdischen Architekten Cleijan gerichteten Brief ergibt sich die Stellungnahme des Marschalls dahin, daß er gegen die Ausreise der Juden Bedenken nicht erheben wolle, aber für den Abtransport der Juden keinerlei Transportmittel zu gestellen bereit ist und es dem Weltjudentum zu überlassen beabsichtigt, die Transportfrage zu lösen.

Das Internationale Rote Kreuz hat sich mit der Angelegenheit in letzter Zeit besonders stark befaßt. Die Bereitstellung schwedischen Schiffsraums ist von der Schwedischen Regierung abgelehnt worden. Der Plan, die für Getreidetransporte eingesetzten schwedischen Rot-Kreuz-Schiffe für Judentransporte auf dem Rückweg zu benutzen, scheint dagegen noch nicht endgültig gescheitert zu sein. Die Bereitstellung dänischen Schiffsraums, der im Ausland festliegt, ist über Kopenhagen versucht worden, zu verhindern. Das Internationale Rote Kreuz hat nunmehr jedoch Freigeleit für den unter bulgarischer Flagge fahrenden Dampfer „Bellacitta" (Anlage 4), die türkische Regierung für den türkischen Dampfer „Tari" beantragt (Anlage 5).

Die Feststellungen in Bulgarien ergaben, daß die Bulgarische Regierung der Reise der „Bellacitta" nicht zugestimmt hat (Anlage 6). Die Türkische Regierung hat sich anscheinend nach Nachrichten aus besonderer Quelle erst zur Freigabe des Dampfers „Tari" bereit erklärt, nachdem die Anglo-Amerikaner stärksten Druck auf sie ausgeübt und vielleicht sogar Ersatzschiffsraum im Falle des Verlustes der „Tari" zugesagt haben.

---

[1]) *Siehe Anhang.*

Gruppe Inland II ist der Ansicht, daß im Falle einer Genehmigung der Transporte durch Zusagen von Freigeleit das gesamte Problem der Auswanderung rumänischer und bulgarischer Juden nach Palästina in Fluß gebracht würde, denn die Bulgarische Regierung hat der Ausreise bulgarischer Juden an sich bereits zugestimmt, diese aber aus transporttechnischen Gründen bisher immer wieder zu verhindern gewußt. In Rumänien würde sich eine Begrenzung auf die ursprünglich vorgesehenen 7000 Juden bei geeigneter Transportlage keinesfalls aufrechterhalten lassen.

Gruppe Inland II schlägt daher vor, der Türkischen Regierung und dem Internationalen Roten Kreuz durch die Deutsche Botschaft in Ankara bzw. das Deutsche Konsulat in Genf antworten zu lassen, deutscherseits werde Palästina als ein arabisches Land angesehen, eine Unterstützung jüdischer Einwanderung nach Palästina könne daher durch Gewährung von Freigeleit für Judentransporte nicht in Betracht gezogen werden.

Weiterhin schlägt Gruppe Inl. II vor, dem türkischen Außenminister Numan sagen zu lassen, aus Gründen der Spionageabwehr und aus seestrategischen Gründen könne seinen Wünschen nicht entsprochen werden. Gleichzeitig wäre Botschafter von P a p e n anheimzustellen, sofern er es für zweckmäßig hält, Numan darauf hinzuweisen, daß der Dampfer „Tari" nach den hier vorliegenden Meldungen nicht nur für einen Transport, sondern für mehrere Transporte zum Abtransport von insgesamt 5000 Juden gechartert sei, und daß gleichzeitig auch von jüdischer Seite noch Verhandlungen wegen Bereitstellung anderen Schiffsraumes zum Abtransport von Zehntausenden von Juden geführt würden.

Telegrammentwürfe in diesem Sinne liegen bei.

Sollte der Herr R A M entscheiden, daß aus besonderem Entgegenkommen ein Transport mit Dampfer „Tari" gestattet werden soll, schlägt Gruppe Inland II vor, Numan sagen zu lassen, daß dies ein besonderes Entgegenkommen ihm gegenüber sei und weitere Wünsche in dieser Richtung nicht erfüllt werden könnten.

(handschr.):
Numan hatte darum gebeten.
Zeichen: von Steengracht
18/4.
Hiermit über Herrn U.St.S.Pol
Herrn Staatssekretär
zur Vorlage bei dem

Berlin, den 6. April 1944
gez. v. T h a d d e n

(Handschr.): Dg Pol
Zeichen: v. Hencke 7/4
Zeichen: v. Steengracht
18/4

H e r r n R e i c h s a u ß e n m i n i s t e r

(Handschriftlich):
Herr U.St.S.Pol bittet um Nachprüfung, da er die Sache nicht mehr hat lesen können.

U.R. Pol IV (?) Mit der Bitte um Stellungnahme

8/4 gez. Erdmannsdorf

erledigt

gez. Erdmannsdorf

XI.

Am 21. April 1944 . . .

Büro R A M

Über ST.S.

vorgelegt.

(handschr.): E I L T
zu Inl. II 619 g

Zeichen: v. Steengracht 21/4

LR v. Thadden

Handschriftlich:

Ich bitte den Telegrammentwurf vor Abgang
Reichsaußenminister vorzulegen. ST. 21/4

Der Herr RAM hat angeordnet, daß dem mit Tel. Ankara Nr. 502 v. 31. 3. von Ges.
Jenke übermittelten Wunsche des türkischen Außenministers entsprochen werden soll und
der Abtransport von 1500 Juden aus Rumänien nach Palästina mit dem türkischen Dampfer
„Tari" zu gestatten ist. Nach dem von Herrn RAM eingenommenen Standpunkt kommt
das grundsätzliche Aufrollen der Frage eines Abtransports von 7000 rumänischen Juden
nicht in Frage. Es handelt sich im vorliegenden Fall um ein einmaliges Entgegenkommen
des Herrn RAM gegenüber Numan, zu dem also nunmehr bezüglich freien Geleits und alles
dessen, was zum Transport erforderlich ist, unverzüglich das Notwendige zu veranlassen ist.

Ich möchte jedoch nicht empfehlen, in dem Telegramm nach Ankara Numan sagen zu
lassen, daß weitere Wünsche in dieser Richtung nicht erfüllt werden könnten, sondern
lediglich die Tatsache zum Ausdruck bringen, daß der Herr RAM entgegenkommender-
weise hinsichtlich der 1500 rumänischen Juden dem Wunsche Numans entsprochen hat.
Fuschl, den 21. April 1944.

gez. Altenburg

Berlin, den 21. April 1944

Hopfen / (handschr.): Hopfen

18

XII.

Am selben Tage . . .

Telefon. voraus. (LS Albers)

Büro RAM

Herrn
Staatssekretär v. Steengracht
vorgelegt

Zeichen Steengracht 21/4

(handschr.): LR v. Thadden

Der Herr R A M hat heute seine Einwilligung, dem Wunsche des türkischen Außenministers Numan entsprechend, 1500 rumänischen Juden die Ausreise nach Palästina zu gestatten, wieder zurückgezogen. Alle in dieser Richtung bereits eingeleiteten Maßnahmen wären sofort zu stoppen.

gez.:

A l t e n b u r g

Fuschl, den 21. April 1944

(handschr.): Albers

gez. A l b e r s

Minderwertige sind nur ein Hindernis

. . . Ich glaube, im vorhergehenden die wichtigsten Grundsätze der Rassenpflege dargestellt zu haben. Sie lassen sich immer wieder auf einige wenige Ziele vereinigen; Förderung alles dessen, was wir im Volk für tüchtig halten. Befreiung der Erbmasse des Volkes von den Minderwertigen, die nur ein Hindernis für das gesamte Volk sind. Reinhaltung unserer Rasse, Zurückdrängung des Fremdrassigen, das einen unheilvollen Einfluß auf den seelischen Aufbau des Volkes ausübt.

Die Forderungen, die wir gestellt haben, sind in vieler Beziehung hart. Vergessen wir aber nie, daß es um Sein oder Nichtsein des Volkes geht, und daß zu seiner Erhaltung jedes zweckdienliche Mittel berechtigt ist.

Prof. Dr. Martin S t a e m m l e r : „Rassenpflege im völkischen Staat", J. F. Lehmanns Verlag, München 1933, Seite 137.

ANHANG: „Feldscher-Aktion" [1)]

Über

    Herrn Staatssekretär

zur Vorlage bei

    dem Herrn Reichsaußenminister

Inl. II 2092 g   Geheim

                 (handschriftlich: Org. in A. Juden Palästina)

Vortragsnotiz

Die Aktion Juive ist, wie aus zahlreichen vorliegenden Meldungen hervorgeht, bemüht, mit Unterstützung der Feindstaatenregierungen 30 bis 50 000 Juden aus dem deutschen Machtbereich herauszuziehen.

Von dieser Gesamtaktion sind dem Auswärtigen Amt bisher folgende Einzelaktionen zur Kenntnis gelangt:

Hiermit **Herrn Ges. Bisse Pol.** XI mit Beziehung auf die telefonische Besprechung m. d. Bitte um Kenntnisnahme vorgelegt. Berlin, d. 21. 7. 43 v. Thadden

1. Anfrage des Gesandten Feldscher von der Schweizerischen Gesandtschaft im Auftrage der Britischen Regierung wegen Ausreise von 5000 Judenkindern aus den besetzten Ostgebieten nach Palästina.

2. Anfrage des Gesandten Feldscher über grundsätzliche Stellungnahme der Reichsregierung zur Ausreise von Juden aus den besetzten Westgebieten.

3. Anfrage der Schweiz im Auftrage der Britischen Regierung in Sofia wegen Ausreise von 5000 bulgarischen Juden nach Palästina.

4. Anfrage des Internationalen Roten Kreuzes bei der Deutschen Botschaft Ankara wegen Gewährung Freigeleits für 1000 bulgarische Juden von bulgarischem Hafen nach Haifa.

5. Anfrage der Rumänischen Regierung zwecks Zustimmung der Reichsregierung zur Ausreise von 7000 rumänischen Juden nach Palästina (nach rumänischer Darstellung von Herrn Reichsaußenminister Marschall Antonescu gegenüber angeblich bereits zugesagt).

6. Anfrage der Schwedischen Gesandtschaft im Auftrage der niederländischen Emigrantenregierung wegen Ausreise von 500 niederländischen Juden nach Palästina.

[1)] *Dokument CXXVI a — 66.*

20

7. Anfrage der Französischen Regierung wegen Stellungnahme der Reichsregierung zur Ausreise von 2000 jüdischen Kindern aus Frankreich, 500 aus Holland, 500 aus Belgien und zur Durchreise für einige Hundert aus der Schweiz über Portugal nach Palästina.

8. Bemühungen des Roten Kreuzes wegen Ausreise slowakischer Juden nach Palästina (da Slowakei von Feindmächten nicht anerkannt, liegt offizielle Anfrage nicht vor).

9. Bemühungen um Ausreise einzelner Gruppen ungarischer Juden nach Palästina (ungarisches Außenministerium erklärt, hiervon nichts zu wissen).

10. Anfrage der Argentinischen Regierung wegen Ausreise von 1000 Judenkindern aus dem Reich nach Argentinien.

Die Anfragen des Gesandten Feldscher 1. und 2. sind bereits Gegenstand einer Erörterung zwischen dem Herrn Reichsaußenminister und dem Reichsführer-// gewesen. Auf Grund dieser Besprechung hat der Herr Reichsaußenminister angeordnet, die Möglichkeit einer Antwort an die Schweizerische Gesandtschaft auf folgender Grundlage zu prüfen:

Ablehnung der Ausreisegenehmigung nach Palästina, da arabischer Lebensraum; Bereitwilligkeit zu Verhandlungen bei Übernahme der Kinder nach Großbritannien selbst; Voraussetzung: Sanktionierung der Einreisegenehmigung nach England durch Beschluß des Unterhauses.

Weiterhin hatte der Reichsaußenminister sich eine Entscheidung zu der rumänischen Anfrage (Ziffer 5) noch vorbehalten und angeordnet, daß ihm zu der argentinischen Anfrage (Ziffer 10.) ein Vorschlag vorzulegen sei.

Die Stellungnahme der zuständigen Abteilungen des Auswärtigen Amtes (Pol, Recht, Kult/Pol, Presse, Ru, B. f. I., Inl. I, Pol I M) zur Frage der Ausreise von Juden aus Europa ist zunächst durch Umfrage von Inl. II bei allen Abteilungen sowie sodann durch eine abschließende Besprechung bei Herrn Staatssekretär unter Beteiligung der in Betracht kommenden Abteilungsleiter geklärt worden.

Es bestand Einigkeit darüber, daß die einzelnen Anfragen, denen trotz ihrer Vielfaltigkeit ein einheitliches Vorgehen der Aktion Juive zugrunde liegt, auch völlig einheitlich behandelt werden sollten.

Zu dem Plan für die Beantwortung der Feldscher-Anfragen ergab die gemeinsame Prüfung, daß nach britischem Staatsrecht das Unterhaus für einen Beschluß wegen der Erteilung der Einreisegenehmigung an Juden unzuständig wäre. Das beabsichtigte Verlangen einer Sanktionierung durch das Unterhaus erscheint daher nicht ratsam, um der Britischen Regierung nicht die Möglichkeit zu geben, der Reichsregierung die Verantwortung für das Scheitern der Aktion wegen Aufstellung einer rechtlich nicht erfüllbaren Forderung zuzuschieben. Es sollte daher statt Genehmigung durch das Unterhaus Beschluß des Britischen Kabinetts gefordert werden.

Ich schlage daher im Einvernehmen mit den in Betracht kommenden Abteilungen vor und bitte den Herrn Reichsaußenminister, folgendes zu genehmigen:

I. Beantwortung der Anfragen:

1. Gesandten Feldscher wird in der gleichen Form, in der er die britische Anfrage hier anhängig gemacht hat, mitgeteilt:

   „Obwohl die Anfrage der Britischen Regierung wegen der Ausreisegenehmigung für 5000 Juden nicht erkennen läßt, ob man britischerseits zu einer Gegenleistung bereit wäre, etwa durch Austausch der Juden gegen Deutsche, die an der Rückkehr in das Reich durch die Kriegsverhältnisse verhindert sind, ist die Reichsregierung grundsätzlich bereit, den englischen Wunsch im positiven Sinne zu erwägen und in entsprechende Verhandlungen einzutreten.

   Da jedoch nach Auffassung der Reichsregierung Palästina zum arabischen Lebensraum gehört, könnten diese Verhandlungen nur unter der Voraussetzung aufgenommen werden, daß sich die Britische Regierung auf Grund eines Kabinettsbeschlusses damit einverstanden erklärt, daß die Juden, statt nach Palästina nach Großbritannien überführt werden und dort die endgültige Niederlassungsgenehmigung erhalten."

2. Eine entsprechende Antwort erhalten Gesandter Feldscher wegen der Ausreise der Juden aus den besetzten Westgebieten und die Schwedische Gesandtschaft für die Niederländische Emigrantenregierung.

3. Der Bulgarischen, Rumänischen und Französischen Regierung wird nahegelegt, den Engländern entsprechende Antworten zu erteilen und, sofern nicht ausreichend heimkehrwillige Bulgaren, Rumänen oder Franzosen zur Verfügung stehen, den Austausch gegebenenfalls als „gesamteuropäische Aktion" auf Angehörige der Dreimächte-Pakt-Staaten zu erweitern.

4. Den Regierungen von Italien, Ungarn, Kroatien und der Slowakei wird die Antwort an Gesandten Feldscher zur Kenntnis gebracht mit dem Vorschlag, sofern dort ähnliche Anregungen einer Feindstaatregierung oder des Internationalen Roten Kreuzes bekannt werden sollten, entsprechend vorzugehen.

5. Die Anfrage des Roten Kreuzes, ob Freigeleit für Judentransporte von Bulgarien nach Haifa gewährt werden würde, wird ablehnend beantwortet unter Mitteilung der deutschen Stellungnahme auf die britische Anfrage.

6. Der Argentinischen Botschaft wird geantwortet, die Reichsregierung sei bereit, die Erteilung der Ausreisegenehmigung für 1000 jüdische Kinder aus dem Reich nach Argentinien zu erwägen, wenn die Argentinische Regierung als Gegenleistung 1000 heimkehrwilligen Deutschen aus Süd- oder Mittelamerika unter Gewährung von Freigeleit seitens der Amerikaner und Engländer sowie der anderen mit dem Reich im Krieg befindlichen Staaten die Heimkehr in das Reich ermöglichte.

II. Propagandistische Auswertung:

Von einer Veröffentlichung der der Britischen Regierung erteilten Antwort wird zunächst abgesehen. Die propagandistische Auswertung erfolgt, sobald zu erkennen ist, welche Konsequenzen die Britische Regierung aus der deutschen Stellungnahme zieht.

Die deutsche Antwort wird jedoch zur Kenntnis des Großmufti und der sonst in Betracht kommenden arabischen Kreise gebracht.

III. Vorbereitungen für den Fall einer positiven Entscheidung der Britischen Regierung:

Wenn auch damit zu rechnen ist, daß die Britische Regierung die Erfüllung der deutschen Forderungen ablehnt, so ist doch vorsorglich der Reichsführer-$\mathcal{H}$ zu bitten, daß die gegebenenfalls erforderlichen Austauschobjekte zunächst nicht in die Ostgebiete evakuiert werden.

Berlin, den 21. Juli 1943

gez. Wagner.

(handschriftlich: Th. 21/7)

Die Abt. Pol, Recht, Kult Pol, Presse,

Ru, B. f. I., Inl. I, Pol I M

haben Doppel erhalten.

(handschriftlich: Juden Bulgarien)

Das freie arische Europa

Der große Totentanz, zu dem nun die angelsächsisch-jüdische und bolschewistisch-jüdische Welt angetreten ist, beide die Würger des freien arischen Europas, führt uns über die Schwelle eines neuen Zeitalters, das verheißungsvoll ist, wie keines zuvor, reich an ungestörter schöpferischer und aufbauender Arbeit. Friede und Freude werden auf den Fluren Europas weilen.

Otto Scheel: „Jomsburg", Vierteljahresschrift, Kiel 1941, Jahrgang 5, Heft 2, Seite 163.

2. Das Auswärtige Amt und die Juden in Serbien [1]

I.

... diese Juden so rasch wie möglich außer Landes zu bringen.

Stempel: G e h e i m e   R e i c h s s a c h e

T e l e g r a m m
(G-Schreiber)

Belgrad, den 8. September, 1941, 10.45 Uhr
Ankunft: den 8. September 1941, 12.30 Uhr
Nr. 608 vom 8. 9. 41
Mit G-Schreiber   G e h e i m e   R e i c h s s a c h e
(handschr.)

D III

D III 417 g
Nur als Verschlußsache zu behandeln.

Nachweislich haben sich bei zahlreichen Sabotage- und Aufruhrakten Juden als Mittäter herausgestellt. Es ist daher dringend geboten, nunmehr beschleunigt für Sicherstellung und Entfernung zum mindesten aller männlichen Juden zu sorgen. Die hierfür in Frage kommende Zahl dürfte etwa 8000 betragen. Es befindet sich z. Zt. ein Konzentrationslager im Bau, doch erscheint es im Hinblick auf die zukünftige Entwicklung ratsam, diese Juden so rasch wie möglich außer Landes zu bringen, d. h. mit Leerfrachtkähnen die Donau abwärts, um sie auf rumänischem Gebiet (Insel im Donaudelta) abzusetzen. Ich bitte um Schaffung der entsprechend nötigen Voraussetzungen bezüglich der Duldung durch Rumänien.   gez. Veesenmayer — Benzler.

S t e m p e l :	Leiter Abt. Pers.	(handschr.)
Chef A.O.	,, ,, Ha. Pol	Wird bei D (N Karlstadt) bearbeitet.
	,, ,, Kult.	B.
St. S. Keppler	,, ,, Presse	nach der abzugeben
U. St. S. Pol	,, ,, Rundfunk	J. J. 3553
U. St. S. R.	,, ,, Inf.	Stempel:
U. St. S. Luther	Chef. Prot.	Arbeitsexemplar bei Pol IV
Botsch. Ritter	Dg. Pol.	eingetragen

---

[1] *Dokumente CXXV a — 23.*

II.

„Rasche und drakonische Erledigung serbischer Judenfrage ..."

sofort D III   Stempel: Nur als Verschlußsache zu behandeln.

T e l e g r a m m
(G-Schreiber)

Belgrad, den 10. September 1941, 18.50 Uhr

Ankunft: den 11. September 1941, 2.40 Uhr

(handschr.)   Stempel: Auswärtiges Amt D III 423 g
                                        eing. 12. September 1941
                                        Anl. (fach) Dopp. d. Eing.

Ges. Rat von Bülow, Apparat 505

                                    Geh. Reichss. 608 Nr. 621 vom 10. 9.

) Pol IV   Im Anschluß an 608) vom 8. 9.

Rasche und drakonische Erledigung serbischer Judenfrage ist dringendstes und zweck-
mäßigstes Gebot. Erbitte von Herrn RAM entsprechende Weisung, um beim Militärbefehlshaber Serbien mit äußerstem Nachdruck wirken zu können. Seitens serbischer Regierung und Bevölkerung ist keinerlei Widerstand zu erwarten, um so weniger, als bisherige Teilmaßnahmen sich bestens bewährt haben. Gleichlautender Befehl vom Reichs-
führer-// an Chef der Einsatzgruppe der Sicherheitspolizei und SD-Standartenführer Fuchs
würde Angelegenheit wesentlich fördern.

                                            Veesemayer — Benzler.

(handschr.):
LR Rademacher
bitte den Vorgang Pol IV zu übernehmen.
Ich vermisse Vorschläge von Belgrad. Allgemeine
Redensarten fördern die Lösung nicht.
Bitte telefonieren Sie dieserhalb mit Bot-
schafter v. Rintelen Sondergespräch.

                            Lu.

S t e m p e l :   Leiter Abt. Pers.
Chef A.O.   „   „   Ha. Pol
St. S. Keppler   „   „   Kult.
U. St. S. Pol   „   „   Presse
U. St. S. R.   „   „   Rundfunk
U. St. S. Luther   „   „   Inf.
Botsch. Ritter   Chef. Prot.
                          Dg. Pol.
                          Arb. Expl. bei Pol IV

III.

„...und daß wohl ein anderer Weg gefunden werden müßte"

Büro RAM   handschr. D III 417 g
                über St. S.
                U. St. S. Woermann
vorgelegt.

Zu Telegramm Nr. 608 vom 8. 9. 41 aus Belgrad über Verbringung von 8000 Juden aus Serbien auf rumänisches Gebiet hat der Herr R A M bemerkt, daß diese Maßnahme ohne Zustimmung der Rumänen nicht durchgeführt werden könnte, und daß wohl ein anderer Weg gefunden werden müsse.

„Westfalen", den 11. Sept. 1941

                                      (Sonnleithner).

handschr.:
Abt. Deutschland
vH Ia 636 aus Belgrad
Bitte um Bestätigung
          gez. Woermann 12/9

IV.

„...auf diese Weise wird eine Lösung der Judenfrage nicht erreicht"

1. Vermerk: G e h e i m D III 417 g
Mit Pol IV ist vereinbart,
daß die Sache bei D III bearbeitet werden soll.
Pol IV ist auch mit der nachfolgenden Entscheidung einverstanden.
                        gez. Unterschrift (unleserlich).
Berlin, den 11. September 1941

2. An
        die Dienststelle des Bevollmächtigten des Auswärtigen Amtes
                i n B e l g r a d   offen mit G-Schreiber
Nr. 1207   Fernschreiben (G-Schreiber)
Re.: U. St. S. Luther
     LR Rademacher
Auf Fernschreiben Nr. 608 vom 8. 9. 41

Einem Abschieben von Juden auf fremdes Staatsgebiet kann nicht zugestimmt werden. Auf diese Weise wird eine Lösung der Judenfrage nicht erreicht.

Es wird anheimgestellt, die Juden in Arbeitslagern sicherzustellen und für notwendige öffentliche Arbeiten herauszuziehen.

                                gez. L u t h e r.

V.

„Falls sie erneut abgelehnt wird . . ."

Telegramm (G-Schreiber) D III 424 g

Belgrad, den 12. September 1941, 13.00 Uhr
Ankunft: „ 12. „ „ , 13.50 „
N r. 636 v o m 12. 9.   C i t o !
D III 417 g   Auf Nr. 1207 und im Anschluß an Nr. 621 v. 10. 9.

Unterbringung in Arbeitslagern bei jetzigen inneren Zuständen nicht möglich, da Sicherung nicht gewährleistet. Judenlager behindern und gefährden sogar unsere Truppen. So ist sofortige Räumung Lagers von 1200 Juden in Sabac notwendig, da Sabac Kampfgebiet und in Umgebung aufständische Banden in Stärke von mehreren Tausend Mann festgestellt. Andererseits tragen Juden nachweislich zur Unruhe im Lande wesentlich bei. Im Banat hat, seit dort Juden entfernt worden sind, hier in Serbien besonders schädliche Gerüchtemacherei sofort aufgehört. Abschiebung zunächst männlicher Juden ist wesentliche Voraussetzung für Wiederherstellung ordnungsmäßiger Zustände. Wiederhole daher dringend meine Bitte. Falls sie erneut abgelehnt wird, bleibt nur noch sofortige Abschiebung etwa nach Generalgouvernement oder Rußland, was aber erhebliche Transportschwierigkeiten machen dürfte. Anderenfalls muß Judenaktion vorläufig zurückgestellt werden, was gegen die mir von Herrn RAM erteilten Weisungen.

gez. B e n z l e r.

Hergestellt in 15 Stück
Davon sind gegangen:

Nr. 1	an D III (Arb. St.)	Nr. 8	an Leiter Abt. Pers.
Nr. 2	„ R. A. M.	Nr. 9	„ „ „ Ha. Pol.
Nr. 3	„ St. S.	Nr. 10	„ „ „ Kult
Nr. 4	„ Chef A.O.	Nr. 11	„ „ „ Presse
Nr. 5	„ B. R. A. M.	Nr. 12	„ „ „ Prot.
Nr. 6	„ Leiter Abt. Pol	Nr. 13	„ „ „ Dtschld.
Nr. 7	„ „ „ Recht	Nr. 14	„ „ „ Ru
		Nr. 15	& Dg. Pol.

VI.

„ . . . bei der nötigen Härte und Entschlossenheit"

Referat D III   G e h e i m   zu D III 424 g

A u f z e i c h n u n g

Die Notwendigkeit der von der Dienststelle des Bevollmächtigten des Auswärtigen Amtes in Belgrad gewünschten Abschiebung der 1200 männlichen Juden, wenn nicht nach Rumänien, so doch nach dem Generalgouvernement oder nach Rußland, vermag ich nicht einzusehen. Rußland ist als Operationsgebiet zur Aufnahme dieser Juden völlig ungeeignet. Wenn sie schon in Serbien eine Gefahr sind, sind sie in Rußland noch eine viel größere. — Das Generalgouvernement ist bereits mit Juden übersättigt.

M. E. müßte es bei der nötigen Härte und Entschlossenheit möglich sein, die Juden auch in Serbien in Lagern zu halten. Wenn die Juden dort nach wie vor Unruhen schüren, muß gegen sie mit verschärftem Standrecht vorgegangen werden. Ich kann mir nicht vorstellen, daß die Juden weiter konspirieren, wenn erst eine größere Anzahl von Geiseln erschossen ist.

Ich schlage daher den anliegenden Erlaß vor.

Hiermit

Herrn Unterstaatssekretär Luther

mit der Bitte um Weisung vorgelegt.

Berlin, den 13. September 1941
Rademacher

VII.

Auch General Boehme ...

Telegramm   Geheim D III 417 g

(G-Schreiber)   Nur als Verschluß-Sache zu behandeln
Belgrad, den 28. September 1941, 14.30 Uhr
Ankunft: den 28. September 1941, 15.10 Uhr

Geheime Reichssache
Für
Herrn Reichsaußenminister persönlich.

Ich habe wiederholt (vergleichen Drahtberichte Nr. 608[1]), 621[2]) und 636[3]) Unterstützung des Amtes bei sofortiger Abschiebung hiesiger männlicher Juden aus Serbien gebeten, die mir jedoch abgelehnt worden ist. Ich darf daran erinnern, daß Sie mir in Fuschl ausdrücklich Ihre Hilfe zugesagt haben, die Juden und außerdem auch Freimaurer und englandhörige Serben, sei es donauabwärts, sei es in Konzentrationslagern in Deutschland oder im Generalgouvernement, unterzubringen. Sofortige Lösung der Judenfrage ist im Augenblick politisch wichtigste Aufgabe und Voraussetzung für Inangriffnahme der Beseitigung von Freimaurern und uns feindlicher Intelligenz. Im Gange befindliche militärische Aktion zur Aufstandbekämpfung schafft jetzt geeigneten Zeitpunkt für Beginn der Aktion. Zudem hat mich General Boehme ebenso wie Militärbefehlshaber erneut ausdrücklichst gebeten, auch in ihrem Namen möglichst sofortige Abschiebung der Juden außer Landes zu erwirken. Es handelt sich um zunächst achttausend männliche Juden, deren Unterbringung in eigenen Lagern unmöglich, da diese für Unterbringung von rund zwanzigtausend Serben aus Aufstandsgebieten in Anspruch genommen werden müssen. Unterbringung in neuen Lagern und außerhalb Belgrads infolge Aufstandslage ebenfalls unmöglich. Mit restlichen etwa 20 000 Juden und Familienangehörigen werden wir hier fertig werden müssen. Abschiebung auf Insel im Donaudelta erscheint transportmäßig die einfachste Lösung, da Leerfrachtkähne sofort bereit stehen. Dies Verfahren ist nach meiner Unterrichtung auch bereits bei Abschiebung Juden aus Tschechei mit Erfolg angewandt worden.

Erbitte zusammen mit Veesenmayer in dieser Frage, die erste Voraussetzung für angestrebte Dauerbefriedigung, dringendst Ihre Unterstützung.

B e n z l e r

¹) D III 417 g.
²) bei Pol IV.
³) bei D III.

VIII.

„... und sonst irgendwohin zu schaffen ..."

G e h e i m e R e i c h s s a c h e

Nur als Verschlußsache zu behandeln
(handschr.): eilt!

T e l e g r a m m (G-Schreiber)	1. Attachées 2. — 3. Büro R. A. M. (handschr.): zu D III 470 g

Sonderzug, den 2. Oktober 1941, 22.20 Uhr
Ankunft: den 2. Oktober 1941, 23.30 Uhr
Nr. 1060 vom 2. 10. 41
Büro R. A. M.
Auswärtiges Amt — Ministerbüro

G e h e i m e R e i c h s s a c h e

Zu dem Telegramm aus Belgrad Nr. 701*) vom 28. 9. betreffend Abschiebung von Juden aus Serbien bittet der Herr R. A. M. zu veranlassen, daß sofort mit dem Reichsführer-ƒƒ in Verbindung getreten und die Frage geklärt wird, ob er nicht 8000 Juden mit übernehmen könne, um sie nach Ostpolen und sonst irgendwohin zu schaffen.

Ministerbüro
Dr. W e b e r

*) bei D III.
(handschr.): J. N. St. S. Luther vorgelegt.
Sonnleithnen dreimal

IX.

Heydrich wird eingespannt

Vortragsnotiz

Zu dem beiliegenden Telegramm des Gesandten Benzler aus Belgrad vom 29. September 1941 (die Vorgänge sind bereits über das Büro RAM angefordert worden) nehme ich wie folgt Stellung:

1)
Benzler macht die Beseitigung von 8000 Juden aus dem altserbischen Gebiet zur Voraussetzung für die Inangriffnahme der Beseitigung von Freimaurern und der uns feindlichen Intelligenz.

2)
Benzler hält das Verbleiben dieser 8000 Juden für unvereinbar mit der von uns beabsichtigten Befriedungsaktion, bemerkt aber, daß er sich mit den restlichen etwa 20 000 Juden und Familienangehörigen werde abfinden müssen.

3)
Benzler bittet um Genehmigung zur Abschiebung der erwähnten 8000 Juden auf eine Insel im Donaudelta, d. h. also auf rumänisches Staatsgebiet.

Wenn der Militärbefehlshaber mit Benzler dahingehend einig ist, daß diese 8000 Juden in erster Linie die Befriedungsaktion im serbischen Altreich verhindern, so muß meiner Ansicht nach der Militärbefehlshaber für die sofortige Beseitigung dieser 8000 Juden Sorge tragen. In anderen Gebieten sind andere Militärbefehlshaber mit einer wesentlich größeren Anzahl von Juden fertig geworden, ohne überhaupt darüber zu reden.

Meiner Ansicht nach können wir den rumänischen Staatsführer, welcher ohnehin genügend Sorgen mit der Abschiebung seiner eigenen Juden hat, nicht zumuten, weitere 8000 Juden aus fremdem Staatsgebiet zu übernehmen. Im übrigen ist es wohl als sicher anzunehmen, daß diese 8000 Juden wenige Tage nach ihrem Eintreffen auf der Insel im Donaudelta verschwinden und in Rumänien selbst auftauchen werden.

Ich bitte daher um die Ermächtigung, diese Frage mit Obergruppenführer Heydrich, welcher in den nächsten Tagen auf kurze Zeit von Prag nach Berlin kommen wird, zu besprechen. Ich bin überzeugt davon, daß wir im Einvernehmen mit ihm sehr bald zu einer klaren Lösung dieser Frage kommen können.

Berlin, den 2. Oktober 1941   Luther

X.

„Herrn Staatssekretär von Weizsäcker weisungsgemäß wieder vorgelegt"

Referat D III   Geheim zu D III 535 g

Ergänzung

zur Aufzeichnung über das Ergebnis meiner Dienstreise nach Belgrad

Der Text der Führer-Vollmacht, die Gesandter BENZLER für Serbien erhalten hat, ist mir nicht bekannt. Soviel ich erfahren habe, umfaßt die Vollmacht den gesamten politischen Sektor.

Aus dem Umfang dieser Vollmacht ergibt sich meines Erachtens auch die Verantwortung für die politischen Dinge. Die örtlichen Staatspolizeistellen unterstehen meines Wissens bis zu einem gewissen Grade der Dienststelle des Staatsrats Turner, andererseits erhalten sie aber auch unmittelbare Weisung vom Reichssicherheitshauptamt in Berlin.

Hiermit

über Herrn Unterstaatssekretär Luther

Herrn Staatssekretär von Weizsäcker

weisungsgemäß wieder vorgelegt.

Berlin, den 15. November 1941

R a d e m a c h e r

(handschr.):

unleserliche Notizen von Weizsäcker.

XI.

von Weizsäckers Auffassung über Gesandte und das Auswärtige Amt[1])

handschr.
D III   Lu 27/11   Berlin, den 22. Nov. 1941
bitte R   An Abteilung D:
Zu Aufzeichnung D III 535 g vom 7. November.

Der Führererlaß vom 28. April ds. Js. bestimmt, daß der Bevollmächtigte des Auswärtigen Amts für die Behandlung aller in Serbien auftauchenden Fragen außenpolitischen Charakters zuständig ist. Insbesondere (d. h. also im Rahmen der außenpolitischen Tätigkeit des Bevollmächtigten) ist es seine Aufgabe, eine den politischen Interessen des Reichs abträgliche Betätigung serbischer politischer Elemente zu verhindern.

Demnach hat der Gesandte Benzler und mit ihm das Auswärtige Amt sich mit dem Abtransport von Juden aus Serbien nach anderen Ländern zu befassen. Dagegen geht es über Benzlers und des Auswärtigen Amtes Aufgabe hinaus, darin aktiv mitzuwirken, wie die dafür zuständigen militärischen und inneren Instanzen das Judenproblem innerhalb der serbischen Grenzen bewältigen. Sie erhalten ihre Instruktionen hierfür bekanntlich auf anderem Wege als durch das Auswärtige Amt.

Ich habe dem Gesandten Benzler heute mündlich dasselbe gesagt. Es wird sich empfehlen, ihn noch entsprechend schriftlich zu unterrichten.

gez. W e i z s ä c k e r

---

[1]) *Dokument NG — 3354 (Seite 22 des Originals).*

XII.

„. . . da zunächst der Abtransport der Juden aus Deutschland."

LR Rademacher   G e h e i m   D III 665 g

V e r m e r k :

Gesandter Benzler, der z. Zt. in Berlin ist, teilte fernmündlich mit:

In dem Plan zur weiteren Behandlung der serbischen Juden sei zu der Belgrader Besprechung insofern eine Änderung eingetreten, als die Juden nicht mehr auf eine serbische
Insel gebracht würden, sondern in das Lager Semlin. Die zunächst vorgesehene Insel stehe
unter Wasser. Die Kroaten hätten sich damit einverstanden erklärt, daß die Juden nach
Semlin als ein Übergangslager gebracht würden.

Gesandter Benzler bat, die Juden daher möglichst bald nach dem Osten abzunehmen.
Ich habe erwidert, daß dies vor dem Frühjahr auf keinen Fall in Frage käme, da zunächst
der Abtransport der Juden aus Deutschland vorginge. Auch ein Abtransport im Frühjahr
sei noch zweifelhaft.

Hiermit

Herrn Unterstaatssekretär Luther

mit der Bitte um Kenntnisnahme vorgelegt.

Berlin, den 8. Dezember 1941

R a d e m a c h e r

XIII.

„Herrn Staatssekretär v. Weizsäcker vorgelegt"

D III 664 g

U. St. S.-D.-Nr. 5114   Berlin, den 12. Dezember 1941

D III   N o t i z

Zu der Notiz vom 22. November 1941.

In der obigen Notiz wurde festgelegt, daß der Gesandte Benzler und mit ihm das
Auswärtige Amt sich mit dem Abtransport von Juden aus Serbien nach anderen Ländern
zu befassen hat, daß es dagegen über Benzlers und des Auswärtigen Amts Aufgaben hin-
ausgeht, daran aktiv mitzuwirken, wie die dafür zuständigen militärischen und inneren
Instanzen das Judenproblem innerhalb der serbischen Grenzen bewältigen.

Hierzu darf ich auf das Telegramm des Ministerbüros aus dem Sonderzug (gez. Dr.
Weber) vom 2. Oktober d. J. Nr. 1060 hinweisen, welches wie folgt lautet:

„Zu dem Telegramm aus Belgrad Nr. 701 vom 28. 9. betreffend Abschiebung von
Juden aus Serbien, bittet der Herr RAM zu veranlassen, daß sofort mit dem Reichsführer-ϟϟ in Verbindung getreten und die Frage geklärt wird, ob er nicht 8000 Juden mit
übernehmen könne, um sie nach Ostpolen und sonst irgendwohin zu schaffen."

Kurz vor Eintreffen des Telegramms erhielt ich von dem Ministerbüro die Weisung
des Herrn RAM übermittelt, daß ich die ganze Angelegenheit mit Obergruppenführer
Heydrich besprechen solle, um eine den Wünschen des Gesandten Benzler gerechtwerdende
Lösung hinsichtlich der 8000 Juden in Serbien zu finden.

Ich muß also annehmen, daß es im Sinne des Herrn RAM lag, wenn sich das Auswärtige Amt in diese an sich sicherlich recht heikle Angelegenheit einschaltete. Aus diesem Grunde und da die Angelegenheit ohnehin als erledigt zu betrachten ist, halte ich es nicht für empfehlenswert, dem Gesandten Benzler nochmals eine entsprechende schriftliche Weisung zu erteilen.

Hiermit
Herrn Staatssekretär von Weizsäcker
vorgelegt.

gez. L u t h e r

XIV.

Bis Ende dieser Woche erschossen

Referat D III   D III 535 g
G e h e i m

A u f z e i c h n u n g e n

über das Ergebnis meiner Dienstreise nach Belgrad.

Zweck der Dienstreise war, an Ort und Stelle zu prüfen, ob nicht das Problem der 8000 jüdischen Hetzer, deren Abschiebung von der Gesandtschaft gefordert wurde, an Ort und Stelle erledigt werden könne.

Die erste Aussprache mit Gesandten Benzler und Staatsrat Turner auf der Dienststelle des Militärbefehlshabers von Serbien ergab, daß bereits über 2000 dieser Juden als Repressalie für Überfälle auf deutsche Soldaten erschossen waren. Auf Anordnung des Militärbefehlshabers sind für jeden getöteten deutschen Soldaten 100 Serben zu erschießen. Im Vollzuge dieses Befehls wurden zunächst die aktiven kommunistischen Führer serbischer Nationalität — etwa 50 an der Zahl — und dann laufend Juden als kommunistische Hetzer erschossen.

Im Verlaufe der Aussprache ergab sich, daß es sich von vornherein nicht um 8000 Juden handelte, sondern nur um rund 4000, von denen außerdem nur 3500 erschossen werden können. Die restlichen 500 benötigt die Staatspolizei, um den Gesundheits- und Ordnungsdienst in dem zu errichtenden Ghetto aufrechtzuerhalten.

Wieso die Differenz von 8000 zu 4000 Juden entstanden war, konnte in der ersten Besprechung nicht geklärt werden. Die über diese Frage von mir angestellten Ermittlungen ergaben, daß Staatsrat Turner die Zahl von 8000 Herrn Gesandten Benzler angegeben hatte, und zwar 1500 aus Smedrivo, 600 aus dem Banat (ein Rest von 2000), 1200 aus Sabatsch, 4700 aus Belgrad.

In dieser Aufstellung war insofern ein Fehler unterlaufen, als die Juden aus Smedrivo und dem Banat doppelt gezählt und in der Belgrader Zahl von 4700 nochmals enthalten waren, außerdem hatte sich ein Teil der Belgrader Juden inzwischen ins Aufstandsgebiet verdrückt.

In der ersten Aussprache gab Staatsrat Turner in bitteren Worten seiner Enttäuschung darüber Ausdruck, daß den ersten Hilferufen nicht unmittelbar Folge geleistet war. Die Lage wäre sehr prekär gewesen, erst durch das Eingreifen der deutschen Divisionen sei sie etwas gebessert worden.

Ich habe die Gründe auseinandergesetzt, weshalb die Juden weder nach Rumänien noch in das Generalgouvernement oder in den Osten abgeschoben werden konnten. Staatsrat Turner konnte sich diesen Gründen nicht verschließen. Er forderte aber nach wie vor die Abschiebung der restlichen Juden aus Serbien.

Ins einzelne gehende Verhandlungen mit den Sachbearbeitern der Judenfrage, Sturmbannführer Weimann von der Dienststelle Turner, dem Leiter der Staatspolizeistelle, Standartenführer Fuchs und dessen Judenbearbeitern ergaben:

1)
Die männlichen Juden sind bis Ende dieser Woche erschossen, damit ist das in dem Bericht der Gesandtschaft angeschnittene Problem erledigt.

2)
Der Rest von etwa 20 000 Juden (Frauen, Kinder und alte Leute) sowie rund 1500 Zigeuner, von denen die Männer ebenfalls noch erschossen werden, sollte im sogenannten Zigeunerviertel der Stadt Belgrad als Ghetto zusammengefaßt werden. Die Ernährung für den Winter könnte notdürftig sichergestellt werden.

In einer Schlußbesprechung bei Staatsrat Turner war dieser bereit, eine solche Lösung grundsätzlich zu akzeptieren. Das Zigeunerviertel der Stadt Belgrad ist aber nach seiner Ansicht ein absoluter Seuchenherd und muß aus hygienischen Gründen niedergebrannt werden. Es käme nur als Übergangsstation in Frage.

Die Juden und Zigeuner, die nicht als Repressalie erschossen werden, sollen daher zunächst im Zigeunerviertel zusammengefaßt und dann nachts zur serbischen Insel Mitrovica abtransportiert werden. Dort werden zwei getrennte Lager errichtet. In dem einen sollen die Juden und Zigeuner und in dem anderen 50 000 serbische Geiseln untergebracht werden. Sobald dann im Rahmen der Gesamtlösung der Judenfrage die technische Möglichkeit besteht, werden die Juden auf dem Wasserwege in die Auffanglager im Osten abgeschoben.

Meinen Gesamteindruck in der Angelegenheit möchte ich dahin zusammenfassen, daß die Belgrader Dienststellen unter dem Eindruck des täglich heftiger werdenden Aufstandes, wobei zeitweilig die Stadt Belgrad selbst bedroht war, die ganze Frage zunächst zu schwarz gesehen haben, daß außerdem die Gesandtschaft und die örtlichen Staatspolizeistellen nicht derartig eng zusammenarbeiten, wie es sachlich erforderlich ist.

Ges. Benzler, mit dem ich diese Frage anschnitt, bestätigte meinen Eindruck. Er sagte, er verhandle nicht mehr mit Standartenführer Fuchs. Dies habe seinen Grund darin, daß

Antrag auf Genehmigung

der

im folgenden bezeichneten Dienstreise.

Namen und Dienst- stellung des – der – reisenden Beamten	Legationsrat R a d e m a c h e r

Reiseziel: B e l g r a d , Budapest, Agram

Reisezweck: Abschiebung von 8000 Juden

Voraussichtliche
Zeit der Abreise   Tag: Donnerstag 16.10.   Tageszeit: 17.Uhr.05
Zeit der Rückkehr   Tag: Mittwoch, 22.10.   Tageszeit: ....

Voraussichtliche
Kosten ....

noch unbestimmt

Fahrkarten .... RM)nach Möglichkeit
Bettkarten .... RM) vom Beamten
Zu- und Abgang,   ) auszufüllen
Gepäck .... RM)
Zu- und Abgang,
Gepäck, sonstige
Nebenkosten .... RM)

Wird eine Abschlags-
zahlung gewünscht ?   ja   xxxxnein

Über
    den Herrn Abteilungsleiter   Unterstaatssekretär L u t h e r
         an Abteilung Pers.
         Berlin, den 15.Oktober 1941
         Name gez. Rademacher.............
         Dienststellung: .....Legationsrat...
         Beschäftigungsstelle: Referat D III

Reisezweck: Abschiebung von 8000 Juden

35

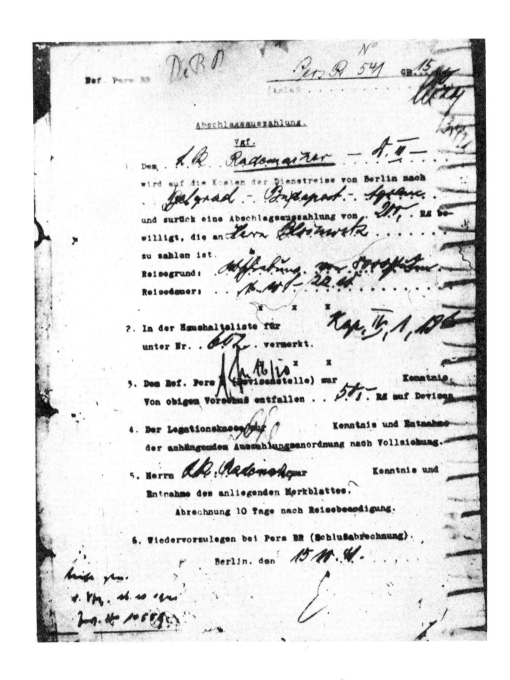

Reisegrund: *Abschiebung von 8000 Juden*

36

Fuchs in der Frage der Freimaurerlisten illoyal gehandelt habe. Zunächst hätte er die von ihm gewünschten Freimaurerlisten überhaupt nicht herausgegeben. Auf sein Drängen hätte er dann eine Liste geliefert, die unvollständig und unrichtig gewesen sei. So hätten auf der Liste falsche Namen gestanden, einige Leute seien nur mit dem Vornamen aufgeführt, außerdem seien auf der Liste der Prinzregent und der frühere Innenminister Zwetkowitsch erfaßt gewesen, obwohl der Staatspolizei bekannt gewesen wäre, daß die Liste dazu dienen sollte, die Freimaurer zu erfassen, die für Repressalien in Frage kämen.

Seit dieser Zeit wende er sich nur noch an Staatsrat Turner unmittelbar, dem Fuchs bis zu einem gewissen Grade unterstellt ist. Mir selbst sind Standartenführer Fuchs und seine Sachbearbeiter stets hilfsbereit entgegengekommen, haben mir Einblick in ihre Vorgänge gewährt und gut mit mir zusammengearbeitet.

Die Aussprache mit Sturmbannführer Weimann, der Turner unterstellt ist, ergab, daß bei den unmittelbaren Sachbearbeitern und ausführenden Organen eine örtliche Lösung der ganzen Frage im Gegensatz zu Turner selbst optimistisch beurteilt werde.

Es ist mir daher zweifelhaft, ob die Methode, nur mit Staatsrat Turner zu verhandeln, im vorliegenden Falle die zweckmäßigste war.

Berlin, den 25. Oktober 1941

gez. R a d e m a c h e r

Prof. Dr. Hirsch, Göttingen

Weit draußen im germanischen Norden fragte mich jüngst ein Fachgenosse: „Wenn sich nun der Ring der Isolierung kulturell und politisch um Deutschland schließen sollte, wenn Sie ganz allein stehen müßten um Hitlers, um der nationalsozialistischen Herrschaft über Deutschland willen, — bricht dann nicht das neue Regiment zusammen, weil ja doch heimlich noch viele Widerstände da sind?" Ich erwiderte: „Jeder Druck von außen, jeder Versuch dieser Art wird die wenigen, die vielleicht beiseite stehen, ganz dicht im Ring der Treue um Adolf Hitler sich schließen lassen. Probiert es nur, Ihr werdet Deutschland und den Nationalsozialismus nur um so innerlicher einigen."

... Aus dem allen nun das Letzte, das ich zu sagen habe: Wir haben einen Führer, der immer und allezeit dies bekannt hat, daß er als nichts denn ein Werkzeug des Schöpfers aller Dinge sich weiß. Er weiß, die Vorsehung läßt ihn den Dienst tun, sie steht über ihm und lenkt ihn. Indem dies Bekenntnis aus seinem Munde kommt, indem er auch ein Gebetswort zu sagen wagt, was wir von keinem europäischen Staatsmann seit langem gehört haben: „Herr, wir tun, was wir können, nun segne du unser Werk", — hat er unserm Volk ein Zeichen gegeben, das wir alle verstanden haben ...

Aus dem Buche „Bekenntnis der Professoren an den deutschen Universitäten und Hochschulen zu Adolf Hitler und dem nationalsozialistischen Staat". Überreicht vom NS-Lehrerbund Deutschland, Sachsen, Dresden N 1, Zinzendorfstraße 2, 1934, Seiten 15 und 17.

3. Rademachers Sorgen [1]

Leg. Sekr. Franz Rademacher
    Referat D III
Gesuch um eine einmalige
Beihilfe von 700,— RM.

Berlin, den 1. August 1940

Es ist mir gelungen, unter der Hand die Zusage zu erhalten, daß eine Judenwohnung durch Sondermaßnahme für mich freigemacht wird. Bedingung ist, daß ich die Kosten für die Instandsetzung der völlig verdreckten Wohnung in Höhe von 700,— RM übernehme. (Desinfizieren, Abziehen des Parkettfußbodens, Tapezieren und Malen der sechs Zimmer mit Nebenräumen, Ersetzen der kaputten und zum Teil ausgefallenen Kacheln im Badezimmer und in der Küche usw.)

Bei der bekannten Wohnungsknappheit sehe ich sonst keine Möglichkeit, in absehbarer Zeit eine passende Wohnung in günstiger Lage zu einem gerade noch erschwingbaren Preise zu bekommen. Ich selbst bin nicht in der Lage, die erforderlichen 700,— RM aufzubringen und bitte daher, mit Rücksicht auf den besonderen Notstand, mir eine einmalige Beihilfe von 700,— RM zu gewähren.

R a d e m a c h e r

An
    die Personalabteilung
    des Auswärtigen Amtes

---

[1] *Dokument CXXV — 54.*

Moralische Wiedergeburt

Bei der deutschen Erhebung seit 1933 handelte es sich nicht bloß um die Rettung des Staates und der Wirtschaft, oder gar um die Rettung des Staates durch die Wirtschaft, sondern um eine vollständige moralische Wiedergeburt.

**Prof. Dr. Werner F r a u e n d i e n s t im „Jahrbuch der Wehrpolitik 1942",
Junker und Dünnhaupt Verlag, Berlin, Seite 113.**

4. Das Auswärtige Amt und die Juden in Kroatien

I.

„Gesandter Kasche hält es für richtig, mit der Aussiedlung zu beginnen"[1])

Unterstaatssekretär   zu D III 562 g

   L u t h e r

G e h e i m

V o r t r a g s n o t i z

Die Frage der Einstellung der italienischen Regierung zu den Maßnahmen gegen das Judentum wurde neuerdings in Agram angeschnitten, wo sie durch die gegenwärtig vorzubereitende jüdische Aussiedlung besonders akut ist.

In Kroatien ist man mit der Aussiedlung der Juden grundsätzlich einverstanden. Im besonderen hält man den Abtransport der 4—5000 Juden aus der von den Italienern besetzten zweiten Zone (Zentren Dubrovnik und Mostar) für wichtig, die eine politische Belastung darstellen und deren Beseitigung allgemeiner Beruhigung dienen würde. Die Aussiedlung kann allerdings nur mit deutscher Hilfe erfolgen, da von italienischer Seite Schwierigkeiten zu erwarten sind. Praktische Beispiele von Widerstand italienischer Behörden gegen kroatische Maßnahmen im Interesse vermögender Juden liegen vor. Im übrigen erklärte der italienische Stabschef in Mostar, der Umsiedlung nicht zustimmen zu können, da allen Einwohnern Mostars gleiche Behandlung zugesichert sei.

Hierüber berichtet auch der Generalinspektor für das deutsche Straßenwesen (O. T.); diesem wurde durch den italienischen Stabschef erklärt, es sei „mit der Ehre der italienischen Armee nicht vereinbar, gegen die Juden Sondermaßnahmen zu ergreifen, wie dies von der O. T. zur Räumung von Wohnungen für ihre dringenden Bedürfnisse verlangt war", (Mostar — Pauxit). Dabei sei die allgemein anerkannte aufrührerische Tätigkeit der Juden in Mostar die gefährlichste Quelle der Unruhen.

---

[1]) *Dokument CXXV a — 67 a.*

Nachdem inzwischen laut telefonischer Mitteilung aus Agram die Kroatische Regierung ihre schriftliche Zustimmung zu der vorgeschlagenen Aktion gegeben hat, (schriftliche Bestätigung liegt vor), hält es Gesandter Kasche für richtig, mit der Aussiedlung zu beginnen, und zwar grundsätzlich für das g e s a m t e S t a a t s g e b i e t. Man könnte es darauf ankommen lassen, ob sich im Zuge der Aktion Schwierigkeiten ergeben, soweit es sich um die von Italienern besetzte Zone handelt.

> Hiermit
> über den Herrn Staatssekretär
> dem Herrn Reichsaußenminister

mit der Bitte um Weisung vorgelegt.
Berlin, den 24. Juli 1942

L u t h e r.

(handschriftlich):
Ich wünsche Botschafter
v. Mackensen zu hören.
Über
den Herrn Staatssekretär
zur Vorlage
> beim Herrn Reichsaußenminister

II.

Herr Botschafter von Mackensen muß noch gehört werden[1])

Büro RAM   zu D III 562 g
                  G e h e i m
Über St. S.   (handschriftlich):
Herrn Unterstaatssekretär Luther   Hat vorgetragen.
vorgelegt: Lu. 10/8.

VLR von Sonnleithner hat vor Vorlage der wieder beigefügten Vortragsnotiz, betreffend Frage der Einstellung der Italienischen Regierung zu den Maßnahmen gegen das Judentum in Kroatien, gebeten, zunächst noch Herrn Botschafter von Mackensen zu der darin behandelten Frage zu hören.

L o h m a n n.

(handschriftlich):
LR Rademacher m. d. B.,
entsprechend der Anregung
von Sonnleithner Stellungnahme
von Mackensen einzuholen.

Lu. 10/8

---

[1]) *Dokument CXXV a — 67 a.*

III.

Der Herr Gesandte Kasche erbittet dringend entsprechende Veranlassung[1])

Telegramm (Geh. Ch. V.) Stempel:

Agram, den 20. 8. 1942, 22.35 Uhr Auswärtiges Amt

Ankunft, den 20. 8. 1942, 23.00 Uhr D III 687 g

eing. 21. Aug. 1942

Nr. 2191 vom 20. 8. Anl. fach Doppel d. Eing.

Geheim

Ich sprach gestern mit Casertano wegen der Judenaussiedlungen. Er hat hinsichtlich des italienischen Verhaltens in zweiter Zone keinen eigenen Gesichtspunkt und vermied eine Stellungnahme. Er hat dann mit Lorkovic gesprochen und erklärt, wenn auch General Roatta auf italienischer Seite im von Italienern besetzten Raum Kroatiens für Mitwirkung bei der Judenaussiedlung zuständig sei, müsse Frage doch Regierungsoberhaupt in Rom besprochen und entschieden werden. Lorkovic sprach mir darüber und bat, daß wir in Rom ebenfalls vorstellig werden. Ich beziehe mich auf meine Besprechung mit U. St. S. Luther in Berlin. Dieser entsprechend sollte das Amt über Botschaft Rom an italienische Regierung herantreten mit Mitteilung, daß wir mit Kroaten Judenaussiedlung nach dem Osten vereinbart haben und bitten, daß Italiener ihren hiesigen Truppen Anweisung geben, Durchführung zu unterstützen. Sollte dies noch nicht geschehen sein, erbitte ich dringend entsprechende Veranlassung.

Verteiler Nr. 4: Kasche.

Nr. 1 (Nr. 6—14 an Abt. Leiter:

Nr. 1a (an (unleserlich) (Arb. St.) 6) Pol 7) Recht

Nr. 2 (,, RAM 8) Dtschld. 9) Ha Pol

Nr. 2a (,, 10) Kult 11) Presse

Nr. 3 (,, St. S. 12) Prot 13) Ru 14) Inl.

Nr. 4 (,, Nr. 15 an Dg Pol

Nr. 4a (,, BRAM Nr. 16 ,, Dg Arb. Abt. (wenn nicht Pol Arb. Abt. ist)

Nr. 5 (,, Botsch. Ritter Nr. 17 ,, Sammlung Telko

IV.

Gesandter Kasche ist geschäftstüchtig[2])

Telegramm Stempel:

(offen) Auswärtiges Amt

Agram, den 14. Oktober 1942 D III 892 g

Ankunft, ,, 14. ,, ,, 19.25 Uhr eing. 15. Okt. 1942

Nr. 2955 vom 14. 10. 42 Anl. (-fach) 2 Dopp. d. Eing.

Finanzminister Kosak hat sich am 9. 10. 42 bereit erklärt, dem Deutschen Reich für jeden ausgesiedelten Juden RM 30,— zur Verfügung zu stellen. Schriftliche Bestätigung

---

[1]) *Dokument CXXIV — 26.*
[2]) *Dokument CXXIV — 25.*

sowie Zahlungsweise werden mit Außenminister Lorkovic vereinbart. Vorbereitungsarbeiten für die Aussiedlung der Juden aus den von den Italienern besetzten Zonen, vertrauliche Erfassung sämtlicher Juden werden von Pol. Att. durchgeführt. Bitte das RSHA zu verständigen.

V e r t e i l e r N r. 4:   K a s c h e.

Nr. 1 (	Nr. 6—14 an A b t. L e i t e r :			
Nr. 1a (an (unleserlich) (Arb. St.)		6) Pol	7) Recht	
Nr. 2a (,, R A M		8) Dtschld.	9) Ha Pol	
Nr. 2 (		10) Kult	11) Presse	
Nr. 3 (,, St. S.		12) Prot	13) Ru	14) Inl.
Nr. 4 (,,	Nr. 15 an Dg Pol			
Nr. 4a (,, BRAM	Nr. 16 ,, Dg. Arb. Abt. (wenn nicht Pol Arb. Abt. ist)			
Nr. 5 (,, Botsch. Ritter	Nr. 17 ,, Sammlung Telko			

V.

Des Gesandten Sorgen[1])

T e l e g r a m m

(G-Schreiber)

Agram,   den 10. November 1942 20.45 Uhr
Ankunft: ,, 10.   ,,   ,, 22.15 Uhr
Nr. 3457 vom 10. 11. 42   Ü b e r G - S c h r e i b e r.

*) D III 945 g

Auf Nr. 1825*) vom 30. 10. habe ich mit Außenminister Lorkovic Frage nochmals besprochen. Er gibt erneut an, italienisches Außenministerium habe kroatischen Gesandten in Rom angeregt, mit einer Verbalnote an italienische Regierung um Übernahme der Juden heranzutreten. Kroatisches Außenministerium hat daraufhin folgenden Drahterlaß an seinen Gesandten in Rom abgesandt, der mir in Urschrift vorgelegen hat:

„Die kroatische Regierung hat mit der deutschen Regierung eine Vereinbarung über die Überstellung der Juden aus Kroatien nach Deutschland mit der Bedingung abgeschlossen, daß ihr gesamtes Vermögen Kroatien zufalle. Nachdem im Hinblick auf die Überstellung der Juden aus der Küstenzone Schwierigkeiten entstanden sind, ist der deutschen Gesandtschaft auf Anfrage amtlich mitgeteilt worden, daß der Duce entschieden hat, die Juden in der Küstenzone seien wie alle übrigen Juden in Kroatien zu behandeln. Dies hat die deutsche Regierung der kroatischen Regierung amtlich mitgeteilt. Die kroatische Regierung würde aufgrund dessen die Durchführung ihrer mit Deutschland geschlossenen Vereinbarung am zweckmäßigsten betrachten und bittet daher, daß dem General Roatta

---

[1]) *Dokument CXXV — 36.*

Weisung erteilt wird, den kroatischen Verwaltungsbehörden freie Hand für die Aussiedlung der Juden aus der Küstenzone zu lassen. Falls jedoch die italienische Regierung unbedingt bei der Lösung der Judenfrage in Kroatien mitwirken möchte, so ist die kroatische Regierung einverstanden, daß die Juden aus der Küstenzone in das Vorkriegsitalien ausgesiedelt werden, jedoch unter den gleichen Bedingungen, unter denen sie von den Deutschen umgesiedelt werden, nämlich, daß der Kroatische Staat Eigentümer ihres Vermögens wird und die Juden die kroatische Staatsangehörigkeit verlieren. Teilen Sie Obiges der italienischen Regierung eilig mit."

Schluß des Textes.

Damit dürfte feststehen, daß italienische Darstellung unzutreffend ist. Inzwischen sind hier Anweisungen ergangen, und Italiener haben auch Juden in Lagern zusammengezogen. Lorkovic erwähnte aber, daß größere Zahl solcher Juden nach Istrien auf italienischem Boden in ein Lager überführt worden wäre. Es dürfte also italienische Ablehnung gegenüber Übernahme der Juden nicht allzu heftig sein. Wann Aussiedlung beginnen kann, ist noch unklar, da zur Zeit erwähnte Aussonderungen laufen. Für Abtransport sind Vorkehrungen seitens des Pol-Attachés getroffen.

Kasche.

VI.

„Abschiebung erfolgt"[1]

Fernschreibstelle des Auswärtigen Amtes
DG Agram Nr. 48 vom 4. 3.   1230   194   Uhr
Auswärtig Berlin RR 952
— G-Schreiber —

Citissime

Vor
Nach   Mitt.

Stempel:
Auswärtiges Amt
D III 289 g
(unleserlich)

Vorarbeiten für neue Judenaktion in Kroatien sind Ende dieser Woche abgeschlossen. Abschiebung erfolgt bezirksweise in kleineren Gruppen von 20 bis 150 Personen. Da geeignetes Lager zur Konzentrierung aller Juden nicht zur Verfügung steht, Beginn der Aktion Mitte März. Vertreter der Deutschen Reichsbahndirektion in Agram hat Waggongestellung zugesagt, die an fahrplanmäßige Züge angehängt werden. Von dieser Aktion werden etwa 2000 Juden erfaßt. Bitte Kommandeur in Marburg anweisen, daß auf hiesiges Ansuchen 4 Angehörige der Schutzpolizei als Transportbegleiter am deutschen Grenzbahnhof Brückel zur Verfügung gestellt werden. Aussiedlung wird unabhängig von Stellung des Kopfgeldes und der Lebensmittel durchgeführt. Bitte RSHA römisch 4 B 4 SS-Stubaf. Eichmann zu verständigen.

Helm   Kasche

---

[1] Dokument CXXIV — 18.

VII.

Herrn Wagner geht es noch um die restlichen 2000 Juden[1])

Geheim

Berlin, den 10. April 1943   Fernschreiben-G.-Schreiber.
Diplogerma   Stempel:
Consugerma **Agram**   Telegramm) I Z (geh. Ch. K)
          Nr. 405   Geh. Verm. für Behördenleiter
                                    ,,   ,,   ,. Geh. Reichssachen
                                    ,,   ,,   ,, Geheimsachen
                                    Ohne besonderen Geheimvermerk
                                             Nicht
                                          Zutreffendes
                                          durchstreichen.

Referent: LR Wagner
Betreff: . . . .

Für Polizei-Attaché Ovia!

Geheim. Betr.: Abbeförderung von Juden aus Kroatien nach Auschwitz.
Bezug: Tel. Bericht v. 9. 3. 43 —.

Unter Bezugnahme auf die seinerzeitige telefonische Mitteilung bitte ich zu berichten, wann voraussichtlich mit dem Beginn der angekündigten gruppenweisen Abbeförderung der restlichen etwa 2.000 Juden aus Kroatien zu rechnen ist. In diesem Zusammenhang bitte ich ferner um Bericht über die Entwicklung und den augenblicklichen Stand der Verhandlungen mit den italienischen Stellen bezüglich der Abbeförderung der in den von Italienern besetzten Küstenzonen lebenden Juden. RSHA — IV B 4 A — 3013/42 G (1319) — I. A. gez. Günther, ⚡⚡-Stubaf.

                                    gez. W a g n e r

Vermerk: W. 10.

Paraphe wird wegen Abwesenheit   4
von LR Wagner nachgeholt.
        gez. Unterschrift
        (unleserlich)
Freilassen für die Telegramm-Kontrolle
(handschriftlich:
        10. 4.   22.00   M.
        Krause 22.30   379
        11/4.   6,25 Zeichen)

---

[1]) Dokument NG — 2347.

44

VIII.

ϟϟ-Obersturmbannführer Helm ist noch nicht ganz zufrieden[1])

Der Polizeiattaché   A b s c h r i f t.   Zagreb, den 18. 4. 1944
Bro. 441/44

Betrifft: Überblick über die Judenfrage in Kroatien.

Hier liegt ein Schreiben des RSHA, Berlin, vor, demzufolge auf Befehl des RF-ϟϟ die Judenfrage in Kroatien in schnellster Zeit bereinigt werden soll. In dem Schreiben wurde auch mitgeteilt, daß über das Auswärtige Amt auch die Deutsche Gesandtschaft von dem bevorstehenden Plan in Kenntnis gesetzt wurde.

Bekanntlich wurde die Judenaussiedlung aus Kroatien im Spätherbst 1942 durch die zuständigen kroatischen Behörden unter Einschaltung einer beratenden Tätigkeit des Polizeiattachés durchgeführt. Die Durchführung als solche war zufriedenstellend, so daß bis auf einige besetzte Gebiete — Kroatien als jenes Land angesehen werden konnte, in welchem die Judenfrage im großen und ganzen als gelöst anzusehen war.

Dessen ungeachtet befinden sich in öffentlichen Stellungen, besonders wirtschaftlicher Art / Zempro / und auf dem Gebiete der Medizin noch verschiedene Juden. Bereits des öfteren wurde versucht, bei den zuständigen kroatischen Stellen die Lösung dieser Fragen zu erreichen. Kroatischerseits wurde aber immer wieder betont, daß die Lösung auf diesen Sektoren schwierig sei, da es dem kroatischen Staat heute noch an den fachlich ausgebildeten Ersatzkräften fehle. Kroatischerseits würde diese Frage ohne weiteres gelöst werden, wenn deutscherseits die erforderlichen Ersatzkräfte gestellt werden könnten.

An die Lösung des Problems der Mischehen konnte erklärlicher Weise nicht herangetreten werden, da diese Frage im Reich und vor allem während des Krieges kaum befriedigt gelöst werden kann.

Auch befinden sich in verschiedenen wichtigen Stellen noch Juden, die wegen ihrer guten Beziehungen zu führenden Persönlichkeiten oder auf Grund ihrer Tätigkeit für bestimmte staatliche Organisationen / Fall des Juden Alexander Klein, der für das Ustasa-Hauptquartier Einkäufe in Ungarn und Italien tätigte —, die deutscherseits nur schwer ausgesiedelt werden können, ohne Verwicklungen mit kroat. Stellen herbeizuführen.

Schwierigkeiten bei der endgültigen Bereinigung der Judenfrage in Kroatien bereitet auch der Umstand, daß die kroat. Führung im starken Maße jüdisch versippt ist.

Um den Einfluß des Judentums auf das kroatische öffentliche politische und wirtschaftliche Leben auszuschalten, wäre es notwendig, die kroat. Regierung — unter Hinweis auf die Gefahren — zu bewegen, von sich aus die noch in öffentlichen Stellungen befindlichen Juden auszuschalten. Auch wäre bei der kroatischen Regierung anzuregen, einen schärferen Maßstab bei der Verleihung des Ehrenarierrechtes anzulegen und diese Frage noch einmal eingehend unter härteren Gesichtspunkten zu prüfen.

Auf Grund des Befehls des RF-ϟϟ wird z. Zt. durch den Befehlshaber der Sicherheitspolizei und des SD im engsten Einvernehmen mit hies. Abteilung, die Judenfrage nochmals eingehendst geprüft und die Frage erörtert, inwieweit in einzelnen Fällen deutscher-

---

[1]) *Dokument CXXIV — 20.*

seits im Benehmen mit den zuständigen kroat. Dienststellen die weitere Evakuierung von Juden durchgeführt werden kann.

Über den Stand der laufenden Ermittlungen wird berichtet.

gez. H e l m

∬-Obersturmbannführer

IX.

Kasche: „Die Judenfrage ist in Kroatien in weitem Maße bereinigt worden"[1])

Deutsche Gesandtschaft	G e h e i m	Zagreb, den 22. April 1944
(handschriftlich:		Stempel:
Inl. II)		Auswärtiges Amt
Betrifft: Judenfrage in Kroatien		Inl. II 783 g
2. Doppel.		eing. 25. Apr. 1944
1 Anlage / dreifach /.		1 Anl. (fach) 2 Dopp. d. Eing.

Die Judenfrage ist in Kroatien in weitem Maße bereinigt worden. Es handelt sich jetzt noch um die Erledigung einzelner Fälle oder um Maßnahmen in den nach und nach gesäuberten Küstengebieten.

Bisher ist hier hinsichtlich der Ausnahmefälle folgender Standpunkt vertreten worden:

1./ Die vom kroatischen Staate als Ehrenarier seinerzeit anerkannten Juden werden von den Judenmaßnahmen ausgenommen, jedoch bleiben sie aus allen dienstlichen und persönlichen Verbindungen mit uns ausgeschaltet.

2./ Juden in Mischehen werden nur dann befaßt, wenn die Kroaten dies von sich aus betreiben oder wenn politische Gründe ein Vorgehen notwendig machen. Bisher haben die Kroaten vor allem Maßnahmen hinsichtlich der Wohnungen gegen Mischehen getroffen.

3./ Halbjuden werden im allgemeinen nicht mehr als Juden gerechnet, wenn sie nicht in einer Ehe mit Volljuden leben. Wenn politisch notwendig, werden aber auch hier im Einzelfalle Maßnahmen getroffen.

Seitens der kroatischen Behörden ist den Maßnahmen gegen das Judentum volles Verständnis entgegengebracht worden. Interventionen haben sich auf einzelne Fälle beschränkt.

Bei der Durchführung ist die kroatische Polizei besonders radikal und schnell vorgegangen.

Schwierigkeiten bereiten Einzelfälle, in denen Juden von außerhalb Kroatiens im Auftrage deutscher Organe zu amtlichen und wirtschaftlichen Erledigungen hier einreisen. Ich habe Weisung gegeben, in solchen Fällen die Juden unsererseits in Haft zu nehmen und in das Reich abzuschieben.

Im übrigen gibt der Bericht des Polizeiattachés vom 18. 4., dessen Abschrift anliegt, Aufschluß über den Stand der Angelegenheit.

An das   gez. H. K a s c h e

Auswärtige Amt

B e r l i n

---

[1]) *Dokument CXXIV — 20.*

5. Das Auswärtige Amt und die Juden in Bulgarien [1]

I.

a) 1942: Erster Vorstoß

Unterstaatssekretär   D III 612 g

L u t h e r   G e h e i m

V o r t r a g s n o t i z

Nach einem Bericht des Deutschen Gesandten in Sofia hat das Bulletin des Z e n - t r a l k o n s i s t o r i u m s   d e r   J u d e n   i n   B u l g a r i e n   a m   7. 7. 42   e i n e n T e l e g r a m m w e c h s e l   m i t   d e m   B u l g a r i s c h e n   Z a r e n   in großer Aufmachung veröffentlicht. Der Vorsitzende des genannten Konsistoriums hatte dem König anläßlich des Geburtstages des Kronprinzen ein Glückwunschtelegramm gesandt, die Antwort des Königs lautete:

> „Josef Geron, Vorsitzender des Zentralkonsistoriums der Juden in Bulgarien. Ich danke Ihnen und der bulgarischen Judenschaft aufrichtig für die Grüße und freundlichen Glückwünsche, die Sie anläßlich des Geburtstages des Kronprinzen übermittelten.
>
>   Der Zar".

Der Telegrammwechsel soll besonders in nationalen Kreisen zu Kommentaren Anlaß gegeben haben.

D a g e g e n   m a c h t   d i e   J u d e n p o l i t i k   i n   B u l g a r i e n   b e m e r k e n s - w e r t e   F o r t s c h r i t t e . Auf Grund eines vor kurzem beschlossenen Ermächtigungsgesetzes hat die Bulgarische Regierung neue einschneidende Maßnahmen verkündet. Durch diese wird die Bestimmung des J u d e n b e g r i f f e s   f e s t g e l e g t , die Kennzeichnung (J u d e n s t e r n), ferner N a m e n s -   u n d   W o h n u n g s b e s c h r ä n k u n g   e i n - g e f ü h r t , die gewerbliche und w i r t s c h a f t l i c h e   B e w e g u n g s m ö g l i c h - k e i t   w e i t g e h e n d   e i n g e s c h r ä n k t   und die L i q u i d a t i o n   j ü d i s c h e r U n t e r n e h m u n g e n   weiter vorgetrieben. Ein besonders zu errichtendes Kommissariat regelt alle Fragen im einzelnen.

---

[1] *Dokumente CXXV — 1 (a, b, c).*

Im übrigen soll aus blockiertem jüdischen Kapital ein Fonds für die Unterbringung von Juden in besonderen Lagern und Ortschaften gebildet werden; diese „jüdischen Gemeinden" sollen der V o r b e r e i t u n g z u r A u s w a n d e r u n g o d e r U m s i e d l u n g d e r j ü d i s c h e n B e v ö l k e r u n g dienen.

Diese A u s s i e d l u n g s p l ä n e v e r a n l a ß t e n d a s R e i c h s s i c h e r - h e i t s h a u p t a m t , h i e r d i e F r a g e a n z u s c h n e i d e n , o b s i c h d a s R e i c h im Hinblick auf das bereits früher geäußerte Interesse der Bulgarischen Regie- rung j e t z t e i n s c h a l t e n u n d s e i n e D i e n s t e b e i d e n A u s s i e d l u n g s - a k t i o n e n a n b i e t e n s o l l .

        Hiermit
über den Herrn Staatssekretär
dem Herrn Reichsaußenminister   (handschrftl.:
                               hat RM vorgelegt.
                               14. 9.)

mit der Bitte um Weisung vorgelegt, o b d e r G e s a n d t e B e c k e r l e i n g e e i g - n e t e r v o r s i c h t i g e r F o r m d i e F r a g e d e r A u s s i e d l u n g d e r b u l g a - r i s c h e n J u d e n b e i d e m B u l g a r i s c h e n A u ß e n m i n i s t e r a n s c h n e i - d e n k a n n .

Nach den von der Bulgarischen Regierung neuerdings angeordneten Maßnahmen ist an- zunehmen, daß sie auf ein diesbezügliches deutsches Angebot zur Übernahme der Juden gern eingehen wird.

Berlin, den 11. September 1942   gez. L u t h e r

b) von Sonnleithner muß noch warten

vorgelegt: über St.S. U/17   (hdschr.: hat Lu-
                    U.St.S. L u t h e r (ther vorgelegen
                                    (M. 20. 9.)

Der Herr R A M ist der Auffassung, daß mit einem Herantreten an den bulgarischen Außenminister wegen Aussiedlung der bulgarischen Juden noch zugewartet werden soll.

Berlin, den 15. 9. 1942   gez. v. Sonnleithner

c) Auch Unterstaatssekretär Luther muß noch Geduld haben

U.St.S. — D. — Nr. 6775   Berlin, den 15. September 1942
M i t t e i l u n g
für Parteigenossen R a d e m a c h e r

Herr v. Rintelen gibt auf unsere Vorlage wegen Bulgarien soeben die Entscheidung des Herrn R A M durch, daß vorläufig unsererseits nichts unternommen werden soll.

                                     gez. L u t h e r

d) Der Gesandte Beckerle ist voller Angst[1])

<table>
<tr><td>Telegramm
(Geh. Ch. Verf.)</td><td>Stempel:
Auswärtiges Amt
D III 49
eing.: 5. Feb. 1943</td></tr>
</table>

Sofia, den 4. Februar 1943
Ankunft: 5.   „   „   10.08 Uhr
Nr. 176 vom 4. 2.

C i t o !

Der Ministerpräsident mitteilte mir bei einem Gespräch, daß über die Schweizer Schutz-macht von englischer Seite das Angebot gemacht worden sei, etwa 5.000 (5000) jüdische Kinder nach Palästina zu übernehmen. Wenn er auch erklärt, daß es sich zunächst um eine unverbindliche Anfrage handle, zu der er noch keinerlei Stellungnahme eingenommen habe, wird er zweifellos mich zu dieser Frage, sobald sie offiziell anhängig ist, nach mein *)

*) fehlt Klartext

hören. Ich bitte daher um Weisung. Ich habe mich zunächst darauf beschränkt, allgemein zu erklären, daß wir schlechte Erfahrungen damit gemacht hätten, daß Juden die Möglich-keit, auszuwandern gegeben wurde, da diese dann im Ausland gegen uns eingesetzt oder von der feindlichen Propaganda ausgenutzt worden seien.

gez. Beckerle

V e r t e i l e r N r. 4

<table>
<tr><td>Nr. 1 (</td><td rowspan="2">an D. III (Arb St.)</td><td>Nr. 6—14 an Abt. Leiter:</td></tr>
<tr><td>Nr. 10 (</td><td>6) Pol., 7) Recht.</td></tr>
<tr><td>Nr. 2 (</td><td rowspan="2">an R A M</td><td>8) Dtschld., 9) He. Pol.</td></tr>
<tr><td>Nr. 20 (</td><td>10) Kult. 11) Presse,</td></tr>
<tr><td>Nr. 3 (</td><td>an St. S.</td><td>12) P. ot. 13) Ru, 14) Inf.</td></tr>
<tr><td>Nr. 4 (</td><td rowspan="2">an B R A M</td><td>Nr. 15 an Dg. Pol.</td></tr>
<tr><td>Nr. 40 (</td><td>Nr. 16 „ Dg. Arb. Abt. (wenn nicht Pol. Arb.</td></tr>
<tr><td>Nr. 5 (</td><td>an Botsch. Ritter</td><td>Nr. 17 „ Sammlg. Telko</td></tr>
</table>

---

[1]) Dokument CXXIII — 23.

„Dein Reich komme"

Drittes Reich. Symbolische Zahl. Das Reich des Dreieinigen Gottes soll es durch-dringen. Ja: „Dein Reich komme!"

Hanna v. P e s t a l o z z a : „Ich will dienen", Edwin Runge Verlag, Berlin-Tempelhof 1935, Seite 148.

II.

a) 1943: Laufende Berichterstattung[1])

An das   Sofia, den 5. 4 .1943

R. S. H. A. — Attachégruppe —   G e h e i m

B e r l i n

B e t r.: : Judenabschub aus Bulgarien

V o r g. : laufende Berichterstattung

Es kann nunmehr der Abtransport von 11 343 Juden gemeldet werden. Hiervon gingen 4221 thrazische per Schiff von Lom nach Wien und 7122 mazedonische Juden per Eisenbahn aus Skopje ab. Die Schiffstransporte waren durch bulgarische Polizei mit je 2 Mann Ordnungspolizei, die Eisenbahntransporte durch Ordnungspolizei begleitet. Trotz ständiger Hinweise war eine genaue Übereinstimmung zwischen Listen und Effektivstärke nicht zu erzielen. Die Übertragung der bulgarischen Listen in lateinische Schrift nahm stets mehrere Tage in Anspruch. Diese Ungenauigkeiten gehen zu Lasten der hiesigen üblichen Verhältnisse und halten sich in erträglichem Rahmen.

Nach dem vollzogenen Abtransport der Juden erscheint es angebracht, einen kurzen Überblick über den Stand des Judenproblems in Bulgarien zu geben.

1. Ausgangspunkt war die durch Innenminister Gabrowski vorgetragene Bereitwilligkeit der bulgarischen Regierung, die Juden aus den neu gewonnenen Gebieten Mazedonien und Thrazien zu evakuieren. Für diese wurden 14 000 Juden in Anschlag gebracht. Der dem bulgarischen Innenminister unterstehende Judenkommissar B e l e f f, der persönlich überzeugter Antisemit ist, hatte von vornherein den Plan erwogen, weitere 6000 Juden aus Altbulgarien, insbesondere aus den Großstädten, hinzuzunehmen, um die jüdische Führungsschicht in den Plan mit einzubeziehen. Der Innenminister Gabrowski war hiermit zunächst auch einverstanden. Der Plan des Abtransportes von 20 000 Juden fand auch die Billigung des bulgarischen Ministerrates. In diesem Stadium der Verhandlung schlossen Beleff als Judenkommissar und Beauftragter des Innenministers und ⚡-Hauptsturmführer D a n n e c k e r als Beauftragter des RSHA am 22. 2. 1943 eine schriftliche Vereinbarung, die bereits dort vorliegt, und die die Einzelheiten des Abtransportes regelte. Der bulgarische Ministerrat beschloß daraufhin am 2. 3. 43 die vom Judenkommissar verlangte Bereitstellung von Transportmitteln und Lagern für die Juden aus Mazedonien und Thrazien, sowie auch für die Juden des altbulgarischen Gebietes. Gleichzeitig wurde ein Gesetz erlassen, wonach Juden, die zur Aussiedlung kommen, die bulgarische Staatsangehörigkeit verlieren. Das Gesetz fand die Billigung des Sobranje. Es wurde lediglich beschlossen, von einer Veröffentlichung im Staatsanzeiger abzusehen.

2. Wer die hiesigen Verhältnisse kennt, mußte damit rechnen, daß mit dem Herannahen des Zeitpunktes des Abtransportes der Juden sich Schwierigkeiten einstellen würden. Die Schwierigkeiten entstanden bezüglich der Frage des Abtransportes der Juden aus Altbulgarien. Der Judenkommissar Beleff hatte in Erwartung dieser Schwierigkeiten in Plowdiw, Küstendil, Russe und Warna bereits die einflußreichsten Juden in Lagern zusammengezogen. Er plante ähnliches für Sofia am 13. 3. 43. Die Tatsache, daß auch Juden Alt-

---

[1]) *Dokument CXXVI — 63.*

bulgariens in die Aktion mit eingeschlossen werden sollten, war inzwischen bekannt geworden; es begannen daraufhin bulgarische politische Kreise, die mit der Judenaktion nicht einverstanden waren, auf den Innenminister einen Druck auszuüben. Insbesondere sprach eine Delegation aus Küstendil unter Führung des Vizepräsidenten des Sobranje Pescheff beim Innenminister dieserhalb vor. Es ist weiterhin anzunehmen, daß der Innenminister auch einen Wink von höchster Stelle bekommen hat, um den geplanten Abtransport der Juden aus Altbulgarien einzustellen. Der Innenminister gab jedenfalls am 9. 3. — teilweise ohne den Judenkommissar zu beteiligen — die Weisung, die in Alt-Bulgarien in Lagern zusammen gezogenen Juden wieder zu entlassen. Dies geschah am 30. 3. 1943. Die Freilassung der Juden führte eine erhebliche Unsicherheit der Polizeikommandanten der betr. Städte herbei.

3. Trotzdem wäre es abwegig, anzunehmen, daß die bulgarische Regierung, insbesondere der Innenminister Gabrowski, die Judenaktion zu sabotieren ernstlich versucht hätten. Der deutsche Gesandte hat sich wiederholt dann eingeschaltet, wenn Schwierigkeiten entstanden, bzw. wenn die Aktion nicht vorangehen wollte. Der deutsche Gesandte hat durch sein wiederholtes Vorstelligwerden bei dem Ministerpräsidenten F i l o f f erreicht, daß dieser die Versicherung abgegeben hat, entschlossen zu sein, alle Juden abzuschieben. Um die Einstellung der bulgarischen Regierung richtig verstehen zu können, muß man wissen, daß es ein Judenproblem in der Form, wie es im Reich bestand, in Bulgarien nicht gibt. Wohl gibt es auch in Bulgarien Juden, die sich in Schlüsselstellungen der bulgarischen Wirtschaft hochgearbeitet haben. Ihre Anzahl ist jedoch gering. Es bestehen hier weder die weltanschaulichen noch die rassischen Voraussetzungen, um das Judenproblem dem bulgarischen Volk gegenüber so dringlich und lösungsbedürftig erscheinen zu lassen, wie dies im Reich der Fall ist. Die bulgarische Regierung verfolgt mit der Evakuierung der Juden überwiegend materialistische Interessen, die darin bestehen, in das Eigentum der abgeschobenen Juden zuverlässige Bulgaren einzuweisen, hiermit diese zufriedenzustellen und gleichzeitig in den neu erworbenen Gebieten die unruhigen Juden gegen zuverlässige Bulgaren einzutauschen. Die bulgarische Regierung ist ohne Zweifel auch bereit, die Juden

---

Lösung der Wohnungsnot

Sofia, 15. Juli

Der Beschluß des bulgarischen Ministerrates, der außer einem allgemeinen Zuzugsverbot für die bulgarische Hauptstadt die Ansiedlung der jüdischen Bevölkerung in besonderen Stadtvierteln vorsieht, wird in der bulgarischen Öffentlichkeit lebhaft begrüßt. Man hofft, daß auf diese Weise die Wohnungskrise in Sofia, die in erster Linie durch den starken Rückgang der Bautätigkeit entstand, zum Teil behoben werden kann. Außerdem zeugt der Beschluß des Ministerrats von der festen Absicht der Regierung, die Judenfrage in Bulgarien im Sinne der europäischen Neuordnung endgültig zu lösen.

„Die Front", Feldzeitung einer Armee, Nummer 412, Donnerstag, 16. Juli 1942, Seite 2.

---

aus Alt-Bulgarien abzuschieben; sie will es jedoch auf jeden Fall vermeiden, daß das Judenproblem in Bulgarien durch die Weltpresse gezogen wird. Nur so ist es zu verstehen, daß die bulgarische Regierung dem schweizer Gesandten gegenüber sich beispielsweise auch bereiterklärt hat, einige tausende jüdischer Kinder nach Palästina auswandern zu lassen. Sie hat jedoch dem deutschen Gesandten, der wegen dieses Planes bei dem Minister-präsidenten sofort vorstellig wurde, durch diesen die Erklärung abgegeben, den Abtransport der jüdischen Kinder in der Praxis zu sabotieren. Die bulgarische Regierung versucht daher, nach außen das Gesicht zu wahren, die Judenabschiebung selbst wird jedoch nicht verhindert. Allerdings muß der Gesandte von Zeit zu Zeit immer wieder nachstoßen, um die Abschiebung in Fluß zu halten.

Daß dies die wahre Haltung der Regierung ist, geht daraus hervor, daß Minister-präsident Filoff dem sofioter schweizer Gesandten als Schutzmachtvertreter Englands auf dessen Intervention wegen des Judenabschubs erklärte, die Regierung sei fest entschlossen, die Aussiedlung durchzuführen, da diese Lösung immer noch humaner sei als die Bombar-dierung von nicht-militärischen Plätzen, bei denen Greise, Kinder und Frauen nieder-gemetzelt würden. Auch zur Frage der Auswanderung nach Palästina hat Ministerpräsident Filoff dem schweizer Gesandten erklärt, es kämen keine arbeitslosen Juden aus dem Lande heraus. Auch die Judenpropaganda in der Presse, die zeitweise zurückgestellt war, ist jetzt wieder in Gang gekommen.

Der obenerwähnte Vizepräsident des Sobranje, Pescheff, hatte zusammen mit 40 Ab-geordneten der Regierungsmehrheit wegen der angeblichen schlechten Behandlung der Juden beim Abtransport eine Eingabe verfaßt. Im Verlauf der internen Sitzung der Re-gierungsmehrheit wurde der Regierung das volle Vertrauen bezüglich der von ihr ver-folgten Judenpolitik ausgesprochen. In öffentlicher Sitzung wurde der Vizepräsident Pescheff, der die Delegation aus Küstendil geführt hatte und auch als erster die erwähnte Eingabe unterschrieben hatte, seines Amtes enthoben.

Berücksichtigt man, daß in Italien, Ungarn, Spanien usw. das Judenproblem überhaupt noch nicht angefaßt bzw. der Abschub der Juden noch nicht eingeleitet wurde, so ist zu-sammenfassend festzustellen, daß die bulgarische Regierung trotz der Einschränkungen, die üblicherweise auf dem Balkan gemacht werden müssen, die Lösung der Judenfrage aktiv betreibt.

4. Außer dem schweizerischen Gesandten, der als Schutzmachtvertreter Englands inter-veniert hat, hat auch der spanische Gesandte bei Ministerpräsident Filoff den Versuch unternommen, wegen des Abschubs von Juden spanischer Nationalität Einspruch zu erheben. Der spanische Gesandte hatte befürchtet, daß sämtliche Juden in Bulgarien, unabhängig von ihrer Staatsangehörigkeit, abgeschoben würden.

Außerdem hat der katholische Bischof in Skopje bei dem Polizeikommandanten in Skopje wegen der Juden interveniert, die den katholischen Glauben angenommen hatten. Soweit derartige Juden im Lager saßen, hat er die geistliche Betreuung derselben verlangt.

Es ist davon auszugehen, daß auch noch andere ausländische Missionen bei der bulga-rischen Regierung wegen des Judenabschubs vorstellig geworden sind. Die bulgarische Re-gierung hat trotzdem ihre Haltung nicht geändert.

5. Der stimmungsmäßige Niederschlag des Judenabschubs ist innerhalb der Bevölkerung als positiv zu werten. Da es viele Existenzen gibt, die keinen richtigen Verdienst haben, versprechen sich dieselben von der Entfernung der Juden aus dem wirtschaftlichen Leben persönliche Vorteile durch Einschaltung in den jüdischen Handel.

6. Unter Berücksichtigung dieser Verhältnisse ist das bisherige Ergebnis des Abschubs von 11 343 Juden als zufriedenstellend zu bezeichnen. Bei einer vereinbarten Zahl von 20 000 wurden 56 % erreicht.

Aus taktischen Gründen wird der Gesandte bezüglich der Frage des Abschubs der Juden aus Alt-Bulgarien zunächst etwas kurz treten, wie er mir anläßlich meines letzten Vortrages persönlich eröffnet hat. Nachdem jedoch der Ministerpräsident Filoff dem deutschen Gesandten die eindeutige Versicherung gegeben hat, daß auch der Abschub der Juden in Alt-Bulgarien durchgeführt werde, wird dieser zu einem Zeitpunkt, der ihm zweckmäßig erscheint und der in die gesamtpolitische Situation paßt, erneut vorstellig werden.

In der Zwischenzeit hält #-H'Stuf. Dannecker mit dem Judenkommissar Beleff ständige Fühlung, mit dem Ziel, dem Innenminister gangbare Vorschläge für den weiteren Abschub zu unterbreiten.

Bei dieser Sachlage ist davon auszugehen, daß der Judenabschub aus Bulgarien in absehbarer Zeit seinen Fortgang nehmen wird.

Unterschrift
Gesehen: B e c k e r l e

b) „Die Frage ist in Fluß. Ein Zurück kann es nicht mehr geben"[1]

IV B 4 — 019
B. N r. 2 6 7 / 4 3   Sofia, den 7. Juni 1943
                              G e h e i m
        An das

            Reichssicherheitshauptamt
            — Attachégruppe —
            B e r l i n

B e t r. :   Judenabschub aus Bulgarien
B e z u g : Hies. Bericht v. 5. 4. 1943 — IV B 4 — 010 — 143/43

1. In meinem Bericht vom 5. 4. 1943 wurde abschließend die Feststellung getroffen, daß der Judenabschub in absehbarer Zeit seinen Fortgang nehmen würde.

Im Monat April hatte sich die Lage insofern ungünstig verschoben, als die bulgarische Regierung nicht mehr den Abschub, sondern — offenbar den Absichten des Königs ent-

---

[1] *Dokumente CXXIV — 22 (b und c).*

sprechend — den Arbeitseinsatz von Juden forcierte. Dem Arbeitseinsatz standen allerdings zwei Schwierigkeiten entgegen:

a) Der Einsatz zeitigte kein im Verhältnis zum Aufwand stehendes Ergebnis;

b) Die Unmöglichkeit, die erforderlichen Baracken zur Aufnahme der jüdischen Arbeitsabteilungen zu errichten.

2. Durch das am 10. 5. 1943 auf den Rundfunkingenieur J a n a k i e f f begangene Attentat, dessen Täter in dem Volljuden P a p p e festgenommen werden konnte, kam die Judenfrage jedoch erneut in Fluß. Zur gleichen Zeit wurde in Russe eine kommunistische Bande von 7 Mann gestellt und aufgerieben, worunter 6 Juden waren. Innenminister G a b r o w s k i gab im Zusammenhang mit diesen Ereignissen das bekannte auch in der deutschen Presse veröffentlichte Interview, in welchem er nachdrücklichst auf die Rolle des Judentums bei den Terrorakten hinwies. Das Interview wurde von ihm ohne Zweifel als psychologische Vorbereitnug für neue Judenmaßnahmen gegeben. Auch der Judenkommissar B e l e f f hat unter Ausnutzung dieser Situation dem Innenminister neue Pläne für den Judenabschub vorgelegt. Auf Grund seiner Mitteilung an ѕѕ-Hauptsturmführer D a n n - e c k e r sahen diese zwei Möglichkeiten vor:

a) Abschub der gesamten Juden Bulgariens in die deutschen Ostgebiete aus Gründen der inneren Staatssicherheit.

b) Aussiedlung der in Sofia vorhandenen 23 000 Juden in die Provinz, falls Plan a) nicht durchführbar wäre.

Dem zu a) vorgesehenen Plan des Abschubs in die Ostgebiete stand entgegen, daß nicht genügend Polizeikräfte vorhanden waren, um kurzfristig eine erfolgreiche Razzia ohne Schädigung des Wirtschaftslebens (Blockade) durchzuführen. Trotz dieser Schwierigkeiten wollte der Judenkommissar Beleff auch den Plan a) durchführen, falls er gebilligt worden wäre.

3. Der Innenminister selbst ging auf die Vorschläge Beleffs ein und war sogar bereit, einem Abschub in die Ostgebiete zuzustimmen. Er hat sich die Vorschläge des ihm unterstehenden Judenkommissars Beleff in der Audienz am 20. 5. 1943 bei König Boris zu eigen gemacht. Der König entschied, daß die Aussiedlung in die Provinz ab sofort beginnen solle, worauf zunächst der Plan a) zurückgestellt wurde.

4. Die Aussiedlung in die Provinz geht technisch so vor sich, daß mit ihrem Beginn sich täglich steigernd durchschnittlich 4—6000 Juden ihren Ausweisungsbefehl zugestellt erhalten, in welchem der zu benutzende Zug und die vorgesehene Stadt genau bezeichnet sind. Dem Ausweisungsbescheid ist ein abreißbares Formular angeheftet, welches als Fahrkarte gilt. Das Judenkommissariat hat am Bahnhof eine Kontrollstelle eingerichtet, die über die abreisenden Juden Buch führt. Juden, die nicht rechtzeitig abreisen, erhalten eine stillschweigende Nachfrist von 1½ Tagen. Nach Ablauf der Frist werden sie durch die Polizei zwangsläufig an den befohlenen Ort verschubt. Soweit bisher übersehbar, leisten ungefähr 90 % der aufgerufenen Juden dem B e f e h l f r e i w i l l i g F o l g e. Ursprünglich waren für die Unterbringung in der Provinz alle jene Städte vorgesehen, in denen sich bereits Juden befinden. Das bulgarische Kriegsministerium hat jedoch verlangt, daß auf keinen Fall Juden in den Grenzgebieten untergebracht werden dürfen. Durch diese Einschränkung sind nunmehr 18 bis 20 Städte übriggeblieben, in denen die Juden unter-

gebracht werden müssen. Die Unterbringung erfolgt bei Judenfamilien bezw., falls keine Unterbringungsmöglichkeit dort vorhanden, in den z. Zt. infolge Ferien leerstehenden Schulen.

5. Das Mobiliar der ausgesiedelten Juden in Sofia wird nach Räumung der Wohnungen sofort versteigert. Die Wohnungen werden vergeben.

Die Unterbringung in den Provinzstädten, in die z. T. bis zu 5000 Juden verschubt werden, kann jedoch nur eine vorübergehende Maßnahme darstellen, da die Schulgebäude nur während der Dauer der Schulferien zur Verfügung stehen.

Da die Juden durchweg über große Geldmittel verfügen, werden ohne Zweifel die Lebensmittelpreise in den belegten Städten in die Höhe gehen.

Es ist damit zu rechnen, daß die in der Provinz schon immer stärker vorhandene judenfeindliche Stimmung hierdurch erheblich anwächst. Auch innerpolitisch stellt die Massierung einer derartigen Anzahl von Juden in den hierfür nicht vorbereiteten Städten eine gewisse Gefahr dar.

Hiernach kann daher davon ausgegangen werden, daß sich sowohl der bulgarische König als auch die Regierung darüber im klaren sind, daß die Aussiedlung der Sofioter Juden in die Provinz nur eine Übergangsmaßnahme darstellt, die dazu führen muß, den Abschub der Juden in die Ostgebiete vorzunehmen.

6. Die Aussiedlungsmaßnahme der Juden in die Provinz wurde im Laufe des 23. 5. 1943 in Sofia bekannt. Am 24. 5. 1943 versuchte eine größere Anzahl von Demonstranten, zum königlichen Palais zu ziehen und zu protestieren. Die Polizei verhinderte dies und nahm 400 Demonstranten fest. 120 Juden wurden hiervon dem provisorischen Lager in Semowit zugeführt. Am gleichen Tage versuchten die Sofioter Rabbiner, den päpstlichen Nuntius und den Metropoliten Stefan für ihre Sache zu gewinnen. Das Innenministerium hat darauf sämtliche in Sofia tätigen Rabbiner bis auf weiteres festgenommen. Der Sofioter Oberrabbiner konnte zunächst nicht festgenommen werden, da er sich vorübergehend im Hause des Metropoliten Stefan aufhielt. Die einsetzende jüdische Gegenpropaganda verbreitete das Gerücht, die Aktion sei um 14 Tage verschoben. Sie erzählte außerdem überall, nach der Aussiedlung der Juden aus Sofia würde die Hauptstadt bombardiert werden. Diese Gegenmaßnahmen hatten jedoch keinen Erfolg, sie fanden außerdem bei der Masse der Sofioter Stadtbevölkerung nicht die erhoffte Resonanz.

7. Der Judenkommissar Beleff hat dem ⁄⁄-H'Stuf. Dannecker gegenüber wiederholt zum Ausdruck gebracht, daß der Gesamtabschub in allernächster Zeit erfolgen müsse. Er hat dringend gebeten, die zur Verfügung stehenden Donauschiffe für die erste Hälfte des Monats Juni unbedingt bereitzuhalten. Es stehen z. Zt. 5 große und ein kleineres Schiff zur Verfügung, welche bei drei monatlichen Fahrten insgesamt 25 000 Juden befördern können. Beleff ist bereit, sogar die sehr hohen Stehgelder der Schiffe (pro Tag mindestens 20 000 Lewa) auf Kosten des bulgarischen Judenfonds zu übernehmen, falls sich der Abschub verzögern sollte, bzw. falls die Gefahr einer anderweitigen Einsetzung der Schiffe bestünde.

8. Der Abschub aus Sofia in die Provinz ist nach dem Plan des Judenkommissariats mit Ablauf des 7. 6. 1943 beendet. Nach diesem Zeitpunkt würden noch 2000—3000 Juden in Sofia anwesend sein, die auf Grund persönlicher Beziehungen, Bestechungen usw.

ihr vorläufiges Hierbleiben erreicht haben. Diese Zahl hält sich jedoch bei Berücksichtigung der hiesigen Verhältnisse im erträglichen Rahmen. Auch der Abschub dieser restlichen Juden wird versucht werden.

9. Wie ich bereits in meinem Bericht vom 5. 4. 1943 zu Ziffer 3 dargelegt habe, wäre es abwegig gewesen, zu unterstellen, die bulgarische Regierung, insbesondere Ministerpräsident F i l o f f und Innenminister G a b r o w s k i versuchten ernstlich, den Judenabschub zu sabotieren. Insbesondere muß festgestellt werden, daß die Haltung des Ministerpräsidenten Filoff gegenüber dem deutschen Gesandten in der Judenfrage einwandfrei war. Der deutsche Gesandte hat, um die Judenfrage in Bulgarien in Fluß zu bringen, bei dem Ministerpräsidenten Filoff wiederholte Vorstellungen erhoben. Filoff hat ihm immer wieder zugesagt, daß er entschlossen sei, alle Juden in die Ostgebiete abzuschieben. Wenn sich daher der hiesige Judenabschub unter anderen Umständen und mit größeren Schwierigkeiten als in den dem Machtbereich des Reiches unterstehenden Ländern vollzieht, so ist hierbei zu berücksichtigen, daß die bulgarische Regierung diese Frage nicht einfach über das Knie brechen kann, sondern sowohl innen- als auch außenpolitische Folgen vorauszusehen und abzudecken hatte. Bei einem Vergleich zu der Haltung, die beispielsweise die ungarische Regierung zur Judenfrage einnimmt, schneidet die bulgarische Regierung mit ihrer positiven Einstellung durchaus günstig ab, wobei noch in Betracht zu ziehen ist, daß die Haltung der ungarischen Regierung in dieser Frage der bulgarischen Regierung sowohl innen- als auch außenpolitische Schwierigkeiten bereitet. Auch der Wunsch der bulgarischen Regierung, zu vermeiden, daß das Judenproblem durch die Weltpresse gezogen wird und den Abschub der Juden so vorzunehmen, daß das feindliche Ausland möglichst wenig Ansatzpunkte gegen die bulgarische Politik hat, muß deshalb verständlich erscheinen, zumal es sich hierbei um rein taktische Maßnahmen handelt und der tatsächliche Judenabschub dieser Taktik nicht geopfert wird.

Ich hatte in meinem angezogenen Bericht unter derselben Ziffer bereits die Einstellung des Ministerpräsidenten F i l o f f gegenüber dem schweizer Gesandten als Schutzmachtvertreter Englands zur Judenfrage mitgeteilt. Nachträglich wird noch ein weiteres Beispiel als Bestätigung für diese Einstellung bekannt: Der Sobranje - Abgeordnete Dimiter A n d r e e f f, ein bekannter Antisemit, hat dem Judenkommissar B e l e f f mitgeteilt, Ministerpräsident Filoff habe nach der Ermordung des Abgeordneten Sotir J a n e f f zu den Sobranje-Abgeordneten gesprochen. Auf Anfrage aus den Reihen der Abgeordneten habe damals Filoff in aller Bestimmtheit erklärt, der Judenabschub außer Landes gehe auf jeden Fall weiter.

10. Nach der Aussiedlung der Juden aus Sofia bis zum endgültigen Abschub in die Ostgebiete werden bei Kenntnis der hiesigen Verhältnisse ohne Zweifel erneute Schwierigkeiten auftreten. In der Zwischenzeit ist die Judenfrage bezw. der Abschub der Juden in die Ostgebiete ein erhebliches Stück vorwärts getrieben worden. Die Frage ist im Fluß. Ein Zurück kann es nicht mehr geben.

Abschließend ist daher festzustellen, daß das von der bulgarischen Regierung, insbesondere von Ministerpräsident F i l o f f dem deutschen Gesandten gegebene Versprechen, die Juden Bulgariens in die Ostgebiete abzuschieben, gehalten werden wird.

gesehen: B e c k e r l e   gez. Unterschrift (unleserlich)

56

c) Beckerle: „...werde ich die Judenfrage ständig im Augenmerk behalten und nach
Möglichkeit die Lösung beschleunigen"

handschriftlich: Jud II g   Jud
          Stempel: A. A. eing.
               9. IV. 1943

Deutsche Gesandtschaft   Sofia, den 7. Juni 1943
    A 624/43 g   G e h e i m
Auf den Erlaß Inl. II 1443 handschtl.: M   Stempel:
    v. 26. 5. 43   Auswärtiges Amt
I n h a l t : Behandlung der Judenfrage   Inl II 1616 g
        in Bulgarien   eing. -9. Juni 1943
3 Doppel   Anl (-fach 3 Doppel d. Eing.
handschriftlich: Akten im Ref.

      An das
        Auswärtige Amt
        B e r l i n

Ich verweise auf den Bericht des Polizei-Attachés, der mit dem heutigen Kurier abge-
gangen ist.   Im übrigen bitte ich, davon überzeugt zu sein, daß
                      von hier aus in der Judenfrage alles geschieht, um in
handschriftliche   geeigneter Weise eine restlose Klärung zu erzielen.
Bemerkungen unleserlich.

Was die Arbeitsleistung der Juden anbelangt, so
verweise ich darauf, daß sowohl der König wie auch der Ministerpräsident und andere
maßgebliche Persönlichkeiten auf die Wichtigkeit dieses Faktors für die bulgarische Wirtschaft wiederholt hingewiesen haben. Es sind auch keine Klagen über die geringe Arbeitsleistung der Juden beim Straßen- und Bahnbau geltend gemacht worden, sondern es
wurde im Gegenteil immer wieder die Notwendigkeit des Einsatzes von jüdischen Kolon-
nen betont, die infolge des Arbeitermangels unentbehrlich seien. Die Darlegungen des
bulgarischen Judenkommissars dürfen von uns auch nie absolut gewertet werden. Der
Judenkommissar gehört einer der Oppositionsbewegungen an, die in schärfster Opposition
zur Regierung stehen und dem Ministerpräsidenten und der Regierung ein falsches Spiel
unterstellen.

Seinen Maßnahmen stand ich oft mit größten Bedenken gegenüber, da er verschiedene
wichtige Voraussetzungen übersah. Tatsächlich hat mir die Entwicklung der Lage in verschiedenen Fällen Recht gegeben.

Ich bin fest davon überzeugt, daß der Ministerpräsident und die Regierung eine endgültige und restlose Lösung der Judenfrage wünschen und anstreben. Sie sind dabei aber
an die Mentalität des bulgarischen Volkes gebunden, dem die ideologische Aufklärung
fehlt, die bei uns vorhanden ist.

Mit Armeniern, Griechen und Zigeunern groß geworden, findet der Bulgare an dem Juden keine Nachteile, die besondere Maßnahmen gegen ihn rechtfertigen. Da die bulgarischen Juden größtenteils dem Handwerkerstand angehören und oft auch im Gegensatz zu anderen Arbeitern fleißig sind, hat die bulgarische Regierung meiner Ansicht nach Recht, wenn sie an die Frage von anderen Gesichtspunkten aus herangeht. Die Teilnahme von Juden an Attentaten und ihre achsenfeindliche und kommunistische Betätigung sind solche Gesichtspunkte. Demnach war es auch vorauszusehen und ist folgerichtig geschehen, daß aufgrund der bekannten Attentate die Judenfrage wieder verschärft wurde. Die technischen Schwierigkeiten, die mit der Aussiedlung aus Sofia verbunden sind, werden es vielleicht möglich machen, daß baldigst ein weiterer Abschub nach den Ostgebieten erfolgt.

handschriftlich: b. v. Tha.   Juden Bulgarien

Auf jeden Fall halte ich es für taktisch falsch und unrichtig, wenn wir einen starken unmittelbaren Druck ausüben, der uns die Verantwortung auferlegt und außerdem bei der bulgarischen Mentalität das Gegenteil des gewünschten Erfolges erzeugen würde.

Zusammenfassend glaube ich sagen zu können, daß der Ministerpräsident und die Regierung weiterhin bemüht sein werden, ganz in unserem Sinne die Judenfrage zu lösen, und daß wir bei taktisch geschicktem Verhalten das von uns gewünschte Ziel baldigst erreicht haben werden. Da in der Angelegenheit zugleich eine immer festere Sicherung und von mir stets angestrebte Verankerung mit unseren Kriegszielen liegt, werde ich die Judenfrage ständig im Augenmerk behalten und nach Möglichkeit die Lösung beschleunigen[1].

gez. B e c k e r l e

---

[1] *Infolge der Entwicklung in der militärischen Lage aber auch durch das „Fehlen einer ideologischen Aufklärung", über das sich der Gesandte Beckerle beklagte, ließen sich die Hoffnungen des Auswärtigen Amtes im vorliegenden Falle nicht realisieren. Eine Deportation bulgarischer Juden fand niemals statt.*

Prof. Dr. Fischer, Berlin:

. . . Einen nationalen Staat haben wir aufgerichtet, und wir sind dabei, ihn auszubauen, einen Staat aus Blut und Boden, einen Staat aus der deutschen Volksverbundenheit heraus aufgebaut auf Volkstum, Rasse und deutscher Seele . . .

. . . Der Führer hat die Größe gehabt zu sagen: Ich frage das ganze deutsche Volk, ob es mit seinem Willen hinter mir steht; und morgen wird das ganze deutsche Volk sagen: J a ! J a !

„Bekenntnis der Professoren an den deutschen Universitäten und Hochschulen zu Adolf Hitler und dem nationalsozialistischen Staat", überreicht vom nationalsozialistischen Lehrerbund Deutschland/Sachsen, Dresden N 1, Zinzendorfstraße 2, 1934, Seiten 9—10.

6. Das Auswärtige Amt und die Juden in Griechenland

I.[1])

Herr von Mackensen berichtet

F   (handschriftlich: Thadden)   D III 352 g/43

                                    (handschriftlich: Herrn von Thadden bitte

Telegramm   (G-Schreiber)   Rücksprache **W a g n e r**

Rom, den 13. März 1943 — 00.30 Uhr   G e h e i m

Ankunft: 13. „   „   — 1.30 „

Nr. 1171 vom 12. 3.   Auf Nr. 938*) vom 4. März

*) D III 289 g

Italienisches Außenministerium mitteilt auf erneute Anfrage, italienische Regierung habe über Behandlung Juden in dem von Italien besetzten griechischen Gebiet folgendes entschieden:

1.) Juden italienischer Staatsangehörigkeit werden ebenso behandelt wie in Italien. Gefährliche Elemente werden interniert bzw. nach Italien abgeschoben, was schon in zahlreichen Fällen erfolgt sei.

2.) Juden griechischer Staatsangehörigkeit werden interniert und in Lager auf Jonischen Inseln oder nach Italien verbracht.

3.) Juden mit Staatsangehörigkeit befreundeter oder neutraler Länder werden zum Verlassen Landes aufgefordert. Wenn sie dieser Aufforderung nicht nachkommen, werden sie zwangsweise in die betreffenden Länder abgeschoben bzw. in Lagern auf Jonischen Inseln oder in Italien interniert.   M a c k e n s e n.

V e r t e i l e r N r. 4:   Nr. 6—14) an A b t. L e i t e r :

Nr. 1)

Nr. 1a) an D III (Arb. St.)   6) Pol.,   7) Recht

Nr. 2)   8) Dtschld.,   9) Ha Pol

Nr. 2a) „ RAM   10) Kult,   11) Presse

Nr. 3) „ St. S.   12) Prot.,   13) Ru,   14) Inf.

Nr. 4)   Nr. 15) an Dg. Pol.

Nr. 4a) „ BRAM   Nr. 16) „ Dg. Arb. Abt. (wenn nicht Pol. Arb. Abt. ist)

Nr. 5) „ Botsch. Ritter   Nr. 17) „ Sammlung Telko

                                Dies ist Nr. 1

---

[1]) *Dokumente I — III CXXVII — 15.*

II.

Der unternehmungslustige Sonnleithner

Büro RAM   (handschriftlich: Sofort!)
                     (handschriftlich: Weizsäcker / 16)
                     (handschriftlich: Herrn L. R. Rademacher
                                      Bergmann)
Über St. S.
        Ges. Bergmann
vorgelegt.

Der Herr RAM bittet, im Einvernehmen mit der Reichsführung-SS festzustellen, ob die im Telegramm Rom Nr. 1171 vom 12. 3. italienischerseits in Aussicht genommenen Judenmaßnahmen in Griechenland genügen und bejahendenfalls, ob diese Maßnahmen auch durchgeführt werden.

Sollte dies nicht der Fall sein, müßten wohl neue Schritte unsererseits unternommen werden.

Berlin, den 16. März 1943   S o n n l e i t h n e r.
                                         (Unterschrift:)
(handschriftlich: Rademacher)

III.

Die Reichsführung-SS ist unzufrieden

Koe.   Entwurf
399
                                           zu D III 399 g
               V o r t r a g s n o t i z

Nach Ansicht der Reichsführung-SS (SS-Obstbf. Eichmann) sind die im Telegramm Rom Nr. 1171 vom 12. 3. italienischerseits in Aussicht genommenen Judenmaßnahmen in Griechenland ungenügend, weil sie einerseits mit den gleichfalls ungenügenden Judenmaßnahmen in Italien gleichlaufen und andererseits erfahrungsgemäß in die Aufrichtigkeit der Durchführung Zweifel gesetzt werden müssen. Diese Auffassung wird von D III nach bisher gemachten Erfahrungen geteilt.

Zu 1: Wenn die Juden italienischer Staatsangehörigkeit in dem von Italien besetzten griechischen Gebiet ebenso behandelt werden wie in Italien, gefährliche Elemente interniert bzw. nach Italien abgeschoben werden, so bedeutet dies nach den in Italien selbst gemachten Erfahrungen praktisch, daß es eben gerade meistens nicht die gefährlichen Elemente sind, die von diesen Maßnahmen betroffen werden. Oftmals werden die in einflußreichen Geschäftsstellungen tätigen Juden hiervon ausgenommen, weil man sie als Fachkräfte nicht entbehren zu können glaubt, weil sie über entsprechende Beziehungen verfügen und aus anderen Gründen, die praktisch auf eine Verbesserung der Judenbestim-

mungen in einzelnen Fällen hinauslaufen. Es unterliegt keinem Zweifel, daß diese einflußreichen Juden, sowie diejenigen, die ihren Einfluß aus der Vermischung und Versippung
heraus geltend machen, aber die gefährlichsten sind.

Zu 2: Die Internierung von Juden griechischer Staatsangehörigkeit in Lagern auf den
Jonischen Inseln oder ihre Verbringung nach Italien kann nicht als eine befriedigende
Lösung angesehen werden; denn auch in diesem Falle ist nach den gemachten Erfahrungen
damit zu rechnen, daß gerade die einflußreichen und damit gefährlichsten ausgenommen
bzw. aus der Internierung wieder entlassen werden können.

Zu 3: Gegen die Rückführung von Juden mit Staatsangehörigkeit befreundeter oder
neutraler Länder in ihre sogenannten Heimatstaaten ist nichts einzuwenden, da diese
Aktion mit der im deutschen Machtbereich im Gange befindlichen konform geht.

Nach Ansicht des Reichssicherheitshauptamtes könnten nur Judenmaßnahmen in dem
von Italien besetzten griechischen Gebiet, die mit den im deutschen besetzten Gebiet unternommenen völlig gleichlaufen (also Verbringung sämtlicher Juden, soweit sie nicht die
Staatsangehörigkeit befreundeter oder neutraler Länder besitzten, nach den Ostgebieten)
als genügende Maßnahmen angesehen werden.

Von den in Griechenland wohnhaften Juden befinden sich etwa $^5/_7$ in dem von Deutschland besetzten Gebiet, während auf das von Italien besetzte Gebiet nur etwa $^2/_7$ ent-
fallen.

Berlin, den 17. März 1943   gez. B e r g m a n n.

(handschriftliche Zeichen: Rademacher und Geiger.

Über den   18/3   17/3
Herrn Staatssekretär zur Vorlage
                    beim Herrn Reichsaußenminister

                                        IV.

**Die deutschen Vertretungen in Rom, Ankara, Madrid, Bern, Budapest, Sofia und Lissabon
erhalten schon Weisung[1])**

Stempel: G e h e i m   (handschriftlich: Inl. II 1071 g)
                                              (handschriftlich: Herrn v. Thadden)

                                                       gez.: W a g n e r.

Leg. Rat v. Thadden
(handschriftlich: T e l e g r a m m)

                              A u f z e i c h n u n g.

Im Zuge der Abschiebung von Juden zum Arbeitseinsatz nach dem Osten haben Kommandos des Reichssicherheitshauptamtes nunmehr mit der Durchführung dieser Aktion in
der von deutschen Truppen besetzten Saloniki-Zone in Griechenland begonnen. Am 29. 4.

---

[1]) *Dokument CXXVII — 16.*

1943 erging an die deutschen Vertretungen in Rom, Ankara, Madrid, Bern, Budapest, Sofia und Lissabon die Weisung, den dortigen Regierungen von der Ausdehnung der allgemeinen Judenmaßnahme auf die Salonik-Zone Kenntnis zu geben und ihnen anheimzustellen, Juden ihrer Staatsangehörigkeit bis zum 15. Juni ds. Js. zurückzuziehen.

(handschr.: nach
Rom, Athen, Salonik
Inl. II 1249 g)

Das Durchführungskommando der ⧣⧣ in Zusammenarbeit mit dem Deutschen Generalkonsulat in Salonik hatte ohne Kenntnis des Auswärtigen Amtes bereits örtlich Vorverhandlungen mit den Konsulvertretungen einzelner in Betracht kommender fremder Staaten aufgenommen. Hinsichtlich der Italiener ergab sich hierbei folgendes:

In der Salonik-Zone sind 281 Juden ansässig, die einwandfrei italienischer Staatsangehörigkeit sind. Weiterhin hat das italienische Generalkonsulat in zunächst 48 Fällen — unter Ankündigung weiterer — verlangt, daß Juden als italienische Staatsangehörige behandelt werden. Es handelt sich hierbei im wesentlichen um Juden, die durch Zeitablauf oder Eheschließung die italienische Staatsangehörigkeit verloren und die Wiederverleihung beantragt haben oder um jüdische Familien, deren Einbürgerung wegen angeblich italienischer Einstellung, italienischer Herkunft, besonderer Verdienste um Italien oder aus anderen Gründen betrieben werden soll.

Entsprechend der in allen besetzten Gebieten eingenommenen Haltung hatte Inl. II das Generalkonsulat in Salonik auf Anfrage dahin unterrichtet, daß von den Judenmaßnahmen nur die Juden einwandfrei italienischer Staatsangehörigkeit ausgenommen werden könnten, nicht aber die, welche einwandfrei die italienische Staatsangehörigkeit zur Zeit nicht besitzen, sondern sie jetzt erst wieder erwerben wollen. Auch Neueinbürgerungen könnten keine Berücksichtigung mehr finden.

Italienischerseits ist nunmehr mit Aufzeichnung vom 22. 4. d. Js., die in Übersetzung abschriftlich beiliegt, unter nachdrücklichem Hinweis auf die besonderen italienischen Rechte im griechischen Raum und die Notwendigkeit eines Schutzes der italienischen Interessen im Salonik-Gebiet, welche in Händen von Juden lägen, die Forderung erhoben worden, die Feststellung der italienischen Staatsangehörigkeit ausschließlich italienischen Stellen zu überlassen.

Auf Grund des italienischen Wunsches ist unverzüglich die Anweisung gegeben worden, zunächst von Maßnahmen gegen Juden, deren Staatsangehörigkeit nach Auffassung des Italienischen Generalkonsulats zweifelhaft ist, abzusehen.

Eine Erfüllung des italienischen Wunsches würde bei dem Charakter der als zweifelhaft bezeichneten Fälle die Anerkennung des Rechtes bedeuten, Juden, die z. Zt. die italienische Staatsangehörigkeit eindeutig nicht besitzen, durch Neueinbürgerung oder Wiederverleihung der italienischen Staatsangehörigkeit den allgemeinen Judenmaßnahmen zu entziehen. Welche Absicht italienischerseits hiermit verfolgt wird, lassen die Ausführungen der Italiener über die hervorragende Stellung dieser „italienischen" Juden auf dem Gebiet des Handels- und Finanzwesens deutlich erkennen.

62

Gruppe Inland II hält es nicht für vertretbar, den italienischen Wunsch zu erfüllen, sofern nicht besondere politische Gründe dies notwendig erscheinen lassen, u. z. aus folgenden Gründen:

1. Auch die Finnen und Schweden bemühen sich, einzelne Juden durch Neueinbürgerung zur Ausreise aus dem deutschen Machtbereich zu verhelfen. Den Schweden ist bereits Ende März mitgeteilt worden, daß Neueinbürgerungen nicht mehr anerkannt werden könnten. Die Erfüllung des italienischen Wunsches würde einen Präzedenzfall schaffen, auf den sich die übrigen Staaten berufen könnten.

2. Bei allen Balkanstaaten hat sich in letzter Zeit die ablehnende Haltung gegenüber judenfeindlichen Maßnahmen versteift. Ein Nachgeben gegenüber den Italienern würde diese Tendenz weiterhin fördern und als Schwächezeichen von uns gewertet werden.

3. Es würde das Ansehen des Reiches in Griechenland erheblich beeinträchtigen, wenn wir zulassen, daß die Italiener in der von uns besetzten griechischen Zone uns gegenüber geschäftlich besonders einflußreiche und wohlhabende Juden, die bisher nicht italienische Staatsangehörige waren, in Schutz nehmen können.

Gruppe Inland II schlägt daher vor, den Italienern mitzuteilen, daß selbstverständlich die Prüfung der Frage, ob Juden z. Zt. die italienische Staatsangehörigkeit besitzen oder nicht, den italienischen Stellen überlassen bleibe. Von den allgemeinen Judenmaßnahmen könnten jedoch die Juden aus grundsätzlichen Erwägungen und um keine Präzedenzfälle zu schaffen, nicht ausgenommen werden, die zur Zeit die italienische Staatsangehörigkeit nicht besitzen und zwar auch dann, wenn z. Zt. Anträge auf Verleihung oder Wiedergewährung der italienischen Staatsangehörigkeit schweben.

Hiermit
Über Herrn U. St. S. Pol.

Herrn Staatssekretär
mit der Bitte um Weisung vorgelegt.

Berlin, den 29. April 1943

Unterschrift: W a g n e r.

(handschriftlich:)
Zeichen: Hencke, 5. Mai. einverstanden
Zeichen: Steengracht, 8. Mai. einverstanden
Zeichen: von Thadden 29/?

Das Geheimnis des Blutes

Es ist die große Lehre von der Rasse, es ist das Hohelied des Volkstums, es ist das große Geheimnis des Blutes, das die Kulturauffassung des Nationalsozialismus erfüllt. **Erich K o c h : „Die NSDAP, Idee, Führer und Partei", R. Kittler-Verlag, Leipzig, 1933, Seite 28.**

7. Ausnahmsweise könnte ein Jude gerettet werden [1])

Brieftelegramm

(mit nächstem Kurier)

Berlin, den April 1943

Consugerma S o f i a

Referent: v. Thadden

Telegramm (nicht Geh. Ch. V, O f f e n)

IZ. (geh. Ch. V)

Geh. Verm. für Behördenleiter

„   „   „ Geh. Reichssachen

„   „   „ Geheimsachen

Ohne besonderen Geheimvermerk

Im Anschluß an Schrifterlaß v. 19. 6. 42 — D III 497 g —.

Aus zwingenden militärischen und sicherheitspolizeilichen Gründen notwendig, allgemeine Judenmaßnahmen auch auf von deutschen Truppen besetztes nordgriechisches Gebiet auszudehnen. Mit Aussiedlung dort ansässiger griechischer Juden begonnen. Von allgemeinen Judenmaßnahmen zunächst dort ansässige Juden fremder Staatsangehörigkeit ausgenommen. Sicherungen besetzten nordgriechischen Gebietes würden nicht erreicht, wenn nicht-griechischen Juden Aufenthalt erlaubt bliebe, da sie mit griechischen Juden durch verwandtschaftliche und geschäftliche Beziehungen engstens verbunden. Daher werden sämtliche am 15. Jan. d. Js. noch dort ansässigen Juden fremder Staatsangehörigkeit allgemeinen Judenmaßnahmen unterworfen. Hiervon wurde auch bulgarischer Jude Saul Yeruhan Mijan, Salonik, Ves Olgas 62, betroffen. Bitte dortiger Regierung mitteilen, daß sie Gelegenheit habe, diesen bis 15. Juni zurückzuziehen. — Mit Bericht v. 6. 7. — A 496 g/42 — hat Gesandtschaft mitgeteilt, daß bulgarische Regierung grundsätzlich einverstanden

---

[1]) *Dokument CXXVI a — 98.*

sei, daß in Deutschland und deutschem Machtbereich wohnhafte Juden bulgarischer Staats-angehörigkeit in geplante Judenmaßnahmen einbezogen würden. Hiermit hat sie sich auch hinsichtlich ihrer Staatsangehörigen in Salonik desinteressiert. Obwohl es sich nur um eine Person handelt, erscheint es im Hinblick auf besondere bulgarische Interessen in Sa-lonik angezeigt, Bulgarischer Regierung von geplanter Aktion Mitteilung zu machen.

N a c h A b g.:

(Handschrftl.:)   Dg. Recht

(Handschrftl.:)   Pol IV z. Kt s.

LR Wagner hat sich fernmündlich einverstanden erklärt. Paraphe wird nachgeholt.

Vertragsordnung

... Jeder, der die Grundsätze der Außenpolitik des neuen Deutschlands und die auf ihr beruhende vom Nationalsozialismus gewünschte Vertragsordnung vor seinem geistigen Auge erstehen sieht, wird entdecken, daß sie derjenigen entspricht, die der Präsident Wilson der Welt zu geben gedachte und die er in seinen zur ver-traglichen Grundlage der Friedensverträge erhobenen Kundgebungen näher um-schrieben hat.

Prof. Dr. C. R ü h l a n d in Kiel in der „Zeitschrift für Völkerrecht", Band 18, Heft 2, 1934, Seite 144.

---

8. Das Auswärtige Amt und die Juden in Rumänien

I.

Herr von Rintelen und die „Sonderbehandlung" der Juden[1])

Telegramm

(G-Schreiber)

Feldmark, den 19. August 1942   23.59 Uhr
Ankunft: 20.   „   „   0.30   „
Nr. 954 vom 19. 8.   Geheime Reichssache!

1.) Telko
2.) An Ministerialbüro Berlin für
Unterstaatssekretär L u t h e r

Der Bericht des Chefs der Sicherheitspolizei und des Sicherheitsdienstes vom 26. Juli an den Reichsführer ∰ betreffend E v a k u i e r u n g von Juden aus Rumänien lautet wie folgt:

Die Vorbereitungen in politischer und technischer Hinsicht in Bezug auf die Lösung der Judenfrage in Rumänien sind durch den Beauftragten des Reichssicherheits-Hauptamtes soweit abgeschlossen, daß mit dem Anlaufen der Evakuierungstransporte in Zeitkürze begonnen werden kann. Es ist vorgesehen, die Juden aus Rumänien, beginnend etwa mit dem 10. 9. 1942, in laufenden Transporten nach dem Distrikt Lublin zu verbringen, wo der arbeitsfähige Teil arbeitseinsatzmäßig angesetzt wird, der Rest der Sonderbehandlung unterzogen werden soll. Es ist Vorsorge getroffen, daß diesen Juden nach Überschreiten der rumänischen Grenze die Staatsangehörigkeit verloren geht.

Die Verhandlungen bezüglich der Regelung in Rumänien sind seit einiger Zeit mit dem Auswärtigen Amt im Gange, ebenso die Besprechungen mit dem Reichsverkehrsministerium zwecks Fahrplanerstellung; die Verhandlungen sind als durchaus günstig anzusprechen.

---

[1]) *Dokument CXXV a — 67.*

66

Auf Weisung des Reichssicherheits-Hauptamtes ließ sich der Berater für Judenfragen in Bukarest, ℋ-Hauptsturmführer Richter, vom stellvertretenden rumänischen Ministerpräsidenten Mihai Antonescu ein persönliches Schreiben aushändigen, dessen Fotokopie ich diesem Schreiben mit der Bitte um Kenntnisnahme beifüge.

Ich bitte um Genehmigung, die Abschiebungsarbeiten in der vorgetragenen Form durchführen zu können. Schluß des Berichts.

gez. R i n t e l e n

II.

Der Gesandte von Killinger durchschaut Antonescus Geschäftstüchtigkeit[1])

T e l e g r a m m
(offen)

Bukarest, den 12. Dezember 1942 — 13.—5 Uhr
Ankunft: den 12. Dezember 1942   14.25 Uhr
N r. 6 3 5 3 v o m 1 2. 1 2.

Der Regierungsbeauftragte für Judenfragen, Lecca, machte die Mitteilung, daß der Marschall Antonescu der Judenzentrale die Weisung erteilt habe, die Auswanderung von 75 bis 80 000 Juden nach Palästina und Syrien zu organisieren und durchzuführen. Auch liege ein Angebot für Aufnahme von Juden im Iran vor.

Dem Projekt des Marschalls habe auch der Vizeministerpräsident, Mihail Antonescu, zugestimmt und Lecca den Auftrag erteilt, den Befehl des Marschalls durchzuführen. Die einzige Bedingung, die der Marschall den Juden stellt, ist, daß die Juden für jeden Auswandernden 200 000 Lei an den rumänischen Staat abführen müssen. Ich habe den Regierungsbeauftragten Lecca darauf hingewiesen, daß die zuständigen Stellen in Berlin mit diesem Projekt kaum einverstanden sein werden, vor allen Dingen nicht, wenn es sich um wehrfähige Juden handelte. Ferner wies ich darauf hin, daß das Projekt den Besprechungen des Großmufti und des irakischen Ministerpräsidenten in Berlin widerspräche, wenn auch über das Ergebnis der Besprechungen des Großmufti und des irakischen Ministerpräsidenten s. Zt. nichts genaues veröffentlicht worden sei, so könne man doch annehmen, daß die Besprechungen nicht zugunsten der Juden, sondern zugunsten der Araber verlaufen seien. Es liege kaum im allgemeinen Interesse, den Arabern zu den schon zahlreichen Juden in Palästina noch weitere größere Mengen von Juden aus Rumänien zuzuführen. Ob nach den neuesten Ereignissen die Haltung der Araber die gleiche sei, entziehe sich meiner Kenntnis.

Der Regierungsbeauftragte Lecca erklärte, daß er sich diesen politischen Gründen nicht verschließen könne und an die Durchführung des Befehls erst herangehen werde, wenn er die Stellungnahme der deutschen Vertretung kenne. Lecca versicherte, daß zu einer Intervention zunächst kein Anlaß bestehe, da die Durchführung des Planes nach Lage der Dinge

---

[1]) *Dokument CXXVI — 30.*

noch nicht reif sei, allein schon wegen des fehlenden Schiffsraums. Er wird mich und den Berater für Judenfragen auf dem laufenden halten.

Nach meiner Meinung will Marschall Antonescu 2 Fliegen mit einer Klappe schlagen. Er will einerseits für ihn sehr notwendige 16 Milliarden Lei herausschlagen und andererseits einen großen Teil der Juden, die ihm innerpolitische Schwierigkeiten machen, auf bequeme Art loswerden. Eine Radikallösung lehnt er ab gegenüber den Juden, die nicht nachgewiesenermaßen bolschewistisch sind. Ob es ratsam ist, gegen seinen Plan Stellung zu nehmen, kann ich von hier aus nicht beurteilen. Ich bitte daher, mir die Stellungnahme des Auswärtigen Amtes baldigst zu übermitteln.

gez. K i l l i n g e r

V e r t e i l e r Nr. 4 :
Nr. 1
Nr. 10   a n D I I I (Arb. St)
Nr. 2
Nr. 20   an R A M
Nr. 3   an St. S.
Nr. 4
Nr. 40   an B R A M
Nr. 5   an Botsch. Ritter
Nr. 6—14 an A b t. L e i t e r : 6) Pol, 7) Recht, 8) Dtschld.
                                9) Ha Pol, 10) Kult, 11) Presse
                                12) Prot, 13) Ru, 14) Inf.
Nr. 15   an Dg. Pol
Nr. 16   an Dg. Arb. Abt. (wenn nicht Pol. Arb. Abt. ist)
Nr. 17   an Sammlg. Telko
Dies ist Nr. 3

III.

Herr von Thadden befürchtet, daß jüdische Kinder entkommen[1])

Inl. II   G e h e i m e R e i c h s s a c h e
über   Inl. II 231 gRs
                                           3. Ausfertigung
Leiter Abteilung Recht
U. St. S. Pol
Herrn Staatssekretär
                    d e m R e i c h s a u ß e n m i n i s t e r v o r g e l e g t.

V o r t r a g s n o t i z

Mit Vortragsnotiz vom 21. Mai 1943 — Inl. II 1369 g — war um Weisung des Herrn Reichsaußenministers über weitere Behandlung der beabsichtigten Ausreise jüdischer Kinder aus Rumänien, Bulgarien und den besetzten Ostgebieten gebeten worden.

---

[1]) *Dokument CXXVI — 31.*

Gesandter von Killinger hat am 27. 5. drahtlich berichtet, daß Vertreter des Internationalen Roten Kreuzes Marschall Antonescu gefragt haben, ob die Rumänische Regierung die Emigration von Juden aus Transnistrien auf Rot-Kreuz-Schiffen unterstützen werde. Der Marschall, dem die Konzentration von Juden in Transnistrien unerwünscht sei und der die Juden unbedingt los sein wolle, habe erwidert, daß für ihn eine neue Situation gegeben sei, wenn der Abtransport nicht unter Benutzung rumänischen Schiffsraums erfolgen würde, sondern wenn das Rote Kreuz Schiffsraum zur Verfügung stelle.

Gesandter v. Killinger erbittet Drahtanweisung über die Stellungnahme der Reichsregierung zu dieser Frage.

Inl. II schlägt vor, Gesandten v. Killinger anzuweisen, der Rumänischen Regierung nahezulegen, den Abtransport von Juden aus Rumänien, auch wenn das Internationale Rote Kreuz den erforderlichen Schiffsraum zur Verfügung stelle, zu verhindern. Bei dieser Gelegenheit wäre erneut die Bereitwilligkeit der Reichsregierung zum Ausdruck zu bringen, der Rumänischen Regierung die ihr unerwünschten Juden abzunehmen und sie zum Arbeitseinsatz nach dem Osten zu verbringen.

Berlin, den 1. Juni 1943

(Auf Weisung des Gruppenleiters Inl. II)
Im Auftrag
gez. v. T h a d d e n
Legationsrat

Antisemitismus ohne Weltanschauung

Die deutsche Volksgruppe hat unter Einfluß der nationalsozialistischen Bewegung eine sichtbare Wendung zum r a s s i s c h   b e s t i m m t e n Antisemitismus vollzogen. Bei Polen und Rumänen endlich hat sich die antijüdische Stimmung breiter Bevölkerungsgruppen vertieft und auch politisch befestigt. Aber hier tritt hauptsächlich die w i r t s c h a f t l i c h e Seite der Judenfrage als bestimmend hervor. Die Losung „Mehr Raum dem Staatsvolk" richtet sich zunächst gegen die Juden und verbindet sich mit national-chauvinistischen Gedankengängen der Verdrängung a l l e r völkischen Minderheiten, mag dieses Ziel auch (aus taktischen Gründen) oft nicht offen ausgesprochen oder sogar direkt geleugnet werden.

Eine Tatsache ist jedenfalls für alle antisemitischen Bewegungen Osteuropas bezeichnend: e s   f e h l t   e i n e   e i n h e i t l i c h   a u s g e r i c h t e t e   W e l t - a n s c h a u u n g, die den Juden als r a s s i s c h   b e s t i m m t e   G r u p p e faßt und ihm gegenüber eine g a n z   b e s o n d e r e Haltung fordert. Der Antisemitismus Osteuropas ist v o r w i e g e n d   e i n e   F o l g e   d e s   w i r t s c h a f t - l i c h e n   G e g e n s a t z e s, gemischt mit gefühlsmäßiger oder auch religiös-sittlicher Ablehnung. Nationalistisch-minderheiten-feindliche Zielsetzungen und Sentiments s i n d   a b e r   k e i n e   W e l t a n s c h a u u n g und können nie die Stoßkraft einer solchen besitzen.

Dr. habil. Peter-Heinz S e r a p h i m , Dozent an der Universität Königsberg i. Pr., in „Das Judentum im osteuropäischen Raum", 1938, Essener Verlagsanstalt, Seite 673.

9. Das Auswärtige Amt und die Juden in der Slowakei

I.

Der tote Punkt[1])

Telegramm
(G-Schreiber)

Preßburg, den 26. Juni 1942, 12.05 Uhr
Ankunft: den 26. Juni 1942, 12.15 Uhr
Nr. 992 vom 26. 6.   Citissime!

Die Durchführung der Evakuierung der Juden aus der Slowakei ist im Augenblick auf einem Toten Punkt angelangt. Bedingt durch kirchliche Einflüsse und durch die Korruption einzelner Beamter haben etwa 35 000 Juden Sonderlegitimationen erhalten, auf Grund deren sie nicht evakuiert zu werden brauchen. Die Judenaussiedlung ist in weiten Kreisen des slowakischen Volkes sehr unpopulär. Diese Einstellung wird durch die in letzten Tagen scharf einsetzende englische Gegenpropaganda noch verstärkt. Ministerpräsident Tuka wünscht jedoch, die Judenaussiedlung fortzusetzen und bittet um Unterstützung durch scharfen diplomatischen Druck des Reiches.

Erbitte Weisung, ob in dieser Richtung verfahren werden soll.

gez. Ludin

St. S. Keppler
U. St. S. Pol
U. St. S. R.
U. St. S. Lu.
Botsch. Ritter
Leiter Abt. Pers.
    „   „ Ha. Pol. Leiter Abt. Inf.
    „   „ Kult Chef. Prot.
    „   „ Presse Og. Pol.
    „   „ Rundfunk Arb. Exp. bei (unleserlich)

---

[1]) *Dokument CXXVI — 81.*

II.

Herr von Weizsäcker würdigt „die bisherige Mitwirkung der Slowakei in der Judenfrage"[1])

29. Juni 1942   Fernschreiben G.-Schreiber
An die   für Herrn Gesandten Ludin persönlich.
Deutsche Gesandtschaft
U. St. S. Luther
Preßburg
St. S.
U. St. S.
B e t r.: Judenaussiedlung Slowakei
Auf dortiges Telegramm Nr. 992 vom 26. 6.

Die vom Ministerpräsidenten Tuka erbetene diplomatische Hilfe können Sie ihm in der Weise geben, daß Sie Staatspräsident TISO gegenüber gelegentlich zum Ausdruck bringen, Einstellung Judenaussiedlung und insbesondere die im Drahtbericht geschilderte Ausschließung 35 000 Juden von Abschiebung würde in Deutschland (ausgestrichen und handschriftlich:) überraschen, um so mehr als die bisherige Mitwirkung Slowakei in der Judenfrage hier sehr gewürdigt worden sei.   gez. W e i z s ä c k e r

N a c h A b g a n g :
Pol IV
m. d. B. u. Kenntnisnahme.

III.

Aktennotiz des Gesandten von Sonnleithner[2])

Büro RAM
BBT 5305 B
331 / 143 g Rs.
Stempel: Hat dem Herrn St. S.
          vorgelegen. (handschriftlich) M 7/7
          LR Wagner
vorgelegt:

Der Herr RAM bittet Sie, Gesandten Ludin über seine Absicht zu unterrichten, auf inoffiziellem Wege durch Oberführer Veesenmayer Staatspräsident Tiso unser Interesse auf Bereinigung der Judenfrage in der Slowakei erkennen zu geben.

Für die Unterrichtung über die weitere Behandlung der Judenfrage in der Slowakei wäre ich dankbar.   gez. S o n n l e i t h n e r

Fuschl, 5. VII. 1943
7/7 Civ. (handschriftlich)

---

[1]) *Dokument CXXVI — 81.*
[2]) *Dokumente CXXVI a — 55 (III—V).*

IV.

Aktennotiz des Oberführers Veesenmayer²)

Aktennotiz für Gesandten von Sonnleithner

Nach Vortrag über den Stand der Judenfrage in der Slowakei und über meine längere inoffizielle Unterhaltung mit Tiso hat der Herr RAM entschieden, daß er derzeit nicht beabsichtige, Tiso offiziell wegen der restlichen Bereinigung der slowakischen Judenfrage unter Druck zu setzen. Demgemäß wünscht der Herr RAM auch nicht, daß der Gesandte Ludin dieserhalb vorstellig wird.

Dagegen ist der Herr RAM einverstanden, wenn ich Tiso in nächster Zeit erneut aufsuche, um inoffiziell bei ihm auf eine beschleunigte Bereinigung der slowakischen Judenfrage hinzuwirken. Ich könnte mich dabei auf die Zustimmung des Herrn RAM berufen.

Der Gesandte Ludin solle in diesem Sinne verständigt werden.

Fuschl, 8. Juli 1943   gez. Veesenmayer

V.

An den Herrn Gesandten Ludin¹)

Auswärtiges Amt   Berlin W 35, den 21. 7. 1943
s. o. Inl. II 331 g Rs.   Rauchstraße 11
                                                      Geheime Reichssache
Sehr verehrter Herr Gesandter!

Der Herr Reichsaußenminister hat mich beauftragt, Ihnen folgende Mitteilung zu machen:

Es wird im Augenblick nicht erwogen, die Slowakische Regierung wegen der restlichen Bereinigung der slowakischen Judenfrage anzugehen. Daher soll auch seitens der Gesandtschaft bis auf weiteres kein offizieller Schritt unternommen werden.

Andererseits wird es aber für notwendig gehalten, den Staatspräsidenten unser fortbestehendes Interesse an der Bereinigung der Judenfrage in der Slowakei auf inoffiziellem Wege erkennen zu lassen.

Der Herr Reichsaußenminister hat deshalb angeordnet, daß, sofern ⁄⁄-Oberführer Dr. Veesenmayer in nächster Zeit den Staatspräsidenten Dr. Tiso aufsucht, er gelegentlich der Unterhaltung die Sprache auch auf diese Frage bringen soll. Hierbei ist ⁄⁄-Oberführer Veesenmayer ermächtigt worden, sich bei dieser Gelegenheit auf die Zustimmung des Herrn Reichsaußenministers zu berufen.

⁄⁄-Oberführer Veesenmayer teilte hier mit, daß er in etwa 2 Wochen wieder nach Preßburg kommen wird; nähere Nachricht wird er Ihnen jedoch selbst zukommen lassen.

Mit herzlichem Gruß und

                                                      Heil Hitler!
An den   gez. Wagner
Herrn Gesandten Ludin
in Preßburg

VI.

Aussage des Dieter Wisliceny[1]

Eidesstattliche Erklärung

Ich, Dieter Wisliceny, geboren am 13. Januar 1911 in Reguleiken/Ostpreußen, schwöre, erkläre und sage aus wie folgt:

Ich bin seit April 1933 Mitglied der NSDAP, und seit 15. Juli 1934 bei der allgemeinen ⁄⁄ und zwar war ich Mitglied des SD. Mein letzter Rang war Hauptsturmführer seit 1939. In der Slowakei war ich seit 1. September 1940 bis 1. September 1944. Ich wurde dann nach Ungarn kommandiert. Von Januar 1945 bis Ende Februar 1945 war ich in Berlin.

Über die Tätigkeit der AO der NSDAP in der Slowakei ist mir nicht viel bekannt. Ich habe den Landesgruppenleiter Rudershausen persönlich gekannt und mit ihm öfters zu tun gehabt. Insbesondere habe ich offiziell zu tun gehabt mit dem Wirtschaftsbeauftragten der AO, einem Ingenieur, der in Bratislava ansässig war und dessen Name mir nicht einfällt. Dieser hat sich offiziell um die Arisierung jüdischer Firmen bemüht, die von hier ansässigen Reichsdeutschen übernommen wurden. Er hat mich in diesen Angelegenheiten um Intervention gebeten. Diese Tätigkeit hat der Genannte offiziell im Rahmen der AO ausgeübt.

Bohle habe ich persönlich gekannt. Ich bin ihm in Nürnberg bekannt geworden.

Was die Lösung der Judenfrage in der Slowakei anbelangt, so ist mir bekannt, daß das AA sich mit dieser Frage beschäftigte und eingeschaltet war. Mir sind während meiner Tätigkeit in der Slowakei verschiedene Erlasse zu Gesicht gekommen, die teils von Gesandtschaftsrat Rademacher, teils von Gesandtschaftsrat Thadden unterschrieben waren. Mir ist bekannt, daß die Verbindung von Obersturmbannführer Eichmann zu Rademacher und Thadden ging. Als die Tuka-Regierung im Jahre 1942 die Deportierung der Juden in der Slowakei beschlossen hatte, hat Eichmann die Bedingungen der Deportierung ausgearbeitet und offiziell zur Weiterleitung an das AA gegeben. Das AA hat dann in Form einer Note diese Bedingungen an die Tuka-Regierung mitgeteilt, die diese Bedingungen vorbehaltlos angenommen hat. Auf Grund dessen wurde dann die Deportierung durchgeführt und die Juden wurden teils nach Lublin, teils nach Auschwitz deportiert. Mir ist bekannt, daß im Jahre 1944 das AA eine Sitzung aller Beamten der Gesandtschaften und Botschaften, die an der Lösung der Judenfrage mitwirkten, nach Bad Krummhübl/Schlesien einberufen hat. Im Dezember 1943 kam Veesenmayer nach Bratislava. Er hat mich bei dieser Gelegenheit rufen lassen — ich war damals offizieller Berater in der Judenfrage bei der slowakischen Regierung — und verlangte von mir gewisse statistische Daten über die noch vorhandenen Juden in der Slowakei. Es waren noch ca. 30 000 Juden in der Slowakei und Veesenmayer verlangte von mir Auskunft, wie weit die Deportierung fortgeschritten sei. Hierauf begab sich Veesenmayer zu Tiso und machte ihm bei dieser Gelegenheit Vorwürfe, daß die De-

---

[1] *Dokument NG — 2867.*

portierung der Juden nicht in befriedigender Weise vonstattengehe und verlangte Abhilfe und verschärfte Maßnahmen. Tiso hat dem Verlangen Veesenmayers zugesichert. Veesenmayer kam damals im Auftrage des AA und speziell auf persönlichen Wunsch Ribbentrops. Als ich später in Ungarn war, traf ich wieder mit Veesenmayer zusammen, der dort Gesandter war. Die Lösung der Judenfrage in Ungarn war von Eichmann bewerkstelligt worden, der zu diesem Zwecke in Ungarn tätig war. Ich weiß, daß Veesenmayer ständig von Gesandtschaftsrat Dr. Grell der Deutschen Gesandtschaft in Budapest über die Aktionen Eichmanns fortlaufend unterrichtet wurde. Eichmann erzählte mir, daß Kaltenbrunner Ende März 1943 in Ungarn war und die Judenfrage sowie die vorzunehmenden Maßnahmen mit Veesenmayer eingehend besprochen habe.

Mir ist auch noch bekannt, daß ich wiederholt von der Handelsabteilung des AA Anfragen erhielt über arisierte frühere Jüdische Firmen, die noch Juden beschäftigten oder noch jüdische Teilhaber hatten. Es wurden auch schwarze Listen hierüber zugeschickt von der Handelsabteilung des AA und dem Reichswirtschaftsministerium. Es ist möglich, daß diese schwarzen Listen oder andere Informationen von der AO. ausgingen.

Ich habe diese eidesstattliche Erklärung heute am 7. Oktober 1947 freiwillig und ohne jedweden Zwang unterfertigt. Diese Erklärung besteht aus drei / 3 / Seiten und ich habe einen Eid darauf geleistet, daß ich die volle Wahrheit ausgesagt habe, nichts verschwiegen und nichts hinzugefügt habe.

gez. Dieter W i s l i c e n y

Großzügigkeit

Noch einmal hatte Deutschland im Vertrag von München in großzügiger Form der Tschechoslowakei die Möglichkeit einer selbständigen Lebensführung gelassen.

Wolfgang D i e w e r g e : „Anschlag gegen den Frieden" — Ein Gelbbuch über Grünspan und seine Helfershelfer — Zentralverlag der NSDAP Franz Eher Nachf. GmbH., München, Seite 170.

10. Stimmungsbild aus Budapest[1])

(Ein Bericht)

(handschriftlich: Pape 2   Inl. II 283 g R)

Ref.: LR I. Kl. von Thadden ...

Stempel: Geheime Reichssache

Begleitet von Herrn Hezinger traf ich am Montag, den 22. Mai, in Budapest ein und meldete mich unverzüglich bei der Gesandtschaft, sprach mit der Dienststelle Eichmann und mit der Dienststelle Ballensiefen.

Am Spätnachmittag suchte ich zunächst Herrn VLR Feine als Geschäftsträger, sodann Herrn von Adamovic als Sachbearbeiter für Judenfragen, Herrn Triska und Herrn Brunhoff (Presseabteilung) auf.

VLR Feine sprach mich unverzüglich auf den Fall Hezinger an und erklärte, daß Hezinger seines Erachtens vorläufig schlechterdings unentbehrlich sei. Ich setzte ihm daraufhin die Gründe auseinander, weshalb seine sofortige Rückreise nach Salzburg erforderlich sei. Herr Triska erklärte, am Montag sowie auch am darauf folgenden Tage für mich keine Zeit zu haben. Er werde Mittwoch vormittag zu meiner Verfügung stehen. Mit Herrn Brunhoff besprach ich die mit der Herausgabe einer antijüdischen Zeitung in Budapest zusammenhängenden Fragen. Mit Herrn von Adamovic erörterte ich den gesamten Fragenkomplex, der mit den Maßnahmen gegen das Judentum in Budapest zusammenhängt. Herr von Adamovic, ursprünglich österreichischer Beamter, ist durch Gelenkrheumatismus und Ischias in seiner Bewegungsmöglichkeit zu stark gehindert, daß er eigentlich nur am

---

[1]) *Dokument NG — 4089.*
Man lese diesen Bericht von Thaddens aufmerksam, dann wird man feststellen, daß die deutsche Gesandtschaft in Budapest im Frühling 1944 anscheinend keine andere Beschäftigung hatte, als „Hand in Hand mit der Dienststelle Eichmann" die „Endlösung der Judenfrage" zu betreiben.

Schreibtisch arbeiten kann. Jede Möglichkeit, mit Außendienststellen Fühlung zu nehmen, bedeutet für ihn eine unerhörte körperliche Anstrengung. Er ist daher auch gezwungen gewesen, die gesamte Außenarbeit 100%ig auf Herrn Hezinger abzuwälzen, weil ihm ein Mitarbeiter nicht zur Verfügung steht und er, wie gesagt, rein körperlich zu der Außenarbeit nicht in der Lage ist. Im übrigen ist Adamovic durch seine langjährige Tätigkeit in Budapest und wohl auch verwandtschaftliche Beziehungen mit — um den Ausdruck des Gesandten Veesenmayer zu gebrauchen — der ungarischen Gesellschaft so verfilzt, daß seine beschleunigte Abberufung von Budapest notwendig geworden ist. Als Nachfolger für Adamovic ist Leg.-Rat Grell vorgesehen, der vermutlich in den Pfingsttagen in Budapest eintreffen wird.

Die Unterhaltung mit Adamovic zeigte, daß er mit großem Eifer die antijüdische Gesetzgebungsarbeit verfolgt hat und sich in ihr hervorragend auskennt. Von den tatsächlichen Absichten der Exekutive und der praktischen Durchführung der Judenmaßnahmen dagegen hat er keine Vorstellung.

Um 19.15 Uhr suchte ich weisungsgemäß Gesandten Veesenmayer auf, mit dem sich eine fast einstündige Unterhaltung entwickelte.

1. Zum Fall Hezinger sagte mir Gesandter V., nachdem ich ihm die Notwendigkeit der Rückkehr Hezingers nach Salzburg vorgetragen hatte, er sehe dies völlig ein und sei sich auch darüber klar, daß Hezinger ihm nur geliehen sei. Auf der anderen Seite bäte er doch zu würdigen, daß er — V. — eine außerordentlich schwierige Arbeit habe und die Zusammenarbeit mit den ₭-Dienststellen nicht immer glatt laufe. Hezinger habe es nicht nur verstanden, seinen Auftrag hervorragend durchzuführen, sondern auch so kameradschaftliche Beziehungen zu den Dienststellen der Exekutive herzustellen, daß Hezinger der Einzige sei, der ihm, V., bisher nur Freude bereitet habe und auf dessen Arbeitsgebiet es Schwierigkeiten bisher nicht gegeben habe. Adamovic, dessen Abberufung er hätte verlangen müssen, sei für die Arbeit ungeeignet. Eine andere Arbeitskraft stehe ihm bisher nicht zur Verfügung. Er befürchte ernsthaft, daß die Abberufung Hezingers zu allen übrigen Schwierigkeiten auch noch zu Differenzen auf diesem Gebiet führen werde. Er wäre daher außerordentlich dankbar, wenn es sich irgendwie einrichten ließe, daß Hezinger noch drei bis vier Wochen bei ihm bliebe. Er sei aber auch bereit, wenn es gar nicht anders ginge, Hezinger schon vorher zu entlassen und Grell zunächst hauptsächlich für die Judenarbeit einzuspannen. Er müsse jedoch auf jeden Fall bitten, daß Hezinger Grell noch einige Tage einarbeiten könne. In diesem Sinne werde er auch noch einmal an Herrn VLR Wagner herantreten.

2. Zur Frage der Vermögensbehandlung trug ich Gesandten V. meine Auffassung vor. Er erklärte, daß er es im Augenblick noch für zu früh halte, um den Fragenkomplex bei den Ungarn anzuschneiden. Er bitte mich um zwei Aufzeichnungen, die die beiden möglichen Lösungen behandelten. Er werde die Frage dann nochmals überprüfen und in Angriff nehmen, sobald er den Boden dafür für günstig halte.

3. Gesandter Veesenmayer wies mich bei Behandlung von Punkt 2. darauf hin, daß das zur Debatte stehende Objekt ja in keinem Verhältnis hinsichtlich der Größenordnung zu

dem von Dienststellen des Reichsführers in Ungarn eingeleiteten Fischzug stehe. In dieser außergewöhnlich heiklen Angelegenheit schicke er seinen besten Mitarbeiter, Konsul Rekowski, gerade zum Reichsführer. Nähere Andeutungen, worum es sich hierbei handle, machte er mir nicht. Soweit ich aus den Andeutungen entnehmen konnte, scheint es sich um Geheimverträge zu handeln, die Gruppenführer Winkelmann hinter dem Rücken von V. vorbereitet hat und mit denen V. nicht einverstanden ist.

4. Wir besprachen sodann noch kurz das Problem Ballensiefen, der sich in Budapest recht unglücklich verhalten hat, so daß V. bei Winkelmann seine Abberufung gefordert hat. Die Sache scheint jedoch behelfsmäßig eingerenkt zu sein.

Am nächsten Morgen besuchte ich die Dienststelle Eichmann. Ein Überblick ergab, daß bis zum 24. mittags etwa 116 000 Juden in das Reich abtransportiert sind. Weitere rund 200 000 sind konzentriert und warten auf den Abtransport. Es handelt sich hierbei überwiegend um Juden aus den nordöstlichen Teilen Ungarns. Darüber hinaus ist die Konzentrierung im Süden, Südosten und Südwesten des Landes in einer 30 km breiten Grenzzone durchgeführt worden. Am 7. Juni beginnt die Konzentrierung in den nördlichen und nordwestlich von Budapest gelegenen Provinzen. Man rechnet mit etwa 250 000 Juden. Gleichzeitig wird die Ghettoisierung der im Süden von Budapest gelegenen Landesteile abgeschlossen werden. Ende Juni hofft man so weit zu sein, daß die Konzentrierung der in Budapest lebenden Juden beginnen kann. Insgesamt glaubt man, rund 1 000 000 Juden (evtl. sogar etwas mehr) zu erfassen, von denen etwa $1/3$ arbeitseinsatzfähig sein dürfte und von Sauckel, der OT usw. in Oberschlesien in Empfang genommen wird. Lediglich etwa 80 000 arbeitsfähige Juden sollen unter Bewachung der Honved in Ungarn zurückbleiben, um in der ungarischen Rüstungsindustrie beschäftigt zu werden. Die gesamte Aktion soll etwa Ende Juli abgeschlossen sein (einschließlich Abtransport). Eichmann bat dringend um weitere Unterstützung in der Form, wie sie Hezinger bisher geleistet habe. Nur dadurch könne er bei der an sich erforderlichen Härte der ungarischen Gendarmerie und bei der nicht zu leugnenden Sturheit seiner eigenen Außenkommandos eine Gewähr dafür sehen, daß bei der Behandlung von Ausländern keine zu großen Schnitzer passierten. Eichmann war sehr betroffen, wie ich ihm mitteilte, daß Hezinger sofort abberufen werden würde. Er erklärte mir sodann, daß er in diesem Falle für nichts gerade stehe, sofort den Gesandten darauf ansprechen werde und böse Komplikationen, besonders bei Durchführung der Judenaktion in Budapest, erwarte. Ich kündigte ihm dann an, daß Grell vermutlich den Auftrag übernehmen werde. Eichmann meinte jedoch, auch wenn Grell tüchtig sei, befürchte er doch für die Arbeit, denn klappen tue diese erst, wenn eine kameradschaftliche Zusamenarbeit zustande gekommen wäre. Dies habe Hezinger erreicht, und jede neue Kraft werde erst längere Zeit hierzu benötigen. Ob es nicht wenigstens möglich sei, Hezinger für die Durchführung der Konzentrierungsarbeit in Budapest nochmals für 10 bis 14 Tage nach Budapest zu entsenden.

Mittags war ich Gast von Eichmann und seinen Herren.

Am Nachmittag suchte ich das von Ballensiefen neu aufgezogene Antijüdische Institut auf. Ballensiefen hat leider die erstaunliche Taktlosigkeit begangen, zur Eröffnung des Instituts, zu der eine Reihe ungarischer Staatssekretäre geladen waren, keinen Vertreter der Gesandtschaft zuzuziehen, ja die Gesandtschaft nicht einmal von dem bevorstehenden Ereignis zu unterrichten. Das Institut selbst ist in einem ursprünglich jüdischen Klub im Zentrum der Stadt untergebracht. Es sieht seine Aufgabe vorerst hauptsächlich in der propagandistischen Untermauerung der Judenaktion. Hierzu wird eine Stürmer-ähnliche Zeitung herausgebracht unter dem Namen „Haros". Die erste Nummer erschien vorige Woche in einer Auflage von 50 000 und war innerhalb einer Stunde vergriffen. Den Verkäufern wurde das Blatt in Budapest förmlich aus der Hand gerissen. Besonders wurde beobachtet, daß Juden bis zu 30 Exemplare kauften. Es steht aber zu hoffen, daß das Blatt auch arische Abnehmer gefunden hat. Leiter des Instituts ist Professor Bosnyak, der sich in seiner Rolle offensichtlich nicht sehr wohl fühlt, da er nicht propagandistisch, sondern wissenschaftlich arbeiten möchte, dazu aber zur Zeit naturgemäß nicht kommt. In Vertretung von Ballensiefen ist der praktische Manager des Instituts ⚡-Obersturmbannführer Döscher, der bisher eine ähnliche Gründung Ballensiefens in Paris gesteuert hat.

Am 24. morgens vor meiner Rückreise nach Berlin suchte ich, wie verabredet, Triska auf. Dieser unterhielt sich mit mir etwa 5 Minuten stehend im Korridor, erzählte mir kurz seinen Ärger mit Ballensiefen und seine Sorgen wegen der Vorbereitung des Internationalen Kongresses und verabschiedete sich dann ganz plötzlich, da er sich um seine Telefonanlage kümmern müsse. Wie mir Hezinger vertraulich mitteilte, ist die Verstimmung zwischen Ballensiefen und Triska zu einem erheblichen Teil auch darauf zurückzuführen, daß Triska Ballensiefen laufend bei sich antichambrieren ließe und ihn dann nur sehr kurz abfertige.

Berlin, den 25. Mai 1944   Th.

Die Hoffnung

Die Statistik der Mischehen mit Juden zeigt aufsteigende Tendenz, wobei die Macht des jüdischen Kapitals eine ausschlaggebende Rolle spielt. Die Geschehnisse der allerletzten Monate in der ungarischen Politik berechtigen jedoch zu der Hoffnung, daß das Ungartum seine abwartende Haltung aufgeben und der Erkenntnis dieser Gefahr entsprechend handeln wird.

Antal von Boronkay in „Leipziger Vierteljahresschrift für Südosteuropa", Nr. 3, Oktober 1938, Seite 191.

11. Unterstaatssekretär von Weizsäcker und die Juden in Ungarn[1])

Berlin, den 16. Oktober 1942
Diplogerma
An die
Deutsche Gesandtschaft
B u d a p e s t
Nr. 2494
Referent: U. St. S. Luther
R. Klingenfuß

Akt. Z. D. III 8939
(. . .? geh Bl. Verf.)
Geh. Vor./f. Behörd. Leiter
„ „ „ Geh. Reichssachen
„ „ „ Geheimsachen
Ohne beson. Geheimvermerk

Betr.: Judenfrage in Ungarn
Im Nachgang zum Drahterlaß vom 14. 10. D III 872 g 11.

Staatssekretär von Weizsäcker empfing Ungarischen Gesandten, um mit ihm im Auftrage Reichsaußenministers Judenfrage zu besprechen. Staatssekretär machte dem Gesandten noch einmal das Thema im Sinne dorthin ergangener Weisungen eindringlich, erwähnte, wie wichtig es sei, daß ungarische Regierung Aussiedlung der Juden nach dem Osten zustimme und erinnerte an Äußerung Reichsaußenministers, daß sich bei kürzlichem Bombenangriff in Budapest wieder gezeigt habe, wie stark Judenschaft zur Panikmache in Ungarn beitrage. (Handschriftl.: 16. 10. 2.40 2.20)

Gesandter sagte zu, Thema auch seinerseits in Ungarn zu erörtern und zur Verwirklichung unserer Wünsche beizutragen. (Handschriftlich: Thomas 17. 10., 12.30)

Freilassen für Telegrammkontrolle.

Staatssekretär sicherte zu, daß entsprechender Schritt unsererseits noch vor seinem Eintreffen, das heißt sofort unternommen werde.

L u t h e r

Handschriftlich: Luther 16. 10.
K. 16. 10.

---

[1]) Dokument CXXVII a – 102

12. Das Auswärtige Amt und die Juden in Italien[1])

8000 römische Juden sollen liquidiert werden

Stempel: Arbeitsexemplar

Rom, den 6. Oktober 1943
Ankunft: 6. Oktober 1943 13.30 Uhr
N r. 192 v o m 6. 10.
     S u p e r c i t i s s i m e I
Für
Herrn Reichsminister persönlich.

T e l e g r a m m
(Geh. Ch. Verf.)
     Stempel:
Auswärtiges Amt
Inl. II 2813 g
eing. 8. Okt. 1943
Anl. (/fach 1 Dopp. d. Eing.
Verschlußsache zu behandeln.

Obersturmbannführer Kappler hat von Berlin den Auftrag erhalten, die achttausend in Rom wohnenden Juden festzunehmen und nach Oberitalien zu bringen, wo sie liquidiert werden sollen. Stadtkommandant von Rom, General Stahel, mitteilt mir, daß er diese Aktion nur zulassen wird, wenn sie im Sinne des Herrn Reichsaußenministers liegt. Ich persönlich bin Ansicht, daß es besseres Geschäft wäre, Juden, wie in Tunis, zu Befestigungsarbeiten heranzuziehen und werde dies gemeinsam mit Kappler Generalfeldmarschall Kesselring vortragen.
    Erbitte Weisung.

gez. M o e l l h a u s e n

St. S. Keppler
U. St. S. Pol
Botschafter Ritter
Botschafter Gaus
Leiter Abt. Pers.
   ,,   ,, Ha Pol
   ,,   ,, Recht
   ,,   ,, Kult Pol
   ,,   ,, Presse
   ,,   ,, Rundfunk

Chef Prot.
Dg. Pol
Gr. Leiter Inl. I
Gr. Leiter Inl. II
Arb. Expl. bei (handschriftlich:)
          vert. Inl. 7/10.
Stempel: Arbeitsexemplar bei Inl. II
          eingetragen.

---

[1]) *Dokumente CXXVII — 9.*

Fernschreiben aus Westfalen Nr.1645 vom
8.10.1943

Geheime Reichssache

> Auswärtiges Amt
> Inl II 435 g m.
> eing. 8. OKT. 1943
> Anl. nach Dopp. d. Eing.

Nur für Ministerbüro.

Der Herr RAM bittet, Gesandten Rahn und
Konsul Moellhausen mitzuteilen, dass auf Grund
einer Führerweisung die 8000 in Rom wohnenden
Juden nach Mauthausen (Oberdonau) als Geiseln
gebracht werden sollen.

Der Herr RAM bittet, Rahn und Moellhausen
anzuweisen, sich auf keinen Fall in diese Angelegenheit einzumischen, sie vielmehr der SS
zu überlassen.

Sonnleithner.

Geheime Reichssache des Herrn Sonnleithner

Mussolini über Hitler und die Juden

„Ich kenne Herrn Hitler. (Einige Wochen vorher hatte das erste berühmte Treffen zwischen Hitler und Mussolini stattgefunden.) Er ist ein Dummkopf und Niemand, aber ein fanatischer Niemand; ein unerträglicher Schwätzer. Ihn sprechen
zu hören, bedeutet Qual. Sie sind sehr viel stärker als Herr Hitler. Wenn die Juden
immer noch ein großes Volk sein werden, wird von Herrn Hitler schon lange keine
Spur mehr existieren ... Sie und wir", rief Mussolini (ob er mit dem „wir" die
Italiener oder den Faschismus meinte, weiß ich nicht), „sind große historische Gewalten. Bei Herrn Hitler dagegen handelt es sich nur um einen schlechten Witz, der
wenige Jahre überdauern wird. Fürchten Sie ihn nicht und sagen Sie Ihren Juden,
daß sie keine Angst vor ihm haben müssen."

M u s s o l i n i 1934 in seinem Gespräch mit Dr. Nahum Goldmann. Aus dem
Buche „Nahoum Goldmann" von Jakob Draenger, 1956, Edition Météor, Paris,
Seite 85.

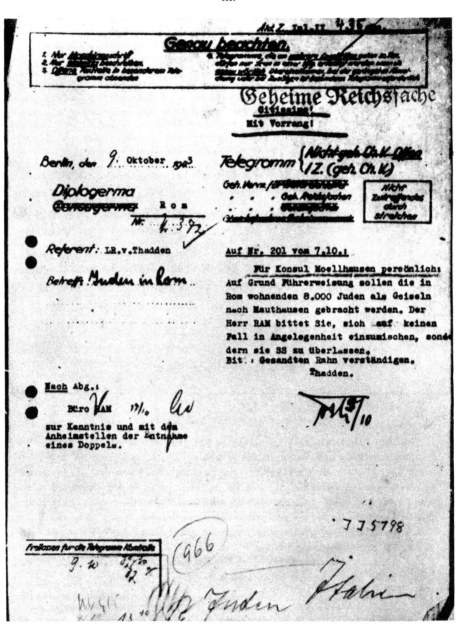

Auf Nr. 201 vom 7.10.:

Für Konsul Moellhausen persönlich:
Auf Grund Führerweisung sollen die in
Rom wohnenden 8.000 Juden als Geiseln
nach Mauthausen gebracht werden. Der
Herr RAM bittet Sie, sich auf keinen
Fall in Angelegenheit einzumischen, sondern sie SS zu überlassen.
Bit.: Gesandten Rahn verständigen.
Thadden.

Für Konsul Moellhausen persönlich

IV.

Intervention des Vatikans

Stempel: Auswärtiges Amt
   Inl. II 454 a A   G e h e i m e R e i c h s s a c h e
   eing. 22. Okt. 1943
   Anl. (fach) Dopp. d. Eing.
     (Geh.)

              Stempel: Nur als Ver-
                 schlußsache zu
                 behandeln.

T e l e g r a m m

(Geh. Ch. Verf.)

Rom (Quir.), den 16. Oktober 1943 22.30 Uhr
Ankunft: 16. Oktober 1943 23.30 Uhr
N r. 330 v o m 16. 10.   C i t i s s i m e !
(handschriftlich:) am 22. 10.   Geheime Reichssache.
in das Büro Inl. II g
gelangt. Kl.

  Bischof Hudal, Rektor der deutschen katholischen Kirche in Rom, wandte sich soeben mit Brief an Stadtkommandant General Stahel, in dem u. a. heißt:

  „Ich darf wohl eine sehr dringende Angelegenheit hier anschließen. Eben berichtet mir eine hohe vatikanische Stelle aus der unmittelbaren Umgebung des Heiligen Vaters, daß heute morgen die Verhaftungen von Juden italienischer Staatsangehörigkeit b e g o n n e n haben. Im Interesse des guten bisherigen Einvernehmens zwischen Vatikan und d e m hohen deutschen Militärkommando, das in erster Linie dem politischen Weitblick und der Großherzigkeit Eurer Exzellenz zu verdanken ist und einmal in die Geschichte Roms eingehen wird, bitte ich vielmals, eine Order zu geben, d a ß i n R o m u n d U m - g e b u n g d i e s e V e r h a f t u n g e n s o f o r t e i n g e s t e l l t w e r d e n ; ich fürchte, daß der Papst sonst öffentlich dagegen Stellung nehmen wird, was der deutsch- feindlichen Propaganda als Waffe gegen uns Deutsche dienen muß.“

                  gez. G u m p e r t

St. S. Keppler
U. St. S. Pol
Botschafter Ritter
Botschafter Gaus   Chef Prot.
Leiter Abt. Pers.   Dg. Pol
 ,, ,, Ha Pol   Gr. Leiter Inl. I
 ,, ,, Recht   Gr. Leiter Inl. II
 ,, ,, Kult Pol   Arb. Expl. bei
 ,, ,, Presse   Stempel Inl. II eintragen
 ,, ,, Rundfunk   Dies ist Exemplar Nr. . . .

V.

Herr von Weizsäcker bestätigt

(handschriftlich:)
HvThadden b sofort Vorschlag
anfragen in Westfalen, ob RAM
bei Vorlage dieses Telegramms
etwas angeordnet hat.

Zeichen.

Stempel:
Nur als Verschlußsache zu behandeln.
Auswärtiges Amt
Inl. II 2911 g
eing. 20. Okt. 1943
Anl. (fach) Dopp. d. Eing.

Telegramm (Geh. Ch. V.)

Rom (Vatikan), den 17. Oktober 1943
Ankunft: den 18. Oktober 1943 9.35 Uhr
N r. 147 v o m 17. 10.

Die von Bischof Hudal (vergl. Drahtbericht der Dienststelle Rahn vom 16. Oktober)*) angegebene Reaktion des Vatikans auf den Abtransport der Juden aus Rom kann ich bestätigen. Die Kurie ist besonders betroffen, da sich der Vorgang sozusagen unter den Fenstern des Papstes abgespielt hat. Die Reaktion würde vielleicht gedämpft, wenn die Juden zur Arbeit in Italien selbst verwendet würden.

Uns feindlich gesinnte Kreise in Rom machten sich den Vorgang zu N u t z e n , um den Vatikan aus seiner Reserve herauszudrängen. Man sagt, die Bischöfe in französischen Städten, wo ähnliches vorkam, hätten deutlich Stellung bezogen. Hinter diesen könne der Papst als Oberhaupt der Kirche und als Bischof von Rom nicht zurückbleiben. Man stellt auch den viel temperamentvolleren Pius XI. dem jetzigen Papst gegenüber.

Die Propaganda unserer Gegner im Ausland wird sich des jetzigen Vorgangs sicher gleichfalls bemächtigen, um zwischen uns und der Kurie Unfrieden zu stiften.

gez. W e i z s ä c k e r

*) 330 bei Inl. II
St. S. Keppler
U. St. S. Pol
Botschafter Ritter
Botschafter Gaus
Leiter Abt. Pers
  ,,   ,,   Ha Pol
  ,,   ,,   Recht
  ,,   ,,   Kult Pol
  ,,   ,,   Presse
  ,,   ,,   Rundfunk

Chef Prot.
Dg. Pol
Gr. Leiter Inl I
Gr. Leiter Inl II
Arb. Expl. bei

Stempel: Arbeitsexemplar bei Inl II eintragen

VI.

Herr von Weizsäcker berichtet weiter

Deutsche Botschaft
beim Heiligen Stuhl
  A 1275
b e t r i f f t : Der Vatikan zur Judenfrage in Rom
— 1 Anlage —
Rom, den 28. Oktober 1943
Stempel: Auswärtiges Amt
  Inl II A 3085 g
  eing. 10. Nov. 1943
  1 Anl. 5fach 4 Dopp. d. Eing.
Stempel: Durch Kurier am 1. 11.
  (handschriftlich: nicht bei Inl II A u. B)
  (handschriftlich: Inl. II 2911 g M.
  Im Anschluß an Drahtbericht Nr. 147 vom 17. Oktober.

Der Papst hat sich, obwohl dem Vernehmen nach von verschiedenen Seiten bestürmt, zu k e i n e r d e m o n s t r a t i v e n Ä u ß e r u n g g e g e n d e n A b t r a n s p o r t d e r J u d e n a u s R o m h i n r e i ß e n l a s s e n. Obgleich er damit rechnen muß, daß ihm diese Haltung von Seiten unserer Gegner nachgetragen und von den protestantischen Kreisen in den angelsächsischen Ländern zu propagandistischen Zwecken gegen den Katholizismus ausgewertet wird, hat er a u c h i n d i e s e r h e i k l e n F r a g e a l l e s g e - t a n , u m d a s V e r h ä l t n i s z u d e r D e u t s c h e n R e g i e r u n g u n d d e n i n R o m b e f i n d l i c h e n d e u t s c h e n S t e l l e n n i c h t z u b e l a s t e n. Da hier in Rom weitere deutsche Aktionen in der Judenfrage nicht mehr durchzuführen sein dürften, k a n n a l s o d a m i t g e r e c h n e t w e r d e n , d a ß d i e s e f ü r d a s d e u t s c h - v a t i k a n i s c h e V e r h ä l t n i s u n a n g e n e h m e F r a g e l i q u i - d i e r t i s t.

Von vatikanischer Seite jedenfalls liegt hierfür ein bestimmtes Anzeichen vor. Der „Osservatore Romano" hat nämlich am 25./26. Oktober an hervorragender Stelle ein offiziöses Kommuniqué über die Liebestätigkeit des Papstes veröffentlicht, in welchem es in dem für das vatikanische Blatt bezeichnenden Stil, d. h. reichlich gewunden und unklar, heißt, der Papst lasse seine väterliche Fürsorge allen Menschen ohne Unterschied der Nationalität, Religion u n d R a s s e angedeihen. Die vielgestaltige und unaufhörliche Aktivität Pius XII. habe sich in letzter Zeit infolge der vermehrten Leiden so vieler Unglücklicher noch verstärkt.

Gegen diese Veröffentlichung sind Einwendungen um so weniger zu erheben, als ihr Wortlaut, der anliegend in Übersetzung vorgelegt wird, von den wenigsten als spezieller Hinweis auf die Judenfrage verstanden werden wird.

An   gez. W e i z s ä c k e r
das Auswärtige Amt
B e r l i n

VII.

„. . . sie kennt keinerlei Grenzen"

Anlage zu Bericht vom 28. Oktober 1943 — A 1275 —.

Übersetzung

„Osservatore Romano" vom 25./26. Oktober 1943 — No. 250.

Die karitative Fürsorge des Heiligen Vaters.

Zum Heiligen Vater dringt eindringlicher und mitleiderregender denn je der Widerhall des Unglücks, welches der gegenwärtige Konflikt durch seine Dauer ständig vermehrt.

Nachdem der Papst sich, wie man weiß, vergebens bemüht hat, den Ausbruch des Krieges zu verhindern, indem er die Leiter der Völker warnte, zu der heute so entsetzlichen Gewalt der Waffen zu greifen, hat er es nicht unterlassen, von allen in seiner Macht stehenden Mitteln Gebrauch zu machen, um die Leiden zu lindern, die in irgendeiner Form Folgen des ungeheuren Weltbrandes sind.

Mit dem Anwachsen so vielen Leides hat sich die universale und väterliche Hilfstätigkeit des Papstes noch vermehrt; sie k e n n t k e i n e r l e i G r e n z e n , w e d e r d e r N a t i o n a l i t ä t , n o c h d e r R e l i g i o n , n o c h d e r R a s s e .

Diese vielgestaltige und rastlose Aktivität Pius XII. hat sich in diesen letzten Zeiten noch weiter vertieft durch die erhöhten Leiden so vieler Unglücklicher.

Möge diese segensreiche Tätigkeit, vor allem durch die Gebete der Gläubigen der ganzen Welt, die mit einmütigem Sinn und brennender Inbrunst nicht aufhören, ihre Stimme zum Himmel zu erheben, für die Zukunft noch größere Ergebnisse zeitigen und in Bälde den Tag herbeiführen, an dem das Licht des Friedens wieder über der Erde erstrahlt, die Menschen die Waffen niederlegen, jede Zwietracht und jeder Groll erlöschen und sich die Menschen als Brüder wiederfinden, um endlich in Rechtschaffenheit für das gemeinsame Wohl zusammenzuarbeiten.

(handschriftlich: Inl. II 3085 g /43)

Der Judenpapst

Auf die Kenntnis der Herstellung von Pulver, Sprengöl und Dynamit gründete sich die große Macht des Judenpapstes Moses . . . Es ist schon eine sehr merkwürdige Geschichte, daß der biblische Bericht über die sonderbaren Taten des jüdischen Bergwerksdirektors Moses, insbesondere über seine Salpeter-, Pulver- und Dynamitfabrikation noch immer als „Gotteswort" und geschichtliche Tatsache gelehrt wird . . .

Jens J ü r g e n s : „Der biblische Moses, ein Räuberhauptmann und Erzbolschewist nach dem Zeugnis der Bibel", Orionverlag, Weißenburg, 9. Auflage, Seite 33.

ANHANG

I.

Italien hat sich Herr Ribbentrop selbst vorbehalten[1])

U. St. S. — D. — Nr. 6862

(handschriftlich: Habe Weisungen)

Berlin, den 24. September 1942

Notiz

Der Herr RAM hat mir heute telefonisch die Weisung erteilt, die Evakuierung der Juden aus den verschiedensten Ländern Europas möglichst zu beschleunigen, da feststeht, daß die Juden überall gegen uns hetzen und für Sabotageakte und Attentate verantwortlich gemacht werden müssen. Nach einem kurzen Vortrag über die im Gange befindliche Judenevakuierung aus der Slowakei, Kroatien, Rumänien und den besetzten Gebieten hat der Herr RAM angeordnet, daß wir nunmehr an die bulgarische, die ungarische und die dänische Regierung mit dem Ziel, die Judenevakuierung aus diesen Ländern in Gang zu setzen, herantreten sollen.

Bezüglich der Regelung der Judenfrage in Italien hat sich der Herr RAM das Weitere selbst vorbehalten. Diese Frage soll entweder in einem Gespräch zwischen dem Führer und dem Duce oder zwischen dem Herrn RAM und dem Grafen Ciano persönlich besprochen werden.

UR

Durchdruck:
U. St. S. Pol
U. St. S. R
Dir. Ha Pol
D II DgPol
D III Pol IV
(handschrftl.:
Best)

Hiermit

Herrn Staatssekretär v. Weizsäcker
mit der Bitte um Kenntnisnahme vorgelegt. Die von uns zu unternehmenden Schritte werden jeweils Ihnen vorher zur Genehmigung vorgelegt werden.

gez. Luther

---

[1]) *Dokument PS 3688.*

Joachim

„Welcher von den Berliner Vätern, die im Jahre 1938 ihre Söhne zu Hunderten auf den Namen Joachim tauften, wußten, daß „Joachim" aus dem Hebräischen stammt und aus „Jahwe-Hakin" entstand, was wörtlich übersetzt soviel wie „Jahwe bringt zustande" heißt?"

Friedrich Rehm: „Der Weltkampf", Mai 1939, Seite 213.

II.

Zwei Berichte des Botschafters von Mackensen[1])

a) Lösung Nr. 1

Abschrift von Abschrift

Telegramm aus Rom vom 18. März 1943　　　Geheime Reichssache!

Auftrag beim Duce heute abend ausgeführt.

Er durchlas sich Aufzeichnung und Notiz mit Aufmerksamkeit und bezeichnete letztere als sehr interessant für ihn, bemerkte nur, zu Ziffer 1, daß diese Nachricht wohl nicht zutreffe, denn er habe Entgegennahme von Spenden aus dem Ausland grundsätzlich verboten, so erst kürzlich eine Sammlung aus dem Tessin für Kinder.

Habe ihm alsdann in engster Anlehnung an obigen Drahterlaß die befohlenen Ausführungen gemacht. Er unterbrach meine sehr langsam vorgetragenen Gedanken nicht unterstrich nur einige Sätze mit lebhaft zustimmenden Gesten, so insbesondere die Bemerkung (Ziffer 1 der Lösungsmöglichkeiten), daß es uns nicht verständlich sei, warum die italienischen Kommandostellen der französischen Polizei in den Arm gefallen seien, wo sie doch sehr zufrieden hätten sein können, daß die Franzosen die nun einmal notwendige Reinigungsaktion selbst energisch in Angriff genommen hätten.

Als ich geendet hatte, bat er mich, dem Herrn Reichsaußenminister zunächst für die Überlassung der ihm sehr wertvollen Dokumentation zu danken und ging dann in der Sache selbst zu sehr eingehenden Ausführungen über, die sich in Kürze etwa wie folgt zusammenfassen lassen: Unser grundsätzlicher Standpunkt hinsichtlich der absoluten Notwendigkeit durchgreifender Maßnahmen gegen die Juden und die britischen und amerikanischen noch im besetzten Gebiet befindlichen Personen sei sonnenklar und unabweisbar geboten. Wenn seine Generale sich quer gelegt hätten, so deshalb, weil sie aus ihrer nun einmal auf andere Dinge gerichteten Denkweise heraus die Tragweite der ganzen Maßnahme nicht erfaßt hätten. Das sei keine böse Absicht, sondern einfach die logische Folge dieser ihrer Denkweise. Tatsächlich lägen die Dinge doch so, daß wir froh sein könnten, daß eine französische Regierung existiere, die diese polizeilichen Maßnahmen durchzuführen bereit sei. Es sei ein Unding, ihr in den Arm zu fallen. Seine Generäle hätten offenbar vergessen, daß sie nicht als besetzende Macht in Frankreich säßen, sondern gekommen seien, um zu helfen. Die Handhabung der französischen Polizei gehe sie nichts an. Wenn die Franzosen gegen die Juden fest vorgingen, so sei das schließlich nichts anderes, als wenn sie gegen kriminelle Verbrecher vorgingen, wo es den Militärs nicht einfallen würde, sich einzumischen. Das Verhalten seiner Generale sei ein Ausfluß nicht nur des schon hervorgehobenen mangelnden Verständnisses für die Bedeutung der Aktion, sondern ebenso sehr Auswirkung einer falschen Humanitätsduselei, die unserer harten Zeit nicht entspreche. Er werde — das möge ich dem Herrn Reichsaußenminister melden — noch heute den Generalobersten Ambrosio mit entsprechenden Weisungen versehen, damit fortab die französische Polizei in dieser Aktion völlig freie Hand habe.

---

[1]) *Dokumente CXXIII — 91.*

Auf meine Bemerkung, daß Generaloberst Ambrosio sicherlich den Einwand erheben werde, daß ein entsprechender Befehl des Duce nicht tragbar sei, weil er die italienischen militärischen Behörden gegenüber den Franzosen desavouiere, zuckte der Duce lachend die Achseln mit einer Handbewegung, die nur in dem Sinne zu interpretieren war: „Hier befiehlt nur einer, und der bin ich" und die ich auch, ohne daß er widersprach, so interpretiert habe.

Ich hatte hiernach den klaren Eindruck, daß sich der Duce für eine Lösung entschieden hat, die unserem Lösungsvorschlag Nr. 1 entspricht.

Italienische Presseauswirkung wird an Ort und Stelle zu beobachten sein. Sollten auch in Zukunft noch Fälle festzustellen sein, die erkennen lassen, daß die lokalen Militärbehörden den eindeutigen klaren Willen des Duce sabotieren, so wäre ich auf Grund der heutigen Unterhaltung jederzeit in der Lage, an Duce zu appellieren. Seine Stellungnahme war völlig eindeutig und zeigte erneut, daß er zu groß denkt, um an Prestigefrage Maßnahmen scheitern zu lassen, die er für richtig hält.

F. d. R. d. A.:   gez. M a c k e n s e n
Unterschrift, ᛋᛋ-Oberscharführer

b) L ö s u n g N r. 2

                        G e h e i m e R e i c h s s a c h e !

            A b s c h r i f t

                        (Handschrftl. Notizen unleserlich.)

Telegramm aus Rom vom 20. März 1943

Bastianini bat mich heute früh zu sich, um mir im Auftrage des Duce im Anschluß an meine Unterhaltung mit diesem am 17. dieses Monats folgendes mitzuteilen:

In der Frage des Vorgehens gegen Juden pp. (das heißt Angehörige der Feindmächte) in von Italienern besetzten Teilen Frankreichs habe der Duce sich nunmehr für unsere Lösung Nr. 2 entschieden und die entsprechenden Anweisungen erteilt. Ich habe Bastianini erwidert, daß mich diese Mitteilung insofern einigermaßen überrascht, als sich der Duce in der Unterhaltung mit mir eindeutig für die Lösung Nr. 1 entschieden und diese seine Auffassung mit Argumenten begründet habe, die auch nach meiner Ansicht durchschlagend seien. Bastianini erwiderte, dieser mein Eindruck sei in der Tat richtig gewesen, wie er einer unmittelbar anschließenden Unterhaltung mit dem Duce entnommen habe. Dieser habe daraufhin, um die erforderlichen Weisungen zu erteilen, den Generaloberst Ambrosio kommen lassen. Aus dessen Vortrag habe der Duce den Eindruck gewonnen, daß aus den von Generaloberst Ambrosio dargelegten Gründen das von ihm und von uns als notwendig erkannte Ziel — so wie die Dinge liegen — durch die französische Polizei allein keinesfalls zu erreichen sei. Ambrosio habe dargelegt, daß nach allen ihm vorliegenden Berichten, insbesondere auch des Generals Vercellini, die französische Polizei zwar in manchen Fällen durchgegriffen oder mindestens den Anschein eines Durchgreifens erweckt habe, in zahllosen anderen Fällen aber sei einwandfrei festgestellt worden, daß zwischen den Juden pp. und der französischen Polizei ein Zusammenspiel Platz gegriffen habe, bei dem auch jüdisches Geld, aber auch die jüdische Damenwelt und die Tatsache, daß viele italienische Offiziere ihre Quartiere gerade in jüdischen Häusern erhalten hätten, eine Rolle gespielt habe, mit dem Erfolg, daß zahllose Juden dem Zugriff entzogen worden seien.

Auf meine Bemerkung, daß, wie ich ja auch dem Duce an der Hand von konkreten Fällen nachgewiesen hätte, die französische Polizei nach unserer Auffassung in der Hauptsache daran gescheitert sei, daß ihr die italienischen Militärbehörden in den Arm gefallen und sogar bereits durchgeführte Festnahmen rückgängig gemacht haben, erwiderte Bastianini, hierbei handele es sich nach der Darstellung Ambrosios, der an sich diese Tatbestände nicht bestritten habe, um einige Ausnahmefälle, die für die Beurteilung der Gesamtsituation nicht wesentlich seien. Die Regel sei, daß die französische Polizei eben in Wirklichkeit doch nicht zupacke oder auch nicht zupacken wolle, denn abgesehen von den obengenannten Motiven spiele natürlich auch hinein, daß sie sich doch nur widerstrebend für die Durchführung von Maßnahmen hergäbe, hinter denen die Achse Berlin—Rom stünde. Der Duce habe daher die ihm ja auch von uns als erwünscht bezeichnete zweite Lösung vorgezogen und habe zu diesem Ziel im Anschluß an die Audienz von Ambrosio sofort den Chef der italienischen Polizei Senise zu sich berufen und in Gegenwart von Bastianini mit dem Auftrag versehen, die Aktion völlig unabhängig vom italienischen Militär in eigener Regie zu übernehmen. Zu diesem Zweck habe er einen der Vizeinspektoren der Polizei aus einer ihm von Senise vorgelegten Liste von vier Namen ausgewählt und mit entsprechenden Instruktionen noch gestern abend in das besetzte Frankreich abreisen lassen. Er habe unter den vier Namen, den ihm — dem Duce — persönlich als besonders energisch bekannten Polizeiinspektor Lospinoso ausgewählt. Der Duce habe gleichzeitig diesem sowohl wie dem General Vercellini scharf formulierte schriftliche Befehle zugehen lassen, die dem letzteren durch einen besonderen Offizier inzwischen überbracht worden sind. Auf meine Frage, ob denn die italienische Polizei kräftemäßig in der Lage sei, die Aktion wirklich durchzuführen, erwiderte Bastianini, daß diese Kräfte für die restlose Erfassung der Juden pp. tatsächlich ausreichen, daß sie aber natürlich für die Durchführung der von ihr angeordneten Festnahmen, Abtransporte und so weiter die Organe der französischen Polizei in Anspruch nehmen würde.

Hinsichtlich der Durchführung der Aktion ausführte Bastianini, daß schon jetzt Anweisungen ergangen seien, wonach sämtliche Juden im italienischen besetzten Frankreich ihren derzeitigen Aufenthaltsort nicht mehr verlassen dürften, während sie bisher noch eine gewisse Freizügigkeit gehabt hätten. Polizeiinspektor Lospinoso habe den Auftrag, die weitere Aktion unverzüglich einzuleiten. Sie bestehe darin, daß sämtliche Juden und so weiter sofort in abgelegene und relativ leicht zu überwachende französische Gebiete im Inneren abtransportiert und dort, da ja Konzentrationslager nicht vorhanden seien und ihre Errichtung Monate in Anspruch nehmen würde, unter entsprechender Bewachung in allen verfügbaren und zu diesem Zweck zu beschlagnahmenden Häusern und Hotels untergebracht werden sollten. Auf meine Frage, was von dort aus mit ihnen geschehen soll, das heißt, ob man an einen Abtransport denke, erwiderte Bastianini, das sei bisher nicht beabsichtigt.

Polizeiinspektor Lospinoso hat den Auftrag, nach einer angemessenen Frist zu persönlicher Berichterstattung über die von ihm ergriffenen Maßnahmen und ihre Durchführung nach Rom zu kommen.

Auf meine abschließende Frage, ob auch hinreichend Gewähr dafür geboten sei, daß die italienischen militärischen Stellen die Aktion der italienischen Polizei nicht, wie dies bisher vorgekommen, irgendwie behindern würden, erklärte Bastianini, der Befehl des Duce an den General Vercellini sei in dieser Beziehung eindeutig und scharf und ginge sogar soweit, daß Angehörige der italienischen Wehrmacht, die sich in Zukunft noch in irgendeiner Form als Beschützer der Juden oder anderer unerwünschter Elemente aufwürfen, zur Rechenschaft gezogen werden sollten.

gez. M a c k e n s e n

Prof. D. Dr. Schumann, Halle

. . . Nationalsozialistische Erziehung des deutschen Volkes bedeutet Erziehung zu der Überzeugung, daß ein Volk n u r a u s s e i n e r E h r e h e r a u s l e b e n k a n n. Volk ist nicht nur eine geschichtliche Größe, sondern indem es das ist, eine sittliche Größe. Diese Erkenntnis ist die Grundlage des nationalsozialistischen Staates, die er freilich selbst erst von neuem legen mußte . . .

. . . Der Führer des deutschen Volkes ist zu solcher Erneuerung nicht nur bereit, er hat zu solchem Bau einer neuen Völkerwelt den ersten, wesentlichsten Hammerschlag g e t a n ; und in solchem Werk steht sein Volk zu ihm, das geloben wir! Heil Hitler!

„Bekenntnis der Professoren an den deutschen Universitäten und Hochschulen zu Adolf Hitler und dem nationalsozialistischen Staat", überreicht vom nationalsozialistischen Lehrerbund Deutschland/Sachsen, Dresden N 1, Zinzendorfstraße 2, 1934, Seiten 25 und 26.

13. Das Auswärtige Amt und die Flüchtlingsfrage in der Schweiz[1])

I.[2])

Bern,   den 17. September 1938, 15.15 Uhr
Ankunft, „   „   „   „   19.15 „
Nr. 63 vom 17. 9. Auf Telegramm vom 8. Nr. 89*)
*) R 19 105

S t e m p e l :
Auswärtiges Amt
R 19 751 II 439 [5]
eing. 17. Sep. 1938
1 Anl. 1 Durchschl.

Dr. Rothmund[3]) erklärte, daß aus innerpolitischen Gründen Zulassung Sichtvermerkszwanges für jüdische Schweizer nicht möglich. Auf Hinweis, daß vielleicht Möglichkeit bestehe, auf diese Reziprozität unsererseits zu verzichten, erwiderte R., daß auch dieser Verzicht schweizerischem Erfordernis nicht genügend Rechnung trage. Denn trotz Reichs-

---

[1]) *Folgende auf die Einführung des berüchtigten „Judenstempels" auf den Reisepässen bezügliche Dokumente, zeigen u. a., wie sich die Auswirkung einer antisemitischen Gesetzgebung immer mehr ausbreitete und sogar die Nachbarländer infizierte. Die Bazillen des Rassenwahns übertragen sich auch dort, wo man es am wenigsten erwartet. Im vorliegenden Falle scheinen sogar hohe Beamte der demokratischen Schweiz zu Bazillenträgern geworden zu sein. Wir sagen „scheinen", denn die Schweiz setzt ihre demokratische Verfassung nicht so leicht aufs Spiel. Die kürzliche Veröffentlichung der Dokumente II, III und IV regte die Oeffentlichkeit sehr auf. Einem Beschluß des schweizerischen Bundesrates zufolge, wird die Angelegenheit augenblicklich untersucht und das Ergebnis, vermutlich noch am Ende des Jahres 1956, veröffentlicht werden. Dann dürfte sich herausstellen, ob sich gewisse schwere Beschuldigungen bewahrheiten und die betreffenden Beamten in der Schweiz 1938 tatsächlich vorschlugen, die Pässe deutscher Juden mit einem diskrimierendenVermerk zu versehen, um einen Emigrantenstrom in die Schweiz zu verhindern, oder ob es sich dabei um ein rein deutsches Vorgehen handelte.*

[2]) *Archiv „JUNA", Pressestelle des Schweizerischen Israelitischen Gemeindebundes.*

[3]) *Chef der eidgenössischen Polizeiabteilung.*

deutscher Judenpässe müsse zum mindesten mit Einreise deutscher Juden mit ausländischem Wohnsitz, insbesondere aus Italien, gerechnet werden. Hier zur Zeit anwesender Ministerialrat Globke vom Reichsinnenministerium machte in gemeinsamer Unterredung bei R. unverbindlichen Vorschlag, Pässe von im Ausland wohnenden von unseren Auslandsbehörden mit Vermerk „Gültig für die Schweiz" zu versehen, den Juden nicht erhalten würden. R. hatte bereits Bericht über Notwendigkeit Einführung Sichtvermerkszwang für Deutsche zuständigem Bundesrat und politischem Departement vorgelegt, da er reibungslose Abwicklung Grenzverkehrs nur bei Einführung Visumszwangs für möglich hält. Nach seiner Ansicht dadurch allein Aufrechterhaltung normaler grenznachbarlicher Beziehungen gesichert, zusagte jedoch erneut Prüfung. Bitte mit Ministerialrat Globke, der Montag früh in Berlin eintrifft, Fühlung nehmen, ebenso um Weisung, falls meine Anwesenheit in Berlin erforderlich, oder sonstige Instruktionen.

K o e c h e r

V e r t e i l e r s t e m p e l :
(unleserlich)
(handschriftlich): V/Scha   Pass 2 Olsker   Pass 2 Schwarz

II.¹)

S. V. 6. 3654/38—453—20   Berlin, den 3. Oktober 1938
   Vertraulich!   R 20 829

Zu Händen von Herrn Vortragenden Legationsrat Rödiger
oder Vertreter im Amt.
Betrifft: Deutsch-schweizerische Verhandlungen zur Regelung der Frage der Einreise von Juden deutscher Staatsangehörigkeit in die Schweiz.

Anbei übersende ich eine Abschrift der am 29. September 1938 gefertigten Aufzeichnung über das Ergebnis der nebenerwähnten Verhandlungen, an denen auch das Auswärtige Amt beteiligt war.

Ich darf um eine entsprechende Mitteilung bitten, sobald dem Auswärtigen Amt die endgültige Stellungnahme der Schweizerischen Regierung zu der in Aussicht genommenen Regelung vorliegt.

Ich werde inzwischen die erforderlichen Maßnahmen zur Durchführung der fraglichen Regelung vorbereiten lassen.

Im Auftrage:

R a n d b e m e r k u n g :   gez. K r a u s e
(handschriftlich): Dr. Kappeler von der Schweiz(erischen) Gesandtschaft teilte mir soeben fernmündlich mit, daß der Schweizerische Bundesrat zugestimmt habe. Rödiger, 4. 10., 16 Uhr.

---

¹) *Dokumente II, III und IV aus: „Akten zur Deutschen Auswärtigen Politik 1918—1945", aus dem Archiv des Deutschen Auswärtigen Amtes. Serie D (1937—1945), Band V, Baden-Baden: Imprimerie Nationale, 1953, Seiten 755 bis 758.*

III.

(Anlage)

Berlin, den 29. September 1938

Auf Grund der Besprechungen, die in der Zeit vom 27. bis zum 29. September 1938
zwischen Vertretern der Deutschen und der Schweizerischen Regierung in Berlin stattgefunden haben, ist zur Regelung der Frage der Einreise von reichsangehörigen Juden in
die Schweiz folgendes in Aussicht genommen worden:

1. Die Deutsche Regierung wird dafür Sorge tragen, daß alle diejenigen Pässe von
reichsangehörigen Juden (§ 5 der Ersten Verordnung zum Reichsbürgergesetz vom
14. November 1935 — RGBL. I. S. 1333), die zur Ausreise in das Ausland oder für den
Aufenthalt im Ausland bestimmt sind, möglichst beschleunigt mit einem Merkmal versehen werden, das den Inhaber als Juden kennzeichnet.

2. Die Schweizerische Regierung wird reichsangehörigen Juden, deren Paß mit dem in
Nr. 1 erwähnten Merkmal versehen ist oder nach den deutschen Bestimmungen versehen
sein muß, die Einreise in die Schweiz gestatten, wenn die zuständige schweizerische Vertretung in den Paß eine „Zusicherung der Bewilligung zum Aufenthalt in der Schweiz oder
zur Durchreise durch die Schweiz" eingetragen hat.

3. Die in Betracht kommenden deutschen Dienststellen, die an der deutsch-schweizerischen Grenze mit der Paßnachschau und Grenzüberwachung betraut sind, werden angewiesen werden, an der Ausreise nach der Schweiz reichsangehörige Juden zu hindern, deren
Paß die „Zusicherung der Bewilligung zum Aufenthalt in der Schweiz oder zur Durchreise
durch die Schweiz" nicht enthält.

Die Deutsche Regierung behält sich vor, nach Benehmen mit der Schweizerischen Regierung auch von Juden schweizerischer Staatsangehörigkeit die Einholung einer „Zusicherung der Bewilligung zum Aufenthalt im Reichsgebiet oder zur Durchreise durch das
Reichsgebiet" zu fordern, falls sich hierfür nach deutscher Auffassung etwa die Notwendigkeit ergeben sollte.

Die Schweizerische Regierung nimmt die Kündigung der deutsch-schweizerischen Vereinbarung über die gegenseitige Aufhebung des Sichtvermerkzwanges vom 9. Januar 1926
zurück.

Falls die oben vorgesehene Regelung nicht zu befriedigenden Ergebnissen führen sollte,
werden die beiden Regierungen erneut, insbesondere wegen der Bestimmung des Zeitpunktes für die etwa notwendige Einführung des allgemeinen Sichtvermerkszwanges in
Verbindung treten.

gez. Dr. Best
gez. Krause
gez. Kröning
gez. G. Rödiger
gez. Heinrich Rothmund
gez. F. Kappeler

Ref.: VLR Rödiger

Berlin, den 11. Oktober 1938

zu R 20 829

zu R 20 952

Durch Verordnung des Herrn Reichsministers des Innern vom 5. d. M. (Reichsgesetzbl. I S. 1342) ist bestimmt worden, daß alle deutschen Reisepässe von Juden (§ 5 der Ersten Verordnung zum Reichsbürgergesetz vom 14. November 1935 Reichsgesetzbl. I S. 1333), die sich im Reichsgebiet aufhalten, ungültig werden. Die Inhaber dieser Pässe sind verpflichtet, sie der Paßbehörde im Inland innerhalb von zwei Wochen einzureichen. Für Juden, die sich im Ausland aufhalten, beginnt die Frist von zwei Wochen mit dem Tage der Einreise in das Reichsgebiet. Die mit Geltung für das Ausland ausgestellten Reisepässe werden wieder gültig, wenn sie von der Paßbehörde mit einem vom Reichsminister des Innern bestimmten Merkmal versehen werden, das den Inhaber als Juden kennzeichnet. Abschrift der Verordnung liegt bei.

Wie die Verordnung ergibt, tritt die Ungültigkeit der in Rede stehenden Pässe nur bei einem Aufenthalt des Inhabers im Inland ein. Die Pässe der Juden, die sich im Ausland aufhalten, werden von der Verordnung erst betroffen, wenn sich der Inhaber in das Inland begeben hat. Auch diese Pässe sollen indes in jedem Falle mit dem von dem Herrn Reichsminister des Innern bestimmten Merkmal versehen werden.

Das Merkmal besteht in einem roten drei cm hohen „J", mit dem der Paß auf Seite 1 links oben durch einen Stempel versehen wird. Auf oder unmittelbar über dem Längsbalken des „J" ist von unten nach oben mit unzerstörbarer Tinte handschriftlich der Tag anzugeben, an dem das „J" in den Paß eingetragen worden ist, also z. B. „9. 10. 1938".

Das Merkmal ist in den Pässen aller Juden deutscher Staatsangehörigkeit von den deutschen Paßstellen im Ausland anzubringen, sobald ein neuer Reisepaß ausgestellt oder ein bereits vorhandener Paß zur Verlängerung seiner Geltungsdauer vorgelegt wird oder aus irgend einem anderen Grunde in die Hände der Vertretung gelangt. Nach Anbringung des Merkmals ist der Paß, sofern nicht im Einzelfall die Voraussetzungen der Nr. 19 der Paßbekanntmachung vom 7. Juni 1932 — Reichsgesetzbl. I S. 257 — vorliegen, dem Inhaber unverzüglich zurückzugeben.

Da die große Mehrzahl der im Ausland befindlichen Juden deutscher Staatsangehörigkeit z. Zt. noch Pässe mit einer Geltungsdauer von sechs Monaten besitzt, werden auf diese Weise voraussichtlich in kurzer Zeit die meisten Pässe von Juden im Ausland mit dem Merkmal versehen sein können. Um indes nach Möglichkeit auch die mit einer längeren als sechsmonatigen Geltungsdauer versehenen Pässe von Juden zu erfassen, wird gebeten, diese Juden, soweit sie der Vertretung bekannt sind, einzeln aufzufordern, sich binnen einer möglichst kurz zu bemessenden Frist unter Vorlegung ihres Passes bei der

---

[1] *Runderlaß des Auswärtigen Amtes.*

Vertretung einzufinden. Soweit dieser Aufforderung Folge geleistet wird, ist der Paß des Juden, soweit nicht im Einzelfall die Einbehaltung des Reisepasses gemäß Nr. 19 der Paßbekanntmachung geboten erscheint, mit dem obenbezeichneten Merkmal zu versehen. Diejenigen Juden, die der Aufforderung nicht nachkommen, oder die ihr zwar nachkommen, bei denen es aber nicht gelungen ist, ihren Paß mit dem Merkmal zu versehen, sind listenmäßig unter näherer Bezeichnung ihres Passes (ausstellende Behörde, Datum, Nummer) und insbesondere der Geltungsdauer des Passes zusammenzustellen. Die Listen sind — gegebenenfalls nach entsprechender Berichtigung — etwa einen Monat nach dem Ablauf der Aufforderungsfrist dem Auswärtigen Amt vorzulegen.

Zur dortigen Information wird folgendes bemerkt:

Die Kennzeichnung der Auslandspässe von Juden deutscher Staatsangehörigkeit ist auf Grund einer Vereinbarung notwendig geworden, die — zur Vermeidung der Einführung des allgemeinen Sichtvermerkszwanges im deutsch-schweizerischen Verkehr — mit der Schweiz getroffen worden ist. Nach dieser Vereinbarung wird die Schweiz Juden deutscher Staatsangehörigkeit, deren Paß mit dem in der Verordnung erwähnten Merkmal versehen ist, die Einreise in die Schweiz gestatten, wenn die zuständige schweizerische Vertretung in den Paß eine „Zusicherung der Bewilligung zum Aufenthalt in der Schweiz oder zur Durchreise durch die Schweiz" eingetragen hat.

Die schweizerischen konsularischen Vertretungen im Ausland werden von schweizerischer Seite angewiesen werden, Juden deutscher Staatsangehörigkeit, die sich bei ihnen wegen der Eintragung der vorbezeichneten „Zusicherung usw." melden, zunächst an die deutschen Vertretungen zu verweisen, wenn ihr Paß noch nicht das erwähnte Merkmal trägt. Die Pässe von Juden, die aus solchem Anlaß sich an die deutschen Vertretungen wenden, sind alsbald mit dem Merkmal zu versehen. Den Beteiligten ist es dann zu überlassen, sich wegen ihrer Einreise in die Schweiz neuerdings an die zuständige schweizerische Vertretung zu wenden.

Die Anbringung des Merkmals in den Pässen erfolgt gebührenfrei.

Im Auftrage:

G a u s

Der Kampf um die schweizerische Seele

Jeder schweizerische ⚡⚡-Freiwillige, der heute als Soldat seine Pflicht an der Front erfüllt, trägt den Wunsch in sich, eines Tages, wenn draußen auf den Schlachtfeldern der letzte Schuß gefallen sein wird — und mag es bis dahin noch so lange dauern —, wieder in seine Heimat zurückzukehren, nicht etwa, um sich auf die Bärenhaut zu legen, sondern um von neuem den Kampf aufzunehmen, den Kampf nämlich, um die Seele des Volkes.

„Der Politische Soldat" — Politischer und kultureller Informationsdienst für den Einheitsführer — Folge 13, Oktober 1944, Seite 4.

14. Reichskommissar für die Schweiz[1])

Der Reichsführer-SS   Berlin W 35, den 8. 9. 1941
Chef des SS-Hauptamtes   Lützowstraße 48/49
                                      Postschließfach 43
                          2 Ausführungen
                          Prüf-Nr.: . . 1

Cd4HA/Be/We. Tgb. Nr. 189/41 g. Kdos.
B e t r . : Schweiz

         An den
            Reichsführer-SS
            F ü h r e r h a u p t q u a r t i e r

Reichsführer!

In Württemberg wittert man Morgenluft! Sowohl der Oberbürgermeister der Stadt Stuttgart, Dr. Ströln, als auch der Reichsstatthalter Murr halten sich für die gegebenen „Reichskommissare" für die Schweiz.

Nach meinen persönlichen Kenntnissen muß ich beide ablehnen, insbesondere aber den Herrn Reichsstatthalter Murr. Mit ihm würde seine Umgebung, die für „positive Arisierungen" bekannt ist, in die Schweiz einziehen und ein wirkliches Zusammenwachsen zumindest für eine Generation verhindern.

Ich habe SS-Oberführer Dr. Behrends auf diese besondere Gefahr hingewiesen und ihn ebenso wie den VDA gebeten, keine Gelder für „Auffangsorganisationen" zur Verfügung zu stellen, es sei denn, Reichsführer-SS befehle es nach Vortrag.

Die Führung dieser Auffangsorganisationen dürfte keinesfalls örtlich gebunden, sondern müßte in Berlin sein. Alle aus der Schweiz derzeit in Deutschland befindlichen nationalsozialistischen Führer müßten sich in Berlin aufhalten. Nur so ist eine Übersicht möglich und wird eine Störung der sachlichen Arbeit aus egoistischen Gründen verhindert.

                                  G. B e r g e r
                                SS-Gruppenführer

---

[1]) *Dokument CXXXII — 54.*

15. Das Auswärtige Amt und die Juden in Belgien[1])

I.

„... womit das Soll theoretisch erreicht werden könnte"

Telegramm
(G-Schreiber)

Brüssel, Dienststelle des A.A., den 9. Juli 1942
Ankunft: Dienststelle des A.A., den 9. Juli 1942 —
Nr. 602 v. 9. 7. Auf Nr. 788*) v. 29. 6.
   *) D III 516 g.

Militärverwaltung beabsichtigt, gewünschten Abtransport von 10 000 Juden durchzuführen. Militärverwaltungschef gegenwärtig im Hauptquartier, um Angelegenheit mit
Reichsführer-$\mathcal{H}$ zu erörtern. Bedenken gegen Maßnahme könnten sich einmal daraus ergeben, daß Verständnis für Judenfrage hier noch nicht sehr verbreitet und Juden belgischer
Staatsangehörigkeit in Bevölkerung als Belgier angesehen werden. Maßnahme könnte
daher als Beginn allgemeiner Zwangsverschickung ausgelegt werden. Auf der anderen
Seite sind Juden weitgehend im hiesigen Wirtschaftsprozeß eingegliedert, so daß Schwierigkeiten auf Arbeitsmarkt befürchtet werden könnten. Militärverwaltung glaubt jedoch,
Bedenken zurückstellen zu können, wenn Verschickung belgischer Juden vermieden wird.
Es werden daher zunächst polnische, tschechische, russische und sonstige Juden ausgewählt werden, womit das Soll theoretisch erreicht werden könnte. Praktische Schwierigkeiten sind insofern zu erwarten, als durch Bekanntwerden beginnender Abschiebungen
aus Frankreich und Holland im hiesigen Judentum schon gewisse Unruhe entstanden ist
und daher Juden versuchen werden, sich Zugriff zu entziehen. Für Zwangsmaßnahmen aber
reichen vorhandene Polizeikräfte nicht aus. Weiterer Bericht folgt.

Bargen

---

[1]) *Dokumente CXX — 3.*

II.

15 000 Männer, Frauen und Kinder nach dem Osten abgeschoben

Dienststelle des Auswärtigen Amtes   Brüssel, den 11. November 1942
          Brüssel

Nr. 2 5 2 8 / 4 2 g

     An das
       Auswärtige Amt
       B e r l i n

Betr.: Juden in Belgien

Auf Grund der in der Judenverordnung des Militärbefehlshabers vom 28. 10. 1940 enthaltenen Verpflichtung haben sich rund 42 000 Männer und Frauen (über 16 Jahre) gemeldet. Hiervon waren 38 000 nichtbelgische Staatsangehörige. Insgesamt dürften 52 000—55 000 Juden einschließlich der nichtmeldepflichtigen Kinder in Belgien gelebt haben. Hiervon sind 15 000 Männer, Frauen und Kinder nach dem Osten abgeschoben worden. Weitere Transporte werden demnächst Belgien verlassen. Unter den Abgeschobenen befinden sich Staatenlose, ehemalige Deutsche, Tschechen, Polen, Holländer, Rumänen, Griechen, Slowaken, Russen, Norweger, Luxemburger, Kroaten und Angehörige der drei baltischen Staaten. Gleichfalls befinden sich auch einige Belgier hierunter, die deswegen verschickt werden, weil sie in der Öffentlichkeit den Judenstern nicht getragen haben.

Zunächst wurde ein „Arbeitseinsatzbefehl" über die „Judenvereinigung" den von der Abschiebung Betroffenen zugestellt. Da jedoch im Laufe der Zeit durch Gerüchte über Abschlachten der Juden usw. dem Arbeitseinsatzbefehl nicht mehr Folge geleistet wurde, wurden die Juden durch Razzien und Einzelaktionen erfaßt. In der letzten Zeit sind illegale Abwanderungen nach Frankreich, insbesondere nach dem unbesetzten Gebiet und nach der Schweiz festgestellt worden. Vorsichtig geschätzt dürften etwa 3000—4000 Juden nach der Schweiz ausgewandert sein. Genaue Angaben lassen sich jedoch nicht darüber machen.

                                                 B a r g e n

Hitlers Spezialität

Nicht zuletzt an den schweren Fehlschlägen der Volksführung im Kriege hat Adolf Hitler gelernt, wie es **n i c h t** gemacht werden soll.

Dr. Emil D o v i f a t , Professor an der Universität Berlin, Zeitungslehre I, Erster Band, Sammlung Göschen, Berlin 1937, Leipzig, Seite 109.

---

16. Das Auswärtige Amt und die Juden in Holland[1])

I.

Niederländische Juden in deutschen Konzentrationslagern

Berlin, den November 1941
Ref.: L. R. Rademacher

zu D III 588 I. II

G e h e i m

1. An das

Reichssicherheitshauptamt
z. Hän. d. H. ⚡-Obergruppenführers M ü l l e r

V o r A b g . :
R. IV

        Unter dem 5. November 1941 (D III 588 I) wurde das Reichssicherheitshauptamt um eine Stellungnahme zur Frage der weiteren Behandlung der in deutschen Konzentrationslagern einsitzenden niederländischen Juden gebeten.

z. g. Kts.

        Zur Beantwortung der von der Schwedischen Gesandtschaft als Schutzmachtvertretung der Niederlande eingereichten Noten ist dem Auswärtigen Amt eine baldige Antwort des Reichssicherheitshauptamts sehr erwünscht.

Heil Hitler!
gez. R a d e m a c h e r

2. Wv. n. 2 Wochen!

---

[1]) *Dokumente CXXV a — 86.*

II.

„Grundsätzlich steht das AA auf demselben Standpunkt wie das Reichssicherheitshauptamt..."

Durchdruck zu den Akten
III 588. a

Geheim   den 5. November 1941

Das Herantreten des schwedischen Gesandten an das Auswärtige Amt gibt Veranlassung, verschiedene Fragen grundsätzlich zu klären:

Die Vorgeschichte der Intervention des schwedischen Gesandten ist folgende: Es wurden in diesem Jahre, im Februar und im Juni, im ganzen 660 Juden niederländischer Staatsangehörigkeit in Konzentrationslager nach Deutschland verbracht. Wie dem Jüdischen Rat von Amsterdam mitgeteilt wurde, sind bisher über 400 dieser Häftlinge verstorben. Aus den Listen ergibt sich, daß sich die Todesfälle jeweils an bestimmten Tagen ereignet haben. Bei den Häftlingen handelt es sich fast durchweg um jüngere Männer.

Die schwedische Gesandtschaft als Schutzmacht-Vertretung der Niederlande hat sich wiederholt mit dem Ersuchen an das Auswärtige Amt gewandt, die niederländischen Juden in den Lagern besuchen zu dürfen. Diesem Ersuchen wurde nicht stattgegeben.

Schweden tritt nun in einigen Staaten des feindlichen Auslands als Schutzmacht für Deutschland auf. Deshalb war die Behandlung der Angelegenheit insofern schwierig und unliebsam, als nicht kurzerhand unsererseits die Vorstellungen Schwedens zurückgewiesen werden konnten, ohne befürchten zu müssen, daß Schweden in der Vertretung der deutschen Interessen im feindlichen Ausland es seinerseits an nötigem Nachdruck fehlen lassen würde.

Um in Zukunft derartige Zwischenfälle zu vermeiden, ist es notwendig, daß die in den von Deutschland besetzten Gebieten verhafteten Personen nicht in das Reich verbracht werden. Solange die Verhafteten nämlich in den besetzten Gebieten bleiben, unterstehen sie nicht der Schutzmacht-Vertretung der dazu beauftragten Länder. Weiterhin sollte dafür Sorge getragen werden, daß bei der Mitteilung der Todesfälle möglichst nicht der Eindruck entsteht, die Todesfälle ereigneten sich jeweils an bestimmten Tagen.

Grundsätzlich steht das Auswärtige Amt auf demselben Standpunkt wie das Reichssicherheitshauptamt und befürwortet seinerseits die Repressalien-Maßnahmen gegen Juden als Urheber der Unruhen. Die Wahrung der deutschen Interessen im feindlichen Ausland macht es aber notwendig, daß die Behandlung dieser Angelegenheit im oben erwähnten Sinne erfolgt.

Es wird gebeten, diese Fragen zu prüfen und dem Auswärtigen Amt die dortige Stellungnahme mitzuteilen.

568 g
weitere Vorgänge
siehe D II 8603 u. a.

Dr.

Im Auftrag
gez.

Unterschrift (unleserlich)

An das
Reichssicherheitshauptamt
z. Hd. von ℋ-Gruppenführer Müller

17. Das Auswärtige Amt und die Juden in Dänemark[1]

Inl. II 417 g.K.

A k t. Z. e. o. P o l. VI 1873 g R s.

U. St. S. Pol.

Dg. Pol.   G e h e i m e R e i c h s s a c h e

Berlin, den 17. September 1943

Diplogerma

Consugerma Kopenhagen

       Nr. 1265

Referent: Ges. v. Grundherr

Betreff: Abtransport von Juden aus Dänemark

Nach Abgang

LR Wagner, Inl. II

Freilassen für die Telegramm Kontrolle

Eingeg.: 17. 9. 1943 1315

           17. 9. 1943

Initialen von: v. Grundherr, v. Erdmannsdorff, Hencke

Telegramm (nicht geh. Ch. V. offen IZ)

(geh. Ch. V.)

Geh. Verm. f. Behördenleiter

Geh. Verm. f. Geh. Reichssachen

Geh. Verm. f. Geheimsachen

ohne besonderen Geheimvermerk   Nicht Zutreffendes durchstreichen.

Unter Bezugnahme auf Drahtbericht 1032 v. 8. 9.

Für Reichsbevollmächtigten.

    Reichsaußenminister ersucht Sie, über die Art der Durchführung des Abtransports der Juden, der im Prinzip beschlossen ist, genaue Vorschläge zu machen, die insbesondere auch enthalten sollen, wieviel Polizeikräfte Sie dazu benötigen, damit hier diese Polizeiabteilungen in Besprechungen mit der ⚡⚡ freigemacht werden können.

    Die Angelegenheit ist streng vertraulich zu behandeln.   H e n c k e

---

[1] *Dokument NG — 5121.*

102

18. Das Auswärtige Amt und die Juden in Frankreich

I.

Der Botschafter Abetz hat angeregt ...[1])

(Dr/B/H.)   Paris, den 19. August 1940
Der Oberbefehlshaber des Heeres   (handschriftl.: L.)
Der Chef der Militärverwaltung
    in Frankreich
      Verwaltungsstab
Abteilung Verwaltung
A k t e n z e i c h e n : W. in 160
B e t r e f f :   Die Behandlung der Juden im besetzten Gebiet
S a c h b e a r b e i t e r :
E r l e d i g u n g s v e r m e r k e :
(handschrftl.: **Eilt**)
(handschrftl.:   1. Eintragen für Gruppe 1
Überholt!)   2. Vermerk:

        Der Botschafter A b e t z hat in einer Besprechung am 17. 8. 40 angeregt, die Militärverwaltung in Frankreich möge

    a) anordnen, daß mit sofortiger Wirkung keine Juden mehr in das besetzte Gebiet hereingelangen werden;

    b) die Entfernung aller Juden aus dem besetzten Gebiet vorbereiten;

    c) prüfen, ob das jüdische Eigentum im besetzten Gebiet enteignet werden kann.

3. An Gruppe 1 zur Prüfung der sich aus den Anregungen des Botschafters Abetz ergebenden Fragen unter Beteiligung der Gruppen 2 und 8.

                                        Im Auftrage   H. 19
                                            gez.: B e s t

---

[1]) *Dokument XXIV — 1.*

II.

Abetz: „Erbitte Einverständnis antisemitischer Sofortmaßnahmen[1])

T e l e g r a m m (Geh. Ch. V.) Stempel: Auswärtiges Amt

Paris, den 20. August 1940 42 z.Rs. 158 g

Ankunft den 20. August 1940 20.10 Uhr

N r. 413 v o m 20. 8. S e h r d r i n g e n d

Für Herrn Reichsminister.

Erbitte Einverständnis antisemitischer Sofortmaßnahmen, die späterer Entfernung Juden gleichfalls aus nichtbesetztem Frankreich als Grundlage dienen können.

1.) Verbot jüdischer Rückwanderung über Demarkationslinie nach besetztem Frankreich.

2.) Meldepflicht im besetzten Gebiet ansässiger Juden.

3.) Kenntlichmachung jüdischer Geschäfte im besetzten Frankreich.

4.) Einsetzung von Treuhändern für jüdische Geschäfte, Wirtschaftsbetriebe, Lagerbestände und Warenhäuser, deren Besitzer geflohen sind. Die genannten Maßnahmen lassen sich mit dem Interesse Sicherheit der deutschen Besatzungsmacht begründen und durch französische Behörden durchführen.

A b e t z

III.

Diplomatisch

Durchdruck als Konzept (Lö) den 20. September 1940

Auswärtiges Amt

D III 63 g Rs. 159 g D.

Auf den Drahtbericht Nr. 413 vom 20. 8. 1940 Chef AO

I n h a l t : Sofortmaßnahmen gegen Juden im besetzten Gebiet.

1.) An die

Dienststelle des Herrn Botschafters Abetz

Deutsche Botschaft

P a r i s

Die Zweckmäßigkeit von Maßnahmen gegen Juden im besetzten Gebiet ist von hier aus nicht zu beurteilen. Es ist dabei zu bedenken, daß eine psychologische Vorbereitung vorhanden sein muß, um nicht das Gegenteil des gewünschten Erfolges zu erreichen.

Beim Einsetzen von Treuhändern ist Wert darauf zu legen, daß dies im allgemeinen Rahmen erfolgt und keine unterschiedliche Behandlung der jüdischen und französischen Geschäfte zutage tritt.

Es wäre wünschenswert, daß die geplanten Maßnahmen erst von der Regierung in Vichy durchgeführt werden, damit diese verantwortlich zeichnet und beim Mißlingen die Verantwortung trägt.

Im Auftrag

2.) z. d. A. gez. L u.

---

[1]) *Dokumente CXXVI a — 91 (II—IX).*

Herr Luther hat Eile

Berlin, den 10. September (Lö)   zu D III 159 g. II

1.) An den

Reichsführer-ᛋᛋ

Persönlicher Stab

B e r l i n SW 11

Prinz Albrechtstr. 8

Am 23. August 1940 — D III 42 g Rs. — bat ich um Stellungnahme zu der Anfrage des Botschafters Abetz in Paris über antisemitische Maßnahmen, die als Grundlage dienen könnten, später die Juden aus dem nichtbesetzten Frankreich zu entfernen.

Da ich bisher keine Antwort erhalten habe, die Angelegenheit aber drängt, erlaube ich mir, Sie erneut um Ihre Stellungnahme zu bitten.

                 D.R.M.d.A.   I. A.

                                      gez. L u t h e r

(handschriftlich:)

N A Wochen

weiteres unleserlich.

2.) Wv. nach 2 Wochen

Herr Heydrich hat nichts einzuwenden

Der Reichsführer-ᛋᛋ   Berlin SW 11, den 20. September 1940

        und   Prinz Albrecht Str. 8

Chef der Deutschen Polizei   Fernsprecher: 12 00 40

im Reichsministerium des Innern

S — IV D 6 — 776/40 g Rs.   G e h e i m e   R e i c h s s a c h e

                                    Stempel:

An das   Auswärtiges Amt

Auswärtige Amt   D III 159 g

z. Hd. SA-Standartenführer und Gesandter Luther   eing. 20. Sept. 1940

         g. V. i. A.   Anl. (—fach) Dopp. d. Eing.

B e r l i n W 8

Wilhelmstraße 72—76   S c h n e l l b r i e f

B e t r i f f t : Maßnahmen gegen Juden im besetzten Frankreich

B e z u g :   Schreiben vom 23. 8. 40. — D III 42 g Rs.

Gegen die Durchführung der von Herrn Botschafter A b e t z im besetzten Frankreich geplanten Maßnahmen gegen Juden

1. Verbot jüdischer Rückwanderung über Demarkationslinie nach besetztem Frankreich

2. Meldepflicht im besetzten Gebiet ansässiger Juden

3. Kenntlichmachung jüdischer Geschäfte im besetzten Frankreich

4. Einsetzung von Treuhändern für jüdische Geschäfte, Wirtschaftsbetriebe, Lagerbestände und Warenhäuser, deren Besitzer geflohen sind,
habe ich keine Bedenken und bin auch mit der Durchführung dieser Maßnahmen durch die französischen Behörden einverstanden.

Ich darf aber schon jetzt bemerken, daß ich, um die genaue Durchführung der unter Ziffer 1—3 genannten Maßnahmen und eine den deutschen Belangen entsprechende Auswahl der in Ziffer 4 genannten Treuhänder zu gewährleisten, eine weitgehende Einschaltung des im besetzten Frankreich befindlichen Kommandos der Sicherheitspolizei, das gerade auf dem Judengebiet über sacherfahrene Kräfte verfügt, für unerläßlich halte. Die Übernahme der Kontrolle der Tätigkeit der franz. Behörden durch die Sicherheitspolizei ist um so dringender geboten, als für die Durchführung dieser Maßnahmen in erster Linie die franz. Polizei in Betracht kommt, mit der das Kommando der Sicherheitspolizei in engster Fühlung steht.

Ich darf daher bitten, eine entsprechende Einschaltung der Sicherheitspolizei sicherzustellen und mich von der weiteren Verfolgung der Angelegenheit zu unterrichten.

H e y d r i c h

Beglaubigt:

Stempel: (handschriftlich) Dietrich

Kanzleiangestellte

VI.

Der gründliche Herr Schleier

Telegramm (offener Text)

Paris,   den 9. Oktober 1940 21.40 Uhr   Stempel:

Ankunft: den 9. Oktober 1940 22.10 Uhr   Auswärtiges Amt

N r. 820 v. 9. 10.   D III 71 g Rs.

Für   eing. 16. Okt. 1940

Herrn Dr. Schwarzmann   Anl. (fach) Dopp. d. Eing.

M i n i s t e r b ü r o

Chef Militärverwaltung Frankreich erließ am 27. 9. Verordnung über Maßnahmen gegen Juden. § 1 besagt, daß als Jude gilt, wer jüdischer Konfession angehört hat, oder von mehr als zwei jüdischen Großelternreihen abstammt. § 2: Rückkehr aus dem besetzten Gebiet geflohener Juden ist verboten.

§ 3: Jeder Jude muß sich bis 20. 10. ins Judenregister eintragen.

§ 4: Kennzeichnungszwang jüdischer Geschäfte bis 31. 10. Verwaltungsabteilung Chef Militärverwaltung erklärt, daß Verordnung sich auf sämtliche im besetzten Gebiet befindlichen Juden, gleich welcher Staatsangehörigkeit bezöge. Feldkommandanturen sind angewiesen, amerikanische Juden von der Anwendung der Verordnung a u s z u n e h m e n.

Bezüglich jüdischer Geschäfte soll für Staatsangehörige anderer Länder von Fall zu Fall durch Einzelprüfung Regelung getroffen werden. Eine Reihe ausländischer Missionen haben Anfragen gestellt, wie bezüglich Juden, die Staatsangehörige ihrer Länder sind, verfahren werden soll.

Erbitte s o f o r t i g e S t e l l u n g n a h m e des Amts und Weisung für Weitergabe an Militärverwaltung, insbesondere wegen Behandlung ausländischer Juden, die bei diplomatischen oder konsularischen Vertretungen tätig sind.

S c h l e i e r

Hergestellt in 19 Stück
davon sind gegangen:
Nr. 1 an BRAM
    2 an RAM   (Arb. St.)
    3 an (nachstehendes unleserlich)

VII.

Herr von Weizsäcker ist einverstanden

Herrn
Hofrat Jüngling

Vor einiger Zeit lief bei uns die Anfrage durch, ob von den Judenmaßnahmen im besetzten Frankreich auch die Juden der fremden diplomatischen Vertretungen betroffen würden. Auf unsere Anfrage hat Botschafter A b e t z geantwortet, soweit die Juden dem Diplomatischen Korps angehörten, nicht, soweit sie Angestellte der Vertretungen wären, ja. Mit dieser Regelung hat sich in der Direktorenkonferenz St.S. Weizsäcker einverstanden erklärt, zumal die betroffenen Diplomatischen Vertretungen nicht beim Deutschen Reich, sondern bei Frankreich akkreditiert wären.

Herr K e m p e von Protokoll rief mich neulich an und bat um Kenntnis dieser Vorgänge, da Protokoll[1]) nicht beteiligt worden wäre. Ich habe ihm zugesagt, daß ihm

[1]) handschriftlich: (Herr Ges. Smend hatte das gewußt).

die Sachen gesandt würden. Heute erinnerte er mich daran. Ich bin mir nicht sicher, wem ich seinerzeit die Nachforschung nach der Angelegenheit übertragen habe, möchte Sie daher bitten, sich der Sache anzunehmen und Prot. Kenntnis zu geben. Gegebenenfalls bitte ich um Rücksprache.

(handschriftlich: unleserlich)

Berlin, den 12. Dezember 1940
(handschriftlich: Die Akten liegen
    bei D III 158 g . . unleserlich)
      (handschriftlich:. . . unleserlich.
(handschriftlich:
Bei D I I I
nach Kenntnisnahme
wiedervorgelegt.
Bln. den 18. XII. 40
   K e m p

gez. R a d e m a c h e r
gez. J ü n g l i n g
13. 12. 40

VIII.
Es hat schon angefangen

Fernschreiben!
  Konzept (Lö)
Berlin, den . . . Dezember 1940

An die
Deutsche Botschaft
P a r i s
Ref.
Ges. Luther
LR Rademacher
HIER AUSW
DB PARIS VERBINDE
DKSM BUVHIER PARIS +
HIER ABT. DEUTSCHLAND
SOEBEN HÖRE ICH DASS
EIN FS NR. 130 VON D
ROEM. 3 AM 18. 12. 40
BEI IHNEN NICHT EIN-
GETROFFEN IST?
DOCH IST HIER EINGE-
GANGEN. BEI MIR IM
BUCH STEHT ES +
BITTE HERRN GESANDT-
SCHAFTSRAT ACHENBACH
SOFORT VORLEGEN.
GUT GEHT IN ORD-
NUNG +

e. o. D III 6190 . . .

Bitte mitzuteilen, ob Verordnung des dortigen Militärbefehlshabers über Registrierzwang der Juden vom
27. September 1940 im Wortlaut mit der gleichartigen
Verfügung des Militärbefehlshabers in Belgien vom
28. Oktober übereinstimmt. Wenn nicht, bitte ich, den
Text der dortigen Verordnung mit Fernschreiben durch-
zugeben.

Weiter bitte ich, mitzuteilen, ob Ausschreitungen gegen jüdische Geschäfte nach Erlaß der Verordnung stattgefunden haben. Wenn ja, von wem, und ob nordamerikanische Staatsangehörige belästigt worden sind. USA
hat in einer Note behauptet, „von Personen mit Arm-
binden" sei „Vandalismus gegen jüdische amerikanische
Staatsbürger" verübt worden. Mit dortigem Telegramm
Nr. 820 vom 9. August wurde berichtet, daß die Dienststellen des Militärbefehlshabers angewiesen seien, die
Verordnung nicht auf amerikanische Juden anzuwenden.
Ist diese Anweisung durchgeführt worden, und wird sie
noch beachtet?

Sofortige Antwort erforderlich zur Beantwortung
USA-Note.

Luther

Die Verwaltungssprache des Dr. Karl C. von Loesch:

„. . . ob einige in Europa bodenständige Völker (Ungarn, Finnen) bei strengen
wissenschaftlichen Maßstäben auf sprachlichem Gebiet als arisch bezeichnet werden
dürften. Diese haben dazu geführt, daß die Nürnberger Gesetze im Jahre 1934 den
Begriff „Arier" durch „Personen deutschen und artverwandten" Blutes ersetzen. Der
Begriff „artverwandt" trug zweifellos bis zu einem Grad den vorher genannten Bedenken Rechnung, hatte aber andere N a c h t e i l e . Da die Verwaltungssprache
für ihre tägliche Arbeit nämlich einen kurzen adjektivischen Begriff braucht, wurde
daraus kurzweg „deutschblütig" statt dem kurzen „arisch" oder dem umständlichen
„deutsch und artverwandt". Damit wurden nun aber auch die Angehörigen des polnischen dänischen usw. Volkstums als deutschblütig bezeichnet, was natürlich
zu Mißdeutungen Anlaß geben mußte . . .

Auszug aus dem Artikel „Rasse, Volk, Staat und Raum in der Begriffs-
und Wortbildung", Zeitschrift der Akademie für deutsches Recht, 1939, S. 118.

IX.

Der konsequente Reichsaußenminister

Berlin, den 23. Dezember 1940 (Lö)
An die
Deutsche Botschaft
P a r i s

zu D III . . . 176 g

(GEHEIMSCHREIBER)

Auf das Fernschreiben Nr. 255 vom 21. 12. 1940
und im Anschluß an den Erlaß — Fernschreiben
vom 18. 12. 1940 — D III 6190 — FS Nr. 130 —.

Ref.
Ges. Luther
LR Rademacher
V o r A b g.
Herrn U. St. GAUS
m. d. Bitte um Mitz.
vorgelegt.
2.)
Wv. n. 1. Monat

Das AA hält es nicht für angebracht, Einsprüche befreundeter Nationen wie Spanien und Ungarn abzulehnen, dagegen den Amerikanern gegenüber Schwäche zu zeigen. Es ersucht, die Anweisungen an die Feldkommandanturen, wonach Juden amerikanischer Staatsangehörigkeit von der Verordnung auszunehmen sind, rückgängig zu machen. Ich bitte, den Militärbefehlshaber in Frankreich zu ersuchen, entsprechende Maßnahmen zu ergreifen. Über das Veranlaßte erbitte ich Drahtbericht.

I. A.
gez. L u t h e r

Mutig voran!

. . . Anstatt das deutsche Volk als Feind anzusehen, sollten die rassenbewußten Franzosen umkehren auf diesem Wege und mit Deutschland zusammen sich sowohl gegen die Herrschaft der Juden als auch gegen das Eindringen des fremden Blutes wenden, um damit auch Europa vor dem Rassentod zu bewahren. Mutig und allen Völkern voran hat Deutschland mit der Rassengesetzgebung begonnen, indem es im § 3 des Gesetzes zur Wiederherstellung des Berufsbeamtentums vom 7. April 1933 nur Beamte arischer Abstammung zuläßt und in der Verordnung vom 11. April 1933 im Art. 2 dann die arische Abstammung näher erläutert. In Zukunft sollen nur Deutschblütige unser Volk führen und Beamte werden dürfen! Der Einfluß des Judentums auf die Verwaltung, auf die Erziehung, Literatur, auf Kunst und Kultur ist damit mit einem Schlage beseitigt.

Ministerialdirektor Dr. med. A. G ü t t , Reichsministerium des Innern, Berlin, im Buche „Erblehre und Rassenhygiene im völkischen Staat" von Prof. Dr. Ernst Rüdin, J. F. Lehmanns Verlag, München 1934, Seiten 117/118.

19. Der Fall der 6000 Juden aus Baden und dem Saargebiet[1])

Zu D III 5451

Vorlage für Herrn Gesandten Luther

Betrifft: Abschiebung der 6000 Juden aus dem Saargebiet und Baden nach Frankreich.

Die Franzosen haben sich nicht mit ihren wiederholten mündlichen Anfragen beruhigt, sondern die aus dem anliegenden Telegramm vom 20. 11. 1940 ersichtliche Protestnote der Deutschen Waffenstillstandskommission übergeben.

Meiner Ansicht nach kann die Angelegenheit nunmehr von deutscher Seite nicht weiter mit Stillschweigen behandelt werden. Ich rege an, Botschafter ABETZ Weisung zu geben, von sich aus die Frage in Paris anzuschneiden und den Franzosen nahezulegen, die Angelegenheit unter der Hand zu erledigen, in Wiesbaden aber nicht wieder auf die Sache zurückzukommen. Wiesbaden sollte von dieser Anweisung an ABETZ Kenntnis erhalten, und den Franzosen auf erneutes Vorstellen erwidern, die Angelegenheit würde in Paris bereits verhandelt.

Ministerialrat Globke vom Reichsministerium des Innern beim Staatssekretär Stuckart rief an und bat, dem Reichsministerium des Innern als der für Judensachen im Inlande zuständigen Stelle eine Abschrift der französischen Protestnote zur Kenntnis zu geben. Ich habe erwidert, daß ich ihm nicht ohne weiteres eine Abschrift der Note geben könnte, er möchte mir mitteilen, wozu er sie benötigte; denn diese Angelegenheit sei nicht so sehr Judensache allein, als vielmehr eine Frage der deutsch-französischen Politik. Im übrigen sei bei der Frage des gegenseitigen Unterrichtens immerhin auch zu bemerken, daß das Reichsministerium des Innern als Judenstelle von sich aus das Auswärtige Amt s. Zt. nicht davon in Kenntnis gesetzt hätte, als die Maßnahme ergriffen worden sei, die Juden

---

[1]) Dokument NG — 4934.
Es handelt sich um die unter dem Namen „Aktion Bürckel" bekannte Angelegenheit. Ohne eine vorherige Benachrichtigung der Vichy-Regierung wurden die 6000 Juden von Deutschland ins unbesetzte Frankreich geschafft. Diejenigen von ihnen, welche aus Frankreich nicht zu emigrieren vermochten oder sich verstecken konnten, wurden im Jahre 1942 nach Auschwitz deportiert.

abzuschieben. Globke erwiderte darauf, die Benachrichtigung wäre erfolgt, wenn sie im Reichsministerium des Innern von der Maßnahme Kenntnis gehabt hätten.

Offenbar will das Reichsministerium des Innern die Note zum Anlaß eines Vorgehens gegen Gauleiter BÜRCKEL nehmen. Wie weit Globke persönlich daran interessiert ist, weiß ich nicht. Soweit ich mich erinnere, war Globke früher in Sachen des Saargebietes tätig. Es ist nun die Frage, ob das Auswärtige Amt dem Innenministerium unter diesen Umständen den Text der Note übermitteln soll.

Ich habe Globke zugesagt, ich würde mir eine Weisung einholen, ob die Note im vollen Text dem Innenministerium übermittelt werden könnte. Ich selbst sehe keinen formellen Anlaß, dem Reichsministerium des Innern den Text der Note zu verweigern.

Berlin, den 21. November 1940

gez. Rademacher

Das Alte Testament und seine jüdische Lohnmoral

. . . wir erwarten von unserer Landeskirche, daß sie den Arierparagraphen — entsprechend dem von der Generalsynode beschlossenen Kirchengesetz — schleunigst und ohne Abschwächung durchführt, daß sie darüber hinaus alle fremdblütigen evangelischen Christen in besondere Gemeinden ihrer Art zusammenfaßt und für die Begründung einer juden-christlichen Kirche sorgt.

Wir erwarten, daß unsere Landeskirche als eine deutsche Volkskirche sich frei macht von allem Undeutschen in Gottesdienst und Bekenntnis, insbesondere vom Alten Testament und seiner jüdischen Lohnmoral.

Text der Entschließung, vorgelesen am 13. Nov. 1933 im Berliner Sportpalast, auf der Veranstaltung der „Deutschen Christen". Hans B u c h h e i m : „Glaubenskrise im Dritten Reich", Deutsche Verlags-Anstalt Stuttgart. Seite 130—131.

20. Der Gleichmut des Herrn Schleier

I.

Es fing mit 1000 Juden an

Der Chef der Sicherheitspolizei
und des SD
IV B 4 a   3233/41 g (1550)

S c h n e l l b r i e f

An das
Auswärtige Amt
z. Hd. von Herrn
Legationsrat R a d e m a c h e r

B e r l i n W 3 5
Rauchstraße 11

Berlin SW 11, den 9. März 1942
Prinz-Albrecht-Str. 8
Fernsprecher: 12 00 40

S t e m p e l :

Auswärtiges Amt
J III 248. g
eing. 10. März 1942
G E H E I M

B e t r i f f t : Evakuierung von 1000 Juden aus Frankreich
B e z u g : Besprechung am 6. 3. 1942

Es ist beabsichtigt, 1000 Juden, die anläßlich der am 12. 12. 1941 in Paris durchgeführten Sühnemaßnahmen für die Anschläge auf deutsche Wehrmachtsangehörige festgenommen wurden, in das Konzentrationslager Auschwitz (Oberschlesien) abzuschieben.

Es handelt sich durchweg um Juden französischer Staatsangehörigkeit bzw. staatenlose Juden.

Der Abtransport dieser 1000 Juden, die z. Z. in einem Lager in Compiègne zusammengefaßt sind, soll am 23. 3. 42 mit einem Sonderzug erfolgen.

Ich wäre für eine Mitteilung, daß dort keine Bedenken gegen die Durchführung der Aktion bestehen, dankbar.

Im Auftrage:
E i c h m a n n

---

¹) Dokumente CXXVI a – 106

Fernschreibstelle
des
Auswärtigen Amts

Auswärtiges Amt
D III 265 g
eing. 14. MRZ. 1942
Rnl. ( )

Telegr + D. B. PARIS NR. 215 13/3 2010.= Uhr Vor Mitt. Nach

—————— AUSW. BERLIN. = ——————

TEL. NR. 1071.

MIT G-SCHREIBER. =

-- GEHEIM-- AUF DRAHTERLASS NR. 954.-

GEGEN BEABSICHTIGTE JUDENAKTION KEINE BEDENKEN. =

SCHLEIER+

Es bestehen keine Bedenken

G- SCHREIBER. = Fernschreibstelle des Auswärtigen Amts

Auswärtiges Amt
D III 272 g
eing. 16. MRZ. 1942
Rnl. ( )

D III

Telegramm + DB PARIS NR. 237 14.3.42 2130.= Vor Mitt. Nach

—————— AUSWAERTIG BERLIN. = ——————

NR. 1093.=

AUF DORTIGES TELEGRAMM NR. 989 V. 13.3. UND IM ANSCH

AN DRAHTERLASZ NR. 954 VOM 11.3. SOWIE UNTERBEZUGNAHME

AUF HIESIGES TELEGRAMM NR. 1071 VOM 13.3.-

BEZUEGLICH VORGESEHENER EVAKUIERUNG WEITERER 5000

STAATSPOLIZEILICH IN ERSCHEINUNG GETRETENER JUDEN KEINE

BEDENKEN. =

SCHLEIER+++

Ebenfalls genehmigt

113

Auswärtiges Amt

Deutsche Gesandtschaft
Bukarest
Eing. 7 MAI 1943
Be 225/43

Inl II A 2537

Da die sofortige Prüfung der Frage, wie die im Reich sichergestellten Judenvermögen im Hinblick auf die laufenden Wohnungs-
massnahmen, Transplanahme der Wohnungen und des Mobiliars für
Bombengeschädigte, evtl. notwendig werdende Grundbuchberichtigung
usw., weiter behandelt werden sollen, dringend erforderlich geworden ist, wird um tunlichst ungehenden Bericht gebeten, welche
Bestimmungen hinsichtlich der Vermögen der im deutschen Machtbereich ansässigen Juden dortiger Staatsangehörigkeit, an deren
persönlichem Schicksal sich die dortige Regierung ausdrücklich
oder stillschweigend desinteressiert hat, oder durch Verweigerung
der Einreisevisen noch desinteressieren wird, deren Vermögen aber
von der dortigen Regierung beansprucht wird, erlassen worden sind.
Insbesondere ist für die Vorbereitung von Verhandlungen wichtig,
wer Rechtsnachfolger der Vermögen dieser Juden geworden ist.

Weiterhin bitte ich zu berichten, ob diese Bestimmungen auch
für die Vermögen derjenigen Juden Geltung haben, die dorthin
zurückgekehrt sind und deren Vermögen hier sichergestellt wurden,
ob insoweit eine andere Regelung getroffen worden ist, oder ob
die Juden selbst verfügungsberechtigt geblieben sind.

Um Übersendung der einschlägigen Bestimmungen wird gegebenenfalls gebeten.

Im Auftrag

An die Deutschen Gesandtschaften in
    Agram
    Budapest
    Bukarest
    Pressburg
    Sofia

- je besonders -

21. Auch im Auslande . . .

II.

Jetzt geht es schon um 6000 Juden

Der Chef der Sicherheitspolizei
und des SD
IV B 4 a   3233/41 g (1085)

Berlin SW 11, den 11. März 1942
Prinz-Albrecht-Str. 8
Fernsprecher: 12 00 40

S c h n e l l b r i e f

G e h e i m

An das
Auswärtige Amt
z. Hd. von Herrn
Legationsrat R a d e m a c h e r
B e r l i n W 3 5
Rauchstraße 11

S t e m p e l :
Auswärtiges Amt
J III 257. g
Eing. 12. März 1942

B e t r i f f t : Evakuierung von Juden aus Frankreich
B e z u g :   Hies. Schnellbrief vom 9. 3. 42
— IV B 4 a — 3233/41g (1550) —

Im Nachgang zum hiesigen Schnellbrief vom 9. 3. 1942 wird mitgeteilt, daß außer der am 23. 3. 1942 vorgesehenen Evakuierung von 1000 Juden aus Compiègne in Zeitkürze weitere 5000 staatspolizeilich in Erscheinung getretene Juden aus Frankreich in das Konzentrationslager Auschwitz (Oberschlesien) abgeschoben werden sollen.

Ich darf bitten, auch hierzu die dortige Zustimmung auszusprechen.

Im Auftrage:
E i c h m a n n

Kaukasier

Das Judentum ist ein Erzeugnis von Angehörigen der kaukasischen Rasse.

Wilh. E r b t : „Weltgeschichte auf rassischer Grundlage", Armanen-Verlag,
Leipzig 1944, Seite 638.

Gelbweiß und schwarz

Die Juden sind kein Urvolk wie die Germanen, sondern, wie wissenschaftlich nachgewiesen ist, eine mulattenhafte Mischung Gelbweißer und Schwarzer.

E. V. von R u d o l f : „Der Judenspiegel", Zentralverlag der NSDAP Franz
Eher Nachf., München-Berlin, Seite 8.

III.

Unterstaatssekretär Luther arbeitet geruhsam weiter

Berlin, den 13. März 1942
1.
An
die Deutsche Botschaft
P a r i s

G e h e i m !

zu D   III   257 g
St. S. U.
U. St. S.   Pol.

2135 Nr. 196 ERH. DB PARIS

F e r n s c h r e i b e n
(G-Schreiber)

Ref.: U. St. S. Luther
       Dr. Weege

Im Anschluß an Drahterlaß Nr. 954 vom 11. 3.

Chef Sicherheitspolizei und SD mitteilt, daß außer der am 23. 3. vorgesehenen Evakuie-rung von 1000 Juden aus Compiègne in Bälde weitere 5000 staatspolizeilich in Erscheinung getretene Juden aus Frankreich in das Konzentrationslager Auschwitz (Oberschlesien) ab-geschoben werden sollen. Chef Sicherheitspolizei und SD hat Auswärtiges Amt um Zustim-mung gebeten.

Erbitte auch hierzu Stellungnahme.

L u t h e r

N a c h   A b g a n g :

P o l II mit der Bitte um Kenntnisnahme.

Hohe Kulturwerte

Die arisch-nordische Rasse ist in besonderem Maße berufen, hohe Kulturwerte zu schaffen.

Dr. D a u n d e r e r - München: „Die Ziele der NSDAP", Nationalsozialismus in Stichworten erläutert. Nationaler Freiheitsverlag, Berlin 1933, Seite 80.

IV.

Legationsrat Rademacher resümiert

Berlin,   März 1942 (Fck)   zu D   III 265 g
1.   272 g
An
das Reichssicherheitshauptamt
   — IV B 4 —
z. Hd. von SS-Obersturmbannführer   G e h e i m !
    Eichmann   St. S. U/g
B e r l i n W 6 2   U. St. S.   Pol
Kurfürstenstr. 116   U. St. S.   D

Auf die dortigen Schnellbriefe vom 9. März 1942 — IV B 4 a — 3233/41 g (1550) —
und vom 11. März 1942 — IV B 4 a — 3233/41 g (1085)
B e t r i f f t : Evakuierung von 6000 Juden aus Frankreich
R e f. : LR Rademacher
          LS Weege

S c h n e l l b r i e f !

Seitens des Auswärtigen Amtes bestehen keine Bedenken gegen die geplante Abschiebung von insgesamt 6000 Juden französischer Staatsangehörigkeit bzw. staatenlosen Juden nach dem Konzentrationslager Auschwitz (Oberschlesien). Seitens der Deutschen Botschaft Paris sind ebenfalls Bedenken nicht geäußert worden.

                                                       Im Auftrag
                                                  gez. R a d e m a c h e r
2 z. d. A.

Französischer Sprachunterricht

Die rassische Erziehung als Unterrichtsgrundsatz verpflichtet den französischen Unterricht neben der rein sprachlichen Aufgabe zur Suche nach dem Wesen des Fremdvolkes und seinen Äußerungen in Sprache, Literatur, Kunst, Staatsleben, Gesellschaft und Wirtschaft, sowie deren rassischen Bedingtheiten.

Oberstudiendirektor Dr. Gustav G r ä f e r , Berlin, im Buch „Rassische Erziehung als Unterrichtsgrundsatz der Fachgebiete", herausgegeben von Dr. Rudolf Benze und Alfred Pudelko, Verlag Moritz Diesterweg, Frankfurt/Main, 1937, Seite 169.

22. In der Pariser Botschaft

I.

Dr. Zeitschels Anstellung[1])

An den
Militärbefehlshaber Paris

Durchschlag

Sehr geehrter Herr General,

Auf Ihre dringende Bitte hin habe ich, das Einverständnis des Reichsaußenministers vorausgesetzt, am 20. Juli Herrn Legationsrat Dr. Zeitschel, der bisher in Brüssel in gleicher Weise tätig war, zur Betreuung der in Paris befindlichen Diplomaten angestellt.

Inzwischen ist das Einverständnis des Reichsaußenministers zu dieser Kommandierung eingetroffen, und ich beeile mich, es Ihnen hiermit mitzuteilen.

Um keinen Irrtum aufkommen zu lassen, möchte ich noch bei dieser Gelegenheit betonen, daß Herr Legationsrat Dr. Zeitschel, ebenso wie alle anderen Herren auswärtigen Dienstes, die von dem Auswärtigen Amt oder deren Vertretung im Ausland zu Militärstellen kommandiert werden, für die Dauer seines Kommandos selbstverständlich der Befehlsgewalt des Auswärtigen Amtes weiter untersteht. Es ist in dieser Weise zu Beginn des Krieges zwischen Oberkommando des Heeres und Auswärtigem Amt ausdrücklich vereinbart worden.

Mit deutschem Gruß
Heil Hitler

stets Ihr sehr ergebener

gez.: A b e t z

---

[1]) *Dokument V — 3.*

II.

Dr. Zeitschels große Pläne[1])

Dr. Carltheo Zeitschel

Aufzeichnung
für Herrn Botschafter Abetz

Die fortschreitende Eroberung und Besetzung der weiten Ostgebiete können z. Zt. das Judenproblem in ganz Europa in kürzester Zeit zu einer endgültigen befriedigenden Lösung bringen.

Wie aus einem Hilfeschrei der gesamten Juden Palästinas in deren Presse an die amerikanischen Juden hervorgeht, sind in den von uns in den letzten Wochen besetzten Gebieten, besonders Bessarabien, über 6 Millionen Juden ansässig, das bedeutet 1/3 des Weltjudentums. Diese 6 Millionen Juden müßte man sowieso bei der Neuordnung des Ostraums irgendwie zusammenfassen und voraussichtlich doch ein besonderes Territorium für sie abgegrenzt werden. Es dürfte bei dieser Gelegenheit kein allzu großes Problem sein, wenn aus allen übrigen europäischen Staaten die Juden noch hinzukommen und auch die z. Zt. in Warschau, Litzmannstadt, Lublin usw. in Ghettos zusammengepferchten Juden auch dorthin abgeschoben werden.

Soweit es sich um die besetzten Gebiete handelt, wie Holland, Belgien, Luxemburg, Norwegen, Jugoslawien, Griechenland, könnten doch einfach durch militärische Befehle die Juden in Massentransporten in das neue Territorium abtransportiert und den übrigen Staaten nahegelegt werden, dem Beispiel zu folgen und ihre Juden in dieses Territorium abzustoßen. Wir könnten dann Europa in kürzester Zeit judenfrei haben.

Die seit Jahren spukende und auch z. Zt. von Admiral D a r l a n vor einigen Monaten neuerdings ventilierte Idee, alle Juden Europas nach Madagaskar zu transportieren, ist zwar an sich nicht schlecht, dürfte aber unmittelbar nach dem Kriege an unüberwindliche Transportschwierigkeiten stoßen, da die durch den Krieg stark dezimierte Welttonnage sicher zu anderen Dingen wichtiger gebraucht wird, als große Mengen von Juden auf den Weltmeeren spazieren zu fahren. Ganz abgesehen davon, daß ein Transport von nahezu 10 Millionen selbst wenn zahlreiche Schiffe zur Verfügung stünden, jahrelang dauern würde.

Ich schlage daher vor, bei der nächsten Gelegenheit diese Frage dem Reichsaußenminister vorzutragen und ihn zu bitten, in dem Sinne einer solchen Regelung sich mit dem bereits ernannten, zukünftigen Minister für die Ostgebiete, Reichsleiter Rosenberg, und dem Reichsführer-// zusammenzusetzen und die Angelegenheit in dem von mir vorgeschlagenen Sinne zu prüfen. Das Transportproblem der Juden in die Ostgebiete würde selbst während des Krieges durchzuführen sein und nach dem Kriege nicht auf unüberwindliche Schwierigkeiten stoßen, zumal die gesamten Juden im Generalgouvernement die Strecke in das neue abgegrenzte Territorium ja mit ihren Fahrzeugen auf den Landstraßen zurücklegen könnten.

---

[1]) *Dokument V — 15.*

Bei dieser Gelegenheit könnte man auch besonders betonen, daß beispielsweise in Frankreich, wo mit aller Intensität an einer baldigen Regelung der Judenfrage gearbeitet wird, die Durchführung im stärksten Maße darunter leidet, daß nicht genügend Lager zur Internierung der Juden zur Verfügung stehen und man sich infolgedessen mit allen möglichen Gesetzen und sonstigen Vorschriften durchhelfen muß, die doch im Ganzen gesehen, nur vorübergehende und nicht durchgreifende Maßnahmen sind.

Weiterhin würde ich vorschlagen, bei der nächsten Gelegenheit auch dem Reichsmarschall, der z. Zt. gerade für das Judenproblem sehr empfänglich ist, diese Idee nahezubringen, der seinerseits sicher in seiner augenblicklichen Einstellung und nach seinen Erfahrungen des Ostfeldzuges eine außerordentlich starke Stütze in der Durchführung der oben entwickelten Idee sein könnte.

Paris, den 22. August 1941

Zeitschel

III.

Botschafter Abetz hatte mit dem Reichsführer-ϟϟ persönlich Rücksprache[1])

Dr. Carltheo Zeitschel   Paris, den 8. Oktober 1941
ϟϟ-Sturmbannführer

An den
Beauftragten des Chefs der Sicherheitspolizei
und des SD für Belgien und Frankreich,
z. Hd. Obersturmbannführer D a n n e c k e r
P a r i s
Boul. Lannes

Gelegentlich des letzten Besuches von Botschafter Abetz im Hauptquartier, habe ich diesem die Ihnen bekannte Aufzeichnung mitgegeben, mit dem Vorschlag, unsere im Konzentrationslager befindlichen Juden wegen der Lagerknappheit möglichst bald nach dem Osten abzuschieben.

Botschafter Abetz hat aufgrund dieser Aufzeichnung mit dem Reichsführer-ϟϟ persönlich Rücksprache genommen und von diesem zugesagt bekommen, daß die im KZ befindlichen Juden im besetzten Gebiet nach dem Osten abgeschoben werden können, sobald dies die Transportmittel zulassen.

Ich bitte, also nun Ihrerseits in dieser Richtung, in der es mir gelungen ist, die prinzipielle Einwilligung des Reichsführers zu erreichen, nicht locker zu lassen und alle paar Wochen einen Bericht nach Berlin loszulassen mit der dringenden Bitte, baldmöglichst die Juden vom besetzten Frankreich abzuschieben.

Zeitschel
Sturmbannführer

---

[1]) Dokument V — 16.

IV.

Dr. Zeitschels Wissensdurst[1])

LR Dr. Zeitschel
Dr. Z/vZ.   Paris, den 23. März 1942

G e h e i m

b e t r .: Erlaß des Reichsmarschalls Göring

Lieber Dr. Strack!

Der Deutschen Botschaft ist vertraulich ein Erlaß des Reichsmarschalls Göring vom 31. 7. 41 zur Kenntnis gebracht worden, der infolge der vertraulichen Überlassung nicht weitergegeben werden kann.

Es handelt sich darin um eine Ergänzung zu dem Erlaß vom 24. 1. 39 die Judenfrage betreffend, besonders die Auswanderung und Evakuierung von Juden.

Im Anschluß an diesen Erlaß soll in Berlin eine Staatssekretärbesprechung stattgefunden haben, über deren Verlauf die Deutsche Botschaft gerne Kenntnis hätte. Da ich infolge der vertraulichen Überlassung des Erlasses des Reichsmarschalls von diesem in einem offiziellen Dienstbrief keinen Gebrauch machen darf, wäre ich Ihnen persönlich sehr dankbar, wenn Sie, ebenfalls auf vertraulichem Wege versuchen würden, über Unterstaatssekretär Woermann Protokoll dieser Unterstaatssekretärbesprechung zu erlangen und der Deutschen Botschaft Abschrift zuzusenden[2]).

Der Inhalt der Besprechung ist, wie Sie verstehen werden, für meine Aufgabe, Behandlung der Judenfrage, von grundlegender Bedeutung. Ich wäre Ihnen daher sehr dankbar, wenn Sie bald das Nötige veranlassen könnten.

Mit bestem Dank und

H e i l H i t l e r !
stets Ihr
Z e i t s c h e l

Herrn
VLR. Dr. Strack
Auswärtiges Amt   zu den Akten Juden 23. März
B e r l i n W 8

---

[1]) *Dokument NG — 5412.*
[2]) *Es handelt sich hier um das unter dem Namen „Wannsee-Protokoll" bekannte Dokument. Diese Unterstaatssekretär-Besprechung fand am 20. Januar 1942 statt. Siehe L. Poliakow — J. Wulf: „Das Dritte Reich und die Juden", arani-Verlag, Berlin 1955, Seiten 116—126.*

V.

Der Herr Gesandte Rahn hilft mit[1])

Deutsche Botschaft
Paris
I.R. Dr. Zeitschel

Paris, den 27. Juni 1942

(handschriftlich:
Habe mit Ges. RAHN
am 3. 7. 42 t e l. g e -
s p r o c h e n
Wv. am 7. 7. 42
(Festlegung de P.
Besprech. Termins)

Aufgrund der Besprechung mit Hauptsturmführer Dannecker vom 27. 6., in der mir derselbe erklärte, daß er möglichst bald 50 000 Juden aus dem unbesetzten Gebiet zwecks
Abtransport nach dem Osten brauche, und außerdem erklärte,
daß aufgrund der Aufzeichnung des Generalkommissars für
Judenfragen, Darquier de Pellepoix, unbedingt für diesen
etwas getan werden müsse, habe ich die Angelegenheit unmittelbar nach der Besprechung Botschafter Abetz und Gesandten Rahn vorgetragen. Herr Gesandter Rahn trifft heute
noch im Laufe des Nachmittags mit Präsidenten Laval zusammen und hat mir zugesagt, daß er mit demselben sofort die
Angelegenheit der Überstellung von 50 000 Juden besprechen
wird und außerdem darauf dringen werde, daß Darquier de
Pellepoix im Rahmen der bereits erlassenen Gesetze vollkom-
mene Handlungsfreiheit erhält und die ihm zugesagten Kre-
dite auch sofort ausgehändigt bekommt.

Da ich leider 8 Tage von Paris abwesend bin, bitte ich wegen der Dringlichkeit der
Angelegenheit, daß sich Hauptsturmführer Dannecker mit Herrn Gesandten Rahn am
Montag, den 29. oder Dienstag, den 30. 6. unmittelbar in Verbindung setzt, um von
diesem zu erfahren, wie die Antwort von Laval gelautet hat.

Stempel:
(unleserlich)
    30. Juni 1942
        17194
(handschriftlich: Dann.
        1 7. 42)

gez.: Z e i t s c h e l
Legationsrat

An den
Befehlshaber der
Sicherheitspolizei und des
SD im Bereich des Mil.-Bef.
in Frankreich

---

[1]) *Dokument RF 1220.*

122

23. Das Auswärtige Amt und geraubter Kunstbesitz[1])

I.

Kuensberg berichtet

Fernschreibstelle   Stempel: zu Prot. A 18748/40
des Auswärtigen Amts
Telegramm eing. DB Paris Nr. 397   27. 8. 40   1405   Vor
                                               Nach Mitt.
(handschriftlich: Z. d. A. XIV 10/9 Handz.)
An Ausw. Berlin = Telegramm Nr. 459
Für Abt. Deutschland und Abt. Prot. =

In Ausführung des vom Herrn RAM erteilten Auftrages zur Sicherung des jüdischen Kunstbesitzes in Frankreich wurden unverzüglich die Vorarbeiten durchgeführt. Entsprechende Listen wurden aufgestellt. Auch in diesem Falle waren Schwierigkeiten bei der Militärverwaltung zu überwinden, insbesondere verbot die generelle Verfügung des Militärbefehlshabers in Frankreich vom 15. 7. 40 über Kunstschutz grundsätzlich jede Standortveränderung des französischen Kunstbesitzes. Bei einer Unterredung mit dem Leiter der inneren Verwaltung, dem Chef der Militärverwaltung, Staatsminister Schmidt, erreichte ich die Genehmigung zum Einsatz der Geh. Feldpolizei zur Sicherstellung des jüdischen Kunstbesitzes und zur Verbringung in den Gewahrsam der deutschen Botschaft. — Die neue Aktion, bei der ebenfalls mehrere Sachverständige meiner Kommission beteiligt sind, hat heute mit der Durchsuchung der Wohnung des Juden Mandel begonnen. Es wird vorgeschlagen, die Verbringung sämtlicher im Nebengebäude der Deutschen Botschaft eingelagerten Kunstgegenstände nach Berlin mit Eisenbahnwaggons und nicht mit Lkw. durchzuführen. Zur Unterbringung in Berlin stellt Herr Dir. Schmidt geeignete Räume des Berliner Schlosses zur Verfügung. — Wegen der Genehmigung des Transportes von Paris nach Berlin muß die Zustimmung der Wehrmacht eingeholt werden. — Auch diesen Auftrag führt infolge meiner Abberufung Herr LR Dr. Zeitschel zu Ende.

                                                   K u e n s b e r g

---

[1]) *Dokumente NG 3503 — NG (I u. II).*

II.

Legationsrat Dr. Zeitschel ist bereits vollständig eingeweiht

Stempel: Eingeg. 27/8. /14.30 z. Ch.-B:

z. Entziff.   zu fertigen

Entziffert: 20 X

z...   z...... 15.20

Ge.... Hdz. 16.10   St.

z. Druck.. 16.40   Kl. Do.

. . . .

Stempel: Auswärtiges Amt

          Protokoll

          A 18743

          XIV v. Kn.

          Eing. 23. Aug. 1940

Fernschreibstelle des Auswärtigen Amts

. . . .

DB Paris Nr. 396 27. 8. 40 1355 = Vor-
                                 Nach- Mitt.

               handschriftlich: Z. D. A. XIV 10/9 Hdz.

== An Ausw. Berlin ==

== Citissime Telegr. Nr. 458 =

Für Abt. Deutschland und Abt. Protokoll. — In Ausführung des von Herrn Reichsaußenminister am 21. 7. 40 erteilten Auftrags wurde unverzüglich mit den Vorbereitungen zur Sicherstellung des französischen öffentlichen Kunstbesitzes begonnen. Zunächst wurde eine Besichtigung des Schlosses Chambord durchgeführt und die bereits mitgeteilten Ergebnisse erzielt. Unterredungen mit dem Chef der Militärverwaltung in Frankreich, General Streccius, und dessen Beauftragten für Kunstschutz, Graf Metternich[1]), ergaben, daß bei den Militärbehörden eine Weisung zur Förderung unseres Auftrags nicht vorliegt. Bis heute hat sich darin nichts geändert, vielmehr mußten größte Widerstände überwunden werden. So war zur Wahrung der Einheitlichkeit des Auftretens gegenüber den französischen Behörden durch den Botschafter zugestanden worden, daß die gesuchten Listen der verschleppten Kunstgegenstände durch die Dienststelle des Grafen Metternich beschafft wurden. Da bis zum 24. 8. kein Erfolg zu verzeichnen war, habe ich selbst mit meinen Mitarbeitern bei der Leitung der Nationalmuseen die Listen gefordert und erhalten. Zur Vervollständigung der Listen war es notwendig, den bei der Bestandsaufnahme befindlichen Beamten nachzuweisen. Die Durcharbeitung der mehrere Tausend Seiten umfassenden Listen wurde von den Professoren meiner Kommission inzwischen soweit durchgeführt, daß am D i e n s t a g A b e n d mit dem A b s c h l u ß d e r A r b e i t e n gerechnet

---

[1]) *Siehe Seiten 323 u. ff.*

werden kann. — Die Unterlagen wurden ergänzt durch Beschaffung von Katalogen und Abbildungen. — Zur Vorlage über Abteilung Deutschland fährt mein Mitarbeiter Dr. Erb am 28. 8. zusammen mit den Professoren mit Kraftwagen nach Berlin. Für die auf Grund der vorzulegenden Listen erfolgende spätere Sicherstellung sind Vorprüfungen angestellt worden. Bei der Besichtigung der Schlösser Chambord, Cheverny, Blois, Brissac, Chereperrine und Sourches hat es sich als unzweckmäßig erwiesen, die von Herrn Generaldirektor Kümmel zunächst vorgeschlagene vollständige Rückführung der Kunstgegenstände in die Pariser Museen selbst zu veranlassen. Es hat sich bereits jetzt ergeben, daß die besten Stücke des Louvre von den Franzosen im unbesetzten Gebiet in Sicherheit gebracht wurden. Nachdem ich heute vom Chef des Protokolls die Weisung erhalten habe, sofort nach Wien abzureisen, wurde von mir Herr LR Dr. Zeitschel, der bereits vollständig eingeweiht ist, mit der Weiterführung des Sonderauftrags betraut. Er wird diesen zu Ende führen.

gez. K u e n s b e r g

Stempel: zu Prot. A 18 743/40

III.

Botschafter Abetz ist auf der Hut[1])

An das   den 10. September 1940
Devisenschutzkommando
z. Hd. von Herrn Major Hartmann
P a r i s
Rue Pillet-Will 5

Wie ich von einem Vermittler erfahren habe, soll ein Bild von Raffael — ein Werk von großem Wert — welches sich im Depot des früheren österreichischen Generalkonsuls — des Juden Weiß — in der Bank „Ultramarino, Banque Franco-Portugaise", rue Helder 4—6, befindet, heute Nachmittag von der besagten Bank abtransportiert werden. Spätestens morgen früh. Da unser Unterhändler in Erfahrung brachte, daß Herr Weiß auf die Sicherheit dieses Bildes hin sich bei einer portugiesischen Bank in Lissabon 18 000 Pfund Sterling geliehen hat, muß man annehmen, daß die Bank versucht, sich des Pfandes zu bemächtigen und es illegal nach Portugal schaffen will. Ich bitte Sie, dieses Bild sicherzustellen und den Abtransport an einen anderen Ort mit allen Mitteln zu verhindern. Das Gemälde befindet sich keineswegs in einem Safe, sondern wurde der Bank für das „Depot Weiß" übergeben.

gez.   A b e t z
Botschafter

---

[1]) *Dokument V b — 17.*

IV.

Aber der Stab Rosenberg hat die ganzen Sachen an sich gerissen . . .[1])

(handschriftlich: Zeitschel zur Rücksprache.)

A u f z e i c h n u n g

für Herrn Gesandten S c h l e i e r.

Antwortlich der Aufzeichnung von Herrn Dr. Epting kann ich Ihnen mitteilen, daß ich bereits seinerzeit als die Aktion der Beschlagnahmung des jüdischen Kunstbesitzes endgültig auf die Herren des Stabes Rosenberg überging, und diese es, wie Sie sich erinnern werden, auf eine sehr wenig taktvolle Weise für notwendig hielten, die seinerzeit der Botschaft noch unterstehenden Kisten mit Kunstgegenständen, die bei der Firma Schenker gelagert waren, durch die GFP beschlagnahmen zu lassen, ich in berechtigtem Zorn Herrn Botschafter Abetz persönlich vorgeschlagen habe, wenn der Stab Rosenberg schon in solch rücksichtsloser Weise die ganzen Sachen an sich risse, soll er auch gefälligst für die uns entstandenen Unkosten in vollem Umfang oder wenigstens teilweise aufkommen. Dies wurde seinerzeit von Herrn Botschafter Abetz strikte abgelehnt unter der Begründung, daß ihm zu diesem Zwecke ein Sonderfonds zur Verfügung stünde und er sich keinesfalls von Herrn Rosenberg irgend etwas bezahlen lassen wolle. Aufgrund dieser Ansicht des Herrn Botschafters Abetz habe ich kürzlich die gesamten Rechnungen Schenkers vorgelegt mit der Bitte um Bezahlung und bitte, falls Ihrerseits Bedenken bestehen, nochmals bei Herrn Botschafter persönlich wegen der Regelung der Angelegenheit nachfragen zu wollen.

Paris, den 29. Juli 1941   gez.: Z e i t s c h e l
(handschriftlich: Legationsrat
    Rosenberg)
1 Durchschlag an Herrn
            Dr. E p t i n g
    zur gefl. Kenntnisnahme.

---

[1]) *Dokument V b — 22.*

Der Inhalt

Die Staatsform erscheint uns zunächst noch als etwas Nebensächliches. Wichtiger ist uns heute der I n h a l t des Staates, das deutsche Volk und sein Lebensrecht.

Dr. D a u n d e r e r - M ü n c h e n : „Die Ziele der NSDAP" — Nationalsozialismus in Stichworten erläutert. Nationaler Freiheitsverlag, Berlin SW 68, 1933, Seite 15.

24. Das Auswärtige Amt und die Juden in Nordafrika

I. ¹)

Auswärtiges Amt   (Handschriftlicher Bericht)
B e r l i n

Befehl 013 Süd, Juden zu Befestigungsarbeiten zu mobilisieren, im Einvernehmen mit Generalresidenz geregelt, daß jüdische Gemeinde Auswahl, Aufstellung und Verpflegung selbst organisiert.

Admiral Darrien hat zugestimmt, daß unser Vertrauensmann Guilband vor den Offizieren der Garnison Biserta spricht, um sie von Notwendigkeit Loyalität gegenüber Vichyregierung zu überzeugen.

Lage unverändert.

gez. R a h n 6./XII.

II. ²)

Auswärtiges Amt   (Handschriftlicher Bericht)
B e r l i n
Nr. 18 v. 22. 12. 42
G. R. s. ( )

(I.) Propagandaeinsatz in Tunis ist bestimmt durch die Tatsache, daß Achsenstreitkräfte noch auf engstem / Raum wie in / einer Festung konzentriert und hierbei behindert sind durch vielfach gemischte großstädtische Bevölkerung über 400 000 Menschen, / die durch laufende Bombardierungen in panikartiger / Fluchtbewegung schwer zu bändigen sind. Daraus Gefahr Stillegung Lebensmittelversorgung, Seuchen, Plünderungen. II Deutsches Oberkommando daher auf Mitwirkung französischer Verwaltung angewiesen und wegen Häufung von arabischen Raubüberfällen auf europäische Siedler gezwungen, Autorität französischer Polizei zu stärken. Daß wir zur Auflockerung / / passiver Resistenz Verwaltung eigene Organe darunter auch Gegenpolizei geschaffen haben, ändert hieran nichts.

---

¹) *Dokument CXXIII — 68.*
²) *Dokument CXXV — 23.*

Die von OKW — WPr an Propagandazug Tunis erteilten Richtlinien für Flüsterpropaganda: Unterhöhlung französischer Verwaltung, Aufforderung zur Plünderung jüdischer Geschäfte und zu Progromen, Anzettelung von Demonstrationen etc., solange undurchführbar als unsere Truppen nicht mindestens an algerischer Grenze stehen.

Bei der nach Algerien und Marokko betriebenen Propaganda bitte folgende Motive in geeigneter Form benutzen:

(1.) Freundschaftliche Beziehungen deutschen Oberkommandos zu Beg. Bei Fest/ Aid el Kebir feierlicher Empfang des deutschen Oberbefehlshabers begleitet von militärischer Seite, italienischen Generalkonsul und mir im Sommerpalais des Beg in Hammanlif. Jubelnde Begrüßung durch spalierbildende Bevölkerung. Beg beantwortet deutsche Glückwünsche mit Ausdrücken der B e w u n d e r u n g für deutsche Armee und Hoffnung, daß es Achsenstreitkräften gelinge, bald wieder Frieden in Afrika herzustellen.

(2). Da hiesige Behörden aus Schwäche oder aus bösem Willen nicht imstande, Schwierigkeiten auf Gebieten Lebensmittelversorgung, Bergung Toter und Verwundeter, Betreuung von Flüchtlingen u. s. f. zu meistern, habe ich aus allen Bevölkerungskreisen: Muselmanen, Italienern und vichytreuen Franzosen Kontrollkomitees gegründet. Je eines für Luftschutz und Flüchtlingsbetreuung, allgemeine Stadtverwaltung, öffentliche Arbeiten, Wirtschaft, Finanzen und Lebensmittelversorgung, öffentliche Sicherheit. Bereits nach 2 Tagen funktionierte Brotversorgung, Flüchtlinge erhalten Obdach und werden geimpft und werden zurückgeführt. Verschüttete und Tote sind in kameradschaftlichem Zusammenwirken von Jugendgruppen aller Bevölkerungsteile ausgegraben, geheime Lebensmittelstocks entdeckt und sichergestellt, Spionageorganisationen unschädlich gemacht, Waffenlager beschlagnahmt.

Tatsache, daß an Komitees Araber gleichberechtigt, zum Teil führend beteiligt, wird in muselmanischer Welt nachhaltig propagandistische Wirkung haben.

(3.) Mit deutscher Unterstützung wurde Organisation roten Halbmondes gegründet, der mit rotem Kreuz zusammenarbeitet. (Hier empfehle ich, falls möglich, Stiftung deutscher Heilmittel, vor allem Serum).

(4.) Da internationales Judentum für angloamerikanischen Angriff gegen Nordafrika verantwortlich, wurde durch Einsatzkommandos Sicherheitspolizei und SD von jüdischem Vermögen Summe von 20 Millionen erhoben und gemischt von arabisch-italienisch-französischem Komitee zu Sofortunterstützung Bombengeschädigter übergeben. Falls feindliche Bombardierung Zivilbevölkerung // fortfährt, werden weitere Beträge erhoben. Hilfsorganisation erstreckt sich auf ganzes von Achsenstreitkräften besetztes Gebiet.

(5.) Arabische Zeitung und arabischer Rundfunk, Gruppe arabischer Nationalisten, übertragen beginnend dieser Tage.

(6.) Arbeitsfähige männliche Juden zu Arbeitsbataillonen zusammengefaßt. Rundfunkgeräte der Juden als Träger / feindlicher Propaganda eingezogen. Anmeldepflicht jüdischer Warenlager zur normalen Versorgung Zivilbevölkerung. Durchführung durch SD.

(II.) Nur zur dortigen Orientierung:

Gründung der Kontrollkomitees erfolgte in engstem Einvernehmen mit Italienern, die auf diese Weise in unauffälliger Form jeden gewünschten Einblick und Einfluß in allen Zweigen // Verwaltung erhalten. Italienischer Generalkonsul über diese Entwicklung sehr befriedigt, wünscht aus Tarnungsgründen, daß Führung zunächst in deutscher Hand bleibt, was auch praktischen Erfordernissen deutschen Oberkommandos entgegenkommt.

(III.) Unter Bezugnahme Drahterlaß No. 28 vom 17. und No. 31 vom 18..

Gesonderte Propaganda gegenüber nordamerikanischen Truppen schwierig, da englische, amerikanische und französische Verbände in Tunesien gemischt sind. Nach militärischen / Beobachtungen, sind Amerikaner unerfahren, sodaß mit einer ernsten Erschütterung ihrer Kampfmoral zu rechnen, sobald deutsche Verbände nachschubmäßig in der Lage, offensiv zu werden. Entsprechender Propagandaeinsatz zum gegebenen Zeitpunkt ist vorgesehen.

Unabhängig hiervon erfolgt Flugblattabwurf für Anglo-Amerikaner, worin auf Sinnlosigkeit Kampfes für Judentum und Bolschewismus hingewiesen, Schacher zwischen englischem / und amerikanischem Großkapital um die durch Blut englischer und amerikanischer Jugend zu erkaufende amerikanische Beute hervorgehoben und Besorgnis über / Behandlung in deutscher Gefangenschaft zerstreut wird. Flugzeugabwurf aus militärischen Gründen nur in sehr beschränktem Umfang möglich. Ausnutzung italienischen Bevölkerungselements als Propagandaträger nach Auskunft italienischen Generalkonsuls und eigener Beobachtung ausgeschlossen. Geeignete arabische und französische Organisationen im Aufbau und / zum Teil schon in Aktion.

In / filt / ration aus spanisch / Marokko halte ich für erfolgversprechend. Bitte in französischer Propaganda nach Algier und Marokko immer wieder II darauf hinweisen, daß hiesige französische Jugendgruppen SOL PPF Compagnons de France, chautiers de jeunesse und éclaireurs in fanatischer Gefolgschaftstreue zu Pétain und II Laval zum Kampf gegen Bedrohung des eurafrikanischen Raumes durch Bolschewismus und jüdisch angelsächsischen Großkapitalismus angetreten seien. Französischer Wortlaut eines von den Führern des S O L und der Compagnons de France gezeichneten und durch ihre Organisationen in Reihen dissidenter Franzosen II geschmuggelten Flugblattes, zur Rundfunkverwertung geeignet, folgt durch Militärfunk.

Unterschrift: R a h n

Das Verhängnis

Der Einfluß des jüdischen Geistes auf die christliche Gottesidee ist zu allen Zeiten dem Christentum zum Verhängnis geworden, besonders auf deutschem Boden.

Prof. Lic. Dr. Heinz Erich E i s e n h u t : „Germanentum, Christentum und Judentum", Verlag Georg Wigand, Leipzig 1942, Seiten 15/16. Herausgeber: Dr. Walter Grundmann.

---

25. Das Auswärtige Amt und die Juden in den besetzten Ostgebieten[1])

I.

. . . auf dem ordnungsmäßigen Wege über das Auswärtige Amt

Unterstaatssekretär Luther   D III 141 g
Stenogr. Notiz:
Ost soll ersucht werden, . . (unleserlich)

Vortragsnotiz

Der Reichsminister für die besetzten Ostgebiete teilt in dem anliegenden Schreiben mit, die Rumänen hätten in Wosnessensk über den Bug in die Ukraine illegal 10000 Juden abgeschoben, weitere 60000 sollten folgen. Er bittet, der rumänischen Regierung dringend nahezulegen, von wilden Judenabschiebungen abzusehen, zumal durch den Verkauf von Kleidungsstücken der Juden die Gefahr der Flecktyphus-Verbreitung vergrößert wird.

Abteilung Deutschland schlägt vor, nach Möglichkeit bei den Besprechungen mit Marschall Antonescu auf ihn im Sinne dieser Bitte einzuwirken und ihn zu veranlassen, daß die Rumänen in Zukunft nur Juden abschieben, wenn dies vorher auf dem ordnungsmäßigen Wege über das Auswärtige Amt mit Deutschland abgesprochen worden ist.

Hiermit
über Herrn Staatssekretär Handzsch. Ws.
dem
Herrn Reichsaußenminister
mit der Bitte um Weisung vorgelegt.

Berlin, den 11. Februar 1942
gez. Luther   11/2

---

[1]) Dokumente CXXVI a — 74.

II.

„... wenn auch die Entjudungsbestrebungen Rumäniens grundsätzlich
gutgeheißen werden..."

Der Chef der Sicherheits-
polizei und des SD
IV B 4 a 2398 / 42 g (1099)
Bitte in der Antwort vorstehendes
Geschäftszeichen und Datum angeben

Berlin SW 11, den 14. April 1942
Prinz-Albrecht-Straße 8
Fernsprecher: 12 00 40
Stempel:
Auswärtiges Amt
D III 364. g
eing. 20. Apr. 1942
Anl. (fach) Dopp. d. Eing.
Stempel
G e h e i m !

An das
Auswärtige Amt
z. Hd. von Herrn Konsulatssekr.

E n g e l k e   o. V. i. A.
B e r l i n   W 8
Rauchstr. 11

Handschr.:
Verg. 225 g.   282 g.   336 g   361 g.
1. vor

B e t r i f f t : Abschiebung von rumänischen Juden in das Reichskommissariat Ukraine
B e z u g : ohne

Wie der Reichsminister für die besetzten Ostgebiete auch dorthin mitgeteilt hat,
haben örtliche rumänische Stellen in letzter Zeit etwa 10 000 Juden über den Bug in das
Generalkommissariat Nikolajew des Reichskommissariats Ukraine abgeschoben. Die Abschiebung weiterer etwa 60 000 rumänischer Juden ist den Umständen nach zu befürchten.

Wenn auch die Entjudungsbestrebungen Rumäniens grundsätzlich gutgeheißen werden,
erscheinen sie doch im g e g e n w ä r t i g e n   Z e i t p u n k t aus folgenden Gründen
unerwünscht.

Durch eine regellose und unkontrollierbare Abschiebung von tausenden rumänischen
Juden in das Reichskommissariat Ukraine, so wie sie bisher erfolgte, entstehen zwangsläufig nicht nur sowohl für die dort stationierten deutschen Truppen als auch für die Einwohnerschaft erhöhte Gefahren — Ausbruch von Seuchen u. a. — sondern auch die Versorgungslage der betreffenden Gebiete kann dadurch in einer Weise belastet werden, die
geeignet erscheint, alle bisher erreichten Befriedungserfolge bei der Einwohnerschaft wieder
zunichte zu machen.

Zum anderen wird durch die planlose und vorzeitige Abschiebung der rumänischen Juden in die besetzten Ostgebiete die bereits im Gang befindliche Evakuierung der deutschen Juden stärkstens gefährdet.

Aus diesem Grunde bitte ich, bei der rumänischen Regierung auf die unverzügliche Einstellung dieser illegalen Judentransporte hinzuwirken. Da ich annehme, daß die rumänische Regierung dem dortigen Ersuchen bedingungslos entsprechen wird, habe ich zur Vermeidung einer Verschärfung der durch die illegale Abschiebung der Juden zwischen den örtlichen Stellen bereits entstandenen Spannung zunächst von sicherheitspolizeilichen Maßnahmen abgesehen.

Für den Fall jedoch, daß die rumänische Regierung dem dortigen Ersuchen um Einstellung der illegalen Judentransporte nicht entsprechen oder aber örtliche rumänische Stellen entgegen einer Weisung der rumänischen Regierung handeln und weiterhin Juden abschieben sollten, behalte ich mir sicherheitspolizeiliche Maßnahmen vor. Über das Veranlaßte und insbesondere über die Stellungnahme der rumänischen Regierung bitte ich, mich zu unterrichten.

Abschrift dieses Schreibens habe ich dem Reichsminister für die besetzten Ostgebiete zugehen lassen.

Im Auftrage
gez. E i c h m a n n

Siegel:

Der Reichsführer-// und Chef
der Deutschen Polizei im
Reichsministerium des Innern
Der Chef der Sicherheitspolizei
und des SD

Beglaubigt:
gez. Stephan
Kanzleiangestellte

„Wir sind die Herren"

... Die Slawen sollen für uns arbeiten. Soweit wir sie nicht brauchen, mögen sie sterben. Impfzwang und deutsche Gesundheitsfürsorge sind daher überflüssig. Die slawische Fruchtbarkeit ist unerwünscht. Sie mögen Präservative benutzen oder abtreiben, je mehr desto besser. Bildung ist gefährlich. Es genügt, wenn sie bis 100 zählen können. Höchstens die Bildung, die uns brauchbare Handlanger schafft, ist zulässig. Die Religion lassen wir ihnen als Ablenkungsmittel. An Verpflegung bekommen sie nur das Notwendige. Wir sind die Herren, wir kommen zuerst.

Dokument R – 36, aus Martin B o r m a n n s Denkschrift vom 19. August 1942.

III.

Inzwischen wurden etwa 28 000 Juden liquidiert

Durchdruck als Konzept (Fr)
D III 361 g
D III 364 g
D III 402 g

Stempel: G e h e i m

Berlin, den 12. Mai 1942
Auf das Schreiben vom 10. April d. Js.
N r. 1 / 6 2 7 / 4 1 g G e h e i m —.
B e t r i f f t : Abschiebung von rumänischen Juden am Bug.

    Die Deutsche Gesandtschaft in Bukarest ist bei der Rumänischen Regierung wegen der Unterbindung der unkontrollierten Abschiebung von Juden rumänischer Staatsangehörigkeit nach den besetzten Ostgebieten vorstellig geworden. Nach einem inzwischen eingegangenen Drahtbericht hat der Vizeministerpräsident A n t o n e s c u den Gouverneur von Transnistrien, Professor A l e x i a n u für die nächste Zeit nach Bukarest zum Vortrag befohlen. Nach Rücksprache mit dem Gouverneur will der Vizeministerpräsident den rumänischen Standpunkt präzisieren. Die Gesandtschaft hat sich weitere Berichterstattung in dieser Sache nach Abschluß der erwähnten Besprechungen vorbehalten.

Im Auftrag
gez. R a d e m a c h e r

N a c h A b g a n g :
D VI II* Handschr. unles. 18/5
Pol IV (Rumänien)
m. d. Bitte um Kenntnisnahme.
1.)
    An
      den Reichsminister für die
      besetzten Ostgebiete
        B e r l i n W 3 5
        Rauchstr. 17/18

Handschr.:

* nach Transnistrien wurden etwa 28 000 Juden in deutsche
    Dörfer gebracht! Inzwischen wurden sie liquidiert. —
                Handschr. Tu 16/5

Stempel:
1/2 ab 14. Mai 1942)
    — E —) A

2.)
Handsch: R 18/5

IV.

Der Briefwechsel geht weiter

Durchdruck
D III 402 g   Berlin, den 12. Mai 1942
Auf das Schreiben vom 14. April ds. Js.
— IV B 4 a 2398 / 42 g (1099) —.

Die deutsche Gesandtschaft in Bukarest ist auf Ersuchen des Reichsministers für die besetzten Ostgebiete bereits Ende März d. Js. mit Weisung versehen worden, bei der rumänischen Regierung wegen der unkontrollierten Abschiebung von 60 000 Juden rumänischer Staatsangehörigkeit über den Bug in die besetzten Ostgebiete vorstellig zu werden. Nach einem inzwischen eingegangenen Drahtbericht der Deutschen Gesandtschaft hat der Vizeministerpräsident A n t o n e s c u den Gouverneur von Transnistrien, Professor A l e x i a n u , für die nächste Zeit nach Bukarest zum Vortrag befohlen. Nach Rücksprache mit dem Gouverneur will der Vizeministerpräsident den rumänischen Standpunkt präzisieren. Die Gesandtschaft hat sich weitere Berichterstattung in dieser Sache nach Abschluß der erwähnten Besprechungen vorbehalten.

Im Auftrag

gez. R a d e m a c h e r

2.)

An den

Chef der Sicherheitspolizei

und des SD

z. Hd. von ⚡⚡-Obersturmbannführer Eichmann

B e r l i n   W   6 2

Kurfürstenstr. 116

3.) Z. d. A.   Handschr.:

R   14/5

W   12/5

Der Wahn

... Wo weite Kreise der Welt heute noch im Wahn von der Gleichheit befangen sind, erkennt Deutschland heute die naturgegebene Ungleichheit der Menschen wieder an. **Aus der Rede des Reichsärzteführers Dr. W a g n e r auf dem Parteitag der NSDAP im Jahre 1935, Sonderausgabe Deutsches Nachrichtenbüro G.m.b.H., 2. Jahrgang 1935, Berlin, Donnerstag, den 12. September, Nr. 14.**

V.

Dr. Bräutigam beruhigt Legationsrat Rademacher

Der Reichsminister für
die besetzten Ostgebiete
Nr. I 100 geh.

Berlin W 35, den 19. Mai 1942
Kurfürstenstr. 134
Fernsprecher: 21 99 51
Drahtanschrift: Reichsminister Ost
N e u e D r a h t a n s c h r i f t : O s t m i n i s t e r i u m

Es wird gebeten, dieses Geschäfts-
zeichen und den Gegenstand bei
weiteren Schreiben anzugeben.
Stempel:

G e h e i m !

Stempel:
Auswärtiges Amt
D III 461 g
eing. 23. Mai 1942
Anl. (fach) Dopp. d. Eing.

G e h e i m !

An das
    Auswärtige Amt
    z. Hd. von Herrn Legationsrat
    R a d e m a c h e r
    oder Vertreter im Amt

      B e r l i n W 8
      Wilhelmstr. 74/76

Auf das Schreiben vom 12. ds. Mts. — D III 402 g —
B e t r . : Abschiebung von rumänischen Juden in das Reichskommissariat Ukraine.

Wie mir der Generalkommissar von Nikolajew mitteilt, sind Grenzübertritte von Juden in den letzten Wochen nicht mehr erfolgt. Ein erheblicher Teil der Juden in Transnistrien ist gestorben, weitere Juden sind nach Odessa zurücktransportiert worden.

Im Auftrag
gez. Dr. Bräutigam

Siegel:
Reichsministerium
für die besetzten
Ostgebiete

Stempel:
Beglaubigt
gez. Unterschrift
Regierungsinspektor

26. Konstantin von Neurath

I.

Recht und Gesetz[1])

...daß das unsinnige Gerede des Auslandes über rein innerdeutsche Dinge wie zum Beispiel die Judenfrage schnell verstummen wird, wenn man erkennt, daß die notwendige Säuberung des öffentlichen Lebens wohl vorübergehend in Einzelfällen persönliche Härten mit sich bringen mußte, daß sie aber doch mit dazu diente, in Deutschland die Herrschaft von Recht und Gesetz um so unerschütterlicher zu befestigen.

II.

Die vollkommenste Lösung: Blondhaarige und Zuchtwahl[2])

...Die radikalste und theoretisch vollkommenste Lösung des Problems wäre die totale Aussiedlung aller Tschechen aus diesem Lande und seine Besiedlung mit Deutschen. Diese Lösung ist aber nicht möglich, weil es nicht genug deutsche Menschen gibt, um sofort alle Räume zu füllen, die in absehbarer Zeit zum großdeutschen Raum gehören werden.

---

[1]) *„Völkischer Beobachter", 17. September 1933.*
[2]) *Dokument PS — 3859 — Auszüge aus von Neuraths Denkschrift vom 31. 8. 1940.*

Genau

Sir David Maxwell-Fyfe: Also stimmt es, ich meine, Sie bleiben bei dem, was Sie am 17. September 1933 gesagt haben, daß Ihrer Ansicht nach die Behandlung der Juden 1933 nur eine „notwendige Säuberung des öffentlichen Lebens" in Deutschland gewesen war? Sollen wir es so verstehen, daß Ihr damaliger Standpunkt auch noch Ihr heutiger Standpunkt ist und daß Sie nicht von ihm abweichen?

Von Neurath: Das ist genau mein Standpunkt heute, aber mit anderen Methoden.

Nürnberger Prozeß, Sitzung am 25. Juni 1946 (Vormittag).

... Bei genauer Betrachtung der Bevölkerung des jetzigen Protektoratsgebietes ist man erstaunt über die große Zahl von blondhaarigen Menschen mit intelligenten Gesichtern und guter Körperbildung, die auch im mitteldeutschen und süddeutschen Raum kaum ungünstig auffallen würden, vom ostelbischen Raum ganz zu schweigen. Bei der starken Blutmischung mit Germanen im vergangenen Jahrtausend halte ich es für durchaus möglich, daß schon aus diesem Grunde ein großer Teil der Bevölkerung im Lande Böhmen und Mähren belassen werden kann.

... Es wird vielmehr bei den Tschechen darauf ankommen, einerseits durch individuelle Zuchtwahl die rassenmäßig für die Germanisierung geeigneten Tschechen zu erhalten, andererseits die rassisch unbrauchbaren oder reichsfeindlichen Elemente (die in den letzten zwanzig Jahren entwickélte Intelligenzschicht) abzustoßen.

III.

Unfreiwillig ...[1])

Hierdurch versichere ich, daß die folgenden Angaben über die von mir innegehabten Posten und Ehrenzeichen zutreffend sind:

A. Mitglied der NSDAP vom 30. Januar 1937 bis 1945 (Goldenes Parteiabzeichen verliehen am 30. Januar 1937). NSDAP Nummer ? Verleihung erfolgte gegen meinen Willen und ohne mich zu fragen.[2]) *

B. General der ⁄⁄. ⁄⁄-Nummer 287 680.
   1. Ernennung zum Gruppenführer durch Hitler persönlich im September 1937.
      Ernennung erfolgte gegen meinen Willen und ohne mich zu fragen.
   2. Beförderung zum Obergruppenführer am 21. Juni 1943.

---

[1]) *Dokument PS — 2972. Erklärung von Neuraths vom 17. November 1945 über die von ihm bekleideten Posten seit 1937.*

[2]) *Siehe Seite 515. Brief vom ehemaligen Reichspost- und Verkehrsminister in Hitlers Kabinett, Baron v. Eltz, an Hitler, in dem er strikt ablehnte, in die Partei einzutreten. U. a. schrieb er: „Ich stehe auf dem Boden des positiven Christentums und habe meinem Herrgott und mir selbst die Treue zu halten."*

Tatsächlich

„... Aus allem Bisherigen — aus meinen Unterredungen mit dem Reichskanzler vom 15. Februar, aus den Unterredungen mit Generalfeldmarschall Göring, mit Staatssekretär Mackensen und mit Baron Neurath — geht durchweg hervor, daß tatsächlich keine unmittelbaren Absichten gegen die Tschechoslowakei bestehen.

Aus dem Bericht des Gesandten Mastny in Berlin vom 12. März 1938 im Buche: „Europäische Politik 1933—1938 im Spiegel der Prager Akten" von Prof. Dr. Fritz B e r b e r , Essener Verlagsanstalt, 1941, Seite 94.

C. Reichsaußenminister
   1. Ernannt durch von Papen am 2. Juni 1932 } Ernannt durch Reichspräsident
   2. Ernannt von Hitler am 30. Januar 1933 } von Hindenburg
   3. Ersetzt durch v. Ribbentrop am 4. Februar 1938

D. I n a k t i v e r Reichsminister vom 4. Februar 1938 bis Mai 1945.

E. Vorsitzender des Geheimenkabinettsrats (ernannt am 4. Februar 1938).
   Der Kabinettsrat ist niemals zu einer Sitzung oder Besprechung zusammengetreten.

F. Mitglied des Reichsverteidigungsrates von   bis 1945.

                    N e i n

G. Reichsprotektor von Böhmen und Mähren.
   1. Ernannt am 18. März 1939.
   2. Beurlaubt seit dem 27. September 1941.
   3. Ersetzt durch Frick am 25. August 1943.

H. Verleihung des Adlerordens durch Hitler bei E r n e n n u n g z u m R e i c h s p r o -
   t e k t o r. Ribbentrop war der einzige andere Deutsche, der diesen Orden erhalten hat.

                              C o n s t a n t i n v o n N e u r a t h

                                    17. November 1945

Die Besten

Alle anständigen Deutschen sind Nationalsozialisten. Nur die besten Nationalsozialisten sind Parteigenossen.

Gerd R u h l e : „Das Dritte Reich", 1934, Hummelverlag, Nr. 7, Seite 317.

138

ϟϟ-Gruppenführer Frhr. Konstantin von Neurath (rechts) auf dem Münchener Haupt-
bahnhof im Gespräch in Erwartung Mussolinis (1937)   *Ullstein-Bild-Archiv*

Von Neurath besucht als Reichsaußenminister 1936 die deutsche Schule in Budapest.
Rechts von ihm der Direktor der Schule, und dahinter der deutsche Gesandte in Budapest, von Mackensen. *Ullstein-Bild-Archiv*

Von Neurath als Reichsprotektor bei der Vereidigung der SA-Standarte 52 im Februar
1941 in Prag. Neben ihm Stabschef Lutze. *Ullstein-Bild-Archiv*

DIVERSA

27. Herr von Weizsäcker rechnet mit Prozenten[1])

Berlin, den 7. November 1938

83—24 B 7/11

Der Britische Geschäftsträger fragte mich heute wieder nach dem Stande der Sache Rublee. Ich erklärte dem Geschäftsträger, die Sache sei mit den inneren Behörden in Erörterung und müsse ihre Zeit haben. Übrigens war Forbes auch seinerseits der Ansicht, daß das Komitee keineswegs eine Liste von solchen Ländern in der Hand habe, welche bereit wären, gewisse deutsche Judenquoten aufzunehmen. Ferner bestätigte er meine Behauptung, daß die nordamerikanische Quote für Einwanderung aus Deutschland (27 000 Personen pro Jahr) auf lange hinaus bereits überzeichnet sei. Da Forbes angab, Mr. Rublee persönlich von Mexiko her gut zu kennen, habe ich ihn gefragt, wieviel prozentig Rublee Arier sei. Forbes glaubt, daß Rublee kein jüdisches Blut habe.

Weizsäcker

---

[1]) *Akten zur deutschen Auswärtigen Politik 1918—1945. Aus dem Archiv des Deutschen Auswärtigen Amtes, Serie D (1937—1945) Band 5, Baden-Baden, Imprimerie Nationale 1935, Seite 761.*

Kein Bedarf

Unser nationalsozialistisches Weltbild aber steht weit höher als die Auffassungen des Christentums, die in ihren wesentlichen Punkten vom Judentum übernommen worden sind. Auch aus diesem Grunde bedürfen wir des Christentums nicht.

Aus Martin Bormanns Erlaß vom 6. Juni 1941. Im Buch: „Im Schatten des Galgens", zusammengestellt von Walter Adolph, Morus-Verlag, Berlin 1953, Seite 15.

28. Ein Plan zur Endlösung der Judenfrage[1])

I.

An den Herrn Gesandten

Legationsrat Rademacher
   D III 145/42 g   Berlin, den 10. Februar 42

Sehr geehrter Herr Gesandter,

Im August 1940 übergab ich Ihnen für Ihre Akten den von meinem Referat entworfenen Plan zur Endlösung der Judenfrage, wozu die Insel Madagaskar von Frankreich im Friedensvertrag gefordert, die praktische Durchführung der Aufgabe aber dem Reichssicherheitshauptamt übertragen werden sollte. Gemäß diesem Plane ist Gruppenführer Heydrich vom Führer beauftragt worden, die Lösung der Judenfrage in Europa durchzuführen.

Der Krieg gegen die Sowjetunion hat inzwischen die Möglichkeit gegeben, andere Territorien für die Endlösung zur Verfügung zu stellen. Demgemäß hat der Führer entschieden, daß die Juden nicht nach Madagaskar, sondern nach dem Osten abgeschoben werden sollen. Madagaskar braucht mithin nicht mehr für die Endlösung vorgesehen zu werden.

                                         Heil Hitler!

Herrn   Ihr
    Gesandten B i e l f e l d   (gez.) R a d e m a c h e r
        P o l. X

II.

An den Herrn Legationsrat

Berlin, den 14. Februar 1942

                               z u P o l. X 7 g

Gesandter Bielfeld hat mir Ihre Mitteilung vom 10. Februar — D III 145/42 g — zur Kenntnis gebracht, wonach der Führer entschieden hat, daß die Juden nicht nach Madagaskar, sondern nach dem Osten abgeschoben werden sollen. Madagaskar brauche mithin nicht mehr für die Endlösung vorgesehen zu werden.

Bei der Bedeutung, die diese Entscheidung hat, bitte ich Sie um Mitteilung, auf welchen Quellen die Angabe beruht.

Hiermit   gez. W o e r m a n n
    Herrn L e g a t i o n s r a t R a d e m a c h e r

---

[1]) *Dokumente CXXVII b — 76.*

29. Gesunde Geschäftsentwicklung[1])

I.

Den Landesgruppenleiter Ludwig Kohlhammer macht der Itzig nervös

Landesgruppenleiter   Bukarest, den 5. VIII. 1943

Zur Kenntnisnahme

an meine Mitarbeiter der Dienststelle und an die Hoheitsträger in Temeschburg, Arad, Hermannstadt, Kronstadt, Galatz, Braila, Czernowitz.

B e t r. : Judenabbau aus reichsdeutschen Firmen

Ich habe bereits auf dem letztwöchigen Appell ausführlich darauf aufmerksam gemacht, daß ich im vierten Kriegsjahr und im totalen Kriegseinsatz kein Verständnis mehr dafür habe
- a) wenn eine deutsche Firma heute noch einen Juden beschäftigt oder
- b) wenn sie von deutschen Stellen die Erlaubnis ansucht, ein oder mehrere Juden weiterbeschäftigen zu können.

Als guter Kenner der hiesigen Wirtschaftsverhältnisse kann ich mir keinen einzigen Fall vorstellen, wo eine deutsche Firma durch sofortigen Judenabbau ihre Existenz irgendwie gefährden würde. Wenn eine deutsche Firma heute durch sofortigen Judenabbau das eine oder andere Geschäft verlieren sollte, so ist das wirklich ein ganz kleines Opfer gegenüber jenen riesigen Schwierigkeiten und Opfern, die jene Firmen überbrücken und ertragen mußten, die die Entjudung noch in der jüdischen Aera König Carol-Lupescu durchführen mußten.

Die Praxis hat in fast allen Fällen bewiesen, daß je früher und gründlicher die Arisierung durchgeführt wurde, desto schneller eine zuverlässige und gesunde Geschäftsentwicklung eintraf.

Wer noch einen Juden beschäftigt, dem kann ich nur folgenden Rat geben: Rede dir eindringlich ein: Dein Itzig ist gestern schwer krank geworden, oder er wurde zum Arbeitsdienst eingezogen.

Das, was du dann machen müßtest, das mache jetzt sofort.

Wer die Entjudung nicht sofort durchführt, kann im vierten Kriegsjahr nicht mehr den Anspruch erheben, als deutscher Unternehmungsführer bewertet, behandelt und angesprochen zu werden.

---

[1]) *Dokumente PS — 3319.*

Wir dürfen nicht vergessen, daß unsere —zig Tausenden von deutschen Menschen deswegen um Hab und Gut gekommen und obdachlos geworden sind, weil jüdische Verbrecherinstinkte und jüdisches Kapital die verwerflichen Terrorangriffe erdachten, organisierten und durchführten. Wir sind es unseren schwergeprüften Volksgenossen in den bombardierten Gebieten schuldig, uns s o f o r t von jeder jüdischen Verbindung zu trennen.

Fälle, wo sogenannte deutsche Firmen in den nächsten 1 oder 2 Monaten sich von den restlichen Bindungen Juden gegenüber nicht rückhaltlos trennen, sind mir zu melden.

Heil Hitler!

gez. Ludwig Kohlhammer
Landesgruppenleiter

II.

Der Gesandte von Killinger ist hundertprozentig einverstanden

ƩƩ-Hauptsturmführer Richter
Deutsche Gesandtschaft Bukarest
Landesgruppenleiter
6. August 1943
S t r e n g v e r t r a u l i c h !

Amt III
der Auslands-Organisation der NSDAP

Lieber Parteigenosse Stempel,

Einliegend übersende ich Ihnen ein vertrauliches Rundschreiben an meine nächsten Mitarbeiter und möchte Sie bitten, dasselbe auch Pg. Christians zur Kenntnis zu bringen. Ich habe meinem Wirtschaftsberater schärfste Weisungen erteilt, die bis dahin geübte Toleranz unbedingt aufzugeben und in schärfster Weise gegen deutsche Firmen, die noch Juden beschäftigen, vorzugehen. Seit Jahren warnen wir diese Unternehmen und immer wieder finden sie Mittel und Wege, die Entjudung hinauszuzögern. Der Berater für Judenfragen in der Deutschen Gesandtschaft, ƩƩ-Hauptsturmführer Richter, wird — auf meine Veranlassung — engstens mit meinem Wirtschaftsberater zusammenarbeiten, damit das Ziel in aller Kürze erreicht wird.

Der Deutsche Gesandte v. Killinger ist jedenfalls hundertprozentig mit meinem Vorgehen einverstanden und ich hoffe, daß wir in kürzester Zeit judenfreie deutsche Betriebe in Rumänien haben.

Ich begrüße Sie mit

Heil Hitler!

Ihr

L. Kohlhammer
Landesgruppenleiter

144

E r l a s s

über die Einsetzung eines Chefs der Auslands – Organisation im Auswärtigen Amt.

Vom 0?.??.1937.

I.

Zur einheitlichen Betreuung der Reichsdeutschen im Ausland wird ein Chef der Auslands – Organisation im Auswärtigen Amt eingesetzt, dem zugleich die Leitung und Bearbeitung aller Angelegenheiten der Reichsdeutschen im Ausland im Geschäftsbereich des Auswärtigen Amtes übertragen wird.

II.

(1) Zum Chef der Auslands – Organisation im Auswärtigen Amt wird der Leiter der Auslands – Organisation der NSDAP, Gauleiter Ernst Wilhelm Bohle, ernannt.

(2) Er ist dem Reichsminister der Auswärtigen persönlich und unmittelbar unterstellt. Sein Geschäftsbereich als Leiter der Auslands – Organisation der NSDAP und seine Unterstellung als solcher unter den Stellvertreter des Führers bleibt unberührt.

(3) Er führt die Dienstbezeichnung: Chef der Auslands – Organisation im Auswärtigen Amt.

III.

Der Chef der Auslands – Organisation im Auswärtigen Amt

L 6558/38

nimmt an den Sitzungen des Reichskabinetts teil, soweit sein Geschäftsbereich berührt wird.

IV.

Der Reichsminister des Auswärtigen erlässt im Einvernehmen mit den Stellvertreter des Führers die Durchführungsbestimmungen zu diesem Erlass.

Berlin, den ??. ??? 1937.

Der Führer und Reichskanzler

gez:

Der Reichsminister des Auswärtigen

gez:

30. Von Neurath bestimmt Gauleiter Bohle zum Chef der Auslandsorganisation im Auswärtigen Amt.

Die Auslandsführer der NSDAP bei Rudolf Heß in München.

V. l. n. r. stehend: Schroeder (Kairo), Alfred Heß (Kairo), Hasenöhrl (China), Bohle (Abt.-Leiter Ausl.), Langmann (Guatemala), Rudolf Heß, Zelger (APA), Schumann (APA), Ruberg (Kamerun), Erbprinz Waldeck-Pyrmont, Bene (England), Dreßler (Reichs-pressestelle). — V. l. n. r. sitzend: Bouhler (Reichsgeschäftsführer), Schwarz (Reichsschatzmeister), Dr. Ley (Stabsleiter der PO), Burbach (Portugal).

146

III.

„Die Aktion selbst wird durch die Gesandtschaft gestartet"

Auswärtiges Amt   Berlin W 8, den 12. Oktober 1943

Nr. Inl. II 2777 g   Wilhelmstraße 74-76

G e h e i m

In Abschrift

der Deutschen Gesandtschaft

in B u k a r e s t

mit der Bitte um Kenntnisnahme übersandt.

Im Auftrag

v. T h a d d e n

Durchschlag an ∦-Hauptsturmführer Pg. Richter

A u f z e i c h n u n g f ü r d e n L a n d e s g r u p p e n l e i t e r P g. K o h l h a m m e r

Bukarest, den 2. August 1943

B e t r . : Judenabbau aus reichsdeutschen Firmen.

Im Sinne unserer Auffassung über einen sofortigen Abbau der noch in reichsdeutschen Firmen in Bukarest befindlichen Juden, habe ich mit Pg. Richter von der Deutschen Gesandtschaft folgendes festgelegt:

Pg. Richter wird sofort an Hand der ihm zur Verfügung stehenden Listen durch die rumänischen Behörden den Entzug des Arbeitsbuches der noch in reichsdeutschen Firmen tätigen Juden verlangen. Die Aktion selbst wird durch die Gesandtschaft gestartet, womit sie einen offiziellen Charakter trägt und laufend in Abstimmung mit dem Wirtschaftsberater der Landesgruppe durchgeführt wird.

H. Musmacher

Wirtschaftsberater der Landesgruppe

31. Angebliche Greueltaten[1])

Gr. Inland II
Inl. II 208 gm.

SS-Standartenführer Schellenberg teilte mit:

„Die Engländer beabsichtigen, ein Weißbuch über die angeblichen deutschen Greueltaten gegen Juden und Katholiken in Polen herauszugeben. Sie sollen im Verfolg dieser Absicht eine Anfrage an den Vatikan gerichtet haben, das dort vorhandene Material ihnen freizugeben."

Es besteht hier die Befürchtung, daß bei einem Besuch einer italienischen Gruppe in Rußland Material in dieser Beziehung nach Italien gelangt sein kann.

Aufgrund zahlreicher Beobachtungen in der täglichen Arbeit hat es sich als dringend notwendig erwiesen, eine klare, propagandistisch gut auswertbare Devise zur Lösung der Judenfrage zu finden, die

1. auch für die religiös gebundenen Kreise im Ausland annehmbar ist und
2. dem beabsichtigten englischen Vorgehen die propagandistische Wirkung weitgehend nehmen kann.

Inland II wird gemeinsam mit Dr. Megerle eine diesbezügliche Vorlage dem Herrn Reichsaußenminister unterbreiten.

Berlin, den 14. Mai 1943   gez. W a g n e r

[1]) *Dokument CXXVI a — 104.*

Prof. Kielmanseggs Weltgericht

... Der General wohnte und arbeitete in den Räumen des ehemaligen polnischen Staatspräsidenten, der, nach den vorgefundenen Speisekarten zu schließen, noch Ende August in Spala gewesen war.

... Hinter dem mächtigen Schreibtisch stand ein großer Stuhl. Auf dem oberen Teil seiner Lehne war ein aus weißem Holz geschnitzter polnischer Adler angebracht. Am ersten Abend saß ich allein im allmählich dunkel werdenden Zimmer auf diesem Stuhl mit meinen Gedanken, und mir wurde zum erstenmal so richtig klar, was wir geschafft hatten. Ich saß auf dem Stuhl des Oberhauptes eines Staates, den wir nicht nur einfach militärisch besiegt hatten, sondern der durch unseren Sieg ausgelöscht war aus der Geschichte, entgegen deren Sinn er, künstlich ins Leben gerufen, zwanzig Jahre lang versucht hatte, zu existieren — obwohl die Geschichte bereits vor einhundertfünfzig Jahren ihr verdammendes Urteil über ihn gesprochen hatte. Schillers tiefes Wort: „Weltgeschichte ist das Weltgericht" war wieder einmal Wahrheit geworden.

Graf K i e l m a n s e g g, Major i. G. einer Panzerdivision: „Panzer zwischen Warschau und dem Atlantik", Berlin, Verlag „Die Wehrmacht", 1941, Seite 81.

32. Es ginge auch anders[1])

Erklärung unter Eid

Ich, Reinhard Henschel, wohnhaft in Welta, Krs. Warburg in Westfalen, geb. am 29. 6. 1910 in Kassel, nachdem ich darauf aufmerksam gemacht worden bin, daß ich mich wegen falscher Aussage strafbar mache, stelle hiermit unter Eid freiwillig und ohne Zwang folgendes fest:

Nachdem ich im Jahre 1936 mein Referendarexamen bestanden hatte, trat ich als Attaché in das Auswärtige Amt ein. Dort war ich erst 6 Monate in der Protokollabteilung unter Gesandten von Bülow-Schwante beschäftigt und später in der Kulturabteilung. Im Mai 1938 wurde ich zur Gesandtschaft nach Budapest versetzt und blieb dort bis November 1940. Haupt der Gesandtschaft war Herr von Erdmannsdorff.

Ende 1940 wurde ich nach Berlin versetzt zur politischen Abteilung unter Herrn von Rintelen, später Herrn von Erdmannsdorff.

Im April 1942 kam ich zur Gesandtschaft nach Bern (Gesandter Koecher) und arbeitete dort bis Dezember 1942 ebenfalls als Attaché, dann als Vizekonsul bzw. Legationssekretär.

Von dort wurde ich im Januar 1943 nach Ankara versetzt, von wo ich im März 1944 abberufen wurde und im Juni 1944 nach Berlin reiste.

Inzwischen war meine Frau wegen staatsfeindlichen Verhaltens von der Gestapo in Budapest verhaftet worden u. zw. teils wegen unfreundlicher Äußerungen gegen die Partei, teils weil sie Briefe an jüdische Freunde nach England geschmuggelt hatte. Nach wochenlangen Vernehmungen vor der Gestapo legte man mir in Berlin nahe, mich von meiner Frau scheiden zu lassen und dadurch die Maßnahmen der Gestapo zu sanktionieren. Ich verweigerte dieses Ansinnen und bat um meine Entlassung am 3. Juli 1944. Die Entlassung wurde mir bewilligt ohne Pension und ohne das Recht, mich Legationssekretär a. D. zu nennen.

Während meines Aufenthaltes in Budapest hatte ein Vertreter des SD, Kienast, sein Büro in der Gesandtschaft oder in Verknüpfung mit der Gesandtschaft und verfügte offenbar über reichliche Mittel, um seine mir nicht genau bekannten politischen Ziele zu verfolgen. Außerdem befand sich in der Gesandtschaft ein Büro der Auslandsorganisation (AO), geleitet von Konsul Graeb, der die Funktion des Landesgruppenleiters ausübte. Neben seiner Tätigkeit als Vertreter der AO bespitzelte er, ebenso wie der Vertreter des SD, die Gesandtschaft.

Während meiner Tätigkeit in der politischen Abteilung in Berlin sind mir meines Erinnerns keine belastenden Dokumente in Bezug auf die Judenfrage unter die Augen gekommen. Allerdings gingen streng geheime Sachen gewöhnlich direkt zum Dirigenten, Herrn von Rintelen bzw. Herrn von Erdmannsdorff.

In Bern beobachtete ich eine große Aktivität der AO, deren Leiter dort der Botschaftsrat Herr von Bibra war. Es war mir sowohl bekannt als ein offenes Geheimnis, daß Herr

---

[1]) *Dokument CXXV a — 100.*

von Bibra eine starke Untergrundtätigkeit dort entfaltete und in enger Verbindung mit schweizer Nazis stand. Auf Einzelheiten oder auf Personennamen kann ich mich nicht erinnern. Ich geriet mit Herrn von Bibra schon bald in Differenzen, als ich mich weigerte, seinem Ansinnen, ihm den Inhalt von Gesprächen pro-alliierter italienischer Diplomaten, die mit mir befreundet waren, bekanntzugeben. Ein weiterer Grund für mein schlechtes Verhältnis zu Herrn von Bibra war eine Auseinandersetzung gewesen, die meine Frau und ich mit ihm über die katholische Kirche hatten, der er feindlich gegenüberstand. Ich führe es auf den Einfluß des Herrn von Bibra zurück, daß ich von Bern nach Ankara versetzt wurde. Auch dort befand sich ein Vertreter der AO, ein ∯-Führer und Journalist namens Bethke. Die Tätigkeit dieses Herrn hielt sich dort, da die Ortsgruppe sehr klein war, in verhältnismäßig bescheidenen Grenzen. Meine Kenntnis, soweit ich sie zur damaligen Zeit hatte, betreffend Greuel gegen Juden, Kriegsgefangene und Zivilbevölkerung, hatte ich aus Zeitungen oder von Erzählungen dritter Personen. Eigene Beobachtungen habe ich in diesen Dingen nicht gemacht. Den wahren Umfang dieser Vorgänge erfuhr ich erst nach meiner Rückkehr nach Berlin im Jahre 1944.

Nach den Beobachtungen, die ich während meiner Tätigkeit im Auswärtigen Amt zu machen Gelegenheit hatte, habe ich mir hinsichtlich der Frage der Verantwortlichkeit für die Teilnahme an kriminellen Akten folgendes Urteil gebildet:

Falls ein Beamter in eine Lage kam, die von ihm verlangte, Dinge zu tun oder Unternehmungen zu fördern, die gegen sein Gewissen verstießen, war es seine Pflicht, einen Ausweg aus dieser Lage zu suchen. Es ist meine Auffassung, daß es abgesehen von dem gefährlichen normalen Entlassungsgesuch wohl eine Reihe von anderen Möglichkeiten gab, sich aus unerwünschten Positionen herauszuziehen, sei es etwa dadurch, daß man sich krank meldete und die nötigen ärztlichen Atteste vorwies, sei es, daß man versuchte, an die Front zu kommen oder auch daß man versuchte, von der betreffenden Abteilung zu einer anderen versetzt zu werden. Diese Dinge hingen von persönlichen Beziehungen und persönlichem Geschick ab und natürlich auch von einem gewissen Mut. Ich bin jedenfalls der Überzeugung, daß dieser Weg in manchen Fällen beschritten werden konnte, ohne daß eine direkte Gefahr für die betreffende Person heraufbeschworen wurde. Meines Erachtens hätten viele, die in einer Position waren, die sie in Gewissenskonflikte brachte oder zwang, üble Dinge zu sanktionieren, zumindest einen ernstlichen Versuch machen müssen und können, um aus dieser unhaltbaren Situation herauszukommen. Wohl jeder Beamte konnte die Trennungslinie erkennen, wo seine Tätigkeit ihn zum Teilnehmer an verbrecherischen Handlungen werden ließ. Ein mit einigem Geschick unternommener Versuch, sich aus dieser Situation zu befreien, hätte nicht ohne weiteres zur Folge gehabt, daß er oder seine Familie Verfolgungen ausgesetzt worden wäre. Ein solches Verhalten hätte höchstens materielle und berufliche Opfer mit sich gebracht, die man als Ehrenmann in Kauf nehmen mußte.

Ich habe diese Erklärung unter Eid sorgfältig durchgelesen und eigenhändig gegengezeichnet, habe die notwendigen Korrekturen in meiner Handschrift vorgenommen und mit meinen Anfangsbuchstaben gegengezeichnet und erkläre hiermit unter Eid, daß ich in dieser Erklärung nach meinem besten Wissen und Gewissen die reine Wahrheit gesagt habe.   gez. Reinhard H e n s c h e l

ANHANG:

33. Studien des Auswärtigen Amtes

I.

Die Judenfrage als Faktor der Außenpolitik im Jahre 1938[1]

Auswärtiges Amt   Berlin, den 25. Januar 1939
   83—26   19/1

Inhaltsangabe:

Die Judenfrage als Faktor der Außenpolitik im Jahre 1938

1. Die deutsche Judenpolitik als Voraussetzung und Konsequenz der außenpolitischen Entschlüsse des Jahres 1938.
2. Ziel der deutschen Judenpolitik: Auswanderung.
3. Mittel, Wege und Ziel der jüdischen Auswanderung.
4. Der ausgewanderte Jude als beste Propaganda für die deutsche Judenpolitik.

   An
      alle diplomatischen und berufskonsularischen
      Vertretungen im Ausland

Es ist wohl kein Zufall, daß das Schicksalsjahr 1938 zugleich mit der Verwirklichung des großdeutschen Gedankens die Judenfrage ihrer Lösung nahegebracht hat. Denn die Judenpolitik war sowohl Voraussetzung wie Konsequenz der Ereignisse des Jahres 1938. Mehr vielleicht als die machtpolitische Gegnerschaft der ehemaligen Feindbundmächte des Weltkrieges hat das Vordringen jüdischen Einflusses und der zersetzenden jüdischen Geisteshaltung in Politik, Wirtschaft und Kultur die Kraft und den Willen des deutschen Volkes zum Wiederaufstieg gelähmt. Die Heilung dieser Krankheit des Volkskörpers war daher wohl eine der wichtigsten Voraussetzungen für die Kraftanstrengung, die im Jahre 1938 gegen den Willen einer Welt den Zusammenschluß des großdeutschen Reiches erzwang.

---

[1] *Dokument CXXVII b — 75.*

Die Notwendigkeit für eine radikale Lösung der Judenfrage ergab sich aber auch als Konsequenz der außenpolitischen Entwicklung, die zu den im Altreich lebenden 500 000 Glaubensjuden weitere 200 000 in Österreich einbrachte. Der unter dem Schuschnigg-System ins Maßlose gewachsene Einfluß des Judentums in der österreichischen Wirtschaft machte sofortige Maßnahmen notwendig, die die Ausschaltung des Judentums aus der deutschen Wirtschaft und den Einsatz des jüdischen Vermögens im Interesse der Allgemeinheit zum Ziele hatten. Die als Vergeltung für die Ermordung des Gesandtschaftsrats vom Rath einsetzende Aktion hat diesen Prozeß so beschleunigt, daß der jüdische Einzelhandel — bisher mit Ausnahme ausländischer Geschäfte — im Straßenbild völlig verschwunden ist. Die Liquidierung der jüdischen Großhandels- und Fabrikationsbetriebe und des Haus- und Grundbesitzes in der Hand von Juden wird allmählich so weit gefördert, daß in absehbarer Zeit von jüdischem Besitz in Deutschland nicht mehr gesprochen werden kann. Allerdings ist darauf hinzuweisen, daß es sich nicht um eine entschädigungslose Beschlagnahme jüdischen Vermögens handelt wie z. B. bei der Konfiskation der Kirchengüter während der französischen Revolution. Vielmehr erhält der enteignete Jude für seinen Besitz Reichsschuldverschreibungen, deren Zinsen ihm zustehen.

Das letzte Ziel der deutschen Judenpolitik ist die Auswanderung aller im Reichsgebiet lebenden Juden. Es ist vorauszusehen, daß schon die einschneidenden Maßnahmen auf wirtschaftlichem Gebiet, die den Juden „vom Verdienst auf die Rente" gesetzt haben, den Auswanderungswillen fördern werden. Im Rückblick auf die vergangenen 5 Jahre seit der Machtergreifung ist jedenfalls festzustellen, daß weder das Gesetz zur Wiederherstellung des Berufsbeamtentums noch die Nürnberger Judengesetze mit ihren Durchführungsvorschriften, die jede Assimilierungstendenz des Judentums unterbanden, wesentlich zur Abwanderung der deutschen Juden beigetragen haben. Im Gegenteil hat in jeder Periode innerpolitischer Beruhigung ein solcher Rückstrom jüdischer Emigranten eingesetzt, daß sich die Geheime Staatspolizei veranlaßt sah, jüdische Rückwanderer mit deutschem Paß zunächst zur politischen Kontrolle in einem Schulungslager unterzubringen.

Aus Politik und Kultur war der Jude ausgeschaltet. Aber bis 1938 war seine wirtschaftliche Machtposition in Deutschland und damit sein zäher Wille, bis zum „Anbruch besserer Zeiten" auszuhalten, ungebrochen. Bezeichnend für diese Taktik des hinhaltenden Widerstandes ist das Programm einer in Polen neu gegründeten jüdischen Partei, allen auf Emigration des Judentums gerichteten polnischen Maßnahmen den Kampf anzusagen. Solange der Jude noch in der deutschen Wirtschaft verdienen konnte, so lange brauchte in den Augen des Weltjudentums die jüdische Bastion in Deutschland noch nicht aufgegeben werden.

Der Jude hatte aber die Konsequenz und die Kraft des nationalsozialistischen Gedankens unterschätzt. Zugleich mit dem in Versailles zur Niederhaltung Deutschlands geschaffenen Staatensystem in Mitteleuropa brach 1938 auch die jüdische Machtposition in Wien und Prag zusammen. Italien stellte sich mit seiner Rassengesetzgebung Deutschland im Kampf gegen das Judentum an die Seite. In Bukarest übernahm ein Kenner der Judenfrage, Professor Goga, mit einem gegen das Judentum gerichteten Programm die Regierung, ohne sich allerdings gegen den übermächtigen internationalen Druck von Paris und

London durchsetzen zu können. In Ungarn und Polen wurde das Judentum unter Sondergesetzgebung gestellt. Überall beginnt jetzt der deutsche außenpolitische Erfolg von München wie ein Erdbeben in seinen Ausläufern auch in entfernten Staaten die seit Jahrhunderten befestigte Position des Judentums zu erschüttern.

Es ist auch verständlich, wenn das Weltjudentum, „das sich Amerika als Hauptquartier ausersehen hat", das Abkommen von München, das nach amerikanischer Auffassung den Zusammenbruch der demokratischen Front in Europa bedeutet, als eigene Niederlage empfindet. Denn das System der parlamentarischen Demokratie hat erfahrungsgemäß stets den Juden auf Kosten der Gastvölker zu Reichtum und politischer Macht verholfen. Wohl zum ersten Mal in der modernen Geschichte muß das Judentum jetzt eine bereits gesicherte Stellung wieder räumen.

Dieser Entschluß wurde erst 1938 gefaßt. Er äußerte sich in dem Bemühen der westlichen Demokratien, insbesondere der Vereinigten Staaten von Amerika, den nunmehr endgültig beschlossenen jüdischen Rückzug aus Deutschland d. h. die Abwanderung des Judentums unter internationale Kontrolle und Protektion zu stellen. Der amerikanische Präsident Roosevelt, „der bekanntlich in seinem engeren Rat von einer ganzen Reihe von Exponenten des Judentums umgeben ist", berief bereits Mitte 1938 eine Staatenkonferenz zur Beratung der Flüchtlingsfrage ein, die in Evian ohne besondere sachliche Ergebnisse tagte. Beide Fragen, deren Beantwortung die Bedingung einer geordneten jüdischen Abwanderung bildet, blieben offen: einmal die Frage, w i e diese Auswanderung zu organisieren und zu finanzieren sei, zweitens die Frage, w o h i n die Auswanderung zu lenken sei.

Zur Beantwortung der ersten Frage schien insbesondere das internationale Judentum nicht geneigt zu sein, einen Beitrag zu liefern. Vielmehr betrachtete es die Konferenz — und das später von ihr in London unter Führung des Amerikaners Rublee gebildete Komitee — als ihre Hauptaufgabe, Deutschland unter internationalem Druck zur Freigabe des jüdischen Vermögens in möglichst weitem Ausmaß zu zwingen. Deutschland sollte also die Abwanderung seiner 700 000 Juden mit der Preisgabe deutschen Volksvermögens erkaufen. Dabei ist zu bezweifeln, ob das internationale Judentum überhaupt ernstlich die Massenabwanderung seiner Rassegenossen aus Deutschland und aus anderen Staaten ohne das Äquivalent eines Judenstaats wünscht. Die in den bisherigen jüdischen Vorschlägen eingeschlagene Taktik zielt jedenfalls weniger auf die Massenabwanderung von Juden als auf den Transfer jüdischen Vermögens ab.

Es ist selbstverständlich, daß der Transfer auch nur eines Bruchteils jüdischen Vermögens devisentechnisch unmöglich wäre. Die Finanzierung einer Massenabwanderung deutscher Juden ist daher noch ungeklärt. Auf Anfragen wäre gesprächsweise zu erwidern, daß deutscherseits damit gerechnet werde, daß das internationale Judentum — insbesondere die Verwandten der auswandernden Juden — die Abwanderungsaktion ebenso nachdrücklich unterstützen würde, wie es seinen mittellosen Rassegenossen zu einer Zeit, als Deutschlands Schwäche den Zustrom der Ostjuden nicht aufhalten konnte, die Einwanderung nach Deutschland ermöglicht habe. Es sei jedenfalls an Hand der Polizei- und Steuerakten nachzuweisen, daß die große Masse der Juden mittellos nach Deutschland einwanderte und in wenigen Jahren oder Jahrzehnten zu Vermögen gelangte, während das deutsche Volk durch die Tributbestimmungen des Versailler Vertrages seinen Besitz verlor oder in Arbeitslosigkeit verkam. Es bestehe daher deutscherseits auch kein Verständnis für das Mitleid, mit dem eine angeblich humanitäre Welt die Enteignung dieses dem deutschen Volke durch jüdische Geschäftsmethoden entzogenen Besitzes als ein Unrecht beklage.

Die zweite Frage, in welche Zielländer eine organisierte Abwanderung der Juden gelenkt werden soll, konnte von der Konferenz in Evian ebenso wenig beantwortet werden, da jedes der beteiligten Länder unter Bekundung grundsätzlicher Anteilnahme an dem Flüchtlingsproblem sich außerstande erklärte, größere Massen jüdischer Auswanderer auf seinem Territorium aufnehmen zu können. Nachdem noch in den Jahren 1933/34 über 100 000 Juden aus Deutschland legal oder illegal den Weg ins Ausland gefunden hatten und sich mit Hilfe ihrer jüdischen im Ausland lebenden Verwandten oder des Mitleids humanitär eingestellter Kreise in einen neuen Gaststaat einnisten konnten, haben inzwischen fast alle Staaten der Welt ihre Grenzen gegen die lästigen jüdischen Eindringlinge hermetisch verschlossen. Das Problem der jüdischen Massenauswanderung ist damit zunächst praktisch festgefahren. Viele Staaten sind bereits so vorsichtig geworden, von ordnungsmäßig einreisenden Juden mit deutschen Pässen eine Bescheinigung der deutschen Behörden zu verlangen, daß ihrer Rückreise nichts entgegensteht.

Bereits die Wanderungsbewegung von nur etwa 100 000 Juden hat ausgereicht, um das Interesse, wenn nicht das Verständnis, vieler Länder für die jüdische Gefahr zu wecken. Wir können ermessen, daß sich die Judenfrage zu einem Problem der internationalen Politik ausweiten wird, wenn große Massen der Juden aus Deutschland, aus Polen, Ungarn und Rumänien durch den zunehmenden Druck ihrer Gastvölker in Bewegung gesetzt werden. Auch für Deutschland wird die Judenfrage nicht ihre Erledigung gefunden haben, wenn der letzte Jude deutschen Boden verlassen hat.

Es ist bereits heute für die deutsche Politik eine wichtige Aufgabe, den Strom der jüdischen Wanderung zu kontrollieren und nach Möglichkeit zu lenken. Allerdings besteht keine Veranlassung, mit anderen Staaten wie Polen, Ungarn und Rumänien, die selbst die Abwanderung ihrer jüdischen Bevölkerungsteile anstreben, an der Lösung dieses Problems zusammenzuarbeiten. Erfahrungsgemäß konkurrieren bei dieser Prozedur die gleichgerichteten Interessen und hemmen die Verwirklichung des vordringlichen deutschen Anspruchs auf Aufnahme der deutschen Juden in andere Zielländer.

Zwar hat die rumänische Regierung einen offiziellen Appell an die Reichsregierung unter dem Motto der menschlichen Moral und Gerechtigkeit gerichtet, an einer internationalen Aktion zur Lösung der Judenfrage mitzuarbeiten. Andererseits hat aber Polen Ende Oktober v. J. eine Verordnung erlassen, deren Durchführung die Rückkehr von 60 000 aus Deutschland ansässigen Juden polnischer Staatsangehörigkeit nach Polen praktisch unmöglich gemacht hätte. Bekanntlich mußte sich die Reichsregierung daraufhin entschließen, etwa 16 000 Juden polnischer Staatsangehörigkeit, denen ihre Familien folgen werden, kurz vor Inkrafttreten der polnischen Verordnung nach Polen abzuschieben. Die ungarische Regierung hat allerdings insoweit Verständnis für die deutsche Judenpolitik gezeigt, als sie von sich aus die Arisierung jüdisch-ungarischer Geschäfte in Deutschland

d. h. Ersetzung der jüdischen Geschäftsinhaber durch nationale Ungarn in Aussicht gestellt hat. Im allgemeinen zeigt sich aber das Bild, daß das egoistische Interesse der beteiligten Staaten an einer vorzugsweisen Abschiebung ihrer eigenen jüdischen Volksteile vor jeder internationalen Lösung den Vorrang besitzt. Deutschland wird daher selbst die Initiative ergreifen, um zunächst für die Abwanderung der Juden aus Deutschland Mittel, Wege und Ziel zu finden.

Palästina, das der Volksmund bereits schlagwortartig zum Auswanderungsland bestimmt hat, kommt als Ziel der jüdischen Auswanderung schon deswegen nicht in Frage, weil seine Aufnahmefähigkeit für einen Massenzustrom von Juden nicht ausreicht. Unter dem Druck des arabischen Widerstands hat die Britische Mandatsregierung die jüdische Einwanderung nach Palästina auf ein Minimum beschränkt. Von deutscher Seite war zunächst die Auswanderung deutscher Juden nach Palästina durch Abschluß eines Abkommens mit der Vertretung des Judentums in Palästina, das den Transfer jüdischen Vermögens im Wege zusätzlichen Exports ermöglichte, weitgehend gefördert worden.

(Haavara-Abkommen). Abgesehen davon, daß durch diese Methode lediglich einer geringen Anzahl vermögender Juden, aber nicht der Masse besitzloser Juden die Auswanderung ermöglicht wurde, standen auch grundsätzlich außenpolitische Erwägungen dieser Form der Auswanderung entgegen: Der Transfer jüdischen Vermögens aus Deutschland trug nicht unwesentlich zum Aufbau eines Judenstaats in Palästina bei. Deutschland muß aber in der Bildung eines Judenstaats, der auch in Miniaturform für das Weltjudentum eine ähnliche Aktionsbasis wie der Vatikanstaat für den politischen Katholizismus bilden würde und der nur einen Bruchteil der Juden absorbieren könnte, eine Gefahr sehen. Die Erkenntnis, daß das Judentum in der Welt stets der unversöhnliche Gegner des Dritten Reiches sein wird, zwingt zu dem Entschluß, jede Stärkung der jüdischen Position zu verhindern. Ein jüdischer Staat würde aber dem Weltjudentum einen völkerrechtlichen Machtzuwachs bringen. Alfred Rosenberg hat diese Gedanken in seiner Rede in Detmold am 15. Januar d. J. folgendermaßen formuliert:

„Das Judentum erstrebt heute einen Judenstaat in Palästina. Aber nicht etwa, um den Juden in aller Welt eine Heimat zu geben, sondern aus anderen Gründen; das Weltjudentum müsse einen kleinen Miniaturstaat haben, um exterritoriale Gesandte und Vertreter in alle Länder der Welt senden und durch diese seine Herrschaftsgelüste vorwärtstreiben zu können. Vor allem aber will man ein jüdisches Zentrum, einen jüdischen Staat haben, in den man die jüdischen Hochstapler aus aller Welt, die von der Polizei anderer Länder verfolgt werden, unterbringen, mit neuen Pässen ausrüsten und dann in andere Teile der Welt schicken kann. Es ist zu wünschen, daß die Judenfreunde in der Welt, vor allem die westlichen Demokratien, die über soviel Raum in allen Erdteilen verfügen, den Juden ein Gebiet außerhalb Palästinas zuweisen, a l l e r d i n g s n i c h t, u m e i n e n j ü d i s c h e n S t a a t, s o n d e r n u m e i n j ü d i s c h e s R e s e r v a t e i n z u r i c h t e n.“

Das ist das Programm der außenpolitischen Haltung Deutschlands in der Judenfrage. Es besteht deutscherseits ein größeres Interesse daran, die Zersplitterung des Judentums aufrechtzuerhalten. Die Kalkulation, daß sich damit in der ganzen Welt Boykottherde und antideutsche Zentren bilden würden, läßt die bereits jetzt zu beobachtende Erscheinung außer acht, daß der Zustrom der Juden in allen Teilen der Welt den Widerstand der eingesessenen Bevölkerung hervorruft und damit die beste Propaganda für die deutsche Judenpolitik darstellt.

In Nordamerika, in Südamerika, in Frankreich, in Holland, Skandinavien und Griechenland — überall, wohin sich der jüdische Wanderungsstrom ergießt, ist bereits heute eine deutliche Zunahme des Antisemitismus zu verzeichnen. Diese antisemitische Welle zu fördern, muß eine Aufgabe der deutschen Außenpolitik sein. Sie wird weniger erfüllt durch deutsche Propaganda im Ausland, als durch die Propaganda, die der Jude zu seiner Verteidigung in Gang zu setzen gezwungen ist. Sie wird sich in ihrer Wirkung zuletzt gegen ihn selbst wenden. Die Berichte der deutschen Auslandsbehörden beweisen die Richtigkeit dieser Auffassung:

Presse und amtliche Berichterstattung aus Nordamerika melden laufend von antijüdischen Kundgebungen der Bevölkerung. Es ist vielleicht symptomatisch für die innenpolitische Entwicklung in USA, daß die Hörerschar des bekannten antijüdisch eingestellten „Radiopriesters" Coughlin auf über 20 Millionen angewachsen ist. — Die Gesandtschaft in Montevideo berichtet am 12. Dezember v. J., „daß der jüdische Zustrom monatelang Woche für Woche andauert. Es steht außer Frage, daß der Antisemitismus hier wächst." — Saloniki berichtet unter dem 30. November 1938: „daß Kräfte am Werk sind, um den Haß gegen die Juden zu schüren", und gleichzeitig, daß das griechische Freimaurertum die antisemitische Bewegung zu hemmen bemüht ist. — In Frankreich sollte sich im April d. J. die Pariser Stadtversammlung über einen Antrag aussprechen, auf Grund dessen die Naturalisierung von Juden in Zukunft abgelehnt werden sollte. Die Beratung über die Judenfrage endete mit einer Schlägerei der Debatteredner. — Lyon berichtet am 20. Dezember v. J.: „Die Einwanderung jüdischer Flüchtlinge hat hier letzthin zu Unliebsamkeiten geführt. Die allgemein in Frankreich bestehende, auf geschäftlichen und Konkurrenzgründen beruhende Abneigung gegen die neuen Eindringlinge ist unverkennbar." — Diese Abneigung ist inzwischen so gewachsen, daß sich bereits eine jüdische Abwehr gegen den Antisemitismus in Frankreich organisiert hat (Bericht Paris vom 19. November v. J.). — Die Gesandtschaft im Haag berichtet am 30. Dezember v. J.: „Unter dem Eindruck der zahlreichen Emigranten aus Deutschland, die sich namentlich in Amsterdam sehr breit machen, ist der Antisemitismus in Holland im starken Zunehmen. Und wenn es so weiter geht, kann der Fall leicht eintreten, daß der Holländer für das Vorgehen Deutschlands gegen die Juden nicht nur Verständnis gewinnt, sondern auch den Wunsch empfindet, es ebenso zu machen wie wir." — Die Gesandtschaft in Oslo berichtet am 8. April v. J.: „Während noch vor wenigen Jahren das Straßenbild Oslos kaum durch Juden entstellt wurde, ist hierin in letzter Zeit ein starker Wandel eingetreten. Auf den Straßen, in den Restaurants und vor allem in den Kaffeehäusern sitzen die Juden zu scheußlichen Klumpen geballt. Die Norweger werden mehr und mehr verdrängt. Die norwegische Presse, die bisher so gar kein Verständnis für die Judenfrage hatte, merkt plötzlich, was es heißt, wenn eines Tages die Kinder Israels wie die Heuschrecken in ein Land einfallen. Es wird eine ganz heilsame Lehre sein, die Norwegen hier erteilt wird."

Diese Beispiele aus der Berichterstattung der Auslandsbehörden können beliebig vermehrt werden. Sie bestätigen die Richtigkeit der Erwartung, daß die Kritik an den mangels Tatbestandes in vielen Ländern nicht verständlichen Maßnahmen zur Ausschaltung der Juden aus dem deutschen Lebensraum eine Übergangserscheinung darstellt und sich in dem Augenblick gegen das Judentum selbst wenden wird, wo der Augenschein die Bevölkerung lehrt, was die jüdische Gefahr für ihren Bestand bedeutet. Je ärmer und damit belastender für das Einwanderungsland der einwandernde Jude ist, desto stärker wird das Gastland reagieren und desto erwünschter ist die Wirkung im deutschen propagandistischen Interesse. Das Ziel dieses deutschen Vorgehens soll eine in der Zukunft liegende internationale Lösung der Judenfrage sein, die nicht von falschem Mitleid mit der „vertriebenen religiösen jüdischen Minderheit", sondern von der gereiften Erkenntnis aller Völker diktiert ist, welche Gefahr das Judentum für den völkischen Bestand der Nationen bedeutet.

Im Auftrag

Schumburg

Ein Friede ohne Juden

... So wie für Deutschland selbst die Judenfrage erst gelöst ist, sobald der letzte Jude ausgetrieben wurde, so mag auch das übrige Europa wissen, daß der deutsche Friede, der seiner harrt, ein Friede ohne Juden sein muß ...

„Das Schwarze Korps", Berlin, 8. August 1940, 32. Folge, 6. Jahrgang, Seite 2.

Die Judenfrage wird in kürzester Zeit ...

... Heute stehen die jungen nationalen Kräfte und Mächte Europas einer geschlossenen Front von Gegnern gegenüber: Weltjudentum, Weltfreimaurerei, Weltkirche, Weltbolschewismus. Das sind die Götter einer vergangenen Zeit ...

Die Judenfrage wird in kürzester Zeit ebenso international gelöst werden, wie die tschechische Minderheitenfrage erledigt wurde. Die Freimaurerei, die über den Pariser Groß-Orient noch hineinspukt in die Politik gewisser größerer und kleinerer Staaten, ist in das Liquidationsstadium getreten. Auch der letzte internationale Götze wird und muß fallen unter der eisernen Hand nationalsozialistischer Politik ...

„Die Bewegung", Zentralorgan des NS-Studentenbundes, Zentralverlag der NSDAP Franz Eher Nachf., München, Folge 44, am 1. November 1936, Seite 7.

II.

Die Tagung der Judenreferenten des Auswärtigen Amtes im Jahre 1944[1])

a

Auswärtiges Amt
Inf. XIV
Antijüdische Auslandsaktion   Berlin W 8, den 4. März 1944
   Nr. 73/44 —   Wilhelmstr. 74—76

B e t r e f f : Arbeitstagung der Judenreferenten und Arisierungsberater

Anfang April findet auf Weisung des Herrn RAM. in Krummhübel i. Rsgbg. eine Arbeitstagung der Judenreferenten und Arisierungsberater statt. An diejenigen Missionen, welchen kein Arisierungsberater des Reichssicherheitshauptamtes zugeteilt ist, sind folgende Drahterlasse ergangen:

Am 17. 2. 44:

„Auf besondere Weisung soll antijüdische Auslandsinformation mit allen Mitteln verstärkt werden. Zur Klärung aller mit Materialbeschaffung und Nachrichtenverwertung zusammenhängenden Fragen ist Durchführung Arbeitsbesprechung angeordnet worden. Diese stattfindet gemeinsam mit Reichssicherheitshauptamt voraussichtlich 3. und 4. April. Tagungsort folgt.

Erbitte Drahtbericht, welcher dortige Sachbearbeiter, der mit Judenfrage im dortigen Land vertraut ist, zur Tagung entsandt werden wird.

S c h l e i e r.“

Und am 26. 2. 44:

„Unter Bezugnahme auf Drahterlaß vom 17. 2.,
   Multex Nr. 196.

Sachbearbeiter für Judenfragen muß sich vorbereiten auf Tagung in Kurzreferat von höchstens 10 bis 12 Minuten zu berichten über Wirkung bisheriger antijüdischer Auslandsinformation und Möglichkeiten der Materialbeschaffung und Materialverteilung, sowie Anregungen und Vorschläge für die weitere Arbeit zu unterbreiten.

Es ist beabsichtigt, während der Arbeitstagung vom 3. bis 4. April eine möglichst vollständige Schau des antijüdischen Propagandamaterials aus allen europäischen Ländern zu zeigen. Es wird deshalb um eine vollständige Einsendung allen im dortigen Lande vorhandenen Propagandamaterials landeseigenen, deutschen oder anderen Ursprungs bis zum 25. 3. an Inf. XIV gebeten. Darunter fallen Bücher, Zeitschriften, Broschüren, Plakate, Flugblätter, Klebezettel, Postkarten u. a.

S c h l e i e r.“

---

[1]) *Dokumente PS — 3319. Die Geheimausführungen über den Stand der Exekutivmaßnahmen wurden nicht ins Protokoll aufgenommen.*

b

Auswärtiges Amt
Inf. XIV
— Nr. 118/44 —   Berlin W 8, den 20. April 1944
— 1 Anlage —   Wilhelmstr. 74—76

I n h a l t : Arbeitstagung der Judenreferenten
                der deutschen Missionen am 3. u. 4. April d. J.

In der Anlage wird Abschrift des Protokolls der Arbeitstagung der Judenreferenten der Missionen, die am 3. und 4. April d. J. in Krummhübel stattfand, zur Kenntnisnahme übersandt. Die Ausführungen von LR v. Thadden und ∯-Hauptsturmführer Ballensiefen vom Reichssicherheitshauptamt sind ihres geheimen Charakters wegen in das Protokoll nicht aufgenommen worden.

Gemäß Multex Nr. 246 vom 28. 2. 44 wurden anläßlich der Tagung von den meisten Missionen, teilweise unter Rückerbittung, Zusammenstellungen von antijüdischem Propagandamaterial aus den betreffenden Ländern, wie Bücher, Zeitschriften, Plakate, Flugblätter usw. übersandt. Es ist beabsichtigt, von der Rückgabe dieses Materials abzusehen und es in das im Aufbau begriffene umfassende Judenarchiv, das auch den Missionen zur Verfügung steht, einzureihen. Dieses Archiv wird in Krummhübel aufgestellt, so daß die Sicherheit vor Kriegsschaden gewährleistet ist. Mit Rücksicht auf die Wichtigkeit einer lückenlosen Erfassung des gesamten einschlägigen Materials für die antijüdische Informationsarbeit wird gebeten, auf die Rückgabe dortseits zur Verfügung gestellten Materials zu verzichten.

                                                              S c h l e i e r
An die
Deutsche Botschaft Ankara
Dienststelle des Bevollmächtigten des Großdeutschen Reiches

                        für Italien in Fasano

Deutsche Botschaft Madrid
Deutsche Botschaft Paris
Deutsche Gesandtschaft Lissabon
Deutsche Gesandtschaft Preßburg
Deutsche Gesandtschaft Sofia
Deutsche Gesandtschaft Stockholm
Deutsche Gesandtschaft Agram
Deutsche Gesandtschaft Bern
Deutsche Gesandtschaft Bukarest
Deutsche Gesandtschaft Kopenhagen

c

Vertraulich!

Arbeitstagung der Judenreferenten der Deutschen Missionen
in Europa
Krummhübel, 3. und 4. April 1944

Begrüßung durch Gesandten Prof. Dr. S i x , der Vorsitz an Gesandten S c h l e i e r
übergibt. In seiner Eröffnungsansprache beschäftigt er sich mit den Aufgaben und Zielen
der antijüdischen Auslandsaktion. Gesandter Schleier verweist auf das Bekenntnis des
Führers zum völkisch-rassischen Prinzip. Dies bedeute Ablehnung aller fremdländischen
Einflüsse und den Kampf des Nationalsozialismus gegen das zersetzend und zerstörend
wirkende Judentum. Dieser Kampf habe uns den Haß des Judentums eingebracht. Ges.
Schleier erinnert an die ersten Opfer des vom internationalen Judentum gegen das deutsche
Volk entfesselten Kampfes, Wilhelm Gustloff und Ernst v. Rath. Dieser Kampf stelle
einen wesentlichen Teil des großen Ringens des deutschen Volkes dar. Der Führer habe
daher auch die Weisung gegeben, in verstärktem Maße den Kampf gegen das Judentum
und für die Aufklärung über dessen Rolle im gegenwärtigen Krieg aufzunehmen. In England und Amerika seien Ansätze zu antijüdischen Tendenzen vorhanden.

Es stelle sich die Frage, welche Möglichkeiten sich den europäisch-deutschen Missionen
für eine antijüdische Tätigkeit böten. Die zu leistende Arbeit müsse von innen nach
außen und von außen nach innen verlaufen, erforderlich seien Meldungen über das Verhalten des Judentums in dem betreffenden Lande und über antijüdische Regungen daselbst.
Antijüdische Propaganda in neutralen Ländern sei besonders schwierig, aber von größter
Wichtigkeit, da von dort Ausstrahlungsmöglichkeiten nach England und Amerika bestän-
den. Die neutralen Länder seien aber auch als Beobachtungsposten wichtig. Presseaus-
schnitte, Rundfunkberichte, Aufzeichnungen über Vorgänge im feindlichen Ausland und
im jüdischen Lager, die von Angehörigen der Gastländer berichtet werden, sowie Ansätze antijüdischer Tendenz müssen sorgfältig gesammelt und registriert werden. Diese
Meldungen müssen alle Lebensgebiete umfassen, die von Juden beeinflußt werden.

Dieses Material würde von Inf. XIV gesammelt und bearbeitet und sodann an die
Missionen zur Auswertung in Presse und Rundfunk, durch Flugblätter, Broschüren und
durch die Kanäle der Flüsterpropaganda geleitet werden. Die Herausgabe erfolge über die
Fresse-, Rundfunk- und Kulturpolitische Abteilung.

Ges. Schleier entwickelte sodann einige konkrete Projekte. So sei daran gedacht, eine
Wanderausstellung auf Schienen oder motorisiert zu veranstalten. Weiter plane er die
Herausgabe eines — antijüdischen Abreißkalenders — besonders für die — Staaten Südost-
europas — und die Einrichtung eines großen Archivs über alle Probleme der Judenfrage
in personeller und sachlicher Hinsicht, dem eine Bildersammlung anzuschließen sei.

G e s a n d t e r S i x spricht sodann über die politische Struktur des Weltjudentums,
die er weltanschaulich und historisch als Folge der soziologischen Entwicklung seit der
französischen Revolution erläutert. Die Zahlen, die im Jahre 1933 vorlagen, ergaben
etwa 17 Mill. Konfessionsjuden. Der eigentliche Kraftquell des Judentums in Europa

und Amerika sei das Ostjudentum. Es stelle den Ausgangspunkt der Wanderbewegungen aus dem europäischen in den amerikanischen Raum dar. Das Ostjudentum schiebe sich langsam aus dem Osten in den Westen und zeige dabei nicht nur ein religiöses, sondern auch ein soziales Gefälle. Das Judentum in Europa habe seine biologische und gleichzeitig seine politische Rolle ausgespielt. In den Ländern der Feindmächte nehme das Judentum eine führende Stelle in dem Kampf gegen den Nationalsozialismus und gegen das deutsche Volk ein. In Sowjet-Rußland sei die jüdische Frage nicht mit besonderem Akzent hervorgehoben worden; wir wissen aber aus der Praxis der Kriegführung, daß der Jude in der Hierarchie des Bolschewismus nach wie vor eine entscheidende Rolle spiele. Die jüdische Infiltration habe sich in der Sowjet-Union gehalten.

Das zweite in diesem Zusammenhang wichtige Land sei England. Das Judentum spiele dort eine traditionelle Rolle. Es sei gelungen, auf Grund der plutokratischen Struktur Englands Juden in die führende Schicht zu entsenden, was sich in der Politik der Oberschicht während des 19. Jahrhunderts stark ausgewirkt habe. Diese Versippung sei wichtig für die Beurteilung der gegenwärtigen Lage.

Das Zusammenspiel des englischen mit dem amerikanischen Judentum habe eine entscheidende Rolle beim Ausbruch des Krieges gespielt. In den Vereinigten Staaten befänden sich ca. 7 Mill. Juden. Ihre Position sei wirtschaftlich begründet. Die demokratische Weltanschauung habe sich als fruchtbarer Boden für den fortschreitenden Einfluß des Judentums erwiesen. Die starke jüdische Durchsetzung der Führungsschicht bei den drei Deutschland bekämpfenden Mächten sei ein Faktor von größter Bedeutung.

Ges. S i x wendet sich sodann dem Zionismus zu. Zionismus bedeute Rückführung aller Juden in das Heimat- und Ursprungsland Palästina. Man wolle sie dort politisch und biologisch zusammenfügen. Die ganze Frage der Rückführung sei jedoch politisch überlagert durch die arabische Frage. Durch die Balfour-Deklaration von 1917 wurde den Juden nach dem Kriege eine Heimstätte zugesichert. Das jüdische Element habe sich in Palästina sehr breit gemacht auf Kosten des Arabertums.

Die physische Beseitigung des Ostjudentums entziehe dem Judentum die biologischen Reserven. Seine heutige Struktur sei durch seine Vereinigung mit den drei Großmächten gekennzeichnet. Diese Verbindung zeige sich in der Sowjet-Union durch die weltanschauliche Kombination des Judentums mit dem Bolschewismus, in England durch das Eindringen in die Führungsschicht und in den Vereinigten Staaten durch die Beherrschung entscheidender Schlüsselstellung in der Großfinanz. Nicht nur in Deutschland, sondern auch international müsse die Judenfrage zu einer Lösung gebracht werden.

Leg. Rat v. T h a d d e n spricht über die judenpolitische Lage in Europa und über den Stand der antijüdischen Exekutiv-Maßnahmen. Der Redner gab einen Überblick, aus welchem Grunde die zionistische Palästina-Lösung oder ähnliche Ersatz-Lösungen abgelehnt und die Aussiedlung der Juden in die Ostgebiete durchgeführt werden müsse. Er umriß sodann den derzeitigen Stand der antijüdischen Maßnahmen in sämtlichen europäischen Ländern.

Der Redner führte dann aus, welche Gegenmaßnahmen das Weltjudentum gegen die deutschen antijüdischen Maßnahmen in Europa durchführt.

Die Ausführungen wurden mit folgenden Bitten an die Vertreter der Missionen geschlossen:

1) Unterdrückung jeder, auch antijüdisch getarnten Propaganda, die geeignet ist, die deutschen Exekutiv-Maßnahmen zu hemmen oder zu behindern.

2) Vorbereitung des Verständnisses in allen Völkern für Exekutiv-Maßnahmen gegen das Judentum.

3) Laufende Berichterstattung über die Möglichkeit, auf diplomatischen Wegen verschärfte Maßnahmen gegen das Judentum in den einzelnen Ländern zur Durchführung zu bringen.

4) Laufende Berichterstattung über Anzeichen für Gegenaktionen des Weltjudentums, damit rechtzeitig Gegenminen gelegt werden können.
(Da die von dem Referenten vorgetragenen Einzelheiten über den Stand der Exekutiv-Maßnahmen in den einzelnen Ländern geheim zu halten sind, ist von der Aufnahme ins Protokoll abgesehen worden.)

ƔƔ-Hauptsturmführer Dr. Ballensiefen berichtet über Erfahrungen bei der Durchführung der antijüdischen Maßnahmen in Ungarn im Zusammenhang mit den dortigen politischen Ereignissen.

Prof. Dr. Mahr behandelt in seinem Referat die antijüdische Auslandsaktion im Rundfunk. Er fordert die Durchsetzung der deutschen Rundfunksendungen nach dem Ausland mit antijüdischem Aufklärungsmaterial und die Beeinflussung des Rundfunks der uns nahestehenden oder verbündeten Länder in ähnlichem Sinne unter Wahrung der Souveränität der betr. Länder. Im binnendeutschen Funk sei für gutes Material zu sorgen.

Frl. Dr. Haußmann spricht über antijüdische Auslandsaktion in der Presse und das Pressebild im Dienste der antijüdischen Auslandsaktion. Der Bildbedarf in der in- und ausländischen Presse sei groß. Bei der Beschaffung antijüdischer Bilder sei die Mitarbeit der Missionen erforderlich. Wichtig sei auch die Besprechung antijüdischer Bücher und jüdischer und antijüdischer Filme in der Presse. Frl. Dr. Haußmann zeigt dann die praktischen Möglichkeiten bei der Unterbringung von antijüdischen Meldungen in der ausländischen Presse auf, wobei das Schwergewicht bei den Pressereferenten der Missionen liegen muß.

Dr. Walz behandelt die antijüdische Aktivinformation. Es könne keinen wirklichen Frieden unter den Völkern geben, wenn das Judenproblem nicht auf irgendeine Weise gelöst würde. Die Informationstätigkeit müsse auf die jeweilige Mentalität der Völker, auf die in antijüdischem Sinne eingewirkt werden soll, Rücksicht nehmen. Bei Flugblättern müßten ausländische Muster als Vorbild dienen. Es fehle bisher an einem antijüdischen Film, der nicht bekannte jüdische Einzelpersönlichkeiten behandle, sondern den kleinen jüdischen Kaufmann, den jüdischen Intellektuellen in ihrem täglichen Wirken zeige.

162

LS D r. K u t s c h e r spricht über die Propagandathesen im Rahmen der antijüdischen Auslandsaktion. Jede Propaganda müsse von gewissen Leitsätzen beherrscht sein. Als derartige Leitsätze und Richtlinien für die Informationsarbeit seien die Thesen zu betrachten. Sie müßten den jeweiligen örtlichen Verhältnissen angepaßt werden. Sie seien für den internen Gebrauch bestimmt. LS Dr. Kutscher formuliert sodann einige Leitsätze: Die Juden sind die Urheber des Krieges. Sie haben die Völker in den Krieg hineingetrieben, weil sie an ihm interessiert sind. — Die Juden sind das Unglück aller Völker. — Ein jüdischer Sieg würde das Ende jeder Kultur sein (Beispiel Sowjet-Union) — Kämpft Deutschland gegen den Juden, so tut es das nicht nur für sich, sondern für die ganze europäische Kultur. — Der Jude hat sich mit diesem Krieg sein eigenes Grab gegraben. — Aufgabe dieser Sätze sei, den Menschen bestimmte Tatsachen vor Augen zu führen, so daß sie schließlich von deren Richtigkeit überzeugt seien.

D i e n s t l e i t e r   H a g e m e y e r spricht über den internationalen antijüdischen Kongreß und seine Aufgaben. Er verfolge das Ziel, die europäischen Kräfte, die sich mit der Judenfrage befaßt haben, zu sammeln. Der Kongreß müsse politisch aufgezogen werden. Entscheidend sei die Zusammensetzung der Gäste. Dabei müsse auf den Besuch von europäischen Wissenschaftlern Wert gelegt werden. Der Redner bat die Vertreter der Missionen um ihre Unterstützung bei der Auswahl der für den Kongreß einzuladenden Gäste[1]).

Es folgen nun die Berichte der Vertreter der einzelnen Missionen über die judenpolitische Lage in ihren Ländern und die Möglichkeiten a) der Beschaffung antijüdischen Materials, b) der Durchführung antijüdischer Information durch Rundfunk, Presse, allgemeine Informationsmittel (Broschüren, Plakate, Flugblätter, Klebezettel, Postkarten, Flüsterpropaganda) und die Träger dieser Arbeit.

---

[1]) *Die Einberufung eines internationalen anti-jüd. Kongresses wurde später fallengelassen. Nachstehend ein diesbezgl. Brief Reichsleiter Bormanns an Rosenberg (Dokument Nr. LXII -29):*

Der Sekretär des Führers · *Führerhauptquartier 12. 6. 1944*
Reichsleiter Martin Bormann · *Bo./Kn. P e r s ö n l i c h !*

Herrn
Reichsleiter A. Rosenberg
B e r l i n W 35
Margarethenstraße 17

Lieber Parteigenosse Rosenberg!

Ihr Schreiben vom 7. 6. legte ich am gestrigen Tage dem Führer vor. Der Führer beauftragte mich, Ihnen zu erwidern, daß in diesen Schicksalstagen der Nation der antijüdische Kongreß jede Bedeutung verloren habe; in diesen entscheidenden Monaten des Krieges würde der antijüdische Kongreß auch natürlicher Weise der völligen Nichtachtung verfallen. Der Führer wünscht daher, daß Sie die Absicht, diesen Kongreß abzuhalten, bis auf weiteres gänzlich zurückstellen.

Heil Hitler!

Ihr · *gez.: Bormann*

Dr. K l a s s e n (F r a n k r e i c h) gibt zunächst einen längeren historischen Überblick über die Entwicklung des Judenproblems und des Antisemitismus in Frankreich und verweist auf den Unterschied der Judenbehandlung in der Nord- und Südzone. In der Nordzone sei man zur Arisierung jüdischer Unternehmen geschritten, das jüdische Schrifttum sei eingezogen worden. Jüdischen Schriftstellern und Schauspielern sei nach der französischen Judengesetzgebung die Arbeit zwar nicht verboten, doch dürften sie weder eine Zeitung oder ein Theater besitzen noch leiten. Aus den Staatsstellen sei der Jude verschwunden. Im Jahr 1940 wurde in Frankreich ein Judeninstitut gegründet. Eine antijüdische Ausstellung habe großen Erfolg gehabt. Abgesehen von einigen antisemitischen Geistlichen habe sich die katholische Kirche weitgehend im Sinne der demokratischen Ideologie für das Judentum eingesetzt. Einige antisemitische Filme haben abschreckend gewirkt. Der Film müßte daher stärker eingesetzt werden. Die Informationstätigkeit müsse von der französischen Tradition ausgehen und als französische Sache hingestellt werden. Bei den Anhängern Déats und des französischen Faschismus fänden sich brauchbare Ansatzpunkte. Die Lage in Französisch-Nordafrika eigne sich gut zur Auswertung.

Dr. B e i n e r t (S p a n i e n) berichtet, daß die Judenfrage unter rassischen Gesichtspunkten in Spanien nicht als aktuell angesehen werde. Nach der Vertreibung der Juden im 15. Jahrhundert werde die Judenfrage als abgeschlossenes historisches Problem betrachtet. Der antijüdischen Information seien daher sehr enge Grenzen gezogen, sie dürfe nicht als deutsche Propaganda erscheinen und auch nicht als Großaktion aufgezogen werden. Hingegen könne die Hervorhebung eindrucksvoller Einzelfälle, vor allem unter wirtschaftlichen Gesichtspunkten, wirksam sein.

Auch Dr. M a t t h i a s (P o r t u g a l) unterstreicht die Schwierigkeiten einer antijüdischen Informationstätigkeit in Portugal. Ein Judenproblem in unserem Sinne bestehe in Portugal nicht. Einmal hat die bereits vor 1933 begonnene Abwanderung von Juden aus Mitteleuropa, die nach 1933 und während des Frankreichfeldzuges besonders stark wurde, das Bild in Portugal nicht wesentlich verändert, weil Portugal für die jüdische Emigration im wesentlichen nur Durchgangsland war. Zum Zweiten habe das ursprüngliche Judenproblem, das heißt die Schwierigkeiten, die sich durch die Einwanderung von Juden in Portugal in frühester Zeit ergaben, im Laufe der Jahrhunderte eine Lösung gefunden, die keine Bereinigung des Judenproblems in unserem Sinne darstellte, sondern die Spuren des Judentums als rassischen Bestandteil des Volkes verwischte.

Die Beschaffung von antijüdischem Material aus den USA sei möglich, doch mit hohen Kosten verbunden.

V i z e k o n s u l Dr. J a n k e (S c h w e i z) weist darauf hin, daß die große Mehrheit aller Schweizer aus gesundem Instinkt antisemitisch eingestellt sei, es fehle jedoch die Erkenntnis der Aktualität der Judenfrage. Der jüdische Einfluß sei weit geringer als in den anderen demokratisch-plutokratisch regierten Staaten. Eine antijüdische Informationstätigkeit müßte mit größter Vorsicht gehandhabt werden und dürfe den deutschen Ursprung nicht verraten, um die strengen gesetzlichen Bestimmungen nicht herauszufordern und das Mißtrauen gegen Deutschland nicht wachzurufen. Dabei müsse auch die scharfe Zensur berücksichtigt werden. Es müsse daher getarnt gearbeitet werden. In Frage kämen antijüdische Aufklärungsbroschüren, deren Aufmachung ständig zu ändern wäre, ferner Auswertung von Judenskandalen, Zusammenstellung aller jüdischen Persönlichkeiten, die eine führende Rolle in den Feindländern spielen, und Verbreitung jüdischer Witze. Die Einladung von schweizerischen Persönlichkeiten zum Antijüdischen Kongreß werde auf Schwierigkeiten stoßen.

Konsul Dr. Meißner empfiehlt, bei der antijüdischen Informationsarbeit in Italien die starke jüdische Beteiligung an verbotenen Handlungen (Schwarzhandel, Sabotage usw.) herauszustellen, im übrigen müsse sie sich aber an die italienische Intelligenz wenden und eine seriöse Basis haben. Die Herausgabe einer illustrierten Broschüre mit einer sachlichen Darstellung des Judentums als Ferment der Zersetzung könne wirkungsvoll sein. Für eine Einladung zum Kongreß kämen Preziosi und Farinacci in Frage.

Herr Delbrück (Schweden) verweist auf die Schwierigkeiten einer antijüdischen Informationstätigkeit in Schweden. Bis zur Judenaktion in Dänemark und der dadurch verursachten starken jüdischen Einwanderung in Schweden habe es in diesem Lande keine Judenfrage gegeben. Die jüdische Einwanderung habe jedoch zu einer ablehnenden Reaktion geführt. Sie könne daher als Ansatzpunkt einer antijüdischen Informationstätigkeit genommen werden. Dabei müsse allerdings berücksichtigt werden, daß alles, was nach deutscher Propaganda aussieht, abgelehnt werde. In der Presse stünden nur die wenigen deutschfreundlichen Zeitungen zur Verfügung. Antisemitische Propagandaschriften müßten ausschließlich in Schweden selbst gedruckt werden. Plakate seien nicht einsatzfähig, da dafür keine Organisationen zur Verfügung stünden. Auch Postkarten mit antijüdischen Witzen könnten eingesetzt werden. Im schwedischen Rundfunk sei keinerlei antisemitische Propaganda möglich. Die Beteiligung fanatischer Idealisten am Kongreß sei durchaus möglich.

Herr Christensen (Dänemark) teilt mit, daß die Sammlung von Material ohne weiteres möglich sei. Bildmaterial könne auch aus der Königlichen Bibliothek in Kopenhagen beschafft werden. Was die Informationstätigkeit anbelange, so stehe die Presse für die Unterbringung sog. „Auflageartikel" zur Verfügung. Allerdings sei dabei klar ersichtlich, daß es sich um deutsche Propaganda handle. Die Propaganda in Dänemark müsse von dänischer Seite durchgeführt werden und nicht von einer deutschen Zentrale.

Herr Weilinghaus (Rumänien) berichtet, daß die Judenfrage in Rumänien bisher nur von der wirtschaftlichen und von der allgemeinen politischen Seite her unter ständiger Vernachlässigung der rassischen und weltanschaulichen Gesichtspunkte behandelt worden sei. Die rumänische Regierung nehme in der Judenfrage eine vorsichtige Haltung ein. Sie hänge sehr stark von der militärischen Lage ab. Für unsere Arbeit ergebe sich daraus die Notwendigkeit, vorsichtig vorzugehen. Die rumänische Regierung habe uns wissen lassen, daß die propagandistische Behandlung der Judenfrage unerwünscht sei. So bleibe uns als Hauptmittel die Flüsterpropaganda. Weil in der übrigen Presse antijüdische Artikel nicht angenommen werden, bleibe nur das einzige zugelassene antisemitische Organ „Porunca Vremii" auf diesem Gebiet. Das in dieser Zeitung Gebrachte werde dann als Sonderdruck in größerer Auflage verbreitet. Ferner besteht die Möglichkeit des

Rückgriffes auf altes Material, das vor den verschärften Zensurbestimmungen genehmigt sei. Schließlich könnten auch Artikel in die Provinzpresse gebracht werden, da die provinzialen Zensurbehörden in der Regel weniger aufmerksam seien. Die von den Rumänen gewünschte und unterstützte antibolschewistische Propaganda biete die wirkungsvolle Möglichkeit der Koppelung mit der antijüdischen Propaganda. Die Einladung rumänischer Persönlichkeiten zum antijüdischen Kongreß hält der Referent z. Zt. im Hinblick auf die derzeitige politische Lage nicht für angebracht.

Ob. Reg. Rat Dr. Hoffmann (Bulgarien) erklärt, daß die Beschaffung antijüdischen Materials durchaus möglich sei. Die Informationstätigkeit könne nicht auf weltanschaulicher Grundlage erfolgen. Die Bulgaren seien in der Judenfrage auf ihren Erwerbsinstinkt und auf ihre nationalen Gefühle anzusprechen. Die bulgarische Regierung habe in der Judenfrage eine durchaus loyale Haltung angenommen. Es sei den Bulgaren klarzumachen, daß die bulgarischen Juden bulgarischen Inspirationen gegenüber verständnislos seien. Der Rundfunk stehe in beschränktem Umfange zur Verfügung. Flugblätter dürften sich nicht durch zu üppige Aufmachung verdächtig machen. Zum Kongreß wäre der Sobranje-Abgeordnete Andrejeff einzuladen.

Prof. Dr. Walz (Kroatien) verweist auf das Mischlingsproblem und die jüdische Versippung der führenden Kreise, die in Kroatien eine außerordentlich große Rolle spielen. Antijüdische Tendenzen seien in Kroatien immer vorhanden gewesen. Das antijüdische Problem im Südosten stehe unter dem Einfluß der militärischen Lage. Weitere antijüdische Maßnahmen seien sehr schwierig durchzuführen, solange nicht das Grundübel, die jüdische Versippung der führenden Kreise bereinigt sei. In der Ustascha-Bewegung seien antisemitische Kreise vorhanden, die auch für eine Beteiligung am Kongreß in Betracht kämen.

Herr Korselt (Slowakei) betont, daß eine Fortsetzung der antijüdischen Informationstätigkeit erst nach Wiederaufnahme der Maßnahmen gegen die Rassejuden möglich sei, da sonst die Bevölkerung den Eindruck der Inkonsequenz der Staatsführung haben würde. Die antijüdische und antibolschewistische Aufklärung müsse kombiniert werden. Der Antisemitismus müsse eingesetzt werden gegen den weit gediehenen Panslawismus, indem darauf hingewiesen werde, daß nicht der Slawe in Rußland herrsche, sondern der Jude. Die slowakische Intelligenz sehe im Juden einen intelligenten und sympathischen Vertreter des Großstadtlebens. Als Gegenmaßnahme müsse die internationale Verflechtung des Judentums mit überzeugender statistischer und Tatsachenschilderung nachgewiesen werden. Es erscheine zweckmäßig, den Juden im Film und in Jugendschriften zu zeigen. Die Möglichkeit für die Entsendung eines Teilnehmers an dem Kongreß bestehe.

Herr Posemann (Türkei): Anfang des vergangenen Jahres habe die türkische Regierung einen Schlag gegen das Judentum in Verbindung mit Versuch zur Lösung des Minderheitenproblems durchgeführt. Bei Durchführung dieser Aktion sei sehr rigoros vorgegangen worden. Vermutungen alliierter Kreise, daß es sich um einseitige antijüdische Maßnahmen handle, seien von der Türkei mit Hinweis auf gleichzeitige Maßnahmen gegen die Minderheiten zurückgewiesen worden. Immerhin habe die Türkei weitere Maßnahmen zur Lösung des Minderheitenproblems und damit der Judenfrage zurückgestellt. Daher müsse auch eine von uns gesteuerte antijüdische Propaganda im gegenwärtigen Augenblick unbedingt unterbleiben, da dies unerwünscht und eine Belastung für die türkische gegenwärtige Außenpolitik wäre. Abgesehen von Karikaturen und Witzbüchern über Juden seien in der Türkei keine antijüdischen Schriften vorhanden. Erste Ansatzpunkte einer Erkenntnis der Größe der internationalen Judenherrschaft seien in der Übersetzung der „Protokolle der Weisen von Zion" und des Buches von Ford „Der internationale Jude" zu sehen. Der Absatz dieser Broschüren und deren Verbreitung seien von der Botschaft gefördert worden. Zunächst sei nur eine Arbeit in diesem engen Rahmen möglich, da, wie bereits betont, eine sichtbar deutsch gesteuerte antijüdische Propaganda für uns ungünstige politische Komplikationen hervorrufen könne. Abschließend weist Herr Posemann auf die bevorstehende Erschwerung jeder ausländischen Propaganda in der Türkei hin. Die Teilnahme einer führenden türkischen Persönlichkeit am geplanten internationalen Kongreß sei völlig ausgeschlossen.

Anschließend spricht Dr. Schickert über das Thema „Wissenschaft und Judenfrage". Mit der Propaganda allein sei es nicht getan. Man müsse versuchen, Dinge heranzuholen, die noch nicht bekannt sind. Die Judenfrage müsse in ihrem ganzen Ernst und Tiefe „salonfähig" gemacht werden. Es komme auf die wissenschaftliche Behandlung der Judenfrage an. Eine Beeinflussung der ausländischen Wissenschaftler sei erforderlich.

Im Anschluß an den Bericht der Vertreter der Missionen faßt Ges. Schleier das Ergebnis der Arbeitstagung zusammen, wobei er noch einmal besonders auf die Frage der Materialbeschaffung und der Arbeit der Judenreferenten bei den Missionen als Materialverteilungsstelle an die Sachbearbeiter für Presse, Rundfunk, Kult, Politik und Wirtschaft verweist. Für die Arbeit von Inf. XIV sei die Beschaffung aller Reden und Stellungnahmen grundsätzlicher Art zum Judenproblem von Wichtigkeit. Die Materialbeschaffung müsse u. a. auch antijüdische Witzblätter, Fotografien von jüdischen Persönlichkeiten, Bilder über Vorgänge und Kundgebungen, Bilder aus dem Leben der Juden umfassen. Zur Kontrolle und zur laufenden Anregung der Arbeit sei der regelmäßige Eingang von Erfolgs- und Vollzugsmeldungen unerläßlich. Was den antijüdischen Weltkongreß anbelange, müßten die Judenreferenten baldigst zur Frage der Einladung amtlicher und prominenter Vertreter Stellung nehmen. Es müsse auch die Frage geprüft werden, inwieweit in Deutschland lebende wichtige ausländische Persönlichkeiten für eine Einladung in Betracht kommen.

Aussprache zu den Referaten:

Prof. Mahr regt an, für das geplante Archiv Duplikate von Hand- und Nachschlagebüchern zu beschaffen und nach Krummhübel zu schicken. Er empfiehlt ferner die Anlage von Listen jüdischversippter Hochgradfreimaurer, Journalisten, Schriftsteller und Wirtschaftler. Er regt schließlich die Herausgabe eines diplomatischen Handbuches der jüdischen Weltpolitik an, das auch in englischer und französischer Sprache veröffentlicht werden könne. Konsul Meissner gibt einige Hinweise zum Judenproblem in Japan und Ostasien, wobei er besonders auf die zahlreichen deutschen Juden in Shanghai verweist, wozu Ges. Schleier einige ergänzende Richtigstellungen bringt. LR v. Thadden hat drei Wünsche an die Missionen: a) bei der Berichterstattung zur Judenfrage müsse die

Einhaltung richtiger Dimensionen beachtet werden, b) Meldungen hätten erst dann Wert, wenn sie mit Namensangaben versehen und lokalisiert seien, c) in Bezug auf die Materiallieferung müßten sämtliche Spezialwünsche bekannt gegeben werden. V i z e k o n s u l J a n k e möchte die von P r o f. M a h r vorgeschlagene Liste auf England, USA und die Sowjet-Union beschränkt wissen. Er stellt ferner die Frage nach der Finanzierung der antijüdischen Informationsarbeit im Ausland. H e r r H a g e m e y e r will die Zusammenstellung der Liste vor allem in Bezug auf die Sowjet-Union unterstützen. ⚡ - H a u p t s t u r m f ü h r e r B a l l e n s i e f e n regt an, die Liste durch Aufnahme jüdischer Organisationen zu ergänzen. H e r r P o s e m a n n bittet, antijüdische Meldungen über die Türkei in der deutschen Presse sehr sorgfältig zu behandeln, um kein politisches Porzellan zu zerschlagen. H e r r R i c h t e r verweist auf die Südafrikanische Union und Australien als Materialquellen. V i z e k o n s u l J a n k e verweist auf den Einfluß des Judentums beim Internationalen Roten Kreuz in Genf.

G e s. S c h l e i e r spricht das Schlußwort und schließt die Tagung mit einem Siegheil auf den Führer.

Außenpolitik

Die Judenfrage ist daher zugleich eines der wichtigsten Probleme der deutschen Außenpolitik.

Aus dem Runderlaß des Auswärtigen Amtes vom 22. Juli 1937 (gez. durch v. B ü l o w - S c h w a n t e) in „Akten zur Deutschen Auswärtigen Politik 1918–1945" aus dem Archiv des deutschen Auswärtigen Amtes, Serie D (1937–1945), Band 5, Baden-Baden, Imprimérie Nationale 1953, Seite 634.

KAPITEL II

Justiz

"*Der höchste Jurist im Staate bin ich!*"

Hermann Göring (Seite 319)

INHALTSVERZEICHNIS

172

FOTOGRAFIEN

Vorwort

Der Aufbau dieses Kapitels gliedert sich wie folgt:

1. *Die Gesetze*
2. *Ihre praktische Anwendung*
3. *Theoretische Kommentare zu diesen Gesetzen*
4. *Sonderfall: ǁ-Justiz*
5. *Fälle, aus denen hervorgeht, daß auch eine andere Haltung durchaus möglich war.*

Im Vergleich zum ersten vermittelt das zweite Kapitel einen neuen wesentlichen Gesichtspunkt. Ein Diplomat ist im allgemeinen nur ausführendes Organ, während von einem Juristen — selbst im totalitären Staat — Begründung gefordert und damit kritisches Denken vorausgesetzt werden muß. Wie sah nun das Gesellschaftsideal aus, auf Grund dessen diese Fachleute ihre Rechtsnormen ausarbeiteten und durchführten? Sowohl im Inland als auch im Ausland sind während der letzten Jahre viele gute Bücher über diesen Gegenstand veröffentlicht worden; dennoch möchten wir annehmen, daß sich das ganze Problem in wenigen Worten ausdrücken läßt, wie dies durch eine unserer Persönlichkeiten geschehen ist: „Zurück zu den Rechtsanschauungen unserer Vorfahren!" (Dok. 14). Mit anderen Worten: „Zurück zu den Begriffen des Urwalds!" Weit eindeutiger und mit brutaler Offenheit findet sich diese Tendenz in den Grundsätzen und Verhaltungsregeln des KZ-Lebens und anderer Einrichtungen von ausgesprochener Himmler-Natur (Dok. 19, 24). Wenn auch unter einem Schwall von Worten und Paragraphen versteckt, entdeckt man sie jedoch ebenso in den Urteilen und Kommentaren eines Freisler oder Rothaug (Dok. 1, 7) und in denen ihrer Nacheiferer (Dok. 9—13, 20, 23).

Die Dokumente (Dok. 27, 28) illustrieren Fälle wie sie bei einer sehr großen Anzahl von Deutschen vorlagen, weil jene es ablehnten, an dem Hexensabbath in irgendeiner Weise teilzunehmen.

1. Richtlinien

Dr. Roland Freislers Gedanken zur „Strafrechtserneuerung"[1])

Das in einem Staate geltende Strafrecht ist in besonderem Maße Ausdruck des Wesens des Staates selbst.

Denn im Strafrecht bezeichnet der Staat all das, was er eines besonderen Schutzes für wert hält; und er erklärt, in welcher Schärfe er auf Angriffe gegen von ihm als schutzwürdig und schutzbedürftig anerkannte sittliche, geistige, materielle Güter des Volkes reagieren will.

So kann man das S t r a f r e c h t ein S p i e g e l b i l d d e r s e e l i s c h e n H a l t u n g d e s V o l k e s nennen.

Das gilt in hohem Maße von dem jetzigen d e u t s c h e n S t r a f r e c h t .

Entstanden in einer Zeit wachsender äußerer Erfolge des deutschen Volkes und vor allem in einer Zeit hierdurch bedingter und durch andere Umstände, wie die unaufhaltsam vorwärtsstürmende Technik, ungesund geförderter Bereicherung einzelner Volkskreise trägt dieses Strafrecht den S t e m p e l d e r G e s i n n u n g j e n e r m a t e r i a l i s t i s c h - i n d i v i d u a l i s t i s c h e n Z e i t .

Es ist richtig, auch jene Zeit sah die Notwendigkeit, den Staat in seinem Bestande zu schützen, auch das Strafrecht jener Zeit kennt den Hoch- und den Landesverrat als strafbare Tatbestände und schützt so den Bestand des Staates.

Aber ein Blick in das Strafgesetzbuch zeigt doch, daß dieser Schutz des Staates selbst wie der Schutz der Ordnung im Staate und der Schutz der Staatsorgane und ihrer Tätig-

---

[1]) „Nationalsozialistisches Strafrecht", Denkschrift des Preußischen Justizministers, R. v. Deckers Verlag, G. Schenck, Berlin W 9. 1933, Seiten 6—9.

Die Notwendigkeit

Die N o t w e n d i g k e i t der Unterbindung weiterer Blutsvermischung des deutschen Volkes ist klar erkannt; eine ausreichende gesetzliche Handhabe fehlt. Sie wird kommen, weil sie kommen muß.

RA. Dr. Ferdinand M ö ß m e r : „Zeitschrift der Akademie für Deutsches Recht" 1934, Heft 2, Seite 92.

keit gegen Angriffe asozialer oder revoltierender Elemente im Staate nicht den Mittelpunkt des Strafrechtes darstellt, daß dieser Schutz vielmehr nur deshalb ausgesprochen ist, weil dem Einzelindividuum die gesicherte Möglichkeit, erfolgreich im Wirtschaftsleben, geschützt vom Staate, sich frei betätigen zu können, gewährleistet werden sollte.

Und so bildet nach äußerem Umfang und innerem Gewicht den S c h w e r p u n k t d e s   j e t z i g e n   S t r a f r e c h t s   d e r   S c h u t z   d e r   m a t e r i e l l e n ,   i m   E i n - z e l b e s i t z   b e f i n d l i c h e n   G ü t e r   g e g e n   E i n g r i f f e   i n   d i e s e n   E i n - z e l b e s i t z und der Schutz des Handelns und Wandels des Einzelnen im Wirtschaftsleben.

Gewiß ist dieser Schutz in jedem Strafrecht notwendig, nicht nur im Strafrecht von Staaten, die lediglich über die Grenze des hierzu Unerläßlichen nicht hinausgehende Garanten der äußeren Ruhe und Ordnung sein wollen, sondern auch im Strafrecht der totalen Staaten, wie sie in Europa — wenn auch mit verschiedenstem zugrunde liegenden Ideengehalt und in verschiedenster Rechtsform — das dritte Deutsche Reich, das faschistische Italien und die Sowjetunion darstellen.

Aber im M i t t e l p u n k t e des Strafrechts kann der Schutz der materiellen, im Einzelbesitz befindlichen Güter nur stehen in Staaten, die den Einzelindividuen zu dienen sich für bestimmt halten, bei Völkern also, deren Weltanschauung individualistisch ist, deren Einzelwesen diesen Individualismus vor allem auf materiellem Gebiete zu verfolgen trachten.

Noch offenbarer wird dieser der bisherigen Haltung des deutschen Volkes entsprechende Charakter des deutschen Strafrechts, wenn man einmal an all das denkt, was wir i n d i e s e m   S t r a f r e c h t   ü b e r h a u p t   n i c h t   f i n d e n , oder was lediglich in unzulänglichen Einzelbestimmungen, gewissermaßen nebenbei, als schutzbedürftig angedeutet ist, oder was in Nebengesetze verbannt wurde.

Ich denke da an den S c h u t z   d e s   V o l k e s   s e l b s t ,   s e i n e r   B l u t s -   u n d S c h i c k s a l s g e m e i n s c h a f t , wie sie in Jahrtausenden gewachsen ist. Der Schutz dieser Blutsgemeinschaft — der Rasse — ist dem jetzigen Strafrecht fremd. Der Schutz dieser durch Ströme von Blut geheiligten Schicksalsgemeinschaft ist dem deutschen Strafrecht unbekannt.

D i e   G r a b s t ä t t e n   d e r   H e l d e n   d e s   V o l k e s ,   d i e   T a t e n   d e r   d e u t - s c h e n   H e e r e   u n d   i h r e r   F ü h r e r ,   i h r   A n d e n k e n   u n d   i h r e   E h r e , w u r d e n   i m   b i s h e r i g e n   S t r a f r e c h t   s o   g u t   w i e   v o g e l f r e i   g e - l a s s e n .

V o l k   a l s   e i n   l e b e n d i g e s   G e s a m t w e s e n   k a n n t e   d i e   Z e i t n i c h t ,   d i e   h i n t e r   u n s   l i e g t , Volk, seine Rasse, seine Geschichte, seine Helden konnten daher auch nicht besonders schutzwürdig erscheinen.

Und weiter: Ein materialistisches Zeitalter mußte gleichgültig vorübergehen an dem Wertvollsten, was aus der Blutsgemeinschaft erwächst und sich dauernd erneuert: an der Arbeitskraft des Volkes und an der Volksgesundheit. S c h u t z   d e r   A r b e i t s k r a f t d e s   V o l k e s   u n d   d e r   e i n z e l n e n   V o l k s g e n o s s e n ,   S c h u t z   d e r K r a f t   z u r   M u t t e r s c h a f t   d e r   d e u t s c h e n   F r a u ,   S c h u t z   d e r G e s u n d h e i t   u n d   d e r   s i t t l i c h e n   U n v e r s e h r t h e i t   d e s   G e -

Ein Symbol der nationalsozialistischen Justiz

Anläßlich eines Besuchs im Referendar-Lager Jüterbog bei Berlin läßt sich Justizminister Kerrl unter einem Galgen fotografieren, an dem ein Paragraph aufgehängt wurde

Volksgerichtshof 1944

schlechts nach uns, unserer Jugend, das alles ist bisher nur ganz am Rande des strafrechtlich geschützten Gebietes nebenbei und unzulänglich behandelt, zum größten Teil in Nebengesetze verbannt.

Daß eine Zeit der inneren Auflösung — denn das ist immer eine materialistisch-individualistische Zeit — die Zelle, auf der das Leben des Volksorganismus sich aufbaut, die Familie nicht als schutzwürdige Einheit in ihrem Strafrechte kennt, ist selbstverständlich.

Und ebenso unverständlich wäre es, wenn eine Zeit, die die Ehre nach dem Golde maß, in der an Stelle von Mannesehre Reichtum und Klassenzugehörigkeit stand, die Ehre des Einzelnen in den Kernpunkt des Schutzes der Einzelpersönlichkeit gestellt hätte.
Wie im gesamten bisherigen Strafrecht, der Schutz des Einzelnen dem der Gesamtheit vorangeht, wie dieses Strafrecht bewußt individualistisch ist,

so stellt es innerhalb des Schutzes des Einzelnen den Schutz der materiellen Güter und Interessen voran, ist also bewußt materialistisch.

Die destruktiven Elemente, die seit dem äußeren Niederbruch des Reiches sich als Liquidatoren der Staatsgewalt betrachteten und 14 Jahre die Herrschaft über das deutsche Volk ausübten, übten auch an diesem destruktiven Strafrecht noch Kritik. Es war ihnen nicht destruktiv genug!
Überall, wo eine kleine Andeutung von Schutz sittlicher Güter, von Schutz der Familie, des Volkes, des Staates im Strafrecht vorhanden war, regte sich eine leidenschaftliche, ja hysterische Kritik:
Abschaffung des Schutzes des keimenden Lebens, also der Zukunft der Nation, wurde zum Programmpunkt jenes destruktive System stützender Parteien erhoben, wurde von gewissenlosen Demagogen in staatlich geförderten Versammlungen unter dem Schutz von Dirnen und Zuhälterbanden verlangt!
Verhöhnung des religiösen Gefühls des Volkes durch Darstellung des Gottsohnes mit Gasmaske und andere noch schlimmere, absichtlich zersetzende Veröffentlichungen wurde unter dem Beifall der Demagogen von einer gefesselten Justiz auf Grund unzulänglichen Strafrechts erlaubt!
Das nationale Ehrgefühl beleidigende Produkte landesverräterischer Gehirne wie eines „Remarque" gingen über die Bühne unter dem Schutz der Liquidatoren des deutschen Staates; und die, die sich dagegen auflehnten, wurden unter dem jedes sittliche Wertmaß als richtunggebend ablehnenden Strafrecht verfolgt! Bekämpfung des Mordes durch staatliche Todesandrohung für den Mörder wurde durch die Staatspraxis außer Kraft gesetzt!
Schon wurde das Recht des Staates zu strafen, überhaupt in Zweifel gezogen!

Im Mittelpunkt der Strafrechtspolitik stand nicht der Volksorganismus, seine Hege und Pflege,

stand nicht der Staat und sein Bestand,

stand nicht die Familie, die heilige Zelle des Volkslebens,

stand nicht die Ehre, die Wehr- und Arbeitskraft des deutschen Mannes, die Mutterkraft der deutschen Frau, die
Reinheit des deutschen Kindes,

im Mittelpunkt der Strafrechtspolitik standen in der letzten Zeit der 14 Jahre des
organisierten Volksverrats nicht einmal mehr die materiellen Güter
und Interessen des einzelnen ehrlichen Volksgenossen,

im Mittelpunkt der Strafrechtspolitik stand vielmehr der
Verbrecher.

Die Sorge darum, ihm nicht zu wehe zu tun,

das liebevolle Sichversenken in seine Seele,

das Verstehen seiner Eigenart,

das mitleidige Bedauern ihm gegenüber als einem „Produkt seiner Umwelt", das war
der Inhalt der vom Staate geförderten Strafrechtspolitik.

Wie lange hätte es noch gedauert, bis eine solche Einstellung die letzten Dämme ein-
riß, die der Überflutung der Ordnung durch das Chaos entgegenstanden?

Geführt von dem Manne, den die Geschichte zu diesem Zwecke erstehen ließ,
erwachte das deutsche Volk zum Bewußtsein seiner selbst,
erkannte den abgrundtiefen Strudel, an dessen Rande es sich befand, in der tödlichen
Gefahr, im nächsten Augenblick hinein- und herabgerissen zu werden, um nie wieder auf-
zutauchen.

Die Revolution, die innere Erneuerung, ergriff die deutsche
Seele. In einer ungeheuren sittlichen und physischen Kraftanstrengung sprengte das
deutsche Volk die Ketten der inneren Knechtschaft.

Das Frontsoldatengeschlecht und die Jugend ergriffen gemeinsam das Ruder des sin-
kenden Staatsschiffes und schicken sich an, es durch die Stürme der Not zu steuern, und
bauen sich ein neues Heim — den deutschen Staat.

Dieser Staat aber soll nicht nur eine gemeinsame Wohnung darstellen, in der
alle einzelnen Volksgenossen wohnen,

er soll das organisierte Volk selbst sein. Er ist die Lebensform des Volkes.

Das Strafrecht dieses Staates muß freilich ganz anders sein wie das des Gebildes, das
in den letzten 14 Jahren Staatsgewalt über das deutsche Volk beanspruchte.

Das Strafrecht muß den Schutz des Volkes in den Mittelpunkt stellen. Es muß dabei
der Erkenntnis Rechnung tragen, daß dies Volk nicht nur das gegenwärtig lebende Geschlecht ist, daß dies Volk vielmehr schon war in Zeiten, die das Licht der Geschichte
noch nicht erleuchtete, und daß es sein wird in Zeiten, die unser Geist heute noch nicht

zu ermessen vermag. In seiner Vergangenheit, in seinem gegenwärtigen rauschend strömenden Leben und in seiner Zukunft muß dies deutsche Volk im Strafrecht geschützt sein!

Und daneben muß der Schutz des Staates als der Lebensform des Volkes stehen.

Kein Lebewesen kann bestehen, wenn seine Zellen nicht gesund sind. Der Schutz der Familie als der Zelle des Volkskörpers ist also das nächste, was ein nationalsozialistisches Strafrecht zu sichern hat.

Dann aber hat es an die Urkräfte des Volkes zu denken: Die Wehr- und Arbeitskraft, die Kraft zur Mutterschaft, die sittliche und körperliche Gesundheit der Jugend, deren Zukunft in unsere treuhänderische Obhut gelegt ist.

Und danach soll das Strafrecht dem Einzelnen Arbeitssicherheit und Arbeitsfrieden gewährleisten, weil und soweit der Einzelne dem Volksganzen dient.

Arbeitssicherheit und Arbeitsfrieden aber setzt voraus, daß die Ehre des einzelnen Volksgenossen unantastbar ist. Ihr Schutz muß also dem Schutze der Sphäre seiner wirtschaftlichen Betätigung vorangehen.

Es bedarf danach eines Strafrechtes, das Volk und Familie voranstellt, das sittliche Güter den materiellen überordnet, mit einem Wort:

Es bedarf eines nationalsozialistischen Strafrechtes.

Gewaltig ist die schöpferische Kraft der nationalsozialistischen Erneuerung. Diese schöpferische Kraft wird wie andere größere, so auch diese wichtige Aufgabe bewältigen.

Arbeiten wir, jeder zu seinem Teil daran, daß die Aufgabe gelöst wird:

Der Rechtsgestalter wie der Richter! Denn nur beide zusammen vermögen ein Strafrecht, das seiner Aufgabe gerecht wird, zum Leben zu erwecken und lebendig zu erhalten!

Was redet Ihr nur immer von Kampf?

„Kampf? Was redet Ihr nur immer von Kampf? Ihr habt doch den Staat erobert, und wenn euch etwas nicht gefällt, dann macht ein Gesetz und regelt es anders. Was braucht Ihr da immerzu von Kampf zu reden? Ihr habt doch jede Macht. Worum kämpft Ihr noch? Außenpolitisch? Ihr habt doch die Wehrmacht, die wird den Kampf schon führen, wenn es erforderlich ist! Innenpolitisch? Ihr habt doch die Justiz und die Polizei, die alles ändern können, was Euch nicht zusagt!"

„Kampf und Macht", Artikel in der Zeitschrift „Der Hoheitsträger" vom Februar 1939.

2. „Gesetze"

I.

Bürgerliche Ehrenrechte und die arische Abstammung[1])

§ 5

Schriftleiter kann nur sein, wer:

1. die deutsche Reichsangehörigkeit besitzt,

2. die bürgerlichen Ehrenrechte und die Fähigkeit zur Bekleidung öffentlicher Ämter nicht verloren hat,

3. arischer Abstammung ist und nicht mit einer Person von nichtarischer Abstammung verheiratet ist,

4. das 21. Lebensjahr vollendet hat,

5. geschäftsfähig ist,

6. fachmännisch ausgebildet ist,

7. die Eigenschaften hat, die die Aufgabe der geistigen Einwirkung auf die Öffentlichkeit erfordert.

II.

Die juristische Staatsprüfung[2])

§ 10

(1) Der Meldung zur ersten juristischen Staatsprüfung sind beizufügen:
. . . .

f) die vorgeschriebene Erklärung über die arische Abstammung des Bewerbers und seiner Ehefrau;

---

[1]) *Schriftleitergesetz vom 4. Oktober 1933, Reichsgesetzblatt Teil I, Seite 713.*
[2]) *Ausbildungsordnung für Juristen vom 22. Juli 1934, Reichsgesetzblatt, Teil I, Seite 729.*

III.

Die Reinheit des deutschen Blutes[1])

Durchdrungen von der Erkenntnis, daß die Reinheit des deutschen Blutes die Voraussetzung für den Fortbestand des Deutschen Volkes ist, und beseelt von dem unbeugsamen Willen, die Deutsche Nation für alle Zukunft zu sichern, hat der Reichstag einstimmig das folgende Gesetz beschlossen, das hiermit verkündet wird:

§ 1

(1) Eheschließungen zwischen Juden und Staatsangehörigen deutschen oder artverwandten Blutes sind verboten. Trotzdem geschlossene Ehen sind nichtig, auch wenn sie zur Umgehung dieses Gesetzes im Ausland geschlossen sind.

(2) Die Nichtigkeitsklage kann nur der Staatsanwalt erheben.

§ 2

Außerehelicher Verkehr zwischen Juden und Staatsangehörigen deutschen oder artverwandten Blutes ist verboten.

§ 3

Juden dürfen weibliche Staatsangehörige deutschen oder artverwandten Blutes unter 45 Jahren in ihrem Haushalt nicht beschäftigen.

§ 4

(1) Juden ist das Hissen der Reichs- und Nationalflagge und das Zeigen der Reichsfarben verboten.

(2) Dagegen ist ihnen das Zeigen der jüdischen Farben gestattet. Die Ausübung dieser Befugnis steht unter staatlichem Schutz.

---

[1]) *Gesetz zum Schutze des deutschen Blutes und der deutschen Ehre vom 15. September 1935, Reichsgesetzblatt, Teil I, Seite 1146—1147.*

Der Jude Paulus

... Als Vater dieses Weges ist der Jude Paulus anzusehen, denn er legte in konsequenter Weise die Richtlinien zur Zerstörung der blutlich gebundenen Weltanschauung fest. Statt einer verschiedenen Wertung der Völker und des Blutes verschob die politische Kirche die Wertung auf den einzelnen Menschen.

„Der Schulungsbrief", das deutsche Monatsblatt der NSDAP und DAF,
3. Folge 1937, Seite 88.

§ 5

(1) Wer dem Verbot des § 1 zuwiderhandelt, wird mit Zuchthaus bestraft.

(2) Der Mann, der dem Verbot des § 2 zuwiderhandelt, wird mit Gefängnis oder mit Zuchthaus bestraft.

(3) Wer den Bestimmungen der §§ 3 oder 4 zuwiderhandelt, wird mit Gefängnis bis zu einem Jahr und mit Geldstrafe oder mit einer dieser Strafen bestraft.

§ 6

Der Reichsminister des Innern erläßt im Einvernehmen mit dem Stellvertreter des rers und dem Reichsminister der Justiz die zur Durchführung und Ergänzung des Gesetzes erforderlichen Rechts- und Verwaltungsvorschriften.

§ 7

Das Gesetz tritt am Tage nach der Verkündung, § 3 jedoch erst am 1. Januar 1936 in Kraft.

Nürnberg, den 15. September 1935,
am Reichsparteitag der Freiheit.

Der Führer und Reichskanzler
Adolf Hitler
Der Reichsminister des Innern
Frick
Der Reichsminister der Justiz
Dr. Gürtner
Der Stellvertreter des Führers
Rudolf Heß
Reichsminister ohne Geschäftsbereich

IV.

Das deutsche oder artverwandte Blut[1])

Der Reichstag hat einstimmig das folgende Gesetz beschlossen, das hiermit verkündet wird:

§ 1

(1) Staatsangehöriger ist, wer dem Schutzverband des Deutschen Reiches angehört und ihm dafür besonders verpflichtet ist.

(2) Die Staatsangehörigkeit wird nach den Vorschriften des Reichs- und Staatsangehörigkeitsgesetzes erworben.

---

[1]) *Reichsbürgergesetz vom 15. September 1935, Reichsgesetzblatt Teil I, Seite 1146.*

§ 2

(1) Reichsbürger ist nur der Staatsangehörige deutschen oder artverwandten Blutes, der durch sein Verhalten beweist, daß er gewillt und geeignet ist, in Treue dem Deutschen Volk und Reich zu dienen.

(2) Das Reichsbürgerrecht wird durch Verleihung des Reichsbürgerbriefes erworben.

(3) Der Reichsbürger ist der alleinige Träger der vollen politischen Rechte nach Maßgabe der Gesetze.

§ 3

Der Reichsminister des Innern erläßt im Einvernehmen mit dem Stellvertreter des Führers die zur Durchführung und Ergänzung des Gesetzes erforderlichen Rechts- und Verwaltungsvorschriften.

Nürnberg, den 15. September 1935,
am Reichsparteitag der Freiheit.

Der Führer und Reichskanzler
Adolf Hitler
Der Reichsminister des Innern
Frick

V.

Voraussetzungen für die Bestallung eines Tierarztes[1])

§ 3

(1) Die Bestallung als Tierarzt erhält, wer die Voraussetzungen der Bestallungsordnung erfüllt, die nach Anhören der Reichstierärztekammer vom Reichsminister des Innern erlassen wird.

(2) Die Bestallung ist zu versagen:

1. wenn der Bewerber die bürgerlichen Ehrenrechte nicht besitzt;
2. wenn sich aus Tatsachen ergibt, daß dem Bewerber die nationale oder sittliche Zuverlässigkeit fehlt, insbesondere wenn schwere strafrechtliche oder sittliche Verfehlungen vorliegen;
3. wenn der Bewerber durch berufsgerichtliches Urteil für unwürdig erklärt ist, den tierärztlichen Beruf auszuüben;
4. wenn dem Bewerber infolge eines körperlichen Gebrechens oder wegen Schwäche seiner geistigen oder körperlichen Kräfte oder wegen einer Sucht die für die Ausübung des tierärztlichen Berufs erforderliche Eignung oder Zuverlässigkeit fehlt;
5. wenn der Bewerber wegen seiner oder seines Ehegatten Abstammung nicht Beamter werden könnte. Der Reichsminister des Innern kann in Härtefällen im Einvernehmen mit der Reichstierärztekammer Ausnahmen zulassen.

---

[1]) *Reichstierärzteordnung vom 3. April 1936, Reichsgesetzblatt Teil I, Seite 347.*

VI.

Ohne Arier-Nachweis keine Pressebetätigung[1])

Auf Grund des § 25 der Ersten Verordnung zur Durchführung des Reichskulturkammer-
gesetzes vom 1. November 1933 (RGBl. I/33 S. 797 ff.) bestimme ich folgendes:

1. Wer gemäß § 4 der Ersten Verordnung zur Durchführung des Reichskulturkammer-
   gesetzes auf Grund der von ihm ausgeübten Tätigkeit auf dem Gebiete des deutschen
   Pressewesens zur Mitgliedschaft in der Reichspressekammer verpflichtet ist, hat für
   sich und seinen Ehegatten, mit dem er zur Zeit des Inkrafttretens dieser Anordnung
   verheiratet ist oder später die Ehe eingehen will, auf Anfordern den Nachweis der
   Abstammung von Vorfahren deutschen oder artverwandten Blutes bis zum Jahre 1800
   zu erbringen.
2. Wer diesen Nachweis nicht führen kann, hat innerhalb eines von mir zu bestimmen-
   den Zeitraumes seine Tätigkeit in der deutschen Presse einzustellen, es sei denn, daß
   eine vorübergehende oder dauernde Ausnahme bewilligt worden ist.
3. Diese Anordnung tritt mit dem Tage ihrer Verkündung in Kraft.

Berlin, den 15. April 1936.   Der Präsident der Reichspressekammer

A m a n n

VII.

Privatunterricht und die Reinheit des Blutes[2])

Die Erlaubnis zur Errichtung einer Privatschule oder zur Erteilung von Privatunterricht an Jugendliche darf, soweit es sich um Anträge deutscher Staatsangehöriger handelt
und der Unterricht an Schüler deutschen oder artverwandten Blutes erteilt werden soll,
unbeschadet der sonstigen nach den allgemeinen Vorschriften erforderlichen Voraussetzungen nur erteilt werden, wenn der Antragsteller

1. für sich und, falls er verheiratet ist, auch für seinen Ehegatten den nach den beamten-
   rechtlichen Vorschriften erforderlichen Nachweis der Reinheit des Blutes erbringen kann,
2. die Gewähr bietet, daß er jederzeit rückhaltlos für den nationalsozialistischen Staat
   eintritt.

---

[1]) *Anordnung betreffs Nachweis der arischen Abstammung. „Das Recht der
Reichskulturkammer", herausgegeben von Dr. Karl-Friedrich S c h r i e b e r ,
Rechtsanwalt in Berlin. 1936, Seiten 101—102.*

[2]) *Erlaß des Reichsministers für Erziehung und Unterricht über die Richtlinien für die Erteilung von Privatunterricht vom 15. Oktober 1936, Amtsblatt,
Seite 466.*

Fruchtbare Erkenntnisse

Die fruchtbare Erkenntnis, daß allein im Rassegedanken und in der Rasse-
erziehung die wirklich sinnvolle, gestaltende und notwendige „Konzentration" für
alle Unterrichtsfächer erwächst, stellt auch den Unterricht in den Neueren Sprachen
vor neue, große Aufgaben.

Studiendirektor Dr. Erich K i r s c h , Wuppertal-Elberfeld, im Buch: „Rassische Erziehung als Unterrichtsgrundsatz der Fachgebiete", herausgegeben
von Dr. Rudolf Benze und Alfred Pudelko, Verlag Moritz Diesterweg,
Frankfurt/Main 1937, Seite 163.

Zur Abwehr!

Am 30. Januar 1933 wurde Adolf Hitler, der Führer der deutschen Freiheitsbewegung, zum Kanzler des Deutschen Reiches ernannt. Am 5. März 1933 bekannte sich das deutsche Volk in einer wunderbaren Erhebung zu ihm und zu seinem Befreiungswerk. Die

nationale Revolution

bricht sich alle Gassen in Trümmer hat. Der Marxismus liegt zerschmettert am Boden. Deutschland geht einem neuen Ausbau entgegen. Die

Diese grandiose deutsche Freiheitstat erfüllt den

internationalen Weltjuden

mit Haß und Grimm. Er sieht, daß es mit seiner Macht in Deutschland zu Ende geht. Er sieht, aus diesem Deutschland kann er keine kommunistische Verbrecherkolonie mehr machen. Jetzt handelt er nach dem Programm, das der jüdische Zionistenführer Theodor Herzl im Jahre 1897 in Basel bei einem großen Judenkongreß öffentlich verkündete (Auszug aus der 7. Sitzung)

„Sobald ein nichtjüdischer Staat es wagt, uns Juden Widerstand zu leisten, müssen wir in der Lage sein, seine Nachbarn zum Kriege gegen ihn zu veranlassen... Als Mittel dazu werden wir vorher durch die öffentliche Meinung vorschüren. Diese werden wir vorher durch die sogenannte „achte Großmacht", die Presse in unserem Sinne bearbeiten. Mit ganz wenig Ausnahmen, die überhaupt nicht in Frage kommen, liegt die ganze Presse der Welt in unseren Händen."

Nach einem großangelegten Plan hat in diesen Tagen der Jude die öffentliche Verleumdung gegen Deutschland aufgehetzt. Er bedient sich dazu der Presse, durch die er eine ungeheure Lügenflut über die Welt ergießt. Kein Verbrechen, keine Schandtat ist ihm zu niederträchtig, er beschuldigt die Deutschen damit.

Der Jude lügt, in Deutschland würden Angehörige des jüdischen Volkes grausam zu Tode gefoltert!

Der Jude lügt, es würden diesen Juden die Augen ausgebrannt, die Hände abgehackt, Ohren und Nasen abgeschnitten, ja, selbst die Leichen würden noch zerstückelt!

Der Jude lügt, es würden in Deutschland selbst jüdische Frauen in grauenvoller Weise getötet und jüdische Mädchen vor den Augen ihrer Eltern vergewaltigt!

Der Jude verbreitet diese Lügen in derselben Weise und zu demselben Zwecke, wie er das auch während des Krieges gegen Deutschland antwenzte.

Darüber hinaus fordert er zum

Boykott deutscher Erzeugnisse

auf. Er will damit das Elend der Arbeitslosigkeit in Deutschland noch vergrößern, er will den deutschen Export ruinieren.

Deutsche Volksgenossen! Deutsche Volksgenossinnen!

Die Schuldigen an diesem wahnwitzigen Verbrechen, an dieser niederträchtigen Greuel- und Boykott-Hetze sind die

Juden in Deutschland

Sie haben ihre Rassengenossen im Ausland zum Kampfe gegen das deutsche Volk aufgerufen. Sie haben die Lügen und Verleumdungen hinausgemeldet. Darum hat die Reichsleitung der deutschen Freiheitsbewegung beschlossen, in Abwehr der verbrecherischen Hetze

ab Samstag, den 1. April 1933 vormittags 10 Uhr
über alle jüdischen Geschäfte, Warenhäuser, Kanzleien usw.

den Boykott zu verhängen.

Dieser Boykottierung Folge zu leisten, dazu rufen wir Euch, deutsche Frauen und Männer, auf!

Kauft nichts in jüdischen Geschäften und Warenhäusern! Geht nicht zu jüdischen Rechtsanwälten!

Meidet jüdische Aerzte!

Zeigt den Juden, daß sie nicht ungestraft Deutschland in seiner Ehre herabwürdigen und beschmutzen können.
Wer gegen diese Aufforderung handelt, beweist damit, daß er auf der Seite der Feinde Deutschlands steht.

Es lebe der ehrwürdige Generalfeldmarschall aus dem großen Kriege, der Reichspräsident **Paul von Hindenburg!**
Es lebe der Führer und Reichskanzler **Adolf Hitler!**
Es lebe das deutsche Volk und das heilige **Deutsche Vaterland!**

Zentral-Komitee zur Abwehr der jüdischen Greuel- und Boykott-Hetze.
gez.: Streicher.

Plakat Nr. 1

VIII.
Deutschstämmiger Viehhandel[1])

Auf Grund der §§ 2 und 10 des Reichsnährstandgesetzes vom 13. September 1933 (Reichsgesetzbl. I, S. 626) und der §§ 9, 10 und 11 des Gesetzes über den Verkehr mit Tieren und tierischen Erzeugnissen vom 23. März 1934 (Reichsgesetzbl. I, S. 224) wird verordnet:

Zulassung von Viehhandelsbetrieben

. . . .

§ 3
Für den Nachweis der persönlichen und sachlichen Eignung gelten folgende Grundsätze:
1. Betriebsinhaber und Betriebsleiter müssen in der Regel eine dreijährige Tätigkeit in einem geeigneten Unternehmen nachweisen und sich in dieser Tätigkeit als zuverlässig erwiesen haben;
2. der Betrieb muß die Gewähr für eine ordnungsmäßige Buchführung bieten;
3. Betriebsinhaber und Betriebsleiter müssen, wenn sie staatenlos sind, deutschstämmig sein;
4. ein Betrieb darf nicht zugelassen werden, dessen wirtschaftliche Lage zu Bedenken Anlaß gibt; der Nachweis der für die Führung des Betriebes erforderlichen Mittel kann gefordert werden;
5. Betriebsinhaber und Betriebsleiter sollen nicht der im § 1, Abs. 1 Nr. 3 der Verordnung zur Regelung des Verkehrs mit Schlachtvieh vom 27. Februar 1935 genannten Berufsgruppe (Schlachtergruppe) angehören.

. . . .

§ 12
(1) Als Viehhandelsbetriebe im Sinne dieser Verordnung gelten auch Betriebe, die den Kauf von Vieh vermitteln (Agenten, Kommissionäre, Makler).

(2) Als Vieh im Sinne dieser Verordnung gelten Pferde, Rindvieh einschließlich Kälber, Schweine und Schafe.

---

[1]) *Verordnung über den Handel mit Vieh vom 25. Januar 1937, Reichsgesetzblatt, Teil I, Seite 28 und 29.*

Das Fundament

Zu dem R a s s e - und V o l k s t u m s g e d a n k e n , der das Fundament alles volkhaften Lebens ist, tritt im nationalsozialistischen Staatsdenken der F ü h r e r - g e d a n k e hinzu, der eine wahrhaft völkische, artgemäße Führung ermöglicht. Damit wurde der F ü h r e r g r u n d s a t z zum g e s t a l t e n d e n P r i n z i p des d e u t s c h e n V o l k s - und S t a a t s l e b e n s .

Prof. der Rechte an der Universität Tübingen Dr. Hans Erich F e i n e : „Deutsche Verfassungsgeschichte der Neuzeit", 3. ergänzte Auflage 1943, Verlag J. C. B. Mohr (Paul Siebeck) in Tübingen, Seite 141/142.

IX.

Doktorwürde und Ahnenpaß[1])

Im Einvernehmen mit dem Stellvertreter des Führers, dem Herrn Reichs- und Preußischen Minister des Innern und dem Auswärtigen Amt ordne ich mit sofortiger Wirkung an, daß Juden (§ 5 der Ersten Verordnung zum Reichsbürgergesetz vom 14. November 1935, RGBl. I, S. 1333), welche die deutsche Staatsangehörigkeit besitzen, zur Doktorprüfung nicht mehr zugelassen sind; auch hat die Erneuerung von Doktordiplomen bei ihnen zu unterbleiben.

Zulässig bleibt die Promotion von jüdischen Mischlingen (§ 2, Abs. 2 der Ersten Verordnung zum Reichsbürgergesetz vom 14. November 1935). In Zweifelsfällen ist meine Entscheidung einzuholen.

Deutsche Staatsangehörige haben dem Gesuch um Zulassung zur Doktorprüfung einen ausgefüllten Fragebogen nach anliegendem Muster, dazu die Geburtsurkunde des Kandidaten, die Geburts- und Heiratsurkunden der Eltern und der beiderseitigen Großeltern oder an Stelle der Urkunden den Ahnenpaß beizufügen. Gegen die Rückgabe der Urkunden oder des Ahnenpasses nach Prüfung bestehen keine Bedenken. Für diesen Fall ist ein entsprechender Vermerk zu den Promotionsakten zu nehmen (siehe Erlaß des Reichsministers der Finanzen vom 11. Januar 1937 — A 4400/3. I B —, RBesBl. S. 2).

Entgegenstehende Bestimmungen werden aufgehoben, insbesondere wird der Runderlaß vom 15. Dezember 1933 — U I 2913. l. — hierdurch geändert.

Gegen die Aushändigung des Doktordiploms an diejenigen Juden, welche die Promotionsbedingungen bei Eingang dieses Erlasses bereits restlos erfüllt, d. h. auch die vorgeschriebenen Pflichtexemplare der Dissertation an die Fakultät abgeliefert haben, bestehen keine Bedenken. Das gleiche gilt für diejenigen Fälle, in denen ich die Zulassung bereits vor diesem Erlaß ausnahmsweise genehmigt habe, falls die Meldung zur Prüfung spätestens innerhalb von drei Monaten seit Eingang dieses Erlasses erfolgt. Die in Betracht kommenden Kandidaten sind ausdrücklich auf diesen Endtermin hinzuweisen. Dabei sind hinsichtlich der Aushändigung des Doktordiploms an staatsangehörige Studierende der Medizin und der Zahnheilkunde jüdischen Blutes die nachfolgenden Bestimmungen zu beachten.

Da bei staatsangehörigen Studierenden der Medizin und der Zahnheilkunde eine Promotion erst nach erfolgter Bestallung als Arzt oder Zahnarzt erfolgen kann, will ich denjenigen staatsangehörigen Studierenden der Medizin und der Zahnheilkunde, die jüdische Mischlinge (§ 2, Abs. 2 der Ersten Verordnung zum Reichsbürgergesetz vom 14. November 1935) sind und als solche auf eine Bestallung als Arzt oder Zahnarzt nicht rechnen können, Gelegenheit geben, den Doktorgrad zu erwerben, soweit sie nach Ablegung des Staatsexamens das Deutsche Reich verlassen und im Auslande eine feste Stellung angenommen haben. Diese Studierenden haben, wenn sie auf die Aushändigung des Doktordiploms

---

[1]) *Erlaß des Reichsministers für Erziehung und Unterricht über den Erwerb der Doktorwürde durch Juden deutscher Staatsangehörigkeit vom 15. April 1937. Amtsblatt, Seiten 224—225.*

Wert legen, der zuständigen Fakultät einen entsprechenden Antrag einzureichen. Dem Antrage sind ausreichende glaubhafte Unterlagen beizufügen, aus denen sich ergibt, daß der Betreffende eine feste Anstellung oder die Aussicht auf eine solche im Auslande erlangt hat. Dem Gesuch ist ferner eine besondere Erklärung anzuschließen, mit der bedingungslos auf die Bestallung als Arzt oder Zahnarzt im Deutschen Reich verzichtet wird. Das Gesuch nebst Unterlagen (einschließlich der Verzichtserklärung) ist mir mit einer Stellungnahme der Fakultät über die Persönlichkeit des Doktoranden, insbesondere über seine etwaige politische Betätigung, auf dem vorgeschriebenen Dienstwege (außerhalb Preußens durch die Hochschulverwaltung des betreffenden Landes) vorzulegen. Ich behalte mir die Genehmigung in jedem Falle vor. Von der Genehmigung, die im Einvernehmen mit dem Herrn Reichs- und Preußischen Minister des Innern ergeht, werde ich die zuständige oberste Landesbehörde (Ministerium des Innern) unter Übersendung der Verzichtserklärung benachrichtigen. Ein Anspruch auf Aushändigung des Diploms besteht nicht. Zur Vermeidung von Zweifeln bemerke ich, daß sich die Bestimmung im § 8, Abs. 1 der Reichsärzteordnung nur auf den Verzicht auf die bereits erteilte Bestallung als Arzt bezieht. Ein Verzicht auf eine noch nicht erteilte Bestallung wird durch § 8, Abs. 1 der Reichsärzteordnung nicht berührt. Die Zustimmung der Reichsärztekammer ist daher in diesem Falle auch nicht erforderlich.

Staatenlose jüdische Mischlinge (§ 21, Abs. 2 der Ersten Verordnung zum Reichsbürgergesetz vom 14. November 1935) sind Ausländern gleichzuachten. Diesen kann das medizinische und zahnmedizinische Doktordiplom also ohne weiteres ausgehändigt werden, es sei denn, daß die Staatenlosigkeit darauf beruht, daß der jüdische Mischling gemäß § 2 des Reichsgesetzes über den Widerruf von Einbürgerungen und die Aberkennung der deutschen Staatsangehörigkeit vom 14. Juli 1933 (RGBl. I, S. 480) der deutschen Staatsangehörigkeit für verlustig erklärt worden ist, da in einem solchen Falle gemäß dem Runderlaß vom 17. Juli 1934 — U I 1576 — der Doktorgrad sofort wieder entzogen werden müßte.

Diese Vorschriften gelten entsprechend für die Erwerbung des Dr. habil. Von den Bewerbern um die Habilitation, die vor Erscheinen dieses Erlasses promoviert haben, ist die Ergänzung der im § 4 Ziff. 2 RHabilO. vorgesehenen Fragebogen entsprechend dem beiliegenden Muster hinsichtlich der Staatsangehörigkeit sowie die Vorlage der vorstehend genannten Urkunden zu fordern, es sei denn, daß der Ahnenpaß vorgelegt wird.

Für Ausländer bleiben die bisherigen Bestimmungen in Kraft.

Ich ersuche, die Fakultäten entsprechend zu unterrichten.

Berlin, den 15. April 1937.

Der Reichs- und Preußische Minister
für Wissenschaft, Erziehung und Volksbildung
In Vertretung: Z s c h i n t z s c h

An die nachgeordneten Dienststellen
der Preußischen Hochschulverwaltung (ausschließlich Hochschulen für Lehrer- und
Lehrerinnenbildung) und die Hochschulverwaltungen der Länder.
— W A 590 W U, Z IIa, M (b)

X.

Israel und Sara[1])

§ 1

(1) Juden dürfen nur solche Vornamen beigelegt werden, die in den vom Reichsminister des Innern herausgegebenen Richtlinien über die Führung von Vornamen aufgeführt sind.

(2) Abs. 1 gilt nicht für Juden, die eine fremde Staatsangehörigkeit besitzen.

§ 2

(1) Soweit Juden andere Vornamen führen, als die nach § 1 Juden beigelegt werden dürfen, müssen sie vom 1. Januar 1939 ab zusätzlich einen weiteren Vornamen annehmen, und zwar männliche Personen den Vornamen I s r a e l, weibliche Personen den Vornamen S a r a.

---

[1]) *Zweite Verordnung zur Durchführung des Gesetzes über die Änderung von Familiennamen und Vornamen vom 17. August 1938, Reichsgesetzblatt, Teil I, Seite 1044.*

Über das Gesetz zur Namensänderung im Dritten Reich sagte Dr. Hans G l o b k e am 10. August 1948 in Nürnberg u. a. folgendes aus:

D r. v. S t a c k e l b e r g : Hatten Sie etwas mit der Ausarbeitung der Bestimmungen hinsichtlich von Namensänderungen zu tun?

G l o b k e : Ich befaßte mich mit den Namensänderungen und habe alles, was irgendwie mit der Änderung von Namen zu tun hatte, bearbeitet.

F r a g e : Können Sie uns kurz über die Hintergründe dieser Verordnung unterrichten?

A n t w o r t : Ich nehme an, Sie meinen die Verordnung über die Einführung zusätzlicher jüdischer Vornamen.

F r a g e r : Ja, genau das meine ich.

A n t w o r t : Das war so: Es lagen viele Anträge vor, jüdische Familiennamen zu ändern. Vor 1933 wurde diesen Anträgen meistens entsprochen, gleichgültig, ob es sich um jüdische oder nicht-jüdische Antragsteller handelte. Nach 1933 jedoch erging Anweisung, solchen Namensänderungsanträgen künftig nicht zu entsprechen, falls der Antragsteller Jude war. Doch gingen von Nicht-Juden weiterhin Anträge ein, ihre Namen zu ändern, weil sie zu jüdisch klangen. Da auch hier Bedenken gegen die Änderung bestanden, wurde vorgeschlagen, nicht die Arier sollten ihre jüdisch klingenden Namen ändern, sondern vielmehr die Juden selbst zusätzlich Namen führen, aus denen hervorging, daß sie Juden seien.

Besonders die Parteikanzlei erhob diese Forderung, doch auch das Publikum selbst schlug dem Ministerium schriftlich vor, den Juden zusätzliche Namen zu geben, um sie von den Nicht-Juden zu unterscheiden. Hauptsächlich wurde angeregt, daß Juden als Namenszusatz etwa „Jidd" erhalten sollten. Auch hier-

(2) Wer nach Abs. 1 einen zusätzlichen Vornamen annehmen muß, ist verpflichtet, hiervon innerhalb eines Monats seit dem Zeitpunkt, von dem ab er den zusätzlichen Vornamen führen muß, dem Standesbeamten, bei dem seine Geburt und seine Heirat beurkundet ist, sowie der für seinen Wohnsitz oder gewöhnlichen Aufenthaltsort zuständigen Ortspolizeibehörde schriftlich Anzeige zu erstatten.

(3) Ist die Geburt oder die Heirat des Anzeigepflichtigen von einem deutschen diplomatischen Vertreter oder Konsul oder in einem deutschen Schutzgebiet beurkundet, so ist die dem Standesbeamten zu erstattende Anzeige an den Standesbeamten des Standesamts I in Berlin zu richten. Hat der Anzeigepflichtige seinen Wohnsitz oder gewöhnlichen Aufenthalt im Ausland, so ist die im Abs. 2, Satz 1 vorgesehene Anzeige an Stelle der Ortspolizeibehörde dem zuständigen deutschen Konsul zu erstatten.

(4) Bei geschäftsunfähigen und in der Geschäftsfähigkeit beschränkten Personen trifft die Verpflichtung zur Anzeige den gesetzlichen Vertreter.

§ 3

Sofern es im Rechts- und Geschäftsverkehr üblich ist, den Namen anzugeben, müssen Juden stets auch wenigstens einen ihrer Vornamen führen. Sind sie nach § 2 zur Annahme eines zusätzlichen Vornamens verpflichtet, ist auch dieser Vorname zu führen. Die Vorschriften über die Führung einer Handelsfirma werden hierdurch nicht berührt.

§ 4

(1) Wer der Vorschrift des § 3 vorsätzlich zuwiderhandelt, wird mit Gefängnis bestraft. Beruht die Zuwiderhandlung auf Fahrlässigkeit, so ist die Strafe Gefängnis bis zu einem Monat.

(2) Wer die im § 2 vorgeschriebene Anzeige vorsätzlich oder fahrlässig unterläßt, wird mit Geldstrafe oder mit Gefängnis bis zu einem Monat bestraft.

---

bei war die Parteikanzlei besonders eifrig und Bormann forderte in einem Schreiben an Frick ein Gesetz, demzufolge alle Juden neben ihrem Familiennamen zusätzlich „Jidd" heißen sollten.

Nachdem ich mich der Zustimmung des Leiters der Unterabteilung — Hering — und der Stuckarts versichert hatte, ließ ich diesen Vorgang liegen. Dann wurde jedoch der Antrag einer arischen Persönlichkeit mit jüdischem Namen eingereicht und die Parteikanzlei forderte in einem Brief dringend den Erlaß des betreffenden Gesetzes. Frick forderte den Entwurf des Gesetzes und ich besprach die Sache mit dem Leiter der Unterabteilung — Hering —. Wir gelangten zu dem Schluß, daß es eine mildere Lösung bedeute, wenn nicht wie verlangt, der Familienname geändert würde, sondern die Juden lediglich verpflichtet wären, einen zusätzlichen jüdischen Vornamen zu führen.

Gemäß unserem Vorschlag legte Stuckart später Frick den Gesetzentwurf vor und Frick stimmte dieser Lösung ebenfalls bei. Dann erhielten wir auch die Zustimmung der Parteikanzlei.

Aus: "Trial of war criminals before the Nuernberg Military Tribunals. The Ministries Case (Case XI)". English official transcript (mimeographed), S. 15 465.

XI.

Reisepässe[1])

Auf Grund des Gesetzes über das Paß-, das Ausländerpolizei- und das Meldewesen sowie über das Ausweiswesen vom 11. Mai 1937 (Reichsgesetzbl. I, S. 589) wird im Einvernehmen mit dem Reichsminister der Justiz folgendes verordnet:

§ 1

(1) Alle deutschen Reisepässe von Juden (§ 5 der Ersten Verordnung zum Reichsbürgergesetz vom 14. November 1935 — Reichsgesetzbl. I, S. 1333), die sich im Reichsgebiet aufhalten, werden ungültig.

(2) Die Inhaber der im Abs. 1 erwähnten Pässe sind verpflichtet, diese Pässe der Paßbehörde im Inland, in deren Bezirk der Paßinhaber seinen Wohnsitz oder mangels eines Wohnsitzes seinen Aufenthalt hat, innerhalb von zwei Wochen nach Inkrafttreten dieser Verordnung einzureichen. Für Juden, die sich beim Inkrafttreten dieser Verordnung im Ausland aufhalten, beginnt die Frist von zwei Wochen mit dem Tage der Einreise in das Reichsgebiet.

(3) Die mit Geltung für das Ausland ausgestellten Reisepässe werden wieder gültig, wenn sie von der Paßbehörde mit einem vom Reichsminister des Innern bestimmten Merkmal versehen werden, das den Inhaber als Juden kennzeichnet.

§ 2

Mit Haft und mit Geldstrafe bis zu einhundertfünfzig Reichsmark oder mit einer dieser Strafen wird bestraft, wer vorsätzlich oder fahrlässig der im § 1, Abs. 2 umschriebenen Verpflichtung nicht nachkommt.

§ 3

Die Verordnung tritt mit der Verkündung in Kraft.

Berlin, den 5. Oktober 1938

Der Reichsminister des Innern
Im Auftrag
Dr. B e s t

---

[1]) *Verordnung über Reisepässe von Juden vom 5. Oktober 1938, Reichsgesetzblatt, Teil I, Seite 1342.*

Zunächst

... Und zu diesen bedingungslos unerwünschten Rassen gehört eben für uns Deutsche viel mehr, als z. B. zunächst noch die asiatische Rasse, in erster Linie die jüdische. Daher m u ß der Zuzug der Juden in unser Vaterland mit allen Mitteln zunächst einmal unmöglich gemacht werden.

Dr. Walter S c h u l t z e , Min.-Dir. im Ministerium des Innern, München, im Buche: „Erblehre und Rassenhygiene im völkischen Staat" von Prof. Dr. Ernst Rüdin, J. F. Lehmanns Verlag, München 1934, Seite 12.

XII.

Eine Milliarde Reichsmark[1])

Die feindliche Haltung des Judentums gegenüber dem deutschen Volk und Reich, die auch vor feigen Mordtaten nicht zurückschreckt, erfordert entschiedene Abwehr und harte Sühne.

Ich bestimme daher auf Grund der Verordnung zur Durchführung des Vierjahresplans vom 18. Oktober 1936 (Reichsgesetzblatt Teil I, Seite 887) das folgende:

§ 1

Den Juden deutscher Staatsangehörigkeit in ihrer Gesamtheit wird die Zahlung einer Kontribution von 1 000 000 000 Reichsmark an das Deutsche Reich auferlegt.

§ 2

Die Durchführungsbestimmungen erläßt der Reichsminister der Finanzen im Benehmen mit den beteiligten Reichsministern.

XIII.

Was ein Jude alles nicht darf[2])

§ 1

(1) Juden (§ 5 der Ersten Verordnung zum Reichsbürgergesetz vom 14. November 1935 — Reichsgesetzbl. I, S. 1333) ist vom 1. Januar 1939 ab der Betrieb von Einzelhandelsverkaufsstellen, Versandgeschäften oder Bestellkontoren sowie der selbständige Betrieb eines Handwerks untersagt.

(2) Ferner ist ihnen mit Wirkung vom gleichen Tage verboten, auf Märkten aller Art, Messen oder Ausstellungen Waren oder gewerbliche Leistungen anzubieten, dafür zu werben oder Bestellungen darauf anzunehmen.

(3) Jüdische Gewerbebetriebe (Dritte Verordnung zum Reichsbürgergesetz vom 14. Juni 1938 — Reichsgesetzblatt Teil I, S. 627), die entgegen diesem Verbot geführt werden, sind polizeilich zu schließen.

§ 2

(1) Ein Jude kann vom 1. Januar 1939 ab nicht mehr als Betriebsführer im Sinne des Gesetzes zur Ordnung der nationalen Arbeit vom 20. Januar 1934 (Reichsgesetzbl. I, S. 45) tätig sein.

(2) Ist ein Jude als leitender Angestellter in einem Wirtschaftsunternehmen tätig, so kann ihm mit einer Frist von sechs Wochen gekündigt werden. Mit Ablauf der Kündigungsfrist erlöschen alle Ansprüche des Dienstverpflichteten aus dem gekündigten Vertrage, insbesondere auch Ansprüche auf Versorgungsbezüge und Abfindungen.

---

[1]) *Verordnung über eine Sühneleistung der Juden deutscher Staatsangehörigkeit vom 12. November 1938. Reichsgesetzblatt Teil I, Seite 1579.*

[2]) *Verordnung zur Ausschaltung der Juden aus dem deutschen Wirtschaftsleben vom 12. November 1938. Reichsgesetzblatt I, S. 1580.*

§ 3

(1) Ein Jude kann nicht Mitglied einer Genossenschaft sein.

(2) Jüdische Mitglieder von Genossenschaften scheiden zum 31. Dezember 1938 aus. Eine besondere Kündigung ist nicht erforderlich.

§ 4

Der Reichswirtschaftsminister wird ermächtigt, im Einvernehmen mit den beteiligten Reichsministern die zu dieser Verordnung erforderlichen Durchführungsbestimmungen zu erlassen. Er kann Ausnahmen zulassen, soweit diese infolge der Überführung eines jüdischen Gewerbebetriebes in nichtjüdischen Besitz, zur Liquidation jüdischer Gewerbebetriebe oder in besonderen Fällen zur Sicherstellung des Bedarfs erforderlich sind.

XIV.

Der Jude soll für die „Empörung des Volkes" zahlen[1])

§ 1

Alle Schäden, welche durch die Empörung des Volkes über die Hetze des internationalen Judentums gegen das nationalsozialistische Deutschland am 8., 9. und 10. November 1938 an jüdischen Gewerbebetrieben und Wohnungen entstanden sind, sind von dem jüdischen Inhaber oder jüdischen Gewerbetreibenden sofort zu beseitigen.

§ 2

(1) Die Kosten der Wiederherstellung trägt der Inhaber der betroffenen jüdischen Gewerbebetriebe und Wohnungen.

(2) Versicherungsansprüche von Juden deutscher Staatsangehörigkeit werden zugunsten des Reiches beschlagnahmt.

§ 3

Der Reichswirtschaftsminister wird ermächtigt, im Benehmen mit den übrigen Reichsministern Durchführungsbestimmungen zu erlassen.

---

[1]) *Verordnung zur Wiederherstellung des Straßenbildes bei jüdischen Gewerbebetrieben vom 12. November 1938. Reichsgesetzblatt Teil I, Seite 1581.*

Der Rechtsgenosse Prof. Dr. Höhn:

... So wird heute der Diebstahl innerhalb einer Gemeinschaftsordnung, etwa des Arbeitsdienstes oder der ⚡⚡, nicht als „Verletzung der Eigentumsordnung" losgelöst von der Gemeinschaft gesehen. Wer in dieser Gemeinschaft stiehlt, ist in ihr nicht mehr tragbar, ebenso ist derjenige, der außerhalb der Gemeinschaft einen Diebstahl begangen hat, gemeinschaftsunfähig geworden. Er bleibt also nicht Rechtsgenosse ...

Prof. der Rechte Dr. Reinhard H ö h n : „Rechtsgemeinschaft und Volksgemeinschaft" im Werk: „Der deutsche Staat der Gegenwart", herausgegeben von Prof. Dr. Carl Schmitt, Preuß. Staatsrat, Heft 14, 1935, Hanseatische Verlagsanstalt Hamburg, Seite 58.

199

XV.

Juden und Darbietungen deutscher Kultur[1])

Auf Grund des § 25 der Ersten Verordnung zur Durchführung des Reichskultur-kammergesetzes vom 1. November 1933 (RGBl. I. S. 797) ordne ich folgendes an:

Nachdem der nationalsozialistische Staat es den Juden bereits seit über fünf Jahren ermöglicht hat, innerhalb besonderer jüdischer Organisationen ein eigenes Kulturleben zu schaffen und zu pflegen, ist es nicht mehr angängig, sie an Darbietungen der deutschen Kultur teilnehmen zu lassen. Den Juden ist daher der Zutritt zu solchen Veranstaltungen, insonderheit zu Theatern, Lichtspielunternehmen, Konzerten, Vorträgen, artistischen Unternehmen (Varietés, Kabaretts, Zirkusveranstaltungen usw.), Tanzvorführungen und Ausstellungen kultureller Art, mit sofortiger Wirkung nicht mehr zu gestatten.

XVI.

Räumliche und zeitliche Beschränkungen[2])

Auf Grund der Verordnung über die Polizeiverordnungen der Reichsminister vom 14. November 1938 (RGB. 1938, S. 1582) wird folgendes verordnet:

§ 1

Die Regierungspräsidenten in Preußen, Bayern und in den sudetendeutschen Gebieten, die ihnen gleichstehenden Behörden in den übrigen Ländern des Altreichs, die Landes-hauptmänner (Der Bürgermeister in Wien) im Lande Österreich und der Reichskom-missar für das Saarland können Juden deutscher Staatsangehörigkeit und staaten-losen Juden (§ 5 der Ersten Verordnung zum Reichsbürgergesetz vom 14. Novem-ber 1935 — RGBl 1935, S. 1333) räumliche und zeitliche Beschränkungen des Inhalts auferlegen, daß sie bestimmte Bezirke nicht betreten oder sich zu bestimmten Zeiten in der Öffentlichkeit nicht zeigen dürfen.

---

[1]) *Anordnung des Präsidenten der Reichskulturkammer über die Teilnahme von Juden an Darbietungen der deutschen Kultur vom 12. November 1938 im „Das Recht der Reichskulturkammer", bearbeitet und herausgegeben von Dr. Karl-Friedrich S c h r i e b e r, Rechtsanwalt in Berlin, Dr. Alfred M e t t e n, Oberstaatsanwalt im Reichsjustizministerium, Dr. Herbert C o l l a t z, Ober-regierungsrat im Reichsministerium für Volksaufklärung und Propaganda. Mit einem Geleitwort von Hans H i n k e l, Ministerialdirektor im Reichs-ministerium für Volksaufklärung und Propaganda, Generalsekretär der Reichs-kulturkammer, und einer Einführung in das Reichskulturkammerrecht von Heinz T a c k m a n n, Abteilungsleiter in der Hauptgeschäftsführung der Reichskulturkammer, auf Seite 12.*

[2]) *Polizeiverordnung über das Auftreten der Juden in der Öffentlichkeit vom 28. November 1938. Reichsgesetzblatt Teil I, Seite 1676.*

§ 2

Wer den Vorschriften des § 1 vorsätzlich oder fahrlässig zuwiderhandelt, wird mit Geldstrafe bis zu 150 RM oder mit Haft bis zu sechs Wochen bestraft.

§ 3

Diese Polizeiverordnung tritt am Tage nach ihrer Verkündigung in Kraft.

XVII.

Einige andere Beschränkungen[1])

(A u s z ü g e)

Artikel 1

Gewerbliche Betriebe

§ 1

Dem Inhaber eines jüdischen Gewerbebetriebes (Dritte Verordnung zum Reichsbürgergesetz vom 14. Juni 1938 — Reichsgesetzblatt I, S. 627) kann aufgegeben werden, den Betrieb binnen einer bestimmten Frist zu veräußern oder abzuwickeln. Mit der Anordnung können Auflagen verbunden werden.

— — — — — — — — — —

Artikel II

Land- und forstwirtschaftliche Betriebe, Grundeigentum und sonstiges Vermögen

§ 6

Einem Juden (§ 5 der Ersten Verordnung zum Reichsbürgergesetz vom 14. November 1935 — Reichsgesetzblatt I, S. 1333) kann aufgegeben werden, seinen land- oder forstwirtschaftlichen Betrieb, sein anderes land- oder forstwirtschaftliches Vermögen, sein sonstiges Grundeigentum oder andere Vermögensteile ganz oder teilweise binnen einer bestimmten Frist zu veräußern.

— — — — — — — — — —

---

[1]) *Verordnung über den Einsatz des jüdischen Vermögens vom 3. Dezember 1938. Reichsgesetzblatt Teil I, Seite 1709.*

Das höchste Gesetz

... Alle Maßnahmen und Handlungen, die er traf, packte er als Nationalsozialist und ##-Mann an. Aus den tiefen Gründen seines Herzens und seines Blutes heraus hat er die Weltanschauung Adolf Hitlers erfühlt, verstanden und verwirklicht. Alle Probleme, die er zu lösen hatte, faßte er aus der grundsätzlichen Erkenntnis echter rassischer Weltanschauung und aus dem Wissen heraus an, daß Reinhaltung, Sicherung und Schutz unseres Blutes das höchste Gesetz ist.

H i m m l e r in seiner Abschiedsrede beim Staatsakt für Reinhard Heydrich. Aus „Die Front", Feldzeitung einer Armee, Nr. 381, Mittwoch, 10. Juli 1942, Seite 2.

Artikel III

Depotzwang der Wertpapiere

§ 11

(1) Juden haben binnen einer Woche nach Inkrafttreten dieser Verordnung ihre gesamten Aktien, Kuxe, festverzinslichen Werte und ähnlichen Wertpapiere in ein Depot bei einer Devisenbank einzulegen. Neu erworbene Wertpapiere sind binnen einer Woche nach dem Erwerb in ein solches Depot einzuliefern. Der Besitzer derartiger einem Juden gehöriger Wertpapiere darf die Wertpapiere nur an eine Devisenbank für Rechnung des Juden aushändigen.

(2) Soweit zu Gunsten von Juden Wertpapiere bereits im Depot bei einer Devisenbank liegen oder Schuldbuchforderungen eingetragen sind oder bei einer Verwaltungsstelle Auslosungsscheine hinterlegt sind, auf Grund deren Vorzugsrenten gewährt werden, haben die Juden unverzüglich der Bank, der Schuldenverwaltung oder der Verwaltungsstelle durch eine schriftliche Erklärung ihre Eigenschaft als Juden anzuzeigen. Im Falle des Abs. 1, Satz 3 muß diese Erklärung gegenüber dem Besitzer abgegeben werden.

(3) Die Depots und die Schuldbuchkonten sind als jüdisch zu kennzeichnen.

— — — — — — — — —

Artikel IV

Juwelen, Schmuck und Kunstgegenstände

§ 14

(1) Juden ist es verboten, Gegenstände aus Gold, Platin oder Silber sowie Edelsteine und Perlen zu erwerben, zu verpfänden oder freihändig zu veräußern. Solche Gegenstände dürfen, abgesehen von der Verwertung eines bei Inkrafttreten dieser Verordnung zu Gunsten eines nichtjüdischen Pfandgläubigers bereits bestehenden Pfandrechts, aus jüdischem Besitz nur von den vom Reich eingerichteten öffentlichen Ankaufsstellen erworben werden. Das gleiche gilt für sonstige Schmuck- und Kunstgegenstände, soweit der Preis für den einzelnen Gegenstand 1000 RM übersteigt.

Diese Verordnung tritt mit dem Tage der Verkündung in Kraft.

XVIII.

Judenbann in Berlin[1])

Auf Grund der Polizeiverordnung über das Auftreten der Juden in der Öffentlichkeit vom 28. November 1938 wird für den Landespolizeibezirk Berlin folgendes verordnet:

§ 1

Straßen, Plätze, Anlagen und Gebäude, über die der J u d e n b a n n verhängt wird, dürfen von allen Juden deutscher Staatsangehörigkeit und staatenlosen Juden nicht betreten oder befahren werden.

----

[1]) *Polizeiverordnung in Berlin vom 6. Dezember 1938. „Das Dritte Reich",*
Band VI, 6. Jahrgang, Hummel-Verlag, Berlin NW 7, Seite 403.

§ 2

Juden deutscher Staatsangehörigkeit und staatenlose Juden, die bei Inkrafttreten dieser Verordnung noch innerhalb eines Bezirks wohnhaft sind, über den der Judenbann verhängt ist, benötigen zum Überschreiten der Banngrenze einen vom Polizeirevier des Wohnbezirks ausgestellten Erlaubnisschein.

Mit Wirkung vom 1. Juli 1939 werden Erlaubnisscheine für Bewohner innerhalb der Bannbezirke nicht mehr erteilt.

§ 3

Juden deutscher Staatsangehörigkeit und staatenlose Juden, die von einer innerhalb des Bannbezirks gelegenen Dienststelle vorgeladen werden, bedürfen eines vom Polizeirevier des Wohnbezirks ausgestellten Erlaubnisscheines von zwölfstündiger Gültigkeit.

§ 4

Der Judenbann erstreckt sich in Berlin auf

1. s ä m t l i c h e Theater, Kinos, Kabaretts, öffentliche Konzert- und Vortragsräume, Museen, Rummelplätze, die Ausstellungshallen am Messedamm einschließlich Ausstellungsgelände und Funkturm, die Deutschlandhalle und den Sportpalast, das Reichssportfeld, sämtliche Sportplätze einschließlich der Eisbahnen.
2. sämtliche öffentliche und private Badeanstalten und Hallenbäder einschließlich Freibäder;
3. die W i l h e l m s t r a ß e von der Leipziger Straße bis Unter den Linden einschließlich Wilhelmplatz;
4. die V o ß s t r a ß e von der Hermann-Göring-Straße bis zur Wilhelmstraße;
5. das R e i c h s e h r e n m a l mit der nördlichen Gehbahn Unter den Linden von der Universität bis zum Zeughaus.

§ 5

Ausgenommen von Ziffer 1 bis 2 des § 4 sind die Einrichtungen und Veranstaltungen, die nach entsprechender behördlicher Genehmigung für j ü d i s c h e n Besuch freigegeben sind.

§ 6

Wer dieser Verordnung vorsätzlich oder fahrlässig zuwiderhandelt, wird auf Grund des § 2 der Polizeiverordnung vom 28. November 1938 (RGBl. I, S. 1676) mit Geldstrafe bis zu 150 RM oder mit Haft bis zu sechs Wochen b e s t r a f t ...

§ 7

Diese Verordnung tritt am Tage nach ihrer Verkündung in Kraft.

Das Ziel

Das Ziel ist aber nicht die Einrichtung von Ghettos, sondern die Entfernung auch des letzten Juden aus Deutschland.

Amtsgerichtsrat Werner K l e m m : „Die Lösung deutsch-jüdischer Mischehen"
in „Deutsches Recht", 9. Jahrgang, 1939, Heft 38, Seite 1899.

XIX.

Hebammen[1])

. . . .

§ 6

(1) Die Anerkennung als Hebamme wird auf Grund einer Hebammenprüfung erteilt.

(2) Die Anerkennung berechtigt zum Führen der Berufsbezeichnung „Hebamme".

§ 7

(1) Die Anerkennung ist zu versagen,

1. wenn der Bewerberin die bürgerlichen Ehrenrechte aberkannt worden sind;
2. wenn durch eine schwere strafrechtliche Verfehlung der Bewerberin erwiesen ist, daß ihr die für die Ausübung des Hebammenberufs erforderliche Eignung oder Zuverlässigkeit fehlt;
3. wenn der Bewerberin infolge Krankheit, infolge Schwäche ihrer geistigen oder körperlichen Kräfte oder infolge einer Sucht die für die Ausübung des Hebammenberufs erforderliche Eignung oder Zuverlässigkeit fehlt;
4. wenn die Bewerberin Jüdin ist.

XX.

Jagdschein[2])

Auf Grund des § 70 des Reichsjagdgesetzes vom 3. Juli 1934 (Reichsgesetzblatt I, S. 549) wird folgendes verordnet:

Die Verordnung zur Ausführung des Reichsjagdgesetzes vom 27. März 1935 (Reichsgesetzblatt I, S. 431) in der Fassung der Zweiten Ausführungsverordnung vom 5. Februar 1937 (Reichsgesetzblatt I, S. 179, 268) und der Dritten Ausführungsverordnung vom 25. April 1938 (Reichsgesetzblatt I, S. 419) wird dahin geändert und ergänzt:

. . . .

Artikel 6

Im § 24 erhält der Absatz 1 folgende Fassung:

„ (1) Juden erhalten keinen Jagdschein."

. . . .

Der Reichsjägermeister
In Vertretung
A l p e r s
Der Reichsminister der Justiz
In Vertretung
Dr. Schlegelberger
Der Reichsminister des Innern
In Vertretung
P f u n d t n e r

---

[1]) *Hebammengesetz vom 21. Dezember 1938. Reichsgesetzblatt Teil I, S. 1893.*
[2]) *Vierte Verordnung zur Ausführung des Reichsjagdgesetzes vom 29. März 1939. Reichsgesetzblatt Teil I, Seite 643.*

XXI.

Einkaufszeit für Juden[1])

Auf Grund des Polizeiverwaltungsgesetzes vom 1. 6. 1931 (GS. S. 77) wird mit Zustimmung des Oberbürgermeisters der Reichshauptstadt Berlin für den Ortspolizeibezirk Berlin folgendes verordnet:

§ 1

Für Juden wird die Einkaufszeit in allen offenen Verkaufsstellen, auf öffentlichen und privaten Wochenmärkten einschließlich der Markthallen sowie im Straßenhandel auf 16 Uhr bis 17 Uhr festgesetzt. Hierdurch werden jedoch für alle übrigen Personen die allgemeinen Verkaufszeiten nicht berührt.

§ 2

Juden im Sinne dieser Polizeiverordnung sind die Personen, deren Lebensmittelbezugsausweise mit „J" oder dem Worte „Jude" gekennzeichnet sind.

§ 3

In und an allen offenen Verkaufsstellen, an den Einzelhandelsständen auf öffentlichen und privaten Wochenmärkten einschl. der Markthallen und an allen Verkaufseinrichtungen der Straßenhändler ist auf Aufforderung hin von den Gewerbetreibenden ein Schild anzubringen, das auf die Beschränkung der Einkaufszeit für Juden von 16—17 Uhr hinweist.

§ 4

Für jeden Fall der Nichtbefolgung dieser Polizeiverordnung wird hiermit die Festsetzung eines Zwangsgeldes bis zu 50,— RM, im Nichtbeitreibungsfalle die Festsetzung von Zwangshaft bis zu einer Woche angedroht.

§ 5

Diese Polizeiverordnung tritt mit dem Tage der Veröffentlichung in Kraft.

Berlin, den 4. Juli 1940   Der Polizeipräsident

---

[1]) *Polizeiverordnung über die Einkaufszeiten für Juden. Amtsblatt für den Landespolizeibezirk Berlin, Jahrgang 1940, Seiten 202—203.*

Rüstung

... Erforderlich ist daher auch, daß sich zumindesten jeder Nationalsozialist ganz ernsthaft in die Materie der Judenfrage vertieft und sich gerade in diesen Tagen dazu rüstet, die grundsätzlichen Gesichtspunkte so zu beherrschen, daß es ihm leicht wird, jedem Volksgenossen die Klarheit zu vermitteln, derer viele noch bedürfen.

Arno S c h i c k e d a n z in „Der Schulungsbrief", Berlin, November 1935, II. Jahrgang, 11. Folge, Seite 384.

XXII.

Werkfeuerwehr[1])

§ 7

(1) Der Werkfeuerwehr dürfen nur Gefolgschaftsmitglieder deutscher Staatsangehörigkeit angehören. Die Werkfeuerwehrmänner (SB) dürfen nicht der Freiwilligen Feuerwehr und der Pflichtfeuerwehr angehören.

(2) Der Werkfeuerwehr dürfen nicht angehören Personen, die

a) mit Zuchthaus bestraft sind,

b) nicht im Besitz der bürgerlichen Ehrenrechte sind,

c) Maßregeln der Sicherung und Besserung nach § 42a des Strafgesetzbuchs unterworfen sind,

d) durch militärgerichtliches Urteil die Wehrwürdigkeit verloren haben,

e) wegen staatsfeindlicher Betätigung gerichtlich bestraft sind.

Ausnahmen dürfen nur von den Bestimmungen zu den Buchstaben c und e mit Genehmigung der höheren Verwaltungsbehörde zugelassen werden.

(3) J u d e n dürfen nicht der Werkfeuerwehr angehören. Jüdische Mischlinge können in ihr nicht Vorgesetzte sein.

XXIII.

. . . mit der schwarzen Aufschrift „Jude" . . .[2])

§ 1

(1) Juden (§ 5 der Ersten Verordnung zum Reichsbürgergesetz vom 14. November 1935 — RGBl. S. 1333), die das sechste Lebensjahr vollendet haben, ist es verboten, sich in der Öffentlichkeit ohne einen Judenstern zu zeigen.

(2) Der Judenstern besteht aus einem handtellergroßen, schwarz ausgezogenen Sechsstern aus gelbem Stoff mit der schwarzen Aufschrift „J u d e". Er ist sichtbar auf der linken Brustseite des Kleidungsstücks fest angenäht zu tragen . . .

---

[1]) *Siebente Durchführungsverordnung zum Gesetz über das Feuerlöschwesen vom 17. September 1940. Reichsgesetzblatt Teil I, Seite 1251.*

[2]) *Polizeiverordnung über die Kennzeichnung der Juden vom 1. September 1941. Reichsgesetzblatt Teil I, Seite 547.*

XXIV.

„Beschäftigungsverhältnis eigener Art"[1])

§ 1

Juden, die in Arbeit eingesetzt sind, stehen in einem Beschäftigungsverhältnis eigener Art.

§ 2

Der Reichsarbeitsminister wird ermächtigt, das Beschäftigungsverhältnis der Juden im Einvernehmen mit dem Leiter der Partei-Kanzlei und dem Reichsminister des Innern zu regeln.

§ 3

Diese Verordnung gilt auch in den eingegliederten Ostgebieten. Sie tritt am Tage ihrer Verkündung in Kraft.
Berlin, den 3. Oktober 1941.

Der Beauftragte für den Vierjahresplan

In Vertretung

K ö r n e r

---

[1]) *Reichsgesetzblatt 1941, Teil I, Seite 675.*

Unter dem Hakenkreuzzeichen

Der Nationalsozialismus überwand diese Gewalten. Er rief das Herz des Volkes wach gegen fremde Lehren und Verführer. Er hat appelliert an etwas in der S e e l e unseres Volkes, was die Gegner schon überwunden und erledigt glaubten. Unter dem Hakenkreuzzeichen, das arische Völker in die Weite der Welt getragen haben, rief er auf zum R a s s e n k a m p f in der Politik, zur Abwehr artfremder Kultur und Händlerherrschaft. Das Volk verstand ihn und besann sich auf das große Gemeinsame, das alle Deutschen hinter Parteien und Bekenntnissen bindet und eint. Es besann sich auf sein Blut, das nicht von Osten und nicht von Süden, sondern aus Norden stammt. Es besann sich auf ein Erbe, an dem wir alle im Volk teilhaben, ob wir nun blaue oder braune Augen haben: das Erbe der nordischen Heimat, der nordischen Tatkraft und der nordischen Sittlichkeit.

Bernhard K u m m e r : „Der Kampf der nordischen Rassenseele gegen Süden und Osten", „Der Schulungsbrief", Berlin, Juli 1935, II. Jahrgang, 7. Folge, Seite 223.

209

FALL SAXO-BORUSNA

FALL BISCHOF VON MÜNSTER

MJÖLNIR

Der Kampf gegen **Judentum, Reaktion und Dunkelmänner** führt der Zentralparteiverlag

Völkischer Beobachter · Der Angriff · Der SA-Mann · Das Schwarze Korps · Jllustrierter Beobachter · Die Brennessel

Haltet zur Kampfpresse!

Zentralverlag der N.S.D.A.P., Franz Eher Nachf. G.m.b.H., München—Berlin

Druck: M. Müller & Sohn, G. m. b. H., Zweigniederlassung Berlin SW 68.

XXV.

Totale Einziehung des jüdischen Vermögens[1])

Der Reichsminister der Finanzen   Berlin W 8, den 4. November 1941
    05205 — 740 VI g   Wilhelmplatz 1/2

S c h n e l l b r i e f

Betr.: Abschiebung von Juden

1. Allgemeines:

J u d e n , die nicht in volkswirtschaftlich wichtigen Betrieben beschäftigt sind, werden in den nächsten Monaten in eine Stadt in den Ostgebieten a b g e s c h o b e n . Das V e r m ö g e n der abzuschiebenden Juden wird zugunsten des Deutschen Reiches eingezogen. Es verbleiben den Juden 100 RM und 50 kg Gepäck je Person.

Die Abschiebung hat schon begonnen in den Gebieten der Oberfinanzpräsidenten:

Berlin,	Kassel,
Hamburg,	Köln,
Weser-Ems in Bremen,	Düsseldorf.

Es werden demnächst weiter abgeschoben im Oberfinanzbezirk:

. . . .

Es kann angenommen werden, daß vier Personen einen Haushalt bilden.

2. Durchführung der Abschiebung:

Die Abschiebung der Juden wird von der G e h e i m e n S t a a t s p o l i z e i (Gestapo) durchgeführt. Die Gestapo sorgt auch für die Sicherstellung des Vermögens.

Die Juden, deren Abschiebung bevorsteht, haben der Gestapo Vermögensverzeichnisse nach bestimmtem Vordruck einzureichen. Die Gestapostellen versiegeln die Wohnungen und hinterlegen die Wohnungsschlüssel bei den Hausverwaltern.

3. Einziehung des Vermögens:

Gesetzliche Grundlage für die Einziehung des Vermögens sind die folgenden Bestimmungen:
Gesetz über die Einziehung volks- und staatsfeindlichen Vermögens vom 14. Juli 1933 (RGBl. I, S. 897) in Verbindung mit dem Gesetz über die Einziehung kommunistischen Vermögens vom 26. Mai 1933 (RGBl. I, S. 293),
Verordnung über die Einziehung volks- und staatsfeindlichen Vermögens im Lande Österreich vom 18. November 1938 (RGBl. I, S. 1620),
Verordnung über die Einziehung volks- und staatsfeindlichen Vermögens in den sudetendeutschen Gebieten vom 12. Mai 1939 (RGBl. I, S. 911),

---

[1]) *Dokument NG — 4905.*

Verordnung über die Einziehung von Vermögen im Protektorat Böhmen und Mähren vom 4. Oktober 1939 (RGBl. I, S. 1998),

Erlaß des Führers und Reichskanzlers über die Verwertung des eingezogenen Vermögens von Reichsfeinden vom 29. Mai 1941 (RGBl. I, S. 303).

Die Bestimmungen für die Ostmark, den Sudetengau und das Protektorat sind in der Aufzählung enthalten, weil auch Vermögenswerte erfaßt werden, die sich in diesen Teilen des Reichsgebiets befinden.

Für F o r d e r u n g e n g e g e n J u d e n , deren Vermögen zugunsten des Reichs eingezogen ist, h a f t e t dem Altreich das R e i c h mit den ihm durch die Einziehung zugefallenen Sachen und Rechten (Par. 39 des Gesetzes über die Gewährung von Entschädigungen bei der Einziehung oder dem Übergang von Vermögen vom 9. Dezember 1937 (RGBl. I, S. 1333).

Die E i n z i e h u n g s v e r f ü g u n g e n werden von den R e g i e r u n g s p r ä s i - d e n t e n — in Berlin von dem Geheimen Staatspolizeiamt, in Hamburg und Bremen von den Reichsstatthaltern — erlassen. Sie werden den Juden vor ihrem Abtransport durch Gerichtsvollzieher zugestellt.

4. A u f g a b e n d e r R e i c h s f i n a n z v e r w a l t u n g :

a) A l l g e m e i n e s

Die V e r w a l t u n g u n d V e r w e r t u n g des eingezogenen Vermögens der Juden liegt mir ob. Ich übertrage die Erfüllung dieser Aufgabe den O b e r f i n a n z - p r ä s i d e n t e n . Die Oberfinanzpräsidenten können sich dabei in Orten außerhalb des Sitzes des Oberfinanzpräsidiums eines Finanzamts bedienen. Ich habe der Gestapo als Stellen, denen das Vermögen zu übergeben ist, die Oberfinanzpräsidenten benannt, für Osnabrück das Finanzamt Osnabrück, für Dortmund das Finanzamt Dortmund-Süd.

Die nächste Abschiebung von Juden b e g i n n t mit dem 7. oder 8. N o v e m b e r 1 9 4 1 . Ich bitte, den g e n a u e n Zeitpunkt für die einzelnen Städte s o f o r t bei den örtlich zuständigen Staatspolizeistellen zu e r f r a g e n .

Die e r s t e A u f g a b e der mit der Verwaltung und Verwertung betrauten Stellen besteht darin, von den örtlich zuständigen Stapostellen die Vermögensverzeichnisse und Einziehungsverfügungen in Empfang zu nehmen und die gesamte Vermögensmasse zu übernehmen. Es wird insbesondere dafür zu sorgen sein, daß Verfügungen anderer Stellen über diese Vermögenswerte unterbleiben.

Die freigemachten W o h n u n g e n werden im allgemeinen der Bewirtschaftung durch die städtischen Behörden unterliegen. Wegen der Behandlung der Wohnungen ist mit den Städten Verbindung aufzunehmen. Ich lege Wert darauf, daß die Wohnungen möglichst bald von der Stadt übernommen werden, damit das Reich so schnell wie möglich von der Zahlung der Miete für die Wohnungen frei wird (§ 19 des Kündigungsgesetzes).

Werden die Wohnungen erst nach der Räumung von der Stadt übernommen, so ist für b e s c h l e u n i g t e R ä u m u n g zu sorgen. Das gilt insbesondere für die Städte, in denen die Wohnungen zur Unterbringung fliegergeschädigter Volksgenossen bestimmt sind. Die Wohnungen müssen entwest und instand gesetzt werden, bevor sie obdachlosen Volksgenossen zugewiesen werden können. Es ist deshalb erforderlich, sofort größere Lagerräume (auch Säle von Gaststätten usw.) für die Unterbringung der Möbel zu beschaffen und die zum Abtransport der Möbel erforderlichen Transportmittel und Transportarbeiter bereitzustellen. Es ist zweckmäßig, sofort die Verbindung mit den Berufsvertretungen des Spediteurgewerbes aufzunehmen.

Ich bitte, die Möglichkeit zu prüfen, einen Teil der anfallenden Wohnungen von den mit ihrer Bewirtschaftung beauftragten Stellen für Zwecke der Beamtenwohnungsfürsorge zu erhalten. Die Verhandlungen darüber bitte ich, sofort aufzunehmen.

b) Organisation der Dienststelle

Die mit der Durchführung der Aufgaben betraute Dienststelle ist sofort einzurichten. Es ist für jeden Einziehungsfall ein besonderes Aktenstück anzulegen, das zunächst das Vermögensverzeichnis und die Einziehungsverfügung aufnimmt.

Ein Karteiblatt für jeden abgeschobenen Juden erleichtert die Übersicht. Erlöse und Ausgaben sind auf einer Kontokarte (für jeden Juden besonders) festzuhalten, damit jederzeit eine Übersicht über den Stand des eingezogenen Vermögens vorhanden ist.

Ich füge einen Satz Vordrucke bei, die vom Finanzamt Moabit-West in Berlin verwendet werden.

c) Behandlung des beweglichen Vermögens

Ich bitte, vor anderweitiger Verwertung der Wohnungseinrichtungen zu prüfen, welche Gegenstände für die Reichsfinanzverwaltung gebraucht werden können. Es kommen in Betracht:

Für die Ausstattung der Ämter (Dienstzimmer der Vorsteher und Sachbearbeiter, Büroräume):

Schreibtische, Bücherschränke, Sessel, Teppiche, Bilder, Schreibmaschinen u. a. m.

für die Ausstattung der Erholungsheime und Schulen der Reichsfinanzverwaltung:

Schlafzimmer, Betten, Musikinstrumente und insbesondere Bettwäsche, Tischwäsche, Handtücher usw.

Die Gegenstände, die nicht für Zwecke der Reichsfinanzverwaltung gebraucht werden, sind in geeigneter Weise zu veräußern. Versteigerungen in den Wohnungen selbst sind nach den gemachten Erfahrungen unerwünscht.

Es besteht die Möglichkeit, daß die NSV oder die Städte, denen die Ausstattung fliegergeschädigter Volksgenossen obliegt, bereit sind, größere Mengen der nicht für Zwecke der Reichsfinanzverwaltung gebrauchten Gegenstände gegen angemessene Bezahlung abzunehmen. Es besteht auch die Möglichkeit, daß die Berufsvertretungen des Altwarenhandels größere Posten erwerben. Die Veräußerungspreise sind in allen Fällen nach den Schätzungen zuverlässiger Sachverständiger festzusetzen.

Es ist darauf zu achten, daß S c h r ä n k e und Behälter aller Art n i c h t   m i t   I n - h a l t verkauft werden. Schränke und Behälter sind deshalb nach dem Abtransport zu leeren. Diese Gegenstände sind gesondert zu veräußern.

Der Abtransport und die Lagerung der Möbel sind ständig durch geeignete Beamte zu ü b e r w a c h e n , damit Diebstähle nach Möglichkeit vermieden werden.

d) Behandlung von Kunstgegenständen

Kunstgegenstände (Bilder, Plastiken usw.), die nicht von vornherein als minderwertige Erzeugnisse anzusehen sind, sind nicht zu veräußern. Sie sind in geeigneter Weise zu lagern und dem zuständigen L a n d e s l e i t e r der Reichskammer der bildenden Künste zu   m e l d e n . Der Landesleiter wird binnen Monatsfrist erklären, ob ein museales Interesse für diese Gegenstände besteht. Es wird bezüglich dieser Gegenstände besondere Weisung ergehen. Die übrigen Kunstgegenstände können veräußert werden.

Die Anschriften der zuständigen Landesleiter (Landesleitungen) sind folgende:

Landesleitung Gau	Berlin	in Berlin-Nikolassee, Kirchweg 33
,,	,, Hamburg	,, Hamburg 36, Colonnaden 70/74
,,	,, Weser-Ems	,, Oldenburg, Mainardostr. 4
,,	,, Köln-Aachen	,, Köln, Habsburgring 1
,,	,, Moselland	,, Koblenz, SA-Ufer 1
,,	,, Düsseldorf	,, Düsseldorf I, Grafenbergallee 66
,,	,, Kurhessen	,, Kassel, Königsplatz 59, II, Kulturhaus
,,	,, Ost-Hannover	,, Lüneburg, Lünerweg 28
,,	,, Süd-Hannover, Braunschweig	,, Hannover, Hinüberstr. 4a
,,	,, Westfalen-Nord	,, Münster, Warendorfer Str. 15
,,	,, Westfalen-Süd	,, Bochum, Wilhelmstr. 20, II
,,	,, Schlesien	,, Breslau, Charlottenstr. 28
,,	,, München/Obb.	,, München, Theatinerstr. 23
,,	,, Franken	,, Nürnberg O, Schlageter-Pl. 1
,,	,, Württemberg	,, Stuttgart, Kronprinzenstr. 4
,,	,, Danzig	,, Danzig, Dominikswall 8, IV
,,	,, Schleswig-Holstein	,, Kiel, Bartellsallee 3

J ü d i s c h e s Schrifttum und sonstige kulturelle und künstlerische Erzeugnisse jüdischen Schaffens sind sicherzustellen. Weitere Weisung wegen ihrer Behandlung folgt.

214

e) Behandlung von Gegenständen aus Edelmetall und Briefmarkensammlungen.

Gegenstände aus Edelmetall und Briefmarkensammlungen sind der Zentralstelle bei der Städtischen Pfandleihanstalt Berlin, Berlin W 8, Jägerstr. 64, zu übersenden. Diese Stelle wird die Erlöse an die abgebende Stelle abführen.

f) Wertpapiere

Wertpapiere sind an die Reichshauptkasse in Berlin abzuliefern.

g) Forderungen

Bankguthaben und andere Forderungen sind einzuziehen.

h) Behandlung des unbeweglichen Vermögens

Grundstücke sind zunächst in Ihre Verwaltung zu nehmen. Die Verwertung der Grundstücke, die nicht für Zwecke der Reichsfinanzverwaltung (Diensträume, Beamtenwohnungsfürsorge) gebraucht werden, wird durch besonderen Erlaß geregelt werden.

Die Umschreibung der eingezogenen Grundstücke und grundstücksgleichen Rechte im Grundbuch ist zu beantragen. Die Einziehungsverfügung mit Zustellungsurkunde ersetzt die nach den Vorschriften des BGB und der Grundbuchordnung erforderlichen Urkunden und Erklärungen.

i) Schuldenregelung

Gläubiger können erst dann befriedigt werden, wenn feststeht, daß das übernommene Vermögen nicht überschuldet ist (§ 39 des Entschädigungsgesetzes). Wegen der Wohnungsmiete Hinweis auf Abschnitt 4 a).

5. Erfahrungsaustausch

Die Oberfinanzpräsidenten Berlin, Hamburg, Düsseldorf, Köln, Weser-Ems und Kassel haben bereits im Oktober 1940 Vermögen abgeschobener Juden übernommen. Es erscheint mir zweckmäßig, daß die Sachbearbeiter derjenigen Oberfinanzpräsidenten, die neu mit dieser Aufgabe betraut sind, sofort mit den Sachbearbeitern der nächstgelegenen obengenannten Oberfinanzpräsidenten in Verbindung treten (Münster mit Düsseldorf, Kiel und Hannover mit Hamburg).

Die Sachbearbeiter der Oberfinanzpräsidenten Niederschlesien und Danzig-Westpreußen werden in Berlin, die Sachbearbeiter der Oberfinanzpräsidenten Württemberg, München und Nürnberg werden in einer gemeinsamen Besprechung in München durch meinen Sachbearbeiter unterrichtet werden.

6. Zweifelsfragen und Erfahrungsberichte

Ich bitte, über Zweifelsfragen sofort zu Händen des Ministerialrats Dr. Maedel zu berichten. Als Deckwort für die Abschiebung der Juden ist in Ferngesprächen die Bezeichnung „Aktion 3" zu verwenden.

Es ist damit zu rechnen, daß noch weitere Judenabschiebungen folgen. Ich bitte deshalb, mir jeweils nach Abschluß einer Aktion möglichst bald über die dabei gemachten Erfahrungen und die aufgetretenen Schwierigkeiten zu berichten und etwaige Vorschläge für Änderungen im Verfahren beizufügen. Ich behalte mir vor, feste Termine für die Berichterstattung noch zu bestimmen, bitte jedoch, nicht darauf zu warten.

Im Auftrag

S c h l ü t e r

Oberfinanzpräsidenten:

Berlin in Berlin	8	Stück
Hamburg in Hamburg	4	,,
Weser-Ems in Bremen	8	,,
Köln in Köln	16	,,
Düsseldorf in Düsseldorf	14	,,
Kassel in Kassel	8	,,
Hannover in Hannover	8	,,
Westfalen in Münster	8	,,
Niederschlesien in Breslau	4	,,
München in München	4	,,
Nürnberg in Nürnberg	4	,,
Württemberg in Stuttgart	4	,,
Danzig-Westpreußen in Danzig	4	,,
Nordmark in Kiel	4	,,

Faktoren ...

... Unter Berücksichtigung aller dieser Faktoren kommt die deutsche Volkswirtschaft zu dem Ergebnis, daß das deutsche Volkseinkommen im Jahre 1944 etwa bei 135 Milliarden RM gelegen haben mag, also um 15 Milliarden RM seit 1941 gestiegen ist. „Völkischer Beobachter" am 2. April 1945.

XXVI.

Kennzeichnung von jüdischen Wohnungen[1])

In Erweiterung der Polizeiverordnung über die Kennzeichnung der Juden vom 1. 9. 1941 (RGBl. I, S. 547) ist seitens der Aufsichtsbehörde der Reichsvereinigung der Juden in Deutschland eine Anordnung über die Kennzeichnung der Wohnungen von Juden ergangen, die den Bezirksstellen der Reichsvereinigung und den jüdischen Kultusvereinigungen mit Rundschreiben vom 26. 3. 1942 übermittelt worden ist. Aus dieser Anordnung wird folgendes bekanntgegeben:

Kennzeichnungspflicht für Wohnungen

1. Jüdische Wohnungsinhaber, die nach § 1 der Polizeiverordnung über die Kennzeichnung der Juden vom 1. 9. 1941 (RGBl. I, S. 547) zum Tragen des Kennzeichens verpflichtet sind, haben ihre Wohnungen zu kennzeichnen.

Form der Kennzeichnung

2. Die Kennzeichnung der Wohnungen ist durch einen Judenstern in schwarzem Druck auf weißem Papier in der Art und Größe des auf den Kleidungsstücken zu tragenden Kennzeichens vorzunehmen. Das Wohnungskennzeichen ist neben dem Namensschild oder in Ermangelung dessen im Türrahmen des Wohnungseingangs von außen sichtbar durch Ankleben zu befestigen.

3. Die Wohnung ist nur mit e i n e m Judenstern zu kennzeichnen, unbeschadet der Anzahl der darin wohnhaften Juden, die zum Tragen des Kennzeichens verpflichtet sind.

4. Wohnen in einer Wohnung, deren Inhaber nicht zum Tragen des Kennzeichens verpflichtet ist, Juden, die zum Tragen des Kennzeichens verpflichtet sind, so haben diese ein besonderes Namensschild am Wohnungseingang und unmittelbar daneben das Kennzeichen anzubringen.

5. Wohnen in einer Wohnung, deren Inhaber zur Kennzeichnung der Wohnung verpflichtet ist, Personen, die nicht zum Tragen des Kennzeichens verpflichtet sind, so sind diese berechtigt, am Wohnungseingang ein besonderes Namensschild ohne Kennzeichen anzubringen.

6. In den Fällen zu 4 und 5 hat die Anbringung der Namensschilder und Kennzeichen derart zu erfolgen, daß unter Ausschaltung jeden Zweifels klar ersichtlich ist, auf wen sich die Kennzeichnung der Wohnung bezieht.

Gemeinschaftswohnungen und Verwaltungsdienststellen

7. Kinder-, Alters-, Siechen- usw. -Heime sowie Verwaltungsdienststellen der Reichsvereinigung, ihrer Bezirksstellen und der Jüdischen Kultusvereinigungen sind zu kennzeichnen.

---

[1]) *Kennzeichnung der Wohnungen von Juden. Jüdisches Nachrichtenblatt vom 3. April 1942.*

8. Gebäude sind außen nicht zu kennzeichnen, auch wenn sich in ihnen ausschließlich jüdische Einrichtungen befinden; in diesem Falle ist das Kennzeichen an der Haupteingangstür des Gebäudes für jeden Eintretenden sichtbar anzubringen.

Inkrafttreten.

9. Die in dieser Anordnung verfügte Wohnungskennzeichnung tritt mit sofortiger Wirkung in Kraft und muß bis spätestens 15. A p r i l 1 9 4 2 durchgeführt sein.

Strafbestimmungen

10. Zuwiderhandlungen gegen diese Regelung werden mit staatspolizeilichen Maßnahmen geahndet.

Die Wohnungskennzeichen werden durch die Zentrale der Reichsvereinigung den Bezirksstellen und den Jüdischen Kultusvereinigungen zur Verteilung an die zur Kennzeichnung ihrer Wohnungen verpflichteten Personen übermittelt.

Wer nach dieser Anordnung zur Kennzeichnung der Wohnung verpflichtet ist und am 13. 4. 1942 noch keine Mitteilung über die Aushändigung des Wohnungskennzeichens oder das Wohnungskennzeichen selbst noch nicht erhalten haben sollte, muß sich seinerseits wegen der Aushändigung des Wohnungskennzeichens an die für ihn örtlich zuständige Dienststelle der Reichsvereinigung (Bezirksstelle, Verwaltungsstelle, Vertrauensmann bzw. Jüdische Kultusvereinigung) wenden, da die Wohnungskennzeichnung am 15. 4. 1942 vollzogen sein muß.

XXVII.

Juden dürfen keine Hunde, Katzen oder Vögel . . .[1]

Die Reichsvereinigung der Juden in Deutschland gibt folgende Anordnung ihrer Aufsichtsbehörde bekannt:

1. Juden, die zum Tragen des Kennzeichens verpflichtet sind, und den mit ihnen zusammenwohnenden Personen ist mit sofortiger Wirkung das Halten von Haustieren (Hunden, Katzen, Vögeln) verboten.

---

[1] *Halten von Haustieren. Jüdisches Nachrichtenblatt vom 15. Mai 1942.*

Die heutige Zeit

„. . . im Verlauf der Aussprache gab Assessor Hunsche als Gründe für die Anordnung der Abschaffung der Tiere an, daß die arische Bevölkerung in der heutigen Zeit kein Verständnis dafür habe und Ärgernis daran nehme, daß den Juden auch weiterhin die Annehmlichkeiten irgendwelcher Tierhaltung belassen werden.

Aktennotiz des Berliner Tierschutzvereins vom 7. Mai 1942 in „Unsere Katze", 28. Jahrgang, Nummer 8, August 1956, Verlagsort Berlin, Seite 3.

2. Juden, die im Zeitpunkt der Veröffentlichung dieser Anordnung Haustiere halten, sind verpflichtet, der für ihren Wohnort zuständigen Jüdischen Kultusvereinigung bzw. Bezirks- und Verwaltungsstelle der Reichsvereinigung der Juden in Deutschland bis zum 20. 5. 1942, unter Angabe des Kennworts „Haustiere", schriftlich anzuzeigen, welche Haustiere von ihnen gehalten werden.

3. Über die Ablieferung oder Abholung der Haustiere wird den Tierhaltern (vgl. Ziff. 2) durch die zuständige Jüdische Kultusvereinigung bzw. Bezirks- oder Verwaltungsstelle der Reichsvereinigung der Juden in Deutschland Anweisung zugehen.

4. Eine anderweitige Unterbringung der Haustiere, insbesondere in Pflegestellen bei Dritten, ist unzulässig.

5. Zuwiderhandlungen gegen diese Anordnung haben staatspolizeiliche Maßnahmen zur Folge.

6. Diese Anordnung gilt nicht für Juden ausländischer Staatsangehörigkeit, es sei denn, daß sie zum Tragen des Kennzeichens verpflichtet sind.

XXVIII.

Juden und Friseure[1])

1. Juden, die zum Tragen des Kennzeichens verpflichtet sind, ist jede Inanspruchnahme von Friseuren (in Läden, Wohnungen usw.) verboten.

2. Ausgenommen von diesem Verbot ist die Bedienung durch jüdische Friseure.

3. Diese Anordnung tritt mit ihrer Veröffentlichung in Kraft.

4. Zuwiderhandlungen werden mit staatspolizeilichen Maßnahmen geahndet.

XXIX.

Juden dürfen keine elektrischen Geräte, Schallplatten usw. haben[2])

Die Reichsvereinigung der Juden in Deutschland gibt folgende Anordnung ihrer Aufsichtsbehörde über die Ablieferung von elektrischen Geräten, von Plattenspielern und Schallplatten, von Schreibmaschinen, Fahrrädern und optischen Geräten durch Juden bekannt:

---

[1]) *„Jüdisches Nachrichtenblatt" vom 29. Mai 1942.*
[2]) *Ablieferung von elektrischen Geräten, von Plattenspielern und Schallplatten sowie von Schreibmaschinen, Fahrrädern und optischen Geräten im „Jüdischen Nachrichtenblatt" vom 19. Juni 1942.*

I. Abzuliefernde Gegenstände:

A. Elektrische Geräte, Plattenspieler und Schallplatten.

1. Abzuliefern sind
   a) elektrische Geräte, wie Heizöfen, Heizsonnen, Höhensonnen, Heizkissen, Kochtöpfe, Kochplatten, Staubsauger, Föhne, Bügeleisen usw.,
   b) Plattenspieler (auch elektrische) und Schallplatten.
2. Ausgenommen von der Ablieferung sind die elektrischen Geräte, die Krankenbehandler und Zahnbehandler zur Ausübung ihres Berufes benötigen und die in den jüdischen Einrichtungen, in Krankenanstalten, Alters-, Siechen-, Kinder-, usw. Heimen für die Heimaufgaben notwendig sind.

B. Schreibmaschinen, Fahrräder und optische Geräte.

3. Abzuliefern sind ferner
   a) Schreibmaschinen sowie Rechenmaschinen und Vervielfältigungsapparate,
   b) Fahrräder nebst Zubehör,
   c) Fotoapparate sowie Film-, Vergrößerungs- und Projektionsapparate, ferner Belichtungsmesser,
   d) Ferngläser, soweit sie gemäß Anordnung vom 13. November 1941 durch den jüdischen Eigentümer anmeldepflichtig waren und noch nicht abgeliefert oder bei den Bezirksstellen der Reichsvereinigung bzw. bei den Jüdischen Kultusvereinigungen verwahrt worden sind.
4. Ausgenommen von der Ablieferung sind
   a) Schreibmaschinen und Fahrräder im Eigentum der Reichsvereinigung der Juden in Deutschland, ihrer Bezirksstellen und Jüdischen Kultusvereinigungen,
   b) Rechenmaschinen und Vervielfältigungsapparate im Eigentum der Reichsvereinigung der Juden in Deutschland, ihrer Bezirksstellen und der Jüdischen Kultusvereinigungen, sofern sie für den Dienstgebrauch unbedingt benötigt werden,
   c) Schreibmaschinen im Eigentum von amtlich zugelassenen jüdischen Konsulenten,
   ferner mit Genehmigung durch die örtlich zuständige Staatspolizei(leit)stelle, die bei der zuständigen Bezirksstelle der Reichsvereinigung bzw. Jüdischen Kultusvereinigung zu beantragen ist.
   d) Fahrräder im Eigentum von amtlich zugelassenen jüdischen Krankenbehandlern, soweit deren Benutzung für die Ausübung der Berufstätigkeit als Krankenbehandler notwendig ist.
   e) Fahrräder von Juden im Arbeitseinsatz, sofern in der Regel zwischen Wohnung und Arbeitsstätte (ohne Rückweg) mehr als 7 km Wegstrecke zurückzulegen ist u n d andere Verkehrsmittel nicht zur Verfügung stehen.
   f) Schreibmaschinen im Eigentum von Mitarbeitern der Reichsvereinigung der Juden in Deutschland, ihrer Bezirksstellen und Jüdischen Kultusvereinigungen, soweit sie dienstlich benötigt werden.

II. Ablieferungspflichtige

5. Ablieferungspflichtige sind: (staatsangehörige und staatenlose) Juden im Sinne des § 5 der Ersten Verordnung zum Reichsbürgergesetz vom 14. November 1935 (RGBl. I, S. 1333).

6. Die Ablieferungspflicht erstreckt sich nicht
   a) auf den in einer Mischehe lebenden jüdischen Ehegatten, sofern Abkömmlinge aus dieser Ehe vorhanden sind und diese nicht als Juden gelten, und zwar auch dann, wenn die Ehe nicht mehr besteht oder der einzige Sohn im gegenwärtigen Kriege gefallen ist,
   b) auf die jüdische Ehefrau bei kinderloser Mischehe während der Dauer der Ehe,
   c) auf Juden ausländischer Staatsangehörigkeit, es sei denn, daß sie Staatsangehörige eines besetzten u n d eingegliederten Gebietes sind, soweit sie dort heimatszuständig sind (also belgische, französische, früher jugoslawische, früher luxemburgische, früher polnische, sowjetrussische Staatsangehörige sowie Protektoratsangehörige).

III. Ablieferungsverfahren

7. Die Ablieferung hat bei den Sammelstellen zu erfolgen, die durch die für den Wohnort der Ablieferungspflichtigen zuständigen Jüdischen Kultusvereinigung bzw. Bezirksstelle der Reichsvereinigung bekanntgegeben werden.

8. Die Gegenstände sind entschädigungslos, ohne Kennzeichnung, ohne Ablieferungsverzeichnis und Empfangsbestätigung für den Ablieferer abzuliefern.

9. Zur Ablieferung der in dieser Anordnung genannten Gegenstände bedarf es einer besonderen Verfügungserlaubnis gemäß Rundschreibens vom 1. Dezember 1941 betreffend Verfügungsbeschränkungen über das bewegliche Vermögen für Juden nicht.

10. Die Ablieferung hat sofort bzw. an dem Termin zu erfolgen, der durch die Bezirksstellen der Reichsvereinigung bzw. durch die Jüdischen Kultusvereinigungen für die in ihrem Bereich wohnhaften Abgabepflichtigen bekanntgegeben wird.

IV. Verstöße

11. Verstöße gegen die Ablieferungspflicht werden mit staatspolizeilichen Maßnahmen geahndet.

Einzigartig

Eines aber wissen wir, daß im deutschen Volk selbst der Führer in einer geschichtlich einzigartigen Weise zum erstenmal — völkisch sowohl wie politisch, geistig sowohl wie wirtschaftlich — die Voraussetzungen geschaffen hat, die — soweit es D e u t s c h l a n d betrifft — durch allen Kampf hindurch letztlich eine wirkliche, den gesamtgeschichtlichen Gesichtspunkten allein gerecht werdende Lösung der J u d e n f r a g e ermöglichen.

Karl Georg K u h n : „Die Judenfrage als weltgeschichtliches Problem", Hanseatische Verlagsanstalt Hamburg, 1939, Seite 47.

XXX.

Juden dürfen keine Eier essen[1])

... Die Reichskarte für Marmelade (wahlweise Zucker), die Reichszuckerkarte und die Reichseierkarte verlieren mit Ablauf des 26. Juli 1942 ihre Gültigkeit. Die Karten werden daher für die 39.—42. Zuteilungsperiode (27. Juli bis 15. November 1942) neu ausgegeben und berechtigen in der bisherigen Weise zum Warenbezug. Ihre Herstellung hat wie üblich zu erfolgen.

Juden im Sinne meiner Erlasse vom 11. März 1940 — II C 1 — 940 — und vom 7. August 1941 — II C 1 — 3225 — erhalten die Reichseierkarte nicht.

. . . .

. . . .

Die Bestimmungen dieses Erlasses über die Zuteilung für die Zeit vom 27. Juli bis 23. August 1942 treten am 27. Juli 1942, die übrigen Anordnungen, soweit nichts anderes bestimmt ist, sofort in Kraft.

Berlin, den 12. Juni 1942.   Der Reichsminister für Ernährung

und Landwirtschaft

Mit der Führung der Geschäfte beauftragt:

B a c k e

---

[1]) *Erlaß über die Durchführung des Kartensystems für Lebensmittel für die 39. Zuteilungsperiode vom 27. Juli bis 23. August 1942 im Deutschen Reichsanzeiger und Preußischen Staatsanzeiger Nr. 143, 1942.*

Ein für allemal

Mit der Machtergreifung des Nationalsozialismus war der goldene Traum des Judentums in Deutschland, als erstem Land Europas, ausgeträumt. Der Führer, der als erster das Judentum richtig erkannte, hat daher auch als erster das Judenproblem radikal gelöst, indem er Israel aus der Staatsverwaltung, der Presse, dem Wirtschafts- und Kulturkreis des deutschen Raumes völlig und für immer ausschaltete. Durch den Aufbau der Judenfrage auf rassischen Grundsätzen und durch die Schaffung der Nürnberger Gesetze wurde durch die enge und eindeutige Definition des Begriffs „Jude" allen etwaigen Tarnungsversuchen ein für allemal der Boden entzogen.

Dr. Julius v. M e d e a z z a in „Deutsches Recht", 1941, Heft 13, Seite 675.

Der Kreishauptmann
in Tarnow

BEKANNTMACHUNG!

Zur Durchführung der vom SS- und Polizeiführer in Krakau angeordneten Judenaussiedlungen wird folgendes bekannt gemacht:

§ 1
Ab 10. IX. 1942 erfolgen Judenaussiedlungen.

§ 2
Jeder Pole, der in irgendeiner Form durch seine Handlung die Aussiedlung gefährdet oder erschwert, oder bei einer solchen Handlung Mithilfe ausübt, wird strengstens bestraft.

§ 3
Jeder Pole, der während und nach der Aussiedlung einen Juden aufnimmt oder versteckt, wird erschossen.

§ 4
Alle zum Betreten des Judenwohnbezirkes ausgestellten Passierscheine verlieren vom Tage dieser Bekanntmachung ihre Gültigkeit. Wer trotzdem das Ghetto betritt, wird strengstens bestraft und läuft Gefahr erschossen zu werden.

§ 5
Wer Sachen von Juden unmittelbar oder mittelbar kauft, geschenkt erhält oder sonst erwirbt wird strengstens bestraft.

Jeder Pole, der in Besitz von Juden gehörigen Sachen ist, ist verpflichtet, den Besitz sofort bei der Sicherheitspolizei in Tarnow anzumelden, widrigenfalls er mit strengster Bestrafung wie ein Plünderer zu rechnen hat.

§ 6
Während des Transportes der Juden vom Sammelplatz zum Bahnhof ist das Betreten folgender Strassen und Plätze verboten:

Lembergerstr., Holzplatz, Bernardinerstr., Alter Markt, Gartenstr., Narutowiczastr., Kommandanturstr., Sportplatz am Bahnhof.

Die Bewohner der Häuser der genannten Strassen und Plätze haben bei Annäherung des Zuges die Haustüren und Fenster zu verschliessen und jede Art der Beobachtung des Zuges zu unterlassen.

Verstösse gegen diese Anordnung werden bestraft.

OBWIESZCZENIE!

W związku z zarządzonym przez Dowódcę SS i Policji w Krakau wysiedleniem żydów, ogłaszam co następuje:

§ 1.
Od 10 września 1942 r począwszy odbędzie się wysiedlanie żydów.

§ 2
Każdy Polak, który w jakikolwiek sposób utrudni akcję wysiedlania, podlega najsurowszym karom.

§ 3.
Każdy Polak, który podczas lub po akcji wysiedlania przyjmie żyda lub udzieli mu schronienia, zostanie rozstrzelany.

§ 4
Przepustki, upoważniające do wstępu do dzielnicy żydowskiej tracą ważność z chwilą ukazania się niniejszego obwieszczenia. Osoby, które pomimo tego do dzielnicy żydowskiej wchodzą, podlegają surowym karom i narażają się na zastrzelenie.

§ 5.
Kto jakiekolwiek rzeczy bezpośrednio czy pośrednio od żydów kupuje, w podarunku odbiera albo w inny sposób wchodzi w posiadanie tychże, podlega surowym karom.

Każdy Polak, mający w posiadaniu rzeczy, stanowiące własność żyda, obowiązany jest fakt posiadania natychmiast zgłosić w Policji Bezpieczeństwa w Tarnowie, gdyż w przeciwnym razie będzie traktowany jako łupieżca i podlega najsurowszym karom.

§ 6.
Podczas transportu żydów z placu zbiórki na dworzec kolejowy zostaje dostęp dla ludności na następujące ulice i place wzbroniony:

Lwowska, Plac Drzewny, Bernardyńska, Stary Rynek, Ogrodowa, Narutowicza, Bandrowskiego i Plac Sportowy przy dworcu.

Przy zbliżaniu się transportu do wymienionych ulic, mieszkańcy powinni zamknąć bramy wejściowe domów oraz okna i zaniechać obserwacji transportu.

Nieprzestrzegający powyższych przepisów podlegają surowym karom.

Tarnow, den 9. September 1942.

Der Kreishauptmann:
i. v.
Dr. PERNUTZ.

223

BEKANNTMACHUNG

Unter Hinweis auf meine Bekanntmachung Nr. 225 bezügl. der Bildung eines jüdischen Wohnbezirkes in Kossow mache ich auf folgendes aufmerksam:

Ab 1. 12. 42 darf keine Dienststelle, kein landwirtschaftlicher oder sonstiger Betrieb, kein Arbeitslager, keine Privatperson mehr einen Juden beschäftigen.

Sämtliche Genehmigungen, die von mir oder von den Arbeitsamtnebenstellen ausgegeben sind, erlöschen mit diesem Augenblick.

Eine Beschäftigung von Juden über den 30.11.42 hinaus kann nur mit meiner ausdrücklichen Genehmigung, die nur in ganz besonders gelagerten Fällen gegeben werden kann, erfolgen.

Wer nach dem 1. 12. 42 noch Juden beschäftigt, fällt unter die Bestimmung des Par. 3 Absatz 2 der Polizeiverordnung vom 28. Okt. 42

und **kann** demzufolge in schweren Fällen sogar **mit dem Tode bestraft werden.**

Sämtliche Dienststellen und Betriebe sind mir dafür **verantwortlich,** daß die bisher bei ihnen beschäftigten Juden bis zum 30. 11. 42 in den Judenwohnbezirk Kossow **umgesiedelt werden sind.**

Anträge auf Genehmigung von Weiterbeschäftigung der Juden sind bei meiner Dienststelle, Zimmer 23 zu stellen.

Der Kreishauptmann in Sokolow

Gramss

Sokolow, den 10. November 1942

Die Zusammenfassung

Die Grundsätze von Rasse und Familie gehören zum Fundament des nationalsozialistischen deutschen Staates. Dieser Staat ist in langjährigen Kämpfen und unter späterer Zusammenfassung von Partei und Staat entstanden und hat das neue Deutsche Reich auf der Grundlage der Läuterung, Reinerhaltung und Förderung der d e u t s c h e n R a s s e aufgebaut.

Amtsgerichtsrat Dr. B o s c h a n : „Nationalsozialistische Rassen- und Familiengesetzgebung", Deutscher Rechtsverlag, Berlin W 35, 1937, Seite 10.

XXXI.

Nach Auschwitz bzw. Lublin[1])

Der Reichsminister der Justiz   Berlin W 8, 21. April 1943

An die

Herren Generalstaatsanwälte

An den Herrn Beauftragten des Reichsministers der Justiz für das Strafgefangenenlager
in Emsland P a p e n b u r g (Ems).

Betrifft: Polen und Juden, die aus Vollzugsanstalten der Justiz entlassen werden.
Überstücke für die selbständigen Vollzugsanstalten.

1. Unter Bezugnahme auf die neuen Richtlinien für die Anwendung des § 1, Abs. 2,
der Verordnung vom 11. Juni 1940 (RGBl. I, S. 877) — Anl. I der RV vom 27. Januar
1943 — 9133/2 Beih 1 — III a2 2629 — hat das Reichssicherheitshauptamt durch Erlaß
vom 11. März 1943 — II A 2 Nr. 100/43 — 176 — angeordnet:

a) Juden, die gemäß Ziffer VI der Richtlinien aus einer V o l l z u g s a n s t a l t entlassen werden, sind durch die für die Vollzugsanstalt zuständige Staatspolizei(leit)-
stelle auf L e b e n s z e i t gemäß den ergangenen Schutzhaftbestimmungen dem
K o n z e n t r a t i o n s l a g e r   A u s c h w i t z bzw. L u b l i n zuzuführen.

Das gleiche gilt für Juden, die zukünftig nach Verbüßung einer F r e i h e i t s -
s t r a f e aus einer Vollzugsanstalt zur Entlassung kommen.

b) Polen ...

Entsprechend dem Antrage des Reichssicherheitshauptamts bitte ich, künftig
allgemein

a) zur Entlassung kommende Juden,

b) ...

für die örtlich zuständige Staatspolizei(leit)stelle zur Überhaft vorzumerken und
dieser vor Strafende rechtzeitig zur Abholung zur Verfügung zu stellen.

---

[1]) *Verfügung des Reichsministers der Justiz an die Generalstaatsanwälte
über die Entlassung von Polen und Juden aus den Vollzugsanstalten vom
21. April 1943 — Dokument PS — 701.*

XXXII.

Nur durch die Polizei ...[1])

§ 1

Strafbare Handlungen von Juden werden durch die Polizei geahndet.

Die Polenstrafrechtsordnung vom 4. Dezember 1941 gilt nicht mehr für Juden.

§ 2

Nach dem Tode eines Juden verfällt sein Vermögen dem Reich. Das Reich kann jedoch den nichtjüdischen Erbberechtigten und Unterhaltsberechtigten, die ihren gewöhnlichen Aufenthalt im Inland haben, einen Ausgleich gewähren.

Der Ausgleich kann durch einen Kapitalbetrag gewährt werden. Er darf die Höhe des Verkaufswertes des in die Verfügungsgewalt des Deutschen Reiches übergegangenen Vermögens nicht übersteigen.

Der Ausgleich kann durch Überlassung von Sachen und Rechten aus dem übernommenen Vermögen gewährt werden. Für die hierfür erforderlichen Rechtshandlungen werden Gerichtsgebühren nicht erhoben.

§ 3

Der Reichsminister des Innern erläßt im Einvernehmen mit den beteiligten Obersten Reichsbehörden die zur Durchführung und Ergänzung dieser Verordnung erforderlichen Rechts- und Verwaltungsvorschriften. Hierbei bestimmt er, inwieweit diese Verordnung für Juden ausländischer Staatsangehörigkeit gilt.

§ 4

Diese Verordnung tritt am siebenten Tage nach ihrer Verkündung in Kraft.

Im Protektorat Böhmen und Mähren gilt sie für den Bereich der Deutschen Verwaltung und der Deutschen Gerichtsbarkeit; § 2 findet auch auf protektoratsangehörige Juden Anwendung.

---

[1]) *Dreizehnte Verordnung zum Reichsbürgergesetz vom 1. Juli 1943, Reichsgesetzblatt Teil I, Seite 372.*

Invasionen

Zwei große Invasionen fremden Rechts sind in das deutsche Volk und sein Rechtsleben eingedrungen: Die Rezeption des römischen Rechts im ausgehenden Mittelalter und die Rezeption des liberalen Konstitutionalismus im 19. Jahrhundert.

Prof. Dr. Carl S c h m i t t in „Zeitschrift der Akademie für Deutsches Recht", 1934, Seite 11.

XXXIII.

Gegenstandslos . . .[1])

Der Reichsführer   Berlin, den 10. März 1944
Reichsminister des Innern
S.Pol. IV D 2c — 927/44 g — 24 —   G e h e i m

An die
Obersten Reichsbehörden

B e t r i f f t : Plakatierte Verbote für die Polen, Juden und Zigeuner.

Die zur Regelung der Lebensverhältnisse der Polen, Juden und Zigeuner im Hoheitsbereich des Reiches getrennt herausgegebenen Erlasse und Verordnungen haben vielfach zu einer öffentlichen summarischen Gleichstellung dieser Gruppen und plakatierten Verkaufs-, Benutzungsverboten, öffentlichen Bekanntmachungen, in der Presse usw. geführt. Dieses Verfahren entspricht nicht der differenzierten politischen Stellung, die diesen Gruppen jetzt und in Zukunft einzuräumen ist.

Soweit die Juden und Zigeuner in Betracht kommen, hat die vom Chef der Sicherheitspolizei und des SD durchgeführte Evakuierung und Isolierung dieser Gruppen einen öffentlichen besonderen Hinweis in der bisherigen Form auf die umfassenden Betätigungsverbote auf vielen Lebensgebieten gegenstandslos gemacht. Entsprechende öffentliche Hinweise werden daher im allgemeinen verschwinden können.

Hinsichtlich der Polen verbleibt es nach wie vor bei der in den einschlägigen Erlassen und Verordnungen getroffenen Regelung der Lebensverhältnisse. Gleichwohl empfiehlt sich aus politischen Zweckmäßigkeitsgründen eine gewisse Zurückhaltung in den öffentlichen Hinweisen auf diese Regelung in Form von Plakaten, Schildern, Presseveröffentlichungen usw.

Ich bitte, die nachgeordneten Dienststellen mit den erforderlichen Weisungen zu versehen.

gez. H. H i m m l e r

Beglaubigt:

Unterschrift (unleserlich)

ᛋᛋ-Sturmbannführer

---

[1]) *Dokument PS — 664.*

XXXIV.

Juden und Wärmeräume[1])

Für die Benutzung der Wärmeräume sind die Aufnahmebedingungen des jeweiligen Trägers maßgebend. Bei eintretendem Bedarf sollen weitere Wärmeräume eröffnet werden. Juden dürfen die Wärmeräume nicht benutzen.

---

[1]) *Anordnung über die Benutzung von Wärmeräumen vom 13. November 1944 im Amtsblatt der Reichshauptstadt Berlin, Seite 208.*

Feierabend

(Himmlers Erlaß über den Film „Jud Süß")

Vorführung des Films „Jud Süß"
RdErl. d. RF—SS n ChdDtPol. im RMdI. v. 15. 11. 1940 — O — KdoWE (2)
Nr. 275/40

Ich wünsche, daß alle Angehörigen der deutschen Pol. im Laufe des Winters den Film „Jud Süß" zu sehen bekommen, und ordne daher folgendes an:

1. Die staatl. Pol. Verw. vereinbaren mit den örtlichen Film-Theaterbesitzern Sondervorstellungen für diejenigen Angehörigen der Ordnungs- und Sicherheitspolizei, die den Film noch nicht gesehen haben.

2. Den Gendarmen, die den Film nicht kennen, ist er während einer Kreisdienstversammlung vorzuführen. Die Vereinbarungen mit den Filmtheaterbesitzern hat der Kommandeur der Gend. zu treffen. Die Angehörigen der Sicherheitspolizei sind bei diesen Veranstaltungen zu beteiligen.

3. Für die Schutzpol. der Gemeinden, für die Feuerschutzpol. und für die Angehörigen der Freiw. Feuerwehren kann von den Gemeinden die gleiche Regelung wie unter Ziff. 1 oder 2 getroffen werden. Falls die Zahl der Beamten für eine Sondervorstellung nicht ausreicht, sind mit der Gend. gemeinsame Veranstaltungen durchzuführen.

4. Mit den Dienststellen der ⁄⁄ ist wegen der Teilnahme von Angehörigen der ⁄⁄ an den Veranstaltungen der Pol. Fühlung aufzunehmen.

5. Die Angehörigen der Ordnungs- und Sicherheitspol., die die Sondervorführung besuchen, haben den Eintrittspreis, der bei Sonderveranstaltungen von den Filmtheaterbesitzern entsprechend zu ermäßigen ist, selbst zu zahlen.

6. Die Familienangehörigen können an den Veranstaltungen teilnehmen.

An
alle Pol.-Behörden

Ministerialblatt des Reichs- und Preußischen Ministeriums des Innern, 5. (101.) Jahrgang, 1940, II, Seite 2116b.

Anno 1738

Am 4. Februar 1738: Auf dem Richtplatz von Stuttgart wird Josef Süß-Oppenheimer, vom Volksmund Jud Süß genannt, hingerichtet. Die Strafe trifft einen, der sechs Jahre lang als Finanzberater des Herzogs Karl Alexander von Württemberg das schwäbische Volk ausplünderte, bis es sich gegen ihn erhob. Von Leid und Empörung jener Tage erzählt der Film „Jud Süß".

Zwei Szenen aus dem Film „Jud Süß".
„Soll er mit dem Strang vom Leben zum Tode gebracht werden"

So lautete der Urteilsspruch des württembergischen Schöffengerichtes, das dem Volkszorn gerecht wurde. Die Zunft der Schmiede hatte für die Hinrichtung einen Käfig gebaut, eingedreht eines durch Jud Süß (im Film dargestellt von Ferdinand Marian) unschuldig hingerichteten ihres Standes.

Der Freitod der Dorothea Sturm,
... die ein Opfer des Hofjuden geworden war, gab den letzten Anstoß zur Entfesselung der Volksempörung. (Im Boot: Kristina Söderbaum und Malte Jaeger). Nach der Hinrichtung Süß-Oppenheimers wurde über ganz Württemberg der Judenbann verhängt; alle Juden hatten innerhalb eines Monats das Land zu verlassen.

200 Jahre später: Die Juden verlassen Krakau.

Nach der Beendigung des polnischen Feldzuges war die Lösung der Judenfrage im Generalgouvernement eines der vordringlichsten Probleme. In kurzer Frist wird Krakau, wo der Kampf gegen die jüdische Ueberfremdung nie abriß, judenfrei sein.

Mit der Eisenbahn
... werden die Juden Krakaus, die bisher ein Viertel der Einwohner ausmachten, ihren neuen Aufenthaltsorten zugeführt. Andere wieder benutzen ...

Anno 1940

Aufnahmen: Associated Press (3)
Aufnahmen: Terra (2)

Pferd und Wagen zur Uebersiedlung.

Ein jahrhundertelanger Abwehrkampf gegen das immer von neuem eindringende Judentum findet seinen Abschluß.

Zusammenhänge zwischen dem Film „Jud Süß" und einer „Aussiedlung" in Krakau

229

Nummer 22   3. Juni 1943
Copyright 1943 by Deutscher Verlag, Berlin

52. Jahrgang Preis 20 Pfennig

Berliner
Illustrierte Zeitung

Der ewige Ahasver

Der Schauspieler Werner Krauß kehrt zur ursprünglichen, von Shakespeare gewollten Darstellung des Shylock zurück.

Im Wiener Burgtheater inszenierte Lothar Muthel Shakespeares weltberühmtes Drama „Der Kaufmann von Venedig" in einer Aufführung, die zum erstenmal seit fast einem Jahrhundert am stärksten auf die ursprüngliche Fassung des großen Klassikers zurückgeht. Unter dem Einfluß des Judentums war Shylock, das Urbild des jüdischen Wucherers, zu einer tragischen Sondergestalt ausgebaut worden — wie ja auch bezeichnenderweise der ursprüngliche von Shakespeare konzipierte Titel „Der Jude" hieß. Werner Krauß ist hier wieder der böse Popanz, als den ihn in der ersten Aufführung der britische Schauspieler und Freund Shakespeares, Burbadge, gespielt hat.

Aufnahme: Hans Diederich

230

3. Der bürgerlich-rechtliche Tod der Juden[1])

I.

Freisler greift ein

Der Reichsminister der Justiz
IIIa 2 1637 42   Berlin W 8, den 3. August 1942

Schnellbrief

An

a) den Herrn Reichsminister des Innern
b) den Reichsführer-// und Chef der Deutschen Polizei
c) den Herrn Reichsminister für Volksaufklärung und Propaganda
d) das Auswärtige Amt
e) den Leiter der Partei-Kanzlei, München
f) den Herrn Reichsprotektor in Böhmen und Mähren

Betrifft: Rechtsmittelbeschränkung in Strafsachen für Juden

1 Anlage

In der Anlage übersende ich den Entwurf einer Verordnung über die Beschränkung der Rechtsmittel in Strafsachen für Juden mit der Bitte um Stellungnahme.

Ich habe die Kriegswichtigkeit der Verordnung bejaht, weil sie mittelbar der Reichsverteidigung dient. Die in weiten Kreisen der deutschen Bevölkerung hervorgetretene Mißstimmung darüber, daß man den in Deutschland lebenden Juden noch Rechtsmittel in Strafsachen einräumt und ihnen noch das Recht gibt, gegen polizeiliche Strafverfügungen die Entscheidung der Gerichte anzurufen, ist geeignet, den Abwehrwillen des deutschen Volkes in dem ihm aufgezwungenen Kampfe zu schwächen.

In Vertretung
gez. Dr. Freisler

---

[1]) *Dokumente CXX — 28.*

II.

Der Entwurf

Abschrift

Verordnung über die Beschränkung der Rechtsmittel in Strafsachen für Juden

Von 1942

Der Ministerrat für die Reichsverteidigung verordnet mit Gesetzeskraft:

§ 1

Juden können gegen Entscheidungen in Strafsachen Berufung, Revision (Nichtigkeitsbeschwerde nach dem in Kraft gebliebenen österreichischen Recht) und Beschwerde nicht einlegen.

Anträge auf gerichtliche Entscheidung gegen polizeiliche Strafverfügungen können Juden nicht stellen.

Soweit beim Inkrafttreten dieser Verordnung ein Rechtsmittel bereits eingelegt oder ein Antrag auf gerichtliche Entscheidung bereits gestellt ist, gelten sie als zurückgenommen.

Berlin, den . . . . 1942.

Der Vorsitzende
des Ministerrates für die Reichsverteidigung
Der Reichsminister und Chef der Reichskanzlei

III.

Juden sind nicht eidesfähig

Der Reichsminister der Justiz
Mit der Führung der Geschäfte beauftragt
IIIa 2 1706. 42

Berlin W 8, den 13. August 42
Wilhelmstraße 65
Fernsprecher: 11 00 44
auswärts: 11 65 16

Schnellbrief

An den
Herrn Reichsminister für
Volksaufklärung und Propaganda
in Berlin
Betrifft: Rechtsmittelbeschränkung für Juden
Auf den Schnellbrief vom 12. August d. J.
— R 1400/23. 7. 42/122–1, 9 —.

1. Ich habe geglaubt, im Rahmen meines Geschäftsbereiches zunächst das dringendste Bedürfnis, das der Strafrechtspflege, gesetzgeberisch befriedigen zu sollen, und hatte darüber hinaus für die übrige Rechtspflege meines Geschäftsbereiches einen entsprechenden Entwurf in Vorbereitung. Ich habe jedoch geglaubt, über den Bereich meiner Federführung hinaus Initiativvorschläge nicht machen zu sollen.

Der Ihrem Schnellbrief beigefügte Entwurf erstreckt sich auf die Zuständigkeit aller obersten Reichsbehörden, insbesondere des Herrn Reichsinnenministers und aller Minister, in deren Geschäftsbereich Verwaltungsgerichtsbarkeiten vorhanden sind. Für den Bereich dieser Minister glaube ich auch jetzt meinerseits Vorschläge nicht machen zu sollen, erkläre jedoch, daß ich gegen eine Ausdehnung meines Entwurfes auf die Verwaltungsgerichtsbarkeiten und auf die Entscheidungen von Verwaltungsbehörden Bedenken nicht erhebe.

2. Unter der Voraussetzung, daß eine umfassende Regelung der Stellung des Juden gegenüber gerichtlichen und Verwaltungsentscheidungen erstrebt wird, scheint mir aber die Frage der Eideswürdigkeit des Juden ebenfalls einer gesetzlichen Regelung zu bedürfen, die am besten in derselben Verordnung getroffen wird.

Deshalb schlage ich weiter vor, in der Verordnung zu bestimmen, daß der Jude nicht eidesfähig ist. Damit ist das Leisten eines Eides und die Abgabe einer eidesstattlichen Versicherung durch Juden allgemein ausgeschlossen.

Die Eidesunfähigkeit des Juden darf aber m. E. den Juden strafrechtlich nicht günstiger stellen als den Eidesfähigen. Deshalb schlage ich weiter vor, eine Bestimmung aufzunehmen, wonach die Bekundungen eines Juden, die — von einem Eidesfähigen abgegeben — eidlich erfolgen könnten, strafrechtlich wie eidliche Erklärungen behandelt werden. Ich gehe dabei davon aus, daß die Leiter der Obersten Reichsbehörden im Verwaltungswege anordnen, daß der Jude auf die Möglichkeit strafrechtlicher Verfolgung bei Verletzungen seiner Pflicht wahrheitsgemäßer Bekundung aufmerksam gemacht wird, ohne daß ich vorschlage, das zur Bedingung der Strafbarkeit zu erheben.

Die umfassende Lösung des Problems fordert m. E. weiter aus außenpolitischen Gründen, daß von den Bestimmungen dieser Verordnung diejenigen Juden ausgenommen bleiben, die ausländische Staatsangehörige sind.

Danach würde ich unter der Voraussetzung, daß die bei einer Gesamtlösung des Problems Beteiligten und für Teilgebiete federführenden Obersten Reichsbehörden einverstanden sind, vorschlagen, der Verordnung folgende Fassung zu geben:

Verordnung über die Beschränkung der Rechtsmittel für Juden
und ihre Eidesunfähigkeit.
Vom 1942

Der Ministerrat für die Reichsverteidigung verordnet mit Gesetzeskraft:

§ 1

Juden können gegen Entscheidungen der Gerichte Berufung, Revision und Beschwerde (Nichtigkeitsbeschwerde und Rekurs nach dem in Kraft gebliebenen österreichischen Recht) nicht einlegen.

Anträge auf gerichtliche Entscheidung gegen polizeiliche Strafverfügungen können Juden nicht stellen.

§ 2

Juden können die gegen Entscheidungen von Verwaltungsbehörden vorgesehenen Rechtsmittel nicht einlegen.

§ 3

Soweit beim Inkrafttreten dieser Verordnung ein Rechtsmittel bereits eingelegt oder ein Antrag auf gerichtliche Entscheidung bereits gestellt ist, gelten sie als zurückgenommen.

§ 4

Juden sind nicht eidesfähig.

§ 5

Auf die unwahre uneidliche Aussage eines Juden finden die Vorschriften über Meineid und Falscheid sinngemäß Anwendung, wenn ein Eidesfähiger auf die Aussage hätte vereidigt werden können.

Ebenso sind auf die unrichtige Erklärung eines Juden die Vorschriften über die Abgabe einer falschen Versicherung an Eidesstatt sinngemäß anzuwenden, wenn die Erklärung eine Versicherung an Eidesstatt oder eine Aussage unter Berufung auf eine solche Versicherung ersetzen sollte.

§ 6

Die Vorschriften gelten nicht für Juden, die eine ausländische Staatsangehörigkeit besitzen.

§ 7

Die Obersten Reichsbehörden werden ermächtigt, für ihren Geschäftsbereich Durchführungsbestimmungen zu erlassen.

gez. Dr. Schlegelberger

Der Anfang

Wir stehen erst im Anfang der inneren Veränderungen, die das nächste Jahrhundert erfüllen werden.

Präsident der Reichsschrifttumskammer Dr. Hans-Friedrich B l u n c k im „Völkischen Beobachter" am 8. April 1934.

RK 11452 B 18 AUG 1942

Der Reichsminister des Innern

I b 1200/42
7035

Berlin, den   13. August 1942
NW 7, Unter den Linden 72

Schnellbrief

An

den Herrn Reichsminister der Justiz.

. Rechtsmittelbeschränkung für Juden.
auf Ihr Schreiben vom 3. August 1942
- III a 2 1637. 42 -.

      Dieselben Erwägungen, die Sie zu dem Vorschlag ge-
führt haben, den Juden die Rechtsmittel in Strafsachen zu
versagen, treffen auch für Verwaltungssachen zu. Ich bitte
daher den Entwurf einer Verordnung über die Beschränkung
der Rechtsmittel in Strafsachen für Juden zugleich auf
Verwaltungssachen zu erstrecken und ihm demgemäss etwa folgende Fassung zu geben:

        "Verordnung

    über die Beschränkung der Rechtsmittel
        für Juden.

    Vom   1942.

      Der Ministerrat für die Reichsverteidigung verord-
net mit Gesetzeskraft:

        § 1

      Juden können gegen Entscheidungen in Strafsachen
oder Verwaltungssachen ein Rechtsmittel nicht einlegen.
      Sie können, soweit sonst zulässig, gegen solche
Entscheidungen nicht auf gerichtliche Entscheidung antragen
      Sie können auch einen etwa sonst zulässigen Ein-
spruch nicht erheben.

        § 2

344532

Stuckart: Ich bitte daher ...

§ 2

Soweit beim Inkrafttreten dieser Verordnung ein Rechtsmittel oder ein Einspruch bereits eingelegt oder ein Antrag auf gerichtliche Entscheidung bereits gestellt ist, gelten sie als zurückgenommen.

§ 3

Diese Verordnung tritt 7 Tage nach Verkündung in Kraft. Sie gilt auch im Protektorat Böhmen und Mähren und in den eingegliederten Ostgebieten.

Berlin, den   1942.

Der Vorsitzende
des Ministerrats für die Reichsverteidigung.

Der Generalbevollmächtigte
für die Reichsverwaltung.

Der Reichsminister und Chef der Reichskanzlei. "

Abschriftlich
                an die Obersten Reichsbehörden
                -ausser Reichsminister der Justiz-
mit der Bitte um Äusserung bis zum 21.August 1942, falls Bedenken bestehen. Andernfalls wird Einverständnis angenommen.

In Vertretung

v. Stuckart.

344533

V.
„Ich darf Ihnen anheimgeben ...“

Nach Vortrag beim Herrn Reichsminister: FQ., den 21. August 1942
Der Reichsminister und Chef Nr. 742 25/8
  der Reichskanzlei Geschr. Gi
R k. 11405 B. 11374 B Gel. H.
  1 1 4 5 2 B 1 — 2 Abges. 25. 8. Mi
handschr.: 1 Ch 11 753 B handschr.: Zu 21 m je 1 mal

1.) An den Herrn Generalbevollmächtigten für die Reichsverwaltung
(A b s c h r. f. 2. a / b / u. c /)
B e t r i f f t : Rechtsmittelbeschränkung für Juden.

Der Reichsminister der Justiz und der Reichsminister für Volksaufklärung und Propaganda haben mir mit den auch Ihnen als Reichsminister des Innern zugegangenen
Schreiben vom 12. und 13. August d. J. Entwürfe zu einer Ministerratsverordnung über
die Beschränkung der Rechtsmittel für Juden und über die Eidesunfähigkeit der Juden
zugeleitet. Mit Ihrem Schreiben vom 13. August d. J. — I b 1200/42 —, das Sie als

$$7035$$

Reichsminister des Innern den Obersten Reichsbehörden haben zugehen lassen, haben Sie
Ihrerseits einen Fassungsvorschlag für die geplante Ministerratsverordnung vorgelegt.

Ich darf Ihnen anheimgeben, als Generalbevollmächtigter für die Reichsverwaltung für
eine Abstimmung der verschiedenen Entwürfe Sorge zu tragen und alsdann die Verordnung im Ministerrat für die Reichsverteidigung einzubringen.

Abschrift dieses Schreibens habe ich dem Vorsitzenden des Ministerrats f. d. Reichsverteidigung, dem Reichsminister der Justiz und dem Reichsminister für Volksaufklärung
und Propaganda zugeleitet. (N. d. H. RMin.)

2.) An   a) den Herrn Vorsitzenden des Ministerrates für die Reichsverteidigung
   b) den Herrn Reichsminister der Justiz
   c) den Herrn Reichsminister für Volksaufklärung und Propaganda
— Einzelanschrift —
B e t r i f f t : Rechtsmittelbeschränkung für Juden
   Zu b) Auf die Schreiben vom 3. und 13. August 1942
   — III a — 1637 und 1706. 42 —.
   Zu c) Auf das Schreiben vom 12. August 1942
   — R 1400/23. 7. 42/122-1, 9 —.
B f. A b s c h r. v.   Abschrift meines Schreibens an den Generalbevollmächtigten
Ziff. 1.)   für die Reichsverwaltung übersende ich mit der Bitte um Kennt-
   nisnahme.   (Name des Herrn Reichsministers)
3.) V o r A b g a n g   a) Herrn UStS. Kritzinger
   b) Herrn MinDir. Dr. Meerwald
   erg. m. d. Bitte um Kenntnisnahme.
4.) Nach 2 Wochen.   Name des Herrn Reichsministers

VI.

„Ich bitte um weitere Beteiligung"

handschr.: 7/9 erg. RM 11452 Bf 2+

Der Reichsminister   Berlin W 8, den 20. August 1942
für Ernährung und Landwirtschaft   Wilhelmstr. 72
     I C 2 — 695

S c h n e l l b r i e f !

An

den Herrn Reichsminister des Innern,
B e r l i n
B e t r i f f t : Rechtsmittelbeschränkung für Juden
     Auf das Schreiben vom 13. August 1942 — Ib 1200/42-7035 —

Mit dem mir von Ihnen übermittelten Entwurf einer Verordnung über die Beschränkung der Rechtsmittel für Juden erkläre ich mich im allgemeinen einverstanden. Ich bitte jedoch zu erwägen, ob der Ausdruck „Rechtsmittel", der auf Rechtsmittel im engen technischem Sinne wie Berufung, Revision und förmliche Beschwerde hindeutet, nicht besser durch den des formloseren „R e c h t s b e h e l f s" zu ersetzen ist. Ich lege Wert darauf, daß die Ausschließung der Rechtsmittel auch auf Rechtsbehelfe erstreckt wird wie die Wiedereinsetzung in den vorigen Stand, die Wiederaufnahmeklage, ferner auf Einwendungen, die im Umlegungsverfahren (vgl. z. B. §§ 62, 90 der Reichsumlegungsordnung), und Einsprüche, die im Verfahren nach der Ersten Wasserverbandverordnung vom 3. September 1937 (RGBl. I, S. 933, z. B. § 87, Abs. 2) erhoben werden können. Da es im Einzelfall Zweifeln unterliegen kann, ob eine Angelegenheit als Verwaltungssache und ob die Möglichkeit einer Anfechtung als Rechtsmittel im Sinne des Entwurfs anzusehen ist, halte ich es für nötig, daß die Fachminister — wie dies schon an anderer Stelle geschehen ist — in die Lage versetzt werden, im Rahmen ihrer Zuständigkeit durch Erlaß zu entscheiden, welche Verfahren und Rechtsbehelfe unter die Verordnung fallen. Ich bitte daher um Aufnahme einer entsprechenden Schlußvorschrift.

Ich bitte um weitere Beteiligung.

In Vertretung des Staatssekretärs
gez. Dr. Bretschneider

Stempel: Reichsministerium für Ernährung
         und Landwirtschaft.

Beglaubigt:
Unterschrift

An

die Obersten Reichsbehörden

— außer Reichsminister des Innern —
     Vorstehende Abschrift übersende ich mit der Bitte um Kenntnisnahme.

In Vertretung des Staatssekretärs
gez. Dr. Bretschneider

Stempel:
Reichsministerium für Ernährung
     und Landwirtschaft

Beglaubigt:
Unterschrift

RK. 12020 B 27 AUG. 1942

Der Reichsführer-SS
und
Chef der Deutschen Polizei
im Reichsministerium des Innern

S IV B 4 b – B Nr. 1268/42

Berlin SW 11, den 25. August 1942.
Prinz-Albrecht-Straße 8
Fernsprecher 12 00 40

Bitte in der Antwort vorstehendes Geschäftszeichen und Datum anzugeben.

Schnellbrief

An den
Herrn Reichsminister und Chef der Reichskanzlei,

in Berlin.

Betrifft: Rechtsmittelbeschränkung für Juden.
Bezug: Dorthin gerichteter Schnellbrief des
Reichsministers für Volksaufklärung und
Propaganda vom 21.8.1942 – R 1400/13.8.42/
122 – 1,9.

    Mit Rücksicht darauf, dass bisher zwischen
den beteiligten Stellen keine einheitliche Auffassung
besteht und vor allen Dingen darüber hinaus noch weitere
Fragen als ungeklärt betrachtet werden müssen, halte
ich die bisher gemachten Vorschläge für eine Beschluss-
fassung des Ministerrats für die Reichsverteidigung
noch nicht reif, weswegen ich bereits den Herrn Reichsminister der Justiz gebeten habe, eine Besprechung zur
Klärung dieser wesentlichen Fragen anzuberaumen.

Beglaubigt:

Kanzleiangestellte

Im Auftrage:
gez. S u h r .

Re

Wiedervorgelegt
wegen Rk. 11853 B (rot einges.)
am 13.19.

344538

Mit Rücksicht darauf...

RK 127500 12.SEP.1942

Oberkommando der Wehrmacht
14 v 12 WR (III.13)
Nr.2017/42 - 274/42.

1508/7

Berlin W 35, den 10. Sept. 1942.

An

den Herrn Reichsminister
und Chef der Reichskanzlei

Berlin W 8
Voßstrasse 6.

Betr.: Verordnung über die Beschränkung der Rechtsmittel
für Juden und ihre Eidesunfähigkeit.

Bezug: Schreiben des Reichsministers für Volksaufklärung
und Propaganda vom 21.8.42 - R 1400/13.8.42/122 - 1.9.

Nachrichtlich:

An W F St/ Qu

zu 1 b Nr.3346/42/Qu/Sta. vom 25.8.42.

Das Oberkommando der Wehrmacht stimmt dem Verordnungsentwurf zu, bittet jedoch zu erwägen, die strafrechtliche
Verantwortlichkeit der Juden nach den Bestimmungen über die
Eidesverletzung von einer entsprechenden Belehrung abhängig
zu machen. Eine solche Regelung würde für Strafverfahren
gegen Juden in einfacher Weise klarstellen, daß die Wahrheit
der Aussage unter Strafschutz stand. Sie würde auch einer
ungerechtfertigten Höherbewertung jüdischer uneidlicher Aussagen gegenüber uneidlichen Aussagen eidesfähiger Zeugen
vorbeugen. Diese könnte sich ungewollt daraus ergeben, daß
nach dem Entwurf jüdische Aussagen auch in den Fällen unter
Strafschutz stehen, in denen bei anderen Zeugen das Gericht
nach seinem Ermessen von einer Vereidigung abgesehen haben
würde.

Der Herr Reichsminister für Volksaufklärung und Propaganda und der Herr Reichsminister der Justiz haben Abschrift
des vorstehenden Schreibens erhalten.

Der Chef des Oberkommandos der Wehrmacht
Im Auftrag:
gez. Dr. Wagner
Für die Richtigkeit:

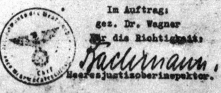

Heeresjustizoberinspektor.

344539

Die hellen Köpfe des Oberkommandos der Wehrmacht

240

IX.

Noch keine umfassende Lösung

Nationalsozialistische Deutsche Arbeiterpartei
　　　　　Parteikanzlei
Der Leiter der Parteikanzlei   Führerhauptquartier, 9. September 1942
                                                III C — Do.
. . . .   2425/01.
　　D u r c h s c h r i f t.

An den
Herrn Reichsminister der Justiz

B e r l i n W 8
Wilhelmstr. 65

                                                handschr.: RM 11405 B
B e t r i f f t : Rechtsmittelbeschränkung für Juden
　　　　Ihr Schreiben vom 13. 8. 1942 — III a² 1706. 42 —.

Die von Ihnen vorgeschlagene Einschränkung der Rechtsmitteleinlegung durch Juden
erstreckt sich für den Bereich der gerichtlichen Entscheidungen nur auf die Rechtsmittel
im engeren Sinne, also auf die Berufung, die Revision und die Beschwerde. Diese Regelung
bedeutet keine umfassende Lösung des Problems, da den Juden weiterhin die Möglichkeit
der Einlegung von Rechtsbehelfen im weiteren Sinne gelassen wird.

H a n d s c h r. I:

Die für Ihren Entwurf maßgebenden Erwägungen treffen auch bei fast allen „Rechtsbehelfen" zu. In Strafsachen gilt dies vor allem für den Einspruch gegen Strafbefehle und
für Anträge auf Wiederaufnahme des Verfahrens. Auf dem Gebiete des Zivilrechts kommen z. B. in Betracht Erinnerungen in Kosten- und Vollstreckungssachen, Einsprüche gegen
Vollstreckungsbefehle und Versäumnisurteile sowie Nichtigkeits- und Restitutionsklagen.
Auch eine Einschränkung der Zulässigkeit von Vollstreckungsgegenklagen und Inter-
ventionsklagen wird zu erwägen sein, da es sich auch hier im Ergebnis um Rechtsbehelfe
gegen gerichtliche Entscheidungen handelt. Ich halte es für erforderlich, auch alle diese
Fälle in die Regelung einzubeziehen.

II:

Ich bitte Sie ferner, in den Entwurf auch noch eine Bestimmung aufzunehmen, in der
die Ablehnung eines Richters durch einen Juden für unzulässig erklärt wird.

III:

Gegen die Bestimmungen des Entwurfs über die Eidesunfähigkeit der Juden habe ich
keine Bedenken.

                                                Heil Hitler!
F. d. R. d. D.: Doser   gez. M. B o r m a n n

X.

Dr. Stuckart hat eine neue Fassung

RK I 3672/B 29. Sep. 1942 Ti.
    inl. Abschrift
Der Generalbevollmächtigte
für die Reichsverwaltung
(Zeichen: unleserlich)
    S c h n e l l b r i e f

Handschr.
Vorg. zuletzt RL 12853 B
Berlin, den 29. September 1942
Stempel: S. Ang. v. 8. 10.
handschr.: Nu 30/9.

An
den Leiter der Partei-Kanzlei,
den Herrn Reichsminister der Justiz,
den Herrn Reichsminister für Volksaufklärung und Propaganda,
das Auswärtige Amt,
den Herrn Reichsminister der Finanzen.
B e t r i f f t : Verordnung über Rechtsbeschränkungen der Juden.

Der Entwurf einer Verordnung über Beschränkungen der Juden im Verfahren vor den Verwaltungsbehörden und den Gerichten ist auf Grund der Besprechung zwischen den Sachbearbeitern am 25. September 1942 als „Verordnung über Rechtsbeschränkungen der Juden" neu gefaßt worden. Ich bitte um möglichst beschleunigte Äußerung zu der anliegenden Neufassung.

Falls nicht bis zum 14. Oktober eine andere Äußerung eingeht, darf ich Ihr Einverständnis annehmen.

Abschriftlich zur gefälligen Kenntnisnahme und mit dem Anheimstellen einer Stellungnahme bis zum 14. Oktober.

In Vertretung
gez. Dr. S t u c k a r t

An die
übrigen Obersten Reichsbehörden (Abzeichnung unleserlich)
Anlage zu GBV 788/42 − 2425   25. September 1942
                E n t w u r f
einer Verordnung über Rechtsbeschränkungen der Juden.
        Vom 1942
Der Ministerrat für die Reichsverteidigung verordnet mit Gesetzeskraft:

§ 1

(1) Juden stehen gegen Entscheidungen der Verwaltungsbehörden und Gerichte Rechtsmittel und sonstige Rechtsbehelfe nicht zu. Soweit bei Inkrafttreten dieser Verordnung ein Rechtsbehelf bereits eingelegt ist, gilt er als zurückgenommen.

(2) Sonstige Anträge von Juden an Verwaltungsbehörden oder Gerichte sind nur zulässig, soweit die Verwaltungsbehörde oder das Gericht der Auffassung ist, daß eine Behandlung des Antrages im Interesse der Allgemeinheit liegt.

Eine „Aussiedlung" im ehemaligen Generalgouvernement

Kennzeichnung

Durch die Niederwerfung Polens griff die deutsche Führung mit der ihr eigenen Energie und beherzten Kraft mitten in das Sammelbecken des europäischen Ghettojudentums hinein. Sofort ging sie nach der Besetzung des Landes bzw. nach der Schaffung des G e n e r a l g o u v e r n e m e n t s , soweit das ehemalige Polen in der deutschen Interessensphäre liegt, an die Lösung der Judenfrage, wenngleich gerade in diesem Gebiet dieses Problem äußerst schwierig und tiefgreifend ist. Durch die VO vom 23. Nov. 1939 wurde vorerst einmal die Kennzeichnung der Juden angeordnet, um die bei den Juden sehr beliebten Tarnungsversuche zu unterbinden.

Dr. Julius v. M e d e a z z a in „Deutsches Recht", 1941, Heft 13, Seite 675.

244

Juden sind nicht eidesfähig.

§ 3

(1) Auf die unwahre uneidliche Aussage eines Juden finden die Vorschriften über Meineid und Falscheid sinngemäß Anwendung wenn ein Eidesfähiger auf die Aussage hätte vereidigt werden können.

(2) Ebenso sind auf die unrichtige Erklärung eines Juden die Vorschriften über die Abgabe einer falschen Versicherung an Eidesstatt sinngemäß anzuwenden, wenn die Erklärung eine Versicherung an Eidesstatt oder eine Aussage unter Berufung auf eine solche Versicherung ersetzen sollte.

(3) Der Jude ist darauf hinzuweisen, daß eine solche unwahre Aussage oder unrichtige Erklärung nach diesen Vorschriften bestraft wird.

§ 4

Erklärungen eines jüdischen Beteiligten zur Frage der Beeidigung eines Zeugen oder Sachverständigen sind unbeachtlich.

§ 5

Bei Verurteilung von Juden finden die Vorschriften über die Aberkennung der bürgerlichen Ehrenrechte keine Anwendung.

§ 6

Juden können deutsche Richter nicht als befangen ablehnen.

§ 7

Mit dem Tode eines Juden verfällt sein Vermögen dem Reich.

§ 8

Der Reichminister des Innern erläßt im Einvernehmen mit den beteiligten Obersten Reichsbehörden die zur Durchführung und Ergänzung dieser Verordnung erforderlichen Rechts- und Verwaltungsvorschriften. Hierbei bestimmt er, inwieweit diese Verordnung für Juden ausländischer Staatsangehörigkeit gilt.

§ 9

Diese Verordnung tritt am siebenten Tage nach ihrer Verkündung in Kraft. Sie gilt auch in den eingegliederten Ostgebieten. Im Protektorat Böhmen und Mähren gilt sie für den Bereich der deutschen Verwaltung und der deutschen Gerichtsbarkeit.

Berlin, den . . . .

Der Vorsitzende des Ministerrats
für die Reichsverteidigung
Der Generalbevollmächtigte
für die Reichsverwaltung
Der Reichsminister und Chef der Reichskanzlei

XI.

Die Verordnung ist fast schon gar nicht mehr notwendig

Der Generalbevollmächtigte
für die Reichsverwaltung
GBV 262/43

2425

RK 4482
2tne
Berlin, den 3. April 1943
NW 7, Unter den Linden 72
Fernsprecher: Ortsanschluß 12 00 34
„ Fernruf: 12 00 35
Fernschreiber: Ortsverkehr 517
Fernverkehr K 1 517
handschr.: s. Ang. v. 6. 4.
14/4. 11 Uhr

An
den Herrn Reichsminister
und Chef der Reichskanzlei
f ü r Herrn S t a a t s s e k r e t ä r K r i t z i n g e r
B e t r i f f t : Verordnung über Rechtsbeschränkungen der Juden.

Unter Bezugnahme auf die heutige Besprechung zwischen Staatssekretär K r i t z i n g e r
und Staatssekretär Dr. S t u c k a r t übersende ich hierdurch in je zwei Stücken

1. den Entwurf der Verordnung über Rechtsbeschränkungen der Juden und
2. die Abschrift des Schreibens des Chefs der Sicherheitspolizei und des SD. vom

8. März 1943 ((II A 2 Nr. 22 III/43 — 176 —).

Im Auftrag
Unterschrift: unleserlich

A b s c h r i f t.

Der Chef der Sicherheitspolizei
und des SD.
II A 2 Nr. 22 III/43 — 176 —

Berlin SW 11, den 8. März 1943
Prinz-Albrecht-Straße 8

S c h n e l l b r i e f

An
den Herrn Reichsminister des Innern
Pg. Dr. F r i c k
B e r l i n NW 7
Unter den Linden 72

Sehr verehrter Herr Reichsminister!

Auf Anfrage ist mir seitens der Abteilung I mitgeteilt worden, daß Sie die Verabschiedung der Verordnung über Rechtsbeschränkungen der Juden angehalten haben, da Sie die Verordnung im Hinblick auf die Entwicklung der Judenfrage nicht mehr für notwendig halten. Ich darf daher auf folgende sicherheitspolizeiliche Gesichtspunkte hinweisen, die für eine alsbaldige Verabschiedung der Verordnung sprechen:

1. Die bisherigen Judenevakuierungen haben sich auf die nicht in einer Mischehe lebenden Juden beschränkt. Die Zahl der auf diese Weise im Inland verbliebenen Juden ist daher nicht unerheblich. Da die Verordnung auch diese Juden erfassen würde, sind die in ihr vorgesehenen Maßnahmen nicht gegenstandslos.

2. Die Bestimmung des § 7 der Verordnung, wonach das Vermögen eines Juden mit seinem Tode o h n e E i n s c h r ä n k u n g dem Reich verfällt, bewirkt eine beachtliche Einschränkung des derzeitigen staatspolizeilichen Arbeitsanfalls. Zur Zeit müssen derartige Judennachlässe jeweils in einem auf den speziellen Fall abgestellten staatspolizeilichen Einziehungsverfahren behandelt werden. Diese Einzelverfahren brauchten nach Verabschiedung der Verordnung nicht mehr durchgeführt zu werden. Die Verordnung würde daher eine wirksame Einschränkung der derzeitigen Verwaltungstätigkeit bewirken.

Die Bestimmung, wonach die Strafrechtspflege gegen Juden von der Justiz auf die Polizei übergeht, entspricht einer zwischen dem Reichsführer-// und Reichsjustizminister Dr. Thierack getroffenen Abrede, die vom Führer gebilligt ist. Die praktische Durchführung dieser Abrede verlangt, daß sie in einer gesetzlichen Bestimmung verankert wird, da die in der Strafprozeßordnung begründete derzeitige Zuständigkeit der Justiz nur durch eine gesetzliche Bestimmung abgeändert werden kann.

Falls die vorgesehene Verordnung nicht zustande kommt, müßte die insoweit vorgesehene Bestimmung daher in einer selbstständigen gesetzlichen Regelung verankert werden, was jedoch unerwünscht ist.

Ich bitte, die vorstehenden Gesichtspunkte zu erwägen und zu prüfen, ob eine alsbaldige Verabschiedung der Verordnung nicht doch angezeigt erscheint.

Heil Hitler!
Ihr sehr ergebener

gez. Dr. K a l t e n b r u n n e r

1.) V e r m e r k :
RK 13672 B 44 82 E   FQ., den 6. April 1943

Staatssekretär Stuckart bat mich fernmündlich, eine Stellungnahme des Herrn Reichsministers und Chefs der Reichskanzlei zu dem mit dem beiliegenden Schreiben vom 3. April übermittelten Verordnungsentwurf herbeizuführen. Wie Staatssekretär Stuckart mir mitteilte, hat der Reichsminister des Innern persönlich Zweifel, ob die Verordnung noch notwendig ist. Eine Fühlungnahme mit der Partei-Kanzlei über diese Frage habe dazu geführt, daß Reichsleiter Bormann ihm nahegelegt habe, eine Stellungnahme des Reichsministers und Chefs der Reichskanzlei herbeizuführen.

Ich habe am 5. April die Angelegenheit mit Staatssekretär Klopfer besprochen. Dieser ist ebenso wie ich der Ansicht, daß man vielleicht abgesehen von den §§ 6 und 7 des Entwurfs, auf die Verordnung verzichten könne. Zu § 7 des Entwurfs hat sich Staatssekretär Klopfer meiner Auffassung angeschlossen, daß die Möglichkeit vorgesehen werden müsse, nichtjüdischen Verwandten der verstorbenen Juden ihren Nachlaß ganz oder zum Teil zuzuwenden.

Der Herr Reichsminister, dem ich am 6. April Vortrag gehalten habe, ist der Auffassung, daß, soweit irgend möglich, von einer Regelung der Dinge im Verordnungswege abgesehen werden soll.

Um die Angelegenheit weiterzubringen, habe ich im Einvernehmen mit Staatssekretär Klopfer Staatssekretär Stuckart vorgeschlagen, die Frage der weiteren Behandlung des Entwurfs in einer Besprechung zu erörtern, an der außer ihm und mir Staatssekretär Klopfer, Staatssekretär Rothenberger und der Chef der Sicherheitspolizei Kaltenbrunner zu beteiligen wären. Staatssekretär Stuckart stimmte dem Vorschlag zu und hat die Besprechung für Mittwoch, den 14. April, 11 Uhr, in Aussicht genommen.

Herrn RKabR. Dr. Ficker erg. m. d. Bitte um Kenntnisnahme.

handschr. Fr./4.

Wv. am 14. April (in Berlin)

handschr.: Kr.

Rk. 4611 E
zu Rk. 4748 E   Berlin, den 21. April 1943
h a n d s c h r .: Anl. I

1.) V e r m e r k :

Heute fand bei StS. Stuckart die von hier angeregte Staatssekretärbesprechung über den seinerzeit im Reichsministerium des Innern ausgearbeiteten Entwurf einer V e r o r d n u n g   ü b e r   R e c h t s b e s c h r ä n k u n g e n   d e r   J u d e n   s t a t t . Anwesend waren außer StS. Stuckart; StS. Rothenberger, StS. Klopfer, ⧸⧸-Gruppenführer Kaltenbrunner und ich.

Die Aussprache ergab, daß von den Bestimmungen des Verordnungsentwurfs nur § 6 und 7 für notwendig gehalten werden, wobei § 7 durch eine Bestimmung ergänzt werden soll, die bei dem Vermögensverfall einen Ausgleich zugunsten nichtjüdischer Erben und Unterhaltsberechtigter ermöglicht.

Es wurde ferner für zweckmäßig gehalten, daß die Bestimmung als Verordnung zum Reichsbürgergesetz gilt.

Die Verordnung würde demnach etwa die aus der Anlage 2 ersichtliche Fassung erhalten.

Anl. II (handschr.)

2.) Herrn R e i c h s m i n i s t e r
      gehorsamst mit der Bitte um Kenntnisnahme.

handschr.: S. 26. 4.

gez. Kr.

3.) Herrn RKabR. Dr. Ficker
      ergebenst
Just 1 (handschr.:) s. RK. 5761 E

XII.

Der letzte Entwurf[1])

Verordnung über Rechtsbeschränkungen der Juden
vom 1943
(Gekürzte Form)

Der Ministerrat für die Reichsverteidigung verordnet mit Gesetzeskraft:

§ 1

(1) Strafbare Handlungen von Juden werden durch die Polizei geahndet.
(2) Die Polenstrafrechtsordnung vom 4. Dezember 1941 (RGBl. I, Seite 759) gilt nicht mehr für Juden.

§ 2

Mit dem Tode eines Juden verfällt sein Vermögen dem Reich. (Handschriftlich: Härteklausel für nichtjüdische Erb- und Unterhaltsberechtigte).

§ 3

Juden dürfen Amtsbezeichnungen und Titel sowie akademische Grade nicht mehr führen.

§ 4

Der Reichsminister des Innern erläßt im Einverständnis mit den beteiligten Obersten Reichsbehörden die zur Durchführung und Ergänzung dieser Verordnung erforderlichen Rechts- und Verwaltungsvorschriften. Hierbei bestimmt er, inwieweit diese Verordnung für Juden ausländischer Staatsangehörigkeit gilt.

§ 5

Diese Verordnung tritt am siebenten Tage nach ihrer Verkündung in Kraft. Sie gilt auch in den eingegliederten Ostgebieten. Im Protektorat Böhmen und Mähren gilt sie für den Bereich der deutschen Verwaltung und der deutschen Gerichtsbarkeit. § 2 findet auch auf protektoratsangehörige Juden Anwendung.

Berlin, den 1943

Der Vorsitzende des Ministerrats
für die Reichsverteidigung
Der Generalbevollmächtigte für die Reichsverwaltung
Der Reichsminister und Chef der Reichskanzlei

---

[1]) *Das Gesetz erschien im RGBl., Teil I, Seite 372, 1943. Siehe Seite 226.*

4. Der Führer wünscht . . .[1]

I

Eine Zeitungsnachricht

Berliner Illustrierte Nachtausgabe

Nr. 246   Montag, den 20. Oktober 1941

Jude hamsterte 65 000 Eier und ließ 15 000 Stück verderben

Drahtmeldung unseres Berichterstatters

Breslau, 20. Oktober.

Eine geradezu riesige Menge von Eiern hat der 74jährige Jude Markus Luftgas aus Kalwarja der allgemeinen Bewirtschaftung entzogen und mußte sich nun vor dem Sondergericht in Bielitz verantworten. Der Jude hatte in Bottichen und in einer Kalkgrube 65 000 Eier verborgen, von denen bereits 15 000 verdorben waren. Der Angeklagte erhielt 2¹/₂ Jahre Gefängnis als gerechte Strafe wegen Verbrechens gegen die Kriegswirtschaftsordnung.

[1] *Dokumente NG — 287.*

Recht

Gesetzgeber ist nicht die Reichsregierung oder der Reichstag, sondern Gesetzgeber ist allein der Führer und Reichskanzler.

Ewald K ö s t , Gerda K ö s t und Werner K a i s e r in „Juristisches Wörterbuch", Verlag Dietrich, Leipzig 1938.

II

An Prof. Dr. h. c. Schlegelberger

Der Reichsminister und Chef   FHQ., den 25. Oktober 1941
    der Reichskanzlei
       Rk. 15506

1.)
An
Herrn Staatssekretär Prof. Dr. h. c. Schlegelberger
beauftragt mit der Führung der
Geschäfte des Reichsministers der Justiz

B e r l i n W 8
Wilhelmstraße 65   Eile (a. d. R.)

Sehr verehrter Herr Schlegelberger!

    Dem Führer ist die anliegende Pressenotiz über die Verurteilung des Juden Markus Luftgas zu 2½ Jahren Gefängnis durch das Sondergericht in Bielitz vorgelegt worden. Der Führer wünscht, daß gegen Luftgas auf Todesstrafe erkannt wird. Ich darf Sie bitten, das Erforderliche beschleunigt zu veranlassen und dem Führer zu meinen Händen über die getroffenen Maßnahmen zu berichten.

                       Heil Hitler!
                       Ihr sehr ergebener
                       (N. d. H. RMin.)

Der Führer

Persönliche Härte und menschliche Güte sind im Führer in vorbildlicher Harmonie vereinigt.

> Anton H o l z n e r : „Soldat im Westen", Tageszeitung der Armee, 20. April 1941, Seite 4.

*   *   *

Über das neue Deutschland der Disziplin und Autorität herrscht kein Kaiser oder kein König, kein Despot oder Tyrann.

> Pressechef der NSDAP, Dr. Otto D i e t r i c h , am 31. August 1933 vor dem Reichsparteitag in Nürnberg zu den Pressevertretern.

*   *   *

Lebe dem Führer nach!

> 19 Gebote des deutschen Studenten, in „Das Dritte Reich", 1937, Seite 138.

An ℋ-Gruppenführer Schaub

2.)
An
Herrn ℋ-Gruppenführer Julius Schaub
F ü h r e r h a u p t q u a r t i e r

Betrifft: Markus L u f t g a s

Sehr verehrter Herr Schaub!

Auf Ihr Schreiben vom 22. Oktober 1941 bin ich mit dem Reichsminister der Justiz in Verbindung getreten und habe ihn gebeten, das Erforderliche zu veranlassen.

Heil Hitler!
Ihr sehr ergebener
(N. d. H. RMin.)

„Sehr geehrter Herr Reichsminister Dr. Lammers"

Der Reichsminister der Justiz   Berlin, 29. 10. 1941
Mit der Führung der Geschäfte
        beauftragt
III g 14 3 4 5 4 / 4 1
An den
Herrn Reichsminister und
Chef der Reichskanzlei
B e r l i n W 8
Voßstraße 6

Betrifft: Strafsache gegen den Juden Luftglass
        (nicht Luftgas) Sg. 12 Js. 340/41
        des OStA. in Kattowitz
        — Rk. 15506 B vom 25. Oktober 1941 — 1 b

Sehr geehrter Herr Reichsminister Dr. Lammers!

Auf den mir durch den Herrn Staatsminister und Chef der Präsidialkanzlei des Führers und Reichskanzlers übermittelten Führerbefehl vom 24. Oktober 1941 habe ich den durch das Sondergericht in Kattowitz zu 2¹/₂ Jahren Gefängnis verurteilten Juden Markus Luftglass der Geheimen Staatspolizei zur Exekution überstellt.

Heil Hitler!
Ihr
sehr ergebener
S c h l e g e l b e r g e r

Zeitschrift
der
Akademie für Deutsches Recht

Herausgeber:

Der Präsident der Akademie für Deutsches Recht

Dr. Hans Frank

Verantwortlicher Schriftleiter: **Dr. Karl Lasch**, Direktor der Akademie für Deutsches Recht, **München**, Prinzregentenstraße 8

Juristische Mitarbeiter: 1. Staatsanwalt **Dr. Josef Bühler**, Bayerisches Justizministerium, **München**, Gerichtsassessor **H. Noetzold** und **Dr. D. Weyermann**, Assistenten an der Akademie für Deutsches Recht, **Berlin**

Nachdruck mit Quellenangabe gestattet. Erscheinungsweise monatlich.

Zu beziehen durch die Post; für den Buchhandel durch **J. Schweitzer Verlag, München 2 NW**, Ottostraße 1 a. Bezugspreis jährlich RM. 10.—, Einzelheft RM. 1.—. Verantwortlich für den Anzeigenteil: **Klotz & Kienast, München**, Residenzstraße 12

| 1. Jahrgang | München, Juli 1934 | Heft 2 |

Reichspräsident von Hindenburg:

An die Akademie für Deutsches Recht.

Am heutigen Tage kann die Akademie für Deutsches Recht auf ein Jahr erfolgreichen Schaffens auf allen Rechtsgebieten zurückblicken. Möge der Erfolg dieses Jahres allen denen, die in dieser Akademie am Bau des neuen deutschen Rechts mitarbeiten, Ansporn sein für ihr weiteres Wirken! Möge ihre künftige Arbeit von dem Willen beseelt sein, Diener zu sein am deutschen Recht und am deutschen Volk!

Neudeck, im Juni 1934.

v. Hindenburg

5.

Über dem Leben der Nation und seinen immer wechselnden Erscheinungsformen steht das Recht, das geboren aus Rasse und Seele des Volkes, ewige Bindung der Nation an die ihr eigenen Werte bedeutet.

Aus diesen Werten von Blut und Boden, von Ehre und Freiheit läßt der Nationalsozialismus seine Weltanschauung emporwachsen.

Das ewige, aus diesen Werten entspringende deutsche Recht hat er aus dem Dunkel artfremden, römisch-byzantinischen Ungeistes und der Nichtachtung liberalistischen Ichdenkens emporgehoben zum Licht und zum Leben. Er hat ihm damit den Platz zurückgegeben, den es im Rechtsdenken und Rechtsempfinden des Volkes immer eingenommen hat.

Alle Gebiete des Lebens müssen von diesem neuen und doch ewig alten Recht ergriffen werden.

Die Akademie für Deutsches Recht ist vom Nationalsozialismus mit der hohen Verantwortung betraut, in Zusammenarbeit mit den für die Gesetzgebung zuständigen Stellen dieses Recht zu schaffen. Sie hat das Werk in Angriff genommen, mit dem Willen, alle Stände des Volkes zur Mitarbeit heranzuziehen.

Wir sind stolz, an diesem großen und schweren Werk mit unseren Erfahrungen mithelfen zu können, und freuen uns, daß diese Zeitschrift das geistige Schaffen der Akademie für Deutsches Recht hinausträgt in das Leben des Volkes und aus ihm Anregung und Befruchtung für die Arbeit der Akademie für Deutsches Recht aufnehmen wird.

Deutsche Arbeitsfront
Dr. Robert Ley
Führer der Deutschen Arbeitsfront

Reichsnährstand
R. Walther Darré
Reichsbauernführer, Reichsminister für Ernährung und Landwirtschaft

Reichskulturkammer
Dr. Josef Goebbels
Präsident der Reichskulturkammer, Reichsminister für Volksaufklärung und Propaganda

Reichsstand der Deutschen Industrie
Dr. Krupp von Bohlen und Halbach
Führer des Reichsstandes der
Deutschen Industrie

Reichsstand des Deutschen Handels
Dr. Carl Lüer
Führer des Reichsstandes des Deut-
schen Handels, Treuhänder der Arbeit

Reichsstand des Deutschen Handwerks
W. G. Schmidt
Reichshandwerksführer, M. d. R.

Deutsche Rechtsfront
Dr. Wilhelm Heuber
Reichsgeschäftsführer des B. N. S. D. J.

6.

Aus der „Zeitschrift der Akademie für Deutsches Recht" 1934, Seite 6

7. Der rassenschändende Angriff gegen den Leib der deutschen Frau (Die Affäre Katzenberger)[1]

Abschrift
Reg. f. H. V. Sg Nr. 351/41

Urteil

Im Namen des deutschen Volkes!

Das Sondergericht

für den Bezirk des Oberlandesgerichts Nürnberg bei dem Landgericht Nürnberg-Fürth erkannte in der Strafsache gegen

K a t z e n b e r g e r Lehmann Israel, gen. Leo, Kaufmann und V o r s t a n d d e r i s r a e l i s c h e n K u l t u s g e m e i n d e i n N ü r n b e r g und

S e i l e r , Irene, Photogeschäftsinhaberin in Nürnberg,

beide in Untersuchungshaft.

wegen Rassenschande und Meineids

in öffentlicher Sitzung am 13. März 1942, wobei zugegen waren:

Der Vorsitzer: Landgerichtsdirektor Dr. Rothaug,
die Beisitzer: Landgerichtsräte Dr. Ferber u. Dr. Hoffmann,
der Staatsanwalt für das Sondergericht: Staatsanwalt Markl,
und als Urkundsbeamter der Geschäftsstelle: Justizsekretär Raisin

z u R e c h t w i e f o l g t :

K a t z e n b e r g e r Lehmann Israel, gen. Leo, R a s s e - u n d B e k e n n t n i s j u d e , geb. am 25. November 1873 in Maßbach, verh. Kaufmann in Nürnberg.

S e i l e r , Irene, geb. Scheffler, geb. am 26. April 1 9 1 0 in Guben, verh. Photogeschäftsinhaberin in Nürnberg.

b e i d e i n d i e s e r S a c h e i n U n t e r s u c h u n g s h a f t

w e r d e n v e r u r t e i l t :

---

[1] *Dokument CXX — 29.*

Katzenberger:

wegen eines Verbrechens nach § 2, rechtlich zusammentreffend mit einem Verbrechen nach § 4 der VO. gegen Volksschädlinge in Verbindung mit einem Verbrechen der Rassenschande.

zum Tode

unter Aberkennung der in §§ 32—34 des StGB bezeichneten Rechte auf Lebenszeit.

Seiler:

wegen eines Verbrechens des Zeugenmeineides

zur Zuchthausstrafe von zwei Jahren

unter Aberkennung der bürgerlichen Ehrenrechte auf die Dauer von zwei Jahren.

Drei Monate der erlittenen Untersuchungshaft werden auf die Strafe der Angeklagten Seiler angerechnet.

Die Angeklagten tragen die Kosten.

Gründe:

I.

1.) Der Angeklagte Katzenberger ist staatsangehöriger Volljude; er gehört der jüdischen Religionsgemeinschaft an.

Nach der Abstammungsseite ergibt ein Auszug aus dem Geburts-Register für die jüdische Gemeinde in Maßbach, daß der Angeklagte am 25. November 1873 als Sohn des Handelsmannes Louis David Katzenberger und seiner Ehefrau Helene, geb. Adelberg, geboren wurde. Der am 30. Juni 1838 in Maßbach geborene Vater des Angeklagten war nach einem Auszug aus der Judenmatrikel Thundorf der eheliche Sohn des Kunstwebers David Katzenberger und seiner Ehefrau Karoline Lippig; die am 14. Juni 1847 in Aschbach geborene Lena Adelberg — Mutter des Angeklagten — war nach einem Auszug aus der Geburtsmatrikel der israelitischen Kultusgemeinde Aschbach die eheliche Tochter des Händlers Adelberg Lehmann und seiner Ehefrau Lea. Die Eltern des Angeklagten wurden ausweislich eines Auszuges aus der Judenmatrikel Thundorf am 3. Dezember 1867 vom Distriktsrabbiner in Schweinfurt verehelicht. Die Großeltern des Angeklagten väterlicherseits schlossen nach einem Auszug aus der Judenmatrikel Thundorf am 3. April 1832 in Werneck die Ehe; die Großeltern mütterlicherseits verehelichten sich nach einem Auszug aus dem Trauregister der israel. Kultusgemeinde Aschbach am 14. August 1836.

Dem Auszug aus dem Trauregister der israelitischen Kultusgemeinde Aschbach über die Eheschließung der Großeltern mütterlicherseits ist zu entnehmen, daß die im Jahr 1809 in Aschbach geborene Bela = Lea Seemann der jüdischen Religionsgemeinschaft angehört hat. Nach der Bekenntnisseite geben die erwähnten Abstammungsurkunden keine weiteren Auskünste darüber, daß Eltern- oder Großelternteile sich zu dem mosaischen Glauben bekannt haben.

Der Angeklagte selbst erklärt, daß er mit Sicherheit sagen könne, daß alle seine 4 Großelternteile dem mosaischen Glauben angehört haben. Seine Großmütter habe er noch persönlich gekannt; die beiden Großväter seien auf jüdischen Friedhöfen beerdigt. Ebenso wie er selbst, gehörten seine beiden Eltern der mosaischen Religionsgemeinschaft an.

Das Gericht sieht keinen Anlaß, in die Richtigkeit dieser bestimmten Angaben, die durch die vorliegenden Auszüge aus ausschließlich Judenmatrikeln voll gestützt werden, Zweifel zu setzen. Trifft es aber zu, daß alle 4 Großelternteile dem mosaischen Glauben angehört haben, so gelten die Großeltern nach der Beweiserleichterungsvorschrift im § 5 Abs. 1 in Verb. mit § 2 Abs. 2 S. 2 der VO. zum ReichsBG. v. 14. Nov. 1935 — RGBl. I, S. 1333 — als Volljuden. Danach ist der Angeklagte selbst Volljude im Sinne des Blutschutzgesetzes. Daß er selbst dieser Überzeugung gewesen ist, ergibt seine eigene Einlassung.

Der Angeklagte Katzenberger kam im Jahre 1912 nach Nürnberg. Hier betrieb er zusammen mit seinen Brüdern David und Max bis zum November 1938 einen Schuhhandel. Seit 1906 ist der Angeklagte verheiratet, er hat 2 Kinder im Alter von 30 und 34 Jahren.

Dem Angeklagten und seinen Brüdern David und Max gehörte bis zum Jahre 1938 das Anwesen Spittlertorgraben Nr. 19 in Nürnberg; im Hofgebäude des Anwesens waren Büro- und Lagerräume eingerichtet, das Hauptgebäude an der Straße dient als Wohnhaus mit mehreren Stockwerkwohnungen.

Im Jahre 1932 kam die Mitangeklagte Irene Seiler als Mieterin in das Haus Spittlertorgraben Nr. 19 in Nürnberg; seitdem ist der Angeklagte Katzenberger mit ihr bekannt.

2. Die Irene Seiler, geborene Scheffler, ist deutsche Staatsangehörige deutschen Blutes.

Ihre Abstammung ist durch Urkunden über alle 4 Großelternteile belegt; sie selbst, ihre Eltern und alle Großelternteile gehören dem evangelisch-lutherischen Bekenntnis an. Diese Feststellung nach der Bekenntnisseite beruht auf den vorliegenden Geburts- und Heiratsurkunden der Familie Scheffler, die zum Gegenstand der Hauptverhandlung gemacht wurden. Nach der Abstammungsseite hin kann folglich an der Deutschblütigkeit der Irene Seiler, geb. Scheffler, kein Zweifel bestehen.

Der Angeklagte Katzenberger war davon, daß Irene Seiler deutschen Blutes und deutsche Staatsangehörige ist, überzeugt.

Irene Scheffler heiratete am 29. Juli 1939 den Handelsvertreter Johann Seiler. Die Ehe blieb bisher kinderlos.

Die Angeklagte besuchte in ihrem Geburtsort Guben Lyzeum und Realschule bis zur Unterprima; anschließend in Leipzig 1 Jahr die staatliche Akademie für Kunst- und Buchgewerbe.

Im Jahre 1932 kam sie nach Nürnberg; hier war sie in der photographischen Werkstätte ihrer Schwester Hertha, die diese seit dem Jahre 1928 als Mieterin im Hause Spittlertorgraben 19 unterhielt, tätig. Am 1. Januar 1938 übernahm sie das Geschäft ihrer Schwester selbstständig auf eigene Rechnung. Am 24. Februar 1938 legte sie die Meisterprüfung ab.

3. Dem Angeklagten Katzenberger liegt zur Last, fortgesetzt als Jude mit der Irene Seiler, geb. Scheffler, einer Staatsangehörigen deutschen Blutes, außerehelichen Verkehr gepflogen zu haben; er soll bis März 1940 sehr oft in die Wohnung der Seiler im Hause Spittlertorgraben gekommen sein und bis zum Herbst 1938 sehr oft die Besuche der Seiler in den im Hinterhaus des Anwesens befindlichen Geschäftsräumen empfangen haben. Die Seiler, die durch Annahme von Geldgeschenken und langfristige Stundung der Monatsmieten in eine starke Abhängigkeit zu dem Angeklagten Katzenberger nach und nach gekommen sei, sei dem Katzenberger in geschlechtlicher Hinsicht zugänglich gewesen. So sei es zwischen beiden zu geschlechtlichen Annäherungen aller Art, insbesondere auch zu Geschlechtsverkehr gekommen. Beide sollen sich, bald in der Wohnung der Seiler, bald in den Geschäftsräumen des Katzenberger gegenseitig geküßt haben. Seiler habe sich sehr oft dem Katzenberger auf den Schoß gesetzt; hierbei soll Katzenberger die Seiler in der Absicht, sich dadurch eine geschlechtliche Befriedigung zu verschaffen, über den Kleidern an den Oberschenkeln getätschelt und gestreichelt haben. Bei solchen Gelegenheiten habe sich Katzenberger eng an die Seiler angeschmiegt und hierbei seinen Kopf an den Busen der Seiler gelegt.

Dem Angeklagten Katzenberger liegt zur Last, diese Rassenschande unter Ausnützung der Kriegslage begangen zu haben; der Mangel an Aufsichtskräften sei ihm zustatten gekommen, umsomehr, als er seine Besuche bei der Seiler im Schutze der Verdunkelung ausgeführt habe. Zudem sei der Ehemann Seiler zur Wehrmacht eingezogen, so daß auch Überraschungen durch den Ehemann ausgeschlossen gewesen seien.

Der Angeklagten Irene Seiler liegt zur Last, gelegentlich ihrer Einvernahme durch den Ermittlungsrichter bei dem Amtsgericht Nürnberg am 9. 7. 1941 bewußt der Wahrheit zuwider angegeben und mit einem Eide bekräftigt zu haben, diesen Annäherungen hätten jegliche geschlechtliche Beweggründe gefehlt, insbesondere glaube sie, daß dies auch bei Katzenberger der Fall gewesen sei.

Seiler soll sich hierdurch des Zeugenmeineids schuldig gemacht haben.

Die Angeklagten führen zu ihrer Verteidigung aus:

Die Angeklagte Seiler: Als sie im Jahre 1932 im Alter von 22 Jahren in die photographische Werkstätte ihrer Schwester nach Nürnberg gekommen sei, sei sie auf sich selbst gestellt gewesen; ihre Schwester Hertha sei nach Guben zurückgekehrt und habe dort ein Atelier eröffnet. Ihr Vater habe sie an den Vermieter, den Angeklagten Katzenberger empfohlen, diesen gebeten, auf sie ein fürsorgliches Augenmerk zu haben und ihr mit Rat und Tat zur Seite zu stehen. So sei sie mit dem Juden Katzenberger näher bekannt geworden.

In der Folgezeit sei Katzenberger auch tatsächlich ihr Berater geworden; insbesondere sei er ihr in ihrer mißlichen finanziellen Lage helfend zur Seite gestanden. In ihrer Freude über die ihr seitens Katzenberger erwiesene Freundschaft und Güte habe sie nach und nach in ihm nur noch den väterlichen Freund gesehen; es sei ihr gar nicht mehr zum Bewußtsein gekommen, daß sie in Katzenberger einen Juden vor sich habe. Es sei richtig, daß sie im Schuhlager des Katzenberger im Hinterhaus ein- und ausgegangen sei; wenn sie dies nach Büroschluß getan habe, so deshalb, weil sie dann Schuhe habe besser aussuchen können. Auch sei es vorgekommen, daß sie dem Katzenberger bei solchen Besuchen und beim Verweilen des Katzenberger in ihrer Wohnung gelegentlich mal einen Kuß gegeben und zugelassen habe, daß Katzenberger sie küßte. Hierbei habe sie sich auch öfters dem Katzenberger auf den Schoß gesetzt; das sei so ihre Art, da denke sie sich nichts dabei. Keineswegs sei etwa in geschlechtlichen Beweggründen der Ausgangspunkt für ihr Handeln zu suchen. Sie habe stets auch angenommen, daß Katzenberger keine anderen als nur fürsorglich väterliche Gefühle zu ihr beherrschen.

Auf diese Annahme gestützt, habe sie am 9. Juli 1941 dem Ermittlungsrichter die mit ihrem Eid bekräftigte Aussage gemacht, daß sie glaube, daß die ausgetauschten Zärtlichkeiten auch bei Katzenberger keinen erotischen Gefühlen entsprungen seien.

Der Angeklagte Katzenberger: Er will sich nicht strafbar gemacht haben. Er schützt vor, nur sehr freundschaftlich mit Frau Seiler Umgang gepflogen zu haben; die Familie Scheffler in Guben habe sein Verhältnis zur Frau Seiler auch nur als weitestgehend freundschaftlich gewertet.

Wenn er über die Jahre 1933, 1935 und 1938 hinaus seinen Umgang mit Frau Seiler fortgesetzt habe, so sei dies vielleicht nach der Auffassung der NSDAP ein Unrecht; die Tatsache der Fortführung sei aber ein Zeichen für sein gutes Gewissen.

Nach der Judenaktion im Jahre 1938 seien zudem die Zusammenkünfte seltener geworden. Nach der Verehelichung der Frau Seiler im Jahre 1939 sei auch der Ehemann Seiler oftmals überraschend nach Hause gekommen, als er — Katzenberger — bei der Frau Seiler in der Wohnung anwesend gewesen sei. Niemals habe jedoch der Ehemann Seiler ihn in einer verfänglichen Situation mit seiner Frau angetroffen. Im Januar oder Februar 1940 sei er auf Wunsch des Ehemannes Seiler zweimal in die Wohnung der Seiler gekommen, um den Eheleuten bei der Abgabe von Steuererklärungen behilflich zu sein. Die letzte Unterredung in der Wohnung der Eheleute Seiler habe er im März 1940 geführt. Damals habe Frau Seiler ihm nahegelegt, die Besuche wegen der ihr seitens der NSDAP gemachten Vorhalte einzustellen; in Gegenwart ihres Mannes habe Frau Seiler ihm zum Abschied einen Kuß gegeben.

Irgendwelche erotische Absichten habe er bei Frau Seiler niemals befolgt. Deshalb könne er auch keine Kriegslage und keine Verdunkelung ausgenützt haben.

II.

Das Gericht hat die Ausflüchte des Angeklagten Katzenberger und die Einschränkungen, mit denen die Angeklagte Seiler ihre Zugeständnisse abzuschwächen versucht hat, wie folgt gewürdigt:

Als die Angeklagte Seiler im Jahre 1932 nach Nürnberg übersiedelte, war sie im Alter von 22 Jahren ein vollaufgewachsenes, geschlechtsreifes Mädchen. Sie zeigte sich auch — nach ihren eigenen, insoweit glaubhaften Angaben — im Umgang mit Freunden geschlechtlicher Hingabe nicht unzugänglich.

In Nürnberg trat sie als Nachfolgerin ihrer Schwester in der photographischen Werkstätte im Anwesen Spittlertorgraben Hs. Nr. 19 in den Bannkreis des Angeklagten Katzenberger. Im Umgang mit diesem ließ sie sich innerhalb eines Zeitraumes von fast zehn Jahren nach und nach zum Austausch von Zärtlichkeiten herbei, wobei, — nach dem Geständnis beider Angeklagten — Situationen geschaffen wurden, die keineswegs als Auswirkungen nur väterlicher Freundschaft gewertet werden können. Seiler setzte sich oft bei Zusammenkünften mit Katzenberger, sei es in dessen Geschäftsräumen im Hinterhaus, sei es in ihrer Wohnung, dem Katzenberger auf den Schoß und küßte ihn unbestritten auf Mund und Wangen. Bei diesen Gelegenheiten erwiderte Katzenberger, wie er zugibt, diese Zärtlichkeiten mit eigenen Küssen, schmiegte seinen Kopf an den Busen der Seiler und tätschelte und streichelte deren Oberschenkel über den Kleidern ab.

Die Annahme, diese zugegebenen wechselseitig getauschten Zärtlichkeiten seien bei Katzenberger der Ausdruck nur väterlicher Empfindungen, bei der Seiler nur stark gefühlsbetonte Handlungen aus kindlichem Gefühl gewesen, die sich aus der Situation unwillkürlich ergeben hätten, widerspricht jeder Erfahrung des täglichen Lebens. Die Ausflüchte der Angeklagten nach dieser Richtung erachtet das Gericht als nichts anderes, als den plumpen Versuch, die geschlechtsbetonten Handlungen auf das Gebiet des Gemütes, frei von jeder Geschlechtslust abzuschieben. Das Gericht hat in Ansehung der Persönlichkeit der beiden Angeklagten und auf Grund der Beweisaufnahme die sichere Überzeugung gewonnen, daß in geschlechtlichen Beweggründen der Ausgangspunkt für die Zärtlichkeiten der beiden Angeklagten zu suchen ist.

Seiler befand sich meist in finanziellen Schwierigkeiten. Katzenberger nahm diesen Umstand zum Anlaß, der Seiler häufig Geldgeschenke zu machen; er gab ihr wiederholt

---

Geldbeträge von einer bis zu zehn Reichsmark. Außerdem stundete er ihr in seiner Eigenschaft als Hausverwalter des Anwesens, in dem die Seiler wohnte und das der Firma, bei der er Teilhaber war, gehörte, die geschuldeten Mieten sehr lange. Vielfach schenkte Katzenberger der Seiler Zigaretten, Blumen und Schuhe.

Die Angeklagte Seiler räumt auch ein, daß sie durchaus darauf bedacht war, sich die Gunst des Katzenberger, mit dem sie sich duzte, zu erhalten.

Nach den in der Hauptverhandlung getroffenen Feststellungen boten beide Angeklagte ihrer näheren Umwelt, vornehmlich der Hausgemeinschaft im Anwesen Spittlertorgraben Nr. 19 das Gesamtlebensbild eines intimen Verhältnisses.

Von den Zeugen Kleylein Paul und Babette, Mäsel Johann, Heilmann Johann und Leibner Georg wurde wiederholt beobachtet, daß Katzenberger und Seiler sich gegenseitig zuwinkten, wenn Seiler von einem nach dem Rückgebäude zu gelegenen Fenster ihrer Wohnung den Katzenberger in seinen Büroräumen sah. Den Zeugen waren die beobachteten häufigen Besuche der Seiler in den Geschäftsräumen des Katzenberger nach Geschäftsschluß und auch Sonntags sowie das längere Verweilen dort besonders auffallend. Die Tatsache, daß Seiler den Katzenberger stets um Geld anging, war im Laufe der Jahre der ganzen Hausgemeinschaft bekannt geworden; es bildete sich auf Grund dieser Wahrnehmungen die Überzeugung, daß Katzenberger als jüdischer Gläubiger diese Zwangslage der deutschblütigen Frau Seiler geschlechtlich ausnütze, wobei der Zeuge Heilmann gelegentlich einer Unterhaltung mit dem Zeugen Paul Kleylein diese seine Auffassung in den Worten ausdrückte, der Jude könne das gegebene Geld bei der Seiler billig abarbeiten.

Beide Angeklagten faßten auch selbst die gegenseitigen Besuche und wechselseitigen Zärtlichkeiten keineswegs nur so als gelegentliche Harmlosigkeiten des alltäglichen Lebens auf.

Nach den Bekundungen der Zeugen Kleylein Babette und Paul beobachteten diese, daß Katzenberger sich sichtlich erschrocken zeigte, als er wahrnahm, daß von diesen Zeugen sein Verweilen in der Wohnung der Seiler noch im Jahre 1940 entdeckt wurde. Die Zeugen beobachteten auch, daß Katzenberger sich in der letzten Zeit mehr in die Wohnung der Seiler schlich, als unbekümmert einging.

Im August 1940 mußte die Angeklagte Seiler sich gefallen lassen, daß gelegentlich eines Fliegeralarms im Luftschutzraum ihr der Hausinwohner Oestreicher in Gegenwart der übrigen Hausbewohner auf eine Anrede erwiderte: „Du Judenmensch, Dir helfe ich noch!" Seiler veranlaßte zu ihrer Verteidigung gegen diesen Vorwurf in der Folgezeit nichts; sie nahm nur Veranlassung, den Vorfall kurz darauf dem Katzenberger zu berichten. Seiler ist jede auch nur einigermaßen glaubhafte Angabe darüber schuldig geblieben, warum sie gegenüber solch stärkster Verdachtsäußerung so auffallende Zurückhaltung geübt hat. Mit dem Hinweis allein, daß ihr über 70 Jahre alter Vater ihr von einem Vorgehen gegen Oestreicher abgeraten habe, kann bei der Schwere des in aller Öffentlichkeit erhobenen Vorwurfes ihre Zurückhaltung nicht verständlich gemacht werden.

Nach den Darlegungen des Zeugen Krim.Ob.Ass. Hans Zeuschel ist es auch nicht so, daß beide Angeklagten auf Vorhalt die geschaffenen sexuellen Situationen gleich von Anfang an als Harmlosigkeiten zugegeben haben. Daraus, daß Seiler erst nach eindringlichen

Vorhalten nähere Zugeständnisse über ihre dem Katzenberger erwiesenen Zärtlichkeiten machte, und daraus, daß Katzenberger gelegentlich seines Beschuldigtenverhörs bei der Polizei erst dann mit der Sprache herausrückte, als ihm die Angaben der Seiler vorgehalten wurden, muß gefolgert werden, daß beide ihre Handlungen, wegen deren sie sich verantworten sollten, doch als wert erachteten, geheimgehalten zu werden. Nach diesem Sachzusammenhang ist das Gericht der Überzeugung, daß die von den beiden Angeklagten abgegebenen Erklärungen nichts anderes sind, als nur Zugeständnisse aus Gründen der Zweckmäßigkeit, dazu bestimmt, eine durch Zeugenaussagen erhärtete Situation zu entgiften und zu verharmlosen.

Seiler hat auch zugegeben, daß sie ihrem Ehemann keineswegs die vor ihrer Eheschließung mit Katzenberger ausgetauschten Zärtlichkeiten geoffenbart habe; sie habe nur berichtet, daß Katzenberger ihr schon viel geholfen habe. Nach ihrer im Juli 1939 erfolgten Eheschließung habe sie auch nur einmal in Gegenwart ihres Mannes dem Katzenberger einen „Freundschaftskuß" auf die Wange gegeben; im übrigen habe man es vermieden, sich gegenseitig im Beisein des Ehemannes Seiler zu küssen.

Das Gericht ist auf Grund des wiederholt charakterisierten Verhaltens der Angeklagten zueinander davon überzeugt, daß es sich bei dem 10 Jahre lang gepflogenen Verhältnis des Katzenberger zur Seiler um Beziehungen ausschließlich geschlechtlicher Natur handelte. Nur so kann deren vertrauter Umgang erklärt werden. Bei der Unmenge von verführerischen Gelegenheiten kann kein Zweifel bestehen, daß der Angeklagte Katzenberger mit der Seiler in fortgesetzter Geschlechtsverbindung stand. Die gegenteiligen Behauptungen des Katzenberger, er habe kein geschlechtliches Interesse an der Seiler gehabt, hält das Gericht für unwahr; die den Angeklagten Katzenberger in seiner Verteidigung unterstützenden Angaben der Angeklagten Seiler erachtet das Gericht jeder Lebenserfahrung widersprechend, sie sind offenbar in der Absicht gemacht, den Angeklagten Katzenberger der Strafe zu entziehen.

Das Gericht ist deshalb überzeugt, daß Katzenberger mit der Seiler nach Inkrafttreten der Nürnberger Gesetze bis zum März 1940 an nicht mehr feststellbaren Tagen und in nicht bestimmter Zahl wiederholt Geschlechtsverkehr hatte.

Unter außerehelichem Geschlechtsverkehr im Sinne des Blutschutzgesetzes ist neben dem Beischlaf jede Art geschlechtlicher Betätigung mit einem Angehörigen des anderen Geschlechts zu verstehen, die nach der Art ihrer Vornahme bestimmt ist, anstelle des Beischlafs der Befriedigung des Geschlechtstriebes mindestens des einen Teiles zu dienen. Die von den Angeklagten zugegebenen Handlungen, die bei Katzenberger darin bestanden, daß er die Seiler an sich heranzog, küßte, an den Schenkeln über den Kleidern tätschelte und streichelte, charakterisieren sich dahin, daß Katzenberger damit das an der Seiler in gröblicher Form ausgeführt hat, was der Volksmund als „Abschmieren" bezeichnet. Daß nur in geschlechtlichen Beweggründen der Ausgangspunkt für solches Handeln zu suchen ist, ist offenkundig. Hätte der Jude an der Seiler nur diese sog. „Ersatzhandlungen" vorgenommen, so hätte er schon dadurch den vollen gesetzlichen Tatbestand der Rassenschande erfüllt.

262

Darüber hinaus ist aber das Gericht überzeugt, daß Katzenberger, der zugegebenermaßen noch heute in der Lage ist, den normalen Beischlaf auszuüben, während der gesamten Dauer des Verhältnisses regelmäßig mit der Seiler den Beischlaf ausgeführt hat. Es ist nach der Lebenserfahrung ausgeschlossen, daß Katzenberger es im Laufe von fast 10 Jahren bei dem oft bis zu 1 Stunde währenden Zusammensein mit der Seiler es bei solchen, das Gesetz für sich allein schon erfüllenden Ersatzhandlungen hat bewenden lassen.

III.

Der Angeklagte Katzenberger ist sonach überführt, nach dem Inkrafttreten des Blutschutzgesetzes, das ist nach § 7 dieses Gesetzes nach dem 17. Sept. 1935, als Jude mit einer Staatsangehörigen deutschen Blutes außerehelichen Verkehr gepflogen zu haben. Er hat auf Grund eines einheitlichen, von Anfang an auf Wiederholung gerichteten Vorsatzes gehandelt. Katzenberger ist mithin eines — fortgesetzten — Verbrechens der Rassenschande nach §§ 2 und 5 Abs. II des Gesetzes zum Schutze des deutschen Blutes und der deutschen Ehre vom 15. September 1935 schuldig zu sprechen.

Die rechtliche Würdigung des festgestellten Sachverhalts ergibt, daß der Angeklagte Katzenberger bei seinem rasseschänderischen Treiben darüber hinaus allgemein die außergewöhnlichen, durch den Kriegszustand verursachten Verhältnisse ausgenutzt hat. Stadt und Land sind weithin ohne Männer, die infolge ihrer Einberufung zum Heere oder für andere Zwecke der Wehrmacht verhindert, zu Hause tätig zu sein und so für Aufrechterhaltung der Ordnung zu sorgen. Diese allgemeinen Verhältnisse, diese durch den Krieg veränderten Umstände hat sich der Angeklagte zunutze gemacht. Der Angeklagte stellte, als er seine Besuche bei der Seiler in deren Wohnung bis zum Frühjahr 1940 fortsetzte, in Rechnung, daß bei dem gegebenen Ausfall irgendwelcher eingehenderen Kontrollmaßnahmen seine Machenschaften nicht oder doch nur sehr schwer durchschaut werden können. Die durch die Einziehung des Ehemannes Seiler zum Heeresdienst veränderten häuslichen Umstände erleichterten sein Treiben.

Unter diesem Gesichtspunkt gesehen, ist das Verhalten des Katzenberger besonders verwerflich. In Verbindung mit dem Verbrechen der Rassenschande war er sonach auch wegen eines Verbrechens nach § 4 der VO. gegen Volksschädlinge schuldig zu sprechen. Hierbei ist zu beachten, daß die Volksgemeinschaft eines wesentlich erhöhten strafrechtlichen Schutzes gegen alle Verbrechen bedarf, die ihre innere Geschlossenheit zu zerstören oder zu zersetzen suchen.

In mehreren Fällen schlich sich der Angeklagte Katzenberger seit Kriegsausbruch 1939 nach Einbruch der Dunkelheit in die Wohnung der Seiler. In diesen Fällen wurde der Angeklagte im Schutze der zur Abwehr von Fliegergefahr getroffenen Maßnahmen tätig, indem er die Verdunkelung ausnutzte. Das Fehlen der in Friedenszeiten vorhandenen hellleuchtenden Straßenbeleuchtung am Straßenzug des Spittlertorgrabens gab dem Angeklagten größere Sicherheit. Diesen Umstand nützte er jedesmal in voller Erkenntnis seiner Bedeutung aus; instinktiv entzog er sich bei seinen Unternehmungen so der Beobachtung durch die Straßenbenutzer.

Die im Schutze der Verdunkelungsmaßnahmen ausgeführten Besuche des Katzenberger bei der Seiler dienten mindestens dazu, das Verhältnis warm zu halten. Es kann dahin gestellt bleiben, ob bei diesen Besuchen auch tatsächlich außerehelicher Geschlechtsverkehr stattfand oder nur Unterhaltungen gepflogen wurden, weil der Ehemann Seiler anwesend war, wie Katzenberger geltend machte. Der Antrag auf Vernehmung des Ehemannes Seiler wurde deshalb auch abgelehnt. Das Gericht ist der Auffassung, daß die in dem einheitlichen Lebensvorgang eingeordneten zweckbestimmten Handlungen des Angeklagten ein Verbrechen gegen den Leib im Sinne des § 2 der VO. gegen Volksschädlinge darstellen. Das Gesetz vom 15. September 1935 ist erlassen zum Schutze des deutschen Blutes und der deutschen Ehre. Die Rassenschande des Juden stellt einen schweren Angriff auf die Reinheit des deutschen Blutes dar, der rassenschändende Angriff ist gegen den Leib der deutschen Frau gerichtet. Das allgemeine Schutzbedürfnis läßt insoweit das Verhalten des anderen an der Rassenschande Beteiligten, aber nicht strafbaren Teiles unbeachtlich erscheinen. Daß der rassenschänderische Verkehr der Angeklagten noch bis mindestens 1939/1940 gepflogen wurde, ergibt die von dem Zeugen Zeuschel bekundete Tatsache, daß die Angeklagte Seiler wiederholt und immer gleichbleibend zugegeben hat, daß sie Ende 1939, Anfang 1940 sich dem Juden auf den Schoß gesetzt und die dargelegten Zärtlichkeiten ausgetauscht hat.

Mithin hat sich der Angeklagte auch nach § 2 der Verordnung gegen Volksschädlinge verfehlt.

Der Angeklagte ist auch nach seiner Persönlichkeit ein Volksschädling; sein seit vielen Jahren ausgeführtes rasseschänderisches Treiben wuchs sich unter Ausnutzung der durch den Kriegszustand geschaffenen Gesamtlage zu volksfeindlicher Einstellung aus, zu einem Angriff gegen die Sicherheit der Volksgemeinschaft in der Kriegsgefahr.

Daher war der Angeklagte Katzenberger in Verbindung mit einem Verbrechen der Rassenschande wegen eines Verbrechens nach § 2 und § 4 der VO. gegen Volksschädlinge in rechtlichem Zusammentreffen nach § 73 StGB zu verurteilen.

Die Angeklagte Seiler hat nach der Überzeugung des Gerichts erkannt, daß die seitens Katzenberger mit ihr fortlaufend vorgenommene Betätigung eine geschlechtliche Betätigung gewesen ist; das Gericht ist überzeugt, daß Seiler sich dem Katzenberger zum Geschlechtsverkehr hingegeben hat. Demnach war der von ihr abgegebene Zeugeneid wissentlich und gewollt falsch, sie hat sich eines Verbrechens des Meineids nach §§ 154, 153 StGB. schuldig gemacht.

Erst Adolf Hitler . . .

Erst Adolf Hitler hat erkannt, daß ein Gesetz nie allein das Mittel zur Verwirklichung des Rechtes eines e i n z e l n e n Menschen sein kann.

B e s s e l und G ü n d e l : „Kleiner Rechtsspiegel", Julius Klinkhardt Verlagsbuchhandlung, Leipzig 1943, Seite 7.

IV.

Bei der Strafbemessung haben das Gericht folgende Erwägungen bestimmt:

Die nationalsozialistische politische Lebensform des deutschen Volkes hat ihre Grundlage im Gemeinschaftsleben. Eine Grundfrage dieses völkischen Gemeinschaftslebens ist die Rassenfrage. Die Rassenschande im Verkehr des Juden mit einer deutschen Frau schändet die deutsche Rasse, stellt einen schweren Angriff auf die Reinheit des deutschen Blutes im rassenschändenden Angriff auf die deutsche Frau dar. Das Schutzbedürfnis ist ein besonders großes.

Katzenberger unterhält sein rassenschänderisches Treiben seit Jahren. Er kannte den Standpunkt des völkisch empfindenden deutschen Menschen in der Rassenfrage genau, er war sich bewußt, daß er mit seinem Verhalten dem völkischen Empfinden des deutschen Volkes ins Gesicht schlug. Weder die nationalsozialistische Revolution 1933, noch der Erlaß des Blutschutzgesetzes 1935, weder die Judenaktion 1938, noch der Kriegsausbruch 1939 bewirkten bei ihm eine Umkehr.

Das Gericht erachtet es für geboten, als einzige mögliche Antwort auf die Frivolität des Angeklagten gegen ihn die in Anwendung des § 4 der VO. gg. Volksschädlinge vorgesehene schwerste Strafe, die Todesstrafe auszusprechen. Insoweit der Angeklagte in Verbindung mit dem Verbrechen der Rassenschande auch wegen eines Verbrechens nach § 2 der Volksschädlings VO. zu verurteilen war, gewinnt seine Tat unter Berücksichtigung der Person des Angeklagten und der Häufung der Ausführungshandlungen das Gewicht eines besonders schweren Falles. Daher muß den Angeklagten insoweit die vom Gesetz für einen solchen Fall allein vorgesehene Todesstrafe treffen.

Der Sachverständige Medizinalrat Dr. Baur bezeichnet den Angeklagten als voll verantwortlich.

Dementsprechend erkannte das Gericht auf die Todesstrafe.

Gleichzeitig war geboten, die in §§ 32—34 des StGB bezeichneten Rechte ihm auf Lebenszeit abzuerkennen.

Bei der Bemessung der Strafe für die Angeklagte Seiler war deren Persönlichkeitsbewertung in den Vordergrund zu stellen. Seiler hat viele Jahre hindurch das schändliche Liebesverhältnis mit dem Juden Katzenberger unterhalten. Ihr schimpfliches Verhältnis wurde nicht berührt durch die völkische Erneuerung des deutschen Volkes seit dem Jahre 1933, die Verkündung des Gesetzes zum Schutz des deutschen Blutes und der deutschen Ehre am 15. September 1935 machte keinen Eindruck auf sie. Die Tatsache, daß sie im Jahre 1937 Antrag auf Aufnahme in die NSDAP gestellt hat und die Parteigenossenschaft erwarb, bedeutet in diesem Zusammenhang eine frivole Herausforderung.

Als mit der Einleitung des Ermittlungsverfahrens gegen Katzenberger dem deutschen Volk für den rasseschändenden Angriff des Juden Genugtuung gebracht werden sollte, ignorierte die Angeklagte Seiler die allgemeinen Belange der mißachteten Staatsautorität sowie die Volksinteressen vollständig; sie stellte sich schützend vor den Juden.

Unter Berücksichtigung dieser gesamten Umstände erachtete das Gericht eine Zuchthausstrafe von vier Jahren von der Angeklagten an und für sich als verwirkt.

Strafermäßigend kommt in Betracht, daß die Angeklagte jedoch im Eidesnotstand ihr wissentlich falsches Zeugnis mit einem Eid bekräftigt hat; die Angabe der Wahrheit konnte gegen sie eine Verfolgung wegen Ehebruchs und Begünstigung nach sich ziehen. Das Gericht ermäßigte deshalb die an sich verwirkte Strafe auf die Hälfte und erkannte auf zwei Jahre Zuchthaus als schuldangemessene Strafe. § 157 Abs. I Nr. 1 StGB.

Wegen der durch die Tat erwiesene Ehrlosigkeit mußten ihr auch die bürgerlichen Ehrenrechte aberkannt werden. Es ist dies auf die Dauer von zwei Jahren geschehen.

Anrechnung der Untersuchungshaft: § 60 StGB.

Kostenentscheidung: § 465 StPo.

gez. R o t h a u g   Dr. F e r b e r   Dr. H o f f m a n n

Zur Beglaubigung:

Nürnberg, den 23. März 1942

Der Urkundsbeamte der
Geschäftsstelle des Sondergerichts
für den Bezirk des
Oberlandesgerichtes Nürnberg
bei dem
Landgericht Nürnberg-Fürth
gez. Unterschrift
Justiz-Inspektor

Stempel:
Landgericht
Nürnberg-Fürth

Dr. jur. u. Dr. phil. Hans Helfritz:

Dem Gesetz steht im nationalsozialistischen deutschen Staatsrecht der F ü h r e r e r l a ß und die F ü h r e r v e r o r d n u n g gleich. Ein wesentlicher Unterschied zwischen beiden besteht nicht.

Dr. jur. u. Dr. phil. Hans H e l f r i t z , Geh. Reg.-Rat, o. Prof. d. öffentl.
Rechts a. d. Universität Breslau in: „Volk und Staat" — Verfassungsgeschichte
d. Neuzeit — Carl Heymanns Verlag, Berlin 1944, Seite 40.

ANHANG: Ein Landgerichtsdirektor im Dritten Reich[1])

Eidesstattliche Erklärung

Ich, Dr. Karl Ferber, Landgerichtsdirektor a. D., Nürnberg, erkläre hiermit an Eidesstatt:

1.) Mit dem Fall Katzenberger wurde ich zum erstenmal bekannt, als der Staatsanwalt Markl etwa Ende Juli oder Anfang August 1941 gegen Katzenberger wegen Zuwiderhandlung gegen das Gesetz vom 15. 9. 1935 Anklage zur Strafkammer erhoben hatte. Nach meiner Erinnerung war nur Katzenberger allein angeklagt, nicht auch Seiler wegen Meineids. Über die Haftbeschwerde Katzenbergers sollte entschieden werden im Zusammenhang mit der Eröffnung des Hauptverfahrens. Demnach stand also die rechtliche Prüfung bevor, ob das Verfahren gegen Katzenberger auszusetzen sei, bis im Wege eines ordentlichen Strafkammerverfahrens die Zwischenfrage beantwortet ist, ob Seiler sich eines Meineids schuldig gemacht habe oder nicht.

2.) Noch bevor ich dazu kam, überhaupt eine Sachentscheidung der 4. Strafkammer im Falle Katzenberger herbeizuführen, hat an demselben Tag Staatsanwalt Markl bei mir die Anklage zurückgenommen. Auf meine Frage, warum, erklärte mir Markl

a) diese Zurücknahme sei keine Weisung des Ministeriums, sondern

b) die Forderung Rothaugs, weil

c) von Rothaug angenommen sei, eine Sonderdiskriminierung des Katzenberger nach der VSchädl. VO. vorzunehmen.

d) Rothaug hat sodann die Haftbeschwerde des Katzenberger verworfen; dies erfuhr ich durch Zurückgabe einer von mir dem Verteidiger Herz zuvor behändigten Sprechkarte.

3.) Als bei Rothaug in jenen Tagen zum erstenmal die Sprache auf den Fall Katzenberger kam, machte ich sofort meine Bedenken wegen der Hereinnahme der VSchädl. VO. geltend.

a) im Schrifttum war zu jener Zeit heftig umstritten, ob ehewidriges Verhalten — Ehebruch — mit der Frau eines Frontsoldaten unter Anwendung der VSchädl. VO. als Verbrechen bestraft werden könne.

---

[1]) *Dokument CXXI — 45.*

Die Frage wurde grundsätzlich verneint.

b) Ich habe auch darauf hingewiesen, daß die Meineidssache Seiler d u r c h d i e z u s t ä n d i g e S t r a f k a m m e r zuerst entschieden werden müsse.

4.) Rothaug proklamierte sofort mit aller ihm eigenen Fertigkeit:

a) diese Tat Katzenberger liegt im Bereich der Gesamtheit des Volkes, d. h. hier ist „nach gesundem Volksempfinden" (und das war abgeleiteter Führerbefehl) eine Volksschädlingstat gegeben, im Gegensatz zu sonstigen ehebrecherischen Beziehungen eines Deutschen zur Frau eines Frontsoldaten;

b) daß in diesem Zusammenhang die Stellungnahme des Ministeriums ihn nicht interessieren könne, sei selbstverständlich. Der Gesamteindruck, der durch die Redensarten Rothaugs, mit denen er eine Strafsache für das Sondergericht hier als gegeben darstellte, vermittelt wurde, war folgender:

Rothaug stellte darauf ab, den Fall Katzenberger in Vergleich zu bringen zu der grundsätzlichen staatspolizeilichen Sonderbehandlung der Polen und poln. Juden, die in irgendwie geschlechtlich geartete Verbindungen mit Deutschen traten.

„Der Sektor Justiz (eine beliebte Rothaugsche Bezeichnung) hat hier eine Aufgabe, die politisch zu lösen ist."

In diesen Zusammenhängen veranlaßte Rothaug auch die Durchführung eines Meineidverfahrens gegen Seiler als Sondergerichtssache und erließ einen Haftbefehl gegen Seiler.

5.) Die Erhebungen wegen des Verdachts des Meineids i. R. gegen Seiler verzögerten sich. Deshalb kam auch die Anklage gegen Katzenberger und gegen Seiler zum Sondergericht etwa erst im Februar 1942 in Einlauf.

Ich erinnere mich, daß von einer „Großaufnahme" im Sitzungssaal 600 gesprochen wurde, wobei Rothaug eine Befriedigung darüber anzumerken war, daß ihm dieser Fall zur Behandlung zustand.

Markl war — wie er mir s. Zt. sagte — von seinem Behördenleiter Schroeder eröffnet worden, daß er einen Rothaugs Forderungen entsprechenden Antrag in der Sitzung vertreten solle.

6.) Die Veränderung der Zuständigkeit — von Strafkammer zum Sondergericht — war also veranlaßt durch Rothaug,

die Erweiterung der Anklage gegen Seiler zum Sondergericht beruhte auf einer Forderung Rothaugs;

die Verbindung der beiden Verfahren zu einer Verhandlung entsprach dem Verlangen Rothaugs.

Nachdem die Sache bei Rothaug anhängig war, wurde von ihm eine besondere Betriebsamkeit entwickelt. Der SD und die Gauleitung zeigten sich durch Telefonanrufe auffällig häufig interessiert. Ich erfuhr, daß es sich um die Vorbereitung der Sitzung in größtem Rahmen handelte. In Gesprächen gab Rothaug der Sache eine politische Umrahmung durch schärfste Formulierung.

7.) Zur Sitzung i. SS. 600 erschienen die politischen Stellen in bedeutender Aufmachung. Rothaug war es gelungen, auch die Anwesenheit des Reichsinspekteurs Oexle zur Sitzung zu erreichen. Ich erinnere mich, daß Karten zur Sitzung ausgegeben wurden und daß ein Bestand von „reservierten Plätzen" Herrn Rothaug für die Partei zur Verfügung zu stellen war.

Die Bemühungen Rothaugs waren erkennbar darauf abgestellt, unter dem Schein des Rechts einen Vorwand zu geben und die Voraussetzung zu schaffen, Katzenberger als Juden zu vernichten.

8.) Die Hauptverhandlung wurde von Rothaug dazu benutzt, den Zuhörern eine nat. soz. Lektion zum Thema der sog. Judenfrage zu erteilen. Angeklagte und Zeugen wurden als Ausfrage-Objekte das Mittel zu diesem Zweck. Was Rothaug im einzelnen alles vorgetragen hat, weiß ich nicht mehr. Es ist bei mir der Eindruck haften geblieben, daß es sich um sattsam bekannte allgemeine Redensarten nach „Stürmer-Façon" gehandelt hat. Rothaug als Verhandlungsleiter redete und redete immer wieder, indeß die Zeugen das Wenige, das sie überhaupt zur Sache zu sagen wußten, damit bekundeten, daß sie auf entsprechenden Vorhalt ihre Aussagen bei der Polizei wiederholten. Hierbei war den Zeugen anzumerken, wie sehr sie unter dem Zwang der Situation standen, der ihnen dadurch auferlegt war, daß sie in einen groß angelegten Schauprozeß hineingestellt wurden.

Nach Form und Inhalt seiner Verhalte an Angeklagte und Zeugen während der Verhandlung verwirklichte Rothaug die NS-Programmforderung der rücksichtslosen Judenbekämpfung im Dienste des Reichssicherheitshauptamtes. Jedem aufmerksamen, politisch unverbildeten Zuhörer — auch die Behördenchefs der Nürnberger Berichte waren anwesend — mußte klar werden, daß hier im Falle Katzenberger formelles Recht im Dienste politischer Gewalten sich durch den Mund Rothaugs kundgab. Die Bewertung des Sachverhalts im Sinne einer Urteilsfindung griff Rothaug während der Dauer der Beweisaufnahme durch seine eigene Meinungsäußerung ständig vor. Dadurch bereitete er den Boden, der ein anderes Urteil als ein Todesurteil gegen Katzenberger gar nicht mehr erwarten ließ.

Nach Durchführung der Beweisaufnahme war Pause, in der der Sitzungsstaatsanwalt Markl im Beratungszimmer erschien, um sich bei Rothaug zu vergewissern, daß von ihm als Antrag des Staatsanwalts gegen Katzenberger die Todesstrafe u. gegen Seiler eine Zuchthausstrafe — über die Höhe wurde auch gesprochen — erwartet werde. Mit Rücksicht auf die im Sitzungssaal anwesende Parteiführerschaft hielt Rothaug es auch für geboten, Markl einige Andeutungen zu machen, mit welchen wesentlichen Hinweisen er seine Ausführungen ausstatten solle.

9.) Die Prozeßvorbereitung und die Verhandlungsleitung durch Rothaug bedeuteten nach Form und Inhalt eine Vergewaltigung meiner freien richterlichen Entschließung als Beisitzer. Es war deutlich geworden, wie stark Rothaug als Willensvollstrecker für den Vernichtungswillen der Parteiinstanzen aufzutreten, gesonnen war.

Ich habe während der Beratung nicht versäumt, erneut wiederholt darauf hinzuweisen, daß es mir nicht zusage, daß v o r der Hauptverhandlung in einer so wichtigen Sache die Akten dem Reichsjustizministerium noch nicht in Vorlage gebracht waren. Ich unterstrich mit diesem Hinweis meine von Anfang an geltend gemachten rechtlichen Bedenken gegen eine Beständigkeit einer Verurteilung nach der Volksschädlingsverordnung und meine Bedenken wegen der ungewöhnlichen Verbindung des Verfahrens gegen Seiler mit dem Verfahren gegen Katzenberger. Ich machte darauf aufmerksam, daß die Möglichkeit einer Rechtsanwendung nach der Volksschädlings VO. auf den festgestellten Sachverhalt über den Fall waren Rothaug ja diese Bedenken hinlänglich bekannt.

Meine Hinweise genügten, um Rothaugs schärfsten Widerspruch herauszufordern. „Ein Meineidsverfahren gegen Seiler vor der zweiten oder dritten Strafkammer hätte doch die ganze Sache in den Dreck gefahren," „nach den Meinungen des Ministeriums haben wir uns nicht zu richten."

10.) Mit dem Abschluß der Verhandlungen ließ Rothaug nicht davon ab, auf den ferneren Gang der zu treffenden Entscheidungen einzuwirken.

Das Reichsjustizministerium forderte fernmündlich nach Bekanntgabe der Entscheidung die Akten zur Überbringung durch Sonderboten an. Deshalb mußte das Urteil mit besonderer Eile niedergeschrieben werden, wobei die von Rothaug zur mündlichen Urteilsverkündung handschriftlich zu den Akten gefertigten Aufzeichnungen im wesentlichen verwendet wurden. Kurze Zeit darauf hörte ich, daß der Oberstaatsanwalt Dr. Engert von der Behörde des Generalstaatsanwalts mit den Akten bei Staatssekretär Freisler in Berlin war und dort keine günstige Aufnahme des Urteils feststellte. Die Aufhebung des Urteils durch Nichtigkeitsbeschwerde, zum mindesten eine Lösung des Falles durch Gnadenentschließung, war zu erwarten.

Umsomehr überraschte die nach mehreren Monaten vom Ministerium angeordnete Vollstreckung der Todesstrafe.

Ende Juli 1942 war ich Teilnehmer an einer strafrechtswissenschaftlichen Fortbildungswoche in Straßburg; dort sprach mich Staatssekretär Freisler auf den Fall Katzenberger an und machte auf die rechtliche Bedenklichkeit der auf die Volksschädlings VO. gestützten Verurteilung aufmerksam. Ich hielt entgegen, daß die Anordnung der Vollstreckung destomehr verwunderlich sei. Freisler gab hierauf keinen Aufschluß.

Zurückgekehrt nach Nürnberg, habe ich sofort Herrn Rothaug dieses Gespräch mit Freisler mitgeteilt. Rothaug quittierte den Bericht mit zynischem Lächeln und den Worten: „die hätten sich auch einmal unterstehen sollen, den Katzenberger zu begnadigen."

Damit stand und steht für mich fest, daß Rothaug federführend über den Parteiapparat (SD, Gauleitung und Parteikanzlei) tätig geworden und Einfluß gegen das Reichsjustizministerium dahin genommen hat, daß das von ihm unter unerhörtem Terror provozierte Todesurteil Katzenberger auch tatsächlich vollstreckt wurde. Den Einfluß konnte Rothaug leicht gewinnen, nachdem Reichsinspektor Oexle ja in der Sitzung anwesend war.

Diese Angaben entsprechen der Wahrheit und wurden ohne jeglichen Zwang gegeben. Ich habe sie gelesen, unterschrieben und an Eidesstatt erklärt.
Nürnberg, den 24. Januar 1947

gez. Dr. K a r l F e r b e r
Landgerichtsdirektor a. D.

Unterschrieben und beschworen:
Nürnberg, den 24. Januar 1947

Rosa Luxemburg

Erst Gründerin der „Unabhängigen Sozialdemokratischen Partei" zusammen mit den Juden Haase, Bernstein, Kautsky, Hilferding, Hertz, Stadthagen, Wurm, Hoch, Oskar Cohn, Davidsohn, Simon, Herzfeld, Thalheimer, Duncker, Borchard, Rosenfeld, Prager, Vogtherr, Eckstein, Wolfheim, Wolfstein, Eisner, Levi und Gottschalk. Später Führerin des Spartakusbundes und des Kommunismus. Verantwortlich für viele kommunistische Terrorakte und Mordtaten. (Gerichtet.)

Karl Liebknecht

Erst Sozialdemokrat, dann Unabhängiger, später Führer des Spartakusbundes; verweigerte dem kämpfenden Reich die Kriegskredite, bereitete die Novemberrevolte vor, schuldig an zwecklos für jüdischen Kommunismus vergossenem Arbeiterblut. Halbjude. Verhaftet und auf der Flucht erschossen.

Münzenberg

Führer der Mordkommune.

Bela Kun (Kohn)

Der Henker Ungarns 1919, Führer der ungarischen Räterepublik, Hochgradfreimaurer, schlachtete über 25 000 Ungarn als Haupt der bolschewistischen Räteregierung in Budapest, die aus folgenden Juden bestand: Tibor Szamuely (Samuel), Kunfi (Kohn), Lukasz (Jude Lukas), Diener-Denesch, alles Juden, Freimaurer der Loge „Zum Symbol" in Budapest. (Ungehängt.)

Leviné-Nissen

Anstifter des teuflischen Geiselmordes in der Luitpoldkaserne in München, Führer der bayrischen kommunistischen Räteregierung zusammen mit den Juden: Toller, Dr. Wadler (W. Adler), Levien, Axelrod, Mühsam. Zugleich Freimaurer. (Hingerichtet.)

Schlesinger

Verübte aus Geldgier und offenbarem Rassehaß das schauerliche Eisenbahnunglück bei Leiferde. Das „Berliner Tageblatt" feierte ihn als „künstlerische Persönlichkeit". Die „Liga für Menschenrechte" rühmte sich, ihn freibekommen zu haben.

9

10. Der „Blutjude" Konrad Adenauer

Dr. Johann von Leers unterteilt sein Buch: „Juden sehen dich an" (Berlin-Schöneberg, Deutsche Kulturwacht 1933) in folgende 6 Kapitel:

1. Blutjuden,	3. Betrugsjuden,	5. Kunstjuden,
2. Lügenjuden,	4. Zersetzungsjuden,	6. Geldjuden.

Zu den „Blutjuden" gehört laut Dr. von Leers auch Konrad Adenauer. (Siehe auf der Rückseite den letzten Namen!)

Grzesinski
Dem Typ nach unverkennbarer Rassejude. Berliner Polizeipräsident.
Schützer von Rotmord. (Abgesetzt.)

Gumbel
Privatdozent in Heidelberg, Mitglied der „Liga für Menschenrechte",
erklärte, die deutschen Soldaten seien auf dem Felde der Unehre gefallen,
übergab zusammen mit General v. Schöneich und Berthold Jakob im
Mai 1925 der Öffentlichkeit Lügenberichte gegen die deutsche Wehrmacht,
hetzte in mehreren Broschüren zum Mord gegen die SA. (Ungehängt.)

Oskar Cohn
Empfing Gelder zur Vorbereitung des Novemberverbrechens und trägt
damit die Schuld an dem damals vergossenen Blut. Betätigte sich später
als Schieberanwalt.

Kurt Rosenfeld
Zerstörer des deutschen Rechtslebens, Propagandist für alle Art Unzucht
und Laster.

Trotzki (Leiba Braunstein)
Der Henker Rußlands. Mitglied der Freimaurerloge „Art et travail".
Er wurde laut einer dienstlichen Meldung des französischen Nachrichten-
dienstes bei der Vorbereitung der bolschewistischen Revolte in Rußland von
folgenden jüdischen Bankfirmen unterstützt: Jakob Schiff (Jude), Kuhn,
Loeb & Co., jüd. Bankhaus, Felix Warburg, Otto Kahn, Mortimer Schiff,
Jerome H. Hanauer, Guggenheim — alles New-Yorker Großjuden. Für
seine Einreise nach Deutschland verwandte sich die Judenpresse. (Ungehängt.)

Erzberger
Zerstörer des Reiches, verwickelt in böse Schiebungen, verhöhnte die
deutsche Not und Katastrophe durch seine Eintragung in das Gästebuch
seines Hotels in Weimar anläßlich der Annahme des Versailler Diktates
„Erst mach dein Sach, dann trink und lach!" Endlich gerichtet. Die jungen
Deutschen, die ihn abschossen, wurden nach der nationalen Revolution von
1933 außer Verfolgung gesetzt.

Adenauer
Der Großprotz von Köln, ruinierte durch Verschwendung usw. Köln.

10

8. Ist Exhibitionismus Rassenschande?[1])

5. RG. — §§ 2, 5 BlutschutzG. In der Regel wird das Treiben eines Exhibitionisten die Merkmale des Geschlechtsverkehrs i. S. des BlutschutzG. nicht erfüllen. Um die Handlung zum „Geschlechtsverkehr" werden zu lassen, muß noch irgendein Verhalten des einen Teils zu dem Tun des anderen hinzutreten, das eine Beziehung zwischen den Geschlechtern herstellt.

Der deutschblütige Angekl. ist wegen fortgesetzter vollendeter Rassenschande mit der Volljüdin Sch. verurteilt worden.

1. Der angebliche Grundsatz „in dubio pro reo" ist keine Rechtsnorm i. S. des § 337 StPO. (RGSt. 52, 319).

Hinsichtlich der Rassenzugehörigkeit ergeben die Ausführungen der StrK., daß der Angeklagte von vier evangelischen deutschblütigen Großeltern und die Sch. von vier rassejüdischen Großeltern mosaischer Religion abstammt. Damit ist die rassische Abstammung des Angekl. und der Zeugin in ausreichender Weise gemäß den §§ 261, 267 Abs. 1 StPO. dargetan. Der Beweis kann völlig frei geführt werden und ist nicht auf den Nachweis durch urkundliche Belege beschränkt; auch die Angaben des Angekl. und seiner Partnerin über ihre Abstammung können zur Bildung der gerichtlichen Überzeugung kraft freier Beweiswürdigung verwertet werden und den Beweis erbringen (RGSt. 72, 109, 110 = JW. 1938, 1105; RGSt. 70, 218, 219 = JW. 1936, 1780). Die Entsch. RGSt. 72, 161, 163 = JW. 1938, 1239 steht dem nicht entgegen.

2. Der Angekl. unterhielt mit der Sch. zunächst jahrelang normalen Geschlechtsverkehr. Seit etwa 1925 verlor er in zunehmendem Maße Fähigkeit und Neigung dazu. Nach den übereinstimmenden Angaben des Angekl. und der Sch. bei ihren wiederholten polizeilichen und richterlichen Vernehmungen — mit Ausnahme der letzten richterlichen Vernehmung des Angekl. vom Juli 1938 — bestanden zwischen ihnen bis mindestens 1937 geschlechtliche Beziehungen in der Weise fort, daß der Angekl., abgesehen von gelegentlichen vergeblichen Versuchen eines normalen Geschlechtsverkehrs, in Gegenwart der Sch. onanierte, wobei er entweder Teile ihres Körpers (Brust, Schenkel, Arme) berührte, oder

---

[1]) *„Deutsches Recht", Band I, 1939, Seiten 163—164.*

sie auch nur beim An- und Auskleiden beobachtete und sich dadurch erregte. In der Hauptverhandlung hat, wie das Urteil hervorhebt, der Angekl. seine früheren geständigen Angaben im wesentlichen widerrufen und die Sch. hat ihre im Ermittlungsverfahren gemachten Aussagen erheblich eingeschränkt. Wie die StrK. anschließend bemerkt, steht aber doch „auf Grund der eidlichen Bekundung der Sch. in der Hauptverhandlung" fest, daß der Angekl. bis mindestens 1937 unnatürliche Geschlechtsbeziehungen mit ihr dergestalt aufrechterhalten hat, daß er sich wiederholt in ihrer Gegenwart und mit ihrem Wissen selbst befriedigte.

Der Begriff des Geschlechtsverkehrs i. S. des § 11 der 1. AusfVO. z. BlutschutzG. ist von der StrK. nicht verkannt worden. Sie geht dabei zutreffend von dem Beschluß des Großen StrSen. beim RG. v. 9. Dez. 1936 (RGSt. 70, 375 ff. = JW. 1937, 160) aus. Danach umfaßt der „Geschlechtsverkehr" außer dem Beischlaf auch alle geschlechtlichen Betätigungen (Handlungen oder Duldungen), die nach Art ihrer Vornahme bestimmt sind, an Stelle des Beischlafs der Befriedigung des Geschlechtstriebes mindestens des einen Teiles zu dienen (vgl. auch RGSt. 71, 7 = JW. 1937, 467 und RGUrt. v. 15. Febr. 1937, 5 D 824/36: JW. 1937, 942). Da die Betätigung nach Art ihrer Vornahme einen Geschlechts-„Verkehr zwischen" zwei Personen verschiedenen Geschlechts darstellen muß, genügen r e i n e i n s e i t i g e Verfehlungen geschlechtlicher Natur nicht. Um rein einseitige Betätigungen handelt es sich aber dann nicht mehr, wenn der andere Teil in irgendeiner Form wenigstens äußerlich, sei es handelnd, sei es duldend, dabei mitwirkt (RGSt. 71, 129, 132 = JW. 1937, 1783 und RGUrt. v. 24. Mai 1938, 1 D 333/38: JW. 1938, 1947). Das ist regelmäßig der Fall, wenn der Täter z. B. beim Onanieren gleichzeitig den Körper einer Person des anderen Geschlechts berührt (RGUrt. v. 28. Nov. 1938, 2 D 731/38: JW. 1939, 227). Ein Mitwirken im vorerörterten Sinne ist aber tatsächlich auch sehr wohl möglich, ohne daß eine körperliche Berührung zwischen den Beteiligten stattfindet. Eine Berührung ist auch rechtlich nicht erforderlich. Weder der Wortlaut des Gesetzes unter Berücksichtigung des Sprachgebrauches noch der Sinn und Zweck der gesetzlichen Regelung können zu der Einschränkung führen, daß eine vollendete Rassenschande nur unter Berührung des Körpers des anderen Teiles begangen werden könne. Es würde dem gesunden Volksempfinden und der zielbewußten deutschen Rassenpolitik widersprechen, solche Ersatzhandlungen schlechthin straflos zu lassen und damit ein neues Mittel und einen neuen Anreiz zu schaffen, die Rassenehre des deutschen Volkes durch widernatürliches Treiben zwischen den beiden Geschlechtern zu verletzen. Freilich genügt ein Betrachten des anderen Teiles (z. B. seines entblößten Körpers), auch wenn es der geschlechtlichen Befriedigung dient, oder die Vornahme einer Handlung zur Befriedigung des Geschlechtstriebes in Gegenwart eines anderen für sich allein nicht. Deshalb wird in der Regel das Treiben eines Exhibitionisten die Merkmale des Geschlechtsverkehrs i. S. des BlutschutzG. nicht erfüllen. Zu der Anwesenheit beider Teile muß stets noch etwas Weiteres hinzugetreten sein, nämlich irgendein Verhalten des einen Teils zu dem Tun des anderen, das eine Beziehung zwischen den beiden Geschlechtern herstellt. Dazu wird die Handlung zum „Geschlechtsverkehr". Dazu ist es übrigens nicht einmal notwendige Voraussetzung, daß der andere Teil fähig ist, die Handlung ihrem Wesen nach zu erkennen (RGSt. 71, 129, 130 = JW. 1937, 1783). Die Abgrenzung im einzelnen muß der

274

jeweiligen Beurteilung des Tatrichters überlassen bleiben. Die StrK. hat hier einen Geschlechtsverkehr i. S. des Gesetzes deswegen angenommen, weil die Sch. auf Grund ihrer in langen Jahren erworbenen Kenntnis von der Person und den Gewohnheiten des Angekl. selbst im einzelnen Falle „sehr genau über das im Bilde war, was er in ihrer Gegenwart zur Befriedigung seiner Geschlechtslust trieb" und sich bewußt war, daß ihm dabei ihre Gegenwart als Erregungsumstand diente. Unter diesen Umständen ist die Annahme von Rassenschande rechtlich nicht zu beanstanden.

Rechtlich unerheblich ist es auch, ob die erstrebte Befriedigung in dem einen oder anderen Falle nicht erreicht worden ist. Selbst wenn der Erfolg nicht eingetreten ist, kann die Rassenschande vollendet sein. Ein vollendeter Beischlaf liegt strafrechtlich auch dann vor, wenn es nicht zur Befriedigung des Geschlechtstriebes gekommen ist, sondern nur eine Vereinigung der Geschlechtsteile stattgefunden hat. Entsprechend genügt für Ersatzhandlungen, die der Befriedigung des Geschlechtstriebes dienen sollen, die Vornahme dieser Handlungen. Sie sind als solche strafbar, nicht erst die Erreichung des beabsichtigten Erfolges (RGUrt. v. 5. Juli 1937, 5 D 422/37: JW. 1937, 2371 v. 10. Dez. 1937, 4 D 783/37: JW. 1938, 165; vom 11. Okt. 1938, 1 D 752/38: JW. 1938, 3032). Bei natürlicher Betrachtungsweise dienen gewisse Handlungen schon nach der äußeren Art ihrer Vornahme der Befriedigung des Geschlechtstriebes und erfüllen ohne weiteres den Begriff des Geschlechtsverkehrs im vorerörterten Sinne. Insoweit kommt es nicht auf die persönlichen Eigenschaften, etwa die besonders leichte oder schwere geschlechtliche Erregbarkeit der Beteiligten an. Ausschlaggebend für die Beurteilung für den Tatrichter müssen in s o l c h e n Fällen regelmäßig die äußeren Erscheinungsformen des Hergangs sein. Ein Beischlaf ist und bleibt „Geschlechtsverkehr", auch wenn der Täter sich darauf berufen sollte, er habe darin gar nicht seine geschlechtliche Befriedigung gesucht, sondern z. B. dem von ihm dazu gezwungenen weiblichen Partner nur seine besondere Mißachtung bezeigen wollen. Das gleiche trifft zu für Handlungen, die den Beischlaf ersetzen sollen, wie z. B. für die gegenseitige Onanie und auch für eine Selbstbefriedigung, bei der der Körper einer Person des anderen Geschlechts unter Voraussetzungen wie im vorliegenden Falle in Mitleidenschaft gezogen wird. Wollte ein Täter sich damit verteidigen, für ihn habe solches Treiben nur als vorbereitende Erregung des Geschlechtstriebes gedient, dessen Befriedigung erst von einem anschließend beabsichtigten, aber nicht erfolgten Beischlaf hätte ausgelöst werden sollen, so liegt trotzdem ein vorsätzlicher vollendeter Geschlechtsverkehr vor, sofern nur der Täter die Handlungen als solche vorsätzlich vorgenommen hat.

3. Das Urteil muß indessen aufgehoben werden, weil sich aus ihm die Staatsangehörigkeit des Angekl. nicht ergibt. Nach den Urteilsangaben ist der Angekl. im August 1902 in dem jetzt zu Polen gehörenden Teil der früheren Provinz Posen als Sohn offenbar dort wohnhafter Eltern geboren; bei Inkrafttreten des Versailler Vertrages (10. Jan. 1920) war er noch nicht 18 Jahre alt. Dies mußte mit Rücksicht auf die Vorschriften des Wiener Abkommens vom 30. Aug. 1924 (RGBl. 1925, II, 33 ff.) in Verb. m. dem Art. 91 VV. und mit den Art. 3 und 4 des polnisch-alliierten Minderheitenschutzvertrages v. 28. Juni 1919 (abgedr. u. a. bei L i c h t e r - K n o s t , „Deutsches und ausländisches Staatsangehörigkeitsrecht", S. 149 ff.) der StrK. besondere Veranlassung geben, eine sorgfältige Prüfung der Staatsangehörigkeitsfrage vorzunehmen. Daß dies hier geschehen ist, läßt das

angefochtene Urteil nicht erkennen. Nach Lage der Sache wird in erster Linie anzustreben sein, urkundliche Anhaltspunkte für den Nachweis der deutschen Staatsangehörigkeit zu gewinnen; auch hier ist die StrK. aber bei ihrer Beweisführung nicht eingeschränkt. Bei der Untersuchung darf nicht außer acht bleiben, daß das BlutschutzG. auf den Angekl. auch dann anzuwenden sein würde, wenn er etwa staatenlos i. S. des § 15 der 1. AusfVO. z. BlutschutzG. wäre (vgl. dazu RGUrt. v. 22. Jan. 1937, 4 D 15/37: JW: 1937, 753).

Für die neue Verhandlung ist zu beachten, daß zum inneren Tatbestand der Rassenschande bedingter Vorsatz ausreicht. Hierbei kann es von Bedeutung sein, daß der Angekl. in seiner Revisionsbegründung zum Ausdruck bringt, er habe zwar Zweifel, ob er wirklich die deutsche Staatsangehörigkeit besitze, halte sich aber selbst für einen deutschen Staatsangehörigen. Bei einem solchen Sachverhalt würde die StrK. schließlich, falls nach dem Ergebnis ihrer Untersuchung der Angeklagte eine fremde Staatsangehörigkeit besitzt, unter Beachtung des § 16 Abs. 2 der 1. AusfVO. (ministerielle Zustimmung zur Strafverfolgung) prüfen müssen, ob er nicht der versuchten Rassenschande schuldig ist. Er hätte dann jedenfalls einen Tatbestand angenommen, der in Verbindung mit seinem Tun ein vollendetes Verbrechen gewesen wäre, wenn die Tatumstände so gestaltet gewesen wären, wie er geglaubt hätte. Das genügt nach ständiger Rspr. für die Annahme eines strafbaren Versuchs (RGSt. 72, 109, 112).

(RG., 2. StrSen. v. 2. Febr. 1939, 2 D 817/38)

Blonde Juden . . .

Die Tatsache, daß etwa 5—10 v. H. Juden blond sind, ein Teil der Juden jedenfalls von dem nicht besonders geschulten Arier nicht als Juden erkannt wird, hat lange ein besonderes Problem gebildet.

Otto H a u s e r : „Die Rasse der Juden", Verlag „Der Mensch"—E. Schade, Danzig-Leipzig, 1933, Seite 21.

9. Darf ein „Arier" Lazar heißen?[1]

10. KG.-RdErl. d. RMdJ. v. 18. Aug. 1938 (RMBliV. 1345); Abs. 5. Richtlinien; RdErl. d. RMdJ. v. 18. Febr. 1939 (RMBliV. 349/350). Ob Vornamen als Abkürzung jüdischer Vornamen anzusehen sind, entscheidet gesundes Volksempfinden; in diesem Sinne ist „Lazar" eine Abkürzung von „Lazarus" und deshalb für deutschblütige Kinder verboten.

Lazar-Hippolyt v. L. will seinem Sohne den Vornamen „Lazar" beilegen. Der Standesbeamte hat die Eintragung dieses Namens im Geburtenbuch abgelehnt, weil der Name „Lazarus" in dem RdErl. des RMdJ. v. 18. Aug. 1938 im Verzeichnis der jüdischen Vornamen enthalten und „Lazar" unzweifelhaft von „Lazarus" abgeleitet sei. Das AG. hat auf Antrag des Vaters den Standesbeamten angewiesen, von seinen Bedenken gegen die Eintragung Abstand zu nehmen. Auf die sofortige Beschwerde des Oberbürgermeisters hat das LG. dagegen den Antrag des Vaters auf Anweisung des Standesbeamten abgelehnt. Die sofortige weitere Beschwerde des Vaters hatte keinen Erfolg.

Das LG. billigt bezüglich der Eintragung des Vornamens „Lazar" in das Geburtenbuch den ablehnenden Standpunkt des Standesbeamten unter Zugrundelegung des Abs. 5 der Richtlinien im Erl. des RMdJ. v. 18. Aug. 1938 (StAZ. S. 339 f.). Danach dürfen Juden, die deutsche Staatsangehörige oder staatenlos sind, nur die in der Anlage aufgeführten Vornamen beigelegt werden, anderen deutschen Staatsangehörigen dagegen nicht. Unter den dort verzeichneten jüdischen männlichen Vornamen findet sich der Name „Lazarus". Das LG. hält nun „Lazar" lediglich für eine Abkürzung des jüdischen Vornamens „Lazarus", nicht aber etwa für einen selbstständigen deutschen oder nichtdeutschen Vornamen und läßt daher die Namensgebung „Lazar" für ein deutsches Kind nicht zu. Hierin ist ein Rechtsverstoß nicht zu erkennen; insbes. steht der RdErl. des RMdJ. v. 18. Febr. 1939 nicht entgegen. Wenn darin auch zunächst bestimmt ist, daß bei Anwendung der Richtlinien nicht zu engherzig verfahren werden solle und daß grundsätzlich den Eltern oder den sonst dazu berechtigten Personen die Auswahl des Vornamens für ein Kind freistehe — allerdings unter Befolgung der in den Richtlinien enthaltenen Beschränkungen —, so ist jedoch in Abs. 3 ausdrücklich hervorgehoben, daß der Abs. 5 des Erl. v. 18. Aug. 1938

---

[1] „Deutsches Recht" 1940, Heft 22, Seiten 918—919.

(Verbot jüdischer Vornamen für deutsche Kinder) unberührt bleibe. Demnach ist die Beilegung des Vornamens „Lazarus" für ein deutsches Kind unbedingt verboten. Das gleiche muß aber — will man nicht am Buchstaben haften — für „Lazar" gelten. Dies ist ein typisch jüdischer Vorname, der ohne weiteres für jedermann als Abkürzung von „Lazarus" zu erkennen ist, ohne daß man sich dabei die sprachliche Ableitung des Namens vor Augen zu halten braucht. Diese ergibt folgendes Bild:

Die Grundform ist der hebräische Rufname „Eleazar" (= Gotthilf). Hieraus ist durch Abschleifung u. a. der hebräische Rufname „Lazar" oder „Lasar" entstanden. Dieser hat dann in späterer Zeit die lateinisierte Form „Lazarus" angenommen, die uns bei den Namensträgern im Neuen Testament (vgl. Joh. 11, 1 und Lukas 16, 19) begegnet (vgl. hierzu Kessler, „Familiennamen der Juden in Deutschland" S. 16, 18 u. 19). Demnach steht sprachlich „Lazar" der Urform „Eleazar" sogar näher als „Lazarus". Derartige Erwägungen sind jedoch im Sinne des Ministerialerlasses nicht anzustellen. Entscheidend ist vielmehr der Eindruck, den man ohne weitere Überlegungen gewinnen muß. Im Sprachgebrauch muß aber jedermann „Lazar" als Abkürzung für „Lazarus" ansehen, genau so wie Jakob für Jacobus, Christoph für Christopherus, Franz für Franziskus, August für Augustus, Paul für Paulus und viele andere mehr. An dieser einfachen und klaren Feststellung ändert auch nichts der Hinweis in der Beschwerdebegründung, daß ein Kaiser mit Namen „Lazar" (richtig wohl ein altserbischer Fürst dieses Namens) 1389 in der Schlacht auf dem Amselfeld gefallen ist, ebensowenig wie die weitere Behauptung, daß der Name „Lazar" sich auch in einer bekannten Adelsfamilie finden soll.

Die Auffassung des AG. ist demgegenüber viel zu eng, daß „Lazar" zuzulassen sei, weil d i e s e s Wort im Verzeichnis der Judennamen fehle. Wollte man dem folgen, dann müßte man auch „Salomo" für ein deutsches Kind zulassen, weil im Verzeichnis nur die dem Griechischen angepaßte Form „Salomon" nebst den Abkürzungen „Sally" und „Salo" sich befindet, nicht aber „Salomo". Man kann auch nichts aus dem Umstande herleiten, daß sich in dem Verzeichnis wohl der Name „Leiser" findet, der nach Kessler (a. a. O. S. 18) als Abschleifungsform ebenso auf „Eleazar" zurückgeht wie „Lazar" und andere. Denn bei „Leiser" ist der Zusammenhang mit „Lazarus" und „Lazar" nicht für jedermann sofort erkennbar, vielmehr erscheint „Leiser" als ein selbstständiger Name, während „Lazar" ohne weiteres als bloße Abkürzung von „Lazarus" in die Augen springt. Lediglich das gesunde Volksempfinden hat zu entscheiden. Dieses aber sieht in „Lazar" nur die Abkürzung des jüdischen Vornamens „Lazarus", mag man nun etwa das „z" als weiches „s" sprechen oder schreiben, wie in der Beschwerdebegründung angegeben ist. So haben es schon die Schulkameraden des Vaters aufgefaßt, die ihm zugestandenermaßen den Spitznamen „Lazarus" beilegten. Dasselbe würde sich bei dem Sohne wiederholen. Was für „Josua" gilt, trifft auch für „Lazarus" zu. Bezüglich „Josua" hat aber der jetzt im entscheidenden Senat aufgegangene Zivilsenat 1 b bereits im JFG. 18,65 = JW. 1938, 2210 ausgeführt: „Ein deutscher Knabe, der heute solch einen Namen empfängt, wird, wenn er in die Schule und später in das Jungvolk und die Hitler-Jugend eintritt, aus diesem Grunde voraussichtlich Unannehmlichkeiten haben. Seine Kameraden werden kein Verständnis für solche Vornamen haben und ihn mit Spott, mindestens aber mit anzüglichen Bemerkungen verfolgen. Der Träger des Namens wird regelmäßig mehr oder minder unangenehmen Fragen ausgesetzt sein." Das gleiche gilt natürlich auch von „Lazarus". Es liegt daher im Interesse eines deutschen Jungen, derartige Möglichkeiten von vornherein auszuschließen.

Fällt demnach der Name auch in seiner Abkürzung „Lazar" unter die für ein deutsches Kind verbotenen Judennamen, so kommt es auch nicht darauf an, ob sich der Name bereits in der Familie, vor allem beim Vater findet; Tradition darf in solchen Fällen nicht wie sonst berücksichtigt werden.

(KG., 1 a Ziv. Sen., Beschl. v. 23. Febr. 1940, 1 a Wx 59/40)

Jütland

. . . Die Juden haben ihren Namen von Jütland und Jütland hat seinen Namen wieder von den Juden.

„Polarkreis" — Nachtausgabe Deutsches Soldatenblatt in Nordland, Nr. 256, 28. Oktober 1944, Seite 3.

---

11. Eine „arische" Ehefrau kauft im jüdischen Kaufhaus[1])

Ein Urteil des Reichsarbeitsgerichtes

54. RArbG. — § 626 BGB.

Von einem leitenden Angestellten, besonders in einem klar nationalsozialistisch ausgerichteten Unternehmen, ist Verständnis für die nationalsozialistische Idee und vorbildliche Haltung gegenüber den damit zusammenhängenden praktischen Forderungen zu verlangen. Duldung von Einkäufen der Ehefrau in einem jüdischen Kaufhaus, Ablehnung des
Eintritts in die NSV. und ähnliches kann daher die fristlose Entlassung eines solchen Angestellten begründen.

Die fristlose Kündigung des Dienstverhältnisses des Kl. bei der Bekl. gründet sich, wie
das Kündigungsschreiben v. 15. Aug. 1938 ergibt, auf die Vorschrift des § 626 BGB. und
weiter auf die Bestimmung der Betriebsordnung der Bekl., wonach „über die im Gesetz
vorgesehenen Möglichkeiten der fristlosen Entlassung hinaus" Mitglieder der Gefolgschaft
fristlos entlassen werden können, wenn bei ihnen nationale Unzuverlässigkeit vorliegt.

Im Falle des § 626 BGB. kann der wichtige Grund in einem objektiven Sachverhalt
liegen, nach dem der einen oder anderen Vertragspartei die Fortsetzung des Dienstverhältnisses auch nur bis zu der etwa bestehenden ordentlichen Kündigungsfrist nach Treu und
Glauben nicht mehr zugemutet werden kann. Er kann auch in dem schuldhaften Verhalten einer Vertragspartei beruhen mit der gleichen Folge für die andere Partei. Dabei ist
im Arbeitsverhältnis die Zumutbarkeit unter Berücksichtigung des Sinnes und Wesens der
Arbeits- und Betriebsgemeinschaft, der Art des Arbeitsverhältnisses und der beiderseitigen
Treupflicht zu prüfen.

Das BG. hat den Streitstoff zunächst unter dem Gesichtspunkt des § 626 des BGB.
geprüft und danach den Ausspruch der fristlosen Kündigung des Kl. für gerechtfertigt
erklärt.

Seine Ausführungen lassen keinen Rechtsirrtum erkennen. Die Anforderungen, die
an das dienstliche und außerdienstliche Verhalten eines Angestellten zu stellen sind,
richten sich wesentlich nach seiner Stellung in dem Betriebe. An einen Dienstverpflichte-

---

[1]) *„Deutsches Recht", 1940, Heft 19/20, Seiten 828/29.*

ten, der zur Leistung von Diensten höherer Art angestellt ist (§ 626 BGB.), sind in dieser Hinsicht höhere Anforderungen zu stellen als an einen Dienstverpflichteten, der Dienste einfacher, mehr mechanischer Art zu leisten hat (RGZ. 78, 19 [22]; RArbG. 17, 68 = IW. 1936, 3147 [72]). Ein leitender Angestellter insbesondere, wie der Kl., hat in dienstlicher und außerdienstlicher Hinsicht eine für die ihm unterstellten Dienstverpflichteten vorbildliche Haltung zu zeigen. Gute fachliche Arbeit allein genügt zumal in dem heutigen, vom Nationalsozialismus beherrschten Deutschland nicht. Erforderlich ist auch die richtige Einstellung zur nationalsozialistischen Idee und jedenfalls, wo es einem etwa im Lebensalter fortgeschrittenen Angestellten Schwierigkeiten bereitet, sie zu gewinnen, das ernste Bemühen danach, das auch in seinem dienstlichen und außerdienstlichen Verhalten zum Ausdruck kommen muß. Eine der Hauptgrundlagen der nationalsozialistischen Weltanschauung bildet, neben der Idee der deutschen Volksgemeinschaft, der Rassegedanke, und zu einer seiner Grundforderungen gehört daher von Anfang an die Zurückdrängung des Judentums aus seiner beherrschenden Stellung im politischen und geistigen Leben und weiter auch in dem Wirtschaftsleben des deutschen Volkes und seine möglichste Ausscheidung aus diesem. Damit im Zusammenhang stand die Forderung auf Unterlassung des Kaufens in jüdischen Geschäften, im besonderen in jüdischen Kaufhäusern.

Mit Recht verlangt das BG. von einem Mann in leitender Stellung, der zudem zur Mitleitung eines klar nationalsozialistisch ausgerichteten Unternehmens berufen war, die Aufbringung des notwendigen Verständnisses für diese nationalsozialistischen Grundforderungen und das Bemühen, diesen wie überhaupt der nationalsozialistischen Idee in seinem persönlichen Verhalten gerecht zu werden und in dieser Richtung auf die ihm Nächststehenden, seine Familienangehörigen, einzuwirken. Daran hat es aber der Kl. in starkem Maße fehlen lassen. Nicht mit Unrecht meint das BG., daß der Kl. durch die zweimalige, in unangebrachter Empfindlichkeit und in Verkennung der für ihn gegebenen Lage mit der Ablehnung seiner Aufnahme in die Partei begründeten Zurückweisung seiner Werbung für die NSV., einen Mangel an Sinn und Verständnis für die nationalsozialistische Idee der Volksgemeinschaft geoffenbart habe. Das RArbG. hat bereits in RAG 192/37 v. 27. Okt.

Otto Fünglers „guter Ruf"

Bekanntmachung: Ich löse hiermit meine Verlobung mit Fräulein Else Mallweg auf. Denn obwohl Frl. Mallweg meine Gesinnung kennt, kaufte sie ihre Aussteuer beim Juden. Doch nicht genug damit. Trotz meines Verbotes gab sie unsere Verlobungsanzeige auch noch zwischen Judenanzeigen auf und brachte hierdurch meinen guten Namen in Verruf.

Dieses alles zwingt mich, meine Verlobung aufzuheben, denn ich glaube nicht, daß ich mit einer Frau, die bei Juden kauft und ihre Anzeige in jüdischer Gesellschaft erscheinen läßt, glücklich werden kann.

Köln, den 11. August 1935

Otto F ü n g l e r , Westdeutscher Beobachter, Köln, den 11. 8. 35.

1937 (Arb.-RSamml. 31, 229 ff.—234 = IW 1938, 255) ausgesprochen, daß die unbegründete Weigerung eines Angestellten, sich an dem Winterhilfswerk in der üblichen Weise zu beteiligen, je nach den Umständen einen Grund zur fristlosen Entlassung geben kann; und in RAG 14/38 v. 25. Mai 1938 ist weiter gesagt, daß dasselbe von der Ablehnung der Unterstützung der vom Führer nachdrücklichst geförderten, die Idee der Volksgemeinschaft in besonderem Maße verkörpernden Einrichtung der NSV. zu gelten habe. Auch für das Dienstverhältnis des Kl. bei der Bekl. bedeutete jenes Verhalten des Kl. zumal auch im Verhältnis zu der nationalsozialistisch eingestellten Gefolgschaft schon eine erhebliche Belastung. Diese Umstände können zwar seine fristlose Kündigung für sich nicht mehr begründen, weil sie längere Zeit zurückliegen und die Bekl. aus jenem Verhalten des Kl. keine Folgerungen gezogen hat. Aber nach feststehender Rspr. können solche zurückliegenden Umstände zur Stützung des eigentlichen Kündigungsgrundes herangezogen werden (u. a. RGZ. 122, 38/39 = IW. 1928, 2909). Das BG. hat besonders auch deshalb dieses frühere Verhalten des Kl. mit Recht berücksichtigt, weil es bereits einen Aufschluß gibt über die persönliche Einstellung des Kl. und im Zusammenhalt mit seinem späteren Verhalten eine gerechte Würdigung seiner Gesamtpersönlichkeit ermöglicht, die für die Beurteilung des eigentlichen Kündigungsgrundes, der Duldung des Einkaufs seiner Ehefrau in dem jüdischen Kaufhause, von Bedeutung ist.

Hinsichtlich der Frage des Einkaufs in jüdischen Geschäften ist schon in RArbG. 19, 33 (37) = IW. 1938, 140 der Standpunkt vertreten, daß der fortgesetzte Einkauf eines städtischen Dauerangestellten in solchem Geschäft und die Duldung dieser Einkäufe seiner Ehefrau einen Grund zu dessen fristloser Entlassung bilden kann. Diese Frage mag in der freien Wirtschaft und auch bei einem gemischtwirtschaftlichen Unternehmen wie dem der Bekl. einer etwas anderen Beurteilung unterliegen, als sie bei städtischen Angestellten mit Rücksicht auf die enge Zusammenarbeit von Partei und Gemeinde auf Grund der deutschen GemO. v. 30. Jan. 1935 (RGBl. I, 49) und überhaupt bei Behördenangestellten gegeben ist; aber es können auch dort im Einzelfalle die Gesamtumstände die Beurteilung des Vorliegens eines wichtigen Kündigungsgrundes in demselben Sinne rechtfertigen. Solche Umstände hat aber das BG. in rechtlich einwandfreier Weise festgestellt und besonders darauf hingewiesen, daß dem Kl. schon im Jahre 1937 bekannt geworden ist, daß besonders auch unter der nationalsozialistisch eingestellten Gefolgschaft der Bekl. der Einkauf der Ehefrau des Kl. in einem jüdischen Kaufhaus sehr unliebsam vermerkt worden ist und er selbst dieserhalb wohlmeinend gewarnt worden ist. Das mußte für den Kl. Grund genug sein, die weiteren Einkäufe seiner Ehefrau dort unter allen Umständen zu unterbinden. Stattdessen hat er diese Einkäufe noch bis in die Mitte des Jahres 1938 geduldet, also bis in eine Zeit, in der die Frontstellung der Partei gegen das Judentum auch im Wirtschaftsleben des deutschen Volkes immer schärfer geworden war. Das war schon der Fall vor den Ereignissen des Nov. 1938, die Veranlassung gaben, in dieser Hinsicht z. B. mit dem Gesetz zur Ausschaltung des Judentums aus dem deutschen Wirtschaftsleben v. 12. Nov. 1938 (RGBl. I, 1580) einen deutlichen Schritt weiter zu gehen. Die Tatsache des Bekanntwerdens der Einkäufe und deren Duldung durch den Kl. noch in jener Zeit mußte zumal im Zusammenhang mit den erwähnten Umständen, die Stellung des Kl. in dem Betrieb des Bekl. erschüttern. Dabei vertritt das BG. mit Recht die Auffassung, daß der

Kl. im Verhältnis zu der Bekl. jene Handlungsweise seiner Ehefrau zu vertreten hat und daß es seine Aufgabe gewesen wäre, das geeignete Mittel zu wählen, diese weiteren Einkäufe zu unterbinden. Die Tatsache dieses Weitereinkaufs in dem jüdischen Geschäft noch bis Mitte des Jahres 1938, die durch die Bekanntgabe der Kundenliste des Geschäfts durch die Geheime Staatspolizei im Juni 1938 der Bekl. bekannt wurde, und das Wissen des Kl. um diese Einkäufe, wovon der Bekl. durch sein Eingeständnis v. 12. Aug. 1938 erfuhr, schafften für die Bekl. einen neuen, selbstständigen Kündigungsgrund i. S. des § 626 BGB.

Bei Bejahung des Vorliegens des wichtigen Grundes zur fristlosen Kündigung nach § 626 BGB. bedarf die weitere vom BG. noch geprüfte Frage, ob bei dem Kl. darüber hinaus nach seinem ganzen Verhalten eine nationale Unzuverlässigkeit im Sinne der Betriebsordnung vorliegt, und ob aus diesem Grunde auch nach dieser Bestimmung seine fristlose Kündigung gerechtfertigt war, keiner Beantwortung. Die vom BG. in dieser Hinsicht noch angestellten Erwägungen können daher auf sich beruhen.

(RARbG., Urt. v. 23. Jan. 1940, RAG 109/39 — Halle)

Ein Häretiker

Der Gauleiter Kube erklärte mir, daß wir jungen Nationalsozialisten noch nicht die richtige Einstellung hätten. Wir hätten, wenn von einem Juden die Rede sei, immer Angst, unsere Seele zu gefährden. Er als völkischer Student habe schon vor dem Weltkrieg Mendelssohn und Offenbach gehört und sei deshalb von seiner völkischen Idee nicht abgekommen. Er verstehe es nicht, daß man heute zum Beispiel Mendelssohn einfach totschweige und daß jüdische Werke nicht mehr gespielt werden dürfen, so z. B. Hoffmanns Erzählungen von Offenbach. Er beschränke sich allerdings auf die Juden des 19. Jahrhunderts, die nach der Ghettobefreiung einen kolossalen Aufschwung genommen hätten. Es stehe einwandfrei fest, daß die Juden Kunst hatten. Dies rühre von den 6 % nordischen Blutsanteil her, die die Juden hätten, evtl. auch von den westischen und romanischen Einflüssen.

Wir jungen Nationalsozialisten hätten wohl biologisch die richtige Einstellung, aber geistig würden wir doch nicht das richtige treffen. Er sei jedenfalls der Ansicht, daß man den jüdischen Beitrag zur Musikgeschichte in Gestalt eines Mendelssohn nicht einfach wegnehmen könne, ohne daß eine Lücke entstehe . . .

ƬƬ-Obersturmbannführer S t r a u c h in einer Aktennotiz vom 2. Oktober 1942 über Gauleiter Wilhelm Kube, Generalkommissar für Weißruthenien. Dokument NO — 2262.

12. Der Fall des unbekannten Erzeugers[1]

Der Angeklagte ist Volljude. Er hat mit der Zeugin 1938 geschlechtlich verkehrt. Die Zeugin gehört der evangelisch-lutherischen Religion an und ist deutsche Staatsangehörige. Ihre Mutter war ebenfalls evangelisch-lutherischer Konfession. Die Großeltern der Mutter gehörten ebenfalls der evangelisch-lutherischen Religion an. Die Zeugin ist unehelich geboren worden, ihr Vater ist unbekannt. Aus der über die Zeugin geführten Vormundschaftsakte ist zu entnehmen, daß ihre Mutter vor dem AG. in C. als Erzeuger der Zeugin den Militärmusiker X. angegeben hat. In dem gegen diesen angestrengten Unterhaltsprozeß ist die Mutter der Zeugin vernommen worden. Sie hat angegeben, daß sie außer mit X. auch noch mit einem Unteroffizier Y. während der Empfängniszeit geschlechtlich verkehrt habe. Die Unterhaltsklage gegen X. ist deshalb abgewiesen worden. Die Mutter der Zeugin lebt nicht mehr. Die Zeugin ist bei der Stiefmutter ihrer Mutter erzogen worden.

Die Zeugin hat über ihre Abstammung erklärt, daß sie keinerlei Anhaltspunkte darüber, daß ihr Erzeuger möglicherweise jüdischer oder fremdrassiger Abstammung sei, besäße. Sie sei nie auf den Gedanken gekommen, daß sie möglicherweise fremdrassiges Blut besitzen könne. Über ihren Vater will sie ihrer jetzigen Erinnerung nach weder von ihrer Mutter noch von ihrer Großmutter je näheres gehört haben. Bezeichnend ist immerhin, daß die Mutter der Zeugin vor dem AG. in C., wie oben bereits ausgeführt, als Erzeuger den Musiker X., also offenbar einen deutschblütigen Mann, angegeben hat, und daß sie bei ihrer Vernehmung als Zeugin in dem Unterhaltsprozeß gegen X. offenbar von sich aus zugegeben hat, daß sie in der Empfängniszeit noch mit einem Unteroffizier Y., also auch einem offenbar deutschblütigem Mann, geschlechtlich verkehrt hat. Es ist nicht einzusehen, aus welchem Grund etwa die Mutter der Zeugin damals einen etwa sonst noch in Frage kommenden, insbes. einen etwa in Frage kommenden jüdischen Erzeuger, verheimlicht haben sollte. Die Zeugin selbst hat auf das Gericht durchaus den Eindruck einer volldeutschblütigen Frau gemacht. Ihrem Äußeren nach war nicht im geringsten anzunehmen, daß sie möglicherweise fremdrassiges Blut besitzt. Sie machte im ganzen den Eindruck eines ostisch-nordischen Menschen. Dieser Eindruck ist dem Gericht durch den Sachverständigen

[1] „Deutsches Recht", 1939, Heft 28, Seiten 1510—1511.

Dr. K., dem leitenden Oberarzt der A.er Anstalten, bestätigt worden. Seinem Gutachten war zu entnehmen, daß auf Grund der eingehenden Untersuchung der Zeugin sich sichere Zeichen eines fremdrassigen Bluteinschlages bei der Zeugin nicht feststellen lassen, insbes. konnten speziell jüdische Merkmale nicht festgestellt werden. Der Sachverständige ist deshalb nach eingehender Untersuchung und Beobachtung zu dem Schluß gekommen, daß man mit größter Wahrscheinlichkeit sagen müsse, daß die Zeugin deutschblütig sei.

Auf die an ihn im allgemeinen gerichteten Fragen theoretischer Art hat der Sachverständige erklärt, daß man mit Sicherheit durch erb- und rassenbiologische Untersuchungen einen fremdrassigen Einschlag niemals feststellen könne, daß vielmehr ein solcher fremdrassiger Einschlag niemals mit Sicherheit ausgeschlossen werden könne. Bei der Prüfung der nicht ausschließbaren Möglichkeit eines fremdrassigen Einschlages könne man nur mit einem mehr oder weniger hohen Grad von Wahrscheinlichkeit feststellen, ob der Verdacht eines fremdrassigen Einschlages bestehe oder nicht.

Mit diesem Gutachten ist dem Gericht lediglich der persönliche Eindruck, den die Zeugin hinsichtlich ihrer rassischen Herkunft auf das Gericht gemacht hat, bestätigt worden. Das Gericht hat unbedenklich festgestellt, daß die Zeugin, bei der nur ihre Mutter und die Eltern ihrer Mutter urkundlich und als deutschblütig feststellbar sind, deren Vater jedoch unbekannt ist, deutschen Blutes ist.

Wegen der Tragweite der Entsch. über die Einholung erbbiologischer Gutachten in Fällen der vorl. Art mag darauf hingewiesen werden, daß das Gericht das Gutachten eingezogen hat, um sich von sachverständiger Seite über die überhaupt erzielbaren Ergebnisse rassen- und erbbiologischer Untersuchungen in Bezug auf die Feststellbarkeit fremdrassiger Blutsbeimischungen bei unehelich erzeugten Personen, deren väterlicher Erzeuger nicht feststeht, zu verschaffen. Nur aus praktischen, reinen Zweckmäßigkeitserwägungen heraus hat das Gericht in dem vorl. Falle den Gutachter gleichzeitig beauftragt, eine rassen- und erbbiologische Untersuchung der Zeugin selbst vorzunehmen. Es erscheint deshalb angebracht, die grundsätzliche Einstellung des Gerichts wie folgt festzuhalten:

Nach dem Gutachten des Sachverständigen steht fest, daß die Möglichkeit des Besitzes fremdrassigen Blutes für unehelich erzeugte Personen mit deutschblütiger Mutter, aber unbekanntem Erzeuger durch eine rassen- und erbbiologische Untersuchung niemals ausgeschlossen werden kann. Durch ein solches rassen- und erbbiologisches Gutachten kann nur mit mehr oder weniger starker Wahrscheinlichkeit der V e r d a c h t eines fremdrassigen Einschlages bejaht oder verneint werden. Das Gericht ist nun der Meinung, daß zwischen dieser allgemeinen, nicht ausschließbaren M ö g l i c h k e i t des Besitzers fremdrassiger Blutsbeimischung und einem V e r d a c h t solcher Beimischung streng zu unterscheiden ist. Eine Gleichsetzung zwischen objektiv nicht ausschließbarer Möglichkeit einerseits und Verdacht andererseits würde das als vollkommen unerträglich zu bezeichnende Ergebnis haben, daß der nicht unerhebliche Prozentsatz deutscher Volksgenossen unehelicher Geburt mit rein deutschblütiger Mutter, aber unbekanntem Vater als m i s c h b l u t v e r d ä c h - t i g bezeichnet werden müßte. Davon kann schon in Anbetracht des verhältnismäßig sehr geringen Prozentsatzes fremdrassiger, insbes. jüdischer Menschen im Großdeutschen Reich

schlechterdings nicht die Rede sein. Von jedem unehelich geborenen deutschen Volksgenossen kann deshalb grundsätzlich ohne Bedenken angenommen werden, daß er von
einem deutschblütigen Vater erzeugt ist. Nach dem Erlaß des RMdJ. v. 8. Dez. 1933
(I 6071/22, 10) ist deshalb auch jedes uneheliche Kind einer arischen Mutter, dessen Erzeuger unbekannt ist, als arisch anzusehen, wenn nicht besondere Umstände gegen eine
solche arische Abstammung sprechen. Solche b e s o n d e r e n U m s t ä n d e müssen jedoch nach dem Gesamtergebnis der Hauptverhandlung erkennbar sein, um überhaupt einen
Verdacht auf eine nicht vollarische Abstammung zu rechtfertigen. Der bloße Hinweis des
Angekl. oder seines Verteidigers auf die Möglichkeit fremdrassiger Blutsbeimischung begründet einen solchen V e r d a c h t noch nicht. Ob jedoch solche besonderen Umstände
gegeben sind, unterliegt ausschließlich der freien Beweiswürdigung des Gerichts. Sie würden zu bejahen sein, wenn beispielsweise das Gericht selbst auf Grund seiner eigenen
Kenntnisse der Rassenkunde und praktischen Erfahrungen bei der äußeren Erscheinung der
zu beurteilenden Person erhebliche Bedenken gegen die vollarische Abstammung gewinnen sollte, oder wenn auf Grund eines näher begründeten Vortrages des Angekl. oder
auch von Zeugen Anhaltspunkte hervortreten sollten, die einen über die nie ausschließ-
bare M ö g l i c h k e i t nicht vollarischer Abstammung hinausgehenden V e r d a c h t
einer fremdrassigen Blutsbeimischung ergeben würden. Nur in solchen Fällen erscheint die
Einholung eines rassen- und erbbiologischen Gutachtens erforderlich, um die nach mensch-
lichem Erkenntnisvermögen überhaupt mögliche Feststellung treffen zu können, ob ein
solcher Verdacht mit einer mehr oder weniger bestimmten Wahrscheinlichkeit berechtigt
oder unberechtigt ist. Das Ergebnis eines solchen rassen- und erbbiologischen Gutachtens
müßte alsdann im Zusammenhang mit dem übrigen Ergebnis der Hauptverhandlung über
die Frage der Abstammung nach dem Grundsatz freier Beweiswürdigung gewertet werden,
um die Feststellung zu treffen, ob die betr. Person unehelicher Herkunft von arischer
Mutter bei unbekanntem Erzeuger arisch ist oder nicht. In allen anderen Fällen, in denen
sich auf Grund des gesamten Ergebnisses der Hauptverhandlung ein V e r d a c h t fremdrassiger Blutsbeimischung nicht ergibt, wird ohne Verstoß gegen die Wahrheitsermitt-
lungspflicht des Gerichts die deutschblütige Abstammung solcher Peronen auch ohne ein
rassen- und erbbiologisches Gutachten festgestellt werden können und müssen.

Der gefährlichste Jude von allen ist der Halbjude

. . . Ich habe es immer für biologisch außerordentlich gefährlich gehalten, deutsches Blut einer gegnerischen Seite zuzuführen. Dieses Blut ist nur dazu geeignet,
auf der anderen Seite Persönlichkeiten hervorzubringen, die ihre durch das deutsche
Blut ererbten wertvollen Eigenschaften der anderen Seite gegen das deutsche Blut
dienstbar machen können. Die erfahrungsgemäß gute Intelligenz und Erziehung
in Verbindung mit ihrer germanischen Erbmasse machen die Halbjuden außerhalb
des deutschen Volkes zu geborenen Führern, damit aber auch zu gefährlichen
Feinden . . .

Aus einem geheimen Memorandum des Staatssekretärs Dr. S t u c k a r t über
„Die Endlösung der Judenfrage", vom 21. März 1942. Dokument NG – 2586.

---

13. Dr. Schmidt-Klevenow:
Kann ein Jude einen Deutschen beerben?[1])

Wenn man zu einer Frage aus dem Gebiete der Judengesetzgebung und -recht-sprechung oder kurz gesagt zur Judenfrage überhaupt Stellung nehmen soll, ist es immer gut, sich vorher noch einmal die Marschrichtung in dieser Frage zu vergegenwärtigen. Wir leben in einer Zeit, in der man nicht oft zu einem Rückblick kommt. Jeder Tag bringt neue und andere Aufgaben, insbesondere im Kriege. Und doch ist dieser Rückblick nötig, will man den eingeschlagenen Weg konsequent weitergehen. Es kommt leider noch vor, daß die Marschrichtung außer acht gelassen wird und auch vom Richtertisch Entscheidungen fallen, die oft jegliches Verständnis für die Notwendigkeit unseres Kampfes gegen das Judentum vermissen lassen. Ich habe darauf auch schon an anderer Stelle hingewiesen.

I.

Seit der Machtübernahme führt das deutsche Volk einen konsequenten erfolgreichen Kampf gegen das parasitäre Judentum. Ausgehend von Punkt 4 des Parteiprogramms wurden zunächst Maßnahmen getroffen, den Beamtenkörper, die freien Berufe, insbesondere der Rechtsanwälte und Ärzte sowie der Schriftleiter, vom Juden zu säubern. Ich erinnere an die folgenden gesetzlichen Maßnahmen:

Gesetz zur Wiederherstellung des Berufsbeamtentums vom 7. April 1933 (RGBl. 175), Ges. über die Zulassung zur Rechtsanwaltschaft v. 7. April 1933 (188), Ges. z. Änd. v. Vorschr. auf dem Gebiete des allg. Beamtenrechts (Kap. II § 1a) v. 30. Juni 1933 (433), Reichsärzteordnung v. 13. Dez. 1935 (1435), Ges. über den Widerruf von Einbürgerungen und die Aberkennung der deutschen Staatsangehörigkeit v. 14. Juli 1933 (480), Schriftleitergesetz v. 4. Okt. 1933 (713), 5. und 6. VO. z. Reichsbürgergesetz v. 27. Sept. und 31. Okt. 1938 (1403 und 1545).

Sodann wurden Maßnahmen getroffen, ein für allemal den deutschen Volkskörper blutsmäßig zu reinigen. Ich erinnere insoweit an folgende gesetzliche Maßnahmen:

Bestimmungen betreffend die Anforderungen an die Reinheit des Blutes im Wehrgesetz vom 21. Mai 1935 (609), Reichsarbeitsdienstgesetz v. 26. Juni 1935 (769), Beamtengesetz v. 26. Jan. 1937 (39), sowie an das Reichsbürgergesetz und das Ges. z. Schutze d. deutschen Blutes u. d. deutschen Ehre v. 15. Sept. 1935 (1146) und das Ges. über erbrechtliche Beschränkungen wegen gemeinschaftswidrigen Verhaltens v. 5. Nov. 1937 (1161).

---

[1]) *Aufsatz in „Deutsches Recht" 1940, Heft 34, Seiten 1354—1355.*

Das Jahr 1938 brachte, auf dem eingeschlagenen Weg weitergehend, die Säuberung der deutschen Wirtschaft vom Juden. Die Marschrichtung wird aufgezeigt durch folgende Maßnahmen:

VO. gegen die Unterstützung der Tarnung jüdischer Gewerbebetriebe v. 22. April 1938 (404), VO. über die Anmeldung des Vermögens von Juden v. 26. April 1938 (414), Ges. z. Änd. der GewO. v. 6. Juli 1938 (823), VO. über die Ausschaltung der Juden aus dem deutschen Wirtschaftsleben v. 12. Nov. 1938 (1580).

Weitere allgemeine Maßnahmen waren die Folge des Pariser Mordes an vom Rath vom 9. Nov. 1938:

VO. gegen den Waffenbesitz der Juden v. 11. Nov. 1938 (1573), VO. über eine Sühneleistung der Juden v. 12. Nov. 1938 (1579), Erlaß des Reichserziehungsministers betr. die Entlassung jüdischer Schüler aus deutschen Schulen v. 4. Nov. 1938, Anordnung des Reichsministers für Volksaufklärung und Propaganda betr. Sperre der Theater und Kinos für Juden v. 13. Nov. 1938, VO. über die öffentliche Fürsorge für Juden v. 19. Nov. 1938 (1649), VO. über den Einsatz des jüdischen Vermögens v. 3. Dez. 1938 (1709), Ges. über Mietverhältnisse mit Juden v. 30. April 1939 (864), 10. VO. z. Reichsbürgergesetz über die Gründung eines Reichsvereins für Juden v. 4. Juli 1939 (1097).

Die Übersicht zeigt die folgerichtige Ausschaltung der Juden aus der deutschen Lebens- und Volksgemeinschaft. Dieses Volk gehört nicht zu uns, wir wollen mit ihm nichts gemein und nichts zu tun haben. Der Kampf ist hart; Kompromisse sind ausgeschlossen! Erst wer hier klar und eindeutig Stellung bezogen hat, kann Einzelfragen lösen.

II.

Zur Lösung steht die Frage: Kann ein Jude einen Deutschen beerben? Das AG. Freienwalde (Oder) hat zu dem Aktenzeichen 4 VI 76/39 einer Jüdin einen Erbschein nach einer deutschblütigen Erblasserin erteilt. Die Erblasserin hatte keine gesetzlichen Erben.

Eine solche Entscheidung, das mag vorausgeschickt werden, wird bei dem deutschen Volksgenossen auf wenig Verständnis stoßen. Und das mit Recht. Eine Jüdin beerbt im Jahre 1940 eine Deutsche! Ist das der kompromißlose Kampf?

In der Präambel zum Gesetz über die Errichtung von Testamenten und Erbverträgen v. 31. Juli 1938 (RGBl. 973) heißt es:

„Ziel des Erbrechts ist es, überkommenes wie gewonnenes Gut des Erblassers weiterzuleiten und über seinen Tod hinaus wirken zu lassen zum Wohle von Familie, Sippe und Volk. In der Hand eines verantwortungsbewußten Erblassers dienen diesem Zweck auch Testament und Erbvertrag."

Wie kann ein Gut eines verstorbenen Deutschen zum Wohle von Familie, Sippe und Volk wirken, wenn es in die Hand eines Juden gelangt? Nach dem klaren Sinn und Zweck des neuen nationalsozialistischen Erbrechts und Testamentsgesetzes ist die Erbeinsetzung eines Juden durch einen Deutschblütigen unmöglich. Eine solche Erbeinsetzung ist bereits unter Berücksichtigung der Ausführungen in der Präambel zum Testamentsgesetz nach

§ 138 BGB. nichtig, weil sie gegen die guten Sitten verstößt. Diese Auffassung ist heute bei allen verantwortungsbewußten Volksgenossen selbstverständliches Gemeingut!

Aber davon abgesehen hat das Testamentsgesetz in Ausführung dieses Gedankens ausdrücklich im § 48 Abs. 2 eine Bestimmung getroffen, die es dem Richter ermöglicht, in solchen Fällen den Erbschein zu versagen. Es heißt in der Bestimmung:

„Eine Verfügung von Todes wegen ist nichtig, soweit sie in einer gesundem Volksempfinden gröblich widersprechenden Weise gegen die Rücksichten verstößt, die ein verantwortungsbewußter Erblasser gegen Familie und Volksgemeinschaft zu nehmen hat."

Es unterliegt nun gar keinem Zweifel, daß die Erbeinsetzung eines Juden durch einen Deutschen schlechthin gegen die Rücksichten verstößt, die ein verantwortungsbewußter Erblasser gegen Familie und Volksgemeinschaft zu nehmen hat. Das gilt naturgemäß insbesondere dann, wenn deutsche gesetzliche Erben oder deutsche Verwandte übergangen werden. Aber auch wenn, wie im vorliegenden Fall, gesetzliche Erben nicht vorhanden sind, ist die Erbeinsetzung eines Juden durch einen Deutschen nichtig, denn sie verstößt gegen die Rücksichten, die der Erblasser gegen die Volksgemeinschaft zu nehmen hat. Ich kann mich insoweit der Auffassung V o g e l s (DJ. 1938, 1273: Das neue Testamentsgesetz) nicht anschließen, wenn er dort zu der Bestimmung des § 48 Abs. 2 ausführt:

„Hierher gehört ferner ... die Einsetzung eines Juden zum Erben eines deutschblütigen Erblassers u n t e r Ü b e r g e h u n g a r i s c h e r V e r w a n d t e r."

Diese Einschränkung ist nicht gerechtfertigt. Das Gesetz selbst beschränkt die Rücksichtnahme nicht nur auf die Familie, sondern fordert die Rücksichtnahme auch auf die Volksgemeinschaft.

Das Gesetz über erbrechtliche Beschränkungen wegen gemeinschaftswidrigen Verhaltens v. 5. Nov. 1937 ist mit seinem § 1 zwar auf diesen Fall nicht anwendbar (Ausschluß ausgebürgerter Personen vom Erwerb von Todes wegen und vom Erwerb durch Schenkung). Aber die Bestimmung des § 2 (Entziehung des Pflichtteils wegen Mischehe) beruht auf einem ähnlichen Gedankengang, wie oben dargelegt. Nach § 2 kann ein Erblasser einem Abkömmling den Pflichtteil entziehen, wenn dieser mit einem Juden oder ohne die erforderliche Genehmigung mit einem jüdischen Mischling die Ehe eingeht.

Soll dieser gleiche Erblasser angesichts dieser Bestimmung einen Juden zum Erben einsetzen können? Über die Marschrichtung muß man sich klar sein!

Ich halte nach alledem die Erbeinsetzung eines Juden durch einen deutschen Erblasser schlechthin für nichtig. Der Erbschein darf nicht erteilt werden. Die Erbschaft fällt, wenn gesetzliche Erben nicht vorhanden sind, dem Staate, also der Volksgemeinschaft zu.

Kein Raum

In dem seiner deutschen Art bewußten Christenglauben ist für das Alte Testament kein Raum.

Dozent Lic. Dr. Karl Friedrich E u l e r : „Germanentum, Christentum und Judentum", herausgegeben von Dr. Walter Grundmann, Verlag Georg Wigand, Leipzig 1942, Seite 272.

---

14. Professor Georg Eisser:
... zurück zu den Rechtsanschauungen unserer Vorfahren[1])

I.[2])

... Auf eine vollkommen andere Anschauung ist das Dritte Reich gegründet; es stellt die Rasse in den Mittelpunkt des allgemeinen Lebens und geht damit also von der Verschiedenartigkeit der Bewohner unseres Erdballs aus. Rasse ist, wie Nicolai auf dem Leipziger Juristentag ausführte, das Leitmotiv des Nationalsozialismus und des nationalsozialistischen Staates; es gibt schlechthin nichts, was vom neuen Staat nicht unter dem Gesichtspunkt der Rasse betrachtet und bewertet wird. Das deutsche Volk setzt den Rassegedanken ein, um in allen Bezirken eines völkischen und staatlichen Lebens eine neue Ordnung zu schaffen und ein seiner Eigenart gerecht werdendes Leben führen zu können. So ist auch das Recht von der Erneuerung ergriffen; die rassengesetzliche Rechtslehre bricht sich Bahn und führt uns zum Teil zurück zu den Rechtsanschauungen unserer Vorfahren, deren Rechtsleben wir in neuem Licht erkennen und bewundern, zum Teil zu neuen, bisher noch nicht beschrittenen Bahnen, indem bei der Rechtssetzung den Erkenntnissen der modernen Naturwissenschaft, insbesondere der Rassen- und der Erbkundelehre Rechnung getragen wird. So dient alles Recht der Erhaltung völkischer Art und Rasse; dies ist die Idee, die dem Recht neben seiner äußeren Aufgabe, Ordnung zu schaffen, gesetzt ist.

II.[3])

... Gesetzgeber ist der Führer und der Kreis seiner Mitarbeiter, denen er sein Vertrauen geschenkt hat, die mit ihm zusammen die Reichsregierung bilden; er allein bestimmt Zeitpunkt und Art der Änderung der Gesetze.

---

[1]) *Auszüge aus dem Buche: „Rasse und Familie" — Die Durchführung des Rassengedankens im bürgerlichen Recht — von Georg Eisser, Professor in Tübingen, Verlag J. C. B. Mohr (Paul Siebeck), Tübingen, 1935.*

[2]) *Seiten 3—4.*

[3]) *Seite 8.*

III.[1]

... Das zukünftige bürgerliche Recht wird auf rassischer Grundlage beruhen. Es hat die Rechtsbedingungen zu schaffen, unter denen die deutschen Staatsbürger, d. h. die Volksgenossen deutschen Blutes, sich am besten entwickeln können zum Heil von Volk und Vaterland.

IV.[2]

... Das Sippenamt ist die Stelle, die alles für den Lebenslauf und den Erbwert des einzelnen in Betracht kommende Material sammelt und verwertet, wobei vor allem auch die Mediziner einen großen Aufgabenkreis erhalten werden. So würden die Sippenämter nach dem einprägsamen Wort von Gercke zu dem „Grundbuch des deutschen Blutes" werden.

V.[3]

... Ehen zwischen Ariern und Nichtariern sollen nicht mehr abgeschlossen werden; nur durch ein absolutes Ehehindernis kann hier den Anforderungen der Rassenpflege Genüge geleistet werden; denn die Erblehre erwartet ungünstige Folgen der Rassenmischung.

VI.[4]

... Der Staat ist so ein Rechtsstaat, der lückenlos den Rassengrundsatz durchführt, aber bei aller sachlichen Härte den Kampf in einer der deutschen Kulturhöhe entsprechenden Weise führt. Es handelt sich nicht um einen Kampf gegen den Einzelmenschen, sondern um die Sicherung der Rechte der deutschen Volksgenossen vor übermäßig starkem Einfluß der Rassefremden, die ihr Geschick als Volksschicksal tragen müssen.

---

[1] *Seite 10.*
[2] *Seite 17.*
[3] *Seite 21.*
[4] *Seite 34.*

Gedanken Gottes

Man hat gesagt — und man glaubte damit den Rassenstandpunkt des Nationalsozialismus zu treffen —, daß jede Rasse auf dieser Welt ein Gedanke Gottes sei. Gerade das glauben wir auch, und deshalb fordern wir reinliche Scheidung zwischen Blut und Blut, damit die Gedanken Gottes nicht verwirrt werden und im Mischling zur Fratze entarten.

Der Leiter des Aufklärungsamtes für Bevölkerungspolitik und Rassenfragen, Dr. G r o ß , am 1. September 1933 auf dem Parteitag der NSDAP in Nürnberg.

15. Arithmetische Studien[1]

V e r b o t e n e u n d e r l a u b t e E h e s c h l i e ß u n g e n d e u t s c h e r S t a a t s -
a n g e h ö r i g e r i n z i f f e r n m ä ß i g e r D a r s t e l l u n g

(Die Ziffern geben die Anzahl der jüdischen Großelternteile an)

verboten	genehmigungspflichtig	erlaubt
$4+0$	$2+0$[1])	$4+4$
$4+1$	$2+1$[1])	$4+3$
$3+0$		$4+2$[2])
$3+1$		$3+3$
$1+1$		$3+2$[2])
$0+$ Angehöriger		$2+2$
artfremder		
Rassen (z. B.		$1+0$[1])
Zigeunern,		
Negern u. dergl.)		$0+0$

[1]) Für Beamte und dergl. unzulässig.
[2]) Mischling gilt infolge seiner Verheiratung mit einem Juden als Jude.

---

[1]) *Karl Olfenius (Major der Schutzpolizei): „Die Lösung der Judenfrage im
Dritten Reich". (Die wichtigsten Bestimmungen aus der Judengesetzgebung),
Verlag Julius Beltz in Langensalza—Berlin—Leipzig, 1937, Seite 69.*

Keine eitle Spielerei

Die Erforschung der Ahnentafel ist nicht eitle Spielerei; wenn sie richtig verstanden wird, muß immer über ihr als Leitstern der brennende Wunsch stehen, der
Rasse und dem deutschen Volke zu dienen.

Erich W a s m a n n s d o r f f : „Die Ahnentafel", Wege zu ihrer Aufstellung,
1939, Verlag für Sippenforschung und Wappenkunde, C. A. Stanke, Görlitz,
Seite 22.

16. Kurzer Lehrgang über den Abstammungsnachweis[1])

I.

Die Abstammungsbescheide werden in der Regel . . .[2])

Abstammungsbescheide ersetzen voll und ganz beim Nachweis der Abstammung die Vorlage von Personenstandsurkunden.

Die Abstammungsbescheide werden in der Regel in folgender Form ausgefertigt:

Berlin, den 30. November 1940

Der Direktor des
Reichssippenamtes
(Aktenzeichen)

Abstammungsbescheid

Der Postschaffner

Peter Mathias Quasten

in Mannheim,

geboren zu Karlsruhe am 11. April 1889, ist deutschen oder artverwandten Blutes im Sinne der Ersten Verordnung zum Reichsbürgergesetz vom 14. November 1935 (RGBl. I S. 1333).

i. A. Sch.

---

[1]) *„Der Abstammungsnachweis" von Dr. Frhr. von Ulmenstein, Referent im Reichssippenamt, Berlin 1941, Verlag für Standesamtswesen.*
[2]) *Seite 17.*

II.

Vereinigung der Berufs-Sippenforscher[1])

Die Betreuung der Belange der Berufs-Sippenforscher erfolgt durch den R e i c h s v e r - b a n d d e r S i p p e n f o r s c h e r u n d H e r a l d i k e r (e. V.) (Obmann Pfarrer T h e - m e l , Geschäftsstelle Berlin W 35, Potsdamer Straße 77). Der Reichsverband wurde 1935 unter dem Namen „Vereinigung der Berufs-Sippenforscher e. V." als Berufsorganisation aller derer, die als Sippenforscher oder Heraldiker haupt- und nebenberuflich gegen Entgelt tätig sind, gegründet. Außer den Berufs-Sippenforschern im engeren Sinne sollen also auch die auf dem genannten Gebiete tätigen Künstler, Schriftleiter, Schriftsteller usw. in dieser Vereinigung ihre Berufsvertretung finden. Zweck der Vereinigung ist, den Berufs-Sippen-forschern den Zugang zu Archiven, Museen und sonstigen Sammlungen zu erleichtern, ihre Standesehre zu wahren, sie zu einem festgefügten Stande zusammenzuschließen und ihnen gebührende Anerkennung in der Öffentlichkeit zu verschaffen. Die Mitglieder erhalten einen besonderen Ausweis mit Sichtvermerk des Reichssippenamtes. Dieser Ausweis enthält die Bitte an alle Bewahrer von Schriftdenkmälern, den Inhaber nachdrücklich zu fördern.

III.

Der große Abstammungsnachweis[2])

Die N a t i o n a l s o z i a l i s t i s c h e D e u t s c h e A r b e i t e r p a r t e i stellt die schärfsten Anforderungen an die Blutreinheit ihrer Mitglieder. Sie verlangt, daß Partei-genossen frei von jedem artfremden Bluteinschlag sind und hat zu diesem Zweck den großen Abstammungsnachweis eingeführt.

Der große Abstammungsnachweis geht über die Reihe der Großeltern zurück bis zu der am 1. Januar 1800 lebenden Ahnenreihe. Diese Grenze ist deshalb gesetzt, weil es in Deutschland verhältnismäßig wenige Mischehen vor diesem Zeitpunkt gegeben hat. Die Mischheiraten setzten erst mit der infolge der französischen R e v o l u t i o n e r l a s s e - n e n J u d e n e m a n z i p a t i o n e i n.

IV.

Der kleine Abstammungsnachweis[3])

Der kleine Abstammungsnachweis wurde in der deutschen Gesetzgebung durch § 3 des Gesetzes zur Wiederherstellung des Berufsbeamtentums vom 7. April 1933 (RGBl. I S. 175) eingeführt. Dieser sogenannte „A r i e r p a r a g r a p h " bestimmte, daß Beamte, die nichtarischer Abstammung sind, unter bestimmten Voraussetzungen in den Ruhestand zu versetzen seien. Die Begriffsbestimmung „arisch" erfolgte durch die erste Verordnung zur

---

[1]) Seite 19/20.
[2]) Seite 24.
[3]) Seite 31/32.

Durchführung des Gesetzes zur Wiederherstellung des Berufsbeamtentums vom 11. April 1933 (RGBl. I. S. 195). Es heißt hier: „Zu § 3. 2. als nicht arisch gilt, wer von nichtarischen, insbesondere jüdischen Eltern oder Großeltern abstammt. Es genügt, wenn ein Elternteil oder Großelternteil nicht arisch ist. Dies ist insbesondere dann anzunehmen, wenn ein Elternteil oder Großelternteil der jüdischen Religion angehört hat." Diese Bestimmung der 1. Verordnung zur Durchführung des Berufsbeamtengesetzes ist richtunggebend für sämtliche Gesetze, die seitdem den Nachweis der „arischen Abstammung" gefordert haben.

V.

Bei außerehelicher Geburt[1])

Ist der Nachweispflichtige außerehelich geboren, so ist er grundsätzlich verpflichtet, seinen Abstammungsnachweis ebenso von den beiden Elternteilen her zu erbringen wie der ehelich Geborene. Der Grundsatz des Bürgerlichen Gesetzbuches, daß das uneheliche Kind mit dem Erzeuger nicht verwandt ist und nach § 1705 BGB. n u r im Verhältnis zur Mutter und deren Verwandten dem ehelichen Kinde gleichgestellt ist, gilt hinsichtlich des Abstammungsnachweises nicht. Der Abstammungsnachweis soll die b l u t m ä ß i g e Abstammung klarstellen. Es ist daher in jedem Fall der Nachweis zu erbringen, daß die natürlichen Eltern deutschen oder artverwandten Blutes (= arischer Abstammung) sind.

VI.

Findlinge und Reinblütigkeit[2])

Findlinge: Es gibt Abstammungen, die sich auf urkundlichem Wege nicht vollständig oder überhaupt nicht klären lassen. Da sind zunächst die Findlinge. Diese können über ihre blutmäßige Abstammung keinerlei Angaben machen. Häufig sind sie von Zieh- oder Pflegeeltern aufgenommen worden, deren Abstammung für ihren Abstammungsnachweis natürlich unerheblich ist. Nach dem Auffinden des Kindes haben die Behörden bereits umfangreiche Nachforschungen angestellt, die nicht zum Ziele gelangt sind, so daß auch heute ein Ermitteln der Abstammung ausgeschlossen erscheint. Auf urkundlichem Wege kann der Findling also seine Abstammung nicht nachweisen, es bleibt ihm allein das Erscheinungsbild als Beweisgrund für seine Reinblütigkeit. Die Abstammungsprüfung erfolgt regelmäßig durch das Reichssippenamt. Prüfungsgrundlage bilden die Akten über Auffinden und Namenserteilung des Findlings, außerdem beglaubigte Lichtbilder in Vorder- und Seitenansicht. Geben die Lichtbilder zu Zweifeln nicht Anlaß oder ist auf Grund der sonstigen Umstände nicht eine artfremde Abstammung zu vermuten, so ist der Findling ohne weiteres als deutschblütig anzusehen. Er erhält einen Abstammungsbescheid, aus dem hervorgeht, daß er deutschen oder artverwandten Blutes im Sinne der Ersten Verordnung zum Reichsbürgergesetz vom 14. November 1935 (RGBl. I S. 1333) ist.

---

[1]) *Seite 101.*
[2]) *Seiten 105/106.*

VII.

Mehrverkehr u. a. mit einem Juden[1])

Auf urkundlichem Wege ist die Abstammungsprüfung von unehelich geborenen Personen nicht möglich, wenn eine Vaterschaftsanerkennung nicht erfolgte und aus Vormundschaftsakten oder Unterhaltsprozeßakten hervorgeht, daß der Mutter in der Empfängniszeit sowohl deutschblütige wie jüdische oder sonst artfremde Männer beigewohnt haben. Der sicherste Weg zur Feststellung der Abstammung ist in diesen Fällen die erbkundliche Untersuchung der Beteiligten (Erbanalyse), die in jedem Falle zugleich mit einer rassenkundlichen Untersuchung verbunden wird, um das Ergebnis möglichst sicher zu gestalten. Eine Entscheidung ohne Untersuchung ist nicht möglich. Der Prüfling hat in jedem Falle Anspruch auf Vornahme der Untersuchung zur Klärung seiner Abstammungsverhältnisse.

----

[1]) *Seite 107.*

Die wichtigste Grundlage

Der Angeklagte hat sich dazu hergegeben, Juden dabei behilflich zu sein, ihre Abkunft zu verschleiern. Die Rassengesetze bilden die wichtigste Grundlage des nationalsozialistischen Staates. Wenn das Verbrechen gelungen wäre, so wären möglicherweise die beiden Juden als deutschblütige Menschen anerkannt worden und hätten die deutsche Volksgemeinschaft in schwerster Weise gefährdet.

Aus der Begründung des T o d e s u r t e i l e s gegen den Kraftwagenlenker Josef Nikolaus Ralf Boes, der zwei Juden beim Beschaffen von falschen „arischen" Papieren half — Dokument CXXIII — 46.

17.

Gesundes Rasseempfinden

... Hier kann dem Deutschblütigen die Verweigerung des ehelichen Verkehrs
oder die völlige Abwendung vom jüdischen Ehegatten nicht als eine Eheverfehlung,
geschweige denn als eine schwere i. S. des § 49 EheG., zur Last gelegt werden, denn
das gesunde rassische Empfinden des deutschen Volkes mißbilligt die Verbindung
eines Deutschen mit einem Juden auch dann, wenn diese im Rahmen einer gesetzlich
gültigen Ehe vollzogen wird.

Gerichtsassessor Gerhard W e i s n e r im Artikel „Zur Scheidung rassisch-
gemischter Ehen" in „Deutsches Recht", 1939, Heft 31, Seite 1678.

Z e u g n i s.

Dem . . . .
   (Vorname)   (Name)

. . . ., ..., ...
 (Beruf) (Staatsangehörigkeit) (religiöses Bekenntnis)

geboren am . . . ., in. . . . .,

wohnhaft in . . . .

und

  der . . . .
      (Vorname)   (Name)

. . . ., ...,
  (Staatsangehörigkeit) (religiöses Bekenntnis)

geboren am . . . ., in . . . .

wohnhaft in . . . .,

wird bescheinigt, daß ihrer Eheschließung, soweit
festgestellt werden konnte, kein Ehehindernis
nach den Bestimmungen des Blutschutzgesetzes
und der Ersten Ausführungsverordnung zu diesem
Gesetz entgegensteht.

    . . . ., den . . . . 19 . . .

(Siegel.)   Der Bürgermeister.

18.

19. Eindeutschungsfähigkeit[1])

I.

Der Chef · (handschriftlich: z. d. A. PV c
A 19)

Rassenamt III/2 — B · Pi/O
des Rasse- und Siedlungshauptamtes - ⚡⚡
Rassenamt III/2—B · Pi/O. · Berlin SW 69, am 26. 2. 42
Hedemannstr. 24
Stempel: ⚡⚡-Oberabschnitt Welch
Eing. 5. März 1942
Akt. Z.: j

(handschriftlich:
Kam in einfachem Brief)

B e t r.: Sonderbehandlung der im Reich eingesetzten polnischen Zivilarbeiter und
Kriegsgefangenen.

B e z u g : Erlaß des RF-⚡⚡ — S IV D 2 c 4883/40 g 196 vom 28. 7., 28. 8. und
12. 11. 41.

A n l.: 3

An

1. die ⚡⚡-Führer im Rassen- und Siedlungswesen in den ⚡⚡-Oberabschnitten
(handschriftlich: Warthld.)

2. die Eignungsprüfer des Rassen- und Siedlungshauptamtes-⚡⚡ bei den Ergänzungs-
stellen der Waffen-⚡⚡

3. A u ß e n s t e l l e n d e s R u S - H a u p t a m t e s - ⚡⚡
Nach einer Anordnung des Reichsführers-⚡⚡ vom 12. Dez. 1941 — IV D 2 c 1474/41 g.
RS. — kann in den Fällen, wo der als Vater in Frage kommende Pole als nichteindeut-
schungsfähig beurteilt werden muß, die Schwangerschaft unterbrochen werden. Die letzte
Entscheidung hierzu trifft der Reichsführer-⚡⚡ auf Vorschlag des Reichssicherheitshaupt-
amtes.

---

[1]) *Dokumente CXXXVIII — 53.*

Die mit Anordnung des RuS-Hauptamtes-ϟϟ vom 12. 11. 41 vorgeschriebenen Form-blätter zur Bezeichnung von Eindeutschungsfähigkeit und Nichteindeutschungsfähigkeit sind aus diesem Grunde nicht mehr ausreichend. Ab sofort gelten folgende Richtlinien:

1. Über das rassische Überprüfungsergebnis bei polnischen Kriegsgefangenen und Zivil-arbeitern, die wegen unerlaubten Geschlechtsverkehrs für eine Sonderbehandlung vorgesehen werden, sind Begutachtungen nur entsprechend beiliegendem Muster zu erstellen (Anlage 1 und 2). Die Gutachten sind gewissenhaft zu erstellen.

2. Grundlage für diese Gutachten sind die auch weiterhin zu verwendenden großen R-Karten (Anlage 3), die nach der Untersuchung mit Abschriften des Gutachtens dem RuS-Hauptamt-ϟϟ einzureichen sind. Für die Merkmalsbeschreibung im Gut-achten sind allein die in der R-Karte enthaltenen Bezeichnungen anzuwenden.

3. In der Spalte / Gesamturteil / ist neben der rassischen Beurteilung noch eine kurze Beschreibung des Gesamteindrucks einzufügen, etwa in der Form:

   a) „macht einen offenen, freimütigen Eindruck, zeigt ein sicheres Auftreten und Verhalten" oder

   b) „ist verschlossen, scheu, undurchsichtig" bzw.

   c) „macht einen verschlagenen, hinterhältigen Eindruck"
   usw.

4. Die Erstellung der jedem Vorgang beizufügenden Lichtbilder ist Angelegenheit der zuständigen Stapo-Leitstellen.

5. Die Gutachten sind im Hinblick auf die gegebenenfalls notwendig werdende Schwan-gerschaftsunterbrechung beschleunigt zu erstellen und dem zuständigen Höheren ϟϟ- und Polizeiführer zum Vorgang zu überreichen.

Der Chef des Rassenamtes
im RuS-Hauptamt-ϟϟ

B.V. S c h u l t z
ϟϟ-Standartenführer

Ja . . .

Ja, hat nicht in Deutschland der Nationalsozialismus die Kirche gerettet und darum Anspruch auf deren Dankbarkeit?

Lic. Erdmann S c h o t t , Privatdozent a. d. Universität Greifswald: „Die nationalsozialistische Revolution als theologisches Problem", Verlag J. C. B. Mohr, Tübingen 1933, Seite 19.

Der Chef   (handschriftlich: A g)

d e s R a s s e - u n d S i e d l u n g s h a u p t a m t e s - ϟϟ   Anlage: 1

Der ϟϟ-Führer im Rasse- und Siedlungswesen im ϟϟ-Oberabschnitt . . . . .
Der Eignungsprüfer bei der Ergänzungs-
stelle . . . . der Waffen-ϟϟ

B e t r. :   Sonderbehandlung — Pole: (Vorname, Name, Geburtstag)
B e z u g : Erlaß des Reichsführers-ϟϟ —S IV D 2 c 4883/40 g 196
             vom 5. 7. 1940
A n l g. :   —

An den
Höheren ϟϟ- und Polizeiführer . . . .

Die rassische Überprüfung des polnischen Volkszugehörigen (Vorname, Name, Geburtstag, letzter Wohnort . . . .) zeitigte folgendes Ergebnis:

Körperhöhe   Haarform
Wuchsform   Körperbehaarung
Kopfform   Haarfarbe
Backenknochen   Hautfarbe
Augenfaltenbildung   Augenfarbe

Besondere Auffälligkeiten:
Gesamturteil:
Formel: Wertungsgruppe:

Auf die beiliegenden, von der Stapoleitstelle angefertigten Lichtbilder wird hingewiesen.

Hierdurch erfüllt der Obengenannte in rassischer Hinsicht die Voraussetzungen, die an
einzudeutschende Fremdvölkische gestellt werden müssen. Er gilt als e i n d e u t -
s c h u n g s f ä h i g .

                              Der Chef des Rassenamtes
                                im RuS-Hauptamt-ϟϟ
                                    i. A.

Demnach ist der Obengenannte als Einzelgänger e i n d e u t s c h u n g s f ä h i g ,
v o r b e h a l t l i c h d e r p o s i t i v e n S i p p e n b e u r t e i l u n g .

III.

Der Chef
des Rasse- und Siedlungshauptamtes   Anlage: 2

Der ϟϟ-Führer im Rasse- und Siedlungswesen im ϟϟ-Oberabschnitt . . . . .

Der Eignungsprüfer bei der Ergänzungs-
stelle . . . . der Waffen-ϟϟ

B e t r.:   Sonderbehandlung — Pole (Vorname, Name, Geburtstag)
B e z u g : Erlaß des Reichsführers-ϟϟ —S IV D 2 c 4883/40 g 196
            vom 5. 7. 1940
A n l.:   —

An den
Höheren ϟϟ- und Polizeiführer . . . .

Die rassische Überprüfung des polnischen Volkszugehörigen (Vorname, Name, Geburtstag, letzter Wohnort . . . .) hatte folgendes Ergebnis:

Körperhöhe   Haarform
Wuchsform   Körperbehaarung
Kopfform   Haarfarbe
Backenknochen   Hautfarbe
Augenfaltenbildung   Augenfarbe

Besondere Auffälligkeiten:
Gesamturteil:
Formel: Wertungsgruppe:

Auf die beiliegenden, von der Stapo-Leitstelle angefertigten Lichtbilder wird hingewiesen.

Hiernach erfüllt der Obengenannte in rassischer Hinsicht n i c h t die Voraussetzungen, die an einzudeutschende Fremdvölkische gestellt werden müssen. Er gilt als n i c h t -
e i n d e u t s c h u n g s f ä h i g.

                                    Der Chef des Rassenamtes
                                      im RuS-Hauptamt-ϟϟ
                                        i. A. . . . .

302

20. Staatssekretär Stuckart und Oberregierungsrat Globke über die Endlösung der Mischlingsfrage[1])

Das Judenproblem entspringt der Tatsache, daß im deutschen Staatsraum neben dem deutschen Volke Teile des gänzlich artverschiedenen jüdischen Volkes leben und zwar nicht irgendwo in geschlossenem Siedlungsraum als völkische oder nationale Minderheit, sondern im ganzen Reich verstreut.

Da das Judentum seinem Blut und innersten Wesen nach dem Deutschtum artfremd ist, sind Spannungen zwischen beiden Völkern die notwendige Folge. Die jedes Rassengefühls ermangelnden vergangenen Jahrzehnte glaubten, diese Spannungen durch eine wahllose Vermischung und geistige Annäherung beseitigen zu können. In Wirklichkeit bewirkte die Blutmischung zwischen Juden und Deutschen nur eine Übertragung der Spannungen auch in den Mischling und gefährdete zugleich die Reinheit des deutschen Blutes und die Instinktsicherheit des Volkes. Damit schuf sie eine zwischen Deutschtum und Judentum stehende Mischlingsrasse, die in ihrer Struktur eine gefährliche Mischung arteigener deutscher und jüdischer Anlagen darstellt.

Die beiden Nürnberger Gesetze mit ihren Ausführungsbestimmungen enthalten die grundlegende Lösung dieses Rassenproblems. Sie bringen die blutmäßig bedingte klare Scheidung zwischen Deutschtum und Judentum und schaffen dadurch die gesetzliche Grundlage für einen modus vivendi, der allen Belangen gerecht wird. Ihre grundlegende Bedeutung besteht darin, daß sie das Eindringen weiteren jüdischen Blutes in den deutschen Volkskörper für alle Zukunft verhindern.

Ausgehend von der Erkenntnis, daß es sich beim Judentum um eine blutmäßige Gemeinschaft handelt, gewährleisten die Nürnberger Gesetze dieser Gemeinschaft ihr Eigen-

---

[1]) *Reichsbürgergesetz vom 15. September 1935, Gesetz zum Schutze des deutschen Blutes und der deutschen Ehre vom 15. Sept. 1935, Gesetz zum Schutze der Erbgesundheit des deutschen Volkes (Ehegesundheitsgesetz) vom 18. Oktober 1935 nebst allen Ausführungsvorschriften und den einschlägigen Gesetzen und Verordnungen, erläutert von Dr. Wilhelm Stuckart, Staatssekretär im Reichs- und Preußischen Ministerium des Innern, und Oberregierungsrat Dr. Hans Globke vom Reichs- und Preußischen Ministerium des Innern, C. H. Beck'sche Verlagsbuchhandlung, München und Berlin 1936, Seiten 14—19.*

leben in gesetzlichen Grenzen, wie sich insbesondere aus der Bestimmung ergibt, daß den Juden das Zeigen der jüdischen Farben unter staatlichem Schutz gestattet ist. In gleicher Weise garantiert der nationalsozialistische Staat dem Judentum freie Religionsausübung, kulturelles Leben und Erziehung. Auch die wirtschaftliche Betätigung ist dem Juden im Rahmen der Gesetze ungestört gewährleistet. Umgekehrt ist aber dem Judentum für alle Zukunft die Vermischung mit dem deutschen Volkstum und die Einmischung in die staatspolitische, wirtschaftspolitische und kulturpolitische Gestaltung des Reiches unmöglich gemacht. Das deutsche Volk wünscht, sein Blut und seine Kultur rein und eigen zu erhalten, wie es die Juden seit dem Propheten Esra für ihr Volk als Forderung jederzeit aufgestellt haben. Die Juden müssen sich damit abfinden, daß ihr Einfluß auf die Gestaltung des deutschen Lebens ein für allemal vorbei ist. Dagegen können Juden nach wie vor deutsche Staatsangehörige mit den daraus folgenden Rechten und Pflichten sein.

Im Hinblick auf die Judenfrage sind die beiden Nürnberger Gesetze und ihre Ausführungsverordnungen eine Einheit. Sie beseitigen die bisher verwendeten verschiedenartigen Arier- bzw. Nichtarierbegriffe und unterscheiden künftig zwischen dem Staatsangehörigen deutschen und artverwandten Blutes, dem Juden und dem deutsch-jüdischen Mischling.

Das Reichsbürgergesetz führt die politische Scheidung durch: nur wer deutschen oder artverwandten Blutes ist, kann grundsätzlich Reichsbürger sein. Nur er kann in Zukunft über Wohl und Wehe des deutschen Volkes mitbestimmen. Kein Jude kann daher Reichsbürger sein.

Das Blutschutzgesetz zieht die Trennung zwischen jüdischem und deutschem Blut in biologischer Hinsicht. Der in dem Jahrzehnt vor dem Umbruch um sich greifende Verfall des Gefühls für die Bedeutung der Reinheit des Blutes und die damit verbundene Auflösung aller völkischen Werte ließ ein gesetzliches Eingreifen besonders dringend erscheinen. Da hier für das deutsche Volk nur von seiten des Judentums eine akute Gefahr drohte, bezweckt das Gesetz in erster Linie die Verhinderung weiterer Blutmischung mit Juden.

Die durch beide Gesetze durchgeführte Scheidung zwischen Staatsangehörigen deutschen und artverwandten Blutes, zwischen Juden und zwischen staatsangehörigen jüdischen Mischlingen ist für alle Lebensgebiete von Bedeutung. Die Fähigkeit, Träger eines öffentlichen Amtes, Arzt, Rechtsanwalt, Patentanwalt, Steuerberater usw. zu werden, den deutschen Grund und Boden als Erbhofbauer zu besitzen und zu bebauen, zum Ehrendienst am deutschen Volke, wie Wehrdienst und Arbeitsdienst, zugelassen zu werden, am kulturellen Leben Deutschlands mitzugestalten, d. h. Kulturkammermitglied, Schriftleiter,

---

Vollblutjude

Davon, daß Jesus Vollblutjude gewesen ist, kann keine Rede sein.

Dr. Rudolf D a h m s : „Jesus und der nordische Mensch", Markusevangelium und deutscher Glaube, 1934, Verlag Fritz Keller, Berlin NW 21, Seite 5.

Künstler, Theaterleiter usw. werden zu können, Mitglied der berufsständischen Organisationen sein zu können, oder auf deutschen Schulen und Hochschulen Erziehung, Bildung und Formung zu erhalten, hängt von der Zugehörigkeit des einzelnen zu den blutmäßig verschiedenen Gruppen ab. Am bedeutungsvollsten ist die Zugehörigkeit zu der einen oder anderen dieser Gruppen für die Frage der Eheschließung.

Das Judenproblem ist also nicht nur ein rassebiologisches. Es bedurfte auch in politischer, wirtschaftlicher und soziologischer Hinsicht einer Lösung für die Jahrhunderte. Die Judenfrage berührt, wie oben schon hervorgehoben, fast alle Lebens- und Rechtsgebiete. Die Gesamtheit aller dieser Gesichtspunkte auf den verschiedenen Lebensgebieten ergibt erst das gesamte Judenproblem. Nur von dieser Gesamtschau aus konnte auf der Grundlage der rassebiologischen Tatsachen daher auch die Begriffsbestimmung des Juden und des jüdischen Mischlings in § 5 und in § 2 der Ersten Verordnung zum Reichsbürgergesetz erfolgen.

Das Problem der deutsch-jüdischen Mischlinge liegt anders als die Judenfrage. Der Jude ist uns völlig fremd nach Blut und Wesen. Deshalb ist die Dissimilation die einzig mögliche Lösung. Bei der Mischlingsfrage liegen die biologischen Tatsachen anders. Der Mischling hat nicht nur jüdische Erbmasse, sondern auch deutsche. Eine Scheidung der Erbmassen in seiner Person ist nicht mehr möglich. Die Menge deutschen Blutes ist in den einzelnen Gruppen der Mischlinge je nach ihrem Grade verschieden; der unmittelbare Nachkomme aus einer deutsch-jüdischen Mischehe ist der sogenannte Halbjude. Er hat genau zur Hälfte jüdische und zur anderen Hälfte deutsche Erbanlagen. Heiratet ein Halbjude eine deutschblütige Frau oder eine Halbjüdin einen deutschblütigen Mann, so sind die Nachkommen aus dieser Ehe sogenannte Vierteljuden. Schließen diese wiederum Ehen mit Deutschblütigen und deren Nachkommen ebenfalls, so vermindert sich der jüdische Blutanteil auf ein Achtel, ein Sechzehntel und so fort.

Das Ziel einer gesetzlichen Lösung der Mischlingsfrage mußte das baldige Verschwinden der Mischrasse sein. Zur Erreichung dieses Zieles konnten drei Wege in Frage kommen: die rechtliche Zuteilung der Mischlinge schlechthin zum Judentum, oder ihre rechtliche Gleichbehandlung mit den Deutschblütigen, oder schließlich die Aufteilung der Mischlinge in drei Gruppen, von denen die eine mit dem schwächsten jüdischen Bluteinschlag schlechthin den Deutschblütigen gleichbehandelt, die andere mit überwiegend jüdischem Bluteinschlag oder mindestens überwiegend jüdischer Tendenz dem Judentum gleichgestellt und schließlich die dritte Gruppe als die eigentlich zwischen den Rassen und Völkern stehende teils den Deutschblütigen gleich, teils ihnen ungleich behandelt wurde.

Nordisch-vorderasiatisch

Jesus kann auch leiblich im Zusammenhang mit der Rassenzusammensetzung der galiläischen Bevölkerung als nordisch-vorderasiatisch gedacht werden.

Friedrich E t t w e i n : „Rasse und Religion", Verlag v. W. Kohlhammer, Stuttgart, 1933, Seiten 27/28

Die Zuteilung der Mischlinge schlechthin zum Judentum wäre zwar eine rechtlich einfache Lösung gewesen. Sie wäre aber weder den biologischen Tatsachen noch den Zielen, die Mischrasse zum Verschwinden zu bringen, gerecht geworden; denn dadurch, daß alle Mischlinge rechtlich als Juden behandelt worden wären, wäre noch nicht sichergestellt gewesen, daß sie auch tatsächlich durch Vermischung im Judentum aufgegangen wären. Die Mischrasse wäre zwar rechtlich, nicht aber biologisch und soziologisch verschwunden. Die Zuteilung der Mischlinge zum Deutschtum wäre ebenfalls an den biologischen Tatsachen vorbeigegangen und hätte eine neue, nicht unerhebliche Gefährdung der Reinheit des deutschen Blutes zur Folge gehabt. Eine solche Lösung wäre rassebiologisch und politisch-weltanschaulich nicht tragbar gewesen. Die gesetzliche Lösung der Mischlingsfrage hat daher den Weg der Aufteilung der Mischlinge gewählt. Diese Lösung entspricht am meisten den rassebiologischen Tatsachen, indem sie die Trennungsstriche zwischen Deutschblütigen und Mischlingen einerseits und zwischen Mischlingen und Juden andererseits so zieht, daß der als Mischling zu Wertende als Mischling betrachtet und behandelt wird.

Wer dreiviertel oder mehr jüdische Erbmasse hat, gilt daher ohne weiteres als Jude; desgleichen wird derjenige Teil der Halbjuden, den bereits das Leben durch Religionsbekenntnis oder Heirat zum Judentum sortiert hat, auch rechtlich dem Judentum zugeteilt, um sein Aufgehen im Judentum zu beschleunigen. Wer dagegen weniger als einviertel jüdische Erbmasse hat, also der Achtel- und Sechzehnteljude usw., wird grundsätzlich den Deutschblütigen gleichbehandelt.

Nach der gesetzlichen Begriffsbestimmung ist daher jüdischer Mischling im Rechtssinne nur der deutsche Staatsangehörige, der von einem oder zwei der Rasse nach volljüdischen Großeltern abstammt, sofern er nicht nach § 5 Abs. 2 der Ersten Verordnung zum Reichsbürgergesetz als Jude gilt. Davon ist Mischling ersten Grades der Mischling mit zur Hälfte jüdischer Erbmasse, Mischling zweiten Grades der Mischling mit ein Viertel jüdischer Erbmasse. Damit ist der gesetzliche Begriff des jüdischen Mischlings auf den nicht zum Judentum tendierenden Teil der Halbjuden und auf die Vierteljuden beschränkt.

Die gesetzliche Behandlung der Mischlinge geht von der Erkenntnis aus, daß sie weder wesensgleich den Deutschen noch wesensgleich den Juden sind. Dabei besteht in der Behandlung oftmals ein Unterschied, je nachdem, ob es sich um Mischlinge ersten oder zweiten Grades handelt.

Beide Gruppen unterliegen auch weiterhin grundsätzlich den in anderen Reichsgesetzen bisher aufgestellten Anforderungen an die Reinheit des Blutes. Im Hinblick auf die Fähigkeit, Beamte, Offiziere, Rechtsanwälte, Erbhofbauern, Schriftleiter usw. zu werden, verbleibt es bei dem durch das Reichsbeamtengesetz vom 30. Juni 1933, das Wehrgesetz vom 21. Mai 1935 usw. für die jüdischen Mischlinge geschaffenen Rechtszustand. Das bedeutet, daß sie auch in Zukunft nicht Beamte, Offiziere, Rechtsanwälte, Erbhofbauern, Schriftleiter usw. werden können. Dagegen haben sie durch § 2 der Ersten Verordnung zum Reichsbürgergesetz, soweit sie am 30. September 1935 das Reichstagswahlrecht besaßen, das vorläufige Reichsbürgerrecht erhalten. Hinsichtlich ihrer wirtschaftlichen Betätigung und ihrer sozialpolitischen Betreuung unterliegen die Mischlinge in Zukunft keinen be-

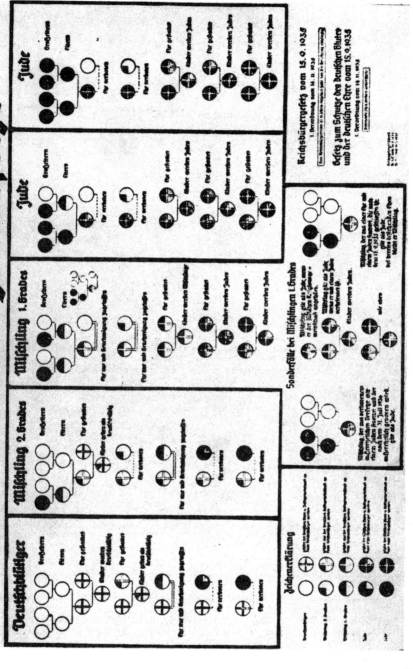

21. Die Nürnberger Gesetze in Kugelgraphik. Aus: „Der Schulungsbrief", Band 6 (1939), Seite 223

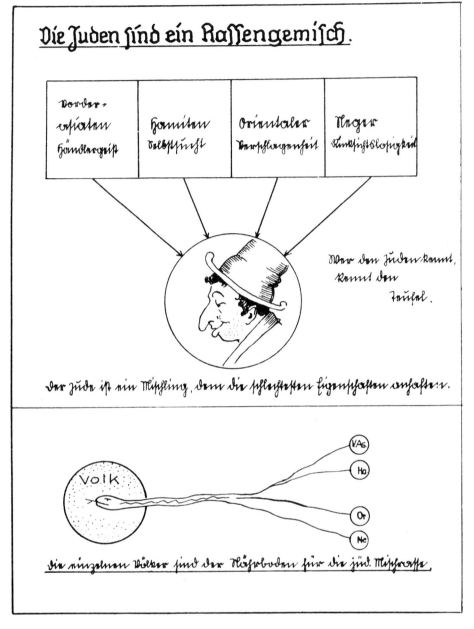

22. Für den Schulgebrauch

Aus dem Buche: „Erblehre, Rassenkunde und Bevölkerungspolitik" (400 Zeichnungen
für den Schulgebrauch) von Sepp B u r g s t a l l e r , Deutscher Verlag für Jugend und Volk.
Wien 1941, Seite 46

sonderen Einschränkungen mehr, so können sie z. B. zukünftig Mitglieder der Deutschen Arbeitsfront werden.

Die Behandlung als Jude oder Mischling ersten oder zweiten Grades ist insbesondere für das Eherecht von Bedeutung. Durch das Gesetz zum Schutze des deutschen Blutes und der deutschen Ehre und seine erste Ausführungsverordnung in Verbindung mit der Ersten Verordnung zum Reichsbürgergesetz ist eindeutig und endgültig klargelegt worden, in welchem Umfange in Zukunft im Interesse der Reinerhaltung des deutschen Blutes Rassenmischehen verboten sind. Eheschließungen, die nach diesen Vorschriften wegen jüdischen Bluteinschlags nicht ausdrücklich untersagt sind, sind zulässig. Daneben müssen selbstverständlich die Anforderungen des Ehegesundheitsgesetzes vom 18. Oktober 1935 an die Gesundheit der Ehepartner erfüllt sein.

Die Regelung des Eherechts erreicht neben dem Hauptziel der Reinerhaltung des deutschen Blutes, daß das ins deutsche Volk eingedrungene jüdische Blut soweit als möglich wieder ausgeschieden wird, und daß, soweit eine solche Ausscheidung nicht mehr möglich ist, die an deutsche Erbmasse gebundene jüdische Erbmasse möglichst schnell und immer weiter aufgeteilt wird, bis durch die mit jeder Generation fortschreitende Abschwächung des jüdischen Bluteinschlags die entstandene Mischrasse praktisch verschwunden ist.

Arische Religion

Christus nun war unserm Glauben nach Arier, das Christentum ist uns eine arische Religion, wir Germanen und Deutschen sind zu dieser Religion gekommen, weil sie unserem Wesen entsprach, und wir haben nun das Recht, ja die Pflicht, den arischen Charakter der Religion zu bewahren, ihn neu herauszugestalten, wenn er durch fremde Einflüsse zu verschwinden droht.

Adolf B a r t e l s : „Lessing und die Juden", Verlag von Theodor Weicher, Leipzig 1934, Seite 255.

---

23. Ministerialrat Dr. Lösener und Regierungsrat Dr. Knost über die Nürnberger Gesetze[1])

Die am 15. September 1935 in Nürnberg durch den Reichstag beschlossenen Grundgesetze haben einige der wesentlichsten Punkte des Programms der Nationalsozialistischen Deutschen Arbeiterpartei zu allgemein gültigen Rechtssatzungen des Deutschen Reiches erhoben. Da das Parteiprogramm fast ausschließlich solche Forderungen enthält, die volks- und staatsgefährdende Zustände von der Wurzel an beseitigen sollen, so liegt die Bedeutung des Reichsbürgergesetzes und des Gesetzes zum Schutze des deutschen Blutes und der deutschen Ehre (beide im Reichsgesetzblatt 1935, I. Seite 1146) weniger in ihrer sofortigen als in ihrer tiefgreifenden Wirkung auf weite Sicht. Sie stehen in der ersten Reihe der Maßnahmen eines Führers, dem die kommenden Geschlechter wichtiger sind als die Gegenwart und das lebende Geschlecht; das letztere muß Opfer bringen, damit das Volk nicht verfällt, sondern künftig stärker und gesünder wird, als es jetzt ist.

Land, Volk und Führung sowie eine anerkannte, notfalls erzwingbare Lebensordnung (Recht) machen nach der Rechtslehre einen Staat aus. Der wichtigste dieser vier Pfeiler des Staates ist aber das Volk. Der Nationalsozialismus hat diese Tatsache in ihrer entscheidenden Bedeutung erkannt und sie in den Mittelpunkt alles politischen Denkens gestellt. „Das Volk als solches, das ist die ewige Quelle und der ewige Brunnen, der immer wieder neues Leben gibt, und diese Quelle muß gesund erhalten werden." (Adolf Hitler)

Einem solchen Volke entspringt Kultur; das ihm nicht Wesens- und Artgerechte kann es wohl als Zivilisation annehmen, doch wird dies niemals Kultur, denn Kultur ist lebendiger Ausdruck des Blutes.

---

[1]) *Einleitung zu dem Buch: „Die Nürnberger Gesetze über das Reichsbürgerrecht und Schutz des deutschen Blutes und der deutschen Ehre nebst den Durchführungsverordnungen sowie sämtlichen einschlägigen Bestimmungen (insbesondere über den Abstammungsnachweis) und den Gebührenvorschriften". Im Rahmen der nationalsozialistischen Gesetzgebung dargestellt und erläutert von Dr. jur. Bernhard Lösener, Ministerialrat, und Dr. jur. Friedrich A. Knost, Regierungsrat, im Reichs- und Preußischen Ministerium des Innern, 1936, Verlag Franz Vahlen, Berlin W 9.*

V o l k s g e n o s s e n sind alle, die gleichen Blutes sind. Diese Auffassung war in den Zeiten, als unser Volk in die Geschichte eintrat, selbstverständlich. So gab es ein germanisches V o l k , ehe es einen germanischen Staat gab. „A b e r d a s V o l k s t r e b t z u m S t a a t . D e n n e r s t i m S t a a t w e i ß d a s V o l k , w a s e s w i l l." (Hegel) Ein Staat, der aus einem blutmäßig einheitlichen Volk erwachsen ist, hat nur solche Rechtssatzungen, die dem Leben des Volkes wahrhaft dienen. Ein echter Staat ist nicht eine bloße Organisationsform, die von dem Volke gewechselt werden kann wie ein Gewand, sondern er ist der äußere Ausdruck des Volkes, der ihm in dem jeweiligen Stadium seiner Entwicklung entspricht. Der Staat ist nicht Gewand, sondern Körper, und so kann ein bestimmtes Volk auch nur einen bestimmten Staat als seine einzig wirklich entsprechende Gestalt besitzen. Die i n n e n p o l i t i s c h e G e s c h i c h t e ist immer das Suchen und Ringen um diese ideale Form.[1]

---

[1] *Bemerkenswert:*

Einer eidesstattlichen Erklärung des Dr. Bernhard Lösener (Dokument NG — 1944 A) ist zu entnehmen, daß Dr. Lösener freiwillig aus seinem Dienst im Innenministerium ausschied. Über die Begründung seines Entlassungsgesuches lesen wir in der eidesstattlichen Erklärung u. a. wie folgt:

„... Ich ließ mich daher am 21. Dezember 1941 bei Stuckart dringend melden und trug ihm folgendes vor: Ich sagte, mein Mitarbeiter, Dr. Feldscher, habe von einem völlig vertrauenswürdigen Freund als Augenzeuge eine Schilderung bekommen, in welcher Weise letzthin abtransportierte Juden in Riga abgeschlachtet worden seien. Dem Inhalt nach sagte ich folgendes: Die Juden des betreffenden Lagers mußten lange Gräben als Massengräber ausheben, sich dann völlig entkleiden, ihre abgelegten Sachen in bestimmte Haufen sortieren und sich dann nackend auf den Boden des Massengrabes legen. Dann wurden sie von ⚡-Leuten mit Maschinenpistolen umgebracht. Die nächste Gruppe der zum Tode Verdammten mußte sich dann auf die bereits Hingerichteten legen und wurde in derselben Weise erschossen. Dies Verfahren wurde fortgesetzt bis das Grab gefüllt war. Es wurde dann mit Erde zugeworfen und eine Dampfwalze darüber geleitet, um es einzuebnen. In dieser Weise wurden sämtliche Massengräber gefüllt. Ich sagte Stuckart, daß diese Greuel mich nicht nur als Menschen berührten, wie es bei sonstigen Greueln der Fall war, sondern daß ich diesmal auch als Referent des Innenministeriums betroffen wurde, da es sich diesmal um Juden d e u t s c h e r Staatsangehörigkeit handelte. Meinen Verbleib in meiner bisherigen Stellung und im Ministerium könnte ich fortan nicht mehr mit meinem Gewissen vereinbaren, auch auf die Gefahr hin, daß sich die bisherige Handhabung der Mischlings- und Mischehenfragen nicht mehr halten lasse. Stuckart entgegnete hierauf wörtlich: „Herr Lösener, wissen Sie nicht, daß das alles auf höchsten Befehl geschieht?" Ich entgegnete: „Ich habe in mir innen einen Richter, der mir sagt, was ich tun muß."

24. ⚡⚡-Justiz

I.

„Verschärft"[1])

⚡⚡-Wirtschafts-Verwaltungshauptamt
Amtsgruppe D
— Konzentrationslager —
D I/1 / Az.: 14 e 3/Ot./U.

Oranienburg, den 4. April 1942

B e t r e f f : Prügelstrafen   G e h e i m !

An die
Lagerkommandanten der Konzentrationslager
Da., Sah., Bu., Mau., Flo., Au., Gr. Ro., Natzw., Nie., Stu., Arb., Rav.
und Kommandant Kriegsgef.-Lager Lublin

Der Reichsführer-⚡⚡ und Chef der Deutschen Polizei hat angeordnet, daß bei seinen Verfügungen von Prügelstrafen (sowohl bei männlichen als auch bei weiblichen Schutz- oder Vorbeugungshäftlingen), wenn das Wort „verschärft" hinzugesetzt ist, der Straf- vollzug auf das unbekleidete Gesäß zu erfolgen hat.

In allen anderen Fällen bleibt es bei dem bisherigen vom Reichsführer-⚡⚡ angeord- neten Vollzug.

Der Chef des Zentralamtes
gez. L i e b e h e n s c h e l
⚡⚡-Obersturmbannführer

---

[1]) *Dokument PS — 2199 a.*

II.

Ein Brief in tschechischer Sprache[1])

Konz.-Lager Auschwitz III
    Abteilung III

Monowitz, den 20. 5. 44
Strafverfügung abgesandt am 27. Mai 1944

Meldung.

Ich melde den Schoen, Otto, geb. 12. 4. 16 zu Westin, prot. Schutzhäftling Nr. 94.145, weil er einen Brief in tschechischer Sprache auf illegalem Wege abgesandt hat. Der Brief ist wegen Unzustellbarkeit zurückgekommen und wurde sichergestellt.

    (Kdo. 54)
    Strafe: 25 Stockschläge

Gesehen und weitergeleitet:
Der 1. Schutzhaftlagerführer
    S c h o e t t e l
    ℋ-Obersturmführer

          gez. Unterschrift
          (unleserlich)
          ℋ-Unterscharführer

III.

Ein Wischtuch[2])

Butschan, Martin
ℋ-Rottenführer
Kdtr.-Stab
An den
Leiter der Verwaltung
d e s K L B u c h e n w a l d

Weimar-Buchenwald, den 4. Dez. 1943

Meldung!

Bei Ausübung meines Dienstes mit einem Häftlingskommando am heutigen Vormittag stellte ich fest, daß der Häftling Nr. 4694 (Russe) anstatt eines Fußlappens am linken Fuß ein Wischtuch trug. Es handelte sich hierbei um ein für die Gerätekammer ausgegebenes Wischtuch, was durch den Unterkunftsverwalter ℋ-Unterscharführer K e l z festgestellt wurde.

(Handschriftlich:
14 Tage Zulage Entziehung)
An den
Schutzhaftlagerführer
d e s K L B u c h e n w a l d

        B u t s c h a n
        ℋ-Rottenführer

mit der Bitte um Kenntnisnahme und weitere Veranlassung.
        Der Leiter der Verwaltung des
          KL Buchenwald
          W a n n o r e l l a
          ℋ-Sturmbannführer

---

[1]) *Dokumenty i Materialy z czasow okupacji Niemieckiej w Polsce, Band I, „Obozy" von N. Blumental, Zentrale Jüdische Historische Kommission in Polen, 1946, Seite 84.*
[2]) *NO — 2230 — 5.*

IV.

Ein Zigarrenstummel[1])

Konzentrationslager Buchenwald   Weimar-Buchenwald, den 5. Dezember 1941
P o l i t i s c h e   A b t e i l u n g
     Stör.   S t r a f m e l d u n g
An den
L a g e r k o m m a n d a n t e n   K L   B u c h e n w a l d

    Ich melde den politischen Schutzhäftling

              Viktorian, Karl, geb 18. 11. 88
zur Bestrafung.

G r u n d : Bei der Vorstellung am 5. 12. 41 und Befragung wurde er gegenüber dem Arzt
        frech und versuchte, aus dem Aschenbecher einen Zigarrenstummel zu stehlen.
Stempel: gez.: Unterschrift (unleserlich)
Konzentrationslager Buchenwald
Kommandantur
Eingang: 5. Dezember 1941

V.

Eine Bibel[2])

KL Bu. Arbeitslager   Kassel, den 14. September 1943
Kassel, Druseltal 85
An den
Rapportführer
d e s   K L   B u.   (Handschriftlich: Erledigt.)
Bericht über den Häftling Nr. 12 570, Diesel, Bruno.

    Der Häftling Bibelf. Nr. 12 570 — Diesel, Bruno — hat vor ca. 3 Wochen einen Brief
an die Frau eines anderen Bibelforschers, welcher sich im KL Bu. befindet, zu schmuggeln
versucht. In diesem Brief hat er geschrieben, daß es dem betr. Bibelforscher gut geht und
darum gebeten, man möchte ihm eine Bibel zukommen lassen.

    Den Brief hat er einer Frau gegeben, die in dem Lagerbereich wohnt. Dieser Vorfall
wurde mir heute erst bekannt, nachdem die Frau den Brief an die Polizei, welche zur Bewachung im Lager ist, abgegeben hat.

    Der Häftling Diesel war hier als Koch beschäftigt und wurde auf diesen Vorfall hin
sofort abgelöst. Ersatz für ihn ist vorhanden.

    Der Häftling Diesel wird beim nächsten Austausch von Häftlingen mit ins Lager
zurück gebracht.

                             Der Blockführer
                            K r o n i z e k
                            SS-Rottfhr.

---

[1]) Dokument NO — 2320 — 37.
[2]) Dokument NO — 2320 — 21.

Kommandantur
des Konzentrationslagers Auschwitz III

Monowitz, den 6. Juli 1944
Datum

...: K.B. 14 e 3 / Schw.-Mi.   177 729

Grund der Schutzhaft:	
politisch	Jude
politisch rückfällig	
Berufsverbrecher	
Bibelforscher	
Rassenschänder	
homosexuell	
Emigrant	
Ausweisung	
arbeitsscheu	
Fürsorge	

Personalien des Täters:

(Zu- und Vorname): K i r s n e r s Villis

geboren am 28.2.07 zu Kuldiga

Tatbestand: (wann, wo, was, wie?)

hat am 1.7.44 Uhr

bei einer Durchsuchung 20.-RM. bei sich
gehabt. Auf Befragen gab er an, dieses Geld
von einem polnischen Zivilarbeiter für
2 Paar Strümpfe, welche er an diesen verkaufte,
erhalten zu haben.

(Arbeitslager Blechhammer, Kdo. 6 Ka. Krause.)

Strafverfügung!

Gemäß Strafordnung für die Konzentrationslager und Kraft der mir als Lagerkommandant übertragenen Disziplinarstrafgewalt verhänge ich nach reiflicher Prüfung über den Täter folgende Strafe:

Ordnungsstrafen:

Verwarnung unter Androhung einer Bestrafung.

Strenge Strafarbeit in der Freizeit unter Aufsicht des SS-Unterführers

Verbot, Privatbriefe zu schreiben oder zu empfangen, auf die Dauer von .... Wochen.

Entzug der Mittagskost bei voller Beschäftigung am

Einweisung in die Strafkompanie ab .... bis .... (bis auf weiteres).

Hartes Lager nach der Tagesarbeit in einer Zelle in folgenden Nächten:

Arrest:

Stufe I mittel	Stufe II verschärft	Stufe III streng	Die Stufe III kann als Einzelstrafe oder als weitere Verschärfung der Stufe II tageweise eingeschaltet zur Anwendung kommen.	
bis zu 3 Tagen	bis zu 42 Tagen	bis zu 3 Tagen	Vollzug!	
Holzpritsche		ohne Gelegenh. zum Liegen und Sitzen	Stufe I oder II verbüßt vom .... mit	
			Stufe III (Einzelstrafe)	
helle Zelle		dunkle Zelle	verbüßt vom .... mit	
			Stufe III (als Verschärfung von Stufe II)	
	Verpflegung: Wasser u. Brot, jeden 4. Tag volle Verpfleg.		angewendet am	
Lager			am	
			am	

„Grund der Schutzhaft: Jude" (siehe oben links!)

Körperliche Züchtigung:

Anzahl der Schläge*)	
5	
10	
15	
20	
25	

Vorschriften:

Zuvor Untersuchung durch den Arzt! Schläge mit einer einrutigen Leberpeitsche kurz hintereinander verabfolgen, dabei Schläge zählen; Entkleiden und Entblößung gewisser Körperteile streng untersagt. Der zu Bestrafende darf nicht angeschnallt werden, sondern hat frei auf einer Bank zu liegen. Es darf nur auf das Gesäß und die Oberschenkel geschlagen werden.

Der Täter ist bereits körperlich gezüchtigt worden:	
am	Schläge

Ärztliches Gutachten:

Der umseits bezeichnete Häftling wurde vor dem Vollzug der körperlichen Züchtigung von mir ärztlich untersucht; vom ärztlichen Standpunkt aus erhebe ich keine Bedenken gegen die Anwendung der körperlichen Züchtigung.

Gegen die Anwendung der körperlichen Züchtigung erhebe ich als Arzt Bedenken, weil

Der Lagerarzt:
SS-

Dienstaufsicht:

Der Vollzug der körperlichen Züchtigung wird im Hinblick auf die Tat und Täter auf das vorliegende ärztliche Gutachten genehmigt — nicht genehmigt —

SS-Wirtschafts-Verwaltungshauptamt
Amtsgruppenchef D
Konzentrationslager

SS-Standartenführer

Ausführende:

Die Strafe der körperlichen Züchtigung haben folgende .... vollzogen:

Häftlinge am 20.7.44. Uhr
Häftl. Nr. 176598
Brassen Josef

Zeugen und Aufsicht:

Als verantwortliche SS-Führer und Zeugen waren bei dem Strafvollzug zugegen:

eigenhändige Unterschrift

SS-Obersturmführer .... Lagerkommandant
.... Schutzhaftlagerführer
SS-Hauptsturmführer .... Lagerarzt

Aktenvermerk:

1. Originalverfügung zu den Schutzhaftakten.
2. Abschrift zum Sammelakt: Strafen.
3. Abschrift an:

SS-Obersturmführer und Lagerkommandant
SS-Hauptsturmführer

Rückseite des Dokuments. „Grund der Schutzhaft: Jude"

316

25. Dem Ingenieur Lautrich wurde unrecht getan[1])

Ing. Rudolf Lautrich

Wasserbau und Wasserwirtschaft
Ingenieurbüro — Bauunternehmen
Hohensalza, Bahnhofsstraße 4
Tel.: 19 48
Entwurfsbearbeitung — Beratung —
Bauausführung

An den
Herrn Oberbürgermeister
Ghetto-Verwaltung
L i t z m a n n s t a d t

Hohensalza, den 13. 7. 43

B e t r i f f t : Judenbekleidung
Ihre Nachricht vom 8. 7. 43 — Ihr Zeichen 027/3/H/Nr
Unser Zeichen: Rl/Rr/99 1297/43

Ich bitte, vielmals entschuldigen zu wollen, wenn mir der Fehler unterlaufen ist, daß ich ein Schreiben an den Judenältesten gerichtet habe wegen Zusendung von Kleidern und Wäsche für die bei mir arbeitenden Juden.

Einem großen Teil der Juden fallen die Lumpen buchstäblich vom Leibe und sind nur mit Papierspagat zusammengehalten. Wäsche und Schuhe haben viele davon überhaupt nicht. Diese Juden haben nun den Schachtmeister gebeten, er möge doch an den Judenältesten schreiben, der werde ihnen bestimmt Bekleidungsstücke schicken. Das Schreiben ist mir nun mit der anderen Post vorgelegt worden und wurde von mir versehentlich mit unterschrieben. Als 60jähriger bin ich zugleich der leitende Ingenieur der Nebenstelle, der einzige Deutsche und auch zugleich Bauleiter aller Baustellen, so daß ein solches Versehen leicht möglich ist.

Wegen der rückständigen Judenleihgebühren habe ich sofort nach Posen an mein Stammhaus geschrieben, woselbst sich die Hauptbuchhaltung befindet, die von mir alle Rechnungen bekommt und die größeren Zahlungen anweist. Ihr Schreiben vom 29. 6. 43 habe ich allerdings bis heute nicht erhalten.

---

[1]) *Dokumenty i Materialy, Band I, Obozy, von N. Blumental, Zentrale Jüdische Historische Kommission in Polen, 1946, Seiten 310—312.*

Zur Sache selbst erlaube ich mir zu bemerken, daß ich auf meinen Baustellen 211 Juden beschäftige, davon 54 Männer und 157 Weiber. Während es mir durch unnachsichtige Härte gelungen ist, aus den Männern nach und nach halbwegs gute Arbeiter zu machen, muß ich feststellen, daß dies bei den Weibern nicht der Fall ist. Von Letzteren ist kaum der dritte Teil in der Lage, soviel zu arbeiten, daß ich auf die Selbstkosten kommen kann, während ich bei dem anderen Teile auf die Selbstkosten noch zuzahlen muß.

Über den Winter haben aber auch die Männer infolge der bedingt kurzen Arbeitszeit und des Frostes kaum für 0,80 RM Arbeit je Tag geleistet. Dieser Betrag geht restlos für Verpflegung auf, so daß für Judenleihgebühren nichts übrig blieb. Es besteht zwar eine Verfügung des Herrn Reichsstatthalters, daß die Juden den Winter über und an Tagen, wo Schlechtwetter herrscht, unbedingt mit Lagerarbeiten beschäftigt werden müssen, doch scheiterten alle meine Bemühungen zwecks Beschaffung der Bezugsscheine für Rohmaterialien. Ich selbst und auch die Auffangsgesellschaft der Kriegsteilnehmerbetriebe haben uns die redlichste Mühe gegeben, wurden aber bei allen Stellen abgewiesen. Dagegen hat das Kreisbauamt in Hohensalza für denselben Zweck Strohbezugscheine erhalten.

Ich soll nun den ganzen Winter über die Leihgebühren aus eigenen Mitteln bezahlen, ohne die Juden beschäftigen zu können und wenn die Zeit kommt, wo wirklich etwas gearbeitet werden könnte, kommt das Landratsamt in Hohensalza und nimmt mir den größten Teil der Juden weg, um diese anderweitig zu beschäftigen. Knapp vor Eintritt des Winterwetters rücken diese Juden sodann vollkommen verlaust wieder ein und ich soll den Winter über für Verpflegung und Leihgebühren aufkommen.

Aus diesem Grunde hatte ich Sie, hochverehrter Herr Oberbürgermeister, mit meinem Schreiben vom 21. 6. 1943 auch gebeten, mir die Juden, die heute noch im Landratsamte in Hohensalza verteilt sind, unmittelbar überweisen zu wollen, weil ich dann auch über die jüdischen Arbeitskräfte verfügen und diese nutzbar einsetzen kann. Wenn ich den Sommer über die Winterverluste wenigstens teilweise einholen kann, fällt es mir auch nicht so schwer, die Leihgebühren zu bezahlen. So habe ich z. B. im vergangenen Jahre nach einem schweren und langandauernden Winter und nach einer bis Mitte Juli anhaltenden Regenzeit sofort bei Eintritt günstigen Wetters 30 Juden dem Kreisbauamt zur Verfügung stellen müssen, die erst Ende November wieder eingerückt sind. Mein Ersuchen um Ersatz eines Teiles der Winterverluste wurde glatt abgewiesen. Das ist nur ein Beispiel, ich könnte aber eine ganze Reihe davon anführen.

Es kann doch nicht Absicht sein, daß der Privatunternehmer das Arbeitsmaterial für die Behörden auf seine Kosten unterhalten und diese dann förmlich auf Befehl ohne Anspruch auf Unkostenersatz der Behörde zur Verfügung stellen muß.

Ich bitte daher nochmals um günstige Erledigung meines Schreibens vom 21. 6. 1943 und versichere, daß ich dann auch alles daran setzen werde, daß auch meine Verpflichtungen pünktlich erfüllt werden.

Heil Hitler!
Ing. Rudolf Lautrich
Wasserbau und Wasserwirtschaft
Ingenieurbüro — Bauunternehmen
Hohensalza, Bahnhofstr. 4, Fernruf 19 48

26. Göring: „Der höchste Jurist im Staate bin ich"[1]

Hochverehrter Herr Staatsrat![2]

Fräulein Preuß sagte mir, daß Sie sie gebeten hätten, ich möchte Ihnen eine kurze Darstellung meiner verschiedenen Unterredungen mit Herrn Reichsmarschall Göring geben.

Ich wurde am Dienstag den 4. 2. 1941 zum ersten Male um 18.30 Uhr zum Vortrag bei Herrn Reichsmarschall im Quai d'Orsay befohlen. Bei dem Vortrag war zugegen Herr Feldführer von Behr vom Einsatzstab Rosenberg. Man kann mit Worten natürlich kaum den herzlichen Ton andeuten, in dem die Unterhaltung verlief. Herr Reichsmarschall empfing uns betont privat und fragte mich sofort: „Was ist mit Turner passiert?" Ich war auf diese Frage nicht vorbereitet und antwortete: „Herr Staatsrat Turner ist durch Herrn Generalfeldmarschall von Brauchitsch von seinem Posten als Chef des Militärverwaltungsbezirks Paris abberufen worden. Herr Staatsrat Turner hat mich nicht autorisiert, über die Gründe etwas auszusagen. Außerdem bin ich nicht in alle Einzelheiten eingeweiht und möchte es daher nicht wagen, durch meine Information vielleicht zu weittragenden politischen Entschlüssen Veranlassung zu geben. Herr Ministerialdirigent Dr. Medicus ist im Vorzimmer und kann Ihnen darüber Genaueres berichten." Ich habe diese Antwort gegeben, um einmal die nötige Atmosphäre zu schaffen für das Eingreifen von Herrn Medicus und zum anderen Zeit zu gewinnen, mir Antworten für weitere Fragen zu überlegen. Herr Reichsmarschall verließ dann aber zunächst das Thema und ließ sich berichten über den gegenwärtigen Stand der Erfassung jüdischen Kunstbesitzes in den westlichen besetzten Gebieten. Bei dieser Gelegenheit übergab er Herrn von Behr die Photografien derjenigen Kunstgegenstände, die der Führer in seinen Besitz bringen möchte. Weiter übergab er Herrn von Behr die Photos derjenigen Kunstgegenstände, die Herr Reichsmarschall selbst erwerben will.

---

[1] *Dokument PS — 2523.*
[2] *Turner.*

Ich machte Herrn Reichsmarschall pflichtgemäß Mitteilung von der Sitzung, die wegen der Protestnote der französischen Regierung betr. die Arbeit des Einsatzstabes Rosenberg bei Herrn Ministerialdirektor Dr. Best stattgefunden hat. Herr Reichsmarschall Göring sagte, er würde über diese Angelegenheit mit dem Führer sprechen, betonte aber, d a ß s e i n e — a l l e i n s e i n e — B e f e h l e i m v o l l e n U m f a n g e b e s t e h e n b l i e b e n u n d a u c h d u r c h g e f ü h r t w ü r d e n.

Herr Reichsmarschall gab in diesem Zusammenhang seinem Bedauern Ausdruck, daß Sie, Herr Staatsrat, nicht mehr hier seien, um diese durch das Eintreten der Juristen im Majestic komplizierte Angelegenheit mit starker Hand im Sinne des Reichsmarschalls zu erledigen. Er äußerte mehrmals: „Turner muß wieder nach Paris; ich werde dafür sorgen, daß Turner wieder eingesetzt wird."

Anschließend forderte Herr Reichsmarschall Göring Bericht über den Stand der Angelegenheit „Abguß der Diana von Fontainebleau". Ich übergab Herrn Reichsmarschall den mit der Gießerfirma Rudier abgeschlossenen Vertrag über die Anfertigung des Abgusses. Herr Reichsmarschall war mit dem Vertrag voll und ganz einverstanden und erwartet die baldige Fertigstellung. Er bat mich, Ihnen, Herr Staatsrat, für Ihre Bemühung in dieser Angelegenheit seinen persönlichen Dank zu übermitteln.

Anschließend trug ich Herrn Reichsmarschall die Angelegenheit „Glasgemäldesammlung des Reichsfreiherrn vom Stein" vor. Herr Reichsmarschall ist nicht abgeneigt, für seine Bibliothek in Karinhall diese Sammlung zu erwerben, findet jedoch den Ankaufspreis zu hoch und möchte vorher noch mit dem Führer sprechen.

Anschließend kam Herr Reichsmarschall noch einmal auf die Gründe Ihrer Abberufung zurück und fragte sowohl mich wie auch Herrn von Behr in ganz persönlicher Weise, welchen Eindruck wir von den Gründen der Abberufung hätten. Ich habe darauf sehr vorsichtig jedes Wort überlegend dem Marschall einiges angedeutet, was mir aus Ihren Äußerungen und aus den Mitteilungen Dr. Kiesels vor den höheren Beamten Ihres Stabes bekannt war. Ich betone, daß ich s e h r zurückhaltend meine Antworten formuliert habe und damit vielleicht im Gegensatz zu dem temperamentvolleren Vorgehen der anderen Herren besonderen Eindruck auf den Reichsmarschall gemacht habe. Die Unterredung dauerte etwa 1½ Stunden und Herr Reichsmarschall entließ mich mit den Worten: „Turner ist ein Mann von Format, der ohne ein großes Aufgabengebiet nicht leben kann; ich kann ihn hier nicht entbehren."

Anschließend wurde Herr Medicus zu Herrn Reichsmarschall gebeten. Was dabei besprochen wurde, weiß ich im Einzelnen nicht. Sie werden es inzwischen gewiß durch Herrn General Bodenschatz erfahren haben.

Ich habe dann mit Herrn Medicus den Quai d'Orsay verlassen. Herr Angerer und Herr von Behr sind anschließend noch einmal bei Herrn Reichsmarschall gewesen und haben u. a. Ihre Angelegenheit noch einmal besprochen.

Am Mittwoch den 5. 2. 1941 wurde ich von Herrn Reichsmarschall in das Jeu de Paume beordert. Um 15 Uhr besuchte Herr Reichsmarschall in Begleitung von General Hanesse, Herrn Angerer und Herrn Hofer die dort neuerdings ausgestellten jüdischen Kunstschätze.

Am Eingang des Jeu de Paume meldeten sich Kriegsverwaltungsabteilungschef Dr. Graf Wolff Metternich und Kriegsverwaltungsrat Dr. von Tieschowitz als Beauftragte des Militärbefehlshabers in Frankreich. Herr Reichsmarschall war sichtlich verärgert über das Erscheinen dieser Herren[1]) und betonte, daß er in der ganzen Angelegenheit keine Einmischung durch eine neue Behörde wünsche, daß die Anwesenheit der Herren bei der Besichtigung überflüssig sei und daß er allein mit Staatsrat Turner und in dessen Abwesenheit mit mir die Angelegenheit zu erledigen wünsche.

Anschließend besichtigte Herr Reichsmarschall die aufgestellten Kunstschätze unter meiner Führung und traf eine Auswahl derjenigen Kunstwerke, die dem Führer zugeführt werden sollen und derjenigen, die in seine eigene Sammlung gebracht werden sollen.

Ich machte bei dieser Besprechung unter vier Augen Herrn Reichsmarschall noch einmal darauf aufmerksam, daß eine Protestnote der französischen Regierung gegen die Tätigkeit des Einsatzstabes Rosenberg vorliege unter Bezugnahme auf die von Deutschland im Waffenstillstand von Compiègne anerkannte Haager Landkriegsordnung und wies darauf hin, daß bei Herrn General von Stülpnagel über die Behandlung der sichergestellten jüdischen Kunstschätze anscheinend eine Auffassung herrsche, die der von Herrn Reichsmarschall vertretenen zuwiderliefe.

Herr Reichsmarschall ließ sich darauf eingehend informieren und traf folgende Anordnung:

1. „Maßgeblich sind meine Befehle. Sie handeln unmittelbar nach meinen Befehlen." Die im Jeu de Paume zusammengetragenen Kunstgegenstände werden auf Befehl des Reichsmarschalls sofort in einen Sonderzug verladen und nach Deutschland gebracht. Diejenigen Kunstgegenstände, die in den Besitz des Führers übergehen sollen und diejenigen Kunstgegenstände, die der Reichsmarschall für sich beansprucht, werden in 2 Eisenbahnwagen verladen, die dem Sonderzug des Reichsmarschall angehängt und bei dessen Abreise nach Deutschland — Anfang nächster Woche — nach Berlin mitgenommen werden. Herr Feldführer von Behr wird Herrn Reichsmarschall in seinem Sonderzug auf der Fahrt nach Berlin begleiten.

Auf meinen Einwand, daß die Juristen wahrscheinlich anderer Meinung sein würden und von seiten des Militärbefehlshabers in Frankreich wahrscheinlich Einwendungen erhoben würden, antwortete Herr Reichsmarschall wörtlich: „Lieber Bunjes, das lassen Sie meine Sorge sein, der höchste Jurist im Staate bin ich."

Herr Reichsmarschall versprach, am Donnerstag, dem 6. Februar, den schriftlichen Befehl zur Überführung der sichergestellten jüdischen Kunstschätze nach Deutschland aus seinem Hauptquartier durch Kurier an den Chef des Militärverwaltungsbezirks Paris zu übersenden.

Auch bei dieser Gelegenheit kam Herr Reichsmarschall noch einmal auf den Grund Ihrer Abberufung aus Paris zu sprechen und sagte dabei wörtlich zu mir: „Ich kenne Turner ja ganz genau. Er wird in einzelnen Fällen auch Schuld haben, aber ich will, daß er zurückkommt."

---

[1]) *Siehe Seiten 323—331.*

Mein persönlicher Eindruck bei diesen wiederholten Äußerungen des Reichsmarschalls war, daß Sie, Herr Staatsrat, bei ihm im allerbesten Ansehen stehen und sich unbedingt auf seine starke Hand verlassen können. Seine persönliche Anteilnahme an Ihrem Kampf und an Ihrer Abberufung scheint mir ein nicht zu unterschätzendes Plus zu sein. Wir haben alles getan, um Sie auf gut deutsche Art herauszupauken und das wieder gutzumachen, was Ihnen Unrecht getan wurde.

Ich weiß nicht, wie die von hier aus eingeleitete Aktion für Sie in Berlin aussehen wird. Wir alle wünschen, daß Sie nach diesem Kampf stärker dastehen werden als zuvor. Ich selbst darf vielleicht einflechten, daß ich mich in dem Augenblick, da hier in Paris nach Ihrer Beauftragung mit anderen größeren Aufgaben nur noch ein „Rumpfparlament" bestehen bleibt und Majestic nach Belieben sich die schönsten und größten Aufgaben aus unserem Ressort herausnimmt, keinen großen Wert darauf lege, noch in Paris zu arbeiten. Wenn Sie an anderer Stelle neue größere Aufgaben gestellt bekommen und bei deren Durchführung auch mich brauchen können, würde ich jederzeit gern zu Ihnen kommen.

Heil Hitler!

Ihr stets ergebener

Dr. Bunjes

Das Rätsel ...

... Als ein echter deutscher Familienvater sucht Hermann Göring die Geschenke, die er seiner Frau, seinen Verwandten und seinen Mitarbeitern am Heiligen Abend auf den Weihnachtstisch legt, persönlich aus. Wie er das macht, weiß kein Mensch, und wie er an jeden denkt und den Menschen die Wünsche abzulesen versteht, bleibt immer ein Rätsel.

Erich Gritzbach in „Hermann Göring / Werk und Mensch", Zentralverlag der NSDAP, Franz Eher Nachf., München, 1937, Seite 320.

27. Franz Graf Wolff Metternich
kämpft ehrenhaft für die Bestimmungen der Haager Konvention[1])

I.

Einleitung

Der nachfolgende Bericht ist als eine Darlegung der persönlichen Grundsätze gedacht, nach denen ich als Beauftragter für Kunstschutz in den besetzten Ländern meine Tätigkeit ausgeübt habe. Die konkreten Tatsachen, die ich ausführe, sollen in erster Linie zeigen, in welcher Weise ich mich bemüht habe, diese Grundsätze in der Praxis anzuwenden. Zugleich sollen sie einen Überblick über die wichtigsten Aufgaben, die sich mir stellten, und ihre Lösung geben. Ich habe mich bemüht, alles anzuführen, was wirklich wichtig ist und allgemeines Interesse beanspruchen könnte. Zwei Dinge treten in den Vordergrund:

1. Die Bemühungen um die Erhaltung der Baudenkmale und ortsfesten Kunstwerke, sowie der Schlösser und historischen Wohnbauten und die bei der Erfüllung dieser Aufgaben geleistete Unterstützung der einheimischen Behörden.
2. der Kampf um die beweglichen Kunstwerke.

Diese Ausführungen sollen meinen persönlichen Anteil an der praktischen Arbeit und Verantwortung abgrenzen. Sie sollen Rechenschaft ablegen vor meinen eigenen Nachkommen, vor meinen Landsleuten, soweit sie sich der Bedeutung der Materie bewußt sind, und ein Gefühl für die Verpflichtung gegenüber den europäischen Kulturwerten haben, und schließlich vor den Fachkollegen in der ganzen Welt, die einen Anspruch haben, zu erfahren, nach welchen Grundsätzen ich mich bemüht habe, die Tätigkeit der deutschen Organisation zum Schutze der Kunstdenkmale in den besetzten Gebieten auszurichten.

Wie aus dem Text zu ersehen ist, war diese Organisation eine Einrichtung des Heeres, sie war demnach nur in jenen besetzten Ländern zuständig, in denen das Oberkommando des Heeres Militärverwaltung eingerichtet hatte, also in Frankreich, Belgien, Serbien und Griechenland.

---

[1]) *Dokument XIII — 46. Auszüge aus Graf Metternichs Niederschrift: „Über meine Tätigkeit als Beauftragter des Oberkommandos des Heeres für den Schutz der Werke der bildenden Kunst von 1940—42, Grundsätze und Arbeitsmethoden."*

Meine Ausführungen können ausschließlich die Zeit meiner Berufung vom Mai 1940 bis Juni 1942 umfassen. Vereinzelte kurze Hinweise auf spätere Ereignisse sind nur soweit gegeben, als sie zur Verständigung des Bildes dienen. Sie beruhen auf zuverlässigen Mitteilungen meines Nachfolgers. Nur in geringem Umfang standen mir bei der Niederschrift Akten zur Verfügung; sie stützt sich also im wesentlichen auf meine freie Erinnerung. Ich hoffe, daß die gesamte Tätigkeit der Organisation später in einer zusammenfassenden Veröffentlichung publiziert werden wird.

Abschließend gebe ich die feierliche Versicherung, daß meine Darlegungen nach bestem Wissen und Gewissen gemacht sind und daß ich nichts Wesentliches wissentlich ausgelassen oder hinzugefügt, und daß ich mich in jeder Beziehung möglichster Objektivität befleißigt habe.

II.

Aktion von Kuensberg

Anfang August 1940 erhielt ich durch einen Beauftragten des Generaldirektors Kuemmel die vertrauliche Mitteilung, daß ein Legationssekretär Freiherr von Kuensberg in Paris eingetroffen sei, der ein „Sonderkommando" führe mit dem Auftrage, in den Kampfgebieten Akten des französischen Außenministeriums zu beschlagnahmen. Er gebe vor, außerdem auch eine Anzahl von Kunstwerken beschlagnahmen zu sollen und zwar vornehmlich aus jüdischem Besitz und solchen deutschfeindlichen Elementen. Zum erstenmal erfuhr ich seit Beginn meiner Tätigkeit von einem derartigen Versuch, Kunstwerke durch einen wirklich bestehenden oder vorgeblichen amtlichen Auftrag getarnt, zu entwenden. Bei dieser Gelegenheit hörte ich auch zum erstenmal von der Beschlagnahmung von Kunstwerken aus israelitischem Besitz. Darauf will ich unten zurückkommen. Auch kamen mir Gerüchte zu Ohren, daß von der Luftwaffe Kunstwerke abtransportiert worden seien. Es ist nie gelungen, hierüber Klarheit zu erhalten, da die Luftwaffe weder dem OKH noch dem Militärbefehlshaber unterstellt oder verantwortlich war und sich durch die mächtige Persönlichkeit Görings gedeckt wußte.

Von Anfang an war ich überzeugt, daß das besagte Vorhaben des Herrn von Kuensberg illegal sei und daß es sich bei ihm um eine Art von modernem Freibeuter handle, und zwar um so mehr, als mir versichert wurde, er wolle unbedingt ohne Wissen des Kunstschutzes vorgehen. Mit dem Auftreten von Kuensberg fiel ein Vorstoß des Botschafters Abetz zusammen, der offenbar zum Ziele hatte, die Betreuung der beweglichen Kunstschätze in Frankreich der Kunstschutzorganisation zu entziehen und in die Hände der Botschaft zu spielen. Abetz habe dem Führer, so erfuhr ich weiter, über die Handhabung des Kunstschutzes in den besetzten Gebieten Vortrag gehalten. In welchem Sinne ist mir nicht bekannt geworden, doch berechtigt mich das ganze Vorgehen des Botschafters zu der Annahme, daß sein Bericht sicherlich nicht zustimmend war. Er soll auch darüber gekränkt gewesen sein, daß ich mit ihm keine Verbindung aufgenommen hatte, wozu ich mich übrigens keineswegs veranlaßt sah. Es war mir klar, daß, wenn die Betreuung der beweglichen Kunstwerke in Frankreich dem Kunstschutz und damit dem Militärbefehlshaber entzogen würde, jeglichen Übergriffen Tür und Tor aufgemacht wären, und daß dann der Kunstschutz seinen Sinn verloren haben würde. Ich hätte den Kampf gegen die überlegenen Mächte aufgeben und dulden können, daß dieser heikle Punkt aus meinem Verantwortungsbereich ausgeschieden würde, aber das hätte meinen eingangs dargelegten Arbeitsgrundsätzen widersprochen und unweigerlich dazu geführt, daß wertvolle Kunstwerke aus dem französischen Staatsbesitz verschwunden wären, denn es zeigte sich bald, daß der Angriff der Gruppe von Kuensberg gegen die Schätze der Staatsmuseen gerichtet war.

Ich habe also sofort den Militärbefehlshaber General Streccius, der zunächst zuständig war, benachrichtigt. Er hat seinerseits dem Feldmarschall von Brauchitsch berichtet und von ihm die Entscheidung erhalten, daß den Beauftragten der Botschaft bzw. des Auswärtigen Amtes zwar Einsicht in die Listen der Kunstwerke gewährt werden dürfte, aber jegliche Verlagerung von Kunstschätzen verboten sei. Außerdem seien die Depots in der Provinz streng zu bewachen. General Streccius hatte seinerseits bereits die Stellung einer Wache für Chambord befohlen. Die Bewachung der übrigen Depots, von der oben die Rede war, wurde von ihm am 1. 9. 40 angeordnet.

Wenige Tage später erschien bei mir Herr von Kuensberg mit seinem Stabe. Bei diesem Besuch lernte ich erst die Schamlosigkeit des Planes in ihrem vollen Umfang erkennen: Unter dem Vorwand, mangelhafter Unterbringung in Chambord sollten die Bestände (wohl im wesentlichen Bilder) nach dem Louvre gebracht, dort die Auswahl in Ruhe vorgenommen und der Abtransport nach Deutschland vorbereitet werden. Dieser Plan mußte natürlich mit den stärksten Mitteln bekämpft werden. Ich glaube, die verschiedenen Phasen des Kampfes im Hinblick auf seinen günstigen Ausgang übergehen zu können und mich auf folgende Bemerkungen beschränken zu dürfen. Der Entscheidung des Feldmarschalls von Brauchitsch entsprechend, sollte Beauftragten der Botschaft Einblick in die Listen der Kunstwerke gestattet werden. Die Beschaffung derselben beanspruchte natürlich eine gewisse Zeit, da sie zum Teil erst zusammengestellt werden mußten. Inzwischen bedrängten Mitglieder der Gruppe von Kuensberg und der Botschaft die Herren der Verwaltung der französischen Staatsmuseen in taktloser und ungebührlicher Form und entrissen ihnen schließlich, teilweise unter Bedrohung, die Listen. Ich habe im Beisein von zwei Herren der Louvredirektion, M. Marcel Aubert und M. Billiet, dem Maler Börries aus der Gruppe Kuensberg in schärfster Form mit lauter Stimme das Ungebührliche seines Vorgehens zum Ausdruck gebracht und die Listen sofort zurückgefordert. Seitdem habe ich weder von ihm noch von Kuensberg mehr etwas gehört oder gesehen. Ein von General Streccius genehmigter Besuch in Chambord und einigen anderen Depots, an dem außer Mitgliedern der Gruppe Kuensberg der Sachberater für Kunstschutz beim Militärbefehlshaber Frankreich, Dr. Kuetgens, und andere Sachverständige teilnahmen, führte zu dem erwarteten Ergebnis, daß die Unterbringung der Kunstwerke in jeder Beziehung einwandfrei war. Damit war dem Plan von Kuensberg der Boden entzogen. Er fuhr mit seiner Kommission nach Berlin zurück. Nach einiger Zeit erfuhr ich, daß er vom Auswärtigen Amt hinsichtlich seiner Kunstraub-Aktion desavouiert worden sei. Jedenfalls ist er im Bereich des Kunstschutzes nicht mehr aufgetaucht. Damit war dieser Angriff auf die Bestände der Staatsmuseen erfolgreich abgeschlagen. Während meiner Amtszeit ist kein weiterer mehr unternommen worden.

III.
Die Beschlagnahmung von Kunstwerken aus israelitischem Besitz

In der bereits angeführten Anweisung des Chefs des OKW vom 30. 6. an den Militärbefehlshaber von Paris, General von Bockelberg, ist erstmalig von Kunst- und Altertumswerken in jüdischem Besitz die Rede gewesen. Eine Enteignung war damals nicht beabsichtigt. Wie oben erwähnt, ist mir die Beschlagnahmung von Kunstwerken aus jüdischem Besitz zum erstenmal in Zusammenhang mit der „Aktion von Kuensberg" bekannt geworden. Damals waren aus verschiedenen Kunsthandlungen durch Organe der Botschaft Kunstwerke in ein Haus in der Nähe des deutschen Botschaftsgebäudes in der rue de Lille in Paris gebracht worden. Kurz darauf tauchten Beauftragte des Reichsleiters Rosenberg auf, welche die Erfassung von Dokumenten und Kunstwerken aus jüdischem Besitz als ihre Aufgabe bezeichneten. Sie gaben sich bald als Mitglieder eines sogenannten „Einsatzstabes Rosenberg" zu erkennen, dessen Funktionen erst allmählich deutlich wurden. Der Einsatzstab war eine jener zahlreichen Organisationen, die neben der Militärverwaltung in den besetzten Gebieten eingesetzt und einer nicht militärischen Stelle im Reiche verantwortlich waren.

Sobald mir die ersten Beschlagnahmungen im Zusammenhang mit der Angelegenheit v. Kuensberg zu Ohren kamen, habe ich gleich den Militärbefehlshaber General Streccius um Einschreiten gebeten und auf das Illegale des Vorgehens hingewiesen, das sowohl gegen die Bestimmungen der Haager Konvention als auch die Kunstschutzverordnung vom 15. 7. 40 verstieß. (Die ersten Beschlagnahmungen müssen bereits allerdings vor Erlaß der Verordnung erfolgt sein.) Sein Vortrag bei Feldmarschall von Brauchitsch führte zu jener im Kampf gegen die Gruppe von Kuensberg wichtigen Entscheidung vom 11. 8. 40, die natürlich auch in diesem Falle anwendbar war. Um eine Verschleppung der bereits beschlagnahmten Kunstgüter und ihre Vernachlässigung in den ungeeigneten Räumen rue de Lille zu verhindern, wurden einige Säle im Louvre zur Aufnahme dieser Werke auf Anordnung des Militärbefehlshabers in Paris beansprucht. Da die bisherigen Befehle nichts von einem Abtransport nach Deutschland enthielten, war zu hoffen, daß sie im Louvre wenigstens vor Verschleppungen sicher sein würden.

Als der „Einsatzstab Rosenberg" seine Tätigkeit begann, trat eine erhebliche Veränderung der Lage ein, indem die Beschlagnahmung nunmehr planmäßig durchgeführt wurde und die Absicht zu Tage trat, die Gegenstände nach Deutschland abzutransportieren. Die Befehle des Führers für den Einsatzstab Rosenberg bestimmten ausdrücklich, daß die Sonderkommandos des Einsatzstabes ihre Aufgabe in eigener Verantwortlichkeit durchzuführen hätten. Damit waren die Militärverwaltung und mit ihr der Kunstschutz ausgeschaltet. Das OKH wie der Militärbefehlshaber lehnten demgemäß jede Verantwortung für das Vorgehen, das — wie ich bei wiederholten Vorstellungen meinerseits feststellen konnte — als ungesetzlich betrachtet wurde, kategorisch ab. Mehrere Protestnoten der französischen Regierung, die im Laufe der Zeit eingingen, wurden an das OKW weitergeleitet. Es ist mir unbekannt, ob eine Antwort auf die Noten erfolgt ist. Meines Wissens ist den französischen Dienststellen, welche die Noten übergeben hatten, von der Militärverwaltung mitgeteilt worden, daß sie an die zuständige Reichsbehörde weitergeleitet worden seien.

Da nunmehr eine sachliche Beteiligung des Kunstschutzes ausgeschaltet war, und in zunehmendem Maße, insbesondere durch Noten der französischen Regierung Rechtsfragen berührt wurden, für die die Sachbearbeiter des Kunstschutzes selbstverständlich weder vorgebildet noch zuständig waren, wurde die Kunstschutzorganisation als unzuständig erklärt und die gesamte Bearbeitung der Materie der Gruppe Justiz beim Militärbefehlshaber übergeben, dem auch die Akten ausgehändigt werden mußten. In einer Sitzung Anfang Januar 1941, bei der die Entscheidung getroffen wurde, war ich Zeuge, wie dem Vertreter des Einsatzstabes Rosenberg (sein Name ist mir nicht mehr erinnerlich) die Ungesetzlichkeit des Vorgehens von einem Mitglied der Gruppe der Justiz vorgehalten wurde. Die Antwort zeigte, daß dem Betreffenden jeglicher normale Rechtsbegriff fehlte und daß es aussichtslos war, mit Rechts- und Vernunftsgründen gegen das Treiben des Einsatzstabes Rosenberg vorzugehen. Nur ein Machtspruch von „höchster Stelle" hätte Abhilfe schaffen können. Aber von der Seite aus war nichts zu erhoffen, da der Einsatzstab Rosenberg sich auf einen Führerbefehl stützte.

Meine persönliche Ansicht über die Angelegenheit mit ihrer Ungesetzlichkeit des Vorgehens der Rosenberg-Leute habe ich sowohl bei amtlichen Besprechungen als auch in persönlichen Aussprachen immer wieder betont. Daß diese den verantwortlichen Persönlichkeiten und auch den Herren der französischen Kunstverwaltung bekannt war, habe ich bei verschiedenen Gelegenheiten einwandfrei feststellen können. Die letzteren haben mir dies zu wiederholten Malen ausdrücklich bestätigt. Geraume Zeit später erfuhr ich, daß der SD die Proteste der französischen Regierung im wesentlichen auf das Bekanntwerden meiner Einstellung zurückführte.

Der Einsatzstab bediente sich anfangs der Räume im Louvre, später wurden diese gegen die Ausstellungsräume im Jeu de Paume ausgetauscht.

Obschon es bereits Ende 1940 klar wurde, daß die Kunstschätze nach Deutschland abtransportiert werden sollten, und daß Hitler und Göring sie teils für sich, teils für deutsche Museen behalten wollten, beschloß ich, mich bei Göring zu melden, als er im Februar 1941 zur Besichtigung der beschlagnahmten Werke nach Paris kam. Ich hegte die schwache Hoffnung, mit ihm über die Aufgaben und Grundsätze des Kunstschutzes ins Gespräch zu kommen und bei der Gelegenheit vielleicht auch etwas über die Bedenken gegen das Vorgehen in der Angelegenheit des israelitischen Kunstbesitzes durchblicken zu lassen, obschon das ohne Zweifel für mich gefährlich werden konnte, denn ich wurde von ihm in der unsanftesten Weise abgefertigt und entlassen. Ohne Zweifel war er vorher bereits über meine Einstellung orientiert worden. Er war begleitet von einem Herrn v. Behr vom Einsatzstab Rosenberg. Ich war über diesen Verlauf persönlich nicht unbefriedigt, da ich klar erkannte, daß meine Haltung nunmehr an „höchster Stelle" bekannt war. Von jenem Augenblick an mußte ich täglich mit meiner Abberufung rechnen. Wenn sie aber noch etwas über ein Jahr, während dem ich übrigens monatelang wegen einer schweren Nierenerkrankung ausscheiden mußte, auf sich warten ließ, so könnte das auf die damals entstandene Verstimmung zwischen Göring und Hitler zu erklären sein. Vielleicht wollte man mich noch eine Zeitlang beobachten, um mehr Material gegen mich zu sammeln.

Zu meinem großen Schmerze mußte ich feststellen, daß der Sachbearbeiter für Kunstschutz beim Militärbefehlshaber in Paris, Dr. Bunjes[1]), eine sehr zweideutige Rolle gespielt hatte. Es zeigte sich bald, daß er die Zuneigung Görings erworben hatte, und von ihm in wachsendem Maße als Vertrauensmann bei seinen Kunsterwerbungen herangezogen wurde. Er ist der einzige der Beauftragten, der mich in dieser Weise enttäuscht und die von allen anderen Herren anerkannten und befolgten Grundsätze verleugnet hat. Es gelang, den Militärbefehlshaber in Paris zu bewegen, ihn im Sommer 1941 aus Anlaß einer ersten Personaleinsparungsmaßnahme abzubauen. Er wurde von der Luftwaffe in den engeren Dienst Görings übernommen.

Von dem weiteren Verlauf der Tätigkeit des Einsatzstabes Rosenberg erhielt ich nur spärliche Nachrichten. Über den Verbleib der beschlagnahmten Gegenstände nach dem Abtransport nach Deutschland erfuhr ich zunächst, daß die für Hitler, Göring und deutsche Museen bestimmten Stücke in die Keller der Reichskanzlei gebracht werden sollten. Ob das geschehen ist, weiß ich nicht. Auch nicht, ob wirklich Werke an deutsche Museen abgegeben worden sind. Gerüchtweise erfuhr ich später, daß ein großer Teil der Bestände, möglicherweise sogar alle, in die südbayerischen Königsschlösser, offenbar nach Neuschwanstein und Hohenschwangau gebracht worden seien.

IV.

Meine Abberufung

Nach meinem Zusammenstoß mit Göring im Februar 1941 und nachdem die Kunde von meiner ablehnenden Haltung gegenüber den Bestrebungen des Einsatzstabes Rosenberg zu den „Höchsten Stellen" gedrungen war, mußte ich täglich damit rechnen, daß ein entscheidender Schlag gegen mich geführt werden würde. Ich habe oben schon angedeutet, aus welchen Gründen er nach meiner Vermutung so lange auf sich warten ließ. In der Zwischenzeit hatte ich des öfteren Veranlassung, mich von bestimmter Seite aus beobachtet und mit Argwohn umgeben zu fühlen.

Vom Herbst 1940 an war es kein Geheimnis mehr, daß sich Machtfaktoren aus dem Reich, gestützt auf die NSDAP, mit Erfolg bemühten, der Militärverwaltung als einer Einrichtung des Heeres eine Position nach der anderen planmäßig zu entreißen. So bröckelte die Autorität dieses höchsten vom OKH eingesetzten Verwaltungsorganismus allmählich ab. Ich mußte zusehen, wie dem Kunstschutz, der nun einmal auf die Unterstützung der Militärverwaltung angewiesen war, und der unter keinen Umständen dem Einfluß jener fremden Machtfaktoren ausgeliefert werden durfte, der Boden unter den Füßen entzogen wurde.

Seitdem es klar war, daß meine Haltung in der Angelegenheit Rosenberg bei allem meiner Person entgegengebrachten Wohlwollen doch keine wirksame Unterstützung finden würde, hatte meine Arbeit einen wesentlichen Teil ihres Sinnes und Inhalts eingebüßt.

---

[1]) *Siehe Seiten 319—322.*

Diese Lage mußte den Gedanken an meinen Rücktritt nahelegen. Ich hätte ihn auch im Hinblick auf meine seit Herbst 1941 geschwächte Gesundheit vielleicht durchsetzen können. Dennoch glaubte ich, auf meinem Posten ausharren zu sollen, in erster Linie wegen des mir von den Herren der französischen Kunstverwaltung entgegengebrachten Vertrauens. Auch bei den zuständigen Stellen der Militärverwaltung und des OKH genoß ich immer noch persönliches Ansehen. Unter solchen Umständen hielt ich es für meine Pflicht, auszuharren in der Hoffnung, daß ich mich, getragen von beiderseitigem Vertrauen, im Dienste der hohen Aufgaben der Kunstschutzorganisation helfend, schützend und beratend würde einsetzen können, bis zu dem Augenblick, in dem der erwartete Entlassungsbefehl ergehen würde. Bei meinen Entschlüssen mußte auch die Rücksicht auf die Aufgaben in den anderen besetzten Ländern mitsprechen, denen meine Erfahrung und die persönliche Autorität, die ich nun einmal besaß, so lange wie möglich zugute kommen sollten.

Im Juni 1942 wurde ich durch ein Telegramm des OKH auf unbekannte Zeit beurlaubt und mir zugleich jegliche Amtshandlung untersagt. Eine telefonische Anfrage brachte mir die Aufklärung, daß durch Befehl des OKW (gez. Keitel) meine sofortige Entlassung angeordnet worden sei. Im Hinblick auf das Wohlwollen, das man mir beim OKH nach wie vor entgegenbringe, sei der Befehl aber in dieser etwas gemilderten Form ausgeführt worden. Anscheinend fehlte es aber an Mut, mehr in meinem Interesse zu unternehmen.

Über die Gründe meiner Entlassung konnte oder wollte man mir keine Auskunft geben. Da es mir aber unbedingt darum zu tun sein mußte, sie zu erfahren, befragte ich einen General vom Heerespersonalamt, dessen Anwesenheit in Paris mir bekannt geworden war. Er eröffnete mir, daß der Führer auf Veranlassung Görings persönlich Keitel beauftragt habe, meine Entlassung anzuordnen. Damit war die Vermutung, daß meine Stellungnahme zur Frage der Beschlagnahmung israelitischer Kunstgüter und wahrscheinlich auch meine allgemeine Haltung Göring unerwünscht war, beinahe bewiesen. Auch bei den führenden Persönlichkeiten der Militärverwaltung und bei meinen Mitarbeitern war diese Ansicht verbreitet. Ich wurde allgemein als ein Opfer meiner Gesinnung betrachtet. Die endgültige Bestätigung meiner Vermutung erhielt ich Ende April 1943. Danach wurde mir die in der Anlage beigefügte Abschrift eines Berichts des SD über meine Tätigkeit in Frankreich und über meine politische Haltung von einem Bekannten im Reichserziehungsministerium vertraulich übersandt.

Im Oktober 1943 wurde ich endgültig aus der Militärverwaltung und damit aus dem Heeresdienst entlassen.

Nach meiner Beurlaubung bin ich in gewissen Abständen nach Paris gereist aus formalen Gründen, z. B. um meinen Wehrsold in Empfang zu nehmen, ferner um einige wissenschaftliche Arbeiten, die ich begonnen hatte, zu beenden. Bei diesen Gelegenheiten kam es selbstverständlich mit meinen früheren Mitarbeitern zu wiederholtem Gedankenaustausch, auch habe ich bisweilen auf ihren ausdrücklichen Wunsch mit den Herren der französischen Kunstverwaltung über allgemeine Fragen des Kunstschutzes gesprochen. Das alles hatte aber durchaus inoffiziellen Charakter, denn es war mir ja strengstens untersagt, irgendwelche Amtshandlungen, auch in privater Form, vorzunehmen.

Die französische Kunstverwaltung hat ihr Vertrauen nach meiner Entlassung auf meinen Nachfolger, Dr. von Tieschowitz, von dem bekannt war, daß er seine Tätigkeit nach den von mir aufgestellten Grundsätzen entfalten werde, übertragen. Klare Beweise hierfür sind die gemeinsamen Bemühungen bei der Bergung des Museumsgutes aus den Küstengebieten in das Innere des Landes im Laufe des Jahres 1943 und vor allem die Tatsache, daß die französische Kunstverwaltung nach Besetzung der bisher freien Zone durch deutsche Truppen ausdrücklich um die Ausdehnung des Kunstschutzes auch auf diese Gebiete gebeten hat.

Einige Begebenheiten, über die mich mein Nachfolger in vertraulicher Form orientiert hat, möchte ich ergänzend erwähnen, da sie zur Vervollständigung des im Vorhergehenden entworfenen Bildes dienen können. Nach dem Sturz Mussolinis wurde in Italien eine Kunstschutzorganisation gegründet. Dr. von Tieschowitz begab sich nach Rom, um die einleitenden Schritte zu tun, und den Beauftragten bei der neugegründeten Militärverwaltung, den ausersehenen Prof. Evers, in seine Aufgaben einzuweisen. Die wichtigste Begebenheit war die auf Veranlassung von Herrn von Tieschowitz bewirkte Übertragung der Kunstwerke und Bibliotheksbestände aus Monte Cassino in die Engelsburg zu Rom.

Anfang 1944 übertrug das OKW, wohl auf Anstiften Himmlers, ohne Zuziehung des OKH die Leitung des Kunstschutzes in Italien einem der ⚡⚡ angehörenden Ministerialrat Dr. Langsdorf. Damit war der von Anfang an festgehaltene Grundsatz der zentralen Steuerung des Kunstschutzes aufgegeben, und er einem Einfluß ausgeliefert, dem die in diesen Ausführungen definierten Grundsätze und Arbeitsmethoden fremd waren.

Aus Frankreich möchte ich einige Ereignisse erwähnen, die allgemeines Interesse beanspruchen dürften: Kurz vor dem Zusammenbruch der deutschen Front in Frankreich machte Himmler den Versuch, den Teppich der Königin Mathilde aus Bayeux nach Deutschland zu entführen. Dr. von Tieschowitz erfuhr hiervon, warnte rechtzeitig die Verwaltung der französischen Staatsmuseen und trug so entscheidend zu seiner Rettung bei.

Schon seit längerer Zeit hatte eines der Hauptwerke des Cluny-Museums in Paris, das sog. Retabel Kaiser Heinrich II., die Begehrlichkeit Görings erweckt. Wahrscheinlich war er Anfang 1944 durch seine Ratgeber in künstlerischen Angelegenheiten erst auf das Stück aufmerksam gemacht worden. Es wurde an einen großzügigen Austausch von Kunstwerken zwischen Frankreich und Deutschland gedacht, der neben einigen Spitzenleistungen französischer Kunst aus deutschem Museumsbesitz, z. B. das Firmenschild des Gersaint von Watteau, auch deutsche Kunstwerke, so die Madonna mit der Veilchenblüte von Stefan Lochner, den französischen Staatsmuseen zuführen sollte. Als Gegenleistung sollten das Baseler Retabel und einige Werke deutscher Künstler aus französischen Museen Deutschland, oder besser gesagt, der Privatsammlung Hermann Görings, überlassen werden. Der Gang der Verhandlungen ist mir in einzelnen nicht bekannt. Angeblich hat eine Aussprache zwischen Göring und Laval dieserhalb stattgefunden. Bestimmt weiß ich von einer langen und lebhaften Auseinandersetzung des damaligen französischen Kultusministers der Vichyregierung, Abel Bonnard, mit Göring. Die Haltung der französischen Museumsverwaltung konnte nur eindeutig ablehnend sein, was das Hauptstück, den Baseler Altar, anbelangte. Über die Werke deutscher Künstler schien eine gewisse Verhandlungsbereitschaft zu bestehen. Da sich die Auseinandersetzung in einer nicht der Militärverwaltung und erst recht nicht dem Kunstschutz zugänglichen politischen Sphäre abspielte, verhallten die ernsten und eindringlichen Warnungen meines Nachfolgers. Eine solche, unter dem Druck der Besatzung zustande gekommene Transaktion hätte in keiner Weise dem Austausch von Kunstwerken durch eine unter freien und gleichberechtigten Staaten geschlossenen Abmachung entsprochen, wie ich sie mir für den Fall eines alles Unrecht und Ressentiment begleichenden und allen Streit endgültig begrabenden Friedensschlusses gedacht hatte.

Auch deutscherseits konnten die Tauschpläne der Göringschen Kunstclique nur Ablehnung begegnen. Das Firmenschild des Gersaint war historischer Besitz Friedrichs II. von Preußen, und von ihm, dem großen Bewunderer Watteaus, angekauft worden. Sein Abwandern hätte eine — auch kulturgeschichtlich — beklagenswerte Lücke gerissen. Die Madonna mit der Veilchenblüte steht in kirchlichem Eigentum, über das weder das Reich noch Göring ein Verfügungsrecht hatten. Aber über derartige Bedenken schien man sich leicht hinwegsetzen zu wollen. Ich habe als Provinzialkonservator der Rheinprovinz das zuständige Erzbischöfliche Generalvikariat in Köln dringend gewarnt und gebeten, unter allen Umständen an den Besitztiteln der Kirche festzuhalten.

Bemerkenswert erscheint mir ein anderer Fall, in dem es gelungen ist, eine bedeutende Kunstsammlung dem Einsatzstab Rosenberg zu entreißen. Der Sammler M. Bestegui hatte in seiner Villa in Biarritz eine Anzahl bedeutender Kunstwerke zusammengetragen. In seinem Testament hatte er sie dem französischen Staat vermacht. Solange er lebte, wollte er sich aber noch an ihrem Besitz erfreuen. Die Herren der Kunstschutzorganisation, die rechtzeitig erfahren hatten, daß die Rosenbergagenten es auf die Sammlung abgesehen hatten, konnten die Museumsverwaltung rechtzeitig aufmerksam machen und dadurch bewirken, daß der Eigentümer seine Sammlung ohne Verzug dem französischen Staate als Geschenk übereignete. Sie wurde sofort in eines der staatlichen Depots gebracht und so dem Zugriff des Einsatzstabes Rosenberg entzogen.

„Weiße Rose":

... Warum verhält sich das deutsche Volk angesichts all dieser scheußlichsten, menschenunwürdigsten Verbrechen so apathisch? Kaum irgend jemand macht sich Gedanken darüber. Die Tatsache wird als solche hingenommen und ad acta gelegt.

Aus einem geheimen Flugblatt der Widerstandsgruppe in Deutschland „Die weiße Rose". Aus: Inge S c h o l l : „Die weiße Rose", Verlag der „Frankfurter Hefte", 1952, Seite 92.

---

28. Erklärung des Reichsministers Dr. Kurt Schmitt[1])

Eidesstattliche Versicherung

Nürnberg, den 1. August 1946

Ich, Dr. Kurt Schmitt, z. Zt. Gut Tiefenbrunn bei Starnberg O/B erkläre folgendes an Eides statt:

Ich bin geboren in Heidelberg am 7. Oktober 1886.

Vom 30. Juni 1933 bis Anfang Januar 1935 war ich Mitglied der Reichsregierung als Reichswirtschaftsminister. Ich schied aus der Regierung formell wegen Krankheit am 28. Juni 1934 — tatsächlich wegen tiefgehender Meinungsverschiedenheiten mit der Politik des Hitler-Kabinetts aus. Diese Meinungsverschiedenheiten habe ich Hitler, Göring, Gürtner, Schacht, von Papen und Blomberg mitgeteilt. Sie bestanden hauptsächlich darin, daß an Stelle einer wirklichen Hoheitsbeschaffung eine immer stärker werdende Wiederaufrüstung stattfand. Ich erkannte schon damals — das war im Jahre 1934 — daß dies zum Kriege und zu einem furchtbaren Desaster führen würde, ebenso die Tatsache, daß ich die Aktion am 30. Juni 1934 für einen Mord des Regimes hielt. Ich habe dies auch dem amerikanischen Botschafter Dodd im Herbst 1935 erklärt. Die nationalsozialistischen Tendenzen Hitlers und seiner Mitarbeiter, verbunden mit der unbegrenzten Aufrüstung, mußten zum Kriege treiben. Diese Politik wurde den Mitgliedern des Kabinetts immer augenscheinlicher. Als ich das dem damaligen Wehrminister Blomberg vorhielt, erklärte er, „er sei Soldat und diese Entwicklung sei Fatum". Als ich sah, daß der Radikalismus auf allen Gebieten, wie Aufrüstung, Judenfrage, Kirchenfrage, Gesetzgebung, Außenpolitik immer schärfer und gewissenloser wurde, konnte ich es nicht mehr verantworten, in der Reichsregierung zu bleiben. Ich habe an ca. 20—35 Sitzungen des Reichskabinetts

---

[1]) *Dokument PS — 4058.*

teilgenommen, in denen Göring, Darré, Goebbels, Lammers und Frick großen Einfluß hatten. Zu den obengenannten Gründen für meine Resignation kam noch hinzu, daß die SA als destruktives Element in der Wirtschafts- und Judenfrage einen immer unheilvolleren Einfluß ausübte. Hinzu kam ferner die absolute Willkür und Ungesetzlichkeit der Gauleiter, die Verhaftungen und Beschlagnahmungen vornahmen.

Selbst gelesen, beschworen, unterschrieben:

Reichswirtschaftsminister

Dr. Kurt Schmitt

v. 30. 6. 33 — Mitte Januar 35

Die reinigende Kraft

Wo andere Völker ihrem Temperament entsprechend enthaupten, erschießen (Rußland) oder stürmen, verbrennt das deutsche Volk. Das Feuer als reinigende Kraft ist ein uraltes, mit der germanisch-deutschen Geschichte untrennbar verbundenes Symbol. Werner S c h l e g e l : „Dichter auf dem Scheiterhaufen", Verlag für Kulturpolitik GmbH, Berlin W 30, 1934, Seite 51.

29. Dr. Hans Franks Bekenntnis[1])

„Hier gab es nur die demütige Bekennung einer Schuld am Mord"

... Der kollektive Massenmord gegen ganze Völker ist aber doch das allergrauenvollste: und H i t l e r ist dessen schuldig, und zwar gegen die Juden.

Mir bleibt als Mitkämpfer des Führers nur eines: nun, da er in entsetzlichstem Schuldbewußtsein sein Testament geschrieben hatte, beging er Selbstmord und floh vor der irdischen Gerechtigkeit. So trat ich in Nürnberg an seiner Statt vor die Richter und sagte, daß ich die Schuld bekenne. Hier gab es kein Feilschen ums Recht, um Zuständigkeit, um Legitimation des Gerichts. Hier gab es nur die demütige Bekennung einer Schuld am Mord von einigen Millionen unschuldiger Menschen, die auf Grund eines gräßlichen Kollektivurteils getötet worden sind. Ich handelte dabei vor allem auch deshalb so, weil man nicht die Handlanger Hitlers bestrafen, seine Mitführer aber sich entschuldigen lassen kann. Und gerade wegen dieses gigantischen Massenverbrechens an den Juden, zu denen die Reihe furchtbarster anderer Untaten, die auf Befehl des Führers oder mit seiner Duldung während dieses Krieges an anderen Völkern geschehen sind, noch dazu kommen, muß die Menschheit um ihrer selbst willen die abschreckendste Bestrafung betreiben.

---

[1]) *Dr. Hans Frank, ehemaliger Reichsminister und Generalgouverneur: „Im Angesicht des Galgens". Deutung Hitlers und seiner Zeit auf Grund eigener Erlebnisse und Erkenntnisse. Geschrieben im Nürnberger Justizgefängnis. Friedrich Alfred Beck Verlag, München-Gräfelfing, 1953, Seite 392.*

KAPITEL III

Wehrmacht

„Sie ahnen nicht, daß wir noch viel zu milde waren."

General v. Falkenhausen (Seite 393)

INHALTSVERZEICHNIS

FOTOGRAFIEN

Vorwort

Nun sind wir bei jenen Männern angelangt, deren berufliche Tugenden es Deutschland zum zweitenmal möglich machten, lange Jahre hindurch die ganze Welt in Atem zu halten. Wie war es um ihr Verhalten gegenüber den Untaten des Regimes bestellt?

Der Leser wird erfahren, welch weiten Spielraum, wie viele Varianten es gab zwischen der Abscheu eines Oberst Jäger (Dok. 7), dem Zynismus des Generalleutnants Kleemann (Dok. 6) und den düsteren Vorahnungen von Admiral Canaris (Dok. 1). Wie immer auch die persönliche Einstellung gewesen sein mag, niemals wurde ernstlich versucht, die Ausrottung der Juden zu verhindern. Geschehnisse von nicht zu überbietender Eindeutigkeit spielten sich vielmehr unmittelbar vor den Augen der Truppen ab.

Wie es dazu kam, hat der ⚡⚡-General Bach-Zalewski treffend formuliert (Dok. 51). Weshalb es nicht unterblieb, schilderte sein Waffenbruder Rode eindrucksvoll (Dok. 53). Ist moralische Feigheit tatsächlich die unabwendbare Kehrseite militärischer Tüchtigkeit?

Wie bekannt, war die Vernichtung des Judentums lediglich der Auftakt zu anderen Ausrottungen und weiteren Verbrechen. Im zweiten Teil dieses Kapitels veröffentlichen wir deshalb einige in dieser Hinsicht recht vielsagende Dokumente. Aus ihnen ist zu ersehen, wie die Befehlshaber in West und Ost darin wetteiferten, für die Mißhandlung der Zivilbevölkerung Anweisungen zu erlassen, die ganz dem Sinne Hitlers und seinen Befehlen entsprachen, nachdem sie ihn vor dem Kriege bereits ausgiebig beweihräuchert hatten (Dok. 19 bis 23). Mit den Jahren sich erheblich steigernd, brachte es diese Unterwürfigkeit schließlich dahin, daß Offiziere der Wehrmacht auch die letzten Hemmungen über Bord warfen (Dok. 24—34).

Die hier wiedergegebenen Dokumente lassen jedoch die Schlußfolgerung zu, daß es auch in diesen Kreisen viele Männer gegeben hat, die ihre Würde zu wahren und damit die Ehre ihres Volkes zu retten wußten (Dok. 52—59).

1. „Für diese Methoden wird einmal die Welt auch die Wehrmacht verantwortlich machen"

General Lahousen wiederholt die Warnung von Canaris[1])

... Zum zweiten warnte Canaris in sehr eindringlicher Form vor den Maßnahmen, die ihm, Canaris, bekannt geworden waren, nämlich den bevorstehenden Erschießungen und Ausrottungsmaßnahmen.

... Canaris sagte damals ungefähr wörtlich: „Für diese Methoden wird einmal die Welt auch die Wehrmacht, unter deren Augen diese Dinge stattfinden, verantwortlich machen."

---

[1]) *General Erwin Lahousen, einer der engsten Mitarbeiter von Canaris, in seiner Aussage vor dem Nürnberger Gericht als Zeuge am 30. November 1945 (Vormittagssitzung). Laut Lahousens Aussage machte Canaris diese warnende Bemerkung am 12. September 1939 im Führerzug.*

Der Eid des Soldaten

Im Schwur auf den Führer kommt nicht nur der Gedanke zum Ausdruck, daß der Soldat ähnlich wie in der Monarchie einen Herrn besitzt, dem er in Treue verbunden ist, sondern die Verpflichtung auf die nationalsozialistische Idee, als deren Exponent der Führer dem Soldaten entgegentritt. Als politischer Willensträger seines Volkes schwört der Soldat dem Führer, militärisch diese Weltanschauung zu verteidigen. Die literarisch zum Teil vertretene Ansicht, daß mit dem Wegfall des Führers auch der Eid seine Bedeutung verlieren würde, ist falsch. Der Eid auf den Führer verpflichtet nicht nur zu Lebzeiten des Führers, sondern über dessen Tod hinaus zu Treue und Gehorsam gegenüber der nationalsozialistischen Idee und damit gegenüber dem neuen von der Bewegung gestellten Führer.

Reinhard H ö h n in „Das Reich", Berlin, 1. Oktober 1944, Seite 6.

2. Flaggen

I.

Die kraftvolle Wiedergeburt[1])

Am heutigen Tage, an dem in ganz Deutschland die alten schwarzweißroten Fahnen zu Ehren unserer Gefallenen auf Halbmast wehen, bestimme ich, daß vom morgigen Tage ab bis zur endgültigen Regelung der Reichsfarben die schwarzweißrote Fahne und die Hakenkreuzflagge gemeinsam zu hissen sind. Diese Flaggen verbinden die ruhmreiche Vergangenheit des Deutschen Reiches und die kraftvolle Wiedergeburt der deutschen Nation. Vereint sollen sie die Macht des Staates und die innere Verbundenheit aller nationalen Kreise des deutschen Volkes verkörpern!

Die militärischen Gebäude und Schiffe hissen nur die Reichskriegsflagge.

Berlin, den 12. März 1933

gez.: Der Reichspräsident von Hindenburg

gegengezeichnet: Der Reichskanzler Adolf Hitler

---

[1]) *Dokumente der deutschen Politik und Geschichte von 1848 bis zur Gegenwart. Herausgeber Dr. Johannes Hohlfeld, Band IV, Dokumenten-Verlag Dr. Herbert Wendler & Co. K.G., Berlin (Seite 26).*

Das Hakenkreuz

Das Hakenkreuz ist das Symbol des Nationalsozialismus. Im Zeichen des H. trat die junge Bewegung ihren Kampf an und in diesem Zeichen eroberte sie das Deutsche Reich.

Bereits in den Jahren vor dem Kriege hatten sich in Deutschland völkische Gruppen das H. zum Zeichen erkoren. Es bedeutete ihnen Kampf gegen alles Volksverderbliche, Undeutsche, gegen die Überhandnahme des zersetzenden jüdischen Einflusses. So wurde das H. im besonderen antisemitisches Zeichen.

Hans W a g n e r im „Taschenwörterbuch des Nationalsozialismus", Verlag von Quelle & Meyer in Leipzig, Seite 99.

II.

Am 15. September 1935[1])

Der Reichstag hat einstimmig das folgende Gesetz beschlossen, das hiermit verkündet wird.

Artikel 1.

Die Reichsfarben sind schwarz-weiß-rot.

Artikel 2.

Die Reichs- und Nationalflagge ist die Hakenkreuzflagge. Sie ist zugleich Handelsflagge.

Artikel 3.

Der Führer und Reichskanzler bestimmt die Form der Reichskriegsflagge und der Reichsdienstflagge.

Artikel 4.

Der Reichsminister des Innern erläßt, soweit nicht die Zuständigkeit des Reichskriegsministers gegeben ist, die zur Durchführung und Ergänzung dieses Gesetzes erforderlichen Rechts- und Verwaltungsvorschriften.

Artikel 5.

Dieses Gesetz tritt am Tage nach der Verkündung in Kraft.

Nürnberg, den 15. September 1935

---

[1]) *Reichsgesetzblatt 1935, I. Seite 1145.*

Prophezeiung

... und diese deutsche Flagge die ist nicht zum Vergnügen der Welt.

Dr. Hans F r a n k über die symbolische Kraft des 30. Januar, „Krakauer Zeitung", Nr. 28, 1. Februar 1944.

Ein Sinnbild

... Zunächst die F l a g g e zeigt künftig, unter Wahrung der alten Farben, das Hakenkreuz als Sinnbild deutschnordischer Art.

Landgerichtsrat Dr. R i s s o m , Flensburg, in der Zeitschrift der Akademie für Deutsches Recht, 1936, Heft 1, Seite 8.

3. „. . . nachdem durch die nationalsozialistische Erhebung ein Teil seiner Ziele und Aufgaben erfüllt ist"[1])

1. Der Stahlhelm, Bund der Frontsoldaten, gründet sich, nachdem durch die nationalsozialistische Erhebung ein Teil seiner Ziele und Aufgaben erfüllt ist, um in den
„Nationalsozialistischen Deutschen Frontkämpfer-Bund (Stahlhelm)".

2. „Der Nationalsozialistische Deutsche Frontkämpfer-Bund (Stahlhelm)" wird vom
Reichspräsidenten und vom Führer bestätigt.

3. In Anerkennung der Verdienste, die sich der Stahlhelm, B. d. F., um die Vorbereitung
der nationalsozialistischen Revolution und um die Vertretung des Frontsoldaten-
gedankens seit dem November 1918 erworben hat, wird sein Gründer und Bundesführer, Franz Seldte, zum Bundesführer des „Nationalsozialistischen Frontkämpfer-
Bundes (Stahlhelm)" auf Vorschlag des Führers vom Reichspräsidenten ernannt.

4. Die Zugehörigkeit zum „NSDFB" steht den alten Mitgliedern des Stahlhelm sowie
jedem deutschen Soldaten, außerhalb des aktiven Dienstes in der Wehrmacht, offen,
der am Aufbau des nationalsozialistischen Staates mitarbeiten will. Die vor dem
30. Januar 1933 dem Stahlhelm angehörigen Mitglieder können ohne weiteres in
den neuen Bund übernommen werden. Später eingetretene Mitglieder bedürfen einer
besonderen Genehmigung der Obersten SA-Führung.

Angehörige der SA (SA, ⚡⚡, SAR I, SAR II und NSKK) dürfen, soweit sie die vorstehenden Voraussetzungen erfüllen, Mitglieder des „NSDFB" sein. Der Dienst in der
SA geht jedoch stets vor. Eine gleichzeitige Bekleidung von Führerstellen in der SA
und im „NSDFB" ist untersagt.

5. Unabhängig von der SA- und Parteizugehörigkeit wird jedes Mitglied des „NSDFB"
als Volksgenossen mit gleichen Pflichten und Rechten im nationalsozialistischen Staat
gewertet. Von der Obersten SA-Führung und Parteileitung wird zugesichert, daß die
dem „NSDFB" obliegende Pflege soldatischer Tradition und soldatischer Kamerad-

---

[1]) *Der „NSDFB." (Stahlhelm). Geschichte, Wesen und Aufgabe des Front-
soldatenbundes. Herausgegeben vom NSDFB (Stahlhelm) mit 117 Bildern in
Kupfertiefdruck 1935, Freiheitsverlag G.m.b.H., Berlin SW 68. Seiten 6—7.*

Propaganda für die NSDAP

Hindenburg schreitet die Front einer SA-Paradeaufstellung ab

Aus: „Der Tag von Potsdam" zum 21. März 1933, Gedenkausgabe, „Die Woche", Seite 13

schaft als vaterländische Aufgabe und als Mitarbeit beim Aufbau des nationalsozialistischen Staates den Schutz der SA und der Partei genießt. Wehrsportliche und wehrpolitische Tätigkeit gehört nicht zu dem Aufgabenkreis des „NSDFB".

6. Die begonnene Überführung der Stahlhelmmitglieder in die SAR I wird gemäß den Anweisungen der Obersten SA-Führung durchgeführt.

Den in die SA übergeführten alten Kämpfern des Bundes Stahlhelm verleiht die Oberste SA-Führung das Abzeichen der alten Kämpfer der SA. Sie dürfen außerdem das Abzeichen der alten Garde des Stahlhelm tragen.

7. Die Mitglieder des Bundes Stahlhelm werden aus ihrer Verpflichtung dem Bunde und dem Bundesführer gegenüber entlassen. Die neue Verpflichtungsformel für den „Nationalsozialistischen Deutschen Frontkämpfer-Bund (Stahlhelm)" gibt der Bundesführer bekannt.

8. Die Fahnen des Stahlhelm, B. d. F., werden von den Ortsgruppen, denen sie gehören, in die Obhut der neu zu bildenden Ortsgruppen usw. des „NSDFB" gegeben.

9. Dem „Nationalsozialistischen Deutschen Frontkämpfer-Bund (Stahlhelm)" wird ein neues Abzeichen verliehen, in dem das Hakenkreuz mit den Symbolen des Stahlhelm vereinigt ist.

Die Übergabebestimmungen, betreffend die Versicherung und die notwendigen wirtschaftlichen Vereinbarungen, werden zwischen der Obersten SA-Führung und dem Bunde Stahlhelm unmittelbar geregelt werden.

gez. v. Hindenburg   gez. Adolf Hitler

gez. Franz Seldte

Klarer Fall

Sucht man die nationalsozialistische Weltanschauung nach ihren beiden Stammworten: „national" und „sozialistisch" zu gliedern, so wissen wir, daß der Ausdruck „national" den Rassegedanken in sich schließt.

Prof. Dr. Adolf Günther, Prof. an der Universität Innsbruck: „Der Rassegedanke in der weltanschaulichen Auseinandersetzung unserer Zeit", Junker & Dünnhaupt Verlag, Berlin 1940, Seite 156.

4. Die Wehrmacht und die Juden in Serbien[1])

I.

... sämtliche Juden

Bevollm. Kommandierende General   O. U., den 10. 10. 1941
     in Serbien
III/Chef Mil.V. / Qu
Nr. 2848/41 geh.   G e h e i m

B e t r.: Niederwerfung kommunistischer Aufstandsbewegung
     Zusätze des Bev. Kdr. Gen. i. Serb. zu
     „Der Chef d. OKW WFSt/Abt. L (IV/QU)
     Nr. 00 2060/41 g. Kdos. v. 16. 9. 41".

1. In Serbien ist es auf Grund der „Balkanmentalität" und der großen Ausdehnung kommunistischer und national getarnter Aufstandsbewegungen notwendig, die Befehle des OKW in der schärfsten Form durchzuführen. Rasche und rücksichtslose Niederwerfung des serb. Aufstandes ist ein nicht zu unterschätzender Beitrag zum deutschen Endsieg.

2. In allen Standorten in Serbien sind durch schlagartige Aktionen umgehend alle Kommunisten, als solche verdächtigen männlichen Einwohner, sämtliche Juden, eine bestimmte Anzahl nationalistischer und demokratisch gesinnter Einwohner als Geisel festzunehmen. Diesen Geiseln und der Bevölkerung ist zu eröffnen, daß bei Angriffen auf deutsche Soldaten oder auf Volksdeutsche die Geiseln erschossen werden.

Höh. Kdo. LXV und Chef der Mil. Verwaltung (für Belgrad und Banat) melden zum 10., 20. und Letzten jd. Mts. (erstmals zum 20. 10.) die Zahl der Geiseln.

3. Treten Verluste an deutschen Soldaten oder Volksdeutschen ein, so haben die territorial zuständigen Kommandeure bis zum Rgts. Kdr. abwärts, umgehend die Erschießung von Festgenommenen in folgenden Sätzen anzuordnen:

---

[1]) *Dokumente CXLIX — 31.*

a) Für jeden getöteten oder ermordeten deutschen Soldaten oder Volksdeutschen (Männer, Frauen oder Kinder) 100 Gefangene oder Geiseln.

b) Für jeden verwundeten deutschen Soldaten oder Volksdeutschen 50 Gefangene oder Geiseln.

Die Erschießungen sind durch die Truppe vorzunehmen.

Nach Möglichkeit ist der durch den Verlust betroffene Truppenteil zur Exekution heranzuziehen.

Bei jedem einzelnen Verlustfall ist bei den Tagesmeldungen anzugeben, ob und in welchem Umfang die Sühnemaßnahme vollstreckt ist oder wann dies nachgeholt wird.

4. Bei der Beerdigung der Erschossenen ist darauf zu achten, daß keine serbischen Weihestätten entstehen.

Setzen von Kreuzen auf den Gräbern, Schmuck derselben usw. ist zu verhindern. Beerdigungen werden deshalb zweckmäßig an abgelegenen Orten durchgeführt.

5. Die bei Kampfhandlungen von der Truppe gefangenen Kommunisten sind grundsätzlich am Tatort als abschreckendes Beispiel zu erhängen oder zu erschießen.

6. Ortschaften, die im Kampf genommen werden müssen, sind niederzubrennen, desgleichen Gehöfte, aus denen auf die Truppe geschossen wird.

gez. B ö h m e
General der Infanterie

Verteiler:

Bef. Serbien / Kdo. Stab	2	Kps. Nachr. Führ.	1
„ / Mil. Verw.	2	Kps. Nachsch. Führ.	1
„ für Feldkdtrn.	4	Ob. Fz. Stab 5	1
Höh. Kdo. LXV zugl. f. Div. je		Gen. Bev. f. d. Wirtschaft	1
2×	10	Wehrwirtschaftsstab Südost	1
342 Inf. Div.	2	B e v. K d r. G e n. i. S e r b.	
I. R. 125	1	Ia, Ic, IIa, III, Qu	5
unleserlich	1	W. Bfh. Südost	1
Kps. Pi. Führ.	1	Dtsch. Gen. Agram	1
		Reserve	2

II.

Und wieder Juden

Höheres Kommando z. b. V. LXV   St. Qu., den 14. 10. 1941
    Abt. Ia Nr. 926/41 geh.

G e h e i m

B e t r.: Niederwerfung kommunistischer
    Aufstandsbewegung.   Stempel:

An
7 0 4. I n f. D i v i s i o n
/ Wachregiment 1 × direkt übersandt /

704. Inf. Div.
Eing. 16. 10. 41
Abt. Ia 517/41 g

Anschließend an die am 12. 10. 1941 übersandte Verfügung „Der Chef d. OKW WFSt/Abt. L/IV/Qu / Nr. 002 060/41 g. Kdos. v. 16. 9. 41" wird anliegend eine Verfügung des Bevollmächtigten Kommandierenden Generals in Serbien Abt. III/Chef Mil. V./Qu Nr. 2848/41 geh. v. 10. 10. 41 zur Kenntnisnahme übersandt.

Zur Verfügung 2./ ordnet Höheres Kommando z. b. V. LXV im Einvernehmen mit dem Bevollmächtigten Kommandierenden General in Serbien z u s ä t z l i c h an:

Künftig sind für jeden gefallenen oder ermordeten deutschen Soldaten 100, für jeden Verwundeten 50 Gefangene oder Geiseln zu erschießen.

Zu diesem Zweck sind aus jedem Standortbereich s o f o r t soviele Kommunisten und Juden sowie auch national oder demokratisch g e t a r n t e aufrührerische Elemente -- in erster Linie aus den Reihen der Waldgänger — festzunehmen, als ohne Gefährdung der Kampfkraft bewacht werden können.

B e k a n n t g a b e des Grundes der Festnahme oder Erschießung hat öffentlich sowie an die Festgenommenen und deren Angehörigen zu erfolgen.

M e l d u n g über Anzahl der Festgenommenen und der Erschossenen jedesmal zum 8., 18. und 28. an Höheres Kommando z. b. V. LVX.

/ Im Auszug fernschriftlich oder durch Funkspruch voraus am 13. 10. 41 durch Höheres Kommando z. b. V. LXV Abt. Ia Nr. 908/41 geh.

gez. Unterschrift
General der Artillerie

S t e m p e l: IVa
704. Inf. Div.   IVb
Eing. 15. Okt. 1941   IVc
Br. B. Nr.   IVd
Kdr. IIa IIb Ia/Ib Ic III
    Ber. B. 1223/41 geh.
1 Anlage

352

5. Nach Oberleutnant Walther ist das Erschießen der Juden einfacher als das der Zigeuner[1])

I

G e h e i m

Infanterie Regiment 734   den 4. November 1941
Br. B. Nr. 437/41 geh. I a
Der
704. Infanterie-Division
B e t r . : Sühnemaßnahmen
           1 Anlage

In der Anlage überreicht das Rgt. einen Bericht des Oblt. Walther 9./I. R. 433, über Erschießungen von Juden und Zigeunern am 27. und 30. 10. 1941 mit der Bitte um Kenntnisnahme.

gez. Unterschrift

II

G e h e i m

Oberleutnant Walther   O. U., den 1. 11. 1941
Chef 9./I. R. 433

B e r i c h t   ü b e r   d i e   E r s c h i e ß u n g   v o n   J u d e n   u n d   Z i g e u n e r n

Nach Vereinbarung mit der Dienststelle der ⚡⚡ holte ich die ausgesuchten Juden bzw. Zigeuner vom Gefangenenlager Belgrad ab. Die Lkws der Feldkommandantur 599, die mir zur Verfügung standen, erwiesen sich als unzweckmäßig aus zwei Gründen:

1. Werden sie von Zivilisten gefahren. Die Geheimhaltung ist dadurch nicht sichergestellt.

2. Waren sie alle ohne Verdeck oder Plane, so daß die Bevölkerung der Stadt sah, wen wir auf den Fahrzeugen hatten und wohin wir dann fuhren. Vor dem Lager waren Frauen der Juden versammelt, die heulten und schrien als wir abfuhren.

---

[1]) Dokument NOKW – 905

Der Platz, an dem die Erschießung vollzogen wurde, ist sehr günstig. Er liegt nördlich von Pancevo unmittelbar an der Straße Pancevo—Jabuka, an der sich eine Böschung befindet, die so hoch ist, daß ein Mann nur mit Mühe hinauf kann. Dieser Böschung gegenüber ist Sumpfgelände, dahinter ein Fluß. Bei Hochwasser (wie am 29. 10.), reicht das Wasser fast bis an die Böschung. Ein Entkommen der Gefangenen ist daher mit wenig Mannschaften zu verhindern. Ebenfalls günstig ist der Sandboden dort, der das Graben der Gruben erleichtert und somit auch die Arbeitszeit verkürzt.

Nach Ankunft etwa 1½—2 km vor dem ausgesuchten Platz stiegen die Gefangenen aus, erreichten im Fußmarsch diesen, während die Lkw mit den Zivilfahrern sofort zurückgeschickt wurden, um ihnen möglichst wenig Anhaltspunkte zu einem Verdacht zu geben. Dann ließ ich die Straße für sämtlichen Verkehr sperren aus Sicherheits- und Geheimhaltungsgründen.

Die Richtstätte wurde durch 3 lM.G. und 12 Schützen gesichert:

1. Gegen Fluchtversuche der Gefangenen.

2. Zum Selbstschutz gegen etwaige Überfälle von serbischen Banden.

Das Ausheben der Gruben nimmt den größten Teil der Zeit in Anspruch, während das Erschießen selbst sehr schnell geht. (100 Mann 40 Minuten)

Gepäckstücke und Wertsachen wurden vorher eingesammelt und in meinem Lkw mitgenommen, um sie dann der NSV zu übergeben.

Das Erschießen der Juden ist einfacher als das der Zigeuner. Man muß zugeben, daß die Juden sehr gefaßt in den Tod gehen — sie stehen sehr ruhig —, während die Zigeuner heulen, schreien und sich dauernd bewegen, wenn sie schon auf dem Erschießungsplatz stehen. Einige sprangen sogar vor der Salve in die Grube und versuchten, sich tot zu stellen.

Anfangs waren meine Soldaten nicht beeindruckt. Am 2. Tage jedoch machte sich schon bemerkbar, daß der eine oder andere nicht die Nerven besitzt, auf längere Zeit eine Erschießung durchzuführen. Mein persönlicher Eindruck ist, daß man während der Erschießung keine seelischen Hemmungen bekommt. Diese stellen sich jedoch ein, wenn man nach Tagen abends in Ruhe darüber nachdenkt.

W a l t h e r
Oberleutnant

Romantische Zeit

Wir leben in einer Zeit der starken Charaktere. Sie bestimmen das Bild der Gegenwart, und nicht mehr die Denker und Dichter, nach welchen eine romantische Zeit unser Volk einmal benannt hatte.

Dr. Joachim M r u g o w s k y : „Das ärztliche Ethos", J. F. Lehmanns Verlag, München-Berlin 1939, Seiten 15/16.

---

6. Rhodos

Meldepflicht

Kommandant Ost-Ägäis
Abt. I a

B e t r.: Meldepflicht auf Rhodos

In der Anlage wird eine Verordnung des Kommandanten Ost-Ägäis vom 13. 7. 44, zur Kenntnisnahme übersandt.

Die Ortskommandanturen haben sicherzustellen,

1.) daß nach dem 17. 7. 44, 12.00 Uhr, kein Jude mehr sich außerhalb der in Ziff. 2.) der Verordnung aufgeführten Orte aufhält. Im Zuwiderhandlungsfalle ist Festnahme und Abschub nach Rodi zwecks Vorführung an das Kriegsgericht des Kommandanten Ost-Ägäis zur Aburteilung gem. Ziff. 5.) der Verordnung durchzuführen.

2.) daß die Meldelisten gemäß Ziff. 1.) und 4.) der anliegenden Verordnung durch die Bürgermeistereien ordnungsmäßig angelegt und geführt werden und dazu insbesondere keine Verschleierung der verordneten Anmeldung erfolgt.

V e r t e i l e r :	Für den Kommandanten Ost-Ägäis
Verteid. Bereich Nord	Der erste Generalstabsoffizier
,, ,, Süd	gez.: (Unterschrift unleserlich)
Div. Res. Campochiaro	Major i. G.
,, ,, Alaerma	
Kreiskdtr. Rhodos mit	
25 Anl. f. Ortskdtrn.	

---

[1]) *Dokumente CLI—19 (I. u. II.)*

II.

„In Ausübung der vollziehenden Gewalt . . ."

Verordnung Nr. 30

B e t r.: Meldepflicht auf der Insel Rhodos

In Ausübung der vollziehenden Gewalt wird folgendes angeordnet:

1) Sämtliche Personen, die infolge Luftangriffs in letzter Zeit ihren Aufenthaltsort nach Orten außerhalb Rodi (Stadt) verlegt haben, haben sich bis zum 17. 7. 1944, 12.00 Uhr unter genauer Angabe ihrer Personalien bei den Bürgermeisterämtern ihres derzeitigen Wohnsitzes oder Aufenthaltsortes zwecks Eintragung in eine Liste (Fremdenliste) zu melden.

2) Für sämtliche auf der Insel Rhodos befindlichen Juden beiderlei Geschlechts und aller Altersstufen werden mit sofortiger Wirkung nachstehend aufgeführte Orte als Aufenthalt zugewiesen:

Rodi — Stadt

Trianda

Cremasto

Villanova

Das Verlassen der vorbezeichneten Ortsbereiche wird ihnen bis auf weiteres untersagt.

3) Die Übersiedlung sämtlicher bislang noch nicht in den unter 2) bezeichneten Orten wohnhaften Juden muß bis zum 17. 7. 1944, 12.00 Uhr durchgeführt sein.

4) Sämtliche in den unter 2) bezeichneten Orten wohnhaften und gemäß Ziff. 3) dieser Verordnung neu hinzuziehenden Juden haben sich bis spätestens 17. 7. 1944, 12.00 Uhr, bei den zuständigen Bürgermeisterämtern zwecks Eintragung in eine b e s o n d e r e Meldeliste zu melden. Diese Meldeliste ist von den Bürgermeisterämtern zu führen und hat zu enthalten:

Familienname   Geschlecht

Vorname   Beruf

Alter   Familienstand

Staatsangehörigkeit

Die Haushaltsvorstände sind verpflichtet, die Anmeldung für ihre Familie und etwaiges Hausgesinde durchzuführen.

Wer den Vorschriften dieser Verordnung zuwiderhandelt, wird mit Geldstrafe oder Gefängnisstrafe, in schweren Fällen mit Zuchthaus, bestraft.

Insel Rhodos, den 13. Juli 1944

gez. K l e e m a n n
Der Kommandant Ost-Ägäis

F. d. R.

gez. Unterschrift (unles.)

Leutnant

III.

Der Herr Generalleutnant ist mit seinen Soldaten unzufrieden[1])

Sturmdivision Rhodos   Div. Gef. Std., 16. 7. 1944
    Kommandeur
Dr. B. Nr. 5236/44 geh.

Geheim

Die Judenfrage auf der Insel Rhodos hat Anlaß zu Zweifeln gegeben, ob diese Frage
von mir, als allein für die Politik gegenüber der Bevölkerung verantwortlichen Persönlichkeit, eine Behandlung zuteil werden könnte, die mit der nationalsozialistischen Weltanschauung nicht vereinbar wäre.

Ich hatte nicht erwartet, daß solche Zweifel möglich wären. Es wäre Pflicht der Kommandeure gewesen, Zweifel dieser Art, die im Bereich der ihnen unterstellten Truppe auftreten, s o f o r t auf dem Dienstweg zur Meldung zu bringen, um solchen völlig abwegigen
Gedanken sofort entgegentreten zu können.

Ich ersuche u n v e r z ü g l i c h die notwendigen Maßnahmen zu ergreifen, um jeden
Zweifel über Behandlung der Judenfrage in der Truppe zu beseitigen und gebe hierzu
folgende Richtlinien:

1) Die nationalsozialistische Weltanschauung ist eine unantastbare und selbstverständ-
   liche Voraussetzung und Grundlage für die Behandlung aller die politischen, wirtschaftlichen und sonstigen Verhältnisse des Befehlsbereichs berührenden Fragen.

2) Die Judenfrage kann im Dodekanes nur im Rahmen der gesamten Lage behandelt
   und nur dann einer radikalen Lösung zugeführt werden, wenn eine Reihe von Voraussetzungen erfüllt sind, an deren Schaffung z. Zt. gearbeitet wird.

   Es ist daher für einen mit den politischen, wirtschaftlichen und sonstigen Verhältnissen des Befehlsbereichs und des Süd-Ostraums nicht vertrauten Soldaten
   unmöglich, über Dinge ein Urteil abzugeben, die er nur aus beschränktem Gesichtspunkt zu sehen vermag.

3) Ungeschicklichkeiten und Eigenmächtigkeiten untergeordneter Dienststellen in der
   Behandlung der Judenfrage sowie unverantwortliche Äußerungen einzelner Persönlichkeiten, die zu meiner Kenntnis gekommen sind, werden z. Zt. untersucht
   und ihre entsprechende Behandlung finden.

4) Es liegt im Interesse der eingeleiteten Maßnahmen, die Judenfrage auf Rhodos bis
   zu deren Lösung nicht zum Tagesgespräch in der Truppe zu machen.

gez. K l e e m a n n

---
[1]) *Dokument CLI — 18.*

IV.

Eidesstattliche Erklärung des Erwin Lenz[1]

Ich, Erwin Lenz, Berlin-Zehlendorf, Hilssteig 7, nachdem ich darauf aufmerksam gemacht worden bin, daß ich mich wegen falscher Aussage strafbar mache, sage hiermit unter Eid freiwillig und ohne Zwang folgendes aus:

Ich wurde am 12. April 1914 in Berlin-Spandau geboren. Ich besuchte die Volksschule und Mittelschule in Spandau und die Kaufmännische Berufsschule in Berlin. Danach arbeitete ich als Lehrling und kaufmännischer Angestellter bei den Aron-Werken (später Heliowatt-Werken) in Berlin-Charlottenburg. Im März 1937 wurde ich wegen antinationalsozialistischer Betätigung von der Gestapo verhaftet und am 30. November 1937 zu 2³/₄ Jahren Zuchthaus verurteilt. Im Dezember 1939 wurde ich entlassen, und nachdem ich zuerst als wehrunwürdig erklärt worden war, wurde ich im Frühjahr 1943 zur Division 999 eingezogen, in der sich viele politisch Vorbestrafte befanden. Im Mai 1943 wurde ich mit meiner Abteilung nach Griechenland in Marsch gesetzt und von Athen aus im Flugzeug nach dem Flugplatz Gadurra auf der Insel Rhodos transportiert. Ich gehörte zum Stab der IV. Abteilung des Artillerie-Regiments 999 und war dort als Vermesser und Planzeichner eingesetzt. Unser Kommandeur war damals ein Major Winter, der aus einer kleinen Stadt in Hessen stammte. Die obenerwähnte militärische Einheit war zu dem angegebenen Zeitpunkt die einzige deutsche Artillerie-Abteilung auf Rhodos. Sie war infolgedessen in taktischer Hinsicht keinem Artillerie - R e g i m e n t s s t a b untergeordnet, sondern unterstand direkt dem Stab der „Sturmdivision Rhodos". Der erste feste Standort unseres Stabes befand sich am Berg des Monte di Mezzo im Tal des Torrente Lutani bis September 1943.

Bis zu diesem Datum unterstand die Insel einem rein italienischen Kommando, dem die oben bezeichnete deutsche Division zur Unterstützung zugeteilt war. Als Italien jedoch Anfang September 1943 kapitulierte, wurden die italienischen Truppen auf Rhodos entwaffnet und, soweit sie sich nicht als sogenannte Hilfs- oder Kampfwillige den Deutschen zur Verfügung stellten, Kriegsgefangene.

Im Juni 1944 erfuhr ich durch deutsche Soldaten, deren Namen mir leider nicht mehr bekannt sind, und die als Autofahrer auf dem Flugplatz Gadurra tätig gewesen waren, daß dort 2 höhere ℋ-Offiziere mit einem Sonderflugzeug angekommen waren. Diese Tatsache war deshalb besonders auffällig, weil sich keine ℋ-Truppen auf Rhodos befanden. Durch andere deutsche Soldaten, deren Namen mir gleichfalls nicht mehr geläufig sind, hörte ich dann, daß sich die betreffenden ℋ-Offiziere zum Stab des G e n e r a l l e u t n a n t s Kleemann (dem Kommandeur der „Sturmdivision Rhodos") begeben hätten, wo sie längere Besprechungen führten, über deren Inhalt aber keine Informationen zu erlangen waren. Schon nach einigen Tagen wurden jedoch Plakate auf der ganzen Insel angebracht, in denen in 4 Sprachen (griechisch, türkisch, italienisch und deutsch) die auf Rhodos

---

[1] *Dokument CLI — 12 a.*

lebenden Juden bei Androhung von Strafen aufgefordert wurden, innerhalb einer fest-
gesetzten kurzen Frist ihren Wohnsitz nach einigen namentlich aufgeführten Orten zu
verlegen, die sich an der Nordküste der Insel befanden, u. a. die Orte Trianda, Cremasto,
Villanova, Belpassa etc. Die Plakate trugen als Unterschrift den Namen des Generalleutnants Kleemann. Kurze Zeit darauf vernahm ich von deutschen Soldaten, daß die in
den genannten Orten befindlichen Juden nach einer Kaserne in der Nähe der Stadt Rodi
transportiert worden waren. Dieses Gebäude durften sie nicht verlassen und der ganze
Komplex wurde bewacht. Einige Tage danach erfolgte von der Kaserne der Abtransport
nach dem Hafen der Stadt Rodi.

Ich war an diesem Tage zur Zahnstation nach Rodi gefahren und ich habe selbst
folgendes gesehen: die Juden (ca. 1200 Männer, Frauen und Kinder, die größtenteils
sogenannte Egeo-Staatsbürger waren — eine italienische Bezeichnung für die Bewohner der
Dodekanes-Inseln) mußten dicht an den dort befindlichen alten Befestigungen, mit den
Gesichtern zu den Mauern gewandt, Aufstellung nehmen. Sie hatten kaum Gepäck bei
sich. Deutsche Soldaten, die bei der Absperrung und Bewachung eingesetzt waren, erklärten mir, daß die Juden kein Gepäck mehr nötig haben würden, da sie ja doch nicht
mehr lange lebten. — Es war ein sehr heißer Tag. Griechische und türkische Zivilisten,
die den auf den Abtransport Wartenden Getränke und Lebensmittel bringen wollten,
durften die Absperrungen nicht passieren. Darüber hinaus wurde Juden, die sich von
den Mauern fortwandten, mit Fußtritten und Stößen mit den Gewehrkolben wieder die
,,richtige Haltung" beigebracht.

Am Nachmittag erfolgte die Einschiffung in einige alte Barken, denen jeder ansah, daß
sie für eine längere Seefahrt nicht geeignet waren. Im Hafengelände sich aufhaltende
deutsche Matrosen erklärten mir auf Befragen, daß eine größere Reise ja auch nicht beabsichtigt, sondern die Sache schon nach einigen Seemeilen erledigt wäre. Nähere Erklärungen hierzu konnte ich nicht bekommen. — Bei einem, nach einigen Tagen erneut statt-
gefundenen, Besuch in der Zahnstation erzählten mir unaufgefordert 2 Matrosen, die
von sich behaupteten, die Barken mit den Juden gefahren zu haben, daß in einiger Entfernung von der Insel die Ventile in den Schiffen geöffnet worden sind, sie selbst in Ret-
tungsbooten wieder nach Rhodos zurückfuhren und die Fahrzeuge mit den darauf befindlichen Juden ihrem Schicksal überließen, was bedeutete, daß die Passagiere alle ertrunken
sind. Die Namen dieser beiden Matrosen konnte ich leider nicht ermitteln.

Zu dieser Zeit — also im Juni 1944 — war der Kommandeur der IV. Artillerie-Abteilung, zu deren Stab ich gehörte und deren Standort das Dorf Psito war, ein Major
Matthes. M. war vor dem Kriege evangelischer Pfarrer in Erfurt und befindet sich z. Zt.
noch in britischer Kriegsgefangenschaft in Ägypten. Soweit ich feststellen konnte, hat er
bei der Deportierung der Juden nicht mitgewirkt.

Die obengenannte Abteilung war im Juni 1944 dem Artillerie-Regimentsstab
z. b. V. 627 unterstellt, der sich im Dorf Peveragno befand. Kommandeur dieses Stabes
vor Oberst Weißenburg. Auch W. dürfte nach meinen Ermittlungen an der geschilderten
Aktion nicht beteiligt gewesen sein.

Dieser Regimentsstab unterstand wiederum dem Stab der bereits mehrmals erwähnten „Sturmdivision Rhodos", deren Befehlshaber der gleichfalls schon genannte General-Leutnant Kleemann war (ebenfalls Kommandant der Insel Rhodos und Kommandant Ost-Ägäis). Zum Befehlsbereich Ost-Ägäis gehörten außer Rhodos die Inseln Scarpanto, Caselrosso, Simi, Calchi, Nisirio, Piscopi, Coo, Leros, Samos und andere. — Mit Kleemanns Namen war die beschriebene Aufforderung an die Juden unterschrieben und er dürfte der Hauptverantwortliche für die geschilderte Deportierung gewesen sein, obwohl er die Anweisung hierzu erst von den beiden SS-Offizieren bekommen haben wird. — K. wurde im August 1944 zum General der Panzertruppen befördert und von Rhodos an die Südost-Front versetzt. Das letztemal hörte ich von ihm, als der Bericht des Oberkommandos der Wehrmacht ungefähr im Januar 1944 meldete, daß deutsche Truppen unter Führung des Generals Kleemann Vorstöße der Sowjet-Truppen in Ungarn abgewehrt hätten.

Die „Sturmdivision Rhodos" gehörte zur Heeresgruppe E, deren Kommandeur Generaloberst Loehr war. L. wurde vor einigen Monaten wegen in Jugoslawien begangener Kriegsverbrechen in Belgrad zum Tode verurteilt und erschossen. Ich bezweifle, daß Loehr die Juden-Deportierungen von Rhodos befohlen hat, denn er als Generaloberst der Luftwaffe hätte als Befehlsübermittler sicher nicht 2 SS-Offiziere geschickt.

Die bei der Bewachung der Juden und bei Absperrungsmaßnahmen eingesetzten Soldaten gehörten zu einem Bataillon des Grenadier-Regiments Rhodos (gleichfalls Sturmdivision Rhodos), dessen Kommandeur ein Oberst Schulenburg (oder so ähnlich) war. Die Nummer des betreffenden Bataillons und dessen Kommandeur sind mir nicht mehr bekannt. Diese wird jedoch Herr Gottfried Spachholz, z. Zt. wohnhaft in Bamberg, Weide 3, nennen können, der auch noch viele weitere Einzelheiten der Deportierung angeben kann. — Spachholz gehörte ebenfalls zur IV. Abteilung 999, und da er von Beruf Maler und Bildhauer ist, war er zum Malen von Bildern etc. nach der Stadt Rodi abkommandiert worden, wo er im dortigen Museum wohnte. Spachholz befand sich z. Zt. der Deportierung ständig in Rodi und er kann noch viel besser als ich Auskünfte über die ganze Angelegenheit geben. Außerdem hatte Spachholz auf Grund seiner guten italienischen Sprachkenntnisse gute persönliche Beziehungen zu vielen Einwohnern und er kann sicher viele Zivilisten italienischer und griechischer Volkszugehörigkeit sowie deren Adressen nennen, welche die geschilderten Tatsachen bestätigen werden.

Von deutschen Offizieren und anderen Vorgesetzten wurde nach dem Abtransport, um den umlaufenden Gerüchten entgegenzutreten, die Version verbreitet, daß die Juden nicht ertränkt, sondern nach der Insel Coo geschafft worden sind. Obwohl ich in den folgenden Monaten und später in britischer Kriegsgefangenschaft in Ägypten viele ehemals auf Coo eingesetzte deutsche Soldaten dieserhalb befragte, konnte mir niemand bestätigen, daß jemals Juden von Rhodos auf Coo eingetroffen waren.

Als Ergänzung zu den Deportierungen habe ich noch folgendes nachzutragen:

Nach dem Abtransport eines Teiles der deutschen Inselbesatzung und nach dem Rückzug der deutschen Truppen aus Griechenland im Herbst 1944, setzte in Folge von Nachschubschwierigkeiten auf Rhodos eine Hungersnot ein, von deren Auswirkungen auch die noch auf der Insel verbliebenen deutschen Truppen betroffen wurden.

Das Quartier des Stabes der IV./999 befand sich um diese Zeit wieder in Psito. Eines Tages fand ich auf dem Schreibtisch im Zimmer unseres Ordonnanz- und Nationalsozialistischen Führungsoffiziers, des Oberleutnants Pruntsch aus Jena, eine mehrseitige Mitteilung mit dem Aufdruck „Geheim", die Generalmajor Wagner unterschrieben hatte, der Kommandeur, der dann bestehenden „Panzergrenadier-Brigade-Rhodos" und gleichzeitiger Insel-Kommandant sowie Kommandant Ost-Ägäis war. In diesem Schreiben teilte Wagner u. a. mit, daß er dem Kapitänleutnant Günther den Befehl gegeben habe, das bei den vor einigen Monaten abtransportierten Juden beschlagnahmte und sichergestellte Eigentum zum Eintauschen von Lebensmitteln bei den einheimischen Geschäftsleuten zu verwenden. Gleichzeitig wies W. jedoch darauf hin, daß die Tauschgeschäfte mit sehr viel Geschick abgewickelt werden müßten, da andernfalls Schwierigkeiten von Seiten des Internationalen Roten Kreuzes zu befürchten wären, das zu dieser Zeit die Zivilbevölkerung der Insel mit Lebensmitteln versorgte. Außerdem verpflichtete Wagner in dieser Anweisung jeden Beteiligten zu strengstem Stillschweigen über die Herkunft der Tauschartikel. Trotzdem habe ich durch Erzählungen von deutschen Soldaten erfahren, die als Autofahrer eingesetzt waren, daß derartige Geschäfte stattgefunden haben.

Der ehemalige Generalmajor Wagner befindet sich nach mir zugegangenen Informationen noch in einem Offiziers-Gefangenenlager in Groß-Britannien. Der Aufenthalt des ehemaligen Kapitänleutnants Günther ist mir dagegen nicht bekannt. Er dürfte aber auch noch in britischer Kriegsgefangenschaft sein, entweder im Kommandobereich Middle-East oder auch in Groß-Britannien.

Nach der Kapitulation der deutschen Wehrmacht am 8. Mai 1945 besetzten britische Truppen Rhodos. Ich selbst verließ diese Insel am 24. 5. 1945 und wurde als Kriegsgefangener nach Ägypten gebracht.

Ich habe jede der acht Seiten dieser eidesstattlichen Erklärung sorgfältig durchgelesen und eigenhändig gegengezeichnet, habe die notwendigen Korrekturen in meiner eigenen Handschrift vorgenommen und mit meinen Anfangsbuchstaben gegengezeichnet und erkläre hiermit unter Eid, daß ich in dieser Erklärung nach meinem besten Wissen und Gewissen die reine Wahrheit gesagt habe.

gez. E r w i n L e n z

Endlich

... Der Weltkrieg ließ das Volk sich als Einheit bewähren und brachte den Frontgeist und die Frontgemeinschaft, die in den Frontkämpferbünden und mit dem völkischen Geist vereint in der NSDAP. gegen die noch einmal scheinbar siegreiche Welt der fremden Anschauungen Sturm liefen und endlich siegten.

Kurt P a s t e n a c i : „Das viertausendjährige Reich der Deutschen", im Nordland-Verlag, Berlin 1940, Seite 308.

---

7. Korfu[1])

I.

Die Verhaftung

Gruppe Geheime Feldpolizei 621   O. U., den 27. 3. 1944
K o m m a n d o   b e i   d e m   XXII. G e b. A. K.

B e r i c h t

B e t r.: Evakuierung der Juden aus Joannina

Am 25. 3. 1944 wurden unter der Leitung des Majors der Ordnungspolizei Hafranek,
unter Mitwirkung der Truppe, Feldgendarmerie, Ordnungspolizei und GFP 621 (Außen-
stelle Joannina) die Juden Joanninas evakuiert. Auch die griechische Polizei wurde zur Mitarbeit herangezogen.

Um 3.00 Uhr früh des 25. März wurden die Ghettos durch die Truppe abgesperrt.
Um 5.00 Uhr früh wurde der Vorsitzende der jüdischen Gemeinde davon verständigt, daß
innerhalb drei Stunden sämtliche Juden mit ihren gesamten Familienangehörigen sich auf
vorherbestimmten Sammelplätzen einzufinden hätten. An Gepäck dürfe pro Familie 50 kg
mitgenommen werden.

Griechische Gendarmerie und Sicherheitspolizei sowie Mitglieder des jüdischen Rates
führten die Verständigung der Hebräer durch. Es wurde zugleich bekanntgemacht, daß
jeder jüdische Angehörige, der sich nach 8.00 Uhr nicht auf dem Sammelplatz befinde,
erschossen würde. Bis 7.45 Uhr waren sämtliche Viertel geräumt und die Juden auf dem
Sammelplatz erschienen. Starke Streifen der deutschen Ordnungspolizei überwachten die
Entleerung der Ghettos. Plakate in griechischer Sprache, die jede Plünderung mit sofor-
tigem Erschießen androhten, klebten an der Mehrzahl der Häuser. Die Aktion ging ohne
jeden Zwischenfall vor sich. Um 8.00 Uhr konnte mit dem Abtransport begonnen werden.
Die Lkw. waren bereits vorher in den Zufahrtstraßen der Sammelplätze aufgestellt. Die
Beladung erfolgte unter Aufsicht der Feldgendarmerie und der deutschen Ordnungspolizei,

---

[1]) *Dokumente CLI — 32.*

außerdem wurde jeder Beifahrer zur Durchzählung und Übernahme der Juden für sein Fahrzeug verantwortlich gemacht. Um 10.00 Uhr war die Verladung sämtlicher Hebräer beendet und die Kolonne von etwa 80 Lkw. setzte sich in Richtung Trikkala in Bewegung.

Die Aktion muß als vollständig geglückt bezeichnet werden, da 95 %/o der erfaßten Juden abtransportiert werden konnten. Die Zusammenarbeit der daran beteiligten Dienststellen, auch der gr. Polizei war vorbildlich.

Die griechische Bevölkerung, die inzwischen von der Aktion Kenntnis erhalten hatte, sammelte sich in den Straßen der Stadt. Mit stiller Freude, die man ihren Gesichtern ablesen konnte, verfolgten sie den Auszug der Hebräer aus ihrer Stadt. Nur in ganz seltenen Fällen ließ sich ein Grieche herbei, einem jüdischen Rassegenossen Lebewohl zuzuwinken. Man konnte klar erkennen, daß diese Rasse bei alt und jung gleich unbeliebt war. Mitleid mit deren Schicksal oder gar mißgünstige Beurteilung der Aktion wurden in keinem einzigen Falle bekannt.

Die Abschiebung der Juden hat nach verschiedentlich einlaufenden Meldungen unter der Bevölkerung eine große Befriedigung ausgelöst. Die Sympathie für die Deutschen sei durch diese Aktion gestiegen.

Da die vorhandenen Gegenstände, sowie Lebensmittel den griechischen Behörden zwecks Aufnahme und Verwaltung zugeteilt wurden, wurde der Propaganda der EAM die Spitze genommen. Aus EDES-Kreisen wird nur volle Zustimmung laut.

Allgemein wird geäußert, daß dem Verwaltungsausschuß des jüdischen Vermögens unbedingt ein deutscher Beobachter beigegeben werden müsse, um Unstimmigkeiten oder Unregelmäßigkeiten bei deren Verteilung zu verhindern.

Allgemein wird ein Sinken der Preise auf dem schwarzen Markt erwartet, da die Großabnehmer der Landbevölkerung zum großen Teil aus Juden bestanden.

In den letzten Tagen konnte nun auf dem Markte eine merkliche Beruhigung festgestellt werden. Es zeigte sich hiermit, daß der Einfluß der wenigen Juden hier doch von ausschlaggebender Bedeutung war.

Insgesamt wurden am 25. 3. 44 1725 jüdische Rassenangehörige abtransportiert.

gez. Unterschrift (unleserlich)
Unteroffizier

U.
an I c XXII. Geb. A. K. im
S t a n d o r t
zur Kenntnis weitergereicht.

N a c h r i c h t l i c h :
an L ö w e

gez. Unterschrift (unleserlich)
Feldwebel u. Außenstellenleiter

II.

Das Generalkommando XXII wünscht schlagartige Evakuierung

Generalkommando XXII. (Geb.) A. K.
I c   Nr. 5564/44 geheim   K. H. Qu., den 18. 5. 1944
B e t r.: Abtransport der Juden aus Korfu

G e h e i m !

An
O b e r k o m m a n d o H e e r e s g r u p p e E.

Anliegend wird abschriftlich eine Meldung des Inselkommandanten Korfu vom 14. 5. 1944 vorgelegt, derzufolge der SD Jannina beabsichtigt, die auf Korfu befindlichen Juden abzutransportieren.

Das Generalkommando hält die vorgesehene Maßnahme nur dann für angebracht, wenn die Evakuierung schlagartig unter s o f o r t i g e m r e s t l o s e m Abtransport durchgeführt wird, da anderenfalls die in der anliegenden Meldung hervorgehobene nachteilige Auswirkung unvermeidlich sein würde.
(handschrftl. Satz unleserlich)

Für das Generalkommando
Der Chef des Generalstabes
gez. Unterschrift

III.

Der Schiffsraum ist in keiner Weise ausreichend

Oberst Jäger   Gef. Std., den
                                                             Stempel:
                                                    Gen. Kdo. XXII Bef. Fr. K.
                                                    am: 18. Mai 1944
                                                    Nr. 5564/44 geh.
                                                    Beil.: — —
                                                    Referat: I c

Dem
G e n. K d o. X X I I (G e b.) A. K.
B e t r i f f t : Abtransport der Juden aus Korfu

Am 13. 5. 44 meldete sich beim Inselkommandanten ⁄⁄-Obersturmführer v. Manowsky mit einem Auftrag des Reichsführers-⁄⁄, die Juden aus Korfu abzuschicken.

Da diese Maßregel an die Aufbringung des Schiffsraumes gebunden ist — es handelt sich um etwa 1800—2000 Juden — wurde dieser beim Admiral Ägäis angefordert. Eine erschöpfende Antwort ist bis zur Stunde nicht erfolgt. Der ⁄⁄-Obersturmführer ist inzwischen abgereist.

Zu dieser Frage:

Der gegenwärtig zur Verfügung stehende taktische Schiffsraum ist für vorstehende Aufgabe in keiner Weise ausreichend. Selbst der Abtransport von 10 Engländern dauerte vier Tage; überdies waren in Igumenica die für den Weitertransport nötigen Fahrzeuge nicht vorhanden.

Eine Festnahme von 2000 Juden in Korfu würde auf große Schwierigkeiten stoßen und könnte die Verteidigung der Insel erheblich benachteiligen.

1)

Wenn zusätzlicher Schiffsraum freigestellt werden sollte, so wären in erster Linie Badoglio-Italiener abzuschieben, die als ehemalige Soldaten weit gefährlicher sind als die Juden, über die nebenbei nie eine Klage war.

2)

Die Juden besitzen erhebliche Bestände an Gold, Juwelen, Stoffe usw. Sie sind gewarnt. Eine Verbindung zu den WU-Mannschaften vom VIII./999 wäre eine große Gefahr, da die Juden mit Bestechungen arbeiten würden, um in den Bergen bleiben zu können.

3)

Die Juden sollten verhaftet, die Wohnungen gesperrt, die Schlüssel den griechischen Behörden übergeben werden. F o l g e : Einbrüche der griechischen Polizei, der Bevölkerung und der Soldaten. Das Gold, das gegenwärtig neutralisiert ist und uns keinen Schaden zufügt, würde als Bestechungsgeld unsere Soldaten und die deutsche Autorität korrumpieren, in seiner großen Masse nur dem Feinde dienen. Die griechische Polizei erhält endlich die so sehr wichtig erwarteten Gelder für den Nachrichtendienst gegen uns, der Rest fließt den Kommunisten zu.

Zur letzten Frage:

Die Wahlen der örtlichen griechischen Sowjets in die Hauptversammlung Korfu haben stattgefunden, sie konnten leider von uns nicht gefaßt werden. Die Kommunisten haben Weisungen erhalten, im Falle eines Abzuges der Deutschen (?) mit einem Drittel in den Dörfern zu bleiben, ein Drittel hätte das Dorf im Umkreis von 5 km zu sichern und ein Drittel hätte sich in die Stadt Korfu zu begeben.

4)

Selbst wenn ausreichender Schiffsraum zugewiesen werden sollte, müßte die Aktion in wenigen Tagen beendet werden können. Dies wird nicht möglich sein, da sowohl Schiffe wie verläßliche Menschen fehlen.

5)

Da die Bevölkerung mit den Juden solidarisch ist und diese als Griechen ansieht, ist auch mit passiver Resistenz der griechischen Schiffsbesatzung zu rechnen.

6)

Das noch immer im Hafen befindliche Rote-Kreuz-Schiff würde für Greuelpropaganda Sorge tragen.

7)

Der gegenwärtige Zeitpunkt ist mit Rücksicht auf die allgemeine Lage wohl denkbarst ungeeignet.

R é s u m é :

Korfu ist militärisches Vorfeld. Es kann nicht erwünscht sein, die Evakuierung der Juden um den Preis moralischer Einbuße seitens der Truppe, effektiver Stärkung der feindlichen Nachrichteneinrichtungen, Anfachung der Bandentätigkeit und einem ethischen Prestigeverlust in den Augen der Bevölkerung zu erkaufen. Letzteres deshalb, weil die unvermeidbaren Brutalitäten nur abstoßend wirken können. Hierzu kommt das Unvermögen, diese Aktion kurz und schmerzlos durchführen zu können.

V o r s c h l a g :

Die Aktion wäre auf unbestimmte Zeit zu verschieben.

gez.: Jäger
Oberst und Inselkommandant

H a n d s c h r i f t l i c h :

Nur dann, wenn schlagartig
erfolgen könnte, da sonst
(unleserlich).

Maul halten

Der Marineverwaltungs-Assistent Kurt Trannecker brachte einen Transport Bekleidung von Kiel nach Libau. Er blieb einige Wochen in Libau und gab seiner Mißbilligung über die dort herrschenden Zustände in bezug auf die Ausrottung der Juden Ausdruck.

Er ging dann zurück nach Kiel zu dem dortigen Bekleidungsamt. Dort äußerte er sich ebenfalls mißbilligend und wurde daraufhin zur Marine-Intendantur vorgeladen. Wen er dort sah, weiß ich nicht, aber es wurde ihm bedeutet, diese Sachen wären nicht wahr und er sollte darüber nicht mehr sprechen, da er sonst die größten Unannehmlichkeiten haben könnte.

Auszug aus der eidesstattlichen Erklärung von Marine-Verwaltungsinspektor Kurt D i e t m a n n (3. Mai 1946) Dokument D—841.

IV.
Kampf um den Schiffsraum

A m 13. 5. 44 erschien SS-Ostuf. Burger und erklärte, mit der Durchführung der Aktion (asoziale Elemente) beauftragt zu sein.

Am gleichen Tage wurde sofort beim Admiral Ägäis angefragt, ob für diese Aktion zusätzlicher Schiffsraum freigemacht werden könnte.

A m 24. 5. 44 traf, ohne daß diese Frage beantwortet worden war, der angeforderte zusätzliche Schiffsraum ein.

Am gleichen Tage wurde dem Gen. Kdo. XXII (Geb.) A. K. die Ankunft der Schiffe mit der gleichzeitigen Bitte gemeldet, die Aktion durch SS-Ostuf. Burger nunmehr durchführen zu lassen.

SS-Ostuf. Burger, der am 15. 5. 44 Korfu verlassen hatte, wurde von hier in Igumenica und Joannina telefonisch gesucht, aber nicht erreicht und traf auch nicht ein.

A m 26. 5. 44 wurde das anliegende Flugblatt und Plakat in Druck genommen. Vor Ausgabe bezw. Anschlag ist das Einverständnis der griechischen Behörde am Tage der Durchführung der Aktion einzuholen.

A m 28. 5. 44 abends wurden die Schiffe
M. A. L. 5, S. F. 285, S. F. 266, J 70 und 2 M. S. vom Admiral Ägäis abgezogen „auch falls J . . . Transport noch nicht erledigt".

A m 29. 5. 44 gelang es gegen Mittag, den in der Nacht zu diesem Tage, also 5 Tage zu spät, angekommenen SS-Ostuf. Burger, der sich nach seinem Eintreffen von sich aus weder beim Kreiskommandanten noch hier gemeldet hatte, zu erreichen. Ihm wurde der am 28. 5. 44 erfolgte Abzug der genannten Schiffe bekanntgegeben.

Zusammen mit SS-Ostuf. Burger, aber ohne Zusammenhang mit ihm, traf Feldgendarmerie aus Joannina in Stärke 1 : 8 auf Korfu ein.

Am Nachmittag bestimmte Inselkommandant nach persönlicher Erkundung mit SS-Ostuf. Burger und Fw. Günter von der geh. Feldpolizei die Räume in der Ostzitadelle zur Sammlung der Juden.

A m 30. 5. 44 machte der in der Nacht zu diesem Tage von Patras über Igumenica eingetroffene Seekommandant Westgriechenland, Kapitän z. See Magnus, dem Inselkommandanten die Mitteilung, daß der Schiffsraum am 28. 5. 44 abgezogen sei, da am nächsten Abend neuer Schiffsraum eintreffen sollte und auch eingetroffen ist (Überfüllung wegen Luftgefahr mußte unbedingt vermieden werden).

Kapitän z. See Magnus besuchte seinerseits am Vormittag SS-Ostuf. Burger und sagte zu, trotz Bedenken im Hinblick auf den Benzinverbrauch (etwa 10 000 l) nochmals besonderen Befehl zum Einsatz der Schiffe zu erbitten. Eine Verzögerung der Aktion wäre, da die Schiffe sowieso erst entladen werden müßten, nicht zu befürchten.

Noch bevor Anfrage hinausgehen konnte, traf der nachgenannte Funkspruch der Heeresgruppe E, weitergegeben an Kapitän z. See Magnus durch seine Dienststelle in Patras bei ihm hier ein:

„Zu Frage Judentransport drahtet Heeresgr. E: Abschub über Igumenica zur Zeit nicht möglich, da wegen anderen Unternehmen der gesamte Kw.-Transport für Truppentransport und Versorgung benötigt wird und Betriebsstoffzuteilung weiter gekürzt ist, bleibt nur Abtransport Korfu — Patras und dann mit Bahn. Weiteres abwarten."

Kapitän z. See Magnus teilte den Inhalt dieses Funkspruchs um 13.00 Uhr dem Inselkommandanten mit und gab ihn auch dem ╫-Ostuf. Burger sofort telefonisch verdeckt durch.

Augenblicklicher Stand: 2 Siebelfähren klar, 2 unklar.

gez.: M a g n u s	gez.: J ä g e r
Kapitän zur See und See-	Kom. d. Fesl. Inf. Rgt. 1017
kommandant Westgriechenland	u. Inselkdt.

V.
Der Schiffsraum war vorhanden

Der Befehlshaber der Sicherheits- Joannina, am 17. 6. 1944
polizei und des SD f. Griechenland
Außendienststelle Joannina
IV B.—44.—

G e h e i m !

An das
G e n. K o m. XXII. (Geb.) A. K. IC
Feldkommandantur 1032.— Tc.
i m S t a n d o r t

Stempel:
Eingegangen: 19. Juni 1944
6943/44 geh.
(unleserlich)
Referat: I c v

B e t r i f f t : Judenaktion auf Korfu

V o r g a n g : Ohne

Im Zuge der Judenaktion auf Korfu sind insgesamt 1795 Personen festgenommen und abtransportiert worden. Das Vermögen dieser Juden ist bestimmungsgemäß dem Gouverneur von Korfu zur Verwaltung und Verwertung in eigener Zuständigkeit übergeben worden.

Ich bitte um Kenntnisnahme.

╫-Hptstuf. u. Krim. Kom.

(Unterschrift unleserlich)

8. Abkommen zwischen OKW, OKH und Reichssicherheitshauptamt

I.

Ohlendorfs Verhör[1])

(Auszüge)

Oberst Amen[2]): Bitte erklären Sie dem Gerichtshof die Bedeutung der Worte „Einsatzgruppe" und „Einsatzkommando".

Ohlendorf: Der Begriff „Einsatzgruppe" wurde gefunden nach einem Abkommen zwischen den Chefs des Reichssicherheitshauptamtes und dem OKW und OKH über den Einsatz eigener sicherheitspolizeilicher Verbände im Operationsraum. Der Begriff der „Einsatzgruppe" wurde zum ersten Male im Polen-Feldzug aufgestellt.

Das Abkommen mit dem OKH und OKW wurde aber erst vor Beginn des Rußland-Feldzugs getroffen. In diesem Abkommen wurde bestimmt, daß den Heeresgruppen bzw. Armeen ein Beauftragter des Chefs der Sicherheitspolizei und des SD zugeteilt würde, dem gleichzeitig mobile Verbände der Sicherheitspolizei und des SD, in Form einer Einsatzgruppe, unterteilt in Einzelkommandos, unterstellt würden. Die Einsatzkommandos sollten nach Weisung der Heeresgruppe, beziehungsweise der Armee, den Heereseinheiten nach Bedarf zugeteilt werden...

Oberst Amen: Erklären Sie bitte, falls Sie es wissen, ob vor dem russischen Feldzug ein Übereinkommen zwischen OKW, OKH und RSHA zustande kam?

---

[1]) *Otto Ohlendorf, Amtschef III im Reichssicherheitshauptamt (RSHA) im Verhör in Nürnberg am 3. Januar 1946 (Vormittagssitzung).*

[2]) *Oberst John Harlan Amen von der USA-Anklage-Behörde.*

O h l e n d o r f :	Jawohl. Der Einsatz der von mir geschilderten Einsatzgruppen und Einsatzkommandos wurde nach einem schriftlichen Abkommen zwischen OKW, OKH und Reichssicherheitshauptamt hergestellt.
O b e r s t A m e n :	Woher wissen Sie, daß ein solches Abkommen schriftlich getroffen wurde?
O h l e n d o r f :	Ich bin wiederholt dabei gewesen, als die Verhandlungen, die Albrecht und Schellenberg mit dem OKW und OKH führten, besprochen wurden und habe außerdem das Ergebnis dieser Verhandlungen, das schriftliche Abkommen, direkt in die Hände bekommen, als ich die Einsatzgruppe übernahm ...
O b e r s t A m e n :	Stimmt es, daß eine Einsatzgruppe an jede Armeegruppe oder Armee angeschlossen war?
O h l e n d o r f :	Jeder Heeresgruppe sollte eine Einsatzgruppe zugeteilt werden, die Einsatzkommandos dann wiederum von der Heeresgruppe den Armeen.
O b e r s t A m e n :	Und war es die Aufgabe des Armeebefehlshabers, die Territorien zu bestimmen, in denen die Einsatzgruppe arbeiten sollte?
O h l e n d o r f :	Für die Einsatzgruppe war das Territorium ja dadurch schon bestimmt, daß sie einer bestimmten Heeresgruppe zugeteilt wurde und daher mit der Heeresgruppe marschierte, während für die Einsatzkommandos die Territorien dann durch die Heeresgruppe beziehungsweise durch die Armeen festgelegt wurden.
O b e r s t A m e n :	Sah das Abkommen auch vor, daß das Armeekommando die Zeit bestimmen sollte, während welcher sie zu operieren hätten?
O h l e n d o r f :	Das war in dem Begriff „Marsch" enthalten.
O b e r s t A m e n :	Konnte das Armeekommando Ihnen auch irgendwelche weiteren Aufgaben zuweisen?
O h l e n d o r f :	Jawohl, über dem an sich vorhandenen sachlichen Weisungsrechte des Chefs der Sicherheitspolizei und des SD schwebte sozusagen die Generalformulierung, daß die Armee Weisungen geben konnte, wenn es die operative Lage notwendig machte ...
O b e r s t A m e n :	Welche Stellung hatten Sie auf Grund dieses Abkommens inne?
O h l e n d o r f :	Ich habe vom Juni 1941 bis zum Tode Heydrichs im Juni 1942 die Einsatzgruppe D geführt und war Beauftragter des Chefs der Sicherheitspolizei und des SD bei der 11. Armee ...
O b e r s t A m e n :	Welches war die offizielle Aufgabe der Einsatzgruppen im Hinblick auf Juden und kommunistische Kommissare?
O h l e n d o r f :	Über die Frage von Juden und Kommunisten war den Einsatzgruppen und den Einsatzkommandoführern vor dem Abmarsch mündliche Weisung erteilt.

Oberst Amen:	Welches waren ihre Weisungen im Hinblick auf die Juden und die kommunistischen Funktionäre?
Ohlendorf:	Es war die Weisung erteilt, daß in dem Arbeitsraum der Einsatzgruppen im russischen Territorium die Juden zu liquidieren seien, ebenso wie die politischen Kommissare der Sowjets.
Oberst Amen:	Wenn Sie das Wort „liquidieren" verwenden, meinen Sie „töten"?
Ohlendorf:	Damit meine ich „töten".
Oberst Amen:	Wer war der Befehlshaber der 11. Armee?
Ohlendorf:	Befehlshaber der 11. Armee war zuerst Ritter von Schober und später von Manstein.
Oberst Amen:	Wollen Sie bitte dem Gerichtshof mitteilen, in welcher Art und Weise der Befehlshaber der 11. Armee die Einsatzgruppe D bei ihrer Liquidierungstätigkeit leitete und überwachte?
Ohlendorf:	In Nikolajew kam ein Befehl der 11. Armee, daß die Liquidationen nur in einer Entfernung von 200 km vom Quartier der Oberbefehlshaber entfernt, durchgeführt werden dürften.
Oberst Amen:	Können Sie sich noch an irgendeine andere Gelegenheit erinnern?
Ohlendorf:	In Simferopol wurde vom Armeeoberkommando an die zuständigen Einsatzkommandos die Bitte herangetragen, die Liquidationen zu beschleunigen, und zwar mit der Begründung, daß in diesem Gebiet Hungersnot drohe und ein großer Wohnungsmangel sei.
Oberst Amen:	Wissen Sie, wieviele Personen durch die Einsatzgruppe D liquidiert wurden, und zwar unter Ihrer Führung?
Ohlendorf:	In den Jahren von Juni 1941 bis Juni 1942 sind von den Einsatzkommandos etwa 90 000 als liquidiert gemeldet worden.
Oberst Amen:	Schließt diese Zahl Männer, Frauen und Kinder ein?
Ohlendorf:	Jawohl.

Die jüdische Psychoanalyse

Selbstverständlich ist die jüdische Psychoanalyse nichts von Grund aus Neues. Das hieße der Unproduktivität der jüdischen Rasse hier wie anderswo zuviel Ehre antun.

Dr. theol. habil. Heinz **Hunger**: „Germanentum, Christentum und Judentum", herausgegeben von Dr. Walter Grundmann, Georg-Wigand-Verlag, Leipzig 1942, Seite 314.

Oberst Amen:	Worauf gründen Sie diese Ziffern?
Ohlendorf:	Das sind Meldungen, die von den Einsatzkommandos an die Einsatzgruppen gegeben wurden.
Oberst Amen:	Wurden Ihnen diese Meldungen vorgelegt?
Ohlendorf:	Jawohl.
Oberst Amen:	Und Sie haben sie gesehen und gelesen?
Ohlendorf:	Bitte?
Oberst Amen:	Und Sie haben sie persönlich gesehen und gelesen?
Ohlendorf:	Jawohl.
Oberst Amen:	Und auf diese Meldungen stützen Sie sich bei den dem Gerichtshof angegebenen Zahlen?
Ohlendorf:	Jawohl.
Oberst Amen:	Haben Sie persönlich Massenhinrichtungen dieser Leute überwacht?
Ohlendorf:	Ich bin bei zwei Massenhinrichtungen inspektionsweise dabeigewesen.
Oberst Amen:	Wollen Sie dem Gerichtshof Einzelheiten beschreiben, wie eine bestimmte Massenhinrichtung durchgeführt wurde?
Ohlendorf:	Ein örtliches Einsatzkommando versuchte eine vollständige Erfassung der Juden herbeizuführen durch Registrierung. Die Registrierung wurde den Juden selbst aufgegeben.
Oberst Amen:	Unter welchem Vorwand wurden sie zusammengetrieben?
Ohlendorf:	Die Zusammenfassung erfolgte unter dem Vorwand der Umsiedlung.
Oberst Amen:	Wollen Sie fortfahren!
Ohlendorf:	Nach der Registrierung wurden die Juden an einem Ort zusammengefaßt. Von da aus wurden sie dann später an den Hinrichtungsort gefahren. Der Hinrichtungsort war in der Regel ein Panzer-Abwehrgraben oder eine natürliche Gruft. Die Hinrichtungen wurden militärisch durchgeführt, durch Pelotons mit entsprechenden Kommandos.
Oberst Amen:	Wie wurden sie zum Hinrichtungsort hinbefördert?
Ohlendorf:	Sie wurden mit LKWs an die Hinrichtungsstätte gefahren, und zwar immer nur soviel, wie unmittelbar hingerichtet werden konnten; auf diese Weise wurde versucht, die Zeitspanne so kurz wie möglich zu halten, in der die Opfer von dem ihnen Bevorstehenden Kenntnis bekamen, bis zu dem Zeitpunkt der tatsächlichen Hinrichtung ...

372

O b e r s t   A m e n :   Was geschah mit dem Eigentum und den Kleidern der erschossenen Leute?

O h l e n d o r f :   Wertgegenstände wurden bei der Registrierung beziehungsweise
der Zusammenfassung beschlagnahmt, waren abzugeben und wur-
den über das Reichssicherheitshauptamt oder direkt dem Finanz-
ministerium übergeben. Die Kleider wurden zuerst an die Bevölkerung verteilt und im Winter 1941/42 von der NSV unmittelbar
erfaßt und disponiert . . .

O b e r s t   A m e n :   Was ist zum Beispiel mit Uhren geschehen, die den Opfern abgenommen wurden?

O h l e n d o r f :   Die Uhren wurden auf Anforderung der Armee der Front zur
Verfügung gestellt . . .

O b e r s t   A m e n :   Gab es sonstige Quellen, aus denen sich das Personal rekrutierte?

O h l e n d o r f :   Jawohl, der breite Mannschaftsbestand wurde durch die Waffen-SS
und Ordnungspolizei gestellt. Die Staatspolizei und die Kriminal-
polizei stellten die Sachbearbeiter im wesentlichen, während von
der Waffen-SS und Ordnungspolizei die Mannschaften gestellt
wurden.

O b e r s t   A m e n :   Wie stand es mit der Waffen-SS?

O h l e n d o r f :   Die Waffen-SS sollte den Einsatzgruppen genau wie die Ordnungspolizei eine Kompanie stellen.

II.

Schellenbergs Verhör[1])

O b e r s t   A m e n :   Wissen Sie etwas über ein Übereinkommen zwischen dem OKW,
OKH und dem RSHA, betreffend den Einsatz von Einsatzgruppen
und des Einsatzkommandos im russischen Feldzug?

S c h e l l e n b e r g :   Ende Mai 1941 fanden Verhandlungen statt zwischen dem damaligen Chef der Sicherheitspolizei und dem Generalquartier-
meister Wagner, General Wagner.

O b e r s t   A m e n :   Und wem?

S c h e l l e n b e r g :   Dem Generalquartiermeister des Heeres, General Wagner.

O b e r s t   A m e n :   Waren Sie bei den Besprechungen persönlich zugegen?

S c h e l l e n b e r g :   Ich war bei der Abschlußbesprechung als Protokollführer persönlich
zugegen . . .

---

[1]) *Walter Schellenberg, SS-Brigadeführer und Generalmajor der Waffen-SS,
war Amtschef VI des Reichssicherheitshauptamtes (RSHA) im Verhör am 4. Januar 1946 (Vormittagssitzung).*

9. Die Zusammenarbeit war sehr eng, ja fast herzlich[1])

...Die Einsatzgruppe A marschierte befehlsgemäß am 23. Juni 1941, dem zweiten Tage des Ostfeldzuges, nachdem die Fahrzeuge in einsatzfähigen Zustand versetzt worden waren, in den Bereitstellungsraum ab. Die Heeresgruppe Nord mit der 16. und 18. Armee und der Panzergruppe 4 hatte tags zuvor den Vormarsch angetreten. Es handelte sich nun darum, in aller Eile persönlich mit den Armeeführern wie auch mit dem Befehlshaber des rückwärtigen Heeresgebietes Fühlung aufzunehmen. Von vornherein kann betont werden, daß die Zusammenarbeit mit der Wehrmacht im allgemeinen gut, in Einzelfällen, wie z. B. mit der Panzergruppe 4 unter Generaloberst Hoeppner, sehr eng, ja fast herzlich war. Mißverständnisse, die in den ersten Tagen mit den einzelnen Stellen entstanden waren, wurden durch persönliche Aussprachen im wesentlichen erledigt.

[1]) *Dokument US — 276. Auszug aus dem Bericht der Einsatzgruppe A vom 15. Oktober 1941.*

Ostgermanische Heldenvölker

Es mußten erst zwanzig Jahre vergehen, in denen sich aus Schmach und Ohnmacht ein erstarktes Reich erhob und sein Führer gerade „ a n d e r W i e g e d e r o s t g e r m a n i s c h e n H e l d e n v ö l k e r ", wie Kossinna das Weichselland nannte, die Fahne der deutschen Befreiung aufzuziehen befahl.

Prof. Dr. Werner R a d i g : „Die Burg", Vierteljahresschrift des Instituts für deutsche Ostarbeit, Krakau, Heft 1, Januar 1941, 2. Jahrgang, Seite 5.

Armeeoberkommando 11 _____ _____, den ___ Juli 1941.
Abt. Ic/A.O. _____

CLI-77

      Ein Sonderfall gibt Veranlassung, auf Folgendes ausdrücklich hinzuweisen:
      Bei der in Osteuropa herrschenden Auffassung vom Wert des Menschenlebens, können deutsche Soldaten Zeugen von Vorgängen werden (Massenhinrichtungen, Ermordung von Zivilgefangenen, Juden u.a.m.), die sie im Augenblick nicht verhindern können, die aber zutiefst gegen das deutsche Ehrgefühl verstossen.
      Es ist eine Selbstverständlichkeit für jeden gesund empfindenden Menschen, dass von solchen abscheulichen Ausschreitungen keine fotografischen Aufnahmen angefertigt werden oder über sie in Briefen an die Heimat berichtet wird. Das Anfertigen oder Verbreiten solcher Fotografien oder Berichte über solche Vorgänge werden als ein Untergraben von Anstand und Manneszucht in der Wehrmacht angesehen und streng bestraft. Alle etwa vorhandenen Bilder oder Berichte über solche Ausschreitungen sind zusammen mit den Negativen einzuziehen und unter Angabe des Herstellers oder Verbreiters dem Ic/A.O. der Armee einzusenden.
      Ein neugieriges Begaffen solcher Vorgänge liegt unter der Würde des deutschen Soldaten.

          Für das Armeeoberkommande:
          Der Chef des Generalstabes
          Im Entwurf gez.:
          W ö h l e r .

————————————

22. D i v i s i o n   Div.Gef. Stand, den 27.7.41.
   Abt. I c.
————————————

      Obige Abschrift wird zur Kenntnis und Beachtung übersandt.

          Für das Divisionskommando:
          Der erste Generalstabsoffizier.

Verteiler B u.
unterstellte Einheiten.
————————————

10. Neugieriges Begaffen verstößt gegen soldatisches Ehrgefühl

Feldkommandantur 581.

Lomza, den 4. Juli 1941.

ANORDNUNG.

Sämtliche Juden und Jüdinnen vom 12. Lebensjahr an haben auf Brust und Rücken einen runden gelben Fleck von mindestens 10 cm Durchmesser sichtbar zu tragen. Diese Massnahme muss bis zum 7 Juli 1941 durchgeführt sein.

Zuwiderhandelnde werden bestraft.

Krüger
Major u. Feldkommandant.

ZARZĄDZENIE.

Wszyscy Żydzi i Żydówki od 12 roku życia począwszy, obowiązani są nosić naszyte na piersiach i plecach żółte, okrągłe łaty o średnicy conajmniej 10 cm. Łaty te mają być zawsze widoczne. Zarządzenie to ma być wykonane do dnia 7 lipca 1941.

Nie stosujący się do niniejszego zarządzenia będą ukarani.

Krüger
Major i Komendant Polowy.

11.

Kabbala

Das Jahr 1941 sollte der Termin sein, da nach den „W e i s s a g u n g e n d e r K a b b a l a" der jüdische Thron über allen Völkern der Erde errichtet sei.

Engelbert H u b e r : „Das ist Nationalsozialismus", Organisation und Weltanschauung der NSDAP — Union-Deutsche-Verlags-Anstalt, Stuttgart-Berlin-Leipzig 1933, Seite 94.

---

12. 400 Soldaten zur Verfügung gestellt[1])

Sonderkommando 10a   O. U., den 3. Aug. 1941

An

Einsatzgruppe D

1. Aufenthalt des Kommandos in Petschanka dauert noch an, da Vormarschstraßen für Pkw größtenteils unpassierbar und infolge Stockung der militärischen Operationen die in Betracht kommenden Ortschaften schon überbelegt sind. Voraussichtlich morgen Weitermarsch nach Kodyma. Balta noch in russischer Hand.

2. In Kodyma von Teilkdo. wegen Aufruhrs und Vorbereitung von Angriffen auf Deutsche Wehrmacht Razzia im Judenviertel veranstaltet, wozu XXX. A. K. dem Teilkdo. 400 Sodaten zur Verfügung stellte. Dabei Anwendung von Waffengewalt notwendig. Von den Festgenommenen im Einvernehmen mit kdr. General 99 Personen, darunter 97 Juden, erschossen, etwa 175 als Geiseln festgesetzt, Rest entlassen. Exekution durch 24 Mann der Wehrmacht und 12 der Sicherheitspolizei. Näheres ergibt sich aus beiliegendem Sonderbericht.

3. Fortsetzung der Arbeit auf dem Wirtschaftssektor. In Tschetschelnik, Oligopol, Shabokditschka und Kataschin 7 Kolchosen und eine Zuckerfabrik, in anderen Orten noch einige weitere Betriebe in Gang gebracht. In Petschanka selbst verlaufen die Arbeiten unter starker Heranziehung des jüdischen Bevölkerungsteiles planmäßig. Insgesamt wurden bisher allein in den Rayons Jampol und Petschanka vom Kommando die Erntearbeit in Kolchosen und Sowchosen im Gesamtumfang von etwa 50 000 Morgen so organisiert, daß in diesen Betrieben die ordnungsmäßige Einbringung der Ernte gesichert erscheint.

4. Gesundheitszustand beim Kommando, von Einzelfällen abgesehen, nunmehr befriedigend. Sonst keine besonderen Vorkommnisse.

(gez. Seetzen
SS-Obersturmbannführer

---

[1]) *Dokument CXLIX — 5.*

13. Briefwechsel zwischen dem Gendarmeriemeister Fritz Jacob und Generalleutnant Querner[1])

I.

Der erste Brief des Fritz Jacob[2])

Kamenetz Podolsk, den 5. 5. 42

Sehr verehrter Herr Generalleutnant!

Seit Monatsfrist befinde ich mich hier in K. Ich hatte schon lange die Absicht, Ihnen von mir ein Lebenszeichen zu geben, doch der Dienst nimmt kein Ende. Kein Wunder auch. Das Gebiet, was ich mit 23 Gendarmen und 500 Schutzmännern (Ukrainer) zu betreuen habe, ist so groß wie 1 Regierungsbezirk in Deutschland. Die meiste Arbeit machen mir die Schutzmänner, die Haderlumpen. Kein Wunder. Gestern Halb-Bolschewiken und heute Träger des Ehrenkleides der Polizei. Es gibt aber auch tüchtige Kerle unter ihnen. Doch der Prozentsatz ist gering. In meiner Eigenschaft als Postenführer bin ich Scharfrichter, Staatsanwalt, Richter usw.

Es wird natürlich gehörig aufgeräumt, insbesondere unter den Juden. Aber auch die Bevölkerung muß kurz gehalten werden. Es heißt gehörig aufpassen. Na, wir greifen zu. Um so schneller dürften wir wieder nach Hause kommen. Meine Angehörigen sind ganz unglücklich. Fast 2 Jahre in Ebersbach und nun hier im Osten an der rumänischen Grenze.

Zu meiner Verfügung habe ich auch 16 Pferde, natürlich auch Reitpferde. Die Pferde sind gehorsam und gleichen den Menschen. Was hat Stalin aus all diesen Lebewesen gemacht? Der Mensch gehorcht hier nur und bequemt sich zur Wahrheit, wenn er eine gehörige Tracht Prügel bezogen hat. Zu dieser so häßlichen Art muß man täglich mehrmals einschreiten. Das Pferd ist genau so. Es arbeitet, bis es umfällt. Was die Tiere leisten, kann man in Worten nicht ausdrücken. Hier, im Lande der tatsächlich schwarzen Erde versinkt man bis an die Waden. Natürlich auch wirtschaftliche Belange aller Art, Bauvorhaben usw. gehören mit zu meinen Dienstgeschäften. Man wundert sich manchmal, daß das ein so kleiner Kopf mit 53,5 alles schaffen kann. Mein persönlicher Ehrgeiz schafft es aber. Da man als Postenführer immerhin eine Persönlichkeit darstellt, sind auch gesellschaftliche Verpflichtungen zu erledigen. Meistens paßt das nicht in meinen Streifen, da

---

¹) Dokumente: CXXXVIII a — 122 und CXXXVIII a — 123.
²) Der Absender, Gendarmeriemeister Fritz Jacob vom Gendarmerieposten Kamenetz Podolsk, Postleitstelle Lemberg II — Ukraine.

Aus dem Warschauer Ghetto geholt

Ebenfalls aus dem Warschauer Ghetto geholt

Ein Scherz mit betenden Juden

Eine Leibesvisitation im Generalgouvernement

ich abends wie gefoltert bin. Aber auch das wird geschafft. Ich habe eine nette Wohnung in einem früheren Kinderheim (Asyl). Ein Schlafzimmer und ein Wohnzimmer, mit allem, was dazu gehört. Es fehlt einfach nichts. Natürlich aber die Frau und die Kinder. Sie werden mich am besten verstehen. Mein Dieter und die kleine Line schreiben mir sehr oft nach ihrer Art. Es könnte einem manchmal das Heulen ankommen. Es ist nicht gut, wenn man ein so großer Kinderfreund ist, wie ich es war. Hoffentlich hat der Krieg und damit aber auch die Dienstzeit im Osten bald ein Ende. Meine unmittelbaren Vorgesetzten sind:

Kdr. d. Gend. Rohse und

Oberstleutnant Dressler.

Beide Herren habe ich noch nicht kennengelernt.

Ich habe hier tüchtig mit beiden Ellenbogen arbeiten müssen, und muß es noch tun. In Brest haben wir Bez.-Offz.-Anwärter darum gebeten, daß wir bestimmungsgemäß an verantwortlicher Stelle eingesetzt werden. Unserem Wunsche kam man auch nach. Nun galt es, den bisherigen Postenführer abzusägen. Letzterer kann mir das Wasser nicht reichen und trotzdem leistet er Widerstand. Gegenwärtig macht er krank und schreibt Rückversetzungsgesuche. Na, seine suggestive Diagnose ist anerkannt und er wird sich tüchtig in den Finger schneiden.

Sehr verehrter Herr Generalleutnant. Ich würde mich wirklich sehr freuen, wenn auch Sie mir einmal schreiben würden. Man ist hier so einsam und verlassen und jede Nachricht aus der Heimat tut so wohl.

Bitte grüßen Sie Ihre werte Familie recht herzlich von mir.

Ich gestatte mir, Sie Herr Generalleutnant, recht herzlich zu grüßen und verbleibe mit

Heil Hitler!

J a c o b

Meister der Gendarmerie

Dr. Oberländer:

Der Nationalsozialismus setzt Haltung voraus. An der Grenze im Osten vor allem kann sich diese Haltung bewähren.

Dr. O b e r l ä n d e r , Leiter des Bundes Deutscher Osten im „Ostland", Nr. 7, Berlin, den 1. April 1936, 17. Jahrgang, Seite 73.

II.

Die Antwort des Generalleutnants Querner

10. Juni 1942

Herrn

Meister der Gend. J a c o b

G e n d. P o s t e n K a m e n e t z — P o d o l s k

Postleitstelle Lemberg II — Ukraine —

Lieber Jacob!

Ich danke Ihnen herzlich für Ihren Brief v. 5. v. Mts. Ich habe mit Interesse von Ihren Ausführungen Kenntnis genommen und mich sehr gefreut, daß Sie dort so tüchtig arbeiten. Daß Sie wieder aufs Pferd kommen, freut mich ganz besonders. Ich selbst habe auch seit einiger Zeit wieder angefangen, so oft wie ich kann, zu reiten. Ich hatte mir im Vorjahr einen Berberhengst (Schimmel) aus den Beutebeständen der Wehrmacht gekauft. Das Pferd hat sich ausgezeichnet gemacht und erregt die Bewunderung aller Fachleute.

Daß Sie Ihre Frau und Kinder vermissen, kann ich verstehen. Wir müssen aber im Kriege als Männer hart sein und vor allem mit uns selbst.

Meiner Familie geht es Gott sei Dank gut. Ihre Freundin Christa wird nun schon in diesem Dezember 20 Jahre. Sie ist in einer Hamburger Apotheke tätig. Sie hat sich als Beruf den einer Apothekerin gewählt.

Der Tommy macht uns viel zu schaffen hier oben. Unsere Stimmung kann er aber in keinem Fall beeinflussen.

Bitte grüßen Sie Ihre Familie, falls Sie einmal nach Hause schreiben. Mit den besten Grüßen auch von meiner Frau und meinen Mädels bin ich mit

Heil Hitler!

Ihr

Q.

III.

Zweiter Brief Fritz Jacobs

Kamenetz Podolsk, den 21. Juni 1942

An

den Herrn Generalleutnant Querner

Ich habe Ursache, Ihren werten Brief vom 10. 6. 42 sofort zu beantworten. Einmal vergaß ich Ihren Geburtstag, worauf mich meine Frau aufmerksam macht — und ein andermal war meine Freude bei Erhalt Ihres Briefes sehr groß. Es tut so wohl, wenn man in der Fremde, ganz allein als Sachse, von einem Bekannten eine Nachricht bekommt.

Entschuldigen Sie bitte mein Versäumnis, Herr Generalleutnant. Nehmen Sie nachträglichst zu Ihrem Geburtstag (sollte es der 50. sein?) die herzlichsten Glückwünsche entgegen. Ich wünsche Ihnen alles Gute, insbesondere Gesundheit für Sie persönlich und auch für Ihre werten Angehörigen.

Ich stelle mir im Geiste Ihren Berberhengst vor. Muß das ein herrliches Tier sein. Möchte da Ihre Frau Gemahlin nicht auch einmal auf diesen edlen Rücken? Ich möchte Sie fast beneiden. Unsere Gäule sind im allgemeinen Misch-Masch, ähnlich wie die einheimische Bevölkerung. Über eines habe ich mich allerdings bisher gewundert, und zwar ist nicht ein Verbrecher dabei. Desgl. auch, daß man von den Pferden alles verlangen kann. Sie arbeiten bis sie umfallen und sind genügsam.

Ich danke Ihnen für Ihre Mahnung. Sie haben recht. Wir Männer des neuen Deutschlands müssen hart mit uns selbst sein, auch wenn es sich um eine längere Trennung von der Familie handelt. Gilt es doch jetzt, endlich einmal mit den Kriegsverbrechern ein für allemal abzurechnen, um für unsere Nachkommen ein schöneres und ewiges Deutschland zu bauen. Wir schlafen hier nicht. Wöchentlich 3—4 Aktionen. Einmal Zigeuner und ein andermal Juden, Partisanen und sonstiges Gesindel. Schön ist, daß wir jetzt eine SD-Außenstelle hier haben, mit der ich ausgezeichnet arbeite. War doch vor 8 Tagen ein ukrainischer Schutzmann auf bestialische Art ermordet worden. Grund: er hatte die Juden auf einem Minenfeld zur Arbeit angetrieben. Die Juden verbanden sich mit Partisanen und ermordeten den Schutzmann. Außerdem sollten 20 ungarische Soldaten, die die Arbeit auf dem Minenfeld fachlich leiteten, mit umgebracht werden. Obwohl die rumänische und Protektoratsgrenze für die Verbrecher günstig waren, gelang es durch rasches Zupacken alle 4 Täter zu ermitteln. In Verbindung damit wurden 50 Personen noch am gleichen Abend erschossen. Wir üben hier keine wilde Justiz. Dort aber, wo die Handlung eine unmittelbare Sühne erfordert, stellt man die Verbindung mit dem SD her und das gerechte Gericht setzt sofort ein. Auf dem Wege der ordentlichen Gerichtsbarkeit wäre es nicht möglich, eine ganze Familie auszurotten, wenn nur der Vater der Täter ist.

Ich weiß nicht, ob Sie, Herr Generalleutnant, in Polen auch solche schreckliche Gestalten von Juden gesehen haben. Ich danke dem Schicksal, daß ich diese Mischrasse so sah, wie den Menschen in jüngster Zeit. Man kann dann, soweit einem das Schicksal dazu noch hold ist, seinen Kindern etwas mit auf den Weg geben. Venerische, Krüppel und Blöde waren das Charakteristische. Aber das eine war wahrnehmbar: Trotzdem Materialist bis zur letzten Sekunde. Worte, wie: „Sei mer Spezialisten, werd'n sie uns schießen nicht tot", waren bei jedem einzelnen vernehmbar. Es waren keine Menschen, sondern Affenmenschen.

Nun, wir haben von den hier allein in Kamenetz Podolsk lebenden Jüdlein nur noch einen verschwindenden %-Satz von den 24 000. Die in den Rayons lebenden Jüdlein gehören ebenfalls zu unserer engeren Kundschaft. Wir machen Bahn ohne Gewissensbisse und dann: „... die Wellen schlagen zu, die Welt hat Ruh'."

Und nun meine Freundin. Sie hat den Beruf einer Apothekerin gewählt. Ich wollte, ich käme einmal nach Hamburg in eine bestimmte Apotheke, um mir für 5 Pfennig saure Drops zu kaufen. Ich weiß nicht, wie mich der kleine Dittsch von damals empfangen würde. Vielleicht würde er mich gehörig an die Tür setzen und sagen: „Sie alter verschimmelter Esel."

Ich glaube gern, daß Ihnen allen der Tommy viel zu schaffen macht. Aber, auch sein Pulver wird einmal alle werden. Ich finde es überragend, daß Sie trotz der persönlichen

Verluste erklären, daß er die Stimmung nicht beeinflussen kann. Wir alle wünschen uns, daß diese vormalige nordische Rasse mit Stumpf und Stil in den Wellen verschwinden möge.

Herr Generalleutnant, entschuldigen Sie bitte mein elementarisches Geschwätz. Ich war aber mitten drin, und da läßt sich der „Jacob Fritze" noch genau so gehen wie einst.

Eine Bitte habe ich noch, Herr Generalleutnant. Bitte, schreiben Sie mir ab und zu. Es tut so wohl, wenn man von der Heimat eine liebe Nachricht bekommt.

Damit ich es nicht vergesse. Heute schrieb mir Herr Bes. Ltnt. Sofka, daß er im Kreis Zittau als Kreisführer eingesetzt worden ist. Ich beneide ihn ... —

Gestatten Sie, Herr Generalleutnant, daß ich Ihnen sowie Ihrer werten Familie die herzlichsten Grüße aus weiter Ferne entbiete.

Heil Hitler

J a c o b

Meister der Gendarmerie

Hetzjournalisten

Es wird den ausländischen Hetzjournalisten, die so oft über angebliche barbarische Judenverfolgungen im deutschen Osten faseln, dringend empfohlen, sich an Ort und Stelle zu überzeugen, mit welcher Großzügigkeit die deutsche Verwaltung den Juden ihr Eigenleben läßt.

Dr. Max F r e i h e r r d u P r e l : „Das Deutsche Generalgouvernement Polen", Buchverlag Ost GmbH., Krakau 1940, Seite 143.

14. Von Küchler: Gespräche über den Mord sind unerwünscht[1]

Kriegstagebuch (handschriftlich)

Stempel: G e h e i m

Befehlshaber des rückwärtigen
    Heeresgebiets
G. J. Nr. 734/40

Stabsquartier, den 20. 8. 1940

A b s c h r i f t

Stempel: G e h e i m

Der Oberkommandierende
    der XVIII. Armee
(Ic Nr. 2489/40 geheim)

Armee-Hauptquartier, 22. Juli 1940

... 2) Ich betone die Notwendigkeit, dafür Sorge zu tragen, daß sich alle Soldaten der Armee, besonders die Offiziere, jeder Kritik an dem im Generalgouvernement durchgeführten Kampf mit der Bevölkerung, zum Beispiel die Behandlung der polnischen Minderheiten, der Juden und kirchlicher Angelegenheiten, enthalten. Die völkische Endlösung dieses Volkskampfes, der an der Ostgrenze seit Jahrhunderten tobt, verlangt besonders strenge Maßnahmen.

Gewisse Einheiten von Partei und Staat sind mit der Durchführung dieses völkischen Ringens im Osten betraut.

---

[1] *Dokument NOKW — 1531. Einem Brief des Befehlshabers des rückwärtigen Heeresgebiets 550 vom 20. August 1940 entnommen, der abschriftlich ein Schreiben des Oberkommandierenden der XVIII. Armee vom 22. Juli 1940 mit Direktiven für den völkischen Kampf im Osten enthielt.*

Der Soldat hat sich diesen Belangen anderer Einheiten fernzuhalten. Das bedeutet, er hat jene Unternehmen auch nicht zu kritisieren.

Außerordentlich wichtig erscheint es, unverzüglich dieses Problem betreffende Anweisungen für jene Soldaten herauszugeben, die erst kürzlich aus dem Westen in den Osten verlegt wurden, da diesen anderenfalls Gerüchte und falsche Auskünfte über die Bedeutung und das Ziel solchen Ringens nahegebracht werden könnten.

von K ü c h l e r
Oberkommandierender der XVIII. Armee

Für die Richtigkeit: gez. Unterschrift
(unleserlich)
Hauptmann i. G.

Oberquartiermeister   25. Juli 1940

Ich ersuche die höheren Offiziere, sämtliche Offiziere und Beamten ihrer Abteilungen unmittelbar nach dem Eintreffen im Ostraum vom Inhalt des Befehls des Oberkommandierenden in Kenntnis zu setzen.

S c h l i e p e r

---

15. Die Wehrmacht und die Juden in Dänemark[1])

I.

„Befehlshaber der Deutschen Truppen in Dänemark meldet . . ."

WFSt/Qu. 2 (N)/Verw.
   SSD-Fernschreiben

21. 9. 1943
Geheime Kommandosache
1. Ausfertigung
Chefsache
Nur durch Offiziere!

An
Ausw. Amt,
   z. Hd. Botschafter Ritter
   Befh. d. Dt. Truppen in Dänemark meldet angeblich beabsichtigte Deportation von 6000 Juden aus Dänemark noch während des militärischen Ausnahmezustandes. OKW erbittet Aufklärung, welche Maßnahmen beabsichtigt sind und durch wen sie durchgeführt werden sollen.

gez. OKW/WFSt/Qu 2 (N)/Verw.
Nr. 662 331/43 g. Kdos. Chefs.

. . . .
Handschriftlich:
   QU 2 (N)
Nach Angabe von Oberst v. Buttlar
bereits dem Führer vorgetragen.
Deportation soll noch während
des Ausnahmezustandes erfolgen.
Aufhebung des Ausnahmezustandes
bleibt solange ausgesetzt.
Oberst v. Collani ist unter-
richtet.   gez.: S. 21. 9.

---

[1]) *Dokumente CXLVIII — 35 (I, III, IV, VI, VII).*

II.

Jodls Telegramm an das Auswärtige Amt[1])

Geheime Reichssache
Nur als Verschluß-
sache zu behandeln.

Telegramm
(offen)

OKW, den 22. September 1943 19.20 Uhr
Ankunft: 22.   ,,   ,,   21.20 ,,
Ohne Nummer vom 22. 9.

Geheime Kommandosache

Chef — Nur durch Offizier
Auswärtiges Amt, z. Hd. Herrn Botschafter Ritter
nachr.: Reichsführer-ϟϟ u. Chef d. deutschen Polizei
ϟϟ Kommandostab Hochwald
nachr.: Chef H Rüst. und BDE.
Gleichlautend: Befehlshaber der Deutschen Truppen
in Dänemark

St. S. Keppler
U. St. S. Pol
Botschafter Ritter
Botschafter Gaus
Leiter Abt. Pers
  ,,   ,,   Ha Pol
  ,,   ,,   Recht
  ,,   ,,   Kult Pol
  ,,   ,,   Presse
  ,,   ,,   Rundfunk
Chef Prot
Dg. Pol
Gr. Leiter Inl. I
Gr. Leiter Inl. II
Arb. Expl. bei Inl. II
Ges. Schnurre
Ges. v. Grundherr
L. R. Melchers
Dr. Mergele
  LR v. Grote

Der Führer hat angeordnet:

1.) Reichsführer-ϟϟ hat die Genehmigung, aus den zu entlassenden ehemaligen dänischen Wehrmachtsangehörigen Freiwillige zu werben und bis zu 4000 Mann der jüngsten Jahrgänge in ϟϟ-Lager ins Reich abzubefördern.

2.) Die Judendeportation wird durch Reichsführer-ϟϟ durchgeführt, der zu diesem Zweck 2 Pol. Btl. nach Dänemark verlegt.

3.) Der militärische Ausnahmezustand bleibt zumindest bis zum Abschluß der Aktionen Ziff. 1 und 2 bestehen. Über seine Aufhebung ergeht besonderer Befehl.

4.) Reichsbevollmächtigter ist über Auswärtiges Amt in gleichem Sinne unterrichtet.

I. A.
gez. Jodl
OKW/WEST/QU. 2 (N). —
Nr. 66 23 33/43 Gkdos. Chefs.

Dies ist Exemplar Nr. 5

---

[1]) *Dokument — UK 056.*

III.

Mit der Judendeportation ist SS-Obergruppenführer Berger beauftragt

C h e f s a c h e !
N u r   d u r c h   O f f i z i e r !

W F S t / Q u 2 (N)   23. 9. 1943
                                                        Geheime Kommandosache
                                                        1. Ausfertigung

S S D - F e r n s c h r e i b e n

an

1.) Befehlshaber d. dt. Truppen in Dänemark
nachr.: 2.) Ausw. Amt, z. Hd. Herrn Botschafter Ritter

3.) Reichsführer SS und Chef der dt. Polizei
— SS-Kommandostab Hochwald —
z. Hd. Herrn SS-Standartenführer Rohde

4.) Chef H. Rüst. u. BdE.

B e z u g : FS Bfh. Dänemark I a/Qu Nr. 332/43 g. K. v. 22. 9. 43
B e t r . :   Entlassung dänischer Wehrmacht

1.) Maßnahmen gemäß FS OKW/WFSt/Qu 2 (N) Nr. 662333/43 g. Kdos. Chefs. vom
22. 9. 43 sind durchzuführen.

2.) Dänen gegenüber sind im Einvernehmen mit Reichsbevollmächtigten Vorfälle aus den
letzten Tagen (Sabotage oder ähnl.) als Anlaß zur vorläufigen Zurückstellung der Ent-
lassungen zu nehmen, bis Werbung des Reichsführers-SS abgeschlossen.

3.) Die Überführung von 4000 Rekruten jüngster Jahrgänge in Auffangslager der SS ist
als Maßnahme zur Aufklärung über die kommunistische Zersetzungspropaganda und
die Gefahren des Bolschewismus zu bezeichnen.

4.) Mit der Judendeportation ist der SS-Obergruppenführer Berger beauftragt.

                                        gez. K e i t e l

                                        OKW/WFSt/Qu 2 (N)
                                        Nr. 662345/43 g. Kdos. Chefs.

GUNOL-010666-24./9-1130
Befördert als Fernschreiben

IV.

Der Befehlshaber kämpft für Fleisch und Fett

Abschrift

Chefsache!   Geheime Kommandosache
Nur durch Offizier!
Fernschreiben   Chefsache
    SSD   Nur durch Offizier!

An
OKW /WFSt
Ferngespräch Oberstlt. Polek / Oberst v. Collani
Betr.: Entlassung dänischer Armee

1.) Gegenüber dänischen militärischen Abwicklungsstabes bereits geäußert, daß Entlassung
in absehbarer Zeit erfolgt. Da Entlassung der internierten dänischen Armee auf Grund
Fernschreiben OKW/WFSt/Qu 2 (N) Nr. 005233/43 g. Kdos. vom 16. 9. 43 bis zum

x) 15. 11. durchgeführt werden sollte, zum Ausdruck gebracht, daß Entlassung ohne
    Zurückhaltung von Soldaten erfolgt. Aufbau des Minensuchkorps
    sowie des Bahnschutzes nach Vereinbarung mit Marine sollte von dänischer

x) Seite durch Aufruf und Werbung erfolgt. Daher Zurücknahme
    dieser Anordnung nicht möglich. Müssen als Wortbruch aufgefasst werden und machen
    Zusammenarbeit mit dänischer Beamtenregierung und dänischer Polizei äußerst
    schwierig.

2.) Durchführung der Judendeportation während des militärischen Ausnahmezustandes be-
    lastet Prestige der Wehrmacht nach außen.

3.) Vorschlag: Judendeportation nach Aufhebung des militärischen Ausnahmezustandes
    unter alleiniger Verantwortung des Bevollmächtigten durchzuführen. Mitwirkung der
    Truppe, da reine politische Angelegenheit, hierbei nicht zweckentsprechend.

xx) Falls auf Befehl zu 1.) und 2.) bestanden wird, muß Versagen der Versorgung des
    Reiches mit Fleisch und Fett in Kauf genommen werden.

                                        Bfh. Dänemark Abt. Ia/Qu
                                          332/43 g. Kdos.

x) in Keitels Handschrift: „es ist ein Grund zu suchen und zu finden, der diese Zusage
    aufhebt. gez. K."
xx) Keitel handschriftlich: „es bleibt dabei! K."

V.

Lieferung auf dem Ernährungsgebiet stark in Frage gestellt[1])

— — S S D — —HXKO NR. 01608 20.9.43 1750 =

AN OKW/WEST = — GEHEIME KOMMANDOSACHE — NUR DURCH OFFIZIER
AUF TELEGRAMM DR. BEST, JUDENFRAGE IN DÄNEMARK DURCH DEPORTATION
ALSBALD ZU BEREINIGEN, HAT DER FÜHRER IM PRINZIP ZUGESTIMMT. —
DURCHFÜHRUNG SOLL NACH VORSCHLAG BEST — NOCH WÄHREND DES MILI-
TÄRISCHEN AUSNAHMEZUSTANDES ERFOLGEN —

— OB AUSREICHENDE POLIZEIKRÄFTE FÜR ERGREIFUNG DER JUDEN UND IHRER
FAMILIEN — ETWA 6000 PERSONEN, DIE VORWIEGEND IN KOPENHAGEN WOH-
NEN, — ZUR VERFÜGUNG GESTELLT WERDEN, STEHT NOCH NICHT FEST. —

— TRUPPE WÜRDE MIT DURCHFÜHRUNG STÄRKSTENS BELASTET — UND WIRD,
ZUMAL IN KOPENHAGEN UND AUF FÜHNEN HAUPTSÄCHLICH — JUNGE REKRU-
TEN — DAFÜR EINGESETZT WERDEN MÜSSEN, NICHT SCHLAGKRÄFTIG DURCH-
GREIFEN KÖNNEN. —

FOLGEN DER DEPORTIERUNG ERSCHEINEN MIR BEDENKLICH — MITARBEIT DES
DÄNISCHEN BEAMTEN- UND POLIZEI-APPARATES WIRD FÜR SPÄTER NICHT
MEHR ZU ERWARTEN SEIN. — LIEFERUNG AUF DEM ERNÄHRUNGSGEBIET STARK
IN FRAGE GESTELLT.

LIEFERUNGSFREUDIGKEIT DER RÜSTUNGSINDUSTRIE WIRD BEEINTRÄCHTIGT.
GRÖSSERE UNRUHEN, DIE EINSATZ DER TRUPPE VERLANGEN, SIND ZU ERWAR-
TEN =

BEFH. DAEN. ROEM EINS C 350/43 G KDOS =

VI.

Ein Vermerk

Vermerk:

Fernmündl. Rücksprache mit Oberstlt. von Ahrweg, dem / Befh. Dän. Ia.
W F St / Q erhält Meldung über das Ergebnis der Judenaktion durch Fernschreiben.

3./10.

Unterschrift
(unleserlich)

---

[1]) *Dokument D — 547. Fernschreiben des Militärbefehlshabers Dänemark an OKW.*

VII.

Judenaktion ohne Zwischenfall durchgeführt

Heeres-Fernschreibnetz

Angenommen: von H + KO am 2. 10. 43, um 13.50 Uhr durch Mühr

C h e f s a c h e !

Nur durch Offizier!

F e r n s c h r e i b e n

Hier GWNOL HPTM Schueler

Hier LT Sintzenich HXKO

S t e m p e l :
OKW/WFSt — Kurierstelle
2. Oktober 1943
Nr. 662417/43 g. K U

— K R — HXKO 01810' 2. 10. 1320 =

An OKW / WFSt =

Geheime Kommandosache — Nur durch Offizier — C h e f s a c h e —

Judenaktion in Nacht vom 1. zum 2. Oktober durch deutsche Polizei ohne Zwischenfall durchgeführt. — Da vom Führer die Entlassung der dänischen Wehrmacht genehmigt ist, scheint weitere Beibehaltung des militärischen Ausnahmezustandes nicht notwendig und zweckmäßig. — Wenn auch Vorschläge für eine Regierungsneubildung z. Zt. von dänischer Seite nicht gegeben werden, so kann entsprechend den Abmachungen des Bevollmächtigten mit dem Befehlshaber — genehmigt durch OKW u. A. A. — die Regierung zunächst durch den Bevollmächtigten in Verbindung mit den Departementchefs geführt werden. — Ich bitte daher im Einvernehmen mit dem Bevollmächtigten die Aufhebung des militärischen Ausnahmezustandes zum 6. Oktober genehmigen zu wollen.

Befh.-Dänemark Roem Eins A. Chefsache Bes. BR. B. Nr. 31/43 G KDOS

Immer

Der Führer hat immer recht.

„Organisationsbuch der NSDAP", 1943, S. 37.

---

16. Von Falkenhausen: „Sie ahnen nicht, daß wir noch viel zu milde waren"[1]

I.

Belgische Persönlichkeiten intervenieren[2]

Brüssel, den 23. November 1940

Herrn
    General von Falkenhausen
        Militärbefehlshaber für Belgien
        und Nordfrankreich

Exzellenz,

die Verordnungen vom 28. Oktober 1940 betreffend den Status der Juden in Belgien haben die juristische Welt zutiefst erregt.

Die Unterzeichneten enthalten sich peinlichst, hier über die Prinzipien zu sprechen, welche die Grundlage des Dritten Reichs sind.

Für Belgien bedeutet die Anwendung der Verordnungen jedoch eine Maßnahme, welche im Gegensatz zu den Grundsätzen unserer verfassungs- und gesetzmäßigen Rechte steht.

Belgien besteht als Nation weiter. Nach dem Wortlaut der Haager Konvention vom 18. Oktober 1907 hat eine fremde Besatzung die Bedeutung, daß die Autorität der Besatzungsmacht anstelle der Gesetzesgewalt tritt, jedoch innerhalb der Grenzen, daß durch die befohlenen Maßnahmen Ordnung und öffentliches Leben aufrechterhalten werden.

Nun hatte es aber nicht den Anschein, daß die Anwesenheit von Juden in der Justizverwaltung der Natur gewesen sei, Ordnung und öffentliches Leben zu stören.

Die Zahl von Justizbeamten jüdischer Rasse ist gering; jene der Anwälte kaum erheblicher. Ein Verstoß in der Beachtung der Ehren- und Gewissensregeln ihrerseits, würde sofort durch Disziplinarmaßnahmen geahndet werden.

---

[1] *Dokumente LXXVII a — 27.*
[2] *Übersetzung aus dem Französischen. (Siehe Fotokopie Seite 395—396.)*

Indem die Verordnung jüdische Beamte vom Richteramt ausschließt, steht sie im Gegensatz zu den Artikeln 6, 8, 14 der Verfassung und auch zum Artikel 100 derselben, nach dessen Wortlaut ein auf Lebenszeit ernannter Richter nur durch Gerichtsbeschluß seines Amtes enthoben werden kann. Was die Anwälte betrifft, so können auch diese ausschließlich durch Disziplinarmittel von der Anwaltsliste gestrichen werden.

Die Unvereinbarkeit dieser Grundsätze mit der erlassenen Verordnung ist es, welche die Unterzeichneten dazu zwingt, Exzellenz darauf aufmerksam zu machen in der Hoffnung, Sie möchten dem Rechnung tragen, bevor Sie zur Anwendung der verkündeten Maßnahmen schreiten.

Wie Sie in Ausübung Ihres hohen Amtes haben feststellen können, machte es sich die belgische Justiz bisher zur Pflicht, ihre schwierige und mißliche Aufgabe zum besten des Landes und ohne jeglichen Konflikt mit der Besatzungsmacht zu erfüllen. Ihr lebhaftester Wunsch ist es, alle entstehenden Schwierigkeiten auch weiterhin auf dem Verhandlungswege zu beseitigen.

Darüber hinaus wünschen die Unterzeichneten, Sie sachkundig über die Tragweite und Bedeutung der belgischen Gesetze und Verfassung aufzuklären und Sie über wichtige Fragen, die sich aus den genannten Verordnungen ergeben, zu unterrichten. Deshalb, Exzellenz, bitten wir um die Ehre einer Unterredung.

Mit dem Ausdruck der vorzüglichsten Hochachtung

L. Braffort	(unleserlich)	Pesché
Präsident der Anwalt-	Erster Präsident	Generalstaatsanwalt
schaft am Appellhof	des Cassationshofes	am Cassationshof
in Brüssel		

In deutscher Handschrift: „Sie ahnen nicht, daß wir noch viel zu milde waren."[1]

---

[1] *Siehe Fotokopie Seite 395—396.*

Erste Seite des Originalbriefes der belgischen Persönlichkeiten an
General von Falkenhausen
(Siehe Seite 393)

„Sie ahnen nicht, daß wir noch viel zu milde waren!"

(Letzte Seite des Originalbriefes der belgischen Persönlichkeiten an
General von Falkenhausen)

Eingehende Verordnung

... „Die deutsche Militärverwaltung hat durch eine sehr eingehende Verordnung vom 28. Oktober 1940 jetzt die Entjudung Belgiens selber in die Hand genommen."

... „Die Verordnung des Militärbefehlshabers in Belgien und Nordfrankreich, General der Infanterie von Falkenhausen, stellt erst mal fest, wer Jude ist."

Dr. Johann v o n L e e r s in „Der Weltkampf", Februar 1941, Seite 43.

II.

Die Antwort

Der Militärbefehlshaber in
Belgien und Nordfrankreich
M V CH

O. U., den 26. November 1940

An den

Herrn Ersten Präsidenten

des Cassationshofes

in B r ü s s e l

Herr Präsident!

Ich bestätige den Empfang Ihres und des Herrn Präsidenten der Anwaltschaft am Appellhof in Brüssel, sowie des Generalstaatsanwaltes am Cassationshof Schreiben vom 19. November 1940, in dem Sie gegen die hiesige Verordnung vom 28. Oktober 1940 betr. Maßnahmen gegen Juden Vorstellungen erhoben. Ich habe von Ihren Ausführungen Kenntnis genommen. Eine Änderung der getroffenen Maßnahmen, die den Notwendigkeiten der Lage entsprechen, ist nicht möglich. Auch von einer Unterredung, wie Sie sie in Ihrem Schreiben wünschen, vermag ich mir in diesem Zusammenhang keinen Erfolg zu versprechen.

Mit vorzüglicher Hochachtung!

gez.: F a l k e n h a u s e n

General der Infanterie

Die Gegenwart

Der Führer jedes Christen ist Jesus Christus, der Führer jedes Deutschen ist in der Gegenwart Adolf Hitler.

Univ.-Prof. Paul F i e b i g : „Neues Testament und Nationalsozialismus" — drei Univ.-Vorlesungen über Führerprinzip, Rassenfrage, Kampf — Schriften d. Dtsch. Christen — Veröffentl. d. Arbeitsgem. nationalsoz. Pfarrer, Lehrer; Herausgeber: Oberkirchenrat Dr. Engel, Dresden. Dtsch. Christl. Verlag, Dresden A 47, Seite 5

---

17. Aus Front- und Soldatenzeitungen[1]

I.

Die letzte Stunde des Judentums auf dem Kontinent hat geschlagen[2]

Wir stehen inmitten eines entscheidenden Abschnittes auch was die Stellung der Juden in Europa betrifft. Mit dem Ausbruch dieses Krieges, der nicht nur im englischen, sondern auch im jüdischen Interesse lag, hat die letzte Stunde des Judentums auf dem Kontinent geschlagen. Für viele jenseits der Grenzen unseres Reiches, wo die Judenfrage noch nicht in ihrer ganzen Bedeutung zum Bewußtsein gekommen sein mag, ist dieser Reinigungsprozeß unseres Erdteils von seinen widerlichsten Parasiten vielleicht noch nicht im vollen Ausmaße erkannt, daß er aber im Gange ist, haben wir in den zurückliegenden zwölf Monaten in zahlreichen Ländern Europas beobachten können. Über diese fortschreitende Judendämmerung, der ein ständiges Erwachen der Völker vorangeht, herrscht natürlich in der ganzen Judenheit ein jämmerliches Waih-Geschrei.

Das internationale Judentum weiß wohl, welche Machtpositionen es bereits verloren hat und was es bedeutet, wenn eines Tages auch der letzte jüdische Einfluß in Europa ausgerottet sein wird. Nicht nur mit Haß, vielmehr auch mit raffinierten Lügen wird in jüdischen und judenhörigen Kreisen der Welt der europäische Reinigungsprozeß, der — wenn man dabei an die parasitäre Erscheinung der Juden denkt — geradezu ein Entlausungsprozeß genannt werden kann, kommentiert, wobei man erneut den Versuch unternimmt, Tatsachen der Geschichte zu fälschen. Oft ist es den Juden in der Vergangenheit geglückt, die Geschichte zu klittern, angefangen von der Lüge über die Diaspora, die die Juden sich selbst wählten und in die sie keineswegs, wie sie zu behaupten wagen, hineingezwungen wurden. Aus dieser ersten Lüge entstand die spätere falsche Ansicht, die Juden seien arme, verfolgte Menschen, während in Wirklichkeit Judenverfolgungen, um einmal dieses Wort zu gebrauchen, niemals etwas anderes gewesen sind als Abwehrreaktionen der von Juden heimgesuchten Völker.

---

[1] *Sämtliche hier angegebenen Front- und Soldatenzeitungen befinden sich in der Bibliothek für Zeitgeschichte (ehemalige Weltkriegsbücherei) in Stuttgart.*
[2] *„Soldat im Westen", Tageszeitung der Armee, Ausgabe N, Folge 427, Dienstag, 21. Januar 1941, Seite 2.*

Auch heute singt das Judentum die alte Melodie der Tatsachenfälschung, der Geschichtsklitterung und der unverfrorenen Lüge über Ursache und Wirkung. Betrachtet man jüdische Äußerungen über die Judengesetzgebung in Frankreich, deren Ernsthaftigkeit und Wirksamkeit sich erst noch erweisen muß, so findet man wieder den alten jüdischen Dreh, „Haltet den Dieb" zu schreien.

Mit Fiebereifer sind jüdische Literaten, Zeitungen und Zeitschriften in der Welt dabei, die Vorstellung zu erwecken, als ob der Zusammenbruch Frankreichs allein nur eine Folge des Versagens französischer Politiker und des französischen Volkes überhaupt sei. Auf jeden Fall will man völlig die unheilvolle Rolle ignoriert wissen, die gerade in Frankreich das Judentum gespielt hat. Ja, man wagt in jüdischen Kreisen die Einschränkung des jüdischen Einflusses in Frankreich als ein Verhängnis für die Zukunft des Landes zu bezeichnen. Die Juden werden als die unglücklichsten Leidtragenden hingestellt, als die armen Verfolgten, und wenn hier einem solchen unverschämten Versuch der Tatsachenentstellung nicht rechtzeitig energisch entgegengetreten wird, besteht durchaus die Gefahr, daß dieses Lügengift der jüdischen Internationale noch lange Zeit eine ungünstige Auswirkung hat. Die jüdische Clique geht sogar so weit, einen der Hauptschuldigen an Frankreichs heutiger Lage, den Juden Mandel, als Heros zu glorifizieren. „Dieser tapfere Gegner der Nazis", schreibt unter anderem der Jewish Chronicle, „der Frankreich hätte retten können..." Ein verjudetes Schweizer Blatt versteigt sich zu folgender Auslassung: „Rechtfertigen die Irrtümer und Fehler einzelner Juden Maßnahmen gegen ihre Gesamtheit? Sind die Angehörigen anderer Konfessionen etwa frei von Fehlern? Jede Massenverfolgung ist abscheulich, mag sie sich gegen eine Religion, eine Rasse oder eine politische Partei richten."

Diese Sätze enthalten die ganze Rabulistik, zu der ein im Talmud beheimateter Rabbiner fähig ist. Zunächst wartet man wieder einmal mit dem Dreh auf, als ob es sich nur um einzelne Juden handele, die unangenehm aufgefallen seien. Man vergißt, daß beim Judentum alle schlechten Eigenschaften des Menschen, vor allem Geldgier, Wucher, Betrug, Ausnützung des Einflusses zur Ausbeutung und Unterdrückung der Gastvölker und zu ihrer geistig-seelischen Zersetzung ebenso wie zur rassischen Unterwühlung, die Regel zu sein pflegen und daß man Ausnahmen davon mit der Lupe suchen muß. In vielen frohlockenden jüdischen Geständnissen haben mit Namen wohlbekannte Juden die Zielrichtung des Strebens der gesamten Judenheit bekundet. Ein weiterer Dreh ist der Gebrauch des Wortes Konfessionen. Die Judenfrage ist keine religiöse Frage, sondern eine der Rasse und des Blutes. Und was heißt Massenverfolgung? Wer verfolgt denn seit Jahrzehnten das deutsche Volk mit seinem Haß, wer beschimpft das reine Germanentum und den arischen Menschen schnöder und unverschämter als die Giftspritzer jüdischer Literatenkreise, und wer wünscht der nationalsozialistischen Partei denn mehr alles Übel als das Judentum, dessen Beauftragte Frankfurter und Grünspan in der Schweiz und in Frankreich durch ihren Mord an Wilhelm Gustloff und dem deutschen Diplomaten vom Rath Vorsignale zu diesem Krieg gaben, den man sich eigentlich als eine grausame Hetzjagd gegen das ganze deutsche Volk gedacht hatte? Jüdische Gazetten sind es, die heute im Schutze „demokratischer Freiheit" fordern, daß man das deutsche Volk mit Stumpf und Stiel ausrotten solle. Und diese Forderung wird nicht erst seit 1933 erhoben. In den Jahren vorher, die dem Weltkriege folgten, lernte das deutsche Volk am furchtbarsten das Judentum kennen, abgesehen davon, daß dieses selbe Judentum mit seiner Hetze auch am Weltkrieg mitschuldig war.

Dem Versuch der jüdischen Geschichtsklitterung und Tatsachenverdrehung halten wir durch die Jahrtausende und Jahrhunderte bestätigte Wahrheiten gegenüber: Wo die Juden auch in Erscheinung traten, sie waren überall und immer Feinde ihres Gastvolkes. Jedes Volk also, das sich der Juden erwehrt, kämpft damit um sein Leben, das von den Juden bedroht wird. Am Juden können Völker sterben, ohne Juden aber ist für jedes Volk der Weg zu Arbeit und Frieden frei.

Aufgaben . . .

Die deutsche Verwaltung hatte nicht nur die Aufgabe, den nach dem Polenfeldzug noch vorhandenen Einfluß der Juden in der Wirtschaft und im kulturellen Leben zu brechen, sie sah sich vielmehr in erster Linie dem Problem gegenüber, mit einem zahlenmäßig außerordentlich starken jüdischen Bevölkerungsteil fertig zu werden.

„Zwei Jahre Aufbauarbeit im Distrikt Warschau", 1941, Seite 68.

"V"—das Zeichen unseres Sieges

Der Sieg des Guten ueber das Boese. der Ordnung ueber das Chaos, des Aufbauwillens ueber das zerstoerende Element des Judentums

Aus: Deutsche Inselzeitung. Deutsch-Englische Tageszeitung für die britischen Kanalinseln Jahrgang II, Nr. 7, Jersey, Dienstag, den 29. Juli 1941. Seite 1

Prof. Dr. Fritz Berbers Wunder:

„... der Nationalsozialismus ergriff in Deutschland die Macht. Zugleich aber — und darin lag das Wunder — stellte diese zur Macht gekommene Regierung ein ausgesprochenes Friedensprogramm, ein Programm der friedlichen Revision, des peaceful change auf, statt, was nicht verwunderlich, sondern natürlich gewesen wäre, eines Programms des Hasses, der Gewalt, der Revanche.

Prof. Dr. Fritz B e r b e r in „Deutschland-England 1933—1939", Essener Verlagsanstalt 1940, S. 1.

Der Jude ist es

DIE FRONT

Nummer 200 ◆ Feldzeitung einer Armee ◆ Mittwoch, 25. Februar 1942

Botschaft des Führers zur Parteigründungsfeier

Die Welt wird den wahren Frieden erhalten

„Am Ende dieses Krieges wird die Ausrottung des Judentums stehen"

dnb. München, 24. Februar

An historischer Stätte, im Festsaal des Hofbräuhauses am Platzl in München, feierte am Dienstag die NSDAP den Tag der Parteigründung. Zum dritten Male im grossdeutschen Freiheitskampf begingen die ältesten Mitkämpfer des Führers jenen Tag, an dem vor nunmehr 22 Jahren Adolf Hitler erstmalig vor einigen tausend zählenden Zuhörern die 25 Punkte des Parteiprogramms verkündete, die nun schon ein Jahrzehnt dem Lebenswerk des ganzen deutschen Volkes gewürden sind. Das ganze deutsche Volk gedenkt im heutigen Miterleben dieses Tages, der eine neue Epoche nicht nur der Deutschen Geschichte eingeleitet hat.

Adolf Wagner eröffnete die Feierstunde mit einer Mitteilung, die von der Alten Garde mit grossem Beifall aufgenommen wird, dass nämlich der Führer in diesem Jahre an der Kundgebung des 24. Februar nicht teilnehmen kann. Er verlas sodann folgende

Botschaft des Führers:

Parteigenossen und Parteigenossinnen!

[Haupttext teilweise unleserlich]

...

Im meinen Gedanken bin ich in diesen Stunden ohnehin bei Euch!

Hauptquartier, den 24. Februar 1942.
Adolf Hitler.

«Schlachtschiff-Rechtfertigung!»
Von Vizeadmiral Pfeiffer

USA-Flotte auf der Flucht

Starke Einheit der USA-Marine von der japanischen Luftwaffe schwer beschädigt — 30 britische und holländische Schiffe in der Bankastrasse vernichtet

dnb. Tokio, 24. Februar

[Text teilweise unleserlich]

Japans Schiffsverluste gering

dnb. Tokio, 24. Februar

Sondertagung der Dreierpaktmächte

dnb. Berlin, 24. Februar

Unter dem Vorsitz des Reichsministers des Auswärtigen von Ribbentrop fand heute der ständige Rat der Dreierpaktmächte in Berlin zu einer bedeutungsvollen Sonderzusammenkunft zusammen. An der Tagung nahmen als Vertreter der italienischen Regierung Botschafter Dino Alfieri, als ...

„Am Ende dieses Krieges wird die Ausrottung des Judentums stehen"

Die Nutznießer des Völkermordens

Wer der Anstifter dieses Krieges war, wissen wir; mit welchen Mitteln Juda ihn führt, haben wir erfahren; wie geradezu bestialisch aber der Vernichtungswille des amerikanischen Judentums ist, davon zeugen diese vier Aussprüche, die in ihrer infernalischen Hemmungslosigkeit und der Brutalität ihrer Aussage ein schauerliches Bekenntnis sind und uns vor Augen führen, wie unerbittlich unser Kampf gegen diese Weltverbrecher bleiben muß.

„... Wir sind die Erzanstifter von Kriegen und die Hauptnutznießer solchen Völkermordens ..."

Der Jude Eli Ravage in der amerikanischen Zeitschrift „Century Magazine".

„Wir Juden werden es übernehmen, unsere jungen Männer, die in den Krieg ziehen können, zu unterrichten, wie man dem Feinde mit dem Bajonett den Leib aufschlitzt, wie man die Frauen und Kinder des Feindes durch Fliegerbomben vernichtet, wie man mit Giftgasen ausräuchert, und wie man mit Tanks zerquetscht ..."

Eine jüdische Stimme in der englischen Zeitung „Daily News" vom 16. November 1938.

„Unsere Sache ist es, Deutschland erbarmungslos den Krieg zu erklären. Und dafür möge man hier die feste Überzeugung gewinnen: Diesen Krieg werden wir führen, bis die Grünspans es nicht mehr nötig haben, zum Waffenhändler zu laufen, um mit Blut das Unglück zu rächen, Jude zu sein."

Der Jude Lecache in „Le droit de vivre" vom 19. November 1938.

„Der Krieg ist ein riesenhaftes Geschäftsunternehmen, die Waren, die hier verhandelt werden, sind nicht Sicherheits-Rasierapparate, Seifen und Hosen, sondern Blut und Leben."

Der jüdische Journalist Isaak Marcosson auf einem Bankett des „American Luncheon Club" über den Weltkrieg.

Ein Förderer

Julius Streicher, dem Förderer von Wissenschaft und Kunst, haben Leser und Verfasser das Entstehen dieses Werkes zu danken.

Peter D e e g : „Hofjuden", herausgegeben von Julius Streicher, Verlag „Der Stürmer", Nürnberg 1938 — im Vorwort.

VI.

„Die Judenfrage ist aus dem theoretischen in ein rein praktisches Stadium getreten"[1])

In einem Friedensappell vor Beginn dieses Krieges hat der Führer der Welt noch einmal einen zusammenfassenden Überblick über die wirklichen Kriegstreiber gegeben. Der Führer sagte damals — am 30. Januar 1939 —:

„Ich will heute wieder ein Prophet sein. Wenn es dem internationalen Finanzjudentum in und außerhalb Europas gelingen sollte, die Völker noch einmal in einen Weltkrieg zu stürzen, dann wird das Ergebnis nicht die Bolschewisierung der Erde und damit der Sieg des Judentums sein, sondern die Vernichtung der jüdischen Rasse in Europa . . ."

Über die jüdische Parole: „Proletarier aller Länder, vereinigt euch!" wird eine höhere Erkenntnis siegen, nämlich: „Schaffende Angehörige aller Nationen, erkennt euren gemeinsamen Feind!"

Inzwischen sind über drei Jahre vergangen. Auch der deutsche Soldat hat aus eigener Anschauung die Ergebnisse der jüdischen Welt- und Völkerverhetzung kennengelernt und aus Überzeugung die endgültige Lösung der Judenfrage gefordert. Wir wissen, daß es müßig ist, sich jetzt noch über die verschiedenen Lösungsvorschläge zu unterhalten; die Judenfrage ist aus dem theoretischen in ein rein praktisches Stadium getreten, und zwar nicht bloß in Deutschland, sondern in zunehmendem Maße auch in den anderen europäischen Ländern.

Die Heimat ist auf diesem Gebiet seit Kriegsausbruch nicht untätig gewesen, es ist eine Reihe von Maßnahmen, die die endgültige Ausgliederung der Juden aus dem Reichsgebiet vorbereiten, getroffen.

Seit dem 1. September 1941 sind die im Reichsgebiet zurzeit noch lebenden Juden auf Grund einer Polizeiverordnung zum Tragen eines gelben Judensterns verpflichtet. Die Benutzung von Verkehrsmitteln und das Verlassen des Bereichs ihrer Wohngemeinde ist den Juden verboten. Ausnahmen bestehen nur für die heute im beträchtlichen Umfang im Arbeitseinsatz befindlichen Juden, sofern der Weg zur Arbeitsstätte 7 km überschreitet. Die Einkaufszeit für Juden ist täglich von 16 bis 18 Uhr festgelegt.

In Erweiterung dieser Polizeiverordnung haben ab 25. April 1942 die Juden eine Kennzeichnung ihrer Wohnungen durchzuführen gehabt. Die Kennzeichnung der Wohnungen ist durch einen Judenstern in schwarzem Druck auf weißem Papier erfolgt.

Auch auf arbeitsrechtlichem und sozialem Gebiet ist das Verhältnis der Juden neu geregelt worden. Juden, die in der Arbeit eingesetzt sind, stehen in einem Beschäftigungsverhältnis eigener Art. Da der Jude als Artfremder nicht Mitglied der deutschen Betriebsgemeinschaft sein kann, die sich auf dem Grundsatz der gegenseitigen Treuepflicht aller im Betrieb Schaffenden aufbaut, finden die arbeitsrechtlichen Bestimmungen der Sozialgesetzgebung auf Juden keine Anwendung (z. B. Gesetz zur Ordnung der nationalen Arbeit, Gesetz über die Lohnzahlung am nationalen Feiertag; auch Familien- oder Kinderzuschläge sowie Zuschläge für Sonntagsarbeit oder Überstunden werden an Juden nicht mehr gezahlt).

---

[1]) *„Die Front", Feldzeitung einer Armee, Nr. 414, Sonnabend, den 18. Juli 1942, Seite 3.*

Steuerlich unterliegen die Juden unabhängig von ihrer einkommensteuerrechtlichen Sonderbehandlung einer Sozialausgleichsabgabepflicht.

Zur Vermeidung unerwünschter Verkäufe von Einrichtungsgegenständen, Bekleidungsstücken usw. durch Juden ist über das bewegliche Vermögen der Juden eine Verfügungsbeschränkung erlassen worden.

Das Halten von Haustieren, die Teilnahme an Darstellungen der deutschen Kultur sowie die Inanspruchnahme von deutschen Frisören durch Juden ist ebenfalls verboten.

In einer neueren Bekanntmachung wird den Juden die Ablieferung von elektrischen Geräten, Plattenspielern, Schallplatten, Schreibmaschinen, Fahrrädern und optischen Geräten zur Pflicht gemacht. Ferner sind entsprechende Erlasse über die Einstellung der Bearbeitung von Ehegenehmigungsanträgen nach dem Blutschutzgesetz und die Befreiung von der Anwendung des Ehegesundheitsgesetzes und des Gesetzes zur Verhütung erbkranken Nachwuchses gegenüber Juden herausgegeben worden.

Dieser kleine Überblick gibt Ausschnitte aus dem Kampf gegen das Judentum wieder. Das Schicksal der Juden vollzieht sich nunmehr nach den Gesetzen einer Gerechtigkeit, die nach kleinlichen Empfindungen nicht fragt und dem Wohl der Menschheit unbestechlich dient. Über die Juden in Europa ist das Urteil gesprochen!

VII.

Die große Kraft unserer Zeit ist der Nationalsozialismus[1])

... Die große Kraft unserer Zeit ist der Nationalsozialismus. Aus ihm und nur aus ihm allein, der an jenem 30. Januar 1933 den großen Aufbruch und die Schicksalswende erkämpfte, waren wir stark und fähig zu allen beispiellosen Taten eines Aufstieges, der wie ein Wunder war — ein Wunder allerdings aus dem Glauben an Deutschland und aus der Treue zum Führer und seinem Werke! Einzig und allein aus der großen Kraft, die unverrückbar im Nationalsozialismus beschlossen ist, haben wir unsere inneren und äußeren Kräfte so mobilisiert, daß wir stark genug waren, selbst die ungeheure Prüfung dieses in Wahrheit unvermeidlichen Krieges zu bestehen. Aus dieser großen Kraft unserer Zeit wurde ja auch die neue Wehrmacht geschaffen, und im Zeichen dieser Kraft vollbringt der deutsche Soldat an allen Fronten dieses Krieges so einzigartige Leistungen, die der soldatischen und menschlichen Bewährung neue Grenzen gesetzt haben.

Kurt Massmann

---

[1]) „Wacht im Norden", Wehrmacht-Frontzeitung für Norwegen und Finnland, 5. Jahrgang, Folge 34, 3. August-Folge, am 19. August 1944.

„Vorwärts, Juda erwartet, daß jedermann seine Pflicht tut!"

Aus: „Der Durchbruch", Soldatenzeitung der Ostfront, Folge 466,
Sonntag, 3. September 1944, Seite 6

Blick über die Welt

Londoner Börsenhausse wie noch nie
Die Jugend Englands stirbt — die Juden Englands leben davon.

*Aus: „Front und Heimat", Die deutsche Soldatenzeitung, Ausgabe A, Nr. 39,
September 1944, Seite 4*

X.[1])

a) Der Endkampf[2])

... Der Jude ist der Gegenpol des nordischen Menschen, der Erzfeind jedes freien Volkes überhaupt. Dem ordnenden und Werte schaffenden Führungsprinzip des Germanentums setzt der Jude das händlerische Machtprinzip entgegen.

Der schöpferisch-aufbauenden Weltanschauung des Nationalsozialismus mit ihrer idealistischen Zielsetzung steht im Bolschewismus und im Liberalismus der angelsächsischen Demokratien die jüdische Weltanschauung des M a t e r i a l i s m u s und I d e a l i s m u s gegenüber.

Dieser Krieg — in seiner letzten Tiefe gesehen — ist der jüdische Weltkampf gegen die Befreiung der arischen Menschheit aus der geistigen und materiellen Hörigkeit Alljudas, während er auf der Seite Deutschlands zum Kampf um die Befreiung und Erhaltung der Menschheit gegen alle Versuche einer jüdischen Weltherrschaft geworden ist. Als solcher muß er in seiner letzten Grundsätzlichkeit kristallklar in unser geschichtliches Bewußtsein treten, und zwar nicht nur als der kriegerische Zusammenprall zweier in voller Ausschließlichkeit sich gegenüberstehender Welten an sich, sondern als der kriegerische Endkampf eines überzeitlichen Ringens, in dem von der Welt die Entscheidung abgefordert wird zwischen einer seit Jahrtausenden angestrebten jüdischen Weltherrschaft und dem schöpferischen Leben der arischen Rasse in Gegenwart und Zukunft. (Rudolf Jordan: „Vom Sinn des Krieges.")

b) Die rassischen Urelemente[3])

... Ganz im Gegensatz zu diesen Ergebnissen der Rassenpolitik der westlichen Demokratien, hat der nationalsozialistische deutsche Volksstaat bei seiner Machtübernahme bewußt eine R a s s e n g e s e t z g e b u n g eingeführt: aus der Erkenntnis ihrer grundsätzlichen Bedeutung für die Zukunft eines Volkes. „Somit ist der höchste Zweck des völkischen Staates die Sorge und Erhaltung derjenigen rassischen Urelemente, die als kulturspendend die Schönheit und Würde eines höheren Menschentums schaffen." (Adolf Hitler)

... Aus den Erkenntnissen von der Wichtigkeit der Reinerhaltung und Steigerung der rassischen Urelemente des deutschen Volkes hat der Nationalsozialismus bestimmte Folgerungen gezogen und sie in folgenden Gesetzen hauptsächlich festgelegt:

I. Im Arierparagraphen. Er bestimmt, daß Nichtarier keine Reichsbeamte, kirchliche Beamte, Pfarrer, Rechtsanwälte und Ärzte an reichsgesetzlichen Krankenkassen sein können. Diese Maßnahmen erstrecken sich auch auf die Länder, Gemeinden und Gemeindeverbände. Auch Reichserbhofgesetz, Wehrgesetz und Reichsarbeitsgesetz enthalten den Arierparagraphen. Gleichzeitig damit wurden die Juden aus allen kulturellen und wirtschaftlichen Stellungen entfernt.

---

[1]) „Adler im Süden", Frontzeitung für die deutsche Luftwaffe in Italien.
[2]) Nr. 471, Sonnabend, den 26. August 1944, Seite 3.
[3]) Nr. 482, Donnerstag, den 21. September 1944.

II. Das Gesetz zum Schutz des deutschen Blutes und der deutschen Ehre vom 15. 9. 35 verbietet Eheschließungen und außereheliche Verkehr zwischen Juden und Staatsangehörigen deutschen oder artverwandten Blutes.

III. Das Reichsbürgergesetz vom 14. 11. 35 bestimmt, wer als Jude und jüdischer Mischling anzusehen ist.

XI.

Die jüdischen Ausbeuter[1])

... Nachdem sich Bulgarien jedes Schutzes vor den jüdischen Ausbeutern selbst beraubt hat und durch schwächliche Nachgiebigkeit der Sowjetunion gegenüber ein Opfer des bolschewistischen Molochs geworden ist, sieht es sich einem Chaos gegenüber, das die Juden in Bulgarien seit langem angestrebt haben und das der Untergang jedes nationalen Volkes ist. Die Entwicklung zeigt, daß es dem Judentum wie dem Bolschewismus gegenüber nur eine Lösung gibt: unerbittlicher Kampf und Einsatz bis zum Letzten!

XII.

Das große Unglück[2])

Mailand, 26. Okt.

Die Bonomi-Regierung hat, so meldet „Regime Fascista", auf Veranlassung der alliierten Besatzungsbehörden ein Dekret erlassen, in dem italienische Staatsangehörige jüdischer Rasse in den Vollbesitz der ihnen vom Fascismus aberkannten Rechte wieder eingesetzt werden.

Damit ist die gesamte Rassengesetzgebung des Fascismus mit einem Schlage b e s e i t i g t und den Juden das Mittel gegeben worden, den jüdischen Einfluß auf allen Gebieten des politischen, wirtschaftlichen und sozialen Lebens zur Geltung zu bringen. Die aus dem besetzten Italien vorliegenden Meldungen zeigen deutlich, daß heute bereits wichtige Zweige des Handels- und Finanzwesens in jüdische Hände übergegangen sind. Der jüdische Einfluß macht sich ferner deutlich in der kommunistischen Bewegung bemerkbar. Bei der Abschaffung der Rassengesetzgebung des Fascismus hat auch das Freimaurertum, wie berichtet wird, eine bedeutsame Rolle gespielt.

---

[1]) *„Marine", Frontzeitung im Ostland, 4. Jahrgang, Nr. 104, Sonntag, 10. September 1944.*

[2]) *„Wacht im Westen", Frontzeitung einer Armee, Nr. 45, Freitag, 27. Oktober 1944, Seite 2.*

XIII.

Die deutsche Wehrmacht ist nationalsozialistisch[1])

... Heute haben im Gegenteil alle Angehörigen der Wehrmacht die Pflicht, dienstlich und außerdienstlich im Sinne der nationalsozialistischen Weltanschauung zu wirken. Die deutsche Wehrmacht ist nationalsozialistisch. Durch die Mitgliedschaft zur Partei auch während des aktiven Wehrdienstes wird jedem Soldaten nun auch der Weg geöffnet, sich frei nationalsozialistisch zu betätigen.

Wie ärgerlich unseren Feinden diese völlige nationalsozialistische Durchdringung unserer Wehrmacht ist, beweist die Feindhetze, die sich sofort auf die Abänderung des Wehrgesetzes gestürzt und davon gefaselt hat, daß jetzt die deutsche Wehrmacht völlig unter das Joch der Partei geduckt sei. Das Gegenteil ist richtig. Wenn jetzt der nationalsozialistische deutsche Soldat auch während der Dauer des aktiven Wehrdienstes Parteigenosse sein darf, so wird ihm damit nur sein politischer Auftrag bestätigt.

XIV.

Der Jude als typisches Mischrassengemisch[2])

... Der Jude als typisches Mischrassenprodukt Vorderasiens sieht in der Blutsgebundenheit, Boden- und Heimatverwurzelung des arischen Menschen das Haupthindernis seiner Weltherrschaftspläne.

Auch das Judentum in Amerika, das dort Börsen und Banken beherrscht, vertritt eine extreme kapitalistische Weltherrschaft. In Wirklichkeit unterscheidet es sich von dem Judentum in Osteuropa in seinem Vorgehen nur taktisch: auch in Amerika entwurzelt das Judentum den Arbeiter. Das dort vorhandene Rassengemisch und das Fehlen eines bodengebundenen Bauerntums kommen ihm dabei zustatten. Auch dort bereitet das Judentum auf dem Wege über den Kapitalismus die Abstempelung des Menschen zur Produktionsmaschine vor, die die Niederreißung aller rassischen Schranken und damit das Ende der abendländischen Kultur ist. In Amerika und in Rußland hat das Judentum dasselbe Ziel. Nur die Mittel und die Arbeitsmethoden sind verschieden.

---

[1]) *„Front und Heimat", die deutsche Soldatenzeitung, Ausgabe N., Nr. 57, November 1944, Seite 2.*

[2]) *„Raupe und Rad", Nachrichtenblatt einer Panzerarmee, Nr. 477, Sonnabend, den 2. Dezember 1944, Seite 2.*

XV.

Der Krankheitserreger[1])

... Was sich heute in den Feindstaaten an Teufelei in Theorie und Praxis zeigt, ist ein aufgebrochener Eiterherd, der sich seit langem unter der Oberfläche angesammelt hat und dessen Krankheitserreger das W e l t j u d e n t u m ist. Der moderne Nationalismus ist das einzige wirksame Gegengift zur Beseitigung dieser Pest und zur Gesundung der Völker. Eiserne Entschlossenheit und harte Konsequenz sind notwendig, um dieses völkerverseuchende und völkerzerstörende Judengift auszurotten.

XVI.

Die satanischen Pläne[2])

... Wie diese satanischen Pläne fast ausschließlich von Juden und Judenknechten entworfen worden sind, so steht auch hinter den in den Krieg gehetzten Völkern der Jude, der mit Hilfe seiner Söldnertruppen in London und Washington genauso wie im Kreml seinen alttestamentarischen Haß gegen alles Nichtjüdische abreagiert. Wir glauben es ihm, daß er, hinter der kämpfenden Front versteckt, auch nach Deutschland das Chaos tragen und hier seinen größten Triumph erleben möchte.

Horst S e e m a n n

XVII.

Der Feind heißt Juda[3])

... Es reimt sich ganz zwanglos, weil hinter diesen unseren beiden Hauptgegnern noch als Dritter der eigentliche Feind steht. Und dieser Feind heißt Jude!

Das haben wir ja nun schon zum Überdruß oft gehört, mag hier vielleicht der eine oder der andere denken, das bedeutet für uns keine Offenbarung mehr. Offenbarung will diese Feststellung auch gar nicht sein und daß sie bereits — wie man bei uns daheim sagt — zum Kotzen oft gemacht wurde, stimmt auch. Aber da steht schon der andere auf und stimmt ein: „Der Jude! Der Jude! Das ist so ein Propagandaschlagwort. Ich bin seit Neununddreißig an so ziemlich allen Fronten dieses Krieges gestanden, aber einem Juden habe ich mich noch niemals gegenübergesehen. Ja, hier im Osten wurde einmal behauptet, es war ziemlich am Anfang, daß sich bei der mir gegenüberliegenden bolschewistischen Einheit ein jüdischer Kommissar befinde. Das war aber auch alles ..." Gibt's nicht, daß einer so

---

[1]) „Panzer voran!", Frontzeitung einer Panzerarmee im Osten, Folge 508, Sonntag, den 5. November 1944, Seite 3.

[2]) „Die Südfront", Nachrichtenblatt für die deutschen Soldaten in Italien, Nr. 47, Mittwoch, 8. November 1944, Seite 1.

[3]) „Der Durchbruch", Soldatenzeitung der Ostfront, Folge 470, 1. Oktober-Ausgabe (ohne Ort und Jahr), Seite 5. (Autor Oblt. Hanns Anderle.)

Zur Fremdheit der Juden
Das ewige Parasitenvolk – Von Eva Fruerchs

Sind Juden so schlecht?
Von Oberleutnant Eberl

Juden über sich selbst!
Die Wahrheit über ihre Palästina-Pläne

Aus: „Polar-Kurier", Tageszeitung für die deutschen Soldaten im Hohen Norden, 5. Jahrgang, Nr. 8, Donnerstag, den 11. Januar 1945, S. 3

Nr. 73　　　　FRONTZEITUNG EINER PANZERARMEE　　　　Zweite Septemberausgabe

Krieg und Nationalsozialismus

Zu den auf der nationalsozialistischen Führungsoffiziere versammelten Vertretern von Partei, Staat und Wehrmacht sprach nach einleitenden Worten der Begrüßung der Oberbefehlshaber über Krieg und Nationalsozialismus. Der Generaloberst wies darauf hin, daß der Nationalsozialismus aus dem Erlebnis des Ersten Weltkrieges geboren, in seiner politischen Formung ein letztes Gefüge von uns stehe vom das Leben unseres Volkes durchdrungen habe. Die weltanschauliche Form sei naturgemäß noch in der Entwicklung begriffen und wir alle, die wir das Geschehen dieses Krieges wirklich erleben, merken, wie wir in diesem Kriegsgeschehen weltanschaulich gestaltet und gefestigt werden. Das sei auch gar nicht anders möglich, denn dieser Krieg sei ja an sich ein Weltanschauungskampf bis zur letzten Konsequenz. Die Stärkung der nationalsozialistischen Weltanschauung, die zu den wesentlichsten Aufgaben der nationalsozialistischen Führungsoffiziere gehöre, sei also ein Kampfmittel schlechthin. Jeder Deutsche, vor allen Dingen aber jeder Soldat, habe sich täglich ins Gewissen zu rufen:
"Was hast Du heute für den Sieg getan? Aus Dich und Deine Taten kommt es an."

Nach den Ausführungen des Oberbefehlshabers ergriff General-Gouverneur Dr. Frank das Wort zu einer grundlegenden Rede, in der er unter anderem folgendes ausführte:

"Die Front vor Krakau ist die Front vor dem Innersten, auf das nunmehr die gesamte deutsche Ostfront im Süden sich zusammengeballt hat. Ihnen, Herr Generaloberst, und Ihren Soldaten ist daher eine Vorstellung von so ungeheurer nationalsozialistischer Bedeutung anvertraut, wie sie vielleicht nicht jedermann ohne weiteres einleuchtet. Wir können Frankreich und Belgien als westliche Bereiche vielleicht angesichts der hin- und herwogenden Ereignisse des Kampfes vorübergehend dem Feind überlassen. Im Osten indes und gerade hier auf einem Wege entlang der Weichsel stehen wir auf den nationalsozialistischen programmatischen Punkten, von denen Adolf Hitler im Buch "Mein Kampf" spricht. Der Osten ist die Voraussetzung der deutschen Zukunft — so etwa drückt sich Adolf Hitler aus. — Der Westen ist für uns höchstens ein Machtbereich, der Osten ein Lebensbereich. Insofern Sie, Herr Generaloberst, und Ihre Soldaten hier eine nationalsozialistische Stellung im Gesamtgefüge der Anschauung des Führers.

Der Nationalsozialismus Adolf Hitlers ist das Fundament, auf dem allein überhaupt versucht werden könnte, einem Weltbolschewismus, dem Bolschewismus Widerstand zu leisten. Jeder, der die kritische Sonde anlegt und untersuchen will, ob wir denn heute eine Weltanschauung, eine NSDAP, oder angesichts des Kriegsgeschehens an den Fronten überhaupt eine Partei brauchen, der möge sich doch nur das Bild Deutschlands ausmalen, das er heute fände, wenn etwa das Regierungssystem von 1919 bis 1932 einem massierten plötzlichen Ansturm der bolschewistischen Sturmflut ausgeliefert gewesen wäre.

Diese Frage aber kann jeder von uns beantworten, denn es ist klar, daß ein in 37 Parteien aufgespaltenes Volk und ein Staat ohne jede Volksordnung und Autorität, ohne Klarheit und Ehrlichkeit, ohne Sozialismus und Volksgemeinschaft einem Giganten von 200 Millionen Menschen und 22 Millionen Quadratkilometern Fläche nicht gewachsen gewesen wäre. Was die Bolschewisten an Blut und Material auf den Wege zwischen den Vorfeldern von Moskau und Warschau gelassen haben, war das, was sie bei schwächlicher Konstitution Deutschlands nach Deutschland direkt gebracht hätten. So allein kann man sich mit dem Bolschewismus aus weltgeschichtlicher Schau betrachten.

Daß der Führer unserer Bewegung diese Gefahr von Anfang an deutlich erkannt, ja, macht uns Nationalsozialisten überhaupt und

kleine Gruppe, die seit 1919, also seit 25 Jahren, beim Führer steht, besonders stolz.

Wir wollen uns darüber klar sein, daß die Lage ungewöhnlich ernst ist. Der Feind steht im Vormarsch auf Belgien, im Vormarsch gegen unsere alten deutschen Reichslande. Er ist absolut entschlossen, mit Deutschland endgültig Schluß zu machen. Aber der innere Lage unseres Volkes ist von größerer Entschlossenheit bestimmt, und das ist das einzige entscheidende und zukunftsweisende Moment. Wer heute miesmachen will, hatte gewiß leichtes Spiel, wenn nicht der deutsche Soldat und das deutsche Volk in der Heimat treu und gehorsam zum Führer stünden und in dieser Haltung nie wankend würden.

Gegen das Fundament von Treue und Gehorsam möge die Feinde mit noch so großen Massen und materieller Überlegenheit von

allen Seiten anrennen, das deutsche Volk und die deutsche Wehrmacht werden mit allen Mitteln jedes Haus des deutschen Vaterlandes einer ganzen Welt von Feinden gegenüber verteidigen. Man wird keinen Winkel Deutschlands finden, in welchem nicht mit leidenschaftlicher Hingabe das letzte an Lebenskraft aufgewendet werden wird, um den Todesdrohungen an die Adresse unseres Volkes zu begegnen.

Und wie Sie für die Geschlossenheit in Gesinnung, Haltung und Willen, im Glauben, in Beharren und in der Tapferkeit nach dem Vorbild besten deutschen aktiven Soldatentums in der Wehrmacht antreten, so tritt für die gleichen Ideale der Politische Leiter der Partei in der Heimat ein.

Die Feinde werden sich daher verrechnen, wenn sie glauben, daß die Wehrmacht oder das deutsche Volk den Führer verläßt! Unser Führer

aber hat eine Verantwortung zu tragen, von der wir uns kaum eine Vorstellung zu machen vermögen und die nur von der Größe dieser einzigartigen Persönlichkeit getragen werden kann. So oft auch die Versuche der Feinde zu verstehen, zwischen Adolf Hitler und dem deutschen Volke, zwischen Adolf Hitler und der deutschen Wehrmacht eine Trennungslinie zu ziehen. Denn das wissen unsere Feinde: Wenn Adolf Hitler stürbe und unser Volk führerlos würde, dann wäre es einem furchtbaren Schicksal ausgeliefert. Solange aber Adolf Hitler an unserer Spitze steht, für uns sorgt, arbeitet, glaubt, er, der seit 25 Jahren die Fahne des Glaubens von der deutschen Volke einsetzt, solange wird auch der Herrgott mit uns sein.

Das Generalgouvernement ist eine Einrichtung des Reiches. Es ist als solche im Laufe der Jahre erst bewährt. Wenn es auch heute klein geworden ist und in seiner materiellen Bedeutung zurückgegangen ist, so ist seine Bedeutung als Vorposten des Reiches im Osten nicht geringer geworden. Die Burg zu Krakau ist als Symbol dafür, daß Deutschland im Osten war, ist und bleiben wird. Im Generalgouvernement finden sich alle deutschen Stämme und Berufe, deutsche Menschen aller Gaue in gemeinsamer Arbeit und man kennt hier nur das große deutsche Vaterland und die nationalsozialistische Gesinnung schlechthin.

Wir haben das Führer vielleicht noch niemals die Treue und dem Gehorsam so zu haben gehabt, wie in dieser Stunde. Sich im Augenblick des Glückes zu einem Schicksalsträger zu bekennen, ist eine Kleinigkeit. In einer Augenblick aber, da die Sorgen kommen, und das Grauen der Rückschläge, mit besonderem Nachdruck Treue und Gehorsam und Bewährung zu zeigen, vor ein Jahrhunderten der stolze Inhalt besten deutschen Mannestums.

Nur wenn wir den Gluthauch der uns aufgegebenen schicksalhaften Einmaligkeit spüren, sind wir für unser Amt heute am Platze. Ob an der Feldherr ist, der eine Heeresgruppe führt, ob der Repräsentant der Staats- und Parteiführung es ist, in jedem muß heute das gleiche Flammen und Glühen sein. Denn wir sind Nichts, aber Deutschland ist Alles! Deutschland ist in Gefahr und deshalb müssen wir am Platze stehen.

Ist es nicht letzten Endes so, daß das soldatische Wesen seit Jahrhunderten schon nationalsozialistisch war und nur erst darauf gewartet hat, daß einmal durch ein Genie sondergleichen dieses Soldatische in das Politische übertragen werden würde! War denn der Kompaniechef mit seiner Kompanie nicht immer ein Ausschnitt aus jener Jahrhunderte hindurch das gleiche geschlossene Volksgemeinschaftsband von Führung und Gefolgschaft, die es leider durch die Jahrzehnte hindurch im Volksleben selbst nicht im Feld war?

Wir können mit dieser notwendigen Einheit, aus dieser logischen, geschichtlich bedingten, geistig einfach unwiderleglichen Geschlossenheit von politischer Führung im Kriegsgeschehen, von Partei und Wehrmacht, von Volk und Führung uns auch vor den einigen Herrgott treten und wagen: Zweitausend Jahre marschieren wir durch die Welt ihrer Höhe und Tiefe, wir haben Weltreiche aufgerichtet, von Meer zu Meer haben wir regiert und wir waren immer wieder zerrissen worden durch fremde Politik. Heute geht es um das Letzte. Mit derselben Siegeszuversicht wie irgendwann einer vor uns lebenden Generation unseres Volkes treten wir vor den Herrgott und bitten ihn: Segne unsere Waffen in diesem einzigen, großen Schlußkampf des Krieges!

Mit einem Kampf- und Sieg-Heil auf den Führer und Obersten Befehlshaber der Wehrmacht fand die Kundgebung, die den Auftakt zu dem Lehrgange bildete, ihren Abschluß.

Dieser Tage fand in Krakau ein Lehrgang der nationalsozialistischen Führungsoffiziere einer im General-Gouvernement kämpfenden Heeresgruppe statt. Der Lehrgang wurde im Hause der NSDAP, mit bedeutsamen Ansprachen des Oberbefehlshabers der Heeresgruppe und des General-Gouverneurs Frank eröffnet, die wir im Folgenden in ihren wichtigsten Teilen wiedergeben.

"BEREITSCHAFT", Von Arno Breker

414

spricht? Gibt es, Kameraden, gibt es! Und der Mann hat auch bestimmt nicht unrecht, daß er noch nie einen Juden an der Front vorne gesehen hat. Oder da werden Debatten geführt, wie jüngst eine — allerdings nicht an der Front, sondern bei einer Einheit in der Heimat, die die Gemüter erhitzte; ob wohl die Juden in den USA und die in der Sowjetunion gleichgerichtete Ziele hätten. Müßiges Kopfzerbrechen heute! Klar werden sie im einzelnen verschiedene Ziele haben. „Der Jude ist nur einig, wenn eine gemeinsame Gefahr ihn dazu zwingt oder eine gemeinsame Beute lockt; fallen beide Gründe weg, so treten die Eigenschaften eines krassesten Egoismus in ihre Rechte, und aus dem einigen Volk wird im Handumdrehen eine sich blutig bekämpfende Rotte von Ratten", stellt der Führer in „Mein Kampf" fest. Aber in dem einen Ziel sind sie sich einig: daß sie unseren Untergang wollen!

Nein, man kann es nie oft genug sagen und man muß es immer neu wiederholen: der Feind heißt Jude! Und die lockende gemeinsame Beute, um die es ihm von Anbeginn und vor allem in diesem Kriege geht, heißt Weltherrschaft. Nach ihr giert der jüdische Plutokrat in England und in den USA. Und auf der anderen Seite — wir führen wieder ein Wort aus „Mein Kampf" an, denn wie könnte man es besser und klarer sagen? —: „Im russischen Bolschewismus haben wir den im zwanzigsten Jahrhundert unternommenen Versuch des Judentums zu erblicken, sich die Weltherrschaft anzueignen, genauso, wie es in anderen Zeitperioden durch andere, wenn auch innerlich verwandte Vorgänge dem gleichen Ziele zuzustreben suchte." Groteske der Weltgeschichte, daß die Rotten der Ratten, die auf Grund ihrer gegebenen einander grundverschiedenen Voraussetzungen sich selbst blutig bekämpfen müßten, gegen uns zusammenstehen? Nein, es sieht nur von außen so aus!

Dazu kommt, daß sie in uns, in Deutschland, auch ihre gemeinsame Gefahr sehen. Überhaupt, seit es ein nationalsozialistisches Deutschland geworden ist, das die Judenpest nicht nur im eigenen Hause ausgerottet, sondern durch sein Beispiel auch der übrigen Welt die Augen geöffnet hat. Gegen dieses Deutschland muß sich der im Bolschewismus unternommene Versuch zur Erlangung der jüdischen Weltherrschaft naturnotwendig in erster Linie richten. Um so mehr, als Deutschland, schon ehe es nationalsozialistisch war, den „großen Drehpunkt" darstellte. Wir zitieren ein drittes Mal „Mein Kampf": „Die Bolschewisierung Deutschlands, d. h. die Ausrottung der nationalen völkischen deutschen Intelligenz und die dadurch ermöglichte Auspressung der deutschen Arbeitskraft im Joche der jüdischen Weltfinanz ist nur als Vorspiel gedacht für die Weiterverbreitung der jüdischen Welteroberungstendenz. Wie so oft in der Geschichte, ist in dem gewaltigen Ringen Deutschland der große Drehpunkt. Werden unser Volk und unser Staat das Opfer dieser blut- und geldgierigen jüdischen Völkertyrannen, so sinkt die ganze Erde in die Umstrickung dieses Polypen; befreit sich Deutschland aus dieser Umklammerung, so darf diese größte Völkergefahr als für die gesamte Welt gebrochen gelten." Versteht man nun, warum das Judentum die ganze Welt gegen uns hetzt?

Der Feind heißt Jude — und wenn's einer schon gar nimmer hören mag, man muß es trotzdem immer wieder sagen. Greifen wir zurück zu der vorangeführten Feststellung, daß der Bolschewismus den im zwanzigsten Jahrhundert unternommenen Versuch des Judentums zur Erlangung der Weltherrschaft darstellt. Und erinnern wir uns — um ein immer noch aktuelles Beispiel zu nennen — wie Churchill unlängst erst die Polen verraten und den Bolschewisten ausgeliefert hat. Denken wir an die jüngsten Vorgänge in Bulgarien, das im Vertrauen auf die englische und nordamerikanische Garantie aus dem Krieg aussteigen wollte und von den Bolschewisten in brutaler Weise überfallen wurde, ohne daß sich in England oder Nordamerika eine Hand für es gerührt hätte. Ja, warum mußte denn das so kommen? Warum haben sich denn Churchill und Roosevelt seinerzeit in Teheran den anmaßenden Forderungen Stalins so widerstandslos gebeugt? Weil auch diese beiden Plutokratenhäuptlinge nur Werkzeuge in der Hand des Weltjuden sind, der ihre kapitalistische Abhängigkeit nur für sein Endziel ausnützt und allem anderen voran seinen Plan, die Weltherrschaft durch den Bolschewismus zu erlangen, verfolgt.

Der einfache Soldat an der Front sieht nur seinen unmittelbaren Gegner vor sich. Den Bolschewisten im Osten, den Engländer, Nordamerikaner oder Kanadier im Westen oder Süden. Gegen ihn, der von seinen Machthabern in den Kampf getrieben wird, muß er sich seiner Haut erwehren. Aber so wie der letzte Mann auf einsamsten Vorposten sich bewußt sein muß, daß auch er das Regiment, die Division, die Armee verkörpert, so muß er sich auch klar sein darüber, wo der eigentliche Feind steht, der sich an der Front freilich nicht erblicken läßt, sondern seine Fäden im geheimen spinnt. Dann wird er die ganze Größe seiner Aufgabe erkennen und aus dieser Erkenntnis die Kraft schöpfen, sie zu meistern. Sie ist riesengroß, diese Aufgabe, aber wir müssen sie meistern. Denn es gibt nur zwei Möglichkeiten gegen den Weltfeind Juden: S i e g oder U n t e r g a n g ...

Das Wesen des Judentums

... Denn das ist überhaupt das Wesen des Judentums: die höchsten und abstoßensten Gedanken, das Großartige und das Gemeine liegen unmittelbar nebeneinander, untrennbar verbunden, das eine immer die Kehrseite des anderen.

Eduard M e y e r : „Geschichte des Altertums", J. G. Cotta'sche Buchhandlung Nachfolger, Stuttgart 1944, Seite 205.

18. Auf Grund welchen Erlasses des Oberkommandos der Wehrmacht dürfen Wehrmachtsangehörige Ehrenzeichen der NSDAP zur Uniform tragen?[1])

Fragen und Antworten

Frage: Welche Ehrenzeichen der NSDAP und sonstige Abzeichen der Bewegung dürfen von Wehrmachtsangehörigen zur Uniform getragen werden? Auf Grund welchen Gesetzes bzw. auf Grund welchen Erlasses des Oberkommandos der Wehrmacht?

Antwort: Für das Tragen der Ehrenzeichen der NSDAP ist der § 3 zur Ausführung des Gesetzes über Titel, Orden und Ehrenzeichen vom 14. November 1935 (Reichsgesetzblatt 35 I, Seite 1342) maßgebend.

Falls zum Paradeanzug oder zum Dienstanzug das Anlegen der großen Ordensschnalle vorgeschrieben ist, sind von allen Heeresangehörigen (ebenso für die Kriegsmarine und die Luftwaffe) folgende Abzeichen der Bewegung zu tragen:

1. Ehrenzeichen der NSDAP:

    a) Koburger Abzeichen,

    b) Nürnberger Parteiabzeichen 1929,

    c) Abzeichen vom SA-Treffen in Braunschweig 1931,

    d) Ehrenzeichen für Parteimitglieder mit der Mitgliedsnummer unter 100 000,

    e) Blutorden vom 9. November 1923,

    f) das entsprechende Traditionsgauabzeichen,

    g) das Goldene HJ-Abzeichen;

---

[1]) *Der Schulungsbrief, Band 6, Berlin 1939, Seite 77.*

2. Zur Uniform der Heeresangehörigen genehmigte Sportehrenabzeichen:

a) SA-Sportabzeichen,

b) Deutsches Reichssportabzeichen einschließlich des früher verliehenen Deutschen Turn- und Sportabzeichens,

c) Reichsjugendsportabzeichen,

d) Jungfliegersportabzeichen,

e) HJ-Leistungsabzeichen,

f) Reiterführerabzeichen,

g) Deutsches Reiterabzeichen (Kl. I und II),

h) Deutsches Fahrerabzeichen,

i) Deutsches Jugendreitabzeichen,

k) Meisterschaftsabzeichen des Deutschen Reichsbundes für Leibesübungen,

l) Ehrenzeichen für Verdienste um die Pflege der Leibesübungen.

Von diesen Sportehrenabzeichen dürfen gleichzeitig nicht mehr als zwei getragen werden.

Eindeutig und rückhaltlos

Die deutsche Wehrmacht steht heute eindeutig und rückhaltlos unter nationalsozialistischer Führung.

„Adler im Süden", Feldzeitung für die deutsche Luftwaffe in Italien, Nr.
473, 31. August 1944, Seite 3.

Prominenz auf einer NSDAP-Kundgebung im Sportpalast am 14. Januar 1934

Erste Reihe von links: Admiral Raeder, SA-Gruppenführer Ernst, General von Rundstedt, Reichsarbeitsminister Seldte, Reichsminister Frank und Reichsaußenminister von Neurath

General Jodl (Mitte) mit dem goldenen Parteiabzeichen an der Brust unterzeichnet am 7. Mai 1945 um 02.41 Uhr in Reims die Übergabe-Urkunde. Links sein Adjutant, Oberst Wilhelm Oxenius, rechts Admiral Hans Georg von Friedensburg

Vollstrecker des Führerwillens –
Das III. J.-R. 116, noch ohne Truppenfahne, überschreitet mit dem
alten Kampfpanier der NSDAP, die Versailler Grenze – Oktober 1938

Aus: *„Der Schulungsbrief", Band 6 (1939), Seite 92*

19. Offiziere im Jahre 1938—1939 über Nationalsozialismus[1])

I.

Major des Generalstabs von Wedel[2])

... Zwar herrschte — der Sonderstellung der Reichswehr im Staate entsprechend — unmittelbar nach der Machtübernahme zunächst manche Skepsis in ihren Reihen. Aber der Soldat war erzogen zu arbeiten, zu schweigen und zu gehorchen. Und sehr schnell erkannte er im Nationalsozialismus eine seiner eigenen soldatischen Auffassung durchaus entsprechende und ihm deshalb vertraute Idee und sein eigenes Ziel. Im Weimarer Staat hatte der Soldat die Achtung vor der „Politik" und der „Partei" verloren. Mancheiner sah auch in der nationalsozialistischen Bewegung deshalb zuerst die „Partei". Aber mit dem Fortschreiten der nationalsozialistischen Revolution erkannte auch der Soldat, daß die nationalsozialistische Bewegung nichts mit den Parteien der Systemzeit gemein hatte. Und als dann die nationalsozialistische Revolution die Ketten von Versailles sprengte, da schmolz auch das letzte Eis am Herzen des letzten Skeptikers. Die Herzen der Wehrmacht schlugen und schlagen seitdem vorbehaltlos und in treuer Ergebenheit ihrem Obersten Befehlshaber und in ehrlicher Kameradschaft der NSDAP entgegen ...

... Diesem Staat und diesem Volk kann der Soldat nur freudig dienen. So vollzog sich die Eingliederung der Reichswehr in das neue Reich leicht und reibungslos. Alles, was im inneren Gefüge der Armee noch an den Staat von Weimar erinnerte — Vertrauensleute und „Reservatrechte" der Länder, die schwarz-rot-goldene Gösch der Flagge und anderes mehr — verschwand in rascher Folge. Schon mit Beginn des Jahres 1934 trugen die Soldaten der Wehrmacht mit Stolz auf der Uniform und am Stahlhelm das Hoheitszeichen der Bewegung. Das bedeutete nicht nur ein äußeres Zeichen der Eingliederung in den neuen Staat, sondern gleichzeitig ein inneres Bekenntnis zur Wesensgleichheit der Gesinnung und des Handelns im Geiste des Führers. Alle Feiertage des Volkes und der

---

[1]) „Wehrmacht und Partei", herausgegeben von Dr. Richard D o n n e v e r t, Ministerialrat im Oberkommando der Wehrmacht, Berlin, Reichsamtsleiter im Stabe des Stellvertreters des Führers. 1.—20. Tausend 1938, Verlag von Johann Ambrosius Barth, Leipzig.

[2]) Seite 37, 38, 42 (Auszüge).

Partei stehen seit dem Tage von Potsdam über dem 1. Mai, die Parteitage und das Erntedankfest bis zum Einsatz für die Winterhilfe den Soldaten in enger Verbundenheit mit den Kameraden der nationalsozialistischen Gliederungen ...

... Das deutsche Volk durch die nationalsozialistische Bewegung zusammengeschweißt zu einem festen Block, ist in friedlicher Arbeit unter der genialen Führung eines gottgesandten Mannes daran, sich innerlich und äußerlich den wohlverdienten Platz an der Sonne zu sichern. Eine starke, in der Weltanschauung des Nationalsozialismus fest verwurzelte Wehrmacht steht Wache vor diesem Deutschland ...

II.

Oberstleutnant des Generalstabes Waeger[1])

... Mit diesem Bewußtsein aber ist der Boden für eine bis in ferne Zeiten wirkende Rassenpflege gegeben. Ihr Erfolg ist der beste Garant für den Fortbestand eines großen und mächtigen deutschen Volkes.

III.

Major der Luftwaffe Cohrs[2])

... Auch unsere Zeit mag uns „bedroht sehen von äußeren Feinden". Uns kümmert das nicht. Mögen die Politiker des Auslandes ihre Wege gehen, — uns führt der Führer! Mag die internationale Judenschaft Deutschlands Emporwachsen mit Haß und Vernichtungswünschen beobachten und der Bolschewik mit geballter Faust neidisch den Erfolgen nationalsozialistischer Staats- und Wirtschaftsführung zusehen! Wir Deutsche wollen Frieden für uns und die kommenden Geschlechter, und wir werden ihn zu schützen und notfalls zu erkämpfen wissen! Denn: wir sind stärker als je zuvor in der Geschichte! Wir sind einig, und nicht mehr „bedroht von inneren Feinden"!

Unser Heer, unsere Kriegsflotte, unsere Luftwaffe sind wahrhaft das Deutsche Volk in Waffen! „Wir bilden in Volk, Partei und Wehrmacht eine unlösbar verschworene Gemeinschaft", so sagte der Führer am Tage der Wehrmacht 1936 ...

... Dieser in früheren Zeiten erhoffte und erstrebte, unter nationalsozialistischer Führung aber erst erreichte Zustand gibt der Erzieherarbeit des Offiziers ihren besonderen Wert ...

... Im Nationalsozialismus wurzeln die starken Kräfte unseres Volkes, aus dessen Reihen nach des Führers Willen jedes Jahr die Wehrfähigen zu uns in die Wehrmacht kommen. Das wertvollste Gut der Nation wird damit uns Offizieren anvertraut. Auf unseren Schultern liegt höchste Verantwortung!

Daß wir sie tragen dürfen, ist unser Stolz und unsere Ehre! Des Volkes und des Führers Vertrauen zu rechtfertigen, das ist unser Glück und unser Lohn!

---

[1]) *Seite 70.*
[2]) *Seiten 89—90, 91, 96.*

IV.

Generaloberst von Blomberg[1])

Die Wehrmacht schützt das deutsche Volk und seinen Lebensraum.

Sie dient dem Führer durch rückhaltloses Vertrauen und Gehorsam, dem Staat durch ihre Einsatzbereitschaft, dem Volk durch die begeisterte Hingabe an die gemeinsame nationalsozialistische Idee, der Deutschland seine Wiedergeburt verdankt.

V.

Major H. Foertsch[2])

... Reichswehrminister Generaloberst von Blomberg hat von vornherein keinen Zweifel darüber gelassen, daß der Nationalsozialismus als die Grundlage des neuen Staates auch für die Wehrmacht unantastbar sein müsse. Generaloberst von Blomberg schloß seinen grundlegenden Artikel am 29. Juni 1934 im „Völkischen Beobachter" mit den Worten: „In enger Verbundenheit mit dem ganzen Volke steht die Wehrmacht, die mit Stolz das Zeichen der deutschen Wiedergeburt an Stahlhelm und Uniform trägt, in Manneszucht und Treue hinter der Führung des Staates und dem Führer des Reiches Adolf Hitler, der einst aus unseren Reihen kam und stets einer der unseren bleiben wird."

Die Wehrmacht hat in den letzten zwei Jahren bewiesen, daß es ihr mit dieser vom Reichswehrminister aufgestellten Grundlage ernst ist. Eine Linie führt von der Einführung des kameradschaftlichen Grußes zwischen Wehrmacht und nationalsozialistischen Verbänden über die Teilnahme an den neuen staatlichen und parteilichen Veranstaltungen des 1. Mai, des Erntedankfestes zum Auftreten der Wehrmacht auf dem Parteitag des vergangenen Jahres. Eine Linie führt von der Einführung des Hoheitszeichens der nationalsozialistischen Bewegung bis zur Eidesleistung des Soldaten auf den Führer, der von der Wehrmacht als der ersten Institution des Reiches diesen Treueid entgegennehmen konnte. Dieser Eid ist die stärkste, die unlösliche Bindung der Wehrmacht an das Staatsoberhaupt, der gleichzeitig Führer der nationalsozialistischen Bewegung ist. Dieser Eid, der in unbedingter und persönlichster Form dem Führer des Deutschen Reiches und Volkes geleistet wird, gibt dem Soldaten eine eindeutige und klare sittliche Grundlage seines Dienstes für Volk und Vaterland.

---

[1]) *Motto zum Buche: „Die Wehrmacht im Nationalsozialistischen Staat", von Major H. Foertsch, Verlagsbuchhandlung Broschek & Co., Hamburg.*

[2]) *„Wehrmacht im Nationalsozialistischen Staat", Seiten 24—26.*

VI.

Major im OKW Helmuth Pfeifer[1])

Gegen eine Welt von Feinden hat das feldgraue Heer der Deutschen 4¹/₂ Jahre im Angriff und in der Abwehr, zu Lande, zur See und in der Luft siegreich gekämpft, den Krieg im Westen, Osten und Süden in Feindesland getragen und den heimischen Boden vor den Schrecken des Krieges bewahrt. Und doch hat es den Enderfolg nicht an seine Fahnen heften können, weil der Dolchstoß der Heimat die kämpfende Front in den Rücken traf.

... Jude, Freimaurer und Jesuit hatten mit Erfolg im deutschen Volke gewühlt, jeder beanspruchte für sich den Vorrang, das Kaiserreich revolutioniert und zu Fall gebracht zu haben.

... Der Führer und Oberste Befehlshaber der deutschen Wehrmacht hat in seinem Werk „Mein Kampf" an die Wehrmacht die Forderung gestellt, „l e t z t e u n d h ö c h s t e S c h u l e v a t e r l ä n d i s c h e r E r z i e h u n g" zu sein, in der der Soldat „v o n d e r S t ä r k e d e s g e m e i n s a m e m p f u n d e n e n K o r p s g e i s t e s d i e Ü b e r z e u g u n g v o n d e r U n ü b e r w i n d l i c h k e i t s e i n e s V o l k s t u m s g e w i n n e n s o l l."

Der Weg ist der deutschen Wehrmacht somit klar vorgezeichnet. Der deutsche Knabe, der in Familie und Schule, als Pimpf und Hitlerjunge in die heldische Auffassung nationalsozialistischer Weltanschauung hineinwächst, kommt als Jüngling körperlich, geistig und seelisch gekräftigt durch die Schule des Adels der Arbeit, den Reichsarbeitsdienst, in die Waffenschule der Wehrmacht.

... Diesen Geist der Front hat die Erziehungsarbeit in der Wehrmacht zu wecken und zu festigen. Sie trifft sich hier mit der E r z i e h u n g s a r b e i t d e r P a r t e i u n d i h r e r G l i e d e r u n g e n. Denn der Frontgeist ist es, aus dem auch der nationalsozialistische Kämpfer erwachsen ist, aus dem er gehandelt und die Macht und Führung im Dritten Reich erobert hat. Außer der Erziehung zum soldatischen, unbedingten Gehorsam, zu männlicher Selbstzucht und soldatischer Disziplin, zur Erfüllung der „Pflichten des deutschen Soldaten" allgemein, gilt es, die Werte und Erkenntnisse der nationalsozialistischen Weltanschauung, die der junge Soldat in seiner vormilitärischen Jugenderziehung kennengelernt hat und von denen viele auch schon Besitz ergriffen haben, festzuhalten, ihm immer wieder nahezubringen.

Durch Herausstellung soldatischer Vorbilder soll der Wille zur Nacheiferung geweckt und gestählt werden. N e b e n d i e G e f a l l e n e n d e s W e l t k r i e g e s t r e t e n a l s l e u c h t e n d e s V o r b i l d a u c h f ü r d e n S o l d a t e n d i e G e f a l l e n e n d e r B e w e g u n g, die durch den freiwilligen Einsatz ihres Lebens im politischen Machtkampf die Voraussetzung für die politische Freiheit und wiedergewonnene Wehrkraft der Deutschen schufen.

---

¹) „Der Schulungsbrief", Berlin, VI. Jahrgang, 3. (verstärkte) Folge 1939, Seiten 98—100 in Auszügen.

Der Oberste Befehlshaber vor seinem OKW

Hitler empfängt in seinem Hauptquartier die nationalsozialistischen Führungsoffiziere.
Links Generalfeldmarschall Keitel und zwischen ihm und Hitler General Ritter von Stengl

Ullstein-Bild-Archiv

Treue und Ehre, Blut und Boden, Volkstum und Volksgemeinschaft, ewiges Volk und ewiges Großdeutschland, Gemeinnutz vor Eigennutz sind völkische Werte, deren klarer Begriff und fester Besitz die geistige und seelische Haltung des Waffenträgers wesentlich steigern können. Sie bedeuten Kraftstrom für Wehrgeist, Wehrwillen und Wehrfreudigkeit. Hier die nationalsozialistische Erziehungsarbeit anzusetzen und auszubauen ist die weitere wertvolle Aufgabe der Wehrmacht.

Der Soldat muß wissen, wofür er die harte Schule der Wehrmacht durchmachen muß. Er muß wissen, w o f ü r er einsatzbereit bis zur Hingabe des Lebens kämpfen muß, wenn es Sein oder Nichtsein seines Volkes und Vaterlandes erfordert. Er kann das nur ermessen, wenn ihn die Größe der Geschichte seines Volkes in Vergangenheit und Gegenwart, in den heldischen Gestalten des einzelnen, im opferbereiten Einsatz der Volksgemeinschaft erfüllt, wenn ihm die Aufgaben, die in Gegenwart und Zukunft der Deutschen harren und gelöst werden müssen, bewußt gemacht werden. Er muß um die Stärken und Schwächen des deutschen Volkscharakters und die sich daraus ergebenden Folgen wissen, damit er den Gefahren als Soldat und Kämpfer begegnen kann. Er muß lernen, daß es auf die Mitarbeit des einzelnen, daß es auf ihn selbst ankommt, damit der Bestand und die Wohlfahrt des Volkes gesichert bleiben. Das Verantwortungsgefühl, sowohl für sich selbst als einzelnen als auch für sein Volk im ganzen, darf ihn nicht wieder loslassen.

Wachsen diese Erkenntnisse des jungen Soldaten im Laufe seiner Dienstzeit immer mehr, dann wird er auch ein immer besserer Waffenträger werden wollen. Dann wird der innere Drang verstärkten Antrieb zur technischen Waffenleistung und gefechtsmäßigen Schulung geben. Denn der Soldat, der vom Gedanken voll erfüllt ist, sich in der Stunde der Not und Gefahr für Führer, Volk und Reich mit seinem Leben restlos einzusetzen, will dieses nicht ihm, sondern der Gemeinschaft gehörende Leben auch teuer verkaufen. Der Einsatz ist ihm um des Ganzen willen wertvoll geworden. Er ist von dem Willen beseelt, seine Waffe aufs beste zu gebrauchen und dem Feinde Abbruch zu tun, soviel er nur kann.

Die in ihm fest wurzelnde nationalsozialistische Weltanschauung hält ihn dann auch unter den schwersten Entbehrungen und härtesten Erschütterungen des Krieges, in Not und Tod aufrecht. Keine Angstparolen, keine Flüsterpropaganda, kein Flugblatt, keine wehleidigen Klagen, woher sie auch kommen mögen, können ihn irgendwie beirren oder schwach machen. Soldatentum und Nationalsozialismus sind zum Gesetz in ihm verschmolzen. Nach diesem Gesetz tritt er an, nach ihm kämpft er, siegt oder stirbt er.

So sind auch die Worte des Führers und Obersten Befehlshabers der Wehrmacht zu verstehen, der seinen Offizieren sagte, daß ein künftiger Krieg nicht mit der Disziplin allein zu gewinnen sei, sondern daß der Soldat von heute „W a f f e und W e l t - a n s c h a u u n g" brauche, um zu siegen, so wie er einst mit der Losung „Schwert und Bibel" gekämpft habe.

In solcher nationalsozialistischen Erziehungsarbeit wird die politische Willensbildung innerhalb der Wehrmacht geschaffen und gefestigt. Geht diese politische Willensbildung dann Hand in Hand mit der Vollkommenheit der Waffentechnik und der Höchstleistung der Gefechtsausbildung der Truppe und mit der Genialität der Führung, dann ist die Wehrmacht ein Instrument von unerhörter Schlagkraft in der Hand der politischen Führung geworden, ein Instrument, das unüberwindlich ist und allen Aufgaben gewachsen sein wird, wie sie auch gestellt werden mögen.

Der O f f i z i e r als Führer seiner Mannschaft ist auch der Träger der Erziehungsarbeit in der Wehrmacht. Er wirkt in erster Linie und immer wieder als Vorbild seiner Leute in jeglichem Dienst und auch außerhalb. Sein Beispiel als Führer und Kamerad ist ausschlaggebend für den Erfolg der Erziehungsarbeit an seinen Leuten. Ist seine Liebe zu Volk und Vaterland unbändig, ist sein Wille zur Erfüllung und Hingabe an seinen männlichen Beruf unwiderstehlich, dann werden seine Leute ihm nacheifern und Soldaten werden, wie wir sie brauchen.

Der Offizier ist nicht Nationalsozialist, weil die Regierung oder der Staat nationalsozialistisch sind, sondern er ist Nationalsozialist aus Überzeugung, aus der Erkenntnis, daß die nationalsozialistische Weltanschauung, die sich auf den seelischen und körperlichen Gesetzen der Art und Rasse aufbaut, tragende Kraft der Gegenwart und Zukunft unseres Volkes ist. Sie zu bejahen und gestalten zu helfen, ist Arbeit am ewigen Deutschland. Dann erfüllt auch die Wehrmacht die Forderung ihres Obersten Befehlshabers, die dieser auf dem Reichsparteitag 1935 am Tage der Wehrmacht seinen Soldaten zurief:

„S o r g t d a f ü r , d a ß s i c h d i e N a t i o n a u f e u c h g e n a u s o v e r l a s s e n k a n n , w i e s i e s i c h e i n s t v e r l a s s e n k o n n t e a u f u n s e r a l t e s h e r r l i c h e s H e e r , a u f u n s e r e a l t e A r m e e u n d W e h r m a c h t ! S o r g t i h r d a f ü r , d a ß d a s V e r t r a u e n d e r N a t i o n e u c h i m m e r g e n a u s o g e h ö r e n k a n n , w i e e s e i n s t d e r A r m e e g e h ö r t h a t , d e r e n H e l m a u s r u h m v o l l s t e r Z e i t i h r t r a g t , d a n n w i r d e u c h d a s d e u t s c h e V o l k l i e b e n , e s w i r d i n e u c h s e i n e n b e s t e n T e i l s e h e n , s o w i e e s J a h r f ü r J a h r s e i n e b e s t e n S ö h n e i n d i e s e e i n z i g a r t i g e O r g a n i s a t i o n s c h i c k t . D a n n w i r d d a s d e u t s c h e V o l k a n s e i n e A r m e e g l a u b e n u n d w i r d j e d e s O p f e r g e r n u n d f r e u d i g b r i n g e n i n d e r Ü b e r z e u g u n g , d a ß d a d u r c h d e r F r i e d e d e r N a t i o n g e w a h r t w i r d u n d d i e E r z i e h u n g d e s d e u t s c h e n V o l k e s g e w ä h r l e i s t e t i s t ! "

VII.

Generalleutnant z. V. Schmidt-Logan[1])

... Solche und ähnliche Typen also brachte mir das „Gesicht des SA-Führers" in Erinnerung. Ein Gesicht wie es figürlich heute Elk Eber mit dem energischen Kinn und dem verbissenen Mund mit den schmalen Lippen gleicherweise in den Bildern seiner Frontsoldaten wie seiner SA-Männer bringt. Es liegt auf der Hand, daß der Landsknechts- und Kriegertyp wohl mehr in den Kampfjahren, also der revolutionären Vorbereitung, zu

---

[1]) *Militär-Wochenblatt, Unabhängige Zeitschrift für die deutsche Wehrmacht, 123. Jahrgang, Nr. 29, 13. Januar 1939, Spalten 1919—1921.*

finden war, und daß heute nach dem schweren Weg, den die SA gegangen ist, in der zähen Aufbauarbeit der Evolution in erster Linie der Kämpfer- und Soldatentyp vorherrscht. Gestalten der „großen, breiten mittleren Schicht", wie sie zwangsläufig der lange Krieg auch unter die Offiziere mischte, wird man wohl wenig finden; die Härte des SA-Dienstes, seine Freiwilligkeit und Selbstlosigkeit sowie das Fehlen bequemer Versorgung (auch der hauptamtliche SA-Führer ist nicht pensionsberechtigt!) ist kein Boden für solche. Eins ist sicher: D e r   O f f i z i e r   w i r d   i m m e r   i n   j e d e m   d i e s e r   T y p e n   d e n   K a m e r a d e n   f i n d e n , der mit ihm die selben Eigenschaften gemeinsam hat — bestes deutsches Soldatentum!

... „Armeen denken im allgemeinen konservativ ..." wurde in einem Artikel im »Völk. Beobachter« zu Anfang 1937 von hoher militärischer Seite aus geschrieben, „revolutionäre politische Kräfte dagegen ... stürzen Altes und Überkommenes und Bedenken gibt es wenig, wenn dabei auch manches an sich Gute durch ein künftig Besseres ersetzt wird." Dies möge immer bei gegenseitiger Bewertung berücksichtigt werden!

VIII.

General der Infanterie Wetzel[1])

Des Führers diesjähriger 50. Geburtstag ist ein Festtag Großdeutschlands.

Kaum jemals in der deutschen Geschichte konnte ein Fürst, ein Staatsmann oder Soldat großen Formats in diesem Lebensalter auf Leistungen und Erfolge zurückblicken, wie sie Adolf Hitler beschieden waren.

Jeder Deutsche kennt den schweren und unerhört verantwortungsvollen Lebensweg des Führers.

„Nach dem Gesetz, nachdem er angetreten", ist er zielklar und kühn den Weg bergauf geschritten. Als unbekannter deutscher Soldat hat er den furchtbaren Ernst des Krieges, aber auch die einzig dastehenden Leistungen der deutschen Wehrmacht im größten Weltenringen aller Zeiten, dann aber auch den erschütternden Niederbruch des von Bismarck, Moltke und Wilhelm I. geschaffenen stolzen Kaiserreiches erlebt. Haßerfüllte Gegner glaubten im Schmachfrieden von Versailles dem Lebenswillen und der Tüchtigkeit des deutschen Volkes für ewige Zeit Fesseln anlegen zu können.

Schicksalhaft hat die Vorsehung den Führer berufen, diese Ketten zu zerreißen. Wie dies geschehen, ist noch in unserem Gedächtnis. Es begann mit der Bildung und dem stürmischen Aufstieg der NSDAP, der die Übernahme der Macht im Jahre 1933 unter der Präsidentschaft des altehrwürdigen Feldmarschalls von Hindenburg folgte. Damit begann die große, ernste und so verantwortungsreiche Epoche seiner einzigartigen und kühnen politischen Staatsführung.

---

[1]) *Militär-Wochenblatt, Unabhängige Zeitschrift für die deutsche Wehrmacht, 123. Jahrgang, Nr. 43, 21. April 1939, Spalten 2889 und 2890.*

Wie der größte deutsche Staatsmann des 19. Jahrhunderts, Fürst Bismarck, so erkannte auch der Führer, daß das in der Mitte Europas liegende Deutschland nur seinen großen geschichtlichen Weg gehen könne, wenn es wieder militärisch stark würde. Angesichts übermächtiger haßerfüllter Gegner wurde der Schritt zur Wiederwehrhaftmachung des Volkes, die Schaffung einer für seine politischen Ziele starken Wehrmacht zu Land, zur See und in der Luft die kühnste aber auch entscheidendste Tat seiner politischen Führung. Gestützt auf die mit eiserner Zähigkeit und politisch-militärischem Weitblick aufgebaute Wehrmacht konnte sich der Führer seinem großen Ziel der Zerreißung des Versailler Vertrages und der Bildung eines machtvollen großdeutschen Staates zuwenden. Die Etappenpunkte dieses großzügigen Aufstiegs haben wir erlebt. Im 47. Lebensjahr Adolf Hitlers die Besetzung des Rheinlandes, im 49. die Schöpfung des großdeutschen Reiches durch Eingliederung der Ostmark ins Altreich. In seinem 50. Lebensjahr fand diese deutsche Staatsführung ihre Krönung in der Eingliederung der Sudetendeutschen, in der Einführung der seit 1000 Jahren in den deutschen Lebensraum eingelagerten Länder Böhmen und Mähren als Protektorat in Großdeutschland und schließlich in der Befreiung des Memellandes.

Damit fand Großdeutschland geographisch, politisch und militärisch eine Form, die es zu dem machtvollsten und führenden Staate des europäischen Festlandes machte.

Die deutsche Wehrmacht kann stolz sein, daß sie das Instrument war, um dem Führer zu ermöglichen, das weitgesteckte politische Ziel zu erreichen. Sie hat zu Land, in der Luft und zur See in vorbildlicher Weise die ihr hierbei gestellten Anforderungen gemeistert. Des Führers Dank wird ihr Ansporn sein, wo auch immer sie in Zukunft berufen sein mag, unter seiner staatsmännischen Führung für deutsche Ehre und Größe einzustehen, das in sie gesetzte Vertrauen wie bisher zu rechtfertigen und Höchstes zu leisten.

Wenn wir heute voll Stolz und Vertrauen auf den Führer blicken und ihm mit dem deutschen Volke in mannhafter Weise unsere Glückwünsche darbringen, so in der Hoffnung, daß eine gnädige Vorsehung ihn noch viele Jahre zum Wohle Großdeutschlands erhalten und führen möge.

Es lebe der Schöpfer Großdeutschlands!

Heil Hitler!

IX.

Generaloberst Jodl[1])

„... Meine tiefste Zuversicht gründet sich aber darauf, daß an der Spitze Deutschlands ein Mann steht, der nach seiner ganzen Entwicklung, seinem Wollen und Streben vom Schicksal nur dazu ausersehen sein kann, unser Volk in eine hellere Zukunft zu führen. Allen gegenteiligen Meinungen zum Trotz muß ich hier zum Ausdruck bringen, daß er die Seele nicht nur der politischen sondern auch der militärischen Kriegführung ist und daß

---

[1]) *Dokument L — 172. Auszüge aus Jodls Vortrag vor den Reichs- und Gauleitern in München am 7. November 1943.*

die Kraft seines Willens wie der schöpferische Reichtum seiner Gedanken in strategischer, organisatorischer und rüstungstechnischer Beziehung die ganze deutsche Wehrmacht durchpulst und zusammenhält. Ebenso ist die so wichtige Einheit von politischer und militärischer Führung bei ihm in einer Weise verkörpert, wie es seit Friedrich dem Großen nicht mehr der Fall gewesen war.

Gedankenfreiheit

Der Nationalsozialismus verkündet und fordert friederizianische Gedankenfreiheit in Lehre und Forschung.

> Prof. Dr. V a h l e n , Präsident der Preußischen Akademie der Wissenschaften und SS-Oberführer im Stabe des Reichsführers-SS im Buche: „Reden und Ansprachen bei der Eröffnung der Reichsuniversität Straßburg am 23. November 1941", Hünenburg-Verlag, Straßburg 1942, Seite 37.

20. Der „Deutsche Gruß", das deutlich sichtbare Bekenntnis zum Reich Adolf Hitlers[1]

I.

Der Deutsche Gruß ist ohne Einschränkung Gemeingut aller Deutschen im Großdeutschen Reich geworden. Er wurde von jedem Wehrmachtangehörigen von heute auf morgen ohne besondere Ausführungsbestimmungen, ohne exerziermäßiges Üben in tadellos einwandfreier Form angewandt als Bekenntnis zum Führer, als ein Bekenntnis zum bedingungslosen Ausharren bis zur siegreichen Beendigung unseres Schicksalskampfes.

Wir wollen uns in dieser Stunde einmal daran erinnern, daß am 30. Januar 1933 die schwarz-rot-goldene Fahne der Weimarer Republik zunächst abgelöst wurde durch zwei Reichsfahnen, die Hakenkreuzfahne der NSDAP und die alte schwarz-weiß-rote Fahne von 1871. Als Bekenntnis zur großen politischen Zielsetzung der NSDAP verschwand die Fahne der Erinnerung an unsere staatliche Zwischenlösung des zweiten Kaiserreiches, es verschwanden die Fahnen der deutschen Länder, vor allem die von einer großen Tradition geheiligte schwarz-weiße preußische Fahne.

... Mit dem Deutschen Gruß ist allerdings die Entwicklung andere Wege gegangen. Denn er knüpft an ein uraltes germanisches Brauchtum. Unsere Vorfahren trugen am linken Arm den Schild, in der Rechten den Speer, den Ger, und sie erwiesen den Gruß durch Emporstrecken des Armes und Heben der Speerspitze gegen den Himmel. In der Zeit des Rittertums erhoben sich begegnende Kämpen die Rechte und öffneten dabei die Hand zum Zeichen, daß sie ohne Waffe in friedlicher Absicht sich näherten. Und knüpfen nicht unsere Generalfeldmarschälle an diesen alten deutschen Gruß-Brauch an, wenn sie ihre Soldaten mit erhobenem Marschallstab begrüßen? Denken wir daran, daß noch zur Zeit Friedrichs des Großen der Gruß durch Anlegen der rechten Hand an die Kopfbedeckung unbekannt war, denn er ist erst ein Kind der Freiheitskriege, zurückgehend auf eine Kabinettsorder Friedrich Wilhelm III. vom 4. Mai 1812. Bis dahin wurde gegrüßt durch Hutabnehmen. Die Offiziere des Großen Friedrich taten so, und das Ablösen durch Handanlegen war nichts typisch Deutsches, sondern wurde in allen modernen Heeren im Verlauf des 19. Jahrhunderts eingeführt. Der Deutsche Gruß dagegen war von Anfang an das sinn-

---

[1] „Wacht im Südosten", Deutsche Soldatenzeitung, Wochenausgabe, Sonntag, den 20. August 1944, Nr. 112.

Aus: „... gegen Engeland". Marine-Frontzeitung Nr. 201, 6. Jahrgang, Dritte-Januar-
Folge 1945, Seite 5

Einer solchen Ehre ...

Als im Jahre 1926 der Parteitag der nationalsozialistischen Bewegung in Weimar
stattfand, da war es der Führer persönlich, der dem völkischen Kämpfer Adolf Bartels
einen Besuch abstattete. Einer solchen Ehre können sich nur sehr wenige Wissenschaftler außer Bartels rühmen.

Gerhard B a u m a n n : „Jüdische und völkische Literaturwissenschaft", Verlag Franz Eher Nachf. GmbH., München 2 NO, 1936, Seite 112.

Aus: „Wacht im Norden“. Wehrmacht-Frontzeitung für die deutschen Soldaten in Norwegen. Folge 49, 5. Jahrgang, 1. Dezember-Folge, 2. Dezember 1944, Seite 6

Der Relativitätsjude

Albert Einstein, der Relativitätsjude, nach Günther vorwiegend orientalisch mit geringem vorderasiatischem Einschlag.

Dr. phil. Walter B r e w i t z : „Von Abraham bis Rathenau“ (viertausend Jahre jüdische Geschichte), Selbstverlag, Berlin, 1937.

Raeder bedankt sich für den Stab des Großadmirals

Telegraf-Archiv Berlin

Generaloberst von Brauchitsch gratuliert Hitler zum Geburtstag (20. April 1940)

Ullstein-Bild-Archiv

435

Offiziere der Kriegsakademie begrüßen Hitler im März 1939

Begleitet von Großadmiral Raeder (links) und Generaloberst von Brauchitsch (rechts)
betritt Hitler den Plenarsitzungssaal der Kroll-Oper   *Ullstein-Bild-Archiv*

Die Truppen begrüßen Hitler und seinen Stab in einem Vorort von Lodz
(14. September 1939)   *Ullstein-Bild-Archiv*

fälligste äußere Zeichen des Bekenntnisses zum Führer und zur großdeutschen national-sozialistischen Idee. Die Form des Grußes erinnert jederzeit an den geleisteten Eid und in der Kampfzeit setzte für Millionen Menschen seine Anwendung ein hohes Maß von Bekennermut voraus, ein Aufsichnehmen von Verfolgung, wirtschaftlichem Ruin und oft genug sogar von körperlicher Züchtigung. In der Ostmark wurde lange Zeit mit Gummiknüppeln niedergeschlagen, wer dieses Bekenntnis wagte, mußte die Anwendung des Grußes erzwungen oder abgetrotzt werden. Auf diese Weise ist der Deutsche Gruß seit zwanzig Jahren geheiligt durch eigene Tradition, ist seine Anwendung für jeden einzelnen das deutlich sichtbarste Bekenntnis zum Reich Adolf Hitlers geworden.

Das Braunhemd

Wenn wir das Braunhemd tragen, dann hören wir alle auf, Katholiken oder Protestanten zu sein, dann sind wir nur Deutsche.

„Das Dritte Reich", 1934, Seite 385.

---

21. Zum Tage der „Nationalen Erhebung")[1]

Unter Nationaler Erhebung versteht man den Versuch Adolf Hitlers am 8. und 9. November 1923 in München, eine Änderung der politischen Verhältnisse in Deutschland durch Staatsstreich herbeizuführen.

(Taschenwörterbuch des Nationalsozialismus von Hans Wagner, Verlag von Quelle & Meyer in Leipzig, Seite 159)

I.

Generaloberst Raus[2])

Sehr geehrter Herr Gauleiter!

Das deutsche Volk gedenkt am 9. November der Blutopfer der nationalsozialistischen Bewegung. Für die Freiheit und des Volkes Wiederauferstehen gaben sie ihr Leben. Zugleich gedenken wir der Millionen Blutzeugen, die im ersten Weltkrieg und in diesem gewaltigen Ringen für das Leben und die Zukunft unseres Volkes gefallen sind. Ihr Opfertod ist uns heilige Verpflichtung, die uns den Weg zum Siege weist.

---

[1]) *Die Originale aller hier wiedergegebenen Dokumente befinden sich in der Bibliothek für Zeitgeschichte (Weltkriegsbücherei) in Stuttgart.*

[2]) *„Panzerfaust", Nachrichtenblatt einer Panzerarmee, herausgegeben von der Feldeinheit 10 792, 4. Jahrgang, Nr. 543, Sonnabend, 11. November 1944, Seite 1. Dieser Brief ist an den Gauleiter von Ostpreußen gerichtet.*

Vom nationalsozialistischen Kampfgeist erfüllt wie diese Helden, und im Glauben an Deutschlands große Zukunft, wird meine Panzerarmee, in ihr bewährte ostpreußische Divisionen, dem neuen Ansturm der bolschewistischen Massen auf Ostpreußen mit eiserner Härte entgegentreten. Gestützt auf Ihr Geheiß, durch Partei und Volk errichtete starke Verteidigungsanlagen und Schulter an Schulter mit Ihren Männern des ostpreußischen Volkssturmes sind meine Grenadiere, Panzergrenadiere und Volks-Grenadiere, verbunden mit ihren Kameraden aller Waffen, fanatisch entschlossen, in bedingungsloser Treue zum Führer mit letzter Hingabe die deutsche Heimat vor dem bolschewistischen Zugriff zu schützen.

In dieser entschlossenen Kampfverbundenheit grüße ich Sie und unsere Volksgenossen in Ostpreußen, zugleich im Namen aller meiner Soldaten.

Heil Hitler!

gez. R a u s

Generaloberst

II.

Front Kurier

„Feldzeitung unserer Armee"[1]

. . . Aus dem geheimnisvollen Born jenes Blutes, das am 9. November 1923 an der Feldherrnhalle in München vergossen wurde, schöpfte er die Kraft für das oft übermenschliche Durchhalten in dem gewaltigen Ringen der letzten fünf Jahre. Es wischte den Staub und Schmutz fort, mit dem uns die Fußtritte der ewigen Feinde eines geeinten Reiches durch lange und bange Jahre überkrustet hatten.

Jene Fackel, die von den gefallenen 16 Gefolgsmännern Adolf Hitlers unseren Kameraden in die Hände gelegt wurde, ist weitergegeben an jene, die dem Ansturm einer ganzen Welt trotzten. Das Blutopfer an der Feldherrnhalle entfachte in ihren starken Herzen die Lebensflamme einer Idee, deren heiße Glaubensglut das Reich von morgen schmiedet. In ihm verging, was morsch war, und an ihr zerbricht das Werk eines zerstörenden Willens, der seine aufgeputschten Menschenmassen gegen uns anstürmen läßt. Wenn die Idee nicht wäre, für die am 9. November 1923 Männer ihr Leben einsetzten, dann würden heute in unseren Häusern jüdische Kommissare und GPU-Leute aus und ein gehen. Wenn die Mammutarmeen der Sowjets mit ihren Tausenden von Panzern und Flugzeugen die Mauer unserer Leiber überfluten würden, dann würden eines Tages die Züge aus Deutschland nach dem Osten rollen, die deutsche Zwangsarbeiter und Zwangsarbeiterinnen nach den sibirischen Wäldern brächten. Die geistig Schaffenden aber säßen in Gefängnissen oder ein Katyn wäre ihnen beschieden.

---

[1] *Folge 4, 2. November-Ausgabe, Seite 1 (ohne nähere Angabe eines Jahres).*

Als am 9. November die Salven in München krachten, da entzündete sich das Fanal, das heute unserem Kampf voranleuchtet. Im Weltkrieg standen viele im Volke seelisch und geistig außerhalb des Kampfes. Geeint durch die Idee des 9. November 1923 empfinden wir heute die Einheit des Reiches, in dessen Schicksalskampf Heimat und Front, wir alle, einbezogen sind. Die Toten an der Feldherrnhalle haben nicht kapituliert, sie sind getreu dem Befehl der eigenen Brust gefallen. Und leben dafür in den Taten dieses Krieges weiter. Ihr Geist ist es, der uns Soldaten draußen Kraft und Weihe gibt, der sie zu Härtestem befähigt, der Geist bedingungsloser Hingabe, der Sinn für die Notwendigkeit des Opfers, auch des letzten, gewaltigsten.

So schlägt der Geist die Brücke, aber die Idee ist ewig. Sie leuchtet zwischen dem verräterischen Gewölk jenes trüben Novemberhimmels und wird uns immerdar der Stern sein, nach dem wir unser Gewissen auszurichten haben.

So k a n n uns nichts geschehen.

Die Voraussetzung

Heute wissen wir, daß der Weg von den befreiten Gebieten im Rheinland über die Ostmark nach Reichenberg und Prag, nach Memel und Danzig, nach Posen, Krakau bis hin nach Straßburg nur Voraussetzung war für den eigentlichen Kampf, den wir heute kämpfen unter Adolf Hitler für Europa, ja für weltweite Aufgaben, deren Größe wir nur ahnen können.

Oberstadtkommissar Dr. E r n s t , Straßburg, in „Reden und Ansprachen bei der Eröffnung der Reichsuniversität Straßburg" am 23. November 1941, Hünenburg-Verlag, Straßburg, 1942, Seite 38.

Panzerfunk

Nr. 63 — Nachrichtenblatt einer Panzerarmee — Donnerstag, 9. November 1944

„Und Ihr habt doch gesiegt!"

Zum 9. November 1944

Die vom Führer der Ewigen Wache gegebene ehrende Parole „Und Ihr habt doch gesiegt!" ist heute mehr denn je tägliches Kennwort der gesamten Nation. Diese Parole war und bleibt insbesondere zugleich ewiggültige Mahnung an die Wehrmacht und alle dieser verpflichteten Volksgenossen, wissend, daß in diesem Kampf kein Opfer zu groß oder zu teuer ist! Schwätzer, Schwächlinge und Feiglinge wollen es nicht glauben — wir wissen es: Dieser Kampf geht um Sein oder Nichtsein der Nation und damit jedes Einzelnen. Der Abtrünnigen und Feiglinge Schicksal — Italien, Finnland, Rumänien, Bulgarien — ist uns Warnung genug.

Wir kämpfen für den Ewigkeitswert der Deutschen. Der am 9. November 1923 begonnene Angriff muß fortgesetzt werden! Das Vorbild dieser Kämpfer muß alle erfüllen und alle begeistern. Ihr stahlharter Wille, ihre Beharrlichkeit, ihre Standfestigkeit und ihr Verantwortungsbewußtsein müssen jedem anständigen Deutschen Verpflichtung, sie müssen ihm Ansporn sein! Nicht die Vielzahl und Vielgestaltigkeit der Waffen entscheiden diesen Krieg, sondern der Gefolgsmann des Führers, der die Tapferkeit des Herzens aufbringt, wie sie die Kämpfer der Bewegung, von höchstem Verantwortungsbewußtsein getragen, bewiesen haben, um den Auftrag unserer gefallenen deutschen Männer und Frauen auszuführen: Kampf bis zum Sieg, der uns unter diesen Voraussetzungen sicher ist. Dann werden unsere Nachfahren auch von uns sagen können: „Und Ihr habt doch gesiegt!"

Es lebe unser Führer!

von Manteuffel
General der Panzertruppe

General der Panzertruppe von Manteuffel

feldherrnhalle

Wir werden euch niemals vergessen,
die ihr in das Sterben marschiert.
An eurem Heldentod messen
wir, was diese Zeit gebiert.

Ihr saht noch die Feldherrnhalle
und wußt es mit brechendem Blick:
Aus unserem einsamen Falle
steigt ehern das deutsche Geschick.

Ihr saht in den Todesschmerzen
den sanft versöhnenden Sinn:
Ein Volk kniet mit brennendem Herzen
vor unserem Opfer hin.

Ihr hörtet die Schüsse verhallen,
die Leiber vom Blut verklebt.
Ihr konntet die Faust nicht mehr ballen.
Ihr wußtet: er ist nicht gefallen.
Ihr wußtet: der Führer lebt!

Gerhard Schumann

und ihr habt doch gesiegt

Der Oberbefehlshaber der Heeresgruppe   H. Qu., 8./9. Nov. 44

Tagesbefehl!

Heute vor 21 Jahren erhob sich in München die nationalsozialistische Bewegung mit Adolf Hitler an der Spitze, um Deutschlands Erneuerung aus tiefstem Elend durchzusetzen. Elemente, die noch am Tage vorher sich mit dem Führer einig erklärt hatten, verrieten ihn und versuchten so das Scheitern seiner Absichten, Deutschlands Freiheitskampf bereits damals zu beginnen. Die Bewegung brachte hier ihre ersten Toten zum Opfer. Einsam, ohne Macht, ging der Führer auf Festung. Gegen ihn und wenige Getreue stand eine Welt von Feinden. Und doch hat er gesiegt. Knappe zehn Jahre später war er der Führer des Volkes und Kanzler des Reiches. Die Kraft der nationalsozialistischen Idee, der revolutionäre Schwung, die Zähigkeit der nationalsozialistischen Bewegung und die Genialität des Führers hatten sich gegenüber allen Widerständen durchgesetzt. Heute steht das deutsche Volk am Höhepunkt seines Abwehrkampfes gegen den Willen von Juden und Bolschewisten, ihm sein Lebensrecht zu rauben, seine Freiheit zu vernichten und alles, was ihm hoch und heilig ist, mit Füßen zu treten. Seit dreißig Jahren dauert nun dieser unerbittliche Kampf um unser Dasein, weil die Gegner von Volk und Reich in uns und der nationalsozialistischen Idee das letzte und größte Hindernis auf dem Wege zu ihrer unbeschränkten Weltherrschaft sehen. In diesem Zeitpunkt, da dieser Kampf seinen Höhepunkt erreicht und ein Großteil der Verbündeten uns verraten hat, haben wir alle Ursache, uns des 9. November 1923 zu erinnern. Fast alleinstehend, werden wir als Volk uns gegenüber einer Welt von Feinden nur durchsetzen, wenn wir gegenüber dem Schicksal jene Tugenden unter Beweis stellen, die den Führer aus tiefster Ohnmacht zum Siege führten.

Die Kraft der nationalsozialistischen Idee, ihr revolutionärer Schwung, die Zähigkeit des deutschen Soldaten und die Genialität Adolf Hitlers werden das Unterpfand unseres Sieges sein.

Es lebe der Führer!

Harpe, Generaloberst

Generaloberst Harpe

Aus: „Raupe und Rad", Frontzeitung einer Panzerarmee, Nr. 81,
Sonntag, den 5. November 1944, S. 2

442

Nr 457   NACHRICHTENBLATT EINER PANZERARMEE   Donnerstag, 9. November 1944

London unter dem Beschuß von „V 2"

Ein weit wirksamerer Sprengkörper als „V 1" — Kräftegruppe der Nordamerikaner im Raum Stolberg vernichtet

Führerhauptquartier, 8. Nov. Das Oberkommando der Wehrmacht gibt bekannt:

Nachdem seit dem 15. Juni der Grossraum von London mit nur kurzer Unterbrechung in wechselnder Stärke unter dem Feuer der V 1 liegt, wird über Beschuss seit einigen Wochen durch den Einsatz eines noch weit wirksameren Sprengkörpers, der V 2, verstärkt.

An der Nordspitze von Walcheren behauptet sich die eigene Stützpunkte noch gestern gegen den von Westen und Osten angreifenden Feind. Der Brückenkopf Moerdijk wurde in harten Kämpfen gegen starke Panzerangriffe gehalten. Unsere Artillerie bekämpfte wirksam feindliche Ansammlungen und anhaltende Bewegungen im Raume von Nimwegen und Settich Holmeed.

Panzer und Grenadiere vernichteten südöstlich Stolberg die dort abgeschnittene nordamerikanische Kräftegruppe und eroberte nach schweren Kämpfen den Ort Kommerscheid trotz erbitterter Gegenwehr zurück. Pfeilzehn nordamerikanischen Panzer wurde dabei abgeschossen, zwei erbeutet, über 300 Gefangene eingebracht.

Nach starker Artillerievorbereitung stiessen in den frühen Morgenstunden zwischen Pont à Mousson und Chateau-Salins zu dem dort erwarteten Grossangriff an. Schwere Kämpfe sind entbrannt. Eigene Stosstrupps stiessen östlich und südlich Chateau-Salins und an der Nordostseite des Parroy-Waldes tief in die feindlichen Stellungen vor, sprengten 25 Bunker und kehrten mit Gefangenen und umfangreicher Beute in die eigenen Linien zurück.

Im strausslichen Apennin wiesen feindliche Vorstösse in den Frontbogen nördlich Roca Casciano in die Tiefe des Hauptkampffeldes von der dort kämpfenden Infanterie-Division aufgefangen.

Von der Balkanfront wird weiterhin lebhafte Kampftätigkeit ohne wesentliche Veränderung der Lage gemeldet. Im Tal der südlichen Morawa schliessen stärkere Angriffe der Bulgaren.

In der Aegäis versenkte ein eigenes Torpedoboot den Unterseeboot des Feindes.

Vor Budapest und nördlich der Bahnlinie Cegléd—Szolnok wiesen unsere Panzer und Grenadiere starke Angriffe der Bolschewisten ab. Durch Gegenangriffe wurden die Sowjets aus mehreren Ortschaften geworfen.

An der mittleren Theiss stehen deutsche und ungarische Verbände in harten Kämpfen mit stärkeren feindlichen Angriffsgruppen. Schlachtflieger führten bei Tag und Nacht wirksame Angriffe gegen den sowjetischen Nachschub.

Im ostpreussischen Grenzgebiet kam es nur zu örtlichen Kämpfen.

Die Wucht der bolschewistischen Angriffe gegen unseren Nordfront hat gestern auch im Raum von Autz nachgelassen. Wo der Feind weiter angriff, wurde er, zum Teil in Gegenstössen, geworfen. Damit ist der von den Sowjets erstrebte erbitterter Abwehrschlacht haben unsere Divisionen dem Ansturm überlegener bolschewistischer Kräfte standgehalten und in bei einem grossen Teil der eingesetzten Panzer verbände, vor allem der eingesetzten Panzertruppe, zerschlagen. Vom 26. Oktober bis 7. November wurden 692 feindliche Panzer vernichtet, 239 bolschewistische Flugzeuge über dem

Kampfraum abgeschossen, davon 110 durch Flakartillerie der Luftwaffe.

In Finnland kam es nordwestlich Ivalo und westlich des Varanger-Fjords zu örtlichen Gefechten mit Finnen und Bolschewisten.

Bei Angriffen nordamerikanischer Terrorflieger auf das südliche Reichsgebiet wurden durch Flakartillerie der Luftwaffe sieben viermotorige Bomber zum Absturz gebracht. In den Wohngebieten von Marburg an der Drau und Wien entstanden einige Gebäudeschäden.

*

Ergänzend zum Wehrmachtbericht wird gemeldet: Verbände germanischer und lettischer Freiwilliger haben sich in den Kämpfen in der Kurland besonders ausgezeichnet.

Bei der Räumung der ägäischen Inseln und des griechischen Festlandes haben sich die dort eingesetzten Truppenverbände der Luftwaffe unter besonders schwierigen Bedingungen bewährt und die Rückführung von Truppen und wertvollem Material sichergestellt.

Gedanken zum 9. November

Wenn wir der Helden des 9. November 1923 in jedem Jahr erneut gedenken, dann müssen wir uns vorher wieder die Lage Deutschlands und Gedächtnis zurückrufen, jene Lage, die wohl für das Heimat die tiefste Erniedrigung ihrer gesamten Geschichte mit sich brachte. Wir sah es damals im Novemberdeutschland vor 1923 auf! Die Heimat wurde von den Siegern geknechtet, gedemütigt, zerrissen in tausend Gruppen und Gruppen. Die Juden sahen ihre grosse Zeit gekommen. Blutige Wunden wurden dem Reich geschlagen, das Volk verarmte, der gesamte Mittelstand war entrüstet, abgesunken ins besitzlose Proletariat. Der Menschenmord wütete, der Bruderzwist im eigenen Lande war entbrannt.

Alle diese Erscheinungen führen schliesslich zu den Geschehnissen am 8. und 9. November. Hinzu kam, dass Adolf Hitler die grosse Gefahr erkannte, dass Bayern unter den nationalen Phrasen unter Jonas örtlichen Partikularismus gebrochen Bewegung (v. Kahr) von Reich getrennt werden sollte. Nur ein kleines Häuflein von Parteigenossen hatte er hinter sich dazu den Bundo Oberland und Reichskriegsflagge. Nur durch feigen Verrat und Treubruch brach das Vorhaben zusammen und kostete den Bewegung 16 Tote und zahllose Verwundete. Das nationalsozialistische Führerkorps wurde verhaftet, verwundet oder musste flüchten. Und doch wurde dieser Tag zu einem der Meilensteine auf dem Wege zur Machtübernahme durch Adolf Hitler und seiner Bewegung, denn am ersten Male war aller Welt, dass Menschen aller Stände zur selben Stunde, um die Idee des Führers zu verwirklichen, Männer, die bereit waren, in glühender Liebe zu ihrem Vaterlande ihr Leben einzusetzen und zu opfern. Die Zukunft war

verohten. Sie konnten den Anhängern Adolf Hitlers nicht mehr den Glauben nehmen, selbst wenn sie ihren Führer als Hochverräter vor den Gerichtshof schleppten und ihn zu vielen Jahren Festungshaft verurteilten. Die Flamme des Glaubens an eine neue und bessere Zukunft des Reiches loderte in Führung Adolf Hitlers loderte in ihren Herzen. Das hatte der heldenhafte Kampf der unbekannten Männer vor der Feldherrnhalle in diesem schicksalshaften Novembertag bewirkt. Männer, deren Raupen wir uns in den Novembertagen des sechsten Kriegsjahres im Freiheitskampf für einen ganzen Kontinent kennen. Wir sind heute mit dem Glauben, den der alte Mitstreiter Adolf Hitlers und Marschierer vom 9. November 1923, Karl Holzreger, einmal ausgesprach: „Uns alle beseelte die gleiche, heilige Bereitschaft, dem deutschen Volke in der Stunde seines bittersten Schmach und Not wahrhaft zu dienen, uns alle erfüllte das unbändige Vertrauen auf den Führer, dem wir uns verschworen wollten, uns alle begeisterte der unbeirrbare Glaube an den Sieg. Und nicht nur das deutsche Volk, die Welt hat die Schüsse des 9. November gehört. Die Welt, die der Deutschland zu klein und niederzwang, musste staunend erleben, dass es in diesem niedergeworfenen Volke noch Kräfte gab, die dort stark genug fühlten, ihr Leben zu wagen. Der Selbstmörder wirft es weg, weil er jeden Glauben an die Zukunft verloren hat. Der Kämpfer setzt es ein und wie er sein Sterben beruft, weil er glaubt, dass eine bessere Zukunft erwacht.

Im sechsten Kriegsjahr können wir an den Tag vor der Feldherrnhalle nicht mit den gleichen Feierlichkeiten begehen wie in den Friedensjahren. Heute lodern keine Fakel auf der alten Marschstrasse, doch unsere Gedanken wandern zurück zu den Helden vom 9. November 1923. Die 16 Gefallenen bleiben für uns leuchtende Denkmäler der Treue, un ewiges Zeugnis von leidenschaftlicher Liebe und deutscher Treue, Opferwillen und Ehrauffassung. Die 16 Freiheitshelden sind unvergänglich und unvergänglich in die deutsche Geschichte eingegangen. So wie diese Männer dem Führer und ihrem Vaterlande bis in den Tod die Treue hielten, so bewahren wir Soldaten in der nationalsozialistischen Armee ihr Vermächtnis. Wir rufen den stummen gewordenen Helden des 9. November als heilige Verpflichtung zu: Euer Geist wird der unsrige sein bis zum siegreichen Ende dieses Völkerringens. Euer Tapferkeit, Euer Glaube und Eure Treue werden uns ewig uns unsere Pflicht gemahnen, auch das Letzte zum Wohle des Reiches und seiner nationalsozialistischen Bewegung herzugeben. Euer Tod ist nicht umsonst gewesen...!

W. Theis.

Roosevelt wiedergewählt

Nachdem man ungefähr zwei Drittel der Wahlstimmen aus allen Bundesstaaten, ergibt sich, wie Reuter aus New York meldet, folgendes Bild: Roosevelt vereinigte auf sich 19 540 625 Stimmen, während Dewey 16 349 377 Stimmen erhielt.

In Berlin ist die Wiederwahl unter der mindeste Ueberraschung aufgefasst, zumal man davon überzeugt war dass, dem die jüdischkapitalistische Machtgruppe, die hinter Roosevelt steht, bei einem anderen Ausgang mit Politik stürzt, bei einem Fortsetzung des Krieges auf Wohl auch Dewey zur Fortsetzung des gegen Deutschland gewungen hätte.

Reiches gehört, dass das Opfer der 16 gefallenen Helden nicht umsonst war. Wenn der Tod gab in den folgenden schweren Jahren des Kampfes im Inneren des Reiches Hunderten neuen Volksgenossen den Glauben an den Sieg, den Glauben an Deutschlands Zukunft. Die Feinde unserer Bewegung nannten Adolf Hitlers Versuch zur Rettung des Reiches Hochverrat, doch der Führer antwortete ihnen: „Wenn der 9. November Hochverrat war, dann wäre jeder gute Deutsche ein Hochverräter!"

Unsere Feinde hatten sich in diesem Lügen bitter verrannt. Es nutzte ihnen nichts, dass sie noch am gleichen Tage die Bewegung

---

General der Panzertruppe Gräser

Gauleiter Paul Giesler in Begleitung von Generalfeldmarschall Keitel bei einer Kranz-
niederlegung vor der „Feldherrnhalle"

Archiv „Weltkriegsbücherei" Stuttgart

Haß

... Es muß sich in unserem Herzen ein Haß festsetzen, wie wir Deutsche ihn
eigentlich bisher nicht kannten. Der Haß muß freie Bahn haben. Unsere haßerfüllte
Gesinnung muß dem Gegener wie eine versengende Glut entgegenschlagen.

**Aufruf des bayerischen Gauleiters Paul Giesler in der Soldatenzeitung
„Münchner Feldpost", Anfang 1945.**

22. Großadmiral Dönitz

I.

Mitverantwortlich für den nationalsozialistischen Staat[1]

„... Man muß das ganze Offizierkorps von vornherein so einstellen, daß es sich mit Verantwortung für den nationalsozialistischen Staat in seiner Geschlossenheit mitverantwortlich fühlt. Der Offizier ist der Exponent des Staates; das Geschwätz, der Offizier ist unpolitisch, ist barer Unsinn."

II.

Neujahrsgeschenk 1945[2]

„... Ein schicksalhaftes Jahr liegt hinter uns. Harte Prüfungen hat es dem deutschen Volk gebracht. Es hat uns aber auch den Führer neu geschenkt. Sein Genius allein hat alle Krisen gemeistert. In stählerner Geschlossenheit steht das deutsche Volk hinter ihm. Sein Wille weist auch der Kriegsmarine den Weg. In bedingungsloser Einsatzbereitschaft werden wir im kommenden Jahr den Feind angreifen, wo immer wir ihn treffen. Fanatische Kühnheit wird uns zum Siege führen. Heil unserem Führer!"

---

[1] *Dokument GB — 188. Dönitz in seiner vor den Oberbefehlshabern am 15. Februar 1944 gehaltenen Rede.*

[2] *Der Neujahrserlaß von Dönitz im Januar 1945 im „Polar-Kurier", Tageszeitung für die deutschen Soldaten im Hohen Norden, 5. Jahrgang, Nr. 1, Mittwoch, 3. Januar 1945, Seite 2.*

Ehre

Ehrenhaft sein heißt so handeln, daß man seine Handlungsweise immer verantworten kann und sich ihrer nie zu schämen braucht.

„Offiziersthemen" — ein Handbuch für den Offiziersunterricht — bearbeitet von Ernst H o e b e l , Hauptmann und Kompaniechef, 1938, Verlag von E. S. Mittler und Sohn, Berlin, Seite 7.

III.

Prophezeiung am 11. April 1945[1])

... Spätestens in einem, vielleicht noch in diesem Jahr wird Europa erkennen, daß Adolf Hitler in Europa der einzige Staatsmann von Format ist. Also all die negative Grübelei ist unfruchtbar und sachlich unrichtig. Da sie aus Schwäche geboren ist, kann es auch nicht anders sein, denn Feigheit und Schwäche machen dumm und blind.

IV.

„Sein Leben war ein einziger Dienst für Deutschland"[2])

Deutsche Männer und Frauen, Soldaten der deutschen Wehrmacht!

Unser Führer Adolf Hitler ist gefallen. In tiefster Trauer und Ehrfurcht verneigt sich das Deutsche Volk. Frühzeitig hatte er die furchtbare Gefahr des Bolschewismus erkannt und diesem Ringen sein Dasein geweiht. Am Ende dieses seines Kampfes und seines unbeirrbaren geraden Lebensweges steht sein Heldentod in der Hauptstadt des Deutschen Reiches.

Sein Leben war ein einziger Dienst für Deutschland.

---

[1]) *Dokument D — 650. Auszug aus dem Geheim-Erlaß von Dönitz am 11. April 1945.*

[2]) *Dokument D — 444. Auszug aus der Dönitz-Rede nach Hitlers Tod. Im Anschluß an diese Rede wurde das Deutschlandlied u n d das „Horst-Wessel-Lied" gespielt.*

Führer und Volk

Bereits auf einer Gauleitertagung im Sommer 1944 hatte Hitler ausgeführt — und Schirach ist dafür Zeuge —, wenn das deutsche Volk in diesem Kampf unterliegen müsse, dann sei es zu schwach gewesen, es hätte seine Probe vor der Geschichte nicht bestanden und wäre daher zu nichts anderem als zum Untergang bestimmt.

S p e e r in seiner Aussage vor dem Nürnberger Gericht am 20. Juni 1946 (Nachmittagssitzung).

23. Großadmiral Raeder und das internationale Judentum[1])

... Das deutsche Volk hat den aus dem Geiste des deutschen Frontsoldaten geborenen Nationalsozialismus zu seiner Weltanschauung gemacht und folgt den Symbolen seiner Wiedergeburt mit ebenso heißer Liebe wie fanatischer Leidenschaft. Es hat den Nationalsozialismus erlebt und nicht, wie so viele hilflose Kritiker draußen glauben, erlitten.

Der Führer hat seinem Volke gezeigt, daß in der nationalsozialistischen Volksgemeinschaft die größte unversiegbare Kraftquelle liegt, deren Dynamik nicht nur den inneren Frieden sichert, sondern auch die Erschließung aller schöpferischen Volkskräfte ermöglicht.

... Darum die klare und schonungslose Kampfansage an den Bolschewismus und das internationale Judentum, deren völkervernichtendes Treiben wir zur Genüge am eigenen Volkskörper zu spüren bekommen haben. Darum der Zusammenschluß mit allen gleichgesinnten Nationen, die, wie Deutschland, nicht gewillt sind, ihre dem Aufbau und dem inneren Friedenswerk gewidmete Kraft von volksfremden Ideologien und artfremden Parasiten zersetzen zu lassen.

[1]) *Auszüge aus der Rede Raeders zum Heldengedenktag am 12. März 1939. Das Archiv: Nachschlagewerk für Politik, Wirtschaft, Kultur. Herausgeber: Ministerialdirigent Alfred-Ingemar Berndt, Jahrgang 1938/39, März 1939, Berlin (Seiten 1843—1844).*

Die Seele der Nation

... Es ist kein Zufall, daß der Nationalsozialismus, seine Haltung und sein Gedankengut gerade bei der „Reichsmarine" der Zwischenzeit frühzeitig bei Offizieren, Unteroffizieren und Mannschaften Anhänger fand, wie sie in solcher Zahl wohl kaum von den Gegnern der neuen Weltanschauung erwartet wurden.

War der Soldat bisher zwangsläufig gänzlich unpolitisch, ungeschult zu politischem Denken, herangewachsen und betrachtete man es geradezu als falsch, wenn Angehörige der Wehrmacht sich mit politischem Denken beschäftigten, so wurde dies schon während des unablässigen Kampfes des Führers um die Seele der Nation anders.

Korvettenkapitän d. R. Fritz Otto B u s c h , Dr. Gerhard R a m l o w im Buche: „Deutsche Seekriegsgeschichte", C. Bertelsmann Verlag Gütersloh, 1940, Seite 853.

---

24. Proportionen[1])

Stempel: Entwurf

Der Bevollmächtigte Kommandierende General
       in Serbien
   Abt. Qu. Nr. 3001/41 geh.

O. U., den 19. 10. 1941
(Handschriftlich: K. T. B. Anl. 70)

Stempel: Geheim

Abt. Qu. Nr. 301/41 geh.

B e t r . : Sühnemaßnahmen

B e z u g : Bev. Kdr. Gen. i. Ser./III/Chef Mil. v./Qu.
        Nr. 2848 / 41 geh. vom 10. 10. 1941.

An Hoeh. Kdo. LXV mit N. A. für Wachregiment Belgrad
    N a c h r : Bef. Serbien — Verw. Stab

In Durchführung des im Bezug genannten Befehls werden für 10 gefallene und 24 verwundete deutsche Soldaten (Angehörige des in Valjevo eingeschlossenen Truppenteils) 2200 festgenommene Serben erschossen. Die Exekution ist an 1 6 0 0 Festgenommenen durch Wachregiment Belgrad zu vollstrecken.

Tag und Ort der Exekution, Abholung bzw. Zuführung der Festgenommenen sowie nähere Einzelheiten sind unmittelbar mit Bev. Kdr. Gen. i. Serbien (Befehlshaber Serbien-Verw. Stab) zu vereinbaren. Vollzugsmeldung an Bev. Kdr. Gen. i. Serbien/Qu. (handschriftl.: Pm.).

Für den Bevollm. Kdr. General in Serbien
Der Chef des Generalstabes:

gez.: W e m s e l
(handschriftlich)

---

[1]) *Dokument NOKW — 560.*

25. Keitel: „. . . ohne Einschränkung auch gegen Frauen und Kinder jedes Mittel anwenden, wenn es nur zum Erfolg führt"[1]

Geheime Kommandosache

Oberkommando der Heeresgruppe DON   H. Qu., den 2. Jan. 43
    Ia Nr. 486/42 g. Kdos.

B e t r. : Bandenbekämpfung

                                               10 Ausfertigungen
                                            9. A u s f e r t i g u n g

Nachstehende Abschrift zur Kenntnisnahme überreicht:

                     Für das Heeresgruppenkommando
                Der Chef des Generalstabes   gez. (unleserlich)

                              I. A.

                          gez. unleserlich

V e r t e i l e r :

Pz. AOK 4	1. Ausf.	
A. Abt. Hollidt	2.	„
Rum. AOK 3	3.	„
Befh. H. G. Don	4.	„
I c	5.	„
Gen. d. Pi.	6.	„
Na. Fü.	7.	„
Stoart.	8.	„
K. T. B.	9.	„
Ia/Entw.	10.	„

               10 Ausf.   O. Qu. 10 A.
                                            III   1E A.

---

[1] *Dokument CXLVIII — 6.*

Abschrift!

H. Qu. den 16. 12. 1942

Der Chef
des Oberkommandos der Wehrmacht
Nr. 004870/42 g. Kdos. WFSt/Op(H)

31 Ausfertigungen
2. Ausfertigung

Dem Führer liegen Meldungen vor, daß einzelne in der Bandenbekämpfung eingesetzte Angehörige der Wehrmacht wegen ihres Verhaltens im Kampf nachträglich zur Rechenschaft gezogen worden sind.

Der Führer hat dazu befohlen:

1.) Der Feind setzt im Bandenkampf fanatische, kommunistisch geschulte Kämpfer ein, die vor keiner Gewalttat zurückschrecken. Es geht hier mehr denn je um Sein oder Nichtsein. Mit soldatischer Ritterlichkeit oder mit Vereinbarungen in der Genfer Konvention hat dieser Kampf nichts mehr zu tun.

Wenn dieser Kampf gegen die Banden sowohl im Osten wie auf dem Balkan nicht mit den allerbrutalsten Mitteln geführt wird, so reichen in absehbarer Zeit die verfügbaren Kräfte nicht mehr aus, um dieser Pest Herr zu werden.

Die Truppe ist daher berechtigt und verpflichtet, in diesem Kampf ohne Einschränkung auch gegen Frauen und Kinder jedes Mittel anzuwenden, wenn es nur zum Erfolg führt.

Rücksichten, gleich welcher Art, sind ein Verbrechen gegen das deutsche Volk und den Soldaten an der Front, der die Folgen der Bandenanschläge zu tragen hat und keinerlei Verständnis für irgendwelche Schonung der Banden oder ihrer Mitläufer haben kann.

Diese Grundsätze müssen auch die Anwendung der „Kampfanweisung für die Bandenbekämpfung im Osten" beherrschen.

2.) Kein in der Bandenbekämpfung eingesetzter Deutscher darf w e g e n s e i n e s V e r h a l t e n s i m K a m p f g e g e n d i e B a n d e n u n d i h r e M i t l ä u f e r disziplinarisch oder kriegsgerichtlich zur Rechenschaft gezogen werden.

Die Befehlshaber der im Bandenkampf eingesetzten Truppen sind dafür verantwortlich, daß
sämtliche Offiziere der ihnen unterstellten Einheiten über diesen Befehl umgehend in der eindringlichsten Form belehrt werden,
ihre Rechtsberater von diesem Befehl sofort Kenntnis erhalten,
keine Urteile bestätigt werden, die diesem Befehl widersprechen.

gez. K e i t e l

P. d. R. d. A.
gez. Unterschrift (unleserlich)
Hauptmann

26. Von Manstein: „Für die Notwendigkeit der harten Sühne am Judentum muß der Soldat Verständnis aufbringen"[1])

Armeeoberkommando 11
Abt. 10/AO Br. 2379/41 geh.   A. H. Qu. den 20. 11. 1941
                              G e h e i m !

Seit dem 22. 6. steht das deutsche Volk in einem Kampf auf Leben und Tod gegen das bolschewistische System.

Dieser Kampf wird nicht in hergebrachter Form gegen die sowjetische Wehrmacht allein nach europäischen Kriegsregeln geführt.

Auch hinter der Front wird weiter gekämpft. Partisanen, in Zivil gekleidete Heckenschützen, überfallen einzelne Soldaten und kleinere Trupps und suchen durch Sabotage mit Minen und Höllenmaschinen unseren Nachschub zu stören. Zurückgebliebene Bolschewisten halten durch Terror die vom Bolschewismus befreite Bevölkerung in Unruhe und suchen dadurch die politische und wirtschaftliche Befriedung des Landes zu sabotieren. Ernte und Fabriken werden zerstört, und damit besonders die Stadtbevölkerung rücksichtslos dem Hunger ausgeliefert.

Das Judentum bildet den Mittelsmann zwischen dem Feind im Rücken und den noch kämpfenden Resten der Roten Wehrmacht und der Roten Führung. Es hält stärker als in Europa alle Schlüsselpunkte der politischen Führung und Verwaltung, des Handels und des Handwerks besetzt und bildet weiter die Zelle für alle Unruhen und möglichen Erhebungen. Das jüdisch-bolschewistische System muß ein für allemal ausgerottet werden. Nie wieder darf es in unseren europäischen Lebensraum eingreifen.

Der deutsche Soldat hat daher nicht allein die Aufgabe, die militärischen Machtmittel dieses Systems zu zerschlagen. Er tritt auch als Träger einer völkischen Idee und Rächer für alle Grausamkeiten, die ihm und dem deutschen Volk zugefügt wurden, auf.

Der Kampf hinter der Front wird noch nicht ernst genug genommen. Aktive Mitarbeit aller Soldaten muß bei der Entwaffnung der Bevölkerung, der Kontrolle und Festnahme aller sich herumtreibenden Soldaten und Zivilisten und der Entfernung der bolschewistischen Symbole gefordert werden. Jede Sabotage muß sofort und mit schärfsten Maßnahmen gesühnt, alle Anzeichen hierfür gemeldet werden.

---
[1]) *Dokument PS — 4064.*

Die Ernährungslage der Heimat macht es erforderlich, daß sich die Truppe weitgehendst aus dem Lande ernährt und daß darüber hinaus möglichst große Bestände der Heimat zur Verfügung gestellt werden. Besonders in den feindlichen Städten wird ein großer Teil der Bevölkerung hungern müssen. Trotzdem darf aus mißverstandener Menschlichkeit nichts von dem, was die Heimat unter Entbehrungen abgibt, an Gefangene und Bevölkerung — soweit sie nicht im Dienste der deutschen Wehrmacht stehen — verteilt werden.

Für die Notwendigkeit der harten Sühne am Judentum, dem geistigen Träger des bolschewistischen Terrors, muß der Soldat Verständnis aufbringen. Sie ist auch notwendig, um alle Erhebungen, die meist von Juden angezettelt werden, im Keime zu ersticken. Aufgabe der Führer aller Grade ist es, den Sinn für den gegenwärtigen Kampf dauernd wach zu halten. Es muß verhindert werden, daß durch Gedankenlosigkeit der bolschewistische Kampf hinter der Front unterstützt wird.

Von den nicht-bolschewistischen Ukrainern, Russen und Tartaren muß erwartet werden, daß sie sich zu der neuen Ordnung bekennen. Die Teilnahmslosigkeit zahlreicher angeblich sowjetfeindlicher Elemente muß einer klaren Entscheidung zur aktiven Mitarbeit gegen den Bolschewismus weichen. Wo sie nicht besteht, muß sie durch entsprechende Maßnahmen erzwungen werden.

Die freiwillige Mitarbeit am Aufbau des besetzten Landes bedeutet für die Erreichung unserer wirtschaftlichen und politischen Ziele eine absolute Notwendigkeit. Sie hat eine gerechte Behandlung aller nicht-bolschewistischen Teile der Bevölkerung, die z. T. jahrelang gegen den Bolschewismus heldenhaft gekämpft haben, zur Voraussetzung. Die Herrschaft in diesem Lande verpflichtet uns zur Leistung, zur Härte gegen sich selbst und zur Zurückstellung der Person. Die Haltung jedes Soldaten wird dauernd beobachtet. Sie macht eine feindliche Propaganda zur Unmöglichkeit oder gibt Ansatzpunkte für sie. Nimmt der Soldat auf dem Lande dem Bauern die letzte Kuh, die Zuchtsau, das letzte Gut oder das Saatgut, so kann eine Belebung der Wirtschaft nicht erreicht werden.

Bei allen Maßnahmen ist nicht der augenblickliche Erfolg entscheidend. Alle Maßnahmen müssen deshalb auf ihre Dauerwirkung geprüft werden.

Achtung vor den religiösen Gebräuchen, besonders der der mohammedanischen Tartaren, muß verlangt werden.

Ehrgeiz

Und wir alle haben nur einen Ehrgeiz: daß, wenn die Weltgeschichte später über diese Zeit richtet und wenn sie als heute schon feststehendes Dogma aussprechen wird: Adolf Hitler war der größte arische, nicht nur der größte germanische Führer, — sie dann über uns und seine nächsten Gefolgsmänner sagt: Seine Paladine waren treu, waren gehorsam, waren gläubig, waren standhaft, sie waren es wert, seine Kameraden, seine Paladine gewesen zu sein. Heil Hitler!

H i m m l e r am 3. August 1944 auf der Gauleitertagung in Posen. In „Vierteljahreshefte für Zeitgeschichte", 1955, 4. Heft, Oktober, Seite 594.

Im Verfolg dieser Gedanken kommt neben anderen, durch die spätere Verwaltung durchzuführenden Maßnahmen der propagandistischen Aufklärung der Bevölkerung, der Förderung der persönlichen Initiative z. B. durch Prämien, der weitgehenden Heranziehung der Bevölkerung zur Partisanenbekämpfung und dem Ausbau der einheimischen Hilfspolizei erhöhte Bedeutung zu.

Zur Erreichung dieses Zieles muß gefordert werden:

Aktive Mitarbeit der Soldaten beim Kampf gegen den Feind im Rücken!

Bei Nacht keine einzelnen Soldaten!

Alle Fahrzeuge mit ausreichender Bewaffnung!

Selbstbewußte, nicht überhebliche Haltung aller Soldaten!

Zurückhaltung gegenüber Gefangenen und dem anderen Geschlecht!

Kein Verschwenden von Lebensmitteln!

Mit aller Schärfe ist einzuschreiten:

Gegen Willkür und Eigennutz!

Gegen Verwilderung und Undiszyplin!

Gegen jede Verletzung der soldatischen Ehre!

Der Oberbefehlshaber:

v. Manstein

Verteiler:

Bis Rgt. und selbst Btl.

Prüfstein

... So wird der Krieg zu einem Prüfstein der rassischen Kraft der Völker, die ja die letzte Wurzel ihrer Leistungen in der Geschichte ist. Auch von der rassenpolitischen Betrachtung her können wir deshalb dem Ausgang des gegenwärtigen Ringens mit Zuversicht entgegensehen. Denn an der rassischen Überlegenheit des deutschen Volkes über seine Gegner ist kein Zweifel möglich.

Prof. Dr. G r o s s im „Der Schulungsbrief", Berlin, Fünftes Heft 1942, Folge 11/12, Seite 66.

---

27. Von Reichenau: „. . . gerechte Sühne an jüdischem Untermenschentum"[1]

Anlage zu 12. J. D. — 1 C/1a Nr. 607/41 geh./ vom 17. 11. 41

Abschrift von Abschrift.

Oberkommando des Heeres
Gen. St. d. H./Gen. Qu.
Abt. K. Verw. (Qu. 4/B)
    11 74   98/41 g.
H. Qu. OKH., den 28. 10. 41
Geheim!
Betr.: Verhalten der Truppe im Ostraum.

Auf Anordnung des Herrn Oberbefehlshabers des Heeres wird anliegend Abschrift eines vom Führer als ausgezeichnet bezeichneten Befehls des Oberbefehlshabers der 6. Armee über das Verhalten der Truppe im Ostraum übersandt mit der Bitte — soweit nicht bereits geschehen — im gleichen Sinne entsprechende Anordnungen zu erlassen.

                                                              I. A.
                                                    gez.: W a g n e r

Armeeoberkommando 6
Abt. 1 a — Az. 7
A. H. Qu., den 10. 10. 41
G e h e i m !
Betr.: Verhalten der Truppe im Ostraum.

Hinsichtlich des Verhaltens der Truppe gegenüber dem bolschewistischen System bestehen vielfach noch unklare Vorstellungen.

Das wesentlichste Ziel des Feldzuges gegen das jüdisch-bolschewistische System ist die völlige Zerschlagung der Machtmittel und die Ausrottung des asiatischen Einflusses im europäischen Kulturkreis.

---

[1] *Dokument D — 411.*

Hierdurch entstehen auch für die Truppe Aufgaben, die über das hergebrachte einseitige Soldatentum hinausgehen. Der Soldat ist im Ostraum nicht nur ein Kämpfer nach den Regeln der Kriegskunst, sondern auch Träger einer unerbittlichen völkischen Idee und der Rächer für alle Bestialitäten, die deutschem und artverwandtem Volkstum zugefügt wurden.

Deshalb muß der Soldat für die Notwendigkeit der harten, aber gerechten Sühne am jüdischen Untermenschentum volles Verständnis haben. Sie hat den weiteren Zweck, Erhebungen im Rücken der Wehrmacht, die erfahrungsgemäß stets von Juden angezettelt wurden, im Keime zu ersticken.

Der Kampf gegen den Feind hinter der Front wird noch nicht ernst genug genommen. Immer noch werden heimtückische, grausame P a r t i s a n e n und entartete Weiber zu Kriegsgefangenen gemacht, immer noch werden halbuniformierte oder in Zivil gekleidete Heckenschützen und Herumtreiber wie anständige Soldaten behandelt und in die Gefangenenlager abgeführt. Ja, die gefangenen russischen Offiziere erzählen hohnlächelnd, daß die A g e n t e n d e r S o w j e t s sich unbehelligt auf den Straßen bewegen und häufig an den deutschen Feldküchen mitessen. Ein solches Verhalten der Truppe ist nur durch völlige Gedankenlosigkeit zu erklären. Dann ist es aber für die Vorgesetzten Zeit, den Sinn für den gegenwärtigen Kampf wachzurufen ...

Das Verpflegen von Landeseinwohnern und Kriegsgefangenen, die nicht im Dienste der Wehrmacht stehen, an Truppenküchen ist eine ebenso mißverstandene Menschlichkeit wie das Verschenken von Zigaretten und Brot. Was die Heimat unter großer Entsagung entbehrt, was die Führung unter größten Schwierigkeiten nach vorne bringt, hat nicht der Soldat an den Feind zu verschenken, auch nicht, wenn es aus der Beute stammt. Sie ist ein notwendiger Teil unserer Versorgung.

Die Sowjets haben bei ihrem Rückzug häufig Gebäude in Brand gesteckt. Die Truppe hat nur soweit ein Interesse an Löscharbeiten, als notwendige Truppenunterkünfte erhalten werden müssen. Im übrigen liegt das Verschwinden der Symbole einstiger Bolschewistenherrschaft, auch in Gestalt von Gebäuden, im Rahmen des Vernichtungskampfes. Weder geschichtliche noch künstlerische Rücksichten spielen hierbei im Ostraum eine Rolle. Für die Erhaltung der wehrwirtschaftlich wichtigen Rohstoffe und Produktionsstätten gibt die Führung die notwendigen Weisungen.

Die restlose E n t w a f f n u n g d e r B e v ö l k e r u n g im Rücken der fechtenden Truppe ist mit Rücksicht auf die langen empfindlichen Nachschubwege vordringlich, wo möglich, sind Beutewaffen und Munition zu bergen und zu bewachen. Erlaubt dies die Kampflage nicht, sind Waffen und Munition unbrauchbar zu machen. Wird im Rücken der Armee Waffengebrauch einzelner Partisanen festgestellt, so ist mit drakonischen Maßnahmen durchzugreifen. Diese sind auch auf die männliche Bevölkerung auszudehnen, die in der Lage gewesen wäre, Anschläge zu verhindern oder zu melden. Die Teilnahmslosigkeit zahlreicher angeblich sowjetfeindlicher Elemente, die einer abwartenden Haltung entspringt, muß einer klaren Entscheidung zur aktiven Mitarbeit gegen den Bolschewismus weichen. Wenn nicht, kann sich niemand beklagen, als Angehöriger des Sowjet-Systems gewertet und behandelt zu werden. Der Schrecken vor den deutschen Gegenmaßnahmen muß stärker sein als die Drohung der umherirrenden bolschewistischen Restteile.

Fern von allen politischen Erwägungen der Zukunft hat der Soldat zweierlei zu erfüllen:

1) die völlige Vernichtung der bolschewistischen Irrlehre, des Sowjet-Staates und seiner Wehrmacht;

2) die erbarmungslose Ausrottung artfremder Heimtücke und Grausamkeit und damit die Sicherung des Lebens der deutschen Wehrmacht in Rußland.

Nur so werden wir unserer geschichtlichen Aufgabe gerecht, das deutsche Volk von der asiatisch-jüdischen Gefahr ein für allemal zu befreien.

Der Oberbefehlshaber:

gez. von Reichenau
Generalfeldmarschall

Für die Richtigkeit der Abschrift:
gez.: Unterschrift (unleserlich)
Hauptmann

Das völkische Bekenntnis

... Die deutsche Politik des Nationalsozialismus ging bis zur letzten Konsequenz des völkischen Bekenntnisses, auch und gerade in der schonungslosen Ausscheidung des jüdischen Elements.

Max Clauss: „Tatsache Europa", 1933, Volk und Reich Verlag, Prag, Amsterdam, Berlin, Wien, Seite 42.

28. Guderian: „Es gibt keine Zukunft des Reiches ohne den Nationalsozialismus"[1])

(handschr.: Anlage 7)

Oberkommando der 20. (Gebirgs-)Armee
   Ia Nr. 1051/44 g. Kdos.

A. H. Qu., den 25. August 1944

30 Ausfertigungen
29. Ausfertigung

Stempel:

Geheime Kommandosache

Der Chef des Generalstabes des Heeres gibt bekannt:

An alle Generalstabsoffiziere des Heeres!

Der 20. Juli ist der dunkelste Tag in der Geschichte des deutschen Generalstabes.

Durch den Verrat einzelner Generalstabsoffiziere ist das deutsche Heer, die gesamte Wehrmacht, ja das ganze Großdeutsche Reich an den Rand des Verderbens geführt worden.

Es ist notwendig, daß jeder Generalstabsoffizier sich darüber klar wird, daß das Vertrauen des Generalstabs zu sich selbst schwer erschüttert ist.

Wir stehen vor der furchtbaren Tatsache, daß der bisher fleckenlose Ehrenschild des deutschen Generalstabs durch die schwere Schuld einzelner seiner Mitglieder beschmutzt wurde, während die Masse der Generalstabsoffiziere treu ihre Pflicht tat, und fast gleichzeitig nicht wenige unserer Kameraden in den Kämpfen im Juni/Juli ihre Treue mit ihrem Soldatentod besiegelten.

Soll der deutsche Generalstab, bisher vom Feind gefürchtet und von den Freunden verehrt, ein unrühmliches Ende finden? Gibt es einen Weg in die Zukunft?

---

[1]) *NOKW — 058.*

Es gibt ihn. Aber nur dann, wenn wir uns auf uns selbst besinnen und uns nicht selbst aufgeben. Wer an sich und seine Sache glaubt, ist niemals verloren.

Wir müssen neu aufbauen auf den Grundsätzen unseres ersten und bisher größten Erziehers, Hellmut von Moltke.

Ich stelle sie, auf das Heute übertragen, in folgenden Leitsätzen heraus:

1.) Laß Dich von niemandem übertreffen in Deiner Treue zum Führer.

2.) Niemand darf fanatischer an den Sieg glauben und mehr Glauben ausstrahlen als Du.

3.) Niemand darf in der Pflichterfüllung bis zum Letzten höher stehen als Du.

4.) Sei innerlich und äußerlich bescheiden: „Mehr sein als scheinen."

5.) Sei im bedingungslosen Gehorsam allen ein Vorbild.

6.) Es gibt keine Zukunft des Reiches ohne den Nationalsozialismus. Deshalb stelle Dich bedingungslos vor das nationalsozialistische Reich.

Der Führer wünscht, daß in Zukunft für die Verfehlungen einzelner nicht die Gesamtheit des Heeres oder eines Standes verunglimpft und beleidigt werden darf. Der Führer vertraut uns. Danken wir ihm das erneut in uns gesetzte Vertrauen durch unwandelbare Treue, durch restlose Hingabe und nimmermüden Einsatz, wo es auch sei.

gez. G u d e r i a n

Für das Oberkommando

Der Chef des Generalstabes

(Init. unles.)

gez. Stoesser (handschr.)

V e r t e i l e r :

XVIII. (Geb.) A. K.	1.— 6.	Ausf.
XXXVI. (Geb.) A. K.	7.—13.	„
XIX. (Geb.) A. K.	14.—21.	„
A. O. K.	22.—27.	„
Ia (Entwurf)	28.	„
K. T. B.	29.—30.	„

29. Von Rundstedts Distanz[1])

H. Qu., den 24. September 1941

Oberkommando der Heeresgruppe Süd
Ic/AO (Abw. III)

—We

(Handschriftl. verm.:)
K r. T g b.
(Hdzsch.)

B e t r.: Bekämpfung reichsfeindlicher Elemente.

Erforschung und Bekämpfung reichsfeindlicher Bestrebungen und Elemente (Kommunisten, Juden u. dgl.), soweit sie nicht der feindlichen Wehrmacht eingegliedert sind, ist in den besetzten Gebieten allein Aufgabe der Sonderkommandos der Sicherheitspolizei und des SD, die in eigener Verantwortung die notwendigen Maßnahmen treffen und durchführen.

Eigenmächtiges Vorgehen einzelner Wehrmachtsangehöriger oder Beteiligung von Wehrmachtsangehörigen an Exzessen der ukrainischen Bevölkerung gegen die Juden ist verboten, ebenso das Zuschauen oder Photographieren bei der Durchführung der Maßnahmen der Sonderkommandos.

Dieses Verbot ist den Angehörigen aller Einheiten bekanntzugeben. Verantwortlich für die Beachtung des Verbotes sind die Disziplinarvorgesetzten aller Dienstgrade. Bei Verstößen ist in jedem Fall zu prüfen, ob der Vorgesetzte seine Aufsichtspflicht verletzt hat, gegebenenfalls ist er streng zu bestrafen.

gez. von R u n d s t e d t

V e r t e i l e r : ACK's und PzGr.
Bef rückw H
Befehlsstelle Süd
A b t d e s S t a b e s u. Nach-Kp I a
nachr.: Luftflotte

---

[1]) *Dokument CXLVIII — 32.*

30. Eine willkommene Gelegenheit[1])

... Es war schon immer meine persönliche Ansicht, daß die Behandlung der Zivilbevölkerung im Operationsgebiet und die Methoden der Bandenbekämpfung im Operationsgebiet der obersten politischen und militärischen Führung eine willkommene Gelegenheit bot, ihre Ziele durchzuführen, nämlich die systematische Reduzierung des Slawenund Judentums. Ganz abgesehen davon habe ich immer diese grausamen Methoden als eine militärische Torheit angesehen, da sie dazu beitragen, den Kampf der Truppe gegen den Feind unnötig zu erschweren.

---

[1]) *Dokument PS — 3717. Auszug aus der eidesstattlichen Erklärung von Generalleutnant Adolf Heusinger, Chef der Operationsabteilung im OKH.*

Waffenbrüderschaft im Ghetto Warschau

... Je länger der Widerstand dauert, desto härter wurden die Männer der **Waffen-SS, der Polizei und der Wehrmacht**, die auch hier in treuer **Waffenbrüderschaft** unermüdlich an die Erfüllung ihrer Aufgaben herangingen und stets beispielhaft und vorbildlich ihren Mann standen. Der Einsatz ging oft vom frühen Morgen bis in die späten Nachtstunden. Nächtliche Spähtrupps, mit Lappen um die Füße gewickelt, blieben den Juden auf den Fersen und hielten sie ohne Unterbrechung unter Druck. Nicht selten wurden Juden, welche die Nacht benutzten, um aus verlassenen Bunkern ihre Lebensmittelvorräte zu ergänzen oder mit Nachbargruppen Verbindung aufzunehmen bzw. Nachrichten auszutauschen, gestellt und erledigt.

Auszug aus dem Rapport: „Es gibt keinen jüdischen Wohnbezirk in Warschau mehr", von SS-Brigadeführer und Generalmajor Jürgen S t r o o p (Seite 10), Dokument PS—1061.

31. Zwei Briefe von Generalfeldmarschall Milch[1])

I.

„Liebes Wölffchen!"

Generalfeldmarschall Milch

Geheim

Berlin W 8, d. 20. 5. 1942
Leipziger Str. 7

Zu Ihrem Telegramm vom 12. 5. teilt mir unser Sanitäts-Inspekteur mit, daß die von der SS und der Luftwaffe in Dachau durchgeführten Höhenversuche abgeschlossen sind. Eine Fortsetzung dieser Versuche erscheine sachlich nicht begründet. Dagegen sei die Durchführung von Versuchen anderer Art, die Seenotfragen betreffend, wichtig, diese sind im unmittelbaren Benehmen der Dienststellen vorbereitet; Oberstabsarzt Weltz wird mit ihrer Durchführung beauftragt und Stabsarzt Rascher bis auf weiteres auch hierfür zur Verfügung gestellt unter Beibehaltung seiner Aufgaben innerhalb des Sanitätsdienstes der Luftwaffe. Eine Änderung dieser Maßnahmen scheine nicht erforderlich, eine Erweiterung der Aufgaben zur Zeit nicht dringlich.

Die Unterdruckkammer werde für diese Unterkühlungsversuche nicht benötigt, sie wird an anderer Stelle dringend gebraucht und kann daher in Dachau nicht weiter belassen werden.

Ich spreche der SS für ihre weitgehende Mithilfe den besonderen Dank des Oberbefehlshabers der Luftwaffe aus.

Ich verbleibe mit den besten Wünschen für Sie in alter Kameradschaft mit Heil Hitler!

stets Ihr
E. Milch

Herrn
SS-Obergruppenführer Wolff
Berlin SW 11

---

[1]) *Dokument PS — 343.*

II.

„Lieber Herr Himmler!"

Generalfeldmarschall Milch

Berlin W 8, d. 31. 8. 42
Leipziger Str. 7

Lieber Herr Himmler!

Haben Sie vielen Dank für Ihren Brief vom 25. 8. Ich habe mit großem Interesse die Ausführungen von Dr. Rascher und Dr. Romberg gelesen. Ich bin über die laufenden Versuche unterrichtet. In nächster Zeit werde ich die beiden Herren bitten, vor meinen Herren einen Vortrag mit Filmvorführungen zu halten.

In der Hoffnung, daß es mir bei meinem nächsten Besuch im Hauptquartier möglich ist. Sie einmal aufzusuchen, verbleibe ich mit freundlichen Grüßen und

Heil Hitler!

Ihr

E. M i l c h

Herrn
Reichsführer-// und
Chef der Deutschen Polizei Himmler
B e r l i n S W 1 1

Entsprechendes Material

Der Reichsführer-// hatte am 8. 7. 1942 eine Rücksprache mit //-Brigadeführer G l ü c k s, //-Brigadeführer G e b h a r d t und Herrn Professor C l a u b e r g.

Inhalt dieser Rücksprache war die Sterilisierung von Jüdinnen, die sich in Konzentrationslagern befinden, in großem Umfang. Es wurde abgesprochen, daß Professor Clauberg das Lager Auschwitz als Versuchsstation zur Verfügung gestellt bekommt. Nach den Anfangsversuchen wünscht der Reichsführer-// einen Bericht zur praktischen Durchführung der Sterilisation in größerem Umfang.

Es wurde auch noch besprochen die etwaige Hinzuziehung des Professors H o h l f e l d e r als Röntgenspezialist, um die Frage einer Sterilisierung bei Männern durch Röntgenbestrahlung zu erproben.

Insgesamt ist der Reichsführer-// damit einverstanden, daß Professor Clauberg für sämtliche Versuche, die er zu machen gedenkt, das entsprechende Material zur Verfügung gestellt bekommt.

Aktenvermerk vom 11. Juli 1942, Bra/Dr. Dokument CXXVIII—116.

32. Götterdämmerung [1)]

Der Reichsführer-‖‖
Tgb. Nr. 1741/43 geh. Re.
RF/

An den
Höheren ‖‖- und Polizeiführer Ukraine
K i e w

Feldkommandostelle, den 7. 9. 1943

G e h e i m e R e i c h s s a c h e !
7 Ausfertigungen
7. Ausfertigung

Lieber Prützmann!

Der General der Infanterie Stapf hat bezüglich des Donez-Gebietes besondere Befehle. Nehmen Sie mit ihm sofort Fühlung auf. Ich beauftrage Sie, mit allen Kräften mitzuwirken. Es muß erreicht werden, daß bei der Räumung von Gebietsteilen in der Ukraine kein Mensch, kein Vieh, kein Zentner Getreide, keine Eisenbahnschiene zurückbleiben; daß kein Haus stehen bleibt, kein Bergwerk vorhanden ist, das nicht für Jahre gestört ist, kein Brunnen vorhanden ist, der nicht vergiftet ist. Der Gegner muß wirklich ein total verbranntes und zerstörtes Land vorfinden. Besprechen Sie diese Dinge sofort mit Stapf und tun Sie Ihr Menschenmöglichstes.

Heil Hitler!

Ihr
gez. H. H i m m l e r

‖‖-Obergruppenführer Berger
hat die Durchschrift mit der
Bitte um Unterrichtung des
Reichsostministers erhalten.

2.) Chef der Ordnungspolizei
3.) Chef der Sicherheitspolizei
und des SD
4.) ‖‖-Obergruppenführer B e r g e r
5.) Chef der Banden-Kampfverbände
durchschriftlich mit der Bitte um Kenntnisnahme übersandt.

I. A.

Unterschrift ‖‖-Obersturmbannführer

[1)] *Dokument CXXVIII — 3.*

33. Die Trabanten

I.

Generalfeldmarschall Kesselring ist stolz auf Himmler[1]

... Meine und meiner Heeresgruppe herzlichste Glückwünsche gelten Ihnen am heutigen Tag für das neue Lebensjahr. Ich bin stolz, die ⚡⚡-Division „Reichsführer" in meinem Bereich zu haben, die meine Heeresgruppe auf das Engste mit Ihnen, Reichsführer, verbindet. Wir sind auch stolz, Sie als Befehlshaber des Ersatzheeres in der Heimat zu wissen. Der Herrgott gebe Ihnen, Reichsführer, die Kraft, die Ihnen übertragenen schicksalhaften Aufgaben im neuen Lebensjahr zu erfüllen.

K e s s e l r i n g
Generalfeldmarschall

---

[1] *Brief des Oberbefehlshabers der deutschen Truppen in Italien, Generalfeldmarschall Kesselring, an Heinrich Himmler zum 45. Geburtstag in „Die Südfront", Nachrichtenblatt für die deutschen Soldaten in Italien, Nr. 27, Mittwoch, 11. Oktober 1944, Seite 1.*

Sklaven für die Kultur

Ob die anderen Völker im Wohlstand leben, oder ob sie verrecken vor Hunger, das interessiert mich nur so weit, als wir sie als Sklaven für unsere Kultur brauchen, anders interessiert mich das nicht.

Aus Himmlers Rede am 4. Oktober 1943 in Posen, Dokument PS — 1919.

„Gottes Heimat"

**So hieß die Villa des Oberscharführers Greyschutz im Vernichtungslager Sobibor.
Aus „Slowa Niewinne" von N. Blumental, Zentrale Jüdische Historische Kommission in Polen 1947, Seite 235.
Dokument CCLIII—12.**

II.

Generalfeldmarschall von Brauchitsch: „... als Nationalsozialist"[1])

... Mit der Ernennung des Reichsministers Himmler zum Befehlshaber des Ersatzheeres und Chef der Heeresausrüstung sind Heer und ⫙⫙, die seit Jahren auf allen Kriegsschauplätzen gemeinsam gekämpft und geblutet haben, noch enger zusammengerückt.

... Jetzt werden beide vereint in gemeinsamer Verantwortung, getragen von dem Glauben an den Führer und Deutschlands Zukunft, das Höchste für den Einsatz zum Siege leisten. Als Nationalsozialist und als ehemaliger Oberbefehlshaber des Heeres bejahe ich die Entscheidung des Führers mit Herz und Verstand.

---

[1]) *„Feldzeitung einer Armee an der Ostfront" Nr. 1164, Dienstag, 22. August 1944, Seite 1.*

Nationalsozialistische Volksarmee

Ich habe den Namen dieser Armee in meinem Tagesbefehl ebenfalls angedeutet: die nationalsozialistische Volksarmee. Ich habe den Führer gebeten — und der Führer hat das genehmigt —, daß die neuen Divisionen, die jetzt herauskommen, den Namen Volksgrenadierdivisionen erhalten. Es wird also von dem Begriff Reichswehr und allem, was damit zusammenhing, weggegangen. Wir müssen ja einen Namen finden, und ich glaube, das, was wir jetzt machen, ist der heilige Volkskrieg, und die Armee, die diesen Krieg gewinnen muß, und mit gewinnen muß, ist die nationalsozialistische Volksarmee, wobei klar ausgedrückt ist, sie kann nur weltanschaulichpolitisch nationalsozialistisch ganz klar ausgeprägt sein.

H i m m l e r auf der Gauleitertagung am 3. August 1944 in Posen. In „Vierteljahreshefte für Zeitgeschichte" 1955, 4. Heft, Oktober, Seite 592.

34. Ein französischer General wird eines unnatürlichen Todes sterben[1])

I.

Anlage:

a) Modalität

Im Lager Königstein befinden sich 75 französische Generäle. Schon seit langer Zeit besteht die aktenkundliche Absicht, diese französischen Generäle zu verlagern, da man Königstein für andere Zwecke benötigt. Dieses Vorhaben ist bisher nicht durchgeführt worden.

Man wird jetzt mit der Verlagerung in der Form beginnen, daß als erster Schub 5—6 französische Generäle, jeder in einem besonderen Auto, an einen anderen Ort gebracht werden. Im Auto befinden sich jeweils der Fahrer und ein deutscher Begleiter. Der Wagen hat Wehrmachtsabzeichen. Die beiden Deutschen tragen Wehrmachtsuniform. Es handelt sich um besonders ausgesuchte Leute. Auf der Fahrt wird der Wagen des Generals Deboisse eine Panne haben, um ihn von den anderen abzusondern. Bei dieser Gelegenheit soll der General durch gezielten Rückenschuß „auf der Flucht" erschossen werden. Als Zeitpunkt ist Dämmerung vorgesehen. Es wird sichergestellt, daß keine Landbewohner in der Nähe sind. Aus Gründen der Nachforschungssicherheit ist geplant, die Leiche zu verbrennen und die Urne nach dem Friedhof der Festung Königstein zu überführen. Entschieden müßte noch werden, ob die Beisetzung dieser Urne mit militärischen Ehren erfolgen soll oder nicht. Es ist sicherzustellen, daß ärztlicher Befund, Leichenschein, Verbrennungsschein ordnungsgemäß ausgestellt werden. Tatortskizze und genauer Bericht werden angefertigt. Große Bedenken dagegen, daß keine Verbrennung stattfände, bestehen nicht. Diese Frage will der SD noch einmal intern überprüfen.

---

[1]) *Dokumente PS — 4059. Sie wurden in den Archiven des Auswärtigen Amtes wieder aufgefunden. Tatsächlich jedoch handelte es sich bei dem auf die beschriebene Weise ermordeten französischen General nicht um General Deboisse, sondern um General Mesny.*

b) Pressenotiz

Es ist auf jeden Fall auffällig, daß überhaupt die Tatsache eines Fluchtversuches eines französischen Offiziers in die Presse gebracht wird. Damit ist jedoch sichergestellt, daß diese Maßnahme, die als Repressalie gedacht ist, auch in die Öffentlichkeit kommt. Der Text der Pressenotiz wird erst festgelegt, wenn die Modalitäten festliegen. Außerdem wird noch einmal die Charakteristik des französischen Generals überprüft. Im übrigen wird sich aber das Kommuniqué stark an den Text der Reuter-Verlautbarung anlehnen.

c) Schutzmachtuntersuchung

Durch die Auswahl der beteiligten Personen und die Anfertigung aller aktenmäßigen Unterlagen ist sichergestellt, daß bei einem Untersuchungsbegehren der Schutzmacht, die zur Abweisung der Beschwerde notwendigen Unterlagen vorhanden sind.

Berlin, den   . November 1944

(handschriftlich: Wg)

II.

Inl. II B
LR Dr. Bobrik

ff-Oberführer Panzinger teilt mit, daß in der besprochenen Angelegenheit die Vorbereitungen verschiedentlich abgeändert worden seien, er jedoch gerade mit Oberst Meurer noch einmal gesprochen habe, um die Modalitäten endgültig zu klären. Er sagte uns dafür Mitte-Ende dieser Woche einen Plan über die Ausgestaltung des Vorhabens zu.

Hiermit

Herrn Gruppenleiter Inl. II

vorgelegt.

Berlin, den 28. November 1944

(handschriftlich: Wv. mir, B o b r i k , 28. 11.)

III.

Gruppe Inland II
Persönlich!
Streng vertraulich!
Betr.: Französischen General

ff-Oberführer Panzinger teilt zur Unterrichtung mit, daß die Vorbereitungen wegen des französischen Generals so weit abgeschlossen wären, daß dem Reichsführer-ff ein Bericht über die beabsichtigte Durchführung dieser Tage vorgelegt würde.

Der französische General soll mit vier anderen jüngeren Generälen von der Festung Königstein in ein neues Gefangenenlager übergeführt werden. Der Transport wird in drei Kraftwagen durchgeführt, wobei in die beiden ersten Wagen je zwei der dienstjüngeren Generäle einsteigen, während der dienstälteste hier in Frage stehende General in dem letzten allein fahren soll, um ihm seinem Rang entsprechend, eine besondere Behandlung zuteil werden zu lassen. Die Wagen werden von SS-Angehörigen in Wehrmachtuniform gefahren. Die Kraftwagen tragen Wehrmachtabzeichen.

Der Befehl wird während der Fahrt ausgeführt, und zwar entweder

1. durch Erschießen auf der Flucht:
   Unterwegs hält der Kraftwagen an geeigneter Stelle, während die anderen zwei Wagen weiterfahren. Der General wird auf der Flucht „durch wohlgezielte von hinten gegebene Schüsse" getötet. Die Untersuchung der Leiche, auch eine eventuelle spätere Obduktion, bestätigen die Feststellung, daß der General bei einem Fluchtversuch tödlich getroffen worden ist.

2. durch Vergiftung mit Kohlenoxydgas:
   Hierfür ist ein besonders gebauter Wagen erforderlich, der bereits fertig konstruiert ist. Der General sitzt allein auf den Rücksitzen. Die Türen sind, um ein Herausspringen während der Fahrt zu verhindern, abgeschlossen. Die Scheiben sind wegen des kalten Winterwetters hochgedreht. Die Scheibe zum Fahrerplatz, neben dem der Begleiter sitzt, ist geschlossen. Etwaige Fugen sind besonders abgedichtet. Durch eine besondere Apparatur, die vom Vordersitz bedient wird, wird geruchloses Kohlenoxydgas während der Fahrt in den Innenraum eingelassen. Ein paar Atemzüge genügen, um ihn sicher zu töten. Da das Gas geruchlos ist, soll der General im fraglichen Augenblick keinen Verdacht schöpfen können, um etwa durch Zerschlagen der Fenster Frischluft hineinzulassen. Die Todesursache ist an der Hautfärbung als typisches Merkmal einwandfrei zu erkennen. Es wird festgestellt, daß durch Undichtigkeiten der Auspuffrohre Abgase aus dem Motor in das Innere gedrungen sind, die seinen Tod unbemerkt herbeigeführt haben.

   Ein Durchschlag des Berichts an den Reichsführer-SS soll nach Abgang dem Auswärtigen Amt zur Verfügung gestellt werden.

Hiermit
über Botschafter Ritter
Herrn St. S.
zur Vorlage
bei dem
Herrn Reichsaußenminister

gez. W a g n e r
v. T h a d d e n

Berlin, den 13. Dezember 1944
(handschriftlich: Wv. mir. Bobrik 13. 12.)

IV.

Der Chef der Sicherheitspolizei
       und des SD
V C B. Nr. 831/44 gRs.
Berlin SW 11, am 30. Dezember 1944
Prinz-Albrecht-Straße 8
Fernsprecher: 12 00 40

A b s c h r i f t

Bitte in der Antwort
vorstehendes Geschäfts-
zeichen und Datum anzugeben.

G e h e i m e   R e i c h s s a c h e !

S c h n e l l b r i e f

An

   Reichsführer-//

       Feldkommandostelle

Zum FS Kdo. Stab Gmund Nr. 460 und FS-Zwischenbericht vom 4. 12. 1944
       Reichsführer!

In der Angelegenheit haben mit dem Chef des Kriegsgefangenenwesens und dem Auswärtigen Amt die befohlenen Besprechungen stattgefunden, die zu folgendem Vorschlag
führen:

1) Im Zuge einer Verlegung von 5 Leuten in drei Kraftwagen mit Wehrmachtkenn-
   zeichen tritt der Fluchtfall ein, als der letzte Wagen eine Panne hat, oder

2) tritt Kohlenoxyd durch Bedienung vom Führersitz aus in den abgeschlossenen Fond
   des Wagens. Die Apparatur kann mit einfachsten Mitteln angebracht und sofort
   wieder entfernt werden. Ein entsprechender Wagen konnte nach erheblichen
   Schwierigkeiten jetzt beschafft werden.

3) Andere Möglichkeiten der Vergiftung durch Speise oder Trank sind geprüft, aber
   nach mehreren Versuchen als zu unsicher wieder verworfen worden.

Für ordnungsmäßige Erledigung der Nacharbeiten, wie Meldung, Obduktion, Beurkundung, Beisetzung, ist vorgesorgt.

Transportführer und Fahrer werden vom RSHA gestellt und treten in Wehrmachtsuniform mit zugeteiltem Soldbuch auf.

Wegen der Pressenotiz ist mit dem Geheimrat Wagner vom Auswärtigen Amt Verbindung aufgenommen. Wagner teilte dabei mit, daß der Reichsaußenminister mit Reichsführer über den Fall noch sprechen möchte.

Die Auffassung des Reichsaußenministers ist, daß gleichartig und zwar in jeder Richtung vorzugehen sei.

Inzwischen ist bekannt geworden, daß der Name des Betreffenden im Laufe verschiedener Ferngespräche zwischen Führerhauptquartier und Chef Kriegsgefangenenwesen genannt worden war, so daß Chef Kriegsgefangenenwesen vorschlägt, einen anderen, aber gleich Beurteilten, zu verwenden. Ich pflichte dem bei und bitte, die Auswahl Chef Kriegsgefangenenwesen zu überlassen.

Ich bitte um Weisung.

Heil Hitler!

Ihr gehorsamer

gez.: Dr. K a l t e n b r u n n e r

V.

Persönlich!
Streng vertraulich!

Herrn
LR Dr. Krieger
— R XV —
Hildebrandstr. 5

Unter Bezugnahme auf die
telefonische Besprechung.

Ein französischer kriegsgefangener General wird eines unnatürlichen Todes durch Erschießung auf der Flucht oder Vergiftung sterben. Für die ordnungsgemäße Erledigung der Nacharbeiten wie Meldung, Obduktion, Beurkundung, Beisetzung ist vorgesorgt.

Die Weisung des Herrn RAM lautet, die „Angelegenheit mit Gesandten Albrecht zu besprechen", um genau festzustellen, welche Rechte der Schutzmacht in dieser Angelegenheit zustehen würden, um das Vorhaben damit abstimmen zu können.

Ich wäre daher dankbar, wenn Sie mir einer Absprache mit Gesandten Albrecht entsprechend eine Aufzeichnung zwecks Vorlage bei dem Herrn RAM zuleiten könnten.

In Frage kämen m. E. u. a. evtl. Rechte der Kommission General Bridoux, des Internationalen Roten Kreuzes oder sonstiger Stellen, z. B. auf Exhumierung, nachträgliche gerichtsärztliche Untersuchung usw., daneben Anzeige an Wehrmachtauskunftstelle, Meldung an Bridoux, Ausfüllung von Fragebogen für das Internationale Komitee vom Roten Kreuz unter Übersendung etwaiger Nachlaßgegenstände und dergl.

Berlin, den 12. Januar 1945

B o b r i k

35. Richtlinien für Militärbefehlshaber[1])

Geheim!

Stempel:
Der Reichsmarschall des Großdeutschen
Reiches
Beauftragter für den Vierjahresplan
Der Staatssekretär
Eing. 10. Aug. 1942   137
Stenographischer Bericht über die Besprechung des   G e h e i m
Reichsmarschalls G ö r i n g
mit den Reichskommissaren für die besetzten Gebiete und den Militärbefehlshabern über
die Ernährungslage am Donnerstag, dem 6. August 1942, 4 Uhr nachm. im Hermann-
Göring-Saal des Reichsluftfahrtministeriums.
(handschriftlich: zdl. [Rm R 35—6. 8.] Kl 2/10.)
(handschriftlich: RM. N. 1/3. 13891/42. g)

I.

Andere Völker dürfen umfallen

Göring: „. . . In jedem der besetzten Gebiete sehe ich die Leute vollgefressen, und im
eigenen Volk herrscht der Hunger. Sie sind weiß Gott nicht hingeschickt, um für das Wohl
und Wehe der Ihnen anvertrauten Völker zu arbeiten, sondern um das Äußerste herauszuholen, damit das deutsche Volk leben kann. Das erwarte ich von Ihren Energien. Die
ewige Sorge für die Fremden muß jetzt endlich einmal aufhören.

Ich habe hier Berichte zu liegen, darüber, was Sie zu liefern gedenken. Das ist gar
nichts, wenn ich Ihre Länder betrachte. Es ist mir dabei gleichgültig, ob Sie sagen, daß
Ihre Leute wegen Hungers umfallen. Mögen sie das tun, solange nur ein Deutscher nicht
wegen Hungers umfällt."

---

[1]) *Dokument B — 110. Auszüge aus dem stenographischen Bericht über die
Besprechung Görings mit den Reichskommissaren der besetzten Gebiete und
den Militärbefehlshabern über die Ernährungslage am Donnerstag, den 6. August 1942.*

II.

Was die Holländer denken...

„...Im Ruhrgebiet sind schwerste Angriffe gegen deutsche Städte gemacht worden. Die Menschen haben unerhört Schweres erlitten. Vor den Toren des Ruhrgebietes liegt das reiche Holland. Es könnte in diesem Augenblick viel mehr Gemüse in dieses geplagte Gebiet hineinschicken, als es getan hat. Was die Herren Holländer darüber denken, ist mir gleichgültig. Es wäre gar nicht so von ohne, wenn die holländische Bevölkerung in ihrer Widerstandskraft außerordentlich geschwächt würde; denn sie sind doch nichts anderes als ein einziges Volk von Verrätern an unserer Sache. Ich nehme ihnen das an sich nicht übel; ich würde es vielleicht auch nicht anders tun. Aber wir haben nicht die Aufgabe, ein Volk, das uns innerlich ablehnt, auch mitzuernähren. Wenn dieses Volk so schwach ist, daß es keine Hand mehr heben kann, wo wir es nicht zur Arbeit gebrauchen, — umso besser. Wenn es so schwach ist, dann wird es auch keine Revolution in dem Moment machen, in welchem uns mal der Rücken bedroht ist. Mich interessieren in den besetzten Gebieten überhaupt nur die Menschen, die für die Rüstung und die Ernährung arbeiten. Sie müssen soviel kriegen, daß sie gerade noch ihre Arbeit tun können. Ob die Herren Holländer Germanen sind oder nicht, ist mir dabei völlig gleichgültig; denn sie sind, wenn sie es sind, nur umso größere Dickköpfe, und wie man mit dickköpfigen Germanen manchmal verfahren muß, haben schon größere Persönlichkeiten in der Vergangenheit gezeigt. Wenn auch von verschiedenen Seiten geschimpft wird, haben Sie doch recht gehandelt, denn es geht allein um das Reich."

III.

Die einzige Pflicht der Polen

„...Ich höre, daß zwischen dem Generalgouvernement und Deutschland eine Zollgrenze bestehen soll, daß Züge lange aufgehalten und untersucht werden, die schleunigst durchzufahren wären. Was soll der Zoll zwischen dem Generalgouvernement und Deutschland? Das Generalgouvernement ist eine von Deutschland unterworfene Provinz. Sie hat lediglich ihre Pflicht für das Deutsche Reich zu tun, sonst gar nichts."

IV.

Dem belgischen König soll es klar gemacht werden

„...Es ist mir auch wurscht, ob die Königlich Belgische Tafel jeden Tag mit soundsoviel Gängen besetzt ist. Der König ist ein Kriegsgefangener, und wenn er nicht nach Kriegsgefangenenrecht behandelt wird, so werde ich dafür sorgen, daß er an einen Ort gebracht wird, wo ihm das klar wird. Ich habe wirklich die Sache bis hierhin satt."

V.

„Maxim" in Paris

„...Ich würde gar nichts sagen, im Gegenteil, ich würde es Ihnen übelnehmen, wenn wir in Paris nicht ein fabelhaftes Lokal hätten, wo wir uns anständig mit bestem Essen versehen können. Aber ich habe keine Lust, daß die Franzosen dahinein spazieren können. Für uns muß „Maxim" die beste Küche haben. Für deutsche Offiziere, deutsche Männer drei, vier Lokale, ganz ausgezeichnet, aber nicht für die Franzosen."

VI.

Der französische Frank für „gewisse Zwecke"

„... Es wurde auch gesagt, man dürfe dem Soldaten um Gottes Willen nicht seinen Wehrsold usw. auszahlen, sonst käme in Frankreich eine Inflation. Ich wünsche mir nichts anderes. Es soll eine kommen, daß es nur so kracht. Der Franken soll nicht mehr wert sein als ein gewisses Papier für gewisse Zwecke. Dann erst vielleicht ist Frankreich so getroffen, wie wir Frankreich treffen wollen."

VII.

Französische Frechheit

„... Nun werden Sie mir sagen: Außenpolitik Laval. Herr Laval beruhigt Herrn Abetz, und Herr Laval kann von mir aus in das gesperrte „Maxim" hineingehen. Aber im übrigen werden die Franzosen das sehr schnell beigebracht bekommen. Die sind von einer Frechheit, davon machen Sie sich keinen Begriff. Wuchern tun die Freunde, wenn sie hören, es handelt sich um einen Deutschen. Dann schlagen sie den dreifachen Preis auf, und wenn der Reichsmarschall etwas kaufen will, den fünffachen. Ich wollte einen Gobelin kaufen. Es wurden 2 Millionen Fr. dafür verlangt. Man sagte der Frau, daß der Käufer den Gobelin sehen will. Sie sagte, daß sie ihn nicht aus der Hand geben wolle. Dann müßte sie hinfahren. Es wurde ihr gesagt, daß sie zum Reichsmarschall fahre. Als sie ankam, kostete der Gobelin 3 Millionen Frank. Das meldete ich herüber. Glauben Sie, daß da etwas geschehen ist? Ich habe mich an das französische Gericht gewandt, und das hat der Donja beigebracht, daß ein solcher Wucher mir gegenüber nicht angebracht ist. Das nur nebenbei, um zu zeigen, was alles in Frankreich heute passieren kann."

VIII.

Nun Lieferungen an das Reich

„... Nun Lieferungen an das Reich. Im letzten Jahre hat Frankreich 550 000 t Brotgetreide geliefert, und jetzt fordere ich 1,2 Millionen. In vierzehn Tagen Vorschlag, wie es gemacht wird! Darüber keine Debatte mehr! Was mit den Franzosen geschieht, ist gleichgültig: 1,2 Millionen werden abgeliefert! Futtergetreide im vorigen Jahr 550 000, jetzt 1 Million! Fleisch im vorigen Jahre 135 000, jetzt 350 000! Fett im vorigen Jahre 23 000, jetzt 60 000! Käse — im vorigen Jahr haben sie gar nichts abgeliefert — dafür liefern sie dieses Jahr 25 000. Kartoffeln im vorigen Jahre 125 000, in diesem 300 000. Wein im vorigen Jahre nichts, dieses Jahr 6 Millionen Hektoliter. Gemüse im vorigen Jahre 15 000, dieses Jahr 150 000. Obst im vorigen Jahre 200 000, dieses Jahr 300 000. Das sind die Lieferungen von Frankreich.

Niederlande: Brotgetreide 40 000, Futtergetreide 45 000, Fleisch 35 000, Fett 20 000, Kartoffeln 85 000, Hülsenfrüchte 45 000, Zucker 30 000, Käse 16 000, Gemüse 1 Million, Gemüsesämereien 10 000."

(Zuruf Seyß-Inquardt)

„1 Million muß Ihnen doch leicht fallen. Dann nehmen Sie die ganze Ernte. Sie können ja wechseln: etwas weniger Gemüse, etwas mehr Fett. Das ist mir gleich.
Belgien ist ein armes Land. Aber so arm ist es doch nicht, wie Ihr sagt. Brotgetreide brauchen sie nichts zu liefern, dafür kriegen sie auch nichts. Aber vergessen Sie dabei nicht, mir 50 000 t Futtergetreide abzuliefern. Fleisch kriegen sie nicht, will ich auch nicht. Fett kriegen sie nicht, will ich auch nicht. Zucker will ich 20 000 t haben, Kartoffeln 50 000, Obst 15 000.
Norwegen: Da sind es die Fische. 400 000.“
(Terboven: „Im vorigen Jahr haben wir mehr geliefert!“)
„500 000!“
(Terboven: „Dann muß ich bitten, daß mir die Marine die Fischkutter zurückgibt.“)
„Ich weiß. Das müssen wir mit der Marine erwägen. Fleisch müssen Sie mir etwas geben. Wieviel?“
(Zuruf: „Gar nichts!“)
„Futtergetreide haben Sie auch keins?“
(Zuruf: „Auch nicht!“)
(Terboven: „Die Wehrmacht wird weitgehend von mir mitversorgt.“)
Reichsmarschall Göring: „Protektoren! Es freut mich außerordentlich. Das ist mir vorhin schon gesagt worden. Es braucht kein Brotgetreide mehr, sondern liefert etwas!“
(Daluege: „200 000!“)
„Können Sie nicht 250 000 liefern? Sehen Sie mal zu! Sagen wir 250 000, möglichst 300 000. Futtergetreide 30 000. Fleisch auch?“
(Daluege: „Fleisch nehmen wir nichts mehr. Die Bevölkerung bekommt überhaupt nichts mehr.“)
Reichsmarschall Göring: „5000 müssen Sie zurückgeben. Dann aber Zucker 155 000.“
(Backe: „Fett?“)
(Daluege: „36 000 und noch etwas Ölfrüchte: 16 000.“)
(Backe: „Sie haben im vorigen Jahr 40 000 bekommen.“)
(Daluege: „12 000.“)

IX.

Nun weiter

„. . . Jetzt kommt das Generalgouvernement. Das ist mit Galizien das fruchtbarste Gebiet gewesen, es ist immer eine der größten Kornkammern gewesen. Ein ganzer Teil von Gauleitern meldete, daß aus dem Generalgouvernement schöne Pakete an die Polen kommen. Also muß es da gut stehen. Die Ernte habe ich gesehen. Brotgetreide habe ich auf 500 000 angesetzt, Futtergetreide mit 100 000, Fleisch 30 000, Kartoffeln 150 000, Zucker 5000 und außerdem den gesamten Wehrmachtbedarf.
Das Banat: Brotgetreide können Sie liefern?“
(Neuhausen: „100 000 stelle ich dem Reich zur Verfügung.“)
„Von Serbien hoffe ich auch eine Auflage herausbekommen zu können. Ich schätze sie trotz nicht besonderer Ernte auf 100 000 t. Im vergangenen Jahr habe ich nichts herausbekommen.

Reichsmarschall Göring: „Können Sie es nicht für die Batschka gleich mitmachen?"
(Neuhausen: „Ich werde es versuchen.")
Reichsmarschall Göring: „Futtergetreide 100 000."
(Neuhausen: „90 000 sind vorgesehen. Ich werde wenigstens 100 000 herausschlagen.")
Reichsmarschall Göring: „Fett?"
(Neuhausen: „Ich habe bisher die Wehrmacht versorgt. Sie hat im vergangenen Jahr ¼ Million kg bekommen. Ich versorge auch Griechenland, und die deutschen Truppen in Kroatien muß ich auch versorgen.")
Reichsmarschall Göring: „Was können Sie trotzdem dem deutschen Volke geben? 15 000?"
(Neuhausen: „Die werde ich herausschaffen. An Öl gebe ich 25 000 bis 30 000 t Ölfrüchte dem Reich wieder.")
Reichsmarschall Göring: „Das wäre im großen und ganzen der Westen. Wegen der Aufkäufer, die Kleider, Schuhe usw., alles, was es überhaupt gibt, aufkaufen, kommt noch eine besondere Verfügung heraus."

X.

Kaviar

„... Ich hoffe, daß wir bald in den Besitz der Räuchereien kommen, oder sie wenigstens aufmachen können, und daß wir in großem Ausmaße den unerhörten Fischreichtum des Asowschen und Kaspischen Meeres hineinziehen können. General Wagner, beim Kaviar machen wir halb und halb: halb die Wehrmacht und halb die Heimat, — natürlich, sobald wir dort sind."
(Backe: „Soviel kann er nicht kriegen!")
„Doch, die Hälfte kann er kriegen, wenn er es erobert. Da stehen wir auf dem Standpunkt: den zusätzlichen Leckerbissen ißt der, der das Gebiet erobert. Wer hat, der behält! ist ein alter Grundsatz.
Ich habe zu meiner Freude gehört, daß es beim Reichskommissar im Ostland genau so dick und gut steht und die Leute genau so rundlich und dick sind und an leichtem Asthma leiden, wenn sie ihre Arbeit verrichten. Jedenfalls werde ich bei aller sorgfältigen Behandlung, die gewisse Gruppen erfahren sollen, doch dafür sorgen, daß aus der unendlichen Fruchtbarkeit dieses Raumes auch noch etwas abgegeben werden kann."

XI.

Der wundervolle Gauleiter Sauckel

Sauckel: „Ich bitte, vor dem Militärbefehlshaber und dem Reichskommissar folgendes klarstellen zu dürfen: Ich hole die Leute nicht aus Spaß aus diesen Gebieten heraus, sondern weil ein strikter und bitterer Auftrag für mich vorliegt. Allein der deutschen Landwirtschaft mußten über 600 000 Kräfte zugeführt werden — heute sind es schon 700 000 —, weil aus der deutschen Landwirtschaft in den letzten Jahren über 1 Million Landwirte zu den Fahnen gerufen worden sind."

Reichsmarschall Göring: „Ich muß hierzu eins sagen! Ich will Gauleiter Sauckel nicht loben, das hat er nicht nötig. Aber was er in dieser kurzen Zeit geleistet hat, um in einer solchen Geschwindigkeit Arbeiter aus ganz Europa herauszuholen und in unsere Betriebe zu bringen, das ist einmalig. Ich möchte das allen Herren sagen: wenn jeder auf seinem Gebiet nur ein Zehntel der Energie verwenden würde, die der Gauleiter Sauckel verwandt hat, dann würde es wirklich eine Leichtigkeit sein, die von Ihnen geforderten Aufgaben zu erfüllen. Das ist meine heilige Überzeugung und keine Redensart."

(Koch: „Ich habe über eine halbe Million geschickt. Er hat ja die Leute von mir gekriegt, ich habe sie ihm ja gegeben.")

Reichsmarschall Göring: „Koch, es sind doch nicht nur Ukrainer. Ihre lächerlichen 500 000 Leute! Wieviel hat er gebracht? Fast 2 Millionen. Woher hat er dann die anderen?"

(Koch: „Sehen Sie, wie es in der Ukraine funktioniert hat.")

XII.
Lohse: „... zigtausend sind weg"

Reichsmarschall Göring: „Wieviel Butter liefern Sie? 30 000 t?"
(Lohse: Jawohl.)
„Beliefern Sie außerdem Wehrmachtteile?"
(Lohse: „Darauf kann ich auch antworten. Die Juden leben nur noch zum kleinen Teil; zigtausend sind weg. Ich darf aber sagen, was die einheimische Bevölkerung bekommt; sie bekommt auf Ihre Anweisung 15% weniger als die deutsche.")

XIII.
„Vogel, friß oder stirb!"

... Reichsmarschall Göring: „Machen Sie doch in den Niederlanden Zwangsrekrutierungen und stellen zwei Regimenter gegen die Partisanen zusammen! Der Partisane kann nicht deutsch und nicht holländisch; das klingt ähnlich. Für ihn ist der Niederländer genau so deutsch wie wir. Er schießt auch auf den Niederländer, und der muß dann wiederschießen, auch wenn er noch so krumm ist, um nicht das Leben zu verlieren. Jeder Niederländer, Däne und Schwede, den wir nach dem Osten schicken, erscheint dem Russen als Deutscher. Wenn er dem Russen erzählt, was er ist, versteht dieser doch nichts; er weiß ja nichts von der Geographie."

Daluege: „Ich habe vor einem Jahr in Holland versucht, Bataillone für den Osten aufzustellen. Das ist mißlungen."

Reichsmarschall Göring: „Zwangsausheben! Ohne Waffen bis ins Partisanengebiet schicken und ihnen dort die Waffen geben. Vogel, friß oder stirb! Friedrich der Große hat der sächsischen Armee auch erst eins auf den Deckel gegeben und hat sie dann am nächsten Tage in die preußische Armee eingereiht. Das ist ausgezeichnet gegangen. So wird es auch hier möglich sein; eine Verständigung ist ja gar nicht gegeben."

(Daluege: „Das stelle ich anheim.")

XIV.

Göring hat viel zu tun

... Meine Herren, ich möchte gleich ein weiteres sagen. Ich habe außerordentlich viel zu tun und außerordentlich viel Verantwortung. Ich habe keine Zeit, Briefe und Denkschriften durchzulesen, in denen Sie mir mitteilen, daß Sie das, was ich verlangt habe, nicht leisten können, sondern ich habe nur Zeit, durch einen kurzen Bericht von Backe von Zeit zu Zeit festzustellen, ob die Forderungen eingehalten werden. Wenn nicht, dann müssen wir uns auf einer anderen Ebene wiedersehen.

Läusefütterung

Generalkommissar in Riga
III e 2150
Arbgebiet 2 — Arbeitseinsatz —
2 E 2 Ch./Bu

Riga, den 11. November 1942

Verfügung!

An den
Herrn Gebietskommissar
— Arbeitsverwaltung —
in **Riga**

Betrifft: Judeneinsatz im Institut für medizinische Zoologie.

Vorgang: Erlaß des Herrn Reichskommissars für das Ostland — Abteilung Institut für medizinische Zoologie, vom 24. 10. 42, Pers. Ahg./Sch.

Das obengenannte Institut bittet um die Erlaubnis, 3 Juden für medizinische Zoologie weniger als 8 Stunden täglich beschäftigen zu dürfen.

Es handelt sich hier um ausgewählte Blutspender für die Läusefütterung in dem Läuselaboratorium des Instituts, das im Zusammenhang mit Maßnahmen der Fleckfieberbekämpfung unterhalten werden muß. Die Juden werden dabei täglich 2 Stunden beschäftigt. Sie sind, sobald der Umfang des Laboratoriums ab Mitte November die erforderliche Höhe erreicht, zu Arbeiten nicht fähig, weil sie heilenden Maßnahmen unterzogen werden müssen, ohne die sie nicht für ihren Zweck einsatzfähig bleiben.

Ich erkläre mich mit der Beschäftigung der Juden mit weniger als 8 Stunden täglich einverstanden.

2) Zu den Akten.

Im Auftrage:
Unterschrift (unleserlich)
Regierungsrat

Dokument CCLIII–12.

477

36. Häftlingseinsatz für Zwecke der Luftfahrtindustrie[1]

Lager und Betrieb	Anzahl der Häftlinge		gel. Arb.-Stunden im Monat Januar	Arbeitsleistung
	vorgesehen	eingesetzt		
Auschwitz:				
Flakausbaustab, Auschwitz	250	191	48 788	Bau von Flakstellungen
Ost-Maschinenbau GmbH., Schwientochlowitz	1 500	730	196 067	Flakgeschützfertigung Prod. Ergebnis Januar: 105 Geschütze
Siemens u. Schuckert, Auschwitz	1 500	90	19 240	zunächst Ausbau der Fertigungswerkstätten, später Schalt- und Steuergeräte für Nachtjäger
Buchenwald:				
Erla-Maschinenwerk GmbH., Leipzig	2 800	1 550	176 105	Flugzeugteilefertigung Prod. Ergebnis Januar: 360 Flugzeugtragflächen BF 109 290 Rümpfe BF 109 304 Leitwerkträger
Junkers-Flug- u. Motorenwerke AG., Schönebeck	2 000	1 310	362 619	Flugzeugteilefertigung
Polte, Arnstadt	100	87	24 112	Aufbereitung von Flakpatronenhülsen Prod. Ergebnis Januar: 181 000 Flakpatronenhülsen
Leichtmetallwerke Rautenbach, Wernigerode	1 200	772	189 832	Fertigung v. Zylinderblocks für Flugzeugmotoren
Dachau:				
Rev. f. Hochfrequenzforschung	15	15	3 290	Hochfrequenzentwicklungsarbeiten
BMW, München-Allach	12 000	3 434	908 606	Flugzeugmotorenfertigung/Baumaßnahmen u. Stollenbau
Dornier-Werke GmbH., Neuaubing	3 000	60	9 527	zunächst Aufbau des Arbeitslagers, später Flugzeugteilefertigung
Übertrag:	24 365	8 239	1 938 186	

[1] Dokument PS—1584 (III)

Lager und Betrieb	Anzahl der Häftlinge		gel. Arb.-Stunden im Monat Januar	Arbeitsleistung
	vorgesehen	eingesetzt		
Übertrag:	24 365	8 239	1 938 186	
Dr.-Ing. Kimmel, München	25	23	7 925	Fertigung von Funkmeßgeräten Prod. Ergebnis Januar: 35 RC-Generatoren
Luftfahrtforschungsanstalt, München	400	40	–	Errichtung der Luftfahrtforschungsanstalt Ottobrunn
Messerschmitt AG., Augsburg-Haunstetten	3 400	2 695	740 640	Flugzeugfertigung Me
,, ,, Gablingen	600	352		Flugzeugfertigung Me
,, ,, Dachau	600	192	35 766	Fertigung von Flugzeugeinzelteilen
,, ,, Kottern	1 000	341	57 050	zunächst Ausbau der Fertigungswerkstätten, später Flugzeugteilefertigung
Planungsstelle d. Luftwaffe, Sudelfeld	25	25	4 660	Bau einer Versuchsanlage des Bev. f. Hochfrequenz
Präzifix, Dachau	400	356	94 067	Anfertigung von Flugzeugnormteilen u. -schrauben
U. Sachse KG., Kempten	1 000	374	91 630	zunächst Ausbau der Fertigungswerkstätten/Beginn der Fertigung von Luftschraubenverstellgeräten
Floßenbürg:				
Dt. Erd- u. Steinwerke GmbH., Floßenbürg	4 000	1 911	422 158	Flugzeugteilefertigung f. Messerschmitt Prod. Ergebnis Januar: 900 Satz Nasenkasten u. Kühlerverkleidungen 120 000 Einzelteile
Erla-Maschinenwerk GmbH., Johanngeorgenstadt	600	546	117 524	Flugzeugteilefertigung
Erla-Maschinenwerk GmbH., Mülsen	500	30	–	Flugzeugteilefertigung
Keramische Werke, Bohemia, Neurohlau	100	100	10 764	Flugzeugteilefertigung f. Messerschmitt
Luftfahrtgerätewerk, Zwodau	1 500	199	28 314	Gerätefertigung f. d. Luftwaffe
Übertrag:	38 515	15 423	3 548 684	

Lager und Betrieb	Anzahl der Häftlinge		gel. Arb.-Stunden im Monat Januar	Arbeitsleistung
	vorgesehen	eingesetzt		
Übertrag:	38 515	15 423	3 548 684	
Herzogenbusch:				
Dt. Erd- u. Steinwerke GmbH., Herzogenbusch	600	411	35 248	Flugzeugzerlegebetrieb Prod. Ergebnis Januar: 12 Flugzeuge zerlegt 35 Motoren demontiert 120 Tragflächen zerlegt
Feldbauamt 3 d. Luftwaffe	1 000	265	64 800	Rollstraßenbau für Flugplatz
Mauthausen:				
Dt. Erd- u. Steinwerke GmbH., Mauthausen	500	423	82 632	Flugzeugteilefertigung f. Messerschmitt Prod. Ergebnis Januar: 25 Flugzeugrümpfe
Flugmotoren GmbH., Wiener-Neudorf	3 000	1 983	417 328	zunächst Baumaßnahmen, später Flugmotorenteilefertigung
Heinkel-Werke AG., Schwechat	3 200	2 065	486 206	Flugzeugteilefertigung
Natzweiler:				
Dt. Erd- u. Steinwerke GmbH., Natzweiler	400	261	63 221	Demontage v. Ju-Motoren u. Schweißen von Lufttorpedos
Neuengamme:				
1) stram, Hamburg-Bergedorf	80	80	21 554	Flugzeugteilefertigung
Messap GmbH., Hamburg-Langenhorn	120	110	31 422	Fertigung von Zünderlaufwerken Prod. Ergebnis Januar: 16 800 Unruhen S 30 53 900 Unruhen S 60 15 600 Zeitzünder S 30 46 700 Zeitzünder S 60
Ravensbrück:				
Erprobungsstelle d. RLM, Peenemünde-W.	600	598	125 000	Baumaßnahmen
Gerätewerk Pommern GmbH., Stargard	550	283	81 129	Herstellung von Lufttorpedos
Heinkel-Werke AG., Barth	2 000	1 721	435 155	Flugzeugfertigung
Übertrag:	50 565	23 623	5 392 379	

1) 2 Buchstaben unl.

Lager und Betrieb	Anzahl der Häftlinge		gel. Arb.-Stunden im Monat Januar	Arbeitsleistung
	vorgesehen	eingesetzt		
Übertrag:	50 565	23 623	5 392 379	
Mechan. Werkstätten GmbH., Neubrandenburg	4 000	1 981	529 126	Fertigung von Bombenabwurfgeräten u. a. Fz.G. 76 / Prod. Ergebnis Januar: 23 000 Schloß 50/X, 1 500 Schloß 2000, 150 PVC 1006, 500 Rudermaschinen, 400 ER 4 L. „2"
Siemens u. Halske, Berlin, Werk Ravensbrück	2 400	872	242 867	Fertigung von Nachrichtengeräten (u. a. Kehlkopfmikrophone)
Silva-Metallwerke GmbH., Genthin	600	596	154 224	Herstellung von Flakmunition / Prod. Ergebnis Januar: 518 200 2 cm Patronen, 927 500 2 cm Patronen (div. Ausf.), 965 000 13 mm Patronen
Veltener-Maschinenbau GmbH., Velten	600	596	146 873	Herstellung von Flugzeugeinzelteilen
Sachsenhausen:				
Heinkel-Werke AG., Oranienburg	6 500	5 939	1 699 978	Flugzeugserienbau / Prod. Ergebnis Januar: 15 Flugzeugzellen He 177
Luftschiffbau Zeppelin GmbH., Oranienburg	300	221	54 006	Herstellung u. Instandsetzung von Ballons / Prod. Ergebnis Januar: 120 Ballons instand gesetzt u. Teilarbeiten für 40 neue Ballons
Ostland-KL:				
Feldbauleitung d. Luftwaffe, Spilve	1 000	1 000	280 776	Herrichtung des Flugplatzes
Feldbauleitung 3/I, Kauen	1 000	829	222 186	Ausbau des Flughafens
Flakbeuteinstandsetzungswerkstatt, Kauen	200	162	4 920	Umarbeitung erbeuteter Flak
Kopperschmidt u. Söhne, Riga	20	20	6 160	Herstellung v. Flugzeugkampfständen
Übertrag:	67 185	35 839	8 733 495	

Lager und Betrieb	Anzahl der Häftlinge		gel. Arb.-Stunden im Monat Januar	Arbeitsleistung
	vorgesehen	eingesetzt		
Übertrag:	67 185	35 839	8 733 495	
Als weitere Einsätze wurden in diesen Tagen vereinbart:				
Buchenwald:				
Anhydrit	10 000	—	—	Fertigung für Junkers in Stollen
Ago, Oschersleben	1 500	—	—	Flugzeugfertigung Focke-Wulf-Jäger
Groß-Rosen:				
Famo, Bunzlau	1 500	—	—	Montagebetrieb für FW-Nachtjäger Ta 154
Mauthausen:				
Esche II	10 000	—	—	Art der Fertigung wird durch RLM noch entschieden.
Natzweiler:				
Gerätewerk Pommern GmbH., Werk Diedenhofen	600	—	—	Herstellung von Lufttorpedos
	90 785	35 839	8 733 495	

Berlin, den 21. Februar 1944

Der Chef
des
SS-Wirtschafts-Verwaltungshauptamtes

Pohl

SS-Obergruppenführer und
General der Waffen-SS

37. Frauenhaare aus Vernichtungslagern für U-Boot-Besatzungen[1]

SS-Wirtschafts-Verwaltungshauptamt   Oranienburg, 6. August 1942

Amtsgruppe D — Konzentrationslager   G e h e i m !

D II 288 Ma./Hag. Tgb. 112 geh.   Abschrift.

           1 3. A u s f ü h r u n g

B e t r i f f t : Verwertung der abgeschnittenen Haare.

An die
Kommandanten der K.L.
Arb., Au., Bu., Da., Flo., Gr.-Ro., Lu., Maut./Gu., Na., Nie., Neu., Rav., Sahs., Stutth.,
Mor., SS SL Hinzert.

Der Chef des SS-Wirtschafts-Verwaltungshauptamtes, SS-Obergruppenführer P o h l,
hat auf Vortrag angeordnet, daß das in allen KL anfallende Menschenschnitthaar der Verwertung zugeführt wird. Menschenhaare werden zu Industriefilzen verarbeitet und zu Garn
versponnen. Aus ausgekämmten und abgeschnittenen Frauenhaaren werden Haargarnfüßlinge
für U-Bootsbesatzungen und Haarfilzstrümpfe für die Reichsbahn angefertigt.

Es wird daher angeordnet, daß das anfallende Haar weiblicher Häftlinge nach Desinfek-
tion aufzubewahren ist. Schnitthaar von männlichen Häftlingen kann nur von einer Länge
von 20 mm an Verwertung finden.

SS-Obergruppenführer Pohl ist deshalb einverstanden, daß zunächst versuchsweise das
Haar der männlichen Häftlinge erst dann abgeschnitten wird, wenn dieses nach dem Schnitt
eine Länge von 20 mm besitzt. Um durch das Längerwachsen der Haare die Fluchterleichte-
rung zu verhindern, muß dort, wo der Kommandant es für erforderlich hält, eine Kennzeichnung der Häftlinge in der Weise erfolgen, daß mit einer s c h m a l e n Haarschneide-
maschine mitten über den Kopf eine Haarbahn herausgeschnitten wird.

---

[1] Dokument USSR — 511

Es wird angestrebt, die Verwertung der in allen Lagern anfallenden Haare durch Errichtung eines Verwertungsbetriebes in einem KL durchzuführen. Nähere Anweisungen über die Ablieferung der gesammelten Haare folgt noch.

Die Mengen der monatlich gesammelten Haare, getrennt nach Frauen- und Männerhaaren, sind jeweils zum 5. eines jeden Monats, erstmalig zum 5. September 1942, nach hier zu melden.

gez. G l ü c k s ,

//-Brigadeführer und
Generalmajor der Waffen-//

Also sprach Oberst H. Foertsch:

Wer diesen nationalsozialistischen Staat nicht aus der Fülle seines Herzens heraus bejaht, wer diesem Staat und der Weltanschauung, die ihn geformt hat und nun trägt, gleichgültig oder gar ablehnend gegenübersteht, hat als Offizier in der neuen deutschen Wehrmacht nichts zu suchen.

Oberst Hermann F o e r t s c h in: „Der Offizier der deutschen Wehrmacht."
Eine Pflichtlehre. 5. Auflage. Verlag E. Eisenschmidt, Berlin, 1941, Seite 14.

38. Auf eigene Art[1]

I.

Wegen Totschlag von 50 Juden 3 Jahre Gefängnis

. .   Aktennotiz:

C h e f   d e s   H e e r e s j u s t i z w e s e n s teilt fernmündlich mit:

F e l d k r i e g s g e r i c h t   d e r   P a n z e r d i v i s i o n   K e m p f hat wegen Tot-
schlags verurteilt einen SS-Sturmmann eines SS-Art.Regts. zu 3 J a h r e n   G e f ä n g n i s
und einen Polizeiwachtmeister der Feldpolizei zu 9 J a h r e n   Z u c h t h a u s.

Beide haben etwa 50 Juden, die tagsüber zur Ausbesserung einer Brücke herangezogen
waren, nach Beendigung der Arbeit abends in einer Synagoge zusammengetrieben und
g r u n d l o s zusammengeschossen.

Gen. Halder erbittet
Nachricht über Entscheid
Ob. d. 3. Armee

Urteil liegt Oberbefehlshaber 3. Armee zur Bestätigung vor. Antrag des Anklagever-
treters: T o d e s s t r a f e   w e g e n   M o r d.

Urteil am Tage nach der Tat.

H.

Sa 13/9

An	14. 9. 39 Chef Gen St d H
Adj. ObdH	m. d. Bitte um Rückgabe H 14/19
Gr. III Gen Qu	an Adj ObdH.
Sa 13/9	I. A.
Beisitzer waren aus SS	R a d k e

---

[1] *Dokumente D — 421.*

II.

„... in jugendlichem Draufgängertum"

Fernschreiben   Geheim

++ HDIH   403   14. 9. 39   1905 ==
An Oberkriegsgerichtsrat beim Generalquartiermeister in Berlin W 35, Tirpitzufer 72-76, =
———— Bezug ———— Az. 480 Gen. Qu. Roem. Drei Gen. St. d. H. Nr. 1204/39

SS-Sturmmann Ernst sind mildernde Umstände zugebilligt, weil er durch einen Unteroffizier durch Überreichung eines Gewehres veranlaßt wurde, sich an Erschießungen zu beteiligen. Durch zahlreiche Greueltaten der Polen gegen Volksdeutsche im Reizzustand gewesen. Als SS-Mann im besonderen Maße beim Anblick der Juden die deutschfeindliche Einstellung des Judentums empfunden, daher in jugendlichem Draufgängertum völlig unüberlegt gehandelt. Tüchtiger Soldat, unvorbestraft.

Oberkriegsgerichtsrat der Armee. Für die Richtigkeit:

L i p s k i   Kriegsgerichtsrat

An
Adj. ObdH
Gen. Qu. (III)
Dr. Sa 15/9
— Vermerk — Anruf Oberkriegsgerichtsrat Dr. Sattmann, daß soweit bisher zu erfahren, O. des A.O.K. beide Urteile nicht bestätigen wird.

Ra.

— Abschluß — Urteile fielen unter Amnestie —
— Strafen waren verhängt vor Amnestie —

9 Jahre Zuchthaus f. Polizeiwachtmeister, geändert in 3 Jahre Gefängnis
3 „ Gefängnis f. SS-Mann   nicht geändert.
von A.O.K. bestätigt.

Der heldische Drang der Seele

... Wenn derart Seele und Leib zum starken und gesteigerten Schwingen gebracht werden, dann bedarf es für die Träger einer nordischen Rassenseele keines weiteren Antriebs, um sie zum Kämpfen zu veranlassen, denn dann erwacht in ihnen die Leidenschaft des Blutes und der heldische Drang der Seele ...

Egon von Niederhöffer; Assistent am Psycholog. Laboratorium der Deutschen Hochschule für Leibesübungen, im Buche: „Körperformung, Rasse, Seele und Leibesübungen" von Prof. Dr. med. Walter Jaentsch, Alfred Metzner-Verlag, Berlin 1935, Seiten 73/74.

39. Auf höhere Weisung . . .[1])

... Ein Leutnant der Feldgendarmerie — aus der Waffen-*ᛋᛋ* hervorgegangen — hatte ohne verständlichen Grund einen Juden erschossen. Ich stellte ihn vor ein Kriegsgericht, da ich durch Aburteilung wegen Mordes ein Exempel statuieren wollte. Auf höhere Weisung mußte der Angeschuldigte aber zur Aburteilung in die Heimat abtransportiert werden. Es ist mir nicht mehr erinnerlich, welche Stelle dies befohlen hat. Daß ich jede ungerechte Verfolgung von Juden innerlich ablehnte, beweist die Tatsache, daß ich mich zweimal durch Privatbriefe an Himmler für Juden verwendete.

[1]) *Dokument OKW — 1630. Auszug aus der eidesstattlichen Erklärung von Generalfeldmarschall Maximilian Freiherr von Weichs vom 11. Juli 1946.*

Idealismus

... Diese Aktion wurde von *ᛋᛋ*-Sonderkommandos durchgeführt, die aus Idealismus, ohne Schnaps, die Vernichtungen durchführten.

Dokument NO—5558 — Eidesstattliche Aussage von Alfred M e t z n e r.

40. Herr Oberkriegsgerichtsrat Dr. Roth, Wien,
über „Einschleichen" von Juden in die Wehrmacht[1])

I.

Wie sehr der nationalsozialistische Staat vor den Versuchen, die Nürnberger Gesetze
zu umgehen, auf der Hut sein muß, und wie notwendig die jetzige Regelung des Rechts
der Namenführung der Juden ist, zeigen folgende, kürzlich vor Heeresgerichten der Ostmark behandelte Fälle.

II.

Der Angeklagte Kurt B. (der Name hat keinen jüdischen Klang) wurde in Wien am
26. 6. 1915 geboren. Seine Eltern waren Adolf Israel B. und Rosa Sara geb. S. (dieser Name
ein sog. Judenname). Der Vater ist Volljude, ebenso der Großvater von mütterlicher
Seite. Bei der Großmutter von mütterlicher Seite ist ein Nachweis, ob sie jüdisch oder
nichtjüdisch ist, nicht sicher möglich. Jedenfalls ist der Angeklagte Jude (nach der Ersten
Verordnung zum Reichsbürgergesetz vom 14. 11. 1935). Er hat bis zum Jahre 1938 niemals
einen Zweifel gehabt, daß er nicht der Sohn seiner Eltern sei. Auch diese hatten offenbar
keinen Zweifel, denn sie haben nichts an dem Sohn gespart. B. besuchte eine höhere
Schule und studierte 7 Semester. Zuletzt bezeichnete er sich als „Schriftsteller". Nun hat
sich aber das durch Erfahrungen der Vergangenheit belehrte deutsche Volk diese Art von
Schriftstellern ein für allemal verbeten. B. legte aber gesetzwidrig den zusätzlichen Vornamen Israel, den er nach § 2 der durch Verordnung vom 24. 1. 1939 zu führen verpflichtet
ist und bis 1939 auch führte, wieder ab. Als Kurt B. besaß er sogar die Unverfrorenheit,
sich zum Dienst in der Wehrmacht zu melden, und verstand es, seine Abstammung so zu
vernebeln, daß ihn die Wehrersatzbehörden vorläufig als wehrdienstpflichtigen Mischling
mit dem Zusatz „Abstammung noch nicht geklärt" behandelten. Im Mai 1940 wurde er
im Heer Soldat. Selbstverständlich blieb der von ihm zugesagte Ariernachweis aus. Er
behauptete, er sei in einem Wiener Krankenhaus geboren worden und m ü s s e das ver-
tauschte Kind unbekannter nichtjüdischer Eltern sein (!). Er habe durch Selbstbeobachtung
festgestellt, daß bei ihm keine jüdischen Rassenmerkmale vorlägen. Er habe einen Wider-
willen gegen alles jüdische, besonders gegen seine Eltern, gefühlt. Auch habe er eine

---

[1]) „Zeitschrift für Wehrrecht", V. Band, 1940/41, Seiten 559—560.

Hinneigung zum Nationalsozialismus verspürt und sei sogar wegen nationalsozialistischer Betätigung eingesperrt gewesen. Diese letzte Behauptung entpuppte sich als Schwindel, denn es wurde festgestellt, daß B. bei den österreichischen Behörden der Systemzeit nicht wegen nationalsozialistischer, sondern wegen sozialdemokratischer Betätigung polizeilich vorgemerkt war. Das Feldkriegsgericht, vor dem sich B. zu verantworten hatte, lehnte die von ihm beantragte „erbbiologische" Untersuchung ab; es stellte vielmehr auf Grund eigener Sachkunde fest, daß B. durchaus den Eindruck eines Juden macht; es kam zu der Überzeugung, die Verantwortung des Angeklagten sei nur ein „jüdischer Dreh", durch den er sich den Zutritt in die Wehrmacht erschleichen wollte. Das Gericht hat angenommen, daß die Tat, die vor dem Eintritt in die Wehrmacht im Geltungsbereich des österreichischen Rechts begangen worden sei, nach österreichischem Recht als Betrug im Sinne der §§ 461, 197 ö. StG. zu beurteilen sei. B. habe die Wehrersatzdienststellen durch seine unrichtigen und bewußt unklaren Angaben über seine Herkunft in Irrtum geführt, um seine Zugehörigkeit zur Wehrmacht zu erschleichen und damit den Staat zu schädigen. Da ein vermögensrechtlicher Nachteil nicht entstanden sei, wurde die Tat als Übertretung des Betrugs angesehen und B. zu 2 Monaten strengen Arrests des ö. StG. verurteilt, welche Strafe einer Gefängnisstrafe von 2 Monaten gleichgesetzt wurde.

Gegen die Rechtsauffassung dieses Urteils bestehen Bedenken. Will man ihr gleichwohl folgen, so handelt es sich um ein Dauerdelikt. B. hat nicht nur den Wehrersatzdienststellen, sondern auch nach seiner Einstellung bei der Truppe seine wirkliche Abstammung verschwiegen und sich dauernd eines ihm nicht zukommenden Namens bedient. Er unterliegt daher nach § 1 der Verordnung über die Einführung des Wehrmachtstrafrechts im Lande Österreich § 1 MStGO. und § 2 KStVO. für seine Handlungsweise nicht nur der Militärgerichtsbarkeit, sondern auch dem materiellen Recht des Altreichs. Betrug nach Reichsstrafrecht kommt nicht in Betracht, da, wie das Gericht zutreffend festgestellt hat, die Absicht der Verschaffung eines rechtswidrigen Vermögensvorteils nicht nachgewiesen ist. Da eine das Einschleichen in die Wehrmacht unter Strafe stellende Bestimmung fehlt, könnte man daran denken, § 2 RStGB. anzuwenden. Jedoch wird dies wohl nicht nötig sein, da § 4 der Zweiten Verordnung zur Durchführung des Gesetzes über die Änderung von Familiennamen und Vornamen vom 17. 8. 1938 denjenigen mit Gefängnis bis zu 6 Monaten bedroht, der als Jude, falls er nicht schon einen jüdischen Vornamen führt, nicht gem. §§ 2 und 3 ebenda den zusätzlichen Vornamen Israel führt. Diese vom Feldkriegsgericht übersehene Strafbestimmung bietet eine ausreichende Möglichkeit der Bestrafung.

III.

In einem anderen Fall war das Einschleichen in das Heer die Folge einer seit längeren Jahren betriebenen formalen Abkehr vom Judentum. Der Angeklagte O. (von Hause aus ebenfalls nicht durch einen der sog. Judennamen als Jude kenntlich), wurde am 16. 4. 1901 in Krakau von volljüdischen Eltern geboren. Schon 1924 trat er zum röm.-kath. Bekenntnis über, seit 1933 ist er mit einer angeblich deutschstämmigen Frau verheiratet. 1932 erlangte der Angeklagte durch Adoption den Namen K. (es ist dies der Name einer uradeligen Familie des Altreichs) und nannte sich K.-O. Den zweiten Teil des Namens ließ er in der Folge fallen. Von Beruf war er Industrieangestellter. Im österr. Bundesheer hat er nicht gedient; er trat nur als Anhänger der Heimwehrbewegung und der Vaterländischen Front im Jahre 1933 als sog. Assistenzmann einer Truppe bei, die nach außen hin wohl dem Bundesheer angegliedert war, aber nur eine Dienstverpflichtung von 1 Jahr (statt 6 Jahren) hatte. Einen militärischen Dienstgrad hat der Angeklagte nicht erreicht.

Nach dem Umbruch im Jahre 1938 hielt der Angeklagte den Schein aufrecht, daß er Arier sei. Er behauptete, vom März 1933 bis Dezember 1936 im Bundesheer gedient zu haben; sein letzter Dienstgrad sei Zugführer gewesen. Er erreichte durch seine vernebelnden Angaben im Januar 1939 seine Einziehung zu einem Umschulungskursus bei einem Infanterieregiment, wo er auf Grund seiner Angaben als Unterfeldwebel eingestellt wurde. Am 25. 8. 1939 wurde er als solcher wieder eingezogen und hat seither 15 Monate bei Infanterie-Ersatz- und Landesschützen-Formationen als Unterfeldwebel Dienst getan. Nur durch einen Zufall wurde er von einem Offizier erkannt, der den Angeklagten von früher her kannte. O. wurde daraufhin entlassen; vor seinem Abgang versicherte er brieflich, er habe nur aus dem Wunsch gehandelt, in der deutschen Volksgemeinschaft aufzugehen. Der gerichtlichen Erledigung der Angelegenheit hat er sich durch die Flucht, angeblich nach Jugoslawien, entzogen. Das Gericht hat daher, von § 59/I KStVO. Gebrauch machend, Beschluß auf Durchführung der Verhandlung in Abwesenheit des Angeklagten gefaßt. Auch hier hat das Gericht die Unterlassung der Führung des Vornamens „Israel" im Urteil nicht berührt; es hat aber angenommen, der Angeklagte habe in der Absicht, sich einen rechtswidrigen Vermögensvorteil, nämlich die ihm bestimmt nicht zustehenden Gebührnisse eines Unterfeldwebels zu verschaffen, bei den Wehrmachtbehörden einen Irrtum erregt und 1 Jahr lang unterhalten. Das Gericht kam deshalb zu einer Verurteilung wegen Betruges nach § 263 RStGB. und zu einem Strafausspruch von 1 Jahr Gefängnis. Die Vollstreckungsverfügung des Gerichtsherrn lautet: „Im Betretungsfalle ist die Strafe sofort zu vollstrecken."

41. Der Führer – ein Revolutionär von Format[1]

(Generaloberstabsrichter Dr. Rudolf Lehmann über den Befehl „Nacht und Nebel")

Erklärung

Ich, Generaloberstabsrichter Dr. Rudolf Lehmann, schwöre, sage aus und erkläre:

Im Oktober 1941 erhielt ich schriftlich von Keitel in einem Schreiben den Befehl, den Nacht- und Nebelbefehl aufzusetzen. Das Schreiben bestand aus mehreren Seiten und war mit Rotstift geschrieben. Meine Referenten, Dr. Sack, Dr. Huelle, Dr. Schoelz und Dr. Wagner, haben dieses Schreiben Keitels gelesen. Ich habe mit den erwähnten Referenten, vor allem mit meinem Vertreter Dr. Sack, sehr lange über dieses Schreiben von Keitel gesprochen. Dann habe ich den Nacht- und Nebelbefehl nicht aufgesetzt, sondern gewartet, bis Keitel nach Berlin kam. Ungefähr eine Woche später kam Keitel nach Berlin. Dann war ich zu einer langen Besprechung bei Keitel, bei der nur ich und Keitel anwesend waren. Bei dieser Besprechung habe ich Keitel auf das Dringendste gebeten, nochmals mit dem Führer zu sprechen. Ich habe ihm alle Einwendungen, die gegen diesen Befehl des Führers sprachen, in der Unterredung, die mehrere Stunden dauerte, vorgetragen. Ich habe ihn vor allem darauf hingewiesen, daß die Verbringung der Verdächtigen nach Deutschland und ihre Abschließung von der Öffentlichkeit, eine sehr bedenkliche Maßnahme sei, und daß sie die Militärjustiz in einen ganz unbegründeten Verdacht bringe. Ich habe ihm auch alle praktischen Gründe, die gegen den Erlaß sprachen, vorgetragen. Da die Befehle des Führers von Keitel dem Schreiben schon im einzelnen angegeben waren, haben wir diese Punkte durchgesprochen. Keitel betonte immer wieder, daß der Führer dies als seinen unbedingten Willen bezeichnet habe. Die Kriegsgerichte seien nicht in der Lage, der Widerstandsbewegung in Frankreich Herr zu werden. Der alte Argwohn Hitlers gegen die Kriegsgerichte wurde von Keitel wieder angedeutet. Hitler habe gesagt, daß lange Verhandlungen in den besetzten Gebieten, die mit Freiheitsstrafen oder Freisprüchen endeten, keinerlei abschreckende Wirkung haben könnten. Man müßte zu neuen Methoden greifen, weil die Gefahr durch die Widerstandsbewegung, die Hitler immer auf kommunistische Einflüsse zurückführte, für unsere Truppen zu groß sei. Keitel verwies in langen Ausführungen auf unsere Verluste in Frankreich, die durch die illegale Tätigkeit

---

[1] *Dokument NOKW — 567.*

der Widerstandsbewegung hervorgerufen seien. Der Führer habe gesagt, niemand könne ihm abstreiten, daß er ein Revolutionär von Format sei, deshalb wisse er auch am besten, wie man Aufstände unterdrücke. In dem Schreiben Keitels war dunkel geblieben, wer denn die nach Deutschland gebrachten mutmaßlichen Täter übernehmen sollte. Es war nach dem Gesagten nur klar, daß es dem Willen Hitlers widersprochen hätte, wenn die Kriegsgerichte sie in Deutschland abgeurteilt hätten. Auf meine Frage sagte Keitel, sie sollten der Polizei übergeben werden. Mit Polizei meinte er wahrscheinlich die Staatspolizei. Gesagt hat er nur Polizei. — Dagegen habe ich mich sofort gewandt und habe darauf verwiesen, daß wir schon nach der Landkriegsordnung verpflichtet seien, Spione vor ein Gericht zu bringen. Keitel erwähnte, daß ja auch die Polizei über Gerichte verfüge. Er dachte wohl an die ᛋᛋ- und Polizeigerichte. Weiteres über diesen Teil der Unterredung weiß ich jetzt nicht mehr. Jedenfalls haben meine Ausführungen auf Keitel einen gewissen Eindruck gemacht, denn er versprach mir, noch einmal mit Hitler über die Sache zu sprechen. Das hat er nach seiner Angabe getan. Er sagte mir später, wieviel später weiß ich nicht mehr, Hitler bleibe unbedingt bei seinem Befehl. Er habe gesagt, es gebe nun einmal Sachen, von denen er mehr verstehe als Generale und Juristen.

Soweit ich mich erinnere, ist die weitere Behandlung folgendermaßen vor sich gegangen:

Ich habe mit den Chefs der Rechtsabteilungen der drei Wehrmachtsteile über die Sache gesprochen und Canaris unterrichtet. Die Unterrichtung der Chefs der Rechtsabteilungen der Wehrmachtteile erfolgte in meinem Dienstzimmer. Ich hatte mir über die Besprechungen mit Keitel sofort nach Beendigung ganz eingehende Aufzeichnungen gemacht, die meine cbenerwähnten Referenten gelesen haben. Die Chefs der Rechtsabteilungen und Canaris teilten meine Auffassung über den Befehl Hitlers. Ich habe die Rechtsabteilungen deshalb besonders eingehend informiert, weil ich hoffte, daß einer der Oberbefehlshaber, die ja unmittelbaren Zutritt zu Hitler hatten, gegen diesen Gedanken protestieren würde. Die Oberbefehlshaber sollten von dieser Sache benachrichtigt werden durch ihre Juristen. Meines Wissen ist der von mir erhoffte Protest nicht erfolgt. Vielleicht hat das daran gelegen, daß Hitler, nach Keitels Äußerungen, schon zweimal gesagt hatte, er bleibe bei seinem Befehl. Mit den Chefs der Rechtsabteilungen wurde auch die Frage besprochen, wer die Sachen in Deutschland bearbeiten sollte. Wir hatten uns klar gemacht, daß nur die Ziviljustiz dafür in Frage komme. In diesem Punkt war aber noch ein Widerstand Keitels zu überwinden. Auch Canaris, der ja ein besonderer Gegner der Polizei war, war der Auffassung, daß die Ziviljustiz ersucht werden sollte. Er hat auch selbst in diesem Sinne mit Keitel gesprochen, aber nicht in meiner Anwesenheit.

Es folgten nun die Verhandlungen über die Ausarbeitung des Befehls. Auch daran haben wir einen möglichst großen Kreis beteiligt, nämlich die Rechtsabteilungen der Wehrmachtteile und die interessierten Stellen des OKW. Es waren nach meiner Erinnerung: Wehrmachtführungsstab, Ausland Abwehr und wahrscheinlich Wehrmacht-Propaganda. Ob das Allgemeine Wehrmachtamt beteiligt war, weiß ich nicht. In diesem Kreis fand eine große Besprechung statt, ich kann aber nicht mehr sagen, welche Personen daran teilgenommen haben. Dabei wurde die Ausarbeitung des Hitlerschen Befehls im einzelnen durchgesprochen. Ob dies die einzige Besprechung in diesem großen Kreis war oder ob in demselben Kreis noch andere Besprechungen stattgefunden haben, weiß ich nicht mehr.

Entweder vor oder nach dieser großen Besprechung, wahrscheinlich aber vorher, erfolgte meine Fühlungnahme mit dem Justizministerium. Ich hatte von Keitel die von mir erbetene Ermächtigung erhalten, beim Justizministerium anzufragen, ob es bereit sei, die Sachen zu übernehmen. Daraufhin hatte ich den Staatssekretär Freisler aufgesucht und ihm den Sachverhalt geschildert. Er teilte meine Meinung, daß man versuchen müsse, die Sachen der Justiz als solche zu erhalten. Mir war die Aussprache mit ihm sehr unbequem, weil ich ja mit meiner Bitte indirekt zugeben mußte, daß die Rechtssprechung der Kriegsgerichte vom Führer mißbilligt werde, was er natürlich auch erkannte. Er sagte schließlich zu, daß er sich die Sache überlegen und dem das Ministerium leitenden Staatssekretär Schlegelberger darüber Vortrag halten wolle. Er hat mir dann das Einverständnis Schlegelbergers erklärt, ich weiß nicht mehr, ob das schriftlich oder telefonisch geschah. Bei unseren Erörterungen über die Abgabe der Sachen hat der Gedanke eine große Rolle gespielt, daß die Abgabe vielleicht auch gute Folgen haben könne. Wenn die Verurteilungen unter Ausschluß der Öffentlichkeit ergingen, konnten sie nicht mehr bekannt gemacht werden. Damit fiel aber der sogenannte Gedanke der Abschreckung in dieser Hinsicht fort. Es könnte also mit milderen Strafen gerechnet werden, als sie im besetzten Gebiet möglich gewesen wären. Freisler hat mir übrigens auf meine Frage, ob denn die Unterbringung in den Anstalten der Ziviljustiz keine Schwierigkeiten mache, ganz besonders und ausdrücklich betont, daß in dieser Richtung keinerlei Schwierigkeiten da seien.

Keitel erklärte sich, nachdem er Bericht über dieses Ergebnis hatte, nunmehr damit einverstanden, daß die Abgabe an die Ziviljustiz vorgeschlagen werden sollte. Ich hatte dabei den Eindruck, daß Canaris sehr stark in diesem Sinne auf ihn eingewirkt hatte.

Ich kann den weiteren Gang nicht mehr im einzelnen darstellen, ich weiß nur, daß der Entwurf, der — mit Ausnahme der Übertragung an die Ziviljustiz — in den entscheidenden Punkten auf dem ersten schriftlichen Befehl Keitels beruhte, in technischer Hinsicht von den an der großen Besprechung beteiligten Stellen akzeptiert worden ist und nunmehr an Keitel weitergeleitet wurde. Einzelheiten über Daten und das zeitliche Verhältnis der Besprechungen zueinander vermag ich jetzt nicht mehr zu sagen.

Der Nacht- und Nebelbefehl wurde bei WR ins Reine geschrieben. Bevor der Nacht- und Nebelbefehl herausgegeben wurde, bestanden von Seiten des OKW gegen Saboteure und Spione meines Wissens keine besonderen Maßnahmen. Die Rechtssprechung war Sache der Wehrmachtteile, besonders die Angelegenheit der Militärbefehlshaber in den besetzten Gebieten, die die Gerichtsherren in diesen Sachen waren. Alle Fälle wurden kriegsgerichtlich behandelt, sobald die Ermittlungen der Polizei zu einem solchen Ergebnis führten und soweit die Polizei die Täter den Gerichten zur Verfügung stellte.

Diese Dokumente geben den Nacht- und Nebelbefehl wieder. Beide Dokumente wurden am 7. Dezember 1941 herausgegeben. Beide Dokumente wurden von dem erwähnten großen Kreis erörtert und der Grundgedanke der Erlasse ist dabei gebilligt worden. In der WR (Wehrmachtrechtsabteilung) haben an den Dokumenten 666 PS und 669 PS Geheim-

rat Wagner, Generalrichter Sack, Oberstrichter Huelle und der Oberfeldrichter Schoelz gearbeitet. Nachdem WR und die bei den Konferenzen beteiligten Stellen den Entwurf zu
den Dokumenten 666 PS und 669 PS aufgestellt hatten, wurde der Entwurf Keitel vorgelegt. Grundsätzliche Sachen sind von Keitel daraufhin nicht abgeändert worden.

Ich habe die obige Erklärung, bestehend aus fünf Seiten in deutscher Sprache, gelesen
und erkläre, daß dies die volle Wahrheit nach meinem besten Wissen und Glauben ist.
Ich hatte Gelegenheit, Änderungen und Berichtigungen in obiger Erklärung zu machen.
Diese Aussage habe ich freiwillig gemacht, ohne jedwedes Versprechen auf Belohnung, und
ich war keinerlei Zwang oder Drohung ausgesetzt.

Nürnberg, den 28. Dezember 1946.

gez. Dr. L e h m a n n.

Universale Bildung

... Ich habe in Adolf Hitler die gewaltige Persönlichkeit gesehen, mit einer
außerordentlichen Intelligenz und Tatkraft, mit einer geradezu universalen Bildung ...

D ö n i t z auf dem Nürnberger Prozeß am 9. Mai 1946, Nachmittagssitzung.

---

42. Nacht und Nebel[1])

I.

Der Chef des Oberkommandos
der Wehrmacht
14 n 61 WR (I 3/4)
Nr. 165/41 g

12. Dezember 1941.

G e h e i m

B e t r.: Verfolgung von Straftaten gegen das Reich oder die Besatzungsmacht in den besetzten Gebieten.

1 Anlage

Es ist der lange erwogene Wille des Führers, daß in den besetzten Gebieten bei Angriffen gegen das Reich oder die Besatzungsmacht den Tätern mit anderen Maßnahmen begegnet werden soll als bisher. Der Führer ist der Ansicht, bei solchen Taten werden Freiheitsstrafen, auch lebenslange Zuchthausstrafen, als Zeichen von Schwäche gewertet. Eine wirksame und nachhaltige Abschreckung ist nur durch Todesstrafe oder durch Maßnahmen zu erreichen, die die Angehörigen und die Bevölkerung über das Schicksal des Täters im Ungewissen halten. Diesem Zwecke dient die Überführung nach Deutschland. Die anliegenden Richtlinien für die Verfolgung von Straftaten entsprechen dieser Auffassung des Führers. Sie sind von ihm geprüft und gebilligt worden.

K e i t e l

---

[1]) *Dokument PS — 669.*

II.

Erste Verordnung

zur Durchführung der Richtlinien des Führers und Obersten Befehlshabers der Wehrmacht für die Verfolgung von Straftaten gegen das Reich oder die Besatzungsmacht in den besetzten Gebieten.

Auf Grund von Abschnitt V der Richtlinien des Führers und Obersten Befehlshabers der Wehrmacht für die Verfolgung von Straftaten gegen das Reich oder die Besatzungsmacht in den besetzten Gebieten vom 7. Dezember 1941 bestimme ich:

I.

Die Voraussetzungen des Abschnitts I der Richtlinien werden in der Regel gegeben sein bei

1. Anschlägen gegen Leib und Leben,
2. Spionage,
3. Sabotage,
4. Kommunistischen Umtrieben,
5. Straftaten, die geeignet sind, Unruhe zu stiften,
6. Feindbegünstigung, begangen durch
   a) Menschenschmuggel,
   b) den Versuch, in eine feindliche Wehrmacht einzutreten,
   c) Unterstützung von feindlichen Wehrmachtangehörigen (Fallschirmjägern usw),
7. unerlaubtem Waffenbesitz.

II.

(1) Die Straftaten des Abschnitts I der Richtlinien sind nur unter folgenden Voraussetzungen in den besetzten Gebieten abzuurteilen:

1. Es muß wahrscheinlich sein, daß gegen die Täter, mindestens aber die Haupttäter, Todesurteile ergehen.
2. Das Verfahren und die Vollstreckung der Todesurteile muß schnellstens durchgeführt werden können (grundsätzlich innerhalb einer Woche nach Festnahme des Täters).
3. Gegen die sofortige Vollstreckung der Todesstrafe dürfen besondere politische Bedenken nicht bestehen.
4. Es darf, abgesehen von Todesurteilen wegen Mordes und Freischärlerei, kein Todesurteil gegen eine Frau zu erwarten sein.

(2) Wird ein nach Abs. I ergangenes Urteil aufgehoben, so kann das Verfahren in den besetzten Gebieten weitergeführt werden, wenn die Voraussetzungen des Abs. I, Nr. 1, 3 und 4 gegeben sind.

III.

(1) Bei den Straftaten des Abschnitts I der Richtlinien prüft der Gerichtsherr im Benehmen mit den Abwehrstellen, ob die Voraussetzungen für eine Aburteilung in den besetzten Gebieten gegeben sind. Bejaht er das, so verfügt er den Zusammentritt des Feldkriegsgerichts. Verneint er es, so legt er die Akten seinem übergeordneten Befehlshaber (§ 89 Abs. 1 KStVO) vor. Dieser kann sich die Entscheidung vorbehalten.

(2) Der übergeordnete Befehlshaber entscheidet endgültig, ob die Voraussetzungen für eine Aburteilung in den besetzten Gebieten gegeben sind. Bejaht er das, so betraut er damit einen Gerichtsherrn seines Befehlsbereichs. Verneint er es, so beauftragt er die Geheime Feldpolizei, den Täter nach Deutschland zu bringen.

IV.

(1) Die Täter, die nach Deutschland gebracht werden, sind dort dem Kriegsverfahren nur unterworfen, wenn das Oberkommando der Wehrmacht oder der übergeordnete Befehlshaber bei seiner Entscheidung nach Abschnitt III erklärt, daß besondere militärische Belange die Aburteilung durch ein Wehrmachtgericht fordern. Wird eine solche Erklärung nicht abgegeben, so gilt die Anordnung, der Täter sei nach Deutschland zu bringen, als Abgabe im Sinne des § 3, Abs 2 KStVO.

(2) Macht der Übergeordnete Befehlshaber von seiner Befugnis nach Abs. 1 Gebrauch, so legt er die Akten auf dem Dienstwege dem Oberkommando der Wehrmacht vor. Die Täter sind der Geheimen Feldpolizei als „Wehrmachtgefangene" zu bezeichnen.

(3) Das Oberkommando der Wehrmacht bestimmt den Gerichtsstand für Täter, die nach Abs. 1 dem Kriegsverfahren unterworfen sind. Es kann auf die Zuständigkeit der Wehrmachtgerichte verzichten. Es kann ferner das Verfahren auf beliebige Zeit aussetzen.

V.

Die gerichtliche Verhandlung in Deutschland ist wegen Gefährdung der Staatssicherheit unter strengstem Ausschluß der Öffentlichkeit durchzuführen. Ausländische Zeugen dürfen nur mit Genehmigung des Oberkommandos der Wehrmacht vernommen werden.

VI.

Die Bestimmungen über das Wehrmachtgerichtliche Verfahren in den Erlassen des Chefs des Oberkommandos der Wehrmacht vom 13. September 1941 betreffend Lage in Norwegen (WFSt/Abt. L [IV/Qu] Nr. 002034/41 g. Kdos.) und vom 16. September 1941 betreffend kommunistische Aufstandsbewegungen in den besetzten Gebieten (WFSt/Abt. L [IV/Qu] Nr. 002060/41 g. Kdos.) werden durch die Richtlinien und diese Durchführungsverordnung ersetzt.

VII.

(1) Die Richtlinien treten drei Wochen nach ihrer Unterzeichnung in Kraft. Sie sind bis auf weiteres in allen besetzten Gebieten, mit Ausnahme von Dänemark, anzuwenden.

(2) Die Bestimmungen, die für die neubesetzten Ostgebiete ergangen sind, werden durch die Richtlinien nicht berührt.

(3) Für anhängige Verfahren gilt Abschnitt I der Richtlinien. Der Gerichtsherr und der übergeordnete Befehlshaber können bei solchen Verfahren Abschnitt III dieser Durchführungsverordnung entsprechend anwenden. Ordnet der übergeordnete Befehlshaber an, daß ein Täter nach Deutschland gebracht wird, so gilt Abschnitt IV. Bei Tätern, die vor dem Inkrafttreten der Richtlinien nach Deutschland gebracht wurden, kann das Oberkommando der Wehrmacht nach Abschnitt IV, Abs. 3, verfahren.

Der Chef des Oberkommandos der Wehrmacht

K e i t e l

Verteiler:

Auswärtiges Amt
Reichsminister und Chef der
Deutschen Polizei im Reichs-
ministerium des Innern
Oberkommando des Heeres (Chef HRüst
und Bd. E —HR) mit 7 N. A.
Oberkommando der Kriegsmarine (MR) mit 1 N. A.
Reichsminister der Luftfahrt und
Oberbefehlshaber der Luftwaffe (ZAR) mit 1 N. A.
Präsident des Reichskriegsgerichts
Wehrmachtbefehlshaber Südost mit 4 N. A.
       „   Norwegen
       „   Niederlande
       „   Ostland
       „   Ukraine
Wehrmachtbevollmächtigter beim Reichspro-
tektor in Böhmen und Mähren
Waffenstillstandskommission Wiesbaden
Oberkommando der Wehrmacht: Chef WFSt
Abt. L.   mit 8 N. A.
W. Pr.
Amt Ausl./ Abw. (ZR)
Abt. Ausl.
Abw. III
AWA

43. Ausgewählte Männer[1])

Die Waffen-SS ist in die Standarten der SS-Verfügungstruppe und die SS-Totenkopf-standarten mit den entsprechenden Sondereinheiten gegliedert, die im Frieden den Höheren SS- und Polizeiführern ihres Bereichs unmittelbar unterstehen; im Kriege werden sie nach besonderen Bestimmungen teilweise in die Wehrmacht eingegliedert.

Der Aufbau der Einheiten der Waffen-SS entspricht dem der entsprechenden Einheiten der Wehrmacht.

Die Waffen-SS besteht aus nach den Grundsätzen der SS ausgewählten Männern, die sich in der SS-Verfügungstruppe zu einer Dienstzeit von 4 Jahren, in den SS-Totenkopf-standarten zu einer solchen von 12 Jahren verpflichten. Die Führer und Unterführer sind hinsichtlich ihrer Besoldung, Versorgung usw. den entsprechenden Angehörigen der Wehr-macht gleichgestellt.

Der Dienst in der SS-Verfügungstruppe wird als Erfüllung der gesetzlichen Wehrpflicht anerkannt.

---

[1]) *„Die Deutsche Polizei" von Dr. jur. Werner Best, SS-Brigadeführer und Ministerialdirektor. 1941, L. C. Wittisch-Verlag, Darmstadt, Seiten 104/105.*

Ein Brief

. . . Da ich seit dem 13. 2. 1941 bei der Waffen-SS bin und diese Art Arbeit nicht selbst verrichten kann, andererseits diese Tätigkeit meiner Frau, die drei Kinder zu betreuen hat und nebenamtlich aktiv in der Frauenschaft tätig ist, schwer fällt, dürfte es doch selbstverständlich sein, wenn in solchem Fall ungenützte Arbeits-kräfte herangezogen werden. Daß sie aber, insbesondere wo es sich um Juden han-delt, für das Hacken dieser kleinen Menge Holz mit RM 15,70 bezahlt werden müssen bzw. überhaupt bezahlt werden müssen, war meiner Frau nicht bekannt, und sie hat sich deshalb mit Recht geweigert, diesen Betrag zu entrichten.

SS-Oberscharführer S c h w e i k e r t im Brief (Zdunska-Wola, am 16. Februar 1943) an den Oberbürgermeister von Litzmannstadt (Abt. Ghettoverwaltung). Der Brief wurde veröffentlicht im Buche: „Slowa Niewinne", Zentrale Jüdische Historische Kommission in Polen — Autor N. Blumental — 1947, Seiten 57/58.

46. Annahme und Laufbahnbestimmungen
für die Dauer des Krieges[1])

Die Waffen-ᛋᛋ ist der unter Waffen stehende Teil der Schutzstaffel, der jetzt im Kriege Seite an Seite mit den Heeresverbänden in vorderster Front eingesetzt ist. Zu ihren Divisionen gehört auch die Leibstandarte-ᛋᛋ „Adolf Hitler". Der Dienst in der Waffen-ᛋᛋ ist Wehrdienst, der in folgenden Truppengattungen abgeleistet werden kann:

Infanterie, Kavallerie, Artillerie, Panzer, Panzerjäger, Pioniere, Kradschützen, Flak, Gebirgs-, Nachrichten-, Sanitätstruppen usw.

In die Waffen-ᛋᛋ eintreten kann jeder gesunde deutschblütige Mann vom vollendeten 17. bis zum vollendeten 45. Lebensjahr, der den Auslesebestimmungen der ᛋᛋ entspricht, einwandfreien Charakter besitzt und die nationalsozialistische Weltanschauung bedingungslos bejaht.

Der Bewerber muß eine Mindestgröße von 1,70 m aufweisen (bis zum 20. Lebensjahr 1,68 m), Leibstandarte-ᛋᛋ „Adolf Hitler" Mindestmaß 1,78 m. Der Bewerber darf nicht für die Wehrmacht ausgehoben oder angenommen sein, in der Wehrmacht gedient haben (Ausnahmen OKW zulässig) und der fliegerischen oder seemännischen Bevölkerung angehören. Von der Wehrmacht Gemusterte können sich melden. Eingestellt werden Kriegsfreiwillige, längerdienende Freiwillige (4½, 12 Jahre) und Führerbewerber.

Führerlaufbahn

Aktive Führerlaufbahn wie Führerlaufbahn des Beurlaubtenstandes ohne Rücksicht auf Schulbildung.

Entscheidend: Charakter als deutscher Mann, Bewährung als Nationalsozialist und ᛋᛋ-Mann und Leistung als Soldat und Führer.

Bevorzugt: Führer der Allgemeinen ᛋᛋ, HJ-Führer (vom Stammführer einschl. an aufwärts), Politische Leiter (Hoheitsträger der Partei), Abiturienten, Absolventen der Nationalpolitischen Erziehungsanstalten, Führer des Reichsarbeitsdienstes (vom Feldmeister einschl. an aufwärts) und Führer der übrigen Parteigliederungen. Die Führereigenschaft ist unter Beweis zu stellen.

---

[1]) *„ᛋᛋ, der Soldatenfreund". Taschenjahrbuch für die Wehrmacht mit Kalendarium für 1943, Ausgabe D: Waffen-ᛋᛋ. Zusammengestellt: Der Reichsführer-ᛋᛋ — ᛋᛋ-Hauptamt mit Beiträgen der Ausgabe A: Heer, B: Kriegsmarine, C: Luftwaffe, 23. Jahrgang. Abgeschlossen mit dem 1. August 1942, Adolf Sponholtz, Verlag, Hannover, Seiten 42—43.*

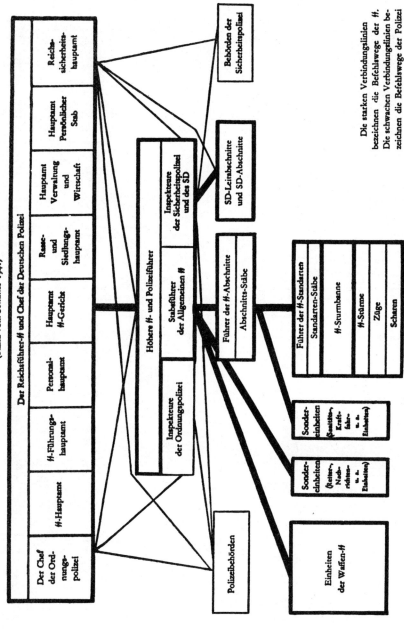

Der Aufbau der ♯♯
(Stand vom Sommer 1941)

Der Reichsführer-♯♯ und Chef der Deutschen Polizei

Der Chef der Ordnungspolizei	♯♯-Hauptamt	♯♯-Führungshauptamt	Personalhauptamt	Hauptamt ♯♯-Gericht	Rasse- und Siedlungshauptamt	Hauptamt Verwaltung und Wirtschaft	Hauptamt Persönlicher Stab	Reichssicherheitshauptamt

Behörden der Sicherheitspolizei

Höhere ♯♯- und Polizeiführer

Inspekteure der Ordnungspolizei	Stabsführer der Allgemeinen ♯♯	Inspekteure der Sicherheitspolizei und des SD

SD-Leitabschnitte und SD-Abschnitte

Führer der ♯♯-Abschnitte	Abschnitt-Stäbe

Führer der ♯♯-Standarten	Standarten-Stäbe
♯♯-Sturmbanne	
♯♯-Stürme	
Züge	
Scharen	

Sondereinheiten (Sanitäts-, Kraftfahr- u. a. Einheiten)

Sondereinheiten (Reiter-, Nachrichten- u. a. Einheiten)

Polizeibehörden

Einheiten der Waffen-♯♯

Die starken Verbindungslinien bezeichnen die Befehlswege der ♯♯. Die schwachen Verbindungslinien bezeichnen die Befehlswege der Polizei

44. Aus: „Die Deutsche Polizei" von Dr. jur. Werner Best, SS-Brigadeführer, Ministerialdirektor, L. C. Wittich-Verlag 1941, Darmstadt, Seite 13 (Anhang)

501

Uk-Karte - C

I	II	III	IV	V	VI		VII	VIII	IX	X	XI	XII

Uk-Karte — Uk-Stellung wird beantragt

10. Wehrnummer o9/435/27/1 Bernburg b oder c

von .... (Beschäftigungs-Stelle)

für .... (Betrieb)

als ....

11. Zuständ. Wehrbez. Kdo. **Litzmannstadt**

Aktive Dienstpflicht erfüllt oder kurzfristige Ausbildung abgeleistet

12. von .... 19... bis .... 19...

1. Familienname **Luchterhand**

2. Vornamen (Rufname unterstreichen) **Otto**

bei .... (Truppenteil usw.)

3. Geburtsdatum **4.** **8.** **09** **b** Kreis
   Tag Monat Jahr

4. Geburtsort **Hamm/Westf.** Reg. Bezirk **a**

13. Wehrdienstverhältnis **Res. II. kv.**

14. Wehrmachtteil .... Waffengattung ....
    Letzter Dienstgrad ....

5. Wohnung **Litzmannstadt**
   Schlageterstr. 114/1 (Ort)
   (Straße) (Hausnummer)

15. Einberufen am .... zu ....
    Jetzige Anschrift (Feldp. Nr.)

6. Familienstand **verh.** Berufsgruppe **25 A 1**
   Zahl der Kinder **1** Berufsart

7. Arbeitsbuchnummer

8. Erlernter Beruf

9. Genaue Angaben über Art der Beschäftigung im Betrieb usw. **Leiter des Zentralbüros**

16. Begründung **L. ist Leiter des Zentralbüros und als solcher unentbehrlich. Er bearbeitet als Einziger ausser dem Amtsleiter Geheimsachen und hat die Organisation der Verwaltung durchzuführen. Um seine Uk.-Stellung wird gebeten.**

30. Juni 1942 .... (Unterschrift)

Unrichtige Angaben werden gemäß Kriegssonderstrafrechtsverordnung vom 17.8.1938 streng bestraft

45a. Die Verwaltung des Ghettos Litzmannstadt ist angenehmer als der Fronteinsatz...

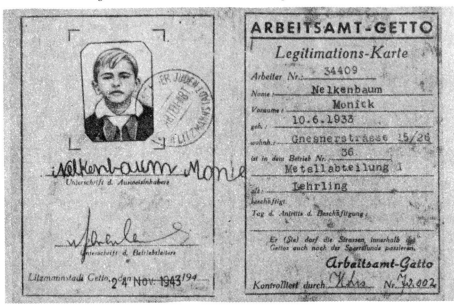

45b. Arbeitsamtkarte für ein 10jähriges Kind

47. Die intensive nationalsozialistische Schulung
der Waffen-//[1])

Mit der Anordnung A 7/40 hat die Partei-Kanzlei die Unterstützung der Schutzstaffel bei der Ergänzung der Waffen-// aus den Reihen der Bewegung angeordnet. Wie der Partei-Kanzlei berichtet ist, besteht über die Gründe einer Verstärkung der Waffen-// vielfach Unklarheit.

Zur Unterrichtung teile ich deshalb mit, daß ein Teil der Waffen-// in den besetzten Ostgebieten verbleiben muß bzw. neu dort eingesetzt werden soll, selbstverständlich im Austausch mit im Westen eingesetzten Formationen. Die aus Nationalsozialisten bestehenden Einheiten der Waffen-// sind infolge ihrer intensiven nationalsozialistischen Schulung über Fragen der Rasse und des Volkstums für die besonderen, in den besetzten Ostgebieten zu lösenden Aufgaben geeigneter als andere bewaffnete Verbände. Darüber hinaus erfordern die der Waffen-// gestellten militärischen Aufgaben im Westen eine fortlaufende Ergänzung der vorhandenen //-Verbände.

---

[1]) „Verfügungen/Anordnungen/Bekanntgaben." III. Band. Herausgegeben von der Partei-Kanzlei, Verlag Franz Eher Nachf. München (Seite 354).

Einmalig in der Welt

Das Ghetto in Litzmannstadt ist hinsichtlich seiner Einrichtung und seiner Organisation in der Welt einmalig.

Kriminaldirektor Dr. Z i r p i n s in „Kriminalistik", Heft 9, Berlin, September 1941, Seite 27.

---

48. Waffen-ϟϟ: Staatspolizei des nationalsozialistischen Staates[1])

I.

Es sind Zweifel entstanden ...

G e h e i m

Oberkommando des Heeres   H.Qu. OKH., den 21. 3. 41
Gen.St. d. H/Wes Abt
Nr. 137/3. 41 g (I)
B e t r.:   Äußerungen des Führers über die künftige Staatstruppenpolizei.
B e z u g : Oberkommando des Heeres.Gen.St.d.H./H.Bes.Abt.
               Nr. 24/9. 40 g. v. 11. 9. 40.

Es sind Zweifel entstanden, ob bei der seinerzeitigen Übermittlung der Gedanken des
Führers über die Waffen-ϟϟ die Absicht einer weitergehenden Bekanntgabe bestanden hat.
Der Chef des Oberkommandos der Wehrmacht hat hierzu festgestellt, daß die weiteste
Verbreitung der Gedanken des Führers nur erwünscht sein kann.

Die o. a. Verfügung ist seinerzeit nur bis zu den Herren Kommandierenden Generalen
verbreitet worden. Die Gedanken des Führers über die Waffen-ϟϟ werden deshalb anliegend nochmals bekannt gegeben.

                                         I. A.
                                         gez. Unterschrift
                                         Oberstleutnant i. G.

A n l a g e : 1 Blatt

II.

Betrifft: Waffen-ϟϟ

G e h e i m !

B e t r.: Waffen-ϟϟ

Der Führer äußerte am 6. 8. 1940 gelegentlich des Befehls zur Gliederung der Leib-
standarte Adolf Hitler die in folgendem zusammengefaßten Grundsätze zur Notwendigkeit
der Waffen-ϟϟ.

---

[1]) *Dokument D — 665.*

Das Großdeutsche Reich in seiner endgültigen Gestalt wird mit seinen Grenzen nicht ausschließlich Volkskörper umspannen, die von vornherein dem Reich wohlwollend gegenüberstehen.

Über den Kern des Reiches hinaus ist es daher notwendig, eine S t a a t s truppen-Polizei zu unterhalten, die in jeder Situation befähigt ist, die Autorität des Reiches im Innern zu vertreten und durchzusetzen.

Diese Aufgabe kann nur eine Staatspolizei erfüllen, die in ihren Reihen Männer besten deutschen Blutes hat und sich ohne jeden Vorbehalt mit der das Großdeutsche Reich tragenden Weltanschauung identifiziert. Ein so zusammengesetzter Verband allein wird auch in kritischen Zeiten zersetzenden Einflüssen widerstehen. Ein solcher Verband wird im Stolz auf seine Sauberkeit niemals mit dem Proletariat und der die tragende Idee unterhöhlenden Unterwelt fraternisieren.

In unserem zukünftigen Großdeutschen Reich wird aber auch eine Polizeitruppe nur dann den anderen Volksgenossen gegenüber die notwendige Autorität besitzen, wenn sie soldatisch ausgerichtet ist.

Unser Volk ist durch die ruhmvollen Ereignisse kriegerischer Art und die Erziehung durch die nationalsozialistische Partei derart soldatisch eingestellt, daß eine „strumpf-strickende Polizei" (1848) oder eine „verbeamtete Polizei" (1918) sich nicht mehr durchsetzen kann. Daher ist es notwendig, daß sich diese „Staatspolizei" in geschlossenen Verbänden an der Front ebenso bewährt und ebenso Blutopfer bringt wie jeder Verband der Wehrmacht.

In den Reihen des Heeres nach Bewährung im Felde in die Heimat zurückgekehrt, werden die Verbände der Waffen-ʃʃ die Autorität besitzen, ihre Aufgaben als „Staatspolizei" durchzuführen.

Diese Verwendung der Waffen-ʃʃ im Innern liegt ebenso im Interesse der Wehrmacht selbst. Es darf niemals mehr in der Zukunft geduldet werden, daß die deutsche Wehrmacht der allgemeinen Dienstpflicht bei kritischen Lagen im Innern gegen eigene Volksgenossen mit der Waffe angesetzt wird. Ein solcher Schritt ist der Anfang vom Ende. Ein Staat, der zu diesen Mitteln greifen muß, ist nicht mehr in der Lage, seine Wehrmacht gegen den äußeren Feind anzusetzen und gibt sich damit selbst auf. Unsere Geschichte hat dafür traurige Beispiele. Die Wehrmacht ist für alle Zukunft einzig und allein zum Einsatz gegen die äußeren Feinde des Reiches bestimmt.

Um sicherzustellen, daß die Qualität der Menschen in den Verbänden der Waffen-ʃʃ stets hochwertig bleibt, muß die Aufstellung der Verbände begrenzt bleiben.

Der Führer sieht diese Begrenzung darin, daß die Verbände der Waffen-ʃʃ im allgemeinen die Stärke von 5—10 %/o der Friedensstärke des Heeres nicht überschreiten.

49. Die Waffen-ᛋᛋ bildet eine dem Führer besonders verpflichtete Gemeinschaft[1])

... Wenn du dem Rufe der Waffen-ᛋᛋ folgst und dich als Freiwilliger einreihst in die große Front der ᛋᛋ-Divisionen, so wirst du einer Truppe angehören, die von allem Anfang an ausgerichtet ist auf besondere Leistungen, die dafür auch eine K a m e r a d schaft von besonderer Tiefe entwickelt. Du wirst Waffenträger in einer Truppe sein, die die wertvollsten Kräfte der jungen deutschen Generation umfaßt. Darüber hinaus bist du mit der nationalsozialistischen Weltanschauung besonders verbunden. Deine Kameraden kommen aus allen deutschen Gauen und den volksdeutschen Gebieten. In ihrer weltanschaulichen Ausweitung umfaßt die Waffen-ᛋᛋ auch die Freiwilligen der germanischen Länder. Diese Wehrgemeinschaft mit den ᛋᛋ-Kameraden aus Norwegen, Dänemark, den Niederlanden und Flandern und den Freiwilligen aus Finnland ist ein großer Beitrag für die Verwirklichung jener neuen Schicksalsgemeinschaft in Europa, zu deren Vorkämpferin, Trägerin und Kerntruppe sich die ᛋᛋ gemacht hat.

Die Jugend des nationalsozialistischen Reiches weiß, daß sie sich selbst bemühen muß, um ihren Wehrdienst in der Waffen-ᛋᛋ ableisten zu können. D a ß s i c h s o v i e l e j u n g e D e u t s c h e z u r W a f f e n - ᛋᛋ m e l d e n , i s t e i n s p r e c h e n d e s Z e u g n i s f ü r d a s V e r t r a u e n , d a s v o n d e r h e u t i g e n j u n g e n G e n e r a t i o n g e r a d e d e r W a f f e n - ᛋᛋ , i h r e m G e i s t u n d v o r a l l e m i h r e r F ü h - r u n g e n t g e g e n g e b r a c h t w i r d . E s i s t a b e r a u c h e i n s t o l z e r B e - w e i s f ü r d i e w e l t a n s c h a u l i c h s i c h e r e H a l t u n g d i e s e r d e u t - s c h e n J u g e n d , d a ß s i e d e n S i n n d e s K a m p f e s d e r ᛋᛋ v e r s t a n d e n h a t u n d g e n a u w e i ß , w a r u m d i e W a f f e n - ᛋᛋ e i n e d e m F ü h r e r b e - s o n d e r s v e r p f l i c h t e t e G e m e i n s c h a f t b i l d e t . S o w i r d a u c h a u f d e i n e m K o p p e l s c h l o ß d e r W a h l s p r u c h s t e h e n , d e n d e r F ü h r e r s e l b s t a m 1 . A p r i l 1 9 3 1 s e i n e r ᛋᛋ v e r l i e h e n h a t :

M e i n e E h r e h e i ß t T r e u e !

---

[1]) Aus „Dich ruft die ᛋᛋ“, ᛋᛋ-Hauptamt, Berlin-Wilmersdorf, Hohenzollerndamm 31 (April 1942).

506

50. Waffen-SS in Konzentrationslagern

I.

In Sachsenhausen[1])

Eidesstattliche Aussage des Kaindl, Anton, geboren
14. Juli 1902 in München.

1. Ich war Kommandant des Konzentrationslagers S a c h s e n h a u s e n vom 22. August 1942 bis Ende April/Anfang Mai 1945.
2. Zu Beginn meines Dienstantrittes bestand die Wachmannschaft und der Kommandanturstab aus Waffen-SS, alles in allem 1980 Mann.
3. Die Zahl stieg auf 3000 Mann Wachpersonal und 210 Mann Kommandanturstab zu Beginn des Jahres 1945 und behielt diese Stärke bis zum Ende des Krieges.
4. Während meiner Dienstzeit sind ungefähr 1500 Mann versetzt und durch anderes Personal ersetzt worden, so daß seit meinem Dienstantritt bis zum Ende des Krieges ungefähr 4700 Mann Waffen-SS zur einen oder anderen Zeit in Sachsenhausen Dienst getan haben.
5. Es bestand keinerlei Unterschied hinsichtlich der Verwendung der Mannschaften. Die Wachmannschaft bildete den Stamm, aus dem der Stab ergänzt und ersetzt wurde, andererseits wurden aber auch Mannschaften vom Stab zur Wachmannschaft versetzt.

Anton K a i n d l

II.

In Ravensbrück[2])

Eidesstattliche Aussage des Suhren, Fritz, geb. am 10. 6. 1908
in Varen.

1. Ich war Kommandant des KZ Ravensbrück vom November 1942 bis Anfang Mai 1945.
2. Zur Zeit meines Dienstantritts waren ungefähr 250 Mann Waffen-SS als Wachbataillon und 85—90 Mann Waffen-SS als Kommandanturstab im Lager; Ende April 1945 waren die entsprechenden Ziffern 550 Mann und 90 Mann.

---

[1]) *Dokument D — 745 b.*
[2]) *Dokument D — 746 b.*

3. Ungefähr die Hälfte dieses Personals ist im Laufe der Zeit durch ältere Jahrgänge, Landesschützen, Luftwaffe und Volksdeutsche, die in die Waffen-SS übernommen wurden, ersetzt worden. Während meiner Dienstzeit haben dementsprechend ungefähr 950 Mann Waffen-SS zu der einen oder anderen Zeit in R a v e n s b r ü c k und AußenKdos gedient.

4. Hinsichtlich der SS-Helferinnen (Waffen-SS), die als Aufseherinnen verwandt wurden, ist zu bemerken, daß Ravensbrück als Ausbildungslager diente, so daß die große Mehrzahl nach einer kurzen Zeit versetzt wurde. Dementsprechend haben ungefähr 3500 SS-Helferinnen während meiner Dienstzeit für eine kürzere oder längere Zeit in Ravensbrück und AußenKdos gedient.

5. Der Lagerstab wurde soweit als möglich nicht ausgewechselt. Personal wurde ergänzt, im Falle von Versetzungen zur fechtenden Truppe, und gelegentlich fanden auch Versetzungen zur Wache statt.

Fritz S u h r e n

III.

In Neuengamme[1])

E i d e s s t a t t l i c h e   A u s s a g e

des

P a u l y , M a x

geboren am 1. 6. 1907 in Wesselburen

1. Zur Zeit meines Dienstantrittes als Kommandant des Konzentrationslagers Neuengamme im November 1942 bestand die gesamte Mannschaft aus Waffen-SS. Später, im Sommer 1944, kamen einzelne Mannschaften oder auch kleinere Einheiten des Heeres und der Luftwaffe, die von der Waffen-SS übernommen wurden. Sie erhielten neue Soldbücher der Waffen-SS und wurden eingekleidet. Im Sommer 1944 erhielt das Lager noch SS-Helferinnen und Aufseherinnen, die nicht der SS angehörten.

2. In Fällen, wo Häftlinge für die Kriegsmarine arbeiteten, wurden die Wachmannschaften von der Kriegsmarine gestellt, wo Häftlinge Aufräumungsarbeiten in der Stadt Hamburg leisteten, wurden die Wachmannschaften von der Polizei gestellt. Gleichfalls stellte die Luftwaffe Mannschaften in den Außenkommandos Porta, Helmstedt und Hannover, wo Arbeiten unter der SS-Sonderinspektion I ausgeführt wurden.

3. Im November 1942 war die Gesamtstärke der SS in Neuengamme ungefähr 500—600 Mann. Im Sommer 1944 war die Zahl auf ungefähr 2500 angewachsen und zur Zeit der Kapitulation dürfte die Zahl der im Lager und den Außenkommandos verwandten SS-Truppen ungefähr 2500—3000 gewesen sein.

---

[1]) *Dokument D — 747.*

Als Friseure

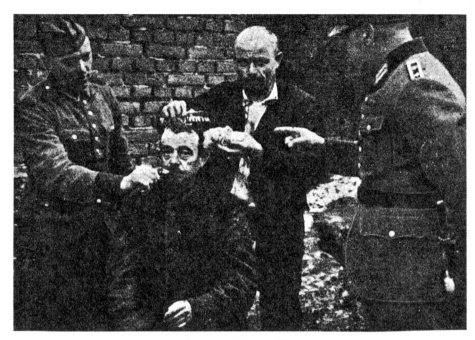

In einer Friseurrolle

Und nochmals beim Friseurhandwerk

4. Die Ersatzmannschaften von Neuengamme kamen von jeder Einheit der Waffen-SS. Von 1944 bestand ein großer Teil aus Volksdeutschen aus der Slowakei, dem Banat, Danzig-Westpreußen etc. Die Mannschaften wurden von sämtlichen Ausbildungs- und Ersatzbataillonen der Waffen-SS gesandt, irgendwelche bestimmte Einzelheiten zu nennen, ist daher unmöglich.

5. Mit Rücksicht auf die steigenden Ansprüche der kämpfenden Verbände der Waffen-SS fand ein Wechsel der Mannschaften statt. Die Jüngeren wurden durch ältere Jahrgänge ersetzt. Dieser Wechsel erfaßte ungefähr 500—1000 Mann. Während meiner Dienstzeit vom November 1942 bis April 1945 haben daher ungefähr 4000 SS-Mannschaften zu der einen oder anderen Zeit Dienst in Neuengamme und den Außenkommandos getan.

6. Es bestand keinerlei Unterschied in der Verwendung der Mannschaften, sei es innerhalb des Lagers oder als Wachmannschaft. Ein Mann konnte jederzeit vom Wachbataillon zum Lagerstab versetzt werden und umgekehrt, was dauernd geschah.

Max P a u l y

IV.

Allgemeiner Überblick[1])

Eidesstattliche Aussage des H a r b a u m , August, geboren am
23. 3. 1913 zu Gütersloh

1. Ich war Leiter der Hauptabteilung A/V 4 des WVHA, erst als Hauptsturmführer und dann als Sturmbannführer der Waffen-SS. Meine Abteilung befaßte sich mit Versetzungen, Beförderungen etc. der Waffen-SS-Mannschaften und Unterführer (Sturmscharführer) —, die in Konzentrationslagern Dienst taten.

2. Ich trat meinen Dienst an im März 1942 und verblieb auf dieser Stelle bis Mitte April 1945.

3. Im März 1942 waren ungefähr 15 000 Mann Waffen-SS in den Konzentrationslagern als Wachmannschaften und Lagerstab verwandt.

4. Im April 1945 versahen ungefähr 30 000 bis 35 000 Mann der Waffen-SS Dienst in den Konzentrationslagern. Diese Zahl schließt Personal ein, das von den Landesschützen und der Luftwaffe in die Waffen-SS seit 1944 versetzt worden ist.

5. Mit Rücksicht auf Versetzungen zur Front und anderweitige Versetzungen möchte ich annehmen, daß ungefähr 10 000 Mann Waffen-SS ersetzt worden sind, und dementsprechend in der Zeit vom März 1942 bis April 1945 ungefähr 45 000 Mann Waffen-SS zur einen oder anderen Zeit in den Konzentrationslagern gedient haben.

A. H a r b a u m

---

[1]) *Dokument D — 750.*

51. Die logische Folgerung einer Weltanschauung[1])

Dr. Thoma[2]):	Glauben Sie, daß die Rede Himmlers, in der er verlangte, daß dreißig Millionen Slawen ausgerottet würden, seine Anschauung war, oder war das nach Ihrer Meinung, oder hat diese Ansicht nach Ihrer Meinung der nationalsozialistischen Weltanschauung entsprochen?
von dem Bach-Zelewski[3]):	Ich bin heute der Ansicht, daß das die logische Folgerung unserer Weltanschauung war.
Dr. Thoma:	Heute?
von dem Bach-Zelewski:	Heute.
Dr. Thoma:	Was hatten Sie damals für eine Ansicht?
von dem Bach-Zelewski:	Es ist schwer für einen Deutschen, sich zu dieser Überzeugung durchzuringen. Ich habe lange dazu gebraucht.
Dr. Thoma:	Wie kommt es, Herr Zeuge, daß vor einigen Tagen hier ein Zeuge aufgetreten ist, und zwar der Zeuge Ohlendorf, der zugegeben hat, daß er im Wege der Einsatzgruppen 90 000 Mann getötet hat, und daß er in diesem Gerichtssaal sagte, das entsprach nicht der nationalsozialistischen Ideologie?
von dem Bach-Zelewski:	Da bin ich anderer Ansicht. Wenn man jahrelang predigt, jahrzehntelang predigt, daß die slawische Rasse eine Unterrasse ist, daß die Juden überhaupt keine Menschen sind, dann muß es zu einer solchen Explosion kommen.
Dr. Thoma:	Trotzdem bleibt bestehen, daß Sie neben einer Weltauffassung, die Sie damals hatten, auch noch ein Gewissen hatten?
von dem Bach-Zelewski:	Heute auch, deswegen stehe ich hier.

---

[1]) *Verhör in Nürnberg am 7. Januar 1946 (Nachmittagssitzung).*
[2]) *Dr. Alfred Thoma: A. Rosenbergs Verteidiger*
[3]) *General der Waffen-ᛋᛋ Erich von dem Bach-Zelewski.*

512

52. Das Urteil gegen den Oberleutnant ist vollstreckt worden[1])

. . . Im Frühjahr 1944 hatte eine Flakbatterie nach Budapest verlegt und war dort in freigemachte Judenwohnung gezogen. Es kam auf Veranlassung des Battr.-Führers, eines jungen Oberleutnants, zu mehreren unberechtigten Beschlagnahmungen von Pretiosen und Radioapparaten. Eine Jüdin, die Anzeige erstatten wollte, wurde getötet. Der Oberleutnant wurde wegen dieser Tat zum Tode verurteilt, mehrere Unteroffiziere und Mannschaftsdienstgrade zu langjährigen Zuchthausstrafen. Das Urteil durch Erschießen gegen den Oberleutnant ist vollstreckt worden.

[1]) *Dokument OKW — 501. Eidesstattliche Erklärung vom 18. Juni 1946 des Generaloberst Otto Dessloch.*

Ricarda Huch:
Daß ein Deutscher deutsch empfindet, möchte ich fast als selbstverständlich halten; was die jetzige Regierung als nationale Gesinnung vorschreibt, ist nicht mein Deutschtum.

Ricarda H u c h in ihrem Brief vom 9. April 1933 an den Präsidenten der Preußischen Akademie der Künste, Max von Schillings, veröffentlicht in „Die Wandlung", Heft 2, 1949, Seite 170.

53. Generalmajor der Waffen-// Rode:
Ein energischer Protest aller Feldmarschälle . . .[1])

Soweit mir bekannt ist, waren die SD-Einsatzgruppen bei den einzelnen Heeresgruppen diesen v o l l u n t e r s t e l l t , d. h. taktisch sowohl auch in jeder anderen Weise. Den Oberbefehlshabern waren deshalb die Aufgaben und Arbeitsmethoden dieser Einheiten völlig bekannt. Sie haben die Aufgaben und Arbeitsmethoden gebilligt, da sie ja anscheinend niemals dagegen Front gemacht haben. Daß also dem SD übergebene Gefangene wie Juden, Agenten, Kommissare genauso dem grausamen Tode geweiht waren wie Opfer sogenannter „Säuberungsaktionen", ist ein Beweis dafür, daß die Exekutionen ihr Einverständnis gehabt hatten, außerdem war ja auch dies im Sinne der politischen und militärischen höchsten Führung. Über diese Methoden, die von der Masse der // und Polizeioffiziere genauso abgelehnt wurden wie wohl von der Masse der Heeresoffiziere, ist bei Besprechungen im OKW und OKH natürlich des öfteren die Rede in meinem Beisein gewesen. Ich habe bei solchen Gelegenheiten immer darauf hingewiesen, daß es ja in der Befehlsgewalt der Oberbefehlshaber der Heeresgruppen gelegen hätte, dagegen sich aufzulehnen. Ich bin der festen Überzeugung, daß ein energischer einheitlicher Protest aller Feldmarschälle eine Änderung der Aufgaben und Methoden mit sich gebracht hätte. Die Ansicht, daß noch rigorosere Oberbefehlshaber ihnen bei ihrer Abberufung dann gefolgt wären, ist meines Erachtens, falls dies geltend gemacht werden sollte, eine törichte, sogar feige Ausrede.

Ernst R o d e

---

[1]) *Dokument PS — 3716. Eidliche Aussage des Generalmajors der Waffen-//, Ernst Rode, Chef des Kommandostabes der Reichsführung //.*

Auflehnung?

Wir wissen, daß nur ein im Nationalsozialismus erzogenes Heer die Belastungsproben bestehen wird, die uns heute noch vom Siege trennen.

Aus der Proklamation der an der Front eingesetzten Generalfeldmarschälle des Heeres an den Führer in „Front und Heimat" — Die Deutsche Soldatenzeitung — Ausgabe N. Nr. 49, Oktober 1944, Seite 2.

54. Das Goldene Parteiabzeichen

I.

Höchste Offiziere nehmen an[1])

„Mit Rücksicht darauf, daß demnächst die Mitgliedersperre für die Partei aufgehoben werden soll, vollzog der Führer als erste Maßnahme in dieser Hinsicht persönlich den Eintritt der Kabinettsmitglieder in die Partei, die ihr bisher noch nicht angehörten, und überreichte ihnen gleichzeitig das Goldene Parteiabzeichen, das höchste Ehrenzeichen der Partei.

Ferner verlieh der Führer das Goldene Parteiabzeichen dem Generaloberst Freiherrn von Fritsch, dem Generaladmiral Dr. h. c. Raeder, dem preußischen Finanzminister Professor Popitz und dem Staatssekretär und Chef der Präsidialkanzlei, Dr. Meissner. Ebenfalls zeichnete der Führer mit dem Goldenen Parteiabzeichen die Parteigenossen Staatssekretär Dr. Lammers, Staatssekretär Funk, Staatssekretär Körner und Staatssekretär General der Flieger Milch aus."

II.

Baron von Eltz lehnt es ab[2])

Berlin W 8, 30. Januar 1937!
Wilhelmstraße 79
Mein Führer!

Ich danke Ihnen für das Vertrauen, das Sie mir während der vier Jahre Ihrer Führerschaft geschenkt haben und für das ehrenvolle Anerbieten, mich in die Partei aufzunehmen. Mein Gewissen verbietet mir aber, dieses Anerbieten anzunehmen. Ich stehe auf dem Boden des positiven Christentums und habe meinem Herrgott und mir selbst die Treue zu halten. Die Zugehörigkeit zur Partei würde aber bedeuten, daß ich den sich ständig verschärfenden Angriffen von Parteistellen gegen die christlichen Konfessionen und diejenigen, die ihren religiösen Überzeugungen treu bleiben wollen, widerspruchslos gegenüberstehe.

Mein Entschluß ist mir unendlich schwer gefallen. Denn ich habe niemals in meinem Leben mit größerer Freude und Genugtuung meinen Dienst getan als unter Ihrer weisen Staatsführung. Ich bitte um meine Entlassung.

Mit deutschem Gruß!

Ihr sehr ergebener
Frh. v. Eltz

---

[1]) „Völkischer Beobachter" (Süddeutsche Ausgabe), 1. Februar 1939.
[2]) Dokument PS — 1534. Baron von Eltz war Post- und Verkehrsminister.

55. Hohe Offiziere protestieren gegen Verbrechen[1])

I.

Der Oberbefehlshaber Ost[2])   H.Qu. Spala, den 6. 2. 1940

Vortragsnotiz
für
Vortrag Oberost beim Oberbefehlshaber des Heeres am 15. 2. in Spala

1. Stimmung der Truppe
2. Geistige Betreuung
3. Gesundheitszustand der Truppe
4. Versorgungslage
5. Pferdezustand
6. Bergung der Beute
7. Wirtschaftliche Lage
8. Militärpolitische Lage
9. Richtlinien für den Einsatz der Truppe bei Aufständen und Feindseligkeiten im Gebiet Oberost
10. Aufstellung von Forstschutz, Werkschutz usw.

....
....

II.

Militärpolitische Lage

Im Industriegebiet Kamienna ist zum ersten Male das Bestehen einer weitverzweigten Aufstands- und Sabotageorganisation festgestellt. Hauptträger der Organisation sind Angehörige des ehemaligen polnischen Heeres. Das bei zahlreichen Verhafteten vorgefundene

---

[1]) *Dokumente CXXXVI — 15.*
[2]) *Generaloberst Johannes Blaskowitz.*

516

Material wird zur Zeit noch gesichtet. Die Staatspolizei sieht zunächst von weiteren Verhaftungen ab, um die spätere Zerstörung der Gesamtorganisation nicht zu gefährden.

Die sich hiermit aufzeigende Gefahr zwingt, zur Frage der Behandlung des polnischen Volkes allgemein Stellung zu nehmen.

Es ist abwegig, einige 10 000 Juden und Polen, so wie es augenblicklich geschieht, abzuschlachten; denn damit werden angesichts der Masse der Bevölkerung weder die polnische Staatsidee totgeschlagen noch die Juden beseitigt. Im Gegenteil, die Art und Weise des Abschlachtens bringt größeren Schaden mit sich, kompliziert die Probleme und macht sie viel gefährlicher, als sie bei überlegtem und zielbewußtem Handeln gewesen wären. Die Auswirkungen sind:

a) Der feindlichen Propaganda wird ein Material geliefert, wie es wirksamer in der ganzen Welt nicht gedacht werden kann. Was die Auslandssender bisher gebracht haben, ist nur ein winziger Bruchteil von dem, was in Wirklichkeit geschehen ist. Es muß damit gerechnet werden, daß das Geschrei des Auslandes stetig zunimmt und größten politischen Schaden verursacht, zumal die Scheußlichkeiten tatsächlich geschehen sind und durch nichts widerlegt werden können.

b) Die sich in aller Öffentlichkeit abspielenden Gewaltakte gegen Juden erregen bei den religiösen Polen nicht nur tiefsten Abscheu, sondern ebenso großes Mitleid mit der jüdischen Bevölkerung, der der Pole bisher mehr oder weniger f e i n d l i c h gegenüberstand. In kürzester Zeit wird es dahin kommen, daß unsere Erzfeinde im Ostraum — der Pole und der Jude, dazu noch besonders unterstützt von der katholischen Kirche — sich in ihrem Haß gegen ihre Peiniger auf der ganzen Linie gegen Deutschland zusammenfinden werden.

c) Auf die Rolle der Wehrmacht, die gezwungen ist, diesen Verbrechen tatenlos zuzuschauen, und deren Ansehen besonders bei der polnischen Bevölkerung eine nicht wieder gutzumachende Einbuße erleidet, braucht nicht noch mal hingewiesen zu werden.

d) Der schlimmste Schaden jedoch, der dem deutschen Volkskörper aus den augenblicklichen Zuständen erwachsen wird, ist die maßlose Verrohung und sittliche Verkommenheit, die sich in kürzester Zeit unter wertvollem deutschen Menschenmaterial wie eine Seuche ausbreiten wird.

Wenn hohe Amtspersonen der ∯ und Polizei Gewalttaten und Brutalität verlangen und sie in der Öffentlichkeit belobigen, dann regiert in kürzester Zeit nur noch der Gewalttätige. Überraschend schnell finden sich Gleichgesinnte und charakterlich Angekränkelte zusammen, um, wie es in Polen der Fall ist, ihre tierischen und pathologischen Instinkte auszutoben. Es besteht kaum noch die Möglichkeit, sie im Zaum zu halten; denn sie müssen sich mit Recht von Amts wegen autorisiert und zu jeder Grausamkeit berechtigt fühlen.

Die einzige Möglichkeit, sich dieser Seuche zu erwehren, besteht darin, die Schuldigen und ihren Anhang schleunigst der militärischen Führung und Gerichtsbarkeit zu unterstellen.

III.

Der Oberbefehlshaber im Grenzabschnitt Süd, General der Infanterie Ulex, äußert sich am 2. Februar 1940:

An
den Oberbefehlshaber Ost
Spala

Die sich gerade in letzter Zeit anhäufenden Gewalttaten der polizeilichen Kräfte zeigen einen ganz unbegreiflichen Mangel menschlichen und sittlichen Empfindens, so daß man geradezu von Vertierung sprechen kann. Dabei glaube ich, daß meiner Dienststelle nur ein k l e i n e r Bruchteil der geschehenen Gewaltakte zur Kenntnis kommt.

Es hat den Anschein, daß die Vorgesetzten dieses Treiben im Stillen billigen und nicht durchgreifen w o l l e n.

Den einzigen Ausweg aus diesem unwürdigen, die Ehre des ganzen deutschen Volkes befleckenden Zustand sehe ich darin, daß die gesamten Polizeiverbände e i n s c h l i e ß - l i c h i h r e r s ä m t l i c h e n h ö h e r e n F ü h r e r und einschließlich aller bei den Generalgouvernementsstellen befindlichen Führer, welche diesen Gewalttaten seit Monaten zusehen, mit einem Schlag abgelöst und aufgelöst werden und daß intakte, ehrliebende Verbände an ihre Stelle treten.

gez. U l e x

IV.

Am 5. 2. teilt der Verbindungsoffizier beim Generalgouvernement, Major von Tschammer und Osten, mit, in Reeszow und Tschenstochau seien bei der Ordnungspolizei eine Reihe von Todesurteilen gefällt und sollten dem Führer zur Bestätigung vorgelegt werden. In Tschenstochau seien allein 4 Offiziere angeklagt, der Bataillonskommandeur sei dreimal zum Tode verurteilt.

Nach dem, was bisher geschehen ist, muß abgewartet werden, ob tatsächlich der Wille besteht, Ordnung zu schaffen, zumal mehr oder weniger sämtliche Führer sich an diesem Treiben beteiligt, es zumindest unterstützt oder geduldet haben.

Was in Tschenstochau im einzelnen vorgefallen, entzieht sich der hiesigen Kenntnis. Nach Angabe eines Polizeioffiziers haben sich hier Offiziere der Polizei, wie auch an vielen anderen Stellen, in einem Blutrausch befunden.

Welcher Roheiten diese Bestien fähig sind, ergibt die in der Anlage beigefügte Vernehmung eines Unterfeldwebels, eines Unteroffiziers und eines Gefreiten des Inf.Rgts. 414.

Die Einstellung der Truppe zur ƕ und Polizei schwankt zwischen Abscheu und Haß. Jeder Soldat fühlt sich angewidert und abgestoßen durch diese Verbrechen, die in Polen von Angehörigen des Reiches und Vertretern der Staatsgewalt begangen werden. Er versteht nicht, wie derartige Dinge, zumal sie sozusagen unter einem Schutz geschehen, ungestraft möglich sind.

56. Ein anderer Protest[1]

I.

Der Bericht des Majors Rösler

z. Z. Kassel, den 3. 1. 1942
Major Rösler

B e r i c h t :

Die mir vom Infanterie-Ersatz-Regiment 52 vorgelegte Angelegenheit „Verhalten gegenüber der Zivilbevölkerung im Osten" gibt mir Veranlassung, das Folgende zu berichten:
Ende Juli 1941 befand sich das damals von mir geführte Infanterie-Regiment 52 auf
dem Wege von Westen nach Shitomir, wo es eine Rastunterkunft beziehen sollte. Als ich
mit meinem Stab am Nachmittag des betreffenden Ankunftstages mein Stabsquartier bezogen
hatte, hörten wir aus nicht allzuweiter Entfernung in regelmäßigen Abständen Gewehr-
salven, denen nach einiger Zeit Pistolenschüsse folgten. Ich beschloß, dieser Erscheinung
nachzugehen und begab mich mit Adjutant und Ordonnanzoffizier (Oberleutnant von
Bassewitz und Leutnant Müller-Brodmann) in Richtung des Gewehrfeuers auf die Suche.
Wir bekamen bald den Eindruck, daß sich hier ein grausames Schauspiel abspielen müsse,
denn nach einiger Zeit sahen wir zahlreiche Soldaten und Zivilpersonen einem vor uns
liegenden Bahndamm zuströmen, hinter dem, wie man uns meldete, laufend Erschießungen
vorgenommen wurden. Während der ganzen Zeit konnten wir über den Bahndamm zunächst
nicht hinwegsehen, hörten jedoch immer nach einem gewissen Zeitraum den Ton einer
Trillerpfeife und danach eine etwa 10-läufige Gewehrsalve, an die sich nach einiger Zeit
Pistolenschüsse anreihten. Als wir schließlich den Bahndamm erklettert hatten, bot sich
jenseits dieses Dammes ein Bild, dessen grausame Abscheulichkeit auf den unvorbereitet
Herantretenden erschütternd und abschreckend wirkte. In die Erde war ein etwa 7—8 Meter
langer, vielleicht 4 Meter breiter Graben eingezogen, dessen aufgeworfene Erde auf der
einen Seite aufgeschichtet war. Diese Aufschichtung und die darunterliegende Grabenwand
waren vollständig mit Strömen von Blut besudelt. Die Grube selbst war mit zahlreichen,
schwer abzuschätzenden menschlichen Leichen aller Art und jeden Geschlechts gefüllt, so daß
ihre Tiefe nicht geschätzt werden konnte. Hinter dem aufgeschütteten Wall stand ein

---

[1]) *Dokumente USSR — 293 (Seite 319).*

Kommando Polizei, das von einem Polizeioffizier befehligt wurde. Die Uniformen dieses Kommandos wiesen Blutspuren auf. Im weiten Umkreis ringsherum standen unzählige Soldaten dort bereits liegender Truppenteile, teilweise in Badehosen, als Zuschauer, ebenso zahlreiche Zivilisten mit Frauen und Kindern. Ich habe mir daraufhin durch ganz dichtes Herantreten an den Graben ein Bild verschafft, das ich bis heute nicht vergessen konnte. Unter anderem lag in diesem Grab ein alter Mann mit einem weißen Vollbart, der über seinem linken Arm noch ein kleines Spazierstöckchen hängen hatte. Da dieser Mann noch durch seine stoßweise Atemtätigkeit Lebenszeichen von sich gab, ersuchte ich einen der Polizisten, ihn endgültig zu töten, worauf dieser mir mit lachender Miene sagte: „Dem habe ich schon siebenmal was in den Bauch gejagt, der krepiert schon von alleine." Die in dem Graben liegenden Erschossenen wurden nicht besonders zurechtgelegt, sondern blieben so, wie sie nach dem Schuß von der Grabenwand heruntergefallen waren. Sämtliche dieser Leute wurden durch Nackenschüsse erledigt und anschließend von oben her mit Pistolenschüssen abgefangen.

Ich habe durch meine Teilnahme am Weltkriege sowie dem französischen und russischen Feldzug dieses Krieges keineswegs eine übertriebene Verweichlichung meines Gemütes erfahren, habe auch durch meine Betätigung in den Freiwilligenformationen des Jahres 19 manches mehr als Unerfreuliche erlebt, ich kann mich jedoch nicht entsinnen, jemals einer solchen Szene, wie der geschilderten, beigewohnt zu haben.

Ich erwähne noch, daß nach Aussagen von Soldaten, die sich diese Hinrichtungen öfters ansahen, täglich mehrere Hunderte erschossen worden sein sollen.

Gezeichnet: R ö s l e r

II.

Weitergeleitet[1])

Betrifft: Greueltaten gegenüber der Zivilbevölkerung im Osten.

Auf Grund umlaufender Berichte über Massenexekutionen in Rußland bin ich dem Ursprunge nachgegangen, da ich sie für weit übertrieben hielt.

Anliegend überreiche ich einen Bericht des Majors Rösler, der die Gerüchte in vollem Maße bestätigt.

Wenn solche Handlungen in dieser Öffentlichkeit stattfinden, wird es nicht zu vermeiden sein, daß sie in der Heimat bekannt und kritisiert werden.

Unterschrift:

S c h i r w i n d t [2])

---

[1]) *Brief an den Chef des Wehrwirtschafts- und Rüstungsamtes in Berlin.*
[2]) *Stellvertretender Befehlshaber des IX. Armeekorps und Chef des 9. Militärbezirks.*

57. „ . . . leider auch unter freiwilliger Beteiligung von Wehrmachtsangehörigen"[1])

Geheim

An den
Chef des Wi Rü Amtes
im O.K.W.

Herrn General der Inf. Thomas
Berlin W
Kurfürstenstr. 63—67

„ . . . Die Haltung der jüdischen Bevölkerung war von vornherein ängstlich — willig. Sie suchten alles zu vermeiden, um der deutschen Verwaltung zu mißfallen. Daß sie die deutsche Verwaltung und Armee im Innern haßten, ist selbstverständlich und kann nicht wundernehmen. Es ist aber nicht beweisbar, daß die Juden geschlossen oder auch nur in größerem Umfang an Sabotageakten u. a. beteiligt waren. Sicher hat es unter ihnen — genauso wie unter den Ukrainern — einige Terroristen oder Saboteure gegeben. Daß die Juden als solche aber irgendeine Gefahr für die deutsche Wehrmacht darstellen, kann nicht behauptet werden. Mit der Arbeitsleistung der Juden, die selbstverständlich durch kein anderes Gefühl als die Angst angetrieben wurden, ist Truppe und deutsche Verwaltung zufrieden gewesen.

Die jüdische Bevölkerung ist im unmittelbaren Anschluß an die Kampfhandlungen zunächst unbehelligt geblieben. Erst Wochen, z. T. Monate später wurde eine planmäßige Erschießung der Juden durch dazu eigens abgestellte Formationen der Ordnungspolizei durchgeführt. Diese Aktion ging im wesentlichen von Osten nach Westen. Sie erfolgte durchaus öffentlich unter Hinzuziehung ukrainischer Miliz, vielfach leider auch unter freiwilliger Beteiligung von Wehrmachtsangehörigen. Die Art der Durchführung der Aktionen, die sich auf Männer und Greise, Frauen und Kinder, jedes Alter erstreckte, war grauenhaft. Die Aktion ist in der Massenhaftigkeit der Hinrichtungen so gigantisch wie bisher keine in der Sowjetunion vorgenommene gleichartige Maßnahme. Insgesamt dürften bisher etwa 150 000 bis 200 000 Juden in dem zum RK. gehörigen Teil der Ukraine exekutiert sein. Bisher wurde auf diese wirtschaftlichen Belange keine Rücksicht genommen.

---

[1]) *Dokument PS — 3257. Auszug aus dem Bericht eines Rüstungsinspekteurs in der Ukraine an General Thomas vom 2. Dezember 1941.*

Insgesamt kann gesagt werden, daß die in der Ukraine durchgeführte Art der Lösung der Judenfrage offenbar von prinzipiell-weltanschaulichen Gedankengängen getragen, nachstehende Folgen gehabt hat:

a) Beseitigung eines Teils z. T. überflüssiger Esser in den Städten

b) Beseitigung eines Bevölkerungsteils, der uns zweifellos haßte

c) Beseitigung dringend notwendiger Handwerker, die auch für Wehrmachtsbelange vielfach unentbehrlich waren

d) Außenpolitisch-propagandistische Folgen, die auf der Hand liegen

e) Nachteilige Wirkungen auf die jedenfalls mittelbar mit den Exekutionen in Berührung kommende Truppe

f) Verrohende Wirkung auf die die Exekutionen durchführenden Formationen (Ordnungspolizei)

Eine Abschöpfung landwirtschaftlicher Überschüsse aus der Ukraine für Ernährungszwecke des Reiches ist mithin nur denkbar, wenn der ukrainische Binnenverkehr auf ein Minimum gedrückt wird. Es wird versucht, das zu erreichen

1. durch Ausmerzung überflüssiger Esser (Juden, Bevölkerung der ukrainischen Großstädte, die wie Kiew, überhaupt keine Lebensmittelzuteilung erhalten);

2. durch äußerste Reduktion der den Ukrainern der übrigen Städte zur Verfügung gestellten Rationen;

3. durch Verminderung des Verzehrs der bäuerlichen Bevölkerung.

Man muß sich darüber klar sein, daß in der Ukraine letzten Endes nur die Ukrainer durch Arbeit Wirtschaftswerte erzeugen können. Wenn wir die Juden totschießen, die Kriegsgefangenen umkommen lassen, die Großstadtbevölkerung zum erheblichen Teile dem Hungertode ausliefern, im kommenden Jahre auch einen Teil der Landbevölkerung durch Hunger verlieren werden, bleibt die Frage unbeantwortet: W e r d e n n h i e r e i g e n t - l i c h W i r t s c h a f t s w e r t e p r o d u z i e r e n s o l l.

Graf von Moltke:

... ich habe mein ganzes Leben lang, schon in der Schule, gegen einen Geist der Enge und der Gewalt, der Überheblichkeit, der Intoleranz und des Absoluten, erbarmungslos Konsequenten angekämpft ... Ich habe mich auch dafür eingesetzt, daß dieser Geist mit seinen schlimmen Folgeerscheinungen, wie Nationalismus im Exzeß, Rassenverfolgung, Glaubenslosigkeit, Materialismus, überwunden werde.

Helmuth James Graf von Moltke in: „Letzte Briefe aus dem Gefängnis Tegel", Henssel Verlag, Berlin.

---

58. Das Epos vom Feldwebel Anton Schmidt[1])

Hier sei von einem Deutschen die Rede — einem Philosemiten —, der sich aufopferte, um Wilnas Juden den Händen ihrer Mörder zu entreißen. Er bezahlte es mit seinem Leben. Gedenken wir seiner stets in Dankbarkeit.

Der Wiener Anton Schmidt war dreißig Jahre alt und Mitinhaber eines Konfektionshauses. Schlank und hochgewachsen hatte er braune Haare und Ähnlichkeit mit Hitler (schwarzer Schnurrbart). Ein Sportstyp, der „Wein, Weib und Gesang" liebte. Sein militärischer Dienstgrad war Feldwebel.

Sobald sie Ende Juni 1941 Wilna eingenommen hatten, verlangten die Deutschen prinzipiell, daß die gesamte jüdische Bevölkerung arbeiten mußte. Der für die Deutschen arbeitende Jude war dem Leiter des betreffenden Unternehmens oder dem Aufseher des jeweiligen Arbeitsplatzes auf Gedeih und Verderb ausgeliefert. Von jenem hing sowohl seine ganze Existenz als auch jeder Schutz während der schrecklichen Tage ab, an denen eine „Aktion"[2]) oder Massenexekution von Juden in Wilna stattfanden. Der Deutsche hatte in so einem Falle die Möglichkeit, dem Juden einen Passierschein auszustellen, der den Litauern — jenen Henkern der jüdischen Massen — untersagte, den betreffenden Juden einem anderen Arbeitsplatz zuzuteilen oder ihn gar zur „Liquidation" zu bestimmen. Mit einem Wort war der Deutsche, der ihn beschäftigte, nicht nur sein Herr und Meister, son-

---

[1]) *Auszüge aus einem Dokument der „Jüdischen Widerstandsorganisation" im Ghetto Wilna, das in Yiddish geschrieben ist und sich im Archiv des „Yivo-Institute for Jewish Research" in New York befindet.*

In seiner Studie „Existierte während der Nazi-Zeit ein a n d e r e s Deutschland?" (veröffentlicht in „Yivo-Bleter", Band XXXIX, New York 1955) schreibt Prof. Dr. Philip Friedman u. a. folgendes: „Die interessanteste Episode dieser Art war die mit Anton Schmidt in Wilna. Er war ein entschlossener Anti-Nazi und — nachdem er vor dem Kriege Palästina besucht hatte — ein Freund des Zionimus. Er wurde eines Tages geschnappt und vor ein deutsches Kriegsgericht gestellt, das ihn zum Tode durch Erschießen verurteilte. Sein Freund, der jüdische Dichter Herman Adler, erzählt, daß Anton Schmidt auf dem deutschen Soldatenfriedhof in Wilna unter einem Holzkreuz begraben liegt."

[2]) *Die sogenannte „Aussiedlung" hieß in den Ghettos „Aktion".*

dern auch sein Beschützer. Darüber hinaus gingen die Deutschen auch oft so weit, die Juden regelrecht zu verstecken, wenn eine der berüchtigten „Aktionen" stattfand. Für ein bis zwei Tage — auch darüber hinaus — durfte sich der Jude dann in dem deutschen Unternehmen verborgen halten und auch seine Familie dort in Sicherheit bringen.

Selbstverständlich fanden sich unter den deutschen Vorgesetzten jüdischer Arbeiter auch solche, die, um höhere Gewinne in die eigene Tasche fließen zu lassen, die unglückliche Lage der Juden nach Möglichkeit ausnutzten, ohne sich um die Lebensbedingungen jener zu kümmern. Einem dieser deutschen Arbeitgeber, den man ohne Zögern noch zu den „anständigen" zählen darf, sagt man folgendes Ereignis nach, das sich im September 1941 zugetragen haben soll:

Der deutsche Leutnant — er hatte eine sogenannte „Beutesammelstelle" unter sich — behandelte die Juden, die in seinem Depot arbeiteten, an sich recht anständig. Eines Tages ließ er sie während der Arbeitszeit alle antreten — es waren ihrer 900 —, und nachdem sie sich in Reihen aufgestellt hatten, richtete er folgende Worte an sie: „Juden, ihr arbeitet jetzt doch schon eine ganze Zeit für mich, nicht wahr?" Alle Juden antworteten einstimmig: „Das ist wahr." — „Bekommt ihr Brot, um euren Hunger zu stillen? Antwortet!" Wiederum sagten alle Juden: „Ja." — „Und Suppe erhaltet ihr doch wohl auch?" — „Ja, das stimmt." — „900 Juden arbeiten da also bei mir! Und nun schaut einmal her, wie ich angezogen bin. Mit meinen versauten Hosen sehe ich wie ein Landstreicher aus. Nicht 'mal eine anständige Uniform habe ich an. Laßt ihr das so hingehen, Juden? Bin ich etwa nicht euer Herr und Meister?" An dem dieser Ansprache folgenden Morgen erhielt der Leutnant ein Paar neue Stiefel und einen Mantel als „Geschenk", und die Juden waren von dem Tage an bestrebt, alles zu tun, um ihren Arbeitgeber zufriedenzustellen.

So wie in dieser Beutesammelstelle lagen die Verhältnisse auch in vielen anderen deutschen Unternehmen und die jüdischen Vorarbeiter ließen es an Aufmerksamkeiten nicht fehlen. Im allgemeinen wurden dem Schutzherrn am Ende des Monats Geschenke überreicht, weil zu dieser Zeit das Arbeitsverhältnis verlängert wurde. Derartige Geschenke waren oft recht kostspielig und bestanden manchmal in einer goldenen Uhr oder einem kompletten Herrenanzug.

Manche Arbeitgeber schlugen ihre Arbeiter niemals; andere taten dies selbst freilich auch nicht, gestatteten den Soldaten dafür aber, den Juden „eins auf den Deckel" zu geben und ihr Mütchen an ihnen zu kühlen. Im Wilnaer Ghetto war schnell bekannt, welcher Arbeitsplatz einem „guten" Deutschen unterstand, der die bei ihm beschäftigten Juden menschlich behandelte, und welcher im Gegenteil einen Herrn hatte, der einem wilden Tier in Menschengestalt gleichkam.

Einer dieser Betriebe in Wilna, der Juden beschäftigte, hatte einen Leiter, dem man nachsagte, er sei ein „anständiger" Deutscher. Er war freundlich zu seinen Leuten, half ihnen — wo immer er konnte — und erleichterte ihnen sogar die Arbeit, wenn dazu die Möglichkeit bestand. Dieses Unternehmen befand sich in der Nähe des Wilnaer Bahnhofs und nannte sich „Versprengten-Stelle". Sinn solcher Einrichtung war es, alle Soldaten, die — ob nun mit oder ohne Grund — ihre Einheit verloren hatten und nicht wußten, wohin und solche, die sich einfach in der Etappe herumdrückten — als Nachzügler oder um zu plündern — wieder zu sammeln. Die in Frage stehende Dienststelle bildete neue Einheiten, die dann der Front wieder eingegliedert wurden. Über den Leiter dieser Versprengtenstelle liefen unter den Juden die erstaunlichsten Erzählungen um. Man wußte zum Beispiel zu berichten, daß er sich persönlich in das Lukiszki-Gefängnis begab, wenn die Litauer ihm einen seiner Arbeiter auf der Straße verhaftet und dort eingesperrt hatten, um die Freilassung des Betreffenden zu fordern. Bei derartigen Unternehmungen hatte er immer Erfolg.

Bevor große „Aktionen" stattfanden, benachrichtigte er seine Leute davon, daß für ein bestimmtes Datum etwas zu erwarten sei, und gab ihnen Ratschläge, wie sie sich in Sicherheit bringen konnten. (Das taten übrigens andere „anständige" Arbeitgeber ebenfalls.) Der Leiter der Versprengtenstelle hieß Anton Schmidt. Ihm unterstanden drei Gebäude, von denen der Hauptbau am Bahnhof lag und die anderen nicht weit davon entfernt. In den Kellern befanden sich Werkstätten, in denen verschiedene Handwerker beschäftigt waren. Da gab es Tischler, Schneider, Schuster und Tapezierer, denn außer Unterkunft und Verpflegung mußte für die Versprengten noch manches andere beschafft werden, was Arbeit auf vielen Gebieten erforderte.

Schmidt warnte seine Leute bereits vier oder fünf Tage vor der Razzia, wenn große „Aktionen" stattfanden. Von sich aus schlug er den Verheirateten vor, ihre Familien für die Dauer der Gefahr mit zur Versprengtenstelle zu bringen, um dort abzuwarten, bis sich im Ghetto die Wogen wieder geglättet hatten. Wohl verstanden versorgte er sie dann auch mit den notwendigen Nahrungsmitteln.

Als das Ghetto eingerichtet wurde, erlaubte man den Juden, die außerhalb desselben arbeiteten, nicht, Lebensmittel mit hineinzunehmen, die sie außerhalb der Ghettomauern eingekauft hatten. Für Schmidts Leute hatte dieses Verbot jedoch keine Gültigkeit, denn er begleitete sie nach der Arbeit persönlich ins Ghetto zurück. Machte ein litauischer Ghettoposten Miene, einem Juden seine Lebensmittel fortzunehmen, eilte Schmidt sofort herbei und ließ es nicht zu, daß man „seine Juden" filzte. Kam es einmal vor, daß er seine jüdischen Arbeiter nicht selbst ins Ghetto bringen konnte, sorgte er dafür, daß dies durch einen Soldaten geschah, auf den er sich verlassen konnte, und das Resultat war das gleiche.

Im Dezember 1941 wurde eine Verordnung erlassen, durch die gelbe und weiße Passierscheine für die Juden eingeführt wurden. Die weißen Scheine waren für die unbeschäftigten — also nutzlosen — Juden, die zum Tode verurteilt — für die Liquidation in Ponary[1]) bestimmt — waren. Gelbe Passierscheine erhielten die Beschäftigten und damit die Berechtigung, weiterzuleben. Schmidt bemühte sich, eine möglichst große Anzahl gelber Passierscheine für seine Juden zu bekommen, damit er sie so vor dem sicheren Tode bewahren konnte.

Um in Erfahrung zu bringen, welche neuen Verordnungen, „Aktionen" usw. den Juden Wilnas drohten, begab Schmidt sich zu den höchsten Militärdienststellen und suchte die wichtigsten Beamten auf. Bei Trinkgelagen oder sonst gelegentlich lustiger Stimmung verstand er es, im leichten Plauderton auf die „verfluchten Juden" zu sprechen zu kommen

---

[1]) *Ein für die Hinrichtungen bei den Juden in Wilna berüchtigter Ort.*

und dann zu fragen, wann sie denn nun endgültig erledigt würden. Bei derartigen Anlässen machte er sich über die Juden lustig, um so in Erfahrung zu bringen, was die Deutschen in nächster Zukunft zu unternehmen beabsichtigten. Erhielt er wichtige Auskünfte über bevorstehende Verfolgungen, teilte er sein Wissen den Juden sofort mit und riet ihnen, auch ihre Bekannten davon in Kenntnis zu setzen, damit auch diese sich verstecken konnten, bis alles wieder ruhig wurde. Seinen Arbeitern mit weißem Passierschein — und das waren sehr viele — war er ein rechter Vater. Ohne Rücksicht auf die Strafe, die ihm selbst von den deutschen Behörden drohte, sobald diesen sein Verhalten bekannt wurde, installierte er die Gefährdeten mit dem weißen Passierschein in der Versprengtenstelle, gab ihnen zu essen und zu trinken und verpflegte sie mit Brot und Suppe. Nur auf solche Weise errettete er Dutzende von Juden mit weißem Passierschein während der gefährlichen Tage der Massenhinrichtungen.

Ende 1941 herrschte unter der jüdischen Bevölkerung Wilnas die Meinung, daß das gesamte Judentum Litauens zum Tode verurteilt sei und daß man in Weißrußland seines Lebens doch wohl sicherer sein würde. Also versuchten viele Juden, auf irgendeine Art dem Inferno Litauens zu entfliehen. Schmidt beschloß daher, einmal selbst zu untersuchen, ob es überhaupt der Mühe lohne, Wilna zu verlassen. Er begab sich auf eine Dienstreise nach Lida, wo er dann „zufällig" mit dem Adjutanten des Stadthauptmannes in eine Unterhaltung über die Judenfrage geriet. Als er sich nach dem Schicksal der Juden am Ort erkundigte, erhielt er die Antwort, daß diesen nichts geschehen würde. Mit so guter Nachricht kehrte er nach Wilna zurück und machte sich daran, seine gefährdeten Juden per Lastwagen nach Lida, Grodno oder Bialystock zu transportieren. In erster Linie brachte er die am meisten Gefährdeten mit dem weißen Passierschein in Sicherheit. Durch Vermittlung eines gewissen Adler (siehe später über ihn!) wandten sich bald auch reiche Juden an ihn und von diesen forderte er 20—30 000 Rubel für den Transport. Jeder Transport umfaßte für gewöhnlich 5—6 Personen. Auf diese Art rettete er dann auch jene, die über keine Geldmittel verfügten und konnte ihnen sogar noch ein paar hundert Mark aushändigen, damit sie am neuen Wohnort die Ausgaben bestreiten konnten.

Später organisierte er die Reisen noch besser, indem er sich mit seinem Leutnant ins Benehmen setzte und diesem 80 % seiner Einnahmen zufließen ließ. Der Leutnant stellte dafür Passierscheine aus, durch die der Transport in vollkommener Sicherheit vonstatten gehen konnte. Allmählich wurden die Transporte größer und bestanden bald aus 20—30 Personen. Wie schon erwähnt, machte auch die Fahrt nach Bialystock keine Schwierigkeiten. Das einzige Problem bestand darin, vom Posten durchgelassen zu werden. Falls dies ein Litauer war, erhöhte Schmidt die Geschwindigkeit und hielt überhaupt nicht an, um seine Papiere zu zeigen. Er fuhr direkt auf den Litauer zu, der sich dann natürlich beeilte, aus dem Weg zu springen. Auf diese Weise brachte er seine Transporte unangefochten durch. „Immerhin bin ich ein deutscher Feldwebel!"

Falls der Posten ein deutscher Feldpolizist war, wurde die Sache schon schwieriger. Über ihn konnte auch Schmidt sich nicht erhaben hinwegsetzen. Da galt es, sich anderweitig aus der Affäre zu ziehen. In solchem Fall benahm er sich, als sei er leicht angetrunken und witzelte mit dem Posten darüber, daß er die Juden „zu einer sehr wichtigen Aufgabe" fuhr. Die auf diese Weise dem sicheren Tode entgangenen Juden bedeckten seine Hände mit Küssen und machten ihm Geschenke, um ihre Dankbarkeit zu beweisen. Über jedes dieser Geschenke — und wenn es noch so bescheiden war — freute er sich dann wie ein Kind.

Eines Tages erschien Schmidt im Ghetto von Wilna als dort eine „Aktion" im Gange war, um wie üblich, Juden seiner Bekanntschaft zu retten, indem er sie zu sich holte. Eine verschleppte Jüdin — einst Sängerin an der Wiener Oper — erkannte ihn bei dieser Gelegenheit. Sie hatte vor dem Kriege mit Schmidt im gleichen Hause gewohnt und war mit ihm befreundet gewesen. In ihrer unheilvollen Lage beschloß sie, sich ihrer alten Beziehungen zu bedienen und bat Schmidt, ihr zu helfen und vor allem auch ihren Mann zu retten. Weinend rief sie Schmidt beim Namen und schilderte ihm ihre entsetzliche Lage und die ihres Mannes, der sich der „Aktion" wegen hatte verstecken müssen. Das Ehepaar hieß Adler. Ohne lange zu überlegen, versprach Schmidt Frau Adler, sie am nächsten Tage in seine eigene Wohnung zu holen. Sie sollte sich bereit halten. In der allgemeinen Aufregung vergaß er jedoch, sie nach ihrer Adresse zu fragen. Als er am nächsten Tage im Ghetto erschien, um das am Vortage gegebene Versprechen einzulösen, brachte er die gesamte jüdische Ordnungspolizei des Ghettos in Aufregung, weil er verlangte, daß man ihm das Ehepaar Adler — lebend oder tot — zur Stelle schaffe. Nach langem Suchen fand man die Adlers endlich und Schmidt brachte sie in seinem Lastwagen aus dem Ghetto heraus, installierte sie jedoch nicht in den Kellern des Hauses, wo sich die Werkstätten befanden, sondern in der eigenen Wohnung. Hier ist zu bemerken, daß in seiner Wohnung auch noch andere Juden versteckt waren. So eine Jüdin, deren Mann Litauer war, Schmidts Sekretärin — eine Jüdin, die mit „arischen" Papieren als Wehrmachtsangestellte arbeitete — und ein deutscher Jude — Max — der einen Militärausweis besaß. Adler war ein tschechischer Jude, der auf polnischer Seite in der tschechischen Legion gekämpft hatte, die 1939 in Polen aufgestellt wurde. Er war Flieger und hatte an den Luftkämpfen gegen Deutschland teilgenommen. Als seine Einheit aufgerieben war, geriet er in Gefangenschaft, wurde dann jedoch bald wieder entlassen. Adler war ein Mann mit schwachem Charakter — ein Schlappschwanz — der sich ausschließlich auf die Energie seiner Frau verließ. In der Tschechoslowakei gehörte er der „Poale Zion"[1]) an, der er sehr zugetan war. Adler war der zweite Mann der Sängerin, deren erster Mann Deutscher war und Matzenhauer hieß. Dieser Matzenhauer hatte es inzwischen zum Transportleiter der Kommandantur des Warschauer Ostbahnhofs gebracht, und Schmidt kannte den Wiener sehr gut.

Adler wurde mit einem früheren Lektor der Universität Wilna bekannt, der einmal litauischer Konsul in Libau gewesen war. Dieser Lektor kannte in Libau einen Mann, der wiederum mit einer Fischerfamilie dort befreundet war, die mit ihren Booten ausgedehnte Fahrten auf der Ostsee — bis zur Insel Aland und an die schwedische Küste — unternahm. Schmidt seinerseits schaffte mit seinen Lastwagen oft Munition und Wehrmachtgerät- oder Material nach Libau. Darauf nun baute Adler seinen Plan auf. Es schien ihm sehr einfach, Wilna zu verlassen, denn es handelte sich nur darum, daß Schmidt ihn und seine Frau auf dem Lastwagen mitnahm, wenn er wieder nach Libau fuhr. Von Libau aus würden sie

---

[1]) *Zionistische Arbeiterpartei.*

dann schon mit den Fischern nach Aland entkommen, wo sie dann interniert zu werden hofften.

Wie gesagt, trug sich das im Herbst 1941 zu. Zahlreiche polnische Patrioten — Offiziere und Zivilisten — lebten im Versteck und bedienten sich dieses Fluchtweges, um Hitler zu entkommen. Und sie mußten ihre Flucht sogar ohne Schmidts Hilfe bewerkstelligen.

Aber Schmidt brauchte für so eine Reise Geld, denn er mußte Bestechungsgelder verteilen. Es kostete 200 Dollar pro Person und darüber hinaus einige Tausend Rubel. Zum Konvoi gehörten nie weniger als 10 Lastwagen, und immer verstaute er einige Flüchtlinge in ihnen. Das Ehepaar Adler war längst aller Geldmittel entblößt, und die Summe von 200 Dollar hatten sie nicht einmal im Traum. Da sie jedoch um jeden Preis der Hölle von Wilna entfliehen wollten, beschlossen sie, im Wilnaer Ghetto Verbindung zu reichen Leuten aufzunehmen, die auf die gleiche Art zu flüchten gedachten. Indem sie jenen einen höheren Preis nannten, hofften sie, die Summe für sich selbst zusammenzubringen. Doch scheiterte ihr Unternehmen, denn sie fanden keinen einzigen Interessenten. Nachdem der Versuch im Ghetto solcherweise fehlgeschlagen war, wandte sich Adler als Mitglied der „Paole Zion" an die „Hehalutz"[1]) von Wilna, damit diese Organisation nach Reiselustigen Ausschau hielt. Der Preis mußte verdoppelt werden. Statt 200 wurden jetzt 400 Dollar pro Person gefordert und statt 4000 hieß es nun 8000 Rubel, um so jeweils einem Halutz die Möglichkeit zu verschaffen, mit dem reichen Manne zugleich zu entkommen. Die „Hehalutz"-Organisation stand für die moralische Garantie ein. Damit so ein Transport abgehen konnte, benötigte man also ein Dutzend reicher Leute. Dann würden auch ein Dutzend Halutzim — abgesehen natürlich von dem Ehepaar Adler, das an erster Stelle abzureisen gedachte — entfliehen können.

Obwohl außerordentliche Aufregung im Ghetto herrschte, dauerte die Suche nach den reiselustigen Kandidaten über Gebühr lange, und es stellte sich heraus, daß trotzdem die erforderliche Kopfzahl nicht zusammen kam. Über die revolutionäre polnische Bewegung erfuhr man in der Zwischenzeit, daß die letzten Fluchtversuche nach der Insel Aland gescheitert seien. Auf diese Art verlor das Reiseprojekt an Reiz, und deswegen ließen Schmidt und das Ehepaar Adler der großen Gefahr wegen die Sache schließlich fallen.

---

[1]) *Zionistische Jugendbewegung. „Chalutz" = Pionier in hebräisch.*

Julius Leber:

Für eine so gute und gerechte Sache ist der Einsatz des eigenen Lebens der angemessene Preis. Wir haben getan, was in unserer Macht gestanden hat. Es ist nicht unser Verschulden, daß alles so und nicht anders ausgegangen ist.

Julius L e b e r , vor seiner Hinrichtung am 5. Januar 1945. In: „Das Gewissen steht auf", gesammelt von Annedore Leber.
Herausgegeben in Zusammenarbeit mit Willy Brandt und Karl Dietrich Bracher, 1954, Mosaik-Verlag, Berlin-Frankfurt/Main, Seite 227.

Schmidt organisierte jedoch bald etwas anderes. Diesmal in direkter Zusammenarbeit mit dem „Hehalutz" und in seiner Eigenschaft als Freund und Beschützer der zionistischen Jugend im allgemeinen und der „Hehalutz" im besonderen. Er schaffte vier Personen — Salomon Entkin, Edek, Kempner und noch jemand — aus Wilna nach Warschau. Schmidt ließ sie auf einem Lastwagen abreisen, mit dem er unter dem Schutz eines Soldaten Benzinfässer nach Warschau brachte. Die vier Juden galten als Arbeiter, und ihre Fahrt verlief ohne jede Schwierigkeit. Die jungen Leute kamen gesund und wohlbehalten in Warschau an. Der Soldat ahnte nicht, daß es sich nicht um wirkliche Arbeiter handelte, denn als er nach Wilna zurückkam, meldete er Schmidt mit folgenden Worten: „Herr Feldwebel, die vier Arbeiter befehlsgemäß nach Warschau begleitet."

Zuerst hatte Adler als Verbindungsmann zwischen Schmidt und der „Hehalutz" fungiert. Als die „Hehalutz" dann begriff, daß es nicht mehr möglich war, nach Schweden (Insel Aland) zu entkommen, forderten sie von Adler, mit Schmidt persönlich in Verbindung zu kommen, um mit ihm die Möglichkeiten zu besprechen, die für Menschentransporte nach Bialystock bestanden. Als das erste Treffen stattfand, erschienen zwei Delegierte bei Schmidt: Mordechai[1]) als Vertreter der Vereinigten Zionisten und Frau Glasman, deren Mann Chef der jüdischen Polizei in Wilna war, im Namen der „Revisionisten"[2]).

Das war das erstemal, daß Mordechai und Schmidt sich von Angesicht zu Angesicht erblickten.

... In der anschließenden Unterhaltung schlug Mordechai Schmidt einen Plan vor, wie derartige Transporte organisiert werden könnten. Schmidt erklärte sich damit einverstanden, das Unternehmen nach einem vorher festgelegten Plan auszuführen und sich darüber hinaus ganz besonders der Rettung der Jugend anzunehmen...

... All das spielte sich im November 1942 ab. Von da an bis zu dem Zeitpunkt, an dem er verhaftet wurde (wahrscheinlich 8—10 Wochen später, um den 15. Januar herum), schaffte Anton Schmidt über 50 Personen, die der zionistischen Bewegung angehörten, aus Wilna heraus und brachte sie wohlbehalten nach Lida und Bialystock. Außerdem brachte er 20 Leute, die in Wilna sehr schwer in einem Torfmoor arbeiten mußten, und darüber hinaus eine große Anzahl einfacher Ghettobewohner aus Wilna nach Weißrußland. Zwei Tage ehe er einen vorbereiteten Transport nach Bialystock schaffen konnte, wurde er verhaftet.

---

[1]) *Mordechai Tenenbaum-Tamarow war später Kommandant des Aufstandes im Ghetto Bialystock.*

[2]) *Rechte politische Gruppierung der zionistischen Bewegung.*

59. Generalmajor Helmuth Stieff über „Nazihalunken"[1]

... Die Bahneinschränkungen haben mit uns nichts zu tun, sondern nur mit der jammervollen Bahnlage zu Hause — siehe den Anfang dieses Briefes. Aber d a f ü r reicht die Bahn noch aus, jeden 2. Tag einen Zug mit Juden aus dem Reich nach Minsk zu fahren und sie dann dort ihrem Schicksal preiszugeben. Das ist, ebenso wie der Judenstern in Berlin, wie ich ihn im September dort sah, eines angeblichen Kulturvolkes unwürdig! Es m u ß sich ja das alles einmal an uns rächen — und mit R e c h t ! Es ist schamlos, daß um einiger Halunken willen ein so braves Volk ins Unglück gestürzt wird. Es ist alles noch viel schlimmer geworden als vor zwei Jahren in Polen ...

---

[1] *Vierteljahreshefte für Zeitgeschichte, 2. Jahrgang 1954, 3. Heft, Juli, Seiten 302 und 303.*

Generalmajor Henning von Tresckow:

Der sittliche Wert eines Menschen beginnt erst dort, wo er bereit ist, für seine Überzeugung sein Leben hinzugeben.

Generalmajor Henning von T r e s c k o w vor seinem Tode. In: „Das Gewissen steht auf". Gesammelt von Annedore Leber.
Herausgegeben in Zusammenarbeit mit Willy Brandt und Karl Dietrich Bracher, 1954, Mosaik-Verlag, Berlin-Frankfurt/Main, Seite 160.

Berlin,den 3.Oktober 1932.

Sehr geehrter Herr Dr.Löwenstein!

Dem Reichsbund Jüdischer Frontsoldaten
spreche ich für seine Glückwünsche zu meinem 85.Geburts-
tage sowie für die schöne Blumenspende und das Gedenkbuch
meinen herzlichen Dank aus. In ehrfurchtsvoller Erinnerung
an die auch aus Ihren Reihen für das Vaterland gefallenen
Kameraden nehme ich das Buch entgegen und werde es meiner
Kriegsbücherei einverleiben.

Mit kameradschaftlichem Gruß!

von Hindenburg.

An

den Reichsbund Jüdischer Frontsoldaten E.V.
zu Hd.des Herrn Dr. Löwenstein,
Hauptmann d.R.a.D.,

B e r l i n W 15

Kurfürstendamm 200.

60. 1932: „In ehrfurchtsvoller Erinnerung"

Im Jahre 1932 veröffentlichte der „Reichsbund Jüdischer Frontsoldaten" das Buch „Die
jüdischen Gefallenen des deutschen Heeres, der deutschen Marine und der deutschen
Schutztruppen 1914–1918, Ein Gedenkbuch".

In diesem Buche schreiben die Herausgeber, daß von den 1914 lebenden 550 000 Juden deutscher Staatsangehörigkeit „100 000 während des Krieges in Heer, Marine und
Schutztruppen gedient haben und 12 000 auf dem Felde der Ehre geblieben sind".

Eine Liste der Gefallenen wird im Gedenkbuch veröffentlicht. Die beiden hier wiedergegebenen Fotokopien leiten das Gedenkbuch ein. (Siehe auch Rückseite.)

Meine Herren, ich habe die Ehre, Ihnen im Auftrag des Herrn Reichswehrministers hier in dieser feierlichen Stunde zum Ausdruck zu bringen, daß wir dieses Gedenkbuch unserer jüdischen Kameraden, die im Weltkrieg gefallen sind, in hohen Ehren halten werden zum Gedächtnis dieser treuen und echten Söhne unseres deutschen Volkes.

Ansprache des Herrn Oberstleutnant O t t, Chef der Wehrmachtabteilung, bei der feierlichen Übergabe des Gedenkbuches in der Kundgebung am 17. November 1932 in Berlin.

61. 1932: Unsere jüdischen Kameraden ...

NAMENVERZEICHNIS

536

Der Reichstagsbrand

Eine wissenschaftliche Dokumentation. Band 1. Herausgegeben von Walther Hofer, Edouard Calic, Karl Stephan und Friedrich Zipfel. Wissenschaftliche Mitarbeiter: Christoph Graf, Hans Hinrichsen, Hans Peter Jaeger und Kurt Vinzens.
1972. 293 Seiten. Br. DM 34,50 ISBN 3-598-04605-4

Im ersten Band der Dokumentation über den Reichstagsbrand — 1972 bei arani in Berlin erschienen — haben die Herausgeber vor allem den negativen Beweis für die Unmöglichkeit einer Alleintäterschaft des Holländers Marinus van der Lubbe bei der Reichstagsbrandstiftung vom 27.Februar 1933 erbracht.

Der Reichstagsbrand

Eine wissenschaftliche Dokumentation. Band 2. Herausgegeben von Walther Hofer, Edouard Calic, Christoph Graf und Friedrich Zipfel. Mit Sachverständigenäußerungen von Karl Stephan und Heinz Leferenz.
1978. 487 Seiten. Linson DM 48,—. ISBN 3-598-04604-6

Der vorliegende zweite Dokumentationsband erbringt den positiven Beweis für die nationalsozialistische Urheberschaft an diesem hochpolitischen Brand auf der Grundlage eines außerordentlich dichten Netzes von bisher größtenteils unbekannten Quellen, einerseits zeitgenössischen Dokumenten aus öffentlichen Archiven und privaten Nachlässen, und andererseits nachträglichen Erklärungen von überlebenden Zeugen des Geschehens.

Reichskommissar für die Überwachung der öffentlichen Ordnung und Nachrichtensammelstelle im Reichsministerium des Innern:

Lageberichte (1920 — 1929); (1930 — 1933)

Herausgegeben von Ernst Ritter
1979. ca. 171 Microfiches und Registerband. ca. DM 1580,—.

Seit dem Sommer 1920 koordinierte der beim Reichsminister des Inneren ressortierende Reichskommissar die Berichterstattung der ab November 1918 für die deutschen Länderregierungen arbeitenden Nachrichtendienste, insbesondere der Staatskommissare zur Überwachung der öffentlichen Ordnung; seit 1924 ersetzte er sie sogar vollständig. In den vorliegenden 128 Lageberichten — zusammen fast 17 000 Seiten umfassend — registrierte er sämtliche staatsfeindliche Bestrebungen, welche die territoriale Integrität des Reichsgebiets bedrohten — so z.B. in Oberschlesien —, vor allem aber die gegen die Weimarer Verfassung gerichteten rechts- und linksextremistischen Umsturzbewegungen im Innern.

K · G · Saur München · New York · London · Paris

Postfach 711009 — 8000 München 71 — Telefon (089) 79 89 01

nachfolgenden Leistungsminderung führen. Besser sind Getränke mit Oligosachariden (Mehrfachzucker), die entsprechend langsamer abgebaut werden.

Alkoholische Getränke führen in der Regel über eine gesteigerte Ausscheidung von Flüssigkeit durch die Nieren zu einer negativen Flüssigkeitsbilanz. Die Faustregel, dass man zu einem „Achterl Wein" zwei Gläser Wasser trinken sollte, kommt aufgrund des Verdünnungseffektes nicht nur der Leber zugute, sondern kompensiert auch den durch den Alkohol verursachten Flüssigkeitsverlust.

Auch Kaffee sowie Tee haben - abhängig von ihrem Koffein bzw. Teeingehalt - anregende Wirkung auf die Flüssigkeitsausscheidung. Inwiefern diese beiden Getränke für die Flüssigkeitsbilanz eine Rolle spielen hängt von deren Stärke der Zubereitung und vom jeweiligen Gewöhnungsmuster des Konsumenten ab.

Zusammenfassend kann man sagen, dass bei einer pflanzenreichen Kost (ausreichend Gemüse und Obst) und bei regelmäßiger körperlicher Betätigung (ohne größeren Schweißverlust) in unserer Klimazone die Zufuhr von etwa zwei Liter Flüssigkeit ausreichend ist. Dabei ist gutem Quellwasser der Vorzug einzuräumen, Leitungswasser kann bei Bedarf in seiner Qualität durch verschiedene Maßnahmen verbessert werden.

Der daraus zu folgernde Schluss ist, dass nicht allein die Menge des aufgenommenen Wassers für dessen gesundheitlichen Wert verantwortlich ist, sondern auch die Qualität des Wassers.

Bei der Aufnahme von Wasser in den Organismus spielen die sogenannten Aquaphorine eine besondere Rolle. Das sind Eiweißbestandteile der Zellmembran, welche Kanäle bilden, die den Durchtritt von Wasser und anderen Molekülen begünstigen.

Spezielle Clusterstrukturen sowie wassereigene Frequenzen sind für den Durchgang von Wasser ins Innere der Zellen von Bedeutung. In diesem Zusammenhang wird von Fachkreisen auf eine spezielle Frequenz von 22,5 Herz hingewiesen, welche für qualitativ hochwertiges Wasser Bedeutung haben soll. Untersuchungen eines Schweizer Institutes (Planet Diagnostics) haben bei guten Quellwässern stets diese Frequenz gefunden.

---

bzw. der Lebensmittel an. Die blutzuckersteigernde Wirkung von Traubenzucker dient als Referenzwert (100).

Kolloidale Mineralien[24] im Wasser sind verantwortlich für die Bildung hoch geordneter Clusterstrukturen sowie für die Speicherfähigkeit von bestimmten Frequenzen im Wasser. Wasser nimmt über Mineralien die energetischen Eigenschaften der Elemente auf.

Durch den stets spiralförmigen Fluss des Wassers werden somit Molekülcluster gebildet, welche biologische Aktivitäten im Organismus ermöglichen. Somit hängt es in hohem Maße von der Wasserqualität ab, ob die Nährstoffe auch auf richtigem Weg in die Zellen gelangen.

Diese Erkenntnisse sprechen wohl eher für die Bevorzugung von gutem Quellwasser gegenüber schlechtem Leitungs- oder destilliertem Wasser.

Zusammenfassend kann man sagen:

- Das Wasser ist die Grundlage des menschlichen Lebens und dient nicht nur als Baustein der Zellen oder als Lösungsmittel für Reaktionen sondern reguliert über die Transpiration auch den Wärmehaushalt des Körpers.
- Durch adäquate Wasserzufuhr wird zusätzlich der Nährstofftransport als auch die Entschlackung von Giften aus der belastenden Nahrung gewährleistet.
- Die richtige Menge bzw. der richtige Mineralisierungsgrad des Wassers hängt von mehreren Faktoren ab: bereichertes Wasser mineralisiert den nährstoffarmen Körper, während destilliertes Wasser den Abtransport von Giften zwar begünstigt, jedoch dem Körper bei Überdosierung auch Mineralien entzieht.
- Kleinere Trinkmengen lassen sich daher bei einer Kost mit vorwiegend Frischgemüse und Obst jedenfalls befürworten.
- Bewährt sind Quellwasser und strukturiertes (unter Zugabe von Edelsteinen informationell beeinflusstes) Wasser. Hingegen sind Kohlensäure versetztes und Ozon bereichertes Mineralwasser durchaus wegen ihrer potentiell Säure bildenden Wirkung strittig.
- Eine reinigende und entschlackende Wirkung wird dem destillierten als auch dem belebten - aufgrund technischer Aufsätze verquirltem - Wasser zugeschrieben.

---

[24] Als Kolloide (von griechisch κόλλα „Leim" und εἶδος „Form, Aussehen") werden Teilchen oder Tröpfchen bezeichnet, die in einem anderen Medium (Feststoff, Gas oder Flüssigkeit), dem Dispersionsmedium, fein verteilt sind.

Salz

In diesem Kapitel geht es um folgende Themen:

- **Bedeutung von Salz im Körper**
- **Salzbedarf des menschlichen Körpers**
- **Unterschiedliche Arten von Salz**

Natriumchlorid (Kochsalz) ist das Natriumsalz der Salzsäure mit der chemischen Formel NaCl. Natriumchlorid ist in der Natur in großer Menge vorhanden, teils gelöst im Meerwasser, teils als Mineral Halit (Steinsalz) in unterirdischen Salzstöcken. Da Natriumchlorid der wichtigste Mineralstoff für Menschen und Tiere ist (der menschliche Körper besteht zu etwa 0,9 % aus Salz und verliert davon täglich 3 bis 20 Gramm), wurde es schon in vorgeschichtlicher Zeit gewonnen und blieb lange Zeit ein teures Handelsgut.

Allgemeines zu Kochsalz

Das Kochsalz (Natriumchlorid, chem. NaCl), kurz Salz, ist neben seiner Bedeutung als Rohstoff für die chemische Industrie als Gewürz bzw. Nahrungsmittel für Mensch und Tier unentbehrlich. Es spielt im Elektrolyt-Haushalt eine lebenswichtige Rolle, wird zur Weiterleitung von Nervenimpulsen benötigt und dient der Aufrechterhaltung des Säure-Basen-Gleichgewichts im Blut.

In der Regel wird es mit der Nahrung dem Organismus zugefügt, gelangt über den Darm in das Blut und bewirkt dort den konstanten osmotischen Druck[25]. Ausgeschieden wird es über die Nieren und teilweise, zum Beispiel beim Schwitzen, durch die Haut. Es ist sowohl bei der Salzsäureproduktion als auch bei der Bildung von Natriumbicarbonat („basischer Puffer") beteiligt.

Kochsalz wird oft Speisen beigegeben, obwohl es in richtig zusammengesetzter Nahrung bereits ausreichend vorhanden wäre. Damit wird dem Körper meist zu viel Salz zugeführt.

 Die Nahrung industrialisierter Länder ist vielfach zu salzreich. Unter bestimmten Umständen wird dadurch das Zustandekommen von Bluthochdruck begünstigt. Das Zurückhalten von Wasser durch übermäßige Salzzufuhr begünstigt die Wasseransammlung im Gewebe (Ödembildung) mit nachteiligen Folgen für das Herz-Kreislaufsystem und den Blutdruck.

Der Kochsalzbedarf beträgt im Durchschnitt 0,5 bis 3 Gramm pro Tag. Versteckte Salze sollten dabei mitgerechnet werden.

Eine wesentliche Funktion des Salzes ist das Balancieren des Wasserhaushaltes, die durch Hormone der Nebennierenrinde, so genannte Mineralocorticoide geregelt wird. Diese beeinflussen die Salz- und Wasserausscheidung und wirken auch auf die Phosphor und Kaliumausscheidung.

Eine Störung im Hormonhaushalt bewirkt einen erhöhten Natriumspiegel bei vermindertem Kaliumgehalt bei vermehrter Wasseransammlung im Gewebe und fördert eine Blutdruckerhöhung. Als übergeordnetes Organ fungiert die Hirnanhangdrüse mit dem Adrenocorticotropen-Hormon.

---

[25] Als Osmose (von griechisch ὠσμός, ōsmós = „Eindringen, Stoß, Schub, Antrieb") wird in den Naturwissenschaften der gerichtete Fluss von Molekülen durch eine semipermeable (auch: selektiv permeable) Membran bezeichnet.

Im Alltag ist die Salzaufnahme durch das begleitende Durstgefühl in der Regel mit Wasseraufnahme gekoppelt. Menschen, die über längere Zeit zu viel Salz aufnehmen, zeigen Gewöhnungserscheinungen. Unter anderem wird der Appetit angeregt und auch die Produktion von Verdauungssekreten, deren Basis Natriumchlorid darstellt.

Bewohner gewisser Länder nehmen die mehrfache Menge der täglich notwendigen Salzmenge zu sich. An der Spitze liegen Amerika und Europa sowie in Asien speziell Japan. In Indien liegt der durchschnittliche Salzverbrauch bei 5 Gramm pro Tag, in Europa bei 40 Gramm, in Amerika noch deutlich höher.

Der tägliche Salzbedarf ist individuell verschieden und von vielen Faktoren abhängig. Dazu gehören etwa Klimawerte wie Feuchtigkeit und Temperatur sowie körperliche Aktivitäten. Ein gesunder Stoffwechsel ist in der Lage ein Zuviel an Salz wieder auszuscheiden. Bei eingeschränkter Herz- oder Nierenfunktion kann es jedoch zu Speicherungen von Salz und Wasser im Gewebe kommen.

Nach dem Vorkommen in der Natur unterscheidet man verschiedene Salzformen. Sowohl Bergsalz als auch Meersalz stammt aus Salzseen oder anderen Meeresteilen. Auch das Himalaya-Bergsalz stammt aus der gleichen Quelle. Streng genommen stammt jedes Salzkörnchen aus dem Salzwasser der Urmeere.

Das übliche Speisesalz durchläuft allerdings einen aufwendigen Raffinationsprozess, wobei es Spurenelemente und begleitende Mineralien verliert, so dass letztlich nur noch Natriumchlorid übrig bleibt.

Unterschiede bestehen auch in der kristallinen Struktur der verschiedenen Salze. So wird etwa Vollmeersalz ohne Umkristallisieren - nur unter Einwirkung von Wind und Sonne - gewonnen.

Ähnlich wie bei verschiedenen Wasserarten werden auch den verschiedenen Salzarten energetische Kräfte zugeschrieben, die durch den Druck der Bergmassive oder die Einstrahlungsenergie der Sonne zustande kommen sollen.

Prof. C. L. Kervran aus Paris behauptet, dass im Meer ständig unbelebte Materie unter Einwirkung kosmischer Strahlen über ein kolloidales Stadium in lebende Substanz übergeführt wird. Dabei soll es zu Transmutationen (Veränderung von Stoffen) kommen, wobei gewisse Stoffe, die zur

Bildung organischen Lebens notwendig sind, spontan gebildet werden könnten.

Die Salzgewinnung erfolgt entweder aus dem Meer oder aus Erdlagern welche wiederum aus Salzseen oder Meeresteilen entstanden sind. Abgebaut wird es als Steinsalz oder aber in Salinen, wo Solesalz eingedämpft und getrocknet oder über Gradierwerke geleitet wird. Seesalz kommt in den Meeren vor, wo es in Salzgärten ausgeschieden wird, indem das Wasser verdunstet.

Salz war der Menschheit schon seit Urzeiten unentbehrlich. Salzquellen waren umkämpfte Stätten. Religionsgeschichtlich hat das Salz - da unentbehrlich zur Lebenserhaltung – in vielen Kulturen lebensfördernde, Unheil abwehrende Kraft. Es wird dem Opfer beigemischt, vertreibt böse Geister und sein gemeinschaftliches Verspeisen gründet feste Bündnisse. Im neuen Testament ist Salz das Symbol für den sittlichen Wert, der die Jünger auszeichnet und von dem die Rede des Christen erfüllt sein soll.

Wussten Sie, dass es in Bolivien einen Salzsee gibt, in dessen Mitte ein Hotel steht, dessen Stühle, Tische und Wände aus Salz geformt sind? Im polnischen Salzbergwerk Wielitczka gibt es eine unterirdische Kapelle, die ebenfalls komplett aus Salz gebaut ist und für diverse Veranstaltungen genutzt wird.

Zahlreiche Niederlassungen entstanden um Salzquellen, woran deren heutige Namen noch erinnern: Salzbrunn, Salzburg, Salzgitter, Salzkammergut usw. Salzstraßen sind alte Verkehrswege die dem Salzhandel dienten und teilweise bis in die Gegenwart erhalten geblieben sind.

Die Worte Salz und Sonne haben dieselbe Wurzel und stellen gemeinsam einen Teil der Basis des menschlichen Lebens dar. Seit dem Meeresbeginn mit seinem darin entstehenden Leben beinhalten Körperzellen Salz.

Welches Salz ist das beste?

Bei der Beurteilung dieser Frage beobachtet man die Feststellung: „Jeder Krämer lobt seine Ware."

Meersalz

So wird von Meersalz-Liebhabern behauptet, dass nur dieses gesundheitsfördernd sei, da es in ungereinigtem und unfiltriertem Zustand alle biologischen Spurenelemente, wie sie in natürlichem Zustand nur im Meer vorkämen, beinhalte. Dadurch behielte es die Fähigkeit Gas-Substanzen zu absorbieren, Entzündungen zu beseitigen und die Sekretionsfähigkeit des Organismus zu erhöhen. Mit dem Verlust der insgesamt 84 Spurenelemente (u.a. Silizium, Jod, Brom, Barium, Aluminium, Caesium, Mangan, Kupfer, Zink, Silber, Lithium, Strontium, Gold, Kobalt, Rubidium usw.) sowie der Mineralstoffe Magnesium, Kalium, Kalzium, Schwefel und Aluminiumsilikat ginge auch seine biologische Aktivität verloren. Mitschuldig am Verlust der biologischen Aktivität von gereinigtem Salz sei auch die fraktionierte Destillation sowie das Dörren mit hoher Temperatur.

Himalaya Salz

Dem Salz aus dem Himalaya werden ebnefalls wundersame Heilwirkungen nachgesagt. Dort hat sich in Jahrmillionen durch den Druck der Berge ein gehaltvolles Kristallsalz ausgebildet. Darin enthalten sind ebenfalls viele Spurenelemente und Mineralstoffe, die dem Körper wertvolle Dienste leisten können. Dabei wird nicht nur die Verwendung als Speisenzugabe propagiert, sondern auch das Trinken einer sogenannten Sole-Lösung. Die gelbbraune Farbe des Salzes wird durch Mineralien wie Eisen verursacht. Behauptet wird eine Wirkung in Form von „Lichtquanten" (Biophotonen) neben der Zufuhr von Mineralstoffen und Spurenelementen. Als Nachweis der positiven Wirkung des Himalaya-Salzes werden Versuche mittels Dunkelfeldmikroskopie[26] angeführt, die eine Veränderung des Blutbildes in Richtung eines dünnflüssigeren Zustandes (durch Aufhebung der sogenannten Geldrollenform der Erythrocyten) dokumentieren sollen.

Das würde bedeuten, dass das Trinken von Kristallsalzsole eine positive, ausgleichende Wirkung auf den menschlichen Organismus hätte. Sowohl zu hoher als auch zu niedriger Blutdruck ließe sich damit vielfach normalisieren.

---

26 Die Dunkelfeldmikroskopie ist eine optische Methode zur Untersuchung von Objekten, die aufgrund ihrer geringen Größe weit unter der Wahrnehmungsgrenze des menschlichen Auges liegen und deshalb ohne technische Hilfsmittel nicht oder nur eingeschränkt betrachtet werden können. Es handelt sich um eine spezielle Variante der Lichtmikroskopie, durch die mit Hilfe speziell ausgestatteter Mikroskope insbesondere durchsichtige und kontrastarme Objekte ohne vorherige Färbung untersucht werden können. Dies ist bei Durchlichtbeleuchtung nur unzureichend möglich.

In weiterer Folge wird von den Befürwortern des Himalaya-Salzes eine Reihe von Krankheiten aufgezählt, bei welchen dieses erfolgreich eingesetzt werden könnte. So etwa beim Rheumatischen Formenkreis, bei Arthrosen, bei Osteoporose sowie bei Hauterkrankungen wie Neurodermitis, Psoriasis, Akne und Hautpilzen. Bei Magen-Darm-Erkrankungen, jedoch auch bei Schlafstörungen und Depressionen sollen ebenfalls Erfolge beobachtet worden sein.

Tatsache ist, dass durch die Gewinnung der Salzbrocken in Pakistan und deren händische Verarbeitung in Indien Arbeitsplätze geschaffen werden. Inwieweit die propagierten gesundheitsfördernden Effekte von Meersalz sowie auch von kristallinem Himalaya-Salz objektivierbar sind, bleibt bislang noch weiteren Forschungsergebnissen und wissenschaftlichen Studien überlassen.

Die Wirkung von Kochsalz (NaCl) ist aufgrund seiner chemischen Struktur nach objektiven Kriterien in allen Salzarten als gleich anzusehen. Hinsichtlich der Beurteilung der einzelnen Produkte - Meersalz, Bergsalz, Himalaya-Salz usw. - müssen auf ihre gesundheitsbezogenen Eigenschaften allerdings Unterschiede getroffen werden. Die einzelnen Salzarten unterscheiden sich nämlich sowohl durch chemische Aspekte (Spurenelemente, Mineralstoffe) als auch physikalische Aspekte (Sonneneinstrahlung, Druck, Kristallisation usw.) voneinander.

Ob diese Unterschiede jedoch auch die gravierenden Preisunterschiede der einzelnen Salzarten rechtfertigen, die bis zum Zehnfachen der billigsten Salzart betragen, muss der Konsument für sich entscheiden, da bis jetzt noch keine ausreichende wissenschaftliche Beurteilung hinsichtlich gesundheitsrelevanter Wirkungen vorliegt.

Fazit: Sicher ist, dass zwischen reinem Natriumchlorid und anderen Salzarten wie Meersalz und Kristallsalz ebenso ein Unterschied besteht wie zwischen verschiedenen Formen von Leitungswasser und verschiedenen Mineral- oder Quellwässern.

Zusammenfassend kann man sagen:

- Salz ist bei der Aufrechterhaltung des Säuren-Basen-Gleichgewichts unter anderem in der Form von Puffersystemen beteiligt.
- Salz sorgt auch für einen ausgeglichenen Wasserhaushalt im Körper, was sich beispielsweise durch Durst bemerkbar macht. Trotz der Fähigkeit überschüssige Salze abzubauen, schädigt ein Übermaß den Körper langfristig.
- Je reichhaltiger das Salz an Spurenelementen ist, desto positiver entfaltet es seine Wirkung.
- Qualitätsunterschiede von Salzsorten diverser Herkunft (z.B. mehr Spurenelemente des Himalayasalzes) sind zwar durchaus möglich aber schwerlich zu beweisen. Schließlich stammen alle Salzsorten ursprünglich aus demselben „Urmeer".
- Die Qualität des Salzes leidet jedoch unter der industriellen Verarbeitung (Trocknung, Entmineralisierung, Zusatz von medizinisch nicht unbedenklichen Rieselmitteln).

Ballaststoffe

In diesem Kapitel geht es um folgende Themen:

- **Bedeutung von Ballaststoffen**
- **Ballaststoffbedarf im menschlichen Körper**

Die Aufnahme, aber besonders die Verwertung der Nahrung hängt in hohem Maße von der Gegenwart anscheinend unverwertbarer Nahrungsmittel, den sogenannten Ballaststoffen, ab. Diese Ballaststoffe haben zwar für die auf direktem Wege erfolgende Nährstoffzufuhr keine Bedeutung, umso mehr können sie für die in Summe in Milliardenanzahl vorkommenden Darmbakterien eine große Rolle spielen. So hat pflanzliche Nahrung einen bedeutenden Anteil an unverwertbaren Stoffen wie Zellulose und Pektinen, welche nicht als Nährstoffe ausgenützt werden können. Im Gegensatz dazu werden Zucker oder Fleisch nahezu vollständig aufgenommen und auch verstoffwechselt.

Ebenso ist auch Brot, abhängig vom Ausmahlungsgrad des Mehles, höher oder niedriger auszunutzen. Je niedriger der Ausmahlungsgrad[27] ist, desto höher ist der Ausnutzungsgrad und damit auch der „glykämische Index" (ein bereits kurz angeschnittenes Maß für die Geschwindigkeit der Zuckerbereitstellung im Blut und der daraus erforderlichen Insulinausschüttung zum Zwecke der weiteren Verstoffwechselung der Kohlenhydrate).

> **Wussten Sie, dass Brot mit einem hohen Ausmahlungsgrad auch einen hohen Anteil an Ballaststoffen enthält und dementsprechend einen niedrigeren glykämischen Index hat als Brot mit einem niederen Ausmahlungsgrad.**

Den Getreideballaststoffen kommt im Rahmen einer vollwertigen Ernährung eine große Bedeutung zu. So können bei richtig zusammengesetzter Nahrung durchaus größere Mengen verzehrt werden, ohne dass es dabei zu einer übermäßigen Kalorienzufuhr und daraus folgend zu einer Gewichtszunahme kommen muss. Zufolge des Vorhandenseins von Ballaststoffen ist einerseits eine größere Füllmenge für die Darmorgane gegeben, andererseits ist die Verwertung der Inhaltsstoffe (Nährstoffe) geringer. Ein weiterer Vorteil ballaststoffreicher Kost ist die Tatsache, dass die Passagezeit im Darm bei größerem Volumen durch Ballaststoffe beschleunigt ist. Damit wird auch die den Stoffwechsel belastende saure Gärung im Dünndarm reduziert, die bei vielen Menschen als Folge einer zuckerreichen Nahrung bei Anwesenheit von Hefepilzen im Darm stattfindet. Pflanzliche, ballaststoffreiche Nahrung passiert den Darm schneller als Nahrung aus tierischer Herkunft. Das ist von besonderer Bedeutung bei den vielen Erkrankungen des Darmes bis hin zum Dickdarmkarzinom. Es gilt als erwiesen, dass bei vorwiegender Fleischnahrung bei gleichzeitigem Ballaststoffmangel Dickdarmkrebs vermehrt auftritt.

---

[27] Der Ausmahlungsgrad beschreibt bei der Getreideverarbeitung in der Mühle, wie viel Mehl aus 100 kg Getreide hergestellt wurde. Bei der Herstellung von hellen Mehlen ist es das Ziel des Müllers, möglichst viele Mehlkörperzellen aus dem Inneren des Korns von den Schalenteilchen (Kleie) zu trennen. Vollkornmehl ist hingegen das gemahlene, ganze Getreidekorn. Es muss die gesamten Bestandteile der gereinigten Körner, einschließlich des Keimlings, enthalten. Die Körner dürfen vor der Vermahlung von der äußeren Fruchtschale befreit sein. Der Ausmahlungsgrad liegt bei mindestens 98%.

Ur-Vorfahren der Menschen mussten die mühsam gewonnenen spärlichen Nahrungsmittel selbst durch anstrengendes Kauen aufschließen und schluckfähig machen. Samen, Nüsse, Knollen und Wurzeln wurden erst zerbissen und danach geduldig eingespeichelt. Vorerst gab es noch kein Feuer und die Zubereitungsformen des Kochens, Garens und Grillens standen nicht zur Verfügung. Heute leistet die Kochzubereitung der Nahrung einen beträchtlichen Teil für die Aufschließung und Vorverdauung der Nahrungsmittel. Für den Stoffwechsel bedeutet das aber nicht nur Erleichterung sondern auch Stress. So ist dies vielfach mit einer erhöhten Insulinausschüttung verbunden. Der Fettabbau wird blockiert, die Körperzellen altern vorzeitig. Schließlich kommt noch die maschinelle Verfeinerung der Nahrung hinzu mit all ihren potentiellen gesundheitlichen Nachteilen.

Für Vollkornprodukte konnte nachgewiesen werden, dass diese ein wesentliches Element der Ernährung sind, indem sie vor Arteriosklerose (Arterienverkalkung) schützen. Ebenso gilt als gesichert, dass ballaststoffarme zuckerreiche Kost zu Verstopfung, zumindest aber zu einer längeren Verweildauer des Stuhls im Darm führt. Die Folge davon ist unter anderem ein längerer Kontakt von Schadstoffen mit der Darmwand, was die Krebsentstehung begünstigt.

Vollkornprodukte, Gemüse und Obst wirken sich nicht nur günstig auf das Stuhlverhalten aus, sondern enthalten auch wertvolle Mineralstoffe und Vitamine, die das Immunsystem stärken und krebserregende Stoffe neutralisieren helfen (z.B. Magnesium, Zink, Kupfer, Selen, Beta-Karotin, Vitamin C, Vitamin E, u.v.m.). Auch hier gilt die Regel: je frischer desto besser. Bei falscher Zubereitung mit zu großer Hitze, zu langer Lagerung oder längerem Warmhalten geht ein Großteil der gesundheitsfördernden Eigenschaften wieder verloren.

Vom Deutschen Institut für Ernährungsforschung liegt ein Bericht vor, der den Zusammenhang von Ballaststoffverzehr, Magnesiumaufnahme und Zuckerkrankheit analysiert. Dabei zeigte sich, dass die Teilnehmer der EPIC-Studie[28], die einen hohen Ballaststoffanteil in ihrer Nahrung aufwiesen, im Vergleich zu den Teilnehmern mit dem geringsten Vollkornverzehr ein um 28% verringertes Risiko hatten an Diabetes zu erkranken. In dieser Studie wurden die Daten von 26.000 Teilnehmern erhoben (Archives of Internal Medicine, 2007). In neun weiteren Studien fand man sogar eine

---

[28] European Prospective Investigation into Cancer and Nutrition

Risikosenkung von 33%. Das entspricht den bisherigen Beobachtungen, nämlich, dass Ballaststoffe aus Vollgetreideprodukten die Wirkung von Insulin verbessern können. Zudem lässt ballaststoffreiche Kost den Blutzucker nur langsam ansteigen, sodass Blutzuckerspitzen vermieden werden. Damit ist bewiesen, dass eine Bevorzugung ballaststoffreicher Vollkornprodukte das Risiko für Zuckerkrankheit senkt.

Wenn von Ballaststoffen die Rede ist, versteht man darunter in der Regel jene Bestandteile der Nahrung, die den menschlichen Körper passieren, ohne dass sie dem Organismus Nährstoffe zuführen. Aus diesem Grund wurden sie auch lange Zeit nicht von Ernährungsphysiologen berücksichtigt, sie wurden für nutzlosen Ballast erachtet. Das bedeutet, dass sie überflüssig oder nutzlos wären. Beobachtungen hinsichtlich der Passagezeit von aufgenommener Nahrung zeigten, dass diese bei ballaststofffreier Kost 15 bis 35 Stunden, bei Fleisch, Zucker und Feinmehlprodukten jedoch ein Vielfaches dieser Zeit (bis zu 100 Stunden) betragen kann. Da ballaststoffreiche Kost in der Regel auch einen hohen Anteil an basischen Bestandteilen aufweist (speziell gemüsereiche Nahrung) kann dadurch auch vielen Zivilisationskrankheiten vorgebeugt werden (z.B. Osteoporose, Arthrosen, Rheuma, Arthritis, Bluthochdruck, Arteriosklerose, Venenerkrankungen, Hämorrhoiden, Altersdiabetes, Dickdarmkrebs).

Das soll ein Beweggrund dafür sein, den Ballaststoffen besondere Aufmerksamkeit zu widmen. Ballaststoffe sind also unverdauliche Bestandteile der Nahrung. In der chemischen Analytik werden solche Stoffe als Rohfaser bezeichnet. Es handelt sich dabei immer um unverdauliche Bestandteile von Zellwänden sowie von gewissen Gewebsstoffen, die als Stütz- oder Randgewebe bezeichnet werden. Chemisch gesehen handelt es sich um unverdauliche Kohlenhydrate wie Zellulose oder Pektin, welche vom menschlichen Organismus nicht als Nahrung verwertet werden können. Anders jedoch bei gewissen Tierarten oder aber Bakterien. Diese können damit sehr wohl ihren Energiestoffwechsel betreiben. Es gibt sogar wissenschaftliche Hinweise dafür, dass Ballaststoffe auch beim Menschen unter gewissen Umständen Energie bzw., kalorienliefernd sind: Abhängig von der Zusammensetzung der Darmflora können demnach Ballaststoffe verstoffwechselt werden und damit auch als Energielieferanten angesehen werden. Dahingehend sind Ballaststoffe nicht nur Futter für Darmbakterien und volumenbildende Stuhlbestandteile, sondern auch in vereinzelten Fällen als Nährstoffe anzusehen.

Man muss außerdem unterscheiden zwischen den in manchen Nähr-stofftabellen angegebenen Werten von Rohfasern und Ballaststoffgehalt von Nahrungsmitteln. Rohfasern stellen nur einen Teil der Ballaststoffe dar. Es handelt sich in der Regel um mit Säuren oder Laugen behandelte Ballaststoffe. Die dabei heraus gelösten Stoffe sind stickstofffreie Extrakt-stoffe, die überwiegend den löslichen Kohlenhydraten zugeordnet werden.

Folgende Werte konnten für Roggen und Weizen hinsichtlich ihres Rohfa-ser- bzw. Ballaststoffgehaltes erhoben werden (Skribot,1983):

Getreide		Rohfaser	Ballaststoffgehalt
Weizen	Mehlkern	0,1- 0,2	0,6- 1,0
	Vollkorn	2,0- 2,4	8,0- 9,0
Roggen	Mehlkern	0,5- 0,8	1,5- 2,5
	Vollkorn	1,5- 2,5	7,5- 8,5

Tabelle 5: Getreide im Rohfaser-Ballaststoffgehalt-Vergleich

Daraus ist ersichtlich, dass der Rohfasergehalt deutlich niedriger ist, als der Ballaststoffgehalt. Ebenso ist der beträchtliche Unterschied zwischen dem Ballaststoffgehalt von Feinmehlprodukten und Vollkornprodukten zu erkennen.

Außer ihrer Füllwirkung und der damit verbundenen Passage-Beschleunigung im Darm haben die Ballaststoffe noch andere bedeutende Aufgaben im Körper zu erfüllen. Sie werden zwar zum Unterschied von Kohlenhydraten, Eiweiß und Fett sowie Mineralien und Mikronährstoffen nicht von den Verdauungssäften zur Aufnahme durch die Darmzellen vorbereitet, sie haben aber andere wichtige Aufgaben.

Unter anderem entsteht im Mund ein so genanntes Membran-Gefühl, welches den Kau-Akt intensiviert und erst nach längerem Kauen und da-rauf folgendem Vermischen mit alkalischem Speichel den Schluck-Akt ermöglicht.

Diese Tatsache gibt auch einen Hinweis auf die Wichtigkeit des Kau-Aktes und des Einspeichelns von Nahrungsmitteln. Im Magen wird bei Anwe-senheit von Ballaststoffen die Verweildauer verlängert. Das ermöglicht eine längere Einwirkung des Magensekretes und einen länger anhaltenden Füllungsreiz, der bei Anwesenheit von Kohlehydraten auch einen Sättigungsreiz bedeutet.

Der Mageninhalt wird portionsweise in den Zwölffingerdarm abgegeben. Dort nehmen die basischen Verdauungssäfte aus Darm und Bauchspeicheldrüsen sowie bei Anwesenheit von Fetten auch Gallensekrete den sauren Mageninhalt in Empfang. Daher bedeutet eine langsame Abgabe aus dem Magen auch eine kontinuierlichere langsamere Verarbeitung der nun aufnahmefähig gemachten Zucker aus der Nahrung.

> **Wussten Sie, dass die Verdauung bereits im Mund beginnt, und zwar mit der Einspeichelung? Ein langes und gründliches Kauen entlastet die Verdauung und sorgt für ein zeitgerechtes Sättigungsgefühl.**

Da der Blutzucker nur langsam aus dem Verdauungsbrei aufgenommen wird, ist eine kontinuierliche Insulinabgabe mit nur niedrigen Dosen erforderlich, was eine weniger schwankende Blutzuckerkurve zur Folge hat und damit eine Schonung von Bauchspeicheldrüse sowie Gefäß- und Körperzellen bewirkt. Auch das bei Zucker und Feinmehl beobachtete Hungergefühl nach Absinken des Blutzuckers infolge massiver Insulinausschüttung tritt bei Anwesenheit von ausreichenden Ballaststoffen nicht auf. Der Wunsch zu neuerlicher Nahrungsaufnahme kurz nach Hauptmahlzeiten fällt dadurch zur Gänze weg. Durch die mengenmäßig größere Füllung des Magens bei weniger Kalorien entsteht ein rascheres Sättigungsgefühl.

Ein weiterer Vorteil entsteht durch das Bindungsvermögen von Magensäure mit dem daraus resultierenden Neutralisationseffekt durch Ballaststoffe. Die Neutralisationsarbeit der oberen Darmabschnitte wird dadurch erleichtert. Bei Weißmehlprodukten und Zucker sowie auch bei Fleischprodukten mit geringem oder fehlendem Ballaststoffanteil fehlt dieses Pufferungsvermögen und es kommt leichter zu Schädigungen der Schleimhäute durch überschüssige Säure.

Eine weitere, überaus wichtige Funktion üben Ballaststoffe durch ihre Wirkung auf die Darmbakterien aus. Diese spielen in vielfacher Hinsicht eine zentrale Rolle, sowohl was die Nährstoffaufnahme betrifft, aber auch hinsichtlich ihrer Mithilfe bei der Vitaminproduktion. Die russische Ärztin und Ernährungsexpertin Galina Schatalova geht sogar so weit, zu behaupten, dass Mikroorganismen aus dem Dickdarmbereich dazu in der Lage sind "essentielle Aminosäuren" (ebenso wie nicht essentielle Aminosäuren und Vitamine, was allgemein anerkannt ist) aus pflanzlicher Nahrung zu produzieren. Ihr russischer Kollege Alexander Ugolev hätte dies in einer Reihe von Experimenten herausgefunden (Schatalova, 2002).

Darmbakterien greifen am leichtesten Pentosane[29] und in geringerem Maße auch Zellulose an. Dabei entstehen sowohl niedere Fettsäuren wie auch Aminosäuren und Vitamine. Diese Produkte der Mikroorganismen können vom Darm aufgenommen werden. Die Zusammensetzung der Nahrung ist dabei ebenso bedeutsam wie der Funktionszustand der Darmbakterien.

In einer neuen Arbeit von Peter J. Turnbaugh (Nature, 2006) wird darauf hingewiesen, dass Darmbakterien bei der Entstehung von Übergewicht eine nicht unbedeutende Rolle spielen. Die Bakterienflora von Veganern (diese ernähren sich ausschließlich von pflanzlichen Produkten) und Vegetariern (Verzicht auf Fleischprodukte) ist anders als die von Laktovegetariern (vegetarische Kost und Milchprodukte) und wiederum verschieden von der von Fleischessern.

Die Behandlung mit Antibiotika hat einen schädigenden Einfluss auf die Darmflora. Die bei der Gärung im Darm entstehenden Gärungsgase (Methan, Ammoniak, Kohlendioxid, usw.) können zwar unangenehm empfunden werden, bilden aber ebenso wie die Butter- oder Essigsäure kein Hindernis für die Darmpassage, da sie eher abführende Wirkung haben. Andererseits fand man im isolierten Weißmehlkern (Feinmehl) einen Stoff, der die Peristaltik des Darmes zu hemmen imstande ist. Es handelt sich dabei um den so genannten „Kleber des Mehlkernes". Fred W. Koch bezeichnet die daraus bereitete Nahrung als „Kleisternahrung" (Koch, 1984). Er will damit die Behauptung aufstellen, dass Getreideprodukte, aber besonders Feinmehlprodukte im Körper bzw. in den Gefäßen zu Verstopfungen, also Verkleisterung, führen könnten. Damit stünde bei Verzehr von gewissen ballaststoffreichen Vollkornprodukten dem verdauungsbeschleunigenden Effekt der Ballaststoffe ein hemmender Effekt des Klebers

---

[29] Pentosane sind Schleimstoffe in Pflanzenteilen, vor allem im Getreidekorn, und gehören zu der Gruppe der Hemicellulosen. Da der menschliche Körper im Verdauungstrakt keine Pentosanasen (=Enzyme, die Pentosane spalten) produziert, können sie nicht verdaut werden und gehören daher zu den Ballaststoffen.

gegenüber, welcher aber seine negative Wirkung nur bei Überwiegen des Feinmehlanteils entfalten kann.

Schließlich sind die Ballaststoffe durch ihr großes Bindungsvermögen in der Lage, Darminhaltsstoffe wie Gallensäuren und Giftstoffe aus dem Körper zu entfernen, was wiederum einen Cholesterin-senkenden Effekt bewirkt. Der große Wassergehalt des Darmes ergibt zusammen mit den quellfähigen Ballaststoffen sowie den daraus gebildeten Fettsäuren und Gärungsgasen eine ideale Voraussetzung für die Darm-Entleerung.

Versuche an Ratten zeigten bei der Fütterung mit Vollkorn ein um 27 mal höheres Volumen sowie ein neunfaches Gewicht der Exkremente gegenüber den mit Weißmehl gefütterten Versuchstieren.

Die günstigsten Konsistenzformen des Stuhles fand man bei Kleie- und Kohlprodukten. Wenn durch Wasserentzug im Darm eine Verminderung des Transport fördernden und damit abführenden Effektes bei gleichzeitigem Fehlen von Ballaststoffen eintritt, führt dies außerdem zu vermehrten Fäulnisvorgängen. Dabei entstehen aus Eiweißabbauprodukten Giftstoffe wie Indol, Skatol und dergleichen, welche der Organismus bei längerer Verweildauer aufnehmen kann. Dadurch ergeben sich zusätzlich zu Verstopfung und Stuhlträgheit krank machende Effekte.

Damit verändert sich auch die Besiedelung des Darmes mit nützlichen Darmbakterien. Die Aufnahme giftiger Stoffe bei erschwerter und verzögerter Passage im unteren Darmabschnitt ist verantwortlich für das an dieser Stelle vermehrte Auftreten von Darmerkrankungen bis hin zum Dickdarmkrebs. Außerdem kann bei ballaststoffarmer Kost und dadurch ausgelöster Verstopfung beim Stuhlgang durch erhöhte Kraftanstrengung beim Pressen ein gesteigerter Venendruck im Unterleib aufgebaut werden. Die unteren Extremitäten leiden unter dem erhöhten Druck. Hämorrhoiden und Krampfadern sind die unausweichliche Folge, wenn das Venenblut durch Druckerhöhung in den Gefäßen gestaut wird und diese ballonförmig auftreibt. Wenn nun die Gefäße durch Fehlernährung bereits vorgeschädigt sind, wie dies bei Fortbestand latenter Übersäuerung der Fall ist, kommt es zu irreversiblen Schädigungen der Venen bis hin zur Thrombose in den Extremitäten oder der Venen im Analbereich. Das Entstehen der so genannten Darmdivertikel (Ausstülpungen der Darmwand), die sich in weiterer Folge bösartig verändern können, ist ebenfalls auf Ballaststoffmangel und Toxinbelastung bei chronischer Übersäuerung des Gefäßanteils des geschädigten Darmepithels zurückzuführen.

Es konnten auch Zusammenhänge zwischen Cholesteringehalt und Ballaststoff bzw. Rohfaseranteil der Nahrung festgestellt werden. Naturvölkern, die sich hauptsächlich mit Mais, Hirse sowie anderen Vollkornprodukten, Hülsenfrüchten und Gemüse ernähren, sind Darmerkrankungen ebenso wenig bekannt wie Herz-Kreislauferkrankungen und ein überhöhter Cholesterinspiegel.

Aus dem Vorhergesagten ist eine Mindestmenge an Ballaststoffen zu fordern, um gemeinsam mit einer ausreichend basische Mineralstoffe (Gemüse und Obst) enthaltenden Kost die Entstehung vieler Zivilisationskrankheiten zu verhindern.

Ein natürliches Maß dafür ist jene Menge, welche eine regelmäßige, voluminöse, zügige Stuhlentleerung garantiert (etwa 20g bis 25g Rohfaser pro Tag). Die heutige Standardernährung, mit etwa 5g Rohfasern pro Tag, erfüllt diese Anforderung in der Regel nicht. Durch die diversen technischen Maßnahmen der Zivilisationskost ist der Anteil an Ballaststoffen in den letzten 100 Jahren beträchtlich zurückgegangen und hat zum vermehrten Auftreten vieler vorher noch unbekannter Krankheiten geführt. Das Entwerten des Getreidekornes durch die Herstellung von Weißmehl, die Verwendung von poliertem Reis und die Verarmung der Küchen an Gemüse und Hülsenfrüchten führen nicht nur zu einem für die normale Verdauung unersetzlichen Ballaststoffmangel, sondern auch zu einer anhaltenden chronischen Säurebelastung durch anteilsmäßig zu hohen Fleisch- und Eiweißkonsum, zu einem Mineralstoff- und Vitaminmangel und den daraus folgenden Zivilisationserkrankungen. So findet man erstmals in der Geschichte der Menschheit ein Kuriosum des Wohlstandsüberflusses: Das Fehlen von Ballast, dem billigsten Bestandteil der Nahrung.

Zusammenfassend kann man sagen:

- Die unglückliche Bezeichnung „Ballast"-Stoffe entspringt einem ursprünglich nur geringen Wissen um die Unabdingbarkeit dieser unverdaulichen, überwiegend basisch wirkenden Kohlenhydrate.
- Ballaststoffe findet man unter anderem in unpoliertem/ungeschältem Getreide vor.
- Sie fördern einen gründlicheren Kauakt, weil die Verdauung bereits mit der Einspeichelung eingeleitet wird. Aufgrund ihrer Quelleigenschaft sorgen sie für ein früh einsetzendes Sättigungsgefühl im Magen trotz geringerem Kaloriengehalt bei vergleichbar großem Mengenverzehr.
- Die Anwesenheit von Ballaststoffen sichert auch ein langsameres Ansteigen von Blutzucker (niedriger GLYX) und damit einen konstant bleibenden Insulinspiegel. Dies begünstigt insbesondere eine gewünschte Gewichtsreduktion, weil das Hungergefühl sich langsamer einstellt.
- Im Gegensatz zu leicht lösbarer und verstopfender Nahrung ermöglicht vollwertige, ballaststoffreiche Nahrung dem Körper auf schonende Art und Weise diese ordnungsgemäß zu verarbeiten und für eine bessere Darmentleerung zu sorgen.
- Dies führt zu einer robusten Darmflora und verringert nicht zuletzt auch das Risiko von Zivilisationskrankheiten.
- Kohlenhydrate mit niedrigem glykämischen Index wie Vollkornprodukte sorgen für eine kontinuierliche Aufnahme des Zuckers in die Blutbahn. Der dadurch erzielte ausgeglichene Blutzucker- und Insulinspiegel führt nicht zuletzt auch zu einer besseren Stimmungslage und einer verbesserten Gedächtnisleistung.

Kohlenhydrate

In diesem Kapitel geht es um folgende Themen:

- **Bedeutung von Kohlenhydraten in der Ernährung**
- **Glykämischer Index und glykämische Last**
- **Bedeutung von Getreide, Gemüse und Obst**
- **Unverträglichkeiten im Zusammenhang**

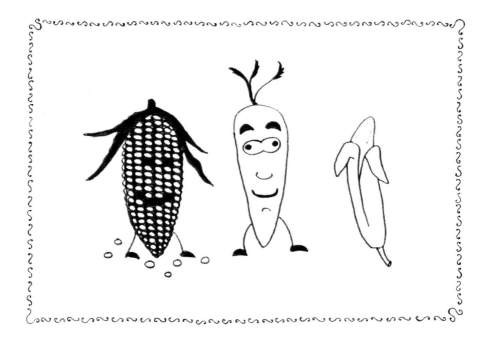

Kohlenhydrate stellen im Normalfall den Hauptbestandteil unserer Ernährung dar. Unter Kohlenhydraten versteht man organische Stoffe die neben Kohlenstoff (Carbonium , vom latein. Carbo= Kohle, chem. Zeichen C) noch die Elemente Wasserstoff (chem. Zeichen H , Hydrogenium vom griech. Hydro = Wasser) und Sauerstoff (Oxygenium, chem. Zeichen O, vom griech. oxys = sauer) enthalten und demzufolge als Kohlenhydrate bezeichnet werden.

Die Pflanzen bauen diese Zucker aus Kohlendioxid und Wasser auf. Die notwendige Energie dafür liefert das Sonnenlicht durch die so genannte Photosynthese. Diese Energie wird beim Abbau zu Kohlendioxid und Wasser wieder freigesetzt.

In der Nahrung sind Kohlenhydrate als Zucker, Stärke und Zellulose enthalten. Man findet sie in verschiedener Verpackungsform im Obst, Getreide und in den diversen Pflanzen sowie im Honig. Man unterscheidet zwischen Einfachzuckern (Monosacchariden), Zweifachzuckern (Disacchariden) und Mehrfachzuckern (Polysacchariden). Ein Monosaccharid ist der Traubenzucker (Glukose), der in Trauben, Früchten und Honig vorkommt. Ebenso der Fruchtzucker (Fruktose), dieser kommt in Früchten sowie im Honig vor. Galactose ist ein Einfachzucker der Milch.

Zu den Zweifachzuckern gehört der Rohrzucker (Saccharose). Er setzt sich aus je einem Molekül Fruchtzucker und Traubenzucker zusammen. Dieser wird hauptsächlich aus der Zuckerrübe sowie aus dem Zuckerrohr gewonnen. Milchzucker (Laktose) und Malzzucker (Maltose) sind ebenfalls Disaccharide. Fruchtzucker hat den höchsten Süßungsgrad (170) Rohrzucker (100), Milchzucker (15).

Der Zucker hat in der Pflanzenwelt mehrere Aufgaben. Durch Umwandlung von Stärke in Zucker wird dieser transportabel gemacht. Andererseits kann die Pflanze den Zucker speichern indem sie ihn zu Stärke umwandelt. So wandelt etwa die Kartoffel, die ein Stärkespeicher ist, beim Keimen Stärke in Zucker um. Dasselbe passiert auch beim Keimen des Getreidekorns. Bei der Alkohol-Herstellung wird dieses Prinzip industriell ausgewertet. Auch die unreife Banane ist stärkehaltig und wandelt bei ihrer Reifung diese in Zucker um. Bei den Früchten ist in unreifem Zustand die Säure dominant, bei der Reifung wird die Frucht dann zunehmend süßer. Schließlich tritt beim Zerfall durch Vergärung des Zuckers wieder Essigsäure auf. Es gibt auch Pflanzen, die ihren Zucker nicht in Stärke umwandeln, wie etwa das Zuckerrohr und die Zuckerrübe oder das Süßholz.

Andere Früchte, wie etwa Datteln, haben durch ihre hohe Zuckerkonzentration bei gleichzeitiger Trockenheit die Eigenschaft, dass deren Zucker nicht vergoren werden kann.

Wussten Sie, dass der verlockende Anreiz des Zuckers über Jahrmillionen den Pflanzen dazu diente, die Insekten zu verführen und vorerst keinen Bezug zur Menschheit hatte?

Bei den Insektenblütlern hat der Zucker eine andere besondere Aufgabe; nämlich das Anlocken der Insekten, damit sie beim Suchen nach der Zuckernahrung die Bestäubung der Pflanzenblüten vornehmen. Ohne Zucker würde der Anreiz zur Nahrungssuche fehlen und damit keine Bestäubung stattfinden. Damit gäbe es auch keine Fortpflanzung. Der Zucker der Blüte ist auch die Grundlage für die Symbiose zwischen Insekt und Pflanze. Dieses Prinzip wird auch bei jenen Pflanzen verfolgt, die ihre Samen, die Früchte, mit Zucker anreichern, um dadurch Tiere zu deren Verzehr anzuregen und die Samen dadurch weiter zu tragen.

Die Nahrung suchenden Insekten folgten instinktiv einem biologischen Reiz, indem sie ihren Hunger durch den süßen Nektar zu stillen suchten. Eine Sonderstellung nehmen dabei die Bienen ein, die den Nektar sammeln, ihn mit Ameisensäure vor der Gärung schützen und zu Honig umarbeiten. Die meisten anderen Insekten speichern den Nektar nicht, sondern stillen ihren Hunger, erfüllen ihre Aufgabe der Übertragung auf andere Blüten und sterben im Herbst, wenn für Nachkommenschaft gesorgt wurde.

Da der Mensch im Gegensatz zu den Bären nicht durch ein Fell vor den Angriffen der Bienen geschützt ist, wird ihm in früheren Zeiten zum Plündern von deren Nestern nur das Feuer bzw. Rauch zur Verfügung gestanden haben, wie man es heute noch in asiatischen Ländern sieht. Jedenfalls ist die Verwendung von Honig durch den Menschen kulturgeschichtlich relativ jung und in jener Zeit anzusiedeln, als der Mensch seine erste Bekleidung trug. Auch sein Quantum an süßen Früchten und Honig dürfte sich in Grenzen gehalten haben. Die prähistorische Zeit hat dem „homo sapiens" höchst wahrscheinlich kein „süßes Leben" bieten können. Dafür hatte er vermutlich weniger Zahnprobleme. Für die damals üblichen Lebensbedingungen und deren Ernährungsgewohnheiten hätte er mit desolaten Zähnen oder einer Zahnprothese auch nicht viel anfangen können. Da sich unsere Gene nicht so rasch wie unsere Lebensgewohnheiten ändern, muss man davon ausgehen, dass der Mensch nicht darauf eingestellt ist sich vorwiegend mit dem süßen Anteil der Kohlenhydrate (Einfach- und Zweifachzucker) zu ernähren.

Tatsache ist, dass der Zuckerverbrauch in den letzten Jahrzehnten gewaltig zugenommen hat und für den Menschen nicht nur die Gefahr der Überzuckerung gegeben ist, sondern auch die Gefahr der Übersäuerung durch die Umsetzung des Zuckers in Säuren, die so genannte „saure Gärung".

Zucker kommt außerdem in der Natur immer vergesellschaftet mit Vitaminen, Mineralien sowie Spurenelementen vor. Beim Raffinationsvorgang gehen nahezu alle diese Stoffe verloren, die der Körper zur Verbrennung des Zuckers dringend benötigt. Dadurch können im Körper Mangelerscheinungen auftreten, die bei wiederholtem Missbrauch vor allem in Kombination mit der Wirkung des Zuckers auf den Säure-Basen-Haushalt zu schwerwiegenden Erkrankungen führen können. Zum Abbau des Zuckers benötigt der Körper unter anderem gewisse Stoffe, die Fermente genannt werden. Wenn diese Fermente oder Vitamine, die hauptsächlich aus dem Vitamin B-Komplex stammen, nicht gleichzeitig ausreichend in der Nahrung vorhanden sind, so wird z.B. Vitamin B1 verbraucht und steht dem Organismus für andere wichtige Funktionen nicht mehr zur Verfügung.

Wussten Sie, dass bei der Rohrzuckerherstellung für ein Kilogramm Zucker mehr als zehn Kilogramm Rüben gebraucht werden?

In einem aufwendigen Prozess wird dabei zur Reinigung Kalk zugesetzt, Kohlensäure hinzugefügt, in Filterpressen der Saft vom Schlamm getrennt. Dieser wird danach mit Kalziumsulfid und schwefeliger Säure gebleicht, eingedickt und im Vakuum gekocht. In der Zentrifuge wird die Trennung in Sirup und Rohrzucker erreicht. Der Sirup wird mehrmals gekocht, abgekühlt, zentrifugiert und kristallisiert um daraus Rohrzucker zu gewinnen. Die Melasse mit ihrem vorwiegenden Nichtzuckeranteil bleibt zurück und wird meist zur Verfütterung und Spirituosen-Gewinnung verwendet. Der Rohrzucker wird nun in der Raffinerie zu Verbrauchszucker verarbeitet, wozu er neuerlich gereinigt, gebleicht, gefiltert und gekocht wird. Von dem ursprünglichen, natürlichen Rohprodukt, welches Vitamine und Mineralien enthalten hat, ist nur noch das reine Kohlenhydrat, das

Disacharid Saccharose übrig geblieben. Alle Mineralien wie Kalium, Kalzium, Kupfer, Kobalt, Mangan, Phosphor, Magnesium, Eisen sowie die Vitamine B1 ,B2, B6, Niacin, Pantothensäure und Vitamin C, welche in der Zuckerrübe noch vorhanden waren, sind dabei verloren gegangen. Hier schneidet der braune Zucker nicht besonders viel besser ab als der weiße.

Bei der Verarbeitung mit Auszugsmehl, wie dies bei der Herstellung von Süßspeisen der Fall ist, wird die Summe der abhanden gekommenen Stoffe noch einmal gesteigert und damit der potentiell krankmachende Effekt erhöht. Das geschieht in den meisten Konditorwaren und Mehlspeisen. Damit nicht genug, wird durch die in der Nahrung und im Darm häufig vorhandenen Hefepilze die saure Vergärung des Zuckers in die Wege geleitet und dadurch das Zellmilieu empfindlich gestört. Dabei spielt ein weiteres Prinzip eine wesentliche Rolle – die Bewertung des so genannten „GLYX".

GLYX

Das ist die Bewertung des Zuckers nach dessen Reaktion auf die Geschwindigkeit des Blutzuckeranstieges. Damit wird auch die Insulinausschüttung indirekt gemessen. Das Maß für diese Reaktion bietet der GLYX (=glykämischer Index) oder kurz GI. Er beurteilt die Blutzuckerreaktion, das heißt, den Anstieg des Blutzuckers nach dem Essen und damit die Insulin-Reaktion des Körpers.

Folgende Berechnungen werden zur Feststellung des GLYX angestellt: Traubenzucker hat einen Wert von 100. Als niedrig gelten Werte unter 55. Einen hohen GLYX haben etwa Weißbrot, Kartoffelpüree oder Pommes frites sowie polierter Reis und andere Feinmehlprodukte. Dem gegenüber stehen Vollkornprodukte und verarbeitete Getreideprodukte mit hohem Ausmahlungsgrad und langsamer Resorption.

Ermittelt wird der GLYX eines Nahrungsmittels, indem die Blutzuckerreaktion auf die Einnahme von 50 Gramm Kohlenhydraten aus diesem Nahrungsmittel bestimmt wird. Dieser Wert wird in Relation zur Blutzuckerreaktion von 50 Gramm Traubenzucker gestellt. Es wird somit nicht die Reaktion von 50 Gramm eines Lebensmittels gemessen, sondern von 50 Gramm Kohlenhydraten in diesem Lebensmittel. So kommt man beim Verzehr von 700 Gramm Karotten und von 104 Gramm Weißbrot etwa zum gleichen GLYX von 71 bzw. 70, also zu einer annähernd gleichen Zuckerreaktion.

Da der GLYX allein zu seltsamen Ernährungsempfehlungen führen kann (so hat auch Speiseeis etwa einen niedrigeren GLYX als Kartoffeln), wird von Vertretern dieser sowie ähnlicher Ernährungsformen auch die so genannte „glykämische Last" bewertet.

Glykämische Last = GI mal Menge an Kohlenhydraten in Gramm / 1oo

Das ist die Kombination von GI mit dem im Lebensmittel enthaltenen Gewicht der Kohlenhydrate. Die glykämische Last berücksichtigt zum jeweiligen GI-Wert auch den Kohlenhydratgehalt der einzelnen Nahrungsmittel.

Beispiel Karotten:
Glykämischer Index = 71, Kohlenhydratgehalt pro 100 Gramm = 7,5 g
Daraus folgt: Glykämische Last (GL) = 5,3

Für Weißbrot wäre die Rechnung folgend:
Glykämischer Index = 70, Kohlenhydratgehalt pro 100 Gramm = 48 g
Glykämische Last (GL) = 33,6

Der Blutzuckereffekt von Weißbrot ist trotz annähernd gleichem glykämischen Index fast zehnmal so hoch wie der von Karotten.

Die Blutzuckerreaktion hängt, zusätzlich zu den jeweiligen Lebensmitteln und ihrer Zubereitung, stark von der Kombination der einzelnen Lebensmitteln, untereinander ab. So erhöhen Fette die Blutzuckerreaktion von Kohlenhydraten, weshalb Diabetiker besonders fettarm essen sollten.

Praktische Anwendung findet die GL bei den Ernährungsprinzip der Montignac–Methode[30] sowie der LOGI-Methode[31] (vgl. Kapitel Ernährungsformen und Diäten).

Der GLYX-Wert gibt also an, wie schnell ein kohlenhydrathaltiges Nahrungsmittel verdaut und als Zucker in das Blut abgegeben wird. So führt etwa Traubenzucker zu einem schnellen Blutzuckeranstieg. Der Körper muss demnach rasch viel Insulin ausschütten, um den Zucker aus dem Blut zu holen, ihn abzubauen. Daraus folgt, dass bei steilem Blutzuckeranstieg die Insulinausschüttung umso intensiver ausfallen muss; desto schneller fällt aber der Blutzuckerspiegel wieder ab, so dass man auch

---

[30] Ernährungsprinzip, das zur Gewichtsabnahme und zur Gesundheitsförderung beitragen soll, mittels Elementen der Glyx-Diät, der Trennkost und der Low-Carb Ernährung.
[31] „Low Glycemic Index"(engl. niedriger Glykämischer Index) - kohlenhydratreduzierte Ernährungsform.

schneller wieder Hunger bekommt. In weiterer Folge kommt es bei andauernder Wiederholung dieses Vorganges zu einer Erschöpfungsreaktion der Körperzellen, die dann den, durch das Insulin für die Aufnahme durch die Zellwand bereitgemachten Zucker, nicht mehr verwerten können. Diese Ermüdungsreaktion führt letztendlich zur Zuckerkrankheit (Diabetes Typ 2).

Nahrungsmittel mit niedrigem GLYX lassen den Blutzuckerspiegel langsamer ansteigen, die Insulinspitzen fallen aus und es entstehen flachere Kurvenbilder der Insulinausschüttung. Das bedeutet weniger Stress für die insulinproduzierenden Zellen der Bauchspeicheldrüse und damit einen geringeren Verschleiß. Insulin wirkt aber nicht nur auf den Zuckerstoffwechsel, sondern auch auf den Eiweiß- und Fettstoffwechsel. Die Zellmembran der Muskelzellen wird durchlässiger und der Transport von Aminosäuren aus dem Blutplasma ins Innere der Zellen findet vermehrt statt. Dieser Effekt wird beim Insulin-Doping von Kraftsportlern zur Anwendung gebracht, um den „Muskelpump" zu erzeugen. Es werden mehr Bausteine für Muskelproteine zur Verfügung gestellt. Insulin verhindert außerdem den Abbau bestimmter Aminosäuren und wirkt damit dem Abbau von Muskelprotein entgegen.

Im Kohlenhydratstoffwechsel wird neben der erhöhten Glukoseaufnahme in die Muskeln, die Leber und die Fettzelle, die Umwandlung von Glukose in Glykogen (Speicherform der Kohlenhydrate) beschleunigt. Außerdem wird der Abbau von Glucose zu Milchsäure, dem so genannten „Laktat" aktiviert.

Zur Wirkung des Insulins auf die Fette ist erwähnenswert, dass Insulin den Abbau der Fette, sprich die Umwandlung von Fett in Fettsäuren, zur Energiegewinnung hemmt. Zudem fördert es die Durchlässigkeit der Fettzellen und steigert dadurch die Aufnahmefähigkeit und Einlagerung von Fettsäuren und Zucker (Glukose). Die ebenfalls durch Insulin ausgelöste erhöhte Wasserspeicherung der Muskelzellen gibt den Kraftsportlern den so genannten „Muskelpump" und ist mit einem vermehrten Kaliumeinstrom in die Zellen verbunden. Diese zellhydrierende Wirkung schützt vor einem Abbau von Muskelsubstanz.

Dass Insulin und das Wachstumshormon „STH" (= somatotropes Hormon) zum Teil antagonistische Wirkungen haben, spielt unter anderem beim Abendessen eine bedeutende Rolle. Die Wachstumshormonausschüttung erfolgt in mehreren Schüben pro Tag nach dem Prinzip des pulsatilzirkadischen Rhythmus. Dabei wird das Wachstumshormon fast ausschließlich im Schlaf produziert. Die erste Ausschüttung erfolgt etwa eine Stunde nach dem Einschlafen. Wenn beispielsweise das Abendessen zu spät stattfindet, so dass der Insulinspiegel noch erhöht ist, kann die Hirnanhangdrüse Hypophyse kein Wachstumshormon produzieren. Dagegen fördert eine Senkung des Insulinspiegels, wie dies etwa beim Fasten der Fall ist, die Produktion von STH. Damit wird der Sinn des gelegentlichen Fastens untermauert.

Da mit zunehmendem Alter die Produktion von STH um 10% bis 15% pro Jahr sinkt, verfügt der Mensch jenseits der 60 über weniger als ein Viertel des Ausgangswertes.

Durch „dinner cancelling", also das Weglassen der Spätmahlzeit, kann so wenigstens ein Teil der verloren gegangenen Hormonwirkung kompensiert werden. Vermeidet man das späte Abendessen, kann die eiweißaufbauende, wachstumsfördernde, sowie zellerneuernde Wirkung des Wachstumshormons durch den Wegfall der Insulinhemmwirkung zur vollen Entfaltung kommen. Hingegen fördert das am Abend, besonders nach einer kohlenhydratreichen Mahlzeit ausgeschüttete Insulin im Blut den Aufbau von Fett im Körper und legt damit den Grundstein für Übergewicht und Fettsucht.

Allen Personen, die mit Gewichtsproblemen kämpfen, sei deshalb der dringende Rat gegeben, neben anderen Faktoren, die bei richtiger Ernährung eine Rolle spielen, die Abendmahlzeit nicht zu üppig, nicht zu spät und vor allem kohlenhydratarm zu gestalten.

Kohlenhydratreiche Nahrung ist viel mehr zum Frühstück empfohlen, da sie zu dieser Tageszeit den Stoffwechsel ankurbeln und damit den Verbrennungsmotor zünden kann.

Honig

Honig ist aufgrund seiner Inhaltstoffe wertvoller als raffinierter Zucker, er besteht aus etwa 200 verschiedenen Inhaltstoffen. Die Honigbienen werden vom Nektar der Pflanzen angelockt um eine effektivere Bestäubung zu garantieren. Im Stock wird der zuckerhaltige Saft weiterverarbeitet, indem der Wassergehalt reduziert wird und durch Hinzufügen von Enzymen das Zuckerspektrum verändert wird. Durch das Entstehen von so genannten „Inhibinen" wird das Wachstum von Hefen und Bakterien gehemmt. Die wichtigsten Inhaltstoffe sind Fruchtzucker und Traubenzucker, mit einem Hauptanteil von je 22 bis 44 Prozent, dabei ist der Fruchtzuckeranteil meist etwas höher als der Traubenzuckeranteil. Außerdem enthält Honig noch andere Zuckerarten wie Saccharose und Maltose und andere Mehrfachzucker, Pollen, Mineralstoffe, Eiweiß, Enzyme, Aminosäuren, Vitamine, Farb- und Aromastoffe. Aufgrund seines hohen Zucker- und niedrigen Wassergehaltes ist Honig lange haltbar. Bakterien und andere Mikroorganismen können sich nicht vermehren. Sie werden osmotisch gehemmt.

Bereits in der Steinzeit nutzte der Mensch Honig als Nahrungsmittel. Die erste Hausbienenhaltung wird vor etwa 9.000 Jahren in Anatolien vermutet. In den Pharaonengräbern wurde Honig als Grabbeigabe gefunden. Bevor Zucker aus Zuckerrüben und Zuckerrohr gewonnen wurde, war Honig der einzige Süßstoff. Heute wird Honig auch im klinischen Bereich zur Wundbehandlung eingesetzt. Hierbei wird seine osmotische, zellzersetzende Wirkung auf Mikroorganismen genutzt, sowie seine desinfizierende Wirkung. Durch Glukose-Oxidase wird Wasserstoffperoxid erzeugt. Da andererseits im Honig einige Bakterien überleben können, wie etwa „clostridium botulinum", das Wundermittel der ästhetischen Medizin, welches in toxischer Dosis Lähmungserscheinungen verursacht, sollte bei noch nicht voll entwickelter Darmflora der Säuglinge bis zu einem Alter von 12 Monaten auf die Gabe von Honig verzichtet werden.

Wenn auch einige positive Aspekte für die Verwendung von Honig in vernünftiger Dosierung sprechen, muss berücksichtigt werden, dass es sich hierbei um ein Bienen-Produkt handelt, welches vorwiegend aus verschiedenen Zuckerarten zusammengesetzt ist und nach dessen Gesichtspunkten verstoffwechselt wird. Das betrifft sowohl dessen diabetogene Wirkung, also den Einfluss auf die Zuckerkrankheit und auch auf den GLYX.

Obst

Obst hat, je nach Sorte, einen verhältnismäßig hohen Fruchtzuckeranteil und wirkt daher vorerst nicht direkt auf die Insulinproduktion der Bauchspeicheldrüse. Es enthält neben wertvollen Mineralien, Spurenelementen, Vitaminen sowie Antioxidantien je nach Reifezustand und Sorte sowohl Traubenzucker als auch Fruchtzucker. Durch seinen Wassergehalt wirkt es Durst stillend und regt durch den Zellulose-Reichtum die Verdauungstätigkeit an.

Dr. De Evans stellt Früchte an die erste Stelle seiner Ernährungsrangliste. Danach kommen 2. Fisch, 3. Fleisch, 4. Gemüse, 5. Getreide. Er sowie andere Vertreter, die der Meinung sind, dass der Mensch von Natur aus ein Frugivore (Früchteesser) sei (z.B. auch Dr. Walker, Dr. Densmore, oder H. Wandmaker), gehen davon aus, dass Früchte die „erste Wahl" sind (Wandmaker, 1999). Unter Berücksichtigung der heute gesicherten Erkenntnisse zum Säure-Basen-Gleichgewicht sowie der erforderlichen Ballaststoffmengen haben Früchte ihren gesicherten Stellenwert in einer gesunden Nahrung, die Reihung vor Gemüse, Fleisch und Fisch und diese wiederum vor Gemüse und Getreide, können jedoch die Anforderungen an eine balancierte Kost nicht erfüllen.

Wandmaker H. vertritt sogar einen roh veganen Vegetarismus und bevorzugt in seinen Ernährungsempfehlungen an erster Stelle Obst (Wandmaker, 1999). Im Verhältnis 75 Prozent Obst, 20 Prozent Gemüse und 5 Prozent Nüsse. Früchte seien die Idealnahrung und enthielten alles, was der Mensch bräuchte: Fruchtzucker, Aminosäuren, Mineralstoffe, Fettsäuren, Vitamine sowie alle anderen Mikronährstoffe. Er behauptet weiter, dass man von Früchten allein leben könne.

Die Beurteilung nach dem Einfluss von Lebensmitteln auf wichtige Stoffwechselparameter und den Zusammenhang von Ernährung und Erkrankungsrisiko, zeigt deutlich ein präventives Potential pflanzlicher Kost.

Obst und insbesondere Gemüse haben einen hohen Wassergehalt, einen niedrigen Anteil an Kohlenhydraten, Eiweiß und Fetten. Das bedeutet geringe Energie - aber hohe Nährstoffdichte. Dabei ist der Gehalt an Mineralien (Kalium, Kalzium, Eisen, Zink) sowie Vitaminen (Beta-Carotin, Folsäure, Vitamin C, Vitamin E) beeindruckend. Daneben wird den in beträchtlicher Menge vorkommenden Ballaststoffen sowie den sogenannten „sekundären Pflanzenstoffen" eine besondere gesundheitsfördernde Wirkung zugeschrieben. Diesen Effekt erfüllen vor allem nicht behandeltes und durch Hitze entwertetes Obst und Gemüse. Schützende Wirkung konnte hinsichtlich des Auftretens von Tumoren des oberen Verdauungstraktes gefunden werden. Eine Risikoreduktion konnte bei Magenkrebs im Bereich von 20%, bei einer Diät über 10 Jahre sogar 44% festgestellt werden. Eine Risikoreduktion von Tumoren im Mund- und Rachenraum sowie im Speiseröhrenbereich wird ebenfalls angenommen. Ein hoher Konsum von Zwiebel und Knoblauchgewächsen konnte das Risiko von Ovarialkarzinomen (Eierstockkrebs) senken. Das Risiko von Herz-Kreislauferkrankungen konnte ebenfalls (zwischen 15% und 35%) gesenkt werden. Ähnlich positive Ergebnisse zeigten sich hinsichtlich der Erkrankung an Osteoporose. Studien bestätigen, dass bei vermehrtem Verzehr von Gemüse und Obst eine gesteigerte Knochendichte zu beobachten war.

 Obst sollte immer auf nüchternen Magen oder in entsprechenden Abständen nach bzw. vor den Mahlzeiten gegessen werden. Sowohl sein Zuckerreichtum als auch sein Zelluloseanteil nimmt die Darmbakterien für sich in Anspruch. In Vergesellschaftung mit anderen Nahrungsmitteln kann dies zu unangenehmen Gärungsprozessen führen.

 Deshalb ist die Empfehlung sinnvoll, Obst an Stelle oder zwischen einer Mahlzeit zu essen.

> **Wussten Sie, dass Obstsäfte Konzentrate sind, die ohne die im Trester zurückbleibenden Enzyme und Vitalstoffe nicht mehr an die Wirkung der ganzen Frucht herankommen?**

Da der Kauvorgang ausfällt, ist der erste Teil der Verdauung gestört, die reflektorische Vorinformation an die Verdauungsorgane fällt aus und es gelangen große Mengen eines Konzentrates verhältnismäßig rasch in den Verdauungsapparat. Als Folge können auch hohe Blutzuckerkurven nach dem Trinken süßer Säfte entstehen. Auch die Tatsache, dass es sich bei dem Zucker in Säften anteilsmäßig um einen teilweise hohen Fruchtzuckeranteil handelt, ist kein Freibrief für Fruchtkonzentrate.

Fruchtzuckerunverträglichkeit

Personen mit Fruktoseintoleranz oder der harmloseren Fruktosemalabsorption können Fruchtzucker nicht wie vorgesehen abbauen oder aus dem Darm nur unzureichend aufnehmen. Die Folge davon ist, dass entweder der Abbau von Zucker gestört ist oder die Aufnahme im Darm nicht funktioniert. Wird dort der Zucker auch nicht aufgenommen, so kann er von den Darmbakterien zu Wasserstoff, Kohlendioxid und kurzkettigen Fettsäuren verstoffwechselt werden. Diese Stoffwechselprodukte fallen oft in einer sehr hohen Konzentration an, werden danach teilweise resorbiert, gelangen zum Teil in die Blutbahn und können, was die gasförmigen Anteile betrifft, über die Lunge abgeatmet werden. Während der Wasserstoff zur Übersäuerung beiträgt, führt die Bildung von Kohlendioxyd zu starken Blähungen und die Bildung kurzkettiger Fettsäuren zu osmotischen Durchfällen. Als Folge davon kann eine große Palette von Symptomen auftreten. Völlegefühl, Aufstoßen, Übelkeit, Erbrechen, Oberbauchschmerzen, abwechselnd Durchfall und Verstopfung, breiige, übel riechende Stühle sowie weitere Beschwerden, die als Reizdarmsyndrom bekannt sind. Auch Reizbarkeit, Müdigkeit, Konzentrationsschwierigkeiten, Schwindelgefühl, Kopfschmerzen und Schlafstörungen können in der Folge auftreten.

Die angeborene Fruktoseintoleranz ist eine seltene Störung, die nur jeweils einen von 130.000 Menschen betrifft. Sie kann zu schweren Leberschädigungen und Unterzuckerungen führen. Die Kinder fallen schon in den ersten Lebensmonaten dadurch auf, dass bei Obst und Gemüsenahrung Probleme auftreten.

Die verschiedenen Obstsorten haben unterschiedlichen Fruchtzuckeranteil. Hohe Konzentrationen finden sich in Birnen, Kirschen oder Ananas., niedrigere in Äpfeln oder Erdbeeren. Bananen haben zwar einen hohen Zuckergehalt, der Fruchtzuckeranteil ist jedoch gering, so dass sie in der Regel von empfindlichen Personen gut vertragen werden.

Die Fruktosemalabsorbtion (sprich: Störungen der Aufnahme im Darm) muss von der Fruktoseintoleranz abgegrenzt werden. Normalerweise werden die über die Nahrung aufgenommenen Kohlenhydrate durch Enzyme in Einfach- und Mehrfachzucker (Mono-und Oligosacharide) aufgespalten, die dann durch Transportproteine (Eiweiß) durch die Dünndarmzellen transportiert werden. Durch ein defektes Transportsystem ist die Kapazität der Fruktoseaufnahme vermindert und diese wird im Dickdarm bakteriell abgebaut.

Auch bei Milchzucker treten Unverträglichkeitsreaktionen auf, die unter dem Begriff „Laktoseintoleranz" bekannt sind. Dabei sind die Symptome ähnlich denen bei Fruchtzuckerunverträglichkeit. Auch diese kann angeboren oder im Laufe des Lebens erworben auftreten. Sowohl bei Fruchtzucker- als auch bei Milchzucker-Unverträglichkeit gibt es Reaktionen mit schwankender Intensität. Es ist anzunehmen, dass die jeweilige Reaktionslage des Darmes für das Ausmaß der Beschwerden verantwortlich ist. Fehlbesiedelungen der Darmbakterien und chronische Reizzustände werden dafür verantwortlich gemacht. Ersteres geschieht oft nach Antibiotika-Therapien, während anhaltende Fehlernährung oder Genussmittelmissbrauch wie Alkoholmissbrauch sowie Reizstoffe oder Säureeinwirkung das Milieu des Darmes stören. Dabei spielen auch immunologische Parameter eine Rolle. Nach Beseitigung der Ursachen können solche Unverträglichkeitsreaktionen deutliche Besserungstendenz zeigen oder sogar ganz verschwinden. Die Zufuhr von Probiotika kann dabei - neben einer Ernährungsumstellung und Vermeidung unphysiologischer Reizbelastung des Darmes - gute Dienste leisten. Probiotika bzw. ihre Weiterentwicklung, die sogenannten Symbiotika, sind Stämme von Darmbakterien, die beim Wiederaufbau einer gestörten oder geschädigten Darmflora helfen. Mikrobiologische Untersuchungen des Darmes sind hilfreich bei der Diagnosestellung von Unverträglichkeiten und geben Auskunft über Störungen der Darmbakterien.

Der Zuckerkonsum spielt eine bedeutende Rolle bei der Beeinflussung des Darmmilieus. Die Darmbakterien wiederum beeinflussen die Aufnahme von Kohlenhydraten und damit verbundene Risikofaktoren wie Störungen des Fettstoffwechsels und Adipositas (Fettsucht). Dabei spielt nicht nur, wie lange angenommen wurde, der Traubenzucker (Glukose) eine Rolle, sondern auch der früher als Diabetikerzucker empfohlene Fruchtzucker. Immer häufiger zeigen Studien, dass der Genuss von größeren Mengen Fruchtzucker der Gesundheit abträglich ist. Das spricht nicht gegen den gesundheitlichen Wert reifen Obstes, sondern bezieht sich vor allem auf den Konsum von Fruktose als Süßungsmittel. Diese wird in letzter Zeit verdächtigt, die in zunehmendem Maße auftretende Fettsuchtepedemie in den USA mit auszulösen. So zeigte eine Studie der University of California von Prof. Kimber Stanhope (JCI, 2009), dass der Konsum von fruktosehaltigen Getränken einen wesentlich ungünstigeren Effekt auf die Gesundheit hat, als der mit Glukose gesüßten. Bei regelmäßigem Konsum fruktosehaltiger Getränke kann es zu einem deutlichen Anstieg der Blutfettwerte kommen, was die Entstehung von Fettablagerungen in den Gefäßen begünstigt.

Daraus ergibt sich die Empfehlung Softdrinks und Fruktose gesüße Lebensmittel in größeren Mengen zu meiden oder nur gelegentlich zu konsumieren.

Die Erklärung ist Folgende: Der Fruchtzucker würde unter normalen Umständen zwar im Darm rasch aufgenommen, jedoch vom Körper nicht gespeichert aber zu Fett umgewandelt werden. Traubenzucker bewirkt hingegen eine geringere Umwandlung in Fette. Das sei die Ursache, dass nach dem Konsum fruktosehaltiger Nahrung oder Getränke die Blutfett-spiegel (Triglyceride) anstiegen. Dadurch könnten auch Bluthochdruck, Übergewicht sowie Insulinstörungen und damit die Voraussetzung für die Zuckerkrankheit entstehen. Jedenfalls ist die „natürliche" Süße in Nah-rungsmitteln und Getränken - auch dann, wenn sie vom Fruchtzucker stammt - nicht unbedenklich.

Bei zu reichlichem Konsum von Fruchtzucker, Marmelade und in einge-schränktem Maße auch bei Obst sind diese Erkenntnisse von Bedeutung für Übergewicht und krankheitsrelevante Risikofaktoren.

Wasser im Obst macht schlank

Neue Studien belegen, dass Nahrungsmittel mit hohem Wassergehalt und wenig Fett beim Abnehmen helfen. Beim Vergleich zweier Diätformen zeigte sich jene, die zusätzlich zur Fettreduktion viel wasserreiches Obst und Gemüse enthielt auch ohne Kalorienbegrenzung erfolgreicher, ob-wohl die Probanden in dieser Gruppe um 25% mehr aßen.

Apfel

„An apple a day keeps the doctor away"

Der Apfel gehört zu den kalorienarmen Nahrungsmitteln. Er enthält im Durchschnitt nur etwa 60 kcal. oder ca. 170 Joule pro 100 Gramm. Sein hoher Gehalt an Vitaminen und Mineralstoffen liegt in biologischer idealer Zusammensetzung vor. Er besticht durch seine inhaltliche Vielfalt und Reichhaltigkeit an wertvollen Stoffen, die bei Jung und Alt außergewöhn-lich günstige Wirkungen auf den Organismus ausüben. Sein Reichtum an Vitaminen wie Karotin, B1, B2, Niacin, Pantothensäure, B6, Vitamin C, Biotin und Folsäure ist mit einer Reihe wertvoller Mineralstoffe und Spu-renelementen wie Kalzium, Magnesium, Phosphor, Kalium, Eisen, Kupfer, Chlor , Natrium u.v.m. kombiniert. Daneben hat er eine Fülle wichtiger Ballaststoffe wie etwa Zellulose, Hemizellulose und Pektin sowie organi-sche Säuren (Apfel-, Zitronen-, Gerbsäure). Diese wirken verdauungsför-dernd und sind gegen feindliche Mikroben wirksam. Durch seinen hohen Wassergehalt ist der Apfel Durst stillend und seine Zuckerzusammenset-zung ideal als Hirnnahrung und zum Leistungserhalt bei sportlichen Aktivi-täten. Neben Fruchtzucker enthält er auch Traubenzucker und Dextrin. Seine Duft- und Aromastoffe wirken anregend auf das Nervensystem und die Drüsentätigkeit.

Der Gehalt an basischen Mineralstoffen ist für den Säure-Basenhaushalt günstig und unterstützt mit den Vitaminen und Antioxidantien die Wirkung des Immunsystems bei der Bekämpfung akuter Infekte wie auch chronischer Erkrankungen. Er kann auch als Ersatz für die Zahnbürste fungieren, indem er die Mikroben der Mundhöhle beseitigt und für eine antioxidative Massage des Zahnfleisches sorgt.

Sein hoher Kaliumgehalt kommt dem Herz-Kreislaufsystem zugute weil dadurch ein Gegengewicht zum meist überreichlich zugeführten Natrium (Kochsalz) geschaffen wird. Dadurch werden auch Blutdruck und die Herzfunktion günstig beeinflusst. Das Apfelpektin wird nicht nur bei Durchfall-Erkrankungen erfolgreich eingesetzt, es senkt auch den überhöhten Cholesterinspiegel.

Der Apfel ist eine gute Alternative, wenn das Verlangen nach Süßigkeiten unstillbar wird und ist eine wertvolle Hilfe beim Versuch abzunehmen, sei es, um bei einer Reduktionskost eine Mahlzeit zu ersetzen oder einen Apfel-Tag als Entschlackungsdiät einzuschieben. Natürlich sollten Äpfel immer roh und ungeschält verzehrt werden. Kaum eine andere Frucht hat so viel zu bieten wie ein guter reifer Apfel.

 Obst und Gemüse aus heimischer, qualitätskontrollierter Produktion sind die wichtigsten Bestandteile unserer Nahrungspyramide und sollten daher die Nummer Eins am täglichen Speiseplan sein.

Wussten Sie, dass Äpfel zu den Kernobstgewächsen aus der Familie der Rosengewächse gehören? Ihre Heimat ist wahrscheinlich Asien. Weltweit gibt es heute einige Tausend, vermutlich etwa 20.000 Sorten.

 Äpfel enthalten mehr als 100 nützliche Substanzen, die in vielfacher Hinsicht gesundheitsfördernde Effekte aufweisen. Mineralstoffe, Vitamine, sekundäre Pflanzenstoffe sowie Ballaststoffe, organische Säuren, Spurenelemente und Kohlenhydrate stehen dabei im Vordergrund. Ihr hoher Wasseranteil, niedriger Fettgehalt sowie der gut verwertbare Zuckeranteil bei niedrigem Kaloriengehalt zeichnen den Apfel als Diätetikum ersten Ranges aus.

In einer Langzeitstudie an 34.000 Personen konnte gezeigt werden, dass Äpfel jedoch auch Birnen und Rotwein vor Herzerkrankungen schützen.

Zurückgeführt wird dies auf die im Apfel sowie im Rotwein enthaltenen Flavonoide, die neben Obst, auch in Gemüse und Nüssen vorkommen. Nicht nur im Rotwein, natürlich auch in der unvergorenen Form, der Weintraube sind diese Flavonoide enthalten (American Journal of Clinical Nutrition, 2007). Außerdem hat der Apfel Krebs vorbeugende Schutzstoffe. Neben den Flavonoiden enthält er auch wertvolle Phenole. Das im Apfel vorkommende Pektin wirkt sich günstig auf den Cholesterinspiegel aus. Eisen, Magnesium und Kalzium sind für Muskeln, Knochen und Nerven wichtig. Der Ballaststoffanteil sorgt für guten Stuhlgang, ausgenommen sind Personen mit Fruktoseintoleranzen. Bei Durchfall wird der Apfel in geschabter oder geriebener Form eingesetzt und ist neben getrocknetem Heidelbeerpulver ein bewährtes Hausmittel.

Empfehlenswert ist es den Apfel ungeschält zu konsumieren, da die Wirkung gegen das Wachstum von Krebszellen in der Schale steckt. Versuche mit isolierten Stoffen aus der Schale des „roten Delicius" im New Yorker Cornell Institut zeigten einen Rückgang beim Wachstum von Brustkrebszellen. Es gibt auch Hinweise auf positive Stimulation von Leberzellen sowie von Krebszellen im Darm. Dass diese gesundheitsfördernden Stoffe in der Schale sitzen ist einleuchtend. Muss sich doch der Apfel an seiner Oberfläche gegen den schädlichen Einfluss von gefährlichen Strahlen und Umweltgiften verteidigen. Also: Apfel, aber bitte immer mit Schale!

Getreide und Vollkornprodukte

Die kulturelle Entwicklung des Menschen während der letzten 30.000 Jahre ist eng mit der Kultivierung des Getreides verknüpft. Reis ist aus den asiatischen Ländern nicht wegzudenken. Weizen und seine Verwandten wie Dinkel, Kamut, Einkorn und Zweikorn (Emmer) sind in Europa heimisch, aber auch im nahen Osten. Ebenso Roggen, Gerste und Hirse. Mais, Quinoa und Amaranth sind am amerikanischen Kontinent beheimatet. Buchweizen gehört streng genommen zu den Gräsern, ist aber besonders in unserer Klimazone beliebt und gehört mit Hirse und Dinkel zu den weniger Säure bildenden Getreidesorten. Zahlreiche Mythen und rituelle Handlungen wurden um den Getreideanbau zelebriert. Dies ist nicht verwunderlich, wenn man die kreative Meisterleistung der Natur betrachtet, indem sie eine schwere, elegant geformte, Ähre auf einem schlanken Halm trägt, der bis zu 2 Meter hoch wachsen kann. Das verdankt das Korn seinen kräftigen, zum Teil tief reichenden und weit verzweigten Wurzeln, über welche es Nährstoffe an die Oberfläche und letztendlich in die Getreidekörner bringt.

Wenn die Natur schon solche Wunder vollbringt, dann soll auch der Mensch seinen Anteil beim Verzehr von Getreide beitragen. So sollen die Getreidefrüchte nach Möglichkeit von einem Getreide gewonnen werden, das aus biologischem Anbau stammt und nicht mit chemischen Giften wie Pestiziden oder Insektiziden behandelt wurde.

Eine gute Ernte soll auch bestens weiterverarbeitet werden. Eine Voraussetzung für die Vollwertigkeit von Getreideprodukten ist die frische Verarbeitung des ganzen Kornes. Wer diese Garantie von seinem Hausbäcker nicht bekommt, ist mit einer eigenen Getreidemühle am besten beraten. Wenn nämlich Mehl, welches alle Bestandteile des ganzen Getreidekornes enthält, länger als 24 Stunden gelagert wird, kann es infolge der Fette aus dem Keimling ranzig werden und verderben. Nur Auszugsmehle sind lange lagerfähig und gehen auch beim Backen besser auf.

Ein solches Feinmehl oder Auszugsmehl enthält nicht mehr die wichtigen Vitamine, vor allem nicht mehr das für die Verstoffwechselung erforderliche Vitamin B1, hat auch den Großteil an Mineralstoffen eingebüßt und ist der Ballaststoffe beraubt, die für die Symbiose Voraussetzung sind. So stellen Feinmehle entwertete Nahrungsmittel dar, die ihre Aufgabe gerade noch als reiner Energieträger wahrnehmen können. Es ist beinahe verständlich, dass Rohkostfanatiker solche Mehlprodukte als so genannte „Kleisternahrung" bezeichnen. Wenn für den normalen Abbauweg zu Energie, Kohlensäure und Wasser die Voraussetzungen infolge Mangels an Vitalstoffen, Vitaminen und Mineralien nicht gegeben sind, und zusätzlich noch kalorischer Überschuss vorliegt, bleibt nur der Weg in die Fettdepots übrig. Dann stimmt auch der Begriff „Kleisternahrung", weil letztendlich Blutgefäße die schon eine längere Belastung durch anhaltende Übersäuerung durchstehen mussten an ihren Schwach- bzw. Schadstellen die schlechten Fette einlagern und bei Hinzukommen weiterer Risikofaktoren verstopfen können.

Wussten Sie, dass sich in den Randschichten, die beim Ausmahlen verloren gehen, 85% der Vitamine, 80% der Mineralstoffe , 60% des Eiweißes und 85% der Ballaststoffe befinden?

Ein Brotmehl mit der Bezeichnung „Type 1000" gibt beispielsweise an, dass in 100 Gramm Mehl 1000 Milligramm (= 1 Gramm) Mineralstoffe enthalten sind. Die Mehltypen-Nummer gibt den entscheidenden Hinweis auf den Ausmahlungsgrad. Je höher diese Zahl ist, desto höher ist der Gehalt an vollwertigen Stoffen im Mehl.

Auch bei Vollkornbroten ist nicht immer der Keim enthalten, da manche Bäcker aus Lagerungsgründen darauf verzichten. Gerade im Keim sind aber lebenswichtige Stoffe gespeichert:

- alle B-Vitamine (ausgenommen B12), die für unser gesundes Nervensystem notwendig sind,
- Vitamin E, das gegen freie Radikale wirkt und die Zellen unseres Körpers schützt,
- Fast alle notwendigen Aminosäuren,
- Zink, welches das Immunsystem braucht, den Zuckerstoffwechsel unterstützt und die Entsäuerung der Zellen fördert,
- Mangan, welches die Wirkung von Vitamin A und B fördert und gegen eine vermehrte Histaminbildung[32] wirkt,
- außerdem wird Mangan für die Knochen und Knorpelbildung benötigt,
- des Weiteren sind mehrfach ungesättigte Fettsäuren enthalten.

Für die Vollwertigkeit ist letztlich auch die Kleie ein wichtiger Ballaststoff, der für eine funktionierende Verdauung gute Dienste leistet, notwendig. So sind auch Vollkornbrote, welche den Getreidekeim nicht mehr enthalten, als minderwertig zu bezeichnen.

Für die Vollwertigkeit ist ebenfalls bedeutungslos, ob das Brot hell oder dunkel ist. Dafür ist eher die Getreidesorte ausschlaggebend; wobei Roggen, welcher in der Regel für Vollkornbrote Verwendung findet, dunkler ist als Weizen, der eher zu Brötchen und Semmeln verarbeitet wird. Entscheidend sind nur die Vollwertigkeit sowie der Backvorgang. Die Lagerung sollte 12 Stunden möglichst nicht überschreiten. Kaum ein Bäcker verwendet heute noch Frischkorn zur Broterstellung und mahlt sein Getreide kurz vor dem Backen. Getreideschrot wird nicht ranzig, wenn der Keimling entfernt ist. Dieser enthält jedoch wichtige Vitamine, Mineralien und Fettsäuren. Dafür kann man ohne Keimling aber größere Mengen bequem lagern.

---

[32] Histamin, in zu großer Menge, führt zu allergischen Reaktionen.

Häufig verursachen die üblichen Bäckereiprodukte Beschwerden bei der Verdauung. Dafür kann sowohl die Backhefe bei Hefeunverträglichkeit verantwortlich sein als auch bei gesäuerten Broten die saure Gärung, vor allem bei gleichzeitiger Zuckerzufuhr.

In solchen Fällen ist der Verzehr eines ungesäuerten Brotes ohne Zusatz von Hefe oder Sauerteig mit hefefreiem Backferment oder ohne jeden Zusatz empfehlenswert. Solche Vollkornbrote sind nicht leicht erhältlich, sie lassen sich aber ohne viel Mühe selbst herstellen. Rezepte finden sich häufig auf Backfermentprodukten.

Weiters ist die hohe antioxidative Kapazität von Vollkornprodukten hervorzuheben. Sie wird nur von Beeren und Trockenobst übertroffen. Hinsichtlich der Vitaminversorgung ist vor allem der Gehalt an Vitamin B1, B6 und Niacin beachtlich. Vollkornprodukte weisen auch einen beachtlichen Gehalt an Magnesium, Kalium, Eisen und Zink auf. Hinsichtlich des Auftretens von Tumoren des Enddarmes, des Dickdarmes und der Brust konnte eine deutliche Risikominimierung nachgewiesen werden. Auszugsmehlprodukte hingegen zeigten in diesem Bereich Risikoerhöhungen. Auch hinsichtlich Herz-Kreislauferkrankungen sowie Diabetes mellitus Typ 2 (Zuckerkrankheit) zeigten Vollkornprodukte positive Ergebnisse.

Verfechter von Weißmehlprodukten argumentieren mitunter, dass der Verzehr von Vollkornprodukten wegen des Gehaltes an sogenannten „Lektinen" nicht unbedenklich sei, da diese ebenso wie die im Vollkorn enthaltene Phytinsäure krankheitsauslösend sein könnten. Sie empfehlen daher den Verzehr von Feinmehlprodukten um den Lektingehalt zu verringern.

Lektine

Lektine sind Eiweiß- bzw. Zucker-Eiweißverbindungen, die in vielen Nahrungspflanzen vorkommen. Weizenkeime und Hülsenfrüchte weisen einen relativ hohen Gehalt auf. Geringere Mengen finden sich in Tomaten, Bananen, Zwiebeln, Nüssen und Kartoffeln. Auch in der Kuhmilch kommen Lektine bei Fütterung mit Getreide und Sojaprodukten vor. Sie binden an Kohlenhydrate und sind von Enzymen des Magen-Darm-Traktes schwer angreifbar. Es gibt hitzestabile Lektine und welche, die durch Hitze angegriffen werden. Weizenlektine sind hitzestabil, die von Hülsenfrüchten hingegen nicht. In hoher Dosierung können Lektine eine Verklumpung der roten Blutkörperchen hervorrufen. Extrem hohe Dosierungen können die Darmwand schädigen. Bei normalem Konsum von Vollkornprodukten können solche gefährlichen Dosen jedoch nicht erreicht werden.

Bei der in Vollkornprodukten üblicherweise vorliegenden Dosierung können Lektine sogar positive Wirkungen auf die Verdauung, das Immunsystem und das hormonelle System des Darmes sowie auf die Bakterienflora[33] ausüben.

Die Hypothese, dass Lektine Mitverursacher bzw. Auslöser von rheumatischen Erkrankungen sein könnten, wurde bis dato noch nicht bewiesen. Diesbezüglich gibt es Hinweise, dass Lektine eher allergische Reaktionen abschwächen. Es werden auch gesundheitsfördernde Wirkungen von Lektinen diskutiert. Aufgrund zellulärer Untersuchungen haben Lektine eine hemmende Wirkung auf die Entstehung von Dickdarmkrebs.

Phytinsäure

Die Phytinsäure kommt in allen pflanzlichen Samen vor. Sie ist sowohl in Vollkornprodukten als auch in Hülsenfrüchten und Nüssen enthalten. Bei ihrer Magen-Darm-Passage kann Phytinsäure Mineralstoffe und Spurenelemente binden und dadurch zum Beispiel die Aufnahme von Eisen und Zink beeinträchtigen. Diese Blockade ist jedoch von mehreren Faktoren abhängig wie beispielsweise der Anwesenheit weiterer Komplexbildner sowie von der Konzentration der Phytinsäure. Es gibt auch Hinweise darauf, dass die Phytinsäure positive Wirkungen hinsichtlich der Regulation des Blutzuckerspiegels sowie auch krebsvorbeugende Wirkungen besitzt. Die Zubereitung spezieller phytinfreier Brotsorten ist deshalb bei ausgewogener vollwertiger Ernährung nicht notwendig. Es wird auch bezweifelt, dass Zinkmangel durch Vollkornverzehr hervorgerufen werden kann.

Enzyminhibitoren

Ein dritter Faktor, welcher mit Vollkornprodukten in Zusammenhang gebracht wird, sind die sogenannten Enzyminhibitoren[34]. Enzyminhibitoren

---

[33] Als Bakterienflora wird oft jene bestimmte, wenngleich nicht immer vollständig bekannte Gesamtheit an Bakterien bezeichnet, die ein bestimmtes Habitat vorübergehend oder andauernd besiedeln. Beim Menschen ist so z.B. die „Bakterienflora" von Hohlorganen wie den unterschiedlichen Darmabschnitten - die „Darmflora" - von jener der Hautoberflächen und Körperöffnungen zu unterscheiden.

34 Enzymhemmung ist die Beeinflussung einer enzymatischen Reaktion durch einen Hemmstoff, der Inhibitor genannt wird. Dabei wird die Geschwindigkeit der katalysierten Reaktion herabgesetzt. Die Hemmstoffe können an unterschiedliche Reaktanden binden, wie zum Beispiel an das Enzym oder das Substrat. Auch der Bindungsort am Enzym kann vom aktiven Zentrum, an dem das Substrat bindet, bis hin zu anderen Stellen, die für die Aktivität des Enzyms wichtig sind, variieren. Enzymhemmung spielt eine wichtige Rolle bei der Regulation des Stoffwechsels in allen Lebewesen.

sind Stoffe, welche Stoffwechselreaktionen unterdrücken oder verlangsamen, bei denen Enzyme beteiligt sind. Meist wird dabei das Enzym selbst durch Bindung so verändert, dass es funktionslos wird. Diese finden sich auch im Mehlkörper des Getreides. Es sind auch nicht alle im Vollkorn vorhandenen Inhibitoren gegen die Verdauungsenzyme des Menschen wirksam. Durch Erhitzen geht auch ein beträchtlicher Teil ihrer Wirkung verloren. Bei Personen mit normalen Ernährungsgewohnheiten werden Enzyminhibitoren eher gesundheitsfördernde als schädigende Wirkungen zugeschrieben, beispielsweise der positive Einfluss auf den Blutzuckerspiegel und ihre Krebs vorbeugende Wirkung.

Die durch Weizenproteine ausgelösten Erkrankungen wie Glutenunverträglichkeit und Allergien stehen nicht in Zusammenhang mit Lektinen, Phytinsäure und Proteininhibitoren, sondern mit den im Weizen vorhandenen Eiweiß.

Glutenunverträglichkeit

Die Glutenunverträglichkeit (Zöliakie) ist in ihrer schwersten Form eine erblich bedingte Störung der Darmschleimhaut. Hier können Eiweißabbauprodukte (Peptide) nicht ordnungsgemäß gespalten werden. Diese stammen aus dem „Kleber" von Getreideprodukten wie Weizen Roggen oder Hafer. Die so genannten Gliadine, das sind alle Reserveproteine des Weizens, bestehen aus etwa sechs oder sieben Aminosäuren und führen im Blut zur Bildung spezifischer Antikörper, die dort nachgewiesen werden können und zur Diagnosesicherung dienen. Neben der erblichen Form, auch unter dem Namen „Sprue" bekannt, gibt es auch erworbene, von den Darmbakterien beeinflussbare, teilweise und zeitlich schwankende Formen von Glutenunverträglichkeit, die Anlass dazu geben neben diätischen Maßnahmen über eine Darmsanierung durch konsequente Ernährungsumstellung nachzudenken.

Gemüse

Die Information über den gesundheitlichen Wert von Gemüse durch verschiedene Medien hat dazu geführt, dass in Österreich der Gemüsekonsum in letzter Zeit stark angestiegen ist.

> Wussten Sie, dass in Europa die Griechen den höchsten Wert an Gemüseverzehr mit 230 kg pro Kopf im Jahr haben? Das ist das Dreifache von österreichischen Werten.

Der Vitamin- und Mineralstoffreichtum von Gemüse macht es besonders empfehlenswert. Man kann davon auch kaum zu viel essen und man muss nicht befürchten übergewichtig zu werden. Am Beginn einer Mahlzeit fördert es die Anregung der Verdauung, da es einen intensiven Kauvorgang erfordert. Es reduziert die folgende Essensmenge, da es magenfüllend wirkt und hält als Rohkost die Verdauungsleukozytose hintan. Dieser Vorgang bezeichnet die vorübergehende Zunahme der weißen Blutkörperchen, den Leukozythen, nach der Nahrungsaufnahme. Durch den meist hohen Wasseranteil trägt Gemüse zur Deckung des Flüssigkeitsbedarfes bei.

Mittlerweile ist es kein Geheimnis mehr, dass man mit einer gesunden Ernährung, die reich an Obst und Gemüse ist, vielen Krankheiten vorbeugen und die Lebensqualität wesentlich steigern kann. Die Schulmedizin weiß heute, dass Erkrankungen, die auf Ernährungsfehlern beruhen, stetig zunehmen. Die Behandlung mit einer ernährungsorientierten Therapie trifft jedoch vielfach auf Hindernisse. Mit dem regelmäßigen Verzehr von Obst und Gemüse werden viele Schutzstoffe, Vitamine und Mineralstoffe aufgenommen, die das Auftreten vieler akuter Infektionskrankheiten wie auch chronischer Erkrankungen, von Arthritis bis hin zu Krebs, verhindern können.

Auf wissenschaftlicher Basis gibt es ebenfalls gesicherte Erkenntnisse über die heilsamen Wirkungen der Inhaltsstoffe von Obst und Gemüse. Im Kampf gegen Krebserkrankungen ist die Art der Ernährung inzwischen auch wissenschaftlich anerkannt. Nach Information des amerikanischen *National Cancer Institute an der University of California* hängen ungefähr ein Drittel aller Krebserkrankungen mit der Ernährung zusammen (Focus, *2007*). Bioaktive Schutzstoffe hemmen das Wachstum von Bakterien und Pilzen, stärken die Abwehrkräfte und schützen vor freien Radikalen, die unter anderem wesentlich für den Alterungsprozess verantwortlich sind.

Im Kampf gegen Krebs kann man mit der richtigen Ernährung das Auftreten bzw. Fortschreiten in mehreren Phasen, vom Auftreten über das Wachstum, bis hin zur Ausbreitung im Körper, behindern. So können Inhaltsstoffe von Obst und Gemüse das Entgiftungssystem des Körpers kräftigen und genetische Destruktionen der Zellen verhindern, welche Vorstufen der Krebserkrankung sind. Viele Studien des *National Cancer Institute* haben bestätigt, dass Menschen mit einem hohen Anteil an Obst und Gemüse in ihrer Nahrung im Vergleich zu Menschen mit niedrigem Obst- und Gemüsekonsum eine um 50 Prozent geringere Wahrscheinlichkeit aufwiesen, an Krebs zu erkranken. Dies wurde bei mehr als hundert Forschungsarbeiten festgestellt und betraf das Auftreten von Krebserkrankungen der Lunge, des Darmes, der Brust, des Gebärmutterhalses, der Mundhöhle, des Magens der Bauchspeicheldrüse, der Blase und der Eierstöcke.

 Genau erforderliche Mengen gegen Krebs sind zwar noch nicht bekannt, die allgemeine Empfehlung, zwei Portionen Früchte und mindestens drei Portionen Gemüse pro Tag zu verzehren, gewinnt jedoch zunehmend an Bedeutung. Nahrungsmittel und deren Inhaltsstoffe können in vielen Phasen der Entstehung bzw. Entwicklung von Krebs eingreifen. Enzyme können stimuliert werden, es kann verhindert werden, dass zukünftige Krebswirkstoffe aktiviert werden. Die Mutation des Erbmaterials (DNS) kann verhindert, krebserregende Stoffe können neutralisiert und entgiftet werden. Die Krebszelle kann am Wuchern und an der Ausbreitung gehindert und Hormone können günstig beeinflusst werden.

Die Ernährungswissenschaft empfiehlt im Sinne von Präventivmedizin, dass heißt der Vorbeugung oder Verhütung von Krankheiten, dem gesundheitsbewussten Menschen sich einer pflanzenbetonten Kost zuzuwenden. Damit soll den noch immer zunehmenden Zivilisationskrankheiten entgegengesteuert werden.

Aufgrund des hohen Wassergehaltes und eines niedrigen Anteils an Kohlenhydraten, Eiweiß und Fetten weist Gemüse eine hohe Nährstoffdichte bei geringer Energiezufuhr auf. Dabei steht der Gehalt an Beta-Carotin, Folsäure, Vitamin C sowie den Mineralien Kalium, Calcium, Magnesium, Zink und Eisen im Vordergrund. Von krankheitsvorbeugendem Interesse ist der hohe Anteil an löslichen Ballaststoffen sowie der wertvolle hohe Anteil an sekundären Pflanzenstoffen. Diesen wird eine besondere gesundheitsbewahrende Wirkung zugeschrieben.

 Betont werden muss jedoch, dass dieser Effekt vorwiegend bei unbehandeltem rohen Gemüse vorzufinden ist.

Auf der Ebene des Stoffwechselgeschehens haben viele Studien das verminderte Risiko bei verschiedenen Tumoren festgestellt. Dabei standen Schutzwirkungen bei Erkrankungen des Verdauungstraktes im Vordergrund. Eine Risikoreduktion bei Tumoren von Magen und Speiseröhre sowie Mund und Rachen wurde dabei festgestellt. Ein hoher Konsum von Zwiebeln und Knoblauch konnte das Erkrankungsrisiko von Eierstockkrebs senken. Ganz deutlich, nämlich zwischen 15 und 34 Prozent, war eine Risikominderung bei Herz- und Kreislauferkrankungen festzustellen. Hinsichtlich des Auftretens von Osteoporose konnten ebenfalls eindeutige Steigerungen der Knochendichte bei reichlichem Verzehr von Gemüse festgestellt werden. Milchprodukte konnten hingegen für sich alleine keine signifikante Steigerung der Knochendichte erzielen.

Man kann also die gesicherte Behauptung aufstellen, dass bei reichlichem Verzehr von Obst und Gemüse das Risiko an Krebs zu erkranken deutlich abnimmt. Ebenso positiv sind die Auswirkungen auf die Knochendichte, Herz-Kreislauferkrankungen sowie andere Zivilisationskrankheiten.

Alle Wege einer gesunden, mineralstoffreichen, Basen bildenden Ernährung führen zum Verzehr von ausreichend frischem Gemüse. Bei allen Gemüsesorten ist dabei auf eine sinnvolle Wahl der Anbaumethoden Obacht zu geben. Richtige Standortwahl, Düngung und Pflege ohne Insektizide und Pestizide sind Voraussetzungen für lebensrichtige Qualität der Produkte. Zudem enthalten Produkte aus biologischem Anbau ein Vielfaches an Nährstoffen gegenüber solchen aus konventionellem Anbau. Dabei sollte man besonders beachten, dass der Nährstoffgehalt, besonders hinsichtlich der Vitamine und sekundärer Pflanzenstoffe, bei längerer Lagerung abnimmt. Gemüse sollte also immer so frisch wie möglich auf den Tisch kommen.

Aufgrund ihres besonderen gesundheitsfördernden Wertes sollen einige Gemüsesorten genauer beurteilt werden. Das heißt nicht, dass jene Gemüsesorten die nachfolgend nicht detailliert beschrieben werden keinen hohen Stellenwert im Rahmen einer gesunden Ernährung haben.

Karotten

Karotten beinhalten neben einem hohen Carotin-Gehalt noch weitere wertvolle Substanzen. Hervorzuheben ist ihre entzündungshemmende Wirkung. Hinsichtlich des in Karotten enthaltenen Beta-Carotins ergab eine japanische Studie mit 250.000 Teilnehmern, dass Personen mit niedrigem Beta-Carotin in der Nahrung ein erhöhtes Risiko für Lungen-, Magen-, Darm-, Prostata- und Gebärmutterhalskrebs aufwiesen. Daneben ist der hohe Carotin-Gehalt auch wertvoll für die Augen sowie Stoffwechselprodukte der Haut. Die ätherischen Öle sind verantwortlich dafür, dass Karotten, ganz oder als Karottensaft, wurmabwehrende Eigenschaften haben.

Knoblauch

Knoblauch und seine Verwandten enthalten Pflanzenstoffe so genannte Glucosinolate. Diese haben durch ihre Senföle (Isothiocyanate) stark Krebs bremsende Effekte. Sie gehören zu den genau untersuchten sekundären Pflanzenstoffen, von denen es etwa 10.000 gibt. Bei Untersuchungen, welche die Zubereitungsformen von Knoblauch und seinen Verwandten untersuchten, stellte sich jedoch heraus, dass verschiedene Wirkungen, unter anderem seine blutgerinnungshemmende Wirkung, bei längerem Erhitzen teilweise und in der Mikrowelle ganz verloren gingen. Daraus ergibt sich die Empfehlung Knoblauch, von welchem man seine volle Schutzwirkung erwartet, erst am Ende eines Kochvorganges hinzuzufügen.

Kohlgemüse

Glucosinolate finden sich auch in Kohlgemüse, Brokkoli, Brunnenkresse, Senf und Raps. Der Stellenwert von Kohlgemüse in der Krebsvorbeugung ist inzwischen durch mehrere Studien ausreichend gesichert. So gibt es auch eine Studie, welche die Wirkung von Brunnenkresse gegen Tabakraucherkarzinogene dokumentiert. In den USA sind Brocco Sprouts (Brokkolisprossen) angeblich zum Verkaufsschlager als Krebsschutz geworden.

Die Erwähnung des Kohls und das Wissen über seine Heilwirkung geht bis auf altägyptische Dokumente zurück. Kohl und andere Kreuzblüt ler wurden bei Kopfschmerzen, Taubheit, Durchfall, Gicht und Magenbeschwerden eingesetzt. Er wurde damals als hochgeschätzte Arznei behandelt. Inzwischen ist es gelungen, viele biochemische Wirkstoffe des Kohls zu identifizieren. Dazu gehören die Dithiolthione, Isothiocyanate und Indole, welche als Krebs hemmend gelten.

Wussten Sie, dass Kohl laut Aussage von Wissenschaftlern das Lebensmittel mit den meisten bioaktiven Substanzen ist?

Kohl ist reich an Vitamin C, außerdem sind die Vitamine B1, B2, B3, B6, Folsäure, Vitamin K, E, D, und Beta-Carotin im Kohl vorhanden. Bei der Verarbeitung im Sauerkraut wird auch B 12 gebildet. Seine Basen bildende Eigenschaft ist durch das Verhältnis 2:1 von Kalzium zu Phosphor begründet und trägt zu einem Ausgleich des Säuren-Basen-Haushalts bei. Kohl ist nach der Meinung von Fachleuten auch als Vorbeugung gegen Osteoporose besser geeignet als Milchprodukte.

Von besonderer Bedeutung sind die sekundären Pflanzeninhaltsstoffe. Dazu gehören die Glucosinolate, welchen sich die Senföle unterordnen. Sie sind in der Lage das Risiko für Krebserkrankungen zu reduzieren, den Cholesterin-Spiegel zu senken und sie können eine Antibiotika-ähnliche Wirkung entfalten. Kohlsorten besitzen auch Phytozine, das sind natürliche Antibiotika gegen bestimmte Bakterienstämme. Das Chlorophyll des Kohls wirkt desinfizierend und fördert die Blutbildung. Die im Kohl enthaltenen Polyphenole regulieren die Fließeigenschaften des Blutes, lindern Entzündungen und bremsen das Wachstum krankmachender Keime. Sie sind als Radikalfänger tätig und helfen mit, Krebs zu verhindern. Die Phytosterole wiederum sorgen für eine gute Qualität des Blutes und für elastische Gefäße. In Kohlgewächsen wie im Brokkoli sowie auch im Kohl selbst finden sich sogenannte Isothiocyanate, die in der Lage sind das Krebsrisiko, speziell Lungenkrebsrisiko von Rauchern, um ein Drittel zu senken.

Bei allen Kohlsorten wird eine schonende Zubereitung wie Dampfgaren oder Dünsten empfohlen. So ist Kohl in der Antikrebs-Diät unter den Gemüseprodukten wahrscheinlich die Nummer eins.

Eine allgemeine Empfehlung um Krebs zu verhüten, was die Ernährung betrifft, könnte folgendermaßen lauten:

- Vorwiegend pflanzliche Kost aus biologischem Anbau, ein Teil davon als Rohkost.
- Alle Arten von Salaten.
- Keine gesättigten Tierfette, wenig oder kein rotes Fleisch
- Gelegentlich Fisch, dabei besser fette Fische wie Lachs oder Makrele.
- Wenig oder keine Milchprodukte wie Käse oder Vollmilch, besser Molke, dagegen viel Gemüse und Obst.
- Auch Vollgetreide, jedoch keinen Fabrikzucker und Weißmehlprodukte, mäßig Hülsenfrüchte.

- An Alkohol eventuell mäßig Rotwein.
- Verzicht auf stark gesalzene, geräucherte oder gepökelte Produkte wie Speck oder Wurst.
- Vollkornbrot eher mit pflanzlichen Aufstrichen oder sparsam mit Butter, weniger mit Margarine.
- Wenn Margarine verwendet wird, dann sollte es ein hochwertiges, ungehärtetes, nicht raffiniertes pflanzliches Produkt sein.
- An Ölen vor allem kaltgepresstes Olivenöl oder kaltgepresste pflanzliche Öle wie Raps- oder das besonders wertvolle Leinöl.
- Brokkoli, Tomaten, Zwiebeln und Knoblauch sollten reichlich zum Einsatz kommen.
- Äpfel, rote Trauben, Pflaumen, Grapefruits und Orangen dürfen nicht am Obstteller fehlen.
- Auch Nüsse und Mandeln wären bei einer Antikrebs-Diät willkommene Nahrungsmittel.
- Die zusätzliche Nahrungsergänzung sollte nach Möglichkeit alle Vitamine, Antioxidantien, sekundäre Pflanzenstoffe und Mineralien sowie Spurenelemente enthalten. Das wird von vielen Ernährungsexperten empfohlen.

Brokkoli

Brokkoli hat seine Heimat in Kleinasien. Italien war ursprünglich seine europäische Heimat. Von dort aus gelangte er nach Frankreich und als „italienischer Spargel" nach England. Heute sind seine Hauptanbaugebiete in den westlichen Mittelmeerländern zu finden. Oberitalien ist nach wie vor ein Hauptanbaugebiet.

Beim Kauf von Brokkoli sollte man darauf achten, dass er möglichst frisch ist, beim Kochen sollte man beachten, dass er nur kurz gegart oder gedämpft wird, Brokkoli kann auch roh verzehrt werden.

Brokkolisprossen enthalten das Zehn- bis Hundertfache der wertvollen Inhaltsstoffe, so dass auch Personen, welchen Brokkoli nicht schmeckt, von der positiven Wirkung der Inhaltsstoffe profitieren können. Neben der vorbeugenden Wirkung gegen verschiedene Krebserkrankungen hat Brokkoli noch weitere hervorragende Eigenschaften. Hervorzuheben ist der hohe Gehalt an pflanzlichem Eiweiß, Kohlenhydraten sowie Mineralstoffen, die der Körper für seinen Pufferspeicher dringend benötigt. Die wichtigsten davon sind Kalium, Kalzium, Phosphor und Eisen sowie die Vitamine der B-Gruppe - Provitamin A und Vitamin C. Brokkoli enthält auch zahlreiche sekundäre Pflanzenstoffe wie Flavonoide, Indole und Isothiocyanate. Indole, welche eine besonders hohe antioxidative Wirkung auszeichnet, finden sich auch in anderen Kreuzblütlern. Aufgrund seiner leichten Verdaulichkeit eignet sich Brokkoli auch in der Schon-Diät und Krankenkost. Seine antioxidative Wirkung kommt dabei besonders als Vorbeugung von Arteriosklerose, Herzerkrankungen und Immunerkrankungen neben seiner Krebs vorbeugenden Wirkung zur Geltung. Verwandt ist der Brokkoli mit dem Karfiol, schmeckt aber intensiver als dieser. In jedem Fall sollte Brokkoli zum Erhalt seiner gesundheitsfördernden Inhaltsstoffe behutsam und so kurz wie möglich gegart, gedämpft oder roh verzehrt werden. So lassen sich Brokkoliröschen in leckeren Saucen angeblich gut roh verzehren.

Zwiebel

In der Zwiebel sind ätherische Öle enthalten, die eine wurmabwehrende Eigenschaft zeigen. Daneben weist sie einen hohen Gehalt an Nukleinsäuren auf, denen man Anti-Aging-Effekte zuschreibt, sozusagen ein erlaubtes pflanzliches Dopingmittel. Auch der Vitamin C-Gehalt der Zwiebel ist beachtlich. Aus Asien stammend, war sie schon im Altertum bekannt. Neben schleimlösender und schweißtreibender Wirkung soll sie auch eine vorbeugende Wirkung gegen Arteriosklerose und Krebserkrankungen entfalten.

Rote Rübe

Die rote Rübe weist eine Abwehr steigernde Wirkung gegen Infektionskrankheiten auf. Sie soll auch vorbeugende Wirkung bei Krebserkrankungen besitzen. Neue Studien haben interessante Eigenschaften der roten Rübe ans Tageslicht gebracht. Das tägliche Trinken eines halben Liter Rote Rüben Saftes kann laut einer britischen Studie der Pharmakologin Amrita Ahluwalia von der Queen Mary Universität in London den Blutdruck deutlich senken (Ärzteblatt, 2008). Die Wirkung wird vermutlich durch das in der Rübe enthaltene Nitrat ausgelöst, welches auch in grünen blättrigen Gemüsesorten vorkommt. Das im Gemüse enthaltene Nitrat wird im Organismus in das gefäßwirksame Stickstoffmonoxid (NO) umgewandelt. Dabei wird das Nitrat im Saft der roten Rübe mit Hilfe von Speichel und Bakterien zu Nitrit umgewandelt. Beim Schlucken dieses nitrithaltigen Speichels wird er im Magen entweder zu NO (Stickstoffmonoxid) umgewandelt oder gelangt als Nitrit wieder in den Blutkreislauf.

Wussten Sie, dass die blutdrucksenkende Wirkung der roten Rübe bis zu 24 Stunden anhält?

Gegen Bakterien wirken Zwiebeln, Karotten, Rettiche sowie Meerrettich. Diese Gemüsesorten haben außerdem eine Wasser treibende sowie Gallenfluss anregende Wirkung. Eine verbesserte Durchblutung der Herzkranzgefäße sowie allgemein verbessernde Wirkungen auf die Durchblutung sollen von diesen Gemüsen ausgehen.

Die Tomate

Die Tomate ist in letzter Zeit zum Anti–Aging Star avanciert, seit man ihren wertvollen Inhaltsstoff „ Lycopin" genauer unter die Lupe genommen hat. Dieser Stoff hat besonders gute Eigenschaften als Fänger freier Radikale. Die Tomate enthält außerdem sieben verschiedene Mineralstoffe, zehn Spurenelemente, über zehn verschiedene Vitamine sowie drei Fruchtsäuren. Die antioxidative Wirkung des Lycopins wirkt vorbeugend gegen Krebserkrankungen, wobei die Wirkung gegen Prostatakrebs am besten dokumentiert ist. Die Wirkung des Lycopins geht ausnahmsweise auch beim Erhitzen nicht verloren und es entfaltet mit seiner antioxidativen Eigenschaft auch Schutzwirkung gegen Sonnenbestrahlung.

Hülsenfrüchte

Hülsenfrüchte haben keinen so hohen Kohlenhydratanteil wie Vollkornprodukte, imponieren aber durch ihren hohen Eiweißgehalt, wobei die Sojabohne mit 36 bis 38 Prozent an der Spitze steht. Neben den Vitaminen B1, B2 und den Mineralien Kalium, Kalzium, Magnesium, Eisen und Zink ist der Gehalt an sekundären Pflanzenstoffen wie den Polyphenolen erwähnenswert. Davon kommen die sogenannten Isoflavone nur in Soja vor. Die Senkung des LDL-Cholesterins macht Soja bei Herz-Kreislauferkrankungen empfehlenswert. Es sprechen auch einige Studien dafür, dass das Brustkrebsrisiko gesenkt werden kann. Die Wirkungen auf die im Klimakterium vermehrt auftretende Osteoporose wird diskutiert, ist aber bislang nicht gesichert. Isolierte Sojaprodukte wie Sojafleisch verlieren allerdings beim Produktionsvorgang an Wertigkeit. Lysin, eine Aminosäure, die in Hülsenfrüchten vermehrt vorkommt, aber im Getreide vermindert anzutreffen ist, wird bei alkalischer Extraktion zerstört. Die biologische Wertigkeit von Eiweiß wird durch die Kombination der lysinreichen Hülsenfrüchte mit Getreide bedeutend aufgewertet.

Erbsen, Bohnen und Linsen stehen zwar auf der schwach sauren Seite der Säure-Basen-Liste, wobei Linsen den geringsten Säurewert aufweisen, sind aber besonders bei vegetarischer Ernährung unverzichtbare Nahrungsmittel. Sie enthalten eine wertvolle Kombination von Kohlenhydraten, pflanzlichem Eiweiß und Ballaststoffen. Daneben sind sie reich an Natrium, Kalzium, Magnesium, Eisen und Zink. Sie enthalten außerdem die Vitamine B6, B2, Niacin, Folsäure, Karotinoide und eine Spur Vitamin C. Die Tatsache, dass sie schwer verdaulich sind, hängt mit einem Enzymmangel im Darm zusammen, welches für die Aufschlüsselung schwer spaltbarer Zucker verantwortlich ist. Besonders im kranken Darm kommt dieser Enzymmangel vor. Werden diese Zucker nicht aufgespalten, kommen sie in den Dickdarm, wo sie unter Gasproduktion abgebaut werden, wobei der Schwefelgehalt der in Hülsenfrüchten enthaltenen Proteine bemerkbar werden kann.

Hülsenfrüchte nehmen eine Sonderstellung innerhalb der pflanzlichen Nahrungsmittel ein. Sie stehen mit ihrem Stoffwechsel im Körper auf der schwach sauren Seite. Sie enthalten allerdings eine Menge der Basen bildenden Mineralien wie Natrium, Kalium, Kalzium, Magnesium, Eisen und Zink. Außerdem enthalten sie Karotinoide, Vitamine der B-Gruppe wie Thiamin, Riboflavin, Niazin, B6, Folsäure und in kleinen Mengen Vitamin C. Besonders erwähnenswert sind die Gehalte an sekundären Pflanzenstoffen wie etwa die so genannten Polyphenole.

Der Kohlenhydrat- bzw. Eiweißgehalt der diversen Hülsenfrüchte ist verschieden. So haben Bohnen einen hohen Anteil an Kohlenhydraten nämlich bis 48%, Erbsen 56%, Linsen 52% Kichererbsen 48,5%, hingegen Sojabohnen nur etwa 16%.

Der Eiweißgehalt von Bohnen liegt bei 21%, der von Erbsen bei 22%, der von Kichererbsen bei 20%, Linsen liegen bei 23,5% etwas höher, der Star in puncto pflanzliches Eiweiß ist aber die Sojabohne mit 36%.

Folgender Gehalt an Inhaltsstoffen (in g bzw. mg) ist pro 100g Hülsen-früchte nachweisbar (Treutwein, 2006):

Hülsen-früchte (100 g)	Kcal	Eiweiß (in g)	Kohlen-hydrate (in g)	Ballast-stoffe (in g)	Kalium (in mg)	Kalzium (in mg)	Magne-sium (in mg)
Bohnen	300	21,3	47,8	17	1300	106	132
Erbsen	342	22,0	56	16	930	50	116
Linsen	325	23,5	52,0	10,6	810	74	77
Soja-bohnen	370	35,9	15,8	15,7	1730	240	250

Tabelle 6: Inhaltsstoffe in Hülsenfrüchten

Durch ihren hohen Ballaststoffanteil haben Hülsenfrüchte wertvolle Ei-genschaften für einen voluminösen Stuhl. Sie werden auch als Choleste-rin-Senker und Regulatoren für den Blutzuckerspiegel angesehen. Die Aufnahme von isoliertem, isoflavonhaltigem Sojaprotein senkt das (un-günstige) LDL-Cholesterin.

 Es stimmt, dass Bohnen und Erbsen, weniger Linsen, Verdauungsstörun-gen im Sinne von Blähungen verursachen. Besonders bei Bohnen kann man durch zweimaliges Abkochen, wobei das Kochwasser nach dem ers-ten Kochvorgang erneuert wird, die Verträglichkeit verbessern. Den Grund für die schwere Verdaubarkeit stellen schwer spaltbare Zuckerstof-fe dar, die einen speziellen enzymatischen Prozess zum Abbau erfordern. Können diese Enzyme nicht eingreifen, gelangen die Mehrfachzucker in den Dickdarm, wo sie von Bakterien unter Bildung von Gasen abgebaut werden. Wenn alle Voraussetzungen wie etwa Spurenelemente, der rich-tige p.h.-Wert und die notwendigen Mineralstoffe für eine diesbezügliche Enzymbildung vorhanden sind und beim Kochvorgang auf die Eigenart der Hülsenfrüchte Rücksicht genommen wurde, sollte einer ordnungsgemä-ßen Verdauung nichts im Wege stehen.

Neben einem beachtlichen Eiweißanteil hat die Sojabohne noch weitere nennenswerte Inhaltsstoffe. So etwa die wertvollen Isoflavonoide, das sind pflanzliche, östrogenähnliche chemische Verbindungen. Diese hem-men die Entstehung hormonabhängiger Krebsarten wie z.B. Brustkrebs. Ein weiteres Isoflavonoid ist das Daidzein, welches dem Wachstum von Krebszellen entgegenwirkt. Ebenso kann ein weiterer Stoff, das Genistein das Tumorwachstum hemmen und die Zelldifferenzierung fördern (Krebszellen sind undifferenziert), Prostatakrebs und Brustkrebszellen werden dadurch in ihrem Wachstum gehemmt. Auch die Proteinasen wirken in dieselbe Richtung, indem sie Enzyme hemmen, welche das Wachstum von Darm-, Brust- und Leberkrebs fördern. Die in Sojabohnen enthaltenen Saponine, welche auch in Kichererbsen vorkommen, verringern ebenfalls das Risiko bei der Entstehung verschiedener Krebsarten.

Isoflavone sind jedoch nicht nur allein bei der Krebsvorbeugung wertvolle Hilfen, sie haben auch positiven Einfluss auf Herz und Kreislauf. Darüber hinaus sollen sie auch bei längerer Einnahme die Knochendichte bei Frauen günstig beeinflussen und Beschwerden des Klimakteriums verhindern.

Phytoöstrogene, die im Soja enthaltenen pflanzlichen, dem Östrogen ähnliche Verbindungen, werden auch dafür verantwortlich gemacht, dass die Haut mehr Flüssigkeit und mehr Bindegewebe einlagert und dadurch fester beziehungsweise straffer wird.

Keimlinge

Keimlinge übertreffen den Vitamingehalt der Bohnen noch um ein Vielfaches. Dabei werden auch komplexe Kohlenhydrate zu Einfachzuckern umgewandelt, wodurch ihre blähende Wirkung deutlich abnimmt. Dazu kommt noch, dass der Anteil an mehrfach ungesättigten Fettsäuren ansteigt. Während des Keimvorganges steigt der Enzymgehalt ebenfalls an und Eiweiße werden in leicht assimilierbare Aminosäuren aufgeschlossen, so dass sie der Körper besser verwerten kann. Im Allgemeinen werden Keimlinge als energiereiche, Basen bildende vitaminreiche Lebensmittel angesehen. Der Vitamingehalt kann sich bei einigen Vitaminen wie etwa Vitamin. B2, B5, B6 und Folsäure um das Hundertfache vergrößern. Man kann alle Arten von Bohnen ankeimen, aber auch Samen und Getreide. Dazu bieten sie die Gelegenheit, auf kleinstem Raume – nämlich in der eigenen Küche, eine eigene Gärtnerei zu pflegen.

Kartoffel

Ein weiterer, interessanter Vertreter in der Liste der Kohlenhydrate ist die Kartoffel. Sie hat in unseren Breiten die Hirse und zum Teil das tägliche Brot abgelöst. Über ihren Wert als Nahrungsmittel gibt es verschiedene Meinungen. Botanisch gesehen ist sie ein Nachtschattengewächs und stammt aus einer Familie mit giftigen Geschwistern. Sie enthält besonders bei längerer oder zu heller Lagerung meistens die giftigen Substanzen Solanin und Solanthren.

Der Gehalt dieser Giftstoffe kann auch bei unreif geernteten oder falsch gelagerten Kartoffeln um ein Vielfaches steigen. Bei Vorhandensein dieser Giftstoffe kann es zu Darmreizungen, Durchfall, Übelkeit oder Kopfschmerzen kommen. Das Vorkommen dieser Giftstoffe betrifft vor allem rohe Kartoffeln oder den daraus gewonnenen Saft, welcher von manchen Menschen an Stelle eines Abführmittels verwendet wird. In gekochtem Zustand sind diese Giftstoffe in der Regel inaktiviert. Richtige Ernte sowie Lagerung sind empfehlenswert, am besten sind Kartoffeln natürlich frisch geerntet. Ein hoher Alkaloid-Gehalt[35] kann die Tätigkeit des Gehirns und des Rückenmarks beeinflussen. Alkaloide gehören zu den stärksten Giften, werden bei sachgemäßer Verwendung aber auch als Heilmittel eingesetzt. In der Regel macht sich dieser Giftstoff durch einen bitteren Geschmack der Kartoffel bemerkbar. Ab einer Konzentration von 140 mg pro Kilogramm ist die Giftbelastung am Geschmack deutlich zu erkennen. Der Grenzwert für unbedenklichen Genuss liegt bei 200 mg pro Kilogramm. Stark gegrünte oder gekeimte Kartoffeln enthalten höhere Werte. Da das Gift Solanin zur Abwehr von Schädlingen bestimmt ist, befindet es sich vorzugsweise in Schale und Randschichten.

Bei älteren oder schlecht gelagerten Kartoffeln ist daher Schälen empfohlen.

Mit den heute populären Diäten wie GLYX- oder Low-Carb- und LOGI-Diät kamen die Kartoffeln zusätzlich in Verruf. Zu Unrecht: Die Kartoffel hat durchaus positive Seiten. Im Gegensatz zu Getreideprodukten gehört sie zu den wenigen energiereichen Basenlieferanten. Sie ist sozusagen der einzige nährstoffreiche Vertreter der Kohlenhydrate auf der Seite der Basen-Bildner. Ihr Wasseranteil liegt zwischen 65 und 80 Prozent, ihr Stärkeanteil je nach Sorte zwischen 15 und 20 Prozent. Ihr Eiweißanteil ist gering, etwa 2 Prozent, ihre Eiweißzusammensetzung jedoch hinsichtlich essentieller Aminosäuren gut, so dass sie in Form einer Kartoffel-Ei-Diät einen Wert von über 130 (Normalwert 100) erreicht. Die Kartoffel enthält mit nur 0,1 Prozent sehr wenig Fett. Ihr Ballaststoffanteil liegt bei durchschnittlich 1,5 Prozent. Zusätzlich enthält sie wichtige Mineralstoffe, Spurenelemente und einen hohen Gehalt an Vitamin C. Dadurch gehört auch das enthaltene Eisen zu den bestverwertbaren pflanzlichen Eisen. Ihr Ka-

---

[35] Alkaloide sind organische Basen, die in verschiedenen Nachtschattengewächsen enthalten sind.

liumgehalt ist mit über 400 mg pro 100 g höher als der in Bananen. 100 Gramm Kartoffeln haben etwa 70 Kilokalorien. Auf ihre Kalorienzufuhr bezogen hat die Kartoffel einen hohen Sättigungswert.

Je nach Zubereitung weisen Kartoffeln folgenden Gehalt an Inhaltsstoffen pro 100 g auf (Treutwein, 2006):

Kartoffel (100 g)	Kcal	Eiweiß (in g)	Fett (in g)	Kohlen-hydrate (in g)	Kalium (in mg)	Magne-sium (in mg)	Vitamin C (in mg)
Rohkartoffel	75	2,1	0,2	17,2	360	17	20
Pellkartoffeln	66	1,4	0,1	15,4	430	18	15
Bratkartoffeln	161	2,5	8,0	19,2	420	20	16
Pommes frites	272	4,3	13,2	31,1	883	30	23

Tabelle 7: Inhaltsstoffgehalt je Zubereitungsart der Kartoffel

Dadurch, dass der Kartoffel bei bestimmten Zubereitungsformen Wasser entzogen wird, verändert sich die Relation der Inhaltsstoffe. Selbst Pellkartoffeln haben demzufolge einen höheren Mineralstoffgehalt als rohe Kartoffeln. Da der Kaliumanteil im Verhältnis zum Natriumanteil sehr hoch ist, wirkt sie einer salzreichen Kost entgegen. Sie enthält außerdem noch die Vitamine B2, B6, Nikotinamid und Pantothensäure. Zur Diskussion um den glykämischen Index kann man Folgendes sagen: Pellkartoffeln haben von allen Zubereitungsformen den niedrigsten GLYX, Pommes frites den höchsten. Garungsart und Zubereitung sowie Sorte und Lagerdauer sind weitere Faktoren, die sich auf GI. bzw. GL. auswirken. Frühkartoffeln haben einen niedrigeren GI als alte, mehlige Kartoffeln haben einen höheren GLYX als feste. Den höchsten GI haben jene Zubereitungsformen, bei denen der Kartoffel das Wasser entzogen und durch Fett ersetzt wurde. Dazu gehören alle Formen von Bratkartoffeln. Den höchsten GI. haben allerdings Pommes frites. Nachdem jedoch für das Ausmaß der Insulinausschüttung die glykämische Last[36] ausschlaggebender als der glykämische Index ist, kommen insgesamt auch diesbezüglich keine risikorelevanten Werte zusammen; immer unter der Voraussetzung, dass die aufgenommene Menge einem vernünftigen Maß entspricht.

---

[36] Glykämischer Index mal Menge an Kohlenhydraten in Gramm/100

Wussten Sie, dass die Behauptung Kartoffeln seien Dickmacher ein Vorurteil ist?

Es muss betont werden, dass die Kartoffel das einzige Kohlenhydrat liefernde Grundnahrungsmittel ist, das einen klaren Basenüberschuss liefert. Kein Getreide ist dazu in der Lage. Kartoffeln fördern bei richtiger Zubereitung und in vernünftiger Menge auch nicht die Entstehung von Diabetes. Der Einfluss auf den Blutzuckerspiegel von Diabetikern wird laut Aussagen von Medizinern sogar günstiger als der von Weißmehlprodukten beurteilt.
Angeblich sind Kartoffeln durch die Chlorogensäure, einen Stoff, der sich dicht unter der Schale befindet, vorbeugend wirksam gegen Entartungen von Zellen und damit gegen Krebserkrankungen. Auch so genannte Protease-Hemmstoffe kommen in der Kartoffel vor, die Viren und krebsauslösende Substanzen neutralisieren können.

Auch der Vitamin C-Gehalt der Kartoffel darf nicht unterschätzt werden. 200 Gramm frische, in der Schale gekochte, Kartoffeln enthalten gleich viel Vitamin C wie 2 Äpfel. Außerdem werden Kartoffelbrei-Umschläge als altbewährtes Hausmittel bei Schwellungen, Entzündungen und Hexenschuss angewendet.

Obst, Gemüse und Vollkorn als Entzündungshemmer

Mehrere Studien, die unter anderem das CRP (C-reaktives Protein) einen unspezifischen Entzündungsmarker, beobachteten, kamen zu der übereinstimmenden Erkenntnis, dass Obst, Gemüse sowie Vollkornprodukte eine Verringerung des CRP Wertes und damit eine entzündungshemmende Wirkung entfalten.

So liefert eine Ernährung mit Gemüse, Vollkornprodukten und Obst neben den erforderlichen Nährstoffen auch sekundäre Pflanzenstoffe, die unter anderem aber auch in Nüssen, Hülsenfrüchten und Genussmitteln wie Rotwein, Schwarz und Grün-Tee sowie auch in dunkler Schokolade enthalten sind. Besonders herausragend erwies sich bei mehreren Studien auch der Apfel.

Die Wirkung sekundärer Pflanzenstoffe ist erst in geringem Grade erforscht. Es gibt aber deutliche Hinweise auf entzündungshemmende Wirkungen von Carotinoiden und Flavonoiden. Daneben schneiden auch Polyphenole, Monoterpene und Sulfide bei entsprechenden Studien hinsichtlich entzündungshemmender bzw. immunmodulierender Wirkung gut ab.

Die stimulierende Wirkung auf das Immunsystem sowie der entzündungshemmende Effekt erfolgen durch die senkende Wirkung auf das CRP sowie deren günstige Wirkung auf das Interleukin 6 und auf das Hormon Adiponektin, welches einen Risikofaktor beim Herzinfarkt darstellt.

Wenn auch bislang noch nicht alle diesbezüglichen zusammenhängenden Erklärungen gefunden sind, so kann auf Grund wissenschaftlich durchgeführter Studien festgestellt werden, dass der Verzehr pflanzlicher Lebensmittel mit deren sekundären Pflanzenstoffen, also in erster Linie Obst, Gemüse und Vollkornprodukten, Entzündungsprozesse im Körper reduziert und damit deren gesundheitsfördernden Effekte untermauert.

Sowohl die stimulierende Wirkung auf das unspezifische Immunsystem, als auch deren antioxidative Wirkung und die damit verbundene Risikoverminderung hinsichtlich entzündlicher Gefäßerkrankungen, einschließlich des Herzinfarktes, werden auf das Vorhandensein sekundärer Pflanzenstoffe in Obst, Gemüse, Vollkorn sowie in einigen Genussmitteln zurückgeführt.

Zusammenfassend kann man sagen:

- Kultiviertes Getreide ist als eine kulturgeschichtliche Errungenschaft der letzten 30.000 Jahre jedenfalls älter als Milch, welche nach Domestizierung von Tieren jünger als 6.000 Jahre ist.
- Für Getreideprodukte ist Vollwertigkeit mit hohem Ausmahlungsgrad erforderlich, um insulinfreundlich und damit körperschonend zu wirken. Getreideballaststoffe haben positive Wirkungen auf die Darmgesundheit.
- Unverträglichkeiten von Getreideeiweiß können deren Wert schmälern. Negative Wirkungen von Schutzstoffen der Getreideschalen (Lektine) sind nicht nachgewiesen.
- Alle Wege einer gesunden, mineralstoffreichen, Basen bildenden Kohlenhydrataufnahme führen über Verzehr von ausreichend biologisch angebautem, frischem Obst und Gemüse neben Getreide, Hülsenfrüchten und Nüssen.
- Hierbei kommt es weniger auf einzelne isolierte Inhaltsstoffe an als vielmehr auf das Verhältnis von Kohlenhydratanteilen zu Wasser, Mineralien, Vitaminen und entzündungshemmenden Pflanzenstoffen.
- Übermäßiger Konsum von mikronährstoffarmen Kohlenhydraten (raffinierter Zucker oder Fruktosesüßungsmitteln) begünstigt wegen dem Mineralstoffmangel die Entstehung von Blutfetten und Übersäuerung.
- Beim Getreide sollte das entkeimte, entwertete Feinmehl vermieden und stattdessen dem ballaststoffreichen und schonend gebackenen Vollkorn der Vorzug gegeben werden.
- Kohlenhydratreiche Nahrung kurbelt insbesondere zum Frühstück den Stoffwechsel an, während sich abends eher kohlenhydratarme - optimalerweise gänzlich ausgelassene Mahlzeiten bewähren.
- Krebserkrankungen stehen nicht nur nachweislich im Zusammenhang mit minderwertiger Ernährung sondern werden sogar mit einer 50%igen Wahrscheinlichkeit mithilfe einer Ernährungsumstellung nachhaltig verringert.

Eiweiß

In diesem Kapitel geht es um folgende Themen:

- **Bedeutung von Eiweiß**
- **Eiweißbedarf im menschlichen Körper**
- **Wirkung von Eiweiß und bestimmte Krankheiten**
- **Pflanzliches und tierisches Eiweiß**
- **Diskussion von Milch und Milchprodukten**

Eiweiße, auch als Proteine bekannt, spielen in der Ernährung der Menschen eine wichtige Rolle. Während die Kohlenhydrate dem menschlichen Körper als Treibstoff dienen, haben die Eiweiße ihre Hauptfunktion als Strukturstoffe. Sie sind die Baustoffe aller Struktur-, Enzym-, Immun- und anderer Proteine und dienen dabei dem Aufbau der Körperzellen ebenso wie der Bereitstellung von Hormonen und Fermenten sowie Neurotransmittern – das sind so genannte Botenstoffe, die zur Übertragung von Nervenimpulsen dienen.

Proteine sind Bestandteile aller lebenden Gewebe. Grundbausteine der Proteine sind die Aminosäuren. Proteine umfassen eine umfangreiche Gruppe lebenswichtiger, höher-molekularer Naturstoffe der Organismen und bestehen - in einem annähernd festen Verhältnis - aus Kohlenstoff (C), Wasserstoff (H), Sauerstoff (O) und Stickstoff (N). Einige Proteine enthalten auch Schwefel (S), in einzelnen finden sich Phosphor (P) und andere Elemente. Eiweiß ist sowohl für das Bestehen als auch für die Ernährung der Organismen unentbehrlich.

Man unterscheidet zwischen den einfachen Proteinen, die nur aus Aminosäuren bestehen, und zusammengesetzten Proteinen.

Zu den einfachen Proteinen gehören die Albumine, die im Eiklar, im Blutserum und in der Milch vorhanden sind. Globuline finden wir im Blut, Keratine kommen als Schwefel-haltige Gerüsteiweißstoffe in der Natur vor, etwa in den Haaren, Federn und den Hufen von Tieren. Kollagen befindet sich in den Knochen, Knorpeln und im Bindegewebe, Elastin in sehnigem Gewebe und Strängen des Körpers, Zein im Mais, Legumin in Erbsen, Gliadin und Glutenin im Weizen, Lactalbumin und Lactoglobulin in der Milch sowie Fibrine in den Muskeln.

Zusammengesetzte Proteine bestehen aus einfachen Proteinen und einem nicht proteinartigen Baustein. Zu diesen gehören zum Beispiel die Nucleoproteide, die am Aufbau der Zellkerne beteiligt sind und die Chromoproteide.

Traditionellerweise unterscheidet man zwischen essentiellen - sprich unentbehrlichen - und nicht essentiellen, also entbehrlichen Aminosäuren.

Unter essentiellen Aminosäuren versteht man solche, die der Mensch unbedingt mit der Nahrung zuführen muss, da er sie selbst nicht herstellen kann. Dabei gibt es jedoch in gewissen Bereichen Meinungsunterschiede. So ist noch nicht genau definiert, inwieweit etwa die in Hülsenfrüchten, nicht aber in Getreide vorkommende Aminosäure Lysin von Darmbakterien hergestellt werden kann.

Die russische Ärztin Galina Schatalova will Beweise dafür haben, dass alle essentiellen Aminosäuren von einer gesunden Darmflora - die, wie sie meint, nur bei rein pflanzlicher Kost aufzubauen ist - produziert werden können (Schatalova, 2002 & 2006). Man geht jedoch davon aus, dass ein Mangel auch nur einer essentiellen Aminosäure auch durch einen noch so großen Anteil anderer Aminosäuren nicht ausgeglichen werden kann. Die übrigen, nicht essentiellen Aminosäuren nimmt der Mensch mit der Nahrung auf, er kann sie aber auch selbst produzieren. Der Mensch benötigt jedoch zur Produktion von bestimmten Aminosäuren wiederum essentielle Aminosäuren. Reagieren zwei oder mehrere Aminosäuren - meist kettenartig – miteinander, so entstehen so genannte Peptide. Glutathion und Carnosin sind etwa solche Peptide.

Zu den Nahrungsmitteln, welche Eiweiß in größeren Mengen enthalten, zählen Fleisch- und Fleischwaren, Fisch, Eier, Milch, Käse, sowie die pflanzlichen Eiweißquellen, Hülsenfrüchte und Getreide. Obst und Gemüse sind ebenfalls gute Eiweißquellen. Aufgrund ihrer relativ niedrigen Eiweißkonzentration bedarf es jedoch größerer Mengen, um den täglich anfallenden Eiweißbedarf zu decken. H. Wandmaker schildert in seinem Buch, dass dies durchaus möglich sei (Wandmaker, 1999). Glaubhaft beschreibt er, dass er sich von 75 Prozent Obst, 20 Prozent Gemüse sowie 5 Prozent Nüssen ernährt und bei dieser Kost normale Eiweißwerte im Blut aufweist.

Über die Notwendigkeit bzw. Zweckmäßigkeit tierischen oder pflanzlichen Eiweißes in der Ernährung machten sich schon die Ärzte im Altertum Gedanken. Bei Hippokrates und Galenus, einem griechisch-römischen Arzt im 2. Jahrhundert nach Christus, kann man nachlesen, dass die Nahrung der Athleten ursprünglich rein vegetarisch war. Zur Zeit Homers, dem griechischen Dichter im 8. Jahrhundert vor Christus, ernährten sich die Helden nur mit Ochsenfleisch. Verschiedentlich wurde - auf Empfehlung der Ärzte - auch Schweinefleisch gegessen, weil dieses dem Menschenfleisch am ähnlichsten ist. Bei den europäischen Völkern war somit im Altertum der Genuss eiweißhaltiger Nahrung einem gewissen Wandel unterworfen. In Asien hingegen hat sich seit dem „Nei King", einer alten chinesischen Philosophie, Heilkunde und Ernährungslehre, wenig geändert. So beträgt der Anteil pflanzlicher Nahrung in China auch heute noch einen überwiegenden Prozentsatz und damit auch der Anteil an pflanzlichem Eiweiß.

Wussten Sie, dass sich bezogen auf die Gesamternährung der Erdbevölkerung ein Kalorienanteil von etwa 80 Prozent an pflanzlichen Nahrungsmitteln und Milchprodukten ergibt?

Das wäre auch für Europäer der empfehlenswerte Richtwert zur Erhaltung eines ausgeglichenen Säuren-Basen-Verhältnisses.

Die Unterernährung, an welcher derzeit Milliarden Menschen leiden, ist nicht allein eine Folge mangelnder Ernährung, sondern auch eine Folge von Fehlernährung.

So ist die Tierhaltung aus ökonomischer Sicht unrentabel, da höchstens ein Fünftel der verfütterten Kalorien der pflanzlichen Nahrung vom Tier zurück gewonnen werden kann. Bezogen auf die Bodenfläche könnte man mit dem Boden, der bei der Tierhaltung nur einen Menschen ernähren kann, bis zu zehn Menschen ernähren, ausgenommen die Rentiere am Rande des Permafrostes (Dauerfrostbodens). Auch die Milchwirtschaft bringt nur etwa ein Fünftel der Nährstoffe wieder, die für die Verfütterung verwendet werden, Almbewirtschaftung ausgenommen.

Pflanzliches Eiweiß steht dem tierischen in keiner Weise nach, es hinterlässt in der Regel bei seiner Verstoffwechselung weniger Rückstände und belastet den Organismus dementsprechend auch weniger als tierisches. Bei richtiger Kombination ist auch die Wertigkeit der Aminosäuren gleich hoch oder sogar höher als die von tierischen Produkten.

Eiweißbedarf

Angesichts der Vielfalt der physiologischen Funktionen, die Eiweiß und Aminosäuren im Stoffwechsel ausüben (z.B. Zellaufbau als Strukturproteine, Enzyme, Gerinnungsfaktoren, Antikörper- Immunglobuline, Transportmoleküle, Proteohormone = eiweißhaltige Hormone) ist es notwendig, dass dem Körper immer das gesamte Aminosäurenspektrum zur Verfügung gestellt wird. Dieses muss hauptsächlich über das Nahrungseiweiß zugeführt werden. Dabei ist die Eiweißmenge, die täglich aufgenommen werden sollte, von mehreren Faktoren abhängig. Das Alter bzw. die Wachstumsphase, in welcher sich der Mensch befindet, ist entscheidend für die erforderliche Eiweißmenge. Auch die Qualität des zugeführten Eiweißes spielt eine bedeutende Rolle.

Die biologische Wertigkeit gibt an, wie vollständig die Aminosäuren-Kombination eines Produktes ist. Letztlich sind die gleichzeitig aufgenommenen Kohlenhydrate dafür verantwortlich, wie viel von dem aufgenommenen Eiweiß dem Körper für seine ihm zugedachte Funktion übrig bleibt oder ob es mangels anderer Brennstoffe für den Energienachschub herhalten muss.

Säuglinge, Kinder und Jugendliche haben einen deutlich höheren Eiweißbedarf als Erwachsene. Das ist mit dem Aufbau ihrer Körpersubstanz zu erklären. Während der Schwangerschaft besteht ebenfalls ein erhöhter Eiweißbedarf. Während der Stillzeit ist die Stillleistung für den aktuellen Eiweißbedarf ausschlaggebend. Dabei verbrauchen 850 Milliliter Muttermilch etwa 10 g Protein.

Folgende Tabelle (Reglin, 2003) gibt den altersbedingten, täglich empfohlenen Proteinbedarf in g und pro kg Verbrauchergewicht an:

Alter des Protein- verbrauchers	g/kg*/ Tag männlich & weiblich	g/ Tag männlich	g/ Tag weiblich
Säuglinge			
0 bis unter 1 Monat	2,7	2,7	12	12
1 bis unter 2 Monate	2,0	2,0	10	10
2 bis unter 4 Monate	1,5	1,5	10	10
4 bis unter 6 Monate	1,3	1,3	10	10
6 bis unter 12 Monate	1,1	1,1	10	10
Kinder			
1 bis unter 4 Jahre	1,0	1,0	14	13
4 bis unter 7 Jahre	0,9	0,9	18	17
7 bis unter 10 Jahre	0,9	0,9	24	24
10 bis unter 13 Jahre	0,9	0,9	34	35
13 bis unter 15 Jahre	0,9	0,9	46	45
Jugendliche und Erwachsene			
15 bis unter 19 Jahre	0,9	0,8	60	46
19 bis unter 25 Jahre	0,8	0,8	59	48
25 bis unter 51 Jahre	0,8	0,8	59	47
51 bis unter 65	0,8	0,8	58	46
65 Jahre und älter	0,8	0,8	54	44
Schwangere ab 4. Monat			58
Stillende			63
*bezogen auf das Referenzgewicht			

Tabelle 8: Empfohlene altersbedingte Proteinzufuhr

Diese Referenzwerte (Reglin, 2003) haben bei normaler Ernährung Gültigkeit. Ob und inwiefern sich die erforderlichen Proteinmengen bei speziellen Kostformen, wie etwa einer vegetarischen Rohkost, ändern, ist nicht bekannt.

Es wird jedoch angenommen, dass bei speziellen Kostformen bei Änderung des Ruhegrundumsatzes auch geänderte Proteinerfordernisse auftreten.

Die biologische Wertigkeit gibt an, wie gut sich ein Nahrungseiweiß zum Aufbau von Körperprotein eignet. Die Ermittlung dieses Wertes wird über die Stickstoffausscheidung bestimmt. Es wird dabei festgestellt, mit welchen Mengen eines bestimmten Proteins ein ausgeglichenes Stickstoffgleichgewicht erzielt werden kann. Abhängig ist die biologische Wertigkeit davon, ob ein Eiweiß alle essentiellen Aminosäuren in ausreichendem Maße enthält und auch die Konzentrationen aller enthaltenen Aminosäuren in einem ausgeglichenen Verhältnis zueinander stehen.

Die höchste Eiweißqualität haben nach dieser Definition tierische Produkte wie Vollei, Milch, Fleisch und Fisch. Es lassen sich aber mit Kombinationen pflanzlicher Lebensmittel, deren Aminosäuren sich hinsichtlich der biologischen Wertigkeit ergänzen, zum Teil noch höhere Werte erzielen, als dies mit einem einzelnen Eiweißträger möglich ist.

Die Kombination mit der höchsten biologischen Wertigkeit hat demnach die Kartoffel-Ei Diät, ein Gemisch aus 64% Kartoffel-Protein und 36% Vollei-Protein. Von dieser Kombination müssen täglich nur 0,37 g/kg Körpergewicht aufgenommen werden um den Minimalbedarf an Eiweiß zu decken. Jedoch auch die rein vegetarische Mischung von Bohnen und Mais ergibt einen Wert, der dem von Vollei oder Fleisch um nichts zurücksteht, sondern den von Fleisch sogar übertrifft. Zudem kann die Aufnahme von Eiweiß nicht isoliert betrachtet werden, da Nahrungsproteine immer in Kombination mit anderen Nährstoffen aufgenommen werden. So sind die in der Nahrung enthaltenen Vitamine, Spurenelemente, Enzyme, Vitalstoffe, Mineralien ebenso bedeutsam, wie die Gesamtkalorienzufuhr, die auf längere Sicht mitbestimmend für den Grundumsatz ist, welcher wiederum die minimal erforderliche Eiweißmenge mitbestimmt.

Einen großen Stellenwert haben auch die Kohlenhydrate, die dadurch einen so genannten „Spar-Effekt" für Eiweiß ausüben, dass sie durch ihre Energiezufuhr dem Körper die Verwendung von Proteinen zur kalorischen Versorgung ersparen. Bei zu niedriger Kohlenhydratzufuhr muss hingegen ein Teil der Nahrungsproteine zur Synthese von Glucose bereitgestellt werden, um die Glucose-abhängigen Organe wie das Gehirn mit Zucker zu versorgen.

Ein weiterer Faktor, der berücksichtigt werden muss, ist die Wiederverwertung des im Körper abgebauten Eiweißes. Unter normalen Verhältnissen kann ein Teil des auf die Stufe der Aminosäuren abgebauten Proteins zur Synthese neuer Aminosäuren verwendet werden. Im Hunger und unter allgemein reduzierter Kalorienaufnahme kann der Anteil der für das Recycling verwendeten Aminosäuren beträchtlich gesteigert werden.

Zudem können einzelne Aminosäuren auch von Darmbakterien synthetisiert werden, so dass es schwer fällt allgemein gültige Zahlen für die minimal erforderliche Eiweißmenge, die täglich mit der Nahrung aufgenommen werden muss, anzuführen.

Wenn Aminosäuren nicht in andere Aminosäuren umgewandelt, sondern abgebaut werden, fällt zuerst einmal Ammoniak an. Dieser hat toxische Eigenschaften und muss gleich in Harnstoff umgewandelt werden. Dadurch wird er entgiftet und wasserlöslich gemacht. Da die Fähigkeit der Nieren hinsichtlich ihrer Kapazität zur Ausscheidung von Harnstoff begrenzt ist, erfordert eine größere Eiweißzufuhr auch das begleitende zur Verfügung stellen von ausreichend Lösungsmittel. Das gleiche trifft auch hinsichtlich der Ausscheidung von Harnsäure zu. In diesem Fall sind auch die Empfehlungen berechtigt, literweise Wasser zu trinken, weil die Aufnahme größerer Eiweißmengen aus tierischen Produkten es zur Lösung seiner im Stoffwechsel anfallenden Ausscheidungsprodukte erfordert. Weniger Lösungsmittel ist bei der Zufuhr von pflanzlichem Eiweiß notwendig, wenn dieses in wasserreicher pflanzlicher Kost konsumiert wird.

 Eiweißmangel kann sowohl bei unzureichender Aufnahme wie falsch verstandenem Vegetarismus, Hungerkuren, Alkoholismus sowie bei Erkrankungen des Darmtraktes auftreten. Chronische Eiterungen oder Nierenerkrankungen, Verbrennungen, Leberzirrhose oder chronische Blutverluste sowie auch Erkrankungen der Schilddrüse, chronische Infekte oder bösartige Tumoren können ebenfalls zu Eiweißmangel führen.

Kann Eiweiß auch Krankheiten fördern?

Es ist unbestritten, dass Eiweiß ein lebensnotwendiger Nährstoff ist. Dennoch häufen sich die Erkenntnisse, dass eine Reihe von Erkrankungen mit dem Konsum von Eiweiß in Zusammenhang gebracht werden müssen.

Sowohl eine Unterversorgung als auch übermäßiger Eiweißkonsum oder aber die Aufnahme spezieller Proteine kann die Ursache krankmachender Faktoren sein.

Wussten Sie, dass es sich bei toxischen Eiweißüberschüssen meist um Eiweiß aus Fleisch oder Milchprodukten handelt?

Bei übermäßiger Zufuhr von Eiweiß, vor allem in Form von Fleischprodukten, kommt es zwangsläufig über die Stufe einer erhöhten Ammoniak-Bildung in der Leber zu einem Abbau als Harnstoff und Harnsäure. Eine Überforderung der Ausscheidung durch die Nieren ist eine logische Folgereaktion. Deshalb wird auch bei Nierenerkrankungen üblicherweise die Eiweißzufuhr kontrolliert durchgeführt.

Toxine im Darm

Bei übermäßigem Eiweißkonsum entstehen im Darm - vor allem nach reichlichem Verzehr tierischer Eiweiße – Fäulnis- und Abbauprodukte wie etwa Indol, Ammoniak und ähnliche, die mit der Entstehung von Darmkrebs in Zusammenhang gebracht werden. Da ein Teil dieser giftigen Zwischenprodukte in den Blutkreislauf und damit in die Leber gelangt, wird dadurch auch die Entgiftungskapazität der Leber überfordert. Es muss in diesem Zusammenhang aber erwähnt werden, dass es auch Proteine gibt, die entgiftende Eigenschaften aufweisen, wie etwa das Molke-Protein. Von diesem ist eine Hemmungsfähigkeit chemisch verursachter Dickdarmtumore bekannt.

Osteoporose

Übermäßige Eiweißzufuhr bedeutet erhöhte Säurebelastung für den Organismus, welche letztendlich mit einem Kalziumverlust einhergeht, der auf Kosten der Knochendichte stattfindet. Tatsache ist, dass der Kalziumverlust durch die Niere bei Konsum von tierischem Eiweiß höher ist als bei pflanzlichem. Die Schlussfolgerung daraus ist, dass ein hoher Konsum tierischen Eiweißes für das Zustandekommen der Osteoporose mitverantwortlich ist. Untersuchungen bestätigen, dass bei richtiger vegetarischer Ernährung die Knochendichte höher ist. Da bei anderen Untersuchungen dieser Effekt nicht beobachtet werden konnte, muss man daraus schließen, dass bei vegetarischer Ernährung besonders darauf zu achten ist, dass der Eiweißanteil der Nahrung ausreichend hoch ist, um einen gesunden Knochenaufbau zu garantieren.

Herz-Kreislauf-Erkrankungen

Der deutsche Universitätsprofessor Wendt behauptet, dass bei übermäßiger Zufuhr tierischer Proteine bei gleichzeitiger erhöhter Energiezufuhr Eiweiß in die Basalmembran[37] der kleinen Blutgefäße abgelagert wird und dadurch dort eine Verdickung eintritt, die an den Zellgrenzflächen den Stofftransport verschlechtert. Dadurch käme es zu einem Rückstau von Cholesterin und anderen Stoffen ins Blut, welche in der Folge bei weiteren Schädigungen der Zellen ebenfalls in der Basalmembran abgelagert würden. Durch Reaktion mit Säuren oder freien Radikalen kommt es zur Schädigung der Gefäßwand und Einlagerung von Cholesterin. Damit ist die Grundlage für die Entstehung von arteriellen Verschlusskrankheiten wie Herzinfarkt und Schlaganfall vorbereitet.

Nach der Überfüllung der Basalmembran kommt es dort zu Reaktionen mit Makrophagen, so genannten Fresszellen, und zur Bildung sogenannter Schaumzellen. Damit greift der Defekt auch auf tiefere Schichten der kleinen Gefäße über. Diese Defekte werden mit dem Kittstoff Cholesterin repariert, wodurch eine Verengung der Gefäße und letztendlich deren Verschluss durch Verstopfung und Blutgerinnsel-Bildung erfolgt. Diese Theorie wird auch durch epidemiologische Untersuchungen untermauert, wobei atherogene Wirkungen (Arterienverkalkung hervorrufende Wirkungen) bei übermäßigem Konsum tierischer Eiweiße mit einer Zunahme der Sterblichkeit an ischämischen Herzerkrankungen beobachtet wurden. Nicht restlos geklärt ist in diesem Zusammenhang, inwiefern die in tierischen Nahrungsmitteln enthaltenen gesättigten Fettsäuren und Cholesterin beim Zustandekommen von Gefäßerkrankungen ursächlich beteiligt sind.

Zuckerkrankheit

Bei der Entstehung von Diabetes mellitus Typ 1 sind mehrere Faktoren beteiligt. Man nimmt an, dass bei Personen mit entsprechender erblicher Veranlagung bestimmte Auslösefaktoren entzündliche Autoimmunreaktionen verursachen, die in weiterer Folge die Zerstörung der Beta-

---

[37] Die Basallamina ist eine Proteinschicht. Sie grenzt Oberflächenepithelien gegenüber dem Bindegewebe ab, ist also "unter" dem Epithel zu finden. Es handelt sich dabei um eine spezialisierte extrazelluläre Matrix, welche als stabilisierende Schicht unter der Epithel-Zellschicht dazu dient, dass die Zellen dieser Schicht nicht auseinandergleiten.

Zellen der Bauchspeicheldrüse bedingen. Einer dieser Faktoren könnte die Ernährung auf Kuhmilchbasis im frühen Säuglingsalter sein. Hinweise darauf wurden tierexperimentell geliefert, indem Ratten mit erblicher Vorbelastung für Diabetes nicht erkrankten, wenn sie kuhmilchfrei ernährt wurden. Es konnte auch in verschiedenen Studien, u.a. von Dr. Hubert Kolb am *Deutschen Diabetes-Forschungsinstitut* der Heinrich- Heine- Universität in Düsseldorf gezeigt werden, dass Patienten mit Typ 1 Diabetes erhöhte Antikörperspiegel gegen das Rinderserum Albumin aufweisen (Monatsschrift Kinderheilkunde, 2001). In letzter Zeit wurde allerdings nicht das Kuhmilch-Eiweiß, sondern das in der Milch enthaltene bovine Insulin für die zerstörerische Immunreaktion verantwortlich gemacht. Da neben der Glukose auch gewisse Aminosäuren die Insulinsekretion stimulieren, wobei ein vermehrter Einbau der Aminosäuren in die Muskelzelle stattfindet, spielt die Zufuhr von Aminosäuren besonders bei gleichzeitiger Zufuhr von Kohlenhydraten eine wichtige Rolle beim Zustandekommen der Zuckerkrankheit.

Spezifisch dynamische Wirkung von Eiweiß

Erhöhte Eiweißzufuhr führt zu einer Energieumsatzsteigerung. Dies machen sich einige Diätetik-Schulen zunutze, um durch erhöhte Eiweißzufuhr Gewichtsabnahmen zu erleichtern. Die Erklärung dafür ist, dass die einzelnen Aminosäuren bei Anwesenheit von Natrium-Ionen durch ein aktives Transportsystem aus dem Darm in das Pfortaderblut[38] gebracht werden müssen. Dazu wird Energie benötigt. Weiters verbrauchen Prozesse wie die Harnstoffbildung Energie. Der Abbau einzelner Aminosäuren sowie eine Steigerung der Schilddrüsenaktivität durch vermehrte Oxidationsprozesse ist ein weiterer Faktor für Energieumsatzsteigerung. So sollte durch erhöhte Eiweißzufuhr mehr Energie verbraucht werden als durch den Eiweißabbau gewonnen wird.

Bei allen Abbau-Reaktionen von Eiweiß werden eine Vielzahl von Vitaminen und Mineralstoffen wie etwa B6, B2, Folsäure, Magnesium oder Zink benötigt. Besteht ein Mangel an einem oder mehreren dieser Mikronährstoffe, so können giftige Stoffwechsel-Zwischenprodukte oder Abbaustoffe entstehen. Fehlt dem Organismus beispielsweise das Vitamin B6, so kann das im Körper aus Methionin gebildete Homocystein nicht weiter

---

[38] Eine Pfortader (Vena portae) ist eine Vene, die sich erneut in Kapillargebiete aufzweigt. Allen Pfortadern ist dabei gemein, dass sie aus einem Kapillargebiet in das Blut abgegebene Stoffe in hoher Konzentration an die Kapillare eines Zielorgans weiterleiten.

abgebaut werden. Um das gefäßtoxische Homocystein nicht entstehen zu lassen muss auch ausreichend Vitamin B2, Magnesium und Zink vorhanden sein. Auch Folsäure ist dafür unerlässlich. Ebenso ist die Beziehung von Vitamin B6 zur Aminosäure Tryptophan erwähnenswert. Bei einem Vitamin B6 Mangel kann Tryptophan über einen Nebenweg zu Xanthurensäure abgebaut werden.

Diese ist giftig und wird als eine Teilursache für die Entstehung von Diabetes mellitus gesehen. Es ist daher immer notwendig bei der Aufnahme jeglicher Art von Eiweiß auf gleichzeitige Versorgung mit Vitaminen, Mineralien und Spurenelementen zu achten.

Aminosäuren werden auch als Nahrungsergänzungs- oder Heilmittel eingesetzt. Dazu gehören die Aminosäuren Carnitin, Tryptophan, Glutaminsäure und viele mehr. Es wurden in letzter Zeit drei weitere Verbindungen immer öfter in diesem Zusammenhang genannt, das sind N-Acetylcystein kurz NAC, S-Adenosylmethionin, kurz SAM und Acetyl-Carnitin.

NAC wird als Hustenmedikament verwendet, da es in der Lage ist, Disulfid-Brücken des Bronchialschleims zu spalten, weshalb es als Schleimlöser Verwendung findet. Zudem fördert es auch die Glutathionsynthese. Glutathion ist ein wichtiges Coenzym und Antioxidans und entfaltet damit positive Eigenschaften für unser Immunsystem. Es unterstützt die Leber bei Entgiftungsreaktionen wie etwa bei einer Paracetamol-Überdosierung.

S-Adenosylmethionin besitzt einen Knorpel schonenden Effekt und kann entzündliche Gelenks-Erscheinungen und Rheuma-Schmerzen positiv beeinflussen. Es beeinflusst auch die Melatonin-Bildung und damit die Schlafqualität.

Acetyl-Carnitin wird bei Hirnleistungsstörungen zum Einsatz gebracht und soll auch bei Alzheimererkrankung gute Wirkung zeigen. Carnitin findet Einsatz bei Erkrankungen des Herz-Kreislaufsystems. Es ist in der Lage Fette, insbesondere langkettige Fettsäuren in die Mitochondrien, das sind die Verbrennungskraftwerke der Zellen, zu transportieren. Andererseits transportiert Carnitin saure, nicht abbaubare Stoffwechselprodukte wieder aus den Mitochondrien heraus, die ansonsten giftartig wirken könnten.

So kann die Anwendung von Carnitin bei verschiedenen Herzerkrankungen von großem Vorteil sein. Besonders günstig scheint dabei die Kombination mit dem Coenzym Q10 sowie Selen zu sein. Zudem besitzt Carnitin positive Effekte auf den Fettstoffwechsel. Bei entsprechender Dosierung (etwa 2g/Tag) können Cholesterin, Triglycerid und Lipoprotein(a)-Werte günstig beeinflusst werden.

Glutathion ist ein Tripeptid und als solches reichlich in der gesunden Schleimhaut des Magen- Darm- Traktes, genannt Mucosa, enthalten. Als natürliches Antioxidans ist es an der Neutralisierung freier Radikale im Darm beteiligt. Bei großer Belastung der Schleimhäute, des Magen-Darm-Traktes, wie etwa bei übermäßigem Alkoholkonsum, kommt es zu einer Reduzierung der Glutathionwerte. Acetylsalicylsäure, besser bekannt als Aspirin, verringert ebenfalls die Glutathion-Reserven. Umgekehrt schützt Glutathion die Magenschleimhaut vor schädigenden Einflüssen der genannten Substanzen. Glutathion ist auch für die Entgiftung von Schwermetallen zuständig, ebenso wie für die Entgiftung anderer toxischer Substanzen. So hat es neben der Entgiftung toxischer Schadstoffe aus der Luft auch eine bedeutende Aufgabe bei der Überdosierung und Vergiftung mit Paracetamol, eines der meistverwendeten Schmerz- und Fiebermittel.

Wussten Sie, dass Taurin in den letzten Jahren durch seine Beigabe in „Energy Drinks" wie etwa Red-Bull bekannt geworden ist?

Taurin ist ein essentieller Bestandteil des Gallensäuren-Stoffwechsels. Gallensäuren werden nach Verbindung mit Taurin in den Darm oder die Gallenblase abgegeben. Damit hat Taurin einen hemmenden Effekt auf die Gallensteinbildung. Neben Glutathion ist Taurin eine der wichtigsten körpereigenen Substanzen bei der Entgiftung von Umwelt-Toxinen und anderen giftigen Stoffen wie etwa dem Schwermetall Cadmium. Auch schädliche Einwirkungen von Ozon auf das Lungengewebe werden durch Taurin gebremst. Es fängt dabei Säuren ab und führt sie in ihre weniger gefährlichen Metaboliten[39] über.

Bei neurologischen und psychischen Erkrankungen spielt ein ganzes Orchester von Aminosäuren eine zentrale Rolle: S-Adenosylmethionin, L-Phenylalanin, Tyrosin, Tryptophan, Acetyl-Carnitin, Taurin, Glycin, Threonin, Glutaminsäure, Methionin sowie N-Acetylcystein.

---

[39] Der Metabolit (griech. μεταβολίτης metabolítes „der Umgewandelte", Plural: Metaboliten) ist ein Zwischenprodukt (Intermediat) in einem, meist biochemischen, Stoffwechselvorgang.

Weitere wichtige Funktionen haben Aminosäuren als immunologisch wirksame Substanzen. Dabei sind vor allem die Aminosäuren Arginin und Lysin beim „herpes simplex", der verantwortlich für die Entstehung von Fieberblasen ist, ausschlaggebende Faktoren. Auch Glutamin, Cystein, Carnitin und Taurin erfüllen wesentliche Aufgaben.

Beim Diabetes mellitus sind Aminosäuren ebenso im Spiel. Dabei ist eine ausreichende Zufuhr essentieller Aminosäuren und insgesamt hochwertiger Eiweißträger von großer Bedeutung.

Da die Aminosäure Cystein eine bedeutende Rolle bei der Zuckerkrankheit spielt, sollte darauf geachtet werden, dass die Zufuhr von Cystein ausreichend hoch ist. Molkeprodukte sind ausgezeichnete Cystein-Lieferanten.

Für den Aufbau des Faserknorpels werden die Aminosäuren Prolin, Glycin, Lysin und Arginin benötigt. Für das Bindegewebe und das Kollagen werden vor allem die schwefelhaltigen Aminosäuren Methionin, S-Adenosylmethionin, Cystein und Cystin gebraucht. Deshalb werden Aminosäuren schon seit längerer Zeit bei Arthrosen als Knorpel bildende und - schützende Substanzen eingesetzt.

Kombinationsprodukte wie Glucosaminsulfat und Chonroitinsulfat führen bei Patienten, die an Arthrose leiden, zu Schmerzlinderung und verbesserter Beweglichkeit der erkrankten Gelenke, besonders dann wenn noch regenerationsfähige Knorpelsubstanz vorhanden ist. Der Knochen benötigt für sein Kollagen Lysin. Zudem verbessert Lysin die Kalziumaufnahme im Darm und vermindert die Kalziumausscheidung durch die Nieren.

Die basische Aminosäure Arginin fördert die Ausschüttung von Wachstumshormon, was unter anderem auch positive Auswirkungen auf den Knochenaufbau hat. Außerdem ist Arginin der Wegbereiter von Stickstoffmonoxid (NO), welches als Botenstoff der Nervenzellen und gefäßerweiternder Stoff von Bedeutung ist. Nach der Umwandlung von Arginin in Prolin kann diese Aminosäure ebenfalls für die Kollagenherstellung und damit auch für den Knochenaufbau Verwendung finden.

Tierisches oder pflanzliches Eiweiß

Ist Fleisch- oder Pflanzennahrung der bessere Aminosäurenlieferant?

Nicolai Worm nimmt neben einigen wissenschaftlichen Erkenntnissen zum Thema Fleisch auch auf die „Steinzeit-Diät" Bezug, woraus er folgert, dass unsere Gene daran am besten adaptiert seien und wir damit am günstigsten Gesundheit und eine schlanke Linie erhalten könnten (Worm, 2001).

Galena Schatalova versucht zu beweisen, dass eine artgerechte Ernährung alles andere außer Fleisch bedeutet (Schatalova, 2002 & 2006). Sie behauptet außerdem, dass der Mensch bei artgerechter Ernährung zur Erhaltung des Grundstoffwechsels nur maximal 400 Kalorien benötigt und alles, was wir zu viel essen, unseren Körper nur belastet.

Ernährungsphysiologisch ist die Frage nicht eindeutig zu beantworten, da sowohl Fleischnahrung als auch die Kombination verschiedener pflanzlicher Produkte optimale Aminosäurengemische liefert.

Religiöse Motivationen finden wir in fast allen Religionen. So verzichten Juden und Moslems auf den Verzehr von Schweinefleisch, weil das Schwein als unreines Tier bezeichnet wird. Im Hinduismus gilt das Rind als heilig, außerdem wird aus Gründen der Wiedergeburt vom Fleischverzehr Abstand genommen. Im Christentum gibt es die Fastenzeit oder zumindest Fasten-Tage, an welchen auf Fleisch verzichtet werden soll. Der Begriff Karneval gibt Aufschluss darüber, dass nach diesem Zeitpunkt (carne vale = Fleisch ade) für die Dauer der Fastenzeit auf Fleisch verzichtet werden sollte. Vegetarier essen aus ethischen oder gesundheitlichen Gründen kein Fleisch. Veganer verzichten auf alle tierischen Produkte, so auch auf Milch, Eier und andere tierische Produkte wie Honig. Buddhistische Bettelmönche essen zwar Fleisch, wenn sie es als Gabe erhalten, würden selbst aber nie ein Tier verletzen oder gar töten.

Für einen Großteil der Weltbevölkerung spielen wirtschaftliche Gründe die Hauptrolle, da auf den zur Verfügung stehenden landwirtschaftlichen Flächen die „Veredelung" zu Schlachtvieh zu kostspielig ist.

Was die beim Vergleich beider Ernährungsformen aufzunehmenden Nebenprodukte betrifft, so schneiden pflanzliche Produkte, was den Cholesterin, die gesättigten Fette, Mineralien und sekundären Pflanzenstoffe betrifft, überwiegend besser ab. Wenn man sich für den Verzehr von Fleisch entschließt, sollte man unter Bedachtnahme auf den Mineralstoff- bzw. Säuren-Basen-Haushalt die Menge der basischen Nahrungsmittel ebenfalls steinzeitgerecht dosieren; das bedeutet in einem Verhältnis von 80 Prozent Basen bildender und 20 Prozent säurebildender Kost. Damit kann auch der Gefahr von Kalziumverlusten entgegengewirkt werden, die bei isoliertem Verzehr von Muskelfleisch, sprich ohne Knochen, auftreten.

Bei Beobachtung möglicher Varianten der Steinzeitkost kam man zu dem Schluss, dass der pflanzliche Anteil bei relativ hohem Anteil von tierischem Eiweiß einen deutlichen Basenüberschuss ergab. Das bedeutet, dass Körner, Beeren, Früchte, Gemüse, Wurzeln, Pilze und Nüsse den Hauptanteil der Steinzeitnahrung ausmachten. Heute schaut die Zusammensetzung der Nahrungsmittel bedeutend anders aus. Tierische Fette wie Butter, Schmalz und Margarine liefern mit den versteckten Fetten in Wurst und Fleischwaren sowie Pommes frites, Torten und Backwaren bereits den Großteil der notwendigen oder bereits übermäßigen Energiezufuhr. Dazu kommen Zucker und Mehlprodukte, die zudem noch aus Auszugsmehlen stammen. Eine Ernährungsform, die mehr als 1.500 Kilokalorien täglich aus Fleisch, Fett, Zucker und Alkohol bezieht, ist von der Steinzeit-Diät mehr als meilenweit entfernt. Was aber den Fleischverzehr in der Steinzeit betrifft, so konnten sich die damals lebenden Vorfahren, die als Jäger und Sammler lebten, sicher nicht den Luxus leisten, vom erlegten Wild nur das Muskelfleisch in Form eines Steaks zu verzehren. Dieses war übrigens im höchsten Maße biologisch, also mit Gras und Pflanzenfutter ernährt und einem hohen Anteil an Omega-3-Säuren im Fleisch. Innereien und Knochen kamen wohl genauso auf den Teller wie der Fleischanteil der Tiere. Und Steinzeit-Würste gab es wahrscheinlich genauso wenig wie Steinzeit Wienerschnitzel und Leberkäse.

Vergleichende Studien zeigen, dass in so genannten zivilisierten Ländern mit hohem Fleischverbrauch Darmkrebs viermal so häufig vorkommt, wie etwa in Indien und China, wo vegetarische Nahrungsmittel wie Reis, Gemüse und Soja den Hauptanteil der Nahrung ausmachen. Dass rotes Fleisch[40] ungesünder ist als weißes wird vielfach behauptet und derzeit widersprüchlich diskutiert. In der *Epic Studie*[41], welche 48.000 Menschen erfasst,- wurde bei Verzehr einer größeren Menge Fleisch pro Tag ein erhöhtes Darmkrebsrisiko festgestellt, während die gleiche Menge Fisch eine Senkung des Risikos ergab (Journal Med, 2006). Für die negative Wirkung des roten Fleisches gibt es mehrere Vermutungen, unter anderem der durch die roten Blutkörperchen bedingte hohe Eisengehalt. Oxidationsprozesse sollen hierbei eine Rolle spielen. Ein Grund, warum man auch bei Nahrungsergänzungsmitteln, welche Kombinationen von Vitaminen, Mineralien und pflanzlichen Inhaltsstoffen beinhalten, vielfach bewusst auf die Beigabe von Eisen verzichtet.

---

[40] Rind- und Kalbfleisch, Schweinefleisch, Schaf- und Lammfleisch, Ziegenfleisch, Pferdefleisch, Kaninchenfleisch und Wild
[41] European Prospective Investigation into Cancer and Nutrition

Eine *Epic Studie*, welche Daten von über 500.000 Menschen auswertet, (Archives of Internal Medicine , 2009) belegt, dass der Verzehr größerer Mengen von rotem Fleisch die Gesundheit schädigt und damit das Sterberisiko bei allen Todesarten innerhalb eines Zeitraumes von 10 Jahren erhöht. Durch eine Ernährungsumstellung, die den Verzehr von rotem Fleisch reduziert, können demzufolge 11% der Todesfälle bei Männern sowie 16% bei Frauen verhindert werden.

Milch und Milchprodukte

Während Forscher früher annahmen, dass die physiologische Ausbildung lebenslanger Milchverträglichkeit sich schon in der Steinzeit entwickelte, sind sie heute der Meinung, dass erst nach längerer Zeit von Milchviehhaltung sich die Fähigkeit des Organismus von Europäern daran gewöhnte, über das Säuglingsalter hinaus, Milch zu verdauen. Verantwortlich dazu war Studien zufolge vor nur ca. 7500 Jahren eine Veränderung des Erbgutes, welche die Bildung eines Enzymes gewährleistet, um Laktose, den Milchzucker, abzubauen. Mit der Bildung dieses Enzymes wurde die Haltung von Ziegen und Schafen in Teilen Europas erst populär.

Nicht außer Acht zu lassen ist das umweltgefährdende Potential der Rinderhaltung. Demzufolge entstehen vor allem in Südamerika immer mehr Weideflächen auf Rechnung des Regenwaldes. Dazu kommt, dass die europäischen gehörnten Verwandten immer mehr Soja als Futtermittel wiederkauen. Das bringt neben der ökologischen Belastung durch Brandrodungen, inklusive einer massiven Kohlendioxid-Freisetzung und Überdüngung der Böden, auch Belastungen durch den Transport. Sowohl Futter als auch Tiertransporte müssen weite Strecken zurücklegen. Wenig bekannt ist auch die Wirkung von Viehflatulenz[42] auf den Treibhauseffekt. Diese wurden von der FAO, der UN- Ernährungsorganisation unter die Lupe genommen. Dabei stellte man fest, dass die Kühe mit ihren vier Mägen eine Brutstätte für Methangaserzeugung sind. Dieses Gas hat nach Expertenmeinung eine wesentlich stärkere Treibhauswirkung als etwa Kohlendioxid.

Wenn die Behauptungen der FAO stimmen, so belastet die weltweite Rinderzucht infolge von Waldverlust und Methangasbildung das Klima in

---

[42] Flatulenz (von lat. flatus „Wind, Blähung", Blähungen) bezeichnet die Aufblähung des Magens bzw. des Darmes durch bei der Verdauung gebildete Gase (z.B. Methan, Kohlenmonoxid, Kohlendioxid, Schwefelwasserstoff und andere Gär- bzw. Faulgase), wobei es häufig zum Entweichen (Flatus) von Darmgasen kommt.

derselben Größenordnung wie alle Menschen Indiens, Japans und Deutschlands zusammen. Das Methan aus der Landwirtschaft trägt rund 20 Prozent zum anthropogenen, also vom Menschen verursachten, Treibhauseffekt bei.

Wussten Sie, dass die Landwirtschaft ein noch größerer Verursacher des bekannten Treibhauseffekts ist als der weltweite Transportverkehr?

Welche Werte allerdings die human verursachte Flatulenz bei veganer Ernährung der gesamten Weltbevölkerung verursachen würde, wurde bis jetzt noch nicht ermittelt.

Wenn auch zum jetzigen Zeitpunkt eine Umweltkatastrophe durch exzessive Milchwirtschaft nicht zu erwarten ist, so wird dennoch auf ein Problem hingewiesen, welches nicht unterschätzt werden sollte und vor ausufernder Rinder- und Milchwirtschaft warnt.

Zu beobachten sind Milchprodukte auch hinsichtlich ihrer Belastung mit Antibiotika-, Hormon- und Pestizidrückständen.

Die Kuhmilch dient in erster Linie unbestritten der Ernährung des Kalbes. Dies trinkt in den ersten Lebenswochen kuhwarme, nicht pasteurisierte, nicht homogenisierte Milch. Das Gedeihen des Kalbes bestätigt die Annahme, dass es sich dabei um eine vollwertige Nahrung handelt. In der menschlichen Muttermilch ist wesentlich weniger Eiweiß enthalten als in der Kuhmilch, nämlich etwa 1,2 g/pro 100 Gramm, während die Kuhmilch ca. 3,3 g /pro 100 Gramm Milch enthält.

Der Eiweißanteil ist zwar geringer als der von Kuhmilch, durch einen höheren Anteil an Molkeproteinen und einen geringeren Anteil an Kasein jedoch besser verdaulich für den Säugling.

Der Molkeneiweißanteil macht den Stuhl weicher und löst seltener Allergien aus. In der Muttermilch sind außerdem alle essentiellen und nicht essentiellen Aminosäuren in der für den Säugling optimalen Konzentration enthalten.

Der Fettanteil ist bei Muttermilch und Kuhmilch etwa gleich, vielfach ist die Muttermilch etwas fetthaltiger, der Kohlenhydratanteil ist jedoch in der Muttermilch deutlich höher, etwa 1.5 mal so hoch, als der in der Kuhmilch.

Ein weiterer Vorteil der Muttermilch ist der, dass auch Verdauungsenzyme in ihr enthalten sind, welche dem Säugling eine Verdauungshilfe durch bessere Aufspaltung der Nahrung bietet. Der Vitamingehalt der Muttermilch ist für den Säugling ebenfalls besser angepasst. Das Gleiche gilt für die Mineralstoffe, was besonders für die Eisenaufnahme von Bedeutung ist. Dieses wird aus der Muttermilch fast zehnmal besser aufgenommen.

In der Muttermilch sind spezielle Immunglobuline enthalten, die das Kind in den ersten Lebensmonaten gegen Infektionen schützen. So enthält die Muttermilch auch spezielle Zellen, nämlich Lymphozyten und Makrophagen, die sich speziell gegen bestimmte Stoffe und Krankheitserreger richten und das Immunsystem unterstützen. Die in der Muttermilch enthaltenen Antikörper schützen den Säugling vor Infekten. Eine spezielle Gruppe von Antikörpern schützt die Schleimhäute und den Darm vor Bakterien und Giften und regt die körpereigene Abwehrproduktion an. Weitere Bestandteile der Muttermilch, wie Laktoferrin, Lysozym und Bifidusfaktor schützen den Magen-Darm-Trakt und beugen Durchfallerkrankungen vor.

Muttermilch ist die „wertvollste vollwertige" Nahrung für den heranwachsenden Säugling- bis zum Eintreten der Zahnung.

Was den hohen Eiweißgehalt der Kuhmilch betrifft, so gibt es interessante Beobachtungen. Kinder, die mit Ersatzmilch gefüttert wurden, die ebenfalls einen hohen Eiweißgehalt aufwies, waren in weiterer Folge doppelt so oft überdurchschnittlich schwer, als Babys, die gestillt wurden oder eine weniger eiweißreiche Nahrung aus der Flasche erhielten.

Milch enthält eine große Anzahl von Vitaminen aus dem A-, D-, E- und B Komplex. Auch das Milcheiweiß ist hochwertig, was es ja auch sein muss, wenn es für längere Zeit die einzige Eiweißquelle des heranwachsenden Individuums darstellt.

Milchunverträglichkeit - auch Milchintoleranz - zeigt sich hauptsächlich gegen Kuhmilcheiweiße. Bei den abgeleiteten Produkten wie Joghurt oder Käse, die durch Gärung oder Säuerung gewonnen werden, können sich die Unverträglichkeitsreaktionen auf die veränderten Milchproteine sowohl verstärken als auch abschwächen.

Das Milchfett ist aufgrund der kurzkettigen Fettsäuren zwar gut verdaulich, stellt aber bei übermäßiger Zufuhr - wie alle anderen tierischen Fette

- einen Risikofaktor in Bezug auf Übergewicht, Herz-Kreislauf-Erkrankungen und Fettstoffwechselstörungen dar.

Der Milchzucker, die so genannte Laktose, ist das Kohlenhydrat der Milch. Über die Hälfte der Weltbevölkerung hat ein Laktoseproblem, hinter dem ein genetischer Defekt steckt. Die Vorfahren des Menschen aus der Steinzeit hatten die Milch von Tieren als Nahrungsmittel noch nicht entdeckt und waren auf die Verdauung von Laktose nicht eingestellt. Sie dürften zu 100% Lactose-intolerant gewesen sein. Erst im Laufe der Zeit gewöhnten sich vor allem europäische Völker daran, Milch als Nahrungsmittel zu verwenden und ihr Organismus stellte sich auf den Milchzuckerabbau um. Nach dem Abstillen kommt es aber auch heute noch häufig zu einem Funktionsverlust des Enzyms, welches den Milchzucker abbaut. Während in Asien und Afrika die meisten Menschen unter diesem Enzymdefekt leiden, gibt es in Europa ein Nord-Südgefälle. Im Norden sind mit nur etwa zwei Prozent am wenigsten Menschen davon betroffen, in Südeuropa sind es bis zu 25 Prozent.

Im Gegensatz zur primären Laktoseintoleranz ist die sekundäre Form dieser Erkrankung von einer entzündlichen Erkrankung der Darmzellen ausgelöst und dementsprechend bei Besserung der Entzündung reversibel. Die Beschwerden sind ähnlich wie jene bei Fruktoseintoleranz. Es zeigen sich Stuhlunregelmäßigkeiten und Blähungen bis hin zu Koliken und schlechte Aufnahme von Nahrung. Will jemand trotz Bekanntheit seines Defektes Milch oder Milchprodukte zu sich nehmen, kann das Enzym Laktase in Form von Kautabletten eingenommen werden. Da Laktose die Kalziumaufnahme im Darm fördert, ist eine Entfernung aus der Milch bei Laktoseintoleranz nicht sinnvoll.

Eine Gefahr besteht auch in der Übertragung bakterieller und viraler Erkrankungen. So ist sogar die sonst nur durch Zeckenbisse übertragbare FSME-Erkrankung Frühsommermeningoenzephalitis durch den Genuss von roher Kuhmilch in einigen Staaten des Baltikum, Polen und der Slowakei bereits beobachtet worden.

Kalzium und Milchprodukte

Kalzium ist ein lebensnotwendiger Mineralstoff. Ein 70 kg schwerer Mensch enthält etwa 1,3 kg Kalzium. Davon befinden sich 99 Prozent in Knochen und Zähnen. Der Rest ist für Zellfunktionen wie etwa die Muskelkontraktion oder die Impulsleitung in Nervenzellen bestimmt. Wann immer dieses lebenswichtige Kalzium nicht ausreichend mit der Nahrung zugeführt wird, muss es der Körper aus seinem Depot in den Knochen besorgen. Dieses Knochen-Karbonat ist der Hauptlieferant an Basen, die zur Neutralisierung von Säuren eingesetzt werden, wenn diese einen zu hohen Wert erreichen. Ein großes Glas Milch enthält etwa 500 Milligramm Kalzium. Davon wird jedoch, je nach den vorliegenden Bedingungen, nur ein Teil aufgenommen. Die empfohlene Tagesmenge liegt bei 1.000 bis 1.200 Milligramm pro Tag. Allerdings ist die Milch nicht der einzige Kalziumträger unserer Nahrung, sonst könnte die Kuh, die nur Gras frisst, nicht 30 Liter Milch pro Tag produzieren. Kalzium ist auch reichlich in allen grünen Blattgemüsen, anderen Gemüsesorten, Hülsenfrüchten, Mandeln, Haselnüssen und Sesamsamen reichlich enthalten.

Da die Puffersysteme des Körpers und damit auch der Kalziumphosphatpuffer die Übersäuerung des Organismus - die vor allem durch überhöhte Zufuhr von tierischem Eiweiß entsteht - ausgleichen muss, ist auch die Zufuhr größerer Mengen von Milchprodukten, insbesondere Käse, nicht unproblematisch. Es liegen nämlich nur frische Milch und Molke im annähernd neutralen p.H.-Bereich.

Was die Auswirkung von Kalzium auf den Knochenstoffwechsel betrifft, wurde in einer Studie außerdem festgestellt (Tucker et al., 1999), dass die Zufuhr basisch wirkender Lebensmittelinhaltsstoffe, insbesondere Kalium und Magnesium und ein hoher Verzehr an Obst und Gemüse, nicht jedoch der Kalziumgehalt der verzehrten Lebensmittel mit einer erhöhten Knochendichte korrelierten. Die Nutzung von Magnesium wird durch die Anwesenheit von Vitamin B1, B6 und Kalzium gefördert, andererseits wird die Aufnahme von Kalzium durch Magnesium, Vollwertkost, die A-, D-, C- und B- Vitamine, Eisen, Zink, sowie die Aminosäure Lysin begünstigt.

Milch kommt jedenfalls nicht als einziger Kalziumlieferant in Frage. Noch wichtiger ist jedoch die Tatsache, dass der Kalziumverbrauch durch Puffer bei zu hohen Eiweißmengen letztlich auch bei kalziumreichen Nahrungsmitteln wie Milch und deren Verarbeitungsprodukten, wie vor allem Hartkäse, zu einer negativen Kalziumbilanz führen kann. Dies ist dann der Fall, wenn die erforderlichen basischen Mineralstoffe mit der Nahrung nicht in ausreichendem Maße zugeführt werden.

Der Kalziumgehalt Basen bildender Nahrungsmittel beträgt pro 100g folgende Werte in mg (Young, Robert O.):

Basen bildende Nahrungsmittel (100g)	Kalzium (in mg)	Basen bildende Nahrungsmittel (100g)	Kalzium (in mg)
Gemüse			
Artischocken	51	Löwenzahnblätter	187
Blumenkohl	25	Mangold	88
Brokkoli	103	Meeresalgen	567
Brunnenkresse	151	Paprikaschoten, scharf	130
Chinakohl	43	Petersilie	203
Eisbergsalat	35	Radieschen	30
Fenchel	100	Rhabarber	96
Grünkohl (Blätter)	250	Rosenkohl	36
Gurken	25	Schnittlauch	69
Indischer Senf	183	Spinat	93
Kopfsalat	20	Stangensellerie	39
Kresse	81	Zwiebel, weiß	51
Früchte & Hülsenfrüchte			
Avocados	10	Kichererbsen	150
Tomaten	13	Linsen, getrocknet	79
Zitronensaft	16	Rote Bohnen, getrocknet	110
Erbsen, frisch	26	Sojabohnen, getrocknet	226
Nüsse und Samen			
Haselnüsse	209	Sesamsamen	1160
Mandeln	234	Sonnenblumenkerne	120
Getreide			
Gerste	34	Weizen	46
Reis, Vollkorn	32	Weizenkleie	119

Tabelle 9: Kalziumgehalt Basen bildender Nahrungsmittel

Wussten Sie, dass es bei Entstehung der Osteoporose nicht allein auf den Kalziumgehalt der Milch ankommt? Wäre es so, so dürften nicht so viele Menschen der westlichen Hemisphäre unter Kalziummangel leiden.

Da in unserer Zivilisationskost der Fettanteil eher zu hoch als zu niedrig ist, ist Vollmilch mit deren relativ hohen Fettanteil mit Vorsicht zu genießen. Umso mehr gilt dies für Käse, Speiseeis oder andere fette Milchprodukte.

In einer Vergleichsbeobachtung wurden rein pflanzlich ernährte mexikanische Kinder mit Kindern aus dem US-Bundesstaat Michigan verglichen. Die amerikanischen Kinder waren nach den Vorstellungen der Experten gut ernährt - mit viel Fleisch, Eiern und Milchprodukten. Man erwartete deshalb ein besseres Abschneiden hinsichtlich der erhobenen gesundheitsbezogenen Werte für die Kinder aus Michigan. Die Untersuchung brachte jedoch ein unerwartetes und überraschendes Ergebnis. Die vegetarisch ernährten Kinder waren nach allen wesentlichen biochemischen und physiologischen Kriterien gesünder als die mit reichlich tierischem Eiweiß und tierischen Fetten ernährten Kinder aus Michigan. Prof. Harris leitete diese Untersuchung.

Was beim Konsum von Milch zu wenig berücksichtigt wird, ist die Tatsache, dass die Milch in der Natur immer nur für die Bedürfnisse der eigenen Nachkommen zusammengesetzt ist. Hingegen sind Früchte, Gemüse, Nüsse und Getreide Lebensmittel, die vielen verschiedenen Tierarten in freier Wildbahn zur Verfügung stehen.

Kuhmilch ist auf die Bedürfnisse des Kalbes abgestimmt, dessen Bedürfnisse sich von denen eines Menschen erheblich unterscheiden. Ein gesundes Kalb verdoppelt sein Körpergewicht in etwa 45 Tagen. Wachstumshormon und Eiweißgehalt müssen darauf abgestimmt sein. Ein gesunder menschlicher Säugling verdoppelt sein Körpergewicht jedoch erst in sechs bis acht Monaten. Deshalb enthält die Kuhmilch eineinhalbmal so viel Eiweiß und viermal mehr Kalzium, fünfmal mehr Phosphate aber zweimal weniger Milchzucker (Laktose) als Muttermilch. Das Kasein-Eiweiß ist auch verschieden vom Globulin-Eiweiß der Muttermilch.

Möglicherweise ist das ein Grund für das gehäufte Auftreten von Allergien, Neurodermitis und Belastungen des Immunsystems. Es gibt auch

Vermutungen, dass ein niedriger IQ - etwa 8 Punkte niedriger als bei gestillten Kindern - mit einer mangelhaften Myelinbildung im Gehirn auf den niedrigeren Lactosegehalt der Kuhmilch zurückzuführen sein könnte.

Der immer ins Treffen geführte hohe Kalziumgehalt der Milch zur Vorbeugung von Osteoporose ist auch deshalb zu hinterfragen, weil die Bevölkerung Asiens aufgrund ihres Laktase-Mangels keine Milch verträgt, jedoch ein deutlich geringeres Osteoporoserisiko aufweist als die Bevölkerung jener Länder mit dem weltweit höchsten Milchverzehr. Dazu gehören die USA, Finnland, Schweden, Schweiz und Deutschland. Es ist auch fraglich, wie viel Kalzium aufgrund des hohen Eiweiß- und Phosphatgehaltes resorbiert wird und wie viel Puffersubstanzen durch die schwefelhaltigen Aminosäuren verbraucht werden, damit es bei Milchkonsum bzw. Konsum von Milchprodukten zu keiner Übersäuerung kommt.

Milcheiweiß und andere Inhaltsstoffe der Milch werden für das Zustandekommen verschiedener Krankheiten verantwortlich gemacht. Bereits erwähnt wurde der Verdacht in Zusammenhang mit Diabetes Typ 1 wobei das Milcheiweiß bzw. das bovine Insulin in den Verdacht einer Mitbeteiligung geraten sind. Auch andere Milcheiweißallergien sind bekannt. Diese können vor allem bei Kindern sowohl zu Magen-Darm-Störungen als auch zu Hautreaktionen und anderen Symptomen führen. In der Regel wird nach Absetzen der Kuhmilch als Ersatz derselben Sojamilch verwendet, wonach die Kinder wieder normal gedeihen.

Lektine in Milchprodukten

Glycoproteine oder Lektine können in hoher Konzentration die Darmschleimhaut schädigen und möglicherweise zu Allergien bis hin zu allergischen Hautkrankheiten, Asthma und Autoaggressionskrankheiten sowie Weichteil- und Gelenksrheumatoiden, Arthritis und anderen Erkrankungen führen. Lektine werden in Pflanzen zur Abwehr von Fressfeinden gebildet. Sie gelangen mit dem Futter in die Milch, Sojalektine von Sojafutter und Weizenlektine von Weizenfutter. Die in der Milch enthaltenen Mengen sind zwar in der Regel nicht ausreichend für eine Erkrankung, es gibt jedoch Vermutungen, dass sie im Sinne einer Langzeitwirkung zu einer Daueraktivierung des Immunsystems führen, sofern für das Futter der Kühe teilweise oder ausschließlich lektinhältige Futtermittel verwendet werden.

In welche Richtung sich eine solche Beeinflussung des Immunsystems entwickelt, hängt von individuellen, konditionellen und konstitutionellen

Faktoren ab. Höhere Konzentrationen kommen in glucosehaltigen Milchprodukten wie Speiseeis, Fertig-Pudding, Fertig-Cappuccino, Milchreisprodukten, Joghurt mit Zusätzen sowie in verschiedenen Babynahrungen vor.

Empfindliche Personen, denen Allergien und immunologische Erkrankungen bekannt sind, sollten solche Produkte höchstens gelegentlich konsumieren.

Tee besser ohne Milch

Ein interessanter Effekt ist zu beobachten, wenn man die Wirkung von Tee auf das Gefäßsystem betrachtet. Durch die im Tee enthaltenen Katechine ist eine Schutzwirkung gegen koronare Herzerkrankung und Gefäßverkalkung gegeben. Bei Milchzusatz wird dieser Effekt zunichte gemacht, weil das Milcheiweiß Kasein die Wirkung von Katechin hemmt.

Molke

Unter den Antioxidantien, welche das Immunsystem schützen, wurde bereits bei den Aminosäuren das Glutathion erwähnt. Eine Vorstufe davon kommt in der Molke vor. Molkeeiweiß hat einen deutlich positiven Effekt auf das Immunsystem. Der Hauptgrund ist der, dass Molkeprotein einen deutlich höheren Anteil an Cystein enthält, als andere Proteine. Dieses Cystein ist eine Vorstufe von eben jenem Glutathion, welches eines der stärksten Antioxidantien im menschlichen Körper ist. Man konnte in entsprechenden Studien feststellen, dass bei Tieren, welche mit Molkekonzentrat gefüttert wurden, der Glutathion-Spiegel deutlich anstieg und damit auch deren Immunität erhöht wurde.

Molkegetränke sollten allerdings nach Möglichkeit zuckerfrei konsumiert werden. Molke wird schon seit langer Zeit als Entschlackungs- und Schönheitsmittel angewendet. Wegen seines hohen Vitamin- und Mineralstoffgehalts wird Molkeeiweiß auch besser verwertet als Milcheiweiß. Molke enthält fast kein Fett, aber wertvolle Mineralien, vor allem Kalzium, Kalium und Magnesium. Sie wirkt entwässernd und eignet sich als Nahrungsergänzung, wobei auch die Darmflora positiv beeinflusst wird.

Eine positive Wirkung auf Darmbakterien haben auch Sauermilchprodukte. Frischmilch ist von Natur aus für die zahnlosen Säuglinge bis zur Ausbildung des Gebisses zur Einhaltung des Lebens in den ersten Lebensmonaten und in Notzeiten vielleicht etwas darüber hinaus, bestimmt.

Hat die Mutter keine oder zu wenig Milch, erfolgt die Aufzucht mit Tiermilch oder Milchprodukten, die der Muttermilch so gut wie möglich angepasst sind. Aus evolutionärer Sicht ist die Verwendung von Kuh-, Ziegen- und Schafsmilch noch sehr jung und nicht immer unproblematisch.

Sauermilch und Joghurt

Milchsäurebakterien verwandeln die süße Milch durch Verdauung von in der Milch enthaltenen Kohlenhydraten zu Sauermilch. Der Milchzucker dient dabei den Bakterien als Nahrungsmittel. Sauermilch wird von vielen Menschen besser als Süßmilch vertragen, da der Milchzucker weitgehend verbraucht ist und dadurch die Gefahr einer Laktoseunverträglichkeit stark reduziert wurde.

Joghurt, Acidophilus-Milch, Kefir und ähnliche saure Milchprodukte sind probiotische Nahrungsmittel. Das heißt, dass sie einen lebenden mikrobiellen Nahrungszusatz liefern, der durch eine Verbesserung des mikrobiellen Gleichgewichtes einen vorteilhaften Effekt auf den Darm bzw. die Darmbakterien des Menschen ausübt. Die Wirkung beruht auf verschiedenen Mechanismen. Eine davon ist die Unterdrückung von Bakterien durch die Produktion von antibakteriellen Wirkstoffen oder durch einen Verdrängungswettbewerb. Dabei verändert sich der Stoffwechsel der Darmbakterien, schützende Enzyme werden in ihrer Aktivität unterstützt, schädliche Enzyme werden in ihrer Aktivität gehemmt. Außerdem wird die Immunabwehr durch eine Steigerung der Aktivität von Antikörpern stimuliert. Dadurch wirken Probiotika therapeutisch durch günstige Beeinflussung des Immunsystems und können ebenso wie Symbiotika den Wiederaufbau einer durch Antibiotika geschädigten Darmflora beschleunigen.

Präbiotika – Probiotika - Symbiotika

Ein Präbiotikum ist ein Nahrungsbestandteil, in der Regel ein Kohlenhydrat, welcher in den Dickdarm gelangt und dort von Bakterien abgebaut wird. Um in den Dickdarm zu gelangen, dürfen Präbiotika im oberen Gastrointestinaltrakt, das heißt im Magen und Dünndarm weder aufgenommen noch abgebaut werden. Von einem Präbiotikum erwartet man, dass es die Zusammensetzung und das Wachstum der gesunden Dickdarmbakterien positiv beeinflusst. Dazu gehören zum Beispiel Bifidus-Bakterien. Präbiotische Produkte sind meist Disaccharide wie Lactulose oder Oligosaccharide wie Inulin, aber auch Milchzucker (Galacto-Oligosaccharide) und andere Kohlenhydrate.

Symbiotika sind die Kombination eines Präbiotikum mit einem Probiotikum. Diese Kombination soll dem Probiotikum Nährstoffe auf seinem Weg in und durch den Darm mitliefern und damit sein Überleben und seine Ansiedlung im Darm begünstigen.

Probiotika

Hinsichtlich der Wirkung von Probiotika liegen zunehmend Daten aus Untersuchungen am Menschen vor, welche deren Wirkung sowohl unter normalen Bedingungen wie auch bei verschiedenen Erkrankungen beobachtet haben. Probiotika produzieren antibakterielle Wirkstoffe oder verdrängen unerwünschte Bakterien. Sie produzieren auch Schutzenzyme und unterdrücken schädliche Enzyme. Durch die Aktivierung von Makrophagen, so genannten „Fresszellen", stimulieren sie die Wirkungen des Immunsystems. Dadurch entfalten Probiotika günstige Wirkungen bei Durchfallerkrankungen, bei entzündlichen Darmerkrankungen, bei Urogenitalerkrankungen, Laktoseunverträglichkeit bis hin zu einer unterstützenden Behandlung bei bestimmten Krebserkrankungen wie etwa Dickdarmkrebs. Eine Senkung des Cholesterinspiegels konnte ebenfalls beobachtet werden.

Gesicherte Ergebnisse ihrer Wirksamkeit gibt es bereits für handelsübliche Probiotika aus dem Kühlschrankregal von Supermärkten hinsichtlich ihrer Wirksamkeit gegen Blähungen und Stuhlunregelmäßigkeiten. Lactobacillen, Bifidobakterien und andere Stämme kommen in Präparaten auf Joghurtbasis zum Einsatz. Von bestimmten Bakterienstämmen ist eine entzündungshemmende Wirkung zu erwarten (z.B. Verminderung entzündungsfördernder Zytokine und Prostaglandine). Außerdem bilden diese einen Schutz der Schleimhautoberfläche des Darmes und hemmen krankheitsfördernde Keime. Dadurch können neben regulatorischen Effekten auf die Darmschleimhaut auch krebsvorbeugende Effekte erwartet werden.

Sowohl die Haut als auch die Schleimhäute des Menschen werden von Kleinstlebewesen (mikrobielle Flora) besiedelt. Diese Lebewesen sind hauptsächlich Bakterien und zwar mehr als 10^{14}, das sind etwa 100.000.000.000.000 Bakterien. Daneben gibt es auch noch in geringem Ausmaß Pilze und andere Kleinstlebewesen. Der Großteil der Bakterien lebt im Darm. Dort sind etwa 400 verschiedene Bakteriengruppen und Untergruppen angesiedelt.

> *Wussten Sie, dass diese Bakteriengruppen, die gewichtsmäßig über ein Kilogramm wiegen, ein eigenes ökologisches System darstellen, in welchem Stoffwechselleistungen vollbracht werden, die gravierende Auswirkungen auf das Stoffwechselgeschehen des Menschen haben.*

Probiotika sind Bakterien menschlichen Ursprungs und dürfen in keinem Fall krankheitserregend sein. Sie müssen vorteilhafte Stoffwechselaktivitäten entfalten und im Darm wachsen und sich vermehren können.

Während sich im Magen und Dünndarm vorwiegend „aerobe", also sauerstoffabhängige Bakterien befinden, sind da die „anaeroben" Bakterien, welche ohne Sauerstoff auskommen, in der Minderheit.

Viele Vertreter der Darmflora sind noch nicht genau bekannt, ihre Wirkungen noch nicht genau erforscht. So bringt man Darmbakterien mit der Entstehung von Fettsucht (Adipositas) sowie auch mit der Produktion von Vitaminen und Aminosäuren in Zusammenhang. Die Zusammensetzung der bakteriellen Flora ist sowohl von der Ernährung, als auch von anderen Faktoren wie der Einnahme von Antibiotika, Stress oder Erkrankungen beeinflussbar. Die normale Funktion der Darmflora ist eine Schutzwirkung durch Abwehr von Spross-Pilzen, Salmonellen und ähnlichem. So gesehen beinhaltet der Darm den größten Anteil und die erste Instanz unseres Immunsystems. Gallensäuren werden enzymatisch verändert, Gifte abgebaut, es kann auch durch den Abbau von Kohlenhydraten ein Energie liefernder Effekt beobachtet werden.

Der Darmtrakt des Menschen ist durch eine jeweils eigentümliche Bakterienflora im Mund, Rachen, Magen, Dünndarm und Dickdarm charakterisiert. Innerhalb dieser Bakterienflora sowie auch zwischen den Bakterien und dem Menschen spielen sich bestimmte Reaktionen ab, die ein Fließgleichgewicht und einen harmonischen Zustand darstellen sollen. Der Zustand dieser Harmonie ist in gewissem Grade mikrobakteriologisch bestimmbar. Nur „in gewissem Grade" deshalb, da der Stuhl keine exakte Wiedergabe der Mikroökologie des Darmes erlaubt. Außerdem werden vorwiegend Kulturen des Darmlumens (Darminnenraums) und der Schleimhaut, nicht aber der Oberfläche direkt anhaftender Mikroorganismen erfasst. Außerdem verändert sich der Stuhl bei längerer Lagerung oder Transport in seiner Keimdichte. Dennoch liefern diese Untersuchungen gute Anhaltspunkte und geben Aufschluss über Nahrungsunverträglichkeiten wie etwa Glutenunverträglichkeit, Fruktoseintoleranz oder Laktoseunverträglichkeit.

Den Hauptanteil machen „anaerobe" Keime aus, welche ohne Sauerstoff auskommen, diese sind Bifidus und Bakteroides. Aerobe Keime, die wiederum Sauerstoff benötigen, wie etwa Lactobazillen, Coliforme und Enterokokken sind in der Minderheit. Der Rest besteht aus verschiedenen Keimgruppen wie etwa Enterobakterien zu denen Proteus, Clostridien, Sporenbildner und Hefen gehören.

Wenn Keimgruppen und Keimzahlen intakt sind, herrscht im Darm eine Symbiose, andernfalls spricht man von einer Dysbiose. Auf den mehreren hundert Quadratmetern Darmoberfläche spielt sich also weit mehr ab, als nur die Aufnahme der verdauten Nahrung und der Weitertransport unverdauter Rückstände.

Laktobazillen besiedeln als aerobe Keime vor allem den Dünndarm. Es gibt davon wieder verschiedene Untergruppen. Die sauerstoffunabhängigen Bifidobakterien haben ihren Wohnsitz hauptsächlich im Dickdarm. Andere wichtige Gruppen sind noch Streptokokken, Lactokokken, Enterokokken, Sacharomyces boulardi, Propionbakterium freudenreichii und viele mehr.

Eine besondere Stellung unter den Probiotika nimmt der „E. coli Stamm Nissle" ein. Bei entzündlichen Erkrankungen der Dickdarmschleimhaut wurde die Effektivität dieses Bakteriums mehrfach bewiesen. Ebenso bei chronischer Verstopfung, bei Leberzirrhose oder „colitis ulcerosa" - einer unangenehmen Dickdarmerkrankung - kann den Patienten durch Zufuhr dieses Probiotikums (Mutaflor) geholfen werden.

Leider ist die Wirkungsdauer aller Probiotika mehr oder weniger auf die Dauer ihrer Zufuhr beschränkt. Das gilt in gleichem Maße für die in Milchprodukten enthaltenen Keime wie auch für die Zufuhr von Einzel- oder Kombinationspräparaten von Prä- bzw. Probiotika, die in letzter Zeit vermehrt im Handel erhältlich sind. Kombinationspräparate enthalten bis zu zehn verschiedene Spezies.

Schon einige Tage nach Beendigung der Zufuhr nimmt die Konzentration der zugeführten Probiotika wieder ab und geht ihren eigenen, vorwiegend nahrungsabhängigen Weg.

Hauptursache für die Schädigung unserer gesunden Darmflora sind falsche Ernährungsgewohnheiten, Giftbelastungen unserer Nahrungsmittel, pathologische Gärung oder Fäulnisbildung durch Zucker oder Feinmehlprodukte, übermäßiger, vorwiegend tierischer Eiweißkonsum, gehärtete Fette, Medikamente-Missbrauch - wie etwa häufige Antibiotika-Einnahme - oder chronischer Alkoholismus. Die Lebensgemeinschaft zwischen Mensch und Darmbakterien wird dadurch in Mitleidenschaft gezogen und es entsteht ein Zustand, den wir als Dysbiose bezeichnen.

Dysbiose

Die Folge von Dysbiose ist ein Alarm in der Abwehrkraft des Individuums und auf dem Boden dieser verminderten Abwehrleistung können sich akute und chronische Krankheiten ansiedeln, die von Infektionskrankheiten bis hin zum Krebsgeschehen führen. Bei Bevölkerungsschichten, welche einen hohen Anteil an pflanzlichen Fasern zu sich nehmen und die sich außerdem Vitamin- und –mineralstoffreich, sprich „basisch" ernähren, konnte weder eine krankhafte Darmflora, noch das Auftreten von Dickdarmkrebs gefunden werden. Es zeigt sich demzufolge, dass die richtige Ernährung die beste Grundlage für eine intakte Darmflora liefert, dass aber Störungen derselben durch Probiotika oder besser noch durch Prä- und Probiotika im Sinne einer Symbioselenkung[43] behoben werden können. Damit kann eine Wiederherstellung intakter Abwehrmechanismen und lebenswichtiger Synergieeffekte erzielt werden.

Die Durchführung erfolgt durch regelmäßige und konsequente Einnahme der erforderlichen probiotischen Nahrungsmittel und/oder der erforderlichen Präparate. Bei vorübergehenden akuten Störungen kann ein Kombinationsprodukt, welches mehrere Probiotika-Spezies enthält, zum Erfolg führen. Bei chronischen Störungen ist eine mikroökologische Untersuchung der Stuhlflora empfehlenswert. Dazu wird eine Stuhlprobe in ein Speziallabor eingeschickt, die dort untersucht und mikrobiologisch ausgewertet wird.

Während einer Symbioselenkung empfiehlt es sich auch entsprechende Ernährungsgewohnheiten zu beachten: Isolierte Kohlenhydrate wie Zucker, Feinmehle, Kuchen, Feingebäck und Weißbrot, die im Darm zu Gärungsreaktionen führen können, sollten ebenso reduziert oder weggelas-

---

[43] Als Symbioselenkung (oder auch mikrobiologische Therapie) wird eine alternativmedizinische Therapie bezeichnet, mit der die Zusammensetzung der so genannten Symbionten im menschlichen Darm und damit die Darmflora beeinflusst werden sollen.

sen werden wie auch Nahrungsmittel, die zu Fäulnisreaktionen Anlass geben. Auch zuckerhaltige Schokoladen, Marmeladen, Dosenobst mit Zuckerzusatz oder zu große Obstportionen führen zu Gärungsreaktionen und sind allgemein, speziell aber während einer Symbioselenkung, vom Speiseplan zu streichen. Hingegen können pflanzliche Öle wie Leinöl mit seiner Basen bildenden Eigenschaft die Darmflora bei deren Sanierung unterstützen.

Von Vorteil scheint auch die Trennung kohlenhydratreicher und eiweißreicher Nahrung zu sein. Rohkost-Tage oder Tage mit Saft-Fasten, sprich unterschiedlichen Gemüsesäften, können die erstrebte Wirkung unterstützen. Regelmäßige Bewegung sollte die Darmtätigkeit von der sportphysiologischen Seite her ankurbeln. Auch an Saftfasten-Tagen sollten Wanderungen, Entschlackungsbäder, Sauna, Massagen, Entspannungsübungen, Atemübungen und dergleichen durchgeführt werden. Auch Darm reinigende Methoden wie Einläufe, Hydrocolon-Therapie und dergleichen haben unterstützende Wirkung auf die Sanierung der Darmflora.

Auch Nahrungsmittel-Unverträglichkeiten können bereits im Darm zu unliebsamen Reaktionen führen. Dabei sind Nahrungsmittel-Unverträglichkeiten nicht mit klassischen Allergien zu verwechseln. Viele Menschen haben eine Unverträglichkeit auf Nahrungsmittel, ohne dass sie es jemals bemerkt hätten. Allergien zeigen typischerweise eine akute starke Reaktion wie etwa das Anschwellen von Lippen und Rachenraum, Atemnot oder Nesselausschläge in zeitlichem Zusammenhang mit dem Verzehr bestimmter Nahrungsmittel. Diese treten relativ selten auf, betreffen also einen eher geringen Prozentsatz der Bevölkerung.

Nahrungsmittelunverträglichkeiten kommen hingegen sehr häufig vor, entwickeln sich oft auch erst im Laufe der Zeit und können sich in verschiedenster Symptomatik äußern.

Wussten Sie, dass Nahrungsmittelunverträglichkeiten zwar einer Allergie ähneln, aber oft erst mehrere Stunden oder sogar Tage nach der Aufnahme bestimmter Nahrungsmittel bemerkbar werden?

So kann es sein, dass man auf ansonsten gesunde Nahrungsmittel Unverträglichkeitsreaktionen entwickelt, die in der Folge das Immunsystem belasten. Während unser Körper bei Allergien in der Regel Immunglobuline vom Typ E bildet, reagiert er bei Nahrungsmittelunverträglichkeiten mit der Bildung von Immunglobulinen des Typs G.

Unverträglichkeiten entstehen aufgrund verschiedener Faktoren. Dazu gehören Umwelteinflüsse, Fehlernährung, toxische Belastungen, chronischer Alkoholmissbrauch, und dergleichen. Man glaubt, dass Nahrungsmittelunverträglichkeiten Teilursachen beim Zustandekommen verschiedener Erkrankungen wie Migräne, Über- und Untergewicht, Magen-Darmerkrankungen, rheumatischen Erkrankungen bis hin zu Depressionen sind. So sind Wissenschaftler damit beschäftigt, bei der Bekämpfung von Übergewicht neben der üblicherweise durchgeführten Kalorienreduktion und mehr Bewegung auch dem Phänomen der Nahrungsunverträglichkeit auf den Grund zu gehen.

Häufig fanden sich auch bei fettleibigen Personen erhöhte Entzündungswerte im Blut, die mit der Fettsucht sowie der Insulinresistenz, sprich einem verminderten Ansprechen auf Insulin, zusammenhängen. Dabei begünstigen diese chronischen Entzündungen das Entstehen von Herz-Kreislauferkrankungen.

Nach Gewichtsabnahme kommt es in der Regel zu einer Abnahme der Entzündungswerte. An der Medizinuniversität Graz wurden diesbezügliche Untersuchungen durchgeführt, wobei an verschiedenen Gruppen von Kindern Entzündungsparameter – wie etwa das ultrasensitive C-reaktive Protein, gemessen wurden. Dicke Kinder zeigten deutlich erhöhte Werte und eine Verdickung der Halsschlagader. Grazer Professoren meinen, dass dies mit einer Nahrungsmittel-Allergie in Zusammenhang stehen könnte, da das Vorhandensein von Nahrungsmittel-Antikörpern eine chronische Entzündung verursache. Es wurde gegen 270 Nahrungsmittel-Allergene getestet, wobei sich zeigte, dass normalgewichtige Kinder deutlich niedrigere Antikörper-Spiegel aufwiesen als übergewichtige. Diese hatten auch überhöhte Insulin- und Leptinwerte. Fettzellen setzen das Hormon Leptin frei, das über die Blutbahn ins Gehirn gelangt und dort die biologische Reaktion der Nahrungsaufnahme reguliert. Noch höhere Antikörperwerte hatten untergewichtige Kinder. Das Ausscheiden von Nahrungsmitteln, die eine Antikörper-Bildung bewirken, führt zu einer Verbesserung der Immunreaktion. So können sowohl übergewichtige als auch untergewichtige Personen von der Kenntnis von Nahrungsmittelunverträglichkeiten profitieren.

Grundsätzlich kann das Austesten von Nahrungsmittel-Unverträglichkeiten allen Personen bei jeglicher Art gesundheitlicher Probleme Hilfestellung bei Beseitigung derselben leisten. Der Grund schädlicher Wirkungen von Nahrungsmitteln ist der Missbrauch des Immunsystems. Bei der Antikörper-Bildung gegen Nahrungsmittel laufen die gleichen Reaktionen ab, wie bei einer Impfung. In diesem Fall wird jedoch die Nahrung als Fremdkörper angesehen und es werden Immunreaktionen ausgelöst. Bei Weglassen dieser Nahrungsmittel über längere Zeit nimmt der Antikörper-Spiegel wieder ab. Man muss annehmen, dass bei einer Vielzahl chronischer Erkrankungen Entzündungsprozesse eine Rolle spielen. Vermutlich spielen dabei Nahrungsmittel als Verursacher eine nicht unbedeutende Rolle.

Immunreaktionen haben den Zweck, als körperfremd identifizierte Eindringlinge rasch unschädlich zu machen. Dazu werden aggressive Enzyme ebenso wie Sauerstoffradikale ausgeschüttet. Diese zerstören den Eindringling und lösen ihn in seine Einzelteile auf. Die Freisetzung dieser Stoffe schädigt jedoch auch umliegendes Gewebe und kann dort zu Entzündungsreaktionen führen. Dabei hat der Botenstoff Tumornekrosefaktor, kurz „TFN alfa", der im Laufe der Immunreaktion freigesetzt wird, eine große Bedeutung, da er sich dann, wenn er in hoher Konzentration vorhanden ist, an die Insulinrezeptoren der Zellen anlagert. Seine ursprüngliche Funktion ist aber die Einschränkung der Energieversorgung entarteter Zellen und damit die Behinderung von Tumorwachstum. Lagert er sich aber an die Zellrezeptoren, die für das Insulin bestimmt sind, kann dieses nicht mehr wirksam und der Blutzucker aus dem Blut nicht aufgenommen werden. Der Blutzucker wird in Fettsäuren umgewandelt und in den Fettzellen gespeichert. Damit nicht genug erfolgt eine weitere Produktion von Insulin, wonach der gespeicherte Fettanteil nicht wie üblich zur Verbrennung herangezogen werden kann, sondern im Depot bleibt. Die weitere Folge ist das Entstehen einer Insulinresistenz, die dann bei gesteigerter Nahrungszufuhr zum Diabetes Typ 2 führt.

So können alle Nahrungsmittel, die im Körper Entzündungsreaktionen auslösen, über Freisetzung des „TNF- alfa" zu chronischen Erkrankungen führen.

Genannt werden in diesem Zusammenhang chronische Entzündungen der Gelenke, der Drüsen, Diabetes, Magen-Darmbeschwerden, Hautprobleme, Neurodermitis, Migräne, psychische Erkrankungen, Depressionen, chronische Müdigkeit, Fettsucht, Bluthochdruck, und Fibromyalgie, eine chronische Schmerzerkrankung.

Es ist anzunehmen, dass durch eine Störung des Säure-Basen-Gleichgewichts sowie eine Minderversorgung mit Antioxidantien bei gleichzeitiger Fehlernährung die Darmschleimhaut dahingehend geschädigt werden kann, dass Nahrungsmittel-Unverträglichkeiten ausgelöst werden.

Nahrungsmittelallergien treten meist in zeitlich engem Zusammenhang mit der Aufnahme des verdächtigen Nahrungsmittels auf und können von Juckreiz bis zu einem anaphylaktischen Schock reichen. Dabei handelt es sich um IgE verursachte Reaktionen.

Immunglobulin E verursachte Reaktionen werden vorwiegend mittels Hauttests diagnostiziert. Immunglobulin E Diagnostik durch kommerzielle Serumdiagnostika sind hinsichtlich der Spezifität und Sensitivität dieser Systeme nicht immer verlässlich.

Immunglobulin G verursachte Unverträglichkeiten werden ebenfalls durch Blutuntersuchungen handelsüblich angeboten.

Neuerdings weisen Allergiegesellschaften allerdings darauf hin, dass die krankmachende Wirkung von Nahrungsmitteln hinsichtlich ihrer Wirkung von Immunglobulin G- Antikörpern nicht möglich sei. Die im Labor gegen gewisse Nahrungsmittel gefundenen Antikörper seien nicht aussagekräftig und damit sinnlos. Es sei vielmehr eine natürliche Reaktion des Körpers, auf fremde Proteine mit der Produktion von Antikörpern zu reagieren.

Es bleibt deshalb immer ein unvollständiger Versuch, durch das Austesten von Nahrungsmittel-Allergenen den allein Schuldigen für das Zustandekommen verschiedener Erkrankungen zu finden. Begleitend oder alternativ sollte neben der Vermeidung bestimmter Nahrungsmittel eine Darmsanierung durch konsequente Ernährungsumstellung das Erscheinungsbild von Nahrungsmittel-Unverträglichkeiten verbessern helfen.

Die mit dem Austesten von Nahrungsmitteln befassten Labors freuen sich jedenfalls, wenn vom umstrittenen Wert der Nahrungsmittel-Unverträglichkeitstests reichlich Gebrauch gemacht wird. Andererseits ist es (abgesehen von den Kosten) sicher kein Nachteil, zu wissen, was aktuell bei Laboruntersuchungen herauskommt und möglicherweise Unverträglichkeitsreaktionen auslösen kann.

Zusammenfassend kann man sagen:

- Eiweiße sind Bausteine für Zellen, Hormone und Enzyme. Sowohl Fleisch als auch vegetarische Kombinationen liefern vollwertiges Eiweiß:
- Bei tierischen Eiweißlieferanten sollten Fisch und Geflügel gegenüber dem roten Fleisch vorgezogen werden.
- Für einen ausgewogenen Säuren-Basen-Haushalt ist zudem eine ausreichend pflanzliche Frischkost unabdingbar, denn pflanzliches Eiweiß ist in der Regel besser verpackt. So beinhalten pflanzliche Produkte neben Eiweiß, Vitaminen und Mineralstoffen auch sekundäre Pflanzenstoffe mit gesundheitsfördernder Wirkung: Gemüse, Körner, Beeren, Früchte, Hülsenfrüchte (Soja), Wurzeln, Nüsse und Pilze;
- Auch bei Milch gilt: nicht die Quantität der Inhaltsstoffe ist maßgeblich für die Gesundheit. So ist Muttermilch die am besten geeignete Nahrung für den heranwachsenden Säugling. Die Molke ist neutral einzustufen während Parmesan zu den stärksten Säurebildnern gehört.
- Übermäßiger Eiweißkonsum erfolgt in der Regel durch tierische Eiweißprodukte und ist gesundheitsgefährdend: Fäulnisbildung und toxische Belastung der Nieren können die Folge sein. Langfristig steigt auch das Risiko an Osteoporose, Zuckerkrankheit, Darmkrebs und Herz-Kreislauf-Beschwerden zu erkranken. Ein Zehntel aller Todesfälle ließen sich tatsächlich durch Fleischkonsumreduktion vermeiden.
- Eine belastete Darmflora lässt sich unter anderem durch Einnahme von Präbiotika, Probiotika sowie Symbiotika wieder aufbauen. Die langfristige Bekämpfung von Unverträglichkeiten ist jedoch am besten durch konsequente Ernährungsumstellung gewährleistet.

Fette

In diesem Kapitel geht es um folgende Themen:

- **Bedeutung von Fett im menschlichen Körper**
- **Blutfette und Hormone im Fetthaushalt**
- **Essentielle und nicht-essentielle Fettsäuren**
- **Gesättigte und ungesättigte Fettsäuren**
- **Diskussion ausgewählter Fettlieferanten**

Fett ist der wichtigste Reservetreibstoff unseres Körpers. Ein schlanker Mensch mit etwa 75 kg hat ungefähr einen prozentuellen Fettanteil von 15%, das sind etwas über 11 kg Fett. Mit 9 Kilokalorien pro Gramm gerechnet, ergibt das an die 100.000 Kilokalorien. Wenn man davon ausgeht, dass mindestens die Hälfte davon als Energiereserve zur Verfügung steht, so sind das immerhin 50.000 Kilokalorien. Bei einem Tagesverbrauch von 1.200 Kalorien reicht dieser Fettvorrat für gut 40 Tage als alleiniges Nahrungsmittel. Dagegen reicht der durchschnittliche Kohlenhydrat-Vorrat, der als Leber- und Muskel-Glykogen gespeichert ist, mit etwa 2.000 Kilokalorien kaum dazu aus, um den Kalorienverbrauch für 2 Tage zu decken.

Alle Fette enthalten Fettsäuren. Chemisch betrachtet bestehen sie aus einer Kohlenwasserstoffkette und einer Säuregruppe. Die verschiedenen Fette haben verschieden lange Kohlenstoffketten. So sind es in der Butter kurzkettige Fettsäuren mit vier Kohlenstoff-Atomen. Langkettige Fettsäuren bestehen aus 20 bis 24 Kohlenstoff-Atomen. Der Körper braucht zusätzlich zu dem Fett, welches als Treibstoff gebraucht wird, viele spezielle Fette. Diese dienen als Bestandteile der Zellen bzw. Zellmembranen des Gehirns, des Innenohrs, der Augen sowie verschiedener Drüsen wie der Nebennieren, Keimdrüsen und anderer.

Fettarten des menschlichen Körpers

Das menschliche wie auch das tierische Fett wird aus Fettzellen aufgebaut, die an mehreren und verschiedenen Stellen des Körpers auftreten. Das menschliche Fett, welches hauptsächlich als Depotfett vorkommt, sollte die Aufgabe haben, dem Körper in Hungerszeiten für mindestens 40 Tage als Nahrung zur Verfügung zu stehen und damit eine Überlebenschance zu gewährleisten.

Neben dem Depoteffekt wird das sogenannte weiße Fett auch als Isoliermaterial benötigt, um vor Kälte zu schützen. Dazu dient vor allem das Unterhautfettgewebe. Des Weiteren wird Fett als Polstermaterial an besonderen Stellen des Körpers benötigt (z.B. Gesäß, Nierenlager, Fußsohlen, Augäpfel, etc.). Neben dem weißen Fett gibt es auch ein so genanntes braunes Fett.

Braunes Fett dient der direkten Erzeugung von Wärme. Säuglinge und Tiere, welche einen Winterschlaf abhalten, besitzen reichlich braunes Fettgewebe, da bei ihnen die Wärmeproduktion aus Fettzellen überlebensnotwendig werden kann. Die braunen Fettzellen haben einen anderen Entstehungsmechanismus als die weißen.

Zwei bisher bekannte Faktoren auf Eiweißbasis entscheiden, ob aus den embryonalen Vorläuferzellen Muskel- oder- Fettzellen gebildet werden.

Wissenschaftler, welche sich mit dieser Thematik befassen (z.B. Ronald Kahn und Bruce Spiegelmann von der Havard Medical School), vermuten, dass man durch manipulative Nachahmung des Vorganges, der zur Bildung von braunen Fettzellen führt, auch Übergewicht beeinflussen und behandeln könnte, weil dadurch die Fettverbrennung zu Wärme angeregt werden könne (Nature, 2008).

Der gesamte Fettanteil ist altersabhängig und beträgt etwa 11% bis 18% des Körpergewichtes beim Mann sowie 16% bis 23% bei der Frau. Übergewicht wird durch den Body-Mass-Index bzw. den Bauchumfang gemessen.

Das Resultat dieser Messungen ist, dass mehr als 30% der österreichischen Bevölkerung übergewichtig sind, mehr als 10% sind adipös (fettsüchtig).

Die bauchbetonte Fettsucht nimmt schon in jungen Jahren deutlich zu. Zu viele tierische (gesättigte) Fette in der Nahrung sind die Ursache. In der Folge treten diese Fette vermehrt im Blut und im Bauch und danach in den Gefäßwänden auf. Das gesundheitsgefährdende Übergewicht wird am besten mittels des Bauchumfanges gemessen. Dabei zeigt sich, dass Kinder mit überhöhtem Bauchumfang auch im Erwachsenenalter zu mehr als 80% übergewichtig bleiben.

Wussten Sie, dass 1 cm weniger Bauchumfang statistisch mit dem Gewinn eines Lebensjahres gleichzusetzen ist (Sportmed Präventivmed, 2009)

Dabei zeigte sich, dass zur Erfassung gesundheitsrelevanter Risikofaktoren der Bauchumfang wesentlich aussagekräftiger ist als der BMI (Body-Mass-Index). Die richtige Messung des Bauchumfanges erfolgt am Morgen und am größten Bauchumfang: Im Normalbereich liegt er bei Frauen zwischen 80 und 88cm und bei Männern zwischen 90 und 102cm.

Man schätzt, dass insgesamt etwa 100 bis 200 Gene an der Regulierung des Hungergefühls sowie der damit zusammenhängenden Fettleibigkeit beteiligt sind.

Fettgewebe kann durch Hungern, niederkalorische Ernährung oder durch vermehrte Zufuhr von Leptin abnehmen, es bleibt aber immer Fettgewebe, welches sich im Falle überschüssiger Kalorienzufuhr sofort wieder auffüllen kann. Bisher konnten allerdings nur bei Mäusen die mit Leptininjektionen behandelt wurden, gewichtsvermindernde Wirkungen erzielt werden. Übergewicht wird besonders bei jüngeren Menschen mit gesundheitlichen Risiken in Zusammenhang gebracht.

Eine Forschungsarbeit der Universität von Oakland in Kalifornien belegt, dass ein dicker Bauch in der zweiten Lebenshälfte, also ab dem 40. Lebensjahr, einen erhöhten Risikofaktor für drohende Hirnerkrankungen, insbesondere für Demenzerkrankungen darstellt (Antiaging News, 2009). Das bedeutet, dass mit einem dicken Bauch neben der Last überschüssiger Kilos neben Herz-Kreislauferkrankungen auch das Risiko einer Hirnerkrankung (Demenz) deutlich ansteigt.

Statistisch gesehen verkürzt bei Jugendlichen starkes Übergewicht die Lebenserwartung ähnlich wie Rauchen. So haben Jugendliche, welche im Alter von 18 Jahren stark übergewichtig sind, ein ähnlich großes Risiko eines vorzeitigen Herztodes wie Erwachsene, die 10 Zigaretten pro Tag rauchen. Besonders gefährdet sind dem zu Folge übergewichtige Raucher.

Blutfette

Die Summe aller Fette, die im Blut vorkommen, nennt man Blutfette. Die für Gesundheitsbelange interessantesten sind das Cholesterin und die Triglyceride.

Cholesterin

Beim Cholesterin unterscheidet man zwischen HDL- (High-Density-Lipoprotein) und dem LDL- (Low-Density-Lipoprotein) Cholesterin.

Cholesterin stammt einerseits aus der Nahrung, wird aber andererseits vom Körper selbst produziert. Die Ausscheidung erfolgt über die Galle in den Darm, wo ein Teil wieder rückgeführt und der andere Teil ausgeschieden wird. Die Herstellung im Körper erfolgt in unseren Körperzellen, vor allem in der Leber. Es ist eine wasserunlösliche Substanz und wird vor allem zum Aufbau der Zellmembranen gebraucht. Die Zellen des zentralen Nervensystems wie auch des Gehirns brauchen besonders viel von dieser, die Zellen umhüllenden Substanz. Daneben hat Cholesterin eine wichtige Funktion als Ausgangssubstanz für die Bildung von Hormonen wie etwa Sexualhormonen oder Kortisol. Letzteres spielt bei der Regulierung des Mineral- und Wasserhaushaltes eine große Rolle. In der Leber wird Cholesterin benötigt, um eine Vorstufe von Vitamin D zu bilden. Diese ist wichtig für den Kalziumhaushalt, den Knochenaufbau und das Immunsystem sowie für die Erzeugung der Gallensäuren, die zur Fettverwertung im

Darm gebraucht werden. Die Menge des im Körper vorhandenen Cholesterins hängt von der Produktionsmenge sowie der aufgenommenen Menge durch die Nahrung ab.

Da Cholesterin für unseren Körper eine unentbehrliche Substanz darstellt, hat dieser einen eigenen Kreislauf für Produktion und Ausscheidung eingerichtet. Weil es nicht wasserlöslich ist, braucht es im Körper ein Transportsystem. Cholesterin wird deshalb in der Leber an die so genannten Lipo-Proteine gebunden, welche die Transportaufgabe im Körper übernehmen. Dabei bringt das LDL das Cholesterin von der Leber zu den Körperzellen, das HDL transportiert es von den Zellen aus dem Blut wieder zur Leber zurück, wo es weiter verwertet wird. HDL und LDL regulieren den Cholesterin-Haushalt und sollten in einem richtigen Verhältnis zueinander stehen um optimale Voraussetzungen für den Cholesterin-Stoffwechsel zu schaffen. Regelmäßige körperliche Aktivitäten und eine Kost, die reich an pflanzlichen Bestandteilen ist und die richtigen Fette enthält, fördert die richtigen Werte des HDL-Cholesterins. Tierische Fette, Fehlernährung und Sauerstoffmangel hingegen erhöhen die Werte des LDL-Cholesterin. Es kommt immer auf das Verhältnis HDL zu Gesamtcholesterin an. Dieses sollte zwischen 1:3 und 1:4 liegen, damit die Regulationsvorgänge im Körper ordentlich ablaufen können. Ein hoher HDL-Spiegel ermöglicht es dem Körper nach einer Cholesterin-reichen Nahrungsaufnahme, die hohen Blutwerte wieder rasch abzubauen. LDL wird besonders dann, wenn es oxidiert (wird), zu einem schädlichen Stoff.

Sowohl saure Nahrung bzw. Fehlernährung als auch übermäßige sportliche Aktivitäten führen dazu, dass Fresszellen (Makrophagen) den sauren Müll, der sich in der Gefäßwand ansammelt, entsorgen wollen. Wenn dabei freie Radikale z.B. durch übermäßige sportliche Aktivitäten unter Sauerstoffmangel, Umweltbelastung oder Fehlernährung (z.B. durch den Mangel an Antioxidantien, Vitaminen oder Basen bildenden Nahrungsmitteln) mit ins Spiel kommen, beginnen die Probleme. Die überschüssigen freien Radikale oxidieren LDL-Partikel, welche nun von den Makrophagen als Fremdkörper angesehen und aufgefressen werden. Wenn sie dabei mit LDL überladen sind, zerfallen sie zu so genannten Schaumzellen, die den Beginn der Arteriosklerose in den Gefäßwänden darstellen. Je mehr Schäden in den Gefäßwänden entstehen, desto mehr Cholesterin produziert der Körper, der nun die entstandenen Zelldefekte wieder reparieren will.

Dann helfen in der Regel bei längerfristig erhöhten LDL-Werten, wenn nicht eine konsequente Ernährungs- und Lebensstil-Umstellung durchgeführt wird, nur noch Statine, das sind Cholesterin senkende Medikamente.

Eine entscheidende Rolle spielen die LDL-Rezeptoren, das sind Zucker-Eiweißverbindungen (Glykoproteine), die in der Zellmembran sitzen und für die Aufnahme des Cholesterin aus der Blutbahn sorgen. Diese LDL-Rezeptoren erkennen LDL-Teilchen auch noch in sehr geringen Konzentrationen an einem bestimmten Bestandteil, nämlich dem Apoprotein B-100 und schleusen es in die Zelle ein, wo es dann verwertet werden kann. Dort wird es normalerweise zum Aufbau von Zellmembranen und zur Herstellung von Gallensäuren und Hormonen sowie anderer lebensnotwendiger Substanzen verwendet.

Bei den meisten Menschen kommt es im Laufe des Lebens aufgrund von fetthaltigen Nahrungsmitteln, speziell tierischen Fetten und Milchprodukten, zu einem Überangebot von Cholesterin, daraus folgt ein überhöhter LDL-Spiegel, der in 50 Prozent der Fälle arteriosklerotische Erkrankungen nach sich zieht. Die Zelle versucht sich gegen das Überangebot an LDL-Cholesterin zu wehren. Sie produziert selbst weniger Cholesterin, lagert überschüssiges Cholesterin in Form von kleinen Tröpfchen ab und drosselt die Neubildung von LDL-Rezeptoren, wodurch die Aufnahme und Einschleusung in die Zelle verhindert wird. Die Folge davon ist ein Rückstau in die Gefäße und schließlich auch in die Gefäßwände.

Während im Säuglingsalter die LDL-Spiegel der meisten Menschen, ausgenommen bei angeborenen Störungen, niedrig sind und die LDL-Rezeptoren problemlos arbeiten, kommt es im Laufe des Lebens durch das Nahrungscholesterin und andere zivilisationsbedingte Faktoren zu einem Anstieg des LDL-Cholesterins auf das Drei- bis Vierfache bei gleichzeitigem Rückgang der LDL-Rezeptoren.

Um auf annähernd normale Werte zurückzukommen müsste der Verzehr von tierischen Fetten und Milchprodukten drastisch eingeschränkt werden. Besonders beherzigen sollten dies all jene Personen, in deren Familien schon Herzinfarkte oder Schlaganfälle vorgekommen sind.

Was die Ernährung betrifft, führen sowohl tierische Fette als auch übermäßig zugeführte Kohlenhydrate - vor allem in Form von Zucker, Mehlspeisen und Feinmehlprodukten - zu einer LDL-Steigerung. Hingegen erhöhen gesunde Fettsäuren, also Omega-3- und Omega-6-Fettsäuren im richtigen Verhältnis und pflanzenreiche, Antioxidantien-reiche Kost das wertvolle HDL.

Zusammenfassend kann gesagt werden, dass nicht nur gesättigte Fettsäuren, sondern auch eine Ernährung mit generell hohem Fettanteil ungesund ist und das Risiko von Übergewicht und Fettstoffwechselstörungen vergrößert.

Erwachsene sollten maximal 30% der Nahrungsenergie in Form von Fett zu sich nehmen.

Der Anteil an gesättigten Fettsäuren sollte maximal 10% der Gesamtenergiezufuhr betragen, der von mehrfach ungesättigten Fettsäuren zwischen 7 und 10 Prozent liegen.

Einfach gesättigte Fettsäuren sind für den Rest der Fettzufuhr zuständig und können auch in einer Menge von über 10% der Gesamtenergiezufuhr konsumiert werden.

Bei den mehrfach ungesättigten Fettsäuren spielt das Verhältnis von Linolsäure zu Linolensäure eine bedeutende Rolle.

Ein Verhältnis von 5:1 (Linolsäure : alfa-Linolensäure) wird allgemein empfohlen.

Speiseöle mit einem hohen Anteil an einfach und mehrfach ungesättigten Fettsäuren, insbesondere Omega-3-Fettsäuren sind von gesundheitlich besonderem Wert und weisen je nach Zusammensetzung günstige Wirkungen auf den Cholesterinspiegel und damit zusammenhängende Wirkungen auf das Risiko von Herz-Kreislauferkrankungen hin.

Triglyceride

Triglyceride sind Verbindungen von drei Fettsäuren mit Glycerin. Die meisten Fette, die der Mensch zu sich nimmt, sind Triglyceride. Sie dienen in erster Linie als Bausteine und Energie-Lieferanten für den menschlichen Körper. Nimmt man zu viel davon auf oder produziert der Körper aus Kohlenhydrat überschüssiger Nahrung zu viel davon, so wird das Fett in den Depots abgelagert.

Wenn die im Übermaße dem Körper zugeführten Kalorien nicht durch körperliche Arbeit verbrannt werden können, kommt es zu übermäßiger Fettansammlung im Körper. Die Speicherung oder Ablagerung von Fett erfolgt entweder innerhalb oder außerhalb der Körperzellen. Diese Maßnahme wurde vom Körper evolutionär angelegt, um Hungerperioden zu überstehen und Organe gegen Verletzungen und Wärmeverlust zu schützen. Meist bildet sich das so genannte Depot-Fett an jenen Stellen des Körpers, an denen sich auch unter normalen Umständen Fettgewebe befindet. Fett ist daher zunächst zwischen den Eingeweiden und zwischen den Muskelfasern sowie in der Umgebung der Nieren und der Haut eingelagert.

Bei Männern sammelt sich das Fett vor allem im Oberbauch, am Rücken, über den Beckenschaufeln, im Nacken und am Kinn an. Bei der Frau sind Hüften, Oberschenkel, Unterbauch und Busen bevorzugte Lagerplätze für Depot-Fett, manchmal auch Kinn, Nacken und Rücken.

Nach der Ernährungstatsache „Fett trägt Zinsen" reichert sich dort, wo sich einmal Fett abgelagert hat, in weiterer Folge noch mehr Fett an. Der normale Fettbestand sollte ein Fünftel bis höchstens ein Viertel des jeweiligen Körpergewichtes betragen. Bei Fettleibigen liegt er bei der Hälfte und darüber.

> Wussten Sie, dass die Fettspeicher im Fettgewebe eines durchschnittlich ernährten Mannes von etwa 70 kg Körpergewicht in ihrer Fettmasse von 10 bis 15 kg so viel Energie enthalten, dass er ohne jegliche Nahrungsaufnahme 40 bis 50 Tage von dieser Reserve zehren könnte? Bei Übergewichtigen wären es Monate.

In Gegensatz zu den Menschen früherer Zeiten, die vorwiegend schwere Arbeit leisten mussten, besteht die heutige Gesellschaft überwiegend aus Personen, die kaum körperliche Arbeit verrichten. Diesen veränderten Bedingungen hat sich die Ernährung vielfach nicht angepasst. Das klassische Dreimahlzeiten-Schema mit hoch kalorischen Nahrungsmitteln wurde beibehalten und dazu noch durch nährstoffarme, kalorienreiche Zubereitungsformen, bekannt von Fast Food und Junk Food, in seinem Wert verschlechtert.

So ist es dazu gekommen, dass im Laufe ihres Lebens zwei von drei Erwachsenen mit Gewichtsproblemen zu kämpfen haben. Massives Übergewicht kann die Gesundheit gefährden. Übergewicht steigert die Wahrscheinlichkeit, dass die betreffenden Personen an Krebs, Diabetes oder

Herz-Kreislauf-Leiden erkranken. Statistisch gesehen erkranken sie allerdings seltener an Parkinson, Alzheimer und gewissen Infektionen. Jedes falsche Gewicht belastet die Lebenserwartung.

Unterstützt wird das ernährungsmäßige Fehlverhalten durch unseriöse und unrichtige Werbemethoden im Fernsehen und anderen Medien. Vor hundert Jahren noch machte der Fettanteil in der Nahrung nur etwa 17 Prozent aus, heute beträgt er mancherorts über 40 Prozent.

Während unsere Vorfahren auf Fettreserven für Hungerzeiten angewiesen waren, gibt es heute keinen Grund mehr Depot-Speck anzulegen. Viele Menschen der westlichen Hemisphäre bewegen sich bei ihren durchschnittlichen Alltagsbetätigungen weniger als 1.000 Meter pro Tag und die meisten von ihnen kennen keine Hungerperioden mehr.

Noch bis in die erste Hälfte des 20. Jahrhunderts gab es auch in unseren Breiten einen Wechsel zwischen Phasen des Überflusses und des Mangels. So ist unser Körper noch genetisch programmiert in Zeiten des Mangels den Grundumsatz, also den täglichen Energieverbrauch in Ruhe, so weit wie möglich zu reduzieren und in Zeiten von Überfluss so viel Fett wie möglich zu speichern, um in Notzeiten überleben zu können.

Das Ergebnis ist der allbekannte Jojo-Effekt[44]. Da der Körper bei verminderter Energiezufuhr Gefahr wittert, seinen Energiehaushalt nicht mehr bedienen zu können, vermindert er den Grundumsatz um seine Energiereserven so gut wie möglich schonen zu können. Wird wieder normal gegessen, braucht der Grundumsatz eine Weile, um sich auf den aktuellen Stand einzupendeln. Der Körper beginnt jedoch mit der Fetteinlagerung der überschüssigen Kalorien, um für die nächste Hungerszeit genug Reserven zu haben.

Die logische Schlussfolgerung ist jene, dass Vorbeugen die beste Möglichkeit ist, Fettsucht zu verhindern. Dem Ergebnis einer BMI[45]- Befragung zufolge waren im letzten Erhebungszeitraum über 50% aller Männer und über 21% aller Frauen „normal" übergewichtig. Jeweils 9% waren adipös, das heißt hochgradig fettleibig (Statistik Austria, 2007). Damit sind früher oder später eine Reihe von Risikofaktoren für verschiedenste Erkrankun-

---

[44] Unerwünschte – insbesondere schnelle – Gewichtszunahme am Ende einer Diät: Bei wiederholten Diäten kann sich das Gewicht wie ein Jo-Jo auf und ab bewegen, wobei das neue „Endgewicht" oft höher ist als das Ausgangsgewicht.
[45] Der Body-Mass-Index (BMI) ist definiert als das Körpergewicht (in Kilogramm) dividiert durch das Quadrat der Körpergröße (in Meter) und gilt als das beste indirekte Maß für die Körperfettmasse.

gen gegeben. Dazu gehören koronare Herzerkrankungen, Bluthochdruck, Diabetes Typ 2, Beschwerden am Bewegungsapparat wie Hüft-und Kniegelenksbeschwerden, Probleme mit den Fußgelenken und der Wirbelsäule und noch viele andere Beschwerden bis hin zu Krebserkrankungen.

Man sieht demnach zwei Richtungen einer Folgeerkrankung bei Fettleibigkeit: einerseits durch die Zunahme des Körpergewichtes mit daraus resultierenden Gewichtsbelastungen, andererseits infolge der Fettanhäufung in den Organen und den daraus resultierenden Folgeschäden.

Die Fettleibigkeit kann auch aufgrund ungenügender Atmung sowie der Überlastung der Lymphgefäße zu Entzündungen der Schleimhäute und infolge mangelnder körperlicher Aktivität zu Muskelschwäche führen. Die Anfälligkeit für Zuckerkrankheit, Bluthochdruck und Herzinfarkt ist besonders groß. Außerdem kann es zu vorzeitiger Erkrankung der Blutgefäße und zu frühem Erlöschen der sexuellen Potenz kommen. Auch das Operationsrisiko ist bei fettleibigen Personen größer, die Kreislaufverhältnisse sind schlechter. Durch die Fettleibigkeit geht auch die Lust zur Bewegung verloren, da die bereits geschwächte Muskelkraft im Verhältnis zu einer großen Körpermasse bald gänzlich erschöpft ist. Der Bewegungsmangel ruft aber eine weitere Verschlechterung der Gesamtkondition hervor, wodurch sich das Risiko für weitere Erkrankungen zusätzlich erhöht. Leider kommt in der heutigen Zeit auch die Bewegung häufig zu kurz, was für die Ausbildung und den Erhalt der Gesamtmuskelmasse von Nachteil ist.

Wussten Sie, dass der menschliche Körper durchschnittlich aus ca. 30 kg Muskulatur besteht, in welcher die Brennstoffzentralen für den Stoffwechsel beheimatet sind? Er besitzt 206 Knochen und 650 Muskeln, von denen 400 willentlich bewegt werden können, während die übrigen selbständig- also unwillkürlich - reagieren.

Die Muskulatur, welche über unser Großhirn willentlich beschäftigt werden kann, ist der Motor für Bewegung und Verbrennung. Je weniger wir diese Muskeln beanspruchen, desto eher verkümmern sie und erlauben den Fett-Depots zu wachsen. In früheren Zeiten, als der Mensch seinen Lebensunterhalt durch Jagd und später durch den Ackerbau gestalten musste, war Bewegung und Muskeltraining eine Selbstverständlichkeit. Heute wird der Großteil der Arbeitszeit von den meisten Menschen vor dem Computer verbracht, der Rest zur Erholung oft vor dem Fernseher. Der einzige Muskel, der dabei ständig in Bewegung bleibt, ist der Herzmuskel. 100.000 Kontraktionen pro Tag beträgt seine Durchschnittsleistung. Die Kraft dazu bezieht er aus Zucker, Sauerstoff und unzähligen Helfern, wie etwa den Vitaminen. Der Herzmuskel ist der einzige Muskel, welcher die elektrischen Impulse zu seiner Erregung in Eigenproduktion gestaltet. In den Mitochondrien der Muskelzellen wird die chemische Energie aus der Nahrung in mechanische Energie umgesetzt, die für Wärmeproduktion und Bewegung sorgt.

Je schwerer ein Mensch wird, desto geringer ist dessen Motivation zur Bewegung. Mit Verringerung der Bewegung vermindert sich jedoch auch die Beanspruchbarkeit der Muskeln und damit auch die Aktivität der Verbrennungsöfen.

Im Alter wird durch hormonelle Umstellungen die Muskelmasse normalerweise etwas verringert, was durch körperliches Training jedoch weitgehend kompensiert werden kann.

So ist der Erhalt und die Funktion einer gut ausgebildeten Muskulatur nicht nur für die Vermeidung von Rückenschmerzen und Gelenkserkrankungen sowie vieler anderer Beschwerden, die mit einer intakten Muskelmasse und Tätigkeit zusammen hängen, verantwortlich, sondern ganz wesentlich für das Körpergewicht und damit das psychische und physische Wohlbefinden des Menschen.

Deshalb führt der Weg zu Gesundheit und Wohlbefinden neben der richtigen Ernährung immer auch über ein gesundes Maß an körperlicher Aktivität.

Neue Ergebnisse der wissenschaftlichen Forschung belegen, dass Übergewichtige nicht nur ein erhöhtes Herzinfarktrisiko, sondern auch ein erhöhtes Krebsrisiko haben. Das betrifft alle adipösen (fettleibigen) Menschen ab einem Body-Mass-Index[46] von 31 oder darüber. Laut WHO sind 30 Prozent der Brustkrebsfälle in Zusammenhang mit Ernährungsfehlern zu sehen. Aber auch Krebserkrankungen des Dickdarmes sowie des Enddarmes sowie bei Frauen des Endometriums[47] werden in Zusammenhang

---

[46] Normalwerte bei Frauen 19 bis 24, bei Männern 20 bis 25, bis 30 spricht man von Übergewicht, darüber von Fettleibigkeit.
[47] Endometrium (dt. Gebärmutterschleimhaut) ist eine dünne, rosafarbene Schleimhaut und bildet die Innenwand der Gebärmutter (griech. Metra). Das Endometrium ist der Ort der Einnistung der befruchteten Eizelle (Nidation).

mit der Ernährung gebracht. Als Ursache wird ein ständig ablaufender Entzündungsprozess angesehen, wobei von den Fettzellen ein C-reaktives Protein sowie Interleukin 6 und der Tumornekrosefaktor[48] produziert werden. Darüber hinaus gibt es noch eine Vielzahl von Fettstoffwechselstörungen.

Eine weitere Studie belegt den Zusammenhang von Übergewicht im Teenageralter und späterem Auftreten von multipler Sklerose. Daten aus der *Nurses' Health Study* zeigen, dass Frauen, die in der Jugend einen Body-Mass-Index von 30 oder mehr gehabt haben, ein deutlich höheres (50%) Risiko haben später an multipler Sklerose zu erkranken (Neurology, 2009). Auch dabei wird angenommen, dass das Fettgewebe Substanzen produziert, welche das Immunsystem negativ beeinflussen.

Bekannt ist der Zusammenhang von kindlichem und jugendlichem Übergewicht und dem damit verbundenen Risiko zu erhöhtem Blutdruck.

Neu ist jedoch, dass erhöhter Konsum von Süßigkeiten und süßer Schokolade in der Kindheit die Wahrscheinlichkeit für aggressives Verhalten als Erwachsene erhöht. Dies zeigte u.a. die *British Cohort Study*, wonach Kinder, die mit 10 Jahren täglich Süßigkeiten aßen, mit 34 Jahren vermehrt (69%) gewalttätig waren (Centre for Longitudinal studies, 2005).

Dazu interessant: schottische Wissenschaftler fanden ein Gen, welches im abgeschalteten Zustand Schlankheit und Langlebigkeit günstig beeinflusste.

Nach den neuesten Erkenntnissen und Studien kann zudem bereits ein geringer Bauchansatz das Risiko für Herzerkrankungen erhöhen. Ein im Verhältnis zum Hüftumfang großer Bauchumfang hängt mit frühen Anzeichen von Herzerkrankungen zusammen. Auch bei normalem Gesamtgewicht spielt der Bauchumfang eine bedeutende Rolle, was das Risiko einer Schädigung der Arterien betrifft. Dabei gilt als zu dick, wer in Nabelhöhe einen Bauchumfang von mehr als 102 cm bei Männern und mehr als 88 cm bei Frauen aufweist.

---

[48] Tumornekrosefaktor (kurz: TNF, oder noch gebräuchlich: Tumornekrosefaktor-α kurz: TNF-α, oder veraltet: "Kachektin", oder wissenschaftlich: "tumor necrosis factor ligand superfamily member 2 kurz TNFSF2) ist ein multifunktionaler Signalstoff (Zytokin) des Immunsystems, welcher bei lokalen und systemischen Entzündungen beteiligt ist.

Je mehr Bauchumfang beim Mann gemessen wird, desto höher ist auch die Wahrscheinlichkeit an Bluthochdruck oder Diabetes II zu erkranken. Fett, das sich in der Bauchregion ansammelt, scheint biologisch aktiver zu sein. Es sondert angeblich entzündungsfördernde Stoffe ab, die durch Plaquebildung zur Verengung der Arterien führen. In diesem Zusammenhang sei der Bauchumfang aussagekräftiger als der so genannte Body-Mass-Index.

Der Body-Mass-Index errechnet sich aus dem Gewicht in kg, dividiert durch das Quadrat der Körpergröße in Metern.

Ein Mann mit 180 Zentimeter Körpergröße und 75 kg: $75:(1.80 \times 1.80) = 23,148$

Das ergibt einen BMI von 23. Übergewicht beginnt bei einem BMI von 25, Adipositas bei einem BMI von 30.

Das Gleichgewicht zwischen Nahrungsaufnahme und Kalorienverbrauch durch Verbrennung im Stoffwechsel des Körpers wird unter normalen Bedingungen durch Hunger- und Sättigungsgefühl geregelt. Wenn diese Regulation durch Umstände gestört ist, die zu übermäßigem Appetit führen und daraus eine krankhafte Neigung zu vermehrter Nahrungsaufnahme resultiert, spricht man von Fettsucht.

Hormone im Fetthaushalt

Leptin

Jeffrey Friedman entdeckte 1994 das Hormon Leptin. Bei gesunden Menschen versucht der Körper das Gewicht durch das im Fettgewebe produzierte Leptin zu regeln. Demzufolge produziert ein erhöhter Anteil von Fettgewebe vermehrt Leptin, welches wiederum die Essensaufnahme reduziert. Umgekehrt führt eine Fettabnahme zu einer verminderten Leptin-Produktion, was die Nahrungsaufnahme stimuliert. Störungen dieses Hormons können zu unstillbarem Appetit und übermäßiger Fettleibigkeit führen. Mittlerweile kennt man eine Summe von Genen, die mit Fettleibigkeit in Zusammenhang stehen. So behaupten britische Forscher der Peninsula Medical School in Exeter, dass etwa 16 Prozent der Europäer eine Genvariante besitzen, welche das Risiko für Übergewicht erhöht (Science Journals, 2007). Allerdings seien diese Menschen im Durchschnitt nur um etwa 3 kg schwerer als Menschen ohne dieser Genvariante. Auch ist bislang noch ungeklärt, auf welche Weise bei dieser Genvariante der Stoffwechsel beeinflusst wird.

Adiponektin

Ein weiteres Hormon mit Einfluss auf den Fettstoffwechsel ist das Adiponektin. Dieses wird in den Fettzellen der Tiere und des Menschen produziert. Sind die Fettzellen gefüllt, wird die Produktion vermindert, sind sie leer, kommt es zu einer Steigerung der Produktion. Übergewichtige haben einen niedrigen Adiponektin-Spiegel. Leptin und Adiponektin regulieren gemeinsam mit Insulin und anderen Hormonen Hunger und Sattheitsgefühl. Adiponektin verstärkt die Insulinwirkung an den Fettzellen. Bei einem niedrigen Spiegel des Hormons wird die Wirkung des Insulins abgeschwächt, so dass der Zucker nicht abgebaut werden kann. Ein hoher Adiponektin-Spiegel schützt so vor Zuckerkrankheit. Das bedeutet, dass neben genetischen Faktoren ein niederer Adiponektin-Spiegel als Folge der vollen Fettzellen das Diabetesrisiko erhöht und zu Gefäßschäden führen kann.

Mangelzustände an Vitaminen, Spurenelementen und essentiellen Botenstoffen sind ebenso dafür verantwortlich, dass neben Störungen im psychischen Bereich, Schlafstörungen, Angstzustände und Depressionen sowie Hungergefühle auftreten und zu übermäßiger Nahrungsaufnahme führen.

Auch Aminosäuren wie Tryptophan sind erforderlich, um über die Zwischenstufe von 5-Hydroxy-Tryptamin den Spiegel des Glückshormons Serotonin in Schwung zu halten, der für die Steuerung des Organismus zwischen Lustgefühlen und Depressionen verantwortlich ist.

Essentielle und nicht essentielle Fettsäuren

Der Körper kann all diese speziellen Fette nur dann herstellen, wenn in der Nahrung die richtigen Rohstoffe enthalten sind. Zu den richtigen Rohstoffen gehören zwei essentielle Fettsäuren, die der Körper selbst nicht herstellen kann, nämlich die Linolsäure und die Alpha-Linolensäure. Beide gehören zu den langkettigen Fettsäuren. Sie enthalten 18 Kohlenstoffatome.

Die höchste Konzentration der besonders wichtigen Alpha-Linolensäure findet man im Leinsamenöl, kurz Leinöl genannt. Weitere Lieferanten sind Kürbiskern-, Soja-, Walnuss- und Rapsöl, auch in dunkelgrünem Blattgemüse findet man geringe Mengen davon.

Fische wie Lachs, Makrelen und Sardinen enthalten bereits die fertige Form der Omega 3-Fettsäuren, welche der Körper sonst aus alpha-Linolensäure selbst herstellen muss.

Der Fettsäuregehalt in ausgewählten Speiseölen beträgt folgende Werte (Sport- und Präventivmedizin, 2009):

Öle	Gesättigte Fettsäuren	Einfach ungesättigte Fettsäuren	Mehrfach ungesättigte Fettsäuren	Verhältnis Linolsäure zu Linolensäure
Kürbiskernöl	22%	24%	54%	89 : 1
Leinöl	11%	19%	70%	0,3 : 1
Olivenöl	15%	75%	10%	11 : 1
Rapsöl	8%	58%	34%	2 : 1
Sojaöl	15%	25%	60%	7 : 1
Walnussöl	11%	17%	72%	6 : 1

Tabelle 10: Fettsäurezusammensetzung ausgewählter Speiseöle

Fettgehalt in Pflanzenölen

Folgende Fettangaben beziehen sich auf frische, nicht raffinierte, kalt gepresste, ungehärtete Öle (Colgan, 2002 - Colgan Institut, San Diego CA):

Öle	Mehrfach ungesättigte Fette (in %)		Einfach gesättigte Fette (in %)	Gesättigte Fette (in %)
	Linolsäure	αLinolensäure		
Die guten Öle				
Leinsamen	15	54	22	9

Kürbiskern	45	15	32	9
Sojabohne	42	11	32	15
Walnuss	50	2	29	16
Raps	26	8	57	9
Die zweitbesten Öle				
Mandel	17	-	68	15
Olive	12	-	72	16
Diestel	70	-	18	12
Sonnenblume	66	-	22	12
Maiskeim	59	-	25	16
Sesam	45	-	45	13
Die mäßigen Öle				
Erdnuss*	29	-	56	15
Baumwollsamen**	48	-	28	24
Die schlechten Öle				
Palme	9	-	44	48
Palmkern	2	-	18	80
Kokosnuss	4	-	8	88
*enthält das karzinogene Aflatoxin ** kann Toxine enthalten				

Tabelle 11: Fettgehalt in pflanzlichen Ölen

Essentielle Fettsäuren

Essentielle Fettsäuren müssen ebenso wie essentielle Aminosäuren über die Nahrung aufgenommen werden. Essentiell sind für den Menschen eigentlich nur die zwei- und dreifach ungesättigten Fettsäuren.

Gesättigte und ungesättigte Fettsäuren

Bei den gesättigten Fettsäuren sind alle Kohlenstoffatome mit Wasserstoff- oder Sauerstoff-Atomen besetzt. Daher kommt der Ausdruck „gesättigt", also satt, sie reagieren nicht gerne mit anderen Atomen. Weil diese Fettsäuren stabil sind, werden sie zum Aufbau der Zellmembranen verwendet. Sie sorgen auch für die rasche Energiebereitstellung in unserem Körper. Sie kommen hauptsächlich in Fleisch und Milchprodukten oder im Kokosfett vor.

Ungesättigte Fettsäuren sind reaktionsfreudiger, da sie freie Doppelbindungen in der Kohlenstoff-Kette besitzen. Einige C-Atome haben noch Platz für Verbindung mit anderen Stoffen. Je nach Anzahl dieser freien Plätze unterscheidet man ein-, zweifach-, dreifach-, und hoch ungesättigte Fettsäuren. Die Position der ersten Doppelbindung in Bezug auf das letzte C-Atom (das letzte deshalb, weil „omega" der 24. und letzte Buchstabe des griechischen Alphabets ist) klassifiziert die Omega-Fettsäuren. Omega-3-Fettsäuren haben ihre erste Doppelbindung am dritten Kohlenstoff-Atom, Omega-6-Fettsäuren am sechsten C-Atom. Dem zu Folge ist die Alpha-Linolensäure eine 3-fach ungesättigte Fettsäure der Omega-3-Gruppe, die Linolsäure eine 2-fach ungesättigte Fettsäure der Omega-6-Gruppe.

Die essentiellen Fettsäuren müssen mit der Nahrung zugeführt werden. Alle anderen Fettsäuren, wie die gesättigten, die einfach ungesättigten - wie etwa Ölsäure in Olivenöl, eine Omega-9-Fettsäure- oder hoch ungesättigte Fettsäuren, stellt der Körper selbst her.

Allerdings können hoch ungesättigte Fettsäuren nur aus essentiellen Fettsäuren hergestellt werden.

Gesättigte Fettsäuren sind etwa Buttersäure, Palmitinsäure oder Kokosfett, eine einfach ungesättigte Fettsäure ist die Ölsäure im Olivenöl, mehrfach ungesättigte Fettsäuren, also etwa die 2-fach ungesättigte Fettsäure ist die Linolsäure, eine 3-fach ungesättigte Fettsäure ist die Alfa-Linolensäure, die im Leinöl enthalten ist. Hoch ungesättigte Fettsäuren, sprich 4-fach und mehr als 4-fach gesättigte Fettsäuren, werden aus Omega-3- und Omega-6-Fettsäuren gebildet. Dazu gehören unter anderen die Arachidon-Säure, die Eicosapentaen-Säure, kurz EPA und Docosahexaen-Säure (DHA), welche in Fleisch und Fisch in fertiger Form vorkommen.

Bei den Nahrungsfetten gibt es große Unterschiede in der Qualität und bei deren Auswirkungen auf die Gesundheit. Vor allem in tierischen Produkten wie Fleisch, Wurstwaren, Butter, Käse und Innereien findet man gesättigte Fettsäuren.

Bei den pflanzlichen Ölen weisen Palmkernöl und Kokosnussöl die höchste Konzentration an gesättigten Fettsäuren auf. Da sie keine freien Valenzen, also besetzbare Stellen haben um mit anderen Wasserstoffatomen zu reagieren, nennt man sie „gesättigt" und sie können somit nur zur Energiegewinnung gebraucht werden.

Ungesättigte Fettsäuren haben freie, nicht besetzte Stellen. Dadurch können sie mit anderen Molekülen unseres Körpers reagieren und Verbindungen eingehen. Gesättigte Fette haben einen ungünstigen Effekt auf das Herz-Kreislaufsystem. Sie fördern die Entwicklung der Arteriosklerose.

Cis- und Transfette

Die Atome ungesättigter Fettsäuren sind in ihrem in der Natur vorkommenden Zustand normalerweise in der cis-Konfiguration aneinandergereiht. Das bedeutet, dass die Wasserstoff-Atome alle auf einer bestimmten Seite des Moleküls stehen. Aufgrund ihrer elektromagnetischen Eigenschaft entsteht eine Krümmung der Kohlenstoffkette, die dadurch die Form eines Hufeisens erhält. Diese Form ist für weitere biologische Reaktionen im Körper unabdingbar.

Technische Veränderungen der Fettmoleküle durch Erhitzen, Härten, Bleichen und dergleichen zerstören diese cis-Konfiguration. Es entsteht die trans-Konfiguration. Wasserstoff-Atome sind dabei auf die gegenüberliegende Seite gewechselt, wobei sich aufgrund der elektromagnetischen Verhältnisse die Form des Moleküls verändert. Die Hufeisenform geht verloren und es entsteht eine so genannte gestreckte Konfiguration, die nicht mehr in der gewohnten Weise reagieren kann. Da sie aber im Körper dennoch Verwendung finden, entstehen so minderwertige Fettverbindungen der Zellen, die das Entstehen von Krankheiten begünstigen können. Trans-Fettsäuren besetzen wichtige Stellen in Zellmembranen und behindern deren normale Funktion. So zeigte eine Studie, dass bei jungen gesunden Männern nach einer dreiwöchigen Transfett-reichen Kost ein erhöhter Cholesterinspiegel und eine Zunahme der „Low-Density Lipoproteine" (LDL) gemessen wurde, wie dies sonst nur bei Zufuhr gesättigter Fettsäuren der Fall ist.

Transfette kommen vor allem in frittierten Produkten und Backwaren vor. Je härter ein Öl ist, desto höher ist dessen Anteil an Transfetten. Flüssige, pflanzliche Öle enthalten bis zu 6% Transfette, Margarine und Backfette bis zu 58%.

Die natürliche cis-Form bleibt in der Regel nur dann vollständig erhalten, wenn ein Öl kalt gepresst wird. Hingegen enthalten die meisten der industriell produzierten Speiseöle Transfette, weil sie auf Temperaturen über 200 Grad erhitzt wurden. Zusätzlich werden zum Extrahieren des Öls Lösungsmittel zugesetzt. Um diese Stoffe zu entfernen, wird es meist nochmals erhitzt und oft raffiniert, zentrifugiert und mit Farbstoffen versetzt.

Auch bei der Fetthärtung, der so genannten Hydrierung, entstehen Transfettsäuren, das betrifft auch viele Margarinen. Transfetthaltige Produkte sind unter anderen frittierte Speisen wie Pommes frites, panierte Gerichte, Chips, Cracker, Croissants, Müsliriegel, Popcorn, Burger und viele mehr.

Die Nahrungsmittelindustrie benötigt für ihre Produkte maßgeschneiderte Fette. Die verschiedenen Öle aus natürlichen Produkten wie Sonnenblumenkernen, Rapssamen sowie anderen Ölsaaten und Nussfrüchten durchlaufen viele chemische und physikalische Prozesse, um ein Haltbarmachen durch Härtung zu erreichen.

Die Überführung von der natürlichen Form der cis-Konfiguration zur Transfettsäure erfolgt durch Nickelkatalysatoren und Temperaturen von 150 bis 200 Grad Celsius. Fette, die in der Natur nicht vorkommen, werden so neu geschaffen. Diese können für die Produktion von Gebäck, Süßigkeiten, Schokolade, Glasuren, Speiseeis sowie für Brat- und Frittier-Fette verwendet werden.

Wussten Sie, dass in Dänemark Nahrungsmittel die mehr als 2% Transfette enthalten, seit 2004 nicht mehr verkauft werden dürfen? Inzwischen forderten die Ärztekammer als auch die Arbeiterkammer Österreich die Einführung eines Grenzwerts für Transfette in Lebensmitteln (Medizin populär, 2007).

Gesunde Fette

Die in gesunden Ölen wie dem Leinöl vorkommende Alpha-Linolensäure muss im Körper durch das Enzym Delta-5-Desaturase in Eicosapentaen-Säure (EPA) und dann zu Docosahexaen-Säure (DHA) umgewandelt werden. DHA ist ein wichtiger Bestandteil unseres Gehirns und es wird vermutet, dass ein Mangel derselben am Zustandekommen von Alzheimer-Erkrankungen mitverantwortlich sein könnte. Da EPA und DHA in fettreichen Fischsorten wie Lachs, Makrele und Hering bereits in fertiger Form vorliegen und nicht mehr auf enzymatisch unterstützten Umbau angewiesen sind, kann man dem Körper die Arbeit der Umwandlung ersparen, die unter Umständen bei Vorliegen eines Enzymmangels misslingen könnte.

EPA und DHA führen zu einer verbesserten Fließeigenschaft des Blutes und reduzieren ungesunde Blutfette (Triglyceride). Sie haben einen direkten verbessernden Effekt auf die Herzfunktion und führen zu einem verminderten Sauerstoffverbrauch bei Belastung.

Außerdem führen sie zu einer rascheren Erholung des Herzmuskels nach Durchblutungsstörungen und zu einer verbesserten Aufnahme von Fettsäuren in die Herzmuskelzellen. EPA und DHA vermindern das Verklumpen der Blutplättchen (Thrombozythen) und verhüten Arteriosklerose.

Sie helfen den überhöhten Blutdruck und den Cholesterin-Spiegel zu senken, ebenso verringern sie das Homocystein, ein Stoffwechselprodukt, welches an der Entstehung der Arteriosklerose beteiligt ist.

DHA und EPA tragen dazu bei, Diabetes mellitus Typ 2 zu verhindern. Ein Mangel an DHA wird auch als ein Faktor bei der Entstehung der Alzheimererkrankung angesehen. Defizite an DHA führen zur Degeneration des Gehirns. Sowohl DHA als auch EPA spielen auch bei Vorgängen eine Rolle, die für eine gute Stimmungslage sorgen. Auch Menschen mit bipolaren Störungen, sprich abwechselnde Perioden von manischen und depressiven Zuständen, profitieren von der Einnahme von Fischölkapseln, indem sie stabiler werden (Arch. Gen Psychiatry 1999).

Omega-3- und Omega- 6-Fettsäuren

Omega-3-Fettsäuren führen im Körper zur Produktion lebenswichtiger Botenstoffe, den Prostaglandinen. Diese bekämpfen Krebszellen und hemmen Entzündungsreaktionen im Körper. Auch Omega-6-Fettsäuren, deren Anwesenheit ebenfalls für bestimmte Funktionen erforderlich ist, führen zur Freisetzung anderer Prostaglandine. Diese sind jedoch entzündungsfördernd und begünstigen die Krebsentstehung. So werden die Omega-6-Fettsäurewirkungen durch die Omega-3-Fettsäurewirkungen kontrolliert und in Schach gehalten.

Das Verhältnis dieser beiden Fettsäuren zueinander ist entscheidend für deren Kooperation. Bei der üblichen Kost wird auf dieses Verhältnis zu wenig geachtet, es sollte wenigstens 6:1 besser 2:1 oder 1:1 sein (Omega-6 : Omega -3). Meist ist dieses Verhältnis 10:1 bis 20:1 und sogar 50:1.

Je mehr dieses Verhältnis gestört ist, desto leichter treten Arthritis, Schlaganfall, Herz-Kreislauferkrankungen, Übergewicht und Diabetes auf.

Schuld daran ist unter anderem die Hydrogenierung der Fette und Öle, wobei unter hohem Druck und Hitze Hydrogen-Gas die molekulare Struktur von natürlichen Ölen verändert. Dadurch werden Omega-3-Fette zerstört, die empfindlicher sind als Omega-6-Fette. Dafür werden diese Produkte nicht mehr ranzig und können beliebig lange gelagert werden. Hohe Konzentrationen an Omega-6-Ölen finden sich auch in Sonnenblumenöl, Maiskeimöl und Erdnussöl.

Vor nicht allzu langer Zeit wurde im Sinne einer optimalen Herzgesundheit noch geraten, alle Fette, gleichgültig welchen Ursprungs, zu meiden. Heute weiß man, dass Omega-6-Fettsäuren das Risiko einer Herzerkrankung erhöhen, Omega-3 Fettsäuren wie DHA und EPA jedoch das Risiko durch eine Erhöhung des guten HDL-Cholesterins senken, indem sie die Plaque-Bildung, also Verklebung in den Blutgefäßen verhindern.

So konnte in einer Studie, welche Omega-3-Fettsäuren mit Sonnenblumenöl und Placebo verglichen, festgestellt werden, dass die Entzündungsparameter der arteriellen Gefäßzellen bei der Gruppe, die Omega-

3-Fettsäuren einnahm, deutlich geringer waren als in den beiden anderen Gruppen und damit auch das Risiko für Herzinfarkt und Schlaganfall.

Hingegen erhöht sich bei der Zufuhr größerer Mengen von Omega-6-Fettsäuren sowohl das Gesamtcholesterin als auch das ungesunde „Low density Lipoprotein" (LDL). Jedoch nicht nur das Risiko von Herzerkrankungen kann durch Omega-3-Fette gesenkt werden, auch das Risiko an Dickdarmkrebs zu erkranken kann deutlich reduziert werden. Dasselbe wird auch hinsichtlich der Entstehung von Brustkrebs behauptet. Der Vorteil einer Omega-3-reichen Ernährung betrifft auch das Gemüt.

Länder mit hohem Fischkonsum weisen niedrigere Raten an depressiven Erkrankungen und bipolaren Störungen wie etwa manisch-depressiven Erkrankungen auf als Länder, wo Fisch selten am Speiseplan steht. Ebenso sinkt auch das Risiko dementieller Erkrankungen.

Eine Beobachtungsstudie mit schwangeren Frauen, die acht Wochen vor und acht Monate nach der Geburt beobachtet wurden, zeigte, dass diejenigen, die keine Omega-3-reiche Kost zu sich nahmen, doppelt so oft an Depressionen erkrankten als jene mit Omega-3-reicher Ernährung. Für die Neugeborenen ergaben sich in der Gruppe der Omega-3-reich ernährten Mütter eine bessere Hand-Augen-Koordination.

Bei Rheuma-Patienten wird als Ausgangspunkt für die Entzündung der Gelenke auf zellulärer Ebene die Arachidon-Säure aus Omega- 6-Fetten mitverantwortlich gemacht. Diese wird enzymatisch zu Entzündungsstoffen umgewandelt.

Durch eine Reduktion tierischer Nahrungsmittel kann die Aufnahme mit der Nahrung verringert werden. Werden dagegen größere Mengen von EPA, also Omega-3-Fettsäuren, eingenommen, können anti-entzündliche Wirkungen beobachtet werden.

Besonders hohe Werte von Arachidon-Säure finden sich in Schweinespeck und Leberwurst, etwas geringere in Leberkäse und geräuchertem Schinken, an dritter Stelle stehen Putenbrust, Kalbfleisch, Schweinefleisch, gekochter Schinken und Hühnerei. Danach kommen Schlagobers, Camembert und Schnittkäse.

Die zusätzliche Gabe von Fischöl konnte bereits nach 15 Wochen Rheuma-Beschwerden deutlich stärker bessern als die alleinige Reduktion von Arachidon-Säure-Aufnahme. Es konnte sogar der Verbrauch nicht steroidaler Anti-Rheumatika verringert werden.

Zur Vorbeugung aber auch zur Behandlung von Rheuma-Erkrankungen wurde eine ausgewogene Ernährung empfohlen, eine Ernährung, die viel Obst und Gemüse, wenig oder kein Fleisch und Fleischprodukte, geringe Mengen an Butter und Käse, dafür aber einen erhöhten Anteil an Omega-3-Säuren reicher Kost wie Leinöl, Fisch, aber auch Olivenöl enthält. Dadurch können die zwar wirksamen, aber an Nebenwirkungen reichen Medikamente wie Kortison und NSAR (nicht steroidale Anti-Rheumatika) deutlich eingespart werden.

In der Akut-Therapie können auch Fischöl-Infusionen verabreicht werden, als Dauertherapie bieten sich Fischölkapseln an. Das gilt auch für all jene Personen, die Fisch nicht vertragen, damit keine Freude haben oder aus Gründen der Eiweiß-Minimierung auf Fischöl-Präparate ausweichen möchten.

Einige ausgewählte Fettlieferanten

Leinsamenöl (Leinöl)

Leinöl ist eine hervorragende Quelle für Omega-3-Fettsäuren, wie der Alpha-Linolensäure und stellt eine Vorstufe für die Produktion von Gewebshormonen dar. Es unterstützt entzündungshemmende Mechanismen und hilft dabei, das Blut fließfähig zu halten. Damit entfaltet es eine positive Wirkung auf Herz-Kreislauferkrankungen und fördert die Transportfähigkeit durch die Zellwände.

Wichtig ist, beim Kauf von pflanzlichen Ölen darauf zu achten, dass diese aus kalt gepressten und nicht chemisch extrahierten Verfahren gewonnen wurden. Die Bezeichnung „Natives Öl" entspricht in der Regel den Anforderungen, dass die Omega-3- Fettsäuren nicht bei der Herstellung zerstört wurden.

Leinöl sollte immer kühl gelagert werden. Frisches, gut gelagertes Leinöl sollte nicht bitter schmecken. Wegen seines niedrigen Schmelzpunktes von etwa 16 bis minus 20 Grad Celsius kann man Leinöl auch im Tiefkühlfach aufbewahren, ohne dass es fest wird. Das verhindert Geschmacksveränderungen. Leinöl sollte auch hauptsächlich auf kalten Speisen Verwendung finden. Auf warme Speisen sollte es erst kurz vor dem Servieren gegeben werden. Für Menschen, denen der Geschmack zu intensiv ist, empfiehlt es sich, dieses mit anderen Ölen zu mischen.

Leinöl gehört zu den „Fit-Fetten". Fit-Fette sind aktive Fette, welche die wertvollen Funktionen der ungesättigten Fettsäuren bewerkstelligen.

Wussten Sie, dass der Körper aus Leinöl Nervenstrukturen bilden kann? Dadurch werden Sinnesempfindungen wie das Fühlen, das Riechen, das Schmecken, das Sehen und das Hören ermöglicht.

Fit-Fette liefern in der Regel auch das Zellschutzvitamin E, welches notwendig ist um Radikale daran zu hindern unser eigenes Körperfett ranzig werden zu lassen. Da diese Fit-Fette auch beim Fettauf- und -abbau eine wichtige Rolle spielen und den Insulinspiegel mit beeinflussen, sowie die Thermogenese anregen, spielen sie bei der Fettverbrennung in der Muskulatur und beim Fettabbau im Gewebe eine bedeutende Rolle.

Omega-3-Fettsäuren aus Leinöl, Nüssen und Fischen blockieren auch Enzyme, die am Fettaufbau beteiligt sind und führen nicht zu einer kalorienadäquaten Gewichtszunahme.

Allzu viel des Guten (z.B. Leinöl) ist aber auch nicht empfehlenswert. Neben der entzündungshemmenden Wirkung der Eikosanoide[49] und seiner Krebs vorbeugenden Wirkung sowie seiner Magen schonenden Wirkung durch die Veränderung der Aggressivität der Magensäure, wird wegen der möglichen Bildung von Blausäure aus Inhaltsstoffen des Leinöls eine mengenmäßige Begrenzung von 20 Gramm pro Tag empfohlen. Verantwortlich dafür sind die im Leinöl enthaltenen cyanogenen Glycoside Linamarin und Lotaustralin. Besonders junge, grüne Leinschösslinge können bis zu fünf Prozent ihres Trockengewichts an diesen beiden Substanzen enthalten. Da Linamarase, welche für die Umwandlung in Blausäure erforderlich ist, im sauren Milieu des Magens inaktiviert wird und auch bei längerem Kochen ganz zerstört wird, kann die Freisetzung der Blausäure weitgehend verhindert werden.

---

[49] Als Eikosanoide, wissenschaftlich Eicosanoide, gemäß der IUPAC-Nomenklatur Icosanoide, wird eine Gruppe von hydrophoben hormonähnlichen Substanzen bezeichnet, die als Immunmodulatoren und Neurotransmitter wirken und an entzündlichen Prozessen im Körper beteiligt sind. Sie sind alle Produkte des Stoffwechsels von mehrfach ungesättigten Fettsäuren, welche 20 Kohlenstoffatome enthalten (gr. εἴκοσι eikosi, zwanzig).

Olivenöl

Olivenöl setzt sich aus 77% einfach ungesättigten, 9% mehrfach ungesättigten und 14% gesättigten Fettsäuren zusammen.

Einfach ungesättigte Fettsäuren sowie die im Olivenöl enthaltenen Polyphenole sollen bei der Senkung des Cholesterinspiegels und damit bei der Entstehung von Arteriosklerose vorbeugend wirken und auch das Herzinfarktrisiko senken.

Durch seine antioxidativen Eigenschaften und die im Olivenöl enthaltenen Mikronährstoffe gilt es als Bestandteil der mediterranen Kost als gesundheitsfördernd.

Wie beim Leinöl und anderen pflanzlichen Ölen ist besonders beim Olivenöl auf die Herstellung durch Kaltpressung Wert zu legen. Es sollte daher nur die erste Güteklasse „nativ extra" verwendet werden. Im Italienischen hält man nach dem Hinweis „extra vergine" Ausschau.

Auch beim Olivenöl gibt es kritische Stimmen, die vor zu hoher Zufuhr von einfach gesättigten Fettsäuren, wie der im Olivenöl hauptsächlich vorzufindenden Ölsäure, warnen.

Laborversuche an der Universität Münster (Prof. Klumpp und Prof. Krieglstein) zeigten, dass einfach ungesättigte Fettsäuren in größeren Mengen Zellen in den Zelltod treiben können. Daraus wird geschlossen, dass bei Konsum größerer Mengen von Olivenöl genügend hohe Konzentrationen erreicht werden, um eine zellschädigende und Arteriosklerose fördernde Wirkung erzielen zu können. Kritiker dieser Studie sind der Meinung, dass Reagenzglas-Studien normale Prozesse wie Verdauung und Stoffwechsel unberücksichtigt ließen, weshalb sie als wissenschaftliche Beweise für ein Erkrankungsrisiko nicht herangezogen werden dürften.

So gilt bislang nach wie vor die Meinung, dass Olivenöl, kalt gepresst und nicht chemisch extrahiert, dabei hilft, das Risiko für die Entstehung von Gefäßkrankheiten zu verhindern oder deren Verlauf günstig zu beeinflussen.

Fisch

Der Verzehr von fettreichen Seefischen kann, wie Wissenschaftler der Universität von Jena herausfanden (Ärztewoche März 2009), über eine Aktivierung von bestimmten Genen die Bildung von Enzymen fördern, die den Körper vor schädigenden und krebsauslösenden Stoffen (insbesondere Darmkrebs) schützen. Da dieser Effekt nach dem Konsum fettreicher Fische deutlicher beobachtet wurde als nach dem Konsum magerer Fische, nimmt man an, dass die in fettreichen Fischen vorkommenden Fettsäuren dafür verantwortlich sind.

Die ungesättigten Fettsäuren in bestimmten Speisefischen spielen aber anscheinend nicht nur bei der Risikosenkung von Krebserkrankungen eine große Rolle, sondern auch bei der Vorbeugung von Erkrankungen der Augen (z.B. bei der feuchten Makuladegeneration, einer unangenehmen Augenerkrankung, welche unbehandelt bis zur Erblindung führen kann). Ein weiterer positiver Effekt des Verzehrs von fettreichen Fischen wurde von einer schwedischen Studie dokumentiert. Demnach hatten Jugendliche bei regelmäßigem Verzehr bestimmter Fische eindeutig einen höheren IQ (Intelligenzquotient) als Vergleichsgruppen mit anderen Ernährungsgewohnheiten (Acta Paediatrica, 2009).

Eier

Ein Hühnerei enthält im Durchschnitt 80 bis 85 Kilokalorien. Eine Semmel hat im Vergleich bei 50 Gramm etwa 130 Kilokalorien. Der Fettanteil beträgt etwa 8 Gramm. 74% des Eies macht der Wasseranteil aus, 13% sind Eiweiß, 11% Fett und 0,7% Kohlenhydrate. Neben Folsäure sind im Ei die meisten Vitamine außer Vitamin C sowie Eisen und Zink enthalten. Die Vitamine und Mineralstoffe befinden sich im basischen Eigelb. Daneben gibt es noch eine Portion Hormone, die das Verhalten des Küken steuern sollen, darunter auch Testosteron.

Der durchschnittliche Cholesterin-Gehalt von 250 Milligramm deckt beinahe den gesamten Cholesterinbedarf eines Erwachsenen. Es gibt jedoch Langzeitstudien, die behaupten, dass Cholesterin aus Hühnereiern nicht zu einer Erhöhung des Cholesterin-Spiegels führten, weil das im Hühnerei reichlich vorkommende Lecithin die vollständige Aufnahme des Cholesterins hemmt. Außerdem werde durch das im Ei enthaltene Cholesterin die körpereigene Cholesterinproduktion gebremst.

Menschen mit erhöhten Cholesterinwerten sollten dennoch die ernährungswissenschaftlichen Ratschläge beachten, denen zu Folge nicht mehr als zwei bis vier Eier pro Woche empfohlen sind.

Die Begründung liegt darin, dass Menschen mit gestörtem Fettstoffwechsel insgesamt mehr ein- und mehrfach ungesättigte Fette bevorzugen sollten, wie dies in pflanzlichen Ölen, also beispielsweise Olivenöl und

Leinöl oder in Fischölen der Fall ist. Der Austausch von schlechten Fetten aus fettem Fleisch, Wurst und Käseprodukten sowie fetthaltigen Fertiggerichten gegen Fette aus pflanzlichen Produkten, sprich Nüssen und kalt gepressten Pflanzenölen, ist für alle Menschen mit Cholesterinproblemen von Vorteil.

Beim Hühnerei besteht ein gutes Verhältnis zwischen essentiellen zu nicht essentiellen Aminosäuren. Allerdings werden Ei-Proteine wie Ovalbumin, Ovomucoid, Lysozym und Ovotransferrin für die häufigen Allergien, besonders bei Kindern, verantwortlich gemacht. Bis zu 30% der kindlichen Allergien werden auf den Genuss von Ei-Protein zurückgeführt. Besonders gefährdet scheinen Kinder im ersten Lebensjahr zu sein. Vorsicht sollte mindestens bis zum 6. Lebensjahr mit dem Genuss von Eiern geübt werden. Inwiefern dabei die im Ei vorhandenen Hormone eine Rolle spielen, ist noch nicht geklärt. Durch starkes Erhitzen und spezielle Enzyme kann der Allergie auslösende Effekt der Eier vermindert werden.

Abhängig von der Fütterung - Freilandhühner mit einem höheren Anteil an Grünfutter haben einen höheren Anteil an „gesunden Fettsäuren" - enthalten Eier bis zu 50% des gesamten Fettanteils einfach und mehrfach ungesättigte Fettsäuren und damit sogenannte „ gute Fette". Dennoch ist bei größeren Mengen der Arachidonsäure-Anteil mit seinen entzündungsfördernden Eigenschaften nicht zu vernachlässigen.

Eier können kleine Mengen von Salmonellen enthalten, die über den Eierstock oder den Kot in das Ei oder an das Ei gelangen. Bei Kühlschranktemperatur wird deren Vermehrung eher gebremst. Geringe Mengen werden in der Regel toleriert. Auch beim Aufschlagen von Eiern können Bakterien von der Schale oder von den Händen in die Nahrung gelangen. Bei ungekühlten Produkten können sich diese Bakterien rasch in der Eierspeise vermehren und zu unangenehmen Erkrankungen führen. Da das Ei, in Form von Enzymen, einen eigenen Immunschutz auf der Schale und im Inneren enthält, sollten Eier nicht gewaschen werden, weil dadurch der Schutz verloren ginge. Allerdings hält dieser Schutz nicht ewig, weshalb Eier möglichst frisch, sprich innerhalb von 8 bis 12 Tagen, gekühlt möglichst innerhalb von drei Wochen konsumiert werden sollten.

Es gibt auch Hinweise darauf, dass Eier von Hühnern, die mit Getreideprodukten gefüttert wurden, einen höheren Anteil von Mycotoxinen enthalten sollen. Mycotoxine sind Pilzgifte, die mit einem erhöhten Risiko für bestimmte Krebserkrankungen in Zusammenhang gebracht werden. In derselben Studie wurde diese Behauptung auch von Milchprodukten aufgestellt, wobei vor allem Käseprodukte als größte Übeltäter dargestellt werden.

Nüsse - Gefäßschützer statt Dickmacher

Nüsse enthalten 45 bis 70 Prozent Fette und zeigen dabei ein günstiges Fettsäuremuster. Auch der Eiweißanteil von 15 bis 30 Prozent ist beachtlich. Folsäure, Vitamin E, Magnesium, Kalium, Kalzium, Eisen und Zink sind hervorzuheben. Hinsichtlich des Fettsäureprofils zeigen Nüsse bei einem täglichen Verzehr von 50 bis 100 Gramm einen Rückgang des LDL-Cholesterins (schlechtes Cholesterin) um bis zu 19 % sowie des Triglyceridspiegels um bis zu 17 %. Daraus ergibt sich eine Risikosenkung von Nüssen bei Herz-Kreislauferkrankungen.

Als Dickmacher haben Nüsse ein schlechtes Image. Sie können aber bedeutend mehr als nur Kalorienbomben zu sein. So haben sie Gefäß schützende Eigenschaften und können den Cholesterin-Spiegel senken. Weil die meisten Nüsse einen hohen Fettgehalt haben, trauen sich viele Menschen mit Übergewicht und einem erhöhten Herz-Kreislauf-Erkrankungsrisiko nicht an Nüsse heran.

Tatsächlich sinkt das Risiko für koronare Herzerkrankungen jedoch mit dem Verzehr von Nüssen und das Risiko der Gewichtszunahme ist gering.

Jede Nussart hat dabei ihre speziellen Vorzüge, welche von den Inhaltsstoffen wie deren Fettsäuren und anderen Pflanzenstoffen abhängen. Bereits 1992 ergab eine kalifornische Studie, dass die Häufigkeit von Herzinfarkten mit steigendem Verzehr von Nüssen abnahm. Demnach war bei Personen, die mindestens fünfmal pro Woche Nüsse aßen, das tödliche Herzinfarktrisiko um die Hälfte geringer als bei jenen Personen, die weniger als einmal pro Woche Nüsse knabberten. Auch in anderen Studien, u.a. der Iowa Womens Health Study (Innovationsreport, 2002) ergaben sich Hinweise auf den gesundheitlichen Vorteil einer Ernährung, die Nüsse beinhaltet.

Die Wirkung ist aufgrund klinischer Studien dadurch begründet, dass Nüsse den Serumcholesterin-Spiegel von Gesamtcholesterin und LDL-Cholesterin um einige Prozent senken. Dabei kam der positive Effekt bei Personen mit erhöhten Werten ebenso vor wie bei Personen mit normalen Cholesterinwerten. Auch die Art der Nüsse war nicht ausschlaggebend. Sowohl Mandeln als auch Walnüsse, Haselnüsse und Macadamianüsse zeigten ähnliche Wirkungen. Der Effekt stieg mit der Höhe des Anteils an verzehrten Nüssen. Möglicherweise gibt es auch einen vorbeugenden Effekt gegen Oxidationsprozesse, die bei der Arteriosklerose eine Rolle spielen.

Ebenso gibt es Hinweise, dass das Risiko der Erkrankung von Magen und Prostatakrebs gesenkt wird und dass Nüsse dabei helfen, den Blutzucker beim Typ 2 Diabetes zu stabilisieren und den Blutdruck zu normalisieren. Die Wirkmechanismen sind noch nicht restlos geklärt. Es wird aber angenommen, dass die in Nüssen reichlich enthaltenen ungesättigten Fettsäuren dafür in Frage kommen. Doch sind für die Wirkung anscheinend nicht nur die Fettsäuren verantwortlich. Im Eiweiß der meisten Nüsse ist ein hoher Anteil der basischen Aminosäure Arginin enthalten. Arginin stellt eine Vorstufe von Stickstoffmonoxid (NO) dar. Diese Stickstoff-Sauerstoffverbindung wirkt der Arteriosklerose entgegen, indem sie die Gefäße erweitert und das Verklumpen von Blutplättchen hemmt. Jedoch auch Vitamine, Spurenelemente und sekundäre Pflanzenstoffe sind von Bedeutung. Mandeln tragen als basische Nahrungsmittel zusätzlich zur Stabilisierung des Säure-Basen-Gleichgewichts bei.

Der Ruf von Nüssen als Dickmacher scheint unberechtigt zu sein. Wenn Versuchspersonen Nüsse anstatt anderer Lebensmittel verzehrten, nahmen sie sogar leicht ab. Aßen sie die wohlschmeckenden Schalenfrüchte zusätzlich zu der gewohnten Nahrung, nahmen sie zwar zu, aber weniger als aufgrund der zugeführten Kalorien zu erwarten war. Als Erklärung wurden verschiedene Faktoren angeführt. So etwa, dass ein Teil der Fette unverdaut ausgeschieden wird oder dass es zu einer Steigerung des Energiestoffwechsels kommt.

*Wussten Sie, dass Nüsse trotz ihrer hohen Kalorienanz-
ahl zu Unrecht zu den Dickmachern gezählt werden?
Sie tragen sogar geschickt dazu bei richtig
abzunehmen, wenn sie die ungesunden
Kalorienbomben ersetzen.*

Butter oder Margarine?

Butter enthält 82% Milchfett, 16% Wasser sowie Milchzucker, Cholesterin, Mineralstoffe, Proteine, fettlösliche Vitamine sowie Milchsäure und
Aromastoffe. Charakteristisch ist ein hoher Gehalt an Ölsäure sowie kurzkettigen, gesättigten Fettsäuren. Der Gehalt an mehrfach ungesättigten
Fettsäuren ist niedrig. Die kurzkettigen Fettsäuren werden im Körper
leicht gelöst, was bei deren Verzehr einen raschen Anstieg der Fettsäuren
im Blut bedingt. Kurzkettige Fette sind bereits bei relativ niedrigen Temperaturen im Körper löslich.

Da Butter circa 740 Kilokalorien pro 100 Gramm liefert, gehört sie zu den
hoch kalorischen Produkten wie auch alle anderen Fette. Was den Cholesterin-Gehalt der Butter betrifft, so gilt im Großen und Ganzen das gleiche
wie beim Hühnerei. Allein wegen des Cholesterin-Gehalts ist die Butter
nicht ungesund. Durch ihre Aromastoffe gibt sie bei der Zubereitung verschiedenen Speisen einen typischen Geschmack.

Margarine wurde im 19. Jahrhundert in Frankreich erfunden. Napoleon
hatte dazu den Auftrag gegeben. In den Anfängen wurde das Kunstprodukt auch unter Verwendung von Rindertalg hergestellt. Später gelang es
der Margarine-Industrie aus pflanzlichen Ölen Streichfette herzustellen.
Mehr ungesättigte Fette und weniger Cholesterin waren die Forderungen,
die an die Erzeuger von Margarinen gestellt wurden. Damit sollte das
Risiko hinsichtlich der Förderung von Herz-Kreislauferkrankungen vermindert werden.

Unterschieden wird zwischen natürlichen Fetten und Kunstfetten. Dabei
versteht man unter Kunstfetten weniger solche, die synthetisch hergestellt werden, sondern solche, die durch Mischung mehrerer natürlicher
Fette oder durch Fetthärtung entstehen.

Die handelsüblichen Margarinen sind Erzeugnisse, die etwa den gleichen
Nährwert wie die Butter haben. Unterschiede bestehen wahrnehmbar im

Geschmack. Die Vitamine, die in der Butter in natürlicher Form vorkommen, werden bei der Margarineherstellung erst zugesetzt.

Was das erhöhte Risiko von Herz-Kreislauferkrankungen betrifft, haben gehärtete Margarinen schlechte Karten, da diese durch die bei der Härtung entstehenden Transfette sowie andere nachteilige Produkte wie Nickelseifen, Aluminium oder Blei belastet werden können. Auch der Zusatz von Emulgatoren und Mitteln, die das Spritzen in der Pfanne verhindern sollen, darf bei guter Margarine nicht vorkommen.

Bei guter Reform-Margarine sollte bei der Herstellung auf diese Faktoren Rücksicht genommen werden. Sie enthält keine gehärteten Fette und bleibt frei von Konservierungs- und Bleichmitteln. Da es inzwischen auch bei der Butter fettreduzierte Produkte gibt, sind in dieser Hinsicht keine großen Unterschiede in der Kalorienzufuhr zwischen Butter und fettreduzierten Margarinesorten festzustellen.

Gesunde Personen sollten den Geschmack entscheiden lassen, ob dem Naturprodukt Butter oder dem Kunstprodukt Margarine der Vorzug gegeben wird. Bei Kindern, Jugendlichen und gesunden Erwachsenen gibt es unter Berücksichtigung der Gesamtkalorienzufuhr gegen die Verwendung von Butter keine stichhaltigen Argumente für Einwände.

Personen mit Fettstoffwechselstörungen sollten unter Berücksichtigung der Kalorienzufuhr sowie der gesamten Stoffwechselsituation mit beiden Produkten - zumindest was Streichfette betrifft - eher sparsam umgehen.

In jedem Fall sind Margarinen hinsichtlich der verwendeten Härtungs- und Raffinationsprozesse bei ihrer Herstellung zu beurteilen.

Zusammenfassend kann man sagen:

- Fett ist evolutionsbedingt eine genetische, strategische Überlebensreserve.

- Im Allgemeinen sind pflanzliche Fette gegenüber tierischen Fetten vorzuziehen: Besonders gesundheitsfördernde und heilkräftige Wirkung haben Omega-3-Fettsäuren, die der Körper aus Pflanzen und besonders aus Leinöl selbst herstellen kann oder aus Fischen (Hering, Makrele, Lachs) direkt beziehen kann. Omega 6 Fettsäuren aus Fleisch hingegen machen im Übermaß krank (entzündungsfördernd).

- Trotz Kalorienreichtum zählen pflanzliche Fette aus Samen und Nüssen nicht zu den typischen Dickmachern. Insbesondere Bewegungsmangel und tierfettlastige Ernährung führen langfristig zu einer chronischen Unterauslastung der Verbrennungsmotoren. Neben dem ungewünschten Übergewicht droht langfristig auch die Gefahr erhöhten Blutdrucks, Diabetes, Herzkreislauferkrankungen, Demenz und Krebs.

- Die beste Möglichkeit überschüssige Fettdepots zu bekämpfen sind nicht die kurzfristigen Korrekturdiäten, die meistens zum Jojo-Effekt führen, sondern eine ernährungsbezogene Prophylaxe. Bereits im Jugendalter manifestieren sich Fettsuchttendenzen, die sich mit einem ausgewogenen Lebensstil verhindern lassen.

- Schon die Jugendlichen sollten bei bestehenden familiären Prädispositionen daher geringere Mengen an (gesättigten) tierischen Fetten zugunsten (ungesättigter) pflanzlicher Fette- etwa in kalt gepressten, nativen Speiseölen- konsumieren.

- Allgemein gilt: Je weniger raffiniert (erhitzt, Emulgatoren, Farbstoff bzw. Konservierungsmittel versetzt oder zentrifugiert und gehärtet), umso eher bleibt die gesundheitsfördernde Struktur des Fettes unbeschadet.

Vitamine – Mineralien – Spurenelemente

In diesem Kapitel geht es um folgende Themen:

- Bedeutung von Vitaminen, Mineralien und Spurenelementen
- Diskussion der wichtigsten Vitamine
- Diskussion der wichtigsten Mineralien und Spurenelemente

Vitamine sind Stoffe, die der Organismus meist nicht selbst bilden kann und die deshalb mit der Nahrung oder auf andere Art von außen zugeführt werden müssen. Bei idealer Ernährung sollten keine Mangelzustände auftreten.

Die Beantwortung der Frage nach idealer Ernährung erfordert allerdings mehr als nur das erforderliche Fachwissen über Ernährungsfragen. Dazu gehört auch die Erkenntnis, dass der Großteil der für die Nahrungsproduktion zur Verfügung stehenden Böden durch Überdüngung ausgelaugt ist. Chemische Düngemittel, Insektizide, Pestizide und genetisch veränderte Produkte liefern nicht mehr ideale Voraussetzungen. Dazu kommen lange Transportwege und Lagerungen, wobei ein Großteil wertvoller Inhaltsstoffe verloren gehen kann. Hinzu kommt der derzeitige Life Style: Exzessive Belastungen des Körpers, Stress, Süßigkeiten, Kaffee, übermäßige Kalorienzufuhr, Rauchen, Alkohol, Umwelteinflüsse, Medikamenteneinnahme und vieles mehr. Das alles verbraucht zusätzlich Vitamine.

Vitamine haben ihren Namen vom lateinischen „vita" = Leben und „Amin", das von der chemischen Verbindung der Amine abstammt. Es bedeutet also so viel wie „lebenswichtige Amine", auch wenn sie ihrer chemischen Zusammensetzung nach keine Amine sind.

Nach ihren Eigenschaften der Löslichkeit werden Vitamine in wasserlösliche und fettlösliche Vitamine unterteilt. Wasserlöslich sind etwa Vitamin C, Biotin und die anderen B-Komplex-Vitamine B1, B2, B3, B5, B6, B12 und Folsäure. Fettlöslich sind die Vitamine A, D, E und K.

Die meisten der wasserlöslichen Vitamine werden im Körper nicht über längere Zeiten gespeichert. Sie sollten daher täglich zugeführt werden. Überschüsse werden mit dem Harn ausgeschieden. Die fettlöslichen Vitamine können jedoch gespeichert werden und bleiben so meist wochen- bis monatelang verfügbar.

Vitamine

Provitamine

Provitamine sind Vorstufen von Vitaminen in fast fertiger Form. Vitamine reagieren, ähnlich wie Enzyme und Hormone, im Körper als Katalysatoren, sprich Vermittler für Reaktionen. Ohne sie kann kein Lebensvorgang ablaufen. Der Mensch bezieht Vitamine immer aus dem Pflanzenreich, entweder direkt mit der Pflanzennahrung oder indirekt mit tierischen Nahrungsmitteln. Vitamine werden mit Recht zu den Stoffen gerechnet, die untrennbar mit den Anfängen des organischen Lebens verknüpft sind. Sie kommen schon in den niedrigsten Lebewesen wie Bakterien oder Algen vor. Vitamine treten im Körper häufig in Wechselbeziehung zu den Hormonen. Dabei können sie sowohl im Sinne eines Zusammenspiels als auch als Gegenspieler auftreten: Vitamin C und Hormone der Nebenniere, Vitamin B2 und Fettresorption, Vitamin A und das Schilddrüsenhormon Thyroxin, Hormone der Nebenschilddrüse und Vitamin D, Vitamin B1 und Insulin, die beide am Kohlenhydratstoffwechsel beteiligt sind.

Von Bedeutung ist auch die Tatsache, dass Wechselbeziehungen zwischen den einzelnen Vitaminen und zwischen den Makronährstoffen und den Vitaminen bestehen. Die Wirkungen einzelner Vitamine sind streng miteinander verknüpft, sowohl als Zusammen- als auch als Gegenspieler.

In höherer Dosierung können Vitamine auch mehr als nur Mangelerscheinungen beseitigen, sie können auch als Heilstoffe wirksam werden, zum Beispiel hilft Vitamin C als Hochdosis-Therapie bei Rheuma, Immundefiziten, Infekten und anderem mehr.

Carotinoide

Carotinoide kommen als Pflanzenpigmente in grünen, gelben, orange-roten und roten Obst- und Gemüsesorten vor. Auch in den Blüten verschiedener Pflanzen kommen sie als Farbpigmente vor. Beobachtungen in den letzten Jahren haben den Beweis erbracht, dass Menschen, die sich mit carotinreichen Früchten und Gemüse ernährten, ein deutlich geringeres Risiko für die Entwicklung bestimmter Krebsarten aufwiesen. Ein breites Spektrum von Carotinoiden ist für einen allgemein besseren Gesundheitszustand verantwortlich. Man kennt bereits etwa 600 Carotinoide, die für den Organismus wertvolle Eigenschaften besitzen. Sie wirken als Antioxidantien und spielen eine große Rolle in der Altersprävention und durch ihre vorbeugende Wirkung betreffend degenerative Erkrankungen im körperlichen und psychischen Bereich. Von den 600 Carotinoiden haben etwa 50 eine Vitamin A-Wirkung. Während es bei Vitamin A zu Überdosierungen mit toxischer Wirkung kommen kann, sind Carotinoide ungefährlich.

Carotinoide kommen vor allem in folgenden Gemüse- bzw. Obstsorten vor: Brokkoli, Karotten, Tomaten, Spinat, Feldsalat, Maiskörner, Paprika, Orangen, Aprikosen, Pfirsiche und Melonen.

Vitamin A (Retinol)

Vitamin A ist für die Entwicklung von Körperzellen insbesondere der Haut, der Schleimhäute, der Netzhaut und der Keimdrüsenfunktion sowie den Aufbau von Hormonen der Nebenniere unentbehrlich. Vitamin A ist auch ein starkes Antioxidans zur Bekämpfung freier Radikale. In den letzten Jahren wird es auch als Antikrebs-Vitamin diskutiert. Hohe Dosen sollen bei Masern-Erkrankungen gute Wirkungen zeigen.

Vorkommen: Fischleberöl, Fleisch, Rinderleber, Vollmilch, Ei, Butter, Käse, sowie alle farbigen Obst und Gemüsesorten.

Folgende Tabelle zeigt, in wie viel Gramm Lebensmittel Vitamin A (1000 internationale Einheiten) enthalten ist (Skribot, 1983):

Vit. A (1000 I.E) haltige Nahrungsmittel	
2 g Petersilie	34 g Butter
5 g Spinat	50 g Fettkäse
6 g Wirsing	75 g Eier
7 g Löwenzahn	105 g grüne Erbsen
8 g Leber	110 g grüne Bohnen
11 g Kohl	200 g Niere
23 g Lattich	340 g Kürbis
25 g Aprikosen	450 g Bananen
25 g Kresse	420 g Kuhmilch
33 g Tomaten	1800 g Ochsenfleisch

Tabelle 12: Gehalt an Vitamin A in ausgesuchten Nahrungsmittel

Der tägliche Bedarf beträgt etwa 5000 I. E., dies entspricht etwa einer Menge von 3 mg.

Vitamin D

Vitamin D ist wie auch Vitamin A ein fettlösliches Vitamin. Es ist für die Skelett-Entwicklung und für die Verteilung von Phosphor und Kalzium im Körper von großer Bedeutung. Es wirkt antirachitisch[50] und steuert das Zellwachstum. Da es die übermäßige Zellteilung der Krebszellen hemmt, findet es auch in der Therapie von Krebserkrankungen Verwendung. Provitamine befinden sich in der Haut. Durch UV-Bestrahlung entsteht daraus Vitamin D. Von Leber und Niere wird es weiterbearbeitet, ehe es zur endgültigen wirksamen Form gebracht wird. Der Großteil entsteht durch körpereigenes Provitamin plus Sonnenbestrahlung. Bei Mangel an Vitamin D, durch fehlende Sonne und Fehlen in der Nahrung, kommt es zum Auftreten von Rachitis, eine Erkrankung des wachsenden Knochens.

---

[50] antirachitisch = gegen Rachitis wirkend.
Rachitis ist eine Vitamit-D-Mangelkrankheit, bei der es u.a. zu Knochenverformungen kommen kann (früher auch "englische Krankheit" genannt). Wenn man ausreichend Sonnenlichtreize auf die Haut bekommt, stellt der Körper selbst genug Vitamin D her.

Neben seiner zentralen Rolle in der Regulierung des Kalziumspiegels im Blut und im Knochenstoffwechsel hat Vitamin D auch andere Funktionen. So ist es bei der Zelldifferenzierung beteiligt, bei der Hemmung der übermäßigen Zellteilung und wirkt bei der Kontrolle des Immunsystems sowie anderer hormoneller Systeme mit. Damit hat es eine wesentliche Aufgabe beim gesunden Altern, bei der Vorbeugung von Osteoporose und bei Herz-Kreislauferkrankungen sowie beim Krebsgeschehen.

Im Zusammenhang mit dem Knochenstoffwechsel spielen auch genetische Faktoren eine Rolle. So konnte festgestellt werden, dass junge Frauen mit einem bestimmten genetischen Profil um 30 Prozent weniger Kalzium aufnehmen können als andere. Mit zunehmendem Alter nimmt auch die Fähigkeit der Haut ab, aus den Vorstufen Vitamin D herzustellen.

Die Bremswirkung auf die Gefäßneubildung verhindert das Entstehen von Absiedelungen, so genannten „Metastasen". Auch das Immunsystem sowie Herz-Kreislauferkrankungen werden von Vitamin D im Sinne einer vorbeugenden Schutzwirkung positiv beeinflusst.

Eine neue Studie der endokrinologischen[51] Abteilung der Medizin Universität Graz stellt einen nachweisbaren Zusammenhang zwischen einem niedrigen Vitamin D–Spiegel im Körper und dem Risiko für Gesamtsterblichkeit fest. Auch die positiven Wirkungen auf den Knochen, das Immunsystem und auf die Gefäße sowie auf die Muskulatur wurden in dieser Studie festgestellt.

Damit hat Vitamin D in Form von Nahrungsergänzung auch einen Platz in der Anti-Aging-Therapie eingenommen. 800 bis 1.000 IU (international units) Vitamin D scheinen für eine erfolgreiche Wirkung erforderlich zu sein. Blutspiegel-Kontrollen sind angeraten (empfohlener Wert: 80 nmol).

Vitamin D ist enthalten in Butter, Milch, Eigelb, Fisch, Lebertran, gewissen Speisepilzen und Gemüse – hier jedoch nur in kleinen Spuren. Bei vegetarischer Ernährung, besonders bei veganer Ernährung ohne tierische Produkte, ist in sonnenarmen Zeiten eine Supplementierung erwägenswert.

Vitamin D Mangel tritt während der sonnenarmen Jahreszeit besonders in Gegenden, die äquatorfern liegen, häufiger auf. Unser Lebensstil mit lan-

---

[51] Die Endokrinologie (v. griech. ἔνδον endon „innen", und κρίνειν krinein „entscheiden, abscheiden" und -logie) ist die „Lehre von den Hormonen". Die medizinische Endokrinologie ist ein Teilgebiet der Inneren Medizin.

gen Arbeitszeiten in Gebäuden, jahreszeitlich bedingter Bekleidung sowie der Gebrauch von Sonnenschutzmitteln mit höherem Lichtschutzfaktor hindern das Sonnenlicht an seiner nützlichen Funktion der Vitamin D Bildung im Körper.

Vitamin D ist nicht nur für den Stütz und Bewegungsapparat (Knochen, Gelenke, Bänder, Muskeln, Zähne, Bindegewebe) von Bedeutung, sondern auch für die Aufnahme von Mineralstoffen aus dem Darm sowie für das Immunsystem mit seiner wichtigen Funktion der Keimabwehr und Bremsung von Autoimmunerkrankungen. Auch Herz Kreislauffunktionen sowie andere hormonelle- und Stoffwechsel -Reaktionen brauchen zu ihrer optimalen Funktion Vitamin D. Psychische Funktionen werden ebenso wie die Verhinderung von oxidativem Stress sowohl von Omega 3- Fettsäuren wie auch von Vitamin D positiv beeinflusst.

Sowohl bei neuropathischen Schmerzen als auch bei Depressionen entfaltet Vitamin D in adäquater Dosierung positive Wirkungen. Auch bei multipler Sklerose scheint ein Zusammenhang mit Vitamin-D- Mangel zu bestehen.

Wussten Sie, dass die beste und billigste Vitamin-D- Quelle die Sonne ist? Ein Tag Ganzkörperbestrahlung führt zur Bildung von ca.10.000 I.E. Vitamin D.

Auf entsprechende Zufuhr aus natürlichen Quellen (fette Fische, Lebertran, Fischöle sowie gewisse Pilze wie Shitake) oder, sofern diese nicht in ausreichendem Maße zur Verfügung stehen, durch Zufuhr von Ergocalciferol (Vitamin D2) oder Cholecalciferol (Vitamin D3) sollte geachtet werden.

Die von der WHO benannte Dosis von 500 bis 800 IE, das sind 12,5 bis 20 mcg, wird nach neuen Beobachtungen und Studien für erwachsene Personen als zu niedrig angesehen. Zur sinnvollen Substitution stehen Dosierungen von 2000 IE , das sind 50 mcg (Microgramm), pro Tag zur Diskussion. Diese Menge wird im englischsprachigen Raum als oberste unbedenkliche Dosierung angegeben. Die von staatlichen Stellen empfohlenen Tagesdosen von 200 bis 600 IE sind wohl ausreichend um das Auftreten von Rachitis zu verhindern, scheinen aber für immunologische sowie andere Funktionen zu niedrig dosiert zu sein. Empfehlenswert ist in jedem

Fall die Kontrolle des Blutspiegels von 25(OH) D3 , welcher bei 40 bis 80 ng/ml liegen sollte.

Vitamin E

Die bekannteste Form des Vitamin E ist das natürliche D-Alpha-Tocopherol. Neueste wissenschaftliche Forschungen lassen erkennen, dass auch andere Tocopherole und Tocotrienole bedeutende Vitamin E-Aktivität zeigen. Die Bezeichnung Vitamin E umfasst somit die Stoffgruppen der Tocopherole und Tocotrienole. Vitamin E, wie es natürlicherweise in Lebensmitteln wie etwa in pflanzlichen Ölen vorkommt, ist keine einheitliche Verbindung sondern ein Gemisch aus acht chemisch nahe verwandten Substanzen, welche sich alle durch eine gemeinsame Vitamin E-Wirkung auszeichnen. Es gibt 4 Tocopherole und 4 Tocotrienole. Dabei erhält jede einzelne Substanz noch eine Zusatzbezeichnung, nämlich: Alpha, Beta, Gamma, Delta- Tocopherol bzw. -Tocotrienol. Alle acht zusammen verkörpern das gesamte Vitamin E.

D-Alpha-Tocopherol ist das natürliche, aus Pflanzen hergestellte Vitamin E. DL-Alpha-Tocopherol ist das synthetisch hergestellte Alpha-Tocopherol.

Alpha-Tocopherol wird vor allem bei rheumatischen Erkrankungen eingesetzt, allerdings in hoher Dosierung. Auch bei Hirnleistungsstörungen hat sich Alpha-Tocopherol als ein Schutzfaktor erwiesen. Hochdosiertes Alpha-Tocopherol kann, wie eine groß angelegte Studie zeigte, das Fortschreiten der Alzheimer-Erkrankung verzögern.

Vitamin E hat auch eine vorbeugende Wirkung bei Herz-Kreislauferkrankungen und stellt damit einen Schutz gegen das Auftreten von Arteriosklerose und Herzinfarkt dar. Diesbezüglich gibt es jedoch verschiedene Studienergebnisse, die von Experten darauf zurückgeführt werden, dass diejenigen Studien, die diesen Effekt nicht bestätigen konnten, mit Alpha–Tocopherol allein durchgeführt wurden. Inzwischen gibt es eine Reihe von Untersuchungen die bestätigen, dass auch die anderen Tocopherole und Tocotrienole gefäßschützende Eigenschaften besitzen und in ihrer gemeinsamen Wirkung dem Alpha-Tocopherol allein überlegen sind. Bei der Supplementierung ist deshalb auf die Einnahme gemischter Tocopherole und Tocotrienole zu achten.

Tocotrienole zeigten Cholesterin senkende Wirkungen und ergaben einen Rückgang von arteriosklerotischen Veränderungen in bestimmten Arterien, was durch Ultraschallkontrolle bewiesen wurde.

Vitamin E spielt beim Fettstoffwechsel eine bedeutende Rolle, indem es bei der Energiegewinnung aus ungesättigten Fettsäuren mitwirkt. Es unterstützt die Abwehrkräfte sowie die Muskelfunktion und die Fortpflanzungsfähigkeit. Für das Herz- und Kreislaufsystem ist es ebenso notwendig wie auch für die Fließeigenschaft des Blutes. Als wichtigstes fettlösliches Antioxidans wurde es schon erwähnt. Es ist auch bei der Bildung der roten Blutkörperchen beteiligt und wird für die Aktivitäten der Bauchspeicheldrüse und der Gallenblase benötigt. Auch zur Gesunderhaltung von Haut und Schleimhäuten wird es gebraucht.

Mangelerscheinungen sind etwa Herz- Kreislauferkrankungen, arterielle Verschluss-Krankheiten, Sterilität, Impotenz, trockene Haut und Haare, verminderte Abwehrkräfte, vorzeitiges Altern, Nerven- und Hormonstörungen, Verdauungsstörungen, Muskelstörungen, Störungen wie Verhärtungen im Bindegewebe, Rheuma und Krebserkrankungen.

Vitamin E kommt im grünen Teil von Blütenpflanzen und in Früchten, vor allem in Getreidesamen, Hülsenfrüchten und Blattgemüsen wie Kohl, Spinat, Salat, Wirsing und Petersil vor. Auch in der Hagebutte ist reichlich Vitamin E enthalten ebenso in Obst, Tomaten und Wurzelgemüsen wie Sellerie, Zwiebeln und Karotten. Besonders reich daran sind alle Keimlinge der genannten Lebensmittel und auch Sonnenblumen-, Soja- oder Olivenöl. Im Pflanzenkeim schützt Vitamin E die Fettsäuren vor Oxidation. Pflanzenöle, Samen und Nüsse sind gute Quellen für Alpha-Tocopherol. Vorteilhaft bei Pflanzenölen ist die Kaltpressung, da bei mehrfachem Erhitzen trotz der relativ guten Hitzebeständigkeit ein Großteil des Vitamins verloren geht.

Der Vitamin E- Gehalt in Nahrungsmitteln erreicht pro g folgende Werte (Oberbeil, 2003):

Lebensmittel (1 g)	Vitamin E (in mg)	Lebensmittel (1 g)	Vitamin E (in mg)
Diestelöl	75,0	Walnussöl	50,0
Mandeln	29,2	Olivenöl	1,6
Sonnenblumenöl	75,0	Kürbiskernöl	43,0
Margarine	22,6	Butter	1,6
Sojaöl	68,2	Haselnussöl	43,0
Walnüsse	20,8	Vollkorngetreide	1,2
Rapsöl	55,0	Leinöl	36,0
Erdnüsse	19,4	Eier	1,2
Sesamöl	50,0	Erdnussöl	35,0
Traubenkernöl	15,0	Milch	0,1

Tabelle 13: Vitamin E- Gehalt in Nahrungsmitteln

Vitamin K

Vitamin K ist dafür bekannt, dass es Wunden heilen lässt. Vitamin K kommt beim Stoffwechsel des Bindegewebes, der Knochen und bei der Nierentätigkeit zum Einsatz. Früher glaubte man, dass Vitamin K nur für die Blutgerinnung verantwortlich sei. Heute weiß man, dass auch der Einbau und die Verwertung von Kalzium und das Zusammenwirken von Kalzium und Vitamin D zum Aufgabenbereich von Vitamin K gehört. Ebenso wirkt es bei der Speicherung von Kohlenhydraten mit. Auch bestimmte Eiweißsubstanzen der Lunge und des Herzens können nur mit Beteiligung von Vitamin K gebildet werden.

Vitamin K ist in grünem Blattgemüse, Grünkohl, Petersilie, Rotkraut, Spinat, Rosenkohl, Brokkoli, Wasserkresse, grünen Bohnen, Gurke, Zucchini, Luzerne, Brennnessel, Tomate und im Salat enthalten, ebenso in Soja,- Oliven- und Leinsamenöl. Milch und Eier sowie Lebertran sind tierische Vitamin K-Lieferanten. Der gesunde Darm kann Vitamin K auch mit seinen Darmbakterien selbst herstellen. Das Nahrungsvitamin K - Phyllochinon - und das von den Darmbakterien gebildete Menachion, werden je zur

Hälfte in der Leber gespeichert. Dort ist es für die Aktivierung des lebenswichtigen Prothrombins, welches für die Blutgerinnung erforderlich ist, mitverantwortlich.

Vitamin B Familie

Vitamine des B-Komplexes kommen in der Natur meist vergesellschaftet vor. Deshalb sind sie auch in den meisten Nahrungsergänzungspräparaten gemeinsam vorhanden. Da die B-Vitamine meist in den Keimlingen und Schalen vom Getreide angesiedelt sind, werden sie bei der verfeinerten Zivilisationskost als unliebsamer Ballast entfernt, wie es bei weißem Mehl oder Zucker der Fall ist, was in Folge Mangelerscheinungen verursacht. Die Vielfalt ihrer Wirkungen macht es nahezu unmöglich alle durch Vitamin B-Mangel in Erscheinung tretenden Beschwerden und Erkrankungen aufzuzählen. Zucker und Süßigkeiten führen zum Abbau von Vitaminen der B-Familie. Zusätzlich wird die Darmflora geschädigt, die für die körpereigene Vitamin B-Produktion verantwortlich ist.

Thiamin – das Vitamin B1

Vitamin B1 hat wichtige Aufgaben bei Enzymen, welche die Verwertung von Kohlenhydraten und in weiterer Folge die Energiegewinnung daraus bewerkstelligen. Gehirn und Nervenzellen bestreiten ihren Stoffwechsel nur mit Glukose während andere Körperzellen auch Fett und Eiweiß zu Energie verbrennen können. Bei einem Mangel an Vitamin B1 kommt es zum Auftreten von Müdigkeit, Reizbarkeit, Konzentrationsschwäche, Appetitmangel, Vergesslichkeit, Schlafstörungen, Kribbeln oder Taubheitsgefühl in den Füßen und Händen und Herzbeschwerden.

Zucker, Nikotin und Alkohol lassen dieses Vitamin verarmen, auch Stress, viel Kaffee oder schwarzer Tee zehren am Vitamin B1. Eine gesunde Darmflora kann einen Teil des Thiamin-Bedarfs durch Bakterien in den unteren Darmabschnitten selbst bilden.

Bei der Vermahlung von Getreide zu weißem Mehl entsteht ein Vitamin B1 Verlust von circa 85 Prozent. Beim Kochen, Braten und Dünsten gehen etwa 40 bis 50 Prozent des wertvollen Vitamins verloren. Fehlt das Vitamin B1, so kann der Kohlenhydrat-Abbau nicht ordnungsgemäß ablaufen. Es entsteht Brenztraubensäure (auch Acetylameisensäure genannt) und überschüssige Milchsäure, die Folge ist die Belastung der Puffersysteme. Bei Fortbestehen des Ungleichgewichts kann es zum Abgleiten in eine latente Übersäuerung kommen.

Sowohl der Eiweißstoffwechsel als auch die Funktion der feinsten Gefäße werden durch B1 günstig beeinflusst.

Wussten Sie, dass Vitamin B1 die Überaktivität der Schilddrüse hemmt und die Leber schützt?

Sportler und körperlich schwer arbeitende Menschen benötigen durch ihren vermehrten Umsatz von Kohlenhydraten größere Mengen an Thiamin. Das gleiche gilt für ältere Menschen und Personen, die unter Stress stehen.

Das B-Vitamin Cholin ist auf Vitamin B1 angewiesen, indem dieses den raschen Abbau verhindert. Cholin ist für die Schutzwirkung der Markscheiden der Nerven erforderlich und gleichzeitig Bestandteil des Reizüberträgerstoffes Azetylcholin, welcher unter anderem für die Funktion der Gehirnzellen und damit für die Leistungsfähigkeit unseres Gedächtnisses sorgt.

Thiamin ist in der Pflanzenwelt weit verbreitet, kommt aber meist nur in geringen Mengen vor. Sonnenblumenkerne, Weizenkeime und Reiskleie sowie alle Getreidesorten enthalten besonders in den Randschichten und in den Keimlingen relativ große Mengen an Vitamin B1. Auch Hülsenfrüchte wie Linsen und grüne Erbsen, Haselnüsse, Buchweizen und verschiedene Fleischsorten enthalten noch akzeptable Vitamin B1 Mengen.

Riboflavin - Vitamin B2

Riboflavin ist für die Zellatmung von größter Bedeutung. Es wird dem zu Folge von jeder Zelle des Körpers zur Energiegewinnung benötigt, indem es den wichtigen Teil zweier Enzyme bildet. Aber nicht nur bei der Energieproduktion ist spielt es eine große Rolle, es wirkt auch bei der Bildung von Antikörpern und Blutzellen mit.

Eine weitere Aufgabe erfüllt es bei der Entgiftungsarbeit der Leber und beim Aufbau einer Schutzschicht für die Nerven. Auch für die Gesundheit der Augen, für die Haut sowie gesunde Haare und Nägel wird Vitamin B2 benötigt. Die Aminosäure Tryptophan braucht es zur Umwandlung zu Niacin, Vitamin B3. Auch für Riboflavin gilt, dass bei körperlich schwer arbeitenden Menschen und Sportlern der Bedarf an Riboflavin größer ist.

Im Gegensatz zum Vitamin B1 ist Riboflavin hitze- und säurebeständig. Es ist allerdings äußerst lichtempfindlich. So verliert Milch innerhalb weniger Stunden mehr als 50 Prozent ihres Vitamin B2-Gehalts. Auch beim Pasteurisieren geht viel Vitamin B2 verloren. Beim Ausmahlen von Getreide beträgt der Verlust circa 70 Prozent. Nahrungsmittel mit langen Transportwegen büßen dabei einen erheblichen Teil der Vitamin B2-Konzentration ein.

Vitamin B2 kommt so gut wie in allen Zellen des Pflanzenreichs und des Tierreichs vor. Hohe Konzentrationen findet man in Leber, Mandeln, Käse, Lachs, Vollkorn und in manchen Pilzen. Auch Meeresalgen und gekeimtes Getreide weisen einen hohen Gehalt an Vitamin B2 auf. Geringere Konzentrationen sind in einigen Fischen wie etwa Aal, Makrele, Hering und Forelle, jedoch auch in Spinat, Ei, Walnüssen und Hülsenfrüchten zu finden. Tee, Kaffee und Kakao enthalten ebenfalls Vitamin B2.

Mangelerscheinungen gehen von Müdigkeit bis zum Wachstumsstillstand, von Augenrötung bis zu Linsentrübungen. Auch Anämien, Nervenstörungen und Störungen im Magen-Darmtrakt können Anzeichen für einen Vitamin B2-Mangel sein.

Niacin - Vitamin B3

Niazin kommt in zwei natürlichen Formen vor, als Nikotinsäure und als Nikotinamid. Es ist sowohl hitze- als auch säurebeständig. In seiner Funktion als Coenzym ist Niacin am Kohlenhydrat-, Eiweiß- und -Fettstoffwechsel beteiligt. Es wird für die Energieproduktion benötigt, für eine ordnungsgemäße Blutzirkulation, für einen normalen Ablauf der Gehirnaktivitäten, zur Gesunderhaltung des Nervensystems, der Haut und der Schleimhäute des Verdauungssystems.

Niacin senkt den Cholesterin-Spiegel ebenso wie den der Triglyceride (Fettmoleküle) auf natürlichem Wege.

Menschen mit Niacin-Mangel leiden häufig unter Hautkrankheiten, sind oft nervös und reizbar oder sogar depressiv. Zusätzlich sind sie vermehrt anfällig für Durchfälle. Auch Kopfschmerzen, erhöhter Blutdruck, Müdigkeit, Schlafstörungen sowie Angst- und Erregungszustände können als Folge eines Vitamin B3-Mangels auftreten.

Niacin wird aus Lebensmitteln gewonnen, kann aber im Körper aus der Aminosäure Tryptophan gewonnen werden. Tryptophan spielt bei vielen

Gemütszuständen wie Ausgeglichenheit und Entspannung sowie für einen guten Schlaf eine wesentliche Rolle.

Als Nahrungsquellen für Niacin bieten sich Vollkorngetreide, Gemüse, Obst, Kartoffeln, Leber, Niere, Herz, Hirn, Fisch, Geflügel, Nüsse, Eier, Milch und Milchprodukte, Mandeln, Hülsenfrüchte und besonders Bierhefe an. Auch Kaffeebohnen enthalten Niacin.

Bei Niacin tritt bei Vermahlung zu weißem Mehl ebenfalls eine Verarmung um circa 85 Prozent ein. Alkohol, Süßigkeiten, Weißmehlprodukte sowie manche Medikamente wirken sich negativ auf den Niacin-Spiegel im Blut aus. Da es nicht gespeichert werden kann, muss tagtäglich für Nachschub gesorgt werden.

Pantothensäure - Vitamin B5

In ihrer biologisch aktiven Form ist die Pantothensäure Bestandteil von Coenzym A, einer Substanz, die im gesamten Stoffwechsel und in allen Zellen gebraucht wird. Der Name stammt vom griechischen „pantos" ab. Das bedeutet, „alles, überall". So findet man die Pantothensäure auch in allen Geweben des Körpers. Sie erhöht die Widerstandskraft der Schleimhäute gegen Infektionen, reguliert den Stoffwechsel der Haut und ist verantwortlich für das Wachstum und den Glanz der Haare.

Ein Mangel an Pantothensäure kann zu brennenden Füßen führen. Auch Patienten mit Arthritis haben häufig zu niedrige Pantothensäure-Werte. Haut- und Darmstörungen können ebenso vorkommen wie Störungen von Hormonbildungen der Nebenniere.

Pantothensäure wird auch als Fitnessvitamin bezeichnet, da es beim Stressabbau mithilft und beim Schlankwerden eine Rolle spielt. Als Bestandteil von Coenzym A ist es auch wichtig bei der Energieproduktion der Zellen.

Bei richtiger Ernährung und intakter Darmflora kommt es kaum zu Mangelerscheinungen, da eine gesunde Darmbesiedelung für Eigenproduktion des Vitamins sorgt. Bei anhaltender Fehl- und Mangelernährung, die durch zu viel Zucker und Weißmehlprodukte, Fast Food und süße Getränke gekennzeichnet ist, kann es jedoch zur Unterversorgung von Pantothensäure kommen, weil in diesem Fall beide Quellen nicht für ausreichenden Nachschub sorgen können.

Pantothensäure ist am reichsten in tierischen Organen wie der Leber enthalten, jedoch auch in Weizen- und Reiskleie, Fisch, Käse, Walnüssen, Vollkorngetreide, Milch und Fleisch.

Pyridoxin - Vitamin B6

Vitamin B6 hat seine Hauptaufgabe bei allen Stufen des Eiweiß- und Aminosäuren-Stoffwechsels. Sowohl eine Unterversorgung mit Aminosäuren als auch ein Überangebot kann zu Störungen führen, in welche das Pyridoxin involviert ist. Zu wenig Eiweiß führt zu Eiweißmangel-Symptomen, zu viel Eiweiß verbraucht zu viel Vitamin B6, welches dann an anderer Stelle abgeht. Unverzichtbar ist Pyridoxin auch für die Synthese des menschlichen Erbmaterials (DNS und RNS). Beim Stoffwechsel der Fettsäuren und des Cholesterins ist Pyridoxin ebenfalls mitbeteiligt. Man ordnet inzwischen dem Pyridoxin rund 120 Enzymaufgaben zu.

Vitamin B6 ist wichtig für ein gut funktionierendes Nervensystem, für gesunde Hirnaktivitäten, für die Eiweißverwertung bei Stresssituationen, für die Bildung der roten Blutkörperchen und für Aufgaben des Immunsystems. Es ist notwendig für den Haut- und Schleimhautschutz und hat einen positiven Einfluss auf die Muskeltätigkeit. Es wirkt vorbeugend bei der Entstehung der Arteriosklerose und kann gemeinsam mit Zink das Risiko von Krebserkrankungen senken helfen. Die Bildung des schädlichen Homocysteins wird durch B6 gehemmt. Es ist hilfreich bei der Behandlung von Allergien, Asthma sowie Hauterkrankungen, psychischen Erkrankungen wie Hirnleistungsstörungen und Alzheimer-Erkrankung.

Der Mangel an Vitamin B6 führt zu Müdigkeit, Konzentrationsschwäche, depressiven Verstimmungen, Angstzuständen und Nervosität. Es kann auch zu Rissen und Sprüngen in Mund- und Augenwinkel kommen. Außerdem können Arthritis, Muskelschwäche und Immunschwäche Anzeichen für einen Pyridoxin-Mangel sein. Reizbarkeit und Aggressionen können ebenfalls durch Pyridoxin-Mangel verursacht sein. Die Einnahme der Antibabypille lässt die Vitamin-B6 Konzentration um bis zu 20% sinken. Weitere Mangelerscheinungen sind etwa Hörprobleme, Akne, eine Erhöhung der Leberenzymwerte und erhöhte Cholesterin-Werte.

Pyridoxin ist an der gleichmäßigen Versorgung mit Glukose beteiligt. Bei der Umwandlung verschiedener Aminosäuren spielt Pyridoxin eine bedeutende Rolle. Tryptophan braucht das Vitamin B6 bei der Umwandlung zu Serotonin, welches für Entspannung und Schlaf erforderlich ist. Beim Abbau von Tryptophan zum Niacin (Vitamin B3) ist die Anwesenheit von

Vitamin B6 ebenfalls erforderlich. Auch bei der Abgabe von Glykogen aus Muskeln und Leber wird es benötigt.

Viel Vitamin B6 ist vor allem in Lachs, Rinderleber, Sojabohnen, Weizenkeimen, Walnüssen, Linsen und Geflügel enthalten. Auch grüne Pflanzenteile, Wurzeln und verschiedene Fleischsorten sind gute Vitamin B6-Lieferanten. Getreide und Milch enthalten nur wenig Vitamin B6. Auch eine gut funktionierende Darmflora soll bei der Produktion Hilfestellung leisten können.

Heute gehen einige Fachleute, die sich mit Vitaminen beschäftigen, davon aus, dass die ursprünglich empfohlenen Mengen der täglichen Mindestaufnahme zu niedrig angesetzt seien und fordern deutlich höhere Dosen.

Folsäure - Vitamin B9

Die Folsäure gehört ebenfalls zum Vitamin B-Komplex. Da industriell hergestellte Nahrungsmittel wenig Folsäure enthalten, ist ein Mangel an Folsäure weit verbreitet. Es ist ein sehr empfindliches Vitamin, welches durch Hitze, Licht und längere Lagerung zerstört wird.

Die beiden wichtigen Neurotransmitterstoffe Serotonin und Noradrenalin brauchen für ihre Bildung in den Bläschen der Gehirn-und Nervenzellen Folsäure, um dann als beruhigende entspannende Impulse (Serotonin) oder als anregende, fröhlich stimmende Impulse (Noradrenalin) in Aktion treten zu können.

Neurotransmitter sind Botenstoffe, welche die Information von einer Nervenzelle zur anderen über Kontaktstellen, die so genannten Synapsen, weitergeben. In die Synapse einwirkende elektrische Impulse veranlassen die Ausschüttung der Botenstoffe aus den synaptischen Bläschen, Lebensfreude und Stressbekämpfung sind daher auf die Anwesenheit von ausreichenden Dosen an Folsäure angewiesen.

Fehlt Noradrenalin, reagiert der Organismus mit der Ausschüttung von Adrenalin. Dieser Substanz fehlt bei ihrer ankurbelnden Wirkung der harmonisierende positive Aspekt des Noradrenalins, wodurch positiver Stress (Eustress) zum negativen Stress (Distress) wird. Der gesunde Antrieb schlägt in krankmachende Aspekte um.

Als Coenzym ist die Folsäure wesentlich an der Bildung der Erbinformationsträger DNS und RNS beteiligt. Sie ist deshalb sowohl bei der Zellteilung als auch bei Wachstumsvorgängen unverzichtbar. Sie wirkt bei der Energieproduktion mit, ist unentbehrlich für die Bildung der roten Blutkörperchen und unterstützt das Immunsystem, indem sie für die Bildung und Funktion der weißen Blutkörperchen sorgt.

Folsäure reduziert gemeinsam mit den Vitaminen B6 und B12 den Homocystein-Spiegel und dient in dieser Hinsicht der Vorbeugung von Arteriosklerose. Über Reflexe, die den Appetit regulieren, spielt Folsäure auch eine Rolle bei der wichtigen Salzsäure-Produktion der Magenbelegzellen, welche für die Eiweißvorverdauung von Bedeutung ist. Verkümmern die Belegzellen oder werden sie durch chronische Entzündungen geschädigt, so lässt die Säureproduktion im Magen nach und das Eindringen von Parasiten wird durch die fehlende Säurewirkung verhindert. Gleichzeitig versiegt auch die ebenfalls in den Belegzellen stattfindende Bicarbonat-Produktion, die für den verdauungsgerechten p.H.-Wert im oberen Dünndarmbereich verantwortlich ist und somit den gesamten Verdauungsprozess mit allen daraus resultierenden Nachteilen beeinflusst.

Mangelerscheinungen sind etwa Schwäche, Müdigkeit, Reizbarkeit, Unruhe, Angst, mangelnde Lebensfreude, Gehirnleistungsstörungen, Schlafstörungen, Blässe, Anämie, Atemnot, Wachstumsstörungen, frühes Ergrauen der Haare, Haarausfall, Entzündungen der Zunge, Appetitstörungen und Schleimhaut-Veränderungen im Magen-Darmtrakt.

Folsäure ist besonders in der Schwangerschaft bei der Entwicklung des Nervensystems des Fötus unerlässlich. Defizite können zum so genannten Neuralrohrdefekt, einer Fehlbildung im Bereich der Wirbelsäule führen. Folsäure wird auch bei der Lippen-Kiefer-Gaumenspalte als mögliche Ursache diskutiert.

Folsäure wirkt effektiver in Verbindung mit Vitamin C und dem Vitamin B 12.

Vitamin B12 hilft bei der Umwandlung von Homocystein in Methionin, welches der Folsäure beim Einbau von Nukleinsäuren in den Zellkern hilft.

Folsäure kommt in der Nahrung vor allem in Weizenkeimen, Sojabohnen, Vollkorngetreide, dunklen Gemüsesorten wie Spinat und Brokkoli, Innereien, Eigelb, Fenchel, Chinakohl, Blumenkohl, Kopf- und Endiviensalat, Linsen und Vollkornreis vor. Besonders dunkelgrüne Blattgemüsesorten in Rohkostform sind reich an Folsäure.

Cobalamin - Vitamin B12

Dieses Vitamin hat seinen Namen von seinem zentral gelegenen Kobaltatom und hat Ähnlichkeit mit dem Hämoglobin-Molekül, welches jedoch in seinem Zentrum ein Eisenatom hat. Es wurde bis jetzt keine weitere Funktion von Kobalt bei Menschen und Tieren gefunden, außer der Verwendung im B12 Molekül. Das Erstaunliche am Vitamin B12 ist die Tatsache, dass es in extrem geringen Mengen benötigt wird und so massive Aktivitäten entfalten kann.

Vitamin B12 ist lebensnotwendig für alle Zellen und für die physische und psychische Gesundheit unverzichtbar. Der tägliche Bedarf liegt im Millionstel-Gramm-Bereich. Die Meinung, dass der menschliche Organismus kein Vitamin B12 produzieren kann ist weit verbreitet und insofern richtig, als nur eine ideale Darmflora Vitamine der B-Reihe mit den richtigen Bakterien und Hefepilzen an der Lieferung von B-Vitaminen mithilft. So behaupten Vertreter einer vegetarischen Ernährung, dass beinahe alle Vitamine der B-Reihe aus Eigenproduktion bereitgestellt werden.

Bei dem Versuch zu Erklärungen, warum einige Vegetarier bzw. Veganer, die auf Milch und Eier verzichten, keinen Vitamin B12-Mangel aufweisen, wird von Seiten der Schulmedizin darauf hingewiesen, dass Algen ihr B12 aus Vogelkot beziehen und bestimmte Kornsorten durch Käfer und Insekten einen gewissen B12 -Anteil abbekommen. Die Schulmedizin ist auch der Meinung, dass fast alle Vegetarier an einem Vitamin B12-Mangel leiden. Erwiesen ist jedenfalls, dass Bakterien der Darmflora mit Gärungsprodukten wie Sauerkraut oder fermentiertem Joghurt Vitamin B12 herstellen können. Auch in stehenden Gewässern kommt es zu bakteriellen Reaktionen, die anscheinend in der Lage sind Vitamin B12 zu erzeugen.

> Wussten Sie, dass der Körper- entgegen weit verbreiteter Grundannahmen unter Idealbedingungen imstande sein soll Vitamin B12 selbst im Darm herzustellen?

Vitamin B12 unterstützt die Carotinoide bei der Umwandlung in das aktive Vitamin A. Es hilft auch beim Aufbau von Desoxiribonukleinsäure (DNS) und Ribonukleinsäure (RNS), den Trägern unserer in den Zellkernen angelegten Erbanlagen. Vitamin B12 schützt auch das Nervensystem, sorgt für korrekte Abläufe im Gehirn und ist am Aufbau des Botenstoffes Acetylcholin beteiligt, der für das Gedächtnis und Lernvorgänge zuständig ist. Lebensfreude und optimistische Stimmungslage sind an Acetylcholin gebunden. Es stärkt die Abwehrkräfte und hemmt zusammen mit dem Vitamin B6 und Folsäure die Homocystein-Bildung. Auch beim Knochenbau spielt es eine wichtige Rolle, indem es die Knochen bildenden Zellen in ihrer Funktion unterstützt. Ebenso ist Vitamin B12 für den Fettspiegel im Blut im Zusammenhang mit der Transportsubstanz Carnitin von Bedeutung. Auch die Muskelarbeit profitiert davon.

Vitamin B12 benötigt für seinen Transport vom Magen ins Blut den so genannten „intrinsic factor", der Rucksack, mit dem es auf ein Trägereiweiß umgepackt im Dünndarm durch die Schleimhaut geschleust wird. Produziert wird der „intrinsic factor" ebenfalls von den Belegzellen des Magens, die auch für die Salzsäure und Bicarbonat-Produktion verantwortlich sind - ein weiterer Grund um auf eine gut funktionierende Magenfunktion zu achten.

In Zusammenarbeit mit Folsäure und Methionin wirkt das Vitamin B12 beim Bau der Monoamine mit. Das sind Botenstoffe, die von einer Aminosäure her stammen. Serotonin stammt vom Tryptophan, Dopamin und Noradrenalin vom Tyrosin. Stimmungslage und Hirnstoffwechsel werden durch sie maßgeblich beeinflusst.

Mangelerscheinungen von Vitamin B12 sind unter anderem Müdigkeit, Verdauungsstörungen, Depressionen, ein Taubheitsgefühl in Armen und Beinen, Augenprobleme, neurologische und psychische Störungen, Arteriosklerose, eine vergrößerte Leber oder eine entzündete Zunge.

Da die Leber das Vitamin B12 speichern kann, machen sich Mangelerscheinungen erst mit einer Verzögerung von bis zu sechs Jahren bemerkbar. Wegen der Speicherung in der Leber können aktuelle Blutwerte auch nicht als aussagekräftig genug über die tatsächliche Versorgungslage angesehen werden. Hohe Dosen sind unschädlich, weil das überschüssige wasserlösliche Vitamin mit dem Harn ausgeschieden wird. Alkoholiker, schwangere Frauen und Magenkranke brauchen größere Mengen an Vitamin B12. Zucker, Süßigkeiten und süße Getränke stören die empfindliche Darmflora und behindern sowohl die Aufnahme als auch die eventuelle Produktion von Vitamin B12.

Vitamin B12 kommt vor allem in tierischer Kost wie Leber, Fleisch, Geflügel, Fisch, Innereien, Milch , Milchprodukten, Sauerkraut, Hopfen, Luzerne, Algen, vergorenen Sojaprodukten wie Miso, Tamari und Tampeh vor.

Geringe Mengen weisen auch Petersilie, Schwarzwurzeln und Erdnüsse auf. Brauereihefe enthält reichlich Vitamin B12.

PABA Para-Amino-Benzoesäure

PABA ist ein Strukturbestandteil der Folsäure, mit der es immer in Kombination auftritt. Die Anregung der Darmbakterien Folsäure zu produzieren kommt von der PABA. Dabei produzieren diese auch wieder das B-Vitamin Pantothensäure.

PABA ist bei der Haut- und Haarpflege beteiligt und erfüllt dabei die Rolle eines Schönheitsvitamins. Auch als äußerlicher Sonnenschutz spielt es eine Rolle. PABA und Pantothensäure helfen das Ergrauen der Haare zu verhindern und wirken als natürliches Hauttönungsmittel. Ebenso werden Versteifungen von Haut und Bindegewebe durch PABA verzögert. Darüber hinaus verhindert es auf natürliche Art einen Sonnenbrand. Auch am Abbau und an der Verwertung von Eiweiß sowie bei der Herstellung der roten Blutkörperchen wirkt PABA mit.

Mangelerscheinungen sind das frühe Ergrauen der Haare, Müdigkeit, Depressionen, Gereiztheit, Haarausfall, Hautveränderungen, Verdauungsbeschwerden sowie Kopfschmerzen.

Das in der Aslan-Kur, eine nach der rumänischen Ärztin Ana Aslan benannte Kurform, als Revitalisierungsmittel angepriesene Novocain wird vermutlich im Stoffwechsel zu PABA abgebaut, dem es in der chemischen Struktur ähnelt. Darauf ist unter anderem möglicherweise die Wirkung der Aslan-Spritzenkur zurückzuführen, welche eine revitalisierende Wirkung haben soll.

Nahrungsquellen, die PABA enthalten, sind etwa Vollkorngetreide, Melasse (Zuckersirup), Leber, Weizenkeime, Spinat, Innereien, Joghurt und Bierhefe. Von einer gesunden Darmflora kann PABA selbst hergestellt werden, es gelangt dann als ein Teil der Folsäure oder freies Vitamin in den Kreislauf.

Cholin

Während man früher von der Meinung ausging, dass der Körper selbst ausreichend Cholin erzeugen kann, nimmt man heute an, dass eine tägliche Aufnahme mit der Nahrung erforderlich ist. Bei Störungen des Cholesterin-Stoffwechsels mit erhöhten Werten und zunehmender Vergesslichkeit kann Cholin an der Ursache mitbeteiligt sein. Ohne Cholin kommt es in der Leber zu Fettverwertungsstörungen und Hindernissen bei Entgiftungsvorgängen. Hauptsächlich wird es für die Produktion des Botenstoffes Acetylcholin benötigt, welcher für die Nervenreizleitung und Steuerung von Emotionen, Lernvorgängen und das Gedächtnis verantwortlich ist. Cholin kann Einfluss auf die Reparatur von defekten Hirnzellen nehmen und dadurch zu einer Verbesserung von Gedächtnisleistungen führen.

Cholin wird in allen Darmabschnitten aufgenommen und entweder selbstständig oder mit Hilfe von Lecithin als Transportsubstanz zur Leber transportiert. In der Leber wird es, in Fetteiweißstoffe eingebaut, zu den Körperzellen gebracht. Die Leber transportiert Fette eingeschlossen in einer Eiweißschutzhülle durch die Blutbahn, damit sich die Fette nicht an den Gefäßwänden ablagern. Cholin stellt einen wesentlichen Bestandteil dieser Eiweißummantelung dar. Ohne Cholin würde die Leber ihre Fette nicht loswerden, was zu einer Fettleber führen würde.

Für die Nerven und das Gehirn ist es eine unentbehrliche Substanz, indem es den Botenstoff Acetylcholin aus dem Hirnstoffwechsel entstehen lässt. Alzheimer-Patienten leiden an einem Mangel an Acetylcholin. Bei einem Mangel sterben die cholinergen Neurone ab und es bilden sich Ablagerungen von Cholesterin und Eiweißabfall. Hirnleistungsstörungen wie Vergesslichkeit und Lernschwäche sind die Folge. In Verbindung mit allen anderen B-Vitaminen wie Kalzium, Magnesium, Mangan und Zink werden bei psychiatrischen und hirnleistungsgestörten Patienten durch die Zufuhr von Cholin und Inositol Erregungszustände, Angstgefühle und Verwirrtheit gebessert.

Mangelerscheinungen sind etwa Hirnleistungsstörungen, Vergesslichkeit, Gereiztheit, Angstzustände, Schlafstörungen, ein hoher Homocystein-Spiegel, Kreislaufbeschwerden, Herzbeschwerden sowie Leberschäden.

Cholin kommt in der Nahrung vor allem in Vollkorngetreide, Eiern, Nüssen, Kartoffeln, Gemüse, Innereien und Fleisch vor. Sojaprodukte, wie beispielsweise Sojalecithin, enthalten reichlich Cholin und Inositol.

Inositol

Dieses B-Vitamin hat in letzter Zeit besondere Bedeutung in Zusammenhang mit guter Schlafqualität gewonnen. Inositol wird vor allem im Gehirn, in der Hirnflüssigkeit und im Rückenmark deponiert..

Wussten Sie, dass Inositol schlechthin als Schlafvitamin bekannt geworden ist? Durch seine beruhigende und Angst lösende Wirkung hat es den Rang eines Schlafvitamins errungen.

Inositoltriphosphat sorgt für gute Nervenqualität, Konzentrationsfähigkeit und ausgeglichene Herz- und Muskelfunktion. Inositol ist eine wichtige Substanz für das Wachstum von Nervenzellen. Auch die Augen benötigen reichlich Inositol, weshalb es in der Tränenflüssigkeit in hoher Konzentration vorkommt. Die Augenlinsen und der Augenhintergrund speichern ebenfalls Inositol.

Inositol wirkt auf den Kupfer- und Zink-Haushalt insbesondere in den Hirnzellen regulierend. Zink und Kupfer sind Gegenspieler in unserem Stoffwechsel. Zink korrigiert zu hohe Kupferspiegel im Gehirn, ein zu hoher Kupferspiegel führt nämlich zu Nervosität, Gereiztheit und Aggressivität.

Für die Aufnahme von Inositol ist ein intakter Darm erforderlich, der nicht durch Fehlernährung vorgeschädigt sein darf. Koffein, Süßigkeiten, Weißmehlprodukte, tierische Fette und insgesamt ein hoher Fleischkonsum oder Alkohol in höherer Dosis stören die Aufnahme von Inositol.

Mangelerscheinungen sind etwa ein erhöhter Cholesterin-Spiegel, Leberstörungen, Schlafstörungen, Augenbeschwerden, Haarausfall, Gehirnleistungsstörungen und Bewegungsstörungen.

Inositol kommt vor allem in Vollkorngetreide, Milch, Früchten, Nüssen, Gemüse und Fleisch vor. Das Vitamin wird wahrscheinlich in der Leber und in Geweben hergestellt, die reich an Inositol sind.

Biotin - Vitamin H

Die alte Bezeichnung von Biotin ist Vitamin H. Es wird auch zum Vitamin B-Komplex gezählt. Die intakte Darmflora ist in der Lage Biotin selbst herzustellen. Damit wird der Grundstein für schönes Haar und glatte Haut im Darm gelegt. Um die Biotin-Produktion in Schwung zu bringen, wird eine gesunde Darmflora vorausgesetzt. Durch pflanzenbetonte, vollwertige Ernährung, kalt gepresste pflanzliche Öle einerseits und durch das Vermeiden von Zucker, Weißmehl, Pommes frites, Dosengerichten oder Süßigkeiten sowie das Vermeiden des reichlichen Konsums von fettem Fleisch andererseits wird die Darmflora gesund erhalten.

Biotin ist wichtig für den Stoffwechsel der Fettsäuren, für das Zellwachstum und die Energiegewinnung. Die Haut, die Haare, die Nägel benötigen Biotin ebenso wie das Nervensystem. Biotin verbessert den Glukose-Stoffwechsel indem es mit Insulin zusammenarbeitet. Es ist auch am Aufbau von Glykogen beteiligt, der Speicherform des Zuckers in Muskeln und Leber. Biotin ist ebenso bei der Glukoneogenese, der Umwandlung von Zucker aus Aminosäuren, beteiligt. Die Verwertung von Eiweiß und der Fettstoffwechsel werden von Biotin mit beeinflusst. Biotin hilft auch beim Bau des roten Blutfarbstoffes Hämoglobin mit.

Mangelerscheinungen sind etwa Abgespanntheit, Vitalitätsverlust, depressive Verstimmung, Haarausfall, brüchige Nägel, schuppige Haut, Appetitverlust und Muskelschmerzen.

Ein gesunder Darm, der ausreichend für die Produktion von Biotin sorgt, wird durch eine Ernährung, die reich an Vollkorngetreide, Gemüse, Hülsenfrüchten, hier insbesondere Soja, Nüssen und Tomaten ist, zur Deckung des Biotin-Bedarfs bestens vorbereitet und mit Biotin versorgt. Leber, Eigelb und Fleisch sowie Milch- und Milchprodukte sind ebenfalls Quellen zur Deckung des Biotin-Bedarfs.

Folgender Tagesbedarf an Vitaminen ist empfehlenswert (laut DGE[52]):

Vitamin	Abkürzung	Tagesbedarf	Vorkommen
Fettlösliche Vitamine			
Retinol	A	0,8–1 mg	Leber, Milchfette, Fisch, als Provitamin in vielen Pflanzen
Calciferol	D	5 μg	Wird vom Körper bei UV-Einfluss hergestellt; Fischprodukte; in geringerer Menge in Milch
Tocopherole	E	10–15 mg	Pflanzliche Öle, Blattgemüse, Vollkornprodukte
Phyllochinon	K1	0,001–2,0 mg	Eier, Leber, Grünkohl
Wasserlösliche Vitamine			
Thiamin	B1	1,3–1,8 mg	Erbsen, Haferflocken
Riboflavin	B2	1,8–2,0 mg	Grünes Blattgemüse, Vollkornprodukte
Niacin auch Nicotinsäureamid	B3, PP	15–20 mg	mageres Fleisch, Fisch, Hefe
Pantothensäure	B5	8–10 mg	Leber, Weizenkeime, Gemüse
Pyridoxin	B6	1,6–2,1 mg	Leber, Kiwis, Kartoffeln
Biotin	B7	0,25 mg	Leber, Blumenkohl, durch Darmbakterien
Folsäure auch Pteroylglutaminsäure	B11 (B9)	0,16–0,40 mg	Leber, Weizenkeime, Kürbis
Cobalamin	B12	3 μg	Leber, Fisch, Milch, Lupinen, Algen (*)
Ascorbinsäure	C	100 mg	Hagebutten, Acerola-Kirsche, Zitrusfrüchte, Sanddorn, Kiwis, Paprika

Tabelle 14: Die wichtigsten Vitamine und deren empfohlener Tagesbedarf

---

[52] Die Deutsche Gesellschaft für Ernährung e.V. (DGE) ist ein gemeinnütziger eingetragener Verein mit folgenden Zielen: Förderung, Auswertung und Publikation ernährungswissenschaftlicher Forschung sowie Ernährungsberatung und -aufklärung im Dienste der Gesundheit der Bevölkerung

Mineralstoffe und Spurenelemente

Körperzellen benötigen sowohl für ihren Aufbau wie auch für ihre Funktion Mineralstoffe und Spurenelemente. Dabei arbeiten sie eng zusammen mit den Vitaminen und bilden so die Voraussetzung für die Gesundheit des Organismus. Stehen Mineralstoffe und Spurenelemente nicht in ausreichendem Maße zur Verfügung, kommt es zu Verzögerungen im Stoffwechsel und in weiterer Folge zum Auftreten gesundheitlicher Störungen. Auch mit anderen Vitalstoffen wie etwa den Vitaminen, Aminosäuren und Fettsäuren stehen sie in Interaktion.

Während die organischen Nährstoffe zum Aufbau der lebenden Körpersubstanzen und zur Gewinnung der lebensnotwendigen Energie benötigt werden, spielen die anorganischen Elemente der Nahrung, die Mineralien, eine wichtige Rolle im Ablauf der Lebensprozesse und bei der Bildung bestimmter Körperstoffe. Mineralien, Elementarnährstoffe, sind daher für den Menschen lebensnotwendige anorganische Bestandteile der Nahrung.

Zu den Mineralstoffen zählt man: Natrium, Kalium, Magnesium, Chlor, Kalzium, Phosphor und Schwefel.

Spurenelemente sind: Selen, Zink, Eisen, Mangan, Kupfer, Jod, Fluor, Germanium, Kobalt, Molybdän, Chrom und einige andere.

Durch unsere modernen Ernährungsgewohnheiten nimmt der Mineralstoffgehalt, vor allem der Gehalt an für unseren Stoffwechsel wertvollen Basen bildenden Mineralstoffen, immer mehr ab und zunehmend treten Mangelerscheinungen auf.

Kalzium

Kalzium ist ein Erdalkalimetall. Es ist der am häufigsten im menschlichen Körper vorkommende Mineralstoff. Bei einem Körpergewicht von 60 kg beträgt der Kalziumanteil ein bis eineinhalb Kilogramm. Die Speicherung findet zu 99% in Knochen und Zähnen statt. Nur etwa 1% befindet sich im Blut sowie in anderen Körperflüssigkeiten. Dort aktiviert es zahlreiche Enzyme, wird für die Gerinnungsfähigkeit des Blutes benötigt, unterstützt die Ausschüttung von Hormonen und Botenstoffen der Nerven. In der Nervenzelle ist Kalzium zuständig für die Weiterleitung der elektrischen Impulse.

Die Muskelkontraktion kann ohne Kalzium nicht ablaufen und das Herz müsste ohne Kalzium still stehen. Kalzium gibt dem Knochen seine Festigkeit.

Eine Kalziumzufuhr in ausreichender Menge reduziert das Darmkrebsrisiko (Nat. Cancer Inst. 2002). Die täglich empfohlene Menge zur Deckung des Kalziumbedarfes liegt bei 1.000 mg pro Tag für Kinder bis zum 10. Lebensjahr, danach 1.200 mg pro Tag. Bei Frauen nach der Menopause können bis zu 3.000 mg pro Tag erforderlich sein.

Kalziummangel entsteht durch ungenügende Aufnahme aus dem Darm oder zu geringe Zufuhr durch die Nahrung. Vor allem bei älteren Menschen sowie bei Frauen in und nach der Menopause liegt häufig Kalzium-Mangel vor.

Wussten Sie, dass für einen gesunden Kalziumgehalt im Knochen ein ausgewogener Säure-Basenhaushalt entscheidend ist?

Nur bei ausreichender Zufuhr basischer Mineralstoffe mit der Nahrung oder aus Supplementen werden die Kalziumphosphat-Puffer des Körpers geschont.

Bei anhaltender Übersäuerung kann eine vermehrte Kalziumausscheidung nicht mehr verhindert werden, eine Verarmung des Knochens an Kalzium und Osteoporose ist die weitere Folge.

Kalziummangel beginnt oft mit Muskelkrämpfen oder mit Kribbeln in den Armen und Beinen. Herzrhythmus-Störungen, Müdigkeit, Nervosität und Angstzustände sowie verstärkte Blutungsneigung sind weitere Symptome eines Kalzium-Mangels. Der Knochen und die Zähne als Kalzium-Speicher werden angegriffen, Osteoporose und Zahnschäden sind die Folge.

Pflanzliche Nahrung ist reich an Kalzium. Soja, Hülsenfrüchte, Gemüse, Mandeln und Getreide sind gute Kalzium-Lieferanten. Milch und Milchprodukte werden ambivalent diskutiert. Sie enthalten wohl reichlich Kalzium, welches jedoch bei einer negativen Basenbilanz nicht behalten werden kann, da es als Puffer wieder verbraucht wird. Auf der sicheren Seite bewegt man sich durch Steigerung der kalziumhaltigen pflanzlichen Produkte.

100 g Nahrungsmittel enthalten folgenden Kalziumgehalt (Skribot, 1983):

Nahrungsmittel (100g)	Kalzium (in mg)	Nahrungsmittel (100g)	Kalzium (in mg)
Fleisch	10	Haferflocken	70
Kartoffel	10	Linsen	70
Mais	20	Bohnen	105
Weizen	20	Kohl	50 -110
Vollreis	25	Paprikaschoten	130
Apfel	30	Petersilie	150
Zwiebel	30	Schnittlauch	170
Karotten	30	Sojamehl	200
Endiviensalat	40	Kuhmilch	100 - 120
Himbeeren	40	Sojamilch	75 - 120
Kohlrabi	50	Haselnüsse	225
Sellerie	50	Mandeln	250
Roggen	50	Sojamilchpulver	540
Walnüsse	70	Sesamsamen	1160

Tabelle 15: Kalziumgehalt in Nahrungsmitteln

Viele pflanzliche Produkte haben einen hohen Kalziumgehalt und können vom Körper gut aufgenommen werden.

Viele internationale Medien berichten über die wundersamen Wirkungen von Korallen-Kalzium. Das aus Korallen stammende basisch wirkende, Kalzium soll durch das optimale Kalzium-Magnesium-Verhältnis von 2:1 sowie organische Vitalstoffe im organischen Milieu des Körpers trotz anorganischen Ursprungs gut verwertet werden.

Magnesium

Magnesium ist ein Leichtmetall. Es kommt im Meerwasser, in Mineralwässern und im Chlorophyll der Pflanzen vor. Dort nimmt es eine zentrale Stellung ein, ähnlich dem Eisen im Hämoglobin der roten Blutkörperchen. Es ist daher in pflanzlicher Nahrung reichlich enthalten. Eiweißreiche Zivilisationskostformen führen zu Magnesiummangel, da Magnesium zwar für den Eiweißstoffwechsel notwendig ist jedoch im Muskelfleisch der Tiere und in Feinmehl-Produkten nur in niedriger Konzentration enthalten ist. Weißmehl enthält nur mehr 20 Prozent des im Vollgetreide enthaltenen Magnesiums. Im Gemüse ist es dagegen in jedem Chlorophyll-Molekül und demzufolge reichlich vorhanden.

Getreidekeime, Grünblattgemüse und Vollgetreideprodukte wie Hafer sind die besten Magnesium-Quellen. Sie enthalten neben Magnesium auch das für die Zellatmung wichtige Element Eisen.

Magnesium wird zum Großteil in Knochen eingelagert. Von den insgesamt 20 bis 30 Gramm Magnesium des menschlichen Körpers sind 50 bis 70 Prozent im Knochen eingelagert.

> Wussten Sie, dass Magnesium an ca. 300 enzymatischen Reaktionen im menschlichen Körper beteiligt ist? Beim Stoffwechsel der Kohlenhydrate, Fette und Proteine ist es unentbehrlich.

Auch beim Stoffwechsel der Nukleinsäuren, die unsere Erbinformationen beherbergen, spielt es eine wesentliche Rolle. Magnesium stabilisiert die elektrischen Signale im Herzen und wird für den Aufbau der Knochen und Zähne gebraucht.

Magnesium unterstützt eine normale Insulinfunktion und verzögert die beim Diabetes auftretenden Komplikationen. Magnesium ist für eine reibungslos ablaufende Schwangerschaft wichtig, ein Mangel kann eine Gebärmutterhalsschwäche und vorzeitige Blutungen auslösen. Gemeinsam mit Kalzium wirkt es beruhigend, für seine optimale Verwertung braucht es die Vitamine B1, B6 und Kalzium.

Die täglich erforderliche Aufnahmemenge liegt bei 400 bis 800 Milligramm. Bei Supplementierung sollte es gemeinsam mit Kalzium in einem 1:2-Verhältnis von Magnesium zu Kalzium zugeführt werden.

Da es beim Sport häufig zu Magnesium-Mangelerscheinungen kommt, brauchen Sportler viel Magnesium. Dort spielt es als Überträger von der Erregung der Nerven auf den Muskel eine zentrale Rolle. Auch Kalium, welches für die Glykogen-Speicherung notwendig ist, sollte in ausreichender Menge zugeführt werden. Beide Mineralstoffe finden sich reichlich in Obst und Gemüse.

Mineralwasser ist ebenfalls ein guter Lieferant für Kalium und Magnesium.

Empfehlenswert ist bei Sportlern auch die Mischung von Mineralwasser mit Apfel- oder Fruchtsäften.

Ungünstig wirken sich Weißmehlprodukte, Süßigkeiten, Fast Food, zu viel Fett und Eiweiß auf die Magnesium-Bilanz aus.

Eine an die mediterrane Kost angelehnte Ernährung mit viel frischem Obst und Gemüse, wenig Fleisch, etwas Fisch, Vollkorngetreide, alles im richtigen Säure–Basenverhältnis, ist auch für sportlich aktive Menschen zur Abdeckung der Mineralienzufuhr bestens geeignet.

Das Verhältnis von Kalzium zu Magnesium in den Knochen und auch in naturbelassenen Nahrungsmitteln beträgt meist 2:1. Beide Mineralstoffe können im Stoffwechsel konkurrieren und sich gegenseitig verdrängen. Bei Auftreten von Krämpfen und Muskelverspannungen, die auch von Kalzium, das für die Kontraktion der Muskelzellen zuständig ist, verursacht werden können, ist auch eine kurzfristige Einnahme höherer Magnesiummengen möglich.

Kalium

Kalium ist nach Kalzium und Phosphor der dritthäufigste Mineralstoff im menschlichen Körper. Es ist ein Alkalimetall. Die Gesamtmenge im Körper beträgt circa 150 Gramm.

Für die Regelung des Wasserhaushaltes wird auch Kalium benötigt. Die Muskelkontraktion ist ebenso wie der Herzrhythmus auf ausreichende Kaliumzufuhr angewiesen. Außerdem wird es für eine gute Nervenfunktion und die Energiegewinnung gebraucht sowie auch für die Nervenimpulsübertragung. Beim Stofftransport durch die Zellmembranen leistet es wertvolle Hilfe. Biochemische Reaktionen in der Zelle sind an die Anwesenheit von Kalium gebunden.

Kalium ist besonders in pflanzlicher Nahrung enthalten. Besonders kaliumreich sind Spinat, Grünkohl, Rosenkohl, Endiviensalat, rote Rübe, Blumenkohl, Rettich, Tomate und Hülsenfrüchte.

Beim Ausmahlen zu Feinmehl entsteht ein Verlust von annähernd 80 Prozent. Im Zucker ist kein Kalium mehr vorhanden. Die benötigte Tagesdosis beträgt 100 bis 200 Milligramm.

 Feinmehlprodukte, Süßigkeiten, hoher Salzkonsum, Kaffee und Alkohol sowie entwässernde Medikamente und Abführmittel können zu einer Mangelsituation führen. Auch bei Stress wird viel Kalium benötigt.

Natrium

Natrium ist ein Basen bildendes Alkalimetall. Es ist reichlich in Kochsalz und im Meerwasser enthalten. Es ist für den Wasserhaushalt von großer Bedeutung. Aufgrund der reichlichen Präsenz von Kochsalz in der westlichen Welt, gibt es bei normaler Ernährung keine Mangelerscheinungen.

Chlor

Chlor gehört zu den Halogenen. Es kommt wie Natrium im Salz und im Meerwasser vor. Chlor ist in der Salzsäure des Magensaftes und im Kochsalz des Blutes enthalten. Es regelt den osmotischen Druck, die Wasserbilanz und das Säure-Basen-Gleichgewicht. Auf die Speichelamylase (Enzyme) wirkt es aktivierend.

Phosphor

Phosphor ist ein chemisches Element der Stickstoffgruppe. Der Phosphor-Bedarf des Menschen ist hoch, wird aber bei richtiger Ernährung mühelos aus der Nahrung gedeckt. Besonders phosphorhältig sind Getreideprodukte, Hülsenfrüchte, Soja, Milchprodukte, Fleisch und Gemüse. Auch Alkoholika enthalten hohe Phosphor-Konzentrationen.

Schwefel

Schwefel ist ein chemisches Element der Sauerstoffgruppe. Er findet sich in tierischen Produkten wie im Eiweiß. Schwefel ist ein lebensnotwendiger Bestandteil von Knochen, Knorpel, Sehnen und der Haut. Schwefel hat auch eine entgiftende Funktion.

Eisen

Der Großteil unseres Eisenbestandes ist im roten Blutfarbstoff der roten Blutkörperchen (Erythrozyten) deponiert. Diese bewerkstelligen den Sauerstoff-Transport zu sowie den Kohlendioxidabtransport von den Zellen.

Im Muskelgewebe liegt Eisen als Myoglobin vor. Der Eisenbestand im Körper beträgt 4 bis 5 Gramm.

Eisen ist für die Energiegewinnung in den Mitochondrien durch den Elektronen-Transport in der Atmungskette erforderlich. Das Immunsystem benötigt ausreichend Eisen. Es ist auch Bestandteil von Enzymen und wichtig für ordnungsgemäße Gehirn-Aktivitäten.

Bei Eisenmangel können folgende Symptome auftreten: trockene Haut, Längsrillen in den Fingernägeln, rasche Ermüdbarkeit, Schwäche, Infekt-Anfälligkeit, reduzierte Leistungsfähigkeit, erhöhte Milchsäure-Produktion und Muskelkrämpfe.

Störend auf die Eisenaufnahme wirken Feinmehl (- 84 %), Süßigkeiten, der Mangel an Magensäure, Gerbsäure, Phytin, welches im rohen Getreide vorkommt sowie ein abnormer Kalzium- und Zink-Spiegel.

Kupfer

Kupfer zählt zu den Spurenelementen. Der Körperbestand beträgt 100 bis 150 Milligramm. Kupfer ist Bestandteil vieler Enzyme. Beim Eiweiß-Stoffwechsel ist Kupfer unentbehrlich, es wird für die Energieproduktion sowie eine gesunde Entwicklung der Knochen, der Nerven, der Gelenke, des Kollagens und für das Immunsystem gebraucht.

In Verbindung mit vielen anderen Stoffen ist Kupfer für die Gedächtnisleistung des Gehirns zuständig. Es wirkt auch bei der Haut- und Haarpigmentierung mit. Bei der Hormonbildung von Schilddrüsen- und Wachstumshormon ist seine Anwesenheit ebenso erforderlich wie bei der Sperma-Produktion. Es wirkt bei der Regulation des Cholesterin-Spiegels mit und ist Bestandteil wichtiger Radikalfänger-Systeme. Kupfer fördert die Aufnahme von Eisen und ist damit auch beim Aufbau des Hämoglobins beteiligt. Der Transport von Speicher-Eisen ins Knochenmark gehört ebenso wie die Synthese von Hormonen und der Abbau von Botenstoffen wie Serotonin, Histamin und Dopamin, zu seinen Aufgaben.

Mangel an Kupfer führt zu Anämie, erhöhter Oxidation, Fettstoffwechselstörungen (Hypercholesterinämie), Gefäßschäden, Aneurysmen, Osteoporose, Haut- und Haarschäden sowie Schwäche und Müdigkeit.

Ein Kupferüberschuss kann zu Übelkeit, Erbrechen, Depression, Nervosität, Verwirrtheit sowie zu Gelenk- und Muskelschmerzen führen.

Kupfer kommt in Linsen, Erbsen, roten Bohnen, Sonnenblumenkernen, Portwein, Leber und Fleisch vor.

Mangan

Der Körperbestand beträgt etwa 10 bis 20 mg. Mangan gehört damit zu den Spurenelementen. Auch Mangan ist beim Eiweiß-, Fett-, Kohlenhydrat- und Purin-Stoffwechsel beteiligt. Über seine Beteiligung bei der Insulin-Produktion wirkt es bei der Regulation des Blutzuckerspiegels mit. Sowohl für die Energiegewinnung als auch für ein gesundes Nerven- und Immun-System ist das Spurenelement erforderlich.

Daneben wird es mit Zucker- und Eiweißbausteinen wie Glucosamin und Glucochondrin gemeinsam mit Vitamin C für den Knorpel-, Knochen- und Bindegewebsaufbau gebraucht. Auch in der Gelenksflüssigkeit wird es benötigt.

Mangan moduliert die Funktion von Neurotransmittern und unterstützt die Vitamine E und B1 bei ihrer Arbeit. Es arbeitet mit allen B-Vitaminen zusammen und hilft den Vitaminen C und Cholin bei deren Verfügbarmachung.

Mangelerscheinungen können zu einer Fettleber, gestörter Knorpel- und Knochen-Produktion sowie zu Störungen im Haut- und Haarbereich führen. Eine gestörte Insulinsekretion sowie eine Zuckerunverträglichkeit können ebenfalls als Folge von Mangan-Mangel auftreten.

Mangan kommt vor allem in Haferflocken, Sojaprodukten wie Sojamehl, Vollkornprodukten wie Weizenvollkorn und Haselnüssen vor. Beim Ausmahlen von Getreide geht 70 Prozent des Mangananteils verloren.

Chrom

Das Spurenelement Chrom hat einen Körperbestand von etwa 6 mg. Es unterstützt die Arbeit von Enzymen, die bei der Herstellung von Fettsäuren und Cholesterin beteiligt sind. Auch beim Kohlenhydrat- und Eiweiß-Stoffwechsel wird es gebraucht. Die Regulation von Blutfetten ist an die Anwesenheit von Chrom gebunden.

Die Regulation des Blutzuckerspiegels kann ohne Chrom nicht ablaufen. Dabei spielt der Glukosetoleranzfaktor eine wichtige Rolle, der den Glukosefluss vom Blut in die Zelle steuert und damit für die richtige Zuckerbilanz, den richtigen Blutzuckerspiegel, sorgt. Dieser Faktor ist chromhaltig und wird noch von den Vitaminen B3 und B6 sowie Zink und einigen Aminosäuren gebildet. Chrom ist so an der Energiegewinnung beteiligt, wobei Glukose den Energieträger der Zelle darstellt.

Auch bei der Entstehung des Altersdiabetes spielt Chrom eine bedeuten-de Rolle sowie bei den damit verbundenen Problemen wie Herz-Kreislauferkrankungen, Gewichtsproblemen und erhöhten Triglycerid-Werten und Unterzuckerung.

Neuere Untersuchungen legen auch den Verdacht nahe, dass Chrom bei der Osteoporose, starkem Übergewicht, Alternsprozessen, beim chroni-schen Müdigkeitssyndrom CFS, bei Angstzuständen und manisch-depressiven Störungen eine Rolle spielt. Eine überhöhte Chrom-Zufuhr kann Entzündungen der Haut, Geschwüre im Magen-Darmtrakt sowie Störungen der Leber und Nierenfunktion verursachen.

Chrom kommt in Vollkornprodukten, Linsen, Huhn und in der Bierhefe vor.

Zink

Zink gehört ebenfalls zu den Spurenelementen. Der Körperbestand be-trägt etwa 2 bis 4 Gramm. Zink ist an etwa 200 enzymatischen Reaktionen beteiligt und damit bei allen zentralen Stoffwechselprozessen unverzicht-bar. Auch das Abwehrsystem braucht Zink. Es unterstützt die Bildung von Insulin und verbessert die Glukosetoleranz. Es sorgt für intakte Zellwände und hilft bei Entgiftungsvorgängen.

Zink ist beim Aufbau einiger Hormone beteiligt. Sowohl das Wachstums-hormon als auch die Geschlechtshormone sowie Insulin brauchen zu ihrer Bildung Zink. Die Prostatagesundheit ist ebenso wie die Spermienproduk-tion und die Wundheilung zinkabhängig. Gesunde Haut, schöne Haare und die Kraft der Augen sind an Zink gekoppelt.

Eine herausragende Rolle spielt Zink im Abwehrsystem. Es wirkt gegen Gifte, insbesondere gegen Schwermetalltoxine der Bakterien, und hilft als Antioxidans.

Wussten Sie, dass Zink das Abwehrsystem stärkt und gegen Diabetes und für die Funktion der Keimdrüsen von Bedeutung ist?

Wichtig ist Zink auch in der Schwangerschaft, da der heranwachsende Fötus einen hohen Zinkbedarf hat. Zink verringert das Risiko von Fehlgeburten, Missbildungen und späteren Hirnleistungsstörungen, die später zu Lernschwierigkeiten und Konzentrationsstörungen führen können.

Zinkmangel führt zu Hautentzündungen, gestörtem Wachstum, gestörter sexueller Entwicklung, Depressionen und Infektanfälligkeit. Außerdem können bei Zinkmangel Störungen im Immunsystem, Fettoxidationsstörungen und Störungen der Spermienbildung auftreten.

Zink kommt in der Leber, in Austern, Linsen, Erbsen, Weizenvollkorn und anderen Vollkornprodukten vor. Beim Ausmahlen gehen annähernd 80 Prozent verloren, da sich Zink vor allem in den Randschichten des vollen Korns befindet.

Selen

Selen gehört zu den wichtigsten und wirkungsstärksten Vorbeugungsmitteln gegen vorzeitige Alterungsprozesse. Es unterstützt das Abwehrsystem und besitzt anti-tumoröse Wirkungen. Für Muskulatur, Gefäße, Herz-Kreislaufsystem und Drüsen wie Bauchspeicheldrüse und Schilddrüse ist es ebenso von Bedeutung wie auch für Augen und Leber.

Die tägliche Zufuhr sollte zwischen 100 und 400 Mikrogramm liegen. In Dosen über 800 Mikrogramm kann Selen bei längerer Zufuhr giftig wirken.

Selenmangel führt zu einem erhöhten Krebsrisiko, zu oxidativen Schäden, Herzmuskelschwäche, Schwäche des Immunsystems und Muskelschwäche.

Selen kommt in Vollkornprodukten vor - abhängig vom Selengehalt der Böden, welcher meist in überforderten Böden zu gering ist - sowie in Hering, Thunfisch, Sardinen, Leber und Sojaprodukten.

Folgenden weiteren Spurenelementen kommt beim Ablauf der Lebensprozesse Bedeutung zu: Molybdän, Kobalt (Bestandteil von Vitamin B12), Silizium, Brom, Silber, Lithium, Barium, Aluminium, Cäsium, Strontium, Gold, Rubidium und viele andere.

Zusammenfassend kann man sagen:

- Vitamine gelten allgemein als lebensverlängernde aktive Mikronährstoffe. Sie bilden zusammen mit Mineralstoffen und Spurenelementen die stabile Basis für einen reibungslosen Stoffwechsel.

- Eine erhöhte Zufuhr an Vitaminen ist ratsam, weil insbesondere der urbane Lebensstil zunehmend von exzessiven Giften (Stress, Nikotin, Medikamente, Rausch- und Genussmittel) belastet wird.

- Kombinationspräparate sind Einzelvitaminen als Supplemente vorzuziehen, da auch in der Natur Vitamine als Komplexe vorkommen.

- Trotz Popularität von Vitaminen, Nährstoffextrakten und Nahrungsergänzungsmitteln neigt die moderne Gesellschaft zur Unterversorgung, denn ihre Wirkung ist in isolierter und haltbar gemachter Form beschränkt. Sie können im Einzelfall sogar toxisch wirken, wenn die Dosis zu hoch ist oder die für die Verarbeitung notwendigen Supplemente fehlen.

- Im Vergleich dazu wirkt sich eine nährstoffreiche, vollwertige Ernährung auf alle Stoffwechselkreisläufe des Körpers nachhaltig positiv aus. Dieser umfassende Vitaleffekt lässt sich kaum durch Einnahme von diversen Präparaten ersetzen.

- Eine regelmäßige Makro- und Mikronährstoffzufuhr begünstigt den Rückgang degenerativer Erkrankungen. Dabei ist darauf zu achten, dass die Qualität der Nahrung möglichst durch biologische Landwirtschaft sicher gestellt wird. Denn beim konventionellen Anbau (chemische Erdbodenbelastung und Mangelzustände des Bodens) fehlt eine Vielzahl von Mikronährstoffen.

- Angesichts der Industrialisierung lässt sich die Produktherkunft oftmals nicht mehr nachverfolgen. Dennoch lohnt es sich nach möglichst unmittelbaren, überschaubaren, biologischen Quellen und Händlern des Vertrauens Ausschau zu halten, denn „Vertrauen verpflichtet".

Ernährungsformen und Diäten

Bei der Beobachtung verschiedener Ernährungsformen fällt auf, dass diese von unterschiedlichen Ursachen beeinflusst werden. Dabei spielen sowohl ethnische als auch geographische sowie religiöse Motive eine zum Teil nicht unbedeutende Rolle. Eskimos ernähren sich zwangsläufig anders als Menschen im Bereich des Äquators. Moslems und Juden meiden Schweinefleisch. Hindus bevorzugen vegetarische Kost und auch die Ernährung der Chinesen ist vorwiegend pflanzlich, schließt aber den Verzehr von tierischen Fleischprodukten nicht aus.

Insgesamt werden in asiatischen Ländern - Indien ausgenommen - wenig oder gar keine Milchprodukte konsumiert. Das hängt vor allem mit dem Laktase-Mangel zusammen, der bei einem Großteil der asiatischen Bevölkerung vorkommt. Manche zum Teil extreme Ernährungsformen wollen gleichzeitig Anspruch auf eine damit verbundene Heilwirkung erheben, ohne die Erkenntnisse des komplexen ganzheitsmedizinischen Systems anzuerkennen. Vielfach wird dabei die Ansicht vertreten, dass die Art der Ernährung der einzige ursächliche Faktor für das Auftreten von Krankheiten sei. Demzufolge werden auch Ernährungsstrategien angeboten, die zur Heilung dieser Krankheiten führen sollen, sofern man sich an die Richtlinien dieser Ernährungsempfehlungen hält. Andere Behandlungsformen werden zum Teil abgelehnt oder zumindest kritisch beurteilt.

In der Schulmedizin wird die Art und Menge von Nährstoffen nach anderen Gesichtspunkten diskutiert, wobei man den Wert richtiger Ernährung durchaus zu schätzen weiß, jedoch auch andere medizinische Aspekte als wesentliche Faktoren für die Erhaltung bzw. Wiederherstellung der Gesundheit in Betracht zieht.

Während viele naturnahe Ernährungsformen die höchste Wertigkeit von Lebensmitteln in rohen, unverarbeiteten Lebensmitteln sehen, gibt es Ernährungslehren wie zum Beispiel die Makrobiotik, die der Rohkost entgegen gesetzte Argumente vertritt und für eine überwiegende Kochkost plädiert.

In zunehmendem Maße werden Ernährungsformen empfohlen, die einen Trend zur biologischen Lebensmittelproduktion erkennen lassen. Die biologisch dynamische Anbaumethode nach Demeter erfreut sich zunehmender Beliebtheit. Dabei wird auf weitest gehende Schonung der Böden durch Weglassen von chemischer Düngung und Pflanzenschutzmitteln geachtet. Die höheren Produktpreise sind unter anderem durch den größeren Arbeitseinsatz im ökologischen und biologisch-dynamischen Landbau verursacht. Der Markt für Bio-Lebensmittel ist laut Umfragen im Steigen begriffen.

Auch die Naturbelassenheit von Lebensmitteln ist bei biologischen Ernährungsformen eine logische Konsequenz. So sollten keine industriell oder lebensmittelchemisch verarbeiteten Produkte Verwendung finden. In diesem Zusammenhang ist auch die Forderung nach Vollwertigkeit von Lebensmitteln zu stellen. Unter Berücksichtigung aller Vorteile, die eine biologische, naturbelassene Nahrung mit sich bringt, darf nicht außer Acht gelassen werden, dass hygienische Voraussetzungen und das Haltbarmachen von Nahrungsmitteln, wie etwa durch den Kühlschrank, wesentlich zur Erhöhung des durchschnittlichen Lebensalters beigetragen haben.

Da verschiedene Ernährungsformen auch mit der Vorliebe für eine naturheilkundliche oder erfahrungsmedizinische Lebensweise einhergehen, kommt es von dieser Seite häufig zu einer Ablehnung der naturwissenschaftlich begründeten Ernährungslehre und Medizin.

Ernährungsformen

In diesem Kapitel geht es um folgende Themen:

- **Anthroposophische Ernährungslehre**
- **Makrobiotik und die Ansichten Ohsawa´s**
- **Ayurvedische Philosophie bzw. Ernährung**
- **Trennkost als Ernährungsform**
- **Andere alternative Ernährungsformen**

Anthroposophische Ernährungslehre

Diese wurde von Rudolf Steiner, der von 1861 bis 1925 lebte, begründet. Der Mensch wird in einem ganzheitlichen Zusammenhang von Körper, Seele und Geist sowie seiner Persönlichkeit erfasst. In allen Lebewesen - so auch in den Lebensmitteln - befinden sich sogenannte Bilde- oder Ätherkräfte. Naturnahe landwirtschaftliche Methoden fördern diese Kräfte, die nach dem Verzehr auch auf den Menschen einwirken.

> Wussten Sie, dass es nach der anthroposophischen Ernährungslehre keine Verbote gibt? Sie lässt dem Menschen seine freie Entscheidung hinsichtlich der erlaubten Nahrungsmittel.

Es wird jedoch empfohlen, wenig Fleisch und Kartoffeln zu essen. Fleisch könne den „geistig strebenden Menschen" in seiner Entwicklung aufhalten, zu viel an Kartoffeln fördere das materialistische Denken und führe zum Instinktverlust.

Die Basis der Ernährung bilden Vollkorngetreide und Produkte, die daraus hergestellt werden wie z.B. Brote.

Gemüse, Kartoffeln, Hülsenfrüchte und Obst sind die zweite Stufe, wobei auf Ausgewogenheit der „Dreigliedrigkeit" geachtet werden soll. Das ist Wurzel-, Stängel-Blatt, Blüte-Frucht. Auf Rohkost wird großer Wert gelegt.

Milchprodukte werden an vierter Stelle genannt.

Alternative Süßungsmittel wie Obst, Trockenfrüchte, Obstdicksäfte, Getränke, Gewürze und Kochsalz folgen. Die Art der Ernährung ist als ovo-lacto-vegetabil, sprich vegetarisch inklusive Ei und Milch, einzustufen. Eier können zwei bis drei Mal pro Woche verwendet werden, Milch und Milchprodukte sowie Fleisch in geringen Mengen. Biologisch dynamischer Landbau wird bevorzugt.

Aus ernährungsphysiologischer Sicht ist gegen eine Dauerkost nach anthroposophischen Richtlinien, bei Berücksichtigung einer ausgewogenen Lebensmittelauswahl, nichts einzuwenden.

Makrobiotik

Der Begriff „Makrobiotik" ist aus dem Griechischen abgeleitet. Makro bedeutet „groß" oder „lang", „bios" ist das „Leben", das Wortende „ik" wird im Sinne der Kunst verstanden. Damit soll die Makrobiotik jene Kunst sein, die lange zu leben bedeutet. Christof Wilhelm Hufeland, Arzt und Professor in Jena, führte den Begriff im deutschsprachigen Raum ein, als er 1976 sein Hauptwerk verfasste. Der Titel lautete „Makrobiotik oder die Kunst, sein Leben zu verlängern".

Die makrobiotische Ernährungslehre nach Prof. Georges Oshawa gründet hingegen auf Erfahrungen der fernöstlichen Medizin, auf die Philosophie des Fernen Ostens - den Zen-Buddhismus - und nicht zuletzt auf die alte Kochkunst Japans und Chinas.

Dabei sind „Yin" und „Yang" die Ordnung aller Dinge in zwei antagonistischen Kategorien. Doch in Wirklichkeit sind sie einander unentbehrliche Ergänzungen - so wie Mann und Frau oder Tag und Nacht. Es sind die beiden grundlegenden, einander ergänzenden Faktoren, die alles, was im Universum existiert, erzeugen, beleben, vernichten und wieder neu organisieren. Dabei gibt es auf der Welt nichts, was absolut Yang oder absolut Yin ist. Im physikalischen Sinn ist die Zentripetalkraft Yang die Zentrifugalkraft (Fliehkraft) Yin. Diese Einteilung geht über Formen, Farben und das Gewicht bis hin zu den Nahrungsmitteln. Dort wird das Kalium-Natrium-Verhältnis als Maßstab für Yin und Yang herangezogen. Das beste Verhältnis wäre demnach 5:1. Wird der Quotient höher als 5, ergibt dies ein Nahrungsmittel von der Qualität des Yin. Quotienten unter 5 ergeben demzufolge Yang-Qualität.

So hat etwa Reis den Quotienten 4,5, die Kartoffel 512, die Banane 840 und die Grapefruit 390.

Das Verhältnis von Kalium zu Natrium ist jedoch nicht das einzige Merkmal zur Klassifizierung von Yin und Yang. Auch andere Faktoren müssen berücksichtigt werden. Bei sonst gleicher Zusammensetzung ist das Produkt mit dem höheren Wassergehalt mehr Yin. Was in kalten Ländern leichter wächst als in warmen, ist mehr Yang im Vergleich zu dem, was in warmen Ländern leichter wächst.

Auch Geschmacksqualitäten sind nach Yin und Yang zu unterscheiden. Die Skala geht von scharf über sauer, süß, salzig bis hin zu bitter. Süß bezieht sich dabei auf die Qualität in natürlich vorkommenden Früchten, Getreide oder Kartoffeln.

Im Vergleich zu den tierischen Nahrungsmitteln sind die Nahrungsmittel vegetarischen Ursprungs Yin. Beim Kochen wird durch die Yang-Faktoren Salz und Feuer eine so genannte „Yangisierung" der Nahrung durchgeführt.

Die Prinzipien von Yin und Yang stellen das Gesetz der Wandlung dar, Beginn und Ende der Produktion und der Destruktion - den Tresor, in dem die unvorhersehbare Wandlung von Yin und Yang, dem Geist Gottes, verschlossen liegt. Die Energie der Erde fließt nach oben und verwandelt sich in Wolken, die Energie des Himmels fließt nach unten und verwandelt sich in Regen. Die Energie des Yang begünstigt die Entwicklung nach oben, das Wachstum. Das Yin begünstigt die Konzentration, den Stillstand.

Auswahl der Nahrungsmittel

Ähnlich wie in der anthroposophischen Ernährungslehre soll die Nahrung vollwertig und harmonisch sein. Harmonisch bedeutet in diesem Zusammenhang, dass die Nahrungsmittel einen nicht zu langen Transportweg haben sollten, sondern vorwiegend aus der Klimazone, in der der betreffende Mensch beheimatet ist, stammen sollten. Harmonisch bedeutet aber auch, dass der Schwerarbeiter oder Hochleistungssportler eine an seine Leistung angepasste Nahrung erhält.

Getreidefrüchte stehen in der Makrobiotik an erster Stelle. Dabei ist Kochen obligat. Getreide macht bis zu 80 Prozent der makrobiotischen Ernährung aus. Es finden alle Getreidesorten Verwendung.

Die „guten Dinge zum Essen" nach Ohsawa

Getreide: Wenn man Getreide gut kaut, kann man es ungekocht, gekocht, mit oder ohne Wasser, geröstet oder gebacken essen und zwar so viel, wie man möchte. Eine Vielzahl an Cerealien bietet sich zum Verzehr an: Naturreis, Buchweizen, Weizen, Roggen, Hafer, Mais, Hirse, Dinkel, Bulgur, Quinoa.

Gemüse: Jede Art in seiner Jahreszeit und am besten an dem Ort, wo es gewachsen ist. Empfohlen werden besonders Karotten, Zwiebeln, Kürbis, Rettich, Kraut, Kohlgewächse, Wasserkresse und Lattich (Salat).

Ohsawa betont die Wichtigkeit des Kauens. Jeder Bissen sollte mindestens 50 mal gekaut werden. Will man sich aber die makrobiotische Philosophie zu eigen machen, wird jeder Bissen 100 bis 150 mal gekaut. Die geschmacksreichsten Speisen werden dadurch immer schmackhafter.

Ohsawa geht davon aus, dass die von ihm empfohlenen Speisen ohnehin reichlich Wasser enthalten. Gekochter Reis enthält 60 bis 70 Prozent Wasser, Gemüse 80 bis 90 Prozent. Bei Einhalten der makrobiotischen Kost soll möglichst wenig getrunken werden. Die gleichen Empfehlungen findet man auch bei Galina Schatalova, einer russischen Ernährungsexpertin.

Der Genuss von denaturierter Nahrung wie Zucker, süße Getränke, Säfte, gefärbte Nahrungsmittel, unbefruchtete Eier, Nahrungsmittel aus Konserven usw. sollte gemieden werden.

Bei der Beobachtung auf mögliche Nachteile in Hinblick auf Mangelzustände ist anzumerken, dass, zur Vermeidung von Eiweißmangel oder einem Vitamin B12-Defizit, im Ursprungsland Japan Algen und vergorene Sojaprodukte reichlich Anwendung finden.

Der hohe Anteil an Getreide von nahezu 80 Prozent, wobei hier immer Vollkornprodukte gemeint sind, im Verhältnis zu 20 Prozent Gemüse ist aus Sicht eines optimalen Säure-Basen-Gleichgewichtes nicht ideal.

Eine ähnlich extreme Ansicht vertritt Wandmaker in seinen Ernährungsempfehlungen. Er empfiehlt 75 Prozent Früchte, 20 Prozent Gemüse und 5 Prozent Nüsse. Wandmaker bezeichnet Getreide als eine „gefährliche Kleisternahrung" ohne jedoch wissenschaftliche Beweise dafür anzuführen.

In der Makrobiotik wird Obst hingegen nur mit Zurückhaltung erlaubt. Milchprodukte werden in beiden Ernährungsformen zum Teil mit verschiedenen Argumenten abgelehnt. In der Makrobiotik spielt die Unverträglichkeit der Asiaten eine bedeutende Rolle, sowie der Respekt vor dem Tier, welches durch den Menschen ausgebeutet werde, indem man seine Milch in Besitz nähme.

Die Makrobiotik vertritt jedoch nicht strenge Richtlinien, indem sie für kältere Regionen Fisch, Käse, Eier oder Milch bis etwa 10 Prozent einmal wöchentlich akzeptiert. Ein wesentlicher Unterschied der Makrobiotik gegenüber anderen überwiegend vegetarisch orientierten Schulen ist der, dass die Makrobiotik im Kochvorgang des von Natur aus edlen Getreides eine weitere Qualitätsverbesserung sieht, während Rohkostschulen den Kochvorgang strikt ablehnen.

Bei seiner Empfehlung, so wenig wie möglich zu trinken, hat Ohsawa wenig Mitstreiter am alternativen Ernährungssektor. Eine davon ist die schon erwähnte russische Ärztin Galina Schatalova, die durch ihre vegetarischen Ernährungsempfehlungen und Entschlackungsprogramme des Magen-Darmtraktes durch niederkalorische Nahrungszufuhr sowie die von ihr beschriebenen Wüstenmärsche mit ihren Patienten Aufmerksamkeit gewinnen konnte. Auch sie empfindet, bei der von ihr propagierten „artgerechten Ernährung", wenig Bedarf für größere Mengen an Flüssigkeitsaufnahme zu sehen. Ohsawa geht bei seiner Empfehlung - wenig zu trinken - davon aus, dass Schlacken und Giftstoffe abgebaut werden oder gar nicht erst in den Körper kommen sollten. Auch ist damit nicht in erster Linie reines Wasser gemeint, sondern alle Getränke, die nicht aus Durst, sondern zu gesellschaftlichen Anlässen getrunken werden. Zu große Flüssigkeiten können Herz und Kreislauf belasten.

Dagegen empfiehlt etwa Robert O. Young in seinem Buch „Die p.H.-Formel" (Young, 2003) neben einer rein vegetarischen, vorwiegend rohkostorientierten Ernährung das Trinken von 4 Liter Wasser pro Tag, welches er zusätzlich noch destilliert und mit den von ihm so genannten „p.H.-Tropfen" versetzt (einige Tropfen 3 %-iges H_2O_2 = Wasserstoffsuperoxid pro Liter Wasser). Young beschreibt in seinem Buch wunderbare Heilungserfolge von schwer erkrankten Patienten bis hin zu Krebsheilungen. Dabei handelt es sich jedoch um Schilderungen von Einzelfällen, die nicht nachprüfbar sind und keine wissenschaftliche Anerkennung vorweisen können.

Ayurveda

Ayurveda stammt aus Indien und bedeutet sinngemäß „Das Wissen vom Leben". In Sanskrit ist „Ayus" das Leben und „Veda" das Wissen.

Im Zentrum der alten Heilkunde steht der Mensch. Zur optimalen Gesundheit gehört auch richtiges Essen. Die richtige Nahrung sollte dem Körper in optimaler Qualität zugeführt werden und in weiterer Folge ist auch ein gut funktionierendes System für die Verdauung erforderlich.

Die ayurvedische Philosophie kennt fünf Elemente, aus denen der Mensch besteht: Feuer, Wasser, Erde, Luft und Raum. Jedem Element sind bestimmte Organe und Körperfunktionen zugeteilt. Erde symbolisiert alle festen Stoffe wie Knochen; Wasser alle flüssigen, wie die Körperflüssigkeiten. Die Menschen werden in drei Gruppen von Persönlichkeitsstrukturen bzw. Charakteren eingeteilt:

- Der Vata-Typ repräsentiert den Luft- und Raumbereich, die Nervenenergie, Bewegung und Aktivität. Von der Körperkonstitution ist er eher leptosom, also leichtgewichtig, sehnig und schmal. Er ist gut für Ausdauersportarten geeignet, seine Handlungen sind eher spontan und schnell.

- Der Pitta-Typ wird von Feuer und Wasser dominiert. Sein Körperbau ist unauffällig, Wettkämpfe liegen ihm, er ist der geborene Perfektionist.

- Der Kapha-Typ ist der Erde und dem Wasser zugeordnet. Sein Körperbau ist eher kräftig, er neigt leicht zu Übergewicht. Sport ist nicht unbedingt seine Lieblingsbeschäftigung.

Wie bei anderen Typenlehren sind auch im Ayurveda meist keine eindeutigen Zuordnungen möglich, die meisten Menschen sind Mischtypen.

Jeder Mensch sollte seinem Typ gemäß leben um ein möglichst großes Maß an Harmonie zu erzielen. Das reicht von der Kleidung bis zur Berufswahl und natürlich auch bis zur richtigen Ernährung. Dabei spielen die Geschmacksrichtungen eine große Rolle.

Es werden sechs verschiedene Qualitäten unterschieden: süß, salzig, sauer, scharf, bitter und herb. Bei jeder Mahlzeit sollten nach Möglichkeit alle Geschmacksrichtungen vertreten sein.

Außerdem gibt es einige ayurvedische Grundregeln, welche beachtet werden sollten:

- Flüssigkeiten sollten eine halbe Stunde vor und nach den Mahlzeiten getrunken werden. Zusätzlich wird das Trinken warmen Wassers und des Wärme bildenden Ingwer-Tees empfohlen.

- Es sollte nur gegessen werden, wenn die vorhergehende Mahlzeit restlos verdaut ist. Das Essen sollte leicht verdaulich und dem Konstitutionstyp entsprechend sein. Das Kochen fördert die Verdaulichkeit.

- Es sollte nur gegessen werden, wenn auch ein Hungergefühl verspürt wird. Zwischenmahlzeiten sollten vermieden werden, wenn zu diesem Zeitpunkt die vorhergehende Mahlzeit noch nicht restlos verdaut ist.

- Auch die ayurvedische Ernährung bevorzugt Obst, Gemüse und Blattsalate.

- Auf eine geruhsame Atmosphäre während der Mahlzeit wird Wert gelegt, gutes Kauen ist selbstverständlich. Ayurveda-Speisen sollten immer frisch zubereitet und an einem Ort gegessen werden, an dem man sich wohl fühlt.

- Die Gerichte sollten nicht zu sauer, nicht zu süß, nicht zu scharf und nicht zu schwer sein und sie sollten nicht dem eigenen Typ entsprechen, sondern eher entgegengesetzt sein.

Sowohl in der ayurvedischen Küche, als auch in der „Traditionellen chinesischen Medizin" (TCM) wird dem Kochvorgang große Bedeutung geschenkt, da dabei die Anreicherung mit Energie stattfindet und der Verdauungsvorgang erleichtert wird.

Trennkost

Trennkost ist eine Ernährungsform, bei der vor allem kohlehydrathaltige und eiweißhaltige Nahrungsmittel getrennt voneinander gegessen werden. Die Trennkost ist unter anderem deshalb eine beliebte Ernährungsform, weil es fast keine Einschränkungen hinsichtlich der verschiedenen Lebensmittel gibt, sondern nur deren getrennte Einnahme empfohlen wird. Der Grundgedanke war der, dass man dadurch eine gründlichere Verdauung sicherstellen könne, weil das menschliche Verdauungssystem nicht auf komplexe Mahlzeiten angelegt wäre. Dr. William Howard Hay, der von 1866 bis 1940 lebte, ging davon aus, dass die Ursache aller Zivilisationskrankheiten hauptsächlich durch die gemeinsame Aufnahme von Eiweiß und Kohlenhydraten hervorgerufen würde, weil dadurch eine Übersäuerung des Körpers entstünde. Hay postulierte, dass bei gleichzeitiger Aufnahme von Eiweiß und Kohlenhydraten, Gärungsprozesse auftreten, da beide Stoffe nicht gleichzeitig verdaut werden könnten. Eiweißverdauung finde nach seiner Version im sauren Magen statt, Kohlenhydrat- und Fettverdauung im basischen Dünndarm-Milieu. Dasselbe gilt für Gemüse.

Der Anteil an Nahrung, der schlecht verdaut wird, kommt durch den Einfluss von Hefen oder Pilzen zur Gärung. Bei Trennung von Eiweiß und Kohlenhydraten könnten die Enzyme besser zur Wirkung kommen.

Hay nennt drei Gruppen der Trennkost:

- Zu den neutralen Lebensmitteln gehören Gemüse, Salate, Fette, sowie Öle. Dazu wenige Milchprodukte mit mindestens 60% Fett.

- Zur Eiweißgruppe gehören Fleisch, Fisch, Meeresfrüchte, Milchprodukte mit einem Fettanteil unter 50%, Sauermilch-Produkte, Käse, Frischkäse, die meisten Nüsse und Eier.

- Die Kohlenhydratgruppe beinhaltet Getreideprodukte wie Schwarzbrot, Weißbrot, Knäckebrot, Nudeln, Kartoffeln, Reis, Kuchen, Süßungsmittel wie weißer und brauner Zucker, Honig, Bananen usw.

Hülsenfrüchte empfiehlt Hay nicht. Die Trennkost soll Einfluss auf das Säure-Basen-Gleichgewicht nehmen. Es sollten 80% Basenbildner - also Obst, Gemüse, Salat, Vollkorngetreide und Mandeln - und nur 20% Säurebildner wie Milchprodukte, Fleisch, Fisch, Käse, Weißmehl und Zucker gegessen werden. Neutrale Lebensmittel wie Butter und kaltgepresste Öle können mit beiden Gruppen kombiniert werden.

Für den täglichen Speiseplan gibt es Tabellen. Der Schwerpunkt der Trennkost liegt auf vegetarischen Produkten, der Fettanteil fällt dabei eher gering aus.

Kritiker schließen zwar nicht aus, dass während der von Hay postulierten Trennkost gewisse Effekte wie Gewichtsabnahme oder allgemein besseres Wohlbefinden auftreten, führen dies aber auf die geänderte, vorwiegend pflanzliche Kost sowie auf diszipliniertes Essverhalten zurück. Es trifft zwar zu, dass die Kohlenhydrat-Verdauung bereits im Mund beginnt und die Eiweißverdauung erst im Magen. Beide Nährstoffe werden jedoch hauptsächlich im Dünndarm durch Verdauungssekrete der Bauchspeicheldrüse verdaut, wobei Enzyme zur gleichzeitigen Verdauung zur Verfügung stehen.

Dies muss wohl so sein, ansonsten könnte die Muttermilch, die ja ein essentielles Lebensmittel darstellt, nicht optimal verdaut werden, enthält sie doch Eiweiß, Fett und Kohlenhydrate. Auch Getreideprodukte und Kartoffeln enthalten sowohl Eiweiß als auch Kohlenhydrate.

Forschungen ergaben auch keinen Vorteil hinsichtlich der Gewichtszu- und -abnahme, wenn man die Lebensmittel trennt. Entscheidend war lediglich die Gesamtzahl der verzehrten Kalorien. Auch die Annahme, dass die Eiweißverdauung hauptsächlich im Magen stattfindet ist ein Irrtum, der inzwischen von Nachfolgern der Hay'schen Theorie zugegeben werden musste.

Von aktuellen Trennkostvertretern wie Dr. Robert und Shelley Redford Young werden zur Erhärtung der Sinnhaftigkeit von Trennkost folgende Argumente ins Treffen geführt:

Gemüse ist besonders gesund und das Herzstück der Trennkost.

Kohlenhydrate und tierisches Eiweiß sind deshalb eine falsche Kombination, weil die angeblich daraus gebildete Säure die Aktivität von Ptyalin, einem Kohlenhydrat verdauenden Enzym im Speichel, hemmt. Isst man Stärke in Form von Früchten zusammen mit stärkehaltigen Speisen wie Brot, Nudeln oder Kartoffeln, so addiert sich der Zuckergehalt, was eine verstärkte Säurebelastung nach sich ziehen soll. Dadurch würde das Immunsystem für einige Stunden belastet.

Öl bremst zwar die Stärkeverdauung, da aber hochwertige kaltgepresste Öle Säuren neutralisieren helfen, braucht man sie nicht zu meiden.

Für die Verdauung von tierischem Eiweiß muss der Körper Säure bilden. Kombiniert mit Stärke würden noch mehr Säuren produziert, was zu Blähungen und Völlegefühl führen könnte. Stärke und Obst hätten verschiedene Verdauungszeiten, was der Gärung im Darm Vorschub leistet.

Nachvollziehbar ist die Empfehlung zu einer eiweißreichen Mahlzeit nach Möglichkeit keine Flüssigkeit aufzunehmen, weil dadurch die Verdauungssäfte verdünnt werden. Ebenso sollten keine kalten Getränke zum Essen getrunken werden, weil die Kälte den Verdauungsvorgang verlangsamt.

Es ist auch sicher vorteilhaft, Obstmahlzeiten von anderer Speiseaufnahme zu trennen, weil dadurch Gärungsvorgänge im Verdauungstrakt verhindert werden können. Da Obst eine kurze Verdauungszeit von etwa 2 Stunden hat, eignet es sich am besten als Zwischenmahlzeit und weniger als Dessert.

Alternative Ernährungsformen

Viele alternative Ernährungsformen tragen die Namen ihrer Erfinder. In den USA waren Graham und Kellogg sowie Trall Vertreter einer vegetarischen Linie, welche auch die Lebensführung berücksichtigte. In Europa sind Waerland, Bircher Benner, Schnitzer, Kollath oder Evers am bekanntesten. Zum Teil lebten sie nicht, was sie lehrten. Bircher Benner war etwa starker Raucher und starb mit 73 Jahren. Dr. Hay, der die Trennkost begründete, war starker Raucher, trank viel Kaffee und Alkohol und starb ebenfalls im Alter von 73 Jahren.

So gesehen ist die Einhaltung bestimmter Ernährungsempfehlungen kein Garant für ein langes Leben, was jedoch die Sinnhaftigkeit gesundheitsbewusster Ernährung nicht schmälern sollte.

Die 130 und noch mehr Lebensjahre, die Galina Schatalova mit ihren Ratschlägen zu artgerechter Ernährung in Aussicht stellt, haben - wenn überhaupt - dann nur für jenen elitären Teil der Menschheit Gültigkeit, die von ihren Ahnen bereits mit besonderen Genen ausgestattet wurden und vom Mutterleib an neben idealen Lebensbedingungen auch optimale Ernährungsverhältnisse vorfinden (Schatalova, 2002).

> Wussten Sie, dass trotz stark divergierender Modalitäten der einzelnen Ernährungsformen von deren Vertretern über teils wundersame Besserungen von Krankheiten oder Heilungen berichtet wird?

Gesunde Erwachsene scheinen sich an die verschiedensten Ernährungsformen anpassen zu können ohne dadurch - zumindest kurzfristig - besondere Vor- oder Nachteile zu bemerken. Bei kranken Personen können erwartungsgemäß Maßnahmen, welche mit der Ursache der Erkrankung zusammenhängen und negative Einflüsse eliminieren helfen, zu größeren Veränderungen führen und eindrucksvollere Ergebnisse zeigen.

Zusammenfassend kann man sagen:

- Eine Vielzahl kulinarischer Kulturen treffen sich in der Überzeugung, dass ein Zusammenhang zwischen Ernährung und Lebensharmonie besteht. Allen diesen Ernährungsphilosophien liegt der Disziplinierungsgedanke zugrunde- trotz ihrer untereinander teils gegenläufigen Inhalte:
- Die Makrobiotik basiert auf der Verhältnismäßigkeit der Nahrung und bevorzugt saisonale sowie klimazonengerechte Produkte. Dieses „Ying Yang"-Bewusstsein umfasst nicht nur die Zubereitungsform sondern auch den Nahrungsaufnahmeakt: langes Kauen, zurückhaltendes Trinken, Sättigungsalarm;
- Die ayurvedische Ernährungskultur zielt auf eine ungestörte Verdauungstätigkeit ab. Sie konzentriert sich auf das Gleichgewicht im Säuren-Basen-Haushalt unter Berücksichtigung verschiedener Menschennaturelle. Die strikte Einhaltung von Abständen zwischen den Mahlzeiten sowie eine maßvolle Gewürzmischung sollen das Verdauungssystem entlasten.
- Die Trennkost trägt sowohl zur Entlastung des Verdauungssystems bei als auch zur Erleichterung der Gewichtsreduktion durch Beachtung des Säuren-Basen-Gleichgewichtes: Dem Körper wird komplexitätsreduzierte Nahrung zugeführt, weil Eiweiße und Kohlenhydrate, welche getrennter Verdauungsmechanismen bedürfen, sich gegenseitig nicht behindern sollen. Wasserverzicht während der Mahlzeiten verhindert zudem die Verdünnung von Verdauungssäften.
- Insgesamt lassen sich folgende Erkenntnisse über Wasser kulturübergreifend auf einen Nenner bringen. Wassertrinken sollte vom Akt der Nahrungsaufnahme möglichst getrennt bleiben. Die erforderliche Menge hängt jedoch von verschiedenen Faktoren ab wie Schwitzen, Salz in der Nahrung, Fleisch oder vegetarischer Nahrung etc.

Diäten

In diesem Kapitel geht es um folgende Themen:

- **Blutgruppendiät**
- **Kreta-Diät**
- **Fasten und Heilfasten**
- **Schlankheitsdiäten**
- **Rheuma-Diät**
- **GLYX-Diät bzw. LOGI-Methode**

Blutgruppendiät

Der amerikanische Arzt und Naturheilmediziner Peter D′Adamo hat in Nachfolge seines Vaters, der sich bereits mit Studien in Amerika und Europa über den Zusammenhang von Ernährung und Blutgruppen befasste, die Theorie der Blutgruppendiät entwickelt.

Diese geht davon aus, dass Menschen mit verschiedenen Blutgruppen hinsichtlich der Verarbeitung aufgenommener Nahrungsmittel unterschiedlich reagieren. Verantwortlich dafür seien bestimmte Eiweiße in Nahrungsmitteln, sogenannte Lektine, die in Beziehung zu Blutgruppen-Merkmalen stehen. Die Schädigung des Körpers entstehe dadurch, dass diese Lektine, nachdem sie in die Blutbahn gelangen, die Blutzellen dort verklumpen und den Körper dadurch schädigen. Werden die - nach den Blutgruppen festgelegten - Lektine weggelassen, können Krankheiten vermieden oder gebessert werden.

Nach der Vorstellung von D´Adamo soll die Blutgruppe 0 die älteste sein. Sie stammt aus der Zeit, in welcher die Menschen noch Jäger und Sammler waren. Deshalb wären diese Menschen an fleischreiche Kost eher gewöhnt und vertrügen sie auch besser als Getreide oder Milchprodukte, da es zu dieser Zeit weder Ackerbau noch Viehzucht gab. Dies gelte auch heute noch und deshalb sollten Personen der Blutgruppe Null Getreide und Milchprodukte meiden.

Die Blutgruppe A bildete sich nach D´Adamo mit Beginn der Agrikultur. Da diese Bauern noch keine Viehzüchter waren, sollten sie keine Fleisch und Milchprodukte zu sich nehmen, dafür aber Gemüse und Getreide. Der A-Typ sei der erste Vegetarier gewesen. Er hätte ein empfindliches Magen-Darm-System, auf Stress reagiere er am besten mit Beruhigungstechniken. Um schlank und produktiv zu bleiben bräuchte er eine pflanzliche Kost. Festen Ernährungs- und Umweltbedingungen passe er sich gut an.

Die Blutgruppe B soll sich beim Nomaden-Typ entwickelt haben. Viehzüchter in Asien seien Stammväter der Blutgruppe B. Ihre Diät ist ausgewogen und bekömmlich und enthält durch die Kombination von pflanzlichen und tierischen Produkten sehr viele verschiedene Lebensmittel. Während der 0-Typ als Jäger und Fleischesser empfindlich auf Umstellungen in Ernährung und Umwelt reagiere, Stress am besten mit starker körperlicher Beanspruchung begegne und einen leistungsfähigen Stoffwechsel benötige um schlank und kräftig zu bleiben, sollte der B-Typ Stress am besten mit Kreativität begegnen. Er brauche einen Ausgleich zwischen körperlicher und geistiger Tätigkeit um fit zu bleiben.

Die Blutgruppe AB sei in jüngster Zeit aus der Vermischung der Blutgruppen A und B entstanden und charakterisiere den modernen Menschen. Obst und Gemüse passe zu dieser Blutgruppe. Der Verdauungstrakt sei empfindlich, das Immunsystem tolerant. Auf Stress sei die beste Reaktion seelisch-geistig mit schöpferischer Energie und körperlichem Schwung. Er vertrüge sowohl Nahrungsmittel des A- wie auch des B-Typen. Während aber Personen mit der Blutgruppe A und B Tomaten nicht gut vertragen könnten, könne der AB-Typ dies wiederum sehr gut.

Nach der Theorie von D´Adamo sind Personen mit bestimmten Blutgruppen anfälliger für einige Krankheitserreger als andere, da in ihrem Blut spezifische Antigene und Antikörper sind. So sollen Personen mit der Blutgruppe 0 etwa für die Magengeschwüre auslösenden Bakterien „helicobacter pylori" anfälliger sein. Menschen mit der Blutgruppe A seien anfälliger für verschiedene Krebsarten wie Brustkrebs und Herzinfarkt. Andere Studien ergaben jedoch ein erhöhtes Krebsrisiko für die Blutgruppe B.

Kritiker können die Behauptungen von D´Adamo aus wissenschaftlicher Sicht nicht nachvollziehen. So lässt sich wissenschaftlich nicht nachweisen was die älteste Blutgruppe ist. Zur Diskussion stehen sowohl die Blutgruppe A als auch die Blutgruppe 0.

Auch bei Menschenaffen gibt es die Blutgruppen 0, A und B. Diese sind weder Viehzüchter noch betreiben sie Ackerbau. Auch werden von Kritikern Fehler in der Beurteilung von gewissen Nahrungsmitteln gefunden (z.B. die Verwechslung von Alpha-N-D-Galaktose der Blutgruppe B mit Beta–N-D-Galaktose in der Milch).

Die Blutgruppen unterscheiden sich durch sogenannte AB0-Antigene die in den roten Blutkörperchen sitzen. Dabei stellt ein Oligosaccharid, das ist eine aus mehreren Zuckerbausteinen bestehende Gruppe, die Grundstruktur für die Zugehörigkeit zu einer Blutgruppe dar. Daneben gibt es noch andere Klassifizierungsmerkmale von Blutgruppen auf der Basis von Zuckern, die bei der Bewertung von D´Adamo nicht berücksichtigt wurden.

Für den Übertritt von gewissen Lektinen ins Blut gibt es Hinweise (Tomate, Erdnuss und Weizenkeime), Verklumpungen im Blut sind jedoch nicht dokumentiert. Außerdem bindet etwa Weizenkeim-Lektin blutgruppenunabhängig und es konnte keine Verklumpung beobachtet werden (DGE 13.06.2000). So seien laut DEG[53] weder der Eintritt von Lektinen in die

---

[53] Seit ihrer Gründung im Jahr 1953 beschäftigt sich die Deutsche Gesellschaft für Ernährung e. V. mit allen auf dem Gebiet der Ernährung auftretenden Fragen und stellt Forschungsbedarf fest. Sie unterstützt die ernährungswissenschaftliche Forschung ideell, informiert über neue Erkenntnisse und Entwicklungen und macht diese durch Publikationen und Veranstaltungen verfügbar.

Blutbahn noch damit zusammenhängende Aspekte mit Krebserkrankungen belegt.

Wenngleich es sich bei der Blutgruppendiät um eine interessante Theorie handelt, wäre es zu einfach, die Entstehung von Krankheiten mit der Aufnahme von Blutgruppen-unverträglichen Lebensmitteln in Übereinstimmung zu bringen und vice versa Krankheiten mit Blutgruppen-kompatiblen Speisen zu heilen.

Bei all diesen extremen Ernährungsformen ist in Betracht zu ziehen, dass nach einer gewissen Umstellungsphase auch eine andere Zusammensetzung der Darmflora eintritt, welche veränderte Stoffwechsel-Abläufe, hinsichtlich der Produktion und Resorption von Vitaminen sowie Makro- und Mikronährstoffen, erkennen lässt. Dadurch werden auch Richtlinien hinsichtlich der mengenmäßigen Aufnahme von Nährstoffen wie Aminosäuren oder einzelnen Vitaminen relativiert.

Die Kreta-Diät

Wie breit angelegte Studien ergaben, haben die Anwohner des Mittelmeers eine höhere Lebenserwartung als der europäische Durchschnitt. Dies wurde unter anderem auf eine Diät aus mittelmeertypischen Gerichten zurückgeführt. Die wesentlichen Merkmale dieser Ernährungsform sind viel Salat, Gemüse und Fisch, wenig Fleisch, spezielles Olivenöl, Knoblauch, Brot und etwas Rotwein.

Die Empfehlungen der Diät wurden nach Beobachtung von schwer arbeitenden Bauern in den 50er und 60er Jahren erstellt. Ihre Lebensbedingungen sind mit denen der meisten Menschen in Industrieländern nicht zu vergleichen. Mittlerweile sollen sich die Lebensbedingungen in Kreta auch deutlich geändert haben und Übergewicht ist auf der Tagesordnung. Damals gab es jedoch bei einem Beobachtungszeitraum von 15 Jahren in Bezug auf Gefäß- und Krebserkrankungen in Kreta eine geringere Erkrankungsrate. Die Menschen hatten dort auch eine höhere Lebenserwartung. Im Durchschnitt gab es weniger Arteriosklerose und Herzinfarkte. Aufgrund dieser Ergebnisse wurde vermutet, dass der ausschlaggebende Faktor dafür in deren Ernährung zu finden sei.

Auch diesbezügliche Forschungsergebnisse der Universität von Athen bestätigten 2003, dass Mittelmeerkost die Lebenserwartung verlängert. Dazu gehört allerdings auch der Verzicht auf fettreiche Speisen wie Wurst, fettes Fleisch und Mäßigkeit bei Käse und Süßigkeiten.

Von Beobachtern wird aber nicht nur die Zusammensetzung der Speisen sondern die Art, wie gegessen wird, hervorgehoben. Jede Mahlzeit würde wie ein Fest zelebriert, Essensaufnahme ist damit mehr als nur Nahrungsaufnahme, auch psychische und soziale Komponenten spielen dabei eine Rolle.

Es ist unbestritten, dass die bekannten Zivilisationskrankheiten zum Großteil durch einen ungesunden Lebensstil, aber hauptsächlich durch falsche Ernährung verursacht werden. Bei der Beobachtung der Kreta-Diät bleibt ohne Berücksichtigung der landesüblichen Verhaltensweisen der Einwohner die spezielle Ernährungsform übrig, die durch mehrere gesundheitsfördernde Wirkstoffe gekennzeichnet ist.

Oliven-Polyphenole im kaltgepressten nicht raffinierten Olivenöl haben vielfältige positive Wirkungen auf Gefäße, Herz-Kreislauf und andere Stoffwechselparameter. Der Olivenbaum wird schon von der Antike her verehrt und als Lebensbaum bezeichnet. Bemerkenswert ist der hohe Anteil an einfach ungesättigten Fettsäuren. Durch diese werden Gesamtcholesterin und LDL-Cholesterin gesenkt. Außerdem wird durch sie der Einbau von gesättigten Fettsäuren und Omega-6-Fettsäuren in die Zellmembran verhindert, was auf Haut und Nervenzellen sowie auf die Elastizität der Gefäße positive Wirkungen ausübt. Auch der Magen-Darm-Trakt profitiert von den positiven Wirkungen des Olivenöls, wie etwa der geringeren bakteriellen Infektgefahr für bestimmte Keime, wovon eine vorbeugende Wirkung gegen Brustkrebs ausgeht.

Rotwein in geringem Maße übt durch seine Inhaltsstoffe Resveratrol und Polyphenole wie Proanthocyanidine (OPC) und Anthocyane schützende Wirkungen auf das Herz-Kreislaufsystem aus und senkt gemeinsam mit Lycopin bei Männern das Risiko der Entstehung von Prostatakrebs.

Lycopin ist bekannt als potenter Radikalfänger der Carotinoide. Tomaten produzieren diesen roten Farbstoff gegen Zellschäden durch freie Radikale aus der UV-Bestrahlung der mediterranen Sonne.

Lycopin reichert sich in vielen Organen und Drüsen an und übt dort seine Zell schützende Wirkung aus. Ein geringeres Risiko für die Entstehung einer Vielzahl von Krebsarten wie Darm-, Magen-, Speiseröhren-, Brust-, Prostata- und Gebärmutterhals-Krebs wird durch Lycopin bewirkt.

Somit sind in der Mittelmeer- oder Kreta-Diät Inhaltsstoffe vorhanden, die unter anderem für Herz-Kreislauf, den Fettstoffwechsel und immunologische Parameter positive Wirkungen entfalten können. Dazu kommt der Lebensstil, der mit Entspannung, sozialen Kontakten, Zeit zum Essen, Einstellung zum Essen und positiver Stressbewältigung gemeinsam den Effekt der Kreta-Diät ausmacht.

Fasten und Heilfasten

Viele Reduktionsdiäten sind zur Gewichtsabnahme geeignet und bei zahlreichen Erkrankungen, die auf Fehl- oder Überernährung zurückzuführen sind, ist zu deren Besserung eine Gewichtsabnahme erforderlich. Fasten hat jedoch nicht immer das Ziel, abzunehmen. Fasten hat eine lange religiöse Tradition und ist mit den Begriffen Verinnerlichung, Selbstfindung und Konzentration auf das Wesentliche, Zunahme psychischer Harmonie und Steigerung der Willenskraft verbunden. Oft ist Fasten auch mit dem Aspekt der Askese, einem religiösen Kult, verknüpft.

Fasten kommt in vielen Religionen vor und beinhaltet neben religiösen auch gesundheitliche Aspekte. Im Christentum wird das Fasten als Vorbereitung auf das Osterfest im Frühling empfohlen. Im Islam ist das Tagesfasten im Fastenmonat Ramadan vorgeschrieben, wobei tagsüber gefastet wird. Auch im Judentum gibt es Fasttage. Der Unterschied zum Hungern liegt in der Freiwilligkeit.

Heilfasten

Heilfasten wird propagiert um Zivilisationskrankheiten vorzubeugen oder deren Folgen positiv zu beeinflussen. Schon Hippokrates riet dazu an, „eines kleinen Weh" eher mit Fasten als mit Arznei zu kurieren. Inzwischen gibt es eine Vielzahl verschiedener Fasten-Formen. Gemeinsam ist diesen Formen, dass verschiedene Arten von Flüssigkeiten wie Tee, Suppen oder Wasser aufgenommen werden. Dies sollte reichlich der Fall sein um im Körper gelöste Schlacken und Gifte ausschwemmen zu können und den anfallenden Harnsäurespiegel ausscheidungsfähig für die Nieren zu halten um Gichtanfälle zu verhindern. Während der Fastenzeit soll auch auf regelmäßige Darmentleerungen Wert gelegt werden, wozu Einläufe oder Hydrocolon-Therapie, das ist die mechanische Darmspülung in Kombination mit sanfter Massage, zusätzlich empfohlen werden. Ärztliche Untersuchungen und Kontrollen sollten bei im Fasten Unerfahrenen und Risikopersonen durchgeführt werden. Während der Fastenzeit kommt es zu Veränderungen im Stoffwechsel. Dieser wird deutlich, sprich bis zu 50

Prozent, reduziert und der Zuckerverbrauch des Gehirns verringert sich auf etwa ein Drittel des Ausgangswertes.

Der Adrenalin-Stoffwechsel wird vermindert, wodurch auch die Leistungsfähigkeit abnimmt und die Schilddrüsentätigkeit gedrosselt wird, was sich im zunehmendem Kältegefühl bemerkbar macht. Die anfängliche Leistungsabnahme bessert sich im Laufe des Fastens wieder.

Die Gewichtabnahme fällt zu Beginn der Fastenkur am deutlichsten aus. Die Erklärung dafür liefert der am Anfang einer Fastenkur größere Wasserverlust. Zuerst verbrennt der Körper die Kohlenhydrat-Reserven, danach beginnt er das gespeicherte Fett abzubauen. Das reicht in der Regel bei normalgewichtigen Personen für 40 Tage. Die Hauptgefahr liegt im Eiweißverlust. Deshalb sollte man radikale Fasten-Methoden wie die Null-Diät besser meiden.

Beim Fasten sowie auch bei eingeschränkter Nahrungsaufnahme im Rahmen verschiedener Diäten wie etwa der Atkins- oder Hollywood-Diät, kommt es zu einer deutlichen Erhöhung, manchmal bis zur Verdoppelung des Harnstoffspiegels im Blut. Auch der Phosphat-Spiegel steigt an. Bei einer Null-Diät kommt es zu einer Abnahme des Zuckerspiegels um 20 mg /dl innerhalb von drei Tagen. Die Leberenzyme steigen in der Regel ebenso wie das Bilirubin leicht an. Die Schilddrüsenhormone T3 und T4 sinken bis auf die Hälfte der Ausgangswerte.

Jugendliche sollten auf Fasten verzichten, da eine gefährliche Unterzuckerung auftreten kann.

Es fällt vielen Menschen leichter, kurzfristig auf Essen zu verzichten als langfristig auf eine richtige Ernährung umzustellen. Eine Fastenkur führt nicht zu einem geänderten und richtigen Ernährungsverhalten. Neben dem totalen Fasten ist das Heilfasten weniger auf das Ziel des Abnehmens ausgerichtet. Es bezweckt vielmehr eine Steigerung des Wohlbefindens durch Verbesserung des Stoffwechsels.

Der Fastenarzt Dr. Buchinger empfiehlt morgens und nachmittags jeweils einen viertel Liter Tee, mittags einen viertel Liter Gemüsesaft, abends einen viertel Liter Fruchtsaft und über den Tag verteilt 2 Liter Mineralwasser. Die Vorbereitung erfolgt mit einigen Entlastungstagen, an welchen die Kalorienmenge reduziert wird. An diesen Tagen werden vor allem Kohlenhydrate und etwas Eiweiß, aber kein Fett zugeführt. Die Kalorienmenge beträgt etwa 600 Kalorien. Jeden zweiten Tag wird eine Darmentleerung durch die Einnahme von Glaubersalz oder mittels Einlauf durchgeführt. Die letzten drei Tage des „Fastenbrechens" beginnen mit einem Apfel zu Mittag und einer kochsalzfreien Kartoffel-Gemüsesuppe am Abend. Dazu muss wieder ausreichend getrunken werden. Danach folgt eine langsame Steigerung der Energiezufuhr. Ausreichend viel Bewegung soll den Blutdruck stabilisieren und die Durchblutung fördern. Auch der Stoffwechsel wird dadurch angeregt und die Fettverbrennung gesteigert.

Auf den Erhalt der Muskelmasse ist während des Fastens, vor allem dann, wenn das Ziel die Gewichtsreduktion ist, dringend Obacht zu geben. Denn die Muskelmasse ist in weiterer Folge hauptverantwortlich für die Verbrennung von Nährstoffen im Zellstoffwechsel; weniger Muskelmasse bei gleicher Kalorienzufuhr bedeutet Gewichtszunahme.

Empfehlenswert ist während des Fastens die Einnahme von Vitamin-Präparaten und basischen Mineralstoffen wie Natrium, Kalium, Magnesium und Kalzium, um den beim Fasten entstehenden Säureüberschuss zu neutralisieren. Da neben dem Fettabbau bei längeren Fastenkuren auch Muskelmasse verlorengeht und der Körper auch nach dem „Abfasten" einen erniedrigten Grundumsatz noch für längere Zeit beibehält, ist die Gefahr des Jojo-Effekts bei allen Formen der Reduktionsdiäten gegeben. Zum Zweck der Gewichtsabnahme bringen diese nur bei einer Beibehaltung der reduzierten Kalorienaufnahme den gewünschten Erfolg. Dies gelingt am besten dann, wenn man die Nahrung im Idealfall selbst zubereitet und den Verlockungen der Lebensmittelindustrie widersteht.

Die meisten Fertigprodukte werden schnell resorbiert und haben einen relativ hohen glykämischen Index. Um diesen niedrig zu halten, muss sowohl auf die Zusammenstellung der Nahrungsmittel, als auch auf deren Zubereitung geachtet werden. Ballaststoffreiche langsam resorbierbare Nahrungsmittel, wie sie im Gemüse und Vollgetreide vorkommen sind dafür bestens geeignet.

Fasten und Tumorgeschehen

Bei der Bildung von Vorstufen zur Krebsentstehung spielen Veränderungen des Erbmaterials aufgrund verschiedener körpereigener und von außen her wirkender schädigender Einflüsse eine Rolle. Durch den Einfluss sogenannter Tumor fördernder Wirkstoffe werden die noch im Vorstadium einer Krebserkrankung befindlichen Zellen zu einem außerordentlichen Wachstum angeregt und führen in weiterer Folge zur Entstehung einer bösartigen Schwellung.

Bei verschiedenen Tieren konnte im Rahmen von Reihenuntersuchungen festgestellt werden, dass sich deren Lebensspanne durch Nahrungsverknappung beziehungsweise Hungern verlängern lässt. Es scheint sich dabei um einen Schutzmechanismus zu handeln, der in Hungerzeiten das Überleben ermöglicht. So konnte im Tierversuch auch nachgewiesen werden, dass der Ausbruch lebensgefährlicher Erkrankungen wie etwa Krebs unterdrückt wird. Bei Ratten wurde die hemmende Wirkung von verminderter Nahrungsaufnahme auf die experimentelle Auslösung von Leberkrebs untersucht. Werden diese Tiere über drei Monate auf Reduktionskost gesetzt, kommt es zwar zu einem Verlust von etwa 10 % der Leberzellen; im selben Zeitraum nehmen aber die im Krebs-Vorstadium befindlichen Zellen um 80% ab. Dieser Effekt war auch noch nach 18 Monaten feststellbar.

> Wussten Sie, dass bei untersuchten, krebserkrankten Tieren, die drei Monate lang weniger Futter bekamen, bis zu 50% weniger Tumore festgestellt werden konnten?

Obwohl diese Versuche nicht direkt auf den Menschen übertragen werden können, nimmt man auch für den Menschen einen Zusammenhang zwischen Nahrungsaufnahme und Krebsentstehung - insbesondere im Zusammenhang mit Fettkonsum - an. So konnte festgestellt werden, dass in Ländern mit niedrigem Fettkonsum sowohl das Auftreten als auch die Sterberate bei Brustkrebserkrankungen niedriger ist, als in den Industrieländern mit fettreicher Ernährung.

Krebserkrankungen und Ernährung

Viele Krebserkrankungen werden in Zusammenhang mit falscher Ernährung gebracht. Es wird angenommen, dass in Österreich pro Jahr etwa 6.000 Krebstodesfälle auf Ernährungsfehler zurückzuführen sind. Das Auftreten von Krankheiten und Ernährung steht in enger Beziehung. Ein Drittel aller Krebserkrankungen wird mit falschen Essgewohnheiten in Zusammenhang gebracht. Bei Betrachtung der Hauptfaktoren, die in den industrialisierten Ländern zur Entstehung von Krebserkrankungen führen, findet man an erster Stelle mit etwa 35% Ernährungsfaktoren, danach folgt mit etwa 30 Prozent das Rauchen. Andere Faktoren wie etwa gesundheitliche Belastungen aus der Umwelt spielen keine große Rolle (Prof. Dr. Siegfried Knasmüller, Med. Univ. Wien).

Die gefährlichsten Stoffe, die bei der Nahrungszubereitung entstehen und zu den Risikofaktoren zählen, sind heterozyklische aromatische Amine, Nitrosamine und polyzyklische aromatische Kohlenwasserstoffe in gebratenem Fleisch. Auch Pilzgifte spielen eine bedeutende Rolle. Alle diese Stoffe werden erst im Körper aktiviert und müssen vom Organismus entgiftet werden. Während der Entgiftungsphasen entstehen manchmal Stoffwechselprodukte, welche die Erbsubstanz (DNA) schädigen. Solche Schäden sind ausschlaggebend für die Krebsentstehung.

Aus Aminosäuren können beim Erhitzen heterozyklische aromatische Amine entstehen. Diese werden mit der Entstehung von Dickdarmkrebs in Verbindung gebracht. Die Zunahme der Entstehung von Dickdarmkrebs in den Wohlstandsländern wird mit dem steigenden Konsum gebratenen Fleisches in Zusammenhang gebracht.

Besonders durch das Grillen von Fleisch entstehen die polyzyklischen aromatischen Kohlenwasserstoffe. Beim Grillen wird das Fleisch teilweise verbrannt und es bilden sich in der äußeren Kruste polyzyklische aromatische Kohlenwasserstoffe. Im Inneren des Fleisches bilden sich beim Grillen heterozyklische Amine. Aber nicht nur beim Grillen findet diese Art der Selbstvergiftung statt. Auch Verbrennungsprozesse in der Industrie setzen diese Stoffe frei, die in die Atmosphäre gelangen und sich in weiterer Folge auf Gärten und Felder niederschlagen.

Die Sonne hilft bei der Entgiftung, indem sie mit ihrer Strahlung bei der Zersetzung der Gifte wertvolle Dienste leistet. Dennoch gelangt ein Teil über das Grundwasser wieder in den Nahrungskreislauf.

Nitrosamine entstehen ebenfalls aus Aminosäuren, wenn diese mit Nitrit reagieren. Die Nitrite können aus dem Wasser oder aus bestimmten nitrithaltigen Gemüsesorten wie Spinat, roten Rüben, Kopfsalat, Sellerie und Radieschen kommen. Bei der Pökelung entstehen sie direkt im Fleisch. Die Bildung kann jedoch auch im sauren Milieu des Magens beim Zusammentreffen von Aminosäuren mit Nitriten entstehen. So eine Kombination ist zum Beispiel die gleichzeitige Aufnahme von Spinat und Käse.

Psoralene sind Furokumarin-Derivate und bei der Familie der Umbelliferen weit verbreitet. Sie kommen vor allem in Pastinaken, Sellerie und Petersilie vor. Bei kranken oder gestressten Pflanzen kann bei hohen Konzentrationen eine schädliche Wirkung im Sinne Licht aktivierter Krebserregung auftreten.

Viele Pflanzen enthalten natürliche krebserregende Stoffe. So hat das Beispiel mit den giftigen Pilzen durchaus Berechtigung. Neben essbaren Waldpilzen enthalten auch Morcheln und der in großen Mengen gezüchtete Champignon Hydrazin-Derivate, die sowohl verändernd auf die Erbsubstanz, als auch krebserregend wirken.

Die Bildung „giftiger Pflanzenstoffe" erfolgte im Laufe der Evolution, weil sich die Pflanzen über Jahrmilliarden gegen Bakterien, Viren, Insekten, Pilze und pflanzenfressende Tiere schützen mussten. Sie gelangten durch die Entwicklung giftiger Chemikalien zu diesem Ziel. So kann auch das Solanin und Chaconin bei falsch gelagerten oder erkrankten Kartoffeln giftige Reaktionen bewirken. Kochen inaktiviert die Giftwirkung von Solanin. In der Regel sind die in der Kartoffel enthaltenen Akaloide in der vorliegenden Konzentration jedoch ungefährlich. Auch dann, wenn man die Kartoffel mitsamt der Schale verzehrt, (die Alkaloide befinden sich nämlich hauptsächlich in und unter der Schale) sind die Giftkonzentrationen meist hinsichtlich krankmachender Eigenschaften unbedenklich.

Anthrachinon-Derivate findet man in Rhabarber und in Schimmelpilzen. Diese können ebenfalls verändernd auf die Erbsubstanz wirken. Auch beim Toasten von Brot und in der Brotkruste entstehen Verbindungen von Aminosäuren mit Zucker, welche zum Teil als zellverändernd eingestuft werden.

Die stärkste krebserregende Substanz geht von einem Schimmelpilz aus: das Aflatoxin B1. Bei importierten Pistazien, Erdnüssen, Feigen oder Gewürzmischungen kann das Gift in hohen Konzentrationen vorkommen. Glücklicherweise verfügt der Organismus über eine ganze Reihe von Mechanismen, mit deren Hilfe krebserregende Effekte von der Nahrung und der Umwelt neutralisiert werden können. Als kleine Auslese sind die Antioxidantien und Radikalfänger wie Vitamin A und E, Vitamin C, das Spurenelement Selen sowie das Glutathion, welches in fast allen lebenden Zellen vorkommt, zu nennen.

Die Natur hat auch dafür gesorgt, dass wir mit der Nahrung Krebs hemmende Stoffe aufnehmen können. Ein Gewächs, welches in diesem Zusammenhang wieder neu entdeckt wurde, ist der Kohl.

Schlankheitsdiäten

Es wird wohl kaum irgendwo so viel Geschäft gemacht wie in der Schlankheitsindustrie und kaum irgendwo werden die fälschlich geweckten Erwartungen so wenig erfüllt. Die meisten, die probiert haben abzunehmen, wissen das. Höchstens ein Drittel derjenigen, die es versucht haben, nehmen wirkungsvoll und anhaltend ab. Ein Drittel nimmt über das Ausgangsgewicht wieder zu. Ein weiteres Drittel bleibt ohne nennenswerte Erfolge beim Ausgangsgewicht. Dabei werden Pillen, Tropfen, Tees, physikalische und thermische Methoden angeboten, welche den Übergewichtigen versprechen, innerhalb kürzester Zeit ihr Idealgewicht zu erreichen.

Um dieses Ziel zu erreichen sind die Konsumenten meistens bereit, unkritisch bei Kauf und Verwendung, den Verlockungen zu folgen. Es herrscht die gleiche Meinung vor wie auch bei der Behandlung anderer Beschwerden. Zur Behandlung der Symptome kann man die von der Industrie entwickelten Produkte verwenden ohne das Essverhalten „großartig" ändern zu müssen.

Über eventuelle Nebenwirkungen wird entweder nicht ausreichend informiert oder sie werden von den Betreffenden ignoriert.

Zur Beseitigung der Ursache wäre aber eingehende Aufklärung erforderlich. Dabei sollte auch nicht ausgeschlossen werden, dass bei Fällen von starkem Übergewicht medikamentöse Unterstützung unter ärztlicher Aufsicht in Anspruch genommen wird um eine Starthilfe für bleibende Gewichtsreduktion zu geben.

Das Ziel ist jedoch immer eine langsame Gewichtsreduktion, etwa ein halbes Kilogramm pro Woche, und Umstellung auf eine gesunde Ernährung, die schon während der Phase der Gewichtsreduktion und auch danach beibehalten werden kann.

Wenn auch in letzter Zeit Gene entdeckt wurden, die mit Übergewicht und Fettsucht zusammenhängen, so sind derzeit die Tragweite dieser Entdeckung und die Wirkungsvielfalt noch nicht restlos geklärt und bedürfen weiterer eingehender Untersuchungen.

Der Schlüssel zur Gewichtsreduktion und damit zur Risikoreduktion ist nach wie vor in einer sinnvollen Ernährungstherapie und Änderung der Lebensgewohnheiten zu sehen. Eine auf Dauer praktizierte Reduktion der Kalorienzufuhr auf ein für alle Erfordernisse des täglichen Bedarfes notwendiges Maß ist auf Grund heutigen Wissensstandes der beste Garant für lang anhaltende Gesundheit und Wohlbefinden.

Rheuma-Diät

Die von Seiten der Ganzheitsmedizin behauptete Meinung, dass rheumatische Erkrankungen auch diätetisch beeinflussbar wären, konnte in letzter Zeit auch wissenschaftlich bestätigt werden. So kann man heute annehmen, dass rheumatische Erkrankungen durch bestimmte Vitamine, Mineralstoffe, Spurenelemente und spezielle Nahrungsinhaltsstoffe, wie etwa die Omega-3-Fettsäuren, positiv beeinflusst werden können.

Für Omega-3-Fettsäuren gibt es die meisten und besten Studien, die bei deren Nahrungsergänzung eine Verbesserung der klinischen Symptome beschreiben. Andererseits wirken sich Abkömmlinge anderer Fettsäuren bei Rheuma negativ aus. Linolsäure und Arachidon-Säure sind Vorstufen für entzündungsfördernde Mediatoren wie Prostaglandine und Leukotriene. Diese Fettsäuren sind in tierischen Fetten in weitaus höherer Konzentration enthalten als in pflanzlicher Kost. Pflanzliche Fette enthalten auch Ölsäure, woraus im Körper entzündungshemmende Prostaglandine gebildet werden können.

> Wussten Sie, dass eine vegetarische Ernährung bei Rheuma-Erkrankungen geeignet ist, die durch entzündliche Reaktionen hervorgerufenen Symptome zu verbessern?

Pflanzliche Kost enthält mehr antioxidative Substanzen, welche in Zusammenhang mit rheumatischen Erkrankungen erfolgversprechend eingesetzt werden.

Wie bei den meisten zivilisationsbedingten und immunologisch beeinflussten Erkrankungen spielt auch bei rheumatischen Erkrankungen die Darmflora eine nicht unbedeutende Rolle. Eine vegetarische Ernährung führt zu einer Veränderung der Darmflora, wobei u.a. entzündungsfördernde Bakterien wie etwa der „proteus mirabilis" vermindert werden.

Unter den Vitaminen, welche einen entzündungsvermindernden und schmerzreduzierenden Effekt zeigen, ist an erster Stelle das Vitamin E zu nennen.

Alpha-Tocopherol, die bekannteste Form der acht Vitamin E Vorkommen, wird bei rheumatischen Erkrankungen hoch dosiert eingesetzt. Rheumatische Erkrankungen wie Arthritis und Arthrosen sind durch einen erhöhten oxidativen Stress im Gelenksbereich gekennzeichnet. Hierdurch können Entzündungsprozesse ausgelöst und Knorpelschädigungen verstärkt werden. Aufgrund mehrerer Studien besteht Grund zu der Annahme, dass durch die Anwendung von Alpha-Tocopherol eine Schmerzlinderung und verbesserte Gelenksbeweglichkeit erreicht werden kann. Chemische Mittel wie nichtstereoidale Antirheumatika, kurz NSAR, können dadurch eingespart werden. Es erfordert allerdings die Zufuhr relativ hoher Dosen um diesen Effekt verifizieren zu können.

Auch Vitamin D wird erfolgreich eingesetzt. Es zeigte sich nämlich, dass Menschen mit Arthrose-Erkrankung häufiger niedrige Vitamin D-Werte aufweisen. Auch die Unterstützung mit Vitaminen der B-Reihe, etwa Vitamin B6, und Pantothen-Säure sowie Magnesium, Kalzium, Zink und Selen wird empfohlen.

Omega-3-Fettsäuren werden nicht nur wegen ihres entzündungshemmenden Effektes bei Rheuma-Kranken geschätzt, sie haben auch positiven Einfluss auf das Herz-Kreislaufsystem, die Blutfette und Arteriosklerose. Die beiden wichtigsten Vertreter dieser Gruppe, die Eisosapentaen-Säure und die Docosahexaen-Säure, hemmen die entzündungsfördernde Arachidon-Säure und führen zur Bildung von so genannten Eicosanoiden, wie dem Prostaglandin E 3 und dem Leukotrien B5, welche entzündungshemmende Wirkungen aufweisen.

In verschiedenen Studien konnten sowohl nach Einnahme der beiden Fettsäuren als auch nach der Gabe von Fischöl Verbesserungen hinsichtlich der subjektiven Beschwerden wie Morgensteifigkeit der Gelenke und Verminderung der Schmerzen sowie auch Verminderungen der Entzündungsparameter festgestellt werden.

Auch orthomolekulare Therapieansätze[54] können unterstützend eingesetzt werden. Diese verwenden hoch dosierte Nährstoffe und werden
neben pflanzlicher Ernährung in zunehmendem Maße empfohlen.

Diejenigen, welche einer Kost mit Fleischprodukten nicht widerstehen
können, sollten Anleihe an der Steinzeit-Diät nehmen. Tiere, die sich nämlich ausschließlich von Gras ernähren, haben ein deutlich günstigeres Verhältnis von Omega-3- zu Omega-6-Fettsäuren. Diejenigen Tiere - und das
ist bei Stallmast meistens der Fall - welche zu einem Großteil mit Getreide
gefüttert werden, weisen neben bestimmten Lektinen, das sind Stoffe,
welche die Pflanze zum eigenen Schutz produziert und die beim Menschen Unverträglichkeitsreaktionen verursachen können, auch wesentlich
mehr entzündungsfördernde Omega-6-Fettsäuren im Fleisch auf.

Für Fleischesser ist es deshalb wichtig, das richtige Fleisch zu essen - zurück zu Antilope und Büffel, heute eher Almochse und Berg-Lamm oder
Ziege.

GLYX-Diät bzw. LOGI-Methode

Sowohl die GLYX-Diät als auch andere „Low Carb"-Diätformen, also Ernährungsformen mit niedrigem Kohlenhydratanteil, werden kritisch bewertet. So wird dabei die aufgenommene Kalorienmenge vernachlässigt.
Wer jedoch mehr Kalorien aufnimmt, als der Körper verbraucht, nimmt in
jedem Fall, unabhängig vom GLYX (GI), zu. Da außerdem die GI-Werte
nicht einfach addiert werden können, da die meisten Nahrungsmittel
nicht isoliert gegessen werden, kommt man zu falschen Ergebnissen. Der
GI hängt nicht nur von der Art der enthaltenen Kohlenhydrate, sondern
auch von der technologischen Aufbereitung der Nahrung, dem Grad der
Verarbeitung, der Anwesenheit von Enzymhemmern, der Häufigkeit der
Nahrungsaufnahme sowie dem Reifegrad und dem Ballaststoffgehalt der
Lebensmittel ab. Wird das klassische Weißmehl-Baguette zum Beispiel
gemeinsam mit Marmelade und Butter verzehrt, sinkt der GI um 33 Punkte.

Die GLYX-Diät ist mit der Montignac-Methode und der LOGI-Methode
verwandt. Alle ähnlichen Diätformen versprechen müheloses Schlanksein
ohne große Anstrengung. Die LOGI-Methode stammt angeblich aus der

---

[54] Die orthomolekulare Medizin (griech. ορθός, orthós, richtig; molekular, aus lat. Baustein) ist eine
maßgeblich von Linus Pauling beeinflusste alternativmedizinische Methode, in deren Mittelpunkt die
Verwendung von Vitaminen und Mineralstoffen zur Vermeidung und Behandlung von Krankheiten
steht.

Stoffwechselabteilung der Universitätsklinik in Boston und bietet die neuesten Erkenntnisse aus der Ernährungsforschung an. LOGI bedeutet **LO**w
Glycemic and **I**nsulinemic Diet. Das Prinzip beruht ebenfalls auf einer
niedrigen Blutzuckerwirkung. Auf dem Speiseplan stehen vor allem viel
Gemüse, Salate, frische Früchte sowie reichlich eiweißreiche Produkte wie
Fisch, Fleisch, Milchprodukte, Nüsse und Hülsenfrüchte. Ebenso wichtig
sind hochwertige Fette und Öle. Dagegen gibt es Vollkornprodukte, die
von anderer Stelle als Ernährungsbasis empfohlen werden, nur in kleinen
Portionen. Nicht verboten, jedoch auch nicht empfohlen, sind Getreideprodukte aus raffiniertem Mehl, Kartoffeln und Süßwaren. Sie sind aber
weder für eine schlanke Figur noch für ein langes Leben empfehlenswert.
Die Befürworter dieser Methode berichten über Erfolge ihrer Ernährungsform bei entgleistem Insulinhaushalt und Zuckerkrankheit, gestörtem
Fettstoffwechsel, Bluthochdruck und Übergewicht - in Summe beim so
genannten metabolischen Syndrom[55].

Langsame aber stetige Gewichtsabnahme sei die Folge. Die LOGI-
Methode sei die einzige Erfolg versprechende Methode um dem ewigen
Jo-Jo-Effekt von Gewichtszunahme und -abnahme zu entkommen. Sie
wird nicht als Diätform sondern als artgerechte Ernährungsform ange-
priesen. Was die Ernährungspyramide der LOGI-Methode betrifft, so stehen an deren Basis Obst und mit hochwertigen Ölen zubereitete Gemüse.
Ernährungsrelevante Fachgesellschaften reihen Öle aufgrund ihres hohen
Kaloriengehaltes allerdings etwas weiter oben ein. Der Körper unterscheidet auch hinsichtlich der Kalorienaufnahme nicht zwischen „guten
und schlechten Fetten", gesättigten und ungesättigten Fettsäuren. Die
zweite Ebene unterscheidet sich noch deutlicher. Dort findet man bei der
LOGI-Methode fettarme Milchprodukte, mageres Fleisch, Fisch, Hülsenfrüchte und Nüsse. Bei Fachgesellschaften findet man komplexe Kohlenhydrate in Form von Vollgetreideprodukten. Dabei entspricht die LOGI-

---

[55] Das metabolische Syndrom (manchmal auch als tödliches Quartett, Reavan-Syndrom oder Syndrom
X bezeichnet) wird heute als der entscheidende Risikofaktor für koronare Herzkrankheiten angesehen. Es geht einher mit vielfältigen Störungen des Stoffwechsels, der Blutdruckregulation sowie einer
charakteristischen Fettleibigkeit.

Nach den WHO-Kriterien von 1999 liegt ein metabolisches Syndrom dann vor, wenn folgende Risikofaktoren bestehen: Diabetes mellitus, gestörte Glukosetoleranz, pathologischer Nüchternblutzucker
bzw. Insulinresistenz plus zwei der folgenden Parameter, nämlich Blutdruck $\geq$ 140/90 mmHg, Dyslipi-
dämie mit Triglyceride > 1.695 mmol/L und HDL $\leq$ 0.9 mmol/L (bei Männern) bzw. $\leq$ 1.0 mmol/L (bei
Frauen), Viszerale Adipositas mit Verhältnis von Taillen- zu Hüftumfang > 0,9 (bei Männern) bzw. >
0,85 (bei Frauen) und/oder ein BMI > 30 kg/m² oder Mikroalbuminurie mit Albuminurie über $\geq$ 20
mg/min oder ein Verhältnis von Albumin zu Kreatinin $\geq$ 30 mg/g.

Kost den „Low Carb"-Diäten, diese wurden Ende der 90er Jahre auch wissenschaftlich untersucht. Während die Probanden in den ersten 6 Monaten mit einer fett- und eiweißreichen Diät besser abnahmen, war nach 12 Monaten dieser Effekt jedoch nicht mehr nachweisbar. Außerdem sollte nicht vernachlässigt werden, dass ein vermehrter Konsum von rotem Fleisch mit einem erhöhten Risiko für Diabetes und Dickdarmkrebs verbunden ist. Zudem ist der gesteigerte Konsum von tierischem Eiweiß in der Regel mit einer erhöhten Aufnahme ungesunder Fette verbunden, welche an der Entstehung der Arteriosklerose beteiligt sind. Bei erhöhter Aufnahme ist ebenfalls mit belastenden Effekten für die Nieren zu rechnen, was gerade bei Diabetes zu gefürchteten Komplikationen führen kann. Zu wenig Beachtung wird auch dem Säure-Basen-Haushalt geschenkt. Bei anhaltender hoher Eiweißzufuhr aus tierischen Produkten ist eine Kompensation mit pflanzlichen basischen Mineralstoffen schwer erreichbar.

Alle Diäten mit niedrigem Kohlenhydrat- und hohem Eiweißgehalt führen auch zu einer Übersäuerung des Organismus mit erheblichen negativen Auswirkungen auf den Stoffwechsel der Muskulatur, des Bindegewebes, der inneren Organe sowie speziell auf die Kalziumbilanz und zu einer verminderten Knochenneubildung.

Die Bezeichnung von Vollkornprodukten als ein „Gesundheitsrisiko" kennt man schon von Fred W. Koch sowie H. Wandmaker, die jegliche Art von Getreideprodukten als „verschleimende Nahrung" oder „Kleisternahrung" bezeichnen und damit eine dämonisierende Bewertung der Vollgetreideprodukte vornehmen. Es stimmt zwar, dass sich der Mensch lange vor der kulturellen Bearbeitung der Felder zum Getreideanbau als Jäger und Fischer betätigt hat und unsere Gene lange genug Zeit gehabt haben, sich mit der Verstoffwechselung tierischer Produkte auseinanderzusetzen. Andererseits wurde in groß angelegten Studien (Nurses Health Study und Health Professionals Study) ein gegenteiliger Effekt beobachtet, was den Verzehr von Vollkorn, Übergewicht und Diabetes betrifft. Es wurden für Vollkornprodukte gesundheitsfördernde Eigenschaften gefunden. Was die Passagezeit von tierischem Eiweiß im Darm sowie die bei Fäulnis auftretenden Gifte betrifft, wurde bereits gesagt, dass pflanzliche Eiweißprodukte ein geringeres Risiko hinsichtlich der Giftbelastung darstellen. Vollkornprodukte haben eine raschere Passagezeit und sind in der Lage Giftstoffe im Darm aufzunehmen und auszuscheiden.

Bei Berücksichtigung der zugeführten Nahrungsmenge und entsprechender Bedachtnahme auf den Säure-Basen-Haushalt stellt die LOGI-Kost eine kohlenhydratreduzierte Ernährungsform dar, die vor allem als diätetische Maßnahme bei Diabetes und Übergewicht - zumindest kurzfristig - gute Ergebnisse zu zeigen scheint.

Ein positiver Aspekt der LOGI-Methode ist für all jene Personen unbestritten welche eine Glutenintoleranz (Zöliakie) aufweisen und demzufolge den Kleber aus Getreideprodukten, vor allem aus Weizen, Roggen, und Hafer, schlecht oder gar nicht vertragen.

Zusammenfassend kann man sagen:

- Der beste Garant für lang anhaltende Gesundheit und Wohlbefinden ist eine dauerhaft praktizierte Reduktion der Kalorienzufuhr auf das notwendige tägliche Bedarfsmaß. Propagierte Diätformen haben jedoch sowohl Vor- als auch Nachteile:
- Das (oftmals spirituell motivierte) Fasten ist ein Willensakt zur Selbstbeherrschung: Es drosselt die Gesamtaktivität des Wärme-/Stoffwechsels und der Drüsenproduktion auf „stand-by". Dadurch wird den schädlichen Organismen und Tumoren teilweise ihre „Futterbasis" entzogen. Trotz temporärer Leistungsschwäche fördert das Fasten die Regeneration und begünstigt eine Lebensverlängerung. Einem unerfahrenen oder exzessiven Umgang können jedoch Unterzuckerung und Immunschwächen folgen.
- Die medial verbreitete, radikale Schlankheitsdiät birgt - wenn sie nicht langfristig und schonend verläuft - die Gefahr des Jojo-Effektes.
- Glyx-Diäten und Ernährungsformen mit niedrigem Kohlenhydratanteil berücksichtigen zwar die niedrige Blutzuckerwirkung, neigen jedoch, dazu die Kalorienmenge zu vernachlässigen. Außer Betracht gelassen wird auch das Übersäuerungsrisiko aufgrund eiweißlastiger und Vollkorngetreide ablehnender Ernährung.
- Jede einzelne der hier erwähnten Diätformen hat positive gesundheitliche Aspekte, die nicht von der Hand zu weisen sind. Die Tatsache, dass die Befürworter der einzelnen Diäten auf Heilungserfolge bei diversen Krankheiten hinweisen können, gibt zur Vermutung Anlass, dass neben nachweisbaren ernährungs-physiologischen Aspekten auch die Steigerung bewussten Ernährungsverhaltens sowie Placeboeffekte eine Rolle spielen.

Functional Food

In diesem Kapitel geht es um folgende Themen:

- **Brain Food**
- **Beauty Food**
- **Erotic Food**

Brain Food

Durch richtige Ernährung kann man nicht nur für den Körper sondern auch für die geistige Fitness einiges bewirken. Wenngleich man Weisheit nicht mit dem Löffel essen kann, lässt sich durch die Ernährung einiges für Stimmung und Denkkraft tun.

Bezogen auf sein Gewicht hat das Gehirn einen gewaltigen Stoffwechselgrundumsatz. Die Milliarden von Nervenzellen, die untereinander vielfältig vernetzt sind, geben erhaltene Impulse weiter, nachdem sie diese verarbeitet haben. Diese komplizierten Regelmechanismen brauchen gut funktionierende Nervenzellen und Leitsysteme sowie chemische Boten-stoffe, welche für die Übertragung der Reizimpulse sorgen. Voraussetzung ist ein intakter Blutfluss, welcher die für die Hirnarbeit erforderlichen Nährstoffe in ausreichendem Maße anbieten kann.

Schon bei der Entwicklung des Gehirns sind essentielle Fettsäuren erfor-derlich. Daneben werden B-Vitamine, Zink, Jod, Eisen und Folsäure sowie Eiweiß in ausreichendem Maße benötigt. Im Erwachsenenalter sind die B-Vitamine neben essentiellen Amino- und Fettsäuren von großer Wichtig-keit.

Neuere Untersuchungen kommen dem Zusammenhang von gesunder Ernährung und psychischem wie auch körperlichem Wohlbefinden auf die Spur. So kann etwa ein Mangel von Vitamin B3 (Niacin) ebenso wie das Fehlen bestimmter Fettsäuren für Depressionen mit Verursacher sein. Niacin ist direkt mit der Stimmungslage verbunden, weil die Psychohor-mone auf die Mitwirkung dieses Vitamins angewiesen sind. Angst, Ver-zagtheit und Depressionen können als Folge dieses Vitaminmangels auf-treten.

Wussten Sie, dass Kohlenhydrate die wichtigste Energiequelle für den Hirnstoffwechsel dar stellen?

Ein Drittel der zugeführten Kohlenhydrate wird direkt zu Kohlendioxid und Wasser verbrannt, zwei Drittel dienen der Synthese von Aminosäu-ren, Peptiden, Fetten und Nukleinsäuren. Ein intakter Zuckerstoffwechsel ist die Voraussetzung für ein gutes Gedächtnis sowie auch für die subjek-tive Leistungsfähigkeit.

Bei der richtigen Ernährung sollte auf Kohlenhydrate mit niedrigem gly-kämischen Index Wert gelegt werden, wie das etwa bei Vollkornproduk-ten der Fall ist, weil dadurch eine langsamere und kontinuierlichere Ver-dauung und Aufnahme des Zuckers in die Blutbahn erfolgt. Damit wird auch ein ausgeglichener Blutzucker-und Insulinspiegel erzielt, was lang-fristig zu einer besseren Stimmungslage und auch höherer Gedächtnisleis-tung führt.

Tryptophan, Tyrosin und Phenylalanin sind die Vorstufen der Neuro-transmitter Serotonin, Dopamin und Acetylcholin. Ein Mangel an Aminosäuren kann zu Verschiebungen im Neurotransmitter-Gleichgewicht und damit zur Entstehung psychischer Erkrankungen beitragen.

Bei depressiven Patienten wird fast immer ein niedriger Tryptophan-Spiegel festgestellt und demzufolge werden auch schon Versuche mit Tryptophan-Nahrungsergänzung zur Behandlung durchgeführt.

Auch mehrfach ungesättigte Fettsäuren spielen für eine normale Funktion des Gehirns eine große Rolle. Die Dokosahexaen-Säure wird auch hier wieder gebraucht und zwar, um die neuronalen Membranen mit aufzubauen. Ein Mangel führt zu einer Destabilisierung der Zellmembran. Antioxidantien schützen die Omega-3-Fettsäuren vor der Lipidperoxidation. Bei psychischem Stress und Übersäuerung werden vermehrt Antioxidantien wie auch Omega-3-Fettsäuren gebraucht. Omega-3-Fettsäuren sind in Erythrozyten-Membranen von depressiven Patienten stark vermindert. Mit einer Nahrung, die reich an Omega-3-Fettsäuren oder deren Vorstufe ist, kann bei depressiven Patienten eine deutliche Besserung der Symptome erzielt werden.

Fisch enthält sowohl Niacin als auch die im Fischöl reichlich enthaltenen Omega-3-Fettsäuren. Für das Entstehen und den Verlauf von Depressionen werden auch ein Mangel an Vitamin C und Antioxidantien sowie Störungen im Methionin- und Folatstoffwechsel (Folsäuremangel) diskutiert.

Fische sind ideale Lieferanten für Gehirnnahrung. Sie sind reich an Omega-3-Fettsäuren, die unerlässlich für einen intakten Gehirn-Stoffwechsel sind. Sie hemmen auch Entzündungsreaktionen im Gehirn und sorgen für einen Nachschub an Bauelementen für die Nervenzellregeneration.

Gemüse liefert die Grundlage für das Angebot an Basen bildenden Mineralstoffen, Vitaminen und sekundären Pflanzenstoffen. Alle Gemüsesorten eignen sich als Brain Food.

Obst enthält ebenfalls wertvolle Vitamine und Antioxidantien. Besonders Äpfel haben gehirnschützende Eigenschaften. Sie haben unter der Schale das Antioxidans Quercetin, welches neben Vitamin C mithilft den Abbau und die Degeneration von Hirnzellen zu vermeiden.

Nüsse enthalten die wichtigen, mehrfach ungesättigten Fettsäuren sowie das Vitamin E, welches den Hirnzellen Oxidationsschutz bietet. Der hohe Gehalt an B-Vitaminen bietet zusätzliche Nervennahrung. Auch der Folsäureanteil trägt dazu bei, die Gehirnleistung intakt zu halten.

Sojaprodukte enthalten das wertvolle Lecithin sowie andere Aminosäuren, die für den Aufbau von Nervenbotenstoffen benötigt werden. Die Fettsäuren aus Sojaprodukten haben eine ideale Zusammensetzung. Außerdem sind Sojaprodukte perfekte Eiweiß-Lieferanten. Dadurch wird auch auf den Cholesterin-Spiegel ein positiver Effekt ausgeübt. Von dem im Soja enthaltenen Phyto-Östrogenen nimmt man nicht nur positive Effekte auf weibliche Hormone an sondern auch eine Verringerung jener Eiweißverbindungen, welche für das Entstehen der Alzheimererkrankung mitverantwortlich sind. Auch der Kalziumgehalt von Sojaprodukten ist beachtlich.

Getreideprodukte enthalten im vollen Korn sehr viele schützende Vitamine, Mineralstoffe und Spurenelemente. Die im Keimling enthaltenen Fettsäuren schützen und kräftigen die Markschichten der Nerven. Besonders Hafer und Dinkel werden als Gehirnnahrung empfohlen. Hafer enthält reichlich Vitamine der B-Reihe, Magnesium und Cholin sowie eine Reihe essentieller Aminosäuren, u.a. Tyrosin, das als Vorstufe von Dopamin fungiert. Dopamin ist ein biogenes Amin und ein wichtiger Botenstoff aus der Gruppe der Katecholamine. Im Volksmund gilt es als Glückshormon. Seine Wirkung entfaltet sich vor allem im Mittelhirn aber auch in inneren Organen, wo es für die Durchblutung sorgt.

Kakao und grüner Tee wirken als starke Antioxidantien und Stimmungsaufheller.

Ganz wesentlich für das Gehirn und die damit zusammenhängenden psychischen Aspekte ist auch, genügend zu trinken. Schon geringer Flüssigkeitsmangel schränkt die geistige Leistungsfähigkeit ein. Müdigkeit und Kopfschmerzen können die Folge sein, da sich die Hirndurchblutung vermindert und die Nährstoffversorgung verknappt. Das Kurzzeitgedächtnis verliert an Leistung, man reagiert unflexibler und langsamer, versteht komplexe Zusammenhänge nicht mehr und verliert leichter die Übersicht.

Eine Sonderstellung in der Gehirnnahrung nimmt der Apfel ein, auch Brokkoli, Vollkorn, Soja, Nüsse, Mandeln - welche besonders basisch sind - sowie Fisch. Lachs, Thunfisch und Makrele liefern besonders viele günstige Omega-3-Fettsäuren. Dagegen brauchen fettreiche Mahlzeiten und Kohlenhydrate mit hohem glykämischen Index, wie Weißmehlprodukte und Mehlspeisen, eine gute Durchblutung im Magen und der Spruch „plenus venter non studet libenter" („Ein voller Bauch studiert nicht gerne.") bekommt seine Gültigkeit. Traubenzucker ist keine ideale Gehirnnahrung. Der Zucker wird vom Körper rasch abgebaut und nach 20 bis 30 Minuten kommt es zu einem Zuckerabfall im Gehirn. Äpfel oder Bananen, die den Zucker langsamer freisetzen, haben eine günstigere Wirkung.

Dunkle Schokolade mit einem hohen Kakao-Anteil verbessert die Durchblutung des Gehirns. Der Kakao-Gehalt sollte bei dunkler Schokolade mindestens 70% sein. Ausschlaggebend scheint der Kakao-Inhaltsstoff Flavanol zu sein, welcher die Leistungsfähigkeit des Gehirns erhöht. Prof. Dr. Ian Mac Donald von der University of Nottingham verabreichte Studienteilnehmern ein reichlich kakaohaltiges Getränk und wies mit bildgebenden Verfahren die gesteigerte Durchblutung im Gehirn nach. Diese hielt für zwei bis drei Stunden nachweisbar an (School of Biomedical Sciences, 2007).

Nachteile für geistige Leistungen wurden hingegen bei Eisenmangel festgestellt. In der Kindheit führt er zu messbaren Defiziten beim Lesen, in der Mathematik und der sprachlichen Ausdrucksfähigkeit. Regelmäßiger Fast Food Konsum mit Vitamin B1-Mangel schadet den geistigen Fähigkeiten.

Körperliche Aktivitäten wie Wandern, Bergsteigen, Radfahren, Joggen und (Nordic) Walking halten nicht nur den Körper fit sondern auch den Geist jung. Alle Arten von geistigen Aktivitäten aktivieren ebenfalls die nervlichen Kontaktstellen und Netzwerke. Wer dies berücksichtigt, ist in der Lage, auch im hohen Alter noch geistig fit zu sein.

Vitamine und Mineralstoffe werden im Zusammenhang mit psychischen Erkrankungen ebenfalls diskutiert. Nach dem Grundsatz der orthomolekularen Medizin sind Krankheiten stets auch auf ein biochemisches Ungleichgewicht im Körper zurückzuführen. Die Annahme, dass die heute zur Verfügung stehenden Lebensmittel aufgrund des Anbaues, ihrer Wachstumsbedingungen, des Transportes und der Lagerung essentielle Inhaltsstoffe nicht mehr im ausreichenden Maße enthalten, begründet die Nahrungsergänzung durch Vitamine und Mineralstoffe. Dies geschieht in der orthomolekularen Medizin in wesentlich höheren Dosen als die Schulmedizin üblicherweise vorsieht.

Ballaststoffreiche Kohlenhydrate wie Vollkornprodukte, Basen bildende, vitamin- und mineralstoffreiche pflanzliche Kost, wie Salat, Gemüse und Obst, ausreichend Omega-3-Fettsäuren-haltige Lebensmittel wie Leinöl und Fisch und Antioxidantien sind als Kopfnahrung und für eine ausgeglichene Psyche die beste Basis, vielleicht auch ab und zu ein Stückchen dunkle Schokolade.

Beauty Food

Wenn man von „Beauty Food" spricht, ist jene Ernährung gemeint, die neben vorteilhaften, gesundheitlichen Aspekten auch den Schönheitsbegriff mit einbezieht.

Ob die Begriffe Gesundheit und Schönheit getrennt zu betrachten sind, ist eher ein philosophisches als ein medizinisches Kriterium.

„Beauty Food" braucht als Begründung für ein berechtigtes Argument richtiger Ernährung auch biologische Akzeptanz. Demzufolge gilt als schön, was auch einen biologischen Vorteil gewährleistet.

Bei Frauen hat man versucht, mit der „waist-to-hip-ratio" (Taille-zu-Hüft-Verhältnis) ein Zeichen für Fruchtbarkeit zu definieren. Bei Männern bewegt sich dieses Bild vom jugendlichen Adonis bis hin zum männlichen Herkules.

Naturwissenschaftlich lässt sich Schönheit nicht definieren, wenn man vom Versuch absieht, diese auf körperliche Idealmaße zu beschränken, die in der Regel von wechselnden Modebewegungen abhängig sind. Diese variieren von magersüchtigen Model-Vorbildern bis hin zu molligen Venus-Typen und sind nicht in der Lage ein objektives Urteil über Schönheit abzugeben. Vielmehr sind diese Schönheitsbegriffe ein Spiegelbild der aktuellen Versorgungslage einer Gesellschaft. Dort, wo die ernährungsbedingte Versorgungslage unsicher ist, wird Fettleibigkeit zum Statussymbol. In der industrialisierten Wohlstandsgesellschaft hingegen wird Schlankheit als begehrtes Ziel angesehen.

Wussten Sie, dass ganz allgemein Symmetrie als ein Zeichen für Gesundheit und Schönheit gilt?

Spannkraft und Vitalität sind neben jugendlichem Aussehen bei symmetrischen Körperformen Attribute für Gesundheit und Schönheit Dazu benötigt Mann und Frau eine gesunde Ernährung neben körperlicher Fitness und psychischer Ausgeglichenheit. Zufriedenheit sowie ein ausgeprägtes Selbstwertgefühl als Voraussetzung für körperliche und psychische Gesundheit werden durch richtige Ernährung wesentlich unterstützt.

Wenn man von „Beauty Food" spricht, sollte man jedoch nicht nur die positiven Auswirkungen der Nahrung auf das innere und äußerliche Erscheinungsbild des Körpers betrachten, sondern neben gutem Geschmack und Bekömmlichkeit auch dessen Auswirkungen auf psychisches Wohlbefinden und spirituelle Entwicklungsmöglichkeiten.

Wenn auch der Schönheitsbegriff im Laufe der Zeit einem ständigen Wandel unterworfen ist, so gelten glänzende Haare, ein gesunder Teint und eine ebenmäßige Haut sowie ein straffes Bindegewebe neben einer fitten Körperhaltung als Merkmale für ein gutes Aussehen.

Um neben der Befriedigung des Hungergefühls zum Abdecken des Bedarfes an Brenn- und Aufbaustoffen auch Wohlbefinden und Schönheit zu fördern, bedarf es neben der Zufuhr lebenswichtiger Nährstoffe auch einer ausreichenden Zufuhr an Vitaminen, Mineralien, Spurenelementen sowie ausreichender Flüssigkeitszufuhr.

Nahrungsmittel wie Obst und Gemüse stecken voller Vitamine und haben einen hohen Gehalt an den sogenannten Schönheitsvitaminen A, B, C und E sowie Karotinoiden und enthalten daneben auch die wertvollsten Mineralstoffe wie Kalium, Kalzium und Magnesium sowie die Spurenelemente Eisen, Zink, Kupfer, Silizium usw. (siehe Mineralstoffe und Spurenelemente). Damit sind sie nicht nur für einen gesunden sondern auch für einen schönen Körper unentbehrlich.

Auch die Zufuhr der entsprechenden Aminosäuren ist für den Aufbau des Kollagens, Elastins und Keratins in Bindegewebe, Haut und Haar erforderlich und unentbehrlich für Gesundheit und Aussehen. Sowohl pflanzliche als auch tierische Eiweißquellen kommen als diesbezügliche Lieferanten in Frage.

Die besten Lieferanten für straffe Haut, glänzendes Haar und feste Nägel sind alle Gemüsesorten, besonders die bunten farbstoffhaltigen Obst- und Gemüsearten sowie Feldsalat und pflanzliche Fette, welche ein richtiges Verhältnis von Omega-3-, Omega-6-und Omega-9-Fettsäuren garantieren, wie etwa Leinöl, Kürbiskernöl und Olivenöl.

Der hohe Wassergehalt des Körpers verlangt für einen gesunden Spannungszustand (Tonus) auch genügend Flüssigkeitszufuhr um den Hauptbestandteil unseres Körpers, das Wasser, mit Nachschub zu versorgen. Unterstützt wird der Wasserhaushalt durch Hormone und Vitamine, die unter anderem auch für den Feuchtigkeitsgehalt der Haut verantwortlich sind.

Körner und Nüsse enthalten reichlich das für eine gesunde und schöne Haut unentbehrliche Vitamin E und auch deren Verarbeitungsprodukte wie Vollkornmehl und pflanzliche Öle sind empfehlenswerte Produkte für „Beauty Food".

Da nach heutigen Erkenntnissen auch freie Radikale für das Altern der Haut verantwortlich sind, die nach kleinen lokalen Entzündungen zu Vernarbungen und anschließend zu Faltenbildungen führen, gehören auch alle Antioxidantien zu einer schönheitsfördernden Ernährung.

Reich an Antioxidantien sind alle rot-, grün- und gelbfarbigen Obst- und Gemüsesorten, die neben Karotinoiden und Vitaminen auch noch sekundäre Pflanzenstoffe enthalten. Dazu gehören unter anderen Karotten, Tomaten, Paprika und Kürbis. Avocados enthalten neben Vitamin E auch gesunde Fettsäuren und Vitamin D und dienen damit einem gesunden Aussehen.

Karotten, Basilikum, Petersilie und Salbei wirken reinigend für den Körper, sind entzündungshemmend und unterstützen ein gesundes Hautbild.

Die Nährstoffe Kohlenhydrate, Eiweiß und Fett müssen neben ausreichender Flüssigkeitszufuhr in richtiger Relation aufgenommen werden um für Haut, Haare, Nägel, Bindegewebe, Muskulatur, Knochen und innere Organe zur Verfügung zu stehen.

Ausreichende Bewegung bei richtiger Sauerstoffaufnahme, wenig Stress sowie ein gesunder Schlaf und ein entspanntes vegetatives Nervensystem sind neben richtiger Ernährung die Eckpfeiler für gesundes jugendliches Aussehen.

Erotic Food

Erotic Food soll all jene Nahrungsmittel beschreiben, die eine Lust- bzw. Potenz-steigernde Wirkung haben sollen.

Während bei Frauen keine sichtbaren Merkmale von Potenzstörungen objektivierbar sind, ist die erektile Dysfunktion bei Männern eine häufig beobachtete leidvolle Störung sowohl im physischen als auch im psychischen Bereich.

Wurde vor einigen Jahren noch die Erklärung für das Auftreten von Potenzstörungen hauptsächlich im psychischen Bereich vermutet, so ist heute aufgrund medizinischer Forschungserkenntnisse der wissenschaftliche Beweis erbracht, dass es sich dabei hauptsächlich um Lifestyle-Sünden handelt. Bewegungsmangel, Übergewicht, zu viel Alkohol, Rauchen, Übersäuerung durch falsche Ernährung und Stress sind nicht nur für Gefäßerkrankungen, Bluthochdruck und Diabetes verantwortlich, sondern auch für Potenzstörungen.

Demzufolge treten die erektile Dysfunktion bei Männern sowie Störungen im Libidobereich bei Frauen als Frühwarnsystem für Gefäßschäden und daraus resultierende Lifestyle-Erkrankungen auf.

So haben etwa Männer, die an einer mittleren bis schweren Störung der erektilen Funktion leiden, ein um circa 60 Prozent höheres Risiko in den nächsten zehn Jahren einen Herzinfarkt zu erleiden. Die richtige Strategie dagegen ist einfach: Weniger und richtiger essen, Vernunft und Mäßigkeit bei Alkoholkonsum, kein Tabak und regelmäßige, richtige Bewegung.

Was die richtige Bewegung betrifft zeigen interessante Erkenntnisse bei der Beobachtung verschiedener Sportarten. So gibt es eine schwedische Studie, welche in der Zeitschrift „Scandinavian Journal of Medicine and Science in Sports" (Mai 2008) berichtet, dass Golfspielen eine positive Wirkung auf die Lebenserwartung erzielt. Diese Steigerung der Lebenserwartung kann bis zu fünf Jahre betragen. Dabei gibt es die besten Ergebnisse für Golfer mit niedrigem Handicap, also für gute Spieler. Obwohl bei der Betrachtung dieser Tatsache nicht auszuschließen ist, dass Golfer allgemein einen gesünderen Lebensstil pflegen, wird angenommen, dass die Sportart an sich auch günstige Auswirkungen auf die Gesundheit hat. Eine Runde Golf bedeutet in der Regel 4 bis 5 Stunden in freier Natur mit sieben bis acht Kilometer Fußmarsch ohne anaerobe Belastung des Organismus. Dazu kommen auch positive Aspekte im psychosozialen Bereich die durch das Golfspiel, welches bis ins hohe Alter möglich ist, begründet wird. Die Tatsache, dass gute Spieler besser abschneiden als schlechtere wird dadurch begründet, dass diese in der Regel zu Fuß gehen und regelmäßiger spielen als schlechte Spieler.

Als Aphrodisiaka werden allgemein meist aus Gewürzen, Kräutern oder Wurzeln bestehende Mittel bezeichnet, die sexuell stimulierende Wirkung aufweisen sollen. Aphrodite, die griechische Göttin der Liebe, steht Pate für den Begriff der Aphrodisiaka. Ihr Sohn Eros ist der Namengeber für alles Erotische.

Wussten Sie, dass es aus wissenschaftlicher Sicht nur wenig Beweise für die Wirksamkeit von Aphrodisiaka gibt? Manche von ihnen steigern jedoch nachweislich die Empfindsamkeit, wirken auf die Blutgefäße entspannend und können Kreislauf anregend wirken. Während manche Produkte durch ihre Form in den Ruf Lust steigernder Eigenschaften kamen, wie etwa der Spargel, versucht man für andere Mittel biochemische Erklärungen zu finden. So enthalten etwa Sellerie und Trüffel Androstenol, einen Bestandteil des Männerschweißes. Kaviar, Austern und Jakobsmuscheln gelten ebenso als Aphrodisiaka wie auch die Gewürze Paprika, Pfeffer und die Ingwer-Wurzel. Paprika, Pfeffer und Basilikum sollen den Gefäßen der Sexualorgane zu besserer Blutfüllung verhelfen. Auch Zwiebeln und Knoblauch gehören zu den altbewährten Kräftigungsmitteln. Knoblauch hat ähnlich wie Koffein auch eine wachhaltende Wirkung. Alkohol ist nur in kleinen Dosen stimulierend, in größeren Mengen wirkt er entgegengesetzt und hat eher lähmende Eigenschaften.

Wussten Sie, dass Ginseng in der chinesischen Medizin seit alten Zeiten zur Steigerung von Energie und Wohlbefinden verwendet wird?

Sowohl von Panax Ginseng als auch von sibirischem Ginseng wird eine Steigerung der Fortpflanzungsfähigkeit sowie eine verbesserte Hirnleistung beschrieben. Bei Impotenz, Neurasthenie und Müdigkeit ist Ginseng ein geschätztes Tonikum der chinesischen und mongolischen Medizin.

„Ginko bilobata" ist ebenfalls ein pflanzliches Antioxidans mit breitem Wirkungsspektrum. Auch seine gesundheitsfördernden Eigenschaften sind seit 5.000 Jahren bekannt, ebenso seine Wirkungen auf sexuelle Stimulation. Auch für eine verbesserte Hirnleistung ist Ginseng zuständig.

In Südamerika war schon den Inkas die Maca-Wurzel als Stimulans bekannt. Sie machte Soldaten ausdauernd, furchtlos und tapfer. Seit etwa fünfhundert Jahren wird die Wurzel wegen ihrer stimulierenden Wirkung auf Energie, Libido und Fruchtbarkeit in der peruanischen Medizin verwendet. Inzwischen gibt es auch in Europa Extrakte der Maca-Wurzel als Kräftigungs- und Revitalisierungsmittel sowie zur Steigerung sexueller Ausdauer und Leistungsfähigkeit für Männer und Frauen.

Neben Ginseng hat am ehesten die Auster einen pharmakologischen Nachweis für eine aphrodisierende Wirkung.

Aminosäuren spielen eine zentrale Rolle. So regt etwa Tyrosin die körperliche Aktivität an und wirkt der Müdigkeit und Depressionen entgegen. Tyrosinreiche Lebensmittel sind etwa verschiedene Käsesorten wie Edamer, Gouda, Tilsiter und Emmentaler sowie Erbsen, Bohnen, Mandeln, Nüsse, Fisch, Huhn, Fleisch, Eigelb und Kaviar.

L-Arginin ist eine Aminosäure, welcher Lust steigernde Effekte nachgesagt werden. Sie spielt sowohl bei allgemeiner Zellerneuerung als auch bei der Spermienbildung eine Rolle.

L-Arginin ist auch bei der Umwandlung der Aminosäure in Stickstoffmonoxyd wichtig. Stickstoffmonoxyd (NO) ist die wichtigste Substanz und damit der Schlüssel für weite Blutgefäße, Erregung und Erektion. Argininreiche Lebensmittel sind Speisegelatine, danach folgen Erbsen, Erdnüsse, Bohnen, Linsen, Mandeln, Walnüsse, Huhn, Kabeljau, Hering, Kaviar, Makrelen, Forellen, Thunfisch, Goldbarsch, Lachs, Käse, Fleisch, Ei, Haferflocken, Buchweizen, Eierteigwaren, Reis und Vollkornprodukte.

Erwähnt werden außerdem folgende Gemüse, Gewürze und andere anregende Mittel: Austern, Anis, Champagner, Chili, Enzian, Fenchel, Feigen, Gurken, Gewürznelken, Ginseng, Johanniskraut, Kaviar, Meerrettich, Muskatnuss, Nelken, Petersilie, Pfeffer, Pfefferminze, Safran, Sellerie, Spargel, Schokolade und Zimt.

Die Wirkung läuft entweder über Geschmacks- und Geruchserlebnisse, die durch Millionen von Sinneszellen der Nasen- Mund- und Magen-Darmschleimhaut an das limbische System weitergeleitet werden, welches einen Teil unseren Gehirns darstellt, der für den Zusammenhang von organischen Vorgängen und Gefühlen verantwortlich ist. Dieser alte Teil unseres Gehirns spielt eine bedeutende Rolle für die Arterhaltung. Eine bedeutende Rolle spielt auch die Überträgersubstanz Serotonin, wodurch neben anderen Glückshormonen Wohlbefinden und Entspannung ausgelöst werden.

Eine andere Erklärung ist die Reizwirkung auf Niere und Harnblase sowie eine dadurch bedingte Wirkung auf die Sexualorgane.

Natürliche Aphrodisiaka können allerdings durch nichts ersetzt werden. Eine harmonische Beziehung, richtige Ernährung sowie ein ausgeglichener Lebensstil sind Voraussetzungen für einen gesund funktionierenden körperlichen Hormonstatus. Auch die körperliche Ertüchtigung beeinflusst den Hormonstatus, sogar besser als so manches Mittelchen. Wichtig ist außerdem der Stressabbau, weil Stresshormone die Vitalenergie nachhaltig schädigen können.

Sexuelle Aktivität regt wie jedes andere Training die Funktion der Keimdrüsen an, trainiert die Funktion der Schwellkörper und fördert meist auch eine gut funktionierende Partnerbeziehung.

Gründe für Funktionsstörungen sind neben ungesunder Ernährung, die zu Gefäßschäden und Fettleibigkeit sowie Diabetes mellitus, und Arteriosklerose führen, Stress, Leistungsdruck, Nikotin- und Alkoholmissbrauch sowie Konflikte in der Partnerbeziehung.

Zusammenfassend kann man sagen:

- Bestimmte Nahrungsmittelkombinationen wirken sich funktional positiv auf Gehirnleistung, Ästhetik und Sexualität aus.
- Als Brainfood eignen sich zum einen ungesättigte (Omega-3-) Fettsäuren in Form von Lachs, Thunfisch und Makrelen, zum anderen jene Kohlenhydrate mit niedrigem glykämischen Index und nicht zuletzt Vitalstoffe, die in Obst und Gemüse, insbesondere Apfel, Brokkoli, Vollkorn, Soja, Nüssen und Mandeln enthalten sind bzw. besonders basisch sind. Bewährt hat sich auch die Bitterschokolade.
- Das ästhetische Urteil spiegelt u.a. auch die Versorgungslage der Gesellschaft und unterliegt stets einem Wandel. Insbesondere die Haut als Membran, durch welche das Innere nach außen in Erscheinung tritt, ist Gegenstand dieses Urteils: Eine Unterstützung des Bindegewebes- konkret des Kollagens, Elastins und Keratins- werden als „beauty begünstigend" erachtet. Zu den „Beauty-Garanten" zählen weiters langkettige Fettsäuren, wie etwa Leinöl, Kürbiskernöl und Olivenöl sowie Nüsse, grüne Hauskräuter und die Vitamine D und E.
- Unter Erotic Food fällt einerseits die Libido und Potenz erhaltende Nahrung. Sie zielt auf Vitalität bis ins hohe Alter, welche durch maßvolles bzw. weniges Essen unter vernünftigem Gebrauch von Genussmitteln erreicht wird. Andererseits stimulieren Aphrodisiaka den Blutkreislauf und die Empfindungsnerven; so beispielsweise Sellerie, Trüffel, Paprika, aromatische Gewürze und Gartenkräuter, Ginseng, Maca-Wurzel sowie einige Aminosäuren in Fischen.

Ernährungszusammenhänge

Richtige Ernährung

In diesem Kapitel geht es um folgende Themen:

- Grundsätzliches zu richtiger Ernährung
- Bedeutung von Obst und Gemüse
- Bedeutung von Nahrungsergänzungsmitteln
- Bedeutung von Bewegung
- Vermeidung von Fehlernährung bei Kindern

Allgemeine Bemerkungen zur richtigen Ernährung

Der gesunde Mensch kann sich an vorgegebene Ernährungsbedingungen in weitem Umfang anpassen. Damit aber keine Ernährungsschäden auftreten, muss die Nahrung außer den Energieträgern essentielle Nährstoffe in ausreichendem Maße enthalten. Eiweiß, Fett und Kohlenhydrate müssen durch Vitalstoffe wie Vitamine, Spurenelemente, Mineralien und sekundäre Pflanzenstoffe ergänzt werden. Dabei sollte auf den Säure-

Basenhaushalt geachtet werden, der mit zunehmendem Lebensalter durch das Nachlassen von Organfunktionen und Erschöpfung von Pufferkapazitäten gefährdet ist und bei Fortbestehen einer latenten Übersäuerung über einen längeren Zeitraum zu einer Reihe von ernährungsbedingten Erkrankungen führen kann.

Um dies zu gewährleisten ist eine vollwertige, an basischen Inhaltsstoffen reiche Nahrung erforderlich, die auch alle notwendigen Ergänzungsnährstoffe enthält.

Ab einem gewissen Alter und abhängig von der Belastungssituation sind Nahrungsergänzungen sinnvoll, da die Versorgung durch die Nahrung aus mehrerlei Gründen nicht mehr gesichert scheint. Auch bei optimaler Ernährung nimmt mit zunehmendem Alter der Anteil an freien Radikalen zu. Die Summe aller Freie-Radikale-Reaktionen im Gewebe bzw. in den Zellen steht dabei in direktem Verhältnis zum Alterungsprozess.

Die ausreichende Zufuhr von Antioxidantien ist ein sinnvoller Weg diesen kontinuierlich fortschreitenden Prozess zu verzögern. Zu beachten ist auch die Tatsache, dass mit zunehmendem Alter bestimmte Organfunktionen schwächer werden. So nimmt die Fähigkeit der Niere zur Säureausscheidung immer mehr ab. Gleichzeitig lässt das Durstgefühl nach und damit vergrößert sich die Gefahr der Säurebelastung des Organismus noch mehr. Auf ausreichende Flüssigkeitszufuhr ist in jedem Lebensalter zu achten, besonders jedoch bei älteren Personen, bei welchen in der Regel das Durstgefühl nicht mehr den tatsächlichen Flüssigkeitsbedarf anzeigt. Abhilfe kann in diesem Fall nur prophylaktisches (vorsorgliches) Trinken einer festgelegten Flüssigkeitsmenge schaffen.

Je nach Wassergehalt der Gesamtnahrung werden jedoch mindestens 1 ½ Liter pro Tag empfohlen.

Natürliche Lebensmittel wie Gemüse, Obst, Vollgetreide, Kartoffeln, Nüsse und Hülsenfrüchte stellen die Basis der vollwertigen Nahrungsmittel dar. Diese können nach persönlichen Vorlieben und Verträglichkeit durch pflanzliche oder tierische Produkte ergänzt werden, etwa pflanzliches Eiweiß mit sekundären Pflanzenstoffen in Sojaprodukten wie Tofu, Sojamilch, Sojamehl und so weiter. Von tierischen Produkten ist nach heutigem Wissensstand Fischen mit Omega-3-hältigen Fettsäuren der Vorzug zu geben. Auch bei Fleischprodukten gibt es deutliche Unterschiede in der Zusammensetzung des Fleisches, speziell was den Gehalt der Fettsäuren betrifft.

So nimmt man an, dass Steinzeitmenschen trotz eines hohen Konsums von Fleisch keine Gefäßerkrankungen bekamen. Man nimmt an, dass dies auf den hohen Anteil der Omega-3-Fettsäuren und konjugierter Linolsäure der Wildtiere zurückzuführen ist, der bei Grasfütterung entsteht. Freiland- oder Wildtiere sind daher in ihrer Fleischqualität auf Grund der Fettsäurenzusammensetzung bzw. der Futterrückstände Stalltieren vorzuziehen.

Heutiges Mastvieh hat dagegen einen hohen Anteil an Omega-6-Fettsäuren, die einen hohen Blutfett-Spiegel verursachen. Von Milchprodukten sind Molke und Buttermilch sowie probiotische Milchprodukte erwähnenswert. Insgesamt hat die Begeisterung an Milchprodukten, was deren gesundheitlichen Wert betrifft, in Fachkreisen in letzter Zeit eher abgenommen. Offensichtlich ist nämlich das Osteoporose-Risiko durch Kalzium aus Milchprodukten nicht zu senken. Gegen die vielfach noch vertretene Meinung, dass Milchprodukte gegen Osteoporose wirksam wären, spricht auch die Tatsache, dass Osteoporose gerade in den Ländern vorkommt, in welchen sehr viele Milchprodukte verzehrt werden.

Vor allem für Männer scheint ein hoher Verzehr problematisch zu sein, da eine hohe Kalzium-Zufuhr aus Milchprodukten das Prostatakrebs-Risiko anscheinend erhöht. Diesbezüglich wurde 2003 eine Studie veröffentlicht, welche den hohen Anstieg der Prostatakrebsfälle in Japan mit veränderten Ernährungsgewohnheiten in Zusammenhang brachte und dabei feststellte, dass dies in Verbindung mit dem 20-fach erhöhten Milchkonsum zu sehen sei. Die in der Milch enthaltenen Östrogene sowie die gesättigten Fette seien hauptsächlich für den Anstieg der Krebsfälle verantwortlich.

Fleischprodukte sollten unter Berücksichtigung des Säure-Basen-Gleichgewichtes in vertretbarer Menge und nach Möglichkeit unter Bedachtnahme der Fütterungsbedingungen gegessen werden. Grasfütterung garantiert ein besseres Omega-3- zu Omega-6-Fettsäurenverhältnis als Getreidefütterung. Tierische Fette sind nach Möglichkeit zu meiden. Zucker, Feinmehl, Süßigkeiten, süße Getränke sowie Mehlspeisen enthalten nicht mehr die für die Verstoffwechselung erforderlichen Mikronährstoffe und wirken Säure bildend.

Rohkost oder Kochen?

Die Frage, ob die Nahrung vorwiegend roh oder erhitzt gegessen werden soll, beschäftigt schon seit Jahrtausenden die Menschen. Von den Essenern, einer religiösen Gruppierung innerhalb des Judentums in der Antike, ist die Zubereitung des Brotes beschrieben, indem sie Weizen „genässt" in der Luft und der Sonne keimen ließen, dann zerdrückten, dünne Fladen formten und unter der Sonne auf heißen Steinen buken – sprich „von den Engeln der Sonne umarmen ließen". So wurde eine ideale Form der Anwendung von Keimung und Hitzeanwendung gefunden um ein gesundes wohlschmeckendes Brot zu backen. Das ist sicher ein schonender Backvorgang und in der Gegend des Toten Meeres, wo die Steine sich tagsüber stark von der Sonne erhitzen lassen, gut vorstellbar.

Rohkostverfechter wie H. Wandmaker lehnen jede Art von Hitzeanwendung ab. Deshalb findet auch Brot in seinem Ernährungsplan keinen Platz und sei darüber hinaus als „Kleisternahrung" sogar mitverantwortlich für das Entstehen vieler Krankheiten.

Ohsawa dagegen vertritt die Meinung, dass auch bei überwiegender Kochkost keine Mangelerscheinungen auftreten sofern die Nahrung den Kriterien der Vollwertigkeit und der Harmonie entspricht.

Neuen Erkenntnissen zufolge sollten Kochvorgänge möglichst schonend ablaufen und bei nicht zu hohen Temperaturen stattfinden. Mit moderner Küchentechnik wie dem Dampfgaren können Lebensmittel bei Temperaturen gegart werden, welche den Siedepunkt des Wassers nicht überschreiten und für eine maximale Schonung der Inhaltsstoffe bei gleichzeitiger Aufschließung der Lebensmittel und Ausschaltung von Mikroben sorgen.

> Wussten Sie, dass beim Backen sowie Braten mit Fett und hohen Temperaturen Veränderungen von Eiweiß, Zucker sowie Fettmolekülen entstehen, die gesundheitsgefährdende Auswirkungen nach sich ziehen können?

Harmonie und Ausgeglichenheit in ruhiger und entspannter Atmosphäre soll während der Nahrungsaufnahme vorherrschen. Ein negativer Gemütszustand durch unkontrollierte Gefühle belastet durch hormonelle

Faktoren das Säure-Basen-Gleichgewicht ähnlich wie minderwertige oder schadstoffbelastete Nahrungsmittel. Die Leber, das Entgiftungsorgan des Körpers, reagiert im Sinne der Traditionellen Chinesischen Medizin (TCM) besonders auf Stress, Ärger und Zorn. Daher kommt auch der Spruch „es sei einem etwas über die Leber gelaufen".

Der Kauvorgang sollte nicht ausschließlich Bestandteil makrobiotischen Gedankengutes sein, sondern auch Einzug in die Alltagsernährung finden. Jeder Bissen sollte so lange gekaut werden, bis die Nahrung ausreichend eingespeichelt ist. Feste Nahrung sollte flüssig werden. Dabei kann man sich an die Richtlinien Ohsawas halten und je nach Nahrung und Gesundheitszustand 30 bis 100 Kauvorgänge vornehmen. Das erspart dem Auffangorgan Magen viel Energie und Arbeit. Dem Magen, dem die Beurteilung und Ordnung der aufgenommenen Nahrung unterliegt, wird durch eine gründliche Kautätigkeit die Weiterverarbeitung wesentlich erleichtert. Das ist besonders für das vegetative Nervensystem von Bedeutung, da während des Kauvorganges reflektorisch Impulse ausgelöst werden, die über zentrale nervliche Schaltstellen den weiteren Verdauungsvorgang vorbereiten und dabei auch Informationsinhalte über Zusammensetzung und Inhaltsstoffe der Nahrung vermitteln.

Wenn die Nahrung eingespeichelt wird, erfolgen über die Mundschleimhaut und über den Blutweg sowie über das Nervensystem die ersten Informationen an das Verdauungssystem und an das Essregulationszentrum. Sowohl Verdauungs- als auch Sättigungsreflexe hängen mit dem Gesamtangebot an Makro- und Mikronährstoffen zusammen. Durch den gründlichen Kauvorgang hat der Magen ausreichend Gelegenheit sich durch die erhaltenen Informationen auf die bevorstehende verantwortungsvolle Tätigkeit vorzubereiten.

Flüssigkeiten sollen nicht zu den Mahlzeiten getrunken werden. Sie passieren zwar in der Regel rasch den Magen, dennoch kann eine Verdünnung des salzsauren Magensaftes erfolgen, wodurch seine reinigende Tätigkeit gegenüber Mikroben geschwächt wird.

Allgemein wird empfohlen, wenigstens eine halbe Stunde vor oder eine Stunde nach einer Mahlzeit, die tierisches Eiweiß enthält, zu trinken.

Der Sinn von Zwischenmahlzeiten wird verschieden beurteilt. Da Obst auf Grund des Zuckergehaltes besonders bei gleichzeitiger Aufnahme anderer Nahrungsmittel und besonders im wässrigen Milieu zu Gärungsvorgängen führt, andererseits die „fünf mal täglich Obst oder Gemüse"-Regel aus der

Sicht ernährungsphysiologischer Gesichtspunkte Berücksichtigung finden sollte, bleibt nichts anderes übrig, als Obst als Zwischenmahlzeit zu verzehren oder eine der drei Hauptmahlzeiten durch Obst oder Gemüse zu ersetzen. Allerdings kann diese Regel auch im Sinne von fünf Portionen zu etwa 125 Gramm Obst oder Gemüse interpretiert werden.

Zwischenmahlzeiten können wiederum die Erholungs-, Vorbereitungs- und Aufarbeitungsphasen des Magens stören.

Man findet vielfach die Empfehlung Salate und Speisen mit höherem Wassergehalt zu Beginn einer Mahlzeit zu essen. Dadurch wirkt man der Verdauungsleukozytose (vorübergehende Zunahme der weißen Blutkörperchen nach der Nahrungsaufnahme) entgegen und kann den Weg für die folgenden schwerer verdaulichen Speisen ebnen.

Auch wenn die strengen Richtlinien der Trennkost aus ernährungsphysiologischer Sicht nicht nachvollziehbar sind, werden Mahlzeiten allgemein besser vertragen, wenn nicht zu viele verschiedene Nahrungsmittel miteinander gegessen werden.

Aus ernährungswissenschaftlicher Sicht gehen die Empfehlungen alle in Richtung einer pflanzenbetonten Kost. Ob diese im Sinne einer vegetarischen Vollwertkost oder einer Ernährungsrichtung, die der „mediterranen Kost" näher steht, erfolgt, muss der Einzelne für sich selbst entscheiden.

Pflanzliche, kaltgepresste Öle wie Olivenöl und Leinöl werden allgemein gut bewertet und Seefische weisen hinsichtlich vorbeugender und therapeutischer Wirkung auf Krankheit und Alterungseffekte günstige Werte auf. Dadurch können vielfache Effekte erzielt werden, die nicht nur das Herz-Kreislaufsystem betreffen. Hervorzuheben ist die entzündungshemmende Wirkung der Omega-3-Fettsäuren sowie deren positive Wirkung auf den Herzrhythmus und die Vorbeugung von Thrombosen.

Auch bei der mediterranen Kost ist der Anteil an Fleisch und tierischen Fetten gering. Dazu kommt, dass der Verzehr von Fleischprodukten in den ländlichen Mittelmeerregionen vorwiegend aus Gras und Kräuter fressenden Schafen und Ziegen besteht, die in ihrer Fettzusammensetzung wesentlich bessere Omega-3 zu Omega-6-Säuren–Verhältnisse aufweisen als Masttiere nördlicher Regionen.

Angenehm und nützlich in der mediterranen Ernährung ist der erlaubte Genuss kleiner Mengen von Rotwein. Für die Sicherstellung dessen gesundheitlichen Vorteiles sind jedoch Disziplin und Reife erforderlich.

Obst und vor allem Gemüse sowie vollwertige Getreideprodukte und Hülsenfrüchte stellen die Grundlage einer mineralstoffreichen vollwertigen Ernährung sicher, wobei auf die Einhaltung des Säure-Basen-Gleichgewichts Rücksicht genommen werden sollte.

Während in älteren Darstellungen von Ernährungspyramiden noch Brot, Reis Nudeln und Getreideflocken die Basis einer kohlenhydratreichen Kost darstellten und Fette kategorisch in höhere Etagen verlagert wurden, hat sich diese vereinfachte Formel als unzureichend erwiesen. Weder der Kampf gegen das große Problem des Übergewichts noch gegen Herz-Kreislauferkrankungen konnte dadurch gewonnen werden.

Als physiologisches Äquivalent der Vollwertigkeit von Getreideprodukten steht heute der Begriff „Glykämischer Index". Beide bedeuten im Grunde das Gleiche. Aus dem vollwertigen Korn können Kohlenhydrate nur langsam freigesetzt werden und belasten dadurch den Insulin-Stoffwechsel nur moderat. Das hat viele Vorteile, weil die langsamere Aufnahme von Glukose in die Leber und Muskelzelle auch ein längeres Sättigungsgefühl nach sich zieht und so weniger gegessen wird. Hohe Glukose-Mengen erhöhen außerdem die Triglyceride und senken das „gute" HDL-Cholesterin, wodurch das Risiko für Herz-Kreislauferkrankungen ansteigt. Vollkornprodukte haben einen niedrigen glykämischen Index und wirken dem entgegen.

Der Rohkostanteil der Nahrung soll angemessen hoch sein um den Vitalstoffbedarf an Vitaminen und sekundären Pflanzenstoffen bestmöglich abzudecken. Salate, Gemüse und Keimlinge bzw. Sprossen sind Basen bildende, revitalisierende, hochgradig energiereiche Lebensmittel. Auch Nüsse und Samen gehören zu den Rohkostprodukten, die reich an Enzymen, Proteinen, Mineralstoffen, Vitaminen und sekundären Pflanzenstoffen sind. Durch Keimen kann der Vitalstoffgehalt von Rohkostprodukten noch wesentlich gesteigert werden.

 Keimlinge aus Keimschüsseln ermöglichen auch dem stressgeplagten Großstädter den Minigarten im eigenen Wohnbereich anzulegen. Sowohl Bohnenkeimlinge als auch Getreide und Samen erhöhen ihren Vitalstoffgehalt beim Keimvorgang. Hülsenfrüchte sind gekeimt leichter verdaulich und verursachen weniger Blähungen als vollreife, gekochte Hülsenfrüchte. Selbstgekeimte Sprossen und Keimlinge sind leicht in der eigenen Küche ziehbar und garantieren das ganze Jahr Frische und Lebensenergie aus biologischer Eigenproduktion. Hierfür eignen sich Kresse, Radieschen,

Rotklee, Brokkoli, Bockshornklee, Mungo-Bohnen, Kichererbsen, Alfalfa, Getreide, Sesam, Sonnenblumen, Buchweizen u.v.m.

Nach neuen Erkenntnissen wird auch der Verzehr von Nüssen zunehmend empfohlen. Diese liefern zwar viele Fettkalorien, welche aber vorwiegend aus den guten Omega-3-Fettsäuren stammen. Trotz des hohen Fettgehalts neigen Personen, die viele Nüsse essen, erstaunlicherweise nicht zu adäquatem Übergewicht.

Obst und Gemüse

Die wohl beste Art und Weise das Immunsystem zu schützen und Krebsprävention zu betreiben, ist der tägliche Verzehr von Obst und Gemüse am besten ohne Schadstoffe aus biologischem Anbau, um die Vitamine A, E, und C sowie sekundäre Pflanzeninhaltsstoffe dem Körper zur Verfügung zu stellen.

Nahrungsergänzungsmittel

Da aber die pflanzlichen Produkte nicht immer die erforderliche Reinheit sowie die erforderliche Wertigkeit der Inhaltsstoffe besitzen, ist die zusätzliche Einnahme entsprechender Nahrungsergänzungsmittel auf der Basis eines polyvalenten Kombinationsproduktes in Erwägung zu ziehen.

Selbst bei idealer Ernährung empfehlen Ernährungsfachleute die zusätzliche Einnahme von Nahrungsergänzungsmitteln.

> Wussten Sie, dass viele Nahrungsmittel ernährungsphysiologisch nur mehr einen Bruchteil dessen ausmachen, was sie einmal waren und was sie auch heute noch sein sollten?

Durch künstliche Dünger ausgelaugte Böden liefern nicht mehr die erforderlichen Nährstoffe, zusätzlich werden vielfach Pestizide eingesetzt. Die Ernte erfolgt häufig frühzeitig, damit die Nahrungsmittel die langen Transporte über große Entfernungen und Lagerungen überstehen. Dabei liegt die Ware lange in Lastwägen, Lagerhäusern und Supermarktregalen. Dadurch gehen viele Nährstoffe verloren bevor die Nahrung am Küchentisch landet.

Aber selbst dann, wenn die Nahrung optimal frisch und vollwertig in der Küche ankäme, wäre es ratsam, den meist gestressten und von Angriffen durch die Umwelt ausgesetzten Körper mit Nahrungsergänzungsmitteln zu unterstützen. Der Durchschnittsbürger wird täglich hunderten von Angriffen durch chemische Substanzen, Strahlungen und anderen schädlichen Umwelteinflüssen ausgesetzt. Allein schon deshalb ist die zusätzliche Verwendung von Nahrungsergänzungsmitteln, die reich an Vitaminen Mineralstoffen und Antioxidantien sind vielfach empfehlenswert.

Mehr Bewegung

Tägliche Bewegung ist von grundsätzlicher Bedeutung für die Gesundheit. Auch die Gewichtskontrolle gehört dazu. Beim Abnehmen lässt sich das Normalgewicht leichter mit Bewegung und Muskeltraining erreichen. Bewegungsmangel führt zu Muskelverlust. Aber Muskeln verbrennen Fett und wer nur wenig Muskelmasse hat, setzt wenig Fett um und viel an.

Bewegung ist generell gesundheitsfördernd. Muskelarbeit hat eine positive Wirkung und halbiert das Diabetesrisiko. Auch eine Krebs vorbeugende Wirkung ist bei regelmäßiger Bewegung zu erwarten. Bei der Vorbeugung chronischer Erkrankungen ist neben der richtigen Ernährung die körperliche Aktivität ebenso bedeutend wie ein Normalgewicht durch einen niedrigen Anteil an Körperfett.

Ernährungswissenschaftler sind sich darüber einig, dass ein ganz erheblicher Teil der bedrohlich ansteigenden Kosten am medizinischen Sektor durch falsche Ernährung und durch Missbrauch von Genussmitteln entsteht. Es wird deshalb noch in weit größerem Ausmaß als bisher eine Aufgabe der Gesundheitspolitik sein, sich mit der Beobachtung von Ernährungs- und Verhaltensweisen und der Entwicklung von Maßnahmen zu beschäftigen, die geeignet sind, auf das Ernährungsverhalten der gesamten Bevölkerung Einfluss zu nehmen und damit Ernährungsfehler in größerem Stil auszuschließen.

Die Voraussetzung für ein richtiges Ernährungsverhalten ist jedoch immer an ein vorhandenes Grundwissen gebunden.

Eingefahrene, vielfach vom Elternhaus übernommene Traditionen, verhindern eine Änderung des Speiseplans nach gesundheitlichen Richtlinien. Auch das von einer bestimmten Gesellschaft geprägte Geschmacksurteil ist vielfach ausschlaggebend, was den Vorstellungen einer guten Küche entspricht. Meist bestimmen traditionelle Gewohnheiten das Nahrungs-verhalten.

Die subjektive Einschätzung einzelner Personen über den Wissensstand einer gesunden Ernährung steht trotz Information in vielen Medien noch häufig in krassem Gegensatz zu ernährungsmedizinischen Erkenntnissen.

Information sollte daher auf breiter Basis erfolgen, die darauf abzielt, ein aus verschiedenen Gründen aufgebautes Fehlverhalten zu beseitigen, welches sich als gesundheitsschädlich herausgestellt hat. Dazu ist ein Wandel von emotionalen zu rationalen Leitmotiven für eine richtige Er-nährungsaufklärung erforderlich. Nur eine systematisierte Ernährungs-aufklärung kann bewirken, dass aus der derzeitigen Tatsache des unbe-wussten Fehlverhaltens, als Folge des Auseinanderklaffens von ernäh-rungsphysiologischen Erkenntnissen und tatsächlichem Ernährungsverhal-ten, eine Verhaltensänderung in Richtung einer neuen Betrachtungsweise der Mahlzeit als Einheit der Ernährung herbeigeführt wird.

Zeitmangel und daraus resultierendes Fehlverhalten hinsichtlich der Nah-rungsqualität, sprich das Bevorzugen von Fast Food, darf kein Argument für falsches Ernährungsverhalten sein. Essensdauer und Essensqualität sind untrennbar miteinander verbunden. Eine intakte Tischgemeinschaft wäre wünschenswert. Der Einfluss der Industrialisierung hat dazu beige-tragen die Tischgemeinschaft zu einer außerhäuslichen Kollektivverpfle-gung werden zu lassen.

Ernährungsfehler sowie daraus resultierende Gesundheitsschäden und volkswirtschaftliche Verluste durch Ansteigen der Krankenhaus-, Arzt- und Medikamentenkosten sollten in den Medien umfangreicher als bisher dargestellt werden.

Fehlernährung schon bei Kindern vermeiden

Eine wesentliche Erkenntnis ist, dass die Weichen für richtige Ernährung häufig schon im Kindesalter gestellt werden. Bereits in den ersten Le-bensmonaten wird die Anzahl der Fettzellen eines Menschen, abgesehen von genetischen Faktoren, von der Ernährung mitbestimmt. Das bedeu-tet, dass eine Überfütterung des Säuglings bereits für die Veranlagung zu späterer Fettleibigkeit von ausschlaggebender Bedeutung ist. In der Überernährung des Säuglings kann der Grundstock einer späteren Fett-sucht liegen.

Schon nach der Geburt beginnen die ersten Fehler. Während Zeitnot und andere Argumente die Bereitschaft zum Stillen verdrängen, bekommt das Kind, manchmal schon ab den ersten Wochen Flaschenkost. Diese ist nie so vollwertig und ausbalanciert, auch was die Richtlinien des Säure-Basenhaushalts betrifft, wie die natürliche Muttermilch. Unverträglichkeitsreaktionen wie Hautausschläge, Stuhl-Unregelmäßigkeiten oder Unruhe signalisieren die Reaktion auf minderwertige Ernährung.

Danach kommen die üblichen „Belohnungen" wie Bonbons und Schokolade, Milchschnitten, Fruchtzwerge, Kinderüberraschung und Co.

Allzu schnell verlieren die Kinder ihr natürliches Bedürfnis nach knackigem Gemüse und reifem Obst. Wienerschnitzel und Pommes lösen Apfel und Karotte ab.

In den letzten 10 Jahren hat sich so die Anzahl der übergewichtigen Kinder in den Industriestaaten verdoppelt. Das bedeutet auch eine Zunahme der Kosten am Gesundheitssektor für die nächsten Jahrzehnte, sofern es nicht gelingt wieder zu einem normalen Essverhalten ohne Übergewicht zurückzufinden. Um dies zu bewerkstelligen helfen allerdings keine Diäten, die in ihrer Folge wiederum zum Jojo-Effekt führen, sondern nur konsequente Rückkehr zu richtiger Ernährung.

Dabei darf man sich nicht von den üblichen Essensangeboten verleiten lassen. Kingsize Burger, Riesenschnitzel und All-Inclusive-Menüs sind ebenso fehl am Platz wie die Fast Food Küche und Junk Food generell.

Es sind aber nicht nur die irreführenden Werbemethoden die zu Fehlverhalten bei der Nahrungsaufnahme führen, sondern auch der Mangel an alternativen Angeboten in Schul- und Werksküchen, so dass Junk Food leichtes Spiel hat das allgemeine Essverhalten schon frühzeitig negativ zu beeinflussen. Fettreiches Essen wird in großer Menge angeboten und überfordert die Menschen mit dem Überfluss überall und jederzeit verfügbarer Lebensmittel.

Besonders Kinder, die auf das Ernährungsangebot kaum Einfluss haben, leiden darunter, weil ohne ihr Zutun die modernen Lebensumstände ihr Essverhalten prägen und schon in frühen Jahren die Weichen auf Übergewicht stellen.

Bei der Frage, warum Übergewicht so häufig vorkommt, müssen noch andere Aspekte berücksichtigt werden. So spielen auch psychosoziale Faktoren wie Frustrationseffekte, ein niedriger sozialer Status und die

Ersatzbefriedigung elementarer Bedürfnisse wie Geborgenheit, Anerkennung, Liebe und dergleichen mehr eine bedeutende Rolle.

Auch der Belohnungseffekt nach einem stressreichen Arbeitstag ist ausschlaggebend für eine ungesunde Spätmahlzeit mit einem „guten Schluck" Wein oder einem kühlen Bier.

Bei all diesen Fragen wäre es wesentlich zwischen physiologischen Bedürfnissen des Körpers, sprich Hunger, und den psychologischen Aspekten, also der Lust oder dem Appetit auf etwas, zu unterscheiden.

Bei der Suche nach den Ursachen der Fettleibigkeit stößt man allerdings auch auf genetische Faktoren. Übergewicht ist nicht immer nur eine Frage der Disziplin. Die oftmalige Behauptung, dass es sich beim Übergewicht ausschließlich um selbstverschuldetes oder ungewolltes Fehlverhalten handelt, bedarf einiger Einschränkungen. So müssen genetisch vorbelastete Menschen einen größeren Kampf gegen ihre eigene biologische Natur führen.

Genetische Programme steuern auch die Gewichtszunahme im Alter. Muskelzellen unterstützen durch ihren höheren Energieverbrauch das Bestreben des Körpers Fettansätze zu vermeiden. Sie verbrauchen mehr Energie als beispielsweise Fettzellen. Die Muskelmasse des Körpers nimmt jedoch schon ab dem vierten Jahrzehnt des Lebens ab und damit auch der Energieverbrauch. Der Appetit hingegen ignoriert diese Tatsache.

Zusammenfassend kann man sagen:

- Energieträger (Kohlenhydrate, Fette und Eiweiße) allein sind für den Körper in Abwesenheit essentieller Nährstoffe (Vitalstoffe wie Vitamine, Spurenelemente, Mineralien und sekundäre Pflanzenstoffe) unverhältnismäßig. Sie übersäuern und laugen die Körperreserven aus.

- Mit zunehmendem Alter nimmt der Wasserbedarf kontinuierlich zu. Auch wird die Einnahme von Antioxidantien und Nahrungsergänzungsmitteln empfohlen, weil die natürlichen Lebensmittel aufgrund der Industrialisierung ernährungsphysiologisch nur mehr einen Bruchteil der ursprünglichen Nährstoffe enthalten. Ebenso wiesen die tierischen Produkte vor Jahrtausenden (Grasfütterung) mehr gesunde Omega-3 Fettsäuren im Gegensatz zu der Fettzusammensetzung der heutigen Tiere bei Mastviehhaltung auf. Selbst Milch kann den Körper entgegen medialer Verbreitung belasten.

- Natürliche Lebensmittel wie Gemüse, Obst, Vollgetreide, Kartoffeln, Nüsse und Hülsenfrüchte stellen die Basis der vollwertigen Nahrungsmittel dar. Sie wären für eine vollwertige Ernährung nicht nur ausreichend sondern unter Berücksichtigung von Vitamin B12 allem Anschein nach sogar ideal.

- Rohkost ist prinzipiell reicher an Nährstoffen: Salate, Gemüse, Keimlinge und Sprossen sind Basen bildende, revitalisierende Lebensmittel. Auch Nüsse und Samen gehören zu den Rohkostprodukten: Sie sind reich an Enzymen, Proteinen, Mineralstoffen, Vitaminen und sekundären Pflanzenstoffen. Es spricht jedoch nichts gegen eine schonende-, den Siedepunkt nicht überschreitende, Zubereitungsform (Dampfgaren).

- Auch Trennkost hat ihre Vorteile: Sie vermeidet vermengte Nahrung, die durch hohe Komplexität den Körper belasten kann.

- Insbesondere der bewusste, gründliche Kauvorgang ermöglicht eine rasche Koordination zwischen Nerven und Verdauungstrakt zur optimalen Verdauungsvorbereitung

- Psychologische Faktoren (Stress, Wut) können während der Nahrungsaufnahme auf die Hormonausschüttung einwirken und Übersäuerung auslösen. Ebenfalls nicht zu unterschätzen ist die psychologische Ersatzbelohnung, denn die Unterscheidung zwischen Hunger und Appetit ist maßgeblich für Körperbewusstsein.

- Zunehmende Krankenstände und ansteigende Kosten im medizinischen Sektor werden in hohem Grad durch falsche Ernährung und Genussmittelmissbrauch hervorgerufen. Der zivilisationsbedingte Zeitmangel verstärkt dieses Phänomen zusätzlich.
- Von großer Bedeutung ist es die Weichen für richtige Ernährung bereits im Säuglingsalter- und selbst davor- zu stellen. Nicht nur die Überfütterung ist ausschlaggebend für die spätere Veranlagung zu Fettleibigkeit sondern auch die falschen Werte bei der Nahrungsauswahl: Süßigkeiten als Ersatzbelohnung bei Zeitmangel führen zu einer gestörten Geschmacksempfindung, sodass Kinder ihr Bedürfnis nach gesundem Obst und Gemüse gänzlich verlieren. Darauf folgende Diätkorrekturen sind langfristig untauglich.
- Schutz vor dem modernen, omnipräsenten Nahrungsangebot bietet nur ein - bereits im Kindesalter eingeprägtes- Ernährungsbewusstsein, welches sich nicht aus den Medien sondern aus der Vorbildwirkung der Eltern ergibt. Besonders Kinder sind ein geeignetes Zielobjekt für diese Angebotsüberflutung.
- Genetisch bedingte Disposition zu Fettleibigkeit sollte kein Argument zur Resignation sein, denn jede körperliche oder psychische Schwäche eröffnet auch die Bereitschaft sich mit ihr auseinanderzusetzen.

Abnehmen und Bewegung

In diesem Kapitel geht es um folgende Themen:

- **Grundsätzliches zum Abnehmen**
- **Bewusster Umgang mit fettreicher Nahrung**
- **Körperliche Aktivität und Abnehmen**
- **Hinweise zu sportlicher Betätigung**

Wie nimmt man ab?

Nimmt ein Mensch mehr Nahrung zu sich, als er verbrennen kann, wird die überschüssige Energie in den Fett-Depots gespeichert.

 Daraus lässt sich schließen, dass die wichtigste und auch einzige Bedingung zur Gewichtsabnahme eine langfristige negative Energiebilanz ist. Um das Körpergewicht zu verringern, muss dementsprechend entweder die Energieaufnahme reduziert , dabei besonders die hoch Energie liefernden Fette gemieden oder der Energieumsatz gesteigert werden. Noch besser: beides zusammen.

Beim Abnehmen können kalorienarme Mahlzeiten dadurch unterstützt werden, indem auf Zwischenmahlzeiten verzichtet wird und zwischen den Mahlzeiten ein mindestens fünfstündiger Abstand eingehalten wird.

Die Empfehlung, zwischen den Hauptmahlzeiten kleine Zwischengerichte zu verzehren um das Hungergefühl zu reduzieren, ist deshalb problematisch, weil jeder Bissen dazu führen kann, den Blutzuckerspiegel ansteigen zu lassen. Besonders Brötchen, Kartoffeln, aber auch Obst und Hülsenfrüchte sind neben Fruchtdrinks und Fruchtjoghurt dazu in der Lage, den Blutzuckerspiegel ansteigen zu lassen.

Jeder erhöhte Blutzuckerspiegel verhindert den Fettabbau für eine gewisse Zeit und damit tritt genau das Gegenteil des erwünschten Effektes ein. Wenn genügend Kohlenhydrate im Blut vorhanden sind, verweigert der Körper den Zugriff auf die Fettdepots. Im Falle eines Kohlenhydratüberschusses werden diese sogar als Fette gespeichert. Das geschieht über das Insulin. Und je länger ein erhöhter Insulinspiegel im Blut vorliegt desto größer ist neben der Verweigerung des Fettabbaus auch die Gefahr einer Resistenz der Zellen gegenüber dem Insulin und damit die Gefahr von Stoffwechselerkrankungen.

Besonders wichtig ist diese zuckerfreie Phase am Abend, da der Körper während der Nacht eine lange Phase hat, in welcher er Fett abbauen kann und durch die Aktivierung des Wachstumshormons für eine Zellerneuerung und Reparatur sorgen kann.

Während es also am Morgen sinnvoll ist dem Körper Kohlenhydrate zuzuführen, die für eine kontinuierliche Versorgung mit Kohlenhydraten durch langsame Umwandlung in Zucker sorgen (Vollkornprodukte und andere ballaststoffreiche Nahrungsmittel), sollten am Abend Kohlenhydrate gemieden werden.

Es wird auch behauptet, dass morgendliche Kombination Zucker haltiger Gerichte mit Eiweißprodukten wie Käse, Schinken und dergleichen zu einer Überproduktion von Insulin führt, während die insulinproduzierenden Zellen mittags weniger empfindlich auf die Kombination von Eiweiß mit Zucker reagieren. Am Abend hingegen sind eiweißhaltige Mahlzeiten mit Gemüse oder Salat unproblematisch.

Neben einer möglichst gesunden Nahrung, die dem Grund- bzw. Leistungsumsatz angepasst ist, sind die zum Abnehmen erforderlichen Maßnahmen bei übergewichtigen Menschen vor allem Ausdauer- und Krafttraining. Der Grundumsatz ist die Energiemenge, welche zur Aufrechterhaltung der Körperfunktionen in Ruhe benötigt wird, der Leistungsumsatz ist die zusätzliche Energiemenge, die zur Verrichtung von über den Grundumsatz hinaus gehenden Leistung gebraucht wird. Es kommt dabei nur darauf an, dass am Ende eine negative Energiebilanz eintritt (d.h. mehr Energie verbraucht als aufgenommen wird).

Es muss allerdings darauf hingewiesen werden, dass verschiedene Personen desselben Geschlechts und Alters auch bei gleicher Körpergröße und identischem Gewicht auch bei gleichem Aufwand verschiedene Energiebilanzen aufweisen können.

Der Anteil der Fettverbrennung beträgt in Ruhe rund 80 Prozent, die restlichen 20 Prozent zum Grundumsatz steuern die Kohlenhydrate bei. Für den Energiebedarf des Grundumsatzes werden im Durchschnitt 55 bis 70 Prozent der Nahrungsaufnahme verbraucht. Der Grundumsatz verzehrt im Durchschnitt pro Stunde eine Kalorie pro Kilo Körpergewicht. Während der Nacht, wenn der Grundumsatz am niedrigsten ist, wird praktisch nur Fett abgebaut. Personen mit geringer Muskelmasse verbrauchen weniger Energie. Männer benötigen im Allgemeinen etwa 200 Kalorien mehr als Frauen.

Für die Umwandlung der Nahrung in Wärme, im Fachausdruck Thermogenese genannt, benötigt der Organismus Energie, welche unter anderem zur Konstanthaltung der Körpertemperatur gebraucht wird. Dazu werden bis zu 25 Prozent der aufgenommenen Nährstoffe verbrannt. Zwei Nährstoffgruppen stehen dabei zur Verfügung - Fette und Kohlenhydrate. Fette müssen zu Fettsäuren abgebaut werden um danach mit Zufuhr von Sauerstoff durch Oxidation zu verbrennen. Fettabbau durch Bewegung allein ist weniger ergiebig als es sich die meisten vorstellen.

Der Wärmemotor des Körpers reagiert nicht allein auf Nahrungsaufnahme. Auch gewisse Hormone, psychische Faktoren sowie einzelne mit der Nahrung oder Genussmitteln bzw. durch Medikamente aufgenommene Substanzen beeinflussen die Energiebilanz und die körpereigene Fettverbrennung.

Mit zunehmender Belastung kommt es zu einer Steigerung des Kohlenhydrat-Anteiles und damit zu einer prozentuellen Reduktion des Fettanteils an den Verbrennungsvorgängen. Der Körper holt sich seinen Brennstoff immer stärker aus dem Blut, wo er als Blutzucker mit konstantem Wert vorliegt.

Wussten Sie, dass reines „Fat-Burning" aus physiologischer Sicht gar nicht möglich ist?

In Ruhe werden 90 Prozent Fettanteil und 10 Prozent Kohlenhydrate verbrannt, bei langsamen Joggen etwa 70 bis 80 Prozent Fett und der Rest Kohlenhydrate. Bei raschem Laufen werden schon 50 Prozent Kohlenhydrate verbraucht, bei größeren Anstrengungen steigt der Kohlenhydratanteil immer weiter nach oben.

Die Erhöhung des Faktors Bewegung allein wird deshalb langfristig bei vielen Personen nicht ausreichen um nennenswert abzunehmen. Entscheidend ist es neben der Erhöhung der Kalorienverbrennung auch die Kalorienaufnahme zu reduzieren.

Training hat den Zweck durch regelmäßige körperliche Aktivität die Leistungsfähigkeit durch Wachstumsprozesse in den Zielorganen zu steigern. Dazu gehört die Vermehrung der Mitochondrienmasse (sprich den Verbrennungskraftwerken) in der Muskulatur sowie eine verbesserte Durchblutung der Muskulatur. Dabei korreliert die Fähigkeit der maximalen Sauerstoffaufnahme bei maximaler Auslastung oder Belastung mit der Mitochondrienmasse. Je höher die Leistung der Verbrennungsmotoren ist, desto mehr Sauerstoff wird verbraucht.

Ausdauertraining sollte mindestens zwei- bis dreimal wöchentlich erfolgen und mit mindestens einem wöchentlichen Krafttraining ergänzt werden. Dabei sollte die richtige Trainingsherzfrequenz eingehalten und mindestens ein Sechstel der Körpermuskulatur beansprucht werden.

Bei der Reduktion der Energiezufuhr ist es wichtig, die Gesamtkalorienzufuhr nur langsam zu reduzieren. Ebenso, wie es eine längere Zeit gebraucht hat um Fett anzusetzen, sollte man dem Körper auch beim Abnehmen Zeit lassen.

Der Körper überwacht seinen Fettbestand mit Hormonen und Botenstoffen, die das Gehirn ständig am Laufenden halten um bei Fettabbau mit dem Stoffwechsel herunterzufahren, den Appetit anzukurbeln und die Fetteinlagerung anzuregen. Ein zu rascher Gewichtsverlust geht auch in der Regel mit einem Verlust an Muskelmasse einher, das ist aber gerade das Verkehrte, da in der Muskulatur ja die Verbrennungsmotoren (Mitochondrien) angesiedelt sind, welche den Energieumsatz bestimmen.

Weil Fett evolutionsbedingt als strategische Überlebensreserve von besonderer Bedeutung ist, wird dessen Umwandlung in Energie so beschränkt, dass nur etwa zwei Prozent der Energie für die Verdauung verbraucht werden. Der Rest steht als Depot-Fett für Bauch und Hüften zur Verfügung.

Um Fett abzunehmen erweist es sich zweifellos als richtig, auf Fettkalorien in der Nahrung zu verzichten. Das gilt jedenfalls für tierische Fette aus Fleisch, Milch, Käse und dergleichen, weniger für pflanzliche Fette wie etwa Leinöl, da ein Mindestbedarf an essentiellen Fettsäuren für die Verwertung der fettlöslichen Vitamine E, A, D und K benötigt wird. Auch dabei ist zu bedenken, dass alle Fette - egal ob aus tierischer oder pflanzlicher Quelle - von allen Nährstoffen den höchsten Brennwert haben.

Übermäßig zugeführte Kohlenhydrate werden ebenfalls als Fette gespeichert. Gesättigte Fette und Transfette sind neben zu viel an Kohlenhydraten jene Stoffe, die der Körper am schnellsten in seine Fett-Depots einlagert. Mehrfach ungesättigte Fettsäuren mit ihren freien Doppelbindungen sind reaktionsfreudigere Substanzen, die nicht sofort als Baustein und Energiedepot verwendet werden. Der Körper benötigt sie als Helfer und Initiator bei vielen Stoffwechselreaktionen. Dabei wird Energie verbraucht, was dazu führen kann, dass eine deutlich günstigere Kalorien-Nettobilanz als bei der Zufuhr gesättigter Fette entsteht.

Aufgrund diverser Studien gibt es inzwischen Beweise dafür, dass Kalorien aus Nahrungsfetten, also gesättigten Fetten, mehr Körperfett verursachen als Kalorien aus irgendeiner anderen Nahrungsquelle. Immer aber gilt der Grundsatz, dass Gewichtsreduktion durch Abnehmen nur dann funktionieren kann, wenn weniger Energie liefernde Rohstoffe zugeführt werden als der Körper für all seine Aktivitäten braucht. Nur eine negative Energiebilanz kann zur Gewichtsreduktion führen. Am leichtesten und produktivsten ist die Reduktion von Fettkalorien.

Vorsicht bei versteckten Fetten

Viele Lebensmittel, die einen harmlosen Eindruck machen, sind reich an versteckten Fetten. So enthalten Cracker, Chips, Kekse und andere Backwaren reichlich versteckte Fette. Auch Speiseeis und sogar die als „fettarm" deklarierte Milch sind reichlich fetthaltig. So stammen bei der fett-armen Milch noch immer ein Drittel der Kalorien aus deren Fettanteil. Besondere Vorsicht ist bei Wurstwaren geboten. Sie enthalten nicht nur gesättigte Fette sondern manchmal auch noch versteckte Zuckerstoffe. Industriell gefertigte Back- oder Frittierware enthält - in der Regel so wie alle gehärteten oder raffinierten Öle - Transfette, die nach ihrem Einbau in die Körperzellen dort ablaufende Reaktionen in den Zellmembranen negativ beeinflussen können. Viele als fettreduziert bezeichnete Waren enthalten immer noch reichlich Fette und sind in der Mehrzahl nicht ge-eignet beim Abnehmen mitzuhelfen.

Manche Ernährungsexperten empfehlen fünf kleine Mahlzeiten pro Tag zu essen um den Insulinspiegel konstant zu halten und damit den Jojo-Effekt zu verhindern. Das hat allerdings bei bestimmten Nahrungsmitteln den Nachteil, dass die vorhergegangene Mahlzeit noch nicht den Magen verlassen hat und dadurch zu interaktiven Reaktionen wie Gärung führen kann. Außerdem bleibt es meist nicht bei den fünf kleinen Mahlzeiten und es fallen die Hauptmahlzeiten erst wieder größer aus so dass die Kalorien-zufuhr letztendlich zu hoch ist. Zudem verhindert der erhöhte Insulinspie-gel die Fettverbrennung.

Dagegen ist die Empfehlung fünfmal am Tag Obst und Gemüse zu verzeh-ren sinnvoll, weil dadurch bei geringer Kalorienzufuhr ein guter Füllungs-effekt des Magens und damit eine Reduktion des Hungergefühls erreicht wird. Dabei ist das „fünfmal Obst und Gemüse" nicht unbedingt wörtlich zu nehmen. Man kann es auch als fünf Portionen von Obst und Gemüse auffassen, wobei eine Portion etwa 125 Gramm ausmachen sollte. Auch mehr als fünf Portionen sind dann, wenn sie an Stelle von anderen Mahl-zeiten eingenommen werden, beim Abnehmen hilfreich.

Dinner Cancelling

Eine kluge Idee, die Beachtung verdient, ist das „Dinner Cancelling". Dabei sollte die letzte Mahlzeit nicht nach 17 Uhr (plus/minus eine Stunde) ein-genommen werden. Nach Möglichkeit sollten auch dabei Kohlenhydrate eingeschränkt oder ganz weggelassen werden. Der dahinterstehende Sinn ist jener, dass dadurch die Insulin-Ausschüttung verhindert wird, welche für einen verstärkten Aufbau von Triglyceriden in der Leber verantwort-lich ist. Diese Triglyceride werden in den Fettzellen gespeichert. Natürlich führt übermäßige Zuckerzufuhr auch tagsüber zu ähnlichen Effekten. Die hohe Insulin-Konzentration am Abend führt jedoch dazu, dass Insulin als

Gegenspieler vom Wachstumshormon den Fettabbau aus der Zelle (Lipolyse) hemmt. Insulin fördert die Einlagerung von Glucose und Fettsäuren, indem es die Zellmembran der Fettzellen durchlässiger macht. Des weiteren unterstützt Insulin die Umwandlung von Kohlenhydraten zu Fett. Sämtliche Faktoren erhöhen den Körperfettanteil. Deshalb ist die Entscheidung Insulin fördernde Nahrungsmittel am Abend zu meiden eine kluge Maßnahme sowohl zur Erlangung und zum Erhalt eines normalen Körpergewichtes als auch als Anti-Aging-Methode.

Dinner Cancelling führt natürlich nur dann sicher zu einer Gewichtsabnahme, wenn die eingesparten Kalorien tagsüber nicht zusätzlich zugeführt werden.

Morgens hingegen fördern reichliche Kohlenhydrate das Ankurbeln der Kalorienverbrennung und Wärmebildung. Dazu sollte eine gezielte Steigerung der Alltagsaktivitäten nicht fehlen.

Diäten sind - sofern man sie nicht auf Dauer ohne gesundheitlichen Nachteil weiterführen kann - von beschränkter Wirksamkeit. Nach deren Absetzen kommt es meist zu kompensatorischer Gewichtszunahme, die das Ausgangsgewicht noch deutlich übertreffen kann, dem so genannten Jojo-Effekt.

Bei Diäten mit Hungerkur-Effekt ist zu beachten, dass beim Abbau der Körperzellen die Harnsäure beträchtlich ansteigt und es dabei zu Gichtanfällen kommen kann. Auch andere belastende Stoffe können bei der Fetteinschmelzung freigesetzt werden. In jedem Fall braucht der Körper in solchen Situationen noch dringender als sonst Lösungsmittel, am besten in Form von Wasser, um die Ausscheidung der anfallenden Abbauprodukte gewährleisten zu können.

Da jedoch bei Radikalkuren mit Hungereffekt nicht nur Fett sondern in der Regel auch Muskelmasse abgebaut wird, sind diese wenig sinnvoll. Auch deshalb, weil neben dem meist zu beobachtenden Jojo-Effekt auch noch wertvolle Verbrennungszentralen verloren gehen, die der Körper zum Zellstoffwechsel dringend benötigt.

Eine Teilursache für Übergewicht kann auch jene sein, dass die zugeführte Nahrung nicht richtig zusammengesetzt oder qualitativ minderwertig ist, wodurch im Körper ein Mangel an Mineralien und Vitaminen entsteht. Der Körper registriert diese Defizite und steigert den Appetit, um so durch größere Mengen seinen Bedarf zu stillen. Es reicht schon das Fehlen eines einzigen Vitalstoffes aus um den Appetit zu steigern. Multivitamin und Multimineralstoff-Supplemente können in solchen Fällen gute Dienste leisten. In diesem Zusammenhang wird auch die Supplementierung von Chrom in Form des Chrom-Picolinats empfohlen, da Chrom bei der Insulinverwertung eine wichtige Rolle spielt.

Es gibt auch Studien, die zeigen, dass die Omega-3-Fettsäuren, die in Fischen vorkommen und die der Körper aus der im Leinöl vorkommenden Alpha-Linolensäure selbst herstellen kann, die Insulin-Effizienz bei der Verwertung von Kohlenhydraten und Fetten im Rahmen der Energiegewinnung verbessern kann. Die tägliche Verwendung von ein bis zwei Löffeln Leinöl wird auch in diesem Zusammenhang von Experten empfohlen.

Ein weiterer Stoff, welcher bei der Fettverbrennung eine Rolle spielt, ist die Aminosäure L-Carnitin. Fett wird in den „Brennöfen" der Muskelzellen (Mitochondrien) verbrannt. Gespeichert wird es in den Fettzellen. Für den Transport von den Fettzellen zu den Muskelzellen wird L-Carnitin benötigt. Je höher der L-Carnitin-Gehalt in den Muskelzellen ist, desto mehr Körperfett kann transportiert und anschließend verbrannt werden. Der Körper ist zwar selbst in der Lage Carnitin zu produzieren, wenn jedoch übergewichtige Personen in einer Phase des Abnehmens die Fettverbrennung beschleunigen wollen, ist eine zusätzliche Zufuhr von zwei bis vier Gramm pro Tag zu einem entsprechenden körperlichen Trainingsprogramm in Erwägung zu ziehen.

Wenn man sich dazu entschlossen hat, dem langsamen aber sichereren Weg des Abnehmens zu folgen, sollte man sich daran erinnern, dass eine nährstoffarme, aber ballaststoffreiche Kost den sichersten Weg zum gewünschten Erfolg darstellt. Vor allem dann, wenn diese reich an frischem, möglichst biologisch angebautem Gemüse und Obst und in Maßen Vollkornprodukten ist. In diesem Fall ist für einen gleichbleibenden niedrigen Insulin-Spiegel gesorgt, es erfolgt eine langsame und gleichmäßige Nahrungsaufnahme aus dem Darm, wodurch Energiegewinn anstatt Einlagerung als Körperfett garantiert wird.

Körperliche Aktivität

Es ist eine vielfach bewiesene Tatsache, dass regelmäßige körperliche Betätigung für die Regulation des Körperfettes von allergrößter Bedeutung ist. Dabei ist neben Ausdauersportarten wie Gehen, sprich Walking oder auch Nordic-Walking, Radfahren, Schwimmen und Wandern auch ein wöchentliches Krafttraining empfehlenswert. Während beim Aerobic Training auch durch die vermehrte Sauerstoffaufnahme mehr Fett verbrannt wird, vergrößert sich beim Krafttraining die Muskelmasse und damit verbessert sich sowohl die Anzahl als auch die Funktion der Muskelzellen, was eine zusätzliche Steigerung der Verbrennung mit sich bringt.

Dazu braucht man nicht unbedingt ein Fitness-Studio. Das Theraband, ein kleines aber feines Trainingsgerät, ein Gummiband mit großem Effekt und Hanteln reichen völlig als Grundausstattung. Ein Türrahmen und ein Fußboden mit Liegematte genügen zur Ausstattung des Heim-Fitness-Studios. Entsprechende Übungen finden sich im Internet oder in entsprechenden Sachbüchern.

Wussten Sie, dass beim Gehen oder Laufen die Anzahl der Schritte eher ausschlaggebend ist als punktuelle Hochleistungen?

Mit Disziplin und Ausdauer führt auch das Herzfrequenz-gesteuerte Leistungstraining im Fettverbrennungsbereich, also dem aeroben Bereich, dazu, dass über das Jahr zusammengerechnet einige Kilos an geschwundenem Bauchfett und hinzugewonnener Skelettmuskulatur zusammenkommen.

Der menschliche Körper hat von Natur aus das Bedürfnis fast immer in Bewegung zu sein, die Zeit während des Schlafes ausgenommen. Wenn wir eine unserer Gliedmaßen über längere Zeit, Tage oder auch nur einige Stunden ruhig stellen, verliert diese an Masse und Kraft, medizinisch bekannt unter „Inaktivitätsatrophie". Selbst während des Schlafes wird dieser dynamische Bewegungsvorgang durch ständiges Drehen, Krümmen und Strecken aufrechterhalten. So ist auch erwiesen, dass sitzende Tätigkeit ohne ausgleichende Bewegungsaktivitäten körperliche Schädigungen verursacht.

Die zuerst beobachtbaren Schäden bzw. Defizite betreffen das Herz-Kreislaufsystem. Die Fähigkeit zur Sauerstoffaufnahme, die Vitalkapazität, verringert sich und damit unser Lebenselixier, welches für alle Verbrennungsvorgänge in den Zellen unerlässlich ist. Damit lässt aber auch die Herzleistung nach, weil die Versorgung des Herzmuskels ebenso unter Sauerstoffmangel leidet. Die Folge davon wiederum ist die, dass die Muskeln, Organe, Gehirn und das Gewebe weniger gut durchblutet sind und dadurch auch schlechter mit Sauerstoff und Nährstoffen versorgt werden, aber auch beim Abtransport von Stoffwechselendprodukten und Schlacken träger reagieren.

Die Gegenmaßnahme des Körpers besteht darin, dass kompensatorisch die Gefäße enger gestellt werden, um durch einen erhöhten Blutdruck die Durchblutung in der Peripherie zu gewährleisten. Damit steigt allerdings beim Zusammentreffen mit anderen Risikofaktoren die Gefahr eines Gefäßverschlusses und somit einer Thrombose oder eines Infarktes. Auch Anpassungsreaktionen auf Lage-Änderungen können als Folge davon nicht mehr ordnungsgemäß funktionieren und es kann zu Schwindelanfällen kommen, die auch mit unliebsamen Stürzen einhergehen können. Auch die allgemeine Unfallgefährdung steigt dabei an, weil die Reaktionsfähigkeit bei notwendigen Ausweichbewegungen vermindert ist.

Da durch die verringerte Muskelmasse die Fähigkeit zur Fettverbrennung abnimmt, ist bei den betreffenden Personen die Gefahr der Fettstoffwechselstörungen deutlich erhöht. Wenn dabei die Nährstoffzufuhr nicht optimal ist, sprich die Aufnahme von ausreichend Mineralstoffen, Vitaminen, Eiweiß und Antioxidantien mangelhaft ausfällt, ist das Risiko an Osteoporose sowie Arthrose zu erkranken zweifach. Auch deshalb, weil die Belastung der Knochen und Gelenke durch Aktivität ein bedeutender Faktor für die Knochendichte und den Aufbau des Gelenkknorpels ist.

Bewegung fördert die Aktivität jenes Anteils unseres autonomen, selbständig arbeitenden Nervensystems, der unter dem Namen „Vagus" bekannt ist. Dessen Gegenspieler ist der „Sympathikus". Der „Vagus" ist verantwortlich für eine gut funktionierende Darmmotorik und damit für einen geregelten Stuhlgang.

Schließlich ist auch die Produktion von Sexualhormonen durch Bewegungstraining beeinflussbar. Bei Inaktivität sinkt der Hormonspiegel und gemeinsam mit dem bei Inaktivität auftretenden erhöhten Diabetes Typ 2 steigt die Anzahl von Männern mit Potenzproblemen.

Training und Blutdruck

Regelmäßiges Training führt zur Stabilisierung normaler Blutdruckwerte. Auch bei älteren Personen mit geschädigtem Gefäßsystem kann durch vorsichtiges regelmäßiges Training bei erhöhtem Blutdruck eine deutliche Senkung der Blutdruckwerte erzielt werden. Als normal werden zurzeit

Blutdruckwerte von 120/80 angesehen. Das gilt für Menschen aller Altersgruppen.

Inzwischen gibt es schon Autoren, die darauf hinweisen, dass Ruhe-Blutdruckwerte von 120/80 ein erhöhtes Risiko für kardiovaskuläre Erkrankungen hätten. Nach Aussage einiger Wissenschaftler (Laragh J.H. et al.) steigt das kardiovaskuläre Risiko ab einem Wert von 105 mm Hg an und erreicht bei 135mm Hg bereits eine Steigerung um das Doppelte. Demzufolge sollte auch der diastolische Wert[56] des Ruhe-Blutdrucks unter 80 sein.

Bewegung und Cholesterin

Da der Cholesterin-Spiegel nicht nur von der Nahrungszufuhr abhängt, sondern hauptsächlich von der Leber produziert wird, ist ein gesunder Cholesterin-Stoffwechsel der Schlüssel für ideale Werte. Wird bei einem funktionierenden Cholesterin-Stoffwechsel mehr Cholesterin zugeführt, so produziert die Leber entsprechend weniger, um den Spiegel in Grenzen zu halten. Wir brauchen Cholesterin dringend für Zellstrukturen, das Gehirn und Hormone wie Adrenalin, Östrogen und Testosteron sowie für die zur Fettverdauung notwendigen Gallensäuren. Störungen des Cholesterin-Stoffwechsels treten in der Regel, von wenigen Ausnahmen angeborener Defekte abgesehen, bei längerer Fehlernährung, meist kombiniert mit Bewegungsmangel und/oder Stress auf. Sportliche Aktivitäten sind nicht nur in der Lage bei konsequenter Einhaltung der erforderlichen Trainingseinheiten (vier bis fünf Mal pro Woche mindestens 30 Minuten) den Gesamtcholesterin-Spiegel zu senken, es wird dadurch insbesondere der wertvolle HDL-Spiegel (High-density-Lipoprotein) erhöht, der als Schutzfaktor für das Gefäßsystem fungiert.

Bewegung und Krebserkrankungen

Es gibt eine Studie, bei der 17.000 Harvard Studenten über 25 Jahre hinweg beobachtet wurden, die zeigt, dass sportlich aktive Personen, die bei ihren wöchentlichen Aktivitäten 2.500 und mehr Kalorien verbrannten, nur die Hälfte an Dickdarmkrebs (Kolonkarzinome) entwickelten als ihre Kollegen, welche deutlich weniger Bewegung machten (Paffenbarger, 1992). Die Erklärung ist wahrscheinlich die, dass die durch den Sport be-

---

[56] Die Diastole der Kammern des Herzens (griechisch διαστολή „die Ausdehnung") ist die Entspannungs- und Füllungsphase, im Gegensatz zur Systole, der Anspannungs- und Austreibungsphase. Die Diastole der Vorhöfe findet während der Systole der Kammern statt.

dingte bessere Darmpassage zu einer rascheren Stuhlentleerung führt. Alles was zu einer normalen Stuhlentleerung beiträgt, also pflanzliche ballaststoffreiche Ernährung und vagus-aktivierende körperliche Betätigung, vermindert die Zeit, in welcher krebsfördernde Giftstoffe (Karzinogene) mit der Darmschleimhaut in Kontakt kommen.

Finnische Wissenschaftler werteten die sportlichen Aktivitäten von Männern im Alter von 42 bis 61 Jahren aus und kamen zu dem Ergebnis, dass Männer, welche mindestens eine halbe Stunde pro Tag Sport betreiben, ein halb so großes Risiko haben an Krebs zu erkranken wie Männer, die sich nicht regelmäßig sportlich betätigen. Am deutlichsten waren die Ergebnisse hinsichtlich der Senkung des Risikos der Erkrankung an Darm und Lungenkrebs.

Bewegungsmangel und Zuckerstoffwechsel

Bewegungsmangel kann unter anderem zu einer Glucose-Intoleranz führen. Diabetiker werden immer öfter während ihrer Behandlung mit oder ohne Insulin ermutigt, ihre Zuckerwerte durch gesteigerte körperliche Tätigkeiten positiv zu beeinflussen. Beim gesunden Menschen erhält das richtige Training die normale Zucker-Toleranz und bewahrt vor Entgleisungen des Insulin-Stoffwechsels, welche in der Folge zum Auftreten eines Altersdiabetes führen können.

Sportliche Aktivität und Trainingshinweise

Sportliche Aktivität gilt als vorbeugende Maßnahme und Therapie gleichermaßen. Durch die vermehrte Sauerstoffaufnahme wird dem Körper bei allen oxydativen Stoffwechselabläufen der für die Verbrennung erforderliche Sauerstoff in ausreichender Menge zur Verfügung gestellt, so dass die sauerstoffintensiven Organe wie die Leber - mit ihrer wichtigen Aufgabe der Entgiftung und Aufbautätigkeit - und der Herzmuskel ungestört arbeiten können.

Die gesteigerte Atemtätigkeit wiederum ist ein Garant dafür, dass der Körper die im Stoffwechsel anfallende Kohlensäure abatmen kann und so zur Regulierung des Säure-Basen-Haushalts beiträgt. Dazu kommt noch die vermehrte Ausscheidung flüchtiger Säuren über die Lunge. Unter Einbeziehung all dieser Aspekte kann man voller Berechtigung behaupten, dass sportliche Aktivität im richtigen Trainingsbereich eine erfolgreiche Strategie darstellt, Krankheiten vorzubeugen und bei deren Behandlung unterstützend mitzuwirken.

Gewarnt muss an dieser Stelle jedoch vor allen sportlichen Aktivitäten werden, bei welchen der Körper über längere Zeit im anaeroben Bereich tätig ist. Sowohl die dabei im Muskel anfallende Milchsäure-Konzentration, welche sogar zu lokalen Schäden führen kann, als auch die bei Höchstleistungen wie Marathon oder Iron Man anfallenden Sauerstoffradikale sind aus gesundheitlicher Sicht als bedenklich einzustufen.

Dauer und Frequenz von Trainingseinheiten

Aufgrund des normalerweise vorliegenden Misch-Stoffwechsels ist reines Fat Burning nicht möglich. Bei exzessiver körperlicher Tätigkeit wird die Energie-Bereitstellung ab der anaeroben Schwelle (Laktatspiegel von etwa 4.0 mmol/l) rein aus dem Kohlenhydrat-Stoffwechsel bedient. Im intensiv aeroben Ausdauerbereich wird die Fettsäure-Mobilisation aus den Fettspeichern gehemmt. Da es bei der Verbrennung nicht ausschlaggebend ist, welches Substrat verbrannt wird, sondern dass letztlich eine negative Energiebilanz herauskommt, müssen körperliche Betätigungen normalerweise nicht nach wissenschaftlichen Leistungskriterien abgewickelt werden.

Dennoch ist vor Beginn eines Trainingsprogrammes eine leistungsmedizinische Untersuchung empfehlenswert, um die optimale Trainingsherzfrequenz zu ermitteln. Besonders Personen, die längere Zeit keiner sportlichen Betätigung nachgegangen sind, sollten vor Beginn ihres Trainings eine sportmedizinische Untersuchung absolvieren.

Mit drei bis fünf Bewegungseinheiten von 30 bis 60 Minuten pro Woche im aeroben Bereich (Faustregel: man sollte sich dabei noch unterhalten können) und ein bis drei Einheiten Krafttraining zur Verbesserung der Muskelmasse, ebenfalls im Ausmaß von etwa 30 Minuten, sollte man von einem erfolgreichen Trainingsprogramm nicht zu weit entfernt sein.

Das Wesentliche dabei ist, langsam zu beginnen und nicht zu übertreiben. Auch kleine Einheiten von 10 Minuten machen Sinn.

Nachbrenneffekt

An dieser Stelle sollte auch auf den sogenannten Nachbrenneffekt hingewiesen werden. Dieser kommt dadurch zustande, dass noch einige Stunden nach sportlicher Betätigung oder arbeitsbedingten Anstrengungen der Stoffwechsel auf erhöhtem Niveau abläuft und dabei eine gesteigerte Verbrennung stattfindet.

Die bei jeder Muskelarbeit anfallende Milchsäure wird entweder verbrannt, zur Weiterverarbeitung bereitgestellt oder sofern dies bei exzessiven Anstrengungen nicht möglich ist, neutralisiert um das Muskelgewebe nicht zu schädigen. Dazu sind Puffersubstanzen erforderlich, die bei vorliegender Azidose auch aus den Mineralstoff-Depots entnommen werden müssen.

Deckung des Mineralstoffbedarfs bei körperlicher Betätigung

Untersuchungen von Univ. Prof. Dr. Wolfgang Marktl haben gezeigt, dass natürliches Mineralwasser ein hohes Maß an bioverfügbaren lebensnotwendigen Mineralstoffen wie Kalzium und Magnesium liefert. Die Bioverfügbarkeit bedeutet dabei, dass etwa ein schwach mineralisiertes natürliches Mineralwasser in Bezug auf die Bioverfügbarkeit von Kalzium und Magnesium besser abschneiden kann als manche feste Nahrung. In diesem Zusammenhang wurden auch andere marktübliche Getränkeangebote überprüft und bewertet.

Natürliches Mineralwasser, welches in seiner Osmolarität[57], das ist die Teilchenkonzentration einer Flüssigkeit, der des Schweißes sehr nahe kommt, sollte demzufolge bevorzugt werden. Es ersetzt dem Körper wichtige Mineralstoffe und Spurenelemente, die beim Schwitzen verloren gegangen sind. Früchtetee ohne Zucker oder isotonische Durstlöscher schneiden dieser Studie zufolge ebenfalls noch günstig ab.

Fruchtsäfte und Limonaden sowie Energy Drinks weisen eine vier- bis sechsmal höhere Osmolarität als Schweiß auf. Demzufolge sind sie als Durstlöscher nicht bedenkenlos zu empfehlen.

> Wussten Sie, dass der in Energy Drinks enthaltene hohe Zucker- und Koffein-Gehalt in der Regel zu einer Wasserausscheidung führt, was den Durst eher noch steigert?

Lösungen, die den gleichen osmotischen Druck wie Blut haben bezeichnet man als „isotonisch". Solche mit höherem osmotischen Druck sind „hyperton", entsprechend sind „hypotone" Lösungen durch einen niedrige-

---

[57] Die Osmolarität gibt die Anzahl der osmotisch aktiven Teilchen pro Liter Lösung bzw. Untersuchungsmaterial an und ist damit ein Maß für den osmotischen Druck.

ren osmotischen Druck gekennzeichnet. Da Schweiß zu den hypotonen Flüssigkeiten zählt, sollte er auch mit hypotonen Flüssigkeiten wie natürlichem Mineralwasser, Quell- oder Leitungswasser oder ungezuckertem Früchtetee ausgeglichen werden.

Hypertone Getränke sind Fruchtsäfte, Limonaden und Energy Drinks. Ihre hohe Osmolarität beziehen sie vor allem aus dem hohen Zuckergehalt.

Natürliches Mineralwasser ist demnach aufgrund seiner Osmolarität ein geeigneter Durstlöscher, der sich besonders gut zum Ausgleich hoher Flüssigkeitsverluste eignet. Die Osmolarität liegt im unteren Bereich des Schweißes, der aufgrund eigener Regulationsmechanismen bei starkem Schwitzen Mineralstoffe zurückhält und damit dünnflüssiger wird.

Früchtetees ohne Zucker erfüllen bei Leuten, die Geschmack bevorzugen, eine gute Funktion als Durstlöscher. Sie sind ähnlich hypomolar wie natürliches Mineralwasser.

Isotone Getränke sind mit ihren Osmolaritätswerten über denen des Schweißbereiches. Im Spitzen- oder Hochleistungssport haben isotonische Getränke jedoch ihren Wert als Energielieferanten. Der darin enthaltene Zucker kann rasch in Energie umgewandelt werden, was kurzfristig zu einer Leistungssteigerung führt. Da jedoch mit jeder Zuckerzufuhr auch eine Insulin-Ausschüttung erfolgt, die zu einem darauf folgenden Zuckertief führt, ist zur Aufrechterhaltung der Leistungsform eine erneute Zufuhr von Kohlenhydraten erforderlich. Zur Leistungssteigerung während sportlicher Tätigkeiten werden deshalb Mehrfachzucker-haltige Getränke bevorzugt, da diese nicht so intensive Wirkungen auf den Insulinspiegel ausüben.

Energy Drinks zeichnen sich in der Regel durch hohe Osmolaritätswerte aus, im Schnitt haben sie Werte, die etwa das Sechsfache des Schweißes ergeben. Sie sind deshalb zum Durstlöschen im Sinne eines Abdeckens des Flüssigkeitsbedarfes nicht geeignet. Aufgrund des hohen Zuckergehaltes sowie des darin enthaltenen Koffeins sind diese Getränke eher in die Kategorie „Genussmittel" einzuordnen.

Auch Fruchtsäfte und Limonaden werden in erster Linie wegen ihres Geschmacks getrunken. Sie gehören ebenfalls zur Gruppe der hypertonen Getränke, mit einem etwa viermal höheren osmotischen Wert als Schweiß. Deshalb sind sie aus ernährungsphysiologischer Sicht nicht ohne

Einschränkung zu genießen. Fruchtsäfte werden am besten frisch gepresst und ohne Zuckerzusatz stark mit Mineralwasser verdünnt.

Zusammenfassend kann man sagen:

- Reine Fettverbrennung ist physiologisch unmöglich, weil der Körper unter Belastung individuell und autonom entscheidet, welche Depots er anzapft.
- Eine häufige Nahrungsaufnahme ist mit einer häufigen Insulinausschüttung und wiederkehrendem Hungergefühl verbunden. Entgegenwirkend ist der Verzehr von vollwertigem Obst und Gemüse-dank seines erstaunlichen Fülleffekts trotz niedrigem Kaloriengehalt.
- Besonders erfolgreich für die Gewichtsabnahme ist das Dinner Cancelling - insbesondere Zuckerverzicht abends: Die nächtlichen Insulininaktivität in Kombination mit der Aktivierung des Wachstumshormons leiten eine rasche Fettumwandlung ein.
- Natürlich bedarf es auch einer Kalorienreduktion, jedoch sind hiervon Fertigprodukte und tierische Produkte betroffen anstatt Fettsäuren, die essentiell für die Vitaminverwertung sind. Vor allem darf der Kalorienhahn nicht radikal sondern nur langsam - unter Berücksichtigung einer Eingewöhnungsphase - abgedreht werden.
- Bewegung ist unabdingbar für eine langzeitlich gesunde Gewichtsreduktion. Regelmäßige Ausdauerbewegung und Krafttrainingseinheiten beugen dem Muskelschwund vor, welcher durch die Gewichtsabnahme auftreten kann.
- Ausreichende, nicht exzessiv betriebene Bewegung füllt die „Sauerstofftanks" auf und sorgt für einen ausgeglichenen Blutdruck, Cholesterinspiegel, Zuckerstoff-wechsel, stärkt das Herz, fördert die Durchblutung und damit die Gesamtversorgung aller Körperzellen
- Isotonische (Energy) Drinks haben nur temporäre leistungssteigernde Wirkung. Empfehlenswerter sind stille Mineralwässer, weil sie den Körper wegen ihrer niedrigen Osmolarität nicht entmineralisieren.

Essen und Genuss

In diesem Kapitel geht es um folgende Themen:

- **Grundsätzliches zu Essen und Genuss**
- **Diskussion ausgewählter Genussmittel**

Durch Verbissenheit und übertriebene Askese kann bei der Nahrungsauswahl und Nahrungsaufnahme das damit zusammenhängende subjektive Wohlbefinden deutlich geschmälert werden. Durch das fehlende Zufriedenheitsgefühl kann es durchaus zu einer negativen Beeinflussung des gesundheitsfördernden Effektes richtiger Ernährung kommen.

Nahrungsaufnahme ohne Genuss würde auf Dauer nicht funktionieren und den Reiz zum Essen erlahmen lassen. Essen ist mehr als bloße Nahrungsaufnahme. Durch guten Geschmack hervorgerufener Genuss ist der beste Anreiz zur Wiederholung der Nahrungsaufnahme. Genuss durch guten Geschmack darf beim Essen nicht fehlen. Dazu ist eine gewisse ökologische und ästhetische Qualität der Nahrungsmittel erforderlich. Frische, nach Möglichkeit schadstofffreie Nahrungsmittel sind Voraussetzung für die Qualität und damit auch den Geschmack der Produkte. Das Essen als „sinnliches Erlebnis" bedeutet, lebensrichtige Produkte in Ruhe, Harmonie und Dankbarkeit zu genießen.

Umso besser ist es, wenn es gelingt, wertvolle, wohlschmeckende Nahrungsmittel in der geeigneten Dosis zu essen. Einige Beispiele dafür sollen nachstehend diskutiert werden.

Schokolade

Schon die Azteken betrachteten die Samenkerne des Kakaobaumes als Göttergeschenk. Diese enthalten die wertvollen Substanzen des weißlichen Fruchtfleisches sowie das spezielle Fett, die Kakao-Butter. Da die Kerne der großen Früchte ungesüßt verzehrt wurden, erhielt die Frucht den Namen „xococ", was auf aztekisch so viel wie „herb", „sauer" oder „würzig" bedeutet.

Wussten Sie, dass für 100 Gramm Schokolade etwa 30 bis 60 Samenkerne verarbeitet werden? Durch Rösten, Pressen und Reiben werden die Kerne aufbereitet.

Einige Hersteller geben inzwischen schon den Polyphenol-Gehalt des Kakaopulvers an. Polyphenole dienen den Pflanzen zur Abwehr vor Fressfeinden oder zum Anlocken von Insekten für die Bestäubung. Ihre Wirkungen sind entzündungshemmend, Krebs vorbeugend, sie verlangsamen die Oxidation der Zellen und vermindern Fettablagerungen in den Gefäßen. So beugen sie Arterienverkalkung und Herzinfarkt vor.

Heute kennt man die Zusammensetzung der Inhaltsstoffe von Kakao und weiß, dass vor allem Theobromin, Koffein und Phenylethylamin am effektivsten für dessen psychische Effekte wirken.

Welche Menge an Inhaltstoffen pro 100 g Schokolade enthalten sind, zeigt diese Tabelle:

Inhaltsstoff (pro 100 g*)	Funktionen und (psychische) Effekte
Theobromin 500 mg	Stimulation des zentralen Nervensystems
	Steigerung der Konzentration
	Wachheit
Koffein 70 mg	Anregende Wirkung
	Durchblutungsförderung
Kalium 400 mg	Steuerungsefekt bei Muskeltätigkeit
Magnesium 300 mg	Überträger zwischen Nerven und Muskel
	Beteiligung an ca. 300 enzymatischen Reaktione
	Stabilisierung der Herzsignale
	Blutdrucksenkung
	Unterstützung der Insulin-Funktion
	Arteriosklerose-Prophylaxe
	Voraussetzung für Funktion des Kohlenhydrat-, Fett- und Eiweißstoffwechsels
	Große Bedeutung für Knochen- und Zahnaufbau
Phosphor 280 mg	Energieträger und Treibstoff der Zellen

Inhaltsstoff (pro 100 g*)	Funktionen und (psychische) Effekte
Kalzium 100 mg	Hauptmineral des menschlichen Körpers
	Strukturelement von Knochen und Zähnen (90%)
	Aktivierung von Enzymen
	Weiterleitung von Nervenimpulsen
	Beteiligung an der Muskelkontraktion
	Ausschüttung von Hormonen und Neurotransmittern
	Erhöhung der Gerinnungsfähigkeit des Blutes
Vitamin E 3 mg	Schutz vor freien Radikalen
	Stärkung des Immunsystems
Phenylethylamin 1 mg	Hebung der Stimmungslage und Förderung von Optimismus (tritt bei Glücks- und Verliebtheitszuständen auf)
Anadamine 0,5 g	Steigerung von Glücks- und Lustempfindungen
	Bestandteil von Haschisch
	Berauschende Wirkung erst ab 10 kg Schokolade und mehr
Lezithin 300 mg	Verbesserung der Konzentrationsfähigkeit und Denkleistung
	Verbesserung der Fließeigenschaft des Blutes
Oxalsäure	Begünstigung von Nierensteinen (geringfügige Gefahr aufgrund spärlicher Resorption)
(Bio-)flavonoide	Bestandteil der Kakaobutter
	Antioxidative Wirkung (vergleichbar hoch wie bei Früchten)
	Vorbeugung von Herzkreislauferkrankungen
	Krebsprophylaxe
	Stärkung des Immunsystems
	Senkung HDL Cholesterin
Tryptophan	Bildung von Serotonin im Gehirn

* Schokolade
** Flavonoin-Gehalt von 12 Äpfeln oder 30 Gläsern Orangensaft

Tabelle 16: Schokolade – Inhaltsstoffe und Wirkung

Die neuesten wissenschaftlichen Studien bestätigen die Gesundheitswirkung von Bitterschokolade. Biostoffe aus dem Kakao verstärken die antioxidativen Eigenschaften der Enzyme in sämtlichen Körpergeweben, besonders jedoch in der Thymusdrüse. Dort werden jene Stoffe produziert, die wir für Immunreaktionen benötigen. Erfreulich ist daraus folgernd die Tatsache, dass man mit dunkler Schokolade auch manche Altersveränderungen positiv beeinflussen kann, die durch Sauerstoffradikale und dadurch ausgelöste Oxidationsprozesse der Zellen entstehen.

Ein Forscherteam an der Universität von Barcelona konnte die antioxidativen Wirkungen von Bitterschokolade im Tierversuch nachweisen. An Universitäten in Boston und Kalifornien konnten ebenfalls in Studien die antioxidativen Eigenschaften von Bitterschokolade festgestellt werden. Die Flavonoide wirken Herz-Kreislauf Risikofaktoren mehrfach entgegen. Die Umwandlung von gefährlichem LDL-Cholesterin in Gefäß schädigende oxidierte Formen wird vermindert. Der Blutdruck wird gesenkt, das Zusammenkleben der Blutplättchen wird reduziert. Auf der positiven Seite wird das gute HDL-Cholesterin erhöht und die Empfindlichkeit der Zellen gegenüber Insulin wird erhöht. Diese Effekte können hauptsächlich von dunkler Schokolade ausgelöst werden.

Bei einem Versuch mit gesunden Rauchern zeigte Dr. Corti, dass die Gefäßinnenschicht (Endothelfunktion = Dehnbarkeit der Arterien) nur auf dunkle Schokolade, von 70% Kakaoanteil aufwärts, verbesserte Durchblutungswerte zeigte, nicht jedoch auf weiße Schokolade. Auch die Plättchenfunktion konnte nur mit schwarzer Schokolade verbessert werden, sie macht diese sozusagen zum süßen Aspirin. Bei Patienten nach Herztransplantationen konnte ebenfalls ein positiver Effekt von dunkler Schokolade beobachtet werden.

Eine holländische Arbeitsgruppe fand bei älteren Männern, die regelmäßig kakaohaltige Produkte konsumierten, niedrigere Blutdruckwerte und stellte bei einer 15-jährigen Beobachtungsperiode auch ein um 50% geringeres Risiko fest, an Herz-Kreislauferkrankungen zu versterben.

Wussten Sie, dass Kuna-Indianer auf den San-Blas Inseln von Panama zu jeder Mahlzeit Kakaokerne von 45 bis 60 Prozent Fett verzehrten und trotz salzreicher Kost nie Bluthochdruck entwickelten? Erst nach Umsiedlung nach Panama City und üblicher Zivilisationskost kamen die Herz- und Gefäßleiden.

Krebsforscher fanden schon vor längerer Zeit heraus, dass die Kakao-Flavonoide Tumorwachstum deutlich stärker abschwächten als die ebenfalls günstig wirkenden Flavonoide aus Rotwein oder grünem Tee.

So summieren sich bei dunkler Schokolade gesundheitsfördernde Aspekte sowohl durch deren besonders hohen Flavonoidgehalt als auch den Wert anderer Inhaltsstoffe und deren Geschmack.

Nicht zu vernachlässigen ist allerdings der Fettanteil der Schokolade und die damit verbundene Kalorienzufuhr. 100 Gramm Schokolade enthält im Durchschnitt über 500 Kilokalorien. Dunkle Schokolade enthält zwar weniger Zucker, aber der Fettanteil ist nicht unbedeutend. Sie bleibt daher immer ein gesundes Genussmittel sofern der mengenmäßige Verzehr ein bestimmtes Maß nicht überschreitet. Auch vermindern die im Kakao enthaltenen Gerbstoffe die Absonderung von Darmsekreten und wirken hemmend auf die Darmperistaltik, was für Personen, die zu Darmträgheit neigen, die Gefahr von Stuhlverstopfung bedeutet.

Wein

Auch das Genussmittel Wein hat eine Reihe gesundheitsfördernder Wirkungen. Er enthält Antioxidantien, erweitert die Gefäße, hemmt die Wirkung von Östrogenen und senkt die Sterblichkeitsrate an Herz-Kreislauferkrankungen, indem er positive Effekte auf Herzschwäche, koronare Herzerkrankung, durchblutungsbedingten Schlaganfall, periphere arterielle Verschluss-Krankheiten, Bluthochdruck und Diabetes ausübt. Ausschlaggebend sind dabei sowohl ein maßvoller Konsum als auch die jeweiligen Inhaltsstoffe und das Alter des Weines.

Die gesundheitsfördernde Wirkung des Weines ist der Menschheit schon seit Jahrtausenden bekannt. Bedeutende Ärzte des Altertums und des Mittelalters verwendeten Wein zu medizinischen Zwecken wie der Wundbehandlung, als Mittel zur Wasserausscheidung, als Schmerzmittel, als Antidepressivum und bei Verdauungsstörungen. Beachtung löste das französische Paradoxon in den 80er Jahren des letzten Jahrhunderts aus, aufgrund dessen in Frankreich trotz eines hohen Fettkonsums eine niedrige Sterblichkeitsrate an Herz-Kreislauferkrankungen verzeichnet wurde. Mittlerweile konnte in einer Vielzahl von Studien beobachtet werden, dass mäßiger Alkoholkonsum zu einer Schutzwirkung von Herz-Kreislauf-Erkrankungen und Wein auch zu einer Reduzierung des Krebsrisikos im Stande ist.

Wein enthält neben den Mineralien Kalium, Magnesium, Eisen, Mangan, Kadmium, Fluor und Kupfer auch Vitamin C und Vitamin B6. Wein fördert die Eisenaufnahme im Körper. Früher war man der Meinung, dass Wein viel Eisen enthalte und verordnete Rotwein bei Blutarmut. Mittlerweile stellte sich heraus, dass Wein die Aufnahme von Eisen fördert. Das Interessante dabei ist, dass Weißwein die Eisenaufnahme noch stärker förder als Rotwein.

Neben Elektrolyten und Vitaminen enthält der Wein jedoch vor allem eine Vielzahl von Phenolen, welche als Antioxidantien wirksam sind. Diese werden während der Kelterung aus den Beeren und Stengeln durch den Alkohol, der während der Gärung entsteht, extrahiert und beinhalten Farbstoffe, Aromastoffe und Gerbstoffe. Weißwein enthält diese Stoffe in einer Konzentration von circa 400 mg je Liter. Rotwein enthält mehr als das Zehnfache davon, nämlich bis zu 6.500 mg je Liter. Dieser hohe Gehalt an Antioxidantien ist darauf zurückzuführen, dass Rotwein mit den Schalen vergoren wird, während Weißwein aus schalenfreiem Most vergoren wird. Auch die Lagerung im Holzfass führt zu einer weiteren Anreicherung mit Antioxidantien. Dazu gehören Tannine und Flavonoide.

Beim Wein ist gegenüber anderen alkoholischen Getränken die antioxidative Kapazität verstärkt, er wirkt zusätzlich gefäßerweiternd sowie hemmend auf die Wucherung glatter Muskelzellen. Tannine und Phenole wie Quercetin und Resveratrol sind für diese zusätzlichen gefäßschützenden Eigenschaften verantwortlich. David Sinclair, ein Forscher der Harvard Medical School, hat nachgewiesen, dass Reservatrol in lebenden Zellen die Vortäuschung einer Kalorienrestriktion mit nachfolgender Lebensverlängerung bewirkt. Bis heute ist keine wirksamere Anti-Aging-Substanz als Resveratrol bekannt (Anti Aging News, 2009). Da die Konzentration von Tanninen und Phenolen vor allem von Weinen, die in Barrique[58] ausge-

---

[58] Das Barrique ist ein Eichenfass, das heute vor Allem zum Ausbau von Rot- oder Weißwein dient.

baut sind, hoch ist, haben diese Weine eine besonders starke Gefäß-Schutzwirkung.

Weißwein hat ebenfalls vorteilhafte Eigenschaften. Die im Weißwein enthaltenen Pflanzen-Östrogene blockieren Östrogen-Rezeptoren, wodurch die mit einer Östrogen-Wirkung in Verbindung gebrachten Krebsarten wie Brust- und Gebärmutterkrebs gehemmt werden können.

Die Reihenfolge der Östrogen hemmenden Wirkung geht vom roten Burgunder, über Rosè bis zum weißen Chablis. Verschiedene Weinsorten haben außerdem auch antimikrobielle Wirkungen, im Reagenzglas werden Salmonellen und Kolibakterien innerhalb von 20 Minuten abgetötet. Diese Wirkung konnte mit anderen alkoholischen Getränken, die auf den Alkoholgehalt des Weines verdünnt wurden, nicht erzielt werden.

Bei jungen Weinen stammt die antioxidative Wirkung hauptsächlich von den Anthocyaniden, bei älteren Weinen spielen die Tannine eine bedeutendere Rolle. Während für Phenole aus dem Wein die gefäßerweiternde Wirkung bewiesen werden konnte, war dies bei Phenolen aus Äpfeln und Tees nicht der Fall.

Bei Diabetikern konnte neben der günstigen Wirkung auf die Herzkranzgefäße auch eine positive Beeinflussung des Zuckerstoffwechsels beobachtet werden. Mäßiger Alkoholkonsum verbessert auch die Insulin-Wirkung.

Eine weitere Wirkstoffgruppe des Weines sind die Flavonoide und Isoflavonoide. Durch diese Schutzstoffe wird die Oxidation des LDL-Cholesterins verhindert. Wein erhöht den Gehalt an wertvollem HDL-Cholesterin und senkt jenen des Arteriosklerose fördernden LDL-Cholesterins. Resveratrol verhindert die Verklumpung der Blutplättchen und wirkt damit einer erhöhten Gerinnungsbereitschaft des Blutes entgegen. Gegenden, in der die Edelschimmel-Fäule Botrytis heimisch ist, haben einen besonders hohen Gehalt an Resveratrol. Weine, die in Eichenfässern gelagert waren, sind dagegen reich an Quercetin, ein Flavonoid, welches die Entstehung von LDL-Cholesterin verhindert.

Je nach Herkunft weisen Weine auch unterschiedlich hohe Anteile an gesundheitsfördernden Verbindungen auf. Die Konzentration der Phenole schwankt von Anbaugebiet zu Anbaugebiet. Am höchsten ist der Anteil an Polyphenolen in Weinen aus dem französischen südwestlichen Departement Gers und aus der Provinz Nuoro auf der italienischen Insel Sardinien. Beide Gebiete sind angeblich für die Langlebigkeit ihrer Bewohner bekannt (Wiliam Harvey Research Institute London). Es wurden in diesen Weinen die höchsten Konzentrationen an Procyaniden gefunden. Anbau und Verarbeitungsweise spielen dabei eine wesentliche Rolle. Der hohe Tanningehalt spezieller Rebsorten scheint einen positiven Einfluss auf die Gesundheit und höhere Lebenserwartung zu haben. Bei einer anderen Studie von Wiener Pharmakologen wurde die Stickstoffmonoxid-Produktion der Gefäßzellen unter der Einwirkung von Polyphenolen untersucht. Dabei wurden 180 Sorten Rotweine sowie Weißweine und Traubensäfte begutachtet. Als besonders wirksam erwies sich ein französischer Merlot. Cabernet-Sauvignon, Shiraz, Weißweine und Traubensaft zeigten schwächere Wirkungen.

Leider werden, mit Ausnahme biologischer Anbausorten, meistens auch Spritzmittel wie Kresoxim–Methyl, Mepanipyrim, Azoxystrobin und Tetraconazole verwendet, deren Menge gemessen werden muss, um zu hohe Konzentrationen zu verhindern.

Insgesamt liegt die Empfehlung für gesundheitsfördernde Effekte bei 3 bis 6 Getränken pro Woche und bei 1 bis 3 Drinks pro Tag. Bei Frauen sollte die Menge etwas geringer sein. Ab einer höheren Menge (ca. 1/8l Wein) pro Tag kehren sich die Gesundheitseffekte ins Gegenteil um.

> Wussten Sie, dass die ideale Dosis Alkohol bei ein bis maximal 2 Getränken pro Tag liegt? Das sind 20 bis 40 Gramm pro Tag.

Übermäßiger Genuss schädigt bekanntermaßen Leber und Nervensystem. Übertriebener Alkoholgenuss kann neben schädigenden Wirkungen auf Gehirn- und Nervenzellen auch Entzündungen im Verdauungstrakt verursachen. Dadurch kann die Bildung von Verdauungsenzymen behindert werden und die Aufnahme von Vitaminen, Mineralien und Spurenelementen erschwert werden. Wenn die Leber in ihrer Entgiftungsfunktion überfordert wird, kann sie durch übermäßigen Alkoholkonsum selbst geschädigt werden.

Als Bestandteil kultivierter Lebensart sollte Weingenuss immer mit vernünftigem Maß erfolgen.

Besondere Vorsicht sollte bei Alkoholgenuss während der Schwangerschaft geübt werden. Schwangeren ist der Konsum alkoholischer Getränke in allen Stadien der Schwangerschaft abzuraten.

Von Christoph Wilhelm Hufeland (1762-1838), Goethes Arzt, stammt folgender Kommentar zum Weingenuss: „Der Wein erfreut des Menschen Herz, aber er ist kein alleiniges Nahrungsmittel und keineswegs eine Notwendigkeit zum langen Leben. Ja er kann sogar das Leben sehr verkürzen, wenn er zu häufig und in zu großen Mengen getrunken wird. Wenn er daher nicht schaden und ein Freund des Lebens werden soll, so muss man ihn nicht täglich und nie in Übermaßen trinken. Je jünger man ist, desto weniger, je älter, desto mehr. Am besten ist es, wenn man den Wein als Würze des Lebens betrachtet und benutzt und ihn vor allem auf Tage der Freude und Erholung, auf die Belebung eines freundschaftlichen Zirkels aufspart."

Grüner Tee

Seit etwa zwei Jahrzehnten werden die Wirkungen des grünen Tees genauer erforscht. Dabei entdeckte man viele wundersame Eigenschaften des Getränkes ohne Kalorien mit antioxidativer Wirkung. Hauptverantwortlich für die gesundheitsfördernden Wirkungen sind die Tee-Polyphenole. Weltweit gibt es hunderte Millionen Teetrinker, aber unter allen Sorten ist es mit Abstand der grüne Tee, der die meisten Gesundheitsbenefits liefert. Die aus China und Indien stammende Kulturpflanze wird im Gegensatz zum Schwarz-Tee aus unfermentierten Blättern gebrüht. Das verleiht ihm seinen hohen Bestand an wirkungsvollen Antioxidantien. Diese bieten den Zellen Schutz gegen Substanzen, welche versuchen die Zellmembran zu schädigen, genetisches Material der DNS zu verändern und die Zellen zum Absterben zu bringen.

Freie Radikale sind Abfallprodukte des normalen Stoffwechsels. Lebensstil und Ernährung, Tabakrauch und Luftverschmutzung, PC-Strahlung, UV-Strahlen und vieles mehr führen zu Oxidationsprozessen vergleichbar mit „Rostfraß". Herz und Gefäßerkrankungen, immunologische Erkrankungen, Alterungsvorgänge und Krebserkrankungen hängen mit der schädigenden Wirkung freier Radikale zusammen.

Die Polyphenole des grünen Tees können diese, durch koronare Herzkrankheit verursachten Todesfälle verhindern. Sie weisen Wirkungen gegen das Auftreten von Tumorerkrankungen auf, Hautschäden bei Strahlenschäden werden gelindert, sogar der Verlauf von HIV-Infektionen soll durch Polyphenole positiv beeinflusst werden, indem sie die Zellgifte neutralisieren und drohende Schäden abwenden.

Die traditionelle chinesische Medizin verwendet die Substanzen des grünen Tees schon seit Jahrtausenden als Anregungsmittel, zur Entwässerung des Körpers, zur Unterstützung bei der Wundheilung und zur Vorbeugung von Herz-Kreislauf-Erkrankungen.

Neuere Untersuchungsmethoden bestätigen die Wirkungen des Grüntees auch bei Blähungen, Fieber, zu hohem Blutzucker und als entzündungshemmende Substanz auf Schleimhautzellen von Gelenken (Ahmed Salahudin, University of Michigan).

Die wirksame Substanz ist das im Grüntee enthaltene „ Epigallocatechin-Gallat" (EGCG). Die Wirkstoffkonzentration im Tee ist zwar niedrig, für therapeutische Zwecke lassen sich jedoch Konzentrate herstellen.

Bei chronisch erschöpften Menschen ab dem 40. Lebensjahr spricht das Immunsystem auf die Zufuhr der im Tee enthaltenen Wirkstoffe anscheinend besonders gut an. So konnte beobachtet werden, dass die Infektanfälligkeit sank, dass sich Schlafstörungen bessern ließen, sogar Depressionen und Schmerzzustände reagierten günstig auf die Inhaltsstoffe vom grünen Tee.

Bevölkerungsgruppen mit reichlichem Konsum von Grüntee erkranken aufgrund der Gefäß schützenden Wirkung der Antioxidantien seltener an Arteriosklerose. Durch die Blockade der Aufnahme gewisser Fettsubstanzen und deren verbesserte Ausscheidung werden Cholesterin-Werte gesenkt. Im Reagenzglas konnte das Wachstum von Brustkrebszellen mit Extrakten von grünem Tee zum Stillstand gebracht werden. In einer Studie mit Frauen vor der Menopause in einem frühen Stadium von Brustkrebs breitete sich die Krankheit bei jenen Frauen am langsamsten aus, die den höchsten Konsum an grünem Tee zu verzeichnen hatten. Für einen erkennbaren Effekt waren allerdings mindestens fünf Tassen grüner Tee pro Tag erforderlich.

Hinsichtlich der Erkrankung von weiblichem Blasenkrebs gibt es ebenfalls ermutigende Statistiken. Von Erkrankungen der Prostata, der Speiseröhre, des Darmes, der Lunge und der Bauchspeicheldrüse gibt es Hinweise auf Krebs vorbeugende Wirkungen. Dabei werden immer wieder die Katechine als Hauptwirkstoffe genannt. Die Polyphenole des grünen Tees enthalten mindestens sechs Katechine und das in einer Konzentration, welche die des schwarzen Tees um das Zehnfache übertrifft. Aufgrund der hohen erforderlichen therapeutischen Dosen werden allerdings vielfach Extrakte von grünem Tee aus biologischem Anbau bevorzugt.

Kaffee

Kaffee zählt weltweit zu den am häufigsten konsumierten Getränken und ist eines der beliebtesten Getränke in der westlichen Welt. Seit Jahrzehnten gibt es Studien, die sich mit der gesundheitsbeeinflussenden Wirkung des Kaffees beschäftigen. Neue Studien zeigen einen Zusammenhang von Kaffeekonsum und koronarer Herzkrankheit auf, jedoch erst ab einem Konsum von mehr als zwei Tassen pro Tag.

Koffein wirkt anregend auf das Nervensystem, was in richtiger Dosierung zu der erwünschten Steigerung der Aufmerksamkeit führt. Die Durchblutung des Gehirns wird verbessert, die Blutgefäße werden erweitert, der Herzschlag erhöht und die Durchblutung aller Organe verbessert.

So können ältere Menschen, bei denen die Hirndurchblutung nicht mehr optimal funktioniert, nach einer Tasse Kaffee aufgrund der verbesserten Durchblutung besser schlafen.

Koffein beeinflusst auch das Atemzentrum. Die Atmung wird beschleunigt, die Bronchialgefäße werden erweitert. Koffein führt zu vermehrtem Wasserlassen, da es harntreibend wirkt. Der Stoffwechsel wird insgesamt angekurbelt. Der Konsum größerer Mengen von Koffein kann zu Spannungskopfschmerz führen. Auch rasches Absetzen von Koffein kann zu vorübergehenden Kopfschmerzen führen. Koffein kann die Vitamin B-Aufnahme stören, besonders das Vitamin B1 ist davon betroffen. Da auch Zucker Vitamin B1 verbraucht, ist eine Wirkungskumulation möglich. Die Aufnahme von Eisen ist bei gleichzeitigem Koffeinkonsum ebenfalls vermindert.

Koffein fördert die Ausschüttung von Stresshormonen. Die in kleiner Dosis anregende Wirkung schlägt bei größeren Mengen um und führt zur Adrenalinausschüttung, die bei regelmäßigem überhöhtem Konsum chronische Stress-Symptome erzeugt.

Eine vieldiskutierte Frage im Zusammenhang mit dem Kaffeekonsum ist der Zusammenhang mit verstärktem Sodbrennen bei empfindlichen Personen. Trotz widersprüchlicher Studienergebnisse hinsichtlich der diesbezüglichen Vergleiche von koffeinhaltigem und entkoffeiniertem Kaffee wurde festgestellt, dass Kaffee bei entsprechenden Voraussetzungen den Rückfluss von Magensäure in die Speiseröhre anregt. Auch das Hormon Gastrin, welches für die Bildung von Magensäure zuständig ist, wird nach Kaffeegenuss vermehrt produziert. Man geht allerdings davon aus, dass die Säure lockende Wirkung von verschiedenen Röstprodukten abhängig ist. So kann Kaffee mit und ohne Koffein Sodbrennen fördern. Generell wird durch den Konsum säurehaltiger Getränke die Neigung zu Sodbrennen gesteigert. So erhöht auch der Konsum von Wein und Bier die Säureproduktion im Magen. Hauptverantwortlich für das Sodbrennen ist neben der vermehrten Säureproduktion im Magen aber ein zu niedriger Basaldruck des unteren Speiseröhrenschließmuskels. Beeinflusst wird der Säuregehalt des Kaffees durch das jeweilige Röstverfahren. Spezielle Röstverfahren mit niedrigeren Temperaturen und zweimaligem Rösten führen angeblich zu wesentlich niedrigerem Säuregehalt der Kaffeebohnen.

Eine Studie, die 2007 auf der Konferenz *Cardiovascular Disease Epidemiology and Prevention* vorgestellt wurde, zeigte, dass Kaffeegenuss das Risiko für die Entwicklung von Herzkranzgefäßerkrankungen nicht erhöht, vorausgesetzt, der Kaffeetrinker ist Nichtraucher. Für Raucher und Ex-Raucher wurde ein, mit der Zahl der täglich konsumierten Tassen, stetig steigendes Risiko gezeigt. Auch eine den Blutdruck betreffende Studie, die eine Beobachtung über elf Jahre hinweg beinhaltete, ergab, dass Kaffee allein den Blutdruck nicht nachhaltig beeinflusst.

Zwar hatten Personen, welche auf Kaffee verzichteten ein geringeres Bluthochdruckrisiko als diejenigen Personen, welche ein bis drei Tassen Kaffee pro Tag tranken. Diejenigen, die mehr als sechs Tassen pro Tag tranken, hatten allerdings ein geringeres Risiko als die Gruppe, die ein bis drei Tassen pro Tag tranken.

Positive Meldungen gibt es vom Institut für Krebsforschung an der Universitätsklinik für Innere Medizin in Wien (Univ. Prof. Dr. Wolfgang Huber). Epidemiologische Studien an Kaffeetrinkern zeigen, dass diese seltener an Dickdarm und Leberkrebs sowie an Leberzirrhose erkrankten. Laut Prof. Huber sind Studien, die auf einen Zusammenhang von Kaffeekonsum mit krebsauslösenden Bauchspeicheldrüsenerkrankungen sowie Erkrankungen der Blase und der Eierstöcke hinweisen, schwach abgesichert. Deshalb könne man Kaffee auch mit etwas Vorsicht zu den Krebs vorbeugenden Genussmitteln zählen.

Untersucht wurden diesbezüglich vor allem die im Kaffee enthaltenen Diterpene, Kahweol und Cafestol. Diese kommen in Kaffeebohnen sowie im ungefilterten Kaffee, sprich türkischem Kaffee, Presskaffee und Espresso, jedoch nicht im Filterkaffee vor. So konnte gezeigt werden, dass diese Schutzstoffe dazu führen, dass krebserregende Stoffe, die beim Braten entstehen und mit hoher Wahrscheinlichkeit beim Entstehen des Dickdarmkrebses mitwirken, entgiftet werden konnten. Die Behandlung mit Cafestol und Kahweol zeigte auch antioxidatives Potential und schützte vor Substanzen, die durch Tabakrauch, Pökelsalz oder andere Stoffe ausgelöst wurden, welche für die Entstehung von gewissen Krebserkrankungen mitverantwortlich gemacht werden.

Regelmäßiger Kaffeekonsum soll angeblich auch vor Gicht schützen. Forscher werteten die Daten von 46.000 Personen aus. Da der Effekt auch mit koffeinfreiem Kaffee erzielbar war, sollte in diesem Fall die Variante mit niedrigerem Risiko für koronare Herzerkrankungen gewählt werden.

> Wussten Sie, dass 4 bis 5 Tassen Kaffee täglich das
> Gichtrisiko um 40 Prozent verringerten?
> Größere Mengen noch stärker.

Kaffee regt die Säureproduktion im Magen an und stimuliert die Insulinsekretion aus der Bauchspeicheldrüse. Kaffeetrinker weisen ein um bis zu 50 Prozent niedrigeres Risiko auf, an Diabetes Typ 2 zu erkranken. Das Risiko einer Parkinsonerkrankung wird durch regelmäßigen Kaffeekonsum gesenkt. Wenngleich auch noch Fragen hinsichtlich der Bewertung von Kaffee auf den Cholesterin-Stoffwechsel und gesundheitliche Beeinträchtigungen durch die im Kaffee enthaltenen Röstprodukte offen sind, kann man davon ausgehen, dass im Kaffee neben Risikofaktoren auch Schutzstoffe mit antioxidativem Potential vorliegen.

So kann auch mäßiger Kaffeegenuss ebenso wie moderater Alkoholkonsum als Ausdruck individueller Entscheidungsfreiheit das Wohlbefinden und damit auch die Gesundheit und Langlebigkeit von Menschen positiv beeinflussen.

Entscheidungsfreiheit darf allerdings nie in Zügellosigkeit ausarten. Nur allzu schnell sind die Grenzen des Erlaubten überschritten und die dadurch entstehenden Gefahren für die Gesundheit werden meist erst zu spät erkannt.

Das Wesentliche beim Konsum von Genussmitteln liegt im Maß halten. Dabei gilt besonders die paracelsische Weisheit, dass die Menge über Nutzen oder Schaden eines Genussmittels entscheidet.

Erwähnt werden sollte in diesem Zusammenhang auch, dass der Verzicht auf die angeführten Genussmittel keineswegs zu gesundheitlichen Nachteilen führen kann, solange kein Verlangen danach besteht.

Zusammenfassend kann man sagen:

- Der Genuss kann durch ökologische und ästhetische Qualität der Nahrungsmittel gesteigert werden. Hierbei sind frische, nach Möglichkeit schadstofffreie Nahrungsmittel Voraussetzung für den Geschmack.
- Schokolade-, Wein-, Kaffee- und Teegenuss in Maßen haben nachweisbar positive psychische und biochemische Effekte. Ein vollständiger Genussmittelverzicht hat aber keinerlei gesundheitlich beeinträchtigende Wirkung.
- Den genannten Genussmitteln gemeinsam ist die nervenanregende, antioxidative Wirkung: Hormonhaushalt und Kreislauf werden dadurch im Regelfall angekurbelt. Besonders dem Tee wird auch eine desinfizierende und das Immunsystem stärkende Wirkung zugeschrieben.
- Genussmittel sind jedoch kein Ersatz für Nahrungsmittel, weil sie nicht im vollwertigen Sinne ernähren. Ihr Wirkungskreis bleibt im Gemütsbereich angesiedelt.
- Im Allgemeinen gilt daher auch hier der Verhältnismäßigkeitsgrundsatz. Zu häufiger und hoher Konsum schädigt langfristig weitreichend und führt zudem zu Gewöhnungseffekten bzw. drohender Suchtgefahr.

Anti Aging

In diesem Kapitel geht es um folgende Themen:

- **Anti-Aging in einer alternden Gesellschaft**
- **Ursachen des Alterns**
- **Orthomolekulare Medizin**
- **Anti-Aging im Zusammenhang mit oxidativem Stress, Hormonhaushalt und Aminosäuren**

Anti Aging ist das Zauberwort, welches bewirken soll, dass mit Hilfe der neuesten medizinischen Erkenntnisse die Probleme und Beschwerden des Alterns verringert oder beseitigt werden. Dabei verspricht die Medizin weniger ewige Jugend als durch Vorbeugung rechtzeitig Maßnahmen zu setzen, aufgrund derer man sich auch noch im Alter einer guten Lebensqualität erfreuen kann und sich dadurch jünger fühlt.

Mit der Hilfe ärztlicher Kunst, technischer Errungenschaften, allen voran Kühlschrank, Verbesserung sozialer Strukturen sowie der Einführung hygienischer Maßnahmen, aber auch von Einflüssen der Wirtschaft, ist es gelungen das Lebensalter bedeutend zu steigern.

Dennoch ist der Mensch nicht in der Lage, das von der Evolution bereitgestellte Potential seiner körperlichen und geistigen Fähigkeiten auszuschöpfen, die es ihm ermöglicht haben, die Herrschaft über alle anderen Lebewesen zu übernehmen. Dabei sind die ursprünglich angelegten Überlebenschancen des Menschen enorm.

Ohne die derzeit noch schwer beeinflussbaren Alterungsprozesse würde die Menschheit einige hundert Jahre alt werden und ein vorzeitiger Tod nur durch Unfälle, Katastrophen oder angeborene und erworbene Krankheiten eintreten. Aber auch unter den derzeitigen Gegebenheiten steigen die Bevölkerungszahlen, vor allem die der älteren Menschen.

Die derzeit errechnete Lebenserwartung liegt heute bei 77,2 Jahren für Männer und 83,1 Jahren für Frauen, für das Jahr 2050 beträgt sie bereits 82,7 Jahre für Männer und 87,1 Jahre für Frauen.

> Wussten Sie, dass sich laut UN Prognosen in den kommenden Jahrzehnten der österreichische Anteil aller über 60-Jährigen verdoppeln wird? Für die über 80-Jährigen spricht man sogar von einer Verdreifachung und mehr.

Das wäre aber nur dann Anlass zur Freude, wenn damit nicht der Verfall körperlicher und geistiger Funktionen verbunden wäre. Eine Steigerung des Lebensalters ohne Rücksicht auf Lebensqualität und die mit chronischem Siechtum verbundenen persönlichen und medizinischen Probleme kann für viele Menschen leid- und schmerzvoll enden.

Es ist vielleicht der älteste Wunschtraum der Menschen gesund alt zu werden. Am besten ohne dabei alt zu sein. Der Wunschtraum nach ewiger Jugend blieb jedoch bis zum heutigen Tag unerfüllt. Auf der Suche zum Jungbrunnen laufen wissenschaftliche Forschungen auf Hochtouren.

Doch die Evolution hat unseren Organismus so programmiert, dass er den Höhepunkt seiner Kräfte zum günstigsten Zeitpunkt der Fortpflanzung erreicht. Das ist bei der Frau zwischen dem 15. und dem 25. Lebensjahr, beim Mann vom 18. bis zum 28. Lebensjahr. Nach diesem Zeitpunkt lassen Kraft sowie Schutz- und- Reparatur-Mechanismen Jahr für Jahr nach. Das bedeutet, die Natur verliert nach diesem Zeitpunkt das Interesse daran, uns mit einem Höchstmaß an Energiezufuhr zu versorgen, um uns vor Krankheit und Alterung zu bewahren.

Wie Beobachtungen und Statistiken zeigen, hat sich die Lebenserwartung in den letzten Jahrzehnten immer weiter nach oben bewegt. Die aktuelle Frage , die man sich derzeit stellt ist, ob sich dieser Trend auch weiterhin fortsetzt oder ob eine Obergrenze erreicht wird.

Durch medizinische Unterstützung können krankheitsbedingte Defekte von Organen des menschlichen Körpers kompensiert werden, welche in früheren Zeiten unausweichlich zum Tode geführt hätten. Aber selbst Organismen ohne Krankheiten altern durch Zellversagen früher oder später und müssen ihre Aktivität infolge Versagen eines lebenswichtigen Systems einstellen.

Tatsache ist jedoch, dass eine gesunde Lebensweise, die unter anderem die Punkte: Nichtrauchen, moderate körperliche Bewegung, Mäßigkeit bei Alkoholkonsum und gesunde Ernährung berücksichtigt, die Lebenserwartung laut statistischer Ergebnisse um circa 15 Jahre steigern kann.

Andererseits weiß man, dass die Lebensdauer einzelner Zellen und damit die Lebenserwartung des Individuums von komplexen Steuerungsmechanismen abhängen. Wenn diese gestört sind können Alterskrankheiten und letztendlich der Tod auftreten.

Apoptose[59] ist der genetisch festgelegte programmierte Zelltod, der auf natürlichem Wege das Lebensende der Körperzellen durch Selbstzerstörung in die Wege leitet. Er beschränkt sich nicht auf den Menschen, sondern betrifft auch Tiere und Pflanzen.

---

[59] Die Apoptose (griechisch ἀπόπτωσις von apo „weg" und ptosis „Fall", wie das Fallen der Blätter im Herbst) ist eine Form des programmierten Zelltods. Es ist gewissermaßen ein „Selbstmordprogramm" einzelner biologischer Zellen. Dieses kann von außen angeregt werden (etwa durch Immunzellen) oder aufgrund von zellinternen Prozessen ausgelöst werden (etwa nach starker Schädigung der Erbinformation). Im Gegensatz zum anderen bedeutenden Mechanismus des Zelltodes, der Nekrose, wird die Apoptose von der betreffenden Zelle selbst aktiv durchgeführt, ist Teil des Stoffwechsels der Zelle. Dadurch unterliegt diese Form des Zelltods strenger Kontrolle und es wird gewährleistet, dass die betreffende Zelle ohne Schädigung des Nachbargewebes zugrundegeht.

Apoptose ist notwendig für das körpereigene Abwehrsystem sowie auch bei der Entstehung von Krankheiten. Infizierte oder durch andere Defekte erkrankte Zellen werden zur Selbstvernichtung motiviert. Auf diese Art sind alle Zellen durch ein Signalsystem steuerbar und ihre Aufgabe wird von übergeordneter Stelle kontrolliert und gegebenenfalls eingestellt.

Eine große Anzahl von Genen steuert diesen Prozess, der dafür verantwortlich ist, dass einerseits Zellen vernichtet werden, von denen krankmachende Einflüsse ausgehen, andererseits aber auch Zellen mit lebenswichtigen Funktionen vorzeitig in den Tod getrieben werden können.

Ein Eiweiß, welches „lifespan regulator" genannt wird, spielt bei diesem Prozess eine zentrale Rolle und konnte im Tierversuch (bei Mäusen) bei unterdrückter Produktion eine 30%-ige Lebensverlängerung bewirken. Es lässt die Hoffnung keimen, dass eines Tages durch medizinische Beeinflussung dadurch die Lebenserwartung auch beim Menschen verlängert werden kann.

Ursachen des Alterns

Zellteilung

Manche Körperzellen behalten lebenslang ihr Teilungsvermögen. Weil die Körperzellen das Enzym Telomerase verloren haben, gehen bei der Zellteilung Endstücke der Telomere, das sind Schutzkappen der Chromosomen, verloren. Damit kann letztendlich die Fähigkeit zur Verdoppelung der DNA nicht stattfinden, was gleichbedeutend mit dem Ende der Teilungsfähigkeit ist. Damit tritt auch der Zelltod ein.

Evolutionsbiologische Ursache

Die Reproduktion des Individuums Mensch steht im Vordergrund. Alle Eigenschaften, die bis zur Geschlechtsreife zum Überleben erforderlich sind, werden gefördert. Mit Beginn der Geschlechtsreife erlischt das Interesse weiterhin Schutzmechanismen im Sinne günstiger Veränderungen des Organismus zu übernehmen. Ebenso werden nachteilige, zum Altern führende Mechanismen zugelassen.

Genetische Ursachen

Namhafte Mediziner, wie Prof. Dr. Cornel C. Sieber vom Klinikum Nürnberg Nord oder auch die bereits erwähnte russischen Ärztin Galina Schatalowa, vertreten die Meinung, dass der Mensch für ein Lebensalter von etwa 120 Jahren vorprogrammiert sei. Altern ist zwar ein normaler Vorgang, der aber maßgeblich durch physische Veränderungen, die von der Lebensweise beeinflusst werden, gesteuert wird. Vor allem die Ernährung spielt eine wesentliche Rolle für die Lebenserwartung des einzelnen Menschen. Im Verlauf des physiologischen Alterungsprozesses treten Leistungs- und Milieuveränderungen der verschiedenen Organe auf. Mit zunehmendem Leistungsverlust der Organe wird die Notwendigkeit artgerechter Ernährung wichtiger.

So ändert sich nicht nur die Leistungskraft von Herz, Niere, Leber und Lunge, sondern auch die Bakterienflora des Darmes, des größten immunologischen Organs des Menschen. Veränderungen der Bakterienflora des Darmes sind sowohl mit Veränderungen der Stuhlgewohnheiten als auch mit verminderter Aufnahme von Nährstoffen verbunden. Darüber hinaus erfolgt auch eine verminderte Leistung der Immunabwehr. Besonders chronische Übersäuerung kann zu einer leichten Entzündung führen, welche als Teilursache für den Alterungsprozess angesehen wird.

Mit zunehmendem Lebensalter erfolgt auch eine Abnahme des Grundumsatzes, der auf etwa vier bis fünf Prozent pro 10 Lebensjahre geschätzt wird.

Durch die Aktivitätsabnahme kommt es zu einer zusätzlichen Reduktion des Energieumsatzes, der etwa 150 Kalorien pro Dekade beträgt. Der Fettanteil nimmt zu, der Muskelanteil nimmt ab. Wachstumshormon und Geschlechtshormone wirken dabei mit. Mit der Abnahme der Muskelmasse steigt auch das Risiko für Bewegungseinschränkung und Invalidität. Körperliches Training und richtige Ernährung sind mit zunehmendem Alter unverzichtbare Voraussetzungen für die Vermeidung von Pflegenotwendigkeit. In diesem Zusammenhang muss auf die Zufuhr wichtiger Vitamine, wie etwa Vitamin D, hingewiesen werden, welches neben seiner Funktion für den Knochenaufbau auch für die Muskulatur von Bedeutung ist. Auch essentielle Aminosäuren sowie Mineralstoffe sind für die intakte Funktion der Muskulatur erforderlich.

Neben den von der Natur festgelegten Prinzipien hinsichtlich unserer Fortpflanzung und der damit verbundenen Schutzwirkungen, bis zum Verlust dieser Fähigkeiten, spielen genetische Faktoren, die ererbt, sind eine bedeutende Rolle. Pluspunkte sind lang lebende Eltern, ein jüngeres Aussehen bis etwa zum 40.Lebensjahr, ein intaktes soziales Umfeld und eine zufrieden stellende Partnerschaft. Zu etwa einem Drittel ist unsere genetische Veranlagung bestimmend, wie lange wir leben.

Zwischen Telomerlänge, Altern und Lebenserwartung besteht ein nachweislicher Zusammenhang. Dabei wird die Telomerlänge als Biomarker für das Altern und die Lebenserwartung angesehen. Bei Untersuchungen an einer Amish-Population in den USA wurde diesbezüglich festgestellt, dass vom Vater vererbte Gene, welche die Telomerlänge bestimmen, einen Einfluss auf die Lebenserwartung haben. Demnach kommt die Telomerlänge als Indikator für die Lebenserwartung in Frage.

Inzwischen sind bereits einige Gene gefunden, die eine entscheidende Rolle beim Altern spielen. Es gibt zahlreiche Untersuchungen mit Zwillingen sowie mit Hundertjährigen, die den Einfluss der Gene auf das maximale Lebensalter belegen. Aber auch dabei sind nur die Ausgangssituationen und die Ausstattung des Organismus mit Schutzmechanismen gegen Störungseinflüsse festgelegt. Diese können durch unseren Lebensstil im Sinne von Förderung oder Hemmung beeinflusst werden.

Lebensstil – Lifestyle Lebensart

Darunter ist die Summe unserer Verhaltensweise in entsprechendem Umfeld bei veränderlichen Bedingungen zu verstehen. Dazu gehören die Ernährung, die Zufuhr von Vitaminen, Mineralstoffen und Ballaststoffen, Getränken, Zigaretten oder Drogen, körperliche Aktivitäten, die Exposition von Umweltgiften, Störfeldeinflüsse, Strom, Wasseradern, Hochspannungsleitungen, Funkstrahlen, Stressbewältigung usw.

Ernährung

Diese beginnt bereits im Mutterleib, wo bereits bei Mangel- oder Fehlernährung der Grundstein für spätere gesundheitliche Weichenstellungen erfolgen kann. Um lebensverlängernde Effekte zu erzielen und dabei einen bestmöglichen Gesundheitszustand zu erhalten, müssen Maßnahmen relativ früh gesetzt werden. Das sollte vor dem Zeitpunkt erfolgen, in dem Probleme auftreten. Der Schlüssel jeder Anti-Aging-Medizin ist eine sinnvolle Prävention, die spätestens in der Jugend, besser noch im Säuglingsalter beginnen sollte. Damit kann man jenen Krankheiten vorbeugen, die im Alter die Lebensqualität mindern und das Leben verkürzen.

Wussten Sie, dass lautTierversuchen die Beschränkung der zugeführten Kalorienmenge lebensverlängernd wirken kann?

Es gibt inzwischen Hinweise, dass nicht nur die Reduktion von tierischen Fetten und von Zucker, sondern auch eine allgemeine Kalorienreduktion positive Auswirkungen auf den Alternsprozess ausübt. Die Herabsetzung der Stoffwechselaktivität ist dabei maßgebend für die Verlängerung der Lebensspanne.

Eine Verringerung der Nahrungsaufnahme führt dazu, dass der Stoffwechsel auf niedrigerem Niveau abläuft. Dadurch wird der Grundumsatz heruntergefahren, der Blutzuckergehalt sinkt ab und damit auch der Insulinspiegel, was eine Schonung der Gefäße und ein erniedrigtes Bluthochdruckrisiko mit sich bringt. Die beim Stoffwechsel immer entstehenden Sauerstoffradikale werden bei geringerer Zellenergie vermindert freigesetzt und der oxidative Stress damit reduziert.

Für die Gene bedeutet eine Reduktion der Nahrungsaufnahme eine Aktivierung bestimmter Eiweißstoffe, nämlich der Sirtuine. Diese Langlebigkeitsgene, deren wichtigster Vertreter das Sir-2-Gen ist, werden dadurch aktiviert, dass bei Nahrungsmangel die Zellen in einen intelligenten Ruhe-Notstand versetzt werden, wodurch bei kleinstem Energieverbrauch spezielle Reparaturmaßnahmen durchgeführt werden. Dadurch wird die Lebensspanne der Zellen verlängert.

Das Nachlassen der Wachstumshormon-Produktion mit zunehmendem Alter führt zu einer Abnahme der Muskelmasse und Zunahme der Fettmenge. Dinner Cancelling, das bedeutet keine Nahrungsaufnahme nach 18 Uhr, vermeidet eine Insulin-Ausschüttung und damit eine bremsende Wirkung auf die Wachstumshormon-Produktion. Menschen mit einem erhöhten Homocystein-Spiegel haben ein erhöhtes Arteriosklerose- und Thromboserisiko. Da das Wachstumshormon über eine Beeinflussung des Homocysteins, einer Aminosäure, eine Schutzwirkung auf das Herz-Kreislaufsystem ausübt, indem es den Homocystein-Spiegel senkt, sollte seine vorwiegend nächtliche Produktionsphase nicht durch seinen Gegenspieler Insulin behindert werden.

Arginin, eine basische Aminosäure, regt die Produktion von Wachstumshormon an, welches bei manchen Personen schon ab dem 25. Lebensjahr

abnimmt und mitverantwortlich für das Nachlassen der vollen Leistungs-
kraft sein kann. Arginin hat über seine Wachstumshormon fördernde
Wirkung auch Beziehung zum Knochenaufbau und damit zur Vorbeugung
von Osteoporose. Außerdem fördert es die Insulin-Empfindlichkeit der
Zellen, was besonders bei älteren Patienten mit Typ 2 Diabetes Bedeu-
tung hat, es unterstützt die Fett-Verbrennung und schützt die Zellen vor
Oxidationsprozessen durch freie Radikale. Eine Zufuhr von Arginin durch
Nahrungsergänzung in Grammdosen wird diskutiert.

Mit zunehmendem Alter häufen sich die Ursachen, die zu Problemen der
Nährstoffbilanz führen können. Verwertungsstörungen aufgrund von Störungen im Magen-Darmbereich, Nachlassen der Verdauungsaktivität,
unzureichende Nahrungsaufnahme, verminderte Stoffwechsel-Aktivität
und Schleimhautveränderungen mit nachfolgenden Aufnahmestörungen,
sind einige der am häufigsten auftretenden Störungen.

Verwertungsstörungen der zugeführten Nährstoffe treten auch durch die
im Alter häufig notwendigen Medikamente und deren Beeinträchtigungen auf. Antibiotika, Fettsenker und Blutdruckmittel stören die Aufnahme
von bestimmten Vitaminen und Mineralstoffen.

Da auch bei ausgewogener Ernährung aufgrund von Defiziten der Nähr-
stoffinhalte verschiedener Nahrungsmittel durch Überdüngung, Lagerung,
Transport, spezielle Züchtungen und dergleichen der natürliche Bedarf
des Organismus an Vitaminen, Mineralstoffen und Spurenelementen
nicht mehr gedeckt werden kann, erweist es sich als sinnvoll, die fehlenden Stoffe nach Möglichkeit gezielt zu ergänzen. Dazu bietet sich die orthomolekulare Medizin mit ihren wissenschaftlichen Grundlagen an.

Orthomolekulare Medizin

Die orthomolekulare Medizin beschäftigt sich ihrem Namen nach mit dem
„richtigen Baustein" von Stoffen. Das Prinzip der orthomolekularen Medizin ist die Forderung nach ausreichender Anwesenheit von Mikronährstoffen im Körper, damit Stoffwechsel-Prozesse ungestört ablaufen können.
Das erfordert zum Teil sehr hohe Mengen von Mikronährstoffen, welche
möglichst gezielt zugeführt werden sollen.

Die orthomolekulare Medizin (Grieche. ορθός, orthós, richtig; molekular,
aus lat. Baustein) ist eine maßgeblich von Linus Pauling beeinflusste alternativmedizinische Methode, in deren Mittelpunkt die Verwendung von

Vitaminen und Mineralstoffen zur Vermeidung und Behandlung von Krankheiten steht.

Ursprünglich wurden in den 50er Jahren des vergangenen Jahrhunderts hohe Dosen Vitamin C und Vitamin B3 (Niacin) zur Behandlung schizophrener Psychosen verwendet.

Orthomolekulare Medizin hat die Erhaltung guter Gesundheit und die Behandlung von Krankheit durch die Zufuhr aller Mikronährstoffe in ausreichender Menge zum Ziel. Dabei steht die krankheitsvorbeugende Absicht im Vordergrund, nicht die symptomatische Behandlung nach den Richtlinien der Schulmedizin. Sie ergänzt aber diese durch die Empfehlung, Mikronährstoffe zusätzlich zu anderen Behandlungsmethoden zu verwenden.

In den letzten Jahrzehnten haben Mikronährstoffe aufgrund wissenschaftlicher Untersuchungen an Interesse und Bedeutung zugenommen. Im Blickpunkt standen dabei sowohl die Vorbeugung, als auch die Behandlung zahlreicher Erkrankungen. Damit ist das Ziel der Orthomolekularen Therapie die Erhaltung und Verbesserung der Gesundheit und Leistungskraft, aber auch die Vorbeugung chronischer Erkrankungen wie Herz-Kreislauferkrankungen, Grauer Star, Altersdiabetes oder Krebserkrankungen.

Wirkstoffe sind in der Regel Vitamine, Mineralstoffe, Spurenelemente, Antioxidantien sowie Omega-3-Fettsäuren in Form von kalt gepresstem Leinöl oder Fischöl, welche ebenfalls in Kapselform erhältlich sind. Empfohlen wird bei der Einnahme die Verteilung über den Tag um eine höchstmögliche Verfügbarkeit im Organismus zu erzielen. Dabei geht die Dosierung der einzelnen Mikronährstoffe zum Teil weit über die allgemeinen Empfehlungen der Deutsche Gesellschaft für Ernährung (DEG) hinaus.

Die Diagnose eines Nährstoffmangels wird mittels Serum oder Haaranalyse durchgeführt. Die verwendeten Wirkstoffe sind standardisiert. Dabei handelt es sich um Vitamine, Mineralstoffe, Spurenelemente, Aminosäuren, essentielle Fettsäuren, Enzyme und sekundäre Pflanzenstoffe. Diese werden vorwiegend aus natürlichen, schadstofffreien Grundstoffen gewonnen. Sie sollten keine Farb- und Konservierungsstoffe enthalten.

Anti Aging und oxidativer Stress

Neue Erkenntnisse geben Anlass zur Annahme, dass viele degenerative Erkrankungen, die mit dem Alterungsprozess zusammenhängen, wie Herz-Kreislauferkrankungen, Krebs, Grauer Star, Parkinson, Lungenkrankheiten, Gehirnleistungsstörungen und generell Vorgänge des Alterns und Degenerationsprozesse, mit der ungezügelten Wirkung freier Radikale in Zusammenhang stehen.

Als Nebenprodukte des Zellstoffwechsels, aber auch durch UV-Strahlen, Nikotin, chemische Gifte, Stress und Übersäuerung, entstehen aggressive Sauerstoff-Moleküle, welche Schäden an Zellbestandteilen anrichten können. Reparaturmechanismen der DNS und Antioxidantien sorgen dafür, dass sich zellschädigende Wirkungen in Grenzen halten. Im Alter lassen die Reparaturmechanismen nach und die Störungen und Veränderungen der Erbsubstanz werden nicht mehr ausreichend vermieden.

Mit zunehmendem Alter verändert sich die Relation zwischen freien Radikalen und Antioxidantien. Dadurch, dass freie Radikale nicht mehr so effektiv bekämpft werden können, nehmen die zellschädigenden Attacken immer größeren Umfang an. Durch diese zerstörerischen Eigenschaften haben freie Radikale auch einen wesentlichen Einfluss auf den Alterungsvorgang. Die in der Jugend wirksamen Schutzsysteme wirken nicht mehr in vollem Umfang und so kommt es zu einem Verlust sowohl enzymatischer als auch nicht- enzymatischer Antioxidantien. Die abnehmende Wirkung der Schutzmechanismen und der vermehrte oxidative Stress führen auch zu so genannten Glycosilierungen, einem Vorgang, wobei sich durch freie Radikale gebildete Substanzen so genannte Aldehyde mit körpereigenem Eiweiß verbinden. Diese Verbindungen stehen in Zusammenhang mit Alterserscheinungen und der Abnahme von Schutzfunktionen des Immunsystems. Auch ernährungsbedingte Störungen durch eine anhaltende latente Übersäuerung haben Glycosilierungsreaktionen zur Folge. Eine Reihe von Alterserkrankungen wie Herz-Kreislauferkrankungen, Alzheimer Demenz, Parkinson und Krebserkrankungen werden damit in Zusammenhang gebracht.

Anti Aging und Hormone

Bestimmte Hormone mit Anti Aging Wirkung lassen im Laufe des Lebens in ihrer Konzentration stark nach. Allerdings sinken nicht alle Hormonspiegel mit zunehmendem Lebensalter. Davon ausgenommen sind etwa Kortison und Schilddrüsenhormone. Es ist allerdings noch weitgehend ungeklärt, inwiefern der Abfall bestimmter Hormone wie Östrogen, Testosteron, Wachstumshormon, Dihydroepiandrosteron (DHEA), eine Vorstufe von Östrogenen und Testosteron sowie Melatonin auch ursächlich am Alterungsprozess beteiligt ist.

Testosteron

Der Testosteron-Spiegel nimmt beim alternden Mann ab, was sich auf Muskelkraft, Knochendichte, Stimmungslage und Sexualität auswirken kann. Bei einem klinisch nachgewiesenen Abfall unter 3 ng/ml ist ein Ersatz sinnvoll. Dabei müssen regelmäßige Kontrollen der Prostata durchgeführt werden. Zur Verfügung stehen Kapseln, Gel und intramuskuläre Injektionen.

Östrogene

Heute werden Östrogene nicht mehr nach dem Schema der lebenslangen Ersatztherapie sondern nur mehr symptomatischen Frauen ohne Gegenanzeigen, wie etwa ein familiäres Brustkrebsrisiko oder Atherosklerose, verabreicht. Bei vorhandener Gebärmutter wird die Zusatzgabe eines Gestagens empfohlen.

DHEA - Dihydroepiandrosteron

Auch der DHEA-Spiegel nimmt im Laufe des Alterungsprozesses im Blut immer mehr ab, wobei es große individuelle Unterschiede gibt. DHEA wird in der Nebenniere gebildet und stellt ein Prohormon, also eine Hormonvorstufe für Testosteron und Östrogene dar. Langzeitstudien fehlen noch. Bei niedrigen Blutwerten und klinischen Symptomen wie Abgeschlagenheit, der Neigung zu depressiven Stimmungen oder nächtlichem Schwitzen sowie zur Steigerung der sexuellen Zufriedenheit bei Frauen hat sich eine Substitution mit DHEA in Tablettenform (10 bis 25 mg bei Frauen und 25 bis 50 mg bei Männern) als wirksam erwiesen. Laut einer französischen Studie (DHEage Studie) verbesserte sich neben der sexuellen Zufriedenheit auch die Hautqualität sowie die Knochendichte bei einer Einnahme, die über ein Jahr andauert. Auch während der Einnahme von DHEA sind regelmäßige gynäkologische und urologische Kontrollen empfohlen.

Melatonin

Außer den Geschlechtshormonen und dem Wachstumshormon sinken auch die Melatonin-Spiegel mit zunehmendem Lebensalter immer weiter ab. Melatonin wird in der Zirbeldrüse aus der Aminosäure Tryptophan hergestellt. Von dort aus wird es in einem lichtabhängigen Rhythmus ausgeschüttet. Mit Beginn der Dunkelheit nimmt die Produktion zu und erreicht um Mitternacht den Höhepunkt um dann wieder abzunehmen. Neben der Regulation des Schlaf-Wachrhythmus wurden auch Wirkungen auf das Immunsystem festgestellt. Außerdem besitzt Melatonin starke antioxidative Eigenschaften und soll angeblich auch in der Lage sein Alterungsprozesse zu verzögern, dies konnte zumindest bei alternden Ratten beobachtet werden.

Wachstumshormon

Die Bildung dieses Hormons sollte auf natürlichem Wege angeregt werden – Stichwort Dinner Cancelling. Derzeit wird der Ersatz von Wachstumshormon nur im Rahmen kontrollierter Studien empfohlen, da die Risiken nach bisherigen Erkenntnissen den Nutzen zu überwiegen scheinen.

Anti Aging und Eiweiß bzw. Aminosäuren

Besonders für ältere Menschen ist die richtige Eiweißversorgung wichtig. Nicht selten findet man bei diesen zu niedrige Proteinwerte im Blutserum. Ein Mangel an Eiweiß führt aber zu einer erhöhten Erkrankungsbereitschaft sowie zur Beschleunigung von Degenerationsprozessen und verlängert die Erholungsphase nach Erkrankungen.

> Wussten Sie, dass Eiweißmangel im Alter häufig durch Appetitmangel, Nebenwirkungen von Medikamenten und Kau- oder Schluckstörungen verursacht wird? Auch Demenz oder Isolation allein lebender Menschen spielen hierbei eine Rolle.

Die Folgen des Eiweißmangels reichen von vermehrter Infektanfälligkeit durch Störungen des Immunsystems bis hin zur Beeinflussung des Knochengerüstes. Eiweißmangel beschleunigt den altersbedingten Knochenverlust und fördert damit die im Alter häufig vorkommenden Oberschenkelhalsbrüche. Damit ist die früher und auch jetzt zum Teil noch geltende Meinung überholt, dass aufgrund der nachlassenden Nierenfunktion die Eiweißaufnahme generell gedrosselt werden sollte. Eine gute Quelle schwefelhaltiger Aminosäuren, die gut vertragen werden, sind etwa Molkeprodukte.

Die wirksamsten Vorbeuge- und Anti-Aging-Maßnahmen trachten danach den oxidativen Stress zu senken, was einerseits durch die Vermeidung von Giften wie Tabak und Abgase, UV-Licht und Radioaktivität sowie diversen anderen Strahlungen angestrebt wird, andererseits durch die Zufuhr von Antioxidantien in Obst und Gemüse sowie Omega-3-Fettsäuren. Auch die Zufuhr von Antioxidantien durch naturnahe aminosäurenhaltige Nahrungsergänzungsmittel ist sinnvoll.

Glutamin

Glutamin regt ebenso wie die Aminosäure Arginin die Bildung natürlichen Wachstumshormons an. Empfohlen wird eine Dosierung von circa 2 Gramm am Tag, wodurch sich die Wachstumshormonproduktion deutlich steigern lässt.

Arginin

Auch diese Aminosäure führt zu einer Steigerung der Produktion von Wachstumshormon. Da Arginin vom Körper auch für die Bildung der Spermien benötigt wird, ist es auch für die männliche Sexualfunktion von Bedeutung. Darüber hinaus hat es auch günstige Wirkungen auf das Immunsystem, die Knochen sowie auf Herz und Kreislauf und steht in vorderster Front der Anti-Aging-Substanzen.

Acetyl-Carnitin

Carnitin spielt eine bedeutende Rolle in den Mitochondrien. Da im Alter durch oxidativen Stress vermehrt Schäden in den Zellkraftwerken entstehen und dadurch ein eingeschränkter Energiestoffwechsel die Folge ist, laufen auch Entgiftungs- und Reparaturvorgänge der Zellen nicht mehr ordnungsgemäß ab. Andererseits entstehen in der Zelle selbst mehr freie Radikale, welche die Situation noch verschlimmern. Die Kombination von Acetyl-Carnitin mit alfa-Liponsäure konnte im Tierversuch bereits günstige Effekte auf Alterungsprozesse und oxidative Schädigungen von Nervenzellen sowie günstige Wirkungen auf die Mitochondrien zeigen.

Alpha-Liponsäure

Die Alpha-Liponsäure ist eine schwefelhaltige Fettsäure und gehört zu den „Vitaminoiden". Sie ist ein Superantioxidans und das einzige, welches sowohl im wässrigen als auch fettlöslichen Bereich der Zelle zu finden ist. Deshalb kann sie auch andere Wasser- und fettlösliche Vitamine (wie Vitamin C, Vitamin E, Glutathion, Coenzym Q 10) vor dem Zerfall bewahren. Die Alpha-Liponsäure kommt in natürlicher Formin Fleisch und Innereien vor.

S-Adenosylmethionin

Diese spezielle Form der Aminosäure Methionin, schützt den Organismus vor DNA-Mutationen und ist erforderlich, um die Aminosäure Tryptophan in Melatonin umzuwandeln.

Glutathion

Glutathion gehört zu den wichtigsten Antioxidantien und wird auch für viele Entgiftungsvorgänge benötigt. Mit zunehmendem Alter nimmt die Glutathion-Produktion im Körper ab. Personen über 60 Jahre haben nur mehr etwa die Hälfte der jugendlichen Glutathion-Werte. Der durch Zigarettenrauch verursachte Oxidationsprozess von Fetten kann bei älteren Personen mit niedrigem Glutathion-Spiegel nicht mehr neutralisiert werden, wodurch Rauchen bei älteren Menschen gefährlicher zu werden scheint.

Taurin

Auch die Taurin-Konzentration nimmt im Alter ab. Da es ebenfalls gute antioxidative Eigenschaften besitzt und bei Entgiftungsprozessen eine Rolle spielt, kann ein Mangel zu einer Beeinträchtigung von Schutz- und Abwehrfunktionen der Zelle führen.

Carnosin

Carnosin ist ein zentraler Bestandteil von Gehirn, Muskelgewebe und Augenlinse. Es scheint ebenfalls eine wichtige Substanz zur Verzögerung von Altersprozessen zu sein. Carnosin hemmt die bei Alterungsvorgängen beteiligten Glycosilierungen. Aminosäuren verlieren unter Hitzeeinwirkung ihre natürlichen Strukturen. Solche Denaturierungsprozesse sieht man bei jedem Steak in der Pfanne oder bei der Brotkruste, die beim Backen im Ofen entsteht. Im Körper kommt diese Reaktion durch Blutzucker und Abbauprodukte von Alkohol, so genannten Aldehyden, vor. Die Auswirkungen reichen von braunen Hautflecken bis zu Schädigungen des Erbgutes. Carnosin fängt reaktionsfreudige Aldehyde, die verantwortlich für die Glycosilierungsvorgänge sind, ab und bindet sie. Dadurch werden

Eiweiße vor reaktiven Alterungsprozessen geschützt. Es besitzt außerdem entgiftende Eigenschaften und schützt die Augen, indem es Fehlbildungen der Augenlinse durch freie Radikale verhindert. Ebenso wirkt es normalisierend auf erhöhten Blutdruck und verbessert die Funktion des Immunsystems. Die körperliche Leistungsfähigkeit sowie auch die Kraft des Herzmuskels nehmen bei ausreichendem Carnosin-Angebot zu. Bei Labormäusen konnte eine Verlängerung der Lebensspanne um ein Fünftel durch die Verabreichung von Carnosin beobachtet werden. Die Carnosin-Konzentration - und damit der wichtige Zellschutz - nimmt mit den Jahren bis zum 70. Lebensjahr bis über 60 Prozent ab.

Zusammenfassend kann man sagen:

- Die Kausalitätszusammenhänge für das natürliche und allseits unbeliebte Alterungsphänomen weisen eine zu hohe Komplexität auf, als dass sie mit dem heutigen Stand der Wissenschaft erfasst werden könnten.
- Die Evolution fördert zwar die kollektive Entwicklung, jedoch nicht den einzelnen Organismus. Dies zeigt sich deutlich mit dem Beginn der Zellalterung nach Erreichen der Geschlechtsreife.
- Zu etwa einem Drittel ist unsere genetische Veranlagung für Lebensalter und Lebensqualität bestimmend. Sie wird jedoch bereits im Mutterleib durch Mangel- oder Fehlernährung beeinflusst.
- Einerseits kann eine gesunde Lebensweise einen Lebensgewinn von bis zu 15 Jahren ergeben, andererseits können unüberschaubare Faktoren im Individualfall für statistische Ausnahmen sorgen.
- Die Annahme ist berechtigt, dass eine vollwertige Frischnahrung eine hohe Lebenserwartung erwarten lässt. Ebendiese Schonung des gesamten Stoffwechsels wird genetisch belohnt, indem die Lebensspanne auf Zellenebene verlängert wird.
- Zu den weiteren erfolgsversprechenden Anti-Aging-Faktoren und Maßnahmen zählen sowohl der Verzicht auf Abendessen und Rauschgifte als auch die Zufuhr von Immunsystem stärkenden, Aminosäuren und Antioxidantien.
- Ärztliche Hormonbehandlungen werden vorbehaltlich des zum Teil noch ungesicherten medizinischen Kenntnisstandes in Erwägung gezogen.

Literatur- und Tabellenverzeichnis

Literaturverzeichnis

Bücher und wissenschaftliche Studien

D`Adamo, Peter: „4 Blutgruppen - Vier Strategien für ein gesundes Leben", Piper Verlag, München, 4. Auflage 1999

Colgan, Michael : „The New Nutrition - Ernährung und Fitness im neuen Jahrtausend", Ralf Reglin Verlag, Köln, 2002

Domagk Götz F. / Kramer, Kurt: „Ernährung und Verdauung", Urban & Schwarzenberg, München, 2. Auflage, 1977

Harper, Harold A.: „Physiologische Chemie - eine Einführung in die medizinische Biochemie für Studierende der Medizin und Ärzte", Springer Verlag, Berlin, 1975

Honauer, Urs: „Wasser - die geheimnisvolle Energie", Irisiana Heinrich Hugendubel Verlag, München, 1998

Jentschura, Peter / Lohkämper, Josef: „Gesundheit durch Entschlackung - Schlackenlösung, Neutralisierung von Giften und Säuren, Ausscheidung" Peter Jentschura Verlag, Münster, 2009

Kasserroller, R.: „Administration of selenium in lymphedema", Med Klin Munich, 1997

Koch, Fred W.: „Saure Nahrung macht krank - der pH-Wert ist entscheidend", Frech – Verlag, Stuttgart, 1984

Stephan, Korte / Rauscher, Michael: „Wachstumshormone – STH/hGH, IGF-1, Insulin", ISP Verlag, Arnsberg, 2000

Kushi, Michio: „Natürliche Heilung durch Makrobiotik", Bruno Martin Verlag, Frankfurt/Main, 1981

Marktl, Reiter / Ekmekcioglu, Cem: „Säuren- Basen- Schlacken - pro und contra - eine wissenschaftliche Diskussion", Springer Verlag, Wien, 2007

Nöcker, Josef: „Physiologie der Leibesübungen für Sportlehrer, Trainer, Sportstudenten, Sportärzte", Ferdinand Encke Verlag, Stuttgart, 4. Auflage, 1980

Oberbeil, Klaus: „Fit durch Vitamine - mit den Biostoffen zu Gesundheit und Vitalität", Südwest Verlag, München, 2003

Ohsawa, G.: „Zen Makrobiotik - Der Weg zur Langlebigkeit und Verjüngung", Franz Thiele Verlag, Hamburg, 20. Auflage 1988

Nakamura, Jiro / Arnoldi, Marie: „Makrobiotische Ernährungslehre nach Oshawa", Verlag Fritz Gebhard, Heidelberg, 9. Auflage 1976

Paffenbarger RS, Jr., Lee IM, Wing AL: „The influence of physical activity on the incidence of site-specific cancers in college alumni" Adv Exp Med Biol, 1992

Reglin, Felicitas: „Bausteine des Lebens - Aminosäuren in der Orthomolekularen Medizin", Ralf Reglin Verlag, Köln, 2. Auflage 2003

Römmler, Alexander: „Anti Aging - Sprechstunde, Leitfaden für Einsteiger", Congress Compact Verlag, Berlin, 2002

Schatalova, Galina S.: „Heilkräftige Ernährung - Eine energetische Lebensmittel- und Heilkräuterkunde für wahre Gesundheit", Wilhelm Goldmann Verlag, München, 2006

Schatalova, Galina S.: „Wir fressen uns zu Tode", Goldmann Verlag München, 2002

Skribot W., Erich: „Ernährung und Selbstheilung", Eigenverlag, 4. Auflage 1983

Stanhope, Kimber: „Weighing the Adverse Effects of Fructose vs. Glucose", American Society for Clinical Investigation, 2009

Treutwein, Norbert : „Übersäuerung – Krank ohne Grund? Das Programm für eine optimale Säure-Basen-Balance", Weltbild Verlag, Salzburg, 2006

Worlitschek, Michael: „Säure – Basen Einkaufsführer - so finden sie die richtigen Nahrungsmittel für das gesunde Gleichgewicht" , Haug Verlag, Stuttgart, 2. Auflage 2009

Wandmaker, Helmut : Rohkost statt Feuerkost - wahre Gesundheit durch natürliche Nahrung, Goldmann Verlag, München, 1999

Worm, Nicolai: „Auch der Mensch braucht artgerechte Ernährung", Gräfe und Unzer Verlag, München, 2001

Young, Robert O. / Young Redford, Shelley: "Die pH-Formel für das Säure-Basen-Gleichgewicht – Ihr sicherer Weg zur Traumfigur", Wilhelm Goldmann Verlag, München, 4. Auflage 2003

Young, Redford Shelley: „Back To The House Of Health", Woodland Publishing, Salt Lake City, 2000

Fachzeitschriften

Acta Paediatrica - Nurturing the Child, Acta Paediatrica Foundation, Stockholm

Active Beauty – Das Leichter Leben-Magazin, Mediaconsult Austria, Wien

American Journal of Clinical Nutrition, American Society for Nutrition, Rockville

Anti Aging Medizin – Schnellinformationen zu Anti-Aging- und Lifestyle-Medizin, GFI Gesellschaft für medizinische Information, München

Anti-Aging News, Anti Aging News, Las Vegas / Präventum Verlag, Wien

Anti-Aging Spezial, Anti Aging News, Las Vegas / Präventum Verlag, Wien

Arzt + Patient – Ärztefachzeitschrift, Prometus Verlag, Mühldorf

Arzt & Prävention – Präventiv- und Anti-Aging-Medizin für Praxis & Klinik, GFI Gesellschaft für medizinische Information, München

Arzt & Kind, Wissenschaftliche Abteilung der Ciba, Wilmersdorf

Arzt Praxis, Medizinische Fachzeitschriften, Göttlesbrunn

Ärzte Woche, Springer Verlag, Wien NewYork

Ärzte Magazin – Das Magazin für Ärztinnen und Ärzte in der Praxis, Medizin Medien Austria, Wien

Ärzte exklusiv – Österreichs größtes Health- & Lifestyle-Magazin für Ärzte, Landesärztekammer Medien, Hinterbrühl

Ärzteblatt - Das Magazin für Studierende der Medizin, Deutscher Ärzte-Verlag, Köln

Blickpunkt der Mann- Wissenschaftliches Journal für Männergesundheit, Krause & Pachernegg, Verlag für Medizin und Wirtschaft, Purkersdorf

Clinicum – das größte Facharztjournal in Österreich, Medizin Medien Austria, Wien

Das grüne Haus – Zeitschrift für natürliches Wohlbefinden, Verlag Dieter Altermiller, Raabs/Thaya

Deutsche Zeitung für Sportmedizin, Süddeutscher Verlag onpact, München

Energy Times – Enhancing your vitality through nutrition, health & harmony, Energy Times Magazine, Reno

Focus – Allergy Research Group Newsletter, Allergy Research Group, Alameda / Deltastar Nutrients, LN Venlo

Geriatrie – Geriatrie Praxis Österreich, Medizin Medien Austria, Wien

Gesundheit - Das Magazin für Lebensqualität, Verlag Gesundheit, Leopoldsdorf

Hausarzt – Die Zeitschrift für niedergelassene AllgemeinärztInnen, Österreichischer Hausärzteverband, Neustift

JAMA – Journal of American Medical Association, JAMA & Archives Journals, Berlin

JCI – The Journal of clinical Investigation, American Society for Clinical Investigation, Ann Arbor

Journal Med – Infos für Ärzte, RS Media Verlag, Regensburg

Jatros – Das Fachmedium für Diabetes in Zusammenarbeit mit der ÖDG und ÖAG, Universimed Verlags- und Service, Wien

Kneipp Zeitschrift - Das österreichische Gesundheitsmagazin, Österreichischer Kneippbund, Leoben

Labor Aktuell – Hiron, Verein zur Förderung der Nutzung medizinischer Diagnostik und Selbstkontrolle

Med Aktiv – Magazin für Gesundheitsbewusste, Easy Job Verlag, Linz

Medical Tribune – Wissenschat für die Praxis, Medizin Medien Austria, Wien

Medizin popupär, Verlagshaus der Ärzte, Wien

Medmix – Das moderne Info Magazin für Mediziner, Afcom - Alexander Fauland Communication – Verlag und Medienproduktionen, Wien

Mein Doktor – Das Patientenmagazin der österreichischen Ärzte, Isak-Communications, vision+mission Marketing, Karnburg

Mein Leben – Die Zeitschrift nicht nur für Diabetiker, „Mein Leben" Herausgebervereinigung zur Information und Fortbildung von Diabetikern sowie Förderung diabetesbezogener Forschung, Salzburg

Mineraloscop – Mineralstoffe, Spurenelemente, Vitamine, GN Pharm Arzneimittel Presse und Öffentlichkeitsarbeit, Fellbach

Monatsschrift Kinderheilkunde- Zeitschrift für Kinder- und Jugendmedizin, Springer Verlag, Heidelberg

My Line – Ernährung und Bewegung, Aengus Ernährungskonzepte, Graz

Nature – International weekly journal of science

Neurology - The medical journal of the American Academy of Neurology, Montreal

Pneumologisch – Das Fachmedium für Atemwegserkrankungen, Medizin Medien Austria, Wien

Praxis-Depesche – Schnellinformationen für die tägliche Praxis, GFI Gesellschaft für medizinische Information, München

Österreichische Ärztezeitung, Verlagshaus der Ärzte, Wien

Pro Med – Das Praxismagazin für ärztliche Fortbildung, Springer Verlag, Wien

Psychopraxis – Zeitschrift für praktische Psychiatrie und Grenzgebiete, Springer Wien New York, Wien

Pulsar – Zeitschrift für aktives Bewusstsein, Zeitschrift Pulsar, St. Ulrich

Rheuma plus – Springer Wien New York, Wien

Science Journals, Advancing Science Society, American Association for the Advancement of Science, Washington

Sport- und Präventivmedizin – Offizielles Organ der Österreichischen Gesellschaft für Sportmedizin und Prävention, Springer Verlag, Wien

Universum Innermedizin – Die Fachzeitschrift der Österreichischen Gesellschaft für Innere Medizin, Medmedia Verlag und Mediaservice, Wien

Online Archive, Kataloge, Netzwerke und Statistiken

Archives of Internal Medicine, American Medical Association / JAMA & Archives Journals, Berlin: http://archinte.ama-assn.org

Chemical Sensitivity Network, Kirschweiler: http://www.csn-deutschland.de

Deutsche Gesellschaft für Ernährung, Bonn: http://www.dge-medienservice.de

Focus Online - TOMORROW FOCUS Technologies, München: http://www.focus.de

JAMA, American Medical Association / JAMA & Archives Journals, Berlin: http://pubs.ama-assn.org

MedKnowledge - Suchkatalog für Medizin, Münster: http://www.medknowledge.de

Pub Med - Citations for biomedical articles from MEDLINE and life science journals, National Center for Biotechnology Information, Rockville Pike: http://www.pubmed.gov

Statistik Austria, Gesundheitsbefragung: Body-Mass-Index (BMI) nach WHO-Definition 1998: http://www.statistik.at

Science Journals, American Association for the Advancement of Science, Washington: http://www.sciencemag.org

Innovationsreport - Forum für Wissenschaft, Industrie und Wirtschaft, IDEA TV Ges. für kommunikative Unternehmensbetreuung, Schmitten: http://www.innovations-report.de

Science Daily – Your Source for the latest research news, Rockville: http://www.sciencedaily.com

Universitätsprotokolle der Universität Hohenheim, Hohenheim: http://www.uni-protokolle.de

Centre for Longitudinal Studies, Institute of Education, London: http://www.cls.ioe.ac.uk

School of Biomedical Sciences University of Nottingham, University's Media and Public Relations, Nottingham: http://research.nottingham.ac.uk

Tabellenverzeichnis